杭州年鑑

HANGZHOU ALMANAC

2015

杭州市人民政府地方志办公室 编

方志出版社

图书在版编目（CIP）数据

杭州年鉴. 2015 / 杭州市人民政府地方志办公室编.
-- 北京：方志出版社，2015. 10
ISBN 978-7-5144-1780-7

Ⅰ. ①杭… Ⅱ. ①杭… Ⅲ. ①杭州市—2015—年鉴
Ⅳ. ①Z525. 51

中国版本图书馆CIP数据核字（2015）第269536号

杭州年鉴（2015）

编　　者：杭州市人民政府地方志办公室
（杭州市延安路484号市政府综合办公楼3号楼3楼）
邮编 310006
电话 （0571）85253692
封面题字：沙孟海
出 版 人：冀祥德
出 版 者：方志出版社
地址 北京市朝阳区潘家园东里9号（国家方志馆4层）
邮编 100021
网址 http://www.fzph.org
责任编辑：刘方圆
发　　行：方志出版社发行中心
电话 （010）67110500
经　　销：各地新华书店
印　　刷：浙江国广彩印有限公司
制　　版：杭州贝加多媒体设计工作室
开　　本：889 × 1194　1/16
印　　张：36
字　　数：1482千字
版　　次：2015年10月第1版　2015年10月第1次印刷
印　　数：0001~3000册
ISBN 978-7-5144-1780-7　定价：260.00元

杭州市地方志编纂委员会

主　任 张鸿铭

副主任 许勤华 翁卫军 马晓晖 王　宏

成　员 何美华 陈　健 叶茂东 鲍一飞 孙　跃 陈春雷 赵壮志 陈国妹 杨志毅 金志强 李　玲 洪庆华 丁狄刚 李　虹 沈建平 徐小林 金　翔 郭禾阳 高国飞 骆　寅 杜国忠 陈　晨 刘　颖 韩　卫 赵　晴 蒋文欢 褚树青

办公室主　任 蒋文欢

杭州年鉴编辑部

主　编 王　宏

副主编 蒋文欢 阮关水

执　行主　编 袁啸马 蔡建明

编　辑 （以姓氏笔画为序）

王　灿 汤　峻 阮关水 吴　铮 余显幕 郦　晶 秦文蔚 袁啸马 章月影 蒋文欢 蔡建明

各部门编　辑 （以姓氏笔画为序）

毛慧敏 叶纪勇 吕　宏 华雨农 刘志忠 何炜达 汪盛华 张　锦 张丽萍 陆元峰 周小忠 郑　迪 郑云良 贾江涛 贾敏政 柴江山 钱建中 倪志华 徐承坪 高　宁 郭玉虎 涂仕贵 黄　锐 龚亚锋 龚俊义 裘民军

编　务 金利权 蒋淑艳 吴陈英

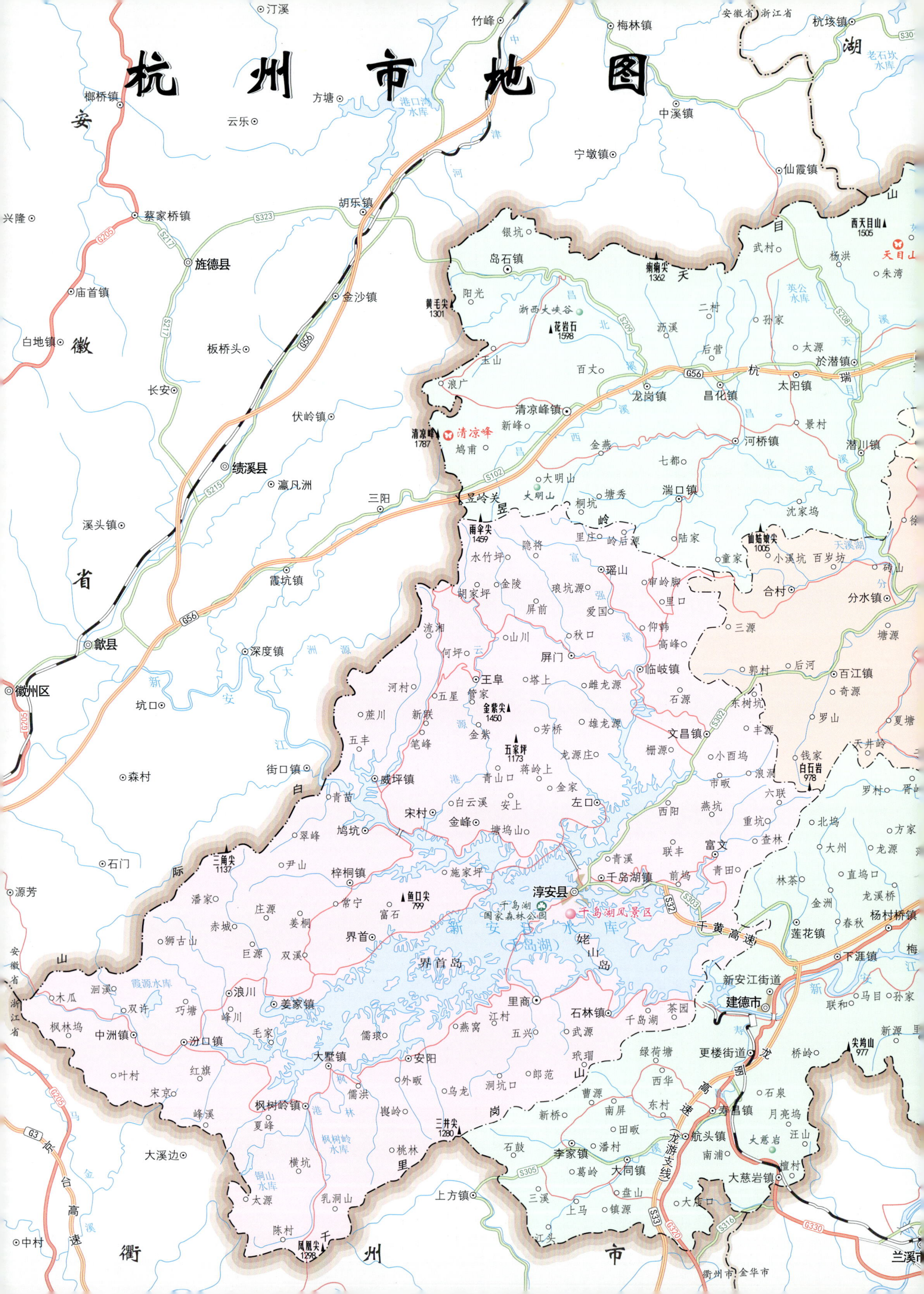

杭州市地图
汀溪
竹峰
梅林镇
安徽省
浙江省
杭垓镇
湖
老石坎水库
椰桥镇
方塘
港口湾水库
云乐
中溪镇
宁墩镇
仙霞镇
安
兴隆
蔡家桥镇
胡乐镇
旌德县
庙首镇
金沙镇
白地镇
徽
板桥头
长安
伏岭镇
绩溪县
瀛凡洲
溪头镇
三阳
省
霞坑镇
歙县
深度镇
徽州区
坑口
新
安
江
街口镇
森村
白
石门
际
源芳
山
木瓜
枫林坞
中洲镇
洄溪
霞源水库
双许
巧塘
浪川
汾口镇
峰川
叶村
宋京
红旗
峰溪
大溪边
中村
衢
千
州
市
银坑
岛石镇
瘌痢尖
1362
天
目
山
西天目山
1505
天目山
武村
杨洪
朱湾
阳光
黄毛尖
1301
浙西大峡谷
花岩石
1598
昌
北
溪
沥溪
二村
孙家
英公水库
太源
於潜镇
玉山
百丈
后营
浪广
龙岗镇
昌化镇
杭
太阳镇
瑞
清凉峰镇
新峰
景村
清凉峰
1787
鸠甫
金燕
西
河桥镇
潜川镇
七都
大明山
塘秀
淤口镇
昱岭关
昱
岭
桐坑
沈家坞
雨伞尖
1459
隐将
里庄
岭后源
陆家
仙姑娘尖
1005
童家
小溪坑
百岁坊
水竹坪
瑶山
富
强
溪
合村
分水镇
胡家坪
金陵
琅坑源
审岭脚
里口
屏前
爱国
仰韩
三源
塘源
流湘
山川
秋口
高峰
何坪
屏门
临岐镇
后河
郭村
百江镇
河村
王阜
塔上
雌龙源
奇源
五星
管家
金紫尖
1450
石源
东树坑
蔗川
新联
芳桥
雄龙源
罗山
夏塘
五丰
金紫
五家坪
1173
文昌镇
丰源
笔峰
蒋岭上
龙源庄
栅源
小西坞
钱家
白石岩
978
天井岭
威坪镇
青山口
浪洞
青苗
金家
市畈
六联
罗村
宋村
白云溪
安上
左口
西阳
燕坑
翠峰
鸠坑
金峰
塘坞山
重坑
北坞
方家
查林
大州
龙源
三角尖
1137
尹山
施家坪
青溪
联丰
富文
梓桐镇
千岛湖镇
前坞
青田
直坞口
林茶
潘家
常宁
鱼口尖
799
淳安县
千岛湖国家森林公园
千岛湖风景区
金洲
龙溪桥
庄源
富石
新安江水库(千岛湖)
千黄高速
杨村桥镇
赤城
姜桐
界首
姥山岛
莲花镇
春秋
狮古山
巨源
双溪
下涯镇
界首岛
梅
新安江街道
姜家镇
建德市
联和
马目
孙家
里商
石林镇
茶园
江村
千岛湖
毛家
儒琅
燕窝
五兴
武源
新源
大墅镇
安阳
琅瑁
绿荷塘
更楼街道
桥岭
尖坞山
977
外畈
郎范
西华
儒洪
乌龙
洞坑口
石泉
枫树岭镇
曹源
南屏
东村
寿昌镇
夏峰
港
林
枫树岭水库
畏岭
三井尖
1280
新桥
田畈
月亮坞
横坑
桃林
石鼓
潘村
航头镇
大慈岩
汪山
里
李家镇
南浦
铜山水库
葛岭
大同镇
檀村
大慈岩镇
太源
乳洞山
上方镇
三溪
盘山
大店口
上马
镇源
陈村
凤凰尖
1298
江头
兰溪市
衢州市
金华市
龙游支线
东
台
高
速
马
金
溪

图 例
设区市行政中心
县（市、区）行政中心
镇（乡）政府、街道办事处
行政村
省界
设区市界
县（市、区）界
高速公路及编号
国道及编号
省道及编号
铁路及火车站
铁路客运专线
地铁
县乡道
隧道
桥梁
河流、湖泊、水库
运河
机场
国家级风景区
国家级自然保护区
国家级森林公园
景点
山峰
比例尺 1：580 000
地图审核号：浙S（2015）168号
杭州市勘测设计研究院 编制
注：底图资料由浙江省测绘与地理信息局提供
本图界线不作划界依据
杭州市
西湖区
上城区
下城区
江干区
拱墅区
滨江区
萧山区
余杭区
富阳区
临安市
桐庐县
诸暨市
义乌市
浦江县
海宁市
绍兴市
柯桥区
越城区
德清
湖州市
嘉兴市
嘉 兴 市
绍 兴 市
华 市
州 市
西溪湿地
西湖
杭州萧山国际机场
杭州大江东产业集聚区（临江国家高新区）
杭州城西科创产业集聚区
杭州野生动物世界
东方文化园
新安江—千岛湖
沪杭铁路客运专线
沪昆高速（沪杭段）
杭州湾环线高速（杭浦段）
杭州湾环线高速（杭甬段）
杭新景高速（杭新景段）
杭金衢高速（杭金衢段）
长深高速（杭宁段）
杭宁铁路客运专线
杭州绕城高速
甬金高速
诸永高速
绍诸高速
苏绍高速
沪昆高速
杭长铁路客运专线
(杭徽段)
G60
G320
G104
G92
G25
G2501
G15
S2
S4
S9
S13
S14
S24
S26
S101
S102
S103
S201
S202
S205
S206
S207
S208
S210
S212
S302
S304
S305
S307
S308
S314
窑头山 1095
鸬鸟山 869
双峰尖 677
午潮山 494
五云山 344
南高峰 257
如意尖 537
杏梅尖 1068
佳山 455
三界尖 1015
观音尖 1246
千金支岗 376
对河口水库
四岭水库
青山水库
岩石岭水库
肖岭水库
通济桥水库
白塔湖
陈蔡水库
平水江水库
汤浦水库

重要活动

2014年10月22日，以“凝聚杭商力量、共促杭州发展”为主题的“2014世界杭商大会”在杭州国际会议中心开幕。中共浙江省委常委、杭州市委书记龚正（右）向杭商代表宗庆后颁奖　（市电子政务办 供稿）

12月26日，中共杭州市委十一届八次全体（扩大）会议召开，审议通过《关于全面深化法治杭州建设的若干意见》　（郑承锋 摄）

10月15~18日，杭州国际友好城市市长论坛在杭州举行。杭州市市长张鸿铭（前右）代表市政府与阿根廷旅游名城卡拉法特议长签署友好城市关系协议　（市电子政务办 供稿）

2月10日，杭州市第十二届人民代表大会第四次会议在浙江省人民大会堂开幕　（郑承锋 摄）

信息经济"一号工程"

7月15日，市委十一届七次全体（扩大）会议召开，审议通过《关于加快发展信息经济的若干意见》（郑承锋 摄）

3月18日，思科中国总部落户杭州暨思科参与智慧城市建设发布会举行。思科公司中国总部是杭州市引进的首个世界500强企业中国总部（市电子政务办 供稿）

1. 9月19日，阿里巴巴集团在纽约证券交易所上市。图为纽约时代广场播放“阿里巴巴，我们在这里等你，9月19日”的画面

（杭报集团 供稿）

2. 阿里巴巴集团位于杭州市的中国总办事处内景

（阿里巴巴集团 供稿）

3. 阿里巴巴集团位于杭州市的中国总办事处外景

（阿里巴巴集团 供稿）

2014中国（杭州）国际电子商务博览会主题论坛
THE FORUM OF CHINA (HANGZHOU) INTERNATIONAL E-BUSINESS EXPO 2014
博鳌亚洲论坛—2014中国(杭州)全球电商领袖峰会
BOAO FORUM FOR ASIA - GLOBAL E-COMMERCE LEADERS SUMMIT 2014, HANGZHOU, CHINA
电商：经济转型新驱动
E-COMMERCE: NEW DRIVING FORCE FOR ECONOMIC TRANSITION
2014 / 10 / 29~30 杭州 · 黄龙饭店
DRAGON HOTEL, HANGZHOU
主办：杭州市人民政府 浙江省商务厅 博鳌亚洲论坛 国民经济研究所 承办：杭州市经济和信息化委员会
执行：杭州日报 杭州日报传媒有限公司 全程合作执行： New Alliance 西博文化 独家网络合作媒体：搜狐财经
IEBE

IEBE
2014中国(杭州)国际电子商务博览会主题论坛
智慧物流(快递)高峰论坛 & 高峰对话
速度与激情
2014中国(杭州)国际电子商务博览会主题论坛
The Forum of International E-business Expo 2014, Hangzhou, China

1. 10月29~30日，博鳌亚洲论坛——中国（杭州）全球电商领袖峰会召开　（市经信委 供稿）
2. 10月31日，智慧物流（快递）高峰论坛在杭州举行　（市经信委 供稿）
3. 1月15日，杭州湾信息港开园　（萧山经济技术开发区 供稿）
4. 4月18日，工业和信息化部授予杭州市“中国软件名城”称号。图为杭州国家软件服务外包基地　（魏 协 摄）
5. 阿里云计算有限公司与浙江华通云数据科技有限公司合建的数据中心　（市统计局 供稿）

中国国际动漫节

4月28日至5月3日，第十届中国国际动漫节在杭州举行，汇集会展、商务、赛事、论坛、活动五大板块53项内容，74个国家和地区的602个动漫企业参展。

1. 4月28日，第十届中国国际动漫节在白马湖国际会展中心开幕　（李　忠　摄）
2. 4月28日，动画电影论坛探讨国产动画电影升级之路　（李　忠　摄）
3. 参观者体验动漫作品制作　（李　忠　摄）
4. 动漫作品展示墙　（市委宣传部　供稿）
5. 4月28日，中国国际动漫节"金猴奖"颁奖典礼暨动漫交响音乐会举行　（李　忠　摄）
6. 4月30日，国际动画节杭州峰会在之江·凤凰创意国际中心举行　（市文创办　供稿）

中国杭州文化创意产业博览会

10月16～20日，以“融—工艺·设计·生活”为主题的第八届（2014）中国杭州文化创意产业博览会在白马湖国际会展中心举行。

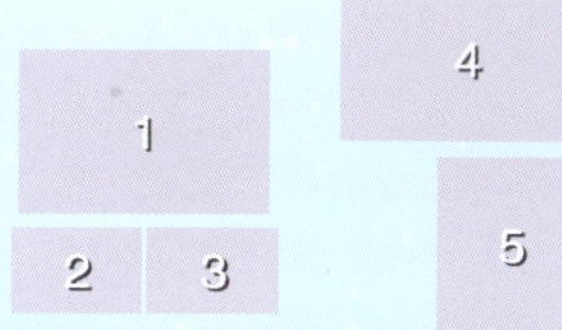

4

5

1. 10月16日，第八届中国杭州文化创意产业博览会在白马湖国际会展中心开幕
（市电子政务办 供稿）
2. 参观者体验文化创意作品制作
（市文创办 供稿）
3. 中国杭州文化创意产业博览会观众体验区
（市文创办 供稿）
4. 博览会上展出的文化创意作品
（市文创办 供稿）
5. 精品馆中以“融——工艺·设计·生活”为主题的“新杭线”展区
（市文创办 供稿）

中国大运河"申遗"成功

2014年6月22日，第三十八届世界遗产委员会会议同意将中国大运河列入世界遗产名录。中国大运河（杭州段）首批遗产点段共有11个，包括6个"申遗"点和5条河段。2013年6月28日，由杭州市大运河保护和申遗工作领导小组办公室、杭州市运河综保委、杭州日报社联合推出运河美景征集活动，评出"运河十景"。

1. 6月22日，在卡塔尔首都多哈召开的第三十八届世界遗产委员会会议同意将中国大运河列入世界遗产名录 （市运河集团 供稿）
2. 中国大运河（杭州段）十景——武林问渡 （刘浩源 摄）
3. 中国大运河（杭州段）十景——凤山烟雨 （里 尔 摄）
4. 中国大运河（杭州段）十景——富义留馀 （刘浩源 摄）
5. 中国大运河（杭州段）十景——拱宸邀月 （刘浩源 摄）

拱宸橋
大運河國醫館

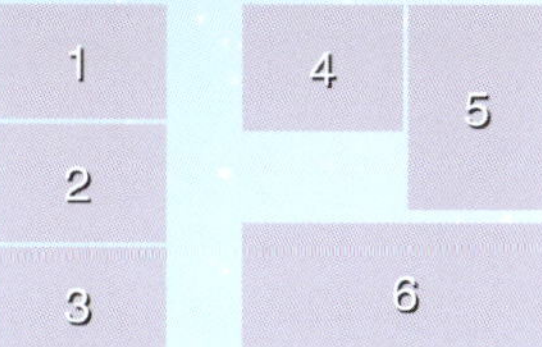

1. 中国大运河(杭州段)十景——桥西人家(刘浩源 摄)
2. 中国大运河(杭州段)十景——龙山塔影(刘浩源 摄)
3. 中国大运河(杭州段)十景——西陵怀古(刘浩源 摄)
4. 中国大运河(杭州段)十景——香积梵音(市运河集团 供稿)
5. 中国大运河(杭州段)十景——三堡会澜(刘浩源 摄)
6. 中国大运河(杭州段)十景——广济通衢(刘浩源 摄)

"美丽杭州"新貌

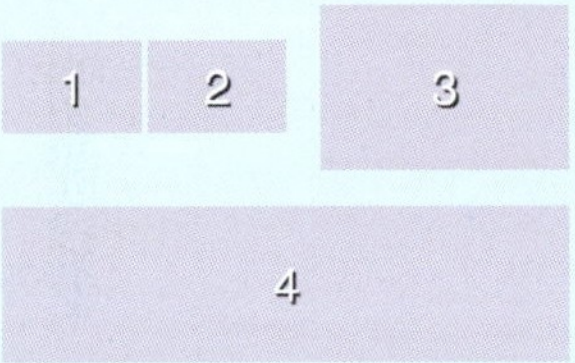

1. 京杭大运河、余杭塘河、小河交汇处的小河直街（拱墅区府办 供稿）
2. 武林广场中心城区俯瞰（刘浩源 摄）
3. 杭州未来科技城（余杭区史志办 供稿）
4. 白马湖全景（滨江区府办 供稿）

1　2

3

1. 3月28日，彩虹快速路时代高架互通立交通车　（张　迪　摄）
2. 8月28日，临浦快速通道建成　（市交通运输局　供稿）
3. “美丽乡村”桐庐县荻浦村　（桐庐县史志办　供稿）

萧山区浦阳镇桃北新村

（张　迪摄）

数字杭州

2014年，杭州市贯彻落实中共中央、国务院和中共浙江省委、省政府各项决策部署，全力稳增长、调结构、抓改革、强统筹、治环境、惠民生、促和谐，实现了经济社会平稳健康发展。

生产总值及增速

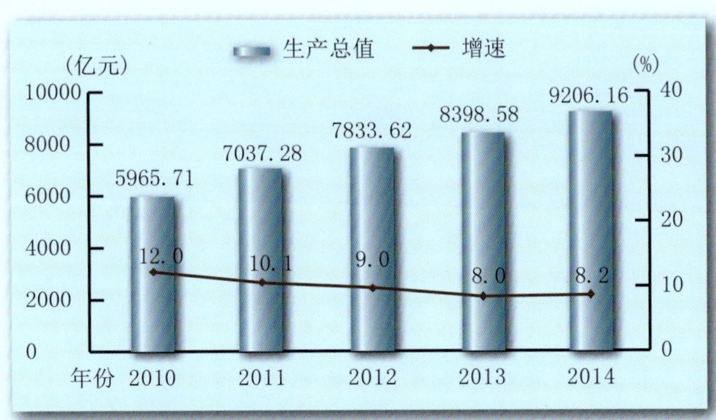

地方财政收入

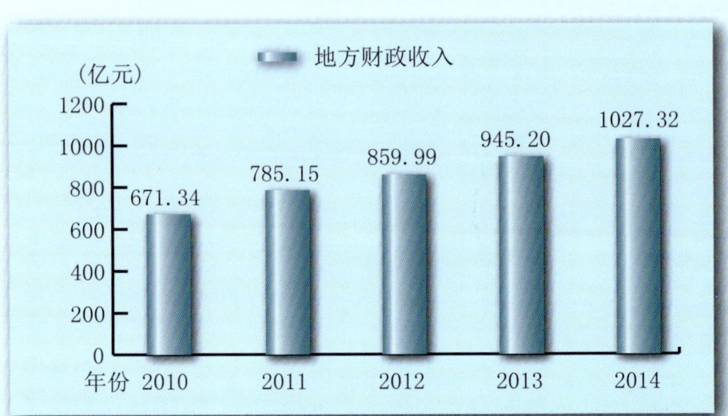

固定资产投资

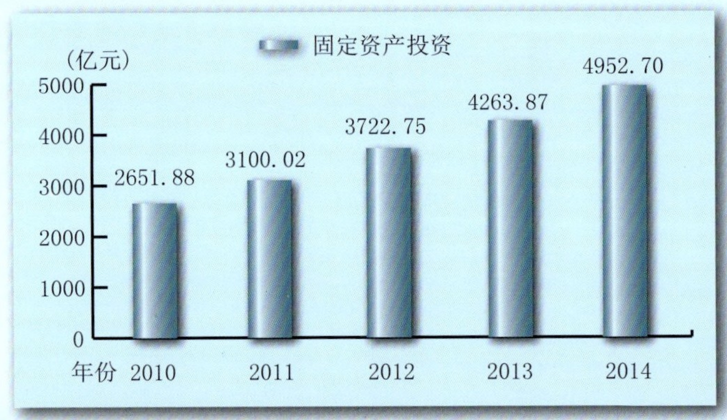

社会消费品零售总额

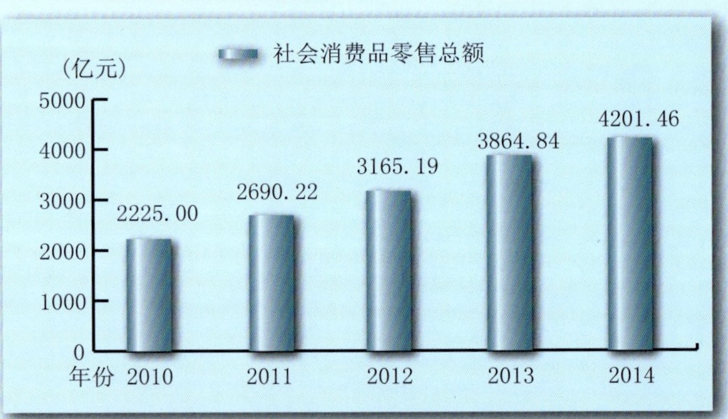

三次产业结构

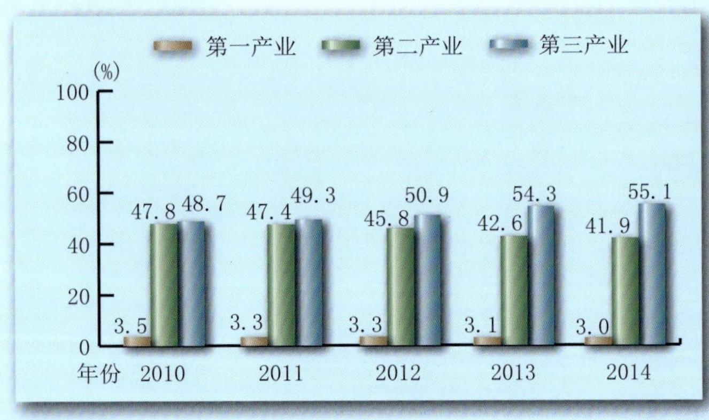

三次产业增加值

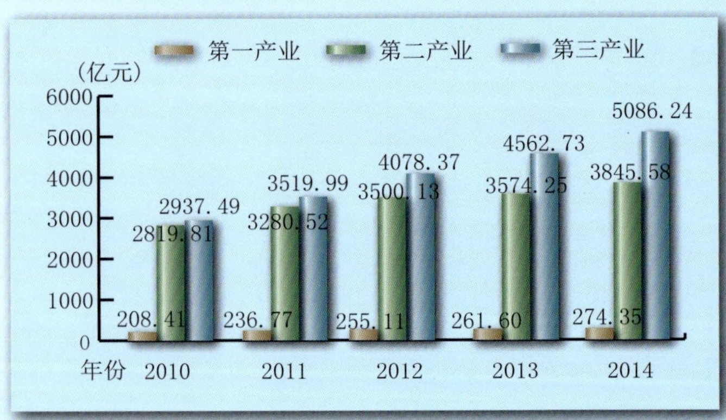

2010～2014年杭州市城乡居民人均收入和支出水平（元）

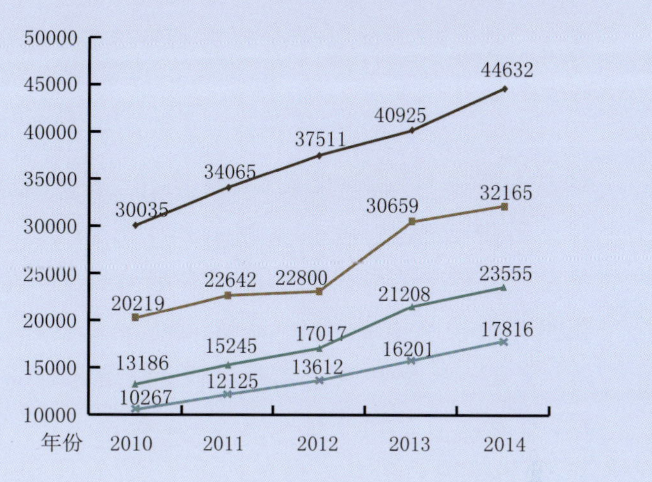

注：2010～2012年城镇居民收入、支出均为市区数据，2013年起为全市数据，且城镇居民和农村居民收入、支出均为城乡调查一体化改革后新口径数据

2014年杭州市各项经济指标占浙江省的比重（%）

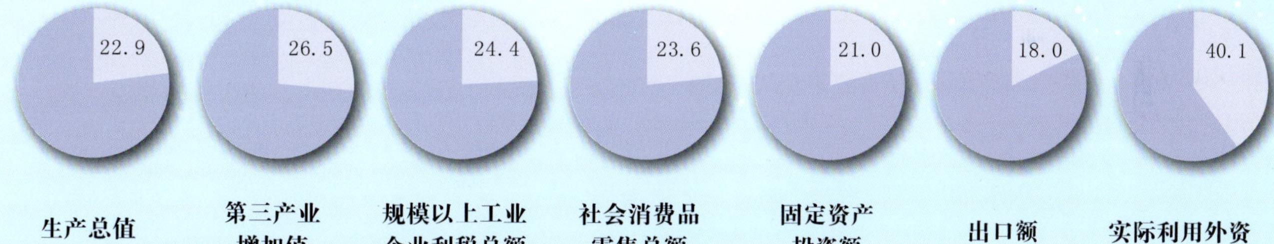

生产总值　第三产业增加值　规模以上工业企业利税总额　社会消费品零售总额　固定资产投资额　出口额　实际利用外资

2014年杭州市平均每天创造的财富

地区生产总值
25.22亿元

农林牧渔业总产值
1.15亿元

规模以上工业企业产值
35.21亿元

社会消费品零售总额
11.51亿元

财政收入
5.26亿元

编辑说明

一、《杭州年鉴》是中国共产党杭州市委员会、杭州市人民政府主办的大型年刊，是汇集重要市情、地情资料的地方综合年鉴。本年鉴逐年记载杭州自然、经济、政治、文化和社会等方面的基本情况，为各级党政机关、研究机构，以及社会各界人士和中外投资者了解、研究杭州提供丰富、翔实的地情资料。

二、《杭州年鉴（2015）》是自1987年创刊以来连续出版的第29卷。本卷年鉴以邓小平理论、“三个代表”重要思想、科学发展观为指导，深入贯彻习近平总书记系列重要讲话精神，全面反映杭州市贯彻落实中共十八大和十八届三中、四中全会精神以及习近平总书记关于杭州要努力成为“美丽中国”建设样本的重要指示，如实记载杭州市按照省委“八八战略”和“创业富民、创新强省”总战略，全面推进经济、政治、文化、社会和生态文明建设，打造东方品质之城、建设幸福和谐杭州的奋斗历程，重点记载2014年杭州市落实“杭改十条”和“杭法十条”，实施信息经济“一号工程”，创建国家生态文明先行示范区，富阳撤市设区，大江东管理体制调整等引领科学发展、改革创新的大事要情，并探讨发展进程中的新特点和亟须解决的新问题。

三、本卷年鉴按分类法编辑，主体内容分为类目、分目、条目三个层次。全书设类目40个、分目256个，收入条目2464条、图照260幅、表格103张。本卷年鉴在延续上年编纂框架的基础上，百科部类内容主要有如下调整：“安全生产”分目从“工业”类目移至“经济管理”类目；“旅游业”类目取消“旅游规划建设”和“旅游资产经营”分目，增加“旅游资源”分目；“市场”类目取消，其中的“人力资源市场”“技术市场”“商品市场”“文化市场”分目内容分别移至“人力资源和社会保障”“科学技术”“商业”“文化”等类目；“国防建设”类目增加“消防”“边防”分目；“文化”类目增加“公共图书馆”“博物馆”分目，文物保护和考古的内容合并为“考古与文物保护”分目，动漫产业与其他文化创意产业的内容合为“文化创意产业”分目。

四、为更好地发挥本年鉴的作用，自2002年起在出版纸质图书的同时推出电子版（光盘），2003年起载入“中国杭州”政府门户网站（www.hangzhou.gov.cn）。杭州地情网（hzfzw.hz.gov.cn）也有本年鉴历年资料的链接。

五、本卷年鉴主要数据由杭州市统计局提供，其余均由杭州市各职能部门和撰稿单位提供并经过严格审核。条目时间省略年份的均指2014年，“上年”指2013年，其他均写明年份。文中涉及数据比较一般是指2014年与2013年比较。由于统计范围变化（如“市区”包括富阳区）、统计口径调整等原因，文中部分数据可能与往年不具可比性，此种情况不一一注明。全市重要统计数据以统计部门公布的为准。

六、《杭州年鉴》编纂工作得到各区、县（市）和市属各部门，以及有关单位的大力支持，全体编纂人员为年鉴撰稿、编辑付出了辛勤劳动，在此谨致谢意。限于能力和水平，书中难免疏漏和差错，恳请广大读者批评指正。

目 录

Contents

特 载

特 辑

大事记

总 述

农　业

工　业

信息产业

交通运输·邮政

民营经济

商 业

经济合作交流

对外经贸·口岸

国家级开发区

城市建设管理

环境保护

会展业

旅游业

西湖风景名胜

财政·税务

金融业

经济管理

党政机关

民主党派·工商联

人民团体

人力资源和社会保障

外事·侨务·港澳台事务

政 法

国防建设

文　化

新闻出版

科学技术

社会科学

教　育

卫　生

体 育

社会生活

人　物

区县（市）

统计资料

附　录

索　引

Contents

Information Industry

Transportation & Postal Service

Private Economy

Commerce

Domestic Economic Cooperation

Foreign Trade & Port

National Development Zones

Urban Construction & Management

Environmental Protection

Conference & Exhibition Business

Tourism

The West Lake Historic & Scenic Area

Finance & Taxation

Banking, Affiance & Insurance

Economic Management

Party and Government Organizations

Democratic Parties, Federation of Industry & Commerce

Organizations

Human Resources & Social Security

Foreign Affairs, Overseas Chinese Affairs, Hong Kong and Macao Affairs & Taiwan Affairs

Political and Legislative Affairs

National Defense

Culture

Press & Publication

Science & Technology

Social Science

Education

Public Health

Sports

Society Livelihood

People

Districts & Counties(Cities)

Statistics

Appendix

Index

适应新常态　推动新发展
继续走在全国重要城市前列

——在市委十一届八次全体（扩大）会议上的报告

（2014 年 12 月 26 日）

中共浙江省委常委、杭州市委书记　龚　正

今天，我们在这里召开市委十一届八次全体（扩大）会议。这次全会的主要任务是：学习贯彻党的十八届四中全会、中央经济工作会议精神，落实省委十三届六次全会、省委经济工作会议精神，审议《中共杭州市委关于全面深化法治杭州建设的若干意见》，回顾总结2014年工作，部署2015年重点任务。

下面，我代表市委常委会向全会作报告。

一、认清形势、树立标杆，增强走在前列的紧迫感、责任感

近期，中央先后召开了两个重要会议：一是党的十八届四中全会，作出了全面推进依法治国的部署，与三中全会作出的全面深化改革部署形成了姊妹篇，通过全面深化改革和全面推进依法治国“两轮驱动”，为实现全面建成小康社会的奋斗目标提供动力和保障。二是中央经济工作会议，总结了2014年经济工作，系统阐述了经济发展新常态的特点，部署了2015年经济工作的总体要求和主要任务。会上，习近平总书记从消费需求、投资需求、出口和国际收支、生产能力和产业组织方式、生产要素相对优势、市场竞争特点、资源环境约束、经济风险积累和化解、资源配置模式和宏观调控等方面，深刻阐述了我国经济发展新常态带来的九大趋势性变化，指出我国经济正在向形态更高级、分工更复杂、结构更合理的阶段演化，经济增速正从高速增长转向中高速增长，经济发展方式正从规模速度型粗放增长转向质量效率型集约增长，经济结构正从增量扩能为主转向调整存量、做优增量并存的深度调整，经济发展动力正从传统增长点转向新的增长点。省委也召开十三届六次全会和经济工作会议进行贯彻落实。前段时间市委对我市经济新常态特征的分析，即基本特征是经济保持中高速增长、质效向中高端迈进，经济增长开始换挡减速，但仍处在合理区间，实际增量依然可观，质量效益明显提升；核心任务是转型升级、提质增效，着力破除制约经济发展的结构性素质性矛盾，加快经济结构优化升级，推动从量的扩张转向质的提高；主要动力是深化改革、创新驱动，传统的要素驱动力和投资驱动力逐渐弱化，经济增长将更多依靠人力资本质量和技术进步，改革和创新成为驱动发展的新引擎；面临挑战是“三大压力、三大风险”和诸多既要又要的“两难”甚至“多难”困境，亟须在稳中求进中达到发展新平衡。这些分析，完全符合中央的判断。要把中央、省委重大决策部署贯彻好落实好，将其转化为杭州的生动实践，就必须认真总结成绩与经验、深刻分析机遇与挑战，适应新常态，培育新动力，打开新局面，推动新发展。

1.肯定成绩，进一步坚定发展信心。今年以来，市委认真学习贯彻习近平总书记系列重要讲话精神和中央、省委一系列重大决策部署，全面落实“杭改十条”，切实抓好各项工作，全市呈现经济质效稳中向好、深化改革稳中有进、民生保障稳步改善、社会大局稳定有序、文化建设稳步加强、作风建设稳扎稳打“六个稳”的良好态势，经济和平安“两张报表”基本达标，民生、生态、稳定和廉政“四条底线”基本守住，涌现出许多亮点：⑴中国（杭州）跨境电子商务综合试验区和国家自主创新示范区创建工作取得重大突破。今年11月19日至21日，李克强总理在浙江调研期间，送给杭州“两个大礼包”，原则同意设立中国（杭州）跨境电子商务综合试验区和杭州申请创建国家自主创新示范区，这意味着杭州“两区”创建拿到了多年来梦寐以求的“入场券”。⑵省委常委会专题研究杭州工作，既充分肯定了杭州的工作，又指出了存在的问题，更提出了“更好在全省发挥龙头领跑示范带动作用”“确保继续走在全国重要城市前列”的要求，帮助协调并有序推进17个事关我市全局和长远发展的重大问题解决。⑶“一号工程”深入实施，经济提质增效升级取得新成效。1—11月份，我市工业增加值达到2520.65亿元，增长8.7%；装备制造业增加值823.29亿元，增长9.8%；高新技术产业增加值984.59亿元，增长10.8%；战略性新兴产业增加值728.24亿元，增长13.5%；新产品产值率达到31.1%。特别是与阿里巴巴的战略合作全面推进，腾讯、百度、京东等互联网巨头相继落子杭州，电商丛林效应显现。⑷大江东产业集聚区“一平台、一主体”管理体制调整到位并实际运作，萧山、余杭与主城区一体化发展破题，国务院批复同意富阳撤市设区。⑸“四张清单一张网”工作持续深化，富阳权力清单制度和滨江工商登记制度两项省级改革试点全省推广。⑹国家生态文明先行示范区成功创建，淳安“美丽杭州”实验区建设深入推进，节能减排成效显著。上半年，我市化学需氧量、氨氮、二氧化硫、氮氧化物分别削减2.11%、3.69%、2.59%、4.36%，均达到时间进度要求。单位GDP能耗下降6.4%、提前一年实现“十二五”节能目标有望完成。⑺招商引资和浙商回归工作迈上新台阶，今年引进的单个大项目总投资较去年同期增加2506万美元，引进世界500强投资项目4个，首届世界杭商大会和中国（杭州）国际电子商务博览会成功举办。⑻旅游国际化有新进展，杭州航空口岸实行72小时过境免签政策，中国国际动漫节、文博会、西博会等国际化程度有新提高，成功申办2018年世界短池游泳锦标赛，城市国际化水平不断提升。⑼以“五水共治”为龙头的转型升级“组合拳”强力推进，城市“四治”取得初步成效。比如治水方面，千岛湖配供水一体化工程正式开工，城区基本经受住了今夏多雨时期考验，初步实现短时强降雨积水及时排除、道路交通不中断、居民家中不进水“三不”目标；治堵方面，萧山机场路改建工程启动，地铁2号线东南段顺利开通，小客车“限购限行”政策初见成效，市区早高峰车速同比上升14.8%，晚高峰车速同比上升9.2%；治气方面，杭钢转型和半山电厂燃煤机组、杭州炼油厂关停工作有序推进；垃圾处置方面，“三化四分”工作不断深化，九峰环境能源项目稳步推进。“三改一拆”方面，“三改”完成率313%、“一拆”完成率364%，累计完成省定三年总目标任务的三倍以上。建德村支书违建豪华别墅、临安东普寺违法建筑等被依法拆除，西湖区弥陀寺路区块、下城区白鹿鞋城和百井坊区块、萧山区育才路夜市等几个“老大难”问题得到解决。⑽名城强市建设稳步推进，精神文明建设成效显著，四部作品成功入选全国“五个一工程”奖，连续三届位列全国同类城市第一；涌现出杭州“7·5”公交车放火案见义勇为英雄群体等先进典型，“最美现象”正在从“盆景”变为“风景”。⑾民生保障持续加强，城乡居民收入保持“两个高于”，即农村居民收入增幅高于城镇居民收入增幅、城乡居民收入增幅高于地区生产总值和地方财政收入增幅，蝉联“中国最具幸福感城市”称号。⑿社会大局保持稳定，妥善处置“5·10”中泰群体性事件、“5·18”桐庐四氯乙烷泄漏事件和“7·5”公交放火案等各类重大事件，圆满完成各类重大安保任务。⒀“五个两”工作部署全面落实，正风肃纪动真碰硬，会所整治坚决有力，“还湖于民、还园于民、还景于民”基本实现，全市关停各类会所等高档经营场所56家，其中30家已完成转型，18家正在转型中；建立星期三“无会日”制度，严格机关作息制度、规范用餐秩序；出台社区（村）“牌子多”等问题根治办法。同时，良好的党风带动了民风转变，如倡导“三炷清香、文明礼佛”，文明过节、缩短鞭炮燃放时间，永久关停活禽交易市场等有效举措，得到社会各界充分认可和普遍赞扬。⒁两批教育实践活动有效衔接，“三转一争”专题活动有声有色，广大党员干部精气神进一步提升，党群干群关系进一步密切，全市上下争先进位、加快发展的氛围日益浓厚，等等。这十四个方面的工作，既有我们按省委、省政府要求，按计划有序推进的；也有情况突变、形势使然，我们紧急采取措施应对、管控的；更有着眼大局、自加压力，精心谋划、抢抓机遇，上下同欲、主动而为的。这些成绩的取得，是市委、市政府和全市人民“坚持一张蓝图干到底，一以贯之抓落实”的结果，凝聚着大家的心血和汗水，我们有理由为取得的成绩自豪。只要我们始终坚持科学发展、可持续发展和包容性发展的理念，正确把握并处理好“四对关系”、做到“四个看”，即要处理好当前与长远的关系，看可持续发展；处理好速度与结构的关系，看“形”和“势”；处理好点与面的关系，看“全市一盘棋”；处理好激活与规范的关系，看市场体制机制优势的再造，咬定目标不放松，踏石留印抓落实，就一定能推动杭州实现高起点上的新发展。

2.直面挑战，进一步昂扬担当精神。在肯定成绩的同时，必须看到世界经济总体复苏疲软态势难有明显改观，我国经济新常态特征更加明显，我市经济可持续发展速度趋缓、大项目好项目支撑不够、体制机制障碍、重点难点项目推进缓慢、干部精神状态有所退化等五大问题依然存在，经济社会发展面临不少困难和挑战。**争先进位压力依然很大**，“标兵”渐远、“追兵”渐近，甚至是“追兵”变“标兵”的态势日益明显，从“第一方阵”落入“第二方阵”的压力与日俱增。今年前三季度，我市地区生产总值为6426亿元，增长8%；而成都和武汉的地区生产总值分别为7230亿元和7100亿元，增长8.7%和9.5%；南京和无锡地区生产总值分别达到6220亿元和6122亿元，增长10.1%和8.2%，四个城市的增速都高于杭州。**可持续发展动力依然不足**，拉动经济增长的“三驾马车”缺乏后劲支撑。从有效投资看，项目投资少、结构不优，是我市与兄弟城市相比的短板。2013年，我市固定资产投资中项目投资额为2410亿元，仅为苏州的54.7%、成都的54.9%、武汉的58.8%、南京的60.7%、青岛的60.6%，其中工业投资额仅为青岛的35.6%、苏州的37.4%、南京的38%、武汉的41.3%，差距十分明显。**转型升级任务依然艰巨，**经济运行中实体经济后劲不足、消费增长后劲不足、资金链担保链断裂风险、房地产市场下行风险和企业经营困难等“两不足、两风险、一困难”问题仍较突出，经济增长中过多依赖低端产业、过多依赖低成本劳动力、过多依赖资源环境消耗、过多依赖传统市场及传统营销方式、过多依赖“低小散”企业等“五个过多依赖”现象广泛存在。从土地看，一方面我市可以说基本上无地可供，“有土地没项目”与“有项目没土地”现象同时存在，像大江东产业集聚区基本农田保有率达90%以上，缺乏天津、青岛、宁波等城市围垦增地的先天优势；另一方面，我市土地利用率较低，2013年每平方公里土地面积产出5027万元，不到深圳的1/10、广州的1/4、苏州和无锡的1/3、武汉的1/2，说明转型升级的空间是有的。**改革攻坚任务依然繁重，**影响发展的体制性机制性障碍仍未从根本上消除，落实改革举措任重道远，发展的动力和活力尚未得到充分激发。如萧山余杭两区融入主城区和大江东产业集聚区管理体制真正发挥新成效还需一定时间。**城市治理挑战依然严峻，**治水、治堵、治气、治废和食品安全等“4+1”难点问题破解难度加大，方式手段上尚未实现从“管理”向“治理”的根本性转变，标本兼治力度亟待加强。特别是食品安全问题，杭州近年来已经曝光了好几起事件，比如今年媒体曝光的网上“黑外卖”，看了让人触目惊心。我们必须把食品安全问题放到与推进城市“四治”同样的高度，着力解决好这一顽疾。**社会稳定压力依然巨大，**影响社会和谐稳定的不确定性因素增多，意识形态斗争特别是网上舆论斗争的艰巨性日益突出，隐蔽战线对敌斗争尖锐复杂，反恐防暴形势严峻。**“四风”问题反弹压力依然不小，**各级领导干部中抓落实不力、“不愿、不敢、不能”担当的问题不同程度存在，干部作风中的当“太平官”、做“老好人”、当“绅士”不当“战士”、撒“胡椒面”、想“松口气”、“混日子”、当“二传手”、摆“官架子”、打“小九九”、穿“隐身衣”的“十种现象”时有发生。生于忧患、死于安乐。深入发现问题、深刻剖析问题，是为了更好地解决问题、推动发展。我们必须以“等不起”的紧迫感、“慢不得”的危机感、“坐不住”的责任感，坚持全面深化改革，坚持创新引领转型，坚持城市群发展理念，坚持从严治党，以功成不必在我的大气、舍我其谁的勇气、实干担当的志气，团结带领全市人民在攻坚克难中努力开创发展新局面。

3.拉高标杆，进一步增强前列意识。要确保继续走在全国重要城市前列，首先必须树立强烈的前列意识，更加自觉地把杭州的发展放在国内外大背景下来审视，向标杆城市看齐，朝标杆城市努力。随着“三转一争”专题活动的深入开展，结合全市上下大讨论、大调研、大对标成果的总结，市委认为，今后一个时期杭州要在全面学习国内兄弟城市好经验、好做法的基础上，重点开展“改革开放学上海、转型升级学深圳、美丽建设学天津”活动，真正做到学有方向、干有目标。**一要学习标杆城市解放思想、先行先试的勇气。**标杆城市之所以能始终引领发展，其中最关键的一条经验，就是不断解放思想，深化改革开放。比如，上海从上世纪八十年代起就开始自主自发改革，加快浦东开发开放，在全国率先开始国有资产管理体制改革、建立一批国家级要素市场、进行社会保障制度改革、推行国有土地有偿使用、推进基础设施建设投融资体制改革等“五个率先”改革，赢得了先发优势。当前，上海不仅正按照中央要求，加快建设全球创新中心和自贸区，更针对城市治理中的交通顽疾，自我革命进行新一轮交通发展体制机制创新，把市交通运输和港口管理局重组为市交通委员会，对原市交通港口局、市建设交通委、市规划国土局、市公安局有关涉及交通的职能进行整合，管理职责涵盖水陆空铁邮等各交通领域，重点突出加强了交通规划、建设和管理的有机衔接，又走在了改革的前列。天津在简政放权上率先推进“八个一”改革，即一份清单管边界、一颗印章管审批、一个部门管市场、一支队伍管执法、一个平台管信用、京津冀通关一体化、一个号码管服务、一套体系管廉政，极大激发了社会发展活力。可以说，没有解放思想、改革开放的率先，就不可能有发展的率先。我们必须抢抓改革红利、创新动力、市场活力、城镇化潜力“四个最大力（利）”机遇，抓住“两区”创建和省委常委会专题研究杭州工作“两大契机”，进一步解放思想、先行先试，打开杭州改革开放新局面。**二要学习标杆城市创新驱动、转型升级的定力。**综观标杆城市，面对既要稳增长又要调结构、加快转变经济发展方式的挑战，他们都始终保持了战略定力，坚持走创新驱动发展道路，转型升级走在了全国前列。比如，深圳没有被“深圳被谁抛弃”的杂音所左右，始终坚持创新驱动不动摇，“数十年磨一剑”，着力打造市场为导向、企业为主体、产学研用一体的区域创新体系，自主创新能力持续提升，2013年研发经费占GDP比例已达4%，培育了华为、中兴、腾讯等一大批创新型龙头企业，以电子及通讯设备制造等为主体的高新技术产品增加值占规上工业增加值比重为78%，在全国率先走出了一条转型升级、创新发展之路。深圳连续十年位居副省级城市发明专利授权量榜首，华为和中兴两家企业专利授权量超过我市总量。自主创新呈现“4个90%”现象，即90%以上的研发机构设立在企业、90%以上的研发人员集中在企业、90%以上的研发资金来源于企业、90%以上职务发明专利产生于企业，在全国率先实现了由要素驱动向创新驱动发展动力的转换。因此，深圳仅用了1年时间就成功获批首个以城市为基本单元的国家自主创新示范区，总面积397平方公里，相当于近35个深圳高新区，超过原深圳经济特区面积，再造了一个新的“科技特区”。杭州要率先实现转型升级，就必须坚定不移实施创新驱动发展战略，聚焦“一号工程”、发展信息经济、推动智慧应用，加快发展动力转换，推动经济提质增效升级，抢占经济发展制高点。**三要学习标杆城市自加压力、敢于担当的精神。**面对新形势对提升城市治理、加强环境保护等提出的新要求，许多标杆城市在历史负债和现实困境之间，靠着一股子自我加压、敢拼敢干的精神，在除“拦路虎”、啃“硬骨头”中推动了发展。比如，天津针对产业结构、能源消费结构“两个偏重”的特点，面对生态环境严峻形势的挑战，不怨天尤人，不退缩回避，拿出铁的决心，实施以“清新空气、清水河道、清洁村庄、清洁社区、绿化美化”为主要内容的“美丽天津一号工程”，明确提出不以一时的经济指标而犹豫迟疑，举全市之力集中解决环境保护突出问题，在绿色循环低碳发展上取得了明显成效。天津在占全市国土面积70%的盐碱地上，造林374万亩，林木绿化率达23%；在一片盐碱地中，建成了总面积近9万公顷的四大湿地自然保护区，把天津的“肺活量”提升了几倍。特别是在治理大气污染方面，一方面投入资金近百亿，下决心完成全市燃煤锅炉关停，另一方面坚持“零容忍”铁腕治污，累计破获环境污染案件112起，关闭环境违法企业703家，截至今年10月底，PM2.5浓度同比下降15.1%。同时把“智慧城市”融入到城市规划建设管理的每个环节，在城市智能化、精细化管理上做到了极致。作为自然生态环境基础好、优势明的杭州，我们更应有这种壮士断腕的决心、敢于担当的精神，坚持走“绿水青山就是金山银山”的发展道路，加快生产美、生态美、生活美“美丽杭州”建设进程，倒逼环境曲线拐点尽快到来，早日建成美丽中国先行区。要强调的是，学习标杆城市，我们不是一朝一夕地学，而是要坚持不懈地学，把杭州与标杆城市的差距转化为加快发展的动力；不是照搬照抄地学，而是要在学习借鉴的基础上，把标杆城市的经验做法转化为符合杭州实际的创新思路举措；不是停留在口号上地学，而是要把标杆城市坚持解放思想、科学发展的精神转化为推动杭州发展的干劲，在自加压力中奋起，在砥砺前行中进位。

面对新的发展趋势，站在新的发展起点，我们必须准确把握新常态发展的趋势和特征，既要主动应对困难挑战，更要积极抢抓发展机遇；既要主动对标先进城市，更要积极发挥比较优势；既要主动适应新常态，更要积极引领新常态，坚定信心、坚持发展，乘势而上、主动作为，切实做到“三个更加”。**一是认识新常态要更加清醒。**习近平总书记指出，我国经济发展进入新常态，没有改变我国发展仍处于可以大有作为的重要战略机遇期的判断，改变的是重要战略机遇期的内涵和条件；没有改变我国经济发展总体向好的基本面，改变的是经济发展方式和经济结构。面对新常态伴随的新矛盾、新问题，我们要心存忧患，但没有理由悲观，更不能妄自菲薄。必须看到，这里面既有宏观环境深刻影响的因素，遇到了“三期叠加”背景下难以避免的困难和问题；也有先发优势逐渐弱化的因素，面临旧动力持续下降、新动力马力不足、新旧动力青黄不接的状况；更有我们主动调整适应的因素，是杭州在“三个新”的形势下主动闯关、换挡减速的结果。**二是适应新常态要更加自觉。**面对新常态带来的新机遇、新“红利”，我们要积极把握、用足用好，将其转化为推动发展的动力。必须看到，当前杭州在全面深化改革、加快转型升级、扩大对外开放、新型城镇化等诸多方面，面临着一系列机遇。尤其是这次党中央、国务院原则同意杭州申请创建“两区”和省委常委会专题研究杭州工作，给杭州发展带来了重大战略机遇，必将形成一系列的政策叠加和放大效应，有力推动杭州创新发展、科学发展。前天陪同夏宝龙书记去调研千岛湖配供水一体化工程时，他就明确指出，跨境电子商务综合试验区给杭州带来了巨大的发展机遇。什么叫机遇？第一，机遇是稍纵即逝的；第二，机遇离开你就不会返回了。现在这个机遇已经来了，就看你们抓不抓得住。希望杭州在机遇面前，一要放下身段，敞开怀抱，当好“店小二”，欢迎更多的创新创业者来杭发展；二要始终保持一个良好精神状态，把更多的时间、更多的精力用在抓工作上，齐心协力、全力以赴，力争各方面工作都走在前列，指标要最高、质量要最好、速度要最快、社会要最和谐，展示省会城市的担当，为服务全省大局多作贡献。这番话，既语重心长，又殷切期望。希望大家要好好领悟、细细体会，切实增强机遇意识、责任意识，以实际行动把机遇用足用好，在先行先试中闯出一片新天地，以不辜负党中央、国务院和省委、省政府的期望。**三是引领新常态要更加有为。**面对新常态提出的新要求、新任务，我们要主动承担、奋发有为。必须看到，实现省委常委会提出的“两个确保”目标、进入“增长中高速、质量中高端”的轨道，不是躺着就能实现的，必须充分发扬敢为人先、勇立潮头的精神，找准比较优势，付出艰苦努力，苦干实干拼命干，才能抢占先机、下好“先手棋”。总之，全市各级各部门和广大党员领导干部必须切实把思想和行动统一到中央和省市委的决策部署上来，以更饱满的激情和斗志、更有力的行动和举措、更加好的作风和环境，进一步释放改革红利，进一步增强创新动力，进一步激发发展活力，推动杭州在高起点上实现新发展，在新常态中实现新跨越。

二、坚定目标、精准发力，明确2015年主要工作任务

明年是全面深化改革的关键之年，是全面深化法治杭州建设的开局之年，是全面完成“十二五”规划的收官之年，也是启动“十三五”规划的谋划之年，做好明年工作意义重大。**我们要全面贯彻党的十八大和十八届三中、四中全会精神，认真学习习近平总书记系列重要讲话精神，坚决落实中央和省委、省政府重大决策部署，深入实施“八八战略”，坚持稳中求进、转中求好，以提高经济发展质量和效益为中心，主动适应新常态，战略上保持定力、战术上精准发力，突出转型升级，深化改革攻坚，狠抓城市治理，推进美丽建设，强化民生保障，加强党的建设，促进经济持续健康发展和社会和谐稳定，确保杭州更好地在全省发挥龙头领跑示范带动作用，确保继续走在全国重要城市前列，为建设东方品质之城幸福和谐杭州打实基础。**

明年经济社会发展的主要预期目标是：全市地区生产总值增长8%左右，城镇居民人均可支配收入增长8.5%左右，农村居民人均可支配收入增长9.5%左右，城镇登记失业率控制在4%以内，居民消费价格指数与省里保持一致，主要减排指标和能耗总量控制指标完成上级下达任务。重点要做到“六个精准发力”：

（一）紧紧扭住“一号工程”，在转型升级上精准发力。坚定不移以发展信息经济、推动智慧应用为突破口，全面落实《关于加快发展信息经济的若干意见》，强势推进“一号工程”。**一要坚持产业发展与布局相协调。**充分发挥市产业发展协调委员会作用，优化“六大中心”规划布局，制定实施“三年行动计划”，设立市信息经济投资基金，深化“中国软件名城”建设。更好发挥杭州高新开发区（滨江）的引领作用，抓紧出台各级各类开发区整合提升方案，抓紧制定支持重点产业平台建设扶持政策，加快建设一批主业突出、特色鲜明、优势互补、差异发展的智慧产业发展核心区和重点特色园区，为打造万亿级信息经济产业集群提供平台支撑。前段时间，金财主任

带队深入调研，就我市产业园区整合提升提出了很好的工作建议，提出了“再造一个杭州工业平台”的目标。市政府要抓紧研究，力争明年有一个实质性突破。**二要坚持项目推进和谋划相结合。**加大上城山南基金小镇、西湖云栖小镇、余杭梦想小镇和杭州云谷、西溪谷、钱江传感谷“三镇三谷”建设力度，加快江干智慧小镇、桐庐健康小镇、西湖龙坞小镇、富阳硅谷小镇等特色小镇建设，全面深化与中科院、北大、清华长三角研究院、阿里巴巴、思科（中国）、中国电信、中国移动、中国电子信息产业集团等名校名院名企的战略合作，抓好第一批300多个智慧经济项目，力求在培育若干个国际知名百亿级信息经济龙头企业上取得新突破。结合“十三五”产业规划编制，再谋划和推出一批龙头项目、创新项目、平台项目和民生项目。**三要坚持“引进来”和“走出去”相结合。**抢抓国家实施“一带一路”和长江经济带战略机遇，拓展对外开放新空间，培育发展开放型经济新优势。深化完善招商引资体制机制，坚持引智、引资、引才相结合，招引世界500强、央企国企、浙商杭商三管齐下，争取在杭设立更多研发总部、营销总部和产业基地。加快推进长安福特、费列罗食品、西子航空、东风裕隆二期等项目，确保明年投产。围绕打造本土跨国公司和加快服务贸易发展两大重点，鼓励有实力的企业拓展海外市场，收购优质企业、营销渠道、核心技术、关键设备、知识产权，吸引一批高端人才，加快产业、企业、装备“走出去”步伐。**四要坚持产业提升和倒逼转型相结合。**深入推进“两化”深度融合示范区建设，加大移动互联网、厂联网、机联网推广应用，积极运用信息技术改造提升现有传统产业，推动传统产业向中高端迈进。持之以恒打好以“五水共治”为龙头的转型升级“组合拳”，继续抓好“三改一拆”“四换三名”等重点工作，倒逼产业转型升级提速。特别是要立足杭州资源禀赋和发展优势，主动适应小型化、智能化、专业化生产成为产业组织新特征的趋势，大力发展新兴产业、服务业和小微企业，推进产品创新、品牌创新、产业组织创新和商业模式创新，培育推进转型升级的新动力和生力军。**五要坚持应用推广与扩大内需相结合。**抢抓国家出台促进消费系列政策机遇，继续巩固和扩大网络消费优势，突出抓好信息消费、信息惠民等国家试点，着力推进智慧文化、智慧教育、智慧医疗、智慧旅游、智慧养老、智慧交通、智慧城管等专项应用和家庭智能终端应用，积极发展教育医疗、健康养老、文化娱乐、体育健身、电子商务等现代服务业，培育经济新增长点和消费新热点。深化完善杭州国际商贸城功能定位，发展“线上+线下”融合消费模式。千方百计扩大消费在经济增长中的基础作用，是我市明年经济工作要认真研究的大课题，关键还是要围绕实现有钱花、愿意花、敢于花、有地方花、放心花和值得花“六个花”做文章，既要继续在巩固传统消费市场上下功夫，更要顺应个性化、多样化、智能化消费渐成主流趋势，更加注重市场和消费心理分析，在引导消费、培育消费、创造消费热点上多下功夫。同时，要加强风险研判和防控，深化完善市场调控对策，促进房地产市场健康稳定发展。

（二）扎实推进“杭改十条”落地，在改革攻坚上精准发力。按照“推出既有年度特点、又有利于长远制度安排的改革举措”要求，力争在“六个两”改革上取得新进展。**一要积极争创中国（杭州）跨境电子商务综合试验区和国家自主创新示范区两项国家战略。**围绕“力争明年获批”目标，把“两区”申报创建工作摆上重中之重位置，抓紧深化细化“两区”创建方案，积极主动加强与国家部委、省里的对接、配合，努力实现“两区”有机融合、政策相互叠加、效应乘数显现。这两个“大礼包”既充分体现了党中央、国务院对杭州的关心重视，也是中央给我们下达的改革任务。我们必须抢抓机遇、乘势而上，把这两件大事谋划好、配合好、落实好，既要为杭州发展创造新引擎，更要为全国改革探出新路子。所以这个月我先后两次带队去北京联系汇报工作，先去了商务部、海关总署、质检总局，商务部副部长、国际贸易谈判代表钟山，海关总署署长于广洲和质检总局局长支树平分别听取汇报，都明确表示将全力给予支持，希望杭州以改革的精神和思路，在体制机制、管理服务等方面敢于创新，在分步实施、聚焦重点上有效突破，在线上线下、互联互通等方面先行先试。后又带队赴科技部，万钢副主席亲自听取汇报并作了重要讲话，要求我们按照一年内完成申报的目标，进一步深刻领会国务院实施扩区的意图，进一步注重培育自己的特色，进一步突出“两区”衔接，进一步突出城区共融发展，努力营造好政策环境、法治环境和服务环境，努力使大学生创业零成本、科技成果转化高效益、企业成长无障碍、服务和推动全社会形成“大众创业、万众创新”的热潮，形成一批可复制、可推广的经验。这些重要指示，既进一步坚定了我们争创“两区”的信心，更为我们进一步指明了方向。要按照“分步走”要求，围绕加快推进信息共享、金融服务、智能物流、电商信用、风险防控、统计监测“六大体系”和线上“单一窗口”、线下“综合园区”两大平台建设，坚持制度创新、管理创新、服务创新，争取在跨境电子商务国际规则制定、金融支持、税收便利、数据化监管和供应链综合服务体系建设等方面先行先试，积极参与打造“网上丝绸之路”，力争形成一批可复制可推广的试点成果，促进跨境电子商务发展的自由化、便利化、规范化、法治化，为推动形成互联互通、共享共治的大格局作贡献。要围绕创建“一区多园”国家自主创新示范区，更加注重科技进步和全面创新，着力在完善以市场为导向、企业为主体、产学研用一体化的区域创新体系上下功夫，在健全以民营经济为基础、民营企业为主体、“大众创业、万众创新”为支撑推进创新驱动发展的体制机制上创特色，在争取建立股权激励、科技成果转化、知识产权等制度体系上求突破，切实解决好科技投入产出不匹配、产学研结合不紧密、科技评价机制不合理、人才发展机制不完善等科技创新“四不”问题，充分发挥创新在转型升级中的引擎作用。**二要抓实杭州都市经济圈转型升级综合改革和淳安县国家主体功能区建设两项国家级试点。**抢抓上海建设自贸区和全球创新中心机遇，加强与上海为龙头的长三角城市群对接，完善促进杭州都市经济圈城市融合互动发展机制，不断提升杭州中心城市的集聚和辐射能级，推进县域经济向都市区经济转型发展。继续深化淳安县国家主体功能区和“美丽杭州”实验区建设，争创国家级重点生态功能区示范区。**三要深化富阳权力清单制度改革和滨江工商登记制度改革两项省级试点。**重点围绕深化“四张清单一张网”改革，建立动态调整机制，完善后续监管制度，加大简政放权力度，从严加强编制管理，以政府权力的“减法”换取市场活力的“加法”，加快建设法治政府和服务型政府。**四要巩固并不断深化大江东产业集聚区体制调整和萧山、余杭融入主城区两项改革成果。**推进大江东产业集聚区“一平台、一主体”体制机制有效运转，完善城西科创产业集聚区“一区双城”管理架构。坚决破除“三个不变”束缚，进一步统一思想，深化研究，创造条件，实质性推动萧山、余杭与主城区深度融合一体化发展。**五要加快实施要素市场化改革和国资国企改革两项改革重点。**强化“亩产论英雄”理念，推广海宁要素市场化配置改革试点经验，切实提高土地利用的综合产出效益。这项工作务必引起重视，将来土地指标只会少、不会多，土地政策只会严、不会松，土地价格只会升、不会降，不能眼睛老是盯着指标和基本农田，更要着眼于低效和闲置土地的盘活利用，着眼于通过转型升级提高土地利用产出率。适时出台燃气价格调整方案，开展区域能源使用权交易试点。按照竞争类、功能类、公共服务类三种类型，加快推进国资国企改革，明确改革路线图和时间表。**六要抓好重大项目推进和投融资体制机制两项制度创新。**明年要继续高度重视并发挥好有效投资对稳增长、调结构的重要作用。省里已明确提出明年“重大基础设施项目、重大产业项目、工业技改投资、生态建设和环境保护投资”四大类分别增长20%以上的硬任务，杭州要完成这一要求，绝非易事。扩大有效投资，关键还是要有项目，特别是大项目、好项目作支撑，要突出“一号工程”等重大产业项目、关系民生的社会事业项目、事关长远的重大基础设施项目和生态项目，进一步建立健全项目筛选、储备、招引、建设工作机制，完善重大项目市领导联系机制和“大督查”跟进机制，形成重大项目建设齐抓共管、合力推进的良好局面。落实国家财政体制各项改革举措，巩固市级财政专项资金改革成果，抓紧深化“后土地财政”时期财政增长问题研究，培育发展互联网金融，扩大社会资本准入，如鼓励社会资本通过PPP模式等参与城市公用设施投资建设运营，创新融资方式和平台，实现筹融资渠道多元化，努力破解资金难题。

（三）围绕美丽中国先行区目标，在美丽建设上精准发力。深入实施环境立市战略，扎实推进国家生态文明先行示范区和“两美”浙江示范区建设，加快推进生产美、生态美、生活美“三美融合”发展，率先走出一条“绿水青山就是金山银山”的新路。**一要以规划引领美丽建设。**坚持高水平规划、高品质建设、高效能管理“三轮驱动”，推进城市总体规划、市域产业发展规划、土地利用总体规划、生态保护规划“多规合一”，着力完善综合交通规划和地下空间规划。实施主体功能区制度，合理设置开发强度，科学划定主城区开发边界，保护好市域西部生态屏障和市区六条生态带，严守耕地和生态红线，强化规划引领和刚性约束。**二要以“四化同步”统筹美丽建设。**坚持新型工业化、信息化、城镇化、农业现代化同步发展，完善区县（市）协作体制机制，深化“六大西进”行动，推动中心城区产业向县（市）梯度转移、县（市）传统块状经济向现代产业集群转变，加快城乡一体化发展。坚持以人为核心，落实中央关于户籍、宅基地、土地经营权流转等改革举措，抓实“双千工程”，深入推进中心镇建设，提高中心镇的产业、人口集聚度，增强综合承载和辐射带动能力。**三要以严管保障美丽建设。**坚持源头严防、过程严管、后果严惩，加大对环境违法行为的查处力度，着力打造“环境监管最严格城市”。严格实施能耗倒逼和污染物排放总量控制，健全排污权、碳排放权交易市场化机制，统筹推进淘汰落后产能、过剩产能、园区转型升级和城区工业企业搬迁等工作，推动形成绿色低碳循环发展新方式。完善区域生态补偿机制，推进环境保护区域协调发展和跨区域综合治理。**四要以典型推动美丽建设。**巩固西湖、西溪、运河等综保成果，继续推进“三江两岸”生态景观保护与建设，努力打造一批国内领先的美丽样本。深入推进“四边三化”行动，积极推进中心村、精品村、风情小镇建设和历史文化村落保护利用，打造一批美丽乡村升级版。加快转变农业发展方式，提高农业综合生产能力，大力发展农村电子商务，积极培育以新型家庭化生产、民宿经济、农业观光融合发展的农村新业态，走产出高效、产品安全、资源节约、环境友好的现代农业发展路子，推进农业增效农民增收，实现农村美丽农民富裕。

（四）始终突出问题导向，在城市治理上精准发力。坚持立足当前、着眼长远，标本兼治、综合施策，不断提升城市治理能力和水平。**一要坚定不移打赢“4+1”治理攻坚战。“五水共治”上，**严格“河长制”和目标责任考核，坚持把治污水作为“大拇指”工程，全面落实五个“三年行动”计划。扎实推进千岛湖配供水一体化工程。前天夏宝龙书记在施工现场考察后再次强调，实施千岛湖配供水一体化工程，开辟杭州第二饮用水源，是“五水共治”特别是抓节水、保供水的重大举措，是杭州人民的梦想，事关民生改善、事关杭州长远发展。杭州全市上下要坚决贯彻落实省委、省政府和市委、市政府的决策部署，齐心协力、全力以赴、保质保量推进工程建设。要运用法治思维和法治方式依法有序推进各项工作，坚持一张蓝图绘到底，真正把好事办好、把实事办实，确保工程经得起历史检验、对得起千岛湖一湖绿水，成为一项造福百姓、不留遗憾的民心工程。**大气整治上，**加强大气污染源清单管理，强化灰霾天气专项整治，加大新能源汽车推广力度，两年内我们要新增比亚迪全电动汽车3000辆，其中纯电动公交车1500辆，纯电动出租车1000辆，通勤车500辆，并在环西湖景区启用新能源汽车，并加快推进杭钢转型发展和半山电厂、萧山电厂燃煤机组关停工作，确保主城区和萧山、余杭及五县（市）建成区基本建成“无燃煤区”。**交通治堵上，**盯住主城区明年底基本建成“三纵五横”快速路网及对外快速通道目标，加快城市快速路网和地铁线网“两张网”建设，全力推进萧山机场路改造工程，力争绕城西复线杭州至绍兴段、临金高速国高网段等项目开工建设，继续推进京杭运河二通道、千黄高速淳安段等项目报批工作。坚持公交优先，创建公交都市。巩固完善机动车“双限”政策，推广停车场库市场化运作机制和“大关小区”交通综合整治模式，强化交通秩序治理，推进出租车管理和营运体制改革，探索创新大交通管理体制。**垃圾处置上，**优化设施规划布局，稳步推进九峰环境能源等项目建设；坚持“三化并举”，建立健全“四分联动”机制，创新垃圾处置模式；实施资源综合利用和循环经济项目，推动天子岭等垃圾处置场改造升级。**食品安全上，**深化工商、食药监体制改革成果，以最严格的标准构建市、区县（市）、乡镇（街道）、村（社区）四级食品监管体系，实现食品生产、流通和消费环节无缝式监管，坚决打击食品药品领域违法犯罪行为，努力让老百姓吃得更放心。**二要持续推进城市国际化。**抓紧出台并落实好《加快推进城市国际化行动纲要》。深化文化、教育、医疗、体育领域的国际交流合作，建设一批国际化生活社区、商业街区，进一步完善国际化的宜居、宜业、宜商环境。用足用好“双世遗”城市和阿里巴巴等名企资源，深入实施旅游国际化战略，加快旅游产业“四位一体”转型。继续提升中国国际动漫节、文博会、西博会、电子商务博览会等会展国际化、品牌化、专业化、市场化水平，争取若干国际性组织和国际会议在杭落地。明年阿里巴巴要在杭州召开世界妇女创业者大会、全球慈善大会，这既是阿里巴巴的大事，也是杭州的大事。我们要积极主动加强与阿里巴巴的沟通对接，既要为两个世界级大会召开做好服务保障，更要利用好这些机遇，在招商引资、扩大宣传等方面加强谋划。**三要建立健全社会参与机制。**坚持以促进社会参与为着眼点，促进和激发社会活力为着力点，增进人民福祉为落脚点，深化“我们圆桌会”、“湖滨晴雨”工作室、街道民主协商议事会等基层协商民主形式，巩固社区民情恳谈会、民主听证会、民情沟通会等机制，健全政府购买公共服务制度，鼓励支持和规范更多社会组织参与社会治理和公共服务，推动基层协商民主建设长效化，推动社会管理向社会治理转变。明年，尤其要围绕构建“一平台四体系”社会诚信体系，加强市公共信用信息平台与阿里巴巴等第三方网络信用体系的对接共享，率先在金融信贷、食品安全、生态环境、工程建设等重点领域建立信用联动机制，突破信用信息“孤岛”，拓展信用体系征信范围和应用领域，强化信用监管，力争在全国率先形成守法诚信褒奖机制和违法失信行为惩戒机制，引导人们遵纪守法、向上向善。

（五）坚持以人为本，在民生保障上精准发力。更加注重满足人民群众需要，更加注重引导社会预期，扎实推进“民生十项工程”，让老百姓享有更高质量的就业、更满意的收入和更可靠的社会保障，持续提升群众生活品质。**一要以创业创新为重点促进就业增收。**树立以创新促进创业、创业带动就业的理念，加快建立鼓励“大众创业、万众创新”的体制机制，深入实施大学生创业三年行动计划，完善社会创业创新培训体系，营造宽松的创业创新环境，不断放大创业带动就业的倍增效应。更加关注低收入群众生产生活，统筹兼顾农民、企业职工、中低收入者、困难家庭“四个群体”的增收，防止平均数掩盖大多数。**二要以提升品质为重点强化保障。**推进城乡居民养老保险市级统筹，稳步提高城乡居民医疗养老保障和最低生活保障水平。继续扩大基础教育优质资源覆盖面，完善现代职业教育体系，加快浙江音乐学院建设进度，推进杭师大二期项目建设和转型发展，推动“湖畔大学”建设。巩固和深化医疗体制改革成果，完善多层次医疗卫生和社会化养老服务体系，推动医养护一体化。积极做好国家卫生城市复评工作。完善覆盖城乡的住房保障体系，稳步推进保障房货币化安置改革。**三要以名城强市建设为重点增强软实力。**巩固文明城市创建成果，深化“我们的价值观”实践活动，健全发现“最美现象”、弘扬“最美精神”长效机制，使社会主义核心价值观深入人心，成为全市人民植根内心的修养、无需提醒的自觉，持续提升市民文明素质。市里初步考虑，要学习借鉴省里“每日聚焦”的做法，开设一个“今日关注”的栏目，发现问题、揭露问题、整改问题，从机制上巩固和落实文明城市创建成果。坚持政府主导、社会参与、共建共享，整合用好各类公共文体设施和服务资源，加快之江文化大平台、奥体博览城、动漫博物馆等重大文化设施建设，加强农村文化礼堂、城市文化广场等阵地建设，推进城市档案中心建设，加大文化精品创作，建立健全现代公共文化服务体系，为人民群众提供更丰富的精神文化产品和服务。加快文创与旅游、科技、金融、制造、农业等跨界融合发展，推进文创产业化、产业文创化，确保文化创意产业率先发展、领先发展。**四要以平安创建为重点保持社会稳定。**必须坚持一手拿经济报表，一手拿平安报表，树立“大平安”理念，巩固最具安全感城市成果。要着力构建党政主导的维护群众权益体系，完善“六和塔”矛盾纠纷预防化解模式，引导和支持人们理性表达诉求、依法维护权益，推动社会矛盾化解法治化。加强对涉法涉诉信访工作的领导，推行诉访分离，实行终审和诉讼终结。依法妥善处置涉及民族、宗教等因素的社会问题。要扎实推进“六安工程”，全面深化“平安网格”创建，健全社区矫正制度，健全防灾减灾体系，牢牢守住交通运输、公共卫生、消防等重点公共安全防线。创新完善立体化社会治安防控体系，健全应急联防联动指挥平台和体系，建立网上网下维稳联动机制，坚决打击各类违法犯罪和涉恐涉暴活动，不断增强群众安全感。

（六）全面从严治党，在提升党建科学化水平上精准发力。牢固树立“抓党建是最大政绩”的理念，坚持思想建党不松、制度治党从严，落实管党治党责任，全面提高党的建设科学化水平。**一要提高党委依法执政能力。**充分发挥党委总揽全局、协调各方的领导核心作用，完善“一个中心、三个党组”的领导体制，支持人大、政府、政协和审判机关、检察机关依照宪法法律和章程独立负责、协调一致开展工作。加强同各民主党派的政治协商，巩固和发展最广泛的爱国统一战线。支持和推动协商民主广泛多层制度化发展。支持工会、共青团、妇联等群团组织依照各自章程开展工作。做好老干部、民族宗教、对台侨务、外事等工作。深化“双拥”共建，推进军民融合深度发展。**二要加强对意识形态工作的领导。**把意识形态工作摆上极端重要的位置，切实增强政治敏锐性和政治鉴别力，牢牢把握意识形态工作主动权、主导权、领导权。落实好“谁主管谁负责”和属地管理原则，坚持管人、管事、管资产、管导向相统一，做到守好土、尽好责。把握新媒体传播特点，充分发挥“杭州发布”等新媒体平台作用，提高对网上舆论的引导力和掌控力，真正让网络空间清朗起来，汇聚改革发展正能量。**三要加强领导班子和干部队伍建设。**牢固树立“作风建设永远在路上”思想，巩固和运用好教育实践和巡视工作成果，纠正“四风”常抓不懈，从严抓好问题整改，建立健全“大监督”运行机制，着力解决“不愿、不敢、不能”担当问题，教育引导广大党员领导干部争做焦裕禄式好干部，提振精气神，展现新形象。牢固树立正确的选人用人导向，按照“三个好”要求，着力深化干部队伍建设和人事制度改革，努力建设一支敢担当有作为、过得硬打胜仗的干部队伍。我多次讲过，选拔任用干部就是五条标准：一是敢于担当的“狮子型”干部，二是有大局意识，三是有基层工作经验，四是人岗相适，五是有团队精神。**四要加强基层组织建设**。全面构建“开放式网络党建、区域化网络服务”工作格局，扎实推进智慧党建，健全基层走亲、乡镇干部住夜值班、“三全十服务”等直接联系服务群众的长效机制，重点解决联系服务群众“最后一公里”问题，着力提升基层党组织的凝聚力、战斗力。**五要加大党风廉政建设和反腐败斗争力度**。各级党委（党组）要切实担负起抓党风廉政建设的政治责任，坚持党委主体责任和纪委监督责任“两责”一起落实、党风政风和社风民风“两风”一起抓、“老虎”和“苍蝇”两个一起打、完善制度和执行制度两措并举、严格教育和强化监督两方面并重，持之以恒严明纪律、严抓作风、严惩腐败，坚决遏制腐败蔓延，坚定不移推进廉洁杭州建设，着力营造干部清正、政府清廉、政治清明的发展氛围。**六要加强党管人才工作**。人才竞争是杭州输不起的一场决战。要强化需求导向、问题导向、满意导向，深入实施《杭州市民营企业经营者队伍建设规划（2014—2020年）》，着力完善以用为本的人才政策体系和工作机制，特别是要在更加注重加强产权和知识产权保护、更加注重发挥企业家才能、更加注重加强教育和提升人力资本素质、更加注重营造国际化宜居宜业环境等方面出实招、求突破，真正使杭州成为汇聚八方贤才的人才高地、引领“大众创业、万众创新”的示范重镇。

三、深刻领会、抓好落实，推动法治杭州建设迈上新台阶

市委对法治杭州建设工作高度重视。今年年初，市委就开始谋划全面深化法治杭州建设工作，党的十八届四中全会和省委十三届六次全会召开以后，在市委常委会领导下，市委办公厅、政研室成立文件起草组，在听取方方面面意见基础上，形成了《中共杭州市委关于全面深化法治杭州建设的若干意见》（初稿）。12月8日，市委常委会对《意见》稿进行深入研究讨论后，起草组作了认真修改完善，形成征求意见稿，广泛征求了各方意见建议。12月22日，市委常委会再次对《意见》稿进行讨论研究，并同意提交本次全会审议。大家一致认为，市委十一届八次全会专题研究全面深化法治杭州建设问题，续写“杭改十条”姊妹篇，意义重大而深远。《意见》（审议稿）坚持改革导向、问题导向、特色导向，注重把贯彻落实中央、省委要求和杭州实际结合起来，把继承过去实践经验和谋划新的发展统一起来，着重解决看得见摸得着的实际问题，具有非常鲜明的杭州特点。这里，我就全面深化法治杭州建设，再提三点要求：

（一）切实增强法治杭州建设的使命意识。以习近平同志为总书记的党中央高度重视依法治国，这次四中全会专题研究全面推进依法治国重大问题，进一步丰富了我们党依法治国、依法执政的理论和实践，从法治角度对推进国家治理体系和治理能力现代化进行破题。省委十三届六次全会又对新形势下全面深化法治浙江建设作出部署。市委要坚决响应、坚决贯彻，在思想上政治上行动上与中央和省委保持高度一致。尤其是当前，我们面对的改革发展稳定任务之重前所未有、矛盾风险挑战之多前所未有，法治在全局工作中的地位更加突出、作用更加重大。我们必须不断把2006年以来法治杭州建设的显著成效和实践经验巩固好、发展好，顺应人民群众对法治建设的新期待，全面深化法治杭州建设，学会运用法治思维和法治方式来深化改革、推动发展，确保我市经济社会各项事业发展既生机勃勃又井然有序。

（二）牢牢把握法治杭州建设主要任务。全面深化法治杭州建设，必须充分考虑杭州作为大基层的实际，既要上接天线，也要下接地气、解决杭州改革发展中面临的重要问题。因此，《意见》不搞“面面俱到、上下一般粗”，帽段在明确贯彻落实中央、省委要求的基础上，简要阐述了全面深化法治杭州建设的意义和目标；尾段则强调了加强对法治杭州建设的领导；作为文件主体的“杭法十条”可以归纳为“五个走在前列、五个实现新突破”。**“五个走在前列”**，就是要在依法执政、科学立法、依法行政、公正司法、全民守法上走在前列。这是根据中央和省委的《决定》，按照法治工作基本格局作出的论述和部署。毫无疑问，对中央和省委作出的系列重大决策和任务部署，我们必须不折不扣抓好落实。因此，在具体内容上，都是杭州可以自行操作落实和需要重点抓好的工作。**“五个实现新突破”**，就是要在依法保障改革发展、美丽建设、平安创建和加强依法监督、提高法治能力水平上实现新突破。充分体现了以法治引领保障改革发展的要求，可以说是我们当前全面深化改革、推动重点工作、破解难点问题的“压舱石”，希望大家准确领会中央、省市委精神，按照务实管用要求，跳出条条框框限制，把《意见》审议好，使其成为指导我们各项工作、推进杭州未来发展的重要遵循。

（三）扎实推进法治杭州建设重点工作。全面深化法治杭州建设是一项庞大的系统工程，涉及方方面面，工作任务十分繁重，这就要求我们必须扭住“牛鼻子”，抓住关键处，确保组织领导、责任落实、氛围营造“三个到位”。**组织领导要到位**。要坚持党委总揽全局、协调各方，抓住影响全面深化法治杭州建设全局的重大问题、重点工作和关键环节，以重点突破带动整体工作提升。支持人大、政府、政协、审判机关和检察机关依法依章程履行职能，在全面深化法治杭州建设中更好发挥作用。各级各部门要站在战略和全局的高度，把全面深化法治杭州建设的重大决策谋划好、部署好、落实好，进一步形成工作合力。**责任落实要到位**。实现法治杭州建设的蓝图，关键在于落实责任。“杭法十条”经全会审议通过后，要进一步分解落实工作责任，制定明年法治建设目标和重点工作任务，细化落实路线、明确进度要求，确保每项工作都有具体的时间表、路线图和责任人。**氛围营造要到位**。各级领导干部要自觉当好学法尊法守法用法的模范，带动人民群众弘扬法治精神，投身法治杭州建设。要加快培育特色法治文化，增强全民守法观念，营造崇尚法律、遵守法律、维护法律的良好社会氛围。

同志们，让我们更加紧密地团结在以习近平同志为总书记的党中央周围，认真贯彻好中央和省委决策部署，敢为人先、勇于担当，凝心聚力、奋力拼搏，扎实抓好各项工作，着力打开发展局面，确保杭州继续在全省发挥龙头领跑示范带动作用，确保继续走在全国重要城市前列，为服务全国全省大局作出应有贡献。

注：文中部分经济数据为初步统计数

照片由杭报集团提供

政府工作报告

（2015年2月4日在杭州市第十二届人民代表大会第五次会议上）

杭州市人民政府市长 张鸿铭

各位代表：

现在，我代表市人民政府向大会作政府工作报告，请予审议，并请市政协委员和其他列席人员提出意见。

一、2014年主要工作

2014年是全面深化改革的开局之年。一年来，市政府认真贯彻落实党中央、国务院，省委、省政府和市委各项决策部署，全面执行市十二届人大四次会议决议，紧紧依靠全市人民，全力稳增长、调结构、抓改革、强统筹、治环境、惠民生、促和谐，较好实现了年度目标任务。全市实现地区生产总值9201.16亿元，增长8.2%；财政总收入1920.11亿元，增长10.7%，其中地方一般公共预算收入1027.32亿元，增长8.7%；城镇和农村居民人均可支配收入分别达到44632元和23555元，分别增长9.1%和11.1%；城镇登记失业率1.84%，居民消费价格涨幅2.0%；节能减排指标超额完成省下达任务。

过去一年，面对外部复杂环境和改革发展繁重任务，我们坚持抓早抓准抓实，深入开展改革创新年、项目推进年、优化服务年活动，积极应对经济下行、企业“资金链、担保链”和房地产市场风险等严峻挑战，妥善处置各类重大事件，实现了经济社会平稳健康发展。我们成功争取国务院同意创建中国（杭州）跨境电子商务综合试验区和国家自主创新示范区、富阳撤市设区、杭州都市经济圈转型升级综合改革试点、国家生态文明先行示范区创建、杭州航空口岸72小时过境免签政策、阿里巴巴在纽交所上市、大运河申请世界文化遗产、2018世界短池游泳锦标赛和世界游泳大会申办权等重大事项；认真贯彻省委常委会专题研究杭州工作会议精神，落实杭州发展定位新要求；推进实施“杭改十条”、“一号工程”、重大基础设施工程、大江东管理体制调整、市区一体化发展等一批重大举措，为杭州科学发展注入了新活力、积蓄了新动能。总之，过去一年是我市改革创新取得突破、经济发展稳中向好、城乡环境较大变化、民生保障持续改善、精神文明创建深入推进、各方面工作取得显著成效的一年。

（一）深化改革取得重大进展。“四张清单一张网”改革全面推进。向社会公布了行政权力清单目录，45个市级部门行政权力从14476项精减到4227项，精减幅度达70.8%；富阳试点经验在全省推广。市级部门责任清单和企业投资“负面清单”公布实施；全面开展市级财政专项资金清理整合，形成了资金管理清单；实施项目审批体制重大改革，建成浙江政务服务网杭州平台。**重大管理体制改革取得突破。**大江东“一个平台、一个主体”管理体制实体运作，健全城西科创产业集聚区管理体制，萧山、余杭与主城区一体化发展意见制定出台。深化机构改革，市场监管体制改革和市级卫生计生、内外贸机构整合改革完成。“信用杭州”建设取得新进展。**市场化改革深入推进。**出台实施了“亩产倍增”计划、工业用地评价考核体系、差别化供地、阶梯式水价等资源要素市场化配置改革，滨江工商登记制度改革试点经验在全省推广，市场活力进一步激发，全市新增企业登记5.36万家，增长35.1%；新增上市公司7家，累计109家；浙江股交中心新挂牌企业176家，累计354家；“个转企”12756家，累计25870家，实现四年任务两年完成；实施城镇低效用地再开发16042亩。

（二）经济质效得到较大提升。经济平稳协调增长。加快项目建设和有效投资，全市固定资产投资完成4952.70亿元，增长16.2%，其中完成重大项目投资1618亿元，增长36.0%；全市民间投资2851.41亿元，增长26.5%。挖掘消费潜力，社会消费品零售总额3838.73亿元，增长8.7%；网络零售额2088.45亿元，增长37.0%。优化外贸综合服务、落实出口新政，出口491.66亿美元，增长9.8%；不含省级公司出口427.68亿美元，增长11.3%。实际利用外资63.35亿美元，增长20.1%；到位内资1054.07亿元，增长22.5%，其中浙商回归项目到位资金520.06亿元。**产业转型升级步伐加快。**经济结构继续优化，三次产业比重为3.0∶41.9∶55.1。在推动“十大产业”加快发展的基础上，启动实施以发展信息经济、推进智慧应用为主要内容的“一号工程”，大力推进“四换三名”，高新技术产业、战略性新兴产业、装备制造业增加值增速均快于规上工业。全市工业增加值增长8.6%；规模以上工业企业利税1490.68亿元，增长9.5%，其中利润876.28亿元，增长10.5%。淘汰落后产能企业698家。电子商务、信息软件、文化创意、休闲旅游等现代服务业增势强劲，全市服务业增加值5067.90亿元，增长8.5%；粮食功能区和现代农业园区加快建设，农业增加值增长1.8%；区域性金融服务中心和财富管理中心建设稳步推进，存贷款双双突破2万亿元，年末金融机构本外币存款余额24450.51亿元，增长10.3%；本外币贷款余额21316.83亿元，增长10.2%。**自主创新能力提升。**坚持科技创新，预计研究与试验发展经费支出占地区生产总值比重达到3%；发明专利授权量5559件；新创建国家级孵化器4家，累计达21家，发明专利授权量和国家级孵化器总量居省会城市第一。杭州高新开发区跻身国家高新区综合排名前五位，未来科技城、青山湖科技城、大江东产业集聚区、杭州经济开发区、钱江开发区等重大平台建设加快推进。

（三）城乡建设管理扎实推进。城乡规划和大项目引领作用加强。城市总规修改方案完成并上报审批，钱塘江、运河和西湖沿线景观提升规划工作有效推进。编制完成城市防洪排涝、中小学布局、文化设施等专项规划20项。市域重大交通项目规划建设加快，钱江通道、杭长高铁建成，杭黄高铁开工建设，协调推进都市高速（绕城西复线）、临金高速、千黄高速、运河二通道等项目。**交通治堵有新成效。**坚持“公交优先”、建设公交都市，主城区公交分担率有新提高。地铁建设力度加大，2号线东南段开通运营，4号线首通段建成。城市快速路初步成网，彩虹快速路滨江段、秋石三期高架主线、东湖路—德胜路立交建成通车；萧山机场高速公路改建、文一路地下通道、环城北路地下通道、紫之隧道等重大工程加快建设。平稳实施了小客车总量调控和城区限行政策，完善道路停车、社会资本建设停车场（库）、老居住小区交通综合治理等政策措施，市区交通拥堵状况明显改善。新增停车泊位53283个，其中公共泊位7711个。主城区增扩公共自行车服务点85处、新增3100辆，全市总量达到8.11万辆。**城市管理和环境治理有新加强。**启动智慧城管，城市管理长效机制进一步完善，清洁度和序化度达95%以上。恢复湖滨路步行街。生活垃圾“三化四分”有序推进，实施厨余垃圾分类减量工程。强势推进“三改一拆”，新改造旧住宅区、旧厂房、城中村2098万平方米，拆除违法建筑2902万平方米。**城乡统筹深入推进。**实施区县（市）协作项目114个，落实协作资金3.58亿元；城区向县（市）转移产业项目294个，总投资879.61亿元，县（市）发展综合实力明显增强，主要经济指标增幅继续高于全市平均水平。实施联乡结村共建项目1514个，落实帮扶资金1.62亿元，推进经济薄弱村发展和困难农户持续增收，全市城乡居民可支配收入比由上年的1.93:1缩小到1.89:1。完成农村住房改造26635户，实施农村困难家庭危房改造1518户，农村人居条件进一步改善。中心镇和美丽乡村建设全面深化，村级股份制改革加快推进，新农村建设不断加强。

（四）美丽杭州建设成效明显。生态建设持续发力。城区新增绿地417万平方米。“三江两岸”生态景观保护与建设、淳安县“美丽杭州”实验区建设扎实推进，杭州成为首个通过省级生态市验收地区。**“五水共治”攻坚成效显著。**落实“河长制”，消灭垃圾河71条460公里，整治黑臭河193条665公里。全面推进小河流治理和农村污水治理，完成农村生活污水治理844个村，受益农户21.28万户。城西污水处理厂建成运营。城市防洪排涝等水利设施建设全面推进。加强钱塘江、苕溪流域水源保护，一、二级饮用水源保护区内22家污染企业全部关停搬迁；闲林水库基本建成，千岛湖配供水工程开工建设。环境执法力度进一步加大，全市立案查处环境违法案件1008件，移送公安案件45件，刑拘64人。**大气治理和节能减排力度加大。**大力推进无燃煤区建设、工业污染治理、汽车油品提升、新能源汽车推广和建筑施工扬尘治理，淘汰黄标车和老旧车9.5万辆，市区空气质量有新改善，全年优良天数同比增加13天，PM2.5年均浓度同比下降7.7%。全市关停淘汰重污染高耗能企业298家、整治提升企业425家。杭钢转型升级、半山电厂燃煤机组关停有序推进，全面开展合同能源管理和社会节能工作，全市单位生产总值能耗下降6.4%以上，规上工业单位增加值能耗下降7.9%。节能减排财政政策综合示范工作提前一年完成“十二五”目标。

（五）社会民生事业持续发展。民生投入和办实事力度继续加大。全市一般公共预算民生支出达712.58亿元，占一般公共预算总支出的74.1%。全面完成或超额完成了持续改善市民出行条件、加强雾霾治理、提升饮用水质量、提升城市河道水质、加强食品药品安全监管、提高社会保障水平、推进养老助残服务、丰富城乡文体生活、优化小区居住环境、建立便民E邮站等十件实事37个项目。保障性安居工程项目开工36534套，竣工36756套。新增城镇就业24.82万人，城乡基本养老、医疗保险参保率分别达97.07%和98.94%。新增机构养老床位7487张，改扩建社区居家养老服务照料中心610家。提升改造150处社区便民服务点，主城区建成并投入运营889个便民“E邮站”。持社会保障卡人数达821万。**社会事业持续发展。**各级各类教育统筹协调发展，教育国际化行动计划启动实施，学校体育场地向社会全面开放。智慧医疗便民惠民效果明显，公立医院改革、医养护一体化有序推进。平稳实施“单独两孩”政策。被列为全国首批养老服务综合改革试点城市。积极推进文化名城强市建设，中国动漫博物馆开工兴建，浙江音乐学院校区加快建设。成为“双世遗”城市，国家非遗项目入选数和总量居全国同类城市第一。入选全国精神文明建设“五个一工程”作品4部。高标准建成150个农村文化礼堂，并对已建成的195个进行全面提升。我市运动员在亚运会、青奥会等重大体育比赛中取得好成绩，全民健身运动蓬勃开展。**社会治理创新稳步推进。**社区建设进一步加强，有效推进“社区减负”工作，成功创建全国和谐示范社区建设示范城市。加强生产安全、消防安全等监管，安全生产主要指标连续11年实现双下降，事故起数、死亡人数分别下降4.3%和11.3%。加强社会治安综合治理，有效应对“7·5”公交纵火案等突发事件，全年命案破案率100%，

平安法治建设取得新成效。

（六）政府自身建设有新加强。以政府自身改革为突破口，深入开展服务企业、服务基层活动，提升政府治理和服务管理水平。自觉接受人大法律监督和政协民主监督，主动接受司法、舆论和群众监督。加强地方立法，提请市人大常委会审议的地方性法规7件。建立政府法律顾问制度，首批选聘10名。全面办结702件市人大代表建议，502件市政协建议案、提案。深化群众路线教育实践活动，严格落实中央八项规定和“四风”问题整改，强化重点领域重要环节监督审计，廉政建设持续加强。全市各类会议、活动分别减少16.0%和35.5%。“三公”经费下降37.1%，节约的经费全部用于“五水共治”等民生事业。

过去一年，我们扎实推进国防、民兵预备役、人防、打私、防震减灾、新闻出版、民族宗教、慈善救助、机关事务等工作，积极支持工会、共青团、妇联、侨联、残联、科协等开展工作。

各位代表，过去一年的成绩来之不易，这是党中央、国务院亲切关怀，省委、省政府和市委正确领导的结果，是全市上下共同努力、团结奋斗的结果。在此，我代表市人民政府，向全市人民和外来建设者，向各位人大代表、政协委员，向各民主党派、工商联、无党派人士，向各人民团体和社会各界人士，向中央驻杭单位和省级各部门，向驻杭解放军和武警部队官兵，向关心支持杭州发展的港澳台同胞、海外华人华侨和国际友人，表示衷心的感谢！

各位代表，我们清醒地认识到，全市经济社会发展中还存在不少问题，政府工作还有很多不足。尤其是保持经济平稳较快增长面临较大压力，去年社会消费品零售总额增幅与预期目标有一定差距，发展动力有所减弱；产业结构性问题较为突出，转型升级、节能减排的任务艰巨；重大改革虽有破题，但落地见效仍需不懈努力；城市治理压力加大，交通拥堵、空气不良、水质污染等突出问题尚未根本解决，公共安全、食品安全等方面还有不少薄弱环节；城乡居民持续增收还有不少困难；政府职能转变有待深化，一些政府工作人员改革意识、法治意识、责任担当意识不强，“四风”特别是办事效率不高问题在一些部门和地方仍然存在。对此，我们一定高度重视，采取有力措施，认真改进和解决。

二、2015年发展目标和重点工作

2015年是全面深化改革的关键之年，是全面深化法治杭州建设的开局之年，也是全面完成“十二五”目标任务、深入谋划“十三五”规划之年。今年工作的指导思想是：**认真学习贯彻党的十八大、十八届三中、四中全会精神和习近平总书记系列重要讲话精神，深入实施省委“八八战略”，全面落实省委、省政府和市委决策部署，主动适应发展新常态，坚持以提高经济发展质量和效益为中心，深化改革开放，突出创新驱动，加强城市治理，强化区域协调，改善生态环境，加强民生保障，促进全市经济持续健康发展与社会和谐稳定，努力完成“十二五”规划目标任务，为建设东方品质之城、幸福和谐杭州打下坚实基础。**

今年经济社会发展的主要预期目标是：地区生产总值增长8%左右；地方一般公共预算收入增长7.5%左右；城镇和农村居民人均可支配收入分别增长8.5%和9.5%左右；城镇登记失业率4%以内，居民消费价格涨幅3%左右；节能减排相关约束性指标完成省下达的目标任务。

做好今年工作，要深刻认识新常态下速度变化、结构优化、动力转换的本质特征，全面把握杭州在高起点上新发展的关键环节。**必须走在前列勇争先，**深入开展“改革开放学上海、转型升级学深圳、美丽建设学天津”活动，树立标杆、奋力赶超，确保在全省更好发挥龙头领跑示范带动作用，确保继续走在全国重要城市前列；**必须抢抓机遇增优势，**主动对接多重国家战略，深入推进杭州都市圈建设，全力创建中国（杭州）跨境电子商务综合试验区、国家自主创新示范区，抢抓发展先机，提升杭州发展战略地位和优势；**必须改革创新求突破，**坚持质量、效益、结构优先导向，以深化改革统领体制机制和制度建设，以创新驱动加快经济转型升级，不断激发市场活力、增强内生动力、释放全社会创新创业潜力，增强城市可持续发展能力；**必须以人为本促和谐，**坚决守住守好民生保障改善、生态环境保护、社会和谐稳定三条“底线”，不断提升百姓富裕、环境优美和社会文明程度，让全市人民共建共享品质生活；**必须整体协同强统筹，**坚持全市一盘棋，加强市域统筹发展，加强分层分类指导，有效调动各级各层面积极性，精准发力，增强协同创新力；**必须强化责任抓落实，**坚持负责敢当、优化服务、提升效能，做到工作项目化，细化线路图、时间表和责任制，抓重点克难点，把各项工作落到实处，为“十三五”开局打下扎实基础。

为实现今年目标，着力抓好以下重点工作：

（一）深化改革开放，不断增强发展活力。**科学编制“十三五”规划**。加强对事关中长期发展战略全局的重点难点和关键问题研究，深入谋划好重大工程、重大项目、重大政策，科学编制“十三五”规划纲要及专项规划，为实现更长时间、更高水平、更好质量发展打下扎实基础。**深化政府自身改革**。继续深化“四张清单一张网”改革，建立健全“四张清单”动态调整机制，提升政务服务网功能，加快电子政务体系建设，提高行政效能，推进政府治理体系和治理能力现代化。深化投资审批制度改革，加强行政权力“接、放、管”有效衔接，健全事中事后监管制度。完善全口径政府预算体系，深化财政专项资金管理改革，推进科技投融资体制改革，改进产业扶持方式。**深化管理体制改革**。全面落实萧山、余杭与主城区一体化发展各项具体措施。推动大江东管理新体制有效运转。深化中心镇改革和小城市培育试点。深化财政管理体制改革、城市管理体制改革、重大项目分级分类分层建设管理体制改革。探索实施大交通管理体制改革、出租车管理体制改革。加快完善国有文化资产管理体制。加快以居住证、积分制为重点的户籍制度改革。**深化市场化改革**。以要素市场化配置改革为重点，深化投融资体制改革、地方金融创新改革、国资国企改革。适时推进天然气价格改革，完善大公交价费政策，研究环卫有偿服务收费机制。加快农村产权制度改革，持续实施村级集体经济股份制改革，推动农村土地多种形式流转，完善农村宅基地规范化管理机制，加快耕地承包权权证完善和宅基地、农民住房确权登记发证工作。**全方位扩大开放**。统筹国际国内两个市场和两种资源，统筹对外开放与对内开放，坚持引进来与走出去相结合，积极融入"一带一路"、长江经济带等国家战略，构建开放型经济新体系。支持企业开展多种形式的对外投资和跨国经营，支持企业到中西部和海外建立生产及营销基地，输出产能、技术和管理。支持企业加强先进技术的引进和关键装备的进口。大力发展服务贸易和服务外包。落实招商引资新机制，突出产业招商，加大精准招商力度，引进外资68.5亿美元，引进内资1200亿元，其中浙商回归引进项目到位资金600亿元，使杭州继续在扩大开放上保持领先优势。

（二）坚持创新驱动，不断强化发展支撑。**加快"两区"创建和创新载体建设**。建立中国（杭州）跨境电子商务综合试验区"六体系两平台"，推进国家自主创新示范区"一区多园"建设，力争"两区"尽早获批，充分发挥叠加效应。加强各类高新区、科技城建设，强化创新孵化功能，打造创新发展新引擎。实施省、市两级特色小镇培育计划，大力推进云栖小镇、山南基金小镇、梦想小镇等一批特色小镇建设，拓展众创空间，推进优势特色产业集聚发展，促进产城融合。**加强产业平台整合提升**。实施各类开发区整合优化提升计划，优化各类开发区的功能布局、产业定位、亩均产出标准、节能减排标准，推动各开发区高端化、特色化、集约化、生态化发展，再造产业发展新平台。强化土地节约集约利用，完成低效用地再开发面积2.8万亩，消化批而未供、供而未用土地4万亩，拓展发展空间。工业要进一步向园区集中，其它区域原则上不再安排工业用地。**大力培育发展创新主体**。强化协同创新，鼓励企业加大创新投入，推进产品创新、品牌创新、商业模式创新和管理创新。深入实施瞪羚、雏鹰、青蓝、蒲公英计划，大力扶持科技型成长型中小企业发展。研究与试验发展经费支出占地区生产总值比重3%以上。大力实施质量强市、品牌强市、标准强市战略，加快培育一批龙头企业、品牌企业和高新技术企业，持续推进"个转企、小升规、规改股、股上市"，支持企业兼并重组，提升经济竞争力。**加强创新机制建设**。深化与名院名校名企战略合作，加强国际技术合作，加快建设科技企业孵化器和加速器，鼓励网上技术市场发展，建立标准技术产业服务平台，推动创新成果转化应用。加强国家知识产权示范城市建设，深化科技与金融的结合。全面实施"人才政策27条"，加强人才引进和培育，加强人才与资本的对接，广聚天下英才来杭创业创新，力争到2020年全市人才总量达到250万人，使杭州成为大众创业、万众创新的乐园。

（三）加快转型升级，努力提升经济质效。**优化投资消费出口结构**。聚焦大项目、好项目，加大对基础设施、产业项目、工业技改、生态环保等重点领域的有效投入，全市固定资产投资增长12%左右。适应消费需求和消费方式新变化，培育消费新热点，推进线上与线下、城市与农村消费融合发展，社会消费品零售总额增长11%左右，网络零售增长20%左右。培育出口新优势，拓展新兴市场，发挥一达通、融易通等综合性服务平台作用，实现出口总额增长8%左右。**强势推进"一号工程"**。以打造万亿级信息产业集群为目标，以智慧产业化和智慧应用为重点，实施信息经济"六大中心"建设和智慧应用三年行动计划，全力推进国际电子商务中心、全国云计算和大数据产业中心、物联网产业中心、互联网金融创新中心、智慧物流中心、数字内容产业中心和中国软件名城建设。**加快发展新兴特色产业**。对接省"七大产业"发展规划，加快电子商务、文化创意、云计算和大数据、信息、软件、物联网、环保、互联网金融、健康、旅游、时尚、生物医药、高端装备制造、新能源汽车等特色主导产业发展。加大政策要素倾斜和龙头企业培育力度，整合市级产业基金，推进产业集聚，加快推进区域性金融服务中心和财富管理中心建设，形成杭州创新型产业新优势。**加快改造提升优势传统产业**。优势传统产业、实体经济是我市经济发展的基础，必须坚持工业化和信息化深度融合，加大结构调整力度，提升改造纺织化纤、食品饮料、机械制造、精细化工等优势传统产业，保护历史经典产业，做大做强"老字号"企业。深入实施"四换三名"工程，加快利用文化创意、物联网、智能制造改造提升传统产业，发展新兴服务业，加快商品房"去库存"化，推进产业跨界融合，培育经济新增长点，打造杭州经济升级版。**加快发展现代农业**。大力发展生态农业、设施农业、都市农业、智慧农业，建设绿色农业强市。加快粮食功能区、现代农业园区和城市保供基地建设，新建10万亩粮食生产功能区，完成粮食种植面积193万亩，保障粮食安全；新建省级现代农业园区6个，全市新增蔬菜直供直销量1.5万吨以上。推进科技兴农，促进农业增效。积极发展乡村休闲旅游、现代民宿、农村淘宝、养老养生等新业态，使农民增收成为新常态。

（四）加强城市治理，提升城市功能和品质。**着力完善城市功能布局**。开展市域城乡发展战略研究，推进经济社会发展规划、城市总体规划、土地利用规划、生态环境保护规划等"多规融合"，进一步优化空间资源配置。严格实施修改后的城市总规，加强重要地区城市设计，强化城市设计对塑造城市风貌的引导。加快重点区域建设进度，完善提升主城、副城、组团的基础设施和公共服务功能，深化地下空间开发利用，促进城市功能转型提升。**大力提升城市国际化水平**。全面实施《加快推进城市国际化行动纲要》。提高萧山国际机场口岸国际化程度，新辟欧美城市航线，完善东亚和东南亚航线网络。加快国际博览中心、奥体中心建设，承接国际性会议展览和体育赛事，办好中国国际动漫节、西湖国际博览会、文博会等展会，提升国际影响力。推进人才国际化，加快国际化学校、国际化医院等配套设施建设，增强国际化服务能力。**打好交通治堵攻坚战**。启动城市快速轨道交通三期建设规划编制，加快2号线西北段，4号线南段和5号线、6号线一期等地铁工程建设，建成1号线下沙延伸段。加快文一路地下通道、紫之隧道、萧山机场高速公路、望江路过江隧道等工程建设，建成环城北路地下通道、秋石四期高架等快速通道，完善"四纵五横"城市快速路网体系。打通断头路，建设与整治支小路，完善公共交通换乘枢纽、停车场站、接驳系统等配套设施建设。完善小汽车总量调控管理办法，提高综合交通管理智能化水平，加快公交都市建设。**高效能推进城市管理**。以城中村改造

为重点，深化“三改一拆”，实施“创无违建县（市、区）三年行动计划”，开展存量违法建筑“清零行动”。加强建筑形态整治，优化建筑立面形态。开展对入城口、城乡结合部、地下通道等重点部位整治，加强城市地下管线和广告管理，做好城市历史文化保护，推进西湖、运河、钱塘江等“三线”和主要商业街道、中心广场的景观与灯光提升工作。深入推进城市管理智慧化、网格化和管理全覆盖，消除盲点、攻克难点，严格落实“五化”长效管理措施，让杭州成为名副其实的国内最清洁城市。

（五）加强区域统筹，提升城乡一体化发展水平。积极推动城市群和都市圈合作发展。加强与上海等长三角城市的对接合作，深化杭州都市圈合作发展，深入实施《杭州都市经济圈发展规划》和《杭州都市区规划》，提升杭州中心城市集聚和辐射能级。研究杭州市域统筹发展、九城区协调发展新机制，加快推动萧山、余杭与主城区一体化发展，全面启动富阳融入主城区工作，加快县（市）中心城区建设。**加强区域重大基础设施规划建设。**加快杭黄高铁等重点项目建设，加快推进千黄高速、临金高速、都市高速（绕城西复线）等重点工程。加强都市圈轨道交通体系规划，加快推进市区连接富阳、临安等周边区县（市）城际轨道建设。实施市区西部交通畅通“三年行动计划”，完善市域交通网络体系。推进城市信息化，加强新一代移动通信网和下一代互联网建设，实现宽带无线网络深度全覆盖。加强供电、供水、燃气和垃圾处理等公用设施建设，增强城市安全保障能力。**加强城乡统筹协作发展。**深化完善区县（市）协作，持续推进“六大西进”行动，促进临安、桐庐、建德、淳安县（市）与主城区协调发展，增强发展后劲，提升发展水平。加强公共服务基础设施建设，提升农村公共服务水平，推进城市管理向乡镇延伸。深入实施“联乡结村”帮扶工作，积极扶持经济薄弱村集体经济发展。**加快中心镇和美丽乡村建设。**加强省级小城市培育试点，深化中心镇“双千工程”建设，提升中心镇综合承载力。创建“杭派民居”示范村，推进历史文化村落保护利用，因地制宜深化新农村建设，打造美丽乡村升级版，让乡村更好地保留特色风貌、留得住青山绿水、记得住乡愁。

（六）坚持生态优先，深化美丽杭州建设。以更大力度实施环境“四治”。我们宁可少建一栋大楼，也要加大环境治理投入力度。加大治水力度，实施“消灭黑臭河和劣V类水三年行动计划”，重点治理和睦港等城郊结合部黑臭河道、农村污水；建设之江污水处理厂，全面实施七格等城镇污水处理厂提标改造；建成投运三堡排涝、钱江水利枢纽等重点水利工程，加强中小河流治理，提高区域排涝能力；完成闲林水库等主体工程，全面推进千岛湖配供水工程建设；继续实施高层住宅二次供水设施改造，推进雨水和河道水利用。加大治气力度，实施燃煤热电企业清洁排放技术改造和高污染锅炉改造，加快杭钢转型升级、半山和萧山电厂燃煤机组关停工作，基本完成城市建成区无燃煤区建设；实施西湖景区机动车环保行动；加强道路和工地扬尘治理。加大治废力度，深化生活垃圾“三化四分”，加强渣土管理和建筑垃圾综合利用，加强污泥处理和有效利用，推进九峰环境能源项目、绿能发电等垃圾焚烧设施建设和提标改造。加大治土力度，落实农业土壤污染防治三年行动计划，改善提升土壤质量。**以更高标准加强生态保护。**深化国家生态市创建、生态文明先行示范区建设试点、淳安县“美丽杭州”实验区建设，扎实推进美丽县（市、区）建设。完成环境功能区划分，强化生态红线管控，严格落实环境准入制度，健全流域生态补偿机制，实施新一轮“四边三化”整治工程，加大生态保护力度。提升西湖、“三江两岸”、运河沿线生态景观，加快构建多层次多功能覆盖城乡的基本生态网络。**以更大决心淘汰落后产能。**推进工业园区生态化改造，加大对污染企业和落后产能的整治淘汰力度，强化节能减排硬约束。扩大工业锅炉运行远程在线监测和能效检测，加强环境检测，鼓励低碳循环发展。支持新能源汽车推广应用。落实生态环境财政奖惩制度。加强行业整治、污染源治理和面源污染防治，打好重污染高能耗行业整治收官之战。**以更严要求加强环境执法。**严格执行新修订的《环境保护法》，不怕得罪人，坚决以铁的手腕推进环境监管和执法，严厉打击环境违法犯罪，打造环境监管最严格城市，让人民群众在天蓝、水清、地净的良好生态环境中生产生活。

（七）坚持惠民安民，持续增进人民福祉。做好就业创业和居民增收工作。重点做好高校毕业生、就业困难人员、社区矫正人员等群体的就业创业服务工作。实施精准扶贫，适时提高城乡居民最低生活保障标准，推动农民和低收入群体持续增收。**进一步加强社会保障。**完善城乡统筹社保模式，加快推进市区社保一体化。加快养老服务体系建设，推进公办养老机构改革，重点发展社区居家养老。推动住房保障向“以货币为主、实物为辅”转变。**大力推进社会事业发展。**组织实施“十大教育行动”，重点落实住宅小区配套教育设施项目建设。加强现代职业教育体系建设。推进杭师大二期工程及市属高校项目建设，建成启用浙江音乐学院。深化公立医院改革，实施院前急救条例，鼓励社会力量办医，继续做好智慧医疗、医养护一体化、国家卫生城市复评、健康城市建设等工作，继续做好计划生育工作。加快体育强市建设，认真开展2018世界短池游泳锦标赛等大型赛事筹备工作。加强各级档案馆、农村文化礼堂和城市文化公园建设，推进基本公共文化服务标准化、均等化。**加强社会主义精神文明建设。**大力培育和践行社会主义核心价值观，健全发现“最美现象”、弘扬“最美精神”长效机制，持续提升市民文明素质。**加强和创新社会治理。**加大社会组织培育发展力度，提高城市治理的社会参与度。推进桐庐县基层社会治理机制创新改革试点。实施重大决策社会稳定风险评估，完善突发事件应急处置机制。加强反恐维稳工作，推进立体化社会治安防控体系建设，深入开展群防群治专项活动，完善人民调解机制，提高网络、交通、消防等重点领域治理能力。强化安全生产责任，加强重点活动、节假日、人员密集场所等公共安全管理，强化食品药品和农产品质量安全监管。继续做好国防动员、双拥、人防等工作，加强民族宗教、统计、气象防震减灾、对台、老龄、妇女儿童、残疾人、慈善救助等工作，让人民群众拥有更加安居乐业的环境。

各位代表，办好民生实事，是我市长期坚持的重要制度，也是政府工作的出发点和落脚点。今年，我们按照群众提、群众定的理念，明确了十个方面的民生实事，我们将全力把民生实事办实办好。**一是促进社会就业创业**。新增城镇就业22.91万人、城镇失业人员再就业10.72万人。新增大学生创业企业1200家，带动就业6000人以上，组织大学生实训和见习训练6万名。**二是加大水环境治理力度**。完成市区黑臭河道治理30条（段）37.6公里。完成截污纳管项目300个，4.5万吨/日截污量。完成城市河道清淤30条（段）30公里。市区治理积水项目100个。完成农村河道综合整治300公里。完成农村生活污水治理623个村，受益农户19万户以上。完成山塘水库除险加固124座、中小河流重要堤防加固89公里。改造水利排灌渠道350公里，新增旱涝保收面积6万亩，改善灌溉面积2.8万亩。**三是持续改善交通出行**。开通运营地铁4号线首通段、1号线下沙延伸段。新辟10条、优化30条公交线路。新增（扩容）公共自行车服务点100处，新增（更新）公共自行车3000辆。新建成汽车停车泊位46000个，其中新增公共停车泊位6000个。完成农村公路大中修450公里。**四是强化食品安全治理**。加强无证照餐饮整治，固定场所无证无照餐饮整治率达90%以上；实施量化分级管理，大中型以上餐饮企业实施率100%，持证小餐饮实施率85%以上。提升学校食堂餐饮量化分级，学校A、B等级达80%，学校午餐配送单位“阳光厨房”建设率达80%。食品定量检测达5批次/千人。新创建放心农贸市场38家。**五是加强养老为老服务**。新增养老机构床位5000张，新改扩建城乡社区居家养老服务照料中心500家。依托社区公共服务平台搭建市级养老服务综合信息平台，新发放智慧养老服务终端2万台。为杭州户籍60周岁以上享受城乡最低生活保障待遇人员、城镇“三无”人员、农村“五保”及重点优抚对象、60周岁以上失独人员、80周岁以上高龄老人购买意外伤害保险。**六是加大雾霾治理力度**。完成全市淘汰黄标车目标；推广应用新能源汽车2500辆；推进重点行业挥发性有机物治理，完成30家以上重点企业治理任务，年削减挥发性有机物排放1000吨以上；开展加油站、油罐车及储油库的油气回收工作，回收450吨以上；加强建筑工地扬尘治理，创建文明施工示范工地120个以上。**七是改善城乡人居环境**。完成公共租赁住房（廉租住房）配租房源4000套，公开销售经济适用住房10万平方米。完成21996户农村住房改造、1460户农村困难家庭危房改造。推进农村饮水安全提升工程，改善和提升10.5万人。消除或增亮街巷和游步道1000处暗区。新增管道燃气用户5万户。新增城市绿地260万平方米。**八是丰富城乡文体生活**。建设农村文化礼堂100个。为100个城乡社区提供图书、演出、电影、辅导、器材等文化服务，为社区群众展示特色才艺提供平台。新建健身公园、健身广场、健身中心等城乡公共体育设施20处，新增社会体育指导员1000名。**九是加快电商服务网络建设**。继续推广建设社区E邮站快递包裹智能存取服务平台，主城区新建站点800个以上；新增农村电子商务乡村服务站（点）500个以上。**十是加强法律援助和服务**。扩大法律援助范围，深化律师进社区活动，新增法律援助站点108个，受理法律援助案件1.2万件，举办法律讲座250场以上，为中小学生和外来务工人员提供义务普法，为10万人提供免费法律咨询服务。

三、全面推进法治政府建设

全面贯彻依法治国基本方略，加快建设职能科学、职权法定、执法严明、公开公正、廉洁高效、守法诚信的法治政府，加快建设人民满意的服务型政府。

（一）自觉带头学法守法用法。深入学习中央和省市委全面推进依法治国、深化法治浙江和法治杭州建设等重大决策部署。落实政府常务会议学法制度和法律讲座制度，加强政府法制建设，引导全民学法，加快建设法治社会。加强公务员队伍培训和管理，强化公务员法治意识，提高运用法治思维和方式解决实际问题能力，全面提高公务员的政治理论水平和业务素质。

（二）依法规范和履行政府职责。坚持法无授权不可为、法定职责必须为。修订完善市直部门主要职责、内设机构和人员编制“三定”规定，推进区县（市）政府和部门机构、职能、权限、程序、责任的法定化和政府各项事权规范化法律化，构建高效的政务生态系统。严格落实执法责任制，强化重点领域执法，推进综合执法。推进政府服务信息化、精细化和高效化，提高政府管理科学化、绩效化水平。

（三）健全依法决策机制。围绕信息经济、城市治理、生态保护、平安杭州等重点领域开展立法，清理和修改规范性文件。出台《杭州市人民政府重大行政决策程序规则》，完善重大决策和规范性文件合法性审查制度，提高政府科学立法和规范性文件管理水平。健全重大决策后评估和纠错制度、责任追究制度和倒查机制，提升科学民主决策水平。

（四）强化对行政权力的制约和监督。认真执行市人大及其常委会决议，坚持重大事项报告制度。自觉接受人大法律监督、政协民主监督，主动接受司法监督、社会监督和舆论监督，加强审计监督，优化综合考评，规范行政行为。深化政务公开，以财政预决算、建设项目、社会公益事业等领域政府信息公开为重点，推进行政决策、执行、管理、服务和结果公开。加强“信用杭州”建设，完善“公述民评”、“杭州发布”等载体，营造公开公正公平的发展环境。

（五）创新政府管理服务方式。加大简政放权力度，处理好政府与社会的关系，进一步向区县（市）和乡镇（街道）放权。切实提高办事效率。健全公共资源市场化配置机制，积极推进政府购买公共服务的标准化和规范化，逐步将行业管理、社会生活服务管理职能转移给有资质的社会组织，加强对社会中介组织的监督和指导，健全后续监管机制和评价体系。

（六）加强作风建设和廉政建设。巩固群众路线教育实践活动成果，防止“四风”反弹，认真开展“三严三实”专题教育活动，严守政治纪律和政治规矩，做到忠诚为民务实清廉。着力解决政府工作人员“不作为”问题，形成勇于负责、敢于担当的优良作风。加强对财政资金、机关事业单位办公用房及相关资产的使用管理，厉行节约，反对浪费，严控“三公”经费支出。坚定不移推进廉政建设和反腐败斗争，加强反腐倡廉制度建设，突出抓好工程建设、土地市场、房地产开发等重点领域和招标投标、设计变更、政府采购、公款存储等重点环节的监管力度，从源头上防治腐败。

各位代表，新的目标激励人心、新的任务艰巨光荣、新的征程催人奋进，让我们紧密团结在以习近平同志为总书记的党中央周围，在省委、省政府和市委的坚强领导下，以更加饱满的热情、更加昂扬的斗志、更加务实的作风，锐意进取、扎实工作，为建设东方品质之城、幸福和谐杭州而努力奋斗！

注：文中部分经济数据为初步统计数
照片由杭报集团提供

▶▶资料：《政府工作报告》名词解释

中国（杭州）跨境电子商务综合试验区：指通过制度创新、管理创新、服务创新，实现跨境电子商务自由化、便利化、规范化发展的综合改革试验区。改革试验主要内容是：把跨境电子商务作为一种新型贸易方式，建设“六体系两平台”（即信息共享体系、金融服务体系、智能物流体系、电商信用体系、统计监测体系和风险防控体系；以及线上“单一窗口”平台和线下“综合园区”平台），实现线上交易自由与线下供应链综合服务有机融合。

国家自主创新示范区：指经国务院批准，在推进自主创新和高技术产业发展方面先行先试、探索经验、做出示范的区域。

72小时过境免签：即对来自美国、俄罗斯、英国、法国、日本等51个国家的旅客，只要持有有效国际旅行证件和72小时内确定日期、座位前往第三国（地区）的联程机票，就可免办中国签证在特定区域内停留不超过72小时。经公安部批准，杭州航空口岸于2014年10月20日起正式施行72小时过境免签政策。

杭改十条：即《中共杭州市委关于全面深化重点领域关键环节改革的决定》，明确了我市全面深化改革的主要任务。

一号工程：即指2014年7月市委市政府作出的加快发展信息经济、推进智慧应用的决策部署。核心内涵是推进智慧产业化、产业智慧化，推进工业化与信息化深度融合。主要目标是打造国际电子商务中心、全国云计算和大数据产业中心、物联网产业中心、互联网金融创新中心、智慧物流中心、数字内容产业中心“六个中心”。

四张清单一张网：指政府权力清单、部门责任清单、企业投资项目负面清单、财政专项资金管理清单及政务服务网。

大江东“一个平台、一个主体”管理体制：2014年8月，市委市政府对大江东区域管理体制作出重大调整。撤销江东、临江、前进三个功能区管理机构，对大江东区域规划控制总面积约427平方公里（陆域面积348平方公里）实施一个主体统一管理。由大江东产业集聚区党工委、管委会对区域统一履行经济、社会、文化、生态文明建设和党建各项管理职能，负责大江东区域内各派出机构、分支机构的协调管理，并托管河庄、义蓬、新湾、临江、前进5个街道。

萧山、余杭与主城区一体化发展：2014年12月31日，市委市政府出台《关于进一步加快萧山区余杭区与主城区一体化发展的若干意见》，以解决群众最关心、最直接、最现实的热点难点问题为突破口，在户籍、就业和社保、社会福利和救助、教育、公共卫生和计生服务、市民卡应用和服务、公共交通等基本公共服务领域，加快实现萧山区、余杭区与主城区“同城同待遇”。

信用杭州：2014年10月“杭州市公共信用信息平台”上线运行。通过该平台，个人及法人信用状况，可以通过互联网或市民卡服务网点进行查询。

亩产倍增计划：即市政府《关于实施“亩产倍增”计划促进土地节约集约利用的若干意见》（杭政〔2014〕12号），明确了加强建设用地指标管控、促进城镇低效土地盘活利用、强化建设项目用地监管、推进土地使用制度创新等政策措施。

个转企：指个体工商户利用现有的生产经营条件，依法重新登记有限公司（含一人有限公司）、个人独资企业、合伙企业等各类企业。

十大产业：即文化创意、旅游休闲、金融服务、电子商务、信息软件、先进装备制造、物联网、生物医药、节能环保、新能源等十大产业。

四换三名：指腾笼换鸟、机器换人、空间换地、电商换市和培育名企、名品、名家。

公交都市：交通运输部在《交通运输“十二五”发展规划》中提出在“十二五”期间开展“公交都市”建设示范工程，通过5年努力，在示范城市实现主城区500米上车，5分钟换乘，公共电汽车运行速度明显提高，公交出行分担率达到50%以上。2011年正式启动了公交都市创建工程。2013年杭州被列为第二批“中国公交都市建设示范工程创建城市”。

三化四分：指生活垃圾“减量化、资源化、无害化”和“分类投放、分类收运、分类利用、分类处置”。

三改一拆：指省政府部署开展的旧住宅区、旧厂区、城中村改造和拆除违法建筑三年行动（2013—2015年），简称“三改一拆”。

三江两岸：指钱塘江、富春江、新安江流域总长约231公里的主干流两岸，包括浦阳江、兰江、大源溪、分水江等主要支流两岸。

五水共治：指治污水、防洪水、排涝水、保供水、抓节水。抓“五水共治”倒逼转型，是省政府推出的推进浙江新一轮改革发展的关键之策。

河长制：即由各级主要负责人担任“河长”，负责辖区内河流污染治理的制度。

黄标车：是高污染排放车辆的别称，指未达到国Ⅰ排放标准的汽油车，或未达到国Ⅲ排放标准的柴油车，因其贴的是黄色环保标志，因此称为黄标车。

医养护一体化：指利用信息技术，整合部门资源，以医疗护理康复进家庭为基础，拓展日托及机构养老健康服务内涵，根据居民不同需求，因地制宜地提供可及、连续、综合、有效、个性化的医疗、养老、护理一体化的健康服务模式。

双世遗：2011年6月24日“西湖文化景观”、2014年6月22日“中国大运河项目”被联合国教科文组织正式列入《世界遗产名录》。杭州成为拥有两个世界文化遗产的城市。

非遗：即非物质文化遗产的简称，指被各群体、团体、有时为个人所视为其文化遗产的各种实践、表演、表现形式、知识体系和技能及其有关的工具、实物、工艺品和文化场所。

2015年地方一般公共预算收入增长7.5%左右: 从2015年1月1日起，地方教育附加、文化事业建设费、残疾人就业保障金、从地方土地出让收益计提的农田水利建设和教育资金等11项政府性基金预算将转列一般公共预算。2015年地方一般公共预算收入增长7.5%左右，是为与2014年实际执行数作比较，剔除了上述11项政府性基金因素后的增长预期。

一带一路: 是“丝绸之路经济带”和“21世纪海上丝绸之路”两大国家战略的简称。旨在积极主动地发展与沿线国家的经济合作伙伴关系，共同打造政治互信、经济融合、文化包容的利益共同体、命运共同体和责任共同体。

两区: 指中国(杭州)跨境电子商务综合试验区和国家自主创新示范区。

一区多园: “一区”指杭州国家自主创新示范区，“多园”指各个分片区内的若干子园。指以杭州国家高新技术产业开发区为核心，整合部分现有创新发展基础较好的科技(经济)园区(城)，作为杭州创建国家自主创新示范区的发展空间。目前，我市编制完成了杭州国家自主创新示范区空间布局规划初稿，将自主创新示范区划分为滨江片、城中片、西湖片等十个片区。

特色小镇: 特色小镇不是行政区划概念，也不是产业园区概念，而是一个以产业为核心、以项目为载体、生产生活生态相融合的特定区域。重点围绕未来发展的大产业，或茶叶、丝绸、中药等历史经典产业，选择一个具有当地特色和比较优势产业作为主攻方向，促进要素集聚和产业融合发展，使之成为国内一流大产业。特色小镇空间范围一般在3平方公里左右，建设面积在1平方公里左右。

瞪羚、雏鹰、青蓝、蒲公英计划: 瞪羚计划:从2014—2018年五年内，选择我市“十大产业”和传统优势产业中成长性好、竞争力强、发展前景广阔的1000家小微企业列入“瞪羚计划”进行培育。雏鹰计划:从2010年开始，用5年时间，在杭州市重点培育和扶持1000家科技型初创企业，形成技术水平领先、竞争能力强、成长性好的科技型企业群，建立一个“雏鹰企业”培育库。青蓝计划:由杭州市人民政府实施的，为鼓励和扶持高校教师与科研院所专家通过带技术、带专利、带项目、带团队等形式在杭创业，实现高校院所与企业、知识与资本、创业与创新的有机融合，推动杭州经济社会又好又快发展，鼓励和扶持高校教师与科研院所专家团队式创业的计划，简称青蓝计划。蒲公英计划:即科技型中小微企业成长培育工程，重点培育10000家科技型中小微企业(蒲公英计划企业)，形成自主创新能力强、成长性好、市场竞争力强的科技型中小微企业群。

人才政策27条: 即杭州市委市政府2015年1月12日出台的《关于杭州市高层次人才、创新创业人才及团队引进培养工作的若干意见》，共五大部分27条。目标是通过高层次人才、创新创业人才及团队的引进培养，努力做大增量、做优存量，使我市人才队伍适应经济社会发展需要，打造区域性人才高地。到2020年，全市人才总量达到250万人左右。

一达通、融易通: 2014年，“浙江一达通”和“浙江融易通”等两户专业性外贸综合服务企业落户杭州。“浙江一达通”是阿里巴巴旗下为中小微外贸企业提供通关、退税、物流、融资等全程进出口服务的外贸综合性服务企业。“浙江融易通”是由浙江国贸集团与浙江电子口岸共同发起设立的外贸综合服务企业。

智慧应用三年行动计划: 目前已形成《杭州市推进智慧应用三年行动计划(2015—2017)》(送审稿)。力争到2017年建成覆盖全市、惠及民生、服务产业、提升管理的智慧应用体系，成为国内智慧应用领先城市，培育形成可复制、可推广的智慧应用杭州模式。具体将开展智慧应用“3386”体系建设，也就是面向三大领域、打造三大平台、实施八大工程、强化六大保障，共56个重点专项。

省“七大产业”: 浙江省重点发展的信息、环保、健康、旅游、时尚、金融、高端装备制造等七大产业。

四纵五横: 指杭州市区快速路网。“四纵”:①吉鸿路—紫金港隧道—紫金港路—紫之隧道—之浦路(绕城西线—绕城西线)，②巨州路—上塘高架—中河高架—钱江四桥—时代大道(绕城北线—绕城南线)，③半山隧道—石桥路—秋涛路—钱江三桥—风情大道(绕城北线—绕城南线)，④东湖路—九堡大桥及南北接线—通城大道(临东路—绕城南线)。“五横”:①留祥路—石祥路—石大线(绕城西线—绕城东线)，②文一路—德胜路(绕城西线—绕城东线)，③天目山路—环城北路—艮山西路—艮山东路(绕城西线—绕城东线)，④江南大道—机场快速路(时代大道—机场)，⑤之江大桥及接线—彩虹大道(绕城西线—绕城东线)。

五化: 指城市管理洁化、序化、绿化、亮化和美化。

市区西部交通畅通“三年行动计划”: 随着秋石快速路三期、东湖路一期工程建成开通，杭州东部地区交通拥堵状况将得到有效缓解。而城西地区交通拥堵问题日益突出，为此，城市道路的建设将由城东地区转入城西地区，准备研究出台缓解市区西部交通的建设计划。

四边三化: 指对公路边、铁路边、河边、山边等“四边区域”，开展洁化、绿化、美化行动(简称“四边三化”行动)。

十大教育行动: 指公共服务普惠行动、八区教育深度融合行动、现代职教体系建设行动、市属高校产学对接行动、教育国际化专项行动、智慧教育专项行动、教育内涵提升行动、美丽学校建设行动、“四有”教师培育行动和学生成长助推行动。

阳光厨房: 即亮出厨房环境，把厨房内的操作过程全都“晒”到大屏幕上，严格要求餐饮企业按照操作规程加工食品，接受监督。

城镇“三无”人员: 指具有城镇户籍的无劳动能力、无经济来源、无法定赡养人的人员。

农村“五保”: 五保指保吃、保穿、保医、保住、保葬(孤儿为保教)。《农村五保供养工作条例》明确的五保供养对象，主要包括村民中符合下列条件的老年人、残疾人和未成年人:无法定扶养义务人，或者虽有法定扶养义务人但是扶养义务人无扶养能力的;无劳动能力的;无生活来源的。

八项规定: 即中央关于改进工作作风、密切联系群众的八项规定。

四风: 指形式主义、官僚主义、享乐主义和奢靡之风。

特 辑

Features

·党和国家领导人在杭州活动·

【李克强到杭州考察】 11月19～21日，中共中央政治局常委、国务院总理李克强在中央书记处书记、国务委员杨晶和浙江省委书记夏宝龙、省长李强陪同下到浙江义乌、杭州考察。

李克强在浙江吉利控股集团有限公司（简称吉利集团）总部视察，了解汽车研发情况，并与造型设计、动力总成和研发部门的负责人和员工进行交流。李克强对吉利集团并购“沃尔沃”后的发展给予肯定，他说：“吉利汽车不仅是让国人骄傲的民族品牌，更了不起的是，你们走向了世界，还收购了全球知名汽车公司。吉利汽车的发展史，就是中国经济不断升级的缩影，希望你们用吉利精神带动更多的中国装备‘走出去’。”李克强强调，中国装备要走出去，唱响中国品牌，就要敢于到国际市场一较高下，做精“中国制造”，用潜力无限的万众创新推出更多“中国创造”。他还考察杭州高新区“智慧e谷”，希望他们努力打造创新高地。李克强考察浙江泰隆商业银行杭州分行，对这家银行长期致力于小微企业金融服务、“义利结合”的商业伦理理念给予肯定，并询问降低融资成本政策落实情况。他说，你们服务小微企业和千千万万草根创业者，是在推进社会公平，也能实现自身更大发展。有关方面要切实落实差别化支持政策，扶持更多中小银行发展。

李克强到浙江大学参观校史展览，走进图书馆和学生交流，了解学习和在校创业情况。李克强希望同学们秉承“求是创新”的校训精神，孜孜以求，刻苦学习，追求真理，打牢在社会上的立足之根，树立创新理念，形成创新文化，把知识的力量和文化的底蕴相结合，用创业创新成果为社会创造物质财富，提供精神滋养。

李克强到京杭大运河杭州拱宸桥段考察。李克强对拱宸桥段的历史风貌得到较好保护给予肯定，强调在推进新型城镇化中，要始终坚持保护、传承和发扬优秀传统文化，让悠久文明的精髓融入现代生活。他走进桥西历史街区的一些手工艺店，与自主创业的店主和正在学制手工艺品的小朋友聊天，表示要支持鼓励大学生文创事业。李克强又走进“晓风书屋”翻阅书籍，并指出，虽然实体书店受到了网络的冲击，但是纸质书永远会有市场的，是文化的象征。

20日晚，李克强召开专题会议，研究促进改革发展相关重点问题。他指出，建设长江经济带是国家重大战略，长江这条巨龙纵贯东西，经济总量占全国40%以上，其广阔腹地是中国经济发展最大回旋余地，依托黄金水道打造长江经济带，把龙头抬起来、龙身动起来、龙尾摆起来，实现东中西协调发展，内需巨大的优势就能更好发挥，保持经济长期稳定增长就有更强支撑。李克强充分肯定浙江经济社会发展取得的成绩，希望浙江发挥优势，把自身改革发展和长江经济带建设紧密结合起来，打造江海联运服务基地，敢闯敢试，面向世界，带动腹地，促进转型升级。

【张德江到杭州调研】 5月8～11日，中共中央政治局常委、全国人大常委会委员长张德江在浙江就乡镇人大工作进行调研。他强调，要深入贯彻落实中共十八大和十八届三中全会精神，从巩固党的执政基础、推进国家治理体系和治理能力现代化的高度，充分认识乡镇人大作为基层地方国家权力机关的地位和作用，切实加强乡镇人大建设，提高乡镇人大工作水平，为促进地方经济社会发展、保障人民安居乐业做出积极贡献，为全面推进依法治国、推动人民代表大会制度与时俱进发挥更大作用。

调研期间，张德江先后在嘉兴市、湖州市、杭州市主持召开乡镇人大工作座谈会和浙江省人大工作座谈会。他强调，要坚定坚持党的领导、人民当家做主、依法治国有机统一，按照总结、继承、完善、提高的要求，适应经济社会发展和民主法治建设的需要，在宪法法律范围内积极探索依法履职的新方式、新机制，扎实推动乡镇人大工作取得新发展。要加强对人大代表选举工作的组织领导，充分发扬民主，严格依法选举，确保选举工作风清气正，确保选举结果人民满意。要提高代表服务保障工作水平，加强代表学习培训，建立健全代表联络机构，为代表依法履职搭建更加高效、便捷的服务平台。乡镇人大代表要依法向选民报告履职情况，自觉接受人民群众的监督。要认真开好乡镇人民代表大会会议，根据法律规定和实际需要，合理安排会期和会议次数，有针对性地确定会议议程，完善审议程序，充实会议内容，切实提高会议的质量和效率，全面有效行使乡镇人大的法定职权，更好地展现人民代表大会制度的优越性。调研期间，张德江还就转变经济发展方式、发展现代农业、推动城镇化建设等进行了调研。

在杭州调研期间，张德江到南星街道和小营街道与市民亲切交谈，并到人大代表联络站与基层人大代表深入交流，详细询问代表联系选民和服务群众等方面情况。张德江强调，人大代表是人民选出来的，要因地制宜，采取灵活多样的方式，听取和反映人民群众的意愿和呼声，让乡镇人大代表更好地发挥直接联系人民群众的独特优势。张德江还前往城市规划展览馆考察。

【张高丽到杭州调研】 12月15～16日，中共中央政治局常委、国务院副总理张高丽在杭州调研城市规划建设工作，主持召开全国城市规划建设工作座谈会。

15日，张高丽在夏宝龙、李强、龚正、张鸿铭等省、市领导陪同下，先后在杭州火车东站调研标志性建筑建设工程质量、基础设施建设和城中村改造，在城市规划设计研究院调研规划审批管理等工作并看望规划编制人员，在杭州市区察看和听取老城保护、新城建设，以及保持城市传统风格建筑风貌有关情况介绍，并到中山路了解历史建筑和历史街区有机更新、综合保护和业态调整情况。张高丽在听取杭州城市规划沿革、城市景观和历史文化保护规划编制和城市规划管理体制改革等情况汇报后，对杭州推广“杭派民居”的做法予以肯定。

16日，张高丽在全国城市规划建设工作座谈会上表示，党中央、国务院高度重视城市规划建设工作。要增强责任感和使命感，把思想和行动统一到党中央、国务院的决策部署上来。张高丽强调，要统筹兼顾、突出重点，采取有针对性的措施，大力提升城市规划建设水平。要提高城市规划的科学性、权威性、严肃性，更好地发挥对城市建设的调控、引领和约束作用；要加强城市设计、完善决策评估机制、规范建筑市场和鼓励创新，提高城市建筑整体水平；要加大投入，加快完善城市基础设施，增强城市综合承载能力；要强化监督管理和落实质量责任，扭住关键环节，着力提高建筑工程质量；要注重保护历史文化建筑，牢牢把握地域、民族和时代三个核心要素，为城市打造靓丽名片，留住城市的人文特色和历史记忆。同时，要加强农村建筑风貌管控，做好传统村落和传统民居的保护工作。张高丽要求，各级党委和政府要把城市规划建设工作摆在重要位置，特别是城市政府要切实承担规划好、建设好、管理好城市的主体责任。要深化改革，完善法律法规，为城市规划建设工作提供制度和法律保障。要加强教育培训工作，打造一支管理水平高、技术能力强的城市规划建设人才队伍。各省、自治区、直辖市和计划单列市、新疆生产建设兵团，中央和国家机关有关部门负责人参加座谈会。住房和城乡建设部负责人做了汇报，7个省市的负责人做了发言。

【李源潮到杭州调研】 10月25日，中共中央政治局委员、国家副主席李源潮在杭州会见出席第二届中法青年领导者论坛的双方代表。李源潮希望两国青年加强交往，为中法友好关系长远健康发展做出贡献。

10月26日，李源潮在杭州召开群团工作调研座谈会。他指出，群团组织要认真学习贯彻习近平总书记系列重要讲话精神，坚持新时期群团工作正确方向，持续改进作风，当好群众之友。团省委、省妇联、省科协、省侨联和团市委、市妇联、市科协等部门负责人介绍工作情况。李源潮对浙江群团工作的探索和成绩给予好评。他说，新形势下群团工作面临许多新情况新问题，群团组织要按照党中央和习近平总书记要求，坚持党对群团工作的领导，坚持围绕中心、服务大局，坚持联系群众、服务群众的宗旨，以改革创新精神加强自身建设，尤其是基层组织建设和专职干部队伍建设。希望群团干部眼观大局、脚踏实地，热心服务、勤于学习，创新创优、严于律己，不断开创群团工作新局面。

座谈会上，李源潮对近年来浙江经济社会发展取得的成绩给予充分肯定，他希望浙江省委、省政府坚持以邓小平理论、“三个代表”重要思想、科学发展观为指导，深入贯彻中共十八大和十八届三中、四中全会精神，贯彻落实习近平总书记系列重要讲话精神，带领全省干部群众干在实处、走在前列，把浙江建设得更美丽，让浙江人民生活得更美好。

【刘奇葆到杭州调研】 5月16～18日，中共中央政治局委员、中央书记处书记、中宣部部长刘奇葆在浙江调研，强调要把培育和弘扬社会主义核心价值观作为凝魂聚气、强基固本的基础工程，体现到文化建设的全过程和各方面，以社会主义核心价值观引领文化改革发展，推动社会主义文化发展繁荣。省领导夏宝龙、李强、葛慧君、赵一德、郑继伟和中宣部副部长黄坤明、新闻出版广电总局副局长童刚陪同调研并出席座谈会。杭州市领导张鸿铭、翁卫军出席相关活动。

在杭州调研期间，刘奇葆考察了浙江广电集团、浙江日报报业集团、小百花越剧团和阿里巴巴集团有限公司等，与基层干部群众座谈交流。刘奇葆充分肯定浙江近年来的宣传思想文化工作，认为浙江的宣传思想文化工作有亮点、有创新、有突破，处处充满创新发展的活力和向上向前的动力，希望再接再厉，再创佳绩。

刘奇葆强调，要把学习宣传贯彻习近平总书记系列重要讲话精神作为重大政治任务，进一步加大力度、拓展广度、增进深度，更好地用讲话精神武装头脑、指导实践、推动工作。要在全社会大力培育和弘扬社会主义核心价值观，推动社会主义核心价值观内化于心、外化于行。要坚定不移推进文化改革发展，不断增强文化整体实力和竞争力。

【沈跃跃到杭州调研】 9月26日，全国人大常委会副委员长、全国妇联主席沈跃跃到杭州就进一步贯彻落实习近平总书记重要讲话精神，落实全国妇联十一届三次常委会暨省区市妇联主席会议提出的加强服务型基层妇联组织建设工作展开实地调研。

沈跃跃到杭州巾帼西丽服务管

理有限公司与家政员工交谈，详细了解其“员工制”的管理方式，提出家政行业要推进标准化建设，诚信经营，走职业化发展道路。在西湖区翠苑一区社区，沈跃跃参观“习总书记视察翠苑一区社区建设十年来成就展”和邻里之家“达式华工作室”，提出妇联组织要抓住政府转移职能购买公共服务的契机，积极争取跟妇女儿童家庭关系密切的、妇联可以协同社会力量做的实事项目，协同社会组织一起工作，借助群众的力量，服务更多的妇女群众。在黄龙国际商务中心的“妇女之家”，沈跃跃对妇工委尝试“楼宇走动式工作法”，为女企业家和女员工排忧解难的做法表示赞赏。沈跃跃还考察了市妇女活动中心，对活动中心的“一半天”妇女专业服务信息化平台给予特别关注，提出要更多宣传家训家规，弘扬社会正能量。还与参加女大学生创业训练营面试的学员们交谈。沈跃跃希望活动中心能继续发挥资源优势和阵地作用，惠及更多妇女。全国妇联党组副书记、副主席、书记处书记孟晓驷，浙江省妇联主席劳红武，以及杭州市和西湖区的相关领导陪同调研。

在26日召开的座谈会上，沈跃跃充分肯定浙江各级妇联的工作。她希望浙江妇联在党委政府的坚强领导下，继续创造性地开展工作，实现新发展，迈上新台阶。

【万钢到杭州调研】 12月19日，全国政协副主席、科技部部长万钢在杭州调研科技创新工作，科技部创新发展司、高新司、科技发展战略研究院、火炬中心等有关部门负责人随同调研考察，浙江省副省长毛光烈、郑继伟和杭州市市长张鸿铭等陪同考察和座谈。

19日上午，万钢考察青山湖科技城。万钢到浙江南都电源动力股份有限公司，了解企业产品研发、市场销售和下一步发展规划等情况。他对企业坚持科技创新不断提升产品质量效益的做法给予肯定，希望企业继续加大研发力度，努力在绿色环保储能应用、动力电源等领域向更高层次迈进。万钢到青山湖创新创业服务中心考察利珀科技和塞利仕科技两个青年创业企业，与青年创业者交谈，了解创业项目的技术特点和工艺流程，勉励他们要面向市场，抢抓科技革命与产业变革窗口期的良好机遇，激发热情，坚定信心，努力在创新创业中实现人生价值。在香港大学浙江研究院考察时，万钢指出，研究院要充分发挥香港大学科技人才和浙江体制机制两大优势，把香港大学百年积淀的成果逐步扩散到浙江来，把青年学生的创新创业基地建到浙江来，为科技城的发展注入强劲动力。

在参观科技城总体规划模型和听取科技城建设的情况汇报后，万钢充分肯定青山湖科技城建设的成效，并指出，科技城要紧紧抓住杭州创建自主创新示范区和跨境电子商务试验区的机会，把政策环境、法治环境、创新服务环境营造好，把科技资源打开让社会共享，推进“大众创业、万众创新”。科技城不仅要成为高新产业的集聚地，而且要成为高层次人才的集聚地。青山湖科技城不仅要引进科研院所和高新产业，还要加快孵化器和生活休闲配套设施建设，要着力打造年轻人集聚交流的新天地，更好地汇聚各类创新资源和要素。

19日下午，万钢考察西湖区纯电动汽车分时租赁站点，参加由杭州市政府和中国电动汽车百人会共同主办的中国电动汽车城市公共交通模式创新研讨会。万钢对杭州率先在全国发展电动汽车产业、创新电动汽车城市公交模式给予充分肯定，并从产业、民生、环境三赢的高度阐述发展新能源汽车的重大意义，强调要正确处理好政府与市场的关系，坚持发展，主动作为，做到“市场要活、创新要实、政策要宽、约束要严”，并指出，杭州要加强公共配套设施建设，大力支持企业搭建统一标准、智能化的公共服务平台，为全国电动汽车产业发展提供示范和经验。

·浙江省委常委会议专题研究杭州工作·

10月13日上午，浙江省委常委会议专题研究杭州工作，省委书记夏宝龙主持会议。会议强调，杭州作为省会城市，代表浙江的发展水平，杭州兴则全省兴，杭州强则全省强。杭州要以“领头羊”的自觉和责任，率先实干、率先奋起，更好地发挥龙头领跑示范带动作用，把自己摆到全国乃至全球格局中去考量，着眼“长三角”打造世界级城市群的战略定位，加快建设现代化国际化大都市，着力建设东方品质之城、幸福和谐杭州，确保继续走在全国重要城市的前列。

会议听取杭州市工作汇报，研究杭州市各方面工作。会议认为，近年来，杭州市委贯彻落实中央和省委一系列重大决策部署，围绕建设东方品质之城、幸福和谐杭州的目标，各项工作取得新进展，在全省较好地起到了龙头领跑示范带动作用。面对新的形势和任务，一方面要清醒地看到存在的差距和问题，深刻认识到形势的严峻，增强忧患意识，有坐不住、慢不得、等不起的紧迫感、危机感、责任感；另一方面要清醒地认识到自身的优势和特色，保持战略定力，坚持一张蓝图干到底、一以贯之抓落实，以更长远的眼光，以更高的要求，对经济社会发展中可能出现的风险，对政策措施实施中可能碰到的困难，对新发展阶段可能遭遇的问题，提前研判、精准谋划、主动作为，下好先手棋，打好主动仗。

会议强调，面对新形势、新情况、新问题，杭州要确保继续走在全国重要城市前列，必须在加快转型升级、加强城市治理、推进美丽建设、保障改善民生上走在前列。当前尤其要坚持质量和总量齐头并进，打好保位争位之战。必须以敢闯敢试、求新求变、善作善成的精神，发挥优势谋发展，依靠创新引发展，深化改革促发展，不断优化杭州都市经济圈建设的体制机制、提升城市能级，推进各项改革试点从点到面、开花结果、上下结合、市县联动，开辟新财路为发展提供持续的资金保障，努力闯出一条新路子，打出一片新天地。杭州各级干部务必在作风建设上有更严要求，在担当精神上有更高追求，在干事创业上有更优表现，以担当起历史使命的自觉和勇气、埋头干事不图虚名的精神境界、一抓到底善抓落实的执行能力、上下同欲齐心协力的团队意识，努力实现杭州发展的目标定位。省委、省政府将一如既往地关心杭州发展，不遗余力地支持杭州发展。省级各部门要把帮助支持杭州发展作为义不容辞的责任，共同把杭州市建设好；全省其他各市也要积极主动对接，大力协同推进杭州发展。

·杭州加快发展信息经济“一号工程”·

7月15日，杭州市委十一届七次全体会议审议通过《关于加快发展信息经济的若干意见》，做出加快发展信息经济和智慧经济的总体部署。以智慧产业化和产业智慧化为重点，坚持基础建设、产业发展、应用服务“三位一体”，加快发展信息经济、智慧经济。到2020年，力争建成国际电子商务中心，基本建成全国云计算和大数据产业中心、物联网产业中心、互联网金融创新中心、智慧物流中心、数字内容产业中心。

8月22日，杭州市信息经济和智慧经济发展工作领导小组召开第一次全体会议，区县（市）委书记专题研修班同步开班。市委书记龚正强调，要进一步统一思想、凝聚合力，贯彻省委、省政府的决策部署，落实市委十一届七次全会的具体部署，把大力发展信息经济和智慧经济作为“一号工程”，举全市之力坚定不移抓下去，为杭州经济转型升级提质增效，实现高起点上的新发展打下坚实基础。市长张鸿铭指出，各级各部门要开足马力，以“六大中心”建设为重点，把发展信息经济和智慧经济与各地实际、推动产业转型、保持经济平稳增长和服务民生、治理城市相结合，着力在优化规划布局、推进重大项目、培育产业发展、完善基础设施、加强智慧应用上下功夫，打造杭州经济升级版。要完善机制，进一步加强领导，强化部门联动，加强学习培训，加快平台建设，注重要素环境保障，加大政策引导，加大宣传力度，合力营造良好环境。各区县（市）委书记汇报交流市委十一届七次全会精神贯彻落实情况，以辖区、地域为界别，全力推进“一号工程”落地建设。

9月25日，领导小组召开第二次会议，以市级部门和单位为条线，渗透到各个社会经济与民生领域，重点研究和部署如何推进“一号工程”。10月31日，市委书记龚正、市长张鸿铭组织召开企业家座谈会，听取他们对杭州推进“一号工程”的看法和建议。

“一号工程”深入实施，经济提质增效升级取得新成效。2014年，杭州市电子商务交易总额突破1.5万亿元，比2013年增长30%，占全国的1/8。全国85%的网络零售、70%的跨境贸易（含B2B、B2C等）和60%的B2B交易在杭州的电子商务平台上完成，全国1/3的综合性电子商务平台和专业网站在杭州落户。第1批总投资约885亿元的337个信息经济项目陆续落地，其中包括阿里云计算有限公司投资30亿元建设电子商务云开放平台项目，华数数字电视传媒集团投资10亿元建设杭州智慧家庭信息服务平台，聚光科技（杭州）股份有限公司投资5亿元建设物联网产业化基地等。杭州市深化与阿里巴巴集团的战略合作，依托大数据，推进市民卡开展个人信用征信业务及服务。全年共签约建设1285个“E邮站”站点，提供24小时自助投取包裹服务。10月30日，国家电子商务产品质量信息服务平台在杭州上线运行。国家电子商务产品质量信息公共服务平台是国家质检总局授权杭州市建设的全国唯一的电子商务产品质量监管和服务的示范窗口。中国（杭州）跨境电子商务综合试验区和国家自主创新示范区创建工作取得重大突破。

2014年末，闲林水库主体工程完成　　（市林水局 供稿）

·“美丽杭州”建设成效明显·

2013年7月30日，市委召开十一届五次全体（扩大）会议，研究部署“美丽杭州”建设工作。全会审议通过《关于建设“美丽杭州”的决议》和《“美丽杭州”建设实施纲要（2013~2020年）》，动员全市上下扎实推进生态文明建设，努力建成美丽中国先行区。

完善生态文明建设考核机制，把“美丽杭州”建设纳入各级政府目标责任体系和综合考评，严格实行节能减排“一票否决”，推动城乡生活方式、生产方式、建设方式转型升级。突出“4+1”整治重点，着力提升治水、治气、治堵、垃圾处置和食品安全监管能力。实施国家低碳城市试点、国家节能减排财政政策综合示范试点，全面推行用能预算化管理，继续做好能耗强度和消费总量“双控”管理，严格实行空间、总量、项目“三位一体”环境准入制度。

2014年，杭州城区新增绿地417万平方米。“三江两岸”生态景观保护与建设、淳安县“美丽杭州”实验区建设扎实推进，杭州成为首个通过省级生态市验收的地区。“五水共治”攻坚成效显著。落实“河长制”，整治垃圾河71条460千米，整治黑臭河193条665千米。全面推进小河流治理和农村污水治理，完成农村生活污水治理844个村，受益农户21.28万户。城西污水处理厂建

成运营。城市防洪排涝等水利设施建设全面推进，城区基本经受住夏季多雨时期考验，初步实现短时强降雨积水及时排除、道路交通不中断、居民家中不进水的目标。加强钱塘江、苕溪流域水源保护，一级、二级饮用水源保护区内22个污染企业全部关停搬迁。城市应急备用水源工程闲林水库累计完成总投资23.1亿元，主体工程全部完成。12月24日，千岛湖配供水工程开工建设。

治气方面，杭州钢铁集团公司转型和半山电厂燃煤机组、杭州炼油厂关停工作有序推进。治堵方面，坚持“公交优先”、建设公交都市，主城区公交分担率提高；地铁建设力度加大，2号线东南段开通运营，4号线首通段建成；城市快速路初步成网；平稳实施小客车总量调控和城区限行政策；完善道路停车、社会资本建设停车场（库）、老居住小区交通综合治理等政策措施，市区交通拥堵状况明显改善。垃圾处置方面，“三化四分”工作不断深化，九峰环境能源项目稳步推进。“三改一拆”方面，“三改”完成率313%，“一拆”完成率364%，累计完成省定3年总目标任务的3倍以上。

加大环境执法力度，全市全年立案查处环境违法案件1008起，移送公安案件45起，刑拘64人。加大大气治理和节能减排力度。推进无燃煤区建设、工业污染治理、汽车油品提升、新能源汽车推广和建筑施工扬尘治理，淘汰黄标车和老旧车9.5万辆，市区空气质量改善，全年优良天数比上年增加13天，PM2.5年均浓度下降7.7%。全市关停淘汰重污染高耗能企业298个、整治提升企业425个。全面开展合同能源管理和社会节能工作，全市单位生产总值能耗下降7.0%以上，规模以上工业单位增加值能耗下降7.9%。节能减排财政政策综合示范工作提前1年完成“十二五”规划目标。

·杭州全面深化法治建设·

12月26日，杭州市委十一届八次全体会议，审议通过《中共杭州市委关于全面深化法治杭州建设的若干意见》，包含法治建设的十方面举措，被称为“杭法十条”，为杭州全面深化法治杭州建设指明方向。“杭法十条”与“杭改十条”形成全面深化改革和全面推进依法治理的“两轮驱动”，为杭州的下一轮发展提供动力和保障。

“杭法十条”主体部分可以概括为“5+5”体系，即“五个走在前列、五个实现新突破”。“五个走在前列”，是在依法执政、科学立法、依法行政、公正司法、全民守法上走在前列。“五个实现新突破”，是在依法保障改革发展、依法保障美丽建设、依法保障平安创建、加强依法监督、提高法治能力水平上实现新突破。

以完善依法决策机制为重点，在依法执政上走在前列：完善党的领导方式和执政方式，健全依法决策工作机制，落实决策问责追究制度。以健全立法体制机制为重点，在科学立法上走在前列：完善地方立法统筹协调机制，推进科学民主立法，加强重点领域立法。以严格执法为重点，在依法行政上走在前列：推进政府职能转变，加强重点领域综合执法，规范行政执法行为，创新政府管理服务方式。以提升司法公信力为重点，在公正司法上走在前列：规范司法行为，推进阳光司法，强化执法联动。以构建信用杭州体系为重点，在全民守法上走在前列：建设“一平台四体系”诚信机制，完善法律服务体系，培育特色法治文化。以健全“一号工程”推进机制为重点，在依法保障改革发展上实现新突破：依法统筹推进“一号工程”实施，创新“两区”建设体制机制，健全产业转型升级推进机制。以健全城市“四治”长效机制为重点，在依法保障美丽建设上实现新突破：强化规划保障，完善“四治”长效机制，加强制度建设。以创新社会治理机制为重点，在依法保障平安创建上实现新突破：推动社会矛盾化解法治化，推进社会治安综合治理规范化，推动基层协商民主建设长效化。以完善权力制约监督体系为重点，在加强依法监督上实现新突破：建立“大监督”运行机制，健全“大督查”运行机制，推进反腐倡廉建设制度化，推动作风建设常态化。以加强法治队伍建设为重点，在提高法治能力水平上实现新突破：提高党员干部法治思维和依法办事能力，加强法治工作队伍建设，健全法治人才培养机制。

·富阳撤市设区·

12月13日，国务院印发《国务院关于同意浙江省调整杭州市部分行政区划的批复》。同意撤销县级富阳市，设立杭州市富阳区，以原富阳市的行政区域为富阳区的行政区域，富阳区人民政府驻富春街道桂花路25号。并要求行政区划调整涉及的各类机构要按照“精简、统一、效能”的原则设置，涉及的行政区域界线要按规定及时勘定，所需人员编制和经费由杭州市自行解决。要严格按照国务院“约法三章”的要求，不新建政府性楼堂馆所，不增加财政供养人员，不增加“三公”经费。要严格执行中央关于厉行节约的规定和国家土地管理法规政策，加大区域资源整合力度，优化总体布局，促进区域经济社会协调健康发展。12月30日，浙江省人民政府印发《浙江省人民政府关于调整杭州市部分行政区划的通知》。

富阳市域面积1808平方千米，辖6个乡、13个镇、5个街道，有26个社区、276个行政村。2014年富阳市户籍人口66.6万人。富阳地处丘陵，是一个“八山半水分半田”的半山区，也是杭州“交通西进”“旅游西进”的第一站。富阳历史悠久、人文底蕴深厚，置县于公元前221年，至今已有2200多年历史，是东吴大帝孙权的故里，现代文豪郁达夫的故乡。富春江横贯全境，是座典型的江南山水园林文化城市和休闲度假旅游胜地，素有“天下佳山水，古今推富春”之盛誉。

改革开放以来，富阳大力发展民营经济，形成造纸、通信器材、医药化工、机械电子、新型建材、轻纺、体育用品等特色产业和“国家（富阳）光纤光缆产业园”“中国白板纸基地”“中国球拍之乡”“中国赛艇之乡”四大产业品牌，2014年经济实力居全国县域经济百强县（市）第22位。2014年，富阳实现地区生产总值601.5亿元，财政总收入88.4亿元。城镇常住居民人均可支配收入4万元，农村常住居民人均可支配收入2.28万元。

2015年2月15日，富阳举行撤市设区授牌仪式。富阳撤市设区后，公交、养老、医疗、社保等政策将分步骤与杭州接轨。

·萧山、余杭与主城区全面融合发展·

2001年3月，萧山和余杭撤市设区，与原有六城区一起构成一个新的杭州城区。2001年萧山、余杭"撤市建区"后，实现了与市区的"双赢"发展，两区地区生产总值和财政总收入在市区（八城区）占比从2002年的36.3%、22.6%，提高到2013年的39.1%、28.3%。2014年中国综合实力百强市辖区中，萧山和余杭分别居第4位和第8位。但13年来，两区的户籍、教育、社保、卫生等公共服务政策始终没有很好地与杭州主城区并轨。"撤市建区"后的萧山、余杭仍保留原县级政府所拥有的权力，涉及与广大市民息息相关的教育、医疗、卫生、户籍迁移等方面公共服务政策始终没有统一。

2013年12月27日，杭州市委召开十一届六次全体（扩大）会议，审议通过以"改革十条"为总体框架的《中共杭州市委关于学习贯彻党的十八届三中全会精神全面深化重点领域关键环节改革的决定》，提出以推进教育、社保、交通等公共服务一体化为先导，加快萧山、余杭两区与主城区的深度融合步伐。杭州市启动相关政策起草工作。2014年10月，浙江省委常委会议专题研究杭州工作时明确要求杭州统一思想、加大力度，使萧山、余杭真正融入主城区。经反复调研论证、多轮修改完善，《关于进一步加快萧山余杭与主城区一体化发展的若干意见》于2015年1月1日起正式发布实施。该意见分为4个方面、19条意见。其中，公共服务政策覆盖面广、系统性强，将户籍、就业和社保、社会救助、教育、公共卫生、市民卡服务、公积金制度、公交、产业政策9个方面的公共服务一体化内容作为重点，进行有效突破，力求达到"以点上突破，带动面上提升"的效果：统一户籍管理，统一就业和社会保障政策及体系，加快社会优抚、社会福利和社会救助一体化，扩大优质教育资源覆盖面，促进产业提升发展，优化公共交通组织管理，实现市民卡应用和服务一体化，统一住房公积金、保障性安居工程等有关政策，加强公共卫生和计生服务。该意见明确，在加快实现两区与主城区公共服务一体化的同时，计划在规划管理、财政体制、行政审批、城建项目统筹、城乡建设和社会管理责任等领域深化政府管理体制改革。

·大江东产业集聚区体制调整·

8月28日，杭州市委、市政府召开大江东产业集聚区体制调整大会，印发《关于印发大江东产业集聚区体制调整实施方案的通知》，明确大江东党工委、管委会是市委、市政府的派出机构，在大江东区域贯彻执行省市党委、政府的重要决策和工作部署，对大江东区域统一履行经济、社会、文化、生态文明建设和党的建设各项管理职能。10月1日，大江东党工委、管委会正式实施运作，托管区域范围为：萧山区河庄、义蓬、新湾、临江、前进5个街道的行政管辖区域，以及大江东规划控制范围内的其他区域（不含党湾镇所辖接壤区域的行政村）。

大江东产业集聚区是2010年经省政府批准的全省14个省级产业集聚区之一，紧邻杭州主城区，处于环杭州湾"V"字形产业带的拐点，是环杭州湾战略要地和杭州城市发展的战略地带。大江东产业集聚区位于萧山区东北部沿钱塘江区域，规划控制总面积约427平方千米，其中陆域面积约348平方千米、钱塘江水域面积约79平方千米，四至边界为：东、北、西均以钱塘江界线为界，西南至杭州江东工业园区与杭州空港经济开发区的边界线，南至红十五线、十二埭横河及与绍兴市绍兴县（现柯桥区）接壤的北侧河道。区域范围内有江东、临江和前进三大功能区，包括河庄、义蓬、新湾、临江和前进5个街道。大江东产业集聚区下有3个园区，其中江东工业园区从2001年开始筹建，前进工业园区从2002年开始筹建，临江工业园区从2003年开始筹建，3个园区2006年经批复正式成立。2009年，市委、市政府做出加快大江东区域一体化发展的战略部署，大江东"撤镇设街"，采取"城街合一、以城带街"的运行模式，江东新城、临江新城正式挂牌。2010年9月21日，省政府印发《关于印发浙江省产业集聚区发展总体规划（2011~2020年）的通知》，杭州大江东产业集聚区正式确立。2011年9月9日，杭州大江东产业集聚区管委会经省编委批复设立，2012年10月18日正式挂牌。2013年12月30日，市委、市政府发布《关于进一步完善杭州大江东产业集聚区管理体制的意见》，提出"要坚持以统为主、统分结合，尽早将大江东管理体制调整到位，实现大江东产业集聚区内依法独立行使经济管理权限和社会管理职能，加快推进大江东区域一体化发展"的指导意见，进一步完善大江东管理体制。

大江东产业集聚区以创一流省级产业集聚区为目标，按照"六年翻两番、五年见新城、全面创一流"要求，力争通过3~5年的时间，实现领跑全省14个产业集聚区的目标。以"工业万亿"为目标，第一阶段是在2020年，力争实现规模以上工业企业总产值4000亿元，财政总收入180亿元，累计引进50亿元以上大项目12个以上；第二阶段是在2030年前，实现规模以上工业企业总产值1万亿元，实现"再造一个杭州工业、再造一个杭州新城"的战略设想。

大江东产业集聚区充分发挥园区优势，初步形成产业发展新格局，产业结构不断优化，产业链条逐步延伸，产业集聚效应日益明显。汽车产业集聚和产业链效应逐步显现，现代物流业发展有效推进，先进装备产业集群逐渐成形，新能源产业加速发展，高新技术产业迅速崛起，新材料产业日益提升。江东工业园区已成功创建"国家先进装备制造业基地"和"国家新能源产业化示范基地"两个国家级产业基地，基本形成机械制造、汽车及零部件、新能源、新材料四大产业。临江高新区获得"中国最具台资企业投资价值园区""国家新能源高新技术产业化基地拓展区""国家新材料产业拓展基地""省新能源运输装备高新技术产业园区""新能源省高技术产业基地核心发展区"

等称号，形成以新能源汽车、高端装备、新材料、电子信息与物联网、互联网、生物医药为主的五大主导产业。前进工业园区形成以汽车整车及汽车零部件、飞机零部件为主的先进装备制造业，以食品饮料和新能源、新材料、生物医药为主的高新技术产业。

·阿里巴巴集团在美国上市·

9月19日晚，阿里巴巴集团（中国）有限公司（简称阿里巴巴集团）在纽约证券交易所上市，证券代码“BABA”，价格每股68美元。IPO融资额250.3亿美元，刷新全球IPO融资规模。

阿里巴巴集团由马云带领下的18名创始人于1999年创立，提供多元化的互联网业务，涵盖企业间贸易、个人零售、支付、企业管理软件和生活分类信息等服务范畴，其总部设在杭州，在美国硅谷、英国伦敦等地设立海外分支机构。阿里巴巴是全球企业间电子商务品牌，是全球最大的网上交易市场和商务交流社区，已在金融、物流等方面进行了全方位的布局。阿里巴巴网站两次入选哈佛大学商学院MBA案例，连续5次被美国权威财经杂志《福布斯》选为全球最佳企业间站点之一，多次被相关机构评为全球最受欢迎的企业间网站、中国商务类优秀网站、中国百家优秀网站、中国最佳贸易网，被国内外媒体和国外风险投资家誉为与Yahoo、Amazon、eBay、AOL比肩的五大互联网商务流派代表之一。

1999~2000年，阿里巴巴集团从软银集团、高盛集团、富达投资集团等机构融资2500万美元。2002年，阿里巴巴B2B公司开始盈利。2003年，个人电子商务网站“淘宝网”成立。同年，发布在线支付系统支付宝。2012年7月，阿里巴巴集团宣布将子公司的业务升级为阿里国际业务、阿里小企业业务、淘宝网、天猫、聚划算、一淘和阿里云7个事业群。

2014年3月16日，阿里巴巴集团宣布启动在美国的上市事宜。5月6日，向美国证券交易委员会提交首次公开募股申请。9月9日，阿里巴巴集团开始上市前路演，超过700名投资者参加路演。上市当日，以每股92.7美元开盘，比68美元发行价上涨36.32%，以93.89美元收盘。以当日收盘价计算，阿里巴巴集团市值达2314亿美元，成为仅次于谷歌的全球第二大市值的互联网公司。在当年的“双十一”网购节中，阿里巴巴平台上的商品成交额创下571亿元的纪录。11月4日晚，阿里巴巴集团公布的上市后首份季度财务报告显示，2014年第3季度，阿里巴巴集团收入达168.29亿元，比2013年同期增长53.7%；核心业务运营利润达84.93亿元，调整后的净利润为68.08亿元，经调整摊薄后每股盈利为2.79元。

阿里巴巴集团位于杭州的企业园区 （阿里巴巴集团 供稿）

·杭州荣誉·

2014年，杭州市获得许多荣誉。2月28日，杭州获携程网“国内最佳旅游城市”称号。3月11日，杭州获《中国经济生活大调查（2013~2014）》“中国最幸福城市”称号。5月30日，“2014城市发展质量论坛暨全国民生典范城市表彰发布会”授予杭州“全国首批民生改善典范市”称号。6月22日，第三十八届世界遗产大会宣布中国大运河被列入《世界遗产名录》。7月22日，杭州入选第1批国家生态文明先行示范区。11月11日，国务院公布第4批国家级非物质文化遗产代表性项目名录，杭州的方回春堂膏方制作技艺、木版水印制作技艺、桐庐剪纸、河上龙灯胜会、淳安竹马、富阳“孝子祭”6个项目入榜。11月28日，第二届“广州国际城市创新奖”在广州举行颁奖典礼，杭州获“网络人气城市”奖，公共自行车系统获“广州国际城市创新奖”。12月3~4日，第七届中国会议产业大会在北京召开，杭州获“2014中国最具魅力会议目的地”称号。12月13日，《2014中国旅游业发展报告》发布，在全国副省级城市中，杭州列旅游综合竞争力第3位。12月16日，第五届中国会展产业展洽会及中国国际会议产业周在北京召开，杭州获中国会议业金海鸥大奖——2014年度中国最佳会议目的地和中国会展业年度杰出城市管理奖。12月18日，中国信息化研究与促进网发布2014年中国优秀政务平台推荐及综合影响力评估结果，“中国杭州”政府门户网站被评为2014年度中国最具影响力地方政务网站，并获2014年度中国政务网站领先奖。12月20日，“2014第九届中国全面小康论坛”授予杭州“中国全面小康特别贡献城市”称号。12月21日，“2014国际旅游度假目的地论坛”在舟山召开，杭州入选“最佳国际旅游度假地”。 （年鉴编辑部）

大事记

Chronicles of Events

·2014年杭州市大事记·

1月

1日　第十届新年祈福活动在净慈寺举行。零点，代市长张鸿铭，市佛教协会会长光泉法师和市民代表敲响新年钟声。

△　杭州青少年活动中心文化广场系列活动启动。

（△指同日，下同）

△　“新年运河健走”活动在运河文化广场启动。

△　杭州市工商局正式开通“12315”微信公众平台——“杭州12315”。

5日　9时30分，杭州市大气重污染应急指挥部办公室发布大气重污染Ⅲ级预警，这是杭州颁布《杭州市大气重污染应急预案（试行）》后首次发布预警。

9日　杭州市首个“三江两岸”环保巡回法庭在建德市梅城镇环保所挂牌成立。

10日　杭州火车东站枢纽旅客咨询服务中心启用。

11日　上城区“政府管理与公共服务标准化”项目获第七届“中国地方政府创新奖”。

△　2013年亚洲品牌年会暨中国品牌年度总评榜颁奖典礼在北京举行，杭报集团获中国名优品牌奖。

△　在“2013最美浙江人·文化新浙商”颁奖晚会上，拱墅区运河天地文化创意产业园成为5个省文化产业示范园区之一。

14日　第九届“杭州市文化春风行动”启动。

16日　杭州市举行首席技师颁证暨高技能人才公共实训基地分基地授牌仪式，为新评选出的20名2013年度“杭州市首席技师”颁发荣誉证书，为首批认定的10个公共实训基地分基地授牌。

20日　浙江省首座蜡像馆——黑根蜡像馆在西溪湿地开幕。

2月

9～13日　杭州市政协十届三次会议召开。

10～14日　杭州市十二届人大四次会议召开。

13日　杭州市旅游委员会启动“自游自在·杭行者”杭州深度游体验活动。

△　新春元宵灯会活动举行。

14日　“第八届杭州文化志愿者基层行活动启动仪式暨2014年农村文化礼堂共建活动”在江干区丁桥镇皋城村举行。

17日　“甲午元宵钱王祭”活动在钱王祠举行。

18日　政协杭州市滨江区委员会一届一次会议开幕。

21日　首届中国（杭州）国际钟表珠宝商业大会在杭州萧山区开幕（22日闭幕）。

22日　杭州公共艺术影厅项目试点在金象、泽艺影城启动。

26日　杭州市电子商务促进会成立，杭州市电子商务促进会网站和杭州市智慧商贸APP同步开通上线。

28日　杭州获2013年度携程网“国内最佳旅游城市”称号。

3月

1日　杭州地铁2号线一期工程东南段开始空载试运行。

6日　杭州市举行纪念三八国际妇女节104周年大会暨“西子女性大讲堂”启动仪式。

7日　杭州市举行《杭州市公共场所控制吸烟条例》实施4周年暨第二轮“百家无烟单位”创建活动启动仪式。

△　杭州市第二水源千岛湖配水工程项目建议书获省发改委批复同意。

△　浙江树人大学中国民办高等教育研究院、浙江树人大学科学计量学研究中心联合武汉大学中国科学评价研究中心在杭州发布《独立学院科研竞争力评价报告》和《2013年中国民办本科院校科研竞争力评价报告》。

△　富阳市公示全国首份县域权力清单。

8日　杭州市政府与中国工程院在北京签订建设智能城市战略合作框架协议。

10日　杭州市园文局凤凰山管理处园林技术团队的园林小品《籍田春色》在香港花卉展览上获室外园林景点最具特色奖。

11日　《中国经济生活大调查（2013～2014）》发布晚会播出，杭州获“中国最幸福城市”称号。

17日　市长张鸿铭会见南非驻上海总领事陶博闻。

△ 杭新景高速公路延伸线（之江大桥）工程被交通运输部和国家安监总局联合冠名为2013年度公路水运建设“平安工程”。

18日 思科公司中国总部落户杭州暨思科参与智慧城市建设发布会召开，这是杭州市引进的首个世界500强中国总部。

21日 杭州都市经济圈转型升级综合改革试点获国家发改委批复设立。

26日 零时起，杭州市实行小客车总量调控管理，采取控制总量和“错峰限行”调整双重措施。

△ 由杭州宋城集团控股有限公司打造的中国演艺谷向公众开放，这是国内第一个文化演艺综合街区。

27日 由杭州仲裁委员会和杭州市总商会联合组建的杭州商会仲裁院成立，是浙江省内首个商会仲裁院。

28日 2014年中国（杭州）西湖国际茶文化博览会开幕式暨西湖龙井开茶节活动在杭州灵隐景区举行。

△ 杭州中华文化促进会戏剧发展委员会成立。

△ 位于滨江区的彩虹快速路时代高架互通立交4个方向匝道正式开通。

4月

1日 零时起，在杭州的省级公立医院和杭州市级公立医院启动综合改革。

△ 新修订的《杭州市基本养老保障办法》实施。

3日 “寻找失落的圆明园”全球巡展杭州站在西溪天堂开幕（5月11日闭幕）。

4日 临安青山湖科技城智能电网综合建设工程通过国网浙江省电力公司验收，这是浙江省内唯一县级智能电网综合建设工程。

10日 六和塔经过343天的保养性维护后，重新开放。

△ 杭州有8所中学入选首批省一级普通高中特色示范学校。

16日 首届全国小学国学经典教育高峰论坛在拱宸桥小学举行。

△ 钱江通道及接线工程竣工并试运营。

19日 第七届杭州市民体验日在中国扇博物馆广场启动。

△ 第九届华文戏剧节在杭州开幕（5月18日闭幕）。

21日 杭州市上海商会成立，首批51个企业入会。

23日 第八届西湖读书节启动仪式暨“诵读经典，成就梦想”全城诵读1小时活动在杭州图书馆报告厅举行。

△ 杭州市出台《关于杭州接轨中国（上海）自由贸易实验区发展的意见》。

24日 由中国新闻社浙江分社、江干区政府主办的中国新媒体峰会在杭州召开。

△ 杭州老字号研究院成立。

28日 第十届中国国际动漫节开幕（5月3日闭幕）。

△ 中国动漫游戏产业高峰论坛举行。

△ 由杭州市直属机关工作委员会、杭州市委党史研究室联合主办的“永远的丰碑——纪念杭州解放暨新中国成立65周年展览”展出（5月13日闭幕）。

29日 “中国梦·动漫梦”第十届中国国际动漫节动漫高峰论坛主论坛举行。

△ 浙江省首个党外人士实践锻炼基地在下城区揭牌。

△ 第十届全国法制动漫微电影大赛在白马湖动漫基地举行颁奖仪式。

30日 第九届“天眼杯”中国国际少年儿童漫画大赛在杭州青少年发展中心举行颁奖典礼。

△ 国际动画节杭州峰会暨第四届中国动漫新锐榜在凤凰·创意国际园区举行颁奖典礼。

△ 第十届中国国际动漫节动漫高峰论坛之中英动漫教育论坛在中国美术学院南山路校区举行。

5月

1日 新修订的《杭州市物业管理条例》实施。

△ 杭州市小客车总量调控管理信息系统上线。

△ 第十届中国国际动漫节动漫人才交流大会在中国美术学院召开。

7日 杭州跨境贸易电子商务进口业务在杭州出口加工区启动。

8日 第七届杭州市民摄影节举行，活动持续到6月底。

△ 第七届杭州艺术博览会在浙江世贸国际展览中心开幕（11日闭幕）。

10日 中共中央政治局常委、全国人大常委会委员长张德江到杭州城市规划展览馆考察。

12日 杭州市2014年“5·12”防灾减灾日大型广场宣传主题活动在城北体育公园举行。

13日 第八届中华宝钢环境奖颁奖典礼在北京举行，桐庐成为该届宝钢奖全国唯一获得城镇环境类大奖的地区。

14日 第二届中美绿色数据中心研讨会在杭州钱江经济开发区召开。

16日 世界遗产青少年教育基地杭州学军中学活动站授牌仪式在学军中学国际交流中心举行。

△ 文化部公布第二批国家级非物质文化遗产生产性保护示范基地名单，王星记扇业有限公司（制扇技艺）、金星铜集团有限公司（铜雕像技艺）入选。

16～18日 中共中央政治局委员、中央书记处书记、中宣部部长刘奇葆在杭州等地调研。

17日 以“科学生活、创新发展”为主题的2014年杭州市科技活动周在中国湿地博物馆开幕（24日闭幕）。

18日 联合国教科文组织杭州项目事务处在上城区揭牌成立，这是联合国教科文组织在中国设立的首个事务处。

△ 凌晨3时许，一辆载有化学品的槽罐车在桐庐320国道富春江镇俞赵村建德方向发生侧翻事故，车上运载的部分四氯乙烷泄漏。经紧急事故处置后，15时富阳市恢复正常取水。

△ 市领导佟桂莉、张建庭会见联合国教科文组织文化助理总干事班德林一行。

20日 “当代马可·波罗——杭州博士”聘任仪式暨重游大运河启动仪式举行。

22日 由市委宣传部、市文广新闻出版局主办的2014年“西湖之春”艺术节暨杭州市新剧（节）目会演在红星剧院开幕（6月12日闭幕）。

△ 第十七届西湖艺术博览会·春季展在杭州和平国际会展中心开幕（26日闭幕）。

24日 由杭州市公办养老机构和杭州市民间组织管理局发起筹备的杭州市养老服务业协会成立。

26日 杭州市开展首次小客车增量指标竞价工作。

27日 杭州市举行首次小客车增量指标摇号仪式。

29日 杭州市市场监督管理局挂牌，由市工商行政管理局、市食品药品监督管理局、市食品安全委员会办公室整合而成。

△ 杭州经济技术开发区通过审核，被列入第一批55个国家低碳工业园区试点之一。

△ 杭州市举行“涌泉计划”启动仪式暨第一届杭州市大学生创业企业服务项目对接会。

30日 第九届杭州市“公民爱心日”暨“我的中国梦”主题教育实践活动启动仪式在杭州市笕桥小学举行。

△ “2014城市发展质量论坛暨全国民生典范城市表彰发布会”在北京召开，杭州获“全国首批民生改善典范城市”称号，杭州市公共图书馆服务体系建设案例入选首批民生城市案例。

△ 首届中国（杭州）运河生活艺术节在杭州工艺美术博物馆开幕（6月8日闭幕）。

6月

5日 国药华东区药品销售和现代物流中心落户萧山经济技术开发区签约仪式在上海举行，该中心是华东地区最大的药品和医疗器械销售及现代物流仓储中心、冷链药品销售中心。

5~11日 首届“APC杯”盲人门球锦标赛暨2014年亚洲残疾人运动会盲人门球资格赛在余杭塘栖国家盲人门球基地举行。

6日 首届杭州创业节在颐高科技创业园开幕（15日闭幕）。

10日 杭州市志愿者协会银龄互助分会成立。

12日 国家发改委等12个部委联合发布《关于同意深圳市等80个城市建设信息惠民国家试点城市的通知》，杭州市被列为信息惠民国家试点城市。

△ 杭州西湖龙井茶文化系统入选第二批中国重要农业文化遗产。

14日 杭州市代表团赴法国参加普罗万市中世纪节并开展以“HANGZHOU IN PROVINS”为主题的文化宣传推广活动（21日结束）。

18日 杭州首个民间融资服务中心——拱墅区民间融资服务中心成立。

19~20日 杭州市首届农旅对接会在淳安举行。

20日 杭州文化市场诚信经营管理网上线。

22日 北京时间15时19分（多哈当地时间10时19分），第三十八届世界遗产大会宣布中国大运河被列入《世界遗产名录》。

△ 2014年大运河文化节在拱墅区运河文化广场开幕，活动持续至10月。

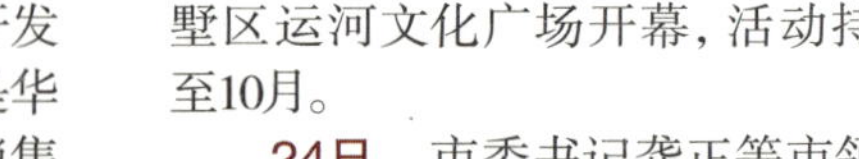

24日 市委书记龚正等市领导会见台湾南投县代理县长陈志清、中国国民党南投县党部主委李哲华等南投县参访团一行。

△ “京杭大运河城市旅游推广联盟”成立大会在杭州召开，来自京杭大运河沿线的18个城市旅游局共同发表《京杭大运河城市旅游推广联盟杭州共识》。

25日 由杭州市政府和台湾南投县政府共同主办的第六届“西湖—日月潭”两湖论坛在杭州举行。杭州市和南投县签订教育、农业、社区和书画艺术等对口交流协议，杭州市地方志学会和南投县文化基金会签订交流合作协议。

△ 由市文广新闻出版局指导，杭州古都文化研究会、杭州非物质文化遗产保护中心、杭州万向职业技术学院联合主办的杭州非物质文化遗产保护传承论坛举行。

△ 全国首个厨余垃圾处理项目在天子岭启动。

27日 由杭州市委宣传部、市文明办主办的“红旗飘飘——杭州市庆祝中国共产党成立93周年群众性歌咏活动”举行，杭州电视台综合频道于7月1日晚播出该活动。

30日 杭（州）黄（山）高速铁路先行段——天目山隧道工程开工建设。

中国大运河杭州拱宸桥段 （刘浩源 摄）

7月

2日 第二届中国（杭州）女装节暨中国服装第一街女装嘉年华在意法服饰城启动（10月12日闭幕）。

5日 17时，1辆7路公交车行驶到东坡路与庆春路交叉口时发生放火案件，众多路人自发灭火救人。市委、市政府主要领导赶赴事发现场，并在市公安局指挥中心召开紧急专题会议。

9日 浙江高校产学研联盟杭州城西中心在杭州城西科创产业集聚区揭牌成立。

10日 “中国制造之美高端论坛”在杭州举行。

12日 第六届中国（国际）资产管理大会暨中国大宗商品论坛在杭州举行。

14日 市政府第26次常务会议

研究并原则通过市政府部门推行权力清单制度，并于15日在市政府门户网站发布杭州市权力清单。

15日　杭州市委十一届七次全体（扩大）会议召开，审议通过《关于加快发展信息经济的若干意见》。

△　杭州萧山国际机场火车东站城市航站楼投入运行。

18日　由杭州青少年活动中心组团的合唱团获“2014年第八届世界合唱比赛”童声组冠军赛金奖。

21日　由杭州市气象灾害防御工作领导小组制定的《杭州市高温天气应急预案（试行）》印发并实施。

22日　杭州入选第一批国家生态文明先行示范区。

24~28日　杭州地铁2号线东南段工程通过试运营基本条件评审会评审。

26日　“2014海外华侨华人专业协会会长浙江杭州行”交流峰会在海创基地召开。

29日　联合国教科文组织文化助理总干事班德林一行考察西湖世界遗产的管理与保护工作，市委书记龚正会见考察团一行。

△　杭州市卫生和计划生育委员会挂牌，由市卫生局与市人口和计划生育委员会整合而成。

30日　“浙江美术馆开馆五周年特展：西泠峰骨——纪念吴昌硕诞辰170周年暨西泠印社七任社长作品展”开幕（8月31日闭幕）。

△　杭州入选民政部、国家发改委确定的首批养老服务业综合改革试点地区。

31日　《杭州市公众人文社会科学素养调查报告》首次印发。

△　杭州地铁4号线江锦路站至市民中心站区间右线盾构机进洞时发生新塘河河水灌入地铁车站事故，市委、市政府迅速启动应急预案，未造成人员伤亡。

8月

1日　“清净在源头”杭州市家庭生活垃圾分类全民行动三年计划启动，市委书记龚正等市领导出席仪式。

2~4日　第十届亚太口琴艺术节在杭州举行。

4日　杭州市首届国际友好城市青少年夏令营开营仪式在杭州青少年活动中心举行。

5~8日　于3月启动的第二届中国大学生软件服务外包大赛在杭州师范大学举行决赛。

6日　杭州市商务委员会（杭州市粮食局）挂牌，由杭州市贸易局（杭州市粮食局）和杭州市对外贸易经济合作局整合而成。

7日　由中央文明办主办，省文明办、杭州市委、杭州市政府、中国文明网承办的“道德的力量——全国道德模范与身边好人现场交流活动”在杭州举行。

8日　杭州市召开杭州都市圈第七次市长联席会议。

△　2014年杭州市全民健身日市民体验活动暨黄龙体育中心全民健身节启动仪式举行。杭州市全民健身地图暨杭州市全民健身电子服务平台启动仪式同时举行。

9日　“横渡钱塘江”活动在钱江新城“城市阳台”江面举行。

13日　《杭州市限制活禽交易管理办法》出台。

16日　江干区政府与浙江清华长三角研究院签署协议，杭州市政府、浙江清华长三角研究院、江干区政府三方将共同组建浙江清华长三角研究院杭州分院。

19日　“杭州发布”网络平台上线。

28日　市委、市政府召开大江东产业集聚区体制调整工作会议，印发《关于印发大江东产业集聚区体制调整实施方案的通知》。

△　青山湖高新区科技创业服务中心启用，标志着青山湖科技城首个科技企业孵化器投入运营。

29日　杭州市全面取消住房“限购”政策。

9月

3~4日　“2014创新中国（DEMO CHINA）总决赛”在杭州举行。

6~11日　“第三届红牛钱塘江国际冲浪对抗赛”在杭州举行。

9日　杭州市第十届“美德少年”评选活动颁奖直播晚会举行。

10~12日　杭州代表团到天津参加夏季达沃斯论坛。

10~25日　第四届杭州学习节举行。

12日　杭州市首届“村歌”大赛决出表演和创作金奖各10名。

16日　市委副书记杨戌标会见斯洛伐克驻沪总领事弗兰季谢克·胡达克一行。

17日　第四届国际（杭州）毅行大会举行。

△　杭州市地铁集团发行总值50亿元的企业债券，是浙江省第一只专项用于城市轨道交通建设的企业债券。

18日　杭州市举行主题为“关心国家安全、维护海洋权益”的“全民国防教育日”暨浙江省“国防教育宣传周”活动。

19日　全国首个残疾人公益大学开学典礼在中国美术学院象山校区举行。

△　阿里巴巴集团在纽约证券交易所挂牌上市。

20日　2014年全国科普日暨杭州市第28届科普宣传周启动仪式在运河文化广场举行。

22日　市长张鸿铭会见韩国驻沪总领事具相灿一行。

25~26日　第六届中国国际服务外包交易博览会在杭州举行。

26日　全国人大常委会副委员长、全国妇联主席沈跃跃在杭州调研。

28日　市文明办、市精神文明建设研究会和浙江大学人文学院联合发布《杭州孝道文化现象调研报告》。

30日　杭州市举行首个烈士纪念日公祭活动。

△　市长张鸿铭会见美国驻沪总领事史墨客一行。

10月

1日　大江东产业集聚区党工委、管委会正式开展工作。

8日　杭州市被人力社保部列为十大失业预警试点城市之一。

9~11日　第十五届中国（杭州）美食节在吴山广场举行。

10~13日　“2014中国国际丝绸博览会暨中国国际女装展览会”在杭州举行。

△　第九届中国国际休闲产业博览会在杭州和平国际会展中心举行。

10月20～22日，“2014世界杭商大会”在杭州召开　（市电子政务办 供稿）

13日　杭州市公共信用信息平台开通试运行。

△　浙江省委常委会议专题研究杭州工作。

14日　“2014两岸人文对话”在杭州师范大学举行。

15日　市委书记龚正、副省长梁黎明会见爱尔兰共和国前总理及爱尔兰国际金融服务中心主席约翰·布鲁顿一行。

△　“2014杭州海峡两岸产业推进会”在萧山区举行。

16日　由杭州市政府主办的“2014杭州国际友好城市市长论坛”举行。

△　第八届中国杭州文化创意产业博览会开幕（19日闭幕）。

△　2014年西博会国际旅游节暨市民休闲节开幕（11月8日闭幕）。

17日　“500强企业家暨新生代企业家论坛”在杭州举行。

△　《中小城市绿皮书：中国中小城市发展报告(2014)》公布2014年度中国综合实力百强市辖区排名，杭州占4席。

△　第十六届中国杭州西湖国际博览会开幕（11月8日闭幕）。

△　杭州市浙商回归引进项目集中开工暨百草味总部项目开工仪式在大江东产业集聚区举行。

18日　大运河祈运仪式在拱宸桥畔举行，首届中国大运河庙会开幕（21日闭幕）。

△　杭州旅游创意中心揭牌。

△　第十届海峡两岸文化创意产业高校研究联盟论坛在白马湖举行。

19日　由市政府主办、市公共关系协会承办的第五届西湖公共关系论坛在杭州举行。

20日　杭州口岸开始正式实施72小时过境免签政策。

20～22日　“2014世界杭商大会”在杭州召开，市委书记龚正致辞。

21日　市长张鸿铭会见捷克新任驻沪总领事理查德·卡尔帕奇一行。

22日　第二届国际（杭州）物联网暨传感技术与应用高峰论坛在杭州开幕（23日闭幕），会上发布《中国传感器产业发展白皮书（2014）》。

24日　第九届海外英才杭州项目对接会暨大数据时代论坛在杭州举行。

25日　第二届全国航海模型系列赛遥控帆船公开赛（杭州站）在白马湖动漫广场附近水域举行。

25～29日　第二届中国（杭州）国际微电影展在杭州举行。

26日　中共中央政治局委员、国家副主席李源潮在杭州召开群团工作调研座谈会。

27日　2014年中国（杭州）休闲发展国际论坛在建德举行。

28日　杭州市召开文艺工作座谈会。

29日　位于建德市杨村桥镇岭源村的杭（州）黄（山）高速铁路站前Ⅵ标项目外源1号特大桥开工。

△　“电子商务与中国产业发展战略”主题研讨会在杭州召开，中国电子商务发展咨询委员会在会上成立。

30日　“2014中国（杭州）国际电子商务博览会”开幕（11月2日闭幕）。

31日　民政部印发《关于确定全国和谐社区建设示范单位的通知》，确定杭州市为全国和谐社区建设示范城市。杭州市有6个区为全国和谐社区建设示范城区，7个街道为全国和谐社区建设示范街道，11个社区为全国和谐社区建设示范社区。

△　中国建设银行杭州文创专营支行开业暨文创产业融资服务战略合作签约活动在建设银行浙江省分行营业部举行。

11月

2日　2014年中国（杭州）国际电子商务博览会主题分论坛——智慧城市创新论坛举行。

△　2014年杭州国际马拉松赛举行。

5日　2014年“美丽杭州”群众文化节优秀节目展演在杭州大剧院歌剧院举行。

5～7日　2014年浙江·杭州国际人才交流与项目合作大会召开。

7～9日　“2014亚洲设计管理论坛暨亚洲生活创新展”在杭州举行。

△　第四届中国西湖国际魔术交流大会在杭州召开。

8日　中国（杭州）跨境电子商务产业园企业O2O展示（一期）暨“洋东西”海外直购平台上线发布会举行。

11日　国务院公布第4批国家级非物质文化遗产代表性项目名录，杭州的方回春堂膏方制作技艺、木版水印制作技艺、桐庐剪纸、河上龙灯胜会、淳安竹马、富阳“孝子祭”6个项目入围名录。

12日　杭州市妇产科医院（杭州市妇幼保健院、杭州市第一人民医院钱江新城院区、杭州市钱江医院）开业，是全市第1家按三级甲等标准建设的市级妇产科专科医院。

△　杭州火车东站枢纽西广场项目通过竣工验收并全面投入使用。

13日　杭州西湖风景名胜区茶叶商会成立大会召开。

16日　第三届中国转型发展论坛在杭州举行。

18日　杭州优智博知识产权信息科技有限公司推出国内首个知识产权管理服务平台“智龟网”。

18～22日　杭州地铁2号线东南

段组织市民免费试乘体验活动。

19日 杭州市政府聘请10位法律专家担任法律顾问。

19~21日 中共中央政治局常委、国务院总理李克强在浙江省委书记夏宝龙、省长李强陪同下到浙江义乌、杭州考察。

20~21日 由人民政协报社、杭州市政协共同举办的“国家治理与人民政协”研讨会在杭州召开。

23日 由市政协杭州文史研究会主办的首届杭州佛教历史文化学术论坛举行。

24日 杭州地铁2号线东南段开通试运营。

25~26日 第四届“孤山证印”西泠印社国际印学峰会召开。

27日 第十届杭州市十大平民英雄（道德模范）评选结果揭晓。

△ 由杭报集团和杭州市网络文化协会主办、十九楼网络股份有限公司承办的“2014中国互联网社区高峰论坛”在杭州举行。

△ 国脉互联智慧城市研究中心联合中国社会科学院信息化研究中心公布第四届（2014）中国智慧城市发展水平评估结果，杭州名列智慧城市发展水平评估前10名。

28日 第二届“广州国际城市创新奖”在广州举行颁奖典礼，杭州公共自行车系统获“广州国际城市创新奖”，杭州获“网络人气城市”奖。

△ 由保加利亚美术家协会联盟、浙江省美术家协会、杭州市文化创意产业办公室等单位共同主办的“艺术的纬度——中国保加利亚油画交流展”在西湖美术馆举行。

30日 2014年中国影视艺术创新峰会暨第二届中国影视产业推介会在西湖区开幕（12月2日闭幕）。

12月

1日 “2014中国影视艺术创新峰会暨第二届中国影视产业推介会”在杭州举行。

2日 杭州市首届“最美助残志愿者”评选活动揭晓，评选并表彰10名“最美助残志愿者”和10名“最美助残志愿者”提名奖获得者。

△ 杭州获得2018年世界短池游泳锦标赛及世界游泳大会承办权。

4日 “12·4”国家宪法日暨杭州市第三届“十大金牌和事佬”颁奖典礼举行。

△ “首届中国青年志愿服务项目大赛”在广州落幕，杭州市卫生“健康使者”志愿服务项目获银奖。

5日 西湖风景名胜区民宿行业协会成立。

8日 浙江科技大市场在杭州高新开发区（滨江）开业。

10日 杭（州）长（沙）高速铁路正式开通运营。

△ 杭州市邮政管理局联合市发改委、市经信委编制的《杭州市快递服务业发展规划》发布实施。

△ 香港大学浙江科学技术研究院在青山湖科技城举行落成启动仪式，并举办首场企业对接会活动。

13日 国务院批复同意浙江省调整杭州市部分行政区划，同意撤销县级富阳市，设立杭州市富阳区。

△ 《2014中国旅游业发展报告》发布，在全国副省级城市中，杭州列旅游综合竞争力第3位。

14日 杭州市儿童医院综合楼启用，医院加入北京儿童医院集团。

△ 第二届大学生网上创业大赛“跨境电商专场”举办，并启动第四届中国杭州大学生创业大赛。

14~15日 “第三届杭州世界文化遗产国际会议暨2014历史城市景观保护联盟年会”在杭州召开。

15~16日 中共中央政治局常委、国务院副总理张高丽在杭州考察，并主持召开全国城市规划建设工作座谈会。

16日 第五届中国会展产业展洽会及中国国际会议产业周在北京举行，杭州获中国会议业金海鸥大奖——2014年度中国最佳会议目的地和中国会展业年度杰出城市管理奖。

17~21日 第一届中国国际传统工艺技术研讨会暨博览会名人名品展在杭州举行。

18日 人力社保部批文同意在杭州建立“中国杭州人力资源服务产业园”，该园是全国第5个、浙江省内首个国家级人力资源服务产业园。

△ 杭州市首个区、县（市）级社科联组织——萧山区社会科学联合会成立。

19日 全国政协副主席、科技部部长万钢在杭州调研。

△ “2014金麦奖颁奖盛典暨中国（杭州）国际电商营销峰会”在杭州举行。

20日 “2014第九届中国全面小康论坛”在北京举行，杭州被评为“中国全面小康特别贡献城市”。

21日 “2014国际旅游度假目的地论坛”在舟山举行，杭州入选“最佳国际旅游度假地”。

22日 杭州市“公益律师快线”（www.lawyerexpress.com.cn）开通。

△ 肖邦国际音乐艺术中心在之江文化创意园揭牌。

23日 市园文局、市运河集团举行机构和资产交接仪式，并签署交接备忘录，标志着市运河综保委（市运河集团）机构和体制调整基本完成，杭州京杭运河（杭州段）综合保护中心正式成立。

24日 共青团市委“青春杭州”全媒体中心成立。

△ 杭州地铁6号线一期工程正式开工。

26日 杭州市委十一届八次全体（扩大）会议召开，审议通过《关于全面深化法治杭州建设的若干意见》。

27日 浙江大学医学院附属儿童医院滨江院区启用。

△ 位于杭州西湖区三墩镇蒋村区块的城西污水处理厂投入运行。

29日 杭州市召开《杭州通鉴》首发仪式暨专家座谈会。

30日 杭州市政府常务会议审议通过市直部门责任清单，并在“浙江政务服务网”公布。

31日 2015年杭州新年音乐会在杭州大剧院举行。

△ 秋石快速路三期工程正式开通。

△ 东湖—德胜立交东向南、西向南、南向东、南向西4条匝道及部分东湖高架主线建成开通。

△ 杭州市委宣传部、杭州市级新闻单位与浙江工业大学人文学院、浙江理工大学文化传播学院正式签署协议，共建新闻学院。

（市委办公厅 市政府办公厅 年鉴编辑部）

总 述

General Survey

·历史 地理 气候·

【历史沿革】 杭州是华夏文明发祥地、中国七大古都之一。考古发现，大约10万年前，在杭州市所辖建德市李家镇一带有智人"建德人"活动。1936年，在余杭区发现良渚遗址，良渚文化距今约5300~4200年，被称为"文明的曙光"。随着2001年萧山区跨湖桥遗址的发现和2004年12月"跨湖桥文化"被正式命名，杭州乃至浙江文明史推前到距今8000年新石器时代的早期。

秦王政二十五年（公元前222年）置钱唐县、余杭县，属会稽郡。

隋开皇九年（589年）废钱唐郡，置杭州，杭州之名首次在历史上出现。

五代吴越国（907~978年）在杭州建都。

南宋建炎三年（1129年），高宗赵构南渡至杭州，升杭州为临安府。绍兴八年（1138年），南宋正式定都临安，历时140余年。

1912年2月，以钱塘、仁和县并置杭县；1927年5月，划杭县城区等地设杭州市，杭州置市始此。

1949年5月3日，杭州解放。1949年10月1日，中华人民共和国成立。杭州市是浙江省省会，全国15个副省级城市之一，长江三角洲的重要中心城市，被国家列为全国历史文化名城、全国文明城市和重点风景旅游城市。

【地理位置和面积】 杭州市地处东南沿海的长江三角洲南翼。市区地处钱塘江下游，京杭大运河南端，是中国东南部的重要交通枢纽。市域界于北纬29° 11′ ~30° 34′ 和东经118° 20′ ~120° 37′ 之间。全市土地面积16596平方千米，其中市区土地面积4876平方千米。

【地貌】 杭州境域地貌类别多样，大地构造处于扬子准地台钱塘台褶带。近期现代构造运动趋向缓和，地震活动显得微弱，自公元2世纪以来有记载的4级以上地震5次，多为弱震（3级~5级）和微震（1级~3级）。杭州有记载的最强地震为5级（公元929年）。杭州西北部和西部系浙西中山丘陵区，主要山脉有天目山、白际山、千里岗山等，全市最高点是海拔1787米的清凉峰。市区最高峰是位于余杭区鸬鸟镇的窑头山，海拔1095米。市区丘陵分布在城区西南部向北东—南西向延伸。主城区主要有吴山、紫阳山、玉皇山、北高峰、云居山、三台山、翁家山、将台山、老和山、月轮山、五云山、狮峰、半山、天马山、二龙头、屏风山、凤凰山、青龙山、老焦山、龙门山、玉泉山等。杭州东北部和东南部属浙北平原地区，地势低平，海拔3米~6米，地表江河纵横，湖泊密布。全市土地面积构成中，山地丘陵占65.6%，平原占26.4%，江、河、湖、荡、水库占8%。

【湖泊河流】 杭州江、河、湖、海、溪五水共导。市域内主要河流有钱塘江（境内长74千米）、东苕溪（境内长96千米）、京杭大运河（境内杭申甲线长49.21千米，杭申乙线长39.78千米）、萧绍运河和上塘河等。钱塘江水系包括新安江、富春江。京杭大运河是世界上最长的人工运河。新安江水库又名千岛湖，面积573平方千米，蓄水量178亿立方米，湖内大小岛屿1078个，是中国东南部沿海地区最大的水库。西湖水面面积6.5平方千米。杭州湾以钱塘潮著称，是中国沿海潮差最大的海湾。2011年6月24日，杭州西湖文化景观被列入《世界遗产名录》。2014年6月22日，中国大运河被列入《世界遗产名录》。杭州成为"双世遗"城市。 （年鉴编辑部）

【气候特征】 杭州市属亚热带季风性气候，四季分明，温暖湿润。2014年杭州市气候总特点：年平均气温明显偏高，年降水量正常但时空分布不均，年雨雪日偏少，年日照时数明显偏少。2014年为厄尔尼诺影响年，受副热带高压偏弱影响，杭州夏季高温特征不明显且多雨寡照；全年主要灾害性天气包括3次降雪、12次暴雨及强对流和2个台风影响。

全市年平均气温17.3℃，比常年偏高0.5℃，各地年平均气温16.4℃~17.6℃。其中：杭州主城区（馒头山国家基准气候站）平均气温17.5℃，比常年偏高0.5℃，比上年（指2013年，下同）偏低0.5℃；各地年平均气温比常年偏高0.3℃~0.8℃，比上年偏低0.1℃~0.6℃。全市极端最高气温出现在7月22日的杭州主城区，为37.9℃；极端最低气温出现在1月22日的临安，为-6.7℃。

全市年降水量1468毫米，与常年（1490毫米）基本持平。其中：杭州主城区1359.9毫米，比常年（1438毫

米）偏少5%；各地降水量1242.7毫米~1761.1毫米，与常年相比，桐庐、建德和淳安偏多5%~16%，其余各地均偏少。全市年雨雪日数148天，接近常年（153.8天）。其中：主城区年雨雪日数148天，与常年（147.4天）基本持平；各地年雨雪日数139天~154天，比常年偏少2.1天~12.2天，比上年均偏多。杭州市于6月17日入梅，比常年偏晚4天；7月7日出梅，比常年偏早1天；梅雨期20天，比常年偏少6天；全市平均梅雨量196.1毫米，比常年偏少25%；梅雨期内无明显强降雨过程。全市年日照时数1566.5小时，比常年偏少11%。其中：杭州主城区年日照时数1407.2小时，比常年（1709.4小时）偏少18%；各地年日照时数1407.2小时~1740.7小时，比常年偏少2%~18%。

（陈剑锋 俞 布）

【自然资源】 杭州物产丰富，素有“鱼米之乡”“丝绸之府”“人间天堂”美誉。杭州土壤以红壤和水稻土为主。红壤分布于丘陵区，质地黏重，呈酸性反应，宜种茶树、果树。西湖龙井一带出产的茶叶品质最优。水稻土集中分布在东北平原区，是粮、油、棉、麻、桑和多种蔬菜的主要产地。

杭州处于中亚热带常绿阔叶林植被带。全市森林面积109.49万公顷，森林覆盖率65.14%。资源丰富，二级矿产资源64种。矿产资源中有萤石、白云石、石灰石、膨润土等大型非金属矿床和铁、钼、铜等中型金属矿床。临安昌化出产的鸡血石，质地细腻，色彩鲜艳，为收藏石和图章石中的珍品。临安市的天目山、清凉峰被列为国家级自然保护区。

（年鉴编辑部）

·行政区划·

【行政区划概况】 2014年，撤销杭州市县级富阳市，设立杭州市富阳区。新建街道7个、社区25个，撤销镇7个、社区1个、行政村7个。至年末，在市行政区域范围内，有市辖区9个、县级市2个、县2个，镇75个、乡23个、街道办事处92个，社区1030个、居民区36个、行政村2044个。

2014 年杭州市行政区划概况

表1 单位：个

地域名称	街 道	乡	镇	社 区	居民区	行政村
上城区	6	—	—	54	—	—
下城区	8	—	—	74	—	—
江干区	10	—	—	173	—	4
拱墅区	10	—	—	99	—	—
西湖区	10	—	2	156	—	45
滨江区	3	—	—	53	—	—
萧山区	14	—	12	171	—	411
余杭区	14	—	6	156	—	184
富阳区	5	6	13	26	3	276
市区小计	80	6	33	962	3	920
桐庐县	4	4	6	18	3	183
淳安县	—	12	11	12	1	425
建德市	3	1	12	27	15	229
临安市	5	—	13	11	14	287
合 计	92	23	75	1 030	36	2 044

注：1. “合计”数中不包括“市区小计”数

2. 江干区的下沙街道（辖18个社区）、白杨街道（辖16个社区）委托杭州经济技术开发区管委会管理

3. 西湖区的西湖街道（辖6个社区、9个村）委托杭州西湖风景名胜区管委会管理

4. 萧山区的河庄街道（辖1个社区、20个村）、义蓬街道（辖4个社区、22个村）、新湾街道（辖1个社区、12个村）、临江街道（辖1个社区、2个村）、前进街道（辖3个村）委托杭州大江东产业集聚区管委会管理

5. 统计截止时间2014年12月31日

2014 年杭州市镇、街道办事处调整情况

表2

单 位	撤销、新建的镇、街道办事处
江干区	撤销江干区笕桥镇、彭埠镇、九堡镇、丁桥镇建制，其行政区域改为江干区政府直辖，在4个镇原行政区域范围内分别设立笕桥、彭埠、九堡、丁兰（丁桥镇更名为丁兰街道）4个街道办事处
萧山区	撤销萧山区闻堰镇、宁围镇、新街镇建制，其行政区域改为萧山区政府直辖。在3个镇原行政区域范围分别设立闻堰、宁围、新街3个街道办事处

2014 年杭州市社区、居民区、行政村调整情况

表3

单 位	撤销、新建社区、行政村
江干区	丁桥镇新建枫景园、东林桥、河西、建塘苑社区，撤销长睦社区
拱墅区	半山街道新建虎山、冬景、龙山社区
西湖区	三墩镇新建自在城西苑社区；留下街道新建和家园社区
滨江区	浦沿街道新建明德、信诚社区
萧山区	闻堰镇新建闻家堰社区；萧山经济技术开发区新建信息港社区
余杭区	塘栖镇撤销朱家角、漳河、土山坝、港北行政村，新建朱家角、漳河、土山坝、港北社区；五常街道新建景盛、西溪风情社区；东湖街道新建新颜社区；中泰街道新建新明、幸福河社区；临平街道新建茅山社区
建德市	洋溪街道撤销洋安、朱池、城东行政村，分别成立洋安、朱池、青龙头社区

2014年杭州市街道、乡镇名称

表4

单　位	街　道	乡	镇
上城区（6个街道）	清波、湖滨、小营、紫阳、南星、望江街道	—	—
下城区（8个街道）	武林、天水、朝晖、潮鸣、长庆、文晖、东新、石桥街道	—	—
江干区（10个街道）	四季青、白杨、凯旋、采荷、闸弄口、下沙、笕桥、彭埠、丁兰、九堡街道	—	—
拱墅区（10个街道）	米市巷、湖墅、小河、和睦、拱宸桥、大关、上塘、祥符、半山、康桥街道	—	—
西湖区（10个街道2个镇）	西湖、北山、灵隐、古荡、西溪、翠苑、文新、转塘、留下、蒋村街道	—	双浦、三墩镇
滨江区（3个街道）	浦沿、西兴、长河街道	—	—
萧山区（14个街道12个镇）	城厢、北干、蜀山、新塘、靖江、南阳、河庄、义蓬、新湾、临江、前进、闻堰、宁围、新街街道	—	戴村、义桥、进化、所前、临浦、河上、楼塔、浦阳、衙前、益农、党湾、瓜沥镇
余杭区（14个街道6个镇）	临平、南苑、东湖、星桥、五常、仁和、运河、良渚、闲林、崇贤、乔司、余杭、仓前、中泰街道	—	径山、塘栖、鸬鸟、瓶窑、黄湖、百丈镇
富阳区（5个街道6个乡13个镇）	富春、东洲、春江、鹿山、银湖街道	上官、环山、春建、新桐、湖源、渔山乡	新登、场口、常安、龙门、万市、洞桥、胥口、渌渚、灵桥、大源、里山、常绿、永昌镇
市区小计	80个	6个	33个
桐庐县（4个街道4个乡6个镇）	桐君、城南、凤川、旧县街道	钟山、莪山畲族、合村、新合乡	富春江、横村、江南、分水、瑶琳、百江镇
淳安县（12个乡11个镇）	—	里商、金峰、富文、界首、安阳、浪川、屏门、瑶山、鸠坑、宋村、王阜、左口乡	千岛湖、文昌、石林、临岐、威坪、姜家、梓桐、汾口、中洲、大墅、枫树岭镇
建德市（3个街道1个乡12个镇）	新安江、洋溪、更楼街道	钦堂乡	大同、大慈岩、航头、三都、寿昌、莲花、大洋、乾潭、梅城、杨村桥、下涯、李家镇
临安市（5个街道13个镇）	锦城、锦南、青山湖、玲珑、城北街道	—	板桥、高虹、太湖源、於潜、天目山、太阳、潜川、昌化、龙岗、河桥、清凉峰、湍口、岛石镇
合　计	92个	23个	75个

【部分行政区划调整】 12月13日，国务院印发《国务院关于同意浙江省调整杭州市部分行政区划的批复》（国函〔2014〕157号）。同意撤销县级富阳市，设立杭州市富阳区，以原富阳市的行政区域为富阳区的行政区域，富阳区人民政府驻富春街道桂花路25号。同时要求，要严格按照国务院“约法三章”的要求，不新建政府性楼堂馆所，不增加财政供养人员，不增加“三公”经费。要严格执行中央关于厉行节约的规定和国家土地管理法规政策，加大区域资源整合力度，优化总体布局，促进区域经济社会协调健康发展。12月30日，浙江省人民政府印发《浙江省人民政府关于调整杭州市部分行政区划的通知》（浙政发〔2014〕50号）。

【乡镇、街道办事处调整】 萧山区和江干区分别对行政区划进行调整。6月27日，省政府印发《浙江省人民政府关于杭州市萧山区部分行政区划调整的批复》（浙政函〔2014〕64号），撤销萧山区闻堰镇、宁围镇、新街镇建制，其行政区域改为萧山区政府直辖。7月17日，杭州市政府印发《杭州市人民政府关于萧山区部分行政区划调整的批复》（杭政函〔2014〕110号），同意撤销闻堰镇、宁围镇和新街镇建制，其行政区域改由萧山区政府直辖。同时，在3个镇原行政区域范围内分别设立闻堰、宁围、新街3个街道办事处，驻地均不变。9月30日，省政府印发

《浙江省人民政府关于杭州市江干区部分行政区划调整的批复》（浙政函〔2014〕108号），撤销江干区笕桥镇、彭埠镇、九堡镇、丁桥镇建制，其行政区域改为江干区政府直辖。12月25日，杭州市政府印发《杭州市人民政府关于江干区部分行政区划调整的批复》（杭政函〔2014〕194号）。同意撤销笕桥镇、彭埠镇、九堡镇、丁桥镇建制，其行政区域改由江干区政府直辖。在4个镇原行政区域范围内分别设立笕桥、彭埠、九堡、丁兰（丁桥镇更名为丁兰街道）4个街道办事处，驻地均不变。

【行政区域界线联合检查】 2014年，杭州市组织相关区、县（市）完成1条市级界线（杭州湖州线）及7条县级界线（下城上城线、江干下城线、萧山江干线、余杭西湖线、西湖萧山线、临安淳安线、余杭临安线）行政区域界线的联合检查任务。同时平安边界工作向基层延伸，根据实际情况，在行政区域界线毗邻区（县、市）签订平安共建协议、落实具体界桩管理员的基础上，在全市行政区域界线管理上全面推广界线毗邻乡镇（街道）之间签订平安边界协议，全年完成省级界线1条（浙皖线杭州段）、市级界线1条（杭州绍兴线）、县级界线10条，共涉及95个毗邻的乡镇（街道），签订平安边界协议83份。其中，省级界线（浙皖线）35个乡镇（街道）签订平安边界协议33份，市级界线（杭绍线）22个乡镇（街道）签订平安边界协议19份，县级界线38个乡镇（街道）签订平安边界协议31份。全市提前1年完成省下达的"三年内界线毗邻乡镇（街道）全部签订平安边界协议"的任务。（张 刚）

·人口变迁·

【全市常住人口】 据人口变动抽样调查，至2014年末，杭州市常住人口889.2万人，比上年末增加4.8万人。其中城镇人口667.79万人，占75.1%。市区常住人口712.28万人。

（市统计局）

【全市户籍人口】 至年末，杭州市总人口（指户籍人口，下同）7157576人，比上年增加91478人，增长1.29%；总户数2223450户，增加16816户，增长0.76%；平均每户3.22人。总人口中，男性3572639人，占49.91%；女性3584937人，占50.09%；性别比（女=100，下同）99.66，下降0.35。全市非农业人口4042705人，占总人口的56.48%，上升0.74个百分点；增加103945人，增长2.60%，上升0.05个百分点。全市非农业人口占总人口比例提高的主要原因：一是城市化进程中，继续实施撤村建居和征地，本地人员户口农转非；二是符合户口迁入杭州政策的外地非农人员户口迁入或外地农业户口农转非迁入；三是部分大中专学生就学户口迁入。

全市出生人口89743人，增加18893人，出生率12.62‰，上升2.55个千分点。出生人口中，男性46041人，女性43702人，出生人口性别比105.35。全市死亡人口40415人，增加2871人，死亡率5.68‰，上升0.34个千分点。自然增长49328人，自然增长率6.94‰，上升2.21个千分点。出生率和自然增长率大幅上升的主要原因：一是单独两孩政策的出台，使全市出生人口增加；二是群众选择新生儿生肖，形成生育高峰；三是随着进一步落实出生医学证明相关管理规定，取消出生申报必须提交计生证明的前置条件，使出生申报登记更及时、准确。

【市区人口】 至年末，杭州市区（不含富阳，下同）总户数1356304户，比上年增加23577户，增长1.75%；总人口4584653人，增加76502人，增长1.68%。市区总人口中，男性2276915人，占49.66%；女性2307738人，占50.34%；性别比98.66，下降0.31。市区非农业人口3438039人，占市区总人口的74.99%；增加94251人，增长2.78%。市区出生人口62333人，增加14226人，出生率13.71‰，上升2.97个千分点。出生人口中，男性32199人，女性30134人，出生人口性别比106.85。市区死亡人口23620人，增加2288人，死亡率5.20‰，上升0.44个千分点。自然增长38713人，自然增长率8.52‰，上升2.54个千分点。

【迁移人口】 至年末，杭州市迁移人口131326人，比上年增加6966人；人口机械增长43766人。市区（不含富阳）迁移人口105101人，机械增长38431人，比上年增加10583人。杭州市的户口迁移总体态势为净迁入。

（蔡 妮）

·经济建设·

【地区生产总值9206.16亿元】 2014年，杭州市实现地区生产总值9206.16亿元，比上年增长8.2%。其中：第一产业增加值274.35亿元，第二产业增加值3845.58亿元，第三产业增加值5086.24亿元，分别增长1.8%、8.0%和8.6%。以户籍人口计算的人均生产总值103813元，增长7.6%，按国家公布的2014年平均汇率折算，为16900美元。三次产业结构由上年的3.1∶42.6∶54.3调整为3.0∶41.8∶55.2。

【财政总收入1920.11亿元】 2014年，杭州市完成财政总收入1920.11亿元，比上年增长10.7%，其中地方一般公共预算收入1027.32亿元，增长8.7%。全市一般公共预算支出961.18亿元，增长12.3%，其中用于民生支出712.58亿元，增长13.3%，占财政总支出的74.1%，提高0.7个百分点，住房保障、医疗卫生与计划生育、科学技术等民生项目支出分别增长21.0%、15.3%和13.3%。

【居民人均可支配收入39237元】 2014年，全市居民人均可支配收入39237元，比上年增长9.7%，扣除价格因素，实际增长7.5%，其中城镇常住居民人均可支配收入44632元，增长9.1%，农村常住居民人均可支配收入23555元，增长11.1%，扣除价格因素，实际分别增长7%和8.9%。全体居民人均生活消费支出28492元，增长6.2%，其中：城镇常住居民人均生活消费支出32165元，农村常住居民人均消费支出17816元，分别增长4.9%和11.2%。年末城乡居民本外币储蓄存款余额6767.2亿元，增长5.6%。

【农林牧渔业增加值278.33亿元】 2014年，全市实现农林牧渔业增加值278.33亿元，比上年增长1.8%。其中：农业增加值168.57亿元、林业增加值37.19亿元、渔业增加值28.05亿元，分别增长4.7%、1.1%和2.6%；牧业增加值40.53亿元，下降8.4%。新建省级现代农业园区19个，市级"菜篮子"基地49个，各级粮食生产功能区276个。全年粮食总产量62.54万吨，增长4.2%；水果产量75.37万吨，增长7.4%；水产品产量20.98万吨，下降5.9%；肉类产量29.67万吨，下降12.8%。

【工业增加值3414.90亿元】 2014年，全市实现工业增加值3414.90亿元，比上年增长8.6%，其中规模以上工业企业增加值2813.51亿元，增长8.9%。战略性新兴产业实现增加值813.12亿元，装备制造业实现增加值921.40亿元，高新技术产业实现增加值1096.63亿元，分别增长13.0%、9.3%和10.5%。新产品产值率由上年的27.9%提高到31.2%。全市规模以上工业企业实现主营业务收入12833.70亿元，增长5.4%；实现利税1538.07亿元，增长9.5%，其中利润904.60亿元，增长10.5%。工业产品产销率98.5%。

【固定资产投资4952.70亿元】 2014年，全市完成固定资产投资4952.70亿元，比上年增长16.2%。第一产业投资19.07亿元，增长127.0%；第二产业投资915.25亿元，增长0.3%，其中工业投资913.4亿元，增长0.3%；第三产业投资4018.38亿元，增长20.2%。全年完成基础设施投资1005.53亿元，增长18%。地铁建设力度加大，2号线东南段开通运营，4号线首通段建成。民间投资增势强劲。全市民间投资2851.41亿元，增长26.5%，占全部固定资产投资的57.6%，提高4.7个百分点。对固定资产投资增长的贡献率为86.8%，提高50.9个百分点，拉动全市固定资产投资增长14个百分点，提高8.8个百分点。

【社会消费品零售总额4201.46亿元】 2014年，全市实现社会消费品零售总额4201.46亿元，比上年增长8.7%，扣除价格因素，实际增长7.8%。其中批发零售贸易业零售额3775.12亿元，增长9.1%，住宿餐饮业零售额426.34亿元，增长5.5%；城镇消费品零售额3980.89亿元，增长8.4%；乡村消费品零售额220.57亿元，增长14.2%。全市实现网络零售额2088.45亿元，增长37.0%，全市居民网络消费额899.55亿元，增长38.5%。

【外贸进出口总额679.98亿美元】 2014年，全市完成外贸进出口总额679.98亿美元，比上年增长4.5%。其中进口总额188.32亿美元，下降7.2%；出口总额491.66亿美元，增长9.8%（不含省属出口427.68亿美元，增长11.3%）。至年末，全市累计设立各类境外投资企业（机构）1095个，其中非贸易企业362个。全年境外合同投资10.86亿美元，其中非贸易性投资8.92亿美元。完成对外承包工程和劳务合作营业额10.42亿美元，增长30.3%。离岸服务外包合同执行额41.00亿美元，增长15.0%。全年批准外商直接投资408项，实际利用外资63.35亿美元，增长20.1%。新批总投资3000万美元以上项目108个，总投资109.39亿美元，占新批外商项目总投资的82.3%。引进世界500强企业投资项目12个。至年末，有107个世界500强企业到杭州投资179个项目。全年引进内资项目2187个，到位资金1054.07亿元，增长22.5%。其中浙商回归项目到位资金520.06亿元。举办首届世界杭商大会和中国（杭州）国际电子商务博览会。

【货物运输总量2.93亿吨】 2014年，全市货物运输总量2.93亿吨，比上年增长4.9%；旅客运输量2.41亿人次，增长8.8%。至年末，杭州萧山国际机场开通航线222条，其中国际航线28条，港澳台地区航线8条。境内公路总里程16024.48千米，其中高速公路581.68千米。全市民用机动车拥有量269.63万辆，其中私人汽车179.94万辆，分别增长6.0%和7.2%。全市邮政企业和规模以上快递服务企业实现业务收入117.67亿元，增长67.5%。主城区建成并投入运营889个便民"E邮站"。实现电信业务收入170.08亿元，增长0.7%。市区85%家庭宽带用户升级为光宽带。全年建成4G宏站3949个，基本实现市区、景区、高速公路、高速铁路、县市城区、发达乡镇全覆盖。年末固定电话用户311.14万户，下降6.0%；移动电话用户1561.71万户，增长7.0%；宽带用户278.78万户，下降2.7%。

【旅游总收入1886.33亿元】 2014年，全市旅游总收入1886.33亿元，比上年增长17.6%，其中旅游外汇收入23.18亿美元，增长7.3%。接待入境旅游者326.13万人次，增长3.2%；接待国内游客1.06亿人次，增长12.7%。至年末，全市各类旅行社658个，增长4.1%；星级宾馆199个，其中五星级酒店22个，四星级酒店46个；A级景区50个，其中AAAAA级景点3个，AAAA级景点32个。杭州航空口岸正式获批实施72小时过境免签政策。

【本外币存款余额24450.51亿元】 年末，全市金融机构374个，其中外资金融机构49个，分别比上年增长9.4%和63.3%，全市金融机构本外币存款余额24450.51亿元，增长10.3%；贷款余额21316.83亿元，增长10.2%，其中个人消费贷款余额3428.86亿元，增长14.9%。全市保费收入320.41亿元，增长14.8%。支付各类保险赔款119.03亿元，增长16.3%。

全年新增上市公司7个，募集资金1684.69亿元。其中阿里巴巴集团在美国纽约交易所上市，募集资金217.6亿美元。至年末，全市上市公司累计109个，实现上市融资2752.59亿元。（市统计局）

【"一号工程"推进经济转型升级】 2014年，杭州市审议通过《关于加快发展信息经济的若干意见》，做出加快发展信息经济和智慧经济的总体部署，把大力发展信息经济和智慧经济作为"一号工程"，为杭州经济发展提质增效。到2020年，力争建成国际电子商务中心，基本建成全国云计算和大数据产业中心、物联网产业中心、互联网金融创新中心、智慧物流中心、数字内容产业中心。以"六大中心"建设为重点，把发展信息经济和智慧经济与推动产业转型、保持经济平稳增长及服务民生、治理城市相结合，着力在优化规划布局、推进重大项目、培育产业发展、完善基础设施、加强智慧应用上下功夫，打造杭州经济升级版。大力推进"四换三名"，高新技术产业、战

略性新兴产业、装备制造业增加值增速均快于规模以上工业。

【城乡统筹发展加快推进】 2014年，杭州市实施区县（市）协作项目114个，落实协作资金3.58亿元；城区向县（市）转移产业项目294个，总投资879.61亿元，县（市）发展综合实力明显增强，主要经济指标增幅继续高于全市平均水平。实施“联乡结村”共建项目1514个，落实帮扶资金1.62亿元，推进经济薄弱村发展和困难农户持续增收，全市城乡居民可支配收入比由上年的1.93∶1缩小到1.89∶1。完成农村住房改造30599户，完成农村困难家庭危房改造1518户，农村人居条件进一步改善。中心镇和“美丽乡村”建设全面深化，村级股份制改革加快推进，新农村建设不断加强。 （年鉴编辑部）

·政治建设·

【政务公开】 2014年，全年新增主动公开政府信息40.78万条，其中，市级机关主动公开政府信息17.3万条，区、县（市）政府主动公开政府信息23.48万条。全市各公开义务人收到政府信息公开申请6596件，其中市级机关收到3552件，区、县（市）政府及其职能部门收到3044件；当面申请2147件，通过互联网提交表单形式申请1336件，以传真形式申请63件，以信函形式申请3050件。8月19日，由市委、市政府授权，市新闻办公室实名认证的“杭州发布”网络平台上线，以拓宽政务公开渠道，加强信息发布和政策解读。

【“四张清单一张网”改革推进】 2014年，杭州市向社会公布行政权力清单目录，45个市级部门行政权力从14476项精减到4227项，精减幅度70.8%；富阳权力清单试点经验在全省推广。市级部门责任清单和企业投资“负面清单”公布实施；全面开展市级财政专项资金清理整合，形成资金管理清单；实施项目审批体制重大改革，建成浙江政务服务网杭州平台。

【政府自身建设加强】 2014年，杭州市以政府自身改革为突破口，深入开展服务企业、服务基层活动，提升政府治理和服务管理水平。自觉接受人大法律监督和政协民主监督，主动接受司法、舆论和群众监督。加强地方立法，提请市人大常委会审议的地方性法规7件。全市收到省、市“两会”建议、提案1234件，其中省人大代表建议10件，省政协提案22件；市人大代表建议702件，市政协全会建议案2件、提案500件。建议提案办结率100%，面商率100%，满意率99.5%。深化党的群众路线教育实践活动，严格落实中央“八项规定”和“四风”问题整改，强化重点领域重要环节监督审计，廉政建设持续加强。全市各类会议、活动分别比上年下降16.0%和35.5%。“三公”经费下降37.1%，节约的经费全部用于“五水共治”等民生事业。

【廉洁杭州建设】 1月21日，杭州市印发《完善惩防体系、建设廉洁杭州2014～2017年实施办法》，全面推进廉洁杭州建设。贯彻落实中央“八项规定”精神，纠正“四风”，开展常态化监督检查，加大通报曝光力度。推进审改工作以及地方政府和职能部门履职情况监督检查，权力运行制约监督更加有效。

【地方立法】 2014年，市人大常委会审议通过《杭州市院前医疗急救管理条例》《杭州市科学技术普及条例》《杭州市民用建筑节能管理条例》3件地方性法规，对《杭州市公园管理条例》《杭州市城市供水管理条例》2件地方性法规进行修改，对《杭州市大气污染防治规定》《杭州市老年人权益保障规定》等法规草案进行初审，对24个立法项目进行调研论证。制定《杭州市人民代表大会常务委员会关于进一步加强立法工作的意见》，构建“党委领导、人大主导、各方参与”的立法工作格局。加强和改进监督工作，听取和审议专项工作报告13个，开展执法检查4次，审查规范性文件111份。 （年鉴编辑部）

【立法机制改进】 2014年，市法制办完成制定《院前急救医疗管理条例》《民用建筑节能管理条例》《大气污染防治规定》《老年人权益保障规定》《生活垃圾分类与减量条例》等7件地方性法规和《客运交通治安管理办法》《限制活禽交易管理办法》2件政府规章，并开展医养护一体化智慧医疗服务、大江东产业集聚区管理等方面的立法。创新改进立法工作机制。实行立法工作者、行政执法者和专家学者三结合的立法工作机制；立法过程中除采用书面、座谈会等方式充分征求行政管理部门和人民群众的意见外，所有立法项目草案均在杭州政府法制网和杭州政府网公开征求意见；重大的立法项目召集立法咨询委员进行论证；对与社会公众利益密切相关的立法项目，在《杭州日报》公布草案全文，征求公众意见和建议。与市政协建立地方立法协商机制，开展《杭州老年人权益保障规定（草案）》等3件立法项目的立法协商，提高立法质量。与市妇联建立政策法规性别平等咨询评估工作机制，把性别平等理念落实到政策法规的起草制定中。

【行政审批制度改革】 2014年，市法制办参与权力清单相关工作，对市各部门梳理出的十大类1.3万项行政权力逐项进行合法性审核，3次提出审核意见。为大江东产业集聚区体制调整、权力下放提供法制保障，派专人参加大江东体制调整和权力下放集中办公。推行“五阶段”审批新流程、强化中介机构治理等工作，推进工业园区审批“化零为整”、商事登记制度改革试点和杭州国际商贸城行政审批权力下放试点等工作，先后参与制定有关方案文件，提出法律意见，为政府职能转变、权力下放的合法性问题提供法律保障。

【法治政府建设】 杭州市将贯彻《浙江省法治政府建设实施标准》作为解决依法行政推进中存在问题的重要手段，全力推进法治政府建设。9月，市法制办代市政府草拟贯彻落实《浙江省法治政府建设实施标准》的具体实施意见，并结合杭州市实际对《浙江省法治政府建设考核评价体系》进行细化，制定考评细则，推进省评价体系的实施。3月，市依法行政（行政执法责任制）工作评议考核小组办公室通报2013年度依法行政工作情况，表彰2013

年度依法行政工作优秀单位，命名17个市级“依法行政示范单位”。根据省、市政府对依法行政工作提出的新要求，针对2013年度依法行政工作中存在的问题，起草并报市政府发布杭州市2014年度依法行政工作要点，提出全市依法行政工作的阶段目标和任务要求。12月上旬，开展区、县（市）政府及市级部门法治政府建设工作考核。

【政府法制工作推进会】 10月9日，为贯彻《浙江省法治政府建设实施标准》，推行《浙江省法治政府建设考核评价体系（试行）》，市法制办组织召开由各区、县（市）政府法制机构和市级有关部门法制机构负责人参加的全市政府法制工作推进会。传达市政府领导关于做好行政复议应诉工作、行政执法行为规范工作的指示精神，并对全市行政复议、行政调解、行政机关合同管理工作的专项检查情况进行讲评，提出要求。

【规范性文件备案审查】 2014年，市法制办按规定实施规范性文件备案审查工作，纠正内容违法、违反程序等问题，保证规范性文件制定、审查、备案、公布等制度的落实。全年审查区、县（市）政府上报备案规范性文件79件，以及市政府工作部门上报前置法律审查规范性文件74件。

【行政执法案卷评查】 8月，市法制办对全市36个行政执法部门的108件行政执法案卷开展集中评查。对存在问题进行及时通报，对整改情况进行督查。指导各区、县（市）政府法制办开展本地区的行政执法案卷评查工作。结合案卷评查情况，于9月向市政府领导报送《行政执法案卷评查情况专报》，提出规范行政执法行为的建议。8月，开展“三项专项工作”调研检查。由市法制办领导带队分别到区、县（市）进行调研，对近年来行政复议、行政调解、行政机关合同管理工作情况进行专项检查，对检查中发现的问题及时指出并纠正，促进复议调解工作的开展和合同管理工作的规范有序。

【市政府聘请政府法律顾问】 10月16日，杭州市根据中共十八届三中、四中全会关于建立政府法律顾问制度的规定，结合杭州实际，制定印发《杭州市人民政府法律顾问工作规则》，建立健全政府法律顾问工作机制。提名并经市政府常务会议审议通过，于11月19日聘请10名法律专家担任市政府法律顾问，并听取法律顾问对杭州市法治政府建设的意见。政府法律顾问将发挥建言献策作用，推进公务员队伍学法、懂法、用法，提高运用法治思维和法治方式解决问题的能力；提前介入政府立法项目研究论证、重要规范性文件合法性审查、重大决策事项研究等工作，从源头上预防和化解政府决策法律风险；协助处理行政复议、行政执法监督等重大疑难、突发性事件，维护公民合法权益；参与政府管理经济社会事务的重大决策过程，及时提出意见建议，促进依法行政有效实施；围绕经济社会发展重点、难点及地方立法的重点领域，及时为市政府工作提供全方位的法律服务。

10月9日，市法制办组织召开全市政府法制工作推进会　（市法制办　供稿）

【重大决策过程引入法律服务】 2014年，市法制办在杭州市工商登记制度改革、大江东产业集聚区体制调整、杭（州）黄（山）高速铁路建设、小客车总量调控、中润出租车公司破产重组、钱江三桥收费争议仲裁案、亚包地产销售、世界游泳锦标赛申办、景区机动车环保行动等市政府重大事务决策过程中，提供法律服务。办理市领导批示的千岛湖建德水域管理、之江度假区高尔夫球场与国家电网有关执法争议等重大问题的调研，提出法律建议。参与九峰垃圾处理厂招商引资项目、地铁线路PPP招商项目等重大合同的谈判签约，提供法律保障。为推进市政府重大决策的科学化、公开化和民主化，根据国家和省有关重大决策程序的最新要求，修改完善《杭州市人民政府重大行政决策程序规则》，拟于2015年提交市政府常务会议表决。

【市政府规范性文件和机关合同审查】 2014年，市法制办对128件市政府行政规范性文件草案和34件其他文件出具法律审查意见。结合审查情况，向市政府领导报送《市政府行政规范性文件审查情况专报》，为规范文件制定、提高文件质量提出建议。开展行政机关合同合法性审查工作，对以市政府为一方当事人的16份行政机关合同进行合法性审查，提供法律审查意见，并指导市级部门和区、县（市）做好行政机关合同审查工作，维护政府合法权益，避免损失。

【行政复议应诉】 2014年，市法制办收到行政复议申请505件，比上年增长7%；办理往年度结转案件117起。全年办理、处理行政复议案件622起，涉及申请人1600余人次。已审结做出复议决定424起（含结转案件117起），其中维持299起、驳回27起、经调解后申请人撤回申请而终止49起、撤销25起、确认违法4起、责令履行20起，直接纠错率11.6%，

调解率11.6%，定纷止争率80.2%。结合复议办案中发现的行政执法问题，向市政府领导报送情况专报。全年收到以市政府为被告或被申请人的行政应诉案件93起，应诉次数117次（包括一审、二审78次，到省政府复议39次）。其中，由市法制办负责答辩并出庭应诉22起34次，监督、指导、审核其他受委托单位应诉71起83次，审核修改答辩状或答复书83份，审查证据材料700余份，帮助各应诉单位和法院、省法制办协调案件10余起。

【法制培训宣传】 5月，市法制办编辑印制《依法行政手册》，宣传依法行政工作。6月6日，召开全市政府法制信息宣传工作会议，13个区、县（市）法制办和39个市直单位法制机构的法制宣传负责人参加会议。为提高领导干部法治思维和依法办事能力，6月23~27日，在华东政法大学举办领导干部依法行政专题培训班，各区、县（市）法制办负责人和市政府各部门的分管领导、法规处处长近50人参加培训。为提高法制干部的业务水平和工作能力，组织学习中共十八届四中全会精神和新修订的《中华人民共和国行政诉讼法》等，组织全市行政复议人员参加复议实务培训和行政审判业务培训。为提高行政执法人员素质，举办2期全市行政执法人员综合法律知识培训和考试。组织市场监督管理部门3200人开展专业法律知识培训和考试。开通微博、微信，推动政府法制信息宣传工作。全年市法制办各类信息被国务院法制办采用30篇，被省法制办采用678篇，门户网站加载法制信息1317条，发布微博、微信246条，营造法治政府建设的社会氛围。在“12·4”国家宪法日，组织20多个单位在西湖文化广场开展法律宣传与咨询活动。组织4次社区的法制服务活动，面对面向市民宣传法律知识，解答涉法问题。建立与杭州日报社、杭州电视台、杭州政府网等媒体的联系，扩大政府法制工作影响力。

【杭州仲裁委员会品牌建设】 2014年，杭州仲裁委员会受理案件1.32万起，比上年增长18.9%；涉案总标的额41.66亿元，增长49%。其中：商事案件4589起，增长101.2%；一般商事案件945起，增长29.5%；交通仲裁调解中心受理8601起，下降2.4%。受理案件涉及70余种合同类型。全年审结案件1.31万起，增长17.5%。其中，审结商事案件4513起，增长92.7%；结案率98.3%，下降1.04%。在已结商事案件中，裁决率9.3%，调解率85.4%，撤案率5.3%，快速结案率8.3%。全年被法院撤销1起，不予执行1起。5月，市人大常委会开展仲裁法执法检查。11月10日，市政府印发《关于进一步贯彻落实〈中华人民共和国仲裁法〉的通知》。12月23日，杭州仲裁委员会与市中级人民法院通过关于建立健全诉讼仲裁相衔接的矛盾纠纷解决机制的会议纪要，为仲裁工作深入发展奠定基础。12月26日，杭州仲裁委员会与大韩贸易投资振兴公社杭州代表处签订《关于推广仲裁解决企业纠纷备忘录》，推动杭州仲裁国际化进程。提升金融仲裁影响力，在各大金融机构推广仲裁条款，全年受理金融案件3903起，争议标的额13.56亿元，增长97.7%。深化萧山仲裁分会工作，为当地市场主体提供仲裁法律服务，全年受理案件219起，增长62.2%，争议标的额10.28亿元，增长250.7%。推进交通仲裁调解中心工作，全年受理案件8601起，争议标的额1.21亿元。发展保险仲裁调解中心，加大与各保险机构沟通力度，提高保险合同仲裁选择率，全年受理案件3644起，争议标的额0.57亿元。推动知识产权仲裁发展，累计受理案件21起，争议标的额858万元。3月27日，成立杭州商会仲裁院。筹建杭州国际仲裁院、海事仲裁院。

（郝剑波）

·文化建设·

【文化建设十件大事】 2015年1月，“2014杭州文化建设十件大事”评选活动结果正式揭晓：中国国际动漫节成为世界上规模最大、人气最旺、效益最好的动漫盛会；中国杭州文化创意产业博览会跻身全国文化领域四大展会之一；4部作品入选全国“五个一工程”，连续3届位居全国同类城市第1位；杭报集团成功实现传媒类经营性资产整体借壳上市；杭州市公共图书馆服务体系建设案例入选全国首批民生改善典范城市案例；农村文化礼堂建设充分发挥省会城市示范带头作用；西泠印社7任社长作品首次联合展出；文澜阁《四库全书》整理出版工程顺利完成；“新春欢乐颂”打造公益文化惠民活动品牌；五体书《五水赋》长卷助力“五水共治”。

（年鉴编辑部）

【优质教育覆盖面扩大】 至年末，全市有小学421所，在校学生50.27万人；初中241所，在校学生21.39万人；普通高中72所，在校学生11.05万人。学前3年幼儿入园率98.7%，初中毕业生升入各类高中比例99.7%。优质学前教育覆盖面由上年的74.5%提升到76.7%；优质高中教育覆盖面85.6%，提高1.2个百分点。普通高等院校38所，在校学生47.47万人，其中在校研究生4.80万人，分别比上年增长0.6%和4.6%。高等教育毛入学率由上年的59.1%提高到59.8%。全市接纳义务教育阶段进城务工人员子女入学25.23万人。

【科技水平提升】 2014年，全市发明专利申请量14779件，发明专利授权量5552件，分别比上年增长5.3%和13.2%。新认定国家重点扶持高新技术企业251个，累计2209个。年内新增11件中国驰名商标，累计132件。年末有省级企业研究院38个，省级高新技术企业研发中心363个。技术市场吸纳科技成果5412项，实现交易额75.43亿元。科技企业孵化器69个，其中国家级21个；孵化总面积226.78万平方米，累计孵化企业8133个。国家级孵化器数量居全国省会城市第1位。全市研究和试验发展（R&D）经费支出相当于地区生产总值的2.98%。

【公共文化艺术体育发展】 至年末，全市有各类专业艺术表演团体21个、文化馆15个、公共图书馆15个，图书馆藏书1864万册，800余万个市民卡用户免费开通图书借阅功能。街道（乡镇）文化站、社区（村）文化活动室实现全覆盖。建成街道（乡镇）、社区（村）基层公共电子阅览室427个，图书流通点2166个。实施农村数字电影“2131”工程，放

杭州市全年193万人次参与"第二课堂"活动　（市文明办 供稿）

映电影2.75万场，520万人观看。中国大运河入选世界文化遗产名录，杭州成为"双世遗"城市。新入选国家级非物质文化遗产代表性项目名录6项，累计有国家级非物质文化遗产项目44项，入选数量和总量居全国同类城市第1位。新建并启用体育健身中心2个、体育健身广场8个、体育健身公园15个。学校体育场地设施向社会全面开放。举办全民健身走、横渡钱塘江、健康进社区等活动。推进体育强市创建，创建省级强乡（镇）1个、中心村体育休闲公园14个、特色乡镇4个、先进街道2个。杭州取得2018年世界短池游泳锦标赛承办权。　（市统计局）

【文化基础设施建设】 至年末，全市公共文化设施总面积237万平方米。按889.2万名常住人口计算，每100人拥有公共文化设施面积为26.65平方米；按715.76万名户籍人口计算，每100人拥有面积为33.11平方米。其中，图书馆总面积15.2万平方米，文化馆（站、室）总面积221.8万平方米。街道（乡镇）文化站（中心）190个。全市公共图书馆、文化馆等公共文化设施继续实行免费开放。全年新建20个乡镇（街道）、10个村（社区）基层点的公共电子阅览室。

【文化先进县（区、市）创建】 2014年，江干区被文化部评为全国文化先进区，为杭州市第5个获此荣誉的县（市、区）。余杭区、萧山区、桐庐县和拱墅区通过文化部组织的第3次全国文化先进单位（文化先进县、市、区）复查，继续保留荣誉称号。余杭区崇贤街道综合文化站被评为"2014全国优秀文化馆（站）"。全年创建上城区武林街道等20个市级示范乡镇（街道）综合文化站。

【公共文化服务标准化、均等化】 2014年，各区、县（市）结合地方实际，先行先试，创新创优公共文化服务举措。余杭区《乡镇综合文化站建设运行机制研究》获文化部课题奖。9月，余杭区发布《乡镇（街道）综合文化站公共服务规范》，为国内首个乡镇综合文化站标准和省内首个公共文化服务地方标准。10月，下城区和萧山区分别推出公共文化服务绩效评估体系。拱墅区公共文化服务"三联模式"、江干区"基本公共服务体系标准"建设、桐庐县"乡镇图书分馆建设及城乡一体化公共电子阅览室建设新模式"、上城区"文艺团队联合运行机制与管理模式创新"等新探索和新举措，为全市推进公共文化服务标准化、均等化建设提供支持。

【文化市场激发活力】 2014年，全市行政区域内办理文化行政审批审核及备案事项1.01万个，其中：受理出版物印刷事前备案8758个，新增文化经营场所和单位1346个。在杭州市行政区域内经依法许可或备案的文化市场经营户1.02万个，其中：互联网上网服务营业场所1317个，游艺娱乐场所223个，歌舞娱乐场所732个，印刷企业3310个，出版物经营单位3397个，广播电视节目制作单位325个，电影放映单位94个，美术品经营单位147个，文艺表演团体147个，演出经纪机构161个，演出场所91个，互联网文化经营单位274个。市本级有演艺业、书刊发行业、娱乐业、网吧业、艺术品业、娱乐品牌促进会、印刷业等文化市场行业协会7个。　（孙立波）

·社会建设·

【社会保障政策体系】 至年末，杭州市参加基本养老保险、基本医疗保险、工伤保险、生育保险、失业保险参保人数分别达663.45万人、840.21万人、406.65万人、309.23万人、331.83万人，分别新增参保26.35万人、17.93万人、11.83万人、17.22万人和15.47万人。全市基本养老和医疗保险参保率分别达97.07%和98.94%，提前完成杭州市劳动保障"十二五"规划中的参保率目标。

大江东产业集聚区与主城区社保一体化推进，数据整合工作完成，自2015年起大江东社保纳入市级统筹。开展萧山、余杭两区和主城区社保一体化改革调研测算，公布911个三地互认互通的医疗机构名单。提高企业退休人员养老金待遇，人均每月提高基本养老金250.99元。提高城乡居民养老保险基础养老金标准，主城区和萧山区、余杭区由每月110元调整到150元，桐庐县、淳安县、建德市、富阳市、临安市调整到130元/月。至年末，全市持社会保障卡人数达785万人。

【人才强市战略推进】 2014年，杭州市推进人才强市战略和创新型城市建设，编制《杭州市高层次人才分类目录》，制定《杭州市高层次人才、创新创业人才及团队引进培养工作的若干意见》操作细则。全年实施国家、省、市级引智项目265项，引进外国专家760人，1名外国专家获中国政府"友谊奖"，4名外国专家获省政府"西湖友谊奖"，1人入选国家"外专千人计划"，59人入选省"千人计划"，其中5人入选浙江省"外专千人计划"，28名个人和6个团队入选全球引才"521"计划。实施高技能人才"815"培训倍增工程，培养高技能人才4.01万人，新建

国家级技能大师工作室1个、省级技能大师工作室5个、杭州市技能大师工作室10个。选拔享受市政府特殊津贴人员50名，新遴选钱江特聘专家30名，引进博士后研究人员56名。实施“131”中青年人才培养计划，补充选拔重点资助人选15名、第三层次资助人选49名。

【城镇新增就业24.82万人】 2014年，全市城镇新增就业24.82万人，城镇失业人员再就业13.50万人，接收高校毕业生7.01万人，帮扶城镇就业困难人员实现就业5.86万人，城镇登记失业率控制在1.84%的较低水平。大学生创业实训开班942期，实训总人数4.86万人。开展2014年大学生创业项目无偿资助专家评审4批，资助大学生创业项目240个，资助资金1381万元。全年新增大学生创业企业1581个，创业大学生3473人，带动就业6271人，分别比上年增长14.5%、11.2%、8.3%，创近3年新高。新增市级大学生创业园2个，累计15个，提供大学生免费经营场地29万平方米。加强失业人员创业园建设，市区新认定失业人员创业园3个。

【劳动者权益保障】 8月1日起，市区最低月工资标准调整为1650元，非全日制工作的最低小时工资标准调整为13.5元。全年审批特殊工时单位2696个，涉及职工46.5万人。年检劳务派遣单位170个，涉及派遣劳动者17万余人。各级劳动保障监察机构全年监察检查用人单位11万余个，立案查处劳动者举报投诉等案件4974起，行政处罚257起，罚款1174.71万元。加强和完善防欠薪“一办五组”工作机制，在年底首次实施“一办五组”实体化办公，全年为1.23万名劳动者追回拖欠工资7253.1万元。结合“枫桥经验”，在经济发达的乡镇（街道）试行建立劳动争议仲裁派出庭。全市劳动争议调解组织受理劳动争议案件9259起，各级仲裁机构立案受理劳动争议案件6964起，比上年下降0.88%，呈现7年来首次下降。

【社会基本医疗保险参保率98.94%】 2014年，全市参加社会基本医疗保险840.21万人（不含参加省级医保人数），比上年增加17.93万人，参保率98.94%。其中，职工医保参保人数469.40万人，城乡居民医保参保人数370.81万人。市区工伤保险总支付费用1.91亿元，支付14116人次，拨付医疗康复费用526.31万元。城乡居民医保的政府补助标准达年人均330元，全市城乡居民医保政策范围内住院费报销比例在75%以上，全市各统筹地全部建立普通门诊医疗统筹制度，健全大病医疗保障和医疗困难救助机制，医疗救助财政人均救助资金标准在13元以上，救助比例不低于50%，并全部实行“即时救助”。

【基层医疗机构服务网建设】 2014年，杭州市扩大医保定点范围，开通市域范围内医保“一卡通”定点医疗机构162个，开通省域范围内医保“一卡通”定点医疗机构137个。推进社保一体化工作，公布911个萧山、余杭两区和主城区三地互认互通的医疗机构名单，对大江东产业集聚区内的78个萧山区两定单位（医疗保险定点医疗机构和定点零售药店）进行主城区定点资格确认及系统验收。

【“智慧医保”信息系统上线】 2014年，杭州市“智慧医保”信息系统项目上线，系统集费用征集、待遇享受、医保实时结算等功能为一体，实现实时结算从医院端计算变为中心端计算，医保费用审核模式由抽样审核变为系统全面审核等业务转变，支撑医院诊间结算流程改造、信息共享，提高医保实时结算运行保障力度，实现医保的智慧服务、智慧监管、智慧保障。

（骆椿美 张一持 周 波）

【医疗卫生服务水平提高】 至年末，全市拥有各类医疗卫生机构4198个，其中医院218个，比上年末分别增加59个和10个。拥有床位5.58万张，其中医院床位5.08万张，分别增长7.2%和8.9%。有各类专业卫生技术人员8.56万人，其中执业（助理）医师3.2万人，注册护士3.47万人，分别增长9.3%、7.7%和12.0%。农村卫生服务继续改善。全市婴儿死亡率及5岁以下儿童死亡率分别由上年的2.49‰、3.47‰下降为2.01‰、2.76‰，每10万名孕产妇死亡率为4.18人，下降0.37人。

【社会福利】 2014年，全市保障性安居工程项目开工36534套，竣工36756套。主城区推出经济适用住房20万平方米，公共租赁住房2865套，全市新增廉租房货币补贴家庭569户。建成居家养老服务站2570个、老年食堂1092个，建设农村公益金居家养老服务照料中心1140个。至年末，全市拥有各类福利院、敬老院299个，比上年末增加15个，床位56131张、收养人员23488人，分别增长15.4%和2.0%。杭州被列为全国首批养老服务综合改革试点城市。市区城乡居民最低生活保障标准由每人每月588元调整为660元，各县（市）最低生活保障标准同步提高。全市城镇享受最低生活保障人数9938人，农村享受最低生活保障52512人。开展第十四次“春风行动”，募集社会帮扶资金4880万元。

【公用事业】 2014年，全市一般公共预算民生支出712.58亿元，占一般公共预算总支出的74.1%。持续改善市民出行条件、加强雾霾治理、提升饮用水质量、提升城市河道水质、加强食品药品安全监管、提高社会保障水平、推进养老助残服务、丰富城乡文体生活、优化小区居住环境、建立便民“E邮站”十件实事37个项目全面完成。杭州电网建设投入40.13亿元。新开工110千伏及以上输电工程24项，容量315万千伏安，线路361.52千米。全市用电量640.19亿千瓦小时，比上年增长0.3%，其中城乡居民生活用电83.86亿千瓦小时，下降6.3%。市区自来水日供水能力380万立方米。新辟公交线路13条，优化公交线路32条。新增公交专用道40.3千米、公交车400辆。新建停车泊位5.33万个，累计建成运行公共自行车租赁点3538个，投入公共自行车8.11万辆。全年地铁客运量1.45亿人次，增长57.1%。

（市统计局）

·生态文明建设·

【环境质量平稳向好】 2014年，杭州市生态环境总体平稳向好，全市主要污染物减排等年度目标均完成。按照环境空气质量标准（GB3095-2012），市区环境空气质量优良天数228天，比上年增加13天；优良率62.5%，提高3.7%。空气中主要污染物为细颗粒物（PM2.5），市区环境空气PM2.5年均浓度为64.6微克/立方米，下降7.7%。以环境质量指数法及质量等级划分法进行评价，全市环境空气质量总体上属尚清洁水平。杭州市降水pH年均值4.65，酸雨率80.0%，下降6.8个百分点，酸雨污染仍处于严重水平。地表水总体状况良好，全省跨行政区域河流交接断面水质考核良好。全市47个市控以上断面中，水环境功能达标率74.5%，达到或优于Ⅲ类标准的比例为80.9%。全市饮用水源水质良好、稳定。声环境质量总体保持稳定，环境噪声主要来源为生活和交通噪声。市区的区域环境噪声56.4分贝，质量等级为轻度污染；桐庐县、淳安县、建德市、临安市环境噪声均小于55分贝，质量等级为较好。全市辐射环境质量总体安全稳定。生态环境不断改善，生态环境状况指数（EI）位居全省第2位。

【环境整治力度加大】 杭州市全面落实减排工作目标，制定并印发《杭州市2014年主要污染物减排计划》，实施减排工程项目281个。至年末，全市化学需氧量、氨氮、二氧化硫、氮氧化物排放量分别比上年下降5.1%、3.76%、2.04%和5.78%，比2010年下降16.29%、13.69%、15.42%和17.56%，提前1年超额完成“十二五”时期减排任务。在市产权交易中心开展排污权交易2次，首次增加氨氮和氮氧化物两项指标，氨氮排放权完成交易82.8吨、氮氧化物排放权完成交易1108.3吨、二氧化硫排放权完成交易0.7吨，成交额3610万元，累计排污权交易总成交额1.15亿元。全市1400多个企业的初始排污权配额核准工作完成，777个重点企业4项主要污染物指标初始排污权配额确定，全市257个市控以上重点企业“刷卡排污”系统建成。

深化大气环境整治工作，成立杭州市大气污染整治工作领导小组，组建大气整治现场办公室，制定实施《杭州市大气污染防治行动计划（2014年~2017年）》和《2014年杭州市大气污染防治实施计划》，全面推进企业燃煤锅炉改造关停、挥发性有机物治理、城市扬尘治理，做好大气重污染天气应急响应，完成新一轮杭州市环境空气PM2.5来源解析持续研究。

加大水环境综合治理力度。主城区完成截污纳管项目360个；完成193条黑臭河治理，建成一批生态示范河道，全市累计清淤642万立方米，拆除水岸违章建筑42.2万平方米；整治垃圾河71条460千米，全市范围基本消灭垃圾河；加强饮用水源地环境保护，全市关停搬迁一级、二级饮用水源保护区内历史遗留的污染企业22个，整改33个安全隐患点。

【环境管理执法】 2014年，杭州市加强环境立法工作，《杭州市大气污染防治规定》《杭州市生态文明和美丽杭州建设促进条例》《杭州市环境宣教条例》分别列入2014年地方立法正式项目、预备项目和调研项目。加大环境执法力度，出台《关于杭州市打造环境监管最严格城市的意见》，成立市公安环境执法侦查支队，推进公安环保联合执法，全市立案查处环境违法案件1008起，处罚金额5544.08万元。其中，移送公安案件45起，刑事拘留64人，行政拘留7人，取保候审14人，判刑5人。

【生态文明试点市建设】 2014年，杭州市着力打造美丽中国先行区，继续深入推进“美丽杭州”建设。市本级通过省级生态市验收，江干区通过国家生态区验收，萧山区、富阳市通过国家级生态区（县、市）技术评估，41个乡镇（街道）被环保部命名为国家级生态乡镇（街道），4个街道（乡、镇）被浙江省环保厅命名为省级生态乡镇（街道），1个街道被杭州市生态办命名为市级生态文明街道。至年末，全市累计有8个区、县（市）通过国家生态区、县（市）命名、验收和技术核查，建成国家级生态乡镇（街道）118个，国家级生态村2个；建成省级生态区、县（市）8个，省级生态乡镇（街道）135个；建成市级生态（文明）乡镇（街道）164个，市级生态（文明）村1019个。 （市环保局）

【城市环境改善】 2014年，杭州市推进重点污染行业整治，关停淘汰重污染高耗能企业298个，整治提升企业425个。淘汰黄标车和老旧车9.5万辆。城市污水集中处理率93.96%，比上年提高0.06个百分点；主要水系监测断面水质三类以上比例为80.9%，下降2.1个百分点。至年末，市区人均公园绿地面积15.50平方米，建成区绿化覆盖率40.57%。垃圾分类小区占比由上年的94.3%提高到97.2%。全年单位GDP综合能耗下降7.0%，规模以上工业单位增加值能耗下降7.9%。 （市统计局）

11月27日，杭州市道德模范（十大平民英雄）评选揭晓，并举行颁奖晚会
（市文明办 供稿）

·文明城市建设·

【杭州市道德模范（十大平民英雄）评选】 5月，第十届杭州市道德模范

（十大平民英雄）评选活动启动。经过社会推荐、评委初评、媒体公示、市民投票等一系列环节，于11月27日揭晓并举行颁奖晚会。丁乐冬、叶永棠、叶联声、史君、许航、何军、陈思晓、祝旭东、章少华、杭州公交车放火事件市民现场救援群体代表获第十届杭州市平民英雄（道德模范）荣誉称号。自2005年以来，杭州市平民英雄（道德模范）评选活动历时10年，评选树立100多位道德先进典型，为全社会树立道德标杆。

【杭州蝉联“全国文明城市”荣誉称号】 2014年，杭州市做好全国文明城市复评和浙江省城市文明程度指数测评迎检工作，对公益广告、公共秩序、小区环境、河道环境等重点领域实行督查，解决一批影响全市创建整体水平提升的重难点问题。12月，全国文明城市复查组对杭州创建工作给予肯定。杭州市蝉联“全国文明城市”荣誉称号。在浙江省城市文明程度指数测评成绩中，杭州市公共秩序项目得分位列全省第1位，公共环境和公益宣传得分位列全省各地市前列。开展杭州市城市文明程度指数测评，测评结果纳入市年度综合目标考评和市委组织部对区、县（市）党政领导班子绩效考核。

【城市孝道文化指数测评】 9月28日，市文明办、市精神文明建设研究会召开研究会理事会议暨杭州市孝道文化研究报告发布会，首次向全社会发布杭州孝道文化现象调研报告。报告表明，杭州市民总体孝道意识与行为状况较好。报告提出倡导树立现代孝道文化五大新理念，率先推出杭州市民“孝道”类型自测量表。

【公益广告宣传正能量】 2014年，杭州市以“中国梦想·美丽杭州”为主题，加强“中国梦”“社会主义核心价值观”和“最美精神”的公益广告宣传工作，传播文明理念，推动全市人民的广泛认同与自觉践行。《杭州日报》《都市快报》《每日商报》全年刊登公益广告345个整版；杭州电视台5个频道播出公益广告2.74万条次，约9360分钟；杭州人民广播电台4个频率播出公益广告1.5万条次，约4920分钟；公交候车亭、公共自行车亭灯箱张贴公益广告1231幅；5592根电力杆设置公益广告道旗；2655块交通指示牌设置公益广告；发送手机公益广告彩信630余万条次；在机场、车站、码头、工地围挡、遮阳棚、各类电子屏刊载、播出公益广告。

10月25日，杭州市举行第十一届邻居节　（市文明办 供稿）

【第十一届邻居节】 10月25日，杭州市举行第十一届邻居节。该届邻居节以“好邻居·好家园·好生活”为主题，组织开展孝老爱亲活动、游园出行活动、美食百家宴、文艺演出活动、敲门走访活动，吸引社区居民走出“小家”融入“大家”。组织开展各种类型的邻里结对活动，举办未成年人和老年人结对、外国人和中国邻居结对、楼宇社区里的企业“邻居”结对、社区居民和村民结对等邻里交流结对仪式，互换邻里联系卡，承诺常来常往，吸引更多的人尤其是青年人参与到邻居节中来。评选出杭州市好邻居，表彰邻里之间互助友爱、向善向美的感人事迹，促进邻里互帮互助，形成邻里和睦、守望相助的良好社会风尚。

【未成年人校外活动阵地建设】 2014年，杭州市推出“杭州市第二课堂”微信公众号，实现各类信息的集中发布。印刷88万张“第二课堂”课程表，开展第6批“第二课堂”基地申报和各类先进评选活动。开展剪纸大赛、童画杭州名人等“第二课堂”活动，丰富中小学生精神文化生活。全市103个“第二课堂”场馆与490余所学校建立馆校共建关系。全年193万人次参与“第二课堂”活动。中央文明办对杭州青少年学生“第二课堂”行动计划给予肯定。杭州市全年建成社区青少年俱乐部389个。建成中央和市、区县（市）三级135个“乡村学校少年宫”、22个“城市学校少年宫”，在全市1679个行政村中开展“春泥计划”活动，为加强校外教育提供支撑。

（沈　欢）

·市和区、县（市）机构概况·

【市级主要机构及负责人名单】
（2014年1月至12月）

中国共产党杭州市第十一届委员会

书　记：龚　正
副书记：张鸿铭
　　王金财（至2014年3月）
　　杨戌标（2014年3月始）
常　委：龚　正
　　张鸿铭
　　王金财（至2014年3月）
　　杨戌标　　许勤华
　　翁卫军
　　柯良栋（至2014年6月）
　　徐立毅　　张仲灿
　　佟桂莉（女）
　　俞东来
　　施彩华（女）
　　潘方敏
　　徐文光（2014年3月始）
　　叶寒冰（2014年6月始）
　　范　辉（女）
　　（2014年7月始，中央挂职干部）
委　员：（按姓氏笔画为序）
　　王　宏
　　王立华（女）
　　王金财　　毛溪浩

方　毅　　叶　明
叶寒冰（2014年6月始）
朱　华　　朱建明
朱党其　　许　明
许勤华
李　玲（女）
杨　军　　杨戌标
吴才敏
吴春莲（女）
佟桂莉（女）
张　耕　　张仲灿
张如勇　　张建庭
张振丰　　张鸿铭
陈永良
陈红英（女）
陈国姝（女）
陈春雷　　陈新华
陈震山
邵　毅（至2014年10月）
范　辉（女）
（2014年7月始，中央挂职干部）
金　翔　　金志强
项永丹
赵纪来（至2014年7月）
胡征宇
柯良栋（至2014年6月）
俞东来
施彩华（女）
姜　军　　洪航勇
柴宁宁（女）
徐一超　　徐文光
徐立毅　　翁卫军
翁钢粮　　郭禾阳
凌志峰（至2014年8月）
黄海峰　　戚哮虎
龚　正　　盛阅春
崔鹏飞　　章舜年
董　悦　　詹　敏
缪承潮　　滕　勇
候补委员：（按得票数为序）
方建生　　陈卫强
徐小林　　刘　颖
阳作军　　洪庆华
屠辛庚　　赵　晴
李　虹
秘书长：许勤华

市委工作部门：

办公厅

主　任：胡征宇（至2014年6月）
何美华（2014年6月始）

组织部

部　长：张仲灿

宣传部

部　长：翁卫军

统战部

部　长：董建平

政策研究室

主　任：郭东风

政法委员会

书　记：王金财（至2014年4月）
杨戌标（2014年4月始）

国防动员委员会（人民武装委员会）

第一主任：龚　正
主　任：张鸿铭

保密委员会

主　任：许勤华

党史研究室

主　任：韩　卫

党　校

校　长：张仲灿

杭州日报报业集团

社　长：赵　晴
总编辑：万光政
党委书记：赵　晴

机构编制委员会办公室

主　任：陈春雷（至2014年1月）
柴宁宁（女）
（2014年1月始）

老干部局

局　长：施迎利（女）

市直机关党工委

书　记：占仁义

农业和农村工作办公室

主　任：张如勇

市综合考评办公室

主任、党组书记：伍　彬

中国共产党杭州市纪律检查委员会

书　记：施彩华（女）
副书记：陈春雷（2014年1月始）
王叶林（至2014年1月）
陈建华
郎文荣（2014年1月始）
常　委：施彩华（女）
陈春雷（2014年1月始）
王叶林（至2014年1月）
陈建华
郎文荣（2014年1月始）
朱小军（至2014年9月）
姚吉锋（至2014年11月）
邬月培
吴凤莲（女）
胡绍平（2014年9月始）
胡飞龙

杭州市第十二届人民代表大会常务委员会

主　任：王金财（2014年2月始）
代主任：洪航勇（至2014年2月）
副主任：洪航勇　　朱金坤
项　勤　　陈振濂
徐祖尊　　郑荣胜
徐苏宾（女）
委　员：（按姓氏笔画为序）
王　剑　　王　健
王慧中　　叶茂东
邬丽娜（女）
阮重晖　　孙　云
李　敏（女）
肖仁东　　张邢炜
张治芬（女）
陈一辉（女）
陈马多里　　陈永良
陈建华（女）
邵根松（2014年2月始）
邵雅萍（女）
林丽雅（女）
林家兴　　金永新
周　扬（女）
（2014年2月始）
钟　玮
钟文静（女）
（2014年2月始）
施长友　　袁建进
袁森浩　　徐小林
奚国强　　黄志耀
崔新明　　章方祥
章国经　　章明伟
蒋银海　　路江通
薛滔菁（女）
魏　颖（女）
魏皓奔
秘书长：陈建华（女）
党组书记：王金财
党组副书记：洪航勇　朱金坤

市人大专门委员会

法制委员会

主任委员：徐祖尊（兼）

内务司法委员会

主任委员：徐祖尊（兼）

财政经济委员会

主任委员：项　勤（兼）

城乡建设环境保护委员会

主任委员：朱金坤（兼）

教科文卫委员会

主任委员：徐苏宾（女）（兼）

农业和农村委员会

主任委员：郑荣胜（兼）

外事委员会

主任委员：陈振濂（兼）

民宗侨委员会

主任委员：陈振濂（兼）

市人大常委会工作部门：

办公厅

主 任：叶茂东

研究室

主 任：阮重晖

法制工作委员会

主 任：路江通

内务司法工作委员会

主 任：孙 云

财经工作委员会

主 任：王 剑

城乡建设、环境保护工作委员会

主 任：蒋银海（至2014年12月）
施水祥（2014年12月始）

教科文卫工作委员会

主 任：钟 玮

民宗侨、外事工作委员会

主 任：袁建进

人事代表工作委员会

主 任：袁森浩

农业和农村工作委员会

主 任：邵雅萍（女）

杭州市人民政府

市 长：张鸿铭（2014年2月始）
代市长：张鸿铭（至2014年2月）
副市长：徐立毅（2014年4月始）
张建庭
戚哮虎
徐文光（至2014年4月）
谢双成
陈红英（女）
项永丹（2014年1月始）
张 耕（2014年4月始）
范 辉（女）
（2014年8月始，中央挂职干部）
党组书记：张鸿铭
秘书长：王 宏

市政府工作部门：

办公厅

主 任：徐一超
党组书记：王 宏

研究室

主任、党委书记：夏积亮
（2013年1月始）
何利松
（2014年11月始）

发展和改革委员会

主任、党委书记：杨 军
（至2014年1月）
李 玲（女）
（2014年1月始）

国有资产监督管理委员会

主任、党委书记：屠辛庚

经济和信息化委员会

主任、党委书记：赵纪来
（至2014年1月）
洪庆华
（2014年1月始）

科学技术局（知识产权局、地震局）

局长、党组书记：楼健人
（至2014年1月）
阳作军
（2014年1月始）

教育局（市委教育工委）

局长、工委书记：沈建平

财政局

局长、党委书记：金 翔

国家税务局

局 长：沈 华

地方税务局

局 长：金 翔

监察局

局 长：陈春雷（2014年2月始）

人力资源和社会保障局

局长、党委书记：陈国妹（女）
（至2014年1月）
郭禾阳
（2014年1月始）

民政局

局长、党委书记：邵 胜

公安局

局长、党委书记：柯良栋
（至2014年6月）
叶寒冰
（2014年6月始）

国家安全局

局长、党委书记：赵宪国

司法局（监狱劳教管理局）

局长、党委书记：吴声华

交通运输局

局长、党委书记：范建军

安全生产监督管理局（安全生产委员会办公室）

局长（主任）、党组书记：
王 辉（女）

贸易局（粮食局）

（至2014年7月）
贸易局局长、党委书记：刘庆龙

对外贸易经济合作局

（至2014年7月）
局长、党委书记：洪庆华
（至2014年1月）
高国飞
（2014年1月始）

商务委员会（市粮食局）

（2014年7月始）
主任（局长）、党委书记：高国飞

城乡建设委员会

主任、党委书记：阳作军
（至2014年1月）
丁狄刚
（2014年1月始）

钱江新城建设指挥部（钱江新城建设管理委员会）

（至2014年6月）
主任、党委书记：郑翰献

钱江新城建设管理委员会（钱江新城建设指挥部、杭州铁路及东站枢纽建设指挥部）

（2014年6月始）
主任(总指挥)、党委书记：郑翰献

规划局

局 长：张 勤（女）
党组书记：龚志南

住房保障和房产管理局

局长、党委书记：周先木

国土资源局

局长、党委书记：卢春强
（至2014年1月）
谢建华
（2014年1月始）

环境保护局

局 长：胡 伟
党组书记：孔春浩

园林文物局

局长、党委书记：刘 颖

城市管理委员会（城市管理行政执法局、城市管理行政执法支队）

主任(局长、支队长)、党委书记：
翁文杰

旅游委员会

主任、党委书记：李 虹

西湖博览会组委会办公室

主任、党组书记：叶 敏

审计局

局长、党组书记：骆 寅

统计局（国家统计局杭州调查队）

局长、党组书记：杜国忠
调查队长、党组书记：沈国良(兼)

工商行政管理局（至2014年3月）

局长、党委书记：陈祥荣

食品药品监督管理局

（至2014年3月）

局长、党委书记：邱卫星
（至2014年3月）

市市场监督管理局（市工商行政管理局、市食品药品监督管理局）（2014年3月始）

局长、党委书记：陈祥荣

物价局

局长、党组书记：郭初民

质量技术监督局

局长、党委书记：邵新华（女）

城乡区域统筹发展工委办

主　任：张如勇

农业局

局长、党委书记：程春建

林业水利局

局长、党委书记：周定炎

文化广电新闻出版局

局长、党委书记：钮　俊

文化广播电视集团（文化广播电视集团有限公司）

管委会主任、党委书记：方建生
公司总经理：余新平

体育局

局长、党委书记：赵荣福

卫生局（至2014年7月）

局长、党委书记：滕建荣

人口和计划生育委员会（至2014年7月）

主　任：姚雅仙（女）
党组书记：郑健波

卫生和计划生育委员会（2014年7月始）

主任、党委书记：滕建荣

外事办公室

主任、党组书记：谢国建
（至2014年3月）
邱卫星
（2014年3月始）

侨务办公室

主任、党委书记：林国蛟

法制办公室

主任、党组书记：魏　民

市行政审批服务管理办公室（公共资源交易管理委员会办公室）

主任、党组书记：祝永平
（至2014年9月）
马杭军
（2014年11月始）

金融工作办公室

主任：奚素勤（至2014年1月）
赵　敏（2014年1月始）
党组书记：俞胜法（至2014年1月）
赵　敏（2014年1月始）

民族宗教事务局

局　长：郭清晔
党组书记：杨志刚

人民防空办公室

主任、党组书记：林友保

台湾事务办公室

主　任：梁建华（女）

国内经济合作办公室

主任、党组书记：董祖德

市政府驻北京办事处

主　任：刘晓明

市政府驻上海办事处

主　任：金承龙

市政府驻深圳办事处

主　任：金承龙

中国人民解放军浙江省杭州警备区

党委第一书记：龚　正（兼）
党委书记：顾玉龙（至2014年9月）
雷　林（2014年9月始）
司令员：潘方敏
政治委员：顾玉龙（至2014年9月）
雷　林（2014年9月始）

陆军预备役步兵师高炮团

党委第一书记：王金财（兼）
党委书记：汤智伟（至2014年1月）
王英军（2014年1月始）
团　长：关玉良
第一政治委员：王金财
政治委员：汤智伟（至2014年1月）
王英军（2014年1月始）

政协杭州市第十届委员会

主　席：叶　明
副主席：张鸿建　何关新
董建平　赵光育
朱祖德　张必来
汪小玫（女）叶鉴铭
常务委员：（按姓氏笔画为序）
丁国才　王　坚
王　翔　王世恒
王发明　王叶林
毛伟民　方　方
方伟文
方治平（至2014年6月）
石仕元　石连忠
白　莉（女）
包嘉颖（女）
冯仁强
朱彩凤（女）
刘　英（女）
刘庆敏（女）
刘政奇　刘秋敏
汤建新
许　红（女）
许　雷　孙　跃
杨宝庆　杨金南
杨营营（女）
李　虹（女）
李　黎（女）
吴　静（女）
何建法　何黎明
余　岱　余新平
辛　薇（女）沈建平
沈墨宁　宋传水
宋雪娟（女）张　刚
张　莉（女）张利群
张炳新
张爱莲（女）
张慧慧（女）陈　凯
陈伯滔　陈国安
陈桂珍（女）
陈清莉（女）
林　沛（女）
林　蔚（女）
范　渊　金志强
金建祥
周　扬（女）
周　红（女）
周　琪（女）
周智林　郑家茂
单　敏（女）胡　伟
胡志荣　胡泽之
胡惠芬（女）赵才苗
赵金龙　钟玉腾
皇甫伟成
洪守霞（女）
宦金元
姚　萍（女）
姚树列　袁国标
徐土松　郭清晔
高德康　桑坚信
崔小平　章鹏飞
释月真
楼玉宇（女）
楼章华　谭勤奋
黎青平　戴文昌
秘书长：何关新（兼）
（至2014年2月）
王叶林（2014年2月始）
党组书记：叶　明
党组副书记：张鸿建　何关新

市政协工作部门：

办公厅

主　任：孙　跃

研究室

主　任：王　翔

提案委员会

主　任：宋雪娟（女）
文史委员会
主　任：宋传水
科教文卫体委员会
主　任：周　红（女）
经济和农业农村委员会
主　任：石连忠
城市建设和人口资源环境委员会
主　任：杨营营（女）
社会法制和民族宗教委员会
主 任：辛　薇（女）
港澳台侨和外事委员会
主　任：胡泽之
学习和委员工作联络委员会
主　任：丁国才

市中级人民法院
院长、党组书记：翁钢粮

市人民检察院
检察长、党组书记：吴春莲（女）

市民主党派和工商联：
中国国民党革命委员会杭州市委员会
主　委：叶鉴铭
中国民主同盟杭州市委员会
主　委：陈振濂
中国民主建国会杭州市委员会
主　委：陈小平（至2014年5月）
郭清晔（2014年5月始）
中国民主促进会杭州市委员会
主　委：赵光育
中国农工民主党杭州市委员会
主　委：周智林
中国致公党杭州市委员会
主　委：王　坚
九三学社杭州市委员会
主　委：朱祖德
杭州市工商业联合会
主　席：张必来
党组书记：邵根松

部分人民团体：
杭州市总工会
主　席：郑荣胜（兼）
党组书记：吴仁财
中国共产主义青年团杭州市委员会
书记、党组书记：周　扬（女）
杭州市青年联合会
主　席：周　扬（女）
杭州市妇女联合会
主席、党组书记：魏　颖（女）
杭州市归国华侨联合会
主席、党组书记：章明伟
（至2014年7月）
章　燕
（2014年7月始）
杭州市科学技术协会
主席、党组书记：邬丽娜（女）
（至2014年7月）
郑健波
（2014年7月始）
杭州市文学艺术界联合会
主席、党组书记：陈一辉（女）
杭州市老龄工作委员会
主　任：戚哮虎（兼）
杭州市社会科学界联合会
主席、党组书记：（空缺）
中国国际贸易促进委员会杭州市分会
会长、党组书记：蒋建安
杭州市残疾人联合会执行理事会
理事长、党组书记：钟文静（女）
杭州市对外友好协会
名誉会长：龚　正（兼）
会　长：王金财（兼）

其他行政事业机构：
市爱国卫生运动委员会
主　任：陈红英（女）（兼）
市地方志编纂委员会
主　任：张鸿铭（兼）
市机构编制委员会
主　任：张鸿铭（兼）
国网浙江省电力公司杭州供电公司
局　长：于金镒（至2014年11月）
杨　勇（2014年11月始）
党委书记：李　斌
（至2014年10月）
姜启亮
（2014年10月始）
中国电信股份有限公司杭州分公司
总经理：金　晶（至2014年1月）
章晓钫（女）
（2014年1月始）
党委书记：章晓钫（女）
浙江省邮政公司杭州市分公司
总经理：李金良（至2014年6月）
严　明（2014年6月始）
党委书记：李金良（至2014年6月）
陈祖明（2014年6月始）
杭州市邮政管理局
局长、党组书记：赵　武
浙江移动通信有限公司杭州分公司
总经理：林长春
党委书记：刘　璇
中国联合网络通信有限公司杭州分公司
总经理、党委书记：
张海波（至2014年5月）
聂明岩（2014年5月始）
浙江省石油总公司杭州分公司
总经理：丁成伟
党委书记：孙建国
市气象局
局长、党组书记：苗长明
市供销合作社联合社
主任、党委书记：樊国强
（至2014年7月）
华德法
（2014年7月始）
市级机关事务管理局
局长、党组书记：裘建平
（至2014年12月）
江　冰
（2014年12月始）
市委、市政府信访局
局长、党组书记：周伟新
市档案局
局长、党组书记：郎健华
西泠印社社务委员会
主任、党组书记：魏皓奔
（至2014年7月）
杨志毅
（2014年7月始）
市烟草专卖局（杭州烟草分公司）
局长（经理）、党组书记：
林少华（女）
杭州经济技术开发区（浙江杭州出口加工区）管理委员会
主任、党工委书记：陈　晨
杭州钱江经济开发区（杭州工业新区）管理委员会
主任、党工委书记：戚建国
萧山经济技术开发区管理委员会
主　任、党工委书记：裘　超（女）
杭州良渚遗址管理区管理委员会（浙江省杭州良渚遗址管理局）
主任（局长）：朱　华
党工委书记：徐立毅
（至2014年4月）
徐文光
（2014年4月始）
杭州高新技术产业开发区管理委员会
主　任：詹　敏
党工委书记：张　耕
（至2014年10月）
詹　敏
（2014年10月始）
杭州之江国家旅游度假区管理委员会
主　任：朱党其（至2014年10月）

章根明（2014年11月始）
党工委书记：王立华（女）
杭州西湖风景名胜区管理委员会
主任、党委书记：刘　颖
市发展规划研究院
院　长：杨　军（至2014年2月）
周建华（兼）
（2014年5月始）
市农业科学研究院
院长、党委书记：朱时建
（至2014年6月）
严建立
（2014年6月始）
中国人民银行杭州中心支行
行长、党委书记：张健华
中国工商银行浙江省分行营业部
总经理、党委书记：沈　忻
中国建设银行浙江省分行
总经理、党委书记：劳新江
中国农业银行浙江省分行营业部
行长、党委书记：朱文达
交通银行浙江省分行
行长、党委书记：陆　涛
杭州银行
董事长：吴太普（至2014年11月）
陈震山（2014年11月始）
行　长：宋剑斌
党委书记：严华好
（至2014年11月）
陈震山
（2014年11月始）
中国人民财产保险公司杭州市分公司
总经理、党委书记：徐　斌
中国人寿保险公司杭州市分公司
总经理、党委书记：胡国林
中国太平洋财产保险公司杭州中心支公司
总经理、党委书记：叶咏蓁
中国太平洋人寿保险公司杭州中心支公司
总经理、党委书记：姚胜琴（女）
市社会科学院
院长、党组书记：（空缺）
市实业投资集团有限公司
董事长、党委书记：傅力群
总经理：骆旭升
市交通集团有限公司
董事长、党委书记：冯国明
总经理：章舜年（2014年1月始）
市城市建设投资集团有限公司
董事长、党委书记：王　坚
总经理：章维明
市京杭运河（杭州段）综合保护委员会（至2014年7月）
主　任：邵　毅
党委书记：李包相
总经理：倪政刚
市运河综合保护开发建设集团有限责任公司
董事长、党委书记：
邵　毅（至2014年10月）
总经理：倪政刚
市钱江新城投资集团有限公司
（2014年6月始）
董事长、党委书记：郑翰献（兼）
杭州奥体博览城建设指挥部
（2014年6月始）
总指挥、党委书记：黄昊明
市地铁集团有限责任公司
董事长、党委书记：邵剑明
总经理：朱少杰
市商贸旅游集团有限公司
董事长、党委书记：应雪林
总经理：陆晓亮
市金融投资集团有限公司
董事长、党委书记：张锦铭
总经理：虞利明
西泠印社集团有限公司
董事长、总经理：钱伯皓
市千岛湖原水股份有限公司
（2014年3月始）
董事长、党委书记：胡洪志
总经理：陈云龙
市对口支援新疆阿克苏市指挥部
指挥长、党委书记：楼建忠

【区、县（市）主要机构及负责人名单】
（2014年1月至12月）

中共杭州市上城区第九届委员会
书　记：缪承潮
中共杭州市上城区纪律检查委员会
书　记：沈　民（至2014年11月）
金晓东（2014年11月始）
杭州市上城区第十四届人大常委会
主　任：丁晓芳（女）
上城区人民政府
区　长：陈　瑾（女）
政协杭州市上城区第四届委员会
主　席：余　勇
上城区人民法院
院　长：施金良
上城区人民检察院
检察长：李森红（女）

中共杭州市下城区第九届委员会
书　记：陈卫强
中共杭州市下城区纪律检查委员会
书　记：富永伟
杭州市下城区第十四届人大常委会
主　任：朱钟毅
下城区人民政府
区　长：吴才敏
政协杭州市下城区第四届委员会
主　席：朱永祥
下城区人民法院
院　长：何　敏
下城区人民检察院
检察长：潘松萍

中共杭州市江干区第九届委员会
书　记：盛阅春
中共杭州市江干区纪律检查委员会
书　记：施华森（至2014年11月）
叶　素（2014年11月始）
杭州市江干区第十四届人大常委会
主　任：蔡仲光
江干区人民政府
区　长：滕　勇
政协杭州市江干区第四届委员会
主　席：朱关泉
江干区人民法院
院　长：叶　青（女）
江干区人民检察院
检察长：余国利

中共杭州市拱墅区第六届委员会
书　记：许　明
中共杭州市拱墅区纪律检查委员会
书　记：蒋杭平（至2014年3月）
洪晓明（2014年3月始）
杭州市拱墅区第六届人大常委会
主　任：洪永跃
拱墅区人民政府
区　长：朱建明
政协杭州市拱墅区第四届委员会
主　席：钟丽萍（女）
拱墅区人民法院
院　长：王美芳（女）
拱墅区人民检察院
检察长：罗有顺

中共杭州市西湖区第八届委员会
书　记：王立华（女）
中共杭州市西湖区纪律检查委员会
书　记：应敏扬（至2014年3月）
陈　忆（2014年3月始）
杭州市西湖区第十四届人大常委会
主　任：施增富
西湖区人民政府
区　长：朱党其（至2014年11月）
代区长：章根明（2014年11月始）

政协杭州市西湖区第四届委员会
主　席：张　岐
西湖区人民法院
院　长：程建飞
西湖区人民检察院
检察长：张　鸣

中共杭州市滨江区第四届委员会
书　记：张　耕（至2014年9月）
　　　　詹　敏（2014年9月始）
中共杭州市滨江区纪律检查委员会
书　记：王慎非
杭州市滨江区第四届人大常委会
主　任：韩建中
滨江区人民政府
区　长：詹　敏
滨江区政协工作委员会
主　任：沈孔良
滨江区人民法院
院　长：杜　前（女）
滨江区人民检察院
检察长：陈平洋

中共杭州市萧山区第十四届委员会
书　记：俞东来
中共杭州市萧山区纪律检查委员会
书　记：郎文荣（至2014年1月）
　　　　蒋杭平（2014年3月始）
杭州市萧山区第十五届人大常委会
主　任：王珠瑛（女）
萧山区人民政府
区　长：李　玲（女）
　　　　（至2014年4月）
代区长：卢春强（2014年10月始）
政协杭州市萧山区第十三届委员会
主　席：谭勤奋
萧山区人民法院
院　长：楼军民
萧山区人民检察院
检察长：方顺才

中共杭州市余杭区第十三届委员会
书　记：徐立毅（至2014年3月）
　　　　徐文光（2014年3月始）
中共杭州市余杭区纪律检查委员会
书　记：方东晓（至2014年10月）
　　　　蒋金娥（2014年11月始）
杭州市余杭区第十四届人大常委会
主　任：汗宏儿
余杭区人民政府
区　长：朱　华
政协杭州市余杭区第十届委员会
主　席：阮文静（女）
余杭区人民法院
代院长：罗　鑫（至2014年2月）
院　长：罗　鑫（2014年2月始）
余杭区人民检察院
检察长：孙　勇

中共桐庐县第十三届委员会
书　记：毛溪浩
中共桐庐县纪律检查委员会
书　记：胡绍平（至2014年9月）
　　　　黄利文（2014年9月始）
桐庐县第十五届人大常委会
主　任：游　宏
桐庐县人民政府
县　长：方　毅
政协桐庐县第八届委员会
主　席：程春明（至2014年1月）
　　　　王金才（2014年1月始）
桐庐县人民法院
院　长：陆忠明
桐庐县人民检察院
检察长：郑建军（至2014年5月）
代检察长：夏　涛
　　　　（2014年5月始）

中共淳安县第十三届委员会
书　记：凌志峰（至2014年8月）
　　　　朱党其（2014年8月始）
中共淳安县纪律检查委员会
书　记：胡光伟（至2014年11月）
　　　　赖明诚（2014年11月始）
淳安县第十五届人大常委会
主　任：余永青
淳安县人民政府
县　长：柴宁宁（女）
　　　　（至2014年1月）
　　　　柴世民（2014年2月始）
代县长：柴世民（2014年1月始）
政协淳安县第八届委员会
主　席：刘小松
淳安县人民法院
院　长：陈奇策
淳安县人民检察院
检察长：钱　铖

中共建德市第十三届委员会
书　记：戴建平
中共建德市纪律检查委员会
书　记：洪晓明（至2014年3月）
　　　　王伟平（2014年3月始）
建德市第十五届人大常委会
主　任：程茂红
建德市人民政府
市　长：陈震山（至2014年11月）
代市长：童定干（2014年11月始）
政协建德市第十三届委员会
主　席：吴铁民
建德市人民法院
院　长：梁以东
建德市人民检察院
检察长：江波均（女）

中共富阳市第十三届委员会
书　记：姜　军
中共富阳市纪律检查委员会
书　记：蒋金娥（女）
　　　　（至2014年11月）
　　　　胡光伟（2014年11月始）
富阳市第十五届人大常委会
主　任：汤金华
富阳市人民政府
市　长：黄海峰
政协富阳市第八届委员会
主　席：陆洪勤
富阳市人民法院
院　长：赵　平
富阳市人民检察院
检察长：王晓光

中共临安市第十三届委员会
书　记：张振丰
中共临安市纪律检查委员会
书　记：沈国祥
临安市第十四届人大常委会
主　任：吴苗强
临安市人民政府
市　长：张振丰（至2014年1月）
　　　　王　敏（2014年3月始）
代市长：王　敏（2014年1月始）
政协临安市第八届委员会
主　席：张金良
临安市人民法院
院　长：毛煜焕
临安市人民检察院
检察长：陈云高

（市委组织部）

农业

Agriculture

·农业综述·

【农林牧渔业持续增长】2014年，杭州市深入实施城乡区域统筹发展战略，落实"杭改十条"，打造美丽乡村建设升级版，促进农民持续快速增收和农村人居环境改善。全市实现农林牧渔业增加值278.33亿元，比上年（指2013年，下同）增长1.8%；农村常住居民人均可支配收入23555元，增长11.1%，连续11年实现两位数增长，提前1年实现"十二五"规划目标。

【现代都市农业发展】 2014年，杭州市农业保供能力持续提升。全年粮食播种面积107.26千公顷，粮食产量62.54万吨；全市建成肉禽蛋奶、水产和蔬菜"菜篮子"生产基地387个、面积8066.67公顷。主城区蔬菜自给率58.3%，全市主要畜禽产品自给率70%，水产品自给率74%，确保市场稳定供应和菜价平稳运行。农产品安全保障能力提升。全市抽检六大类农产品样品3514个，合格率98.8%。抓好生猪定点屠宰和家禽杀白上市工作。应对H7N9禽流感防控，动物强制免疫密度100%。

农业发展方式加快转变。创建省级生态循环农业示范县1个、示范区3个、示范企业2个。推进农业面源污染和水环境治理，关停养殖场6301个，整治养殖场1500多个；关停温室养殖189万平方米，完成省、市下达的"五水共治"农业面源污染治理任务。推进智慧农业发展，打造市级智慧农业示范园区4个、示范点9个；创新农作制度，创建示范乡镇7个。加强科技创新，推进成果转化。推进科技兴农，实施农业产业发展技术推广项目70个。推进气象现代化建设，杭州市气象现代化发展水平总指数在全省地市中排第1名。

【农业基础条件改善】 2014年，设施农业示范园建设进展顺利，建成市级设施农业示范园16个，实施设施农业推广项目88个；农田基础设施建设大力推进，改造中低产田项目66个、面积2473.33公顷，新增提升标准农田质量2333.33公顷，实施垦造耕地后续管护市级示范项目63个、面积503.4公顷；农机水平不断提升，新增各类农机具1.5万台（套），全市农机总动力353万千瓦；实施农机化促进项目24个，新建水稻育秧中心8个、烘干中心8个。

"两区"建设稳步推进。省级现代农业园区建设整体推进，通过省级认定的园区67个，萧山江东现代农业综合区被列为全省标杆性现代园区；粮食生产功能区建设推进，累计建成各级粮食生产功能区3.75万公顷。在全省率先开展旱粮生产功能区建设，出台《关于加快发展旱粮生产的实施意见》，新建旱粮生产示范基地112个、面积2200公顷。

【农村人居环境改善】 2014年，农村"五水共治"成效明显。全市有1031个村完成设计，920个村完成工程招标，844个村、21.28万户完成污水治理任务，完成省定任务的117.8%。通过全省考核，名列全省11个地市第1名。水利重点防洪工程全面推进。闲林水库累计完成总投资23.1亿元，主体工程全部完成。三堡排涝工程累计完成总投资9.59亿元，征迁工作全部完成，扩大杭嘉湖南排三堡排涝工程进展顺利。七堡排涝泵站扩建工程、余杭塘栖镇防洪工程、苕溪北塘加固、萧山钱江枢纽闸站等区域防洪排涝工程有序推进。农村安全饮水提升工程深入实施，农村安全饮水覆盖率97.5%。千岛湖配水工程开工。山塘水库河道改造有序进行。全年完成水库除险加固26座；1万立方米以上山塘除险加固工程开工165座，完成159座，均达到年底前完工率70%的目标。162千米中小河流重要堤防加固工程全部完成。

【中心村、精品村建设】 2014年，杭州市加快193个中心村建设进度，新启动62个精品村、8个风情小镇、14条精品线路和7个精品区块建设。农村精品区块、精品线路建设形成新亮点，如临安42千米的太湖源整体打造和业态配套、"太阳公社"新的农村经营模式的创新尝试。淳安千岛湖小环湖农村生态的整体整治建设，完成129千米的环湖绿道建设，把沿线的乡村串点成线，打造中国最美的自驾游线路。桐庐莪山乡打造中国畲族第一乡，已初具规模，在全省的民族工作会议上，莪山乡做典型介绍。沿分水江的农村环境整治全面完成，芦茨慢生活体验区建设全面升级。建德的新叶古民居群和三江渔村、乌石滩绿道全面完成建设。萧山南片精品区块、余杭径山区块、富阳洞桥区块等，均有精品亮点。启动杭派民居示范村创建工作，加强农村历史文化村落保护。开展全民义务植树活动，全年参加义务植树290万人次，植树403万株。

【“三江两岸”生态建设推进】 2014年，杭州市加强生态景观建设。淳安县淳杨环湖公路全线贯通，建德市乾潭至安仁改造提升工程、20省道绿化景观提升工程和05省道、16省道53千米绿化景观提升工程全面完成；新建沿江生态景观绿化带226万平方米。沿江5个美丽乡村精品线路建设进展顺利。加强沿江人文旅游开发建设。实施绿道建设150千米，设立驿站12处、标识牌300多块，推进建德、富阳两地2个旅游码头建设。实施农村历史建筑修缮37处，挖掘非物质文化遗产15处。加强岸线生态修复。实施4个矿山整治，落实农业面源治理项目32个，整治和关停箱网养殖20.87公顷，全面完成“三江”流域沿线50米内构筑物整治工程，有效关停沿线畜禽养殖场所。“三江两岸”拥有景观绿化带149千米、153.33公顷。

【农村生活垃圾减量化资源化处理试点】 2014年，农村生活垃圾减量化资源化处理试点有序开展。桐庐县横村镇阳山畈村、分水镇儒桥村和富阳市银湖街道洪庄村、湖源乡窈口村4个村被列为省试点。至年末，桐庐县、临安市全部行政村完成垃圾分类收集和资源化处理工作。加强农家乐污染治理，结合农村生态项目，审核确定2014年度27个农家乐列入污染治理计划。

【现代民宿业培育】 2014年，杭州农村现代民宿加快培育。学习借鉴外地发展经验，落实今后3年每年5000万元的建设补助经费。2014年培育现代民宿示范村35个，民宿示范点49个。全市农家乐休闲旅游村（点）接待游客2899.9万人次，实现营业总收入26.22亿元。

【农村电子商务发展】 2014年，杭州市初步形成市县联动的公共服务格局。全年全市农村电子商务实现销售额50亿元，其中，临安电子商务销售额16亿元，名列全省县（市、区）第1位。阿里巴巴集团有限公司选择在桐庐先行试点，电商网和快递网同时铺开，成为全国第1个农村电子商务试点。临安成为阿里巴巴集团有限公司第1批合作县市。淳安与“赶集网”合作，基本完成县、乡、村三级的电子商务网络建设；富阳与“京东”合作，加快推进农村电子商务发展。为加大扶持农村电子商务发展力度，市委、市政府在2014年底，出台《杭州市加快农村电子商务实施方案》。全市电子商务布点到位，并落实扶持资金，支持重点企业发展。农事节庆展会持续开展。全年举办市县联办农事节庆27个，促进特色农业产业发展和优质农产品销售，提高农民收入。

【新型农业经营体系构建】 2014年，杭州市加大职业农民培育力度，全年完成农民素质提升培训12.22万人。新命名市级农业龙头企业40个，累计634个；扶持筹备上市农业企业项目9个，下达扶持资金320万元。创建首批省级示范性家庭农场23个、市级示范性家庭农场50个。4月28日，修订《杭州市农产品加工企业培育和扶持资金管理办法》。培育特色大户，创建全国“一村一品”示范村镇1个，省级“三位一体”基层示范中心4个、市级示范中心10个，农业社会化示范县2个、示范乡镇11个。开展农民专业合作社资金互助会试点工作。培育34个市级规范化农民专业合作社。全市供销合作社服务“三农”意识进一步增强，在全国供销系统名列前茅。

【政策性农业保险工作提质扩面】 2014年，全市政策性农业保险参保户数3.07万户，参保率61.1%。配合“五水共治”，新制定《杭州市分公司生猪保险统保条款和费率》，在余杭和萧山相继启动在限养区对养猪场的生猪给予全部投保，参保率达100%。加大农村服务平台建设，新建各乡镇和村营销部46个、服务站43个、服务点458个。

【土地承包权、林权确权发证】 2014年，杭州市完善土地承包权，确权发证率高于全省。全面开展土地承包权、林权确权发证工作。至年末，累计完成新签、补签、变更农户耕地承包合同1.77万户，耕地承包权确权发证率累计达99.7%，比全省平均数高出0.2个百分点；补发林权登记发证1501宗，面积1.34万公顷，林地承包权确权发证率累计达99.8%，比全省平均数高出0.1个百分点，并为林权赋予抵押功能，全年实现抵押贷款额8.2亿元。

【土地流转经营权赋权制度完善】 杭州市在2010年建立土地流转经营权确权登记发证制度，2014年，为引导土地流转工作，提高农业经营主体申领权证的积极性，9月15日省农信联社杭州办事处出台《关于推进农村土地流转经营权抵押贷款工作的指导意见》。农村土地流转经营权抵押款上限额度提高至100万元，贷款利率在现行执行利率的基础上至少下降10个百分点。至年末，全年新增耕地流转面积3533.33公顷，累计达7.1万公顷，占全市耕地承包总面积的51.3%。

【农村宅基地使用权确权发证】 4月底，杭州市印发《关于进一步加强农村宅基地管理切实维护农民权益的意见》《关于加快推进农村宅基地确权登记发证工作的通知》，各地相继出台具体实施意见和细则。至年末，全市新发宅基地使用权证8687本，累计确权发证率91.6%，比全省平均数高出9.0个百分点。

【村级股份制改革目标任务完成】 2014年，杭州市新增村级股份经济合作社784个，累计2011个，占村级集体经济组织总数的82.8%，超过省下达的覆盖率指标12.8个百分点，得到省委、省政府肯定。

【省级涉农改革试点推进】 2014年，杭州市户籍制度改革政策体系形成，97.8%的村完成村级股份制改革，“农转非”、回乡大学生、“农嫁女”等1.8万人的回迁问题得到妥善解决；富阳农民建房民主管理改革试点经验在全省推广。按照“农户申请、村级审查、乡镇审批、县管转用”的模式，富阳批准农民建房2554户，户均面积107.3平方米，人均30.96平方米，基本做到应批尽批。萧山探索农村集体产权制度改革试验区建设。按照省委、省政府批复要求，在浦阳、瓜沥（党山片）两个镇先行试点，探索经验，修订完善农村集体资产管理制度、农村土地使用制度、农村房屋产权制度3项改革的具体实施方案，为整体推进试验区建设积累经验。

【城乡区域统筹发展深化】 2014年，区县（市）协作成效显著。调整区县（市）协作指导组，加强淳安县、建德市的协作力量。落实协作资金3.58亿元，累计到位协作资金13.58亿元，实施协作项目114个，总投资14.61亿元，累计实施协作项目648个，总投资203.46亿元；城区累计向五县（市）转移产业项目294个，总投资879.61亿元；开展城乡统筹人才"双百工程"，各协作组累计互派挂职干部722人，建成城乡义务教育学校共同体288个、城乡幼儿园共同体315个、城乡成人教育共同体41个，有20余个省市级医院与五县（市）人民医院、中医院、中心镇医院结成协作医院。

【中心镇培育建设】 2014年，杭州市推进省级小城市培育试点工作，淳安县千岛湖镇和建德市乾潭镇被列入第2批省级小城市培育试点，全市省级小城市培育试点增至6个。实施中心镇建设"双千工程"三年行动计划，推进大企业大集团参与中心镇建设，中心镇固定资产投资力度加大。加大土地供给，继续从市本级土地指标中安排专项指标86.67公顷，用于中心镇重大项目建设。推进扩权强镇，萧山区行政服务中心瓜沥分中心扩容完善，新成立浦阳江（临浦）分中心，可办理审批事项77项、公共服务事项124项，服务范围辐射周边8个镇；淳安县再次下放给中心镇24个县级部门91项经济社会管理权限。萧山区、余杭区、富阳区和桐庐县分别出台支持新一轮小城市培育试点工作的实施意见。

【土地综合整治】 2014年，全市"812"土地整治工程综合整治项目完成立项73个、378.8公顷，垦造耕地项目竣工304个、1460公顷；高标准基本农田建设项目立项136个，实施面积1.87万公顷。启动淳安县文昌镇、建德市大洋镇农村土地整镇推进试点工作。

【"联乡结村"帮扶机制深化】 2014年，杭州市在原有帮扶集团的基础上，新组建市级帮扶集团4个（累计达42个）、县（市）级帮扶集团137个，全市"联乡结村"帮扶集团达179个；参与帮扶活动的部门654个、企业2039个、学校60所，联系乡镇（街道）145个。全年筹集帮扶资金1.62亿元，实施帮扶项目1514个，总投资14.26亿元。

【低收入农户持续增收】 3月14日，《杭州市低收入农户收入倍增实施意见》出台，市级财政用于低收入农户增收的扶持资金3000多万元。通过实施产业扶持、土地流转、发展来料加工、推进下山移民、强化转移就业、提高"低保"标准、干部结对帮扶等增收措施，全年全市低收入农户人均纯收入达7931元，比上年增长16.6%。全年完成下山移民1739户、5791人，农户直补资金2083万元。

【农村社会保障机制建设】 2014年，杭州市实施新的《杭州市基本医疗保障办法》，统一医保制度框架，建立城乡居民重大疾病医疗补助制度，参保人员发生的统筹基金最高支付限额以上部分医疗费，由城乡居民重大疾病医疗补助资金按不低于50%的比例给予补助，实现城乡居民大病保险制度全覆盖。城乡居民基本养老金月人均领取标准比上年提高38.0%。城乡低保对象实现"应保尽保"，城乡居民最低生活保障增长11%，农村居民最低生活保障不低于城镇居民低保标准的72%。

【农村基本公共服务水平提升】 2014年，杭州市完成联网公路建设180千米，总投资3.2亿元。完成农村公路安保工程174.8千米，总投资4875万元。完成农村文化礼堂建设工程150个，其中100个由农村公益金资助；市级以上文明村占行政村总数的18.4%。启动实施城乡公共体育设施提升工程25个。加强农村基层管理，完善基层组织建设，软弱涣散村党组织整顿转化率达100%。启动省级"民主法治村（社区）"创建33个。

【西湖龙井茶文化系统入选中国重要农业文化遗产名单】 通过地方政府申报、省级行政管理部门审核、专家评审、现场考察等程序，6月12日，农业部公布20个传统农业系统名单作为第2批中国重要农业文化遗产，浙江省有3个项目入选。杭州西湖龙井茶文化系统名列其中，这是杭州市第1个获得该项认定的项目。

【全省历史文化村落保护利用工作现场会在建德召开】 7月1日，全省历史文化村落保护利用工作现场会暨全省促进农民增收工作会议在建德召开。省委副书记王辉忠出席会议并讲话，副省长黄旭明就全省农民增收工作进行部署。全省相关地市、县（区）、省直有关单位负责人参加现场会。建德市委书记戴建平就建德加强历史文化村落保护利用工作做典型发言。会议强调，各地要按照打造精品工程的目标，打好历史文化村落保护利用的持久战；要推动多种形式的农民创业，打破农村各种要素流动的壁垒，做好低收入群体增收工作。

【新型城镇化暨农村工作会议】 2月27日，全市新型城镇化暨农村工作会议以视频会议形式召开。市委书记龚正到会讲话，市长张鸿铭做工作报告。会上总结2013年工作成绩，部署2014年工作重点，并通报2013年各项考核结果，对考核优胜单位进行授牌。会议强调，要深入学习习近平总书记系列重要讲话精神，认真贯彻落实中央和省委、省政府决策部署，坚持以问题为导向，以改革创新为动力，以让人民生活得更美好为目标，在解放思想上下功夫、在改革创新上想办法、在落实举措上花力气，努力开创新型城镇化和农村工作新局面，为实现杭州高起点上的新发展打下更扎实的基础。

【首届农旅对接会】 6月19～20日，杭州市首届农旅对接会在淳安召开，来自省、市旅行社60多位负责人实地考察富阳、桐庐、建德、淳安的农家乐现代民宿等新型业态项目，与农村新型业态项目负责人开展对接洽谈。杭州市农家乐休闲旅游、农村现代民宿、运动休闲、农村电子商务、来料加工、养生养老、农事节庆及水果采摘等农村新型业态发展势头良好，并初具规模，为农旅双方合作共赢提供有利条件。

【扶贫开发暨低收入农户增收推进会】 9月27日，杭州市召开全市扶贫开发暨低收入农户增收推进会。市委副书记杨戌标在会上强调，要咬定目标、找准路子、各尽其责，结合杭州实际，着力实施精准扶贫，加快农户增收致富。会议要求突出重点，集中力量帮扶全市42个重点帮扶乡镇和150个重点扶贫村；要主攻难点，加快贫困地区的资源优势向经济优势转化，促进长效扶贫不停步；要把握节点，健全区县协作、联乡结村等帮扶机制，完善帮扶政策。

【推进农村现代民宿业发展专题会】 11月11日，杭州市召开推进农村现代民宿业发展专题会议。市委副书记杨戌标出席会议并讲话，副市长戚哮虎主持会议。会议明确，要加快制订民宿经济发展三年行动计划，引导社会工商资本通过租赁、参股等多种方式参与开发经营，推进项目化管理，在全市培育150个现代民宿产业示范点，力争到2017年完成1500幢具有较高标准、示范效应的民宿户改造。

【都市圈优质农产品迎新春大联展】 1月7~12日，以"生态、安全、健康"为主题，由市政府主办，市农办承办的"2014年杭州·都市圈优质农产品迎新春大联展"在杭州和平国际会展中心举行，这是杭州市连续第16年举办迎新春大联展。有400多个农业企业参展，设展位500余个。除传统的杭州都市圈地区企业以及新疆阿克苏市、台湾地区企业外，四川甘孜藏族自治州、贵州黔东南苗族侗族自治州组织企业参展。大联展接待市民超过15万人次，销售农产品总金额超过2800万元。

（涂仕贵　童湘岚）

·种植业·

【种植业概况】 2014年，杭州市全力打造"生态品质农业、高效设施农业、现代都市农业"，突出"百万亩"稳产高产粮食（杂粮）生产功能区、"百万亩"城市保供蔬菜生产区建设，全面完成年度目标任务。全市粮食复种面积107.26千公顷，平均每公顷产量5831千克，总产量62.54万吨。油菜种植面积28.58千公顷，平均每公顷产油菜籽2225千克，总产量6.36万吨。（2014年粮食和油菜的统计口径变化，与2013年的数据无法比较，因此在本年度的年鉴资料中不做对比。）蔬菜种植面积92.24千公顷，比上年下降2.9%；平均每公顷产量32.20吨，增长0.1%；总产量296.99万吨，下降2.7%。茶叶种植面积34.28千公顷，增长2.5%；毛茶总产量2.65万吨，下降6.9%；总产值29.77亿元，增长22.0%。果园面积29.45千公顷，增长3.7%；水果总产量41.27万吨（不含果用瓜），增长0.7%。桑园面积13.28千公顷，下降7.5%；饲养蚕种25.6万张，下降16.6%；蚕茧产量1.23万吨，下降15.2%。

【粮食高产创建】 2014年，杭州市建立"万亩"粮食高产示范片8个，面积4326.67公顷；"千亩"高产示范方36个，面积2913.33公顷；"百亩"高产示范方198个，面积3500公顷。举办以粮食高产创建为主题的培训班81期，培训农户7650人次，发放技术资料4.65万份。虽然在晚稻扬花期间遭遇连续阴雨、光照不足、积温偏低等不利天气，仍有不少示范方和攻关田获得高产。其中：临安市锦北街道单季晚稻高产攻关田，每公顷产量12.77吨；杭州水良蔬菜专业合作社的"百亩"鲜食春大豆高产示范方，创全省鲜食春大豆高产纪录，平均每公顷产鲜荚12.60吨。

【3项举措增旱粮】 2014年，根据《浙江省人民政府办公厅关于加快发展旱粮生产的意见》，杭州市农业局采取3项举措，加快发展旱粮生产。启动旱粮生产功能区建设，将旱地、坡地、新垦造耕地纳入粮食生产功能区建设范围，着力改善旱粮生产条件。想方设法扩大旱粮面积，利用全市桑、果、林、茶园，挖掘潜力，发展幼龄园地套种旱杂粮。提升旱粮生产水平，组织实施"旱粮生产综合集成技术推广应用"重点科技项目，优化品种结构，应用先进技术，推进产业化经营。

【叶菜应急项目启动】 2014年，为保障杭州市主城区"秋淡"期间市场叶菜的稳定供应，市农业局在蔬菜"秋淡"到来前及时启动"秋淡"期间叶菜应急项目。毛毛菜应急项目种植毛毛菜191.07公顷，青菜应急项目种植青菜162.27公顷，确保"秋淡"期间市级叶菜生产功能区内毛毛菜和青菜的日均上市量在80吨以上。

【"菜篮子"基地建设】 2014年，全市新建成市级"菜篮子"基地49个，新增面积1247.67公顷。其中新建成育苗基地3个，全年育苗710万株；新建成高山蔬菜基地6个，面积209.27公顷，总规模1205.47公顷，基地年产高山蔬菜4.8万吨；新建成常年性蔬菜基地3个，面积120.8公顷，森林蔬菜基地10个，核心区面积356公顷，食用菌产业基地5个，规模435万袋，水产养殖基地22个，面积560.6

2014年杭州市粮食作物生产情况

表5

项　目	播种面积（千公顷）	总产量（吨）	每公顷产量（千克）
早　稻	2.21	13 913	6 293
晚稻及迟中稻	44.88	359 492	8 011
大　麦	0.45	1 690	3 789
小　麦	11.03	43 795	3 971
玉　米	17.30	89 230	5 158
大　豆	18.84	57 962	3 077
番　薯	7.21	39 157	5 431
其　他	5.35	20 190	3 777
总　计	107.27	625 429	5 830

注：2014年粮食统计口径变化，与2013年的数据无法比较，因此在本年度的年鉴资料中不做对比

2014 年杭州市棉花、麻类、油菜籽生产情况

表 6

项　目	播种面积（千公顷）	比上年（%）	总产量（吨）	比上年（%）	每公顷产量（千克）	比上年（%）
棉　花	0.50	-9.9	742	-10.1	1 481	-0.2
麻　类	0.01	-53.3	25	-66.7	3 571	-28.6
油菜籽	28.57	—	63 580	—	2 225	—

2014 年杭州市蔬菜、茶叶、水果生产情况

表 7

项　目	种植面积（千公顷）	比上年（%）	总产量（吨）	比上年（%）	每公顷产量（千克）	比上年（%）
蔬　菜	92.24	-2.9	2 969 929	-2.7	32 199	0.1
茶　叶	34.28	2.5	26 548	-6.9	775	-9.1
水　果	29.45	3.7	412 661	0.7	14 012	-2.9

注：水果不含果用瓜

公顷。2011年来，杭州市建设“菜篮子”基地累计387个，面积8034.47公顷。杭州市推进“菜篮子”基地产品直供直销，在主城区新增直供直销点5个，全市“菜篮子”基地产品在主城区的年直供直销数量达20.8万吨。

【经济作物良种基地增加】 2014年，杭州市新增无性系茶园510.67公顷；新增果园1142.07公顷，其中桃336.80公顷、枇杷218.47公顷、杨梅122.87公顷、柑橘131.77公顷、猕猴桃111.60公顷、葡萄68.73公顷、樱桃62.40公顷、蓝莓40.93公顷、梨35.67公顷。全市高效特色水果的供应能力提高。

【农产品获奖】 2014年，在省农业“吉尼斯”擂台赛上，富阳栗园草莓专业合作社选送的“越心”“越丽”两个品种草莓分别获第1名、第2名，其中“越心”草莓糖度15.6%、“越丽”草莓糖度12.4%，均打破12.3%的原纪录；淳安县环岛水果专业合作社选送的“千岛湖”杨梅，获荸荠种杨梅冠军及东魁种杨梅第2名。在中国园艺学会杨梅分会主办的2014年全国十大精品杨梅评比会上，“千岛湖”杨梅入选全国十大精品杨梅。5月23～27日，在浙江省农业厅举办的第九届浙江绿茶博览会上，杭州径山五峰茶业有限公司的“五峰”牌径山茶、杭州余杭区古钟茶厂的“佛鼎”牌径山茶、富阳市安顶山茶叶专业合作社的“安顶云雾”牌安顶云雾茶、淳安千岛玉叶茶业有限公司的“千岛玉叶”牌千岛玉叶龙井、临安市顶谷雨雾茶业有限公司的“顶谷雨雾”牌天目青顶茶等获金奖。在2014年浙江精品果蔬展销会上，桐庐阳山畈蜜桃专业合作社的“阳山畈”牌桃、杭州瞿迪果树专业合作社的“琼发”牌梨、建德市杨村桥镇陈金土水果种植园的“金绪塘”牌梨、富阳中焕生态农业开发有限公司的“杭仙”牌葡萄、杭州渔佬大生态农庄的“美丽洲”牌葡萄、淳安县水果产业协会的“千农园”牌桃、杭州愚公果业有限公司的“愚公”牌桃获金奖，占全省水果金奖总数的20%。在省种植业管理局、省梨业协会联合举办的“2014年浙江省梨评比活动”中，余杭三水果业有限公司的“天堂鸟”牌翠冠梨、杭州宏广水果专业社的“玉渚”牌初夏绿梨、桐庐钟山蜜梨专业合作社的“桐江”牌翠冠梨入选十大金奖梨。在省农业技术推广中心、省葡萄产业协会联合举办的“2014年浙江省精品葡萄评比活动”中，杭州美人紫农业开发有限公司的“美人紫”牌夏黑葡萄、淳安县千岛湖葡萄开发有限公司的“莲玉”牌巨峰葡萄入选十大金奖葡萄。

【中药材生产部门与大学及科研单位合作】 2014年，杭州市中药材生产部门与大学及科研单位合作，发展中药材基地。杭州中泽生物科技有限公司与浙江大学合作，在临安昌化镇朱穴村承包土地10公顷，种植三叶青；临安漪仁农业科技开发有限公司与中医药大学合作，在天目山镇告岭村承包山地33.33公顷，种植元胡、贝母、太子参等药材。临安市洞霄宫农业科技开展有限公司与浙江农林大学合作，种植开发铁皮石斛。

【生态农业示范】 杭州市全年建设完成生态农业示范工程项目48个，其中生态种植示范类18个、生态循环农业示范类12个、水产生态养殖示范类3个、资源保护和综合利用类15个。48个项目实际投入资金2007.85万元，实施面积1591.13公顷；养殖生猪8594头、鸡鸭3.55万羽，生产菌棒65万棒；减少化肥使用918.15吨（折纯），减少农药使用4.17吨（折纯），减少畜（禽）粪便排放1.10万吨，减少尿液排放1.69万吨，减少养殖废水排放31.21万吨。

【农作物秸秆资源化利用】 2014年，杭州市农作物秸秆理论资源量175万吨。其中：水稻、油菜、麦类、玉米、豆类等主要粮油作物秸秆132万吨，蔬菜、果用瓜等秸秆43万吨。通过肥料化、饲料化、能源化、基料化、原料化等途径，全市主要农作物秸秆综合利用量148万吨，综合利用率85%。其中：肥料化利用占74%，饲料化利用占15%，能源化利用占7%，基料化利用占2.5%，原料化利用占1.5%。

【中低产田改造】 2013年冬至2014年春，全市组织实施中低产田改造市级示范项目66个，实际改造面积2477.80公顷，总投资6165万元，改造后可节本增效1392万元，按项目使用年限10年计算，投入回报比1∶2.26。项目验收评分在97分到83分之间，平均分88.84分，项目质量和管理水平均好于往年。

【垦造耕地后续管护】 2014年，杭州市实施垦造耕地后续管护市级示范项目63个，面积503.44公顷，其中种植面积478.37公顷，占示范面积的95.0%，播种总面积895.52公顷，复种指数177.9%。垦造耕地后续管护采取去砾增墒、深耕晒垡、客土改良、聚土垄作、粮肥粮经套混间作等多种措施，加快新垦造耕地土壤熟化进程。据典型项目样本分析，土壤有机质含量提升3克/千克～5克/千

克，有效磷含量提升3毫克/千克~4毫克/千克，速效钾含量提升10毫克/千克，全氮提升0.05克/千克~0.1克/千克。通过实施垦造耕地后续管护市级示范项目，全年增产粮油、蔬菜2146.68吨，水果、茶叶807.66吨，干果、中药材165.83吨，豆类2814.88吨；新增产值1576.11万元。

【市级种业科技创新园建设】 2014年，围绕杭州种业和现代农业发展目标，杭州市规划筹建现代农作物种业科技创新园。经杭州市农业局与余杭区政府多次协调沟通，10月，余杭区政府专题会议纪要明确：杭州市种业科技创新园定点在余杭区瓶窑镇八缸地块，园区面积13.33公顷，其农业用地权属余杭区农林资产经营集团有限公司，由杭州市良种引进公司长期无偿使用。2014年，杭州市本级种业工程建设项目下达补助资金290万元，用于扶持市级种业科技创新园的基础设施和育种设施建设。

【农作物新品种引进】 2014年，杭州市种子总站引进国内外农作物新品种322个。其中：晚稻61个，油菜14个，高粱、甘薯、大豆等63个，鲜食玉米、西瓜、甜瓜、耐热青梗菜等各类蔬菜瓜果新品种（组合）184个。引进家蚕品种8对。

【救灾应急种子储备】 2014年，杭州市种子总站落实储备粮食作物救灾种子29万千克、蔬菜应急种子0.4万千克、蚕种1万张。6月18~20日，在全市范围内开展救灾种子储备情况检查，以保证储备种子的质量。因灾情及种植面积扩大，动用粮食储备种子1.66万千克、叶菜储备种子417.5千克，发挥了救灾储备种子的应急供种能力。

【种质资源保护与利用】 2014年，杭州市种子总站重点对泥鳅豇、红毛四季豆、白苦瓜、杭州红茄、杭州油冬儿等品种按实际情况分别在临安市、建德市、淳安县等原产地进行保护。各县普查责任单位在上一年普查工作的基础上，继续征集种质资源信息数据，查漏补缺。10月24日，杭州市种子总站在富阳市召开农作物种质资源保护管理工作座谈会，按照省农业厅开展种质资源保护工作要求，商请各地有计划地组织安排下一年种质资源保护工作重点，对西湖莼菜、苦荞等面积比较稳定的地方特色种质资源，要争取财政支持，进行产业化开发。

【病虫害监测预警及防控】 2014年，全市设病虫测报点54个，其中粮油作物38个，蔬菜、经济作物16个，发布病虫情报118期，制作播映电视预报9期，全市预报准确率98%以上。完成粮油周报21期、蔬菜及经济作物病虫周报46期。针对2014年杭州市农作物重大病虫害多发、突发、重发，特别是稻瘟病发生点多面广，纹枯病、褐飞虱大发生和稻曲病偏重发生的实际，全市各级植保部门加大面上普查力度，及时发布情报，召开现场会，落实各项防控措施，将穗颈瘟和稻曲病发病面积分别控制在1400公顷和1.30万公顷内。

【病虫害统防统治及绿色防控】 2014年，杭州市继续推进农作物病虫害专业化统防统治服务。全市农作物病虫害专业化统防统治面积3.00万公顷。其中：水稻1.89万公顷，占全市水稻种植面积的33.4%；蔬菜及经济作物1.11万公顷，比上年增长92.5%。同时，开展绿色防控，全市建立绿色防控市级示范区7个，绿色防控面积4.18万公顷，叶菜功能区绿色防控覆盖率100%。

【测土配方施肥】 2014年，杭州市继续推进测土配方施肥，全市举办各级测土配方施肥技术培训班138期，培训技术骨干1107人次，培训农民1.11万人次，发放测土配方施肥宣传资料7.65万份。全市实施测土配方施肥面积28.74万公顷次，建立各级示范区688个，示范面积2.07万公顷次，覆盖1885个村，覆盖率89.6%。设计配方肥26个，推广配方肥2.36万吨（折纯），施用面积14.13万公顷次。推广测土配方施肥技术后，全市减少不合理施肥量4060吨，增加产量13.8万吨，总节本增效3.67亿元。

【植物检疫】 2014年，杭州市以产地检疫为基础，以调运检疫为切入口，重点抓好种子种苗繁育基地的源头检疫管理，产地检疫监管率和调运检疫签证规范率100%。利用植物检疫管理平台和杭州市农业局权力阳光系统，做到从生产到流通环节全程检疫监管，不断完善检疫追溯机制。针对性地开展进入本地市场的种子种苗和植物产品的复检工作，严防疫情传播蔓延。杭州市植检站实施产地检疫40批次、调运检疫1864批次，调运种子1485.29吨、花卉苗木330.21万株，均未发现检疫性有害生物。

【农产品质量安全“百日严打”行动】 3月1日至6月10日，杭州市开展农产品质量安全“百日严打”行动，并结合实际制订《杭州市农产品质

杭州市推进农作物病虫害专业化统防统治服务　（市农业局 供稿）

量安全百日严打行动实施方案》。3月7日，召开“百日严打”工作会议，具体部署严打行动。在“百日严打”行动中，市本级监督抽查农产品质量安全869批次，跟踪监测64个无公害农产品及绿色食品的质量安全，重点监督抽检11种农业投入品质量，对检出的4批次不合格产品进行查处。

【农业科技服务】 2014年，杭州市各级农业部门开展农业技术培训近700期，培训农技人员3000余人次，培训农民4万余人次；新编科普教材49种，印发6万余册；建立科技示范户5500户，其中市级科技示范户300余户。开展联基地进大户活动，全市科技入户农技人员超过1000人，建立科技示范基地327个，联系科技示范户5500户，联系农业企业618个，涉及种养面积13万余公顷。全市组织各类科技下乡活动300余场次，4201人次农技人员参与，参加技术咨询的农民4.10万人。发放资料10万余份，赠送和销售农资118吨，展示农业新品种247个，推荐农业新技术135项。面向农民和城镇居民开展科普服务，发放科普资料，推广农资和农产品。

【“智慧农业”建设】 8月20日，市农业局与中国电信杭州分公司签订战略合作协议，推进信息化和农业现代化深层次融合。根据协议，杭州市充分应用无线通信、物联网等先进信息技术，重点搭建市级智慧农业综合服务平台、探索研究农业物联网相关技术和设备标准，逐步在农业生产管理、农业信息服务、农产品质量溯源、农产品电子商务等方面提高信息应用水平，拓展农业产业智慧发展空间。市农业局在全省首次启动智慧农业示范资助项目，对市辖区内的涉农企事业单位、农民专业合作社、家庭农场和种养大户应用农业物联网给予资助。设立3个分智慧农业示范园区和10个农业物联网应用示范点，涉及蔬菜、粮食、水果、花卉、中药材、水产和畜禽养殖等主要农业产业。

【地理标志农产品登记工作连续5年全省领先】 2014年末，杭州市有千岛银珍茶、建德草莓、桐庐雪水云绿茶、天目青顶茶、里叶白莲5个农产品获农业部农产品地理标志登记证书，占全省登记数的23%，登记数量连续5年名列全省第1位。其中，千岛银珍茶2014年被纳入农业部推荐中欧农产品地理标志互认产品清单。

【假劣农药、兽药集中销毁】 市农业局以“保障农产品质量安全”为目标，采取“日常监管与集中整治”相结合的方式，持续保持对农业投入品监管的高压态势，惩治各类违法违规行为，为农业生产和农产品质量安全提供保障。9月19日，市农业局开展假劣农药、兽药及违禁农药兽药集中销毁行动，将市、县农业行政执法机构在日常监督及专项整治行动中查获的200个品种、3200余千克违法违规农药、兽药，统一送往省农业厅指定的处置机构集中销毁。

【蚕农政策性保险】 2014年，市农业局对淳安县2013年参加蚕农政策性保险的21个镇（乡）、293个村、4.87万户养蚕农户进行审核，实际有11.68万张蚕参保，保费收入410.53万元，全年累计理赔201.4万元，有2516户农户直接受益。根据省财政厅对批准的省级试点险种按以奖代补的方式，给予欠发达地区30%的保费补贴，杭州市政府同意给予30%的保费配套补助，市财政局另外补助保费123.16万元。蚕农政策性保险减少了蚕农的经济损失。

（徐德玉）

·林　业·

【林业概况】 2014年，杭州市围绕建设“美丽杭州”目标，着力实施“生态立市”战略，以林业五大重点工程为主抓手，促进林业增效、林农增收。全市完成造林更新6924.53公顷，其中造林3789.8公顷、迹地更新3134.73公顷。完成中央投资重点防护林1333.33公顷，其中海防林86.67公顷、长防林466.67公顷。新建“三江两岸”景观绿化带226万平方米。新增省级以上公益林优质林3333.33公顷，累计建成37.33万公顷。创建省级森林城镇4个、省级森林村庄20个、省级生态文化基地4个。至年末，全市有森林公园50个，其中国家级9个、省级12个。

2014年，全市林业总产值47.02亿元，居全省首位。新建省级现代林业园区8个，其中主导产业示范区3个、精品园5个，新认定省级森林食品基地12个，新增省级林业龙头企业1个。新建市级设施林业示范园区4个和配套项目林业类16个，建成“菜篮子”森林蔬菜基地10个，实施面积360公顷。完成林道建设1402千米。全市森林火灾受害率0.15‰，火灾发生率1.6起／10万公顷，森林病虫无公害防治率达99.1%。

【森林通道建设】 2014年，杭州市以公路边、铁路边、河边、山边等区域绿化行动（简称“四边”绿化）为切入口，开展森林通道建设。全市全年完成“四边”森林通道建设长度665千米，新增绿化面积510.2公顷，超额完成省下达的森林通道建设计划任务。2012~2014年，全市累计完成“四边”绿化长度1799千米，绿化面积1483.4公顷。至2014年末，全市境内国道、省道公路两侧宜林地段绿化率95%以上，高速公路边坡绿化率90%以上；铁路两侧宜林地段绿化率95%以上；主要河道两岸宜林地段绿化率95%以上。

（郭新保）

【森林食品基地建设】 为推进森林食品品牌建设，根据浙江森林食品认定委员会《浙江省森林食品基地认定办法》规定，2011年来，杭州市组织各地开展森林食品基地申报、检测、认定工作，并做好3年有效期到期时的复认工作，提高食用林产品质量安全水平。2011~2014年，全市新认定省级森林食品基地（无公害农产品产地）129个，复认92个，累计面积4.11万公顷。2014年，开展省、市食用林产品质量安全抽样检查，对竹笋、山核桃、油茶、香榧、板栗、柿子等实行动态监测，抽检433批，合格425批，合格率98.1%。

（裘　靓）

【森林资源实现双增长】 2014年，杭州市继续组织开展全市森林资源与生态状况监测工作，监测结果：全市林地面积117.42万公顷，森林面积

109.49万公顷，森林覆盖率65.14%。森林面积、森林覆盖率均略有增长。活立木总蓄积5475.29万立方米，森林蓄积5376.43万立方米，继续呈增长态势。森林资源质量有所提高，结构趋于合理势态。全市森林吸收二氧化碳1046.47万吨，释放氧气760.95万吨。全市森林生态功能指数0.4964，高于全省平均水平。各种森林类型新增生物量649.06万吨，新增森林生态价值784.38亿元，累计森林生态价值2048.33亿元，平均每公顷森林生态效益17.4万元。

（汤惠明）

【“十三五”期间年森林采伐限额编制工作完成】 按照省林业厅《关于开展“十三五”期间年森林采伐限额编制工作的通知》要求，全市各区、县（市）从9月起，开展“十三五”期间年森林采伐限额编制工作，成立“十三五”期间年森林采伐限额编制工作领导小组，申报项目经费，完成基础参考数据测算，征求各编限单位意见，确定年采伐限额建议数，上报省林业勘察设计院审查。

（应 媚）

【非法侵占林地清理排查专项行动】 11月21日，根据国家林业局和省林业厅统一部署，杭州市组织开展非法侵占林地清理排查专项行动。全市清理排查各类违法占用林地项目94个，面积49.92公顷；已处理结案73起，面积28.30公顷，罚款378.02万元；正在调查处理21起，初步调查面积21.63公顷；收回林地面积1.22公顷。

【林权确权发证】 4月22日，杭州市印发《杭州市林水局关于推进林权变更登记发证工作的通知》，全市组织开展林权变更登记发证工作。按照应发即发、应销尽销、便民高效等原则，全年办理林权变更登记发证1501宗，面积1.34万公顷。其中：流转变更登记673宗，面积9180.72公顷；分户变更登记75宗，面积15.89公顷；户主死亡变更登记48宗，面积128.28公顷；因年龄原因户主变更登记46宗，新增林权登记29宗，面积24.8公顷；林权证错漏登记435宗，发证面积1303.95公顷；树种林种等因子登记12宗，面积5.92公顷；其他登记183宗，面积2664.99公顷。

（洪向东）

【“寻找杭州最美古树”活动】 11月，市绿化委员会办公室、市林水局、杭州文广集团、杭报集团共同组织开展“寻找杭州最美古树”活动。市林水局成立领导小组，制订活动方案，印发《关于开展寻找杭州最美古树活动的通知》和《关于印发开展寻找杭州最美古树系列活动方案的通知》，并于12月18日，在杭州电视台举行“寻找杭州最美古树”活动启动仪式和新闻发布会，电视、报纸、网络、短信等平台报道启动仪式。杭州电视台从12月18日起，连续15天，每晚两次播放“寻找杭州最美古树”活动启动宣传广告，浙江电视台公共·新农村频道、《钱江晚报》、《杭州日报》等新闻媒体相继进行报道。该活动对分布在杭州市行政区域内、在原有生态环境下自然生长的古树名木、古树群进行寻找调查，通过初评、中评、公众投票、专家评比，将推选出“杭州十大最老古树”“杭州十大最大古树”“杭州十大最神奇古树”“杭州十大最美古树”“杭州十大珍稀古树”“杭州十大最美古树群”“杭州十大名木”七大系列古树70株。评选结果将于2015年5月18日揭晓。

（汤惠明）

【森林资源保护专项行动】 2014年，全市森林公安机关围绕“林区稳定和资源保护”两大中心任务，组织开展“天网”“利剑”和“雷霆一号、二号、三号”等专项整治行动，依法惩治各类涉林违法犯罪行为。全年森林公安接处警806人次，查处各类森林案件339起。其中：侦破刑事案件77起，抓获作案成员122人；查处行政案件262起，行政处罚275人。市森林公安局侦破西湖区“2·20”非法收购、运输、出售珍

萧山区闻堰镇古樟树被推选为“杭州十大最美古树” （市林水局 供稿）

贵、濒危野生动物制品案，专案组被国家林业局森林公安局记集体二等功一次。

【森林消防考核获优秀等级】 2014年，杭州市发生森林火灾18起，过火面积405.36公顷，受害森林面积165.82公顷，损失林木5911立方米、幼林4.5万株，受害率0.15‰，发生率1.65起/10万公顷，无重特大森林火灾。森林火灾发生次数比上年下降55%，受害森林面积下降51%。在2014年度全省森林消防工作考核中，杭州市获得优秀等级。

【“以水灭火”实战演练】 10月28日，在淳安县里商乡里杨村举办杭州市森林消防“以水灭火”实战演练，来自各区（县、市）乡（镇）、村的18支森林消防队伍335名消防队员参加实战演练。副市长、杭州森林消防指挥部总指挥戚啸虎任演练总指挥。演练按照2013年新修订的《杭州市森林火灾应急预案》进行，历时2小时，检验县、市级森林火灾应急反应和市、县、乡、村4级森林消防队伍协同作战能力，检验用三四台高压接力水泵串联引水上山扑灭森林火灾的效能，森林火灾扑救手段从传统低效向科学高效迈步，展示杭州市森林消防队伍建设的新成就。

【“引水灭火”工程建设】 市森林消防办推进“引水灭火”工程，计划利用3年时间，市财政投入6000万元，并要求地方配套，总投入1亿余元，基本形成较为完备的“以水灭火”体系。2014年，市财政投入2000万元“一高五小”（高效节水灌溉、小山塘、小机埠、小泵站、小堰坝、小沟渠）山地抗旱项目经费，在城区近郊森林、公益生态林、重点火险区域和乡镇，因地制宜地建设山地蓄水池、安装带集雨器的蓄水桶，并配备高压接力水泵和水带，实施森林消防“引水上山”工程。至年末，6个县（市、区）及2个自然保护区完成“引水灭火”建设项目78个，新（扩）建山塘（堰坝、塘坝）20座，新建水池281座，购置储水桶490只、提水泵4台，受益面积2213.33公顷。12月，国家森林防火指挥部办公室以“杭州市采用‘以水灭火’破解森林消防难题”为题，在全国森林防火简报上介绍推广杭州市“引水灭火”工程。 （徐惠芳）

【林业有害生物防治】 2014年，市森林和野生动物保护管理总站被国家林业局评为全国生态建设突出贡献奖先进集体。杭州市森林和野生动物保护管理总站（杭州市森林病虫防治检疫站）主要负责对全市106.67万公顷森林的病虫防治检疫工作。该站宣传、贯彻国家有关林业有害生物防治法律法规制度，落实林业有害生物防治的政府及林业部门“双线”目标管理责任制，在林业有害生物防治减灾、监测预报、检疫监管等工作中取得显著成绩，松材线虫病等林业有害生物得到有效控制。 （王嫩仙）

【珍贵树种进万村行动】 2014年，全市培育发展珍贵树种773.33公顷，542个村庄植树83万株。全市培育珍贵树种、经济林等主要林木种苗1200万株，有效保障造林绿化和全民义务植树的需求。市林木种苗管理中心被省花卉协会评为“浙江省第八届中国花卉博览会筹展工作先进集体”。 （吴亚芬）

·畜牧业·

【畜牧业概况】 2014年，杭州市畜牧部门按照“保供给、保安全、保生态”的目标，抓住“五水共治”机遇，以畜牧业生态化建设为突破口，着力推进畜禽粪便污染治理和资源化利用、死亡动物无害化收集处理，强化动物防疫和畜产品质量安全监管，发展现代生态畜牧业，

促进畜牧业转型升级，实现主要畜产品有效供给。全年生猪饲养量506.72万头，比上年下降13.8%；年末存栏173.46万头，下降20.9%；出栏333.26万头，下降9.6%。牛饲养量2.96万头，下降3.0%。其中奶牛存栏7415头，下降22.4%。羊存栏23.12万只，增长11.4%；出栏27.53万只，增长7.5%。兔存栏23.24万只，下降12.8%；出栏86.57万只，下降7.5%。家禽存栏1374.97万羽，下降31.6%；出栏2948.02万羽，下降27.8%。蜂存栏17.66万箱，增长8.8%。肉类产量29.67万吨，下降12.8%；禽蛋产量13.09万吨，下降14.4%；蜂蜜产量2.53万吨，增长11.8%；牛奶产量3.69万吨，下降9.0%。全市畜牧业产值82.82亿元，下降9.1%，畜牧业产值占农林牧渔业总产值的19.8%。

【畜牧业发展布局优化】 市农业局抓住“五水共治”契机，优化畜牧业整体布局，于2月印发《杭州市生态畜牧业发展规划》，划定规范畜禽禁养区、限养区、宜养区，提出生猪养殖布局调整意见和畜禽品种转型措施，明确优先发展羊、兔等节粮型草食动物。余杭区西部和富阳市西部稳定生猪生产；萧山区适度调控规模养殖场区域等发展思路。在全市畜牧业整体规划的基础上，萧山、余杭两区和五县（市）因地制宜制订畜牧业发展规划，确定禁养限养区方案。萧山区全面关停杭州市绕城公路线内、生活饮用水水源保护区、风景名胜和自然保护区的核心区等一线四区内的生猪养殖场（户），并在全区范围内关停5000头以下存栏量的生猪养殖场（户）；余杭区关停存栏生猪500头以下的生猪养殖场（户）；建德市对“三江两岸”500米范围内实施禁养。

【畜禽养殖生态治理】 2014年，为强化畜禽养殖生态治理，杭州畜牧部门采取一系列措施。创建标准化示范场。全市创建国家级标准化场2个、省级标准化场5个、市级标准化场12个。市财政投入资金915.98万元，新建畜禽舍4906平方米、改建畜禽舍2857.75平方米，改建水禽生活水池3694立方米，增添生猪高架产床、鸡笼等生产性设备325套（组），建设污水处理池2622.18立方米及附属设施884.04平方米。减量转移适度发展。根据养殖场周边生态环境对畜禽排泄物的消纳吸收能力，引导养殖户利用闲置林地、山地、山坳、远离饮用水源区等区域，进行适度规模化养殖。提升改造畜牧场。针对全市拟保留的1115个生猪养殖场，“一场一策”制订提升改造方案，完善治理设施，更新生产工艺，落实生态消纳地，实现养殖污染物“零排放”。改革养殖模式。试点大循环：淳安县试点畜禽养殖排泄物大循环利用，县财政出资配置沼液

配送车辆，在全县范围内进行沼肥配送。落实中循环：开展畜禽养殖企业对接种植企业，落实畜禽排泄物消纳地，全市落实5.64万公顷消纳畜禽排泄物配套耕地，其中就地消纳3.75万公顷、协议对接消纳1.89万公顷。推广小循环：推广“猪—沼—菜”“果园养鸡”等多种科学合理生态养殖、畜禽粪尿养殖蝇蛆和制作有机肥等模式。

【动物疫病防控工作体系完善】 2014年，杭州市畜牧部门组织开展全市重大动物疫病“四季集中防控”和“免疫周”等专项行动，提高免疫密度，建立防疫屏障。全年使用禽流感疫苗2335.42万毫升、猪口蹄疫疫苗1429.07万毫升、牛羊口蹄疫疫苗90.82万毫升、猪蓝耳病疫苗566.85万毫升；免疫狂犬病51.29万只（农村犬46.99万只、城区犬4.3万只），实现应免全免。加强动物疫病监测工作，全年采集和监测畜禽样本7.11万份，其中生猪血样1.87万份、家禽样本3.81万份；开展“两病”监测，监测奶牛场11个、奶牛8461头次，抽检39个商品代牛饲养场（户）布病血样4185份，均未检出阳性牲畜；监测血吸虫病血清样本152份、狂犬病抗体100份、高致病性猪蓝耳病抗原75份。开展“飞行监测”，监测规模畜禽场85个，检测畜禽血样1279份，发现情况及时通报并督促整改。

【H7N9禽流感防控】 2014年，在人感染H7N9禽流感疫情期间，杭州市畜牧部门及时做好防控和预警监测工作。其间检查养禽场6972个，消毒191余万平方米，监测家养禽场、家禽交易市场（农贸市场）286个，对卫生部门通报的15例人感染H7N9流感病例密切接触的家禽及其环境进行溯源调查和病毒监测，检测家禽咽肛拭子及环境样本3466份，落实停调措施，严防、消除疫情隐患和外来隐患。

【畜产品安全专项整治】 2014年，为保持对畜产品违法行为的严打高压态势，杭州市畜牧部门开展3个方面工作。畜产品质量安全“百日严打”行动组织各地对畜禽养殖场、生鲜乳收购站、兽药饲料生产经营等场所开展风险监测、隐患排查。全市出动执法人员1573人次，抽检样品3924份，约谈企业15个，行政立案处罚15起，打掉黑窝点5个，接受举报10起。“瘦肉精”拉网排查行动排查生猪、肉羊及肉牛养殖场（户）1250余个，现场快速检测家畜尿样2842批次，实验室检测生猪尿样100余批次，均未检出“瘦肉精”残留。家禽养殖环节禁、限用药物使用情况监督抽检，重点检查规模家禽养殖场的兽药采购和使用、休药期执行、养殖档案记录等情况，全市检查规模家禽养殖场194个次，抽检禽蛋样50批次，未发现违规使用禁、限药物情况。

【动物检疫】 2014年，全市产地检疫生猪251.16万头、牛2838头、羊8283头、家禽1856.60万羽。屠宰检疫生猪255.81万头、家禽561.54万羽、牛羊5.02万头。检出病畜4379头、病禽4.88万羽。全市报检站全年查验调入动物及动物产品8.30万批次。市本级查验调入动物及产品4.29万批次，其中：活禽17批次，2646羽；猪肉及产品2.90万批次，13.60万吨；牛羊肉及产品1644批次，8829吨；禽产品1.22万批次，16.79万吨；其他动物产品48批次，174.78吨。

【畜牧业联合执法专项行动】 全市畜牧部门开展联合执法专项行动，出动执法人员531人次，检查私屠滥宰多发点24处，定点屠宰企业60个次，肉品交易市场、农贸市场和超市等1016个次，取缔私屠滥宰点11个；约谈企业2个，督促企业主落实责任；媒体宣传报道6次，发放宣传资料2000余份；立案查处3起，移交公安机关1起，惩治私屠滥宰等违法犯罪行为，专项行动得到省畜禽屠宰督查组的肯定。

【活禽交易市场关闭】 2月13日，为防止禽流感等疾病传播，杭州市印发《建立人感染H7N9禽流感源头防控长效机制的实施办法》，规定杭州永久关闭主城区所有活禽交易市场。杭州市畜牧部门根据杭州市的实际，制订家禽定点屠宰厂规划布局方案，明确家禽屠宰厂（点）建

2014 年杭州市畜牧业生产情况

表 8

项目	单位	年内出栏	比上年（%）	年末存栏	比上年末（%）
生猪	万头	333.26	-9.6	173.46	-20.9
牛	万头	1.23	7.0	1.73	-8.9
其中：奶牛	头	—	—	7 415	-22.4
羊	万只	27.53	7.5	23.12	11.4
兔	万只	86.57	-7.5	23.24	-12.8
家禽	万羽	2 948.02	-27.8	1 374.97	-31.6

2014 年杭州市主要畜产品产量

表 9

项目	总产量（吨）	比上年（%）	全市人均拥有量（千克）	比上年（%）
肉类	296 700	-12.8	41.45	-13.9
禽蛋	130 870	-14.4	18.28	-15.5
牛奶	36 859	-9.0	5.15	-10.2
蜂蜜	25 261	11.8	3.53	10.4

2014 年杭州市蚕茧生产情况

表 10

项目	蚕种张数（万张）	比上年（%）	总产量（吨）	比上年（%）	每张单产（千克）	比上年（%）
春蚕	12.05	-13.7	6 367	-7.2	52.86	7.5
夏蚕	2.12	-11.3	893	-14.8	42.16	-3.9
秋蚕	11.43	-20.3	5 034	-23.6	44.03	-4.1

设标准，开展家禽屠宰厂（点）验收确认工作，认定2个市级家禽定点屠宰企业，并加强对其监管。明确家禽屠宰检疫检验工作的具体要求，规范杀白禽一证两标制度，保障出厂杀白禽产品的质量安全。6月底，编写完成《家禽定点屠宰检疫工作手册》，加强对定点屠宰集中检疫工作的指导。定制家禽检疫脚环490万枚，发放330万枚，确保杭州市7月1日后家禽定点屠宰工作顺利实施。

【输入性小反刍兽疫防范】 2014年，市畜牧兽医局全面开展输入性小反刍兽疫疫情监测排查、紧急免疫、疫情应急处置，做好羊及其产品跨省调运监管。全市排查羊场3411个、羊24万余只，紧急免疫种羊场和疫情县羊场2777个、羊7.20万只，确保第一时间消除隐患。对4起输入性小反刍兽疫疫情采取疫区封锁、疫点扑杀、消毒和无害化处理等应急措施，开展疫情排查和溯源调查，严防疫情扩散。加强技术指导与防控宣传，实时通报国内小反刍兽疫疫情动态，科学应对突发疫情。

【商品有机肥推广】 2014年，全市31个商品有机肥生产企业通过市级资格认定，全年生产精制有机肥36.24万吨，销售33.54万吨，其中销往杭州辖区21.7万吨，分别比上年增长8.4%、19.6%和16.4%，消化吸纳畜禽粪便约110万吨，约占全市畜禽排泄物总量的50%，按商品有机肥平均含纯氮2.5%、五氧化二磷1.5%、氧化钾1.5%计算，减少施用氮肥（折纯）5426吨、磷肥3255吨、钾肥3255吨。施用20吨以上（含20吨）大户按照年度推广计划，共购买施用杭州产商品有机肥7万吨，推广面积2.62万公顷。

·水产业·

【水产业概况】 2014年，杭州市渔业工作坚持现代渔业发展方向，以“保生态、保安全、保供给、促增收”为着力点，以“两区一基地”（现代渔业园区、设施渔业示范园区和“菜篮子”基地）建设为平台，以提高渔业安全水平和可持续发展能力为重点，加快渔业转型升级，完善现代渔业产业体系，保持渔业持续、稳定、健康发展。全市水产养殖面积5.96万公顷，比上年下降1.0%，由于增加远洋渔业，水产品总产量27.40万吨，渔业总产值44.20亿元，占农林牧渔业总产值的10.6%。

【渔业转型促治水工程】 2014年，

2014年杭州市水产养殖面积

表11

项　目	面积	比上年（%）
一、水域养殖（公顷）	59 616	-1.00
池塘	9 137	-3.67
湖泊	427	0
河沟	3 642	-9.20
水库	44 979	0.27
稻田	9 653	-1.25
其他	1 431	-0.42
二、网箱养殖（平方米）	555 605	-17.36

注：稻田养鱼面积不计入“水域养殖”

2014年杭州市水产品产量

表12

项　目	产量（吨）	比上年（%）
（一）总计	273 990	—
淡水养殖	174 653	-4.29
淡水捕捞	11 373	-20.52
远洋渔业	87 964	—
（二）养殖水域		
池塘	69 086	0.47
湖泊	1 920	-4.53
河沟	12 873	5.65
水库	15 672	-0.20
稻田	62 847	-13.81
其他	12 255	1.22
（三）主要养殖品种		
青鱼	4 106	9.32
草鱼	14 070	-1.44
鲢鱼	21 873	-6.43
鳙鱼	20 489	-0.33
鲫鱼	13 661	5.34
鳊鱼	7 157	9.40
鲤鱼	2 286	-10.21
罗非鱼	96	638.46
鲶鱼	541	25.52
鳖	32 630	-3.45
蟹	584	-21.72
虾类	30 191	-19.61
加州鲈鱼	280	11.11
乌鳢	16 249	-9.02
鳗	71	4.41
鳜鱼	120	81.82
黄鳝	100	-15.97

注：由于2014年新增远洋渔业，水产品产量总计、远洋渔业产量与2013年的数据不做对比

为贯彻落实"五水共治"重要举措，杭州市全面实施渔业转型促治水行动工程，全年完成养殖塘生态化改造面积1597.33公顷，投资7389万元；完成稻鱼共生轮作面积883.13公顷，投资2073万元；完成水产禁限养区划定和整治7517.60公顷（其中拆除整治温室189.31万平方米、网箱12.5万平方米），投资4.6亿元；完成增殖放流1.16亿尾，投资1234万元，均超额完成年度工作任务。

杭州海天中华鳖（日本品系）标准鱼塘　（市农业局 供稿）

【水产品保供能力提升】 2014年，根据《杭州市"十二五"期间"菜篮子"工程建设的实施意见》，按照"抓基地、保供给、促平衡"的要求，杭州市渔业部门重点抓好鱼、虾、鳖、蟹等水产品"菜篮子"基地建设。至年末，全市累计建成水产品"菜篮子"基地85个、面积3600公顷，水产品产量3.0万吨，杭州市水产品自给能力进一步提高。

【水产品质量安全】 2014年，为保障水产品质量安全，开展水产品质量安全"百日严打"、牛蛙养殖情况调查等活动。全市开展水产品生产基地例行检测570批次，合格率99.7%；开展水生动物病害监测、预报与防控。全市建立测报区9个，确定草鱼、乌鳢等测报品种9个，建立水产病害测报点76个，面积478公顷；建立水产品质量安全试验示范点4个，示范面积1460公顷；对增殖放流的水产苗种进行专项检疫，确保放流苗种无疫病。全年查处渔业污染事故32起，为渔民挽回经济损失69.84万元。

【养鱼稳粮增收工程】 2014年，杭州市继续实施市农业重点推广项目——"养鱼稳粮增收工程集成技术的示范与推广"。项目分别实施稻鳖共生、稻鱼共生、稻鳅共生、稻蟹共生、稻虾轮作、稻虾共生、稻蛙共生、茭白田养鳅、茭白田养鳖、莲藕田养鱼10种种养结合模式，建立示范点33个，示范总面积348.67公顷（累计实施总面积881.67公顷），产值1.40亿元，效益4616万元，总增效1976万元。为保证养鱼稳粮增收工程实施到位，渔业部门举办各类种养结合培训班9期，培训人员843人次；完成《稻田养蛙技术规范》《稻田养鳖技术规范》《杂交鳢"杭鳢1号"–芦苇稻种养结合技术规程》等杭州市地方标准编制，为全面开展"养鱼稳粮增收工程"打下基础。

【涉渔"三无"船舶没收拆解】 "三无"船舶指无船名号、无船舶证书、无船籍港，未履行审批手续，非法建造、改装的船舶（含假冒和套牌船）。该类船舶存在严重安全隐患，扰乱正常渔船管理和渔业生产秩序，易引发社会不稳定事件。2014年，为维护渔业生产正常秩序，市农业局对查获的"三无"渔船予以现场集中拆解。全年没收拆解"三无"渔船60艘。

【远洋渔业发展】 根据农业部《关于促进远洋渔业持续健康发展的意见》和浙江省委、省政府《关于加强安全生产促进安全发展的意见》等文件精神，浙江省海洋与渔业局将省远洋渔业集团股份有限公司等4个远洋渔业企业交由杭州属地管理，杭州增加远洋渔业产业。2014年，杭州市投产远洋渔船68艘，产量8.80万吨，产值10.01亿元。

【渔业增殖放流】 全市渔业增殖放流以"增投入、提规模、广覆盖"为宗旨，助推水环境治理。2014年，市、县各级累计投入各类放流资金1234万元，比上年增长19.8%；放流各类水生生物1.16亿尾，完成省下达任务的135.0%；放流水域实现钱塘江、富春江、千岛湖及余杭、临安等地主要渔业水域全覆盖。检查水生野生动物养殖单位56个，救护放生大鲵、松江鲈鱼等水生野生保护动物9尾。

【渔业水域环境监测】 2014年，为全面掌握全市渔业水域环境情况，分析评估渔业水域环境，有针对性地实施渔业环境治理，杭州市进一步深入实施渔业水域环境监测，在西湖区、萧山区、余杭区、富阳市、建德市、临安市等8个区（县、市）按照种质保护区、增殖放流区、产卵索饵场和养殖区4个监测区域布设站点45个，按4个季度进行定期水质检测。监测运河、上塘河流域"杭鳢1号"和本地鳢养殖池塘水质、底泥，对检测指标数据进行分析，以进一步评估水产养殖对水体环境的影响和实施水环境整治。

【渔业良种良法应用】 2014年末，全市建成国家级水产原良种场2个、省级水产良种场8个。杭州市"四大家鱼"和名特优水产品种的良种覆盖率在90%以上。推广示范优良品种与新型高效养殖模式技术，扩大良种良法的应用覆盖面，推进渔业科技成果转化应用。选择南美白对虾、中华鳖等为7个主推品种，推广水质微生态制剂调控技术、池塘名特优多品种水产混养模式技术、南美白对虾设施大棚养殖模式与技术、中华鳖二段法养殖模式与技术、杂交鳢池塘清洁养殖等新技术。全市建成农业部健康养殖示范场43个，面积4.15万公顷，产量1.56万吨。探索节水养殖新模式，全市举办循环水养殖高端研讨会1次、循环水养殖高端培训班2期，累计培训200余人次。组织考察团前往江苏南京、安徽铜陵、上海松江等地考察学习低碳循环水养殖技术和经验。

【惩治非法捕捞】 2014年，杭州市渔政渔港渔船监督管理总站针对非法捕捞现象，执法巡查保持常态化高压态势，对重点水域加大巡查密度和频次，注重发挥市县联动、多部门联动的优势。全年开展渔政执法检查4498次，1.05万人次参加，立案渔业违法案件1905起，罚款1638万元，没收电鱼器具361件（套），没收渔获物2629.9千克。

【平安渔业建设】 2014年，为加强平安渔业建设，杭州市渔政渔港渔船监督管理总站采取一系列措施。落实渔业安全生产责任制，各级渔业主管局与渔政监管机构之间、市县两级渔政监管机构之间、渔政监管机构与渔民之间的安全生产责任书（承诺书）签订率100%。推进渔船属地管理，根据属地管理的原则，市渔政渔港渔船监督管理总站向滨江、江干、下沙渔船管理部门移交各自辖区的捕捞渔船，由渔船属地管理部门进行日常管理。通过"数字渔政"、农民信箱发送宣传及警示短信，开展点对点的宣传，提高渔民安全生产意识。严控渔船安全生产"三关"，即"进船关""进人关""验船关"。排查整治隐患，落实省、市有关安全生产专项整治行动的要求，实施渔船安全隐患排查和日常执法检查，全市组织开展渔船安全执法检查318次，检查渔船6175艘次。强化重点时段安全监管，在鳗苗捕捞期、国定节假日、潮汛期间等重点时段落实值班措施，提前发送安全警示短信，开展江面巡查。通过上述措施，全市未发生人员死亡的渔船安全生产事故。

（徐德玉）

·水　利·

【水利概况】 2014年，杭州市推进"五水共治"水利建设任务，建德市、桐庐县、淳安县、西湖区、临安市、上城区和拱墅区被评为年度杭州市"五水共治"工作先进区、县（市）。全市累计投入水利建设资金56亿元。加强防洪水工程建设，钱塘江萧围东线标准塘加固工程，富春江干堤桐庐段、富阳段治理工程，建德新安江、兰江治理，余杭苕溪北塘加固等防洪骨干工程加快推进。完成26座水库、159座山塘除险加固，42.84千米海塘河堤加固。推进饮用水水源建设，杭州市第二水源千岛湖配水工程可行性研究报告、初步设计获省发改委批复，于12月24日正式开工建设。闲林水库主体工程完工，主隧洞全线贯通，具备应急防洪挡水条件。萧山区湘湖应急备用水源扩建工程、余杭三白潭等备用水源工程进展顺利，农村饮水安全提升工程受益8.4万人。排涝水工程有序推进，三堡排涝工程杭海路以南部分工程全部完工，泵站进水建筑物通过通水阶段验收。萧山区钱江枢纽工程、四工段排涝泵站具备应急排涝能力，顺坝排涝泵站具备通水条件，全市新增入海强排能力54万立方米/小时。加大治污水力度，完成245千米农村河道综合整治工程。全市"河长制"、河道保洁实现全覆盖，河道引配水38亿立方米。抓节水初见成效，"一高五小"小型农田水利建设加快，完成新增旱涝保收面积7380公顷，扩大灌溉面积5380公顷，新增喷微灌2066.67公顷，圩区整治5000公顷，改造排灌渠道920.1千米。经测算，全市农田灌溉水有效利用系数达0.583。

（叶　青）

【水资源总量163.01亿立方米】 2014年全市地表水资源量161.31亿立方米，地下水资源量31.52亿立方米，扣除地表水和地下水重复计算量29.83亿立方米，全市水资源总量163.01亿立方米。全市产水系数0.59，产水模数98.2万立方米/平方千米。全市地表水资源量比多年平均偏多12.5%，比上年偏多16.0%。地表水资源量的空间分布与降水量的时空分布大致相似，由西部山区向东部平原递减。根据实测和径流还原资料反映：钱塘江、分水江、东苕溪流域最大连续4个月径流量均出现在5～8月。

全市有大型水库4座，中型水库13座。年末总蓄水量145.62亿立方米，其中大型水库总蓄水量143.71亿立方米，中型水库总蓄水量1.91亿立方米，总蓄水量比上年末增加22.01亿立方米。

全市全年总供水量37.14亿立方米，减少1.90亿立方米。其中：地表水源供水量36.96亿立方米，占99.52%；地下水源供水量0.17亿立方米，占0.45%；其他水源供水量0.01亿立方米，占0.03%。市区总供水量22.77亿立方米，占61.3%。提水工程供水为主要的供水方式。

全市全年总用水量（不包括环境配水量）37.14亿立方米。其中：生产用水量26.94亿立方米，占72.5%；生活用水量9.54亿立方米，占25.7%；生态用水量0.66亿立方米，占1.8%。市区总用水量22.77亿立方米，占61.3%。

全市全年总耗水量19.05亿立方米，平均耗水率51.3%。其中：生产耗水量14.74亿立方米，生活耗水量3.72亿立方米，生态耗水量0.59亿立方米。市区耗水量11.32亿立方米，占59.4%。

全市全年退水量13.40亿立方米。其中：工业退水量8.18亿立方米，占61.1%；城镇居民生活退水量2.63亿立方米，占19.6%；建筑业退水量0.21亿立方米，占1.5%；第三产业退水量2.38亿立方米，占17.8%。市区退水量8.82亿立方米，占65.8%。

全市全年人均年综合用水量417.7立方米，城镇居民人均年生活用水量59.6立方米，农村居民人均年生活用水量49.9立方米，城镇公共用水量人均66.7立方米，农田灌溉亩均用水量439.6立方米，人均水资源占有量1833.2立方米，水资源利用率22.8%（不包括过境水资源量）。

全市水功能区151个，参与评价的94个。其中：66个达到Ⅲ类水质标准，55个达到水功能区目标水质要求。空间分布为山区好于平原。其中钱塘江流域参与评价的水功能区62个，达到Ⅲ类水质标准的50个，达到水功能区目标水质的38个。与上年相比，新安江库区水质略有好转，其余水质保持相对稳定，大多能满足功能区目标要求，个别水功能区主要因为总磷、氨氮、五日生化需氧量超标而未达标。苕溪流域参与评价的水功能区15个，达到Ⅲ类水质

标准的12个，达到水功能区目标水质的11个。主要超标项目为总磷和五日生化需氧量，总体水质较稳定。运河流域参与评价的水功能区17个，达到Ⅲ类水质标准的4个，达到水功能区目标的6个。主要超标项目为氨氮、总磷、溶解氧，总体水质基本保持稳定。西湖和西溪湿地水体水质全年为Ⅲ类，基本保持稳定。

全市54个水功能区被列入最严格水资源管理制度考核，考核项目为氨氮和高锰酸盐指数2个指标，达标38个。主要城市饮用水水源地水质状况：参与评价的城市饮用水源地站点16个，基本项目均满足Ⅲ类水质要求。

千岛湖、西湖、分水江水利枢纽水体为中营养，富春江水库、青山水库水体为轻度富营养。富营养化程度保持稳定。（李朝秀　舒明中）

【水权制度改革试点】 2014年，杭州市启动水权交易制度建设，开展东苕溪流域用水总量分配和水权制度改革试点工作。通过建立用水总量控制指标体系、开展水权权属确权登记和管理以及实施水权交易，构建行政管理与市场机制相结合的水权制度体系，促进水资源的优化配置、节约保护和高效利用。5月5日，市林水局成立水权制度试点工作领导小组。5月24日，印发《东苕溪（杭州段）流域用水总量控制和水权交易制度改革试点工作方案》。

【水土流失治理工程推进】 2014年，杭州市推进水土流失治理工程，分解下达年度水土流失防治任务77平方千米、生态清洁型小流域治理2条。至年末，实际完成治理水土流失79.96平方千米。（舒明中）

【土壤墒情自动测报系统建成】 12月3日，杭州市召开土壤墒情自动测报系统建设项目验收会，项目通过专家验收。该项目于9月19日开工建设，11月25日完成试运行。该系统的建成填补了杭州市土壤墒情监测领域的空白，标志着杭州土壤墒情监测处于全省领先地位。该系统综合运用WebGIS、遥感、数字模拟等先进技术，研发墒情分析、预测与发布平台，可实时收集15个土壤墒情自动监测站信息，覆盖不同区域10种不同作物，能监测垂向8个节点土壤含水量和温度、盐度等参数。系统投入运行后，可为全市旱情分析提供数据支撑，为防汛抗旱、水资源管理提供更加全面的服务。（王玉明）

【农田灌溉水有效利用系数测算分析完成】 2014年末，全市有样点灌区19个，典型田块31处，各类量水设施120余处，新建和原有量水设施均进行率定后方开展量水；量水设施形式多样，主要有抽水泵站（电站）电量法量水、渠道标准断面、超声波流量计、简易量水槛、电磁流量计等；市级和区（县、市）均落实技术支撑单位，全市落实资金280余万元。“十二五”初期，杭州市农田灌溉水有效利用系数为0.566，2014年为0.583，计划“十二五”末杭州市完成省下达的目标。（陈海丹）

【农村河道“河长制”全覆盖】 2014年，全市农村河道实现“河长制”全覆盖，各地乡镇级以上河道均公布“河长”名单、联系部门和联系人信息。全市有省级“河长”3名、市级“河长”9名、县级“河长”149名、乡镇级“河长”1055名。落实“河长制”工作的上下联动机制，各相关单位均明确具体联络员，及时组织召开全市农村河道“河长制”联络员工作会议，推进镇级以上河道水环境治理方案编制工作。7月14日，印发《杭州市农村河道“河长制”监督检查工作方案》。全年出动人员95人次开展河道明察暗访26次，检查河道464处，发现问题河道36处，下发整改抄告单5份，电话告知整改意见12个。（李朝秀）

【中小河流治理重要堤防加固】 2014年，杭州市加大中小河流治理重要堤防加固建设力度，全年完成中小河流治理重要堤防加固141.2千米，完成工程建设投资4.94亿元。中小河流治理重要堤防加固工程的实施，全面提高了全市中小河流、小流域防范和应对洪水、台风等自然灾害的能力。（鲁　飙）

【农村灌排河道整治】 2014年，杭州市完成2013年度农村灌排河道整治项目扫尾，实际完成农村灌排河道综合整治451千米，完成投资3.45亿元。5月，开展河道整治验收考核和绩效评价工作，绩效水平良好。在全市率先试点财政支农资金竞争性分配工作，于4月25日印发并实施《2014年杭州市农村灌排河道综合整治项目财政资金竞争性方案》，通过竞争性分配，激发各地实施发展的自主性、创造性，从“要我做”向“我要做”转变，提升农村灌排河道综合整治项目的绩效管理水平。推进2014年度农村灌排河道整治，全年开工项目484千米，完成整治303千米，全面完成市300千米整治的目标任务。

【省级河道生态示范建设工程创建完成】 2014年3月底，市林水局向省水利厅提交2013年度省级河道生态示范建设工程创建工作申报资料，9月，经省水利厅考核验收，淳安下姜村河道整治工程、临安碧淙村堤防加固工程、萧山江东直河整治工程和余杭新桥港河道整治工程4条河道全部通过省级考核复评。其中：余杭区新桥港（良睦路—高教路）河道整治工程和萧山区河庄街道东直河整治工程被评为省级河道生态建设优秀示范工程，临安市太湖源镇南溪（碧淙村段）整合整治工程和淳安县枫树岭镇枫林港（下姜村段）河道整治工程被评为省级河道生态建设示范工程。

（李朝秀　何晓青）

【青山水库维修加固前期工作完成】 青山水库于2012年进行新一轮安全鉴定，至2014年7月，水库安全鉴定报告通过省水利厅审查，水库主要存在大坝渗流稳定性和泄洪闸结构稳定性等局部安全隐患，要求限期采取措施，尽快实施维修加固工程，消除安全隐患，确保水库安全运行。根据鉴定意见，青山水库及时启动维修加固工程的前期工作，委托省水利水电勘测设计院开展设计。8月27日，《青山水库维修加固工程项目建议书》获市发改委批复；9月30日，可行性研究报告获市发改委审批；10月15日，初步设计报告获批。水库维修加固的主要内容为拦河大坝与泄洪闸接头处防渗处理、坝顶整修、泄洪建筑物加固、安全监测系统改造、上坝公路及库区道路整修、边坡处理、防汛楼改造、管理系统升级和其他附属设施，工期12个月，概算投资3310万元。12月16日，青山水库维修加固工程动工，至年末已完成投资500万元。

（蔡红娟）

【千岛湖配水工程开工】 3月7日，千岛湖配水工程项目建议书获省发改委批准。6月30日，工程被列入省重点建设项目。9月29日，项目可行性研究报告获省发改委批复同意。10月24日，项目初步设计报告获省发改委批复。12月24日，工程位于桐庐、富阳、余杭部分标段开工建设，省委书记夏宝龙赴施工现场调研，宣布工程正式开工。工程计划于2018年建成通水。全年完成投资11485万元，累计完成投资15685万元。

【钱塘江防潮管理】 2014年，全市推进防潮管理工作，全年累计劝阻下堤6万余人次，未发生因潮水引发群死群伤责任事故。6月，开展《杭州市钱塘江防潮安全管理办法》修订调研。10月，在前期调研基础上，委托浙江大学城市学院法学专业团队开展该办法修订调研和编制工作。年末，《杭州市钱塘江防潮安全管理办法》修订稿初稿完成，在征求沿江各区防潮安全管理部门意见建议的基础上多次修改完善。6月，编制完成《钱塘江防潮安全设施建设指导方案》。为推进防潮安全信息化建设，10月，委托杭州电子科技大学编制《杭州市防潮安全管理信息化建设和管理（实施）方案》，计划于2015年3月编制完成并印发。

（李朝秀）

【闲林水库主体工程完成】 2014年，闲林水库工程完成年度投资3.09亿元，累计完成23.1亿元，主体工程全部完成。完成大坝填筑和面板混凝土浇筑，输水隧洞全线贯通，库底清理基本完成，防渗工程和管理房建设已经启动，库区征迁安置完成243.67公顷征地、523户房屋拆迁和企业搬迁，闲祝公路、高桦线、闲孙线等基础设施完成并通车，电力、电信、网通等“三线”完成移位，36万平方米安置房结顶，正在进行房屋外立面装饰及相关配套设施的施工。根据闲林水库“两次审批、一次建成”的要求，2012年启动中型报批工作，2014年末完成闲林水库中型初设报批，后续手续正在跟进。

（刘建荣）

【三堡排涝工程完成投资9.59亿元】 三堡排涝工程进水建筑物包括进水箱涵、进水口、进水口航道防护基本完成，12月22日通过通水阶段验收，完成新开河向运河导流。泵站主体部分包括泵站流道侧墙、顶板砼施工，进水池底板、墙体砼施工，出水池底板、墙体施工，新开河箱涵底板、墙体和顶板施工。排水建筑施工区完成排水箱涵下穿杭海路段改道范围基坑围护、地基加固和杭海路改道桥梁、路面，南幅具备通车条件。2014年底，泵站主体工程水下部分施工完成。

全年完成土石方20.1万立方米，砼浇筑8.3万立方米，钢筋制作安装6282吨，钢结构安装2465吨，完成年度投资2.31亿元，累计完成总投资9.59亿元。

闲林水库大坝施工现场 （市林水局 供稿）

【三堡排涝工程泵站上部建筑通过绿色建筑设计标识评审】 杭州三堡排涝工程泵站上部建筑完成钢结构、玻璃幕墙的深化设计，通过邀请询价，确定中国美术学院负责泵站室外景观设计，浙江天人境界建筑设计事务所有限公司负责室内装饰设计，并委托专业厂家进行太阳能发电、雨水回收利用、可调节外遮阳等专项设计。12月22日，杭州三堡排涝工程泵站上部建筑通过中国城市科学研究会第18批绿色建筑设计标识评审。

（傅建英）

【七堡排涝泵站扩建工程开工】 七堡排涝泵站扩建工程是杭州市防汛排涝三年计划、市农口系统“五水共治”三年行动计划内容之一。该工程在11月完成土建、设备、监理等招标工作，并于12月8日正式开工。当年完成近90根基坑围护桩施工，计划2015年1月底完成基坑围护施工，4月底完成泵闸室底板浇筑，10月完成建设并投入试运行，以解决和睦港的防洪排涝问题。

【引配水任务完成】 杭州市深化全市河道配水科学化管理，5月21日印发《2014年杭州市区河道引配水工作方案》。至年末，全市引配水量38亿立方米，超额完成全年33亿立方米的配水目标。其中：萧山区配水量增加4.7亿立方米，富阳鹿山泵站配水量增加0.47亿立方米，七堡泵站配水量增加0.21亿立方米。

【清理河道专项行动】 2014年，全市农村河道清理河面漂浮物11.56万吨，清理河岸垃圾3.51万吨，治理黑臭河道201处，清理河道障碍物1.7万立方米，打捞处理动物尸体8418头，其中死猪3596头。

（李朝秀 何晓青）

【水文勘测工职业技能竞赛】 9月，杭州市首次举办“2014年杭州市水文勘测工职业技能竞赛”，该活动由市总工会、市林水局、市人力社保局主办，市农林民政工会、市水文总站承办。大赛内容包括理论知识、实际操作两部分，重点突出实际操作技能，项目有水准测量、缆道测流、雨量计安装调试、流速仪拆装维护、水质现场检测及采样等。经各

地推荐和赛区组委会筛选，35名技术能手参赛。通过大赛选拔的3名选手于泽森、郭建红、姬战生于10月参加第五届全省水利行业职业技能竞赛，并分别获得个人总分第二名、第三名、第七名。（王玉明）

12月22日，三堡排涝工程泵站上部建筑通过绿色建筑设计标识评审（市林水局 供稿）

【防汛防台】 2014年汛期全市汛情总体平稳，洪涝台旱灾害损失较往年明显降低。梅汛期降雨总量接近常年略偏少，除兰江支流超保证水位、钱塘江干流略超警戒水位外，其余东苕溪、分水江、浦阳江、运河及平原河网均在警戒水位以下；出梅后高温伏旱期较常年偏短，最高气温和高温日数比上年明显下降；台汛期受台风影响较小。市防汛抗旱指挥部3次启动防汛（防台）Ⅳ级应急响应。

【梅汛期】 杭州6月17日入梅、7月7日出梅，梅雨期20天，比常年偏短（常年平均24天）。全市平均梅雨量比常年略偏少，淳安、建德显著偏多。梅汛期气温较常年明显偏低。梅汛期有3次较大降雨过程。

6月16～17日局部地区阵雨，主要集中在余杭、杭州城区、临安。16日8时至17日8时全市面平均雨量13.2毫米，江河湖库水位均在警戒水位以下。6月19～23日全市暴雨过程，降雨分布南多北少，淳安、建德、临安、桐庐、富阳等西南部县（市）降雨较大。6月19日8时至22日14时全市面平均降雨117.7毫米。江河干流水势总体平稳，兰江发生流域性洪水（约5年一遇），先后出现两次洪峰过境，兰江河段全线超警戒水位，三河站、大洋站一度超保证水位，大洋集镇局部进水0.5米。富春江水库开闸泄洪，最大下泄流量1.15万立方米/秒（6月24日12时），富阳站一度超警戒水位，桐庐站、闻家堰站、闸口站接近警戒水位，钱塘江航段全线封航。市防汛抗旱指挥部启动防汛Ⅳ级应急响应。6月26～28日南部县市暴雨过程，降雨主要集中在淳安、建德等南部县市。6月26日8时至27日7时，全市面平均雨量27.3毫米。兰江流域再次发生洪水，杭州市迎来第3次洪峰过境。建德三河站略超保证水位，大洋站略超警戒水位，大洋集镇未进水。富春江水库最大下泄9000立方米/秒（6月28日5时30分），钱塘江航段全线封航，钱塘江干流各站水位均在警戒以下。

【高温伏旱期】 2014年伏旱期偏短，气温较常年明显偏低，35℃以上的高温日数仅为17天，比多年平均高温日数23天偏少6天。全市最高气温出现在7月22日，为37.9℃。由于出梅前的合理调度，全市大中型水库拦蓄洪水22.67亿立方米（其中新安江21亿立方米），平均蓄水率由入梅前的51%提升至83%，为高温伏旱提供可靠的蓄水保障，全市未出现旱情。

7月26日局部地区暴雨。7月26日下午受雷雨云团影响，杭州主城区突降大暴雨。市气象台发布雷电黄色预警信号，杭州主城区启动防汛Ⅲ级应急响应。主要降雨时段集中在16时～19时，暴雨强度大，最大1小时降雨118.5毫米。受强降雨影响，运河水位由1.6米上涨至2.0米，上塘河最高水位3.76米（超警戒水位0.16米）。杭州城区出现42个积水点（其中道路积水26处、小区积水16处），经紧急处置当晚排除积水。

8月中旬持续阴雨寡照。8月16～20日，全市出现一次中到大雨局部暴雨天气过程。市气象台8月18日16时发布暴雨蓝色预警，杭州城区启动防汛Ⅳ级应急响应，市防汛抗旱指挥部办公室按防汛Ⅳ级响应加强值班。本次降雨过程持续时间长，分布总体平均，杭州主城区未出现明显道路积水。萧山东部、富阳东部和建德南部降雨强度较大。8月16日8时至20日8时，全市面平均雨量106.6毫米。受其影响，萧山平原河网水位上涨较快，萧山方千娄站最高水位4.71米（超警戒水位0.31米），萧山沿江口门全部开闸排涝，累计外排涝水4050万立方米。分水江、青山、四岭、里畈、水涛庄、青山殿、罗村7座大中型水库超汛限水位，青山水库8月19日9时开闸泄洪（下泄流量100立方米/秒）。

【台汛期】 2014年台汛期台风影响较小，受第10号台风“麦德姆”、第16号台风“凤凰”外围影响，市防汛抗旱指挥部2次启动防台Ⅳ级应急响应。

第10号台风“麦德姆”7月23日0时15分在台湾地区台东县长滨乡沿海登陆，23日15时30分在福建省福清市高山镇沿海再次登陆。该台风对杭州市主要是降雨影响，强度为热带风暴级（9级）。降雨主要集中在淳安、建德、临安。23日8时至25日8时，全市面平均降雨47.4毫米，全市单站最大降雨为淳安枫树岭官川站207毫米。千岛湖面和萧山东线围垦出现6级～7级风。该台风影响较小，全市未出现灾情损失。

第16号台风“凤凰”于9月22日19时35分在浙江省象山县鹤浦镇沿海登陆，登陆时中心风力10级（强热带风暴级），后穿过宁波、舟山、杭州湾进入上海南部。受台风“凤凰”外围影响，21日8时至23日8时全市面平均雨量20.5毫米，全市单站最大降雨为富阳灵桥镇直坞水库站

194.5毫米。降雨主要分布在富阳、杭州城区、余杭、萧山等东北部县（市）。江湖水面及海拔较高地区出现7级~8级大风。该台风降雨时程分布较为平均，杭州主城区未出现明显积水点，全市未出现严重灾情损失。

【洪涝灾情】 2014年梅雨带偏南，杭州市南部的淳安、建德受其影响雨量较大，受兰江3次洪峰过境影响，建德大洋集镇少量受淹进水。北部的东苕溪流域、运河流域降雨比常年偏少，未发生流域性洪水。据统计，梅汛期建德、淳安、桐庐、临安4个县（市）40个乡镇9.7万人受灾，倒塌房屋72间，因灾转移人口759人，全市直接经济总损失7037万元。其中：农作物受灾3193.33公顷，因灾减产粮食0.22万吨，经济作物损失1035万元，农林渔业直接经济损失3226万元；因灾停产工矿企业8个，县乡道路中断18条次，工业交通运输业直接经济损失1205万元；因灾损毁堤防335处9.52千米、损坏护岸101处、冲毁堰坝13处、损坏灌溉设施113处，水利设施直接经济损失1707万元。全市无因灾死亡人员。

（朱家驹）

·农业机械·

【农业机械概况】 2014年，杭州市农机管理部门坚持“立足大农业，发展大农机”的思路，以政策创新为动力，推进农机化提质提速发展；以农机农艺融合为突破口，强化适用技术推广；以农机购置补贴政策为切入口，优化农机装备结构；以新型服务主体为主力军，推进农机社会化服务，加快全市农业机械化发展。至年末，杭州市拥有农业机械总动力342.18万千瓦（不含渔船），其中柴油机动力184.62万千瓦、汽油机动力22.80万千瓦、电动机动力134.73万千瓦。全市拥有主要农机具60.73万台（套），其中各类拖拉机3.61万台（与其配套的各类农机具1.83万台）、收获机械1388台、植保机械3.16万台、排灌机械16.66万台、农产品初加工机械2.82万台，农业机械原值46.82亿元。农机存量结构优化，畜牧养殖机械、无人植保机械等各种高性能农机装备大量涌现，农机应用领域不断拓宽，促进农业领域机器换人的良性发展。

【新型植保机械引进】 2014年，为寻求安全、高效、可控的新型植保机械，杭州市引进山东植保卫士机械有限公司生产的WSZ-1805/2410型多旋翼无人植保机。该机可垂直起降，可在较小的空间稳定飞行，飞行高度为0米~200米，每次飞行时间15分钟左右，载重8千克~10千克，每分钟可防治病虫害面积0.06公顷~0.12公顷。年内在油菜、麦、早稻等领域开展试验性防治80公顷，防治效果良好。

【设施农业建设】 2014年，在前几年开展设施农业项目建设的基础上，杭州市进一步促进项目实施规范化。加强培训，重点对项目建设标准、项目材料整理、验收流程等方面进行培训。先后举办各类设施农业培训班3期，培训相关人员200余人次。规范验收程序，对2013年立项的示范园项目在审计审价的基础上，首次聘请第三方中介机构验收，再由市设施办成员单位组织抽查，确保项目验收的公正性。在设施农业配套项目验收中首次邀请审计机构参与，重点对报账规范、发票真实性、银行转账凭证等进行把关。加强项目监管，严把项目审核、中期检查、审计审价、验收、绩效评价等关口，构建起设施农业项目从申报到立项再到各个环节的阳光运行机制，确保项目建设任务顺利完成。

【农业领域“机器换人”】 2014年，杭州市优化完善市级农机购置补贴政策，对水稻插秧机、烘干机、油菜收割机、蔬菜和油菜移栽机等机械实现追加补贴，结合“五水共治”，首次将喷滴灌和部分畜禽养殖机械设施纳入市级购机补贴追加范围。继续加大对标准钢架大棚直补力度，将物联网关键机械设备、环境自动化监控设备等列入设施农业配套项目建设内容，给予重点扶持。在政策推动下，各地纷纷实施“机器换人”项目。如淳安县沪阳农业开发有限公司通过“机器换人”项目实施，累计投入资金2000余万元，引进食用菌生产流水线，年节约用工1.08万个、节约用工费用100万余元、节本增效600余万元。淳安县食用菌生产环节60%以上实现“机器换人”。

【农机社会化服务体系建设】 2014年，杭州市农机部门继续大力培育农机专业合作社及育秧、烘干、维修等区域性农机服务中心，实现有机户之间、有机户与无机户之间的对接合作，一定程度上破解农机规模作业与农业一家一户经营不匹配的难题，加快农业生产经营规模化、产业化进程。全年新建育秧中心8个，累计81个；新建烘干中心8个，累计86个。

【农机农艺融合】 2014年，为加快农机与农艺的融合，杭州市农机部门推进粮油生产全程机械化进程，组织水稻基质育秧对比试验、窄行距插秧机应用对比试验、油菜机械化栽植试验等研究。实施“机械化保护性耕作技术的示范推广”“杭州市窄行距水稻机械化育插秧技术试验示范和推广应用”“生猪养殖排泄物机械化处理及综合利用技术的示范推广”“蔬菜栽植环节机械化技术农机农艺融合研究”等项目，促进农机与农艺的融合，拓展农机服务领域，加速传统农机向环保型、生态型农机的转变。全市累计完成水稻机械化插秧面积1.37万公顷，油菜机械化收获面积4613.33公顷，水稻机插、油菜机收面积稳步增长。

【农机维修网点建设】 2014年，为确保农机良好的技术状态，杭州市加强对农机维修人员的培训和农机维修网点的监管。全市培训农机维修人员228人次，检查农机维修网点233个，核发农机维修技术合格证161本。9月，举办首届杭州市农机职业技能竞赛，提高全市农机维修人员的技术水平。10月，在2014年浙江省农机职业技能决赛中，杭州市以总分第一名的成绩再次获团体一等奖。

【拖拉机报废补偿】 随着农机报废更新补贴政策的推广实施，杭州市拖拉机报废数量逐年增长，促进全市农业机械的更新换代和节能减排。2014年报废拖拉机1151台，市

财政补贴拖拉机报废资金68.98万元，省补贴拖拉机报废资金103.45万元。

【农机安全】 2014年，杭州市农机部门强化农机安全监管工作，落实农机安全责任，预防和减少农机事故的发生。结合农机安全监管工作实际，杭州市级农机监管部门与12个涉农区、县（市）农机监管部门签订农机安全监管工作目标责任书，各区、县（市）与涉农乡（镇）农机管理部门、农机合作社签订安全生产责任书386份，与农机手签订安全生产承诺书1.33万份，完善农机安全监管目标责任制考核办法和考核体系。加强宣传，运用电视、广播、报纸、浙江农民信箱、杭州农机信息网、手机短信等多种渠道，开展形式多样的农机安全宣传教育行动。全市开展农机安全宣传活动206次，张贴悬挂标语横幅521条，发放农机安全宣传资料3.66万份，发送农机安全警示短信19.04万条，组织农机驾驶人员复训115期1.01万人，活动受益人数6.94万人次。注重建立与市交警支队的联络机制，以公安驻农机警务室为平台，依托公安驻农机警务室的路面动态监管优势，适时组织开展春节期间农机安全生产大检查、农机“绿剑”春季集中执法行动、农机安全生产较大事故防控专项行动、农机安全生产大检查专项行动和外省籍拖拉机专项治理行动等阶段性农机安全专项整治活动，排查外省籍拖拉机1894台，查实假牌证6台，排查外省籍驾驶人1121人，查纠超限装载等违法行为261起，促进农机生产安全。全年未发生一次性死亡3人（含）以上农机事故。（徐德玉）

·供销合作·

【供销合作概况】 2014年，市供销合作社成立65周年。经过65年的改革发展，市供销合作社成为全市范围内最具规模的为农服务合作经济组织。在立足流通服务的基础上，全市供销合作社系统参与构建全程化农业社会化服务体系，在服务农业农村发展中增强自身实力。全市供销合作社系统实现经营收入322亿元，比上年增长11%；所有者权益56.74亿元，增长7.8%；实现利润5.38亿元，下降14.0%；实现社会贡献额16.28亿元，增长4.5%；上缴税收5.04亿元，增长14.3%。市供销合作社首次获中华全国供销合作总社综合业绩考核特等奖。

市级企业股权流转改革完成，初步形成常态化股权流转机制，累计流转股权4900.79万股，流转金额9083.6万元。全系统有13个企业开展农村电子商务业务，其中自建电子商务7个、使用社会电子商务平台6个。西湖拓华“悠无限进万家”、富阳华辰“送货郎”、桐庐“百岁坊”等农产品电商平台呈现良好发展态势。13个企业全年电子商务销售额1.76亿元，比上年增长83.1%。

至年末，全系统有基层社70个，其中新建19个、改造重组7个。建成各类经营服务综合体96个，其中一类的28个、二类的25个、三类的43个。直接参建现代粮食生产功能园区3个，面积240公顷，总投资150万元；参建精品农业园区4个，面积1281.33公顷，总投资2465万元。建办领办综合服务社110个；领办专业合作社296个；领办专业协会1个；建办商品交易（批发）市场5个，其中农副产品市场3个。全市建有经营服务网点2156个，其中日用消费品网点640个、农业生产资料网点411个、农副产品收购网点113个、再生资源回收网点27个、烟花爆竹网点916个、医药网点37个、农贸市场4个、其他8个。全系统开展连锁经营和配送业务的企业30个，其中消费品企业10个、农业生产资料企业7个、医药连锁企业3个、再生资源企业3个、农副产品企业4个、烟花爆竹企业2个、其他1个。有配送中心49个，其中配送消费品7个、农业生产资料20个、医药3个、烟花爆竹15个、再生资源1个、农副产品2个、石油1个。

【市供销社投资“茶都名园”】 4月20日，2014年全民饮茶日·杭州市第三届万人品茶大会暨“茶都名园”茶文化创意园开园仪式举行，中国国际茶文化研究会常务副会长徐鸿道宣布“茶都名园”开园。开办“茶都名园”是市供销社、杭州合众工业集团顺应新形势下服务“三农”新要求，运用杭州茶厂老工业遗存的历史积淀，依托传统茶产业优势，将茶产业与杭州的文化、自然、生态、旅游资源有机整合，搭建供销社为农服务新平台、助推传统茶产业转型升级所进行的有益探索。“茶都名园”地处杭州市凯旋路70号，占地面积2万平方米，总投资4000余万元，主要分为“茗楼”和“茗园”两个功能区块。其中，“茗楼”以茶产业展示交易综合体为主题，引进以西湖龙井为主导的杭州十大名茶、浙江省十大名茶和全国六大茶类名茶。除作为茶产品交流及新品展示、交易外，“茗楼”还开展茶业特色业务，发布茶业经济信息，举办重要茶事活动，吸引国内外游客进行茶文化领略和茶产业消费。“茗园”作为集创意产业办公、消费与休闲于一体的文化创意区，主要涉及信息服务、茶包装设计、咨询策划等服务领域。两大区块各有特色，又功能互补，使之成为传统茶产业与文创品牌有机融合的新天地。

【12种茶入选“浙茶”杯优质红茶】 6月20～23日，2014年中国茶业博览会暨浙江省第三届茶文化博览会举行。在省供销社、省茶叶产业协会、省微茶楼文化发展协会联合举办的“浙茶”杯优质红茶推选活动中，杭州市茶叶企业获2个金奖、2个银奖、8个优胜奖。其中：市供销社系统的杭州九曲红梅茶叶有限公司的“天香”牌红茶和杭州桐庐大自然茶叶发展有限公司的“达然”牌红茶获金奖，淳安县千岛湖睦州茶叶有限公司的“淳红”牌红茶和临安市大洋茶叶有限公司的“天目大洋”牌红茶获银奖，杭州余杭王位山茶叶园区有限公司的“径顶红”牌红茶和浙江省武义茶业有限公司的“九龙山”牌红茶等8种红茶获优胜奖。

【农资服务“三化”转型推进】 2014年，全市供销社系统农资企业推进统防统治、农机作业、测土配方等全程化综合化服务。为农业“两区”服务的农资门店累计699个，营业面积4.59平方米，全年农资销售收入5.76亿元；新建“庄稼医院”15个，累计建立40个；有50个农资经营企业开展测土配方施肥服务，测土配方施肥面积1.50万公顷，提供各类肥料价值8336万元；签订农资直供合同441份，覆盖农田面积5897.33公顷。种子种苗服务覆盖农田面积1357.13公顷，签订统防统治合同113份，覆盖农田面积2573.33公顷；举办各类培训和咨询活动117次，培训农民6596人次，接受农民咨询1.99万人次，提供各类资料7.64万份。农资商品售作生产用情况：化肥83.61万（标）吨，比上年增长3.6%（其中：氮肥21.77万吨，下降0.5%；尿素15.53万吨，下降4.8%；碳酸氢氨6.18万吨，增长12.1%；磷肥4.30万吨，增长18.1%；钾肥5.03万吨，增长9.9%；复合肥19.52万吨，增长8%）；化学农药1.77万吨，下降2.3%；农用薄膜5156吨，增长9.2%。

【农民专业合作社建设】 2014年，全市供销社系统新增农民专业合作社35个，累计组织农民兴办各类专业合作社523个（其中专业合作社联合社、联合会15个）。在各类专业合作社中农产品类有507个，种植面积5.62万公顷，按种植的种类分：干鲜果蔬199个、粮油作物35个、棉花2个、竹木39个、花卉苗木30个、桑蚕21个、食用菌17个、茶叶61个、中药材10个。养殖类有77个，养殖类面积4246公顷，按养殖的种类分：水产类30个、畜禽类44个。农业生产资料类有4个；服务类有12个。全年实现销售额28.77亿元、利润5234万元，帮助成员实现收入17.31亿元。产品销售本地的有174个、本省327个、外省16个、出口6个。拥有注册商标的合作社有172个（共有注册商标188个），使用总社标识的258个，通过无公害认证的200个、绿色认证的62个、有机认证的57个、ISO认证的23个、GAP认证的5个、HACCP认证的12个。全市523个专业合作社中，开展标准化生产的267个、示范合作社107个、规范化合作社188个，获得各种名、特、优产品称号或证书的41个。富阳市互利粮油专业合作社、杭州春溢联合蔬菜专业合作社、杭州余杭鸬鸟果农专业合作社、建德市下涯红群草莓专业合作社、杭州丰农水果专业合作社、淳安千岛湖岐云山茶叶专业合作社、杭州千岛湖金溢农食用菌专业合作社、富阳东洲芦笋专业合作社等专业合作社被评为全国示范农民合作社；淳安县千岛湖淳珍食用菌专业合作社、富阳市安顶山茶叶专业合作社、临安山川可可食用菌专业合作社、桐庐富民粮油专业合作社、桐庐乐益生猪专业合作社等专业合作社被评为省供销社系统示范农民合作社。

【农村合作金融服务开展】 市供销合作社在建德开展"三位一体"农资贷款服务，至年末为169个用户开展融资贷款1910万元，惠及全市专业合作社60余个、农资连锁经营服务网点175个、农户逾3万户，缓解农户"贷款难、担保难、贷款贵"问题。通过组织开展进村、进企、进社走访活动，完善8.46万户农户、2300多个企业的信息，建立信息资源库，实行名单制管理，开展客户信用等级评定和批量授信，了解客户需求，实现传统信贷管理模式从"零售型"向"批发型"转变。依托"三位一体"融资平台，变直接拨款为参与社会融资、共同投入，整合涉农服务资源，创新扶持机制，为全市畜禽养殖户停养转产铁皮石斛、草莓等种植项目提供资金支持，促进特色农业发展。通过实行定向发放、明确贷款专用、实行动态管理，强化用户的信用意识，防止信贷资金被挪用的风险，建立起一套完善的风险预警信息传达机制。全年未发生逾期未还、恶意逃债等不良行为。（田　军）

·气　象·

【气象概况】 2014年，杭州市年平均气温明显偏高，年降水量正常但时空分布不均，年雨雪日偏少，年日照时数明显偏少。当年为厄尔尼诺影响年，受副热带高压偏弱影响，杭州夏季高温特征不明显且多雨寡照；全年主要灾害性天气为3次降雪、12次暴雨及强对流和2个台风影响。

气温　全市年平均气温17.3℃，比常年偏高0.5℃，各地年平均气温16.4℃～17.6℃。其中：杭州主城区（馒头山国家基准气候站）平均气温17.5℃，比常年偏高0.5℃，比上年偏低0.5℃；各地年平均气温比常年偏高0.3℃～0.8℃，比上年偏低0.1℃～0.6℃。杭州市1月平均气温5.5℃～7.3℃，各地均明显偏高，其中萧山偏高2.8℃；2月平均气温4.9℃～6.5℃，各地均比常年偏低，其中临安偏低0.9℃；春季（指3～5月，下同）平均气温17.2℃，比常年偏高1.3℃；夏季（指6～8月，下同）平均气温26.4℃，比常年偏低0.6℃；秋季（指9～11月，下同）平均气温19.4℃，比常年偏高1.2℃；12月平均气温4.8℃～7.1℃，比常年偏低0.1℃～1.2℃。全市极端最高气温出现在7月22日的杭州主城区，为37.9℃；极端最低气温出现在1月22日的临安，为-6.7℃。

降水　全市年降水量1468毫米，与常年（1490毫米）基本持平。其中：杭州主城区1359.9毫米，比常年（1438毫米）偏少5%；各地降水量1242.7毫米～1761.1毫米，与常年相比，桐庐、建德和淳安偏多5%～16%，其余各地均偏少。各地1月降水量13.4毫米～34.8毫米，比常年偏少58%～83%；2月降水量117.4毫米～160.4毫米，杭州主城区、桐庐、富阳比常年偏多60%以上；春季降水总量375.3毫米，比常年偏少16%；夏季降水总量656.8毫米，比常年偏多16%；秋季降水总量255.6毫米，与常年持平；12月各地降水量4.9毫米～15.1毫米，均比常年明显偏少。

全市年雨雪日数148天，接近常年（153.8天）。其中：杭州主城区年雨雪日数148天，与常年（147.4天）基本持平；各地年雨雪日数139天～154天，比常年偏少2.1天～12.2天，比上年均偏多。杭州市于6月17日入梅，比常年偏晚4天；7月7日出梅，比常年偏早1天；梅雨期20天，比常年偏少6天；全市平均梅雨量196.1毫米，比常年偏少25%；梅雨期内无明显强降雨过程。

日照　全市年日照时数1566.5小时，比常年偏少11%。其中：杭州主城区年日照时数1407.2小时，比常年（1709.4小时）偏少18%；各地年日照时数1407.2小时～1740.7小时，比常年偏少2%～18%。各地1月日照时数125.2小时～175.6小时，比常年偏多28%～66%；2月日照时数50.5小时～73.4小时，比常年偏少26%～45%；春季平均日照时数395.4小时，比常年偏少5%；夏季平均日照时数398.6小时，比常年偏

少30%；秋季平均日照时数386.6小时，比常年偏少12%；12月日照时数150.5小时～188.5小时，均比常年偏多。

【主要气候事件】 **凉夏寡照** 2014年夏季，杭州主城区平均气温26.6℃，高温日数17天，极端最高气温37.9℃，为2000年以来平均气温最低、高温日数最少、极端高温最低的夏季。7月7日出梅后受副热带高压持续偏弱影响，7～8月杭州市出现罕见的多雨寡照天气，其中杭州主城区雨日34天，为历史同期第6位高值；日照时数244小时，创历史同期最少纪录。

雨雪冰冻 全年杭州主城区出现7天雪日，11天积雪日数，其中积雪日数较常年（7天）偏多，并且均集中在2月份。主要分布为2月9～10日、2月12～13日、2月18～19日。其中，2月12～13日和2月18～19日降雪过程明显，前一次过程持续时间较长，受冷性高压控制后出现低温冰冻天气，杭州主城区11日最低气温为-3.3℃，对交通、农林造成明显影响；后一次过程后期回暖较快，低温不明显，融雪迅速，灾害损失程度一般。

暴雨和强对流 根据国家气候基准站观测，2014年杭州主城区有暴雨日数（日降水量大于或等于50毫米）1天，较常年（3.4天）偏少。全市出现的暴雨及强对流过程有12次。其中，5月14日暴雨、6月19～22日暴雨、7月12～13日强对流、7月26～27日强对流、9月2日及9月29日强对流过程尤为明显。5月14日，受冷暖气流交汇影响，全市多地出现暴雨天气，其中杭州主城区日降水量74.5毫米。日降水量最大出现在淳安枫树岭，为110毫米。强降水区域主要集中在淳安、建德、桐庐北部、临安西部和主城区，暴雨致使淳安、建德等地部分农田受淹并出现滑坡、崩塌及房屋倒损灾害，杭州主城区积水深度15厘米以上的积水点达18处。7月26～27日，受强对流天气影响，杭州各地出现强对流大风及强降水，其中杭州主城区及富阳东部为主要强降水落区，大部分城区累积降水量在50毫米以上，杭州主城区龙门岭、外桐坞、三塘超过100毫米；全市多地出现6级～8级雷雨大风，杭州主城区馒头山、湖心亭、四桥南瞬时风速均达到8级。

台风 第10号台风“麦德姆”于7月18日2时在菲律宾马尼拉东偏南约1620千米的洋面上生成，之后逐渐增强为强台风。23日凌晨0时15分左右在台湾登陆，23日15时30分前后在福建省福清市高山镇沿海再次登陆。受“麦德姆”台风外围环流影响，24～25日杭州各地出现大到暴雨，淳安、建德、桐庐及临安西部影响明显，局部地区最大累积降水量位于淳安南部燕窝村，达155.4毫米。第16号强热带风暴“凤凰”9月22日19时35分在宁波象山鹤浦镇沿海登陆。21日起逐渐影响杭州市，影响最明显的时段为22～23日。据自动气象站网监测，“凤凰”台风影响期间，萧山西部、富阳南部及主城区西南部出现暴雨到大暴雨，外桐坞、五岭等地降水量在100毫米以上。

【气象监测预报预警】 2014年，杭州市气象部门重点加强汛期暴雨、强对流天气、台风和雾霾天气等重要过程和重要时期气象服务，全年制作报送决策气象服务材料1332期，发布气象灾害预警信号384次，发送气象灾害预警手机短信551万条次，启动重大（突发）气象灾害预警信息数字电视全频道发布2次、手机短信全网发布5次。深化推进气象监测设施共建共享，首次形成全市雨量观测“一张图”，并建立基于数据共享的小流域山洪和地质灾害气象风险预警平台。全年发送地质灾害预警7374点次，成功避免地质灾害2起，转移避免可能的人员伤亡28人。气象与环保部门深化合作，实现空气质量指数（AQI）预报发布市、县两级全覆盖。

【气象服务】 2014年，《生活气象站》电视栏目实现萧山、桐庐、建德等地气象影视节目由市本级集约制作。融入“杭州发布”，打造“杭州气象”微博、微信和网站新媒体发布体系，“杭州气象”微博、微信粉丝总量超过25万人次，“杭州气象网”日均点击率4.5万次并推出手机版。全市约30%公共场所电子显示屏实现气象信息传播。深化萧山、富阳全国“三农”气象服务试点，全市建成6个现代农业气象服务示范基地，建成市、县两级农业气象服务平台，余杭“径山茶”通过气候品质认证。气象行政审批服务优化，在大江东设立气象行政审批服务窗口，在杭州国际商贸城江干区块和各城区实现“区级集中受理—市级派员办理”窗口前移审批方式。

【气象防灾减灾管理】 2014年，杭州被中国气象局列为全国城市气象防灾减灾体系建设试点市。全市184个村（社区）和气象灾害防御重点单位通过应急准备认证，建成气象防灾减灾标准村116个。新出台《杭州市突发公共事件预警信息发布实施办法（试行）》，制定《杭州市抗雪防冻应急预案（试行）》和《高温天气应急预案（试行）》。组织开展防雷安全大检查，督促100多个人口密集场所（设施）落实防雷安全检测措施。成立首支气象志愿者队伍，通过进社区、入校园、走农村等形式，开展气象法律法规宣传和气象知识、防灾减灾知识科学普及等志愿服务，引导市民正确认识气象，树立防灾减灾意识。

【气象现代化】 2014年，省、市重点工程——临安新一代天气雷达工程完成上山道路和雷达站主体建设，雷达设备完成安装调试进入试运行阶段。余杭区国家气象站于1月1日起投入业务试运行。新建和改造区域气象站63个，站网密度接近6千米（其中主城区达3千米）。124个乡镇（街道）完成气象视频软终端安装。完成公共气象服务业务平台改造，农业、交通、旅游等专业气象服务系统开发稳步推进。完成《杭州市城市排水（雨水）防涝综合规划》气象参数修订，城市通风廊道研究取得初步成果。萧山、余杭、富阳、桐庐、建德、淳安、临安等区、县（市）启动县域突发暴雨监测预警工程建设。

【气象科普宣传】 2014年，杭州气象科普体验馆完成改造升级，富阳鹳子山气象科普公园、余杭气象科普苑建成开放。全年利用各类媒体，采取各种形式，开展气象科普宣传，全市气象科普直接受众超过20万人次。 （陈剑锋 俞 布）

工 业

Industry

·工业综述·

【工业总产值实现12853.05亿元】 2014年，杭州市工业经济平稳增长，总体呈现较好发展态势。全市规模以上工业企业（指年主营业务收入2000万元及以上的工业企业）6169个，全年实现总产值12853.05亿元，比上年（指2013年，下同）增长3.5%，产销率98.5%，列全省第一位；实现工业增加值2813.51亿元，增长8.9%，高于全省2个百分点；实现利税1538.07亿元，增长9.5%，其中利润904.60亿元，增长10.5%。全市37个工业行业大类中，有26个行业实现不同程度增长，占70.3%，其中12个行业增幅超过全市平均水平。汽车制造业、化学纤维制造业、金属制品业和烟草制品业分别增长9.4个、5.7个、4.6个和2.7个百分点，回升较为明显。

【工业投资完成913.4亿元】 2014年，杭州市受土地、资金等资源要素和产业转型升级的影响，工业投资增速过慢和下降。全市工业投资完成913.4亿元，比上年增长0.3%。实施技术改造项目2337个，完成工业技术改造投资662.2亿元，下降10.2%。完成"机器换人"项目1198个。工业技术改造投资占全部工业投资的72.5%。"3D打印""机器人""传感器"等一批特色产业园以及长安福特汽车有限公司（杭州工厂）、西子航空飞机零部件项目、比亚迪汽车有限公司杭州分公司、海正药业（杭州）有限公司和浙江中烟工业有限责任公司杭州卷烟厂易地技术改造项目二期工程等一批重点投资项目投入建设。物联网、半导体照明、分布式光伏发电等示范应用投资项目稳步推进。

杭州市各区、县（市）重点产业投资完成情况

表 13

区、县（市）	2014 年（亿元）	2013 年（亿元）	比上年（%）
上城区	19.35	6.56	195.0
下城区	24.54	9.16	167.9
江干区	37.16	30.37	22.4
拱墅区	53.60	36.74	45.9
西湖区（含之江旅游度假区）	99.44	68.42	45.3
高新区（滨江）	61.56	64.48	-4.5
萧山区	160.31	182.17	-12.0
余杭区	159.46	132.89	20.0
富阳区	116.61	90.66	28.6
桐庐县	64.90	51.17	26.8
淳安县	35.31	34.82	1.4
建德市	22.70	14.77	53.7
临安市	59.01	57.34	2.9
合　计	1 005.94	848.58	18.5

【两个行业主营业务收入超过1000亿元】 2014年，杭州市工业总体规模超过1.3万亿元，产业门类较为齐全。至年末，全市有两个行业主营业务收入超过1000亿元，分别是化学原料和化学制品制造主营业务收入1241亿元，计算机、通信和其他电子设备制造业1083亿元。3个行业主营业务收入接近1000亿元，分别是电气机械和器材制造业主营业务收入983亿元、纺织业主营业务收入979亿元、通用设备制造业952亿元。从全市重点发展的十大产业看，先进装备制造产业和信息软件业产业主营业务收入为4412亿元和1412亿元，电子商务、节能环保、物联网、新能源汽车、轨道交通制造、LED等新兴产业持续快速发展，主营业务收入均接近1000亿元。

【十大产业项目投资1005.94亿元】 2014年，杭州市重点产业投资保持较快增长，全年实施十大产业投资项目2050个，比上年增加134个；完成投资1005.94亿元，增长18.5%，增幅提高0.5个百分点，高于全部固定资产投资2.3个百分点。全市投资1亿元以上的十大产业项目645个，增加88个，完成投资756.69亿元，增长25.6%，增幅提高4.4个百分点，占全部十大产业投资的75.2%，提高4.2个百分点，对全部十大产业投资

增长的贡献率98%，提高16.9个百分点。全市十大产业开工项目1067个，增加73个，完成投资467.59亿元，增长34.8%，增幅提高31.2个百分点，高于全部开工项目投资17.6个百分点。其中投资1亿元以上的开工项目193个，增加26个，完成投资300.55亿元，增幅66.5%。全市十大产业投资中，除先进装备制造产业、新能源产业投资下降外，其余八大产业均呈增长态势。从总量上看，文化创意产业、先进装备制造产业和旅游休闲产业居前3位，分别完成投资395.27亿元、308.91亿元和184.70亿元。从增速上看，电子商务产业、金融服务产业和信息软件产业居前3位，分别增长2.2倍、106.1%和56.2%。

▶▶资料：十大产业

十大产业是指先进装备制造产业、新能源产业、电子商务产业、金融服务产业、信息软件产业、文化创意产业、旅游休闲产业、物联网产业、节能环保产业及生物医药产业。

【高新技术产业完成年销售产值4639.24亿元】 2014年，杭州市高新技术产业完成年销售产值4639.24亿元，比上年增长5.9%，占全市规模以上工业企业年销售产值的36.2%，提高7.1个百分点。以医药制造业、汽车制造业以及计算机、通信和其他电子设备制造业为代表的高新技术产业发展较快、效益良好，年销售产值分别增长16.5%、18.7%及15.1%，年利润分别增长39.3%、36.8%及15.7%。全年实现新产品产值3902.17亿元，增长18.6%，增幅高于全市规模以上工业企业产值增速12.4个百分点；新产品产值率30.4%，提高2.2个百分点。

【"一号工程"实施】 2014年，杭州市信息经济产业实现增加值1668.64亿元，比上年增长18.3%，占全市地区生产总值的18.1%。7月，中共杭州市委召开十一届七次全会，做出发展信息经济的战略部署，审议通过《关于加快发展信息经济的若干意见》，"大力发展信息经济，推动智慧应用"被确定为"一号工程"。"一号工程"确定第一批300余个信息经济发展项目，制定信息经济"六大中心"和"智慧应用"三年行动计划。"六大中心"即：国际电子商务中心、全国云计算和大数据产业中心、全国物联网产业中心、互联网金融创新中心、全国智慧物流中心及全国数字内容产业中心。

【16个企业入选全国"两化"融合试点】 12月1日，工业和信息化部印发2014年"两化"融合管理体系贯标工作方案和贯标试点企业名单，杭州娃哈哈集团有限公司、浙江吉利控股集团有限公司等16个杭州企业入选。年内，工业和信息化部在各省市和重点行业遴选502个企业开展贯标试点，浙江省有39个企业入选，其中杭州企业约占40%。这些企业在"两化"融合方面进行积极探索，敢于投入，勇于创新，在企业的生产、管理、信息安全及节能降耗减排等领域积累了丰富的企业信息化工作经验，为全市企业"两化"深度融合工作树立了标杆。

▶▶资料：贯标

贯标是指贯彻ISO 9000质量管理体系标准、ISO 14000环境管理体系标准和OHSAS 18000职业健康安全管理体系规范，依据三个国际标准建立企业的质量、环境整合和职业健康安全管理体系，既是适应市场发展的客观需要，又是规范企业管理行为的内在要求。

【杭州成为"中国化妆品产业基地"】 3月14日，由中国轻工业联合会、中国香料香精化妆品工业协会组成的专家组实地考察珀莱雅化妆品股份有限公司、玫琳凯公司等杭州多个化妆品企业，对杭州申报"中国化妆品产业基地"项目进行评审。经过评审，授予杭州"中国化妆品产业基地"的称号。化妆品产业是朝阳产业，符合国家的产业政策。杭州化妆品产业被授予品牌后，为杭州化妆品产业的对外宣传起到推广作用，带动产业链整合与发展。

【20个高新技术产业园获市政府表彰】 9月1日，杭州市政府通报表彰综合考评成绩优秀的余杭良渚高新技术产业园、富阳富春高新技术产业园、拱墅区高新技术产业园、北部软件园、拱墅乐富智汇园、上城区科技工业园、余杭闲林高新技术产业园、临安高虹高新技术产业园、下城区电子商务产业园、西湖转塘科技园、杭州江南高新技术产业园、桐庐经济开发区新型医药产业园、富阳经济开发区高新技术产业园、余杭仁和高新技术产业园、临安玲珑高新技术产业园、桐庐富春江高新技术产业园、杭州华业高科技产业园、杭州经济开发区前进高新技术产业园、汇林科技创意园、钱江开发区高新技术产业园等20个高新技术产业园。上述高新技术产业园贯彻落实创新发展战略，加大园区产业结构调整力度，促进企业转型升级，对推动区域经济发展做出较大贡献。

【认定5个市级高新技术产业园】 8月26日，经市政府同意，市高新技术产业发展领导小组认定杭州天和高科技产业园、万轮科技创业中心、杭州数字信息产业园、杭州富春硅谷、杭州（国际）传感器产业园5个单位为杭州市高新技术产业园（第七批）。

【认定省级企业技术中心20个】 2014年，杭州市以技术中心和技术联盟为载体，加强企业技术中心认定，全年认定43个市级企业技术中心。至年末，全市共有企业技术中心683个，其中国家级30个、省级188个、市级465个。组织省级企业技术中心评价和上报工作，推荐35个符合条件的企业申报省级企业技术中心。全年认定省级企业技术中心20个，其中工业企业技术中心15个、建设行业企业技术中心3个、高技术服务业企业技术中心2个。完成2013年度198个省级以上企业技术中心技术创新情况的审核、上报和168个省级企业技术中心的评价材料的审核。推荐杭州娃哈哈集团有限公司和浙江大华技术股份有限公司申报国家技术创新示范企业。成立市3D打印产业联盟和市北斗卫星技术创新产业联盟。

【159个企业参加省级企业技术中心评价】 2014年，省经信委、省财政厅、省国税局、省地税局、杭州海关

等五部门印发《2014年浙江省省级企业技术中心评价结果的通知》。杭州市有159个企业参加省级企业技术中心评价，其中，万向钱潮股份有限公司企业技术中心等26个企业技术中心评价为优秀；浙江大立科技股份有限公司企业技术中心等127个企业技术中心评价为合格。金富春集团有限公司企业技术中心等76个企业技术中心因评价得分高于75分，符合浙江省省级企业技术中心创新能力建设项目申报得分条件；杭州恒达钢构股份有限公司企业技术中心等3个企业技术中心因评价得分低于65分，予以警告；杭州市虎牌控股集团有限公司企业技术中心、和合科技集团有限公司企业技术中心、浙江天翔控股集团有限公司企业技术中心因企业转制等原因暂缓评价；浙江蓝天鹤舞控股有限公司企业技术中心等6个企业技术中心评价不合格，按规定撤销省级企业技术中心资格。

【行业单位增加值能耗下降】 2014年，杭州市纺织业、化学制品制造业等37个行业大类中，单位增加值能耗下降的有28个行业，占全部行业的75.7%。六大高能耗行业中，四大行业单位增加值能耗下降率比上年扩大。其中：电力热力生产供应业、化学原料和化学制品制造业单位增加值能耗分别由上年的上升3.3%和1.9%转为下降4.6%和5.8%；纺织制造业单位增加值能耗下降5.4%，降幅扩大1.1个百分点；黑色金属冶炼和压延加工业单位增加值能耗上升2.9%，升幅缩小1.5个百分点。

【国际物联网高峰论坛在杭州举办】 10月22日，第二届国际（杭州）物联网暨传感技术与应用高峰论坛在杭州举办。工信部、科技部、浙江省以及德国、美国、加拿大、英国、日本、韩国等传感技术专业协会和发达国家物联网传感器领域的企业代表共350人参加。该届高峰论坛的议题是“物联网产业集聚与合作”“物联网与大数据”“传感技术发展现状与趋势”“中国传感器产业化发展”“物联网应用软件的现状及发展前景”等。高峰论坛旨在促进国际物联网传感技术交流，推进国内传感器产业化发展，打造国际传感器产业园区，建立“中国传感谷”等生态环境，为业内企业创造更多的合作与投资契机。

【节能减排工作完成国家“十二五”目标】 2014年，杭州市全社会单位增加值能耗下降7.0%，规模以上工业单位增加值能耗下降7.9%，节能减排综合示范工作提前1年完成国家“十二五”目标。出台《推进结构性节能减排工作实施意见》，推行用能源预算化管理，实行用能量按季统计、考核、通报制度。以单位用能的增加值为主要指标，分地区对全市2013年度综合能耗3000吨标准煤以上的862个重点用能企业进行A、B、C三档分类排序，并向社会公布。在有序用电、节能预警调控、项目审批等方面实行差别化政策。严格产业准入，通过节能评估审查，否定一批高能耗项目。禁止新上水泥项目，对造纸、化纤、印染等传统高能耗行业以及1万元增加值能耗高于控制目标（0.67吨标准煤）的项目实行等量或减量置换。加大“无燃煤区”三年行动方案实施力度，完成半山电厂4号燃煤机组关停和杭州钢铁厂转型工作。全市淘汰落后产能698个（项），完成重污染高能耗行业整治提升，搬迁入园企业502个。全年腾出用能空间65.5万吨标准煤，盘活存量土地930公顷。

▶▶资料：节能减排

节能减排是指节约能源、降低能源消耗、减少污染物排放。节能减排包括节能和减排两大技术领域，二者有联系，又有区别。一般地讲，节能必定减排，而减排未必节能，所以减排项目必须加强节能技术的应用，以避免因片面追求减排结果而造成能耗激增，注重社会效益和环境效益均衡。

【光伏产业十大新闻事件】 12月1日，由市新能源领导小组办公室和市太阳能光伏产业协会联合主办的杭州市2014年度光伏产业十大新闻事件评出，分别是：杭州市3个工业园区被列入国家首批30个分布式光伏发电应用示范区，浙江省光伏行业“机器换人”现场交流会在杭州召开，杭州光伏协会联合10个特色光伏企业推出太阳能小屋，浙江正泰太阳能科技有限公司收购德国知名光伏企业Conergy，桑尼能源董事长李新富入选“2014浙商新领军者”榜单，全球光伏封装材料领军企业杭州福斯特光伏材料股份有限公司成为杭州市首家上市光伏企业，美国光伏巨头Solar City斥资3.5亿美元全资收购赛昂电力（杭州）有限公司，浙江正泰新能源开发有限公司在国内建成并网的光伏电站规模超过1200兆瓦，建德市戴家村建成杭州市首个“光伏村”，龙焱能源科技（杭州）有限公司获联合国工业发展组织2014年度蓝天奖。

【中国传感器产业发展推进大会在杭州召开】 4月3日，中国传感器产业发展推进大会在杭州召开。国内41个行业机构、科研院所的40余位专家学者及50余位企业代表参加大会。副市长谢双成出席会议并致辞。杭州是国内物联网技术研发和产业化应用研究的先行地区之一。至年末，全市从事物联网相关业务的企业有200个，主营业务收入1亿元以上的企业40个，其中超过100亿元的企业2个，拥有中国电科（杭州）物联网研究院、中科院杭州射频识别技术研发中心，形成包括关键控制芯片设计研发、传感器和终端设备制造、物联网系统集成及相关运营服务的全产业链体系。大会围绕加快传感器产业化进程，深化探讨设立产业链完整、产业集中度较高、专业化较强的传感器产业化集群，提出国内传感器产业化发展路线和政策建议。会上，工业和信息化部电子元器件行业发展研究中心、浙江盾安人工环境股份有限公司、苏州中鉴传感股份有限公司等13个科研机构、企业与钱江经济开发区签订合作协议。

【市政府授予24个工业企业荣誉称号】 4月25日，杭州市政府授予阿里巴巴集团、杭州娃哈哈集团有限公司、万向集团公司、杭州汽轮动力集团有限公司、浙江恒逸集团有限公司、杭州华东医药集团有限公司、农夫山泉股份有限公司、赛诺菲（杭州）制药有限公司、杭州华三通信技术有限公司、浙江荣盛控股集团有限公司、传化集团有限公司、杭叉集团股份有限公司、浙江富春江通信

集团有限公司及杭州富春江冶炼有限公司14个工业企业为“杭州市2013年度工业功勋企业”荣誉称号；授予中策橡胶集团有限公司、西子电梯集团有限公司、盾安控股集团有限公司、玫琳凯（中国）化妆品有限公司、杭州海康威视数字技术股份有限公司、万马联合控股集团有限公司、富通集团有限公司、杭州顶益食品有限公司、普天东方通信集团有限公司及祐康食品集团有限公司10个工业企业为“杭州市2013年度十大突出贡献工业企业”荣誉称号。

【工业设计精典案例评选】 2014年度杭州工业设计精典案例经过专家评审、市工业设计领导小组办公室会议研究以及社会公示等环节，最终确定杭州提格科技有限公司“原木系列产品”等10个作品为2014年杭州市工业设计精典案例。9月17日，杭州市工业设计产业发展领导小组予以通报表彰。

【市级特色工业设计园认定】 8月29日，经企业申报，各区县（市）经信局（发改经济局）推荐，专家评审及市级特色工业设计园认定领导小组办公室会议研究以及社会公示等环节，浙江德力西国际电工有限公司、万向电动汽车有限公司、浙江宇视科技有限公司、电联工程技术股份有限公司、杭州先临三维科技股份有限公司、杭州可靠护理用品股份有限公司、杭州巨星科技股份有限公司、浙江正凯集团有限公司、杭州西奥电梯有限公司、杭州梵隆方向盘有限公司等51个企业工业设计中心被认定为市级工业设计中心；临安市玲珑工业功能区、萧山义桥床垫布工业设计基地、万向钱潮乘用车底盘系统集成设计基地、浙江工业设计产业联创中心被认定为市级特色工业设计园（基地）。

【中国工业设计产业博览会召开】 9月20~21日，2014年中国（杭州）工业设计产业博览会在滨江区白马湖建国饭店召开。其间，设置工业设计论坛和对接会。20日，举办工业设计论坛和设计邀请赛，国内外及杭州本土设计机构代表、院校师生、设计界共500余人参加。清华大学美术学院教授柳冠中、小米科技设计总监李宁宁、市工业设计协会会长李琦等知名学者和设计专家分别发表“设计是人类未来不被毁灭的‘第三种智慧’”“小米手环设计案例分享”“杭州设计在中国”为主题的演讲。论坛后，杭州瑞德优秀毕业设计邀请赛开展设计作品决赛，COOL&COOK智慧厨房系统等10位（组）入围选手对各自作品进行演讲。10位（组）选手分别对各自的作品创意、设计思路、产品结构等各方面进行阐述，评委从社会价值、商业价值、设计创意、现场感染力四方面展开讨论。最后评选出“明日之星”大奖及“最具社会价值奖”“最具商业价值奖”“最具设计创意奖”“最具感染力奖”等奖项，副市长张耕为获奖者颁奖。21日，举办工业设计对接会。主要有工业设计需求与设计服务对接、新品发布对接、现场互动交流等。

9月17日，杭州市通报表彰2014年工业设计精英人物和精典案例

（胡传明 供稿）

【稳定工业增长实施意见出台】 9月10日，杭州市就优化企业服务、促进企业发展、稳定工业增长，制定《优化服务促进企业发展稳定工业增长的实施意见》。主要内容是：加大财政扶持力度。对当年地方财政收入总额超2000万元，且当年在杭州工业项目投资（技术改造）投入超5000万元的独立纳税工业企业，其当年上缴地方财政收入比上年新增的地方留成部分，用于补助该企业工业项目投资（技术改造）；对符合产业发展规划和节能减排要求，自主创新能力强、产品市场前景好的中小企业（指当年对地方财政收入贡献低于2000万元的企业），当年在杭州工业项目投资（技术改造）超2000万元的，其当年上缴地方财政收入比上年新增的地方留成部分的50%，用于补助该企业工业项目投资（技术改造）；对首次上规模的小微企业，各区、县（市）政府可以其上一年度缴纳的增值税、营业税、企业所得税等实缴税款为基数，三年内对实缴税款地方财政新增部分给予适当补助。全面落实税收减免政策。自2014年1月至2016年12月，对年应纳税所得额低于10万元（含）的小微企业，其所得减按50%计应纳税所得额，按20%的税率缴纳企业所得税。对符合相关政策规定的企业，经地税部门审核批准，可给予房产税、城镇土地使用税的优惠扶持。落实“营改增”试点财政扶持政策，加快兑现“营改增”行业企业补助资金。 （胡传明）

【企业经营管理人才培训】 2014年，杭州市工业部门根据工业企业的需要，开展企业经营管理等人才培训。全年举办各类适应性培训班127期，培训各类人员1.39万人次。其中：使用市财政中小企业创新发展专项资金组织企业各类管理人员培训班91期，培训5747人次；市工业党校组织培训班26期，培训1810人次；其他培训10期，培训6322人次（包括网络学院杭州分院在线培训

5689人次）。年内，为市实业投资集团有限公司、市邮政公司、杭千高速公路发展有限公司和华丰纸业有限公司等单位组织党建实地培训。全年举办企业党委书记培训班1期，参训46人；党支部书记培训班3期，参训166人；党员培训班7期，参训602人；入党积极分子培训班2期，参训112人。

【重点用能单位监察】 2014年，杭州市完成重点用能单位监察269个，完成年度计划的120.8%，覆盖35.4%的高能耗用能单位。检查、监测设备约1900台（套），涉及整改建议923条。对市本级17个违规用能单位、5个违法用能单位，依法进入执法程序并督促整改。对富阳区68个重点造纸企业和上年度单位产品能耗进行核查。全年完成30个企业的执法复查工作，完成全市600余个市级重点用能单位1500余人次的能源管理负责人和能源管理员的备案、培训、考核、发证工作。

【99个项目获市优秀新产品新技术奖】 2014年，杭州市根据优秀新产品新技术奖评选办法的要求，由企业自愿申报，各区、县（市）经信局（发改经济局）初审和推荐上报，市经信委组织专家成立专业组初评、复评，最终确定99个项目获2014年杭州市优秀新产品新技术奖，其中一等奖12个、二等奖27个、三等奖60个。

【新兴产业培育发展】 2014年，杭州市工业部门组织新材料领域的重点产业发展项目的申报工作。其中，涉及LED、化纤、化工、建材冶金、轻工、电子信息六大领域，共41个技术创新、投资技术改造、500强企业项目配套等项目获财政资助资金1.71亿元（包括市财政资助资金8683.55万元）。杭州市具有加快发展新材料产业的基础和优势条件，有浙江大学、浙江工业大学、浙江理工大学、杭州电子科技大学、中国计量学院等一批高校，还有新材料相关的硅材料国家重点实验室、现代光学仪器国家重点实验室、化学工程联合国家重点实验室、绿色化学合成技术国家重点实验室4个国家重点实验室，杭州师范大学有机硅化学及材料技术实验室等教育部重点实验室，浙江省磁性材料试验基地等一批省级重点实验室，以及浙江加州国际纳米技术研究院和相关的多个国际研究平台。杭州新材料企业绝大部分都有自己的研发机构，其中国家级研发机构3个、省级研发机构16个、市级研发机构16个。至年末，全市有与新材料有关的国家级高新技术开发区1个，国家级经济技术开发区2个，省级高新技术产业园区2个，以及富阳光通信国家火炬计划特色产业基地、浙西有机硅省级高新技术特色产业基地、中国（国际）化纤产业研发基地等。

▶▶资料：新材料

新材料是指新出现的或正在发展中的，具有传统材料所不具备的优异性能和特殊功能的材料；或采用新技术（工艺、装备），使传统材料性能有明显提高或产生新功能的材料。

【133个企业完成清洁生产审核验收】 2014年，杭州市推行清洁生产工作领导小组办公室组织市直有关部门及专家，对已编制清洁生产审核报告、取得较好审核绩效的企业进行检查与评审。经评审，杭州中亚瑞程包装科技有限公司、杭州天蓝环保设备有限公司、浙江传化股份有限公司、杭州富春塑胶有限公司、杭州日用化工厂等133个企业清洁生产审核验收合格。通过对企业清洁生产审核验收，加大企业节能减排工作力度，持续全面开展清洁生产，为发展循环经济、推动生态市建设做出表率。133个完成清洁生产审核企业实施无/低费方案1854个，实施中/高费方案317个，总投入2.47亿元。方案实施后，每年可节约标准煤3.05万吨、产生经济效益9900万元。

【服务企业专项活动】 2014年，杭州市工业部门以送政策、促融资、拓市场、解难题为主题，开展服务企业专项活动。利用中小企业转贷引导基金，与16个银行机构建立合作关系，帮助1136个企业完成1566笔转贷业务，转贷金额119亿元，为企业节省支出1.4亿元。利用金融超市平台服务功能，为全市154个企业贷

2014年杭州市优秀新产品新技术奖一等奖项目名单

表14

区 域	企业名称	新产品、新技术名称	类 别
杭州开发区	浙江三花汽车零部件有限公司	汽车膨胀阀	新产品
萧山区	浙江传化股份有限公司	新型涂料印花助剂	新产品
高新区（滨江）	杭州远方光电信息股份有限公司	HAAS-2000高精度快速光谱辐射计	新产品
高新区（滨江）	杭州哲达科技股份有限公司	公共建筑中央空调系统的节能优化运行系统	新技术
西湖区	杭州永创智能设备股份有限公司	YC-CX全自动装箱机	新产品
高新区（滨江）	杭州海康威视数字技术股份有限公司	基于视频复核的联网报警综合管理设备的研发与产业化	新产品
上城区	杭州捷尔思阻燃化工有限公司	高耐热无卤阻燃热塑性弹性体TPE-S	新产品
临安市	杭叉集团股份有限公司	小吨位XF系列内燃平衡重式叉车	新产品
拱墅区	杭州万马高能量电池有限公司	小型启动用高性能磷酸铁锂电池组	新产品
高新区（滨江）	浙江大华技术股份有限公司	基于高清视频管理的大容量安全存储系统的研发	新产品
江干区	西子奥的斯电梯有限公司	GeN2-MR有机房电梯	新产品
高新区（滨江）	三维通信股份有限公司	移动互联网网络优化及监测系统的研制	新产品

款4.3亿元。开展中小微企业科技服务，建立企业需求库、技术成果库等六大数据库，成立8个门类46支专业服务团队。全年组织技术对接交流活动77场次，累计服务企业2045个。开展多形式、多层次的企业经营管理人才培育，全年举办各类培训班211期，培训人数1.14万人次，完成企业就业大学生实训7800余人。深化行政审批制度，取消12项、下放4项行政审批事项，全年受理1033个审批服务项目。

【杭实集团主营业务收入635亿元】 杭州市实业投资集团有限公司（简称杭实集团）前身系杭州市工业资产经营有限公司。杭实集团是根据《公司法》建立法人治理结构的大型集团，产业经营和资本运作并举，以制造业、房地产业、资产经营投资为三大核心主业，重点培育文化创意产业。杭实集团拥有控股、参股企业64个，职工约4万人，生产经营业务范围主要涉及机械装备、化工医药、轻工家电、房产酒店、金融证券、文化创意等多个门类。

2014年，面对经济下行的宏观形势，杭实集团从保增长增效益入手，准确把握经济发展新常态，巩固回暖复苏的良好势头。公司全年实现主营业务收入635亿元，利税45亿元，其中利润29亿元。财务合并口径实现营业收入298.5亿元，净利润16.7亿元，净资产收益率10%。总资产超555亿元，净资产150亿元，分别比上年增长18.5%和13.8%；新产品研发费增长16.3%。杭实集团完成工业项目投资25.5亿元，增长10.3%。

6月12日，杭实集团与加拿大太阳剧团在杭州签订合作意向书

（杭实集团　供稿）

【轮胎生产基地建设】 2014年，中策橡胶集团有限公司（简称中策橡胶集团）在泰国投资建设轮胎生产基地。该项目在泰国罗勇中泰工业园购置土地约56万平方米，新建生产车间和办公楼建筑面积约25万平方米。购置炼胶、成型、硫化等生产设备716台（套）及部分公用工程设备。计划总投资50亿泰铢，相当于1.59亿美元。建设年产轿车和轻卡子午线轮胎约300万条、全钢载重子午线轮胎约60万条、摩托车轮胎约100万条、天然胶加工约10万吨、炭黑约3万吨的轮胎生产基地。中策橡胶集团在浙江建德、富阳、安吉和江苏金坛的扩建工程进展顺利，立足“长三角”布局全球的生产经营体系基本形成。

【浙江华丰纸业科技有限公司在安吉开工】 7月18日，杭州华丰纸业有限公司投资的浙江华丰纸业科技有限公司在安吉天子湖现代工业园区开工。浙江华丰纸业科技有限公司项目占地约19公顷，总投资17.8亿元，主要生产高档卷烟纸及卷烟配套产品，总产能6.5万吨。项目分两期建设，一期产能3.5万吨，投资10.2亿元，计划2016年建成投产；二期产能3万吨，投资7.6亿元，计划2018年建成投产。

【杭实集团企业改制重组】 2014年，杭实集团对中策橡胶集团实施企业重组，从9月1日起至9月28日止，中策橡胶集团24.94%的国有股权和“朝阳”商标等无形资产在杭州产权交易所公开挂牌转让，挂牌起价19.13亿元，以中信产业基金为主的投资团在受让上述国有资产的同时，以其购买股权相同的每股单价、以现金出资方式对中策橡胶集团进行单方增资，增资后持股比例至38.80%，重组完成后国有股权比例下降至40%。引进新的战略合作者为中策橡胶集团做强做大，实现国际化战略目标和转变体制机制，激发活力动力奠定基础。

年内，杭实集团压缩投资层级，清理四级企业，加快国有母体改制，提高资产证券化率，完成宝麓山庄、工业综合服务部公司制改制和循环科技股权转让，以及金鱼电器营销有限公司、路先非织造股份有限公司等企业的增资扩股项目。

【新天地城市综合体项目建设】 2014年，180万平方米的杭州新天地城市综合体项目完成投资约10亿元，累计完成90亿元。30万平方米的LOFT酒店式公寓进入装修阶段，写字楼销售状况良好，雷迪森（丽笙）五星级酒店主体结顶，工业遗存老厂房结构加固全部完成，IMAX放映系统主体交付浙江新远国际影城。婚庆中心、灯光秀、影视主题街等文化创意项目正在建设中。

6月12日，杭实集团与加拿大太阳剧团签署剧团入驻杭州新天地城市综合体合作意向书。按照双方合作意向，杭州新天地集团投资建设剧院和制作剧目，演出场地坐落于杭州新天地城市综合体，占地1.3万平方米。加拿大太阳剧团负责创意设计、剧目创作、演员招聘培训及演出管理，双方合作期暂定10年。加拿大太阳剧团演艺秀的入驻，使杭州国际旅游城市的地位更加突出，杭州的全球知名度更大，形成“上海有迪士尼，杭州有太阳演艺秀”的互动格局。（章卓佳）

·食品工业·

【食品工业概况】 杭州市食品工业涵盖农副食品加工业、食品制造业、饮料制造业和烟草制品业四大门类，涉及53个自然行业，形成了门类较全的食品产业体系。

2014年，杭州市食品工业通过实施名牌发展战略，优化调整产业结构，形成了以国家级名牌产品为龙头、省级名牌产品为骨干、市级名牌产品为基础的名牌梯队格局。至年末，全市获食品生产许可证的企业有1844个，列入监管目录的小作坊48个，添加剂生产企业81个。全年抽检食品产品4231批次，合格4092批次，合格率96.7%，合格率比上年增长1.7%；安全性指标合格率99.2%。

杭州市民营食品企业发展迅猛，外资企业日渐增多。杭州娃哈哈集团有限公司、农夫山泉股份有限公司、康师傅控股有限公司、祐康食品（杭州）有限公司、祖名豆制品股份有限公司、杭州玫隆食品有限公司等骨干企业发展形势良好。全市有规模以上食品企业288个，全年实现工业总产值883.49亿元，增长5.4%；工业销售产值863.28亿元，增长3.2%；利税314.27亿元，增长6.8%；出口交货值26.45亿元，增长5.9%。

【9个产品成为“长三角”地区名优食品】 2014年，杭州市食品生产企业参与申报“长三角”地区名优食品评选，构筑“长三角”地区食品品牌战略平台。经“长三角”名优食品评审委员会对年内“长三角”地区食品生产企业申报的99个企业的104个产品进行评审，最终确定96个企业的102个产品为“长三角”地区名优食品。浙江小王子食品股份有限公司生产的“小王子”牌薯类食品，杭州西湖味精有限公司生产的“西湖”牌味精，杭州冠华王食品有限公司生产的“冠华王”牌酱卤肉制品、方便米饭，杭州千岛湖啤酒有限公司生产的“千岛湖”牌啤酒，杭州唯新食品有限公司生产的“唯新”牌肉制品、速冻食品、水产加工品，农夫山泉股份有限公司生产的“农夫山泉”牌饮用天然水，祖名豆制品股份有限公司生产的“祖名”牌非发酵性豆制品，以及杭州市食品酿造有限公司生产的“五味和”牌月饼等9个杭州产品通过评审，成为“长三角”地区名优食品。

【杭州市食品展销会】 1月14～19日，杭州市第二十八届食品展销会在浙江世贸展览中心举办。市食品工业协会引入杭州娃哈哈集团有限公司、农夫山泉股份有限公司、康师傅控股有限公司、祐康食品（杭州）有限公司、祖名豆制品股份有限公司、杭州玫隆食品有限公司等60余个企业、1000余种产品参加展销会。展销会为企业提供宣传自我、展示产品、收集信息、交流经验、提升形象的平台，促进杭州市食品工业健康快速发展。

【娃哈哈集团注重技术创新】 杭州娃哈哈集团有限公司（简称娃哈哈集团）是国内最大的饮料生产企业，产量居世界前列。2014年，娃哈哈集团完成饮料产量1148万吨，实现营业收入720亿元，实现利税129亿元，上缴税金约60亿元。娃哈哈集团列2014年中国企业500强第165位、中国制造业500强第72位，中国民营企业500强第18位。娃哈哈集团建立国家级企业技术中心、博士后科研工作站、CNAS认可实验室，每年都有新产品和新的增长点，解决产品生命周期影响企业生命周期的问题，保证娃哈哈集团持续发展。

“娃哈哈”牌产品涵盖含乳饮料、瓶装水、碳酸饮料、茶饮料、果汁饮料、罐头食品、医药保健品、休闲食品、婴儿奶粉等11个大类160余个品种，参与60项国家、地方和行业标准的制（修）定，是国内饮料行业技术创新成果最丰富的企业之一。

【农夫山泉公司建成生产基地10个】 农夫山泉股份有限公司（简称农夫山泉公司）是中国饮料工业20强企业之一，是农业产业化国家重点龙头企业，在瓶装饮用水及功能性饮料领域获较高的市场份额，成为果汁和茶领域的重要供应商。农夫山泉公司坚持“健康、天然”的品牌理念，坚持“水源地建厂、水源地灌装”的生产方式，至2014年末，相继在国家一级水资源保护区浙江省千岛湖、吉林省长白山靖宇矿泉水保护区、南水北调中线工程源头湖北丹江口、国家级森林公园广东万绿湖、天山冰川区新疆玛纳斯、世界自然文化双遗产四川峨眉山、国家级自然保护区陕西太白山、国家级森林公园贵州武陵山八大优质水源地建成10个国际领先的天然饮用水及果汁饮料生产基地。农夫山泉公司全年销售额超过100亿元，饮料总产量超过550万吨。

【“贝因美”奶粉成为米兰世博会指定婴童产品】 贝因美婴童食品股

杭州娃哈哈集团有限公司的罐装饮料流水生产线 （市食品工业协会 供稿）

份有限公司（简称贝因美公司）着力“做强做大做精做专”配方奶粉业务，坚持“专为中国宝宝研制”的理念，以中国母乳特点为基础，致力于研发符合中国婴童特质的产品。贝因美公司注重开展特殊人群的特殊医学用途婴儿配方奶粉的研制，为个性化的奶粉定制提供技术支撑。2014年，贝因美公司针对高端消费需求研发的高品质爱尔兰原装进口的绿爱+系列婴幼儿配方奶粉上市，并且获“2015年米兰世博会指定婴童产品称号”。

【顶益食品公司年产方便面1.3亿箱】 杭州顶益食品有限公司的第二代工厂位于杭州经济技术开发区，占地面积约25公顷，主要生产康师傅各系列方便面及粉丝杯。第二代工厂拥有制面车间2个，每个车间有8条生产线，每线速度500包/分钟，每线月产桶面150万箱，袋面75万箱，2014年度总产量1.3亿箱。生产线工序考究，成品的自动码垛与自动入库配置是行业的标杆，其中一车间8条线配置8台机械手，代替原来的人工码垛作业，提高工作效率及成品的存放品质。自动入库配置完善，从生产线到立体库全自动操作。立体库拥有2万余个存放工位，由电脑分配提供合理的工位，自动存取。出厂的全部产品可追溯批号，提高工厂食品安全的管理水准。

【祖名豆制品公司获专利10项】 2014年，祖名豆制品股份有限公司（简称祖名豆制品公司）获专利10项，其中发明专利5项、新型实用专利5项。至年末，祖名豆制品公司累计获专利33项，其中发明专利9项、新型实用专利24项。

【祖名豆制品公司“煤改气”项目通过验收】 2014年，为响应市政府建设“美丽杭州”的号召，祖名豆制品公司“煤改气”项目通过引进美国进口高端设备，以及高要求、严标准的施工，于3月通过市政府相关部门的验收。该项目年节省标准煤1.75万吨，能够实现年减排二氧化碳4万吨、烟尘60吨、二氧化硫170吨和氮氧化物100吨，节能减排绩效显著。年内，祖名豆制品公司董事长蔡祖明获“中国豆制品行业影响力企业家”和“第十届杭州市优秀企业家”称号。

【杭豆公司科技攻关项目出成效】 2014年，杭州豆制食品有限公司（简称杭豆公司）作为杭州市农业科技攻关项目的承担单位之一，针对“果汁豆奶加工中的关键技术研究”课题，与浙江工业大学合作，对果汁豆奶工业化生产技术进行研究论证，突破果汁豆奶在规模化生产过程中的难点问题，通过市科委验收。年内，杭豆公司根据市场需求，开发“大中华”“中华豆腐王”“特制卤水豆腐”等新产品。“大中华”产品通过生产工艺和包装的创新，解决豆腐类产品货架期短、不利于物流运输等问题，给经销商和消费者以更多的选择，投产以后获得市场好评，在市场中无替代厂家产品。“特制卤水豆腐”在原有设备和技术基础上改进生产工艺，提升品质，以其稳定的产品品质获得各类大中专院校和企事业单位等团购客户及消费者的认可，成为公司产销量增幅较好的产品之一。

【国良干菜调味品公司生产区域透明化改造】 2014年末，浙江国良干菜调味品有限公司（简称国良干菜调味品公司）完成杭州生产基地调料分装厂生产区域的透明化工厂改造。该项目投入资金约300万元，生产区域由原来的不透明墙体改造为统一的以80厘米墙体为基础，上部分由钢化玻璃组成。生产区域内，从原料筛选、干燥、粉碎、配置到包装各个生产环节，一目了然。开辟独立的参观通道，将生产环节展示在公众面前，接受公众的监督。项目实施后，工人的纪律意识得到增强，产品的合格率有了提高，因人为造成的原辅物料损耗明显下降。

【冠华王食品公司生产经营一体化发展】 杭州冠华王食品有限公司（简称冠华王食品公司）主要研发产品有“冠华王”牌肉类系列产品、航空蛋制品及专供动车（高铁）的快餐盒饭系列食品，营养套餐品种有40余个，主要销往上海、北京、济南、武汉、南昌、广州等13个铁路运输部门。2014年，公司建立绿色无公害原料生产基地，发展从田间到餐桌一条龙产业，从源头控制产品质量安全。快餐盒饭产品原料包含28个农产品，企业按照“公司+合作社+基地”的模式生产经营，建立自有无公害蔬菜瓜果基地60余公顷，成立桐庐县肉兔养殖业专业合作社；与桐庐顺祥农业开发有限公司、桐庐凯源农业开发有限公司、千岛湖沪阳农业开发有限公司等单位实行订单农业合作，建立菌菇供应基地、肉鸡养殖生鲜鸡蛋供应基地，形成以市场为导向、企业为龙头、种养殖规模化、科工贸一体化的生产经营发展格局。

【杭富罐头食品公司发展循环经济】 2014年，富阳市杭富罐头食品有限公司坚持走可持续发展的资源节约、环境友好型的循环经济之路，与浙江大学合作，将笋壳经过微生物发酵青贮方法进行处理后，笋壳成了可供牲畜食用的“青贮饲料”。笋壳中含粗蛋白16.2%，比稻草高出3倍，特别是粗纤维含量达24%，具有丰富的营养价值，是牛、羊、兔的理想饲料。公司将笋废料资源化利用，变废为宝，减轻环境压力，实现竹笋加工产业循环链。“青贮饲料”免费供给桐庐、临安、建德等地的牛、羊养殖场，反响颇佳。

（袁琼芳）

【杭州食品企业参加中国食品博览会】 11月17~21日，2014年中国食品博览会在宁波国际会展中心举办。中国食品博览会是中国食品行业规模大、档次高、人气旺、影响广的行业展会。此次博览会，展区面积7.8万平方米，参展企业2000余个，专业客商及社会观众人数约34万人次，成交额147.5亿元，成为“百亿级”展会。杭州娃哈哈集团有限公司、农夫山泉股份有限公司、康师傅控股有限公司等50个杭州食品企业参会，临安的小核桃、建德的莲子、淳安的农副产品、桐庐的蜂产品、余杭的蜜饯产品等一批地方特色的产品受到消费者欢迎。杭州展区销售现场实施食品质量追溯环节，企业在销售食品时向消费者提供编码过的“2014年中国食品博览会食品质量追溯单”，确保消费者放心购买。

【食品诚信体系宣传推广】 2014

年，市经信委组织食品诚信企业公众开放日活动、食品诚信企业进社区活动，让食品诚信企业走进社区，让百姓参观食品诚信企业。通过双向互动，为企业和消费者搭建沟通的桥梁和纽带，并为食品诚信体系建设相关知识的普及和推广搭建宣传平台。其间，市经信委联合杭报集团共同策划以"诚·食"为主题的系列创意宣传设计，用于进企业和社区活动的宣传展示，把食品诚信体系建设的相关宣传信息巧妙地融入各类宣传材料、食品及相关社区宣传平台之中，开展诚"食"讲堂、诚"食"问答、诚"食"实验室等多个互动活动，让企业聆听市民的心声，让市民体验企业的诚信。

（高玲玲）

·纺织化纤工业·

【纺织化纤工业概况】 纺织化纤行业是杭州市工业经济总量所占比重最大、从业人员最多的一个行业。全市拥有中国纺织工业名城1个、名镇6个，萧山区是国内最大的化纤产业基地。2014年，全市纺织化纤行业面临内销不旺、出口不振、利润下滑，上游原料价格波动大等外部风险和内在矛盾，但总体呈现稳健发展、适度增长态势。全市规模以上的纺织、化纤、服装企业1282个，占全市工业企业总数20.8%。其中，纺织业798个（含丝绸48个）、化纤业122个、服装和服饰制造业362个。全行业年平均用工23.58万人，占全市工业企业用工总数的20.6%。其中，纺织业13.38万人（含丝绸6579人）、化纤业2.88万人、服装和服饰制造业7.32万人。另有羽绒纺织制品企业35个，用工人数9521人，编织、刺绣工艺品和地毯企业47个，用工人数6817人，纺织服装设备制造企业36个，用工人数3570人。

2014年，杭州市纺织化纤行业全年完成工业总产值1972.41亿元，占全市工业经济的15.4%，比上年增长4.1%。其中：纺织业1009.26亿元（含丝绸43.90亿元），增长4.8%；化纤业667.45亿元，增长5.6%。服装和服饰制造业295.69亿元，增长1%。另有羽绒纺织制品75.14亿元，编织、刺绣工艺品和地毯47.89亿元。纺织服装设备制造业27.04亿元。工业总产值中新产品产值453.84亿元，新产品产值率23%。其中，纺织业新产品产值209.51亿元，化纤业新产品产值199.28亿元，服装和服饰制造业新产品产值45.05亿元，新产品产值率分别为20.8%、29.9%、15.2%。完成工业销售产值1926.29亿元，占全市工业经济的15.2%，增长4%，产销率97.7%。其中：纺织业985.98亿元（含丝绸43.14亿元），增长4.5%；化纤业647.79亿元，增长5.4%。服装和服饰制造业292.52亿元，增长1.4%。另有羽绒纺织制品74.09亿元，编织、刺绣工艺品和地毯46.88亿元。纺织服装设备制造业26.68亿元。纺织品服装出口额104.68亿美元，占全市出口额的24%，增长1.1%。其中：纺织纱线、织物及制品56.42亿美元，下降0.7%；服装及服饰制造业48.26亿美元，增长3.2%。实现利税总额149.53亿元，增长12.9%，占全市工业利税的9.7%。其中：纺织业77.38亿元（含丝绸2.59亿元），增长12.97%；化纤业45.66亿元，增长17.3%；服装和服饰制造业26.49亿元，增长5.2%。实现利润总额95.23亿元，增长17%。其中：纺织业48.59亿元（含丝绸1.55亿元），增长15.9%；化纤业33.97亿元，增长19.3%；服装和服饰制造业12.67亿元，增长15.7%。另有羽绒纺织制品业实现利税5.39亿元，利润总额3.04亿元。编织、刺绣工艺品和地毯实现利税3.07亿元，利润总额1.77亿元。纺织服装设备制造业实现利税2.35亿元，利润总额1.55亿元。

全年实产纱73.67万吨，增长5.7%。其中：棉纱35.80万吨，下降1%；化纤纱23.73万吨，增长24.5%；混纺纱14.14万吨，下降2.6%。布43.76亿米，增长3.8%。其中：棉布2.89亿米，增长5.7%；棉混纺交织布4.76亿米，增长12.4%；化纤布36.11亿米，增长2.6%。色织布5741万米，下降2.9%。印染布加工57.39亿米，增长2%。各类化纤实产680.63万吨，增长9.7%。其中：涤纶纤维（含加弹丝）实产638.99万吨，增长10.4%；粘胶短纤实产13.80万吨，下降11.1%；其他纤维素纤维2458吨，下降10.9%。氨纶纤维实产6.95万吨，增长22.7%；锦纶纤维实产19.33万吨，下降0.2%；丙纶纤维实产0.12万吨，下降26.7%。

全年实产各类服装3.9亿件，下降0.7%。其中：梭织服装2.69亿件，下降0.4%；针织服装1.2亿件，下降1.5%。另有羽绒服装796万件，下降22.9%。西服套装447.87万件，下降9.6%。衬衫911万件，下降3.9%。其他有无纺布15.66万吨，增长13.1%。帘子布2.98万吨，下降6.1%。蚕丝（含绢丝）3965.42吨，增长8.1%。丝织和丝交织品3300.04万米，下降25.6%。蚕丝被47.19万条，增长7.9%。

【8个企业入选中国制造业500强】 9月1～3日，由中国企业联合会、中国企业家协会举办的"2014年中国500强企业高峰论坛"在重庆举行。其间，公布2014年中国企业500强和中国制造业企业500强名单，发布中国企业500强发展报告。中国企业500强的入围门槛升至年营业收入228.6亿元，其中有260个制造业企业。杭州纺织化纤企业入选中国制造业500强的有8个，分别是：浙江恒逸集团有限公司（第74位）、浙江荣盛控股集团有限公司（第85位）、浙江翔盛集团有限公司（第345位）、浙江航民实业集团有限公司（第390位）、胜达集团有限公司（第400位）、兴惠化纤集团有限公司（第432位）、富丽达集团控股有限公司（第440位）、开氏集团有限公司（第480位）。其中，浙江恒逸集团有限公司和浙江荣盛控股集团有限公司分别以780.66亿元和650.36亿元的年营业收入，入选中国企业500强的第167位、第191位。

【15个企业入选中国民营企业制造业500强】 8月18日，中华全国工商业联合会在北京发布2014年中国民营企业500强和中国民营企业制造业500强名单。杭州有15个纺织化纤企业入选2014年中国民营企业制造业500强，分别是：浙江恒逸集团有限公司（第13位）、浙江荣盛控股集团有限公司（第17位）、浙江翔盛集团有限公司（第186位）、浙江航民实业集团有限公司（第227位）、胜达集团有限公司（第250位）、柳桥集团有限公司（第276位）、万事利集团有限公司（第279位）、兴惠化

纤集团有限公司(第285位)、富丽达集团控股有限公司(第292位)、开氏集团有限公司(第322位)、浙江正凯集团有限公司(第364位)、杭州端成辉化纤有限公司(第373位)、浙江红剑集团有限公司(第409位)、杭州永盛集团有限公司(第412位)、三元控股集团有限公司(第478位)。其中,有9个纺织化纤企业入选中国民营企业500强,分别是:浙江恒逸集团有限公司(第19位)、浙江荣盛控股集团有限公司(第28位)、浙江翔盛集团有限公司(第291位)、浙江航民实业集团有限公司(第364位)、胜达集团有限公司(第409位)、柳桥集团有限公司(第459位)、万事利集团有限公司(第463位)、兴惠化纤集团有限公司(第474位)、富丽达集团控股有限公司(第485位)。

【23个企业入选中国纺织服装企业竞争力500强】 10月4日,中国纺织工业联合会发布2013~2014年度中国纺织服装企业竞争力500强名单。杭州市有23个纺织化纤企业入选,其名单和排位分别是:恒逸石化股份有限公司第28位、荣盛石化股份有限公司第31位、万事利集团有限公司第62位、浙江航民实业集团有限公司第67位、浙江富丽达股份有限公司第113位、杭州宏峰纺织集团有限公司第143位、金富春集团有限公司第145位、达利(中国)有限公司第168位、宏扬控股集团有限公司第171位、杭州诺邦无纺股份有限公司第205位、浙江天长纺织有限公司第251位、众望控股集团有限公司第255位、浙江春江轻纺集团有限公司第261位、杭州永翔纺织有限公司第270位、杭州奥华纺织有限公司第297位、杭州中亚布艺有限公司第325位、杭州路先非织造股份有限公司第356位、杭州华辰植绒有限公司第412位、浙江玛雅布业有限公司第418位、杭州柯力达家纺有限公司第422位、杭州奥坦斯布艺有限公司第442位、杭州圣玛特毛绒有限公司第452位、浙江力达现代纺织有限公司第493位。

【17种产品被认定为省市名牌产品】 2014年,杭州纺织化纤行业有17种产品被认定为省市名牌产品,其中省名牌产品3种、市名牌产品14种。3种省名牌产品分别是浙江双可达纺织有限公司的"图形+双可达纺织"牌纱线、杭州永翔纺织有限公司的"翔牌"纱线、金富春集团有限公司的"图形"牌丝绸服装。14种市名牌产品分别是大自然控股集团有限公司的"自然伊格"牌服装面料、汉帛(中国)有限公司的"AMADO"牌服装、杭州贝斯特化纤有限公司的"图形"牌涤纶短纤维、杭州红山化纤有限公司的"红化"牌涤纶长丝、杭州邦联氨纶股份有限公司的"图形"牌氨纶丝、杭州奔马化纤纺丝有限公司的"奔马"牌再生涤纶短纤、杭州金利丝业有限公司的"拼音+小白菜"牌蚕丝被、杭州益邦氨纶有限公司的"欧耐卡"牌氨纶长丝、杭州游龙针织有限公司的"泽尔马"牌针织品、杭州路先非织造股份有限公司的"双圈"牌水刺法非织造布、浙江万利纺织机械有限公司的"万利"牌纺织机械、浙江四通化纤有限公司的"图形"牌丙纶BCF纱、浙江正凯集团有限公司的"拼音+正凯"牌纺织面料、浙江益南化纤集团有限公司"益南"牌锦纶6DTY。

【23个商标被认定为省市著名商标】 2014年,杭州市纺织化纤行业23个商标被新认定或延续认定为省市著名商标,其中省著名商标13个、市著名商标10个。省著名商标新认定的有5个,分别是:浙江美术地毯制造有限公司"浙美"27类商标、浙江汉帛服饰营销管理有限公司"Hailives"25类商标、浙江双可达纺织有限公司"双可达纺织+图形"23类商标、浙江三元纺织有限公司"天织+TIANZHI"24类商标、杭州汉邦化纤有限公司"漢邦化纖+图形"23类商标。延续确认认定省著名商标的有8个,分别是:杭州诺邦无纺股份有限公司"诺邦+图形"24类商标、宏杨控股集团有限公司"宏纺+图形"23类商标、浙江华欣新材料股份有限公司"蓝纺+图形"23类商标、开氏集团有限公司"K图形"23类商标、浙江恒逸石化有限公司"HENGYI+图形"23类商标、真北集团有限公司"澳坦斯"24类商标、众望控股集团有限公司"众望"24类商标、杭州华隆羽绒制品有限公司"SIDANDA+图形"25类商标。被认定为市著名商标的有10个,其中新认定的9个,分别是:浙江联达化纤有限公司"聯益+图形"23类商标、杭州邦联氨纶股份有限公司"BRNGLIRN+图形"23类商标、杭州萧山中艺纺织有限公司"中艺+图形"23类商标、杭州华盛实业有限公司"图形"23类商标、杭州全顺纺织有限公司"Transit+图形"24类商标、杭州宏都纺织工业有限公司"凯梦娜"24类商标、杭州圣玛特羊绒制品公司"圣巴奈特"24类商标、浙江汉帛服饰营销

桐庐羊绒针织有限公司电脑针织横机生产线 (姚 挺 供稿)

管理有限公司"Nancyk"25类商标、浙江春风纺织集团有限公司"字母"25类商标；延续认定的为杭州宏福锦纶有限公司"庆利+图形"22类商标。

【11个项目获中国纺织工业科学技术进步奖】 11月25日，中国纺织工业联合会在北京召开2014年度中国纺织工业联合会科技教育奖励大会，会上公布《中国纺织报》2014年度中国纺织工业联合会科学技术进步奖授奖项目135个，其中一等奖15个、二等奖47个、三等奖73个。杭州市获奖项目名称和主要完成单位分别是：浙江理工大学等6个单位研发完成的"膜裂法聚四氟乙烯纤维制备产业化关键技术及应用"获一等奖。浙江出入境检验检疫局检验检疫技术中心、浙江理工大学等3个单位研发完成的"应对欧盟REACH法规纺织品中高关注物质检测标准体系的研究应用"、浙江万利纺织机械有限公司、浙江理工大学研发完成的"宽门幅产业用布剑杆织机关键技术的研究及产业化"等2个科技项目获二等奖。浙江传化股份有限公司研发完成的"嵌段聚合硅氧烷整理剂生产及应用技术"、浙江理工大学、浙江怡创印染有限公司等4个单位研发完成的"气流雾化染色技术研究及装备研制"、达利（中国）有限公司完成的"真丝织物染整节能减排技术的研究与开发"、浙江恒强科技股份有限公司等5个单位完成的"FZ/T97025-2011横机数控系统"、荣盛石化股份有限公司和浙江理工大学完成的"扁平易收缩系列涤纶纤维的开发"、浙江华欣新材料股份有限公司完成的"车用低雾化有色涤纶长丝FDY技术"、浙江正凯集团有限公司研发完成的"高感性聚酯鲨鱼皮织物"、万事利集团有限公司等4个单位研发完成的"真丝绸装饰和文化艺术品的研发及其产业化"8个科技项目获三等奖。

【11种纺织面料获中国流行面料优秀奖】 10月8日，2014年中国国际面料设计大赛暨2015~2016年秋冬中国流行面料入围名单公布，杭州市有7个纺织企业的11种纺织面料获2015~2016年秋冬中国流行面料优秀奖，并被授予"2015~2016年秋冬中国流行面料入围企业"称号。

杭州市获奖面料及其生产企业是：杭州海嘉布艺有限公司和天诺光电材料股份有限公司开发生产的银离子纤维抗菌无染大提花装饰布（HD002-2/3）、银离子纤维抗菌无染大提花装饰布（HD002-2/1），杭州铭和纺织品有限公司开发生产的双面丝毛绸，杭州圣玛特羊绒制品有限公司开发生产的羊毛绒面料（SMTCT14222）、羊毛绒面料（SMTCDAG8520），杭州振亚纺织有限公司开发生产的"规则"服装面料、"青盾"服装面料，杭州新天元织造有限公司开发生产的"时空幻境"服装面料、"弈舞九天"服装面料，浙江达丰纺织有限公司开发生产的棉天丝双芯弹力牛仔布，杭州永盛新材料有限公司开发生产的D400弹性复合纤维针织牛仔布。

【印染行业实施"零点行动"】 2014年，杭州市加大对印染行业的整治力度，按照58条整治标准实施"零点行动"，即在7月1日零点前，尚未整治合格的企业坚决实行关停。至年末，萧山区关停印染企业13个，整治提升50个，保留的50个印染企业投入整治资金13亿元，引进先进气流染色设备，淘汰落后染色设备615台，淘汰重污染工序14个。余杭区关停印染企业10个，整治提升24个。通过对印染行业的整治提升，从根本上倒逼产业转型升级，促进生态环境改善。萧山区印染行业整治提升后，企业数下降20.6%，总产量增长23.0%，产值增长29.4%，废水排放量下降32.3%，排放强度下降45.0%。

【纺织面料设计技能培训班】 9月和11月，杭州市纺织行业协会分别在萧山区、余杭区举办两期大型纺织面料设计技能培训班，每期3天，有75个企业241名学员参加培训。培训班以"时尚、升级、让杭州面料更靓丽"为主题，聘请浙江理工大学、嘉兴学院、浙江省纺织测试研究院、浙江省纺织工程学会等单位的8位教授和专家为导师，从原料选用、面料结构设计、印染后整理、色彩搭配技术等方面进行系统培训。9月27~29日，在萧山区瓜沥镇举办第一期培训班，43个企业145人参加培训；11月27~28日，在余杭区浙江华鼎集团有限责任公司举办第二期培训班，32个企业96人参加培训。

【中东贸易对接会在杭州举办】 5月10~11日，杭州市纺织行业协会联络中东贸易平台、中阿经贸促进会，在杭州艺苑会场开展"中东贸易对接会"活动。杭州市42个纺织企业60余名代表参会。会上，中东贸易平台创始人、世界华人华侨精英联合会中东区主席蔡玉辉介绍中东地区的商贸环境和中东贸易平台。阿拉伯埃及共和国驻华使馆经济社会商务处负责人、全权商务公使奥斯曼博士及其夫人应邀到会，奥斯曼简要介绍埃及的商贸环境，表示支持开展中埃双边贸易活动，将为此给予方便。

【荣盛集团参股"CCEC"】 2014年初，浙江荣盛控股集团有限公司（简称荣盛集团）参股加拿大能源控股有限公司（Canada Capital Energy Corporation，简称"CCEC"），董事长李水荣等3人在新"CCEC"第一届股东大会上被任命为新"CCEC"董事会董事。该投资项目于2013年3月启动，历经9个月，先后完成尽职调查、分析评估、项目申报以及交割手续。荣盛集团斥资5.52亿元，收购"CCEC"50%股权。"CCEC"于2005年在加拿大注册成立，长期致力于石油和天然气的勘测、开发、生产，是一个在石油地质、地球物理、钻探工程、生产运营、石油商务、资本运作等方面综合能力较强的石油公司，在加拿大中小型私营石油公司中名列前茅。此次参股"CCEC"是荣盛集团纵向发展战略的重要举措，使集团的主产业链向上游延伸了一环。

【桐庐横村针织企业入驻辽宁西柳市场】 2014年，桐庐县横村镇100余个针织企业入驻辽宁西柳中国商贸城二期。这是辽宁西柳市场创新工作方式，实现外埠企业产品与西柳市场对接，是企业、商（协）会与政府三方合作的进一步探索。西柳市场是东北地区最大的市场之一，已步入商城化、集群化、现代化、品牌化和国际化的发展阶段。横村针织企业入驻，对西柳市场的发展具有重大意义，成为双方优势互补、发展共享、互利共赢的开端。

（姚 挺）

·丝绸工业·

【丝绸工业概况】 2014年，杭州市有规模以上丝绸企业48个（不包括丝绸服装企业，下同），比上年减少15个；从业人员平均人数6579人。全年完成工业总产值43.9亿元，下降36.5%；工业销售产值43.14亿元，下降36.8%；出口交货值7.43亿元，下降65.4%。主营业务收入42.79亿元，下降36.6%；实现利税总额2.59亿元，下降34.4%；其中利润1.55亿元，下降30.7%。

杭州万事利集团有限公司、金富春集团有限公司和达利（中国）有限公司3个杭州丝绸企业进入2013～2014年度中国纺织服装企业竞争力500强，分列第62位、第145位和第168位。

【丝绸与女装博览会】 10月11～13日，由商务部和杭州市政府主办，中国纺织品进出口商会、市经信委共同承办、市丝绸女装展览有限公司具体实施的2014年中国国际丝绸博览会暨中国国际女装展览会在浙江世贸国际展览中心举办。博览会设立国际馆、媒体资讯区、秀场发布区、丝绸名企馆、智慧体验区、贸易对接区等6大展区。通过展示丝绸产业在转型升级、市场开拓、新品发布、信息技术应用等方面的成果，打造丝绸全新产业价值链的展示、贸易、研发、交流、发布、体验平台。主要内容有生丝原料、丝绸面料、丝绸服装、丝绸家纺、丝绸家装、高端丝绸礼品及蚕丝的衍生品和女装、服装配饰等展示。展示面积1.9万平方米，设有特装展位26个，标准展位480个。法国、韩国、泰国等国家，香港特别行政区、台湾地区及浙江、四川、江苏、重庆、陕西、江西、新疆、北京、辽宁、内蒙古、河南、上海、云南13个省（市）的182个企业参展。参观人数4.5万人次，其中美国、法国、德国、西班牙、俄罗斯、澳大利亚、印度、巴基斯坦等国以及国内专业客商1800余位。现场成交额1450万元，达成意向成交额约6.3亿元。

其间，举办专业论坛2场、丝绸及女装专业商贸对接会3场、专业时尚赛事4场，时尚品牌发布秀6场。

【中国丝绸流行趋势发布】 10月10日，“2016年春夏中国丝绸流行趋势”在浙江世贸国际会展中心进行动态发布，商务部市场运行和消费促进司司长陈国凯、副司长李朝胜、中国纺织工业联合会副会长张莉、中国丝绸协会会长杨永元、中国服装协会执行会长冯德虎、浙江省经信委副主任陈建忠、杭州市副市长张耕等出席发布会。《杭州日报》、杭州电视台、《丝绸》杂志、《杭州》杂志、“人民网”、“中国女装网”、“中国丝绸网”、“浙江在线”、“杭州网”等媒体现场采访报道。10月11～13日，进行静态展示。

该流行趋势研究与发布的主要内容是以创建中国丝绸流行趋势研究体系为宗旨，依据历届丝绸流行趋势发布信息和跟踪分析，结合国际纺织服装前沿市场最新流行时尚，以2016年春夏中国丝绸流行趋势为研究对象，从流行色彩、纱线、印花图案、服装款式、成品风格等方面分析预测，形成2016年春夏中国丝绸流行趋势研发主体和主色调，研究成果通过发布成果册、静态与动态展示呈现。该活动由市经信委通过公开招标后，由杭州丝绸文化与品牌研究中心联合浙江理工大学服装学院、杭州职业技术学院达利女装学院、万事利集团有限公司、金富春集团有限公司、达利（中国）有限公司具体策划、研究、设计和发布。

【155个企业参加家用纺织品及辅料博览会】 8月27～29日，市经信委委托市家用纺织品行业协会组织会员企业参加在上海新国际会展中心举办的2014年中国国际家用纺织品及辅料博览会。杭州组团参展企业165个，比上年增加10个；参展面积1.41万平方米，扩大900平方米，参展企业和参展面积为历年之最。展示各类沙发布、真丝窗帘、窗帘饰品及各式装饰布、丝织床上用品、家居装饰用品等杭州产品。达成意向成交3.3亿元，其中外贸部分占45%。

【6个国家茧丝绸发展专项资金项目通过验收】 1月，浙江省经信委组织专家对杭州市丝绸企业和科研院校承担的国家茧丝绸发展专项资金项目进行验收，专家通过听取承担单位研发工作的汇报，现场检查，产品察看，了解质询，承担单位的6个项目通过验收。

淳安县茧丝绸总公司承担的“雄蚕新品种农村规模化饲养技术研究与推广”项目，通过引进雄蚕新品种3对，建立雄蚕茧生产基地，推广雄蚕新品种3.36万张；研究推广雄蚕“十天养蚕法”示范模式、蚕桑病虫害统防统治、六联片方格蔟上蔟、桑园环保专用农药应用、蚕沙的无害化处理等技术。项目超额完成预期目标，取得显著的经济和社会效益。

杭州纺织机械有限公司、浙江理工大学、杭州飞宇纺织机械有限公司合作承担的“节能减排新型自动缫丝机”项目，通过缫丝过程中的补给水、溢排水系统的循环控制，达到减少吨丝水消耗、提高用水效率的目的。生丝慢速卷绕采用接绪翼电机传动、给茧机采用单独电机变频传动，微捻装置取消独立电机由索理绪电机传动集中分配动力，采用片状散热式烘丝管减少蒸汽消耗等，以达到降低整机能耗。同时通过可编程控制器实现自动缫丝机茧量平衡自动控制，研制茧量自动探测机构实现新茧补充和给茧机加茧的反馈控制，研制机械式防绪下茧流失装置以减少丝条大故障的产生，研制自动缫丝机漏茧收集装置，提高看台能力和设备运转率，降低原料消耗。项目在缫丝过程中节水、节能及自动控制方面有创新，处于国际同类产品领先水平。

杭州福兴丝绸厂承担的“打造杭罗博物馆、活态传承杭罗技艺”项目，将传承、生产、展览和销售有机结合，达到活态传承杭罗技艺的目的。项目征集清初杭罗婚庆服装等民间杭罗作品，修复清末木制织机7台，修复手工摇纡车3台、缫丝机2台。经过分类整理，建立杭罗博物馆，实现杭罗历史、技艺与实物展示、织造过程演示，起到传承与保护杭罗文化和技艺的作用，取得良好的社会效益。

达利（中国）有限公司承担的

“2013年新型丝绸印花技术”项目，对高速数码印花产业化生产关键技术进行系统研究开发。从墨水的干燥性、扩散性、流畅性、均匀性、提升性、综合稳定性等方面进行实验筛选，优选出生产用墨水；运用MiniTab软件进行多因子实验分析，确定浆料配方，优化上浆工艺；通过整合应用图像处理、数据计算和打印控制等软件，提高数码印花效率；通过加装墨水回收系统、应用天然气加热系统、改善车间隔热设施等，达到节能减排效果。项目在上浆工艺优化和软件整合应用上有创新，工艺技术达到国内领先水平。

万事利集团有限公司承担的“真丝绸装饰艺术品的产品设计及其防霉技术研究与产业化”项目，将传统丝绸文化与现代时尚潮流巧妙结合，通过产品创意设计和先进数码技术的应用，生产出真丝绸装饰墙布、全丝绸书籍和仿古画等艺术产品；并采用自行研发的具有防霉抗菌功能的纳米氧化锌/竹炭复合材料，通过直接热粘合法开发具有耐久防霉抗菌功能的真丝绸壁纸产品。项目在纳米氧化锌/竹炭复合材料负载到真丝绸装饰艺术品加工技术上有创新，已申请国家发明专利2项。

杭州市丝绸女装展览有限公司承担的“丝绸公共营销平台的创新与发展”项目，以推动2013年中国国际丝绸博览会暨中国国际女装展览会的专业实效、创意文化、创新发展为宗旨，通过加大国内外招商招展力度，对接跨国采购商、代理商，首次设立“国际馆”“电商馆”等，扩大展会规模和办展实效；首次发布丝绸国际流行趋势、出版杭州丝绸蓝皮书等，提升展会品牌效应，增强综合影响力；与主流媒体合作，建立展会官网、形成网络联动，推动展会的信息网络化发展，实现项目的预期目标。

【2个省级新产品通过专家鉴定】 1月5日，杭州天峰纺织机械有限公司研制的“高性能浮茧法蚕丝自动缫丝机”和“茧量平衡低缫折自动索理绪机”通过省经信委组织的省级新产品专家鉴定。

“高性能浮茧法蚕丝自动缫丝机”是针对柞蚕茧的茧层厚薄疏密不匀，无法用常规沉茧工艺进行自动缫丝，创新设计一种浮茧自动缫丝工艺和设备，实现柞蚕茧的自动缫丝生产；研制的水流索理绪机、斜坡振动式分离机和双层循环水流给茧装置，实现柞蚕茧有效索理绪、有绪无绪茧的高效分离和给茧、绪茧和蛹衬的分离；研制免穿式集绪器、单丝除环颣和双出茧装置，实现浮茧缫丝张力的稳定控制，提高生产效率和品质；开发的丝辫故障自动报警装置，满足有绪茧的顺利移送。产品相关技术已获发明专利1项和实用新型专利4项，申报国家发明专利4项，在柞蚕茧自动缫丝方面填补国内空白，处于国际先进水平。

“茧量平衡低缫折自动索理绪机”项目产品设计的悬浮堰坝式分离装置，可对正绪茧与蓬糙茧无绪茧进行有效分离；采用机电一体化技术，创新研发一种新型新茧探量装置，茧量平衡缫折低；开发的偏心盘振动索理绪装置和二次精理装置，适应不同缫丝能力需要；研制的丝辫故障自动报警装置、辊筒式分离装置和茧量控制报警装置，进一步降低缫折。产品具有索理绪能力强、茧量供消平衡、正绪茧与无绪茧薄皮茧分离正确、缫折低、看台率高等特点，关键技术获实用新型专利1项，申请发明专利1项和实用新型专利4项，技术处国内同类产品领先水平。

【丝绸行业质量管理小组成果评审】 5月30日，省丝绸协会在杭州召开2014年度全省丝绸企业质量管理小组成果发表会。经评审，达利（中国）有限公司印花前道QC小组和特种工序开发QC小组，以及金富春集团有限公司富阳天马织造厂QC小组被评为“优秀QC小组”，各自发表的“解决平网制版‘大肚皮’问题”和“丝绸面料快速车条技术的研发”，以及“降低绸面坍纬病疵”成果获一等奖；达利（中国）有限公司染色车间QC小组、浙江喜得宝丝绸科技有限公司染整分厂QC小组被评为“优秀QC小组”，各自发表的“降低人丝绉布缩布绉印回修率”“染色生产中促染盐的优化和控制”成果获二等奖；金富春集团有限公司、浙江喜得宝丝绸科技有限公司、达利（中国）有限公司被评为“质量管理小组活动优秀企业”；金富春集团有限公司盛建祥、浙江喜得宝丝绸科技有限公司赵之毅、达利（中国）有限公司梁淑妍被授予“质量管理小组活动卓越领导者”称号；达利（中国）有限公司徐眉被授予“质量管理小组活动优秀推荐者”称号；达利（中国）有限公司服装中心技术研发部精品四组和印染中心染整部工业工程部、金富春集团有限公司检验班被评为“质量信得过班组”。

（高振纲）

·女装产业·

【女装产业概况】 2014年，杭州女装产业总体产能过剩，同质化商品竞争激烈，市场需求增长放缓，女装产业发展速度有所减缓。杭州市有规模以上服装和服饰企业362个，职工人数7.32万人。全年完成工业总产值295.69亿元，比上年增长1.0%；工业销售产值292.52亿元，增长1.4%。虽然产业发展速度有所减缓，但是企业通过控制生产成本、减少管理和财务费用，生产经营基本平稳。经济效益略有上升。实现利税总额26.49亿元，增长5.2%，其中利润12.67亿元，增长15.7%。

【中国国际女装设计师大奖赛】 10月11日，第十届“COCOON杯”中国国际女装设计师大奖赛总决赛在杭州博采摄影棚举办。大奖赛由中国服装设计师协会和杭州市丝绸与女装产业发展领导小组主办，市丝绸与女装办、市服装设计师协会承办，浙江印象实业股份有限公司冠名赞助。商务部市场运行和消费促进司副司长李朝胜、中国纺织工业联合会副会长张莉、杭州市副市长张耕等领导出席并观摩总决赛。

7月21日，在北京饭店举行新闻发布会，正式启动大奖赛。大奖赛征集的命题是“我的品牌我的梦想”。征稿从4月1日开始至7月30日截止，共收到2703份稿件。7月31日，在杭州九里云松度假酒店举行大赛初评的作品选拔，评选出50位选手进入大赛复评环节。8月8～12日，在杭州职业技术学院和浙江三立开元名都大酒店举行大赛复评，

主要考核选手的实践能力和创意面试能力。评选出30名选手参加总决赛。10月11日，在杭州博采摄影棚举行作品动态展示总决赛。评委由中国服装设计师协会主席李当岐、香港著名设计师邓达智、浙江印象实业股份有限公司董事长兼艺术总监应翠剑、意大利欧洲设计学院资深教授Jovana、意大利知名设计师Francesco、英国伦敦艺术大学Karen、丹麦著名设计师ULF等7人担任。通过对27位选手的复评实践能力、创意面试以及作品表演3个环节的考核，上海之禾品牌管理有限公司的设计师叶奕妹的作品*Tramml*获金奖；上海自由设计师田畅的作品《延伸》、杭州自由设计师黄煌伟的作品*ELEGY*获银奖；杭州自由设计师胡拓的作品*process*，杭州江南布衣服饰有限公司设计师楼斌的作品*pureI*和龚冬冬的作品《方圆》获大赛铜奖。

【“服协杯”服装高技能大赛】 8月22日，“服协杯”第十届服装高技能大赛暨第二届杭州十佳服装版型师评选活动在浙江东方豪生大酒店举行新闻通报会。该大赛由市经信委、市人力社保局及市总工会共同主办，市服装行业协会和杭州职业技术学院联合承办。

10月26日，该大赛的决赛在杭州职业技术学院举行。179名选手参赛。比赛项目由服装制作、样衣制作、服装制板、服装CAD组成，其中服装制作为市级一类赛事，其他3项列入市职业技能专项能力考核。大赛为“杭州十佳服装版型师”选拔赛，选拔入围优胜选手参加“十佳”复赛环节，争夺“杭州十佳服装版型师”荣誉。

12月4日，该大赛颁奖会在杭州大华饭店举行。按比赛成绩，有91人获市人力社保局颁发的相关证书，其中2人获服装制作技师证书、53人获服装制作高级工证书、36人获专项职业能力高级技能证书；3人获市人力社保局授予的“杭州市技术能手”称号；5人获市总工会授予的“杭州市职工经济技术创新能手”称号；2人获共青团杭州市委授予的“杰出青年岗位能手”称号；9人获共青团杭州市委授予的“优秀青年岗位能手”；10人获市服装行业协会授予的“杭州十佳服装版型师”荣誉称号。

【“杭州国际时尚周”活动】 5月7~12日，2014年“杭州国际时尚周”活动在杭州西湖天地举办。时尚周由省服装行业协会、市服装设计师协会和杭州西湖天地联合举办，杭州时尚联合会、市文化创意协会、市纺织服装电子商务行业协会协办，浙江文创集团独家冠名赞助。其间，共有“Any Who”“1001夜”“蓝色倾情”等本土服装品牌新品发布秀、日本kanecaon公司高仿真环保皮草买手秀等12场风格各异的时装作品发布秀，以及中国美术学院、浙江理工大学、浙江科技学院、浙江农林大学等服装院校新锐设计师作品秀。

【服装设计“未来之星”评选】 5月12日，由市经信委、市文化创意产业办公室主办，市服装设计师协会承办，杭州宏华数码科技股份有限公司冠名的第十二届宏华数码——院校服装设计“未来之星”评选活动在杭州西湖天地举办。该比赛在原中国美术学院、浙江理工大学、浙江科技学院、浙江农林大学、杭州职业技术学院、温州大学、温州职业技术学院、金华职业技术学院、浙江纺织服装职业技术学院、绍兴文理学院等10所浙江院校的基础上，邀请清华大学美术学院、北京服装学院、苏州大学、上海东华大学、江南大学、湖北美术学院、广州美术学院、四川美术学院等24所省外专业院校参加。入围总决赛的是全国34所院校服装设计专业毕业作品中挑选出的44组优秀作品。广州市例外服饰有限公司副总经理胡月，劲霸男装副总裁张宏，吾衣间品牌创始人张之建，浙江印象实业股份有限公司董事长兼艺术总监应翠剑等10名品牌企业资深人士担任评委。经过专家评审组评定，清华大学的毕然、中国美术学院的李欣妍、浙江理工大学的杨淑薇等10名选手获院校服装设计“未来之星”称号。

【国际羽绒博览会在萧山举行】 12月5~8日，第二十届中国国际羽绒博览会暨第六届萧山国际羽绒节在萧山金马国际会展中心举行。博览会由中国羽绒工业协会和萧山区政府主办，萧山区商务局、萧山区新塘街道办事处和浙江省羽绒行业协会承办。博览会展出面积1万平方米，参展企业51个，现场销售额430万元。主要展品为羽绒制品、原辅材料、配套机械、检测技术等。中国轻工业联合会会长步正发等出席开幕式并参观博览会。

【时装设计师入选“中国十佳”】 11月2日，在中国服装设计师协会主办的2014年中国国际时装周颁奖典礼上，杭州服装设计师刘思聪和陆敏超获“中国十佳时装设计师”称号。至此，杭州累计22位设计师获“中国十佳时装设计师”称号。

10月29~30日，在北京时尚设计广场（751D·PARK）第一车间分别

杭州丝绸女装展上的时装秀　　（胡传明 供稿）

举办COLECTARE·刘思聪时装发布会和RYMA·陆敏超男装发布会。2场发布会的精彩作品获得现场各国时尚界人士的一致好评。两名时装设计师都是2009年中国国际女装设计师大奖赛所选拔的选手，后送国外深造，毕业于意大利欧洲设计学院，回国后在杭州创业。

【丝绸服装企业组团参加展会】 4月17~20日，市经信委组织杭州溢佳制衣有限公司、杭州琼楼服饰有限公司、杭州辛德服饰有限公司、杭州蓝色倾情服饰有限公司、达利丝绸（浙江）有限公司、杭州创谷纺织科技有限公司6个企业参加在台北市举办的2014年“台北魅力展”，主要展示丝绸、女装等产品，现场达成订单100万元。其间，杭州琼楼服饰有限公司、杭州辛德服饰有限公司、杭州蓝色倾情服饰有限公司联合举行杭州设计师品牌发布秀。

9月25~27日，市经信委组织杭州福兴丝绸厂、杭州溢盈制衣有限公司、杭州赛信斯服饰有限公司、杭州琼楼服饰有限公司、达利丝绸（浙江）有限公司5个企业参加2014年韩国釜山时装周，主要展示丝绸、女装等产品，现场达成订单100万元。其间，杭州琼楼服饰有限公司举办ILOVECHOC新品发布秀。

11月12日，市经信委组织杭州蓝色倾情服饰有限公司参加2014年中国重庆国际时装周，当晚进行蓝色倾情品牌发布秀。蓝色倾情品牌诞生于1993年，风格奢美，价位适中，注重服装设计的原创精神，是杭州女装企业形象的代表之一。

【18名优秀服装设计师赴国外培训】 9月17日至9月26日，市经信委委托市服装设计师协会组织18名优秀服装设计师和管理人员赴法国、英国、意大利进行为期10天的学习考察培训。其间，学员观摩了法国巴黎PV展、Musse De La Mode展、TEXWORLD展和APPAREL SOURCING展和意大利2015SS米兰时装周，考察米兰时尚街区。在英国伦敦时装学院集中学习当下及未来的流行趋势，延伸至供应链的变化，市场营销的机会，未来零售的趋势，全球变化，东西方品牌的比较等等课程。

【纺织服装品牌营销管理高级研修班】 10月18~20日，市经信委联合中国纺织工业联合会品牌工作办公室在浙江工商大学举办杭州纺织服装品牌营销管理高级研修班，旨在提高杭州纺织服装行业品牌培育能力，培养企业品牌高级营销管理人才。中国纺织工业联合会副会长张莉主讲“中国纺织服装产业品牌建设现状及趋势分析”；武汉纺织大学服装学院副院长钟安华主讲“纺织行业品牌培育管理体系和通用要求”；中国商业联合会副会长王耀主讲“新形势下的商业零售渠道变革”；中国纺织工业联合会品牌工作办公室副主任苏葆燕主讲“品牌战略规划管理及品牌案例分析”；艾瑞咨询集团华南区总经理伍毅然主讲“互联网营销及电商发展趋势分析”。300名杭州纺织服装企业从事品牌战略、产品研发、营销管理、品牌传播、品牌文化等相关工作的中高层管理人员参加研修班。

（高振纲）

·轻工业·

【轻工业概况】 杭州市轻工行业按行业管理门类分主要包括食品、造纸及纸制品、家用电器、家具木材、印刷、文教体育用品、塑料制品、工艺品等14个行业，有规模以上工业企业1559个。2014年，杭州市轻工行业实现工业销售产值3511亿元，占全市工业销售产值的27.7%；实现利税571亿元，占全市工业利税的37.1%，其中利润260亿元，占全市工业利润的28.7%。

杭州市轻工行业特色产业集群有11个。“中国婴童产业基地”“中国办公家具产业基地”“中国白板纸基地”“中国制笔之乡”等产业集聚带在区域经济中发挥引领、支撑作用。年内，杭州市举办中国香料香精化妆品精品展，举行“化妆品与电子商务”大型对接活动。4月15日，中国轻工业联合会授予杭州市“中国化妆品产业基地”称号。

【浙江省工艺美术大师推荐评审】 3月13日至8月30日，杭州市开展第五届浙江省工艺美术大师推荐评审，起草完成杭州市第五届浙江省工艺美术大师推荐评审工作实施办法，并公示评审打分细则。年内，经本人申报、专家评审等环节，杭州市共18位工艺美术大师通过初审。

【深圳文博会杭州展区】 5月15~19日，第十届中国（深圳）国际文化创意产业交易博览会（简称深圳文博会）在深圳会展中心举行。杭州市工艺美术协会组织中艺花边集团有限公司等9个企业参展，展区面积约400平方米，展品涉及萧山花边、陶艺、扇子、铜雕、瓷器、刺绣、丝绸、微雕等门类，现场向参会人员表演扇面绘画、陶瓷雕刻、陶瓷绘画等传统技艺。浙江省委常委、省委宣传部部长葛慧君、杭州市副市长陈红英等到杭州展区巡馆。其间，杭州展区日均人流量3万余人次，现场交易额370万元，订货额480万元，意向成交订单额285万元。

【15个企业参加中国国际轻工消费品展】 6月27~30日，由中国轻工业联合会主办的2014年中国国际轻工消费品展览会在中国国际展览中心（北京）举行。杭州市组织食品、家电、工艺美术等行业的15个企业参展。其间，杭州王星记扇业有限公司等单位的工艺大师携作品参展；杭州企业还展示萧山花边、张小泉剪刀、王星记扇子、富阳宣纸、龙泉青瓷、根雕等工艺美术精品。

【中国香料香精化妆品产业精品展】 9月12~14日，2014年中国香料香精化妆品产业精品展在杭州市白马湖生态创意城国际会展中心举办。展会面积1万平方米，展位数200余个，参展企业70余个。杭州市首次以“中国化妆品产业基地”的形象参展。参展商有中国香料香精和化妆品行业中规模大、有特色的民族企业，如爱普香料集团股份有限公司、深圳波顿香料有限公司、杭州绿晶香料有限公司、浙江欧诗漫集团有限公司、天津郁美净集团有限公司、珀莱雅化妆品股份有限公司等；还有化妆品国际一线品牌企业，如美国雅诗兰黛集团、法国欧莱雅集团、美国玫琳凯公司、日本资生堂集团、荷兰联合利华集团、德国拜尔斯道夫公司等。杭州市化妆品协会、汕头市化妆品协会等地方协会组织和诸多著名的行业上下游关联企业参加展会。其间，举办中国香料香精化妆品产业30年成果展、消费者真假化妆品鉴别活动、专家现场答疑解惑及化妆品与电子商务等主题活动。

【杭州组团参加贵州凯里刺绣艺术节】 9月25~29日，由贵州黔东南地区组织的贵州凯里第三届刺绣艺术节在贵州凯里举办。市经信委组织2名中国工艺美术大师、4名浙江省工艺美术大师、3名杭州市工艺美术大师携其顶级作品前往贵州凯里参加刺绣艺术节。中国工艺美术大师陈水琴绣制的《邓小平祖孙像》，作品选用121种比发丝还细的彩色丝线反复运针，使绣像立体逼真，体现领袖的天伦之乐。中国工艺美术大师王文瑛精于机绣多种针法的灵活运用，被《欧洲时报》誉为“机绣表演艺术家”，其作品《枫叶银鸡》《月季花》采用分劈双径线以长针针法绣制的双面异色绣开了杭州机绣欣赏品艺术特色的先河。其间，杭州馆开设互动区，每天安排刺绣、画扇面现场表演，让观众近距离观赏杭州工艺美术的精妙工艺和制作过程，感受工艺美术大师的精湛技艺和作品的艺术魅力。

【9个企业参加中国工艺美术大师作品展】 10月18~21日，第十五届中国工艺美术大师作品展暨国际艺术精品博览会在浙江省东阳市中国木雕城举办。中艺花边集团有限公司、杭州王星记扇业有限公司、杭州郑胜宁雕刻艺术研究所、杭州修内司官窑研究所、杭州旺上昇艺术品有限公司、杭州嘉禾雕塑艺术有限公司等9个单位参加此次博览会。参展作品中主要有萧山花边、王星记扇子、陶瓷、黄杨木雕、根雕、丝绸烙画、汉白玉雕等。其间，组委会举行“2014年‘百花杯’中国工艺美术精品奖”评审活动，杭州市共获金奖6个、银奖4个、铜奖6个，优秀设计奖2个。

【中国工艺美术精品博览会】 9月18~22日，2014年中国（杭州）工艺美术精品博览会在杭州和平国际会展中心举办。中国轻工业联合会副会长陶小年，浙江省人大常委会原副主任叶荣宝等领导出席开幕式。该展会规模大，精品多，共有800个国际标准展位，有100名国家级和省、市级工艺美术大师设计的作品，其中有张爱光大师历时多年创作的价值超过1000万元的石雕作品。其间，国内陶瓷传统产地的南宋官窑、龙泉青瓷、河南汝窑、贵山窑的12名陶工美术师现场制作造型各异的陶瓷坯胎作品。博览会上展示的有石雕、根雕、陶瓷、抽纱刺绣等20余个品类，汇集国内顶级工艺美术界精品。

【家电和化妆品产业智慧化发展】 9月7日，杭州市召开家电和化妆品产业智慧化工作会议。会上，市家电和化妆品行业40余个企业的专家和代表就“在智慧经济带动下，家电、化妆品行业挑战和机遇”等话题展开探讨和交流，就全球互联网发展趋势、产品实战案例分享、如何运用阿里云数据做模拟分析及针对杭州传统企业在互联网思维模式下的企业创新和未来杭州将发展六大国际、国内中心的战略意义等多个方面做全面分析和解读，使参会人员意识到智慧经济时代下，企业转型的必要性和迫切性。其间，代表们分享了九阳股份有限公司自主开发的建立在微信微博平台上的SCRM系统运作情况。

【《钱塘艺匠》出版发行】 12月16日，市经信委主编的《钱塘艺匠——杭州市省级工艺美术大师风采录》一书，由浙江美术出版社出版发行。该书记录28位杭州市省级工艺美术大师的从艺经历和代表作，展示他们多年来以传承和弘扬优秀传统文化为己任，为杭州市工艺美术行业的振兴和繁荣、为传承中华优秀文化做出的贡献。 （高玲玲）

【婴幼儿专用洗衣机获“产品创新奖”】 10月，由中国家用电器研究院主办的第十届“中国家用电器创新成果”颁奖典礼在德国IFA家电展上举办，杭州金鱼电器集团有限公司研发的松下“宝贝星”婴幼儿专用洗衣机获“产品创新奖”，代表中国家电年度创新成果在IFA家电展上亮相。该系列洗衣机从婴幼儿健康出发，运用创新光动银除菌、95℃高温除菌、抗菌内筒、筒自洁防霉菌四大新技术，满足消费者个性化需求。

【老字号“张小泉”始创年代前推35年】 5月，“张小泉”品牌始创年代专家研讨会在杭州举办，与会专家一致认定，“张小泉”品牌始创年代应前推35年。该结论的主要佐证是杭州张小泉集团有限公司最新发现，出自张小泉嫡系后裔之手的《杭州张小泉剪刀店十二代传人主店资料》。资料显示，“张小泉”企业的起始年代为1580年。“张小泉”品牌始创年代从1663年前推至1628年，已有386年的历史。原认定起始年份1663年，是张小泉儿子张近高受业

9月18~22日，2014年中国（杭州）工艺美术精品博览会在杭州和平国际会展中心举办

（胡传明 供稿）

主店，并在品牌标识“张小泉”三字下加注“近记”的年代。

【“张小泉”剪刀锻制技艺入选国家教学资源库】 12月，“民族文化传承与创新国家教学资源库”课题组赴杭州张小泉集团有限公司现场，拍摄“张小泉”剪刀锻制过程中试钢、嵌钢、出头、圆弧瓶、冲眼、锉外口、淬火、合脚、拷油等36道重点制剪工序。该资源库是教育部职业教育与成人教育司和文化部非物质文化遗产司联合批准的国家级大型“非遗”教学资源库项目，旨在将各省最有教学价值的代表性“非遗”项目收录入库，推动“非遗”教学资源进驻国家级网络平台。

【工艺美术大师获薪传奖】 6月6日，杭州王星记扇业有限公司省级工艺美术大师孙亚青获第三届中华非物质文化遗产传承人薪传奖。孙亚青擅长檀香扇、象牙扇、乌木扇的创意设计和制作，在她的带领下，“王星记”扇业坚持传承保护和产品创新并举，精品迭出，屡获国家级、省市级工艺美术精品奖大奖。

（章卓佳）

·化学工业·

【化学工业概况】 杭州市化学工业由石油加工业、化学原料及化学制品制造业（化学工业）、橡胶加工业三大行业构成，涵盖基础化工、精细化工、生物化工、农用化工、橡胶制品等20余大类1000余种产品。

2014年，杭州市增加规模以上石化企业25个，累计677个，全年完成工业总产值1970.08亿元，比上年增长4.7%；完成工业销售产值1946亿元，增长1.8%；实现主营业务收入1916.26亿元，增长1.5%；实现利润总额130.36亿元，与上年持平。

杭州市石化行业三大子行业中，石油加工业完成工业销售产值11.67亿元，下降50.4%，亏损1.78亿元；化学工业完成工业销售产值1266.25亿元，增长4.9%，实现利润96.55亿元，增长6.3%；橡胶加工业销售产值692.16亿元，增长1.6%，实现利润35.59亿元，下降14.1%。

基础化工是杭州市石化行业的传统产业，以杭州电化集团有限公司为龙头的氯碱工业和以杭州龙山化工有限公司、建德市新化化工责任有限公司等为主的合成氨工业，有机胺生产规模在国内排在前列。

橡胶加工业是杭州市石化行业的支柱产业。杭州橡胶集团有限公司列全球轮胎75强第10位，国内橡胶制品业第1位。杭州横滨轮胎有限公司具有轿车子午胎生产技术优势。浙江富轮橡胶化工集团有限公司开发聚氨酯耐磨胎等绿色轮胎新品种。

杭州市染（颜）料工业年销售产值约70亿元，分散染料产能最大，达10万吨/年。全国九大染料生产企业中，杭州吉华化工有限公司和浙江帝凯控股集团有限公司的分散染料产能分列国内第3位和第9位。杭州市涂料年生产能力约20万吨，在浙江省内列第1位。

【5个石化产品成为中国名牌产品】 2014年，杭州市石化行业有4个企业的5个产品成为中国名牌产品，分别是：杭州中策橡胶有限公司的“朝阳CHAOYANG”牌全钢子午线轮胎；传化集团有限公司的“传化TRANSFAR”牌液体洗涤剂和“传化TRANSFAR”牌合成洗衣粉；浙江新安化工集团股份有限公司的“XINAN”牌草甘膦除草剂；杭州之江有机硅化工有限公司的“金鼠”牌硅酮密封胶。

杭州吉华化工有限公司的吉华牌分散染料、杭华油墨化学有限公司的杭华牌油墨、杭州油漆有限公司的大桥牌和宝塔牌油漆、杭州庆丰农化有限公司的庆丰牌酰胺类除草剂、杭州百合化工有限公司的百合牌有机颜料等13个化工产品获浙江名牌产品。

【国家造纸化学品工程技术研究中心成立】 依托杭州市化工研究院组建的国家造纸化学品工程技术研究中心，2013年末通过科技部组织的验收，并于2014年1月发文予以正式命名。它是国内造纸化学品领域唯一一个国家级工程技术研究中心，中心入驻杭州青山湖科技城，占地2.7公顷，总投资8000万元，拟于2015年6月末完工。

【新安集团农药化肥销售额38.05亿元】 浙江新安化工集团股份有限公司（简称新安集团）围绕“严管控、强终端、扩规模”的工作思路，积极应对市场挑战，科学组织生产经营，不断夯实内部管理，实现农药化肥销售额38.05亿元。新安集团获2014年全国农药销售百强企业第1名，再次入围中国化工企业500强及Agrow全球农药销售20强。

【“朝阳”牌全钢巨型子午线轮胎下线】 3月27日，中策橡胶集团有限公司研发的“朝阳CHAOYANG”牌全钢子午线轮胎（27.00R49CB775）在山东时风巨兴轮胎有限公司下线。中策橡胶集团有限公司掌握全部全钢巨型子午线轮胎生产、制造的关键技术，山东时风巨兴轮胎有限公司采用中策橡胶集团有限公司的自主技术，加工全钢巨型子午线轮胎。其生产的中策橡胶集团有限公司自有品牌的全钢巨型子午线轮胎，填补了全钢巨型子午线轮胎的产品空白，加快了公司全钢工程巨胎的发展速度。

【杭州石化公司全面停产】 杭州石化有限责任公司（原杭州炼油厂）是一家以原油加工为基础，以白油系列产品和精细油品为特色的石油化工企业，是中国石化集团公司直属企业。根据杭州市政府环境综合整治的要求，杭州石化有限责任公司于2013年6月炼油装置实行停产，2014年1月起，企业全面停产。

（郭伟伟）

·建材冶金工业·

【建材冶金工业概况】 2014年，杭州市建材冶金工业围绕“杭改十条”等重大决策部署，克服经济运行中的突出问题，经济保持平稳增长。全市规模以上建材冶金企业全年工业销售产值1942.73亿元，比上年增长1.9%；利税150.81亿元，增长4.9%。其中，利润70.73亿元，增长7.7%。

全市建材冶金工业主要行业销售产值有增有减。有色金属矿采行业下降23.4%，非金属矿采行业增长19%，非金属矿物制品业增长

13.1%，黑色金属冶炼和压延加工业下降3.9%，有色金属冶炼和压延加工业增长7.2%，金属制品业增长6.1%。

【烧结砖瓦窑关停整治】 2014年，杭州市关停整治烧结砖瓦窑。至年末，关停烧结砖瓦窑12座共312门，淘汰产能约3.9亿块标准砖，腾出土地约37公顷，超额完成省下达的7座目标。经过七部门联合现场验收，下发关停砖瓦窑补助奖励资金312万元。

【稀土贸易企业专项核查】 12月10日，由市经信委牵头，组织市公安局、市国土资源局、市环保局、市国税局、市市场监督管理局、市安全监管局及属地经信局，对全市7个稀土贸易企业进行现场专项核查。从现场核查的情况看，7个稀土贸易企业能依法经营，没有发现违法违规行为。

【钢铁产能化解和水泥项目清理】 2014年，市经信委部署全市化解钢铁产能和水泥项目清理工作，提出《杭州市钢铁行业清理整治方案》，对余杭区今胜集团有限公司、临安市青鸿达金属制品有限公司、建德市昌鑫金属材料有限公司提出关停搬迁建议。组织对钢铁企业项目、水泥企业（及项目）进行调查摸底和清理，根据杭州市水泥规划及严格控制新增产能的原则，提出清理处理意见。协调市发改委、市环保局、市国土局等部门，对4个报国家备案的水泥粉磨项目出具审核意见。为缓解行业产能严重过剩和能耗压力，推动全市水泥行业开展节能停窑和行业自律，全年行业有组织停窑89天（不包括企业自行停窑天数），比上年减少5.56万吨标准煤，万元产值能耗下降9%。

【水泥行业产业智慧化应用对接】 8月，市经信委组织水泥行业节能降耗、采购管理智能化应用对接活动，促进水泥行业节能减排和转型升级，提升产业智慧化水平。各区、县（市）经信局职能科室及散装水泥办公室、市散装水泥办公室、市水泥协会及12个水泥熟料企业的负责人参加对接会。8个水泥企业结合企业自身情况，与信息化解决方案提供商进行深入探讨，会后开展对接。

【工业企业煤堆场扬尘整治】 2014年，市经信委开展工业企业煤堆场防风抑尘整治活动，对辖区内所有煤炭使用工业企业的中转、存储和堆放使用的煤堆场（包括拟建、在建、正常使用、暂停使用的封闭、半封闭、露天煤堆场）的煤场面积、用地性质、堆放量和主要环保设施等进行调查，掌握工业企业煤堆场的基本情况。年内，11个不符合规划要求的储煤场关停，10个企业通过技术改造和改进生产工艺不再使用堆煤。

【新墙材产品能耗下降】 2014年，杭州市新墙材产量36.29亿块标准砖，新墙材生产比例89.1%，节约土地172.6公顷，节约标准煤22.5万吨，比上年减少0.5万吨SO_2排放，减少56.25万吨CO_2排放，新墙材产品能耗下降4%，综合利用各种废弃物736.1万吨。市新墙材办公室获省墙材工作目标考核先进单位。

【水泥散装率84.4%】 2014年，杭州市水泥散装率考核目标为81.8%，实际完成指标为84.4%，超出省下达的年度目标2.58个百分点。预拌混凝土目标任务为4700万立方米，实际完成供应量5422.05万立方米，比上年增长9.3%；预拌砂浆供应量目标任务130万吨，实际完成供应量157.1万吨。市散装水泥办公室被评为省散装水泥发展工作优秀单位。

【诺贝尔集团取得多项荣誉】 8月18日，由全国工商联主办的2014年中国民营企业500强发布会在北京召开，民营企业500强入围门槛达91.22亿元，杭州诺贝尔集团有限公司（简称诺贝尔集团）凭借良好的业绩登上“2014年中国民营企业500强”第415位，比上年上升79位；同时登上“2014年中国民营制造业500强”第254位，上升45位。5月，诺贝尔集团被市政府授予“2013年度标准创新贡献企业”。8月，诺贝尔集团登上“2014年浙江省制造业百强企业”榜单。11月，诺贝尔集团被工业和信息化部授予“2014年度质量突出贡献奖”和“2014年度创新产品奖”。12月，诺贝尔集团获“中国建筑卫生陶瓷行业突出贡献企业奖”“2014年中国建陶行业知名品牌企业”及“中国第七批建陶行业诚信AAA级企业”。

【和鼎铜业公司引进新工艺】 6月12日，浙江和鼎铜业有限公司（简称和鼎铜业公司）投资25亿元，年产15万吨电解铜生产系统通电试生产，6月25日一次性产出首批合格阴极铜。6月底，投资累计16.7亿元的年产10万吨矿产粗铜搬迁改造及27万吨电解铜项目一期工程竣工。和鼎铜业公司引进两大新工艺：“富氧双侧吹熔池熔炼”工艺，具有装备和自动化水平高、工艺技术指标优、能源消耗低、绿色环保、原料适应性强等特点；“永久不锈钢阴极电解”工艺包括从欧洲成套引进的多功能极板供给机组、阳极整形机组、阴极剥片机组等，完全实现自动化、智慧化生产，劳动生产率提高3倍，年节约用工成本1520万元。年内，和鼎铜业公司被国家发改委确定为“国家低碳技术创新及产业化示范工程”，被省政府列入省级重点技术改造“双千工程”及省循环经济“991行动计划”重点项目。和鼎铜业两期项目工程全部建成投产后，可实现年工业销售产值265亿元，年上缴税收4.8亿元，提供就业岗位1500余个。

【杭萧钢构公司5项工程获“中国钢结构金奖”】 在中国建筑金属结构协会组织的第十一届（2013～2014年度）第一批中国钢结构金奖工程评审中，由杭萧钢构股份有限公司（简称杭萧钢构公司）承建的昆明世纪广场主体钢结构工程、万郡大都城一期住宅小区钢结构工程、舟山惠生秀山基地主结构车间钢结构工程、四平卷烟厂易地技术改造项目联合工房钢结构工程以及由杭萧钢构公司参建的宁波罗蒙环球商业地块室内游乐场钢结构工程均获“中国钢结构金奖”。作为国内首家钢结构上市公司，中国首个钢结构“国家住宅产业化基地”，中国工业化绿色建筑集成专家与领导者，杭萧钢构公司一直致力于钢结构建筑的发展与推广，并始终以“成为世界一流的行业质量标杆企业”为目标，严格把控产品质量，追求卓越。

【东南网架公司中标两大项目】 2月初，浙江东南网架股份有限公司（简称东南网架公司）中标郑州新郑国际机场二期扩建工程T2航站楼和GTC钢结构及金属屋面工程施工T2SG-06标段项目，中标额5.2亿元，是公司创建以来承接的中标金额最大的单体项目。9月中旬，东南网架公司与委内瑞拉祖国发展基金2000签订委内瑞拉会议中心和停车楼项目，总金额10.69亿元。该项目是东南网架公司获得住房和城乡建设部颁发的房建总承包一级资质后承接的首个海外总承包建设项目。

【世界瓷砖论坛在余杭闭幕】 11月13日，第二十一届世界瓷砖论坛（WCTF）在上海开幕，会期3天。11月15日，论坛在与会代表参观位于余杭区的杭州诺贝尔集团有限公司后闭幕。世界瓷砖论坛主要围绕技术、标准、贸易、环保、国际合作等行业共性问题展开广泛交流与探讨。参与论坛的国家及地区包括意大利、西班牙、日本、美国、巴西、墨西哥、土耳其等世界主要陶瓷生产国行业协会及部分大型陶瓷企业负责人。论坛旨在更好地宣传“中国制造和创造”，增进中外企业的交流与了解，帮助中国陶瓷企业拓展国际交流渠道。 （许伟民）

·医药工业·

【医药工业概况】 2014年，杭州市医药工业在国家实施新医改方案、出台扩大内需政策的形势下，贯彻“重点发展生物技术药物，提升发展现代中药、海洋药物为主的天然药物，大力发展新型化学药物，培育发展生物医学工程”的方针，实施《生物医药产业创新发展三年行动计划（2013~2015）》，加快产业结构调整，加强行业经济运行分析和预测，医药行业主要经济指标实现较快增长。至年末，全市规模以上医药工业企业有86个，资产累计399.58亿元，比上年增长20.3%；资产负债率45.5%，下降8.4%；全部从业人员3.33万人，增长16%；完成销售产值308.08亿元，增长16.5%；完成主营业务收入305.21亿元，增长15.5%；完成出口交货值35.13亿元，增长16.2%；实现利润52.21亿元，增长39.3%。

新型化学制药产业是杭州市医药工业的主导领域，拥有赛诺菲（杭州）制药有限公司、杭州默沙东制药有限公司、杭州中美华东制药有限公司等重点龙头企业。至年末，全市化学制药企业完成主营业务收入189.5亿元，占医药工业总量的64.6%。

现代中药产业是杭州市医药工业的特色领域，拥有青春宝集团有限公司、杭州胡庆余堂药业有限公司、浙江康莱特药业有限公司等全国中医药行业的知名企业。至年末，全市中药制药企业完成主营业务收入57.73亿元，占医药工业总量的18.3%。

生物技术药物产业是杭州市医药工业的重点发展领域，拥有艾博生物医药（杭州）有限公司、杭州九源基因工程有限公司、艾康生物技术（杭州）有限公司等生物医药企业。至年末，全市生物技术药物企业完成主营业务收入26.99亿元，占医药工业总量的9.2%。

生物医学工程产业是杭州市医药工业的新兴领域，拥有泰尔茂医疗产品（杭州）有限公司、眼力健（杭州）制药有限公司等骨干企业，以及内窥镜产品达到全国同行业领先水平的桐庐尖端内窥镜有限公司。至年末，全市生物医学工程企业完成主营业务收入22.13亿元，占医药工业总量的7.5%。

【8个医药企业被列入市重点扶持项目】 2014年，杭州市推进医药产业发展，促进医药产业结构调整和优化升级，推动企业技术创新，确保医药产业发展资金的科学、合理、有效使用。年内，杭州艾森医药有限公司、艾森生物（杭州）有限公司、杭州康恩贝制药有限公司、浙江苏泊尔南洋药业有限公司、浙江迪安医疗科技股份有限公司、杭州华东医药百令生物有限公司、浙江贝达药业有限公司、杭州九源基因工程有限公司8个医药企业被列为市重点扶持的企业。

【医药产业重点项目建设】 2014年，杭州赛诺菲制药有限公司（滨江）、杭州默沙东制药有限公司（下沙）、杭州赛诺菲民生健康药业有限公司（余杭）新工厂投产。杭州海正药业有限公司（富阳二期）、华东医药百令生物（前进园区）、苏泊尔南洋药业（前进园区）、浙江贝达药业有限公司（余杭）、杭州胡庆余堂药业有限公司（余杭）等企业新建（扩建、搬迁）项目和建设重点技改项目。浙江贝达药业有限公司、杭州艾森医药有限公司、杭州九源基因工程有限公司、杭州龙达新科生物制药有限公司、杭州天龙药业有限公司、歌礼药业（杭州）有限公司等企业的新药研制进展顺利。华东制药有限公司、杭州海正药业有限公司、浙江贝达药业有限公司、浙江星月生物科技股份有限公司、杭州易文赛生物技术有限公司等企业开展研究院建设。

【重点医药产品生产】 2014年，杭州市在新型化学制药、现代中药、生物技术药物、生物医学工程等领域继续保持浙江领先地位，形成一批优势产品。“凯美纳”“波立维”“安博维”“乐沙定”“泰能”“保列治”“舒降之”“科素亚”“百令胶囊”“赛斯平”“卡博平”“泮立苏针”“赛可平口服液”“青春宝抗衰老片”“丹参注射液”“参麦注射液”“21金维他”“胃复春”“铁皮石斛”“康莱特注射液”“吉粒芬”“孕宝口服液”等药物，以及医用SF导管、SP输液器、TS输液器、护理液、血液透析器、单抗诊断试剂等医用器材，年销售额均超过1亿元，其中“波立维”单种产品销售额约40亿元，保持国内单品种销售额第一。

【外资制药企业发展】 杭州市营造良好的投资环境，加强国际交流，引进国际著名制药公司到杭州投资、合资建厂。2014年，杭州赛诺菲制药有限公司、杭州默沙东制药有限公司、泰尔茂医疗产品（杭州）有限公司、眼力健（杭州）制药有限公司、艾康生物技术（杭州）有限公司、艾博生物医药（杭州）有限公司、浙江大冢制药有限公司、浙江惠松制药有限公司8个主要外资制药企业在杭州所占比重及排名均靠前，各项指标远高于全市平均水平。至年末，上述外资制药企业累计完成主营业务收入147.42亿元，实现利润17.71亿元，分别占全市医药工业总量的50.2%和40.4%，成为支撑全市医药产业发展的重要力量。

【医药产业集中度提高】 杭州经济技术开发区“新药港”产业集聚区是医药产业发展的重要载体，初步形成集聚效应，逐步成长为杭州医药产业的示范基地。至2014年末，旭化成医疗器械（杭州）有限公司、浙江史密斯医学仪器有限公司、艾博生物医药（杭州）有限公司、九源基因工程有限公司、杭州中肽生化有限公司、杭州国光药业有限公司、浙江杭康药业有限公司等60余个各类医药企业相继入驻，并陆续建成投产，产生效益，形成生物技术药物、现代中药、新型医疗器械、新型化学制药产业。杭州高新技术产业开发区、余杭经济技术开发区、富阳经济技术开发区、桐庐经济开发区、临安经济开发区等医药产业功能区建设取得进展，为建成杭州市医药产业重要基地奠定基础。

【医药市场开拓】 为扩大杭州“新药港”在国内外的影响，杭州市加大招商引资力度，推动医药产业开拓国内外市场。4月17～20日，市经信委组织40个医疗器械企业赴深圳参加第七十一届中国国际医疗器械博览会。4月26～28日，市经信委组织20个重点医药企业赴苏州参加第七十一届全国药品交易会。11月27~29日，市经信委组织20个重点医药企业赴广州参加第七十二届全国药品交易会。

【医药物资储备】 2014年，杭州市根据疫情预报和应对突发事故发生时的临床用药需要，调整年度医药储备的品种，增加相关药物的储备。5月13日，市经信委会同市财政局、市卫生局等部门，对承担全市医药储备任务的杭州华东医药股份有限公司、浙江英特药业有限责任公司进行现场检查。正大青春宝药业有限公司、浙江普康生物技术股份有限公司、浙江天元生物药业有限公司、浙江中医药大学饮片厂、杭州洁康药业有限公司、杭州朗索医用消毒剂有限公司、建德市朝美日化有限公司、杭州南郊化学有限公司等8个企业承担省医药生产能力储备。

【市政府与修正药业集团签订战略合作框架协议】 4月30日，市政府与修正药业集团签署战略合作框架协议。共同推进六大项目：修正健康集团总部和修正药业集团华东总部项目；“云健康”智能健康管理电子商务集群总部项目；修正修养堂智慧养生养老连锁总部项目；修正健康饮品总部及产业园项目；修正永成庆参茸O2O和F2F直销项目总部；修正物流产业园项目。

【贝达药业公司项目获国家专利金奖】 12月12日，国家知识产权局与世界知识产权组织在国家知识产权局召开第十六届中国专利奖颁奖大会，浙江贝达药业有限公司（简称贝达药业公司）的专利项目“埃克替尼盐酸盐及其制备方法、晶型、药物组合物和用途”（专利号：ZL200980100666.1）获该专利奖金奖。12月10日，由人民日报社、国务院国资委共同指导，《中国经济周刊》、国资委新闻中心联合主办的第十四届中国经济论坛在北京举行，论坛设“中国创新榜样”奖，贝达药业公司的董事长、博士丁列明获2014年度“中国创新榜样”奖。

【正大青春宝公司获国家科技进步一等奖】 1月27日，杭州正大青春宝药业有限公司（简称正大青春宝公司）召开媒体说明会，通报公司研制完成的“中成药二次开发核心技术体系创研及其产业化”项目在国家科技大会上获国家科技进步一等奖。这是2014年度国家科技进步一等奖中唯一的医药行业创新成果，也是国内首个获国家科技进步一等奖的单体制药企业。国家科技进步奖是国务院颁发的五大科技奖项之一，正大青春宝公司是国家设立该奖以来唯一获奖的中药企业。国家药典委员执委、标准物质专委会主任、该奖项课题组成员程翼宇在说明会上指出：国内第三代中药制药工程体系在正大青春宝公司建设成功，在整个中药产业上具有里程碑意义。（徐良峰）

·装备制造业·

【装备制造业概况】 2014年，杭州市装备制造业实施“实业兴市”“创新强市”战略，推进“一号工程”，生产、销售、利润保持中低速增长。2242个规模以上装备制造业企业全年完成工业总产值4299.23亿元，比上年增长6.9%；工业销售产值4245.37亿元，增长7.4%；主营业务收入4386.28亿元，增长8.7%；出口交货值882.18亿元，增长6.9%；实现利润378.61亿元，增长11.9%。亏损企业366个，增长6.4%；亏损额26.16亿元，下降7.3%。其中：汽车制造业、电气机械和器材制造业、计算机、通信和其他电子设备制造业利润分别增长36.8%、16.4%、15.7%；铁路、船舶、航空航天和其他运输设备制造业利润下降9.4%。装备制造业子行业中，汽车制造业销售产值增长18.7%，计算机、通信和其他电子设备制造业增长15.1%，金属制品业增长6.1%，仪器仪表制造业增长6.3%，专用设备制造业下降3.2%。

全市装备制造业企业摆脱对传统制造发展方式的路径依赖，以“绿色、智能、超常、融合、服务”为战略，出现一批工业销售产值和利润总额增长较快的企业。浙江南都电源动力股份有限公司销售产值增长35%，杭州东华链条集团有限公司销售产值增长23%，浙江春风动力股份有限公司销售产值增长21.8%，南方泵业股份有限公司销售产值增长17.6%。杭州前进齿轮箱集团有限公司利润总额增长94.3%，浙江南都电源动力股份有限公司利润总额增长171.7%，华立集团股份有限公司利润总额增长74%，杭叉集团股份有限公司利润总额增长32.9%。

企业自主创新加强。全市规模以上装备制造业企业以技术创新应对新常态，以新产品开发为重点，提高企业自主创新能力。全年新产品产值2100.85亿元，增长19.1%。装备制造业发展基础较好。装备制造业是杭州市工业支柱产业，经济总量占全市工业的1/3，占全省装备制造业总产值的1/4，形成了规模大、门类全、实力强、发展稳、特色明的产业体系。全市有一批行业“明星”企业。在2014年公布的中国机械工业百强榜中，盾安控股集团有限公司、富通集团有限公司、浙江富春江通信集团有限公司、华立集团股份有限公司、杭州制氧机集团有限公司、杭叉集团股份有限公司、杭州汽轮动力集团有限公司、万马联合控股集团有限公司、天马控股集团有限公司、杭州锅炉集团股份有限公司、杭州前进齿轮箱集团股份有限公司11个企业入围，占浙江省入围数的58%，入围企业数居全国第一。拥有一批特色优势产品。杭州市骨干企业开发出一批高附加值、高技术含量并具有较强市场竞争力的特色优势产品，部分进入国家重大装备配套领域，如杭州制氧机集团有限公司的空气分离设备、杭州锅炉集团股份有限公司的余热锅炉、杭州汽轮动力集团有限公司的大型乙烯装置驱动用汽轮机组。杭州汽轮机股份有限公司、杭州锅炉集团股份有限公司、浙江中控研究院有限公司的3种产品入围2014年浙江省装备制造业重点领域国内首台（套）名单，占全省入围产品的60%；杭州宏华数码科技股份有限公司、杭州先临三维科技股份有限公司、杭州中亚机械股份有限公司等13个企业的产品入围省内首台（套）产品名单，占入围产品的20.3%。

具有比较完善的创新体系。2014年华立仪表集团股份有限公司被列为第21批国家级企业技术中心。杭州西力电能表制造有限公司、杭州华光焊接新材料股份有限公司、泰瑞机器股份有限公司、浙江商达环保有限公司、杭州中为光电技术股份有限公司、杭州中恒电气股份有限公司、杭州西奥电梯有限公司、浙江日风电气有限公司8个企业被列为第21批省级企业技术中心。杭州日盛净化设备有限公司、浙江水美环保工程有限公司、杭州雷迪克汽车部件制造有限公司、杭州新松机器人自动化有限公司等10个企业被列为第15批市级企业技术中心。资本运作能力强。年内，杭州炬华科技股份有限公司在创业板上市。至年末，杭州装备制造业累计29个企业上市。

【装备制造业重点企业发展】 杭州杭氧股份有限公司是国内空气分离设备行业的龙头企业。2014年，公司坚持“全员铸精品、精心炼名牌”的质量观，针对空气分离产品单件、小批、多品种、跨学科、信息化、大成套的特点，走有企业特色的质量之路，探索性总结出契合企业和产品特点的质量管理模式——“定制式成套空气分离设备质量管理”，重点是以设计开发为核心，以体系建设为基础，以过程管理为基石，以质量检测为抓手，以质量教育为基础，以质量活动为载体，保证空气分离设备100%的开车成功率，保障大型空气分离产品的质量水平和市场竞争力。空气分离设备在国内市场占有率超过50%，产量和销量排在世界前列。杭州前进齿轮箱集团股份有限公司在船用产品方面实现销售收入、利润总额快速增长，船用齿轮箱产品的中、大功率HC800系列到HC2700系列产品供不应求。公司采用强势市场重规范、均势市场争份额、弱势市场强突破的营销策略，从完善市场管理、创新营销模式、体现技术优势、主动出击市场四方面着手，提升产品市场占有率。主动为用户提供齿轮箱、柴油机、高弹、轴系、螺旋桨等整套推进系统的集成打包技术方案以及完善的技术、安装、调试集成打包服务，产品转型升级、结构调整取得明显成效。

杭州杭氧股份有限公司生产的制氧10万立方米/小时的空气分离设备
（金永玲 供稿）

【浙富水电公司与西核公司组建合资公司】 1月1日，浙江富春江水电设备股份有限公司（简称浙富水电公司）与中国核工业集团西安核设备有限公司（简称西核公司）签署《关于共同设立合资公司之合作备忘录》。浙富水电公司以货币的形式出资，出资额最高不超过2.5亿元，持股比例为49%。合资公司开展核工业核心产品堆内构件的研发制造，形成以高附加值的核装备等为主、民品为辅的产品结构。由于西核公司占比51%，所以合资公司作为中核集团的控股子公司，在中核集团内部获得自主供货的资格，即在合资公司自身能力和资质许可范围内，合资公司具有按照市场公允价格优先获得中核集团成员单位订单的权利。

【杭氧公司成为“神舟十号”装备保障优秀供应商】 1月17日，曾成功发射“神舟十号”的酒泉卫星发射中心团队相关负责人到杭州杭氧股份有限公司（简称杭氧公司），为其颁发“‘神舟十号’装备保障优秀供应商”荣誉证书，表示可与杭氧公司继续合作，为国内航天航空事业做出更大贡献。杭氧公司在20世纪50年代就进入国家航天领域，被国家列为航天航空工业的定点生产基地，先后开发研制多个型号的航天地面保障和航空氧氮保障装备，相继为国内的西昌、酒泉卫星发射中心提

供制氧制氮装备。

【“海王一号”水下机器人出海】 2月9日，杭州宇控机电工程有限公司制造的“海王一号”水下机器人出海，进行第4次深海调试。调试结束后，机器人将潜入4000米深的海底作业，协助人类完成一些科学考察任务。杭州宇控机电工程有限公司是一个专门从事高端水下机器人及其配件研发和生产应用的水下装备制造企业，公司坚持走差异化竞争的道路，围绕水下机器人的本体结构、螺旋桨推进、水下液压源、机械手四大核心业务，攻克八大关键技术，获得6项国家发明专利。在“蛟龙”号刷新深潜纪录之前的两次潜水试验中，公司制造的沉积物取样器和样品存放箱曾搭载“蛟龙”号获取样品。

【西子航空公司飞机零部件项目投产】 3月12日，位于杭州经济技术开发区前进工业园区的浙江西子航空工业有限公司（简称西子航空公司）的航空飞机零部件项目正式投产。该项目的建成，标志着杭州迈入号称“工业之花”的航空制造业领域。2010年3月，西子航空获浙江省批准和发放的首张航空工业企业营业执照，成为国家“十二五”重大科技专项C919大飞机机体结构9个一级供应商中唯一的民营企业代表。西子航空主要业务为飞机零部件制造，承担C919大型客机APU舱门和RAT舱门的研制任务，作为一级或二级供应商，为欧洲“空客”、美国“波音”、加拿大“庞巴迪”、中国“商飞”、美国“塞斯纳”等国内外飞机制造商提供产品和服务。

【聚光科技公司获“年度最具影响力厂商”】 4月18日，中国科学仪器发展年会公布“2013年度最具影响力厂商”名单，聚光科技（杭州）股份有限公司（简称聚光科技公司）在十大国内最具影响力厂商中名列第一。经过10年的发展，聚光科技公司在企业规模、研发实力和市场占有率等方面排在国内同行业首位，成为国内分析仪器和环保监测仪器行业龙头企业，以及国内环境与安全检测分析仪器领域重要的创新平台与产业化基地。作为国产分析仪器厂商，聚光科技公司连续多次获年度最具影响力厂商，公司坚持走自主研发、挖掘并满足客户差异化需求道路的国产仪器厂商，通过收购并购、整合资源、壮大自己，向业内及社会传递做大做强国产科学仪器的理念，引领国产仪器发展。

【中控技术公司签约粤东LNG接收站项目】 5月27日，浙江中控技术股份有限公司（简称中控技术公司）参加中国海洋石油总公司（简称中海油公司）国际公开招标，在9个国内外竞标企业中，以完善的解决方案、丰富的项目管理经验和合理的价格，成功中标中海油公司粤东LNG接收站项目。中海油公司粤东LNG接收站项目总投资约103亿元。一期工程建成后，可处理300万吨/年液化天然气。该项目采用国际规范的MAV（主自动化系统供应商）建设模式进行招标，标段范围包括集散控制系统（DCS）、安全仪表系统（SIS）、火气监控系统（FGS）及火气设备等多项子系统。中控技术取得该项目是国产DCS在大型常规LNG接收站领域的突破，标志着中控技术公司MAV项目运作能力得到提升。2006年9月起，中控技术公司通过自主创新，多次与美国“霍尼韦尔”、德国“西门子”等国际知名公司竞争，在化肥产业、化工产业等工业重大装备上取得突破，国产自动化控制系统逐步打破国外垄断。该项目的中标，意味着在化工领域不再有国外企业垄断大型项目的现象存在。

【杭锅集团煤粉锅炉进入非洲市场】 9月17日，杭州锅炉集团股份有限公司（简称杭锅集团）中标马拉维卡姆万巴6×50兆瓦燃煤电站项目。这是杭锅集团煤粉锅炉首次进入非洲市场，也是年内杭锅集团最大合同金额的海外订单（合同金额1.07亿元）。马拉维卡姆万巴6×50兆瓦燃煤电站位于马拉维南部，项目配置6台210吨每小时高温高压煤粉锅炉及50兆瓦汽轮发电机。电站完工后可使该国电力装机容量翻一番，缓解该国电力短缺的现状。

【“国家级技能大师工作室”获批】 9月30日，人力资源社会保障部、财政部联合下发文件，浙江万马电缆股份有限公司（简称万马电缆公司）的叶金龙技能大师工作室获批国家级技能大师工作室，这是省内第11个国家级技能大师工作室。“叶金龙电缆检测工作室”成立于2011年初，由万马电缆公司资深技师叶金龙负责组建。工作室依托万马电缆公司的研发中心实验室运行，中心实验室工作面积2000平方米，设备总投资1800余万元，主要针对裸电线、电气装备用电线电缆、电力电缆、架空绝缘电缆及电线电缆用材料按国家标准、行业标准、IEC标准等进行试验检测。工作室立足创新和研发，整合企业及社会有效资源，参与新产品和新技术的研发过程，旨在以科学技术推动企业在新形势下的发展壮大。　　（金永玲）

·汽车工业·

【汽车工业概况】 至2014年末，杭州汽车工业规模以上企业197个，全年工业总产值442.38亿元，比上年增长17.8%；销售产值440.31亿元，增长18.7%；新产品产值236.41亿元，增长30.8%。

杭州市有整车、改装车及专用车企业23个，其中拥有整车生产资质的企业7个。东风裕隆汽车有限公司全年销售汽车5.22万辆，销售产值60.54亿元；杭州益维汽车工业有限公司销售汽车5.86万辆，销售产值26.53亿元；广汽吉奥汽车有限公司销售汽车3.49万辆，销售产值21.98亿元。整车生产企业带动杭州市汽车产业的发展。

杭州市拥有汽车工业企业技术中心43个，其中国家级4个、省级11个、市级28个。创新发展受到企业重视，产业研发能力提升。万向集团的“钱潮”牌万向节被评为世界名牌产品，“万向”牌轴承、浙江亚太机电股份有限公司的“湘湖”牌汽车制动系统被评为中国名牌产品。杭州市汽车零部件制造业主要产品有动力系统、传动系统、制动系统、悬挂系统及转向系统等。

杭州市推广应用新能源汽车，探索和实践适合中国新能源汽车推广应用工作的商业运营模式，推进新能源汽车示范应用，全年推广应

比亚迪汽车工业有限公司杭州生产基地生产的“西湖·比亚迪”牌新能源城市客车行驶在北山街上（金永玲 供稿）

用7138辆纯电动汽车。其中，纯电动公交车153辆。新增纯电动出租车60辆、私人租赁纯电动微型车6705辆、其他220辆。年内增加充换电站4座、智能充电立体车库4座、充电位900个。累计完成生产节能与新能源汽车13611辆、充换电站77座、充电桩2080个。节能与新能源汽车全年总行驶里程3.24亿千米。其中，公交车行驶总里程2.54亿千米，单车最高行驶里程53万千米；出租车总行驶里程5200万千米，单车最高行驶里程30万千米。累计节约柴油1755万升、汽油808万升，减少CO_2排放6.74万吨。

【汽车零部件科研成果效应良好】 7月，科技部高技术中心组织专家对浙江亚太机电股份有限公司研发的EABS系统项目进行验收，EABS系统各项指标符合国家“863”计划项目课题的要求，共获发明专利5项，实用新型专利5项。通过国家验收，EABS系统进入大批量应用推广阶段。年内，杭州前进齿轮箱集团股份有限公司研发的“齿轮箱轻量化关键技术研究与应用”项目通过验收，保持在国内齿轮行业第一梯队的地位；万向集团有限公司研发的A123系统获全球Frost&Sullian竞争性战略创新及领导奖；中国重汽杭州发动机有限公司研发的中国重汽曼技术客车专用发动机及曼系列柴油发动机进入批量生产并投放市场。杭州兆丰机电股份有限公司、杭州恒宏机械有限公司、杭州广安汽车电器有限公司等企业都拥有自主知识产权的产品体系。杭州汽车零部件企业推广应用科研成果，拓展中高端市场，市场效应良好。

【“长江”牌新能源汽车项目落户余杭开发区】 4月，省发改委核准批复杭州长江汽车有限公司年产2万辆纯电动新能源客车项目。6月9日，该项目落户余杭经济技术开发区。一期项目投资25亿元，具备2万辆纯电动中巴车、纯电动轻中型商务车的生产能力。杭州长江客车有限公司创建于1954年，五龙电动车集团有限公司曾兼并重组杭州长江客车有限公司，在注入研发了6年之久的纯电动车汽车系列车型技术之后，品牌仍沿用“长江”牌，重组后新企业名称变更为杭州长江汽车有限公司。

【“比亚迪”新能源客车项目落户仁和先进制造业基地】 4月29日，比亚迪汽车工业有限公司与市政府在省人民大会堂签订共同推进新能源汽车推广应用和产业发展战略合作框架协议。“比亚迪”新能源客车杭州生产基地项目选址仁和先进制造业基地核心区块，项目一期总投资15亿元，年产3000辆纯电动客车。

【汽车企业实施“机器换人”工程】 2014年，杭州市汽车企业把握机遇，利用打造“智慧经济”的契机，抓好“两化”融合，推行“机器换人”，通过技术改造与设备更新，实现减员增效，提高产品品质。众泰控股集团有限公司杭州基地对焊接线、总装线全面引入机器人，保证Z300乘用车市场畅销。浙江亚太机电股份有限公司，围绕汽车制动系统的核心技术，通过导入“智慧工厂、数字车间”，实现研发设计数字化、资源管理信息化、产品电子化、生产装备智能化。中国重汽集团杭州发动机有限公司从铸造到机加工，推行柔性生产线，在保持2000名员工的基础上，年产量从5万台增加到10万台。浙江金固股份有限公司、浙江铁流离合器股份有限公司、杭州钱江弹簧有限公司、浙江兆丰机电股份有限公司、杭州人人集团有限公司、浙江万达汽车方向机有限公司等企业以“两化”融合为抓手，通过一系列自主设计，特色鲜明的装备体系，现代化先进水平超过同行企业。

【杭产轿车摩托车用于国宾护卫活动】 10月30日，外交部外交人员服务局与浙江吉利控股集团签署合作协议，决定选购50辆吉利GC9轿车，作为外事礼宾指定用车及驻华使节用车。同年10月，浙江春风动力股份有限公司生产的春风650G摩托车出现在从首都机场往钓鱼台国宾馆的国宾护卫队车队中。至此，浙江春风动力股份有限公司为国宾护卫队交付了100辆春风650G摩托车，供部队执勤和训练使用。

【纯电动汽车示范社区建成】 5月28日，“康迪”牌纯电动汽车集体投放西湖区转塘街道象山片区的发车仪式在象山国际广场举行。西湖区政府和康迪电动汽车集团在转塘街道象山片区以团租的形式建立纯电动汽车示范社区，让每家每户都能使用纯电动汽车出行，为新能源汽车推广应用开辟一种商业运营模式，为杭州市民实现绿色交通、低碳生活提供更多选择。至年末，共有707个用户办理团租手续，1000辆纯电动租赁车被社区居民所使用。

【万向钱潮公司先进装备制造技术改造】 万向钱潮股份有限公司（简称万向钱潮公司）是一个专业生产

汽车底盘及悬架系统、汽车制动系统、汽车传动系统、轮毂单元、精密轴承等关键零部件企业，是国内最大的独立汽车系统零部件专业生产基地之一。2014年，为接轨欧美一流工厂水平，万向钱潮公司以倒逼机制推行精益生产方式与存量装备优化改造提升为契机，加大国际装备制造先进技术引进力度，投入约1亿元进行技术改造。通过采用自动化设备替代人工，减少和避免人工操作失误，提高批量加工质量可靠性。以引进德国隧道式感应回火机床为例，引进后可与前后道工序连线生产，节拍30秒/件，与箱式炉回火相比因加热时间缩短、开门热能损耗减少，电能可减少约20%，节拍提高后产品周转率提高5%以上。万向钱潮公司围绕"自动化、智能化、省人化、少人化"的改造原则，自主开发十字轴劈面车倒角、钻孔专机，通过采用专机劈面打中心孔，十字轴四个轴头同时加工，场地面积节约80%，能耗节约78%，综合成本可降低72%。公司将主要工序工艺全部采用机器人，实施MES系统，通过PLC接口抓取设备数据和各项参数进行合理排产，全面改造和提升"智能工厂"装备制造技术先进水平。

（金永玲）

【杭维柯公司实施技改项目】 杭州依维柯汽车传动技术有限公司（简称杭维柯公司）是轿车、轻型客车、货车变速器的专业生产厂家。2014年，杭维柯公司实施年产26万台双离合器轿车自动变速器"机器换人"技改项目，总投资17.85亿元，其中固定资产投资10亿元。至年末，该项目实现年销售收入4.6亿元。项目采用意大利全自动化变速器装配线、德国Arnold自动化激光焊接机器人、带机器人的EMAG车削中心、集中冷却过滤回收系统、辊式输送线（用于设备简单无缝连接）等。投入2500万元，从德国引进企业信息化系统（SAP系统），应用ERP和PMS制造管理系统对产品进行生产管理，最终实现研发、工艺、采购、质量、物流、生产计划、制造等各个部门的信息化，建立"数字化工厂"。通过"机器换人"，该公司操作工人由原来的225人减少到156人，项目人员减少30.6%，产能平均提高129%，产品的生产周期降低，劳动生产效率提高30%。

（严炜烽）

·电力工业·

【电力工业概况】 2014年，杭州市供电企业职工总数2467人，固定资产原值242.43亿元，净值106.58亿元，全年产值344.89亿元，上缴国家税金6.11亿元。

杭州市有35千伏及以上公用变电所335座，变电容量5274万千伏安；有35千伏及以上输电线路（包括电缆）690条，线路总长度8413千米，有10千伏配电变压器（含用户）94867台，总容量4473.2662万千伏安；10千伏配电线路（含电缆）总长度35632.621千米。

按电度表户为计算单位，杭州市有电力用户387.84万户；年供电量616.6亿千瓦小时，售电量597.62亿千瓦小时。

面对经济下行的压力、外部形势的变化和繁重的生产建设任务，国家电网杭州供电公司以改革创新为动力、以转变作风为重点、以强化管理为手段，深入开展党的群众路线教育实践活动，加快特高压等重点项目建设，提前一年基本完成农村农用电力线路改造移交，创造了杭州电网安全生产2400天的历史最好成绩。年内，国家电网杭州供电公司获全国文明单位、全国供电可靠性A级企业称号，实现国家电网公司大型重点企业同业对标和浙江省电力公司同业对标"双标杆"。在全省第一个取得国家能源局安全生产标准化企业一级达标资格。

【完善政企合作机制】 9月4日，市长张鸿铭与国家电网浙江省电力公司总经理李卫东举行会谈，双方就加强电网建设、节能减排、城乡统筹等交换意见并达成共识，以会议纪要的形式明确建立电网建设联动机制和电网运行联动机制，成立电网建设和用电、节能减排协调机构。推进特高压电网建设，加快500千伏萧东变电站、钱江变电站前期进度，保障萧浦变电站、萧山燃机改接送出工程以及市区7座变电站建设。10月9日，国家电网杭州供电公司、浙电节能公司与江干区政府三方代表签订《战略合作框架协议》，标志着杭州市合同能源管理工作进入政企联合互补双赢的新阶段。

【全社会最高用电负荷1136.7万千瓦】 8月6日12时44分，杭州电网全社会负荷达1136.7万千瓦，比上年增长0.4%，并连续两天创历史最高负荷纪录。网供负荷达1081.3万千瓦。国家电网杭州供电公司提前完成迎峰度夏补强工程，加快农配网升级改造，增容配电变压器923台，新出和分流190条线路。加强高温天气下设备的运维管理，利用各类带电检测装置，发现设备异常35项。加强输电设备运行维护，累计巡视线路3.8万千米，检查杆塔1.22万基，发现并处理通道附近各类危险点350处。强化抢修队伍建设，组建146支应急抢修队，累计2768名抢修人员及462辆抢修车辆。结合历年受灾情况，合理分配抢修力量。开展事故应急演练，组织迎峰度夏、防汛防台、事故抢修、有序用电、通讯保障等应急演练，并在全省电网系统首次进行跨

2014 年全社会电力消费量

表15

项　目	用电量(万千瓦小时)	为上年(%)
城乡居民生活用电	838 606.62	93.7
农林牧渔业	49 494.02	93.9
工业	4 200 698.82	100.7
建筑业	130 287.62	101.6
交通运输、仓储、邮政业	102 554.87	104.6
信息传输、计算机服务和软件业	124 009.24	111.8
商业、住宿和餐饮业	330 496.74	101.8
金融、房地产、商务及居民服务业	272 100.27	106.1
公共事业及管理组织	353 668.70	101.7
总计	6 401 916.90	100.3

县、区应急演练。

【电网安全稳定运行举措】 2014年，国家电网杭州供电公司强化特高压属地运维，推行设备落地验收，加强电缆运维、带电作业和在线监测技术应用。完成县域110千伏变电站调度权上划，实现配网分支线统一调度。分片区推进超过载、低电压台区治理，排查治理家族缺陷等隐患201项，在省内率先完成10千伏~35千伏“两高跨越”线路整治。深化应急保障体系建设，建立网格化抢修机制，完成楼宇反恐、跨县联合、直流闭锁等专项应急演练90余次。构建输电线路防外破保障体系，发现并处理输电线路外力破坏隐患28起。

3月21日，国家电网杭州供电公司员工在220千伏云溪变电站开展集中检修（庄　硕 供稿）

【电网建设进度加快】 2014年，杭州市启动“十三五”电网规划编制，出台供电安全预警方案。500千伏“萧东”“钱江”“杭变升压”等工程取得较大进展，地铁天目变电站共建项目具备实施条件。全年核准项目24项，变电容量267万千伏安，线路长度179.48千米。“宾金”特高压直流工程在7月4日正式投入运行，全省供用电形势和电网运行方式发生重大变化，杭州电网供需形势由持续多年的供应紧张转为供需总体平衡。“浙福”特高压工程（杭州段）政策处理全面完成，于12月18日正式投入运行，改变浙江电网“强直弱交”的困难格局，加强特高压直流工程故障情况下的省级电网支援能力。“灵绍”特高压工程开工，220千伏古荡、景芳变电站整体改造提前投产，农村农用电力线路改造移交基本完成。全年累计投产项目20个，增加变电容量242.15万千伏安，线路长度339.14千米。

【智能电网建设】 2014年，杭州市加快配电自动化+“三双”建设，市区配电自动化覆盖率为85%。深化智能变电站运行维护、直升机巡检、无人机放线等新技术应用，实施国内智能变电站二次设备不停电改造。国家“863”项目——“电池组快速更换系统集成技术研究与装备开发”通过科技部验收，相关技术获美国发明专利授权。青山湖科技城智能电网综合建设工程顺利通过省公司验收。

【政府重点工程项目配供电服务】 2014年，国家电网杭州供电公司支持千岛湖配水、杭黄高速铁路等重大工程，做好用户业扩工作，克服网架薄弱困难，接入各类专变用户843户、施工变压器268台。对接省、市重点工程，为54项“五水共治”“浙商回归”项目通电，平均通电时间缩短3天，报装容量59.39万千伏安。配合地铁4号线（一期）、地铁2号线西北段，及秋石高架（三期）、秋涛南路提升工程、余杭塘路隧道、紫金港隧道等重点市政项目建设，实施电力设施迁改367项。配合市政府推进保障房建设，累计完成8个小区、5000余户居民的接入通电工作。

【供电服务品质提升】 2014年，国家电网杭州供电公司启动“民生电力在行动”“阿斌引领用心服务”优质服务提升月等系列活动，在全省首创“夜门诊”特色服务得到社会好评。深化“营业厅+便民服务点”辐射型服务网络建设，优化88个营业厅布局，对接1825个村级便民服务中心，建成20个乡镇行政办事中心便民点和23个社区便民服务点。保障春运春节供电，针对35千伏及以上重要输变电设备开展特巡。专程到高铁牵引站、地铁集团等重要用户现场，上门提供供电服务和用电安全特检。对111处重点保电场所开展“拉网式”检查。

【社会节能减排推进】 2014年，国家电网杭州供电公司落实国家能源战略和节能减排、大气污染防治等措施，推进电能替代和节能工作。成立合同能源管理示范区，签署合同能源管理项目19项，推动社会节能6000余万千瓦小时。协助用户利用电能代替煤、油等能源，全年指导用户开展电锅炉、冰蓄冷等电能改造项目32余项，替代电量4.27亿千瓦小时。企业内部节能8032.5万千瓦小时。配合市政府做好半山电厂煤机关停，推进半山天然气热电联产送出工程，其中7号、8号机组并网投入运行。

【绿色能源发展】 2014年，国家电网杭州供电公司服务新能源产业发展，推进分布式能源和光伏发电项目投运，累计受理项目224个、116.27兆瓦，并网项目165个、60.98兆瓦。推进电动汽车发展，建设充换电站76座、交流充电桩620个，建成城区15分钟充换电服务圈。江干区九堡纯电动公交换电站建成试运行。完成全省首例居民用户电动汽车充电设施报装业务。　（庄　硕）

·信息产业综述·

【信息经济产业实现增加值1668.64亿元】 2014年，杭州市信息经济产业实现增加值1668.64亿元，比上年（指2013年，下同）增长18.3%，占全市生产总值的18.1%。电子商务产业实现增加值560.25亿元，增长30.1%。云计算与大数据产业增加值409.65亿元，增长13.4%。物联网产业增加值238.97亿元，增长15.9%。互联网金融产业增加值172.18亿元，增长13.6%。"智慧物流"产业增加值49.79亿元，增长11.4%。数字内容产业增加值860.84亿元，增长19.2%。软件与信息服务产业增加值919.52亿元，增长18.4%。电子信息产品制造产业增加值484.12亿元，增长11.2%。移动互联网产业增加值593.43亿元，增长28.7%。集成电路产业增加值36.82亿元，增长12%。信息安全产业增加值177亿元，增长15%。机器人产业增加值12.9亿元，增长5.6%。

【《关于加快发展信息经济的若干意见》出台】 7月15日，杭州市委十一届七次全会审议通过《关于加快发展信息经济的若干意见》，明确杭州市信息经济的发展目标。到2020年，杭州力争建成国际电子商务中心，基本建成全国云计算和大数据产业中心、物联网产业中心、互联网金融创新中心、智慧物流中心、数字内容产业中心，信息基础设施配套完善，智慧应用和信息服务广泛深入，信息化发展指数、信息化与工业化融合指数位居全国前列。

【互联网金融创新发展指导意见制订】 12月1日，杭州市制订并出台《关于推进互联网金融创新发展的指导意见》（简称《意见》）。《意见》明确发展目标：到2020年，规划和建设一批具有全国影响力的互联网金融集聚区（含产业园、孵化器、专业楼宇），构建和运作一批具有全国辐射力的互联网金融交易服务平台，培育和发展一批具有全国竞争力的互联网金融企业，开发和推广一批全国市场占有率高的互联网金融创新产品，基本建成全国互联网金融创新中心。重点培育发展互联网金融机构和五类互联网金融企业。从市级金融服务业专项资金中统筹安排资金，重点用于扶持互联网金融集聚区和基础设施建设、互联网金融企业培育等。鼓励各区县（市）设立配套专项资金，支持互联网金融产业发展。通过市、区、集聚区三级联动，落实行业准入、人才培养、信用建设等方面的扶持政策，强化行业管理和风险防控，营造宽松、包容的创新创业氛围和良好、有序的行业发展环境。培育企业的重点主要是：支持互联网金融机构设立发展，加大互联网金融企业培育力度，支持互联网金融企业利用资本市场加快发展，支持市产业发展引导基金、市创业投资引导基金等政策性基金与境内外知名股权投资机构、金融机构合作等。

【"智慧杭州"建设总体规划评审会】 5月19日，杭州市召开"智慧杭州"建设总体规划评审会。会上，10余位专家组成的评审组分别对浙江大学、杭州电子科技大学、中国电子信息产业发展研究院（赛迪集团）、华数数字电视传媒集团和杭州电信公司的5个"智慧杭州"建设总体规划进行评审。最终浙江大学制定的"智慧杭州"建设总体规划方案获得专家组评审通过。专家组对评选出的优选方案做进一步编制和完善后提供给市政府决策参考。

【杭州被授予"中国软件名城"称号】 4月18日，工业和信息化部正式授予杭州市"中国软件名城"称号。工业和信息化部副部长杨学山、浙江省副省长毛光烈共同为杭州市"中国软件名城"揭牌。杭州成为全国第8个获该称号的城市。杭州市软件和信息技术服务业城市竞争力在全国19个副省级以上城市中列第5位。全市软件业务增加值占全市生产总值的8.1%；实现利润524.6亿元，比上年增长48.7%；软件业务出口11.47亿美元，增长13.6%；从业人员20.77万人，增长7%。全市以软件和信息服务为核心的上市企业累计33个。软件业务收入超过100亿元的企业2个，超过1亿元的企业100余个。（胡传明）

【"两化"融合持续推进】 2014年，杭州市坚持以信息化带动工业化，以工业化促进信息化，持续推进"两化"融合。9月，余杭区和滨江区成功创建浙江省"两化"深度融合国家综合性示范区，富阳市成功创建浙江省绿色安全制造信息化示范区。市经信委组织企业申报工业和信息化部"两化"深度融合管理体系贯标试点企业及优秀服务机构，其中杭州娃哈哈集团有限公司等16个杭州企业入选。根据《工业和信息化部关于印发信息化和工业化深度融合专项行动计划（2013～2018年）的通知》，组织企业申报互联网与工业融合创新试点企业，全国有23个企业成为试点，杭州九阳小家电有限公司、浙江维尔科技股份有限公司入选。

围绕“管控、协同、服务”理念，积极推进总部型企业信息化建设。杭州市先后组织浙江吉利控股集团有限公司、盾安控股集团等6个省总部型工业企业“两化”融合实施方案的制订及评审，督促企业按照实施方案进行贯彻，发挥总部型企业在推进“两化”融合中的示范作用。

开展“两化”深度融合、“机器换人”、“智慧经济”业务知识培训。4月，市经信委启动以“推进两化深度融合、加快工业转型升级”为主题的解放思想大讨论暨“经信大讲堂”系列活动。组织杭州市80余个重点企业共100余人参加省经信委组织的“两化”深度融合、“机器换人”培训。在培训期间，市经信委组织“机器换人”、物联网、节能减排、电子商务4个供需企业专场对接会。9月11日，市经信委与省企业信息化促进会合作，在杭州电子科技大学组织“两化”融合管理体系贯标实务专题培训，帮助16个试点企业实现“两化”融合管理体系达标。

【杭州市与北京大学战略合作】 10月17日，《杭州市人民政府和北京大学“杭州大数据协同创新中心”战略合作框架协议》签署。双方以建设“杭州大数据协同创新中心”为契机，建立长期战略合作关系，开展多形式的合作。建设基础设施一流、运营高效、在数据分析与建模方面具有突出能力、产业推动效果显著的杭州大数据协同创新中心。推进“智慧杭州”建设，研究杭州市在政务数据共享开放环境下，通过科学合理的数据建模进行有效的数据分析和挖掘，提高科学决策、城市管理和政府服务水平。把握新一代信息技术产业发展的主动权，对人口、旅游、医疗、社保、文化、金融等方面的数据进行整合，发展新的大数据产品，形成新的应用模式，构建大数据产业集群。（包环玉）

【杭州市政府与中国工程院签署合作协议】 3月8日，杭州市政府与中国工程院在北京正式签订建设智能城市战略合作框架协议，推进“智能杭州”建设。中国工程院常务副院长潘云鹤和市长张鸿铭代表双方签署协议。签约仪式上，市长张鸿铭代表市政府向院士潘云鹤颁发杭州“智能城市”建设首席顾问聘书。根据协议，双方在研究制订杭州建设“智能城市”的总体规划、指导杭州建设“智能城市”项目选择可行的发展路径及方案、形成建设“智能城市”协同发展机制、形成建设“智能城市”保障措施等4个方面开展合作，并扶持物联网、云计算、大数据等产业发展。

【信息安全产业园建成】 萧山区发挥钱江世纪城的区位优势和政策优势，打造信息安全产业园。园区占地3万平方米，总建筑面积约15万平方米，由国泰科技大厦、联合中心南区（鲲鹏中心）、联合中心北区等5幢具现代风格的甲级写字楼组成。至2014年末，浙江省信息安全产业技术创新战略联盟、杭州金灵微信息科技有限公司、杭州微谷网络科技有限公司等20余个信息安全产业的企业入驻。信息安全产业园完善配套服务设施，构建园区公共服务平台，在融资、注册、培训、展示、研发、宣传等方面为企业提供服务。园区规划3年时间引进信息安全、智慧产业类科技企业200个，园区总产值规模50亿元以上，产值超过1亿元的企业15个以上。

【工厂物联网样板项目实施】 2014年，由浙江力太科技有限公司为浙江春风动力股份有限公司打造的杭州首家上规模工厂物联网样板工程，经过运行取得初步成效。该项目通过新增智能排产、生产调度、实时监控等功能模块，实现生产过程自动化、透明化、网络化管理。他将企业所有的材料采购、设计开发、生产管理、质量控制、设备维护等职能部门在生产指挥中心连接着的110台摄像机协同办公，共同对生产过程（人、机、料）实行精确掌控和快速响应。根据评估，项目产生3个方面的效益。人均生产效率提升30%，节省排查安全隐患等工作的人员。以前排查生产中的安全隐患要派8个工作人员在各个车间奔走，现在通过工厂物联网平台只需调取各个车间的监控画面便可完成日常检查。设备利用率提高25%。原先车间生产情况以手工记账为主，实时数据要到第二天才能上传，现在各项生产数据实时上传，及时修订生产方案，减少设备空闲时间。库存周转率提升50%。物联网系统对生产计划执行情况进行实时监控，第一时间知道质量异常、物料短缺、设备异常等情况，加快库存周转，降低瑕疵品出现率。

【信息软件和电子商务项目专项奖励】 2014年，根据《中共杭州市委杭州市人民政府关于进一步加快信息化建设推进信息产业发展的实施意见》，经企业自愿申报、区主管部门审核上报，杭州市对信息软件和电子商务项目实行专项奖励。受理申报项目42个。其中，获得系统集成资质证书的企业3个，获CMMI证书9个，获ISO 27001证书17个，获ISO 20000证书11个，获ITSS证书2个。按照杭州市工业统筹资金项目专项资金阳光办理流程要求，经市工业主管部门初审、专家评审等相关程序，最终确定40个项目为奖励项目。

（胡传明）

·电子信息产业·

【电子信息产业概况】 2014年，杭州市信息经济主营业务收入（限上）3966.93亿元，比上年增长15.9%。全市电子信息制造业规模以上企业实现主营业务收入1900亿元，增长13.8%，增幅高于全国电子制造业3.5个百分点。实现利润总额216.42亿元，增长14.0%，利润率11.4%，提高0.6个百分点。实现工业增加值477.23亿元，增长16.5%，增加值率25.1%，增幅高于全国电子制造业4.3个百分点。完成新产品产值1047.16亿元，增长19.9%，产值率55.1%，提高4.4个百分点。

产业集聚度不断提高，电子信息产业链成效显著。杭州成为国家

电子信息产业基地、国家集成电路设计产业化基地、国家通信产业园（滨江区）、国家光纤光缆产业园（富阳市）、国家计算机及网络设备产业园（杭州经济技术开发区）、国家数字家庭产业基地等，企业发展形成一条完整的产业链。

大企业和大集团优势明显。浙江万马集团有限公司等7个企业入围全国电子100强。富生电器股份有限公司等6个企业入围全国电子元件100强。杭州华三通信技术有限公司等13个企业入围2014年浙江省电子信息制造业30强。根据IMS（国际权威调查机构）发布的《2014全球视频监控设备市场研究报告》，杭州海康威视数字技术股份有限公司列全球视频监控企业第4位、DVR（硬盘录像机）第1位。（胡传明 包怀玉）

【软件和信息服务业快速发展】 2014年，杭州市软件和信息服务业主营业务收入2152亿元，比上年增长25%。其中：软件业务收入1903亿元，增长25%；电子商务服务收入712亿元，增长32%。全市信息软件增加值912亿元，增长18%，占全市生产总值9.9%；电子商务增加值560亿元，增长30%，列十大产业第1位，占全市生产总值6.1%。全市有529个企业完成软件企业年审，242个企业通过软件企业认定。新登记软件产品2152个，累计1.37万个。

工业和信息化部公布2014年（第十三届）中国软件业务收入前100名的企业，杭州海康威视数字技术股份有限公司等9个企业入围。在《中国软件和信息技术服务企业竞争力报告（2014）》软件企业综合50强名单中，阿里巴巴（中国）网络技术有限公司、杭州海康威视数字技术股份有限公司、网易（杭州）网络有限公司、浙江大华技术股份有限公司、恒生电子股份有限公司5个企业入围。杭州市有26个企业被认定为2013～2014年度国家规划布局内重点软件企业和集成电路设计企业，比上年增加7个。

【软件和信息服务业上市企业33个】 1月20日，杭州炬华科技股份有限公司在创业板上市。全市以软件和信息服务业为核心的上市企业累计33个。1月24日，全国266个公司集体在新三板挂牌，其中杭州软件和信息服务业企业有6个，分别是杭州东创科技股份有限公司、杭州回水科技有限公司、杭州德联科技股份有限公司、浙江三网科技股份有限公司、杭州哲达科技股份有限公司和杭州云天计算机软件有限公司。9月19日，阿里巴巴集团在纽约证券交易所挂牌上市。（包环玉）

【全国软件和信息技术服务业工作座谈会在杭州召开】 4月17日，2014年全国软件和信息技术服务业工作座谈会在杭州召开。来自各省、自治区、直辖市的工业和信息化主管部门，全国相关学会、协会、商会及部分企业的代表共140余人参加会议。会上，广东、浙江、江苏等省市的软件行业主管部门以及浪潮集团、中国软件与技术服务股份有限公司、阿里云计算有限公司、用友集团、小米公司等骨干企业代表做典型发言、交流经验。

【中国传感器产业发展推进大会在杭州召开】 4月3日，中国传感器产业发展推进大会在杭州召开。来自全国41个行业机构、科研院所的40余名专家学者及50余名企业代表参加会议。至年末，杭州市从事物联网相关业务的企业200余个，主营业务收入超过1亿元的企业近40个，其中超过100亿元的企业2个。有中国电科（杭州）物联网研究院、中科院杭州射频识别技术研发中心、香港科技大学杭州物联网智能技术中心等技术服务平台，基本形成包括关键控制芯片设计研发、传感器和终端设备制造、物联网系统集成以及相关运营服务的全产业链体系。大会围绕加快传感器产业化进程，探讨设立产业链完整、产业集中度较高、专业化较强的传感器产业化集群，提出传感器产业化发展路线和政策建议。会上，工业和信息化部电子元器件行业发展研究中心、浙江盾安人工环境股份有限公司、苏州中鋆传感股份有限公司等13个科研机构、企业与钱江经济开发区签订合作协议。

【中国（杭州）全球电商领袖峰会】 10月29～30日，“博鳌亚洲论坛——2014年中国（杭州）全球电商领袖峰会”在杭州举行。阿里巴巴集团、亚马逊公司、微软公司等电商企业参加。峰会围绕“电商经济转型新驱动”主题，通过主题发言、圆桌对话等形式，共同探讨产业未来趋势及分享先进发展模式与经验。论坛现场，博鳌亚洲论坛秘书长周文重，中国经济改革研究基金会理事长、国民经济研究所所长樊纲，阿里巴巴集团总裁金建杭，微软公司副总裁陈实，亚马逊公司全球副总裁薛小林等学者和企业代表发表主题演讲。在峰会举行期间，艾瑞咨询集团同步发布《中国·长三角地区电子商务蓝皮书》及《电商杭州指数》，展现电子商务在杭州及“长三角”地区的发展图景。

【国际电子商务博览会吸引13万人次参观】 10月30日至11月2日，2014

10月29～30日，“博鳌亚洲论坛——2014年中国（杭州）全球电商领袖峰会”在杭州举行（市经信委 供稿）

年中国（杭州）国际电子商务博览会（简称电商博览会）在杭州举行。电商博览会由浙江省政府指导，杭州市政府、商务部外贸发展事务局、省商务厅主办，市经信委承办。电商博览会围绕“新体验、新模式、新趋势”的主题，通过展览、交流分享、互动体验、行业合作和权威发布等方式，促进电子商务和实体经济的深度融合、区域经济全面转型升级，加快推进城市国际化进程。电商博览会内容包括展览展示、会议论坛、活动体验、对接交流四大板块，设置世贸主题馆和和平产业馆两大展区、五大展馆，并同步开设网络虚拟馆，509个参展商参展。电商博览会吸引13万人次现场参观或参会，虚拟馆访问量5万余人次。

【浙商创新发展中心建设项目开工】 11月29日，位于江干区科技经济园内的“绿谷·杭州浙商创新发展中心”建设项目举行开工仪式。项目计划总投资19亿元，规划占地面积7万平方米，总建筑面积约30万平方米，含地下室、8幢写字楼、1幢酒店和部分地下商业设施。其中地上建筑面积18.79万平方米，地下建筑面积11.4万平方米，是2层地下室结构，可容纳1732个车位。项目面向高端制造、大数据、移动互联、电子商务、智慧健康五大产业，关注平台、技术、应用三类智慧项目，打造智慧、科技、低碳、绿色楼宇。建成后的浙商创新发展中心是大型商务综合体和浙商创业创新集聚中心。　（胡传明）

【西湖电子集团稳步发展】 西湖电子集团有限公司（简称西湖电子集团），是国家520个重点国有企业、杭州市6个国有资产授权经营大企业集团之一。西湖电子集团以电子信息、通信产品为主业，主要经营高清液晶电视、数字电视机顶盒、信息软件、物联网、车联网、新能源、电动汽车运营、房地产、软件园区建设等产业、产品和业务。拥有数源科技股份有限公司、杭州西湖数源软件园有限公司、数源移动通信设备有限公司、杭州西湖新能源科技有限公司、杭州西湖新能源投资有限公司、杭州西湖新能源汽车运营有限公司、杭州易和网络有限公司、浙江数源贸易有限公司、杭州中兴房地产开发有限公司、西湖集团（香港）有限公司等全资企业和控股企业10余个。至年末，企业拥有注册资本2.66亿元，总资产69.76亿元，净资产15.57亿元。

2014年，实现销售收入27.75亿元，比上年增长42.0%；利润总额6700万元，下降30.5%；缴税费9268万元，增长43.2%；出口创汇7127万美元，增长38.1%。西湖电子集团加快产业转型升级，拓展新兴产业。

企业“智慧经济”产业拓展。西湖电子集团开发的公租房智慧管理系统，实现智慧公租房服务系统的三级协同管理机制和三级门禁管理，并优化服务模式，为社区住户提供智能的便民服务、安居服务和智能家居服务。基于TC8925/TCC8935平台的多媒体信息发布系统完成样机的试制，该系统可在交互信息发布系统产品线上推广应用。公司成功研发新能源电动车电控平板终端及运营管控V-SMART系统平台。对车载多媒体播放器等产品应用进行研发，完成4路监控功能的车载系统、3G/GPS自动报站器样机。

西湖电子集团在稳定已有客户的基础上，进行空置房屋的短期招商，新招入驻企业43个，新增出租面积1.09万平方米；续签单位20个，续签面积8456.5平方米，入住率50%。西湖电子集团加强人才管理，重视员工培训和素质提高。组织各类内部外部培训99期、1740课时，参加人员605人次；企业新招聘各类专业管理技术人员56人，其中博士学历1人、硕士学历2人；企业内部调配提拔任用31人。强化安全管理。集团公司与下属23个单位、部门和入驻园区的单位签订《社会管理综合治理目标管理责任书》《安全生产目标管理责任书》，与入驻园区的餐饮企业签订《消防安全目标管理责任书》。组织安全、消防、综合治理大检查190次，发现事故隐患160个，整改隐患160个，整改率100%。

【新能源汽车产业合资合作协议签署】 4月29日，杭州市政府与比亚迪汽车工业有限公司签署《关于共同推进新能源汽车推广应用和产业发展战略合作框架协议》，其中包括西湖电子集团和比亚迪公司签署的新能源汽车产业合资合作协议。合作协议内容包括：比亚迪公司利用其在新能源汽车的核心技术，在余杭区建立两个公司。一个公司是与西湖电子集团合资建立由西湖电子集团控股的“西湖比亚迪新能源汽车有限公司”，公司下设“西湖比亚迪专用车中央研究院”；另一个是“比亚迪新能源汽车杭州分公司”。西湖比亚迪新能源汽车有限公司首先销售新能源纯电动大客车，后续专注于新能源电动汽车的专用车和改装车。该合资项目占地面积21.6公顷，总投资45亿元，年产3000辆公交车，年产5000辆专用车，研发、改造扫路车、洒水车等新能源专用汽车。

西湖电子集团与比亚迪公司完成组织机构的设置，先后在杭州注册成立杭州西湖新能源投资有限公

10月30日至11月2日，2014年中国（杭州）国际电子商务博览会在杭州举行
（市经信委 供稿）

司和杭州西湖新能源汽车运营有限公司。位于杭州仁和先进制造业基地的大客车、商用车整车生产基地（一期）开工建设。杭州西湖新能源汽车运营有限公司取得出租车运营许可证，30辆新能源电动出租车陆续上路运营。公司新开通新能源汽车公交线路10条，投放新能源纯电动公交大客车153辆；在杭州主城区新建E6出租车充电桩101个、K9公交大客车充电桩330个。

【公租房“智慧管理”系统入选科技示范工程项目】 6月，西湖电子集团研发完成、投入运营的杭州市公租房“智慧管理”系统平台（项目名称：公租房多级安全协同管理系统），入选住房和城乡建设部2014年科技项目计划——科技示范工程项目（信息化示范工程）。公租房“智慧管理”系统拥有自主知识产权，获得软件产品登记证书3个、实用新型专利4个、外观专利证书4个、著作版权登记证书3个。

公租房“智慧管理”系统是应用全数字可视对讲设备、服务器以及软件操作界面，建立的一套多级安全和协同管理系统，实现社区三级管理、三重安全和协同工作等特色功能。该系统以信息化管理为载体，将城市的公共租赁房房源和保障对象纳入管理体系，并涵盖资格审核、摇号选房、合同签订、租金收缴、房源维修、退出管理等整套分配和管理业务。通过系统平台的智能化“三级门禁”系统，承租人门禁卡的有效期限、使用状态分别与租赁合同期限、租金缴纳情况绑定，如果出现拖欠租金或租赁关系解除等情况，门禁卡使用期同步终止。公租房“智慧管理”系统在杭州田园区块公租房项目中投入运营，并取得成效。6月，中央电视台综合频道在《焦点访谈》栏目对杭州市田园公租房的租后管理经验进行专题报道。

【智能光伏储能充换电系统投入运行】 9月，西湖电子集团研发、制造并安装完成的智能光伏储能充换电系统在数源科技软件园区投入运行。该系统是有自主知识产权的新能源多功能智能充换电系统。从外形看是一个在棚顶上安装太阳能光伏板，棚内设有智能储能充换电仓的停车棚。充换电系统由单晶硅太阳能电池阵列、锂离子蓄电池组等部分构成，以自主研发的智能电源管理系统、智能监控显示系统为核心技术。系统总装机容量5千瓦~6千瓦，在日照8小时的情况下每天发电30千瓦时~40千瓦时，可同时为两辆电动汽车进行充电或换电，并具有多重保护功能，实现无人值守，维护成本低。该系统能为比亚迪E6、吉利熊猫、康迪、众泰知豆等品牌的新能源电动汽车充电和换电。

4月29日，市长张鸿铭（前左）与比亚迪汽车工业有限公司董事长王传福代表双方签署共同推进新能源汽车推广应用和产业发展战略合作框架协议

（西湖电子集团 供稿）

【“智慧交通”平台研发】 10月，数源科技股份有限公司研发面向车联网应用的“智慧交通”平台——V-Smart系统。该系统结合互联网和V2X技术，整合汽车电子设备，把汽车转变为一个智能的互联网移动终端，可以接入各种云平台，提供车载系统云服务。系统服务平台依托大数据采集和挖掘处理技术，实现车辆数据采集和分析功能，为第三方云系统提供标准的应用接口。通过V-Smart系统的手持应用功能，实现智能化体验。V-Smart系统安装在比亚迪E6纯电动出租车中，通过系统联网，为出租车行业提供一套智能化的车联网解决方案。乘客可以通过实时生成的二维码信息，通过手机上的支付软件付费。出租车运营公司可以通过系统，实现对车辆的动态识别、安全监测、远程监控、信息发布等功能。

【易和网络公司获建筑智能化工程设计与施工一级资质】 12月，杭州易和网络有限公司（简称易和网络公司）获得住房和城乡建设部颁发的“建筑智能化工程设计与施工”一级资质证书。该资质标准是住房和城乡建设部为加强对从事建筑智能化工程设计与施工企业的管理，维护建筑市场秩序，保证工程质量和安全，结合建筑智能化工程的特点制定的。标准设一级、二级两个级别。取得建筑智能化工程设计与施工资质的企业，可以从事各类建设工程中的建筑智能化项目的咨询、设计、施工和设计与施工一体化工程，还可以承担相应工程的总承包、项目管理等业务。取得一级资质的企业承担建筑智能化工程的规模不受限制。

易和网络公司自2013年8月起，筹备该资质的申报工作。申报材料整合历时4个月，经过逐级递交、审批，并于8月上交至住房和城乡建设部。12月13日，住房和城乡建设部在其网站发布《住建部2014年建设工程企业资质资格名单的公告》，杭州易和网络有限公司名列其中，并通过公示。（方泽民）

·信息技术应用·

【信息基础设施建设】 至2014年末，杭州市互联网出口带宽每秒1660兆，比上年增长33.1%；全市互联网宽带接入用户361.11万个，增长19.9%。杭州市加快城市宽带网建设。根据国家“光进铜退”战略，鼓励运营商加大对基础网络的投入，完善传输3层网络（核心、骨干/汇聚、接入）的承载，加强城域传输网和城域数据网在汇聚层以下的分离。通过传输网改造，增强交换机终端到用户端的服务能力，为信息消费提供支撑平台。推进无线城市建设。按照“稳固2G网络、发展3G网络、推进4G网络”的计划，实现全市2G网络全覆盖，3G网络覆盖市区和7个区县（市）的主城区。开展4G网络的规模试验和应用推进。至年末，全市4G用户227.45万个。室外公共场所无线网络免费向公众开放站点数3600余个，累计注册用户230余万个。杭州市数字集群无线政务专网总基站数27个，在网终端总数606台，调度台4个，使用单位8个。根据住房和城乡建设部、工业和信息化部《关于贯彻落实光纤到户国家标准的通知》精神，市经信委与市城乡建委共同编制《关于推进住宅区和住宅建筑通信基础设施共建共享的实施意见》，并于6月10日印发。杭州市三网融合试点基本完成，数字电视完成整体转换，交互式点播用户数增加。（包环玉）

【“平安365”社会服务管理平台建立】 2014年，上城区建立“平安365”社会服务管理平台。利用该平台构建党委领导、政府负责、社会协同、公众参与、法治保障的“智慧治理”机制。平台累计为群众解决诉求4.04万件，调解矛盾纠纷1.4万件，处置突发、群体性事件890件，消除治安、消防安全隐患5971件，城管、工商、环保等行政执法类事件5552件，其他类型事件625件，群众对事件处置的满意率96.41%。依托“平安365”平台，建立起以社区和网格（居民小区）为基础的社情民意采集与反馈工作制度和流程。159个网格中的769名信息员平均每人每月走访不少于30户居民家庭（包括辖区内单位），了解社情民意和收集群众反映的问题和困难，并汇集形成“社情民意信息库”。至年末，通过信息员收集汇总的各类信息78.78万条，其中4.04万条经过分析研判向职能单位交办，各单位平均响应时间0.84小时，初次反馈时间1.91小时，平均办结时间44小时。（胡传明）

【浙江政务服务网杭州平台建设】 3月10日，浙江政务服务网杭州平台建设工作协调小组成立。各区、县（市）按照省、市政府模式，分别成立相应的工作协调小组。5月8日，召开全市政务服务网建设工作会议，印发《杭州市网上政务大厅建设工作实施方案》，明确政务服务网建设规范、标准、任务、进度等内容。4~6月，市编委办牵头开展行政审批信息梳理填报，完成700余个行政审批事项的审核；市审管办牵头开展便民服务事项14个目录、209个子项、7000余条信息梳理填报。6月25日，浙江政务服务网正式上线。

6月25日至12月31日，杭州市完成浙江政务服务网杭州平台市本级单位行政权力运行（审批）系统建设，全市31个市本级单位的行政审批事项（主项300个、子项488个）接入浙江政务服务网，实现行政权力事项“一站式”网上运行。完成杭州平台中权力运行管理、权力事项管理、电子监察、证照库等系统建设。在浙江政务服务网杭州平台“阳光政务”栏目，加载“重点事项公开”“政府公报”“走进杭州”“透视政府”“党政动态”“文件公告”等子栏目。推进市政务数据库建设，包括权力事项库、办件库、电子证照库、征信数据库等。至年末，数据库归集审批数据7.5万条、便民服务数据7000条、阳光政务数据21.8万条、征信数据413万条，数据容量10千兆。

【“智慧电子政务”项目管理】 10月25日，2015年“智慧电子政务”项目申报工作启动。11~12月，按照“统筹规划、集约共享，按需建设、注重实效”的原则，市政府电子政务办联合市财政局、市发改委、市委办公厅网络中心对全市78个单位申报的300个“智慧电子政务”项目进行审核。在列入2015年专项预算资金安排的项目中，进入云平台项目34个，进行数据归集项目169个。

（市电子政务办）

【市民卡发卡情况】 2014年，杭州市民卡新增申领70.15万张，累计申领278.20万张；新增发卡76.47万张，累计发卡833.34万张。按地域划分，杭州主城区新增申领41.85万张，区县（市）新增28.30万张；主城区新增发卡33.01万张，区县（市）新增43.46万张。按人群划分，成人市民卡新增申领53.72万张，中小学生市民卡新增申领4.72万张，儿童市民卡新增申领11.71万张；成人市民卡新增发卡55.38万张，中小学生市民卡新增发卡7.06万张，儿童市民卡新增发卡14.03万张。

根据大江东产业集聚区体制调整总体安排，完成15.6万人市民卡的批量换卡。计划自2015年1月1日起，该集聚区的市民卡医保应用与主城区实现一体化管理。2014年8月25日起，杭州市正式开始为在杭州参加杭州市社会保险的外籍人士以及在杭州就读的外籍中小学生办理市民卡。至年末，受理200余名境外人士的申领。完成杭州地区22所高校大学生的4万余张市民卡发放，并指导大学生通过网站等渠道申办市民卡。4月18日，市卫计委联合市民卡公司在杭州市第一人民医院试点，向自费病人推出“浙江·杭州健康卡”，并逐步推广至其他医院。全年累计发行“健康卡”14.9万张。

【市民卡应用】 市民卡智慧医疗应用。至年末，市民卡“智慧医疗”应用覆盖全市12个市属医院、45个社区卫生服务中心、47个县级医院（含县社区卫生服务中心）、10个省级医院和3个民营医院。405万人的市民卡开通“智慧医疗”功能，活跃人数为110万人，累计使用780余万次，市级医院“智慧结算”使用率59.8%。10月，杭州“智慧医疗”手机应用客户端上线，实现9个市级医院的预约挂号、检验检查单查询等功能，简化就医流程。

智慧交通应用。7月，市民卡公司协助市城管办开展道路停车收费系统升级，通过市民卡（电子钱包）刷卡支付或市民卡账户网上支付补缴道路停车收费。12月，配合市治堵办“P+R”换乘优惠政策的实施，完成杭州地铁湘湖站、临平站和九堡站停车场系统的升级改造，并开展试运行。8~11月，配合市地铁集团，做好地铁二号线东南端开通运营的技术、业务、服务对接工作，确保

地铁站点杭州通卡（市民卡）自动充值、自动检票系统正常运行。

惠民支付应用。7月10日，市民卡公司联合杭州移动公司推出“和包·杭州通”产品和服务，实现手机在公交买票等小额支付领域刷卡消费功能。7月，完成市民卡互联网支付平台一期建设，实现预付卡系统与互联网系统对接互通。市民卡官方微信、手机应用软件等正式上线，提供市民卡应用功能自助查询、基础服务介绍、业务办理、特约商户信息查询、最新公告提醒等服务。

惠民征信应用。杭州市将个人信用信息嵌入市民卡，打造成杭州市民“诚信卡”。9月，市民卡公司完成征信业务可行性研究报告及内控制度制定，向中国人民银行总行正式提交杭州惠民征信有限公司个人征信业务许可证申请材料。12月19日起，市发改委（市信用办）委托市民卡公司在市民中心市民卡办理网点开通杭州市信用记录现场查询系统，提供18岁以上杭州户籍的个人信用记录查询。

公共服务应用。杭州市推广市民卡刷卡健身，9月1日起，市民卡公司配合市体育局、市教育局实现杭州主城区251个公办中小学校体育场地免费开放。萧山区、余杭区和五县（市）约240个学校于12月1日起陆续开放。市民卡公司与团市委合作，面向全市80余万名志愿者，实行数字化管理模式，推出“市民卡志愿服务信息记录功能”，实现刷卡时长管理。在市民卡“公园年卡”功能的基础上，与市佛教协会合作推出市民卡“庙票年卡”功能，开通后可全年凭卡进出10个市属寺院。

【市民卡服务完善】 2014年，市民卡公司扩大代理点和合作范围。新增电子钱包服务点22个、基础业务和账户业务服务点16个。全年新增合作商户96个、门店1035个，新增机具1331台，新增代理充值点28个。开展地铁驻点服务。至年末，地铁“便民售卡点”售卡7411张，金额超过108万元。

12月29日起，杭州主城区的市民卡城东、城南、城西、城北4个服务厅实行申领2小时后领卡服务，15时以后申领的市民卡可在次日领卡。主城区其余服务网点申领的市民卡于次日起3个工作日后领卡。网上申领及主城区中国农业银行和中国工商银行市民卡合作网点申领的市民卡于1周后领卡。（袁　俊）

【“96345”便民服务中心】 “96345”便民服务中心提供的服务渠道包括“96345”便民服务热线、“96345888”商务专线、“96345”便民服务网、新浪微博、微信公众号、华数数字电视“96345”门户专区、社区服务中心等。2014年，通过各项服务渠道为市民提供便民服务超过23万人次。“96345”便民服务热线全年受理话务210.77万通，日均量5774通。从服务类型看，政务服务类受理来电占70.6%，公共信息服务类受理来电占23.0%，商务类服务受理来电占3.1%。华数数字电视“96345”门户专区发布便民信息1.24万条。便民服务中心的微博发布信息76条，转发量12.33万人次。“96345”便民服务网更新便民信息1.3万条，网站日均访问量超过1000人次。全年举办便民服务进社区活动近50场，为社区居民提供理发、电器维修、心理咨询、法律咨询等10余种免费公益服务，3万余人次参与社区活动。（陈宗英）

·电信通信·

【电信通信概况】 2014年，中国电信股份有限公司杭州分公司（简称杭州电信公司）设综合支撑部门10个，前后端单位23个；辖经营单元15个，其中县（市、区）分公司7个、分局7个，政企客户服务中心1个。主业员工3035人。杭州电信公司全年主营收入比上年增长6.5%。移动业务方面，3G和4G网络协同发展，用户规模扩大，网络支撑和保障加强。在宽带业务方面，推进有线宽带和无线宽带的双百兆提升。在新兴业务方面，通过创新机制体制，提升新兴业务收入占比，优化全业务收入结构。

通过激发员工内在动力，全面深化改革。开展立体划小承包，强化责权利统一，从上至下在全公司推行承包制，引入民营资本，尝试新的合作模式。作为中国电信集团首批“倒三角”服务支撑体系建设试点单位，杭州电信公司通过扁平化、集约支撑、IT应用、投资划小、自主创业、逆向考核6个举措，完善“倒三角”服务体系。强化创新意识和能力。健全和完善鼓励创新的相关制度，明确组织体系、培育流程、扶植政策及创新基金。搭建岗位创新平台，通过员工创新工作室、技能比武等方式，为员工创新创造条件。

加强人才队伍建设。设立“朝阳人才储备池”，通过“翼先锋计划”“翼星计划”等专业技术骨干和外包骨干队伍的建设，全面打造高绩效团队，为经营发展提供有力保障。加强企业文化建设。组织开展“变革创新我先行”等主题实践活动，持续开展“一家人”文化建设，通过企业信息门户网站、易信等互联网宣传平台助推企业文化建设。完善员工关爱体系。落实员工关爱计划，深化送温暖和帮扶等员工关爱举措，实现员工收入与企业经营收入同步增长。

构建面向市场的集约运营体系，通过建立售前、售中、售后三大集约运营中心，全方位为客户提供优质服务。成立业务运营中心，集中处理安装维修（售中）的客户调度中心，以及专门处理客户投诉（售后）的投诉处理运营中心。集约运营缩短业务处理时间，提升工作效率。通过加强固定电话、宽带业务的快装、快修整体能力，提升安装维修效率。

【“天翼看交通”产品发布】 1月8日，由杭州市公安局交通警察支队和杭州电信公司联合举办的“天翼看交通”产品发布会在杭州举行。浙江电视台教育科技频道、杭州电视台西湖明珠频道、浙江电台交通之声、《钱江晚报》、《都市快报》等30个杭州的新闻媒体进行现场报道。“天翼看交通”产品依托中国电信3G和4G网络，采用云计算、无线“全球眼”等技术，通过手机客户端、短信、WAP页面等展现形式，向公众提供和呈现实时路况、停车泊位查询、加油站查询、违章提醒与查询、短信违章处理等交通信息服务。通过“天翼看交通”产品可以随时浏览杭州主城区和萧山区主要道路的近170个路面摄像头点位的实

7月22日，杭州首位天翼4G用户在杭州电信公司武林营业厅产生

（杭州电信公司 供稿）

时路况视频，查询杭州主城区800余个路面公共停车场的泊位情况，通过手机短信操作，就能完成交通违法行为的处理并缴纳罚款。

【杭州电信公司助力“智慧养老”项目】 3月，杭州电信公司与西湖区政府、下城区政府签约“智慧养老”项目。该项目由政府出资，为70岁以上的老人购置移动或固定呼叫器，老人可通过“智慧养老”平台的工作人员联系亲属、呼叫“120”或预约家政和代购服务，呼叫器的月租费用由政府承担。杭州电信公司协助政府启动“智慧养老”项目，工作人员上门为老人们提供“智慧养老”套餐讲解、手机功能介绍等现场授课和支撑服务。

【商务楼宇光宽带建设】 2014年，杭州电信公司加快商务楼宇的光纤改造进度。完成勘察设计后，杭州电信公司根据楼宇已有接入模式和资源状况，因地制宜采用VDSL2+、FTTB和FTTH等接入方式进行改造、建设，快速提升网络能力。3月，首批200余幢高端商务楼宇完成光纤改造。至年末，杭州有500幢商务楼宇陆续完成光纤改造。

【“天翼4G出租车队”成立】 2月21~28日，杭州电信公司与杭州交通经济广播电台合作，在《领先早高峰》《快乐晚高峰》节目，以及杭州交通经济广播电台微信公众平台推出以“马上抢单，快到飞起”为主题的“天翼4G出租车队”招募活动。招募期间，共有2000余名司机报名，首批有100名司机成为“天翼4G出租车队”成员，体验“天翼4G”网络。体验期内，杭州电信公司为“天翼4G出租车队”的每一名司机提供一套“天翼4G上网宝”设备，并赠送价值1000元的流量礼包。

【“天翼4G”手机服务】 7月15日，中国电信股份有限公司在上海、西安、成都、杭州、武汉、南京等16个城市开始提供“天翼4G”手机服务。7月22日，杭州电信公司的“天翼4G”销售仪式在武林营业厅举行。9时30分，杭州首位“天翼4G”手机用户在杭州电信公司武林营业厅产生。“天翼4G”正式启动后，首批“177”号段同时开售，各款4G手机套餐和终端开始销售。

【“五水共治”信息化展演】 9月3日和9月15日，由市经信委、市五水共治办公室和杭州电信公司联合举办的两场杭州市“五水共治”信息化展演在杭州电信大厦举行。市政府、各县（市、区）“五水共治”综合办公室、城管执法局、治水办等相关部门参加活动。杭州电信公司结合展演，推出由“视频云”、“全球眼”、“天翼巡防”、“天翼对讲”、气象短信提醒、指挥决策系统、“爱环保”手机应用软件等模块和应用组成的信息化平台，提高治水工作综合能力。平台依托“全球眼”、“天翼巡防”、“天翼对讲”、手机定位软件等技术，收集治水信息。通过云计算、大数据技术，进行精确的数据处理。依托应急通信设备和应急队伍，实现应急响应。

【中国电信展厅亮相西湖国际博览会】 10月17日，以“创新西博，美丽杭州”为主题的第十六届中国（杭州）西湖国际博览会在浙江世贸国际会展中心开幕，活动持续到11月7日。杭州电信公司为博览会场馆内外提供天翼无线网络服务。在博览

9月3日和9月15日，由市经信委、市五水共治办公室和杭州电信公司联合举办的两场杭州市“五水共治”信息化展演在杭州电信大厦举行

（杭州电信公司 供稿）

会中国电信展厅里，杭州电信公司展示机器人“欢欢”、“天翼4G”网络即拍即传技术、人流热力图3项全新科技。杭州电信公司推出云平台技术传输、全网通终端展示（包括谷歌眼镜、健康手环、意念飞机等智能设备）、城市骑行漫游、“悦ME”等智慧应用的现场体验。

【双百兆“天翼”宽带网络打造】 2014年，杭州电信公司打造双百兆“天翼”宽带。继续推进“天翼4G”网络手机上网100兆速率，并加快市区以及各县（市、区）的住宅小区100兆光宽带覆盖进程。至年末，全市完成5500余个住宅小区的光宽带建设。杭州电信公司推出“3G—189”和“4G—199”套餐，满足用户对双百兆宽带的需求。杭州电信公司相继推出百兆宽带、iTV等相关优惠促销活动。

【杭州电信公司与富阳市政府开展战略合作】 4月23日，杭州电信公司与富阳市政府签署战略合作备忘录。富阳市市长、副市长，杭州电信公司总经理、副总经理，中国电信富阳分公司经营班子等出席签约仪式。杭州电信公司把富阳市作为业务发展的重点区域之一，通过业务创新，推动物联网、云计算、4G网络等新一代信息技术在富阳市政务、商务、服务等领域的应用，促进工业化和信息化融合，提升富阳市信息化总体水平。双方着重在地方通信基础设施建设、智慧城市建设、农村信息化示范工程建设等具体项目上开展合作，并加大投资力度。

【“掌上医疗”ICT应用】 5月28日，杭州电信公司与余杭区卫生局签订“掌上医疗”ICT（信息和通信技术）应用战略合作协议，并于7月开始构建“智慧医疗”服务体系。“掌上医疗”手机应用软件包含余杭区7个医院和21个镇街卫生服务中心，为患者提供预约诊疗服务。该手机应用软件有助于公众卫生知识宣传；完善医院资源整合，加强公众参与引导；健全安全机制，保证信息安全，结合移动互联网提高用户查询、使用体验。“掌上医疗”手机应用软件可以使农村和地方社区医院及时与中心医院连接，实时听取专家建议、转诊和进行培训。（徐红萍）

·移动通信·

【移动通信概况】 中国移动通信集团浙江有限公司杭州分公司（简称杭州移动公司）设有13个区县（市）分公司。至年末，公司有员工3233人，其中本科及以上学历人员占52%。

2014年，杭州移动公司按照年初制定的“一二三四”总体工作计划，坚持“发展创优、转型创先”，推进4G网络建设。全年实现通信服务收入77.17亿元；政企通信和信息化收入10.3亿元，比上年增长46.9%；通话用户数908万个，占市场份额66.1%；4G活跃用户数160万个。4G网络规模持续扩大，实施4G网络三期工程，打造优质精品网络。杭州成为全国首个具备VOLTE试商用条件的城市。自主研发“先归队、后排队”的4G高驻留新策略，4G驻留比94%，4G分流比97%。5月25日，杭州移动公司从体育场路406号搬迁至环城北路288号。新大楼主楼及副楼机房总面积3.2万平方米。除网络部、工程建设部外，其他职能部门均在新大楼办公，办公人员500余人。

2014年，杭州移动公司获全国“五一劳动奖状”、全国“安康杯”竞赛优胜企业、中国移动通信集团公司三星级企业文化示范点等称号。文一路营业厅被中国质量协会评为“全国现场管理星级评价五星级现场”；元通大厦旗舰营业厅获“全国质量信得过班组”称号；杭州移动公司获全国级和省级质量控制奖项8个。

【移动4G网络覆盖乡镇】 杭州移动公司持续扩大LTE网络覆盖，加快升级已有网络，加大4G站点建设力度，在所有109个乡镇政府全部覆盖的基础上，继续向周边、行政村延伸。5月17日，召开“4G网络覆盖杭州全部乡镇”新闻发布会。全年实现LTE覆盖面积8000平方千米，开通基站1万余个。4G网络覆盖杭州全部乡镇及杭州市范围内的高速公路、杭州地铁等区域，打造“随时随地5Mbps，覆盖和性能双领先”的优质“四新”精品网络。

【移动光宽带用户70万个】 杭州移动公司通过光纤网络向客户提供宽带接入服务，最高速率100兆。至2014年末，移动光宽带覆盖杭州，包括主城区和7个区县（市），覆盖率80%。通过推出包年套餐、融合套餐、4G飞享家庭套餐等优惠套餐满足不同客户的需求。杭州移动公司发展光宽带用户近70万个。

【“自建自管他营”项目实施】 杭州移动公司以“转型优化、合作共赢”为原则，通过引入市场化运作机制，发挥连锁合作商销售潜力，实现163个自有营业厅终端销售“自管他营”模式转型。“自建自管他营”项目实施后，9~12月营业厅累计终端销量14.08万台，比上年增长27.6%；销售额2.63亿元，增长72.4%。通过营业厅“自管他营”模式优化渠道合作，为后续营业厅全业务外包及合作运营奠定基础，促进渠道转型，实现合作共赢。

【“行业+网格”运营模式实施】 2014年，杭州移动公司政企客户部以“促增提效、转型发展”为主线，搭建“行业+网格”运营模式，以“纵向到底、横向无缝”的工作方式，落实“拓规模、抢份额、挖收入”3项工作。通过项目实施，重要集团客户中心维护规模占全地区集团成员数总量的73%，整体收入的70%。杭州市区分公司组建298个网格，以“网格客户经理+社区经理+产品经理”方式，开展日常服务营销工作。提前实现政企整体收入规模与信息化收入增长两个50%目标。

【杭州移动公司全业务发展】 4~9月，杭州移动公司开展全业务发展攻坚战。遵循“政企重点区域连片覆盖，目标集团清单拓展建设”原则，构建“全业务圈地和深耕精细化”运作模式，推进全业务基础网络能力建设。开展行业攻坚战加快行业条线全业务接入；拓展网格集团的规模，推进商业、企业产品融合营销推广；优化有线条线长流程，实现专线施工由项目化操作向标准化产品转变。杭州移动公司全业务收入比上年增长199%，政企专线数规模增长59%，占市场份额20%。

5月17日，杭州移动公司召开“4G网络覆盖杭州全部乡镇”新闻发布会
（杭州移动公司 供稿）

【VOLTE试验网建成】 2014年，杭州移动公司进行VOLTE试验网建设及测试。通过培养专家队伍，建立测试机制，联合设备、终端、测试软件三方等措施，完善VOLTE产业链，为试商用打下基础。VOLTE试验网经过两轮大规模测试，历时1年，升级站点100余个，涉及小区500余个，测试里程超过4000千米，总计起呼5万余次，完成测试用例近200项。杭州移动公司完成网络升级改造，杭州成为全国首个具备VOLTE试商用条件的城市。

【天网工程项目建设】 2014年，杭州移动公司开展天网工程项目建设。创新工作方法，在路段传输、电力接入方面采用以路灯井为主、城建井为辅的“零开挖”方式，历时40天完成第一阶段项目建设。项目建设无线访问接入点（AP）107台，日均流量260千兆。利用无线宽带解决分散聚居地最后1千米的覆盖问题。开通站点108个、无线访问接入点（AP）186台，每个接入点日均流量11.67千兆。全年WLAN网络建设累计无线访问接入点3022个，热点数346个，峰值用户数增长至6万人，流量3538百万兆，增长204%。

【移动通信保障】 2014年，杭州移动公司完成大型通信保障19次，小型通信保障88次。在通信保障前期，进行业务预估、保障参数实施，其中TDS（技术数据系统）主要使用语数分离策略，新增五项新功能参数（RRC帧分、RRC抢占、自适应业务帧分等），LTE（长期演进）重点使用用户接入优先策略以及MLB负载均衡算法，最大程度提升区域承载能力。通过完善保障措施，大型通信保障中各项关键绩效指标保持稳定，拥塞区域得到有效控制。

【垃圾短信整治】 2014年，杭州移动公司在分析垃圾短信产生的源头后，开展垃圾短信整治清理。成立垃圾短信整治专项小组，市场、网络、综合等部门联动，安排专人负责。落实用户信息实名制登记制度。联合公安和市场监管部门开展伪基站治理，打击垃圾短信。至年末，杭州移动公司联合公安部门破获伪基站案件16起，查获伪基站设备数量17台。

【杭州移动公司服务质量提升】 2014年，杭州移动公司高度重视服务提升，每月定期召开服务攻坚专题会议，成立6个服务专题小组开展各项服务提升工作。市场部客户满意度改善，4G客户规模迅速扩大，用户换机、调整资费、换卡后流量增加。公司网络部门弱覆盖投诉解决率83.5%。开展新入网4G终端和热门手机软件应用评估、落实各项安装维护制度规范并开展现场抽查。政企客户部开展行业网格转型。各综合部门落实10项服务攻坚项目计划，开展服务攻坚课题跟踪整改。

（计红勤）

·联通通信·

【联通通信概况】 中国联合网络通信有限公司杭州市分公司（简称杭州联通公司）是中国联通公司在杭州的分支机构，下设萧山区、余杭区、富阳市、临安市、桐庐县、建德市、淳安县分公司和上城、下城、黄龙、申花、余西等42个营销中心，营业网点500余个。公司有员工2000余人，平均年龄30岁，大专及以上学历的专业人员占员工总数85%。

2014年，杭州联通公司围绕“服务用户、支撑市场、提升感知”的目标，以实施“2014感知提升”“2014筑堤行动”“提升移动网络质量和支持响应能力专项行动”三大专项活动为载体，开展精品网络建设。以“客户感知提升年”和“重点区域服务攻坚”活动为契机，通过网站、窗口海报等渠道公示企业对外服务承诺项目，接受用户监督。以“网络质量、窗口服务、宽带装移修、计费流量”为重点项目，实施营业无纸化、网络感知提升、固网一体化支撑、客户问题即时解决承诺、宽带装移维工单透明化等措施。

杭州联通公司为1200个企业、事业单位提供“智慧应用”一站式服务。整合杭州互联网技术资源，与市政府各部门合作，在电子政务方面建设“智慧门户”、电子公章等平台，在社会治理方面建设“五水共治”“智慧港航”“智慧城管”“智慧警务”等平台。其中“五水共治”平台整合城管、环保、水利等部门的数据资源，实现信息共享、静态展示和动态管理。在“智慧兴业”领域，搭建信息化应用平台100余个，为2000余个企业部署信息化应用。在“智慧惠民”领域，开展“智慧养老”“智慧教育”等应用，包括“老人定位服务”“智慧高速一号通”“考试院网上巡查”等项目。

【联通4G网络开通】 2月19日，杭州联通公司第一个LTE-TDD站点“杭州下沙高速公路出口”开通，并完成与核心网的对接，让更多用户能使用高速率、低时延的4G网络。6月27日，工业和信息化部批准中国联通公司在杭州开展TD-

LTE/LTEFDD混合组网试验。6月28日，杭州联通公司实施FDD-LTE全网改频工作，针对CSFB、FAST RETURN、3G/4G之间的重选和重定向、华为/中兴间切换、文件传输协议测速进行测试验证，改频后路测上传和下载平均速率为30兆和80兆，相关绩效指标正常。7月17日，在杭州联通公司延安路营业厅举办"'极致品鉴，精彩升级'沃4G品鉴会"，标志着4G网络实现全面升级，进入混合组网的高速4G网络时代。

【重点区域服务推进】 2014年，杭州联通公司以"网络质量、窗口服务、宽带装移修、计费流量"为突破口，提升服务质量。公司成立由总经理担任组长的服务攻坚领导小组，制定专业组的攻坚举措和量化指标，实施过程中坚持"问题不放过、落实不放过、问责不放过、考核不放过"的"四不"原则。建立定期例会制度，营业、网络攻坚小组实行单周例会，电渠、计费攻坚小组实行双周例会，针对4个方面的重点问题通报当期服务现状，指标完成情况，分析存在问题，共商改进措施，并跟踪改善效果。加强暗访督导，将服务攻坚指标管控纳入客户感知监测体系，通过系统数据采集、短信调查、联合检查、第三方满意度调查等手段，对问题的改善情况进行评估，对服务攻坚落实情况进行监督检查，对客户反映的重点问题进行督导处理。树立标杆，对攻坚工作进行阶段性总结，组织交流活动，把攻坚过程中取得成效的工作举措固化为流程、制度、体系，形成长效机制，将发生重大申诉投诉问题或服务攻坚不力的情况纳入公司问责体系。

【"固网一体化支撑系统"上线】 2月，杭州联通公司历时3个月自主研发的"固网一体化支撑系统"上线，解决传统固网业务中存在的环节多、周期长、流程不透明等问题。该系统以"项目经理负责制"为管理核心，实现业务受理、施工、服务等全过程展现，让客户经理实时掌握项目实施进度情况，实现流程简化、过程透明、信息反馈、流程闭环和按单考核的管理目标，提高客户经理的服务意识和实际操作能力。

【传输网络性能提升专项工程实施】 2~12月，杭州联通公司实施传输网络性能提升专项工程。该工程包括传输网络优化、传输网络资源挖掘及利用、传输网络流量监控和带宽扩容、固网宽带优化4个专项行动。优化传输网络，确保网络深层次安全。传输设备维护中心和基站抢修中心形成联动机制，对曾经发生过故障的传输长链及星型的断站进行测试摸底，通过华为二平面网络拓扑结构并结合线路的光缆实际路由，梳理出需要进行优化整改的安全隐患段落。挖掘网络资源，有效降低区域性故障率。开展IPRAN设备安装调测、开通及上载工作，每周滚动统计MSTP设备和分组设备的叠加站点，对已叠加分组设备的站点原MSTP网承载的移动业务移至分组网承载。加强带宽扩容工作，减少问题站点数量。定期对日均ATM拥塞站点以及对FE带宽最大利用率达到峰值的站点进行统计，根据接口的重要程度分别建立日、周和月度流量监控作业计划，实施主动监控。利用其他流量分析软件，对分组设备的各类接口流量实施周度或月度走势分析，提前发现需要扩容的链路或为相关专业的业务调整提供参考数据。加快机房双上联改造，提高网络安全性。针对以往固网宽带网络规划中存在结构不合理等问题，提出OLT双上联改造，结合固网支撑中心宽带测速数据进行分析，制定优化方案。

【通信机房节能减排手段创新】 2014年，杭州联通公司探索通信机房节能减排途径，严格落实实时调整机房照明、加强值班用电管理等节能措施。针对耗电量最多的制冷系统推出3项新措施。第1项措施是采取通信机房冷热通道隔离、加装冷热通道盲板、地板加装隔热垫等措施来减少热量的散失，达到冷气隔离效果，保证空调系统单位时间内产生的冷气得以最大程度的利用。第2项措施是空调主机、末端机和水泵均采用变频设备，根据机房的制冷需求量实时调整设备运行状态，同时利用自控系统，实现多机群控轮巡和自动补水，确保空调系统单位时间内产生最适量的冷气，实现空调系统的工作优化。第3项措施是设计开发IDC机房PUE精细化管理平台。维护人员通过系统查询各机房隔间的空调能耗并进行数据比对，一旦发现产生多余能耗，第一时间采取调整措施。

【杭州联通公司"营改增"试点】 5月，杭州联通公司制定"营改增"实施推进时间表，组织开展"营改增"相关知识的专项培训，召集终端平台商讨论操作细节。公司牵头对杭州地区移动通信业务销售渠道，以及零售、固网等专业线社会渠道开展摸底调查，确定渠道纳税人资质情况，制订终端销售工作调整方案、实施方案，并组织政策宣传活动。为保证合约信息传递准确、渠道平台间信息沟通顺畅及合约数据形成自动反馈机制，杭州联通公司联系B2B平台系统厂家开发和完善系统支撑功能，在6月10日前完成代办合约信息受理支撑模块、代办合约受理报表展现等功能的系统建设。

【谷易数据中心二期机房交付】 4月初，杭州联通公司谷易数据中心机房二期项目启动，机房总面积1万平方米。施工期间，杭州联通公司集中人力、物力、财力，联合合作单位设立现场办公点。现场项目组在工程期间加班加点关注项目的进度和完成情况，第一时间解决工程中出现的问题，在3个月时间内完成施工任务。9月，全部机柜交付阿里巴巴集团。 （祝敏霞 王晓青）

交通运输·邮政

Transportation & Postal Service

·交通运输综述·

【交通有效投资保持高位运行】 2014年，杭州交通部门围绕完善综合交通运输网络、促进新型城镇化和产业集聚区建设、推动城乡区域统筹发展等重点，全面推进交通建设与管理各项工作。全市完成公路水路交通建设投资121.9亿元，“十二五”时期前四年累计完成投资近500亿元，全市公路总里程达到16021千米。03省道杭州绕城高速公路至萧山临浦段改建、淳杨公路上江埠至汾口段改建(含绿道)、320国道建德段路面提升、余杭09省道有机更新、长西线临安段(非城区段)改建工程等18个项目建成通车，钱江通道及南接线工程通车运营。杭新景高速公路建德寿昌至开化白沙关(建德段)、杭州绕城下沙互通至江东大桥高速公路、杭长高速公路延伸线(吉鸿路)、萧山机场公路改建、杭金衢高速公路(杭州段)拓宽、富春江船闸扩建改造、富阳23省道改建工程等25个续建项目推进顺利。萧山机场公路改建工程高架路段4月15日起全封闭施工。杭州绕城高速公路东线新建下沙南互通、104国道余杭马头关至勾庄段改建、桐庐柴埠大桥工程等21个项目开工建设。环千岛湖绿道获第二届“中国(浙江)全面小康十大民生决策”奖。

【综合交通运输服务】 2014年，由公路、水路、铁路、民航和城市公共交通组成的综合交通运输体系日臻完善。依托杭州都市经济圈交通专委会、春运等节假日运输、治堵、“双限”和综合交通信息资源整合等平台，健全综合交通运输协调机制。全年公路客运量1.74亿人次，货运量2.32亿吨，分别比上年(指2013年，下同)增长4.3%和10.3%；水路客运量616万人次，港口货物吞吐量1.01亿吨，分别增长12.6%和7.5%；铁路客运量4688.88万人次，货运量311.78万吨，分别增长26.1%和下降15.0%；民航旅客吞吐量2552.59万人次、货物吞吐量39.86万吨，分别增长15.4%和8.3%。浙江省内第一个城市航站楼火车东站航站楼开通，杭州港跻身亿吨级内河大港行列。

【城市交通治堵】 2014年，杭州市继续推进公交优先战略，构建以公共交通为主导的公众出行模式，主城区公共交通日均客运量达369.01万人次，比上年增长9%。公交分担率实际提升3个百分点，城市交通满意度提升8.4个百分点。地铁2号线东南段开通试运营，4号线首通段开通。新增公交专用道80.6千米，新增和优化公交线路45条，开通高峰期地铁换乘公交线路和接驳线路各10条，延长26条公交线路服务时间，推出10条守时公交线路，对20条公交重点拥挤线路进行整治，第二批15条公交线路提速15%~20%。

按照市委市政府要求，全面组织实施全市小客车总量调控政策，强化需求管理，政策实施后全市小客车上牌数较2013年同期下降43.6%，为缓解城市交通拥堵和改善空气质量发挥了明显作用。

(王　鹏)

【“绿色交通”和“智慧交通”建设】 2014年，杭州市承担的交通运输部绿色低碳交通运输体系建设区域性试点和财政部、国家发改委节能减排财政政策综合示范试点两个国家级试点工作，累计获得中央节能减排补助资金4.86亿元。“内河船舶能耗动态统计监测系统”入选全国交通运输行业首批绿色循环低碳示范项目。

“五水共治”工作扎实推进，完成京杭运河杭州段疏浚和上埠河留下互通段整治一期工程，推进余杭塘河水环境治理，建设完成杭州航区30个垃圾接收点和2处油污水接收装置。71座老码头完成技术检测评估，拆除8座砂石码头，3座码头完成生态化景观化改造。全市淘汰营运黄标车5500辆，新增(含更新)新能源公交车1249辆。

智慧交通建设扎实有效。围绕全市智慧经济“一号工程”，加强综合交通信息资源整合，完成综合交通信息指挥中心升级改造，市直部门之间以及与民航、铁路等部门的交通信息资源共享初见成效，在公众出行服务、辅助决策、应急指挥、行业管理等方面发挥积极作用。“12328”全国交通运输服务监督电话于6月30日正式开通并平稳运行。全年有12个项目列入省交通运输厅年度科研项目，5个项目达到国内领先水平，获得中国公路学会一等奖和二等奖各1个。杭州技师学院完成第二批国家中职教育改革发展示范校建设，通过省级验收，被列为第43届世界技能大赛国家集训基地。杭州汽车高级技工学校通过省级文明单位评审。　(郑　亮)

【春运发送旅客2995.49万人次】 1月16日至2月24日春运期间，由于春节较早，春运启动恰逢学生放假时段，高峰时段更加集中，出现民工、学生、探亲“三流重叠”现象，客运总量首次出现微幅下降，但高峰期运输压力依旧。春运40天，道路、铁路、民航、水路纳入统计口径的客运发送2995.49万人次，为上年同期的99.7%。

道路旅客运输量2376.8万人次，为上年同期的95.0%，最高峰日1月25日发送旅客70.74万人次。其中，市区完成旅客运输量392.32万人次，为上年同期的90.8%，最高峰日1月28日发送旅客14.98万人次；市区四大车站完成旅客运输量195.81万人次，为上年同期的90.5%。

铁路杭州站（包括所属杭州东站枢纽）发送旅客444.28万人次，增长25.8%，其中火车东站枢纽247.84万人次。随着火车东站枢纽和沪杭、杭宁、杭甬高铁“三线一枢纽”全面运营，铁路杭州站节前客流高度集中，高峰持续时间较长，除夕前14天旅客发送量均在10万人次以上，最高峰日1月18日发送旅客14.18万人次，创杭州站春运历史最高纪录。

杭州萧山国际机场发送旅客145.29万人次，增长19.6%。随着人民生活水平提高后出行方式的改变和机场扩容后运力提高，春运期间民航输送的旅客客流继续稳步增长，除夕以外的其余39天每天日发旅客数均超3万人次。最高峰日出现在1月28日，发送旅客4.11万人次，创机场单日客流新高。

水路杭州航区发送旅客29.12万人次，增长11.1%。最高峰日2月3日（正月初四）运送3.61万人次。

城市公交春运期间运送乘客1.21亿人次，为上年同期的97.5%。城市公交运输量总体平稳，受地铁分流影响有微幅下降，最高峰日1月21日运送360.14万人次。地铁春运期间共运送乘客1202.68万人次，增长90.3%，已成为市民及旅客春运期间市内出行的重要选择。最高峰日2月14日（元宵节）地铁运输达44.86万人次。收费公路1月31日至2月6日（正月初一至初七）春节黄金周期间，继续实行重大节假日收费公路小型客车免费通行政策，杭州辖区内收费公路收费站出入口总流量为390万辆次，增长34%。其中小型客车免费通行量为365万辆次，增长43%，免收通行费约1亿元。（赵立中）

【交通行业安全生产】 2014年，杭州市水上交通、工程施工、轨道交通未出现人员死亡事故。开展“安全生产月”“打非治违”等系列活动，出台《安全生产监督管理职责规定》，修订完成《公路交通突发事件应急预案》，提升路网监管能力。治理12处道路事故多发点段和17处临水临崖高落差路段；全面排查184座隧道，实施251座国省道桥梁定期检测，维修33座病危桥梁。妥善处理“7·5”公交车放火事件后续理赔工作，加强公共交通领域安全防范工作。编印杭州市公路系统“三防”应急操作手册，开展公路“三防”、事故救援等应急演练，有效应对公路水毁塌方，提高应急处置能力。地铁运营安全保护区逐步纳管，完善轨道交通路政大队机构设置。依托综合交通信息指挥中心和应急抢险中心，完善应急管理机制，针对水上交通、道路应急抢险、轨道交通等重点领域组织多次综合应急演练，提高实战能力。加快推进客运、危化品运输企业、机动车维修企业安全生产标准化达标工作，全面完成危险化学品运输车辆紧急切断装置安装工作。（王　鹏）

【交通领域依法行政】 2014年，杭州市交通运输局在全省率先完成执法规范化“四统一”工作，规范行政执法行为，大力推进非现场执法。试行高速公路、城区入城口卡口管理制度。开展行政许可和行政处罚自由裁量权标准细化工作，进一步清理减少行政审批事项，行政许可由58项减少到32项，非许可审批事项由19项减少到6项，制订事中事后监管制度47项；深入开展立法调研，全国第一部系统规范交通建设工程建设活动和监督管理工作的地方性法规《杭州市交通建设工程监督管理条例》通过省人大常委会批准，《杭州市港口管理办法》经市政府常务会议审议通过，于2014年3月1日起正式实施；重点推进《杭州市公路条例（草案）》《杭州市轨道交通运营管理办法（修订）》的立法起草工作。（罗　燕）

【交通职业教育与培训】 杭州技师学院以汽车、机电和商务三大类专业群为特色，开设13个专业，2014年在校生5709人（校本部3926人），录取新生948人，成人高考（737名学生参加）上线率达93%。983名实习生进入255家用人单位实习，毕业生就业率和就业满意度分别为99.2%和98%，用人单位对学生满意度达98%。全校有在编职工273人（教师218人），其中全国交通中等职业教育专业带头人2名，技工院校省级专业带头人9人，全国技术能手6名，全国交通技术能手8名，浙江省技术能手6名，德国机动车技术服务总监和加拿大高级电工师共12名。高级职称教师比例占35.2%，“双师型”教师比例占98.2%。校内实训基地66个，校外实训基地350余个。学院组织做好第43届世界技能大赛选手的选拔和集训工作，6名选手分别入选汽车技术、车身修理、汽车喷漆和钣金技术三个项目的国家集训队，4名选手进入汽车喷漆和钣金技术两个项目全国总决赛。1名教师获全国交通技工类院校教师技能大赛一等奖，并被授予全国“交通行业技术”能手称号。学院成功获批第43届世界技能大赛汽车喷漆和钣金技术项目中国集训基地（获重点项目集训基地补助资金100万元）。学院顺利通过国家中等职业教育改革发展示范学校建设省级验收。全年组织教练员继续教育、维修从业人员、检测从业人员、营运驾驶员培训等各类社会培训班362个，培训1.83万人次。

杭州汽车高级技工学校录取新生450名，其中高级技工以上学生224人，占招生总数的49.8%，向社会输送毕业生366人，就业率达97.3%。学校职工傅勇获2014年全国五一劳动奖章。“汽车检测”专业获得浙江省人力社保厅省级品牌专业的称号。校企合作进一步深化，教学改革和校企合作有机融合，在10级技师班中推行工学交替的教学模式。科研工作不断加强。由学校承担的市科协课题“杭州公共交通清洁能源和节能汽车动力选型及环境适应性研究”通过验收。驾驶培训完成招生3512人，培训合格率83%；多种社会职业技能培训人数达1.25万人次。（陈　莹　唐　毅）

11月24日，地铁2号线东南段通车试运营　　（市交通运输局 供稿）

【地铁2号线东南段开通试运营】 11月24日，杭州地铁2号线东南段开通试运营。2号线南起萧山区朝阳站，北至钱江路站，全长18.3千米，起步价2元（4千米），全程票价最高5元。首班6时30分发车，末班21时30分发车，单程需时约31分钟。随着地铁2号线东南段开通试运营，杭州地铁交通正式进入双线运营阶段。从单线运营到双线运营，杭州地铁只用了两年时间。

【轨道交通1号线地铁公交接驳联合演练】 为切实提高地铁1号线运营突发事件应急处置能力，1月14日，市交通运输局组织开展轨道交通1号线地铁公交接驳联合演练。市运管局、市公安交警局、市公安交警局地铁分局、市地铁集团、杭港地铁公司、市公交集团及综合交通信息中心等单位参加演练。

此次演练是模拟轨道交通1号线江陵路至婺江路段因接触网线路故障无法通行需启动公交接驳，演练采取“半双盲”方式进行，即不预先编排脚本、不预先集结演练队伍、不预先合成演练。由于参演单位相互配合、协作、努力，整个流程、程序顺畅、完整、到位。演练检验了地铁列车发生突发事件时的应急处置能力、行车调度能力、信息报送和发布能力、人员疏散能力、公交接驳能力、部门联动和指挥协调能力等。（王　鹏）

·公路运输·

【公路运输概况】 至2014年末，杭州市公路总里程16024.45千米（不含高速公路匝道里程）。公路桥梁5754座38.72万延米，公路隧道195道10.62万延米。公路密度分别为96.7千米每百平方千米和22.68千米每万人。按行政等级分，国道572.15千米，省道1030.32千米，县道4020.20千米，乡道2218.28千米，专用道53.25千米，村道8130.28千米。国省道干线公路1602.47千米，占公路总里程的10%；农村公路14422.01千米，占公路总里程90%。按技术等级分，高速公路581.68千米（其中国家高速公路338.86千米），一级公路803.46千米，二级公路1569.91千米，三级公路1065.00千米，四级（准四级）公路11276.07千米，等外公路728.36千米。其中，二级及以上公路2955.05千米，占公路总里程的18.4%，等外公路占公路总里程的4.6%。国道均为二级及以上的公路，省道中二级及以上的公路占93.6%。国省道干线二级及以上的公路1536.62千米。

全市从事道路运输的经营单位（含个体联户）20448户，营运客货汽车83656辆（其中营运货车77440辆、537035吨，营运客车6216辆、228352座）。从事道路货运相关服务的单位2279个。

从事道路旅客运输的单位110个。班线客运66户，包车（旅游）客运79户，开行客运线路1296条，其中：省际线路388条，日发班次902个；市际线路385条，日发班次2899个；县际线路168条，日发班次1583个；县境内线路355条，日发班次1.1万个。杭州市区（不含萧山、余杭区）开行道路客运线路542条，其中：省际线路282条，日发班次744个；市际线路195条，日发班次2192个；县际线路58条，日发班次883个；市区内线路7条，日发班次474个。全年完成道路旅客运输量1.74亿人次，旅客周转量114.4亿人千米。分别比上年增加4.3%和下降1.9%。

公路货物运输单位（含个体联户）2.03万户，营运货车77440辆、53.7万吨位，其中市区（不含萧山、余杭区）1633户拥有营运货车44817辆、29.5万吨位。全年完成货物运输量2.32亿吨，货物周转量276.1亿吨千米，分别增长10.3%和7.9%。全市有货运交易市场及较大型物流企业77个，年吞吐货物128亿吨。

全市有等级客运站89个，其中一级站6个、二级站7个、三级站19个、四级站23个、五级站34个。农村港湾式停靠站3376个。

全市有城市综合客运枢纽5个，公交调度指挥中心14个，从事公共汽电车经营户15户，运营车辆9232辆，额定载客量63.27万人。运营线路789条，线路总长度13410千米，其中BRT总长度113千米，无轨电车总长度25千米，年完成客运量14.94亿人次。

从事客运出租汽车经营户1358户，经营车辆12601辆（其中企业户131户，经营车辆11286辆；个体户1227户，经营车辆1315辆）。杭州市区（不含萧山、余杭区）客运出租汽车经营户1022户，经营车辆10013辆（其中企业户78户，经营车辆8981辆；个体944户，经营车辆1032辆）。10000辆出租车装有市民卡刷卡系统。出租车服务区12个，占地面积4.2万平方米，停车位1795个。

轨道交通站44座，运营线路总长度66.3千米，运营车数64列、384辆，额定载客量9.19万人。全年完成客运量1.45亿人次，旅客周转量16.28亿人千米。

全市有机动车驾驶培训机构124家，从业人员9702人。其中一级驾培机构8家，二级驾培机构17家，三级驾培机构99家。理科培训中心1家。道路客货运输驾驶员从业资格培训机构18家（其中6家具备危险货物运输驾驶员培训资格）。全市有各类教练车7687辆，教练员8482人，全年共培训驾驶员40万人。

全市共有各类机动车维修企业5163个，从业人员3.3万人。其中，一类机动车维修企业244个，二类机动车维修企业1035个，三类机动车维修业户2797个，摩托车维修业户1087个，全年维修各类车辆669.45万辆次。杭州主城区有机动车维修企业910个，全年维修车辆284.58万辆次。全市有汽车综合性能检测站17家，全年检测车辆20.44万辆次。

全市已备案登记机动车配件经销业户4269家，其中分布在7大配件经销专业市场的2433家，散户267家（含涉及配件经销的维修企业519家），区县市1050家。全市已备案登记汽车租赁企业379个，备案车辆7213辆。

（周　澜　倪国定　叶鹏飞）

【公路养护水平提高】 2014年，杭州市加强养护管理，路况水平稳步提高。实施国省道路面大中修工程，G320建德段71千米完成“白改黑”，通过交通运输部的年度路况抽检。完成407千米高速公路、160千米普通国省道路面大中修，合格率为100%。路面使用性能平均指数较上年提升2.2个点，道路优良率为87.9%。注重路况的良性循环，路面维修前移，完成61千米的路面预防性养护工程。

【公路边“三化”整治完成】 2014年，杭州市通过实施公路边“三化”（洁化、绿化、美化）整治，路域环境明显改善。开展“一种三清”（“一种”即种树，“三清”即清理各种建筑和生活垃圾、清理违法建筑、清理无序广告牌），结合入城口整治完成“三清”4170处，累计完成路面及附属设施整治、绿化提升等建设投资19.9亿元。实施桐庐S210桐义线和杭千高速公路“三化”示范路建设，因地制宜，科学种植，稳定了公路边坡，美化了公路环境。结合“三改一拆”攻坚年和“回头看”活动，以杭千高速公路和“无违法建筑”示范路创建为契机，开展“百日攻坚”行动，强化督查服务，路域环境得到较大改善。通过强化公路收费站、互通区等整治，入城口的路况水平、景观品质大幅提升。

【农村公路建设】 2014年，杭州市有序推进农村公路技术等级改造提升。按照习近平总书记“建好、管好、护好、营运好农村公路”的新要求，创建文明公路39千米，实施546千米大中修，完成174千米钢质护栏安保工程，建成200千米农村联网公路、14个规范化乡级农村公路管理站，路网水平和技术等级不断提高。推进示范精品工程建设，淳安140千米环千岛湖绿道建成并获第二届中国（浙江）全面小康十大民生决策奖。

【公路路政管理】 2014年，全市共查处违法案件1.6万起，拆除违章建筑1.3万平方米，清理堆积物1.8万立方米，拆除非公路标牌4800余块，整治马路市场359个。开展全市“雷霆”专项行动。市交通运输局联合公安、交通运管等部门，探索部门联动、异地联合治理超限机制，全市共查处超限车辆5734辆。萧山、余杭、建德配合公安交警对非法改装工程自卸车实施了栏板切割。富阳市实施春永线治理超限综合整治；江东大桥、钱江通道、杭长高速公路等重点路段“治理超限难”问题有所破解。开展高速公路广告牌集中整治活动，拆除广告牌133块。全市26辆路政执法车完成车载视频监控系统安装，临安启用3G二代单兵执法记录仪，依托S208昌化非现场执法点对218辆违法超限运输车辆实施事后查处，新建淳安、建德、桐庐3处非现场执法点，国省道公路非现场执法网络布局初步建成。

（周　澜）

【公路科研与成果应用】 2014年，结合钱江通道南接线重点工程建设开展的“现浇中小跨径连续单箱多室宽箱梁空间效应研究”获得2014年度中国公路学会科学技术二等奖；“基于整车模型的沥青路面平整度评价方法和预防性养护时机研究”等3个项目通过省交通运输厅组织的鉴定，成果均达到国际先进水平；“考虑持续极端高温天气影响的沥青路面设计和养护技术研究”等3个项目获得省交通运输厅、省公路局的立项；注重节能环保技术应用，完成萧山区S103、昌化S208千秋关、淳安县S303石门大桥不停车治理超限检测系统建设以及钱江通道、绕城高速LED照明等区域性试点项目。强化路面材料的再生利用，在大中修养护中实施泡沫沥青冷再生路段13千米，水泥稳定就地冷再生技术应用23千米，水泥砼面板再生技术应用29千米。路面旧料回收率100%，旧料循环利用率96.8%。

（王　鹏）

【杭州东站枢纽西广场项目通过验收】 11月12日，杭州东站枢纽西广场项目通过竣工验收并全面投入使用。该项目于2010年5月28日启动建设，是杭州东站枢纽重要配套设施，总投资40.74亿元，总建筑面积42.87万平方米。地下共三层，建筑面积为34.45万平方米，主要功能为社会车库、换乘大厅、出租车蓄车场、公交枢纽及旅游大巴车区等公共服务区域以及配套商业。

（叶　露）

【钱江通道及接线工程试运营】 4月16日，钱江通道及接线工程通车试运营。该路段的正式路名为S9苏绍高速公路，全长43.6千米，概算总投资146亿元，分北接线、过江隧道、南接线三段。其中，过江隧道段全长4.45千米，为世界最大直径的盾构隧道；南接线段全长27.8千米，采用全高架设计，穿越杭州江东区块。开通试运营的路段长33.4千米，起点为杭浦高速盐官西枢纽，终点为杭甬高速齐贤枢纽，为双向六车道高速公路，设计时速100千米（其中隧道段设计时速80千米）。北接线段均在嘉兴境内，全长11.3千米，与杭浦高速公路相连的1.1千米建成通车。作为服务民生的保障性工程，钱江通道工程是浙江省以及杭州市高速公路网主骨架重要组成部分，也是杭州交通“东网加密”工程的关键项目，对于优化杭州城市空间布局、产业集聚及可持续发展发挥着重要作用。

【淳杨公路改建工程通过交工验收】 9月26日，淳杨公路改建工程通过交工验收并通车。该工程是淳安交通"十二五"发展规划中的重点建设项目，也是省重点项目。工程路线起点位于上江埠大桥，途径里商、安阳、大墅、枫树岭、汾口等5个乡镇，26个行政村及3个国有林场。终点在汾口镇与淳开公路相接，路线全长52.34千米。其中：桥梁13座，共计2361米；隧道3座，共计1954米。按二级公路标准建设，设计速度60千米/小时，路基宽10米，桥梁、隧道净宽均为12米，工程总投资14.12亿元。按照全县景区化工作要求，淳杨公路临湖一侧同步建设环千岛湖绿道，绿道宽5米，投资4.5亿元。

（王　鹏）

【疏港公路全线建成通车】 疏港公路（320国道至104国道连接线）工程起点位于320国道余杭段，终点位于良渚古墩路，路线全长16.91千米，按一级公路标准设计，设计速度80千米/小时，路基宽36米，桥涵与路基同宽，工程概算总投资13.23亿元。其中320国道至石塘公路6.04千米已于2012年12月24日完成竣工验收。此次施工起点石塘公路，终于104国道古墩路连接线，全长10.87千米，概算投资9.41亿元。该工程于2010年7月开工，2014年9月18日建成通车。工程因涉及众多的高压铁塔迁移，上跨京杭运河，下穿杭宁高铁，建设难度较高。8月1日，疏港公路京杭运河特大桥合龙。疏港公路与绕城高速公路北线段平行，是余杭区东西向的一条主干道路，是连接杭州副城临平和良渚、余杭两个组团的快速通道。

【申嘉湖杭高速公路练杭段项目通过竣工验收】 7月19日，申嘉湖杭高速公路练杭段项目通过竣工验收。申嘉湖杭高速公路是浙江省公路水路交通建设规划"两纵两横十八连三绕三通道"公路网骨架之"一连"。练市至杭州段工程始于练市枢纽，止于崇贤枢纽，与杭州绕城高速公路相连接，全长50.94千米，连接线27.75千米。

（高艳烈）

【临浦快速通道建成通车】 8月28日，临浦快速通道建成通车。临浦快速通道又称03省道杭州绕城高速至临浦段改建工程，全长约13千米，分主线和支线，总投资16.87亿元。主线部分起点位于亚太路，终点为峙山西路与03省道的交叉口，全长7.67千米，按一级公路要求设计，双向6车道，设计时速为80千米。支线起点位于临浦峙山西路交叉口，终点与包洪线相接，长5.08千米。采用双向4车道一级公路技术标准，兼顾城市道路功能。该工程于2011年11月正式开工建设，为浙江省内首个采用BT模式（建设—移交）的交通重点工程。临浦快速通道建成通车进一步加强了杭州主城区、萧山中心城区与临浦镇之间的联系。

【杭州之江交通换乘中心启用】 1月27日，杭州之江交通换乘中心启用，市公交集团首批开通866路、假日3号线、334路三条线路。该换乘中心由之江旅游度假区管委会建造，集公交换乘、旅游驿站等功能为一体，是之江地区重要的交通枢纽和旅游集散中心。为解决之江上泗地区公交出行难，市交通运输局在征求之江地区社区及"两委员一代表"意见的基础上，制订上泗地区公交线路优化方案。根据之江地区市民意见，交通部门以换乘中心为依托进一步优化完善公交线路，方便群众出行。

改建后的淳杨公路和临湖一侧的骑行绿道　(程海波　摄)

【萧山机场公路改建工程启动】 4月15日，萧山机场公路改建工程按计划进行，交通组织、公共交通保障等平稳有序。5月5日，机场公路改建工程（萧山段）正式开工。该项目采用高速公路与地面城市道路相结合的建设方法，起于西兴大桥南引桥，走向与既有机场公路一致，经滨江区西兴街道和萧山区宁围、新街、瓜沥等镇，终于萧山国际机场大门，全长19.55千米，概算总投资67.3亿元。此次封闭施工主要为西兴互通至杭金衢高速公路互通段道路的改建。计划三年全面完工，高架桥部分两年建成通车。封闭施工期间，杭州市区进入杭州萧山国际机场主要有5条分流线路。杭甬高速乔司枢纽至红垦枢纽段实施货车分时段禁止通行措施。为方便旅客从城区到机场，覆盖城区主要交通节点的11条公共交通机场专线开通，日发246班次，票价20元。

【之江大桥工程入选交通运输部"平安工程"】 3月17日，经推荐、评审、公示等环节，杭新景高速公路延伸线（之江大桥）工程被交通运输部和国家安监总局联合冠名为2013年度公路水运建设"平安工程"。这是浙江省唯一获得此荣誉的公路水运工程项目。杭新景高速公路延伸线（之江大桥），路线起点为杭新景高速公路杭州南收费站，线路终点与彩虹大道（建设中）相接，全长4.7千米，总投资约26亿元，于2008年12月开工建设，2013年1月建成通车。项目跨钱塘江的桥梁——之江大桥（又称钱江七桥）为空间双索面拱形钢塔斜拉桥，塔高90.5米，主桥宽40.5米，被誉为"钱塘之门"。

【杭州国家公交都市创建实施方案通过交通运输部评审】 4月10~11日，交通运输部运输司在京召开第二批公交都市创建城市实施方案第二轮专家评审会，杭州市国家公交都市创建实施方案顺利通过评审。杭州市国家公交都市创建实施方案包括四大体系、十大工程，计划五年内确立城市公共交通在城市交通中的主体地位，基本形成形成“五位一体”大公交运营结构、“8+5”市域一体化大公交线路网络、适度超前的公共交通基础设施、智能化信息化的公共交通管理系统、品质至上的公共交通服务体系、协同发展的公交都市保障体系，建设“品质生活、品质交通”幸福和谐杭州。根据该方案，到2018年，杭州市公共交通机动化出行分担率达到61%。

临浦快速通道　　　　（市交通运输局 供稿）

【杭州市实行小客车增量指标竞价摇号】 5月1日，杭州市小客车总量调控管理信息系统上线。5月8日，5月首次小客车增量指标配置申请受理截止，增量指标申请总量为24.23万个，其中个人申请数23.87万个，单位（包含企业、社会组织和其他组织）申请数5636个。5月26日，杭州市举行首次小客车增量指标竞价工作。竞价有效编码数为个人1026个、单位145个，成交编码数为个人890个、单位112个，个人和单位最低成交价均为10000元，平均成交价为个人19608元、单位29866元。27日，杭州市举行首次小客车增量指标摇号仪式。人大代表、政协委员、行风监督员、申请人代表、媒体代表参加摇号仪式。15时左右，经过公证员查验摇号器具、展示前期封存的有效编码数据光盘、启封及调试摇号客户端、生成随机“种子”数、导入摇号客户端等环节，个人、单位两轮摇号产生5333个增量指标，其中个人指标4693个、单位指标640个。

【第五届汽车节油大赛】 11月17日，杭州市举办第五届汽车节油大赛。此次节油大赛以“绿色交通文明出行”为主题，充分体现“智慧信息化、新能源汽车”两大特点，除了在决赛环节使用纯电动车之外，还在比赛的三个环节首次启用手机APP答题的方式，旨在大力推进绿色交通、智慧交通建设，营造全社会文明出行、绿色出行的良好氛围。

12月20日，杭州市第五届汽车节油大赛总决赛举行。20名来自出租车、驾培、客运、货运、公交五大行业的节油能手进入决赛，杭州汽车高级技工学校的教练员孙锋最终获得冠军。（王　鹏）

【杭州明确出租汽车承包费及班费最高限额】 6月13日，杭州市发布《关于明确杭州市主城区（不含萧山、余杭区）出租汽车承包费、班费最高限额及相关问题的通知（试行）》，对杭州市主城区（不含萧山、余杭区）客运出租汽车单车日班费、承包费限额标准，社保及车辆维修费用，风险保证金和服务质量保证金限额标准等进行明确，以保障出租汽车驾驶员的收益权、休息权和劳动保障权益。

【市区投放600辆双燃料出租车】 9月23日，杭州市区投放的600辆双燃料出租车上路营运。此次新增车辆采用服务质量招投标方式进行，首次设置市区（不包括萧山区、余杭区、下沙、上泗地区等区域性出租车企业以及杭州市新能源出租车汽车有限公司）2013年度服务质量信誉考核等级达到AA级以上的门槛，出租车经营权限的有效期为5年，每辆车的经营权有偿使用金为5000元每年。所有新增车辆实行一班制营运模式，并执行单车日班费350元，月承包费9100元，司机缴纳的风险保证金6万元的最高限额，同时规定中标企业必须为每车2名驾驶员购买社会保险。杭州春光旅游有限公司、杭州外事旅游汽车公司、杭州之江客运出租车有限公司等26个企业分获600辆出租车的经营权。

【道路运输行业能耗统计平台启用】 4月，杭州市道路运输行业能耗统计平台启用。该平台实现了对全市（含县、市）客运、货运、出租车、公交四大道路运输行业的100多个重点用能企业的定期能耗统计，并具备检测、分析和预警功能，能及时、全面、真实反映道路运输行业能源消耗情况，为道路运输行业节能减排发展思路和决策提供基础依据。（叶　露）

【全国交通运输服务监督电话在杭州开通】 为改进提升交通运输服务水平，根据交通运输部的统一部署，6月30日起，全国“12328”交通运输服务监督电话在杭州市开通。“12328”服务热线电话的主要功能是受理公路、水路、公交地铁等交通运输行业的服务监督、举报投诉、咨询等。“12328”开通以后，“96520”道路运输服务热线与之并行使用，待条件成熟后再进行整合升级。“12328”电话的开通为市民获取交通出行信息、监督交通运输服务、投诉举报交通运输违法行

为等提供了新渠道。（王　鹏）

【道路运输市场监管】 2014年，开展“两非”车辆、套牌出租车、客运市场整治，春季旅游旺季、西湖景区旅游环境秩序专项整治，出租车服务质量百日竞赛等多项整治活动，累计出动执法人员5.68万人次，查处非法营运2979起（其中汽车792起，非机动车2187起），比上年上升17.6%。查处出租车套牌84起，出租车违章1634起，客运违章795起，有力维护了道路运输市场秩序；重新规划杭州市区16个市场监管责任区、13个严管点，加强对商贸区、车站、学校等重点区域的监管；推进非现场执法，形成操作细则并初步用于实践；推进《道路运输行政处罚裁量基准》《杭州市地铁管理条例》的修订和调研，开展执法车辆改革、私家车拼车及“专车服务”等调研。“96520”全年共受理来电、来人、来访、来信（函）29.08万起，发布失物招领信息2.19万件，帮助失主找回物品价值236万元；按时反馈率及办结率均为100%，满意率为99.18%。（叶　露）

【公共交通运输服务】 2014年，主城区开展20条热点拥挤线路专项整治活动，推出10条守时服务线路，新辟和优化公交线路45条，开通地铁高峰期换乘线和接驳线各10条，开通商务巴士线和机场巴士线各2条，延长26条公交线路末班服务时间，新增、扩容自行车服务点85处。优化城际城乡客运网络，积极推进淳安汾口客运中心站、余杭汽车西站、千岛湖周坑口汽车客运枢纽站、临安汽车北站等4个客运站场建设项目。全市行政村客运通达率保持99.54%，城乡客运一体化率达88.59%。完成全市800千米以上客运班线基本情况梳理和线路安全评估，城际城乡客运行业基本情况和公路运输企业财务状况调查等工作。组织萧山机场高速公路封闭期间的运力，开通11条机场客运专线。（叶　露）

·水路运输·

【水路运输概况】 至2014年末，杭州市有水路运输企业56个，其中货运企业27个、客运企业29个。全航区有营运船舶3744艘（107.92万载重吨、29530客位）；运力规模107.92万载重吨，比上年增加3.21万载重吨，增长3.1%。水路货运量5796.53万吨，下降11.4%；货物周转量178.97亿吨千米，下降10.8%。

杭州港港口货物吞吐量1.01亿吨，增长7.5%；旅客吞吐量615.8万人次，增长12.6%。三堡船闸过闸运量5596.3万吨，增长18.8%，首次突破5000万吨。

全市内河航道里程2005.98千米，其中四级到七级航道共1158.52千米，准七级航道847.46千米。全年巡查骨干航道5539千米，维护航标3462座次。完成287艘套号船舶的清理、发证工作。推进船型标准化，启动内河船型标准化补贴工作，受理申请191份；跟进钱塘江船舶更新政府补贴工作，受理申请489份，完成审核425份。

航区发生一般等级以上水上交通事故6起，下降40%，伤3人，未出现人员死亡，直接经济损失74.42万元。全年实施行政处罚4641件，增加82.1%，其中非现场执法2125件，占总数的48.8%。

【水运基础设施建设】 2014年，全市完成水运基础设施在建项目投资4.58亿元，其中航道工程投资3.87亿元、港口工程投资0.64亿元、其他工程0.07亿元。

鸦雀漾三期锚泊区工程完成投资1994万元；双浦锚泊区工程累计完成投资1378万元，实体工程全部完成。浦阳江锚泊区工程完成投资940万元。钱塘江水面漂浮物转运站工程已确定项目招标代理单位。10月31日，市政府召开钱塘江水面漂浮物转运站建设有关问题专题会议。崇贤益海嘉里码头完成投资1461万元，萧山临江工业园区临时码头技改工程（一期）完成投资1771万元，桐庐红狮码头陆域完成投资1710万元，武林门水上公交码头改扩建工程完成投资691万元，建德市大洋砂石料加工厂码头工程、建德市下塘城防码头改造提升工程均已完工。萧山义桥规划作业区工程已完成项目建议书的编制，于2014年5月底上报省发改委。建德十里埠综合作业区已完成由省交通厅组织的工程可行性研究报告的审查。（万隽媛）

【杭州港吞吐量突破1亿吨】 12月25日，杭州港区经过二十多年的发展，港口的当年吞吐量在这天达到1.007亿吨，同比增长6.8%。杭州港区共有钱江、运河、萧山、余杭、富阳、桐庐、建德、淳安、临安9个港区，拥有950个码头、1303个生产用码头泊位，泊位长度达51163米，其中有152个码头泊位可以停泊500吨级以上的船舶，水路运量占杭州综合运输总量的30%，是国内28个内河主要港口之一，连接三大水系（京杭大运河、钱塘江、杭甬运河），将杭嘉湖水系、钱江水系和萧绍甬水系融为一体，成为具有往北能伸入长江，往东能驶向沿海的通江达海的航运能力。铁路、公路、民航运输在杭州港区能与水路“无缝衔接”。随着钱塘江中上游航运复兴计划的实施，富春江船闸瓶颈打通后，京杭运河将与钱塘江中上游航道实现对接，浙北、浙东、浙中西部的航道真正形成高等级的内河水运网。（王　鹏）

【“五水共治”工作有效推进】 2014年，杭州市水运管理部门大力推进“五水共治”工作，建成30个船舶垃圾接收点，试运行2个油污水处理装置，建设9个油污水接收装置。落实“河长制”，履行余杭塘河河长办职责，制定实施《余杭塘河水环境治理方案》。加强船舶防污染监管，接收船舶上岸垃圾220余吨。防治码头污染，明确码头防污染措施要求和现场检查工作要点。调整钱塘江水域锚地11处，加强饮用水源地保护。开展船舶防污染专项整治，制定《杭州航区船舶含油污水和生活垃圾回收处理市场化运作补贴实施方案》，建立航区船舶污染防治长效机制。清理运河水面漂浮物1112吨，完成运河配水5.24亿立方米，维护运河洁净。申报内河集装箱“散改集”、智慧航道和船闸联动、船舶免停靠报港、崇贤港绿色物流园区等2016~2018年度港航绿色交通重点、特色项目。

6月13日，上埠河—留下互通段整治一期工程完工。主要包括到上

埠河二座桥梁的锥坡及台背处理以及河道的护岸整治、河床疏浚等内容。工程从4月28日开工，6月13日完成。（王　鹏　万隽媛）

【“内河船舶能耗动态统计监测系统”获评绿色示范项目】 12月24日，“交通运输行业绿色循环低碳示范项目授牌仪式”在北京举行，由杭州市港航管理局实施的“内河船舶能耗动态统计监测系统”入选首批30个示范项目之一。“内河船舶能耗动态统计监测系统”作为全国交通运输能耗统计监测体系建设的重要组成部分，项目一期选取典型样本监测船舶，通过分析船舶燃料消耗影响因素，确定统计指标，采用燃油流量计法，将船舶燃料消耗模块纳入既有船舶综合监管系统，进行实船燃料消耗在线监测。交通部门将在一期试验基础上，优化和完善油耗仪安全可靠性，改进计量的准确性，增加信息采集内容，优化船舶里程，加大试点船舶数量，优化能耗在线监测系统，更好地为促进内河船舶的节能减排工作，推动内河船舶实现节约发展和可持续发展发挥积极作用。（万隽媛）

·铁路运输·

【铁路运输概况】 2014年，杭州市境内营运铁路共有4条高铁、4条干线和1条支线。正线延长共计394.9千米。其中：杭州市境内（属杭州工务段管辖）沪杭高铁17.0千米，杭甬高铁5.6千米，宁杭高铁9.3千米，杭长高铁25.0千米；4条干线沪杭线49.9千米，浙赣线132千米，宣杭线93.2千米，萧甬线33.2千米；金千支线39.2千米。沪杭、杭甬、宁杭和杭长4条高铁均为全封闭电气化铁路。沪杭、浙赣、宣杭、萧甬4条干线均铺设60千克无缝钢轨，除宣杭线外，其余设施为电力网线、信号自动闭塞的双线铁路。车站内通过计算机联网控制。沪杭、浙赣、宣杭线均为全立交。金千支线为铺设50千克普通钢轨、信号半自动闭塞的单线铁路，站内信号为继电集中控制。

杭州市境内铁路车站有31个，由杭州站、乔司站、金华车务段、嘉兴车务段和宁波北站等分管。杭州站属一等客运站，杭州东站隶属杭州站管理。乔司站分管乔司、艮山门、南星桥、杭州北、临平、笕桥、勾庄、行宫塘、沈家塘、星桥、三墩、仓前、洪洞、石濑等14个车站。其中乔司站为综合自动化编组站，二级四场配置，承担杭州地区货物列车编解作业任务，为一等编组站。艮山门站设机械化驼峰，采用全减速顶连续调速系统辅助编组站，为二级三场配置，承担杭州地区部分货物列车的编解作业，是杭州地区主要货物承运站。杭州北站主要承担易燃、易爆、有毒物品及其他危险货物的运输、装卸。南星桥站承担零担货物和部分集装箱运输。除上述主要车站外，涉及铁路运营的单位还有杭州客运段，负责旅客列车乘务；杭州机务段，负责辖内机车乘务、整备和检修；杭州北车辆段，负责货车的整备和检修；杭州工务段，负责线路、桥梁、隧道的维修养护；杭州电务段，负责铁路信号的维修和养护；杭州供电段，负责铁路电网的调配和维修。

2014年，杭州地区发送旅客4588.6万人次，到达旅客4552.2万人次；发送货物339.75万吨，到达货物1281.55万吨，实现运输收入64.58亿元。

【铁路实施新列车运行图】 12月10日零时起，全国铁路实行新列车运行图。上海铁路局新增开旅客列车97.5对，旅客列车开行总数达679.5对，其中“G”和“D”字头动车组成旅客列车429对。杭长高铁的开通成此次调图的最大亮点。除大量开行至湖南长沙高速动车外，上海虹桥站首开至南昌、广州、南宁等方向高铁。杭长高铁开通运营后，经由杭长高铁的所有动车组列车全部在杭州东站停靠作业。为确保旅客购票便捷，杭州站对售票组织布局做了全面调整，杭州东站售票处新增设2个全天候售票窗，售票处工作时间延长5个半小时。杭州东既有的79台自助售票机功能和布局重新做了调整，其中29台专售高铁车票，21台专门用于取票，剩余的29台通售其他车次车票，并在每台自助售票机的上方张贴了清晰的标志。杭长高铁开通后，总计有54对动车组列车上线运行，其中有11对动车组列车的乘务工作由杭州客运段担负。

【杭州至长沙高铁开通运营】 12月10日，杭长高铁杭州东至南昌西段开通运营，标志着杭长高铁全线投入运营。杭长高铁东起浙江杭州，西至湖南长沙，线路横贯浙江、江西、湖南三省，途经杭州、南昌、长沙3个省会城市和金华、衢州、上饶、鹰潭、新余、宜春、萍乡7个地级市以及浙江绍兴、江西抚州、湖南株洲3个地级市所辖部分区县。浙江省内沿线设杭州东、杭州南（在建）、诸暨、义乌、金华、龙游、衢州和江山8个站。

杭长高铁是沪昆高铁的重要组成部分。沪昆高铁是国家中长期铁路网规划中“四纵四横”客运专线网主骨架的“一横”，是华东地区与中南、西南地区的客运主通道，主要承担华东地区与中南、西南地区间中长距离客流运输，兼顾沿线地区城际客流运输。杭长高铁南昌至长沙段于9月16日开通运营。杭长高铁将杭州、南昌和长沙等沿线城市群连成一线，通过与沪杭、宁杭、杭甬、武广等高铁衔接，共同构成了华东地区至中南、西南、华南等地区高速铁路客运便捷通道。

【杭黄铁路正式开工】 6月30日，杭（州）黄（山）铁路工程天目山隧道群等先行施工，其他工程10月全线开工。全线计划2018年建成。天目山隧道群（32.38千米，在浙皖交界处）与合福铁路并行段（杭黄铁路和合肥—福州的铁路并行的一段，长25.4千米，在安徽境内），是杭黄铁路先行开工的两段。其中，天目山隧道段（许家隧道进口—天目山隧道出口）设6座隧道、2座桥梁、3段路基，长12.01千米。

杭黄铁路工程为双线客运专线，正线全长287.03千米，设计时速250千米，全线设杭州东、杭州南、富阳、桐庐、建德东、淳安、三阳、绩溪北、歙县北和黄山北10个车站，其中杭州东和黄山北站为客运始发站，其他为中间站。杭黄铁路串联起富春江、新安江、千岛湖等风景名胜区，改变了杭州西部各县（市）没有铁路交通的状况，是连接上海、杭州、皖南以及杭州主城区与西部县（市）的经济桥梁和交通纽带。

2014 年杭州市铁路客、货运量

表 16

单位	站名	旅客		货物		运输收入（万元）
		发送（万人次）	到达（万人次）	发送（万吨）	到达（万吨）	
杭州直属站	杭　州	1 646.30	1 654.70	—	—	237 213.50
	杭州东	2 868.40	2 826.50	—	—	310 533.50
	杭州南	—	—	—	—	—
	盈　宁	—	—	—	1.40	1.89
	钱塘江	—	—	—	—	—
	长　河	—	—	—	—	—
	萧山西	—	—	20.20	73.80	12 226.80
	白鹿塘	—	—	22.80	4.30	578.40
乔司直属站	乔　司	—	—	—	—	—
	艮山门	—	—	50.80	70.89	21 932.30
	南星桥	—	—	15.40	19.80	7 725.80
	杭州北	—	—	86.10	918.70	21 588.50
	临　平	—	—	25.80	92.80	9 604.60
	笕　桥	—	—	0.70	5.90	326.60
	勾　庄	—	—	—	—	—
	行宫塘	—	—	—	0.30	0
	沈家塘	—	—	—	—	0
	星　桥	—	—	—	—	0
	仓　前	—	—	0.20	34.10	55.00
	三　墩	—	—	—	—	—
	洪　洞	—	—	—	—	—
	石　濑	—	—	—	5.30	70.00
嘉兴车务段	余　杭	73.90	71.00	1281.55	—	7 260.00
金华车务段	唐村乘降所	—	—	—	—	—
	排　塘	—	—	—	—	—
	寿　昌	—	—	1.02	9.09	178.44
	更　楼	—	—	23.44	20.10	785.45
	新安江	—	—	1.59	24.81	1 508.10
	朱家埠	—	—	45.98	0.07	8 345.54
	千岛湖	—	—	45.72	0.19	5 897.37
宁波车务段	夏家桥	—	—	—	—	—
	合　计	4 588.60	4 552.20	339.75	1 281.55	645 831.79

注：货物发送量、到达量和运输收入数据由杭州、金华货运中心提供

【火车票预售期延长至60天】 从12月1日起，铁路互联网售票、电话订票的预售期从20天延长至60天。为便于春运期间学生和务工人员购票，铁路部门采取提前预售和预留学生票相结合的方式，满足学生的购票需求。考虑到部分务工人员难以提前较长时间确定返乡日期，提前60天发售的车票仅限图定旅客列车。12月3日起，火车票退票及改签规则做了优化与调整。客票预售期延长至60天后，开车前15天以上退票的，不收取退票费。其他列车有余票时，可以改签发到城市相同的车票，开车之后旅客仍可改签当日其他车次。

【乘火车逃票纳入诚信记录范围】 5月26日，上海铁路局与浙江省征信机构签订协议，决定从6月起，乘火车逃票行为纳入个人诚信记录范围。铁路部门将逃票者个人信息报送地方征信机构，逃票者的个人诚信留下不良记录会影响其申请贷款、升学和出国。铁路部门结合客运工作实际，明确违章乘车旅客身份信息采集的适用人员范围、使用管理办法、信息采集内容登记等作业流程及相关管理规定，同时充分利用车站官方微信、微博及社会媒体，加强宣传，营造“诚实守信、凭票乘车、文明出行、共建和谐”良好氛围。逃票者个人信息纳入诚信记录后，主观故意违章乘车的旅客明显减少。

【列车正晚点信息可以通过手机查询】 5月，上海铁路局官方微信试推旅客列车正晚点信息查询功能。微信用户可以通过该局官方微信平台，用手机终端查询列车运行信息。上海铁路局官方微信号是“shtljwx”，用户点击“乘车”菜单里“正晚点查询”或发送“21”至官方微信即可查询上海铁路局管辖范围（江苏、安徽、浙江省和上海市）未来3小时内的旅客列车正晚点信息。

【杭州东站新设“温馨岛”和“微笑亭”】 杭州东站由于到达层区域宽阔，许多到达的旅客在出站后往往会迷失方向。为此，铁路部门、东站枢纽管委会和城东新城投资公司联手，于1月16日春运开始前在到达层设立两个服务工作站，东面的名为“温馨岛”，西面的冠名为“微笑亭”，为旅客提供咨询等服务。服务工作站免费提供《杭州长运四大长途汽车站最新班车时刻表》等多种出行相关的资料，工作人员耐心地回答旅客的各种问讯。杭州东站的温馨服务受到旅客好评。

【杭京高铁列车冠名“西子号”】 “西子号”是26年前浙江省政府授予杭州至无锡间Y12/11次旅游列车的。几代“西子号”乘务员创立了“满意不是标准，标准是更满意”的“西子号”服务品牌，受到社会各界广泛赞誉。“西子号”列车服务团队曾先后获得全国“五一劳动奖状”、浙江省文明单位等多项荣誉，是上海铁路局的著名服务品牌之一。

杭京高铁开行后，浙江省和上海铁路局商定，往返于北京与杭州间G32/G43、G42/G39等4趟杭京高铁列车被定名为“西子号”，五个车

班的“西子”姑娘为旅客提供细致、周到的服务。尤其在特色服务方面，乘务员为旅客量身定制服务。如在5号车厢车头空地开辟重点旅客专服区，配备空气床垫，方便无法坐、立的旅客。每个车班都配备“百宝箱”，内放老花镜、放大镜、针线、充电器、剪刀、指甲剪等用品。“杭客西子号”新浪微博及时发布旅客遗失物的信息，一年内帮助上百名旅客领回遗失的钱包、笔记本电脑、手机、银行卡及各类证件，总价值10多万元。杭京高铁“西子号”列车乘务员的优质服务赢得了广大旅客的称赞，全年共收到旅客表扬信18封、锦旗6面。

【杭州至合肥间启动高铁快件运输】 1月1日，随着装有218件、2556千克快件的2列动检确认车分别从杭州、合肥站开出，杭州与合肥间高铁快件运输正式启动。2013年12月26日，铁路华铁旅服公司分别与顺丰速运、安徽邮政速递、杭州邮政速递签订高铁快件运输合同；12月30日、31日，杭州至合肥间高铁快件运输进行两天的试运行。利用动检确认车装运高铁快件是铁路统筹经营资源、主动对接市场的新举措。DJ5632/DJ5633次动检确认车每天3时57分从杭州站开车，6时26分到达合肥站；DJ5634/DJ5631次动检确认车每天4时05分从合肥站开车，6时19分到达杭州站。

（叶建明　姚乃峰）

·民用航空·

【民用航空概况】 杭州萧山国际机场位于杭州市东部，距市中心27千米，是国务院确定的国内区域性枢纽机场、国际定期航班机场、国家一类航空口岸和浙江省的门户机场，2000年12月28日建成通航，2006年12月与香港机场管理局合资合作，成为国内首家整体合资的机场。杭州萧山国际机场已发展成为国内第十大客运机场、第七大货运机场和前五大航空口岸，2009年起连续六年跻身全球机场百强。

至2014年末，机场用地总面积10平方千米，3座航站楼总面积36.5万平方米，建有2条跑道（分别为3600米长、45米宽和3400米长、60米宽）和等长的滑行道，停机坪面积108万平方米（其中货机坪和国航机坪约17万平方米），机位111个，飞行区等级为4F级。

2014年，杭州萧山国际机场面对机场公路封闭施工、空域资源紧张、运行环境复杂等多重困难，落实各项举措，运输生产保持较快增长。全年旅客吞吐量2552.59万人次，比上年增长15.4%，净增341万人次，创下通航以来新高；货邮吞吐量39.86万吨，增长8.3%；航班起降21.33万架次，增长11.9%。全年旅客、货物吞吐量在全国机场排名继续保持第10位和第7位，其中国际（地区）旅客吞吐量首次突破300万人次。杭州萧山国际机场全年营业收入22.9亿元，增长13%。其中，航空业务收入11亿元，非航空业务收入11.9亿元。

【航线网络日益通达】 2014年，杭州萧山国际机场提升航线网络的通达性。国际方面，俄罗斯奥伦堡航空公司、印尼苏拉维加亚航空公司、新加坡胜安航空公司等7个外国航空公司加盟运营；杭州至俄罗斯莫斯科、法国巴黎、日本冲绳和静冈、韩国襄阳和务安、泰国清迈和甲米等8条国际新航线开通。国内方面，巩固北京、广州、深圳、成都等成熟航线，加密昆明、乌鲁木齐、青岛等成长性航线，新增泸州、济宁、万州、固原、淮安、恩施、毕节、芒市、铜仁、武夷山、大理等11个新兴航点。至2014年末，机场通航点达到121个，比上年增长12%；运营航空公司达到55个，开通航线220余条。

【火车东站城市航站楼投入运行】 7月15日，位于杭州火车东站枢纽东广场地面层大巴区停车场一侧的杭州萧山国际机场火车东站城市航站楼投入运行。火车东站城市航站楼是杭州萧山国际机场在杭州市区开设的第一个城市航站楼，可为旅客提供航班咨询、航空售票、乘机手续办理、行李托运和机场巴士等服务，是航空运输服务的延伸。航站楼依托火车东站枢纽汇集多种交通方式及配套服务设施于一体的优势，实现铁路、航空的无缝衔接，更好地为旅客出行提供便利。乘坐火车抵达杭州后需要转乘飞机的旅客，在火车东站航站楼可以直接办理相关手续。航站楼周边铁路、公交、地铁、出租车等交通十分便利，距萧山国际机场仅需40分钟车程。

【杭州萧山国际机场通过“平安机场建设”考核】 2014年，杭州萧山国际机场依法落实安全生产主体责任，坚持“重心下移、关口前移”的安全工作思路，加强日常监督检查和整改，提升安全生产的水平。加强隐患治理，开展系列专项整治活动；建立反暴恐常态化管控措施，组织航空器应急救援实战演练，通过民航局“平安机场建设”考核；加强安全培训，引导全员把“不出事”提高到“不出差错”或“少出差错”的标

7月5日，俄罗斯奥伦堡航空公司开通杭州—莫斯科航线　（吕　峰　摄）

2007~2014 年杭州萧山国际机场主要生产指标

表 17

年份	旅客吞吐量（万人次）	增幅（%）	货邮吞吐量（万吨）	增幅（%）	起降架次（万架次）	增幅（%）
2007	1 173.0	18.2	19.57	5.5	11.47	13.8
2008	1 267.3	8.0	21.08	7.7	11.86	3.4
2009	1 494.5	17.9	22.63	7.4	13.41	13.1
2010	1 706.9	14.2	28.34	25.2	14.63	9.1
2011	1 751.2	2.6	30.62	8.0	14.95	2.2
2012	1 911.5	9.2	33.84	10.5	16.63	11.3
2013	2 211.4	15.7	36.81	8.8	19.06	14.6
2014	2 552.6	15.4	39.86	8.3	21.33	11.9

2014 年杭州萧山国际机场直达通航流量前十位城市

表 18

位次	城市	客流量（万人次）	出港平均客座率（%）
1	广州	227.5	87.0
2	北京	221.6	81.5
3	深圳	152.9	83.2
4	香港	84.3	72.4
5	成都	84.1	86.5
6	昆明	76.6	89.7
7	重庆	76.1	81.6
8	西安	70.4	88.4
9	三亚	46.7	93.0
10	贵阳	44.7	84.1

注：以上数据不含经停航线

准上来；形成闭环机制，加大无后果违章查处力度，强化安全规范意识。杭州萧山国际机场安全指标好于年初行业和自身确定的目标，连续第5年获得全国“安康杯”竞赛优胜单位，实现第14个安全年。

【旅客满意度列全球同级别机场第三位】 2014年，杭州萧山国际机场改善软硬件设施，提高服务能力。通过提前关舱、完善空地联动机制等措施，航班正常率稳步提升；优化服务岗位及流程，提升基础设施，启用远程停车场和火车东站城市航站楼；强化航班信息管理，保障旅客的知情权；推进“96299”服务热线和“空港百灵”等品牌建设，提供优质播报服务；制定《杭州机场服务质量标准》，加强服务质量绩效考核。此外，杭州萧山国际机场还做好亚信峰会、南京青奥会、首届世界互联网大会等重大活动的保障。全年机场ASQ（旅客满意度调查）得分为4.66分，比上年提升0.65个百分点，位列全球同级别机场第三，未发生旅客有效投诉。

【杭州萧山国际机场服务地方发展】 2014年，杭州萧山国际机场大力挖掘非航空业务经营潜力，杭州萧山国际机场有限公司非航空业务收入11.9亿元，比上年增长13%，在总收入中占比52%。全年机场范围内各企业向国家和地方缴纳税金5.1亿元，增长11%，其中杭州萧山国际机场有限公司及子公司缴纳2.1亿元，在机场运营的各航空公司缴纳1.3亿元，其他驻场经营企业缴纳1.7亿元。杭州萧山国际机场全年用电量减少11.6%，用气量减少9.2%，用水量增加1.5%；每万元营业额单位能耗下降10.6%。

作为区域发展的重要支撑平台，杭州萧山国际机场积极推动空港经济区的成长，引进航空公司总部基地、航空物流基地和一批现代服务业项目。杭州航空口岸获批于10月20日起对51个国家实行72小时过境免签政策。杭州萧山国际机场在地区开放型经济发展、产业转型升级和国际化水平提升等方面作用日益突出。

▶▶资料：2014年杭州萧山国际机场定期航点

1. 国内航点93个：北京首都、广州、深圳、成都、昆明、西安、重庆、厦门、福州、长沙、武汉、海口、三亚、南宁、桂林、贵阳、天津、沈阳、大连、哈尔滨、长春、郑州、太原、济南、青岛、石家庄、乌鲁木齐、兰州、呼和浩特、西宁、银川、丽江、泉州、珠海、西双版纳、临沂、烟台、揭阳、锦州、海拉尔、鄂尔多斯、宜昌、南昌、张家界、宜宾、九寨、赣州、广元、北海、潍坊、拉萨、洛阳、绵阳、遵义、通辽、南阳、运城、襄阳、延吉、包头、腾冲、凯里、威海、满洲里、阿尔山、敦煌、阜阳、阿克苏、连云港、湛江、榆林、井冈山、中卫、常德、迪庆、万县、毕节、泸州、固原、恩施、淮安、济宁、德宏、铜仁、武夷山、大理、香港、澳门、台北桃园、台北松山、高雄、台中、花莲。

2. 国际航点28个：东京、大阪、静冈、冲绳、首尔、釜山、济州、清州、襄阳、务安、新加坡、曼谷廊曼、曼谷素万那普、清迈、甲米、普吉、吉隆坡、亚庇（哥打基纳巴卢）、巴厘岛、岘港、卡里波、暹粒、多哈、德里、亚的斯亚贝巴、阿姆斯特丹、巴黎、莫斯科。

（曾宪武）

·邮　政·

【邮政概况】 2014年，杭州市邮政企业和规模以上快递服务企业业务收入（不包括邮政储蓄银行直接营业收入）117.67亿元，比上年增长67.5%；业务总量累计完成178.37亿元，增长81.5%。其中，规模以上快递服务企业309个，累计完成业务量8.46亿件，增长80.5%；业务收入102.23亿元，增长81.4%。全市邮政行业发展继续保持良好势头。杭州的全年快递业务量、业务收入均列全国各大城市第五位，仅次于上海、北京、广州、深圳，人均使用快递量列全国各大城市第二位。

全市邮政函件业务累计完成

1.74亿件，下降13.5%；报纸业务累计完成2.92亿份，下降4.8%；杂志业务累计完成1436.58万份，下降6.0%；汇兑业务累计完成330.5万笔，下降12.2%。

【杭州跨境园区邮政服务局成立】 1月14日，杭州跨境园区邮政服务局挂牌成立。服务局内配置有5个收寄台席，1条流水线，员工3人。泛远进出口有限公司、全麦电子商务有限公司等企业入驻，跨境园区内邮政服务局日交寄量在500件左右，最高峰时达到6000件，涉及商品主要以服装为主。

【邮区中心局邮包转运处理中心工程竣工】 为更好促进电子商务业务发展，邮区中心局邮包转运处理中心工程于2014年4月实施，对9700余平方米场地进行建设改造，总投资约1500万元。该工程9月26日完成施工招投标，10月3日进场施工，在11月11日前完成车间建设，保证“双十一”网络购物狂欢节期间邮区中心局生产作业的正常进行。

【“E邮站”新建1285个站点】 “E邮站”建设被列入2014年市政府为民办实事项目，浙江省邮政公司杭州市分公司利用自有网点、院校、社区等多种模式，分类推进“E邮站”建设。市经信委、市邮政管理局共同积极协调推进“E邮站”项目，全年共签约建设1285个站点，已有40余个快递公司注册，快递员（不含邮政）注册使用人数达5100余人。“E邮站”全年转接快件突破285万件，有效提升快递末端投递效率和服务水平。

【杭州至合肥一级干线汽车邮路开通】 6月17日，杭州至合肥一级干线汽车邮路双向开通试运行。至2014年末，杭州邮区中心局一级干线汽车邮路调整后达到11条，组建起以公路运输为主、铁路运输为辅的高效、快速、灵活的干线运输网。此外，增开的郑州、武汉、济南二频次干线汽车邮路，弥补了浙江邮政出口国内小包的运能运力不足。

1月14日，杭州跨境园区邮政服务局挂牌成立　　（市邮政管理局 供稿）

【《杭州市快递服务业发展规划》发布】 12月4日，依据《浙江省邮政业“十二五”发展规划》《杭州市“十二五”现代服务业发展规划》《杭州市关于加快推进我市快递行业健康发展的实施办法》等相关规划或政策编制的《杭州市快递服务业发展规划》由市发改委、市经信委、市邮政管理局联合印发。该规划范围为杭州市域，包括上城区、下城区、江干区、拱墅区、西湖区、滨江区、萧山区、余杭区，以及桐庐、淳安、建德、富阳和临安，规划期限2013~2017年。该规划全面分析了杭州市快递行业情况、存在的问题以及发展趋势，按照企业主体、政府引导，产业融合、联动发展，科技先导、跨越升级，立足杭州、示范全国为基本原则，明确了杭州市快递服务业规模、服务能力、服务水平、信息化建设、人才培养等方面的发展目标。

【杭州市快递园区建设】 2014年，杭州市快递园区建设加快推进。1月，总投资10亿元，用地13.3公顷，总建筑面积近16万平方米，圆通华东管理区总部办公大楼及转运中心开工建设；10月，总投资2.5亿元，占地面积7.33公顷，集办公、生活、操作于一体，日快件处理能力达到150万件以上的中通快递杭州分拨中心建成并正式投入运营；11月，总投资3.5亿元，占地6.8公顷，拥有5万平方米的快件分拣场地、4条全新的自动化半自动化流水线、年处理能力2.65亿件的申通快递华东分拨中心扩建项目顺利建成并投入运行。12月，总投资13.8亿元，占地13万平方米，建筑面积8.7万平方米，配套17个机位的杭州空港顺丰全国航空枢纽基地进入设备安装调试。这些项目的建设，提升了杭州快递服务能力，发挥出示范引领作用，推动“中国快递示范城市”建设。

【快递企业分支机构备案登记】 7月31日，市邮政管理局发布通知，在杭州市范围内开展快递企业分支机构备案登记纳轨管理专项整治工作，以进一步规范快递企业经营行为，维护快递市场秩序。杭州市范围内各快递企业接到通知后，对有固定经营场所、具备相应条件的营业网点或承包区对照备案纳轨基本条件进行分类统计后报市邮政管理局，并按照“整改一批、纳轨一批、提升一批”的总体要求，申请办理分支机构备案登记。

市邮政管理局对申请办理备案登记的分支机构进行抽查，现场核查是否具备相应条件并进行备案登记，并对未向市邮政管理局申请备案登记、不具备备案登记条件但又不清理仍继续经营快递业务的营业网点（承包区）进行执法检查。至年末，已有107家分支机构办理备案。

（市邮政管理局）

·民营经济综述·

【民营经济实现增加值5503.05亿元】 2014年，杭州市民营经济实现增加值5503.05亿元，占全市的59.8%。民营商贸企业实现商品销售总额13228.62亿元，占全市的74.0%；规模以上民营工业实现销售产值5983.54亿元，占全市的46.9%；民营经济实现财政收入788.68亿元，占全市财政总收入的41.1%。至年末，全市有民营企业27.60万个，比上年（指2013年，下同）增长21.9%；个体工商户34.53万户，增长5.3%。民营企业和个体工商户从业人员分别为222.96万人和72.01万人，增长19.4%和8.9%。 （市统计局）

【民营经济加快发展】 自3月1日起，杭州市实行注册资本认缴制。8月8日起在全市推广滨江工商登记制度改革9项试点举措，推动市场主体发展壮大，初现“大众创业，万众创新”局面。2014年，杭州市内资市场主体发展呈现“组织形式升级提速，产业结构持续优化，商事改革拉动就业”等特点，全市民营市场主体总量在“个转企”工作的推进下，实现快速增长。至年末，全市民营企业注册资本（金）10108.19亿元，比上年增长43.0%。民营企业中，第一产业5504个，注册资本（金）124.29亿元，分别增长29.3%和47.3%；第二产业5.99万个，注册资本（金）2347.59亿元，分别增长8.8%和21.8%；第三产业21.06万个，注册资本（金）7636.31亿元，分别增

2014年杭州市民营企业登记注册情况

表19

行业分类	企业数（个）	其中：分支机构（个）	投资者人数（人）	雇工人数（人）	注册资本（金）（亿元）
合 计	276 005	16 144	570 037	1 659 569	10 108.19
农、林、牧、渔业	5 504	119	10 720	21 926	124.29
农、林、牧、渔服务业	765	58	1 600	2 796	21.12
采矿业	157	7	337	2 157	14.38
开采辅助活动	3	—	21	4	2.15
制造业	45 641	747	89 901	358 808	1 591.57
金属制品、机械和设备修理业	133	4	265	606	4.65
电力、热力、燃气及水生产和供应业	415	100	748	2 343	22.09
建筑业	13 724	1 669	25 895	88 628	719.55
批发和零售业	102 054	6 946	193 843	543 216	1 912.89
交通运输、仓储和邮政业	4 177	435	9 387	22 655	109.58
住宿和餐饮业	4 294	614	7 879	30 220	81.51
信息传输、软件和信息技术服务业	14 975	467	34 269	89 685	469.78
金融业	896	228	2 593	5 008	253.50
房地产业	5 970	877	11 492	36 179	926.63
租赁和商务服务业	37 970	1 922	95 909	231 612	2 755.19
科学研究和技术服务业	22 038	620	51 389	126 215	731.45
水利、环境和公共设施管理业	589	67	1 304	3 320	33.02
居民服务、修理和其他服务业	12 684	1 062	24 241	64 522	260.52
教 育	828	46	1 647	4 649	6.35
卫生和社会工作	499	134	687	3 197	12.81
文化、体育和娱乐业	3 582	82	7 786	25 200	82.53
其 他	8	2	10	29	0.55

长27.0%和51.0%。个体工商户资金总额269.31亿元，增长12.6%。

【民营企业规模持续壮大】 至年末，全市注册资本（金）100万元~500万元的企业达6.72万个，比上年增长29.5%；注册资本（金）500万元~1000万元的企业达1.83万个，增长40.8%；注册资本（金）1000万元~1亿元的企业2.06万个，增长42.6%；注册资本（金）1亿元以上的企业1475个，增长48.8%。

【新增民营企业5.20万个】 2014年，在“个转企”推动下，杭州市民营企业新设数增长较快。全年新增民营企业5.20万个，注册资本（金）2333.82亿元，分别占全市新增内资企业的98.3%和90.4%，与2013年3.77万个的新设数和744.84亿元的新增注册资本（金）相比，分别增长37.8%和213.3%。

【大学生创业企业发展】 2014年，杭州市继续鼓励和扶持大学生、高校教师（专家）在杭州创业，使大学生创业企业登记数量不断上升、资金规模不断扩大、创业类型更为丰富。至年末，全市有大学生创业企业7215个，注册资本（金）42.25亿元，累计减免登记费用308.15万元；大学生“村官”自主创业企业22个，注册资本（金）897万元；“青蓝”企业229个，注册资本（金）3.86亿元，累计减免登记费用31.74万元。

（方国平）

2014年杭州市个体工商户登记注册情况

表20

行业分类	年末实有数		全年开业数		全年注销数
	户数（户）	从业人员（人）	户数（户）	从业人员（人）	（户）
合　计	345 327	720 131	56 404	139 552	22 755
农、林、牧、渔业	5 461	14 658	1 254	3 681	97
农、林、牧、渔服务业	267	746	104	240	8
采矿业	58	334	3	18	2
开采辅助活动	—	—	—	—	—
制造业	18 596	68 363	1 891	8 789	482
金属制品、机械和设备修理业	74	170	37	83	1
电力、热力、燃气及水生产和供应业	53	105	—	—	—
建筑业	1 020	3 769	138	492	23
批发和零售业	241 550	405 285	37 672	83 426	17 867
交通运输、仓储和邮政业	5 855	9 339	491	907	274
住宿和餐饮业	30 802	85 905	7 040	20 456	1 638
信息传输、软件和信息技术服务业	561	1106	113	251	39
金融业	—	—	—	—	1
房地产业	103	169	7	8	4
租赁和商务服务业	4 035	40 878	1 021	2 501	200
科学研究和技术服务业	1 123	2 497	155	429	69
水利、环境和公共设施管理业	40	124	5	7	—
居民服务、修理和其他服务业	34 011	81 559	6 237	17 440	1 916
教　育	309	873	104	331	19
卫生和社会工作	441	1 093	59	158	10
文化、体育和娱乐业	1 308	4 072	214	658	114
其　他	1	2	—	—	—

【50个企业入选中国民营企业500强】2014年，杭州市有50个企业入选“2014中国民营企业500强”，数量占全国的10%，占浙江省的36.2%，上榜企业数连续第12次蝉联全国城市和浙江省首位。根据年营业收入总额指标降序排列，进入“2014中国民营企业500强”的门槛由上年度的77.72亿元提高到91.22亿元，提升幅度17.4%。全市有207个2013年度营业收入总额超过（含）5亿元的民营企业参与调研。其中：超过10亿元的164个，超过30亿元的90个，超过50亿元的68个，超过100亿元的41个，超过500亿元的6个，超过1000亿元的1个。杭州市入围“中国500强”民营企业产业分布出现变化。50个入围企业中，第二产业企业31个，占比62%，比上年度下降5.92个百分点，集中度进一步降低；第三产业企业19个，占比37.3%，上升5个百分点，表明杭州市第三产业上规模民营企业发展速度加快，层次提升。50个入围民营企业营业收入总额11573.39亿元，户均231.47亿元，增长24.4%；资产总额8861.62亿元，户均177.23亿元，增长20.5%；税后净利润总额406.23亿元，户均8.12亿元，增长15.3%，扭转连续两年负增长的走势。纳税总额457.38亿元，户均9.15亿元，增长率由负转正，达22.2%，增速提高29.96个百分点。其中，纳税额超过10亿元的企业有13个，浙江吉利控股集团有限公司以90.75亿元的纳税额名列第1位。杭州市“中国500强”民营企业的吸纳就业能力保持稳步增长，是吸纳新增劳动力就业的重要渠道。员工人数达57.52万人，户均吸纳就业人数1.15万人，增长12.6%。

杭州市有38个企业进入“2014中国民营企业制造业500强”行列，占全国的7.6%，占浙江省的32.2%；有12个企业进入“2014中国民营企业服务业100强”行列，占全国的12%，占浙江省的60%。

（陆　吉）

【民营企业对外贸易稳步增长】 2014年，全市有进出口实绩民营企业7513个，其中：有出口实绩企业6581个，比上年增加495个；有进口实绩企业2519个，增加173个。全年民营企业实现进出口总额342.05亿美元，增长11.1%，占全市进出口总额的57.2%。其中：出口264.01亿美元，增长15.5%，占全市出口总额的61.7%；进口78.04亿美元，下降

1.6%，占全市进口总额的45.9%。

【民营企业对外投资增长】 2014年，杭州市民营企业境外投资额和对外经济合作营业额第一次双双超过10亿元。2006年，杭州的华立集团股份有限公司与泰国的安美德集团有限公司合作开发面向中国投资者的现代化工业区——泰中罗勇工业园。园区位于泰国东部海岸，总体规划面积12平方千米，包括一般工业区、保税区、物流仓储区和商业生活区，主要吸引汽配、机械、家电等中国企业入园设厂，是中国商务部批准的首批境外经济贸易合作区。至2014年末，泰中罗勇工业园区入驻企业超过60个，投资额超过10亿美元。（冯蔷颖）

·民营经济发展环境·

【新政策助企业融资】 2014年，杭州市市场监管部门通过出台允许民营商业企业股东以不需要办理权属登记的非货币财产缴纳首期出资、试行企业以著作权出资等新政策，帮助企业利用股权出质、股权出资、债权出资、土地承包经营权出资等方式，实现融资1385.78亿元；通过允许融资租赁设备动产抵押登记，继续扩大抵押物登记范围，通过办理动产抵押登记，实现融资金额246亿元，动产抵押年融资额连续3年超过200亿元。

【免征企业注册费用1.45亿元】 2014年，为进一步创造良好的企业发展环境，支持企业发展，根据财政部、国家发改委《关于公布取消和免征部分行政事业性收费的通知》精神，全市市场监管系统全面免除企业注册登记收费，全年免征企业注册费用1.45亿元，惠及各类市场主体20.28万个。其中小微企业7.56万个，免征注册登记费2580.66万元；个体工商户8.82万个，免征注册登记费163.95万元。

【"三送"助企发展活动】 为贯彻市委、市政府提出的改革创新年、项目推进年、优化服务年"三个年"活动要求，体现机构改革的成效，从6月起，全市市场监管系统开展为期百日的"送政策、送服务、送信心"助企发展活动。深入"个转企"企业、食品生产经营企业、餐饮服务企业、网购企业、大学生创业企业等12类重点企业，开展针对性走访指导，帮助企业解决紧迫问题，助推企业提升发展。活动期间，全系统参与走访人员4388人次，走访服务企业8599个，召开座谈会276次，发放各类宣传资料2.64万份；收集企业困难1368个，解决困难982个，向各级党委、政府和市有关部门反映问题275个；征集企业意见建议191条，建立完善长效制度27个。（方国平）

6月20日，省委书记夏宝龙（前左二）调研滨江工商登记制度改革试点工作（市市场监管局 供稿）

【杭州商会仲裁院成立】 为进一步发挥仲裁优势，维护非公有制企业合法权益，市工商联深化与杭州仲裁委员会的合作机制，推行仲裁法律制度，完善调解、仲裁有机衔接、相互协调的多元化纠纷解决机制。3月27日，根据市政府的批复意见，杭州商会仲裁院挂牌成立，这是全国首个商会仲裁院。至年末，在市工商联系统建立首批28个商会仲裁联络站，为3个商会提供经济合同示范文本，并在会员企业中推广将仲裁条款写入经济合同活动。

【发展实体经济大会】 5月4日，杭州市召开发展实体经济大会。会上释放出助企强工的新信号，出台一系列鼓励政策，涉及创新发展、"四换三名"、企业培育、产业发展和节能减排等方面，尤其在实体经济投资补助方面进一步提升额度。杭州汽轮机股份有限公司、杭州华三通信技术有限公司、富通集团有限公司负责人做发言。会议表彰2013年度功勋工业企业和十大突出贡献工业企业及其优秀经营者、2012年度和2013年度中国民营企业500强、第五届中国特色社会主义建设者、2013年度市科学技术进步一等奖获得者。

【民营企业经营者队伍建设】 2014年，市工商联配合市委组织部开展"民营企业经营者队伍建设"调研，形成《杭州市民营企业经营者队伍建设规划（2014～2020）》，以市委办〔2014〕83号文件印发，杭州市成为全国第1个对推进民营企业经营者队伍建设做出专门规划的城市。该规划提出，用新常态探索培养模式、用新思路优化培养途径、用新方法提高培养效率，以推动杭州经济社会发展和民营企业家队伍建设。

【民营企业主题文艺会演】 10月27日，市工商联与市文广新闻出版局共同举办以"杭商·中国梦——汇聚民企力量共建美丽杭州"为主题的杭州市民营企业主题文艺会演。该次会演历时5个月的准备，各区、县（市）工商联，杭州市工商联各直属商会及杭州市工商联副主席企业选送节目43个。通过两场复赛，16个节

杭州市进入"2014 中国民营企业 500 强"企业名单

表 21

序号	企业名称	地区	2013 年度营业收入总额（万元）	全国排序（位）
1	浙江吉利控股集团有限公司	滨江	15 842 925	9
2	广厦控股集团有限公司	西湖	9 078 628	17
3	杭州娃哈哈集团有限公司	上城	7 827 855	18
4	浙江恒逸集团有限公司	萧山	7 806 579	19
5	浙江荣盛控股集团有限公司	萧山	6 503 560	28
6	中天发展控股集团有限公司	江干	5 016 315	43
7	盾安控股集团有限公司	滨江	4 363 204	56
8	浙江昆仑控股集团有限公司	西湖	2 861 083	121
9	杭州锦江集团有限公司	临安	2 729 972	132
10	中球冠集团有限公司	萧山	2 513 618	151
11	传化集团有限公司	萧山	2 439 341	158
12	浙江新湖集团股份有限公司	西湖	2 343 468	168
13	西子联合控股有限公司	江干	2 210 849	178
14	银泰商业（集团）有限公司	下城	1 898 071	210
15	浙江富冶集团有限公司	富阳	1 840 959	217
16	富通集团有限公司	富阳	1 675 861	237
17	海外海集团有限公司	拱墅	1 487 226	274
18	泰地控股集团有限公司	下城	1 459 921	279
19	万马联合控股集团有限公司	临安	1 437 214	284
20	浙江翔盛集团有限公司	萧山	1 393 928	291
21	华立集团股份有限公司	余杭	1 363 509	300
22	杭州滨江房产集团股份有限公司	江干	1 359 288	303
23	浙江中南建设集团有限公司	滨江	1 354 908	306
24	浙江明日控股集团股份有限公司	上城	1 340 762	312
25	浙江东南网架集团有限公司	萧山	1 282 531	333
26	绿都控股集团有限公司	萧山	1 273 632	336
27	浙江航民实业集团有限公司	萧山	1 192 954	364
28	浙江康桥汽车工贸集团股份有限公司	拱墅	1 155 626	381
29	红楼集团有限公司	下城	1 150 749	387
30	浙江协和集团有限公司	萧山	1 142 835	389
31	浙江富春江通信集团有限公司	富阳	1 108 155	400
32	祐康食品集团有限公司	江干	1 097 465	405
33	胜达集团有限公司	萧山	1 085 409	409
34	杭州华三通信技术有限公司	滨江	1 081 810	412
35	杭州诺贝尔集团有限公司	余杭	1 068 563	415
36	歌山建设集团有限公司	滨江	1 067 781	416
37	浙江国泰建设集团有限公司	萧山	1 064 711	417
38	杭州宏胜饮料集团有限公司	萧山	1 063 302	420
39	杭叉集团股份有限公司	临安	1 033 539	439
40	浙江建华集团有限公司	拱墅	1 020 611	445
41	农夫山泉股份有限公司	西湖	1 019 561	446
42	柳桥集团有限公司	萧山	994 002	459
43	万事利集团有限公司	江干	987 180	463
44	汇宇控股集团	萧山	986 582	464
45	兴惠化纤集团有限公司	萧山	965 566	474
46	浙江东杭控股集团有限公司	江干	963 990	476
47	浙江兴日钢控股集团有限公司	萧山	963 977	477
48	富丽达集团控股有限公司	萧山	946 188	485
49	杭州东恒石油有限公司	下城	942 026	488
50	开元旅业集团有限公司	萧山	926 120	492

10月27日，市工商联与市文广新闻出版局共同举办杭州市民营企业主题文艺会演（市工商联 供稿）

目进入决赛，最终评选出一、二、三等奖，优秀奖及创作奖、组织奖。该次会演是市工商联深入开展非公有制经济人士理想信念教育实践活动和中国特色社会主义学习实践活动的一项具体举措，旨在展示全市民营企业文化建设成果，展现民营企业精神风貌。

【非公有制经济人士理想信念教育实践活动】 2014年，市工商联在全市工商联系统和会员中开展以“信念、信任、信心、信誉”为主要内容的非公有制经济人士理想信念教育实践活动。健全活动组织和领导机制，开展具有杭州特色的8项活动，实现工商联系统商会和会员企业两个全覆盖：赠送一批学习资料，举办一场文艺会演，出版一本杭商故事，组织一次典型宣讲，树立一批先进典型，主办一次专题报告，深化一年杭商讲堂，承办一场主题论坛。通过这些特色活动，引导更多非公有制经济人士自觉践行社会主义核心价值观。

【关怀新生代企业家成长】 杭州市新生代企业家联谊会自2013年成立以来，受到有关部门和社会各界关注。《中国统一战线》《中华工商时报》《杭州日报》和杭州电视台等媒体分别对联谊会工作进行宣传报道。新生代企业家群体的人才培养整体纳入市委组织部中长期人才培养规划，新生代企业家高级研修班和新生代企业出资人培训班列入市委、市政府培训目录。10月17日，由市政府主办，市委统战部、市工商联、市西博办承办，市新生代企业家联谊会执行的第十六届中国杭州西湖国际博览会重点项目——“500强企业家暨新生代企业家论坛”举行，并获西湖国际博览会“最具创新奖”。（周美勤）

【市工商联推进民企开展交流与合作】 2014年，市工商联组团赴美国、加拿大、英国、西班牙等国考察，加强与当地政府和商会组织的联系。与捷克皮尔森州经济商会、黑龙江七台河市工商联签订友好商会协议。组织企业参加印度“携手浙商—丝绸之路行”和“捷克皮尔森州推介日活动”“瑞士—杭州投资论坛”“利用香港服务业平台投资海外路演”“2014年南非经贸洽谈会”等经贸活动。（陆 吉）

·协会活动·

【现代科技、现代金融“双对接”服务活动】 2014年，为落实全省民企对接现代技术、现代金融工作的要求，探索建立民营企业对接现代技术和现代金融服务平台、服务途径与方法，提高民营企业自主创新能力，拓宽民营企业融资渠道，市民营企业（个体劳动者）协会（简称市民个协会）开展“双对接”活动。全年市及各区、县（市）民个协会开展各类科技、金融对接活动43场，参与企业2357个。其中开展科技对接3场，参与企业290个；金融对接33场，参与企业1742个；合并举办7场，参与企业325个。组织400余个企业参加省工商局、省民个协会举办的对接会。余杭区、滨江区、富阳市被列为全省民企“双对接”工作先行点。

【“民企大讲堂”系列培训】 2014年，为贯彻落实“杭改十条”，落实“进一步建立完善全市民营经济服务体系”和“加强民营企业经营者队伍建设”的工作任务，市工商局联合民个协会启动为期3年的“民企大讲堂”系列活动，计划到2016年底前全市累计完成2万个民营企业的经营管理人员培训。5月16日，“民企大讲堂”开班式在省委党校报告厅举行。至年末，市民个协会先后举办5期“民企大讲堂”系列培训，参与培训的企业高级管理人员1300余人。全市各区、县（市）举办300余场培训，参与培训的企业高级管理人员约6300人。

【便民服务渠道拓展】 2014年，“86892777”工商咨询服务热线运行良好，全年接听电话6.07万个，比上年增长20%。完善“杭州民企服务网”咨询服务、信息查询、金融服务、网上建言等服务功能。至年末，网络浏览（PV）量97.30万次；独立访客（UV）量22.29万次，向会员发送服务短信近20万条。收到网上咨询2047件，增长13.4%；转办复杂咨询1312件。年初，组织开展第12次“就业再就业服务周”活动。全市各级协会举办15场就业再就业现场招聘会，参加企业1436个，提供就业岗位4.30万个，达成就业意向7491人次。7月初，推出“杭州市民营企业协会”微信平台。10月，组织11个企业参加第十一届中国国际中小企业博览会。（方国平）

【金融担保机构发展】 2014年，杭州市有167个金融担保机构通过审核换领经营许可证，其中为中小企业提供融资担保服务的机构96个，淘汰20个，淘汰率10.6%。至年末，全市担

保公司担保代偿额47810.59万元、担保损失额29729.16万元，比上年分别增长9.5%、141%。全市担保机构中，注册资金在1亿元以上的27个，占总数的28%。国有及国有控股担保机构数和注册资本分别占总数的20%左右。以扶持企业、不以盈利为目的的政策性担保机构1个。年内，市财政安排2906万元，用于担保机构的风险补偿，扶持担保机构的发展。全年累计获国家、省市下达的风险补偿资金5385万元。（严炜烽）

【担保机构支持中小企业融资】 2014年，担保行业发展面临服务对象中小企业处于经济增长换档期和结构转型阵痛期、国内经济下行的考验、金融环境不容乐观，以及杭州市担保行业本身存在的诸多困难和问题，严重影响和制约担保行业生存和发展空间。全市融资性担保机构贯彻政府政策导向，坚持为中小企业、“三农”发展融资担保主业不动摇。据96个担保机构上报2014年度财务年报统计，共为2.20万个中小企业提供融资担保，担保笔数2.62万笔，新增担保总额302.33亿元。提供融资担保总量居全省各地、市担保行业前列。年末在保户数2.12万户，年末在保责任余额257.85亿元。

按单笔担保金额分：100万元（含）以下2.03万笔，担保总额61.67亿元；100万元~300万元（含）3889笔，担保总额77.82亿元；300万元~500万元（含）1290笔，担保总额57.68亿元。分别占担保总笔数的77.3%、14.8%、4.9%，占新增担保总额的20.4%、25.7%、19.1%。

按受保对象类型分：为个人（包括个体工商户）担保1.41万笔，担保总额42.76亿元；为微型企业担保3149笔，担保总额43.01亿元；为小型企业担保7157笔，担保总额145.88亿元；为中型企业担保1822笔，担保总额65.41亿元。分别占担保总笔数的53.6%、12.0%、27.3%、7.0%，占担保总额的14.1%、14.2%、48.3%、21.6%。

【担保行业规范发展】 至年末，市担保业协会有会员单位177个。根据96个担保机构2014年度上报财务年报统计，共有注册资本（金）72.26亿元，户均注册资本（金）7526.70万元，比上年增加904.85万元。其中：1亿元（含）~10亿元的27个，2000万元（含）~1亿元的58个，500万元（含）~2000万元的11个。

由于担保机构介入为小微企业、“三农”向银行贷款融资担保，起到为小微企业增信分险效果，有效缓解小微企业和“三农”融资困难。协会组织符合条件的担保机构向国家、省、市各级政府申报项目资金补助，全市全年有17个担保机构获财政部、工信部中小企业项目资金补助3385万元，35个担保机构获省财政风险补助资金1780万元，36个担保机构获市财政风险补偿资金2906万元。

5月16日，“民企大讲堂”开班式在省委党校报告厅举行

（市市场监管局 供稿）

【担保业协会发挥桥梁纽带作用】 2014年，市担保业协会多次召开担保机构专题座谈会，听取担保机构的意见和建议，及时向政府有关部门反馈。根据省经信委《关于加快我省融资性担保行业信息化监管系统建设》通知精神，协会于9月23日召开专题调研会听取意见和建议，16个担保公司领导和负责操作信息化系统的财务人员参加。9月29日完成《关于信息化监管系统建设的问题和建议的报告》向市经信委、省担保协会做报告。6~7月，协会秘书处先后到建德、桐庐、临安、富阳、萧山、余杭、淳安等县（市、区）20个担保机构走访调研，了解担保机构运行情况及存在的困难和问题，于10月9日撰写《杭州市担保行业目前存在的问题和困难及建议的报告》，报送市经信委、市金融办、省担保业协会。

【担保行业发展问题与对策调研】 4月29日，民建市委会一行17人与市担保业协会及4个担保机构召开“杭州市担保行业发展面临问题与对策”小型专题调研会。7月24日、9月23日，市担保业协会陪同民建市委会分别到余杭、富阳2个协会与10个担保机构座谈。民建市委会在调研基础上写出的提议得到民建中央录用并转送国家税务总局。该总局局长王军批示，要求所得税司进行研究。该提议还被浙江省委、杭州市委录用。

【担保行业同业交流】 2014年，市担保业协会全年接待3批考察团到杭州学习。1月17日，杭州市金融办邀请德意志银行等一行21人到杭州考察，协会向考察团介绍杭州市担保行业发展情况和监管工作，并现场回答提出的有关问题。7月28日，接待新疆维吾尔自治区担保行业协会一行48人考察调研。10月30~31日，接待温州市担保行业协会一行23人学习考察。此外，协会于9月18~20日组织杭州市担保机构17人赴成都市担保行业协会学习考察，与同业交流。（市担保业协会）

商　业

Commerce

·商业综述·

【消费品市场平稳增长】 2014年，随着国家“扩内需、稳增长”措施的进一步实施，杭州市消费品市场总体运行呈“冲高、回落、趋稳”的态势。全市实现社会消费品零售总额4201.46亿元,比上年（指2013年，下同）增长8.7%。其中，受汽车限牌政策及国际油价下跌的影响，汽车零售额实现737.32亿元，下降5.6%，增幅减少16.5个百分点；石油及制品类零售额369.58亿元，增长4.0%，增幅减少6.6个百分点。住宿餐饮行业低位增长。2014年，全市住宿餐饮企业积极调整经营模式，主打大众消费，着力提升品质，全市住宿餐饮业零售额426.34亿元，增长5.5%，增幅提高2.2个百分点。从城乡结构看，乡村快于城镇。城镇消费品零售额3980.89亿元，增长8.4%；乡村消费品零售额220.57亿元，增长14.2%。从城市区域看，县（市）社会消费品零售额增速高于市区。市区社会消费品零售额3785.52亿元，增长8.2%；县（市）社会消费品零售额415.94亿元，增长13.6%。

杭州市各批发市场粮油、菜篮子商品供应充足、货源充裕。全年粮油批发市场成交粮油236万吨，增长3%；蔬菜批发市场成交100万吨，与上年持平；全年供应生猪定点屠宰量214万头，增长7%。米、面、油、菜、肉、水产、禽蛋市场交易平稳，各类商品价格基本稳定，蔬菜价格上涨，猪肉价格下跌。

【市商务委员会（市粮食局）设立】 12月24日，市政府办公厅印发《杭州市商务委员会（杭州市粮食局）主要职责内设机构和人员编制规定的通知》，将市贸易局（市粮食局）、市外经贸局的职责进行整合，设立杭州市商务委员会〔挂杭州市粮食局牌子，简称市商务委员会（市粮食局）〕，将负责民用爆破器材经销的安全生产监督管理职责划给市经信委。市商务委员会主管国内外贸易、外商投资、对外经济合作和粮食工作。设办公室、组织人事处、综合处（挂政策法规处牌子）、财务处、商贸发展处、市场体系建设处、市场运行调节处、市场秩序处（挂执法检查处牌子）、特种行业管理处、粮食购销调控处、粮食管理监督处、电子商务处、对外贸易处（挂公平贸易处牌子）、跨境电子贸易处（挂机电产品处牌子）、服务贸易处、外商投资促进处、开发区处、行政审批处（挂外资企业服务处牌子）、对外经济合作处19个内设机构，行政编制112名。

【主题促销系列活动】 2014年，杭州市开展重点会展、节庆、促销活动233项。1月28日至2月6日，开展“红红火火过大年”主题促销活动；3月，开展“清新早春·柔美女性”女性月主题促销；借助五一节、青年节、母亲节等节假日，于4月8日至5月30日在全市范围内举办2014年春季休闲购物节，购物节期间（4月1日至5月4日）恰逢“2014全国消费促进月”，以“春暖杭城”为主题，汇集形式多样的促销活动；6月,启动“爱幼·童趣”主题购物节；7~8月,推进“缤纷夜游·特色小吃”夏季休闲购物节，拉动全市的夜间消费；9月6日至10月7日，“欢乐金秋”主题活动掀起秋冬商品大促销热潮。

【杭州休闲购物节】 12月6日，杭州市举办以“活力杭州·精彩消费”为主题的第七届杭州休闲购物节。活动持续4周，有78个活动项目和近3万家商户参与，分时尚生活、美食生活、多彩生活、闲情生活、网络生活、汽车生活六大板块。87个样本企业在购物节期间累计实现销售额143亿元，增长10.9%。其中：17个百货企业实现销售15.7亿元；21个超市实现销售7.4亿元；11个餐饮企业实现营业额8641万元，增长13.8%；8条特色街实现销售8.3亿元，增长9%；155个电商企业网络零售交易额1129万元。购物节以各种不同的载体，多角度、全方位、一体化地让杭州城乡市民和游客体验到“购物天堂、美食之都”的独特魅力，共享休闲生活品质之城。

【西溪天堂商业特色街】 11月，市商务委、市城管委联合出台《市级商业特色街区加强城管工作实施意见》，进一步规范商业特色街区城市管理。12月，西溪天堂商业街通过验收正式升格为“市级商业特色街”，并被命名为“西溪天堂风情美食特色街”。这使市级商业特色街增至15条。西溪天堂商业街位于杭州西溪国家湿地公园的东南角，街区以一站式国际休闲、餐饮、娱乐、创意生活集群为主题，其中有国际风尚区、创意生活区、影音娱乐区、码头餐饮区等高品质区块，吸引外

婆家餐饮店、保利国际影城、初见茶文化会馆等知名商户入驻。商业街是融合中国湿地博物馆、国际俱乐部、精品商业街、公寓、酒店、旅游公共服务设施为一体的“国际旅游综合体”。

【农贸市场建设管理】 2014年，杭州市完成市区农贸市场综合改造任务38家，活禽交易区局部改造92家（其中含2013年完成改造后再次进行调整的74家），对147家市场543户活禽经营户进行资金补助计520万元。至年末，杭州放心市场综合评分、放心市场建设数量均列全省第一。

【农村现代流通网络建设】 2014年，杭州市完成农村小型标准超市改造232家，创建商贸示范镇3个、示范村1个。制定2013~2014年度杭州市农村市场与农产品流通集中连片建设项目管理办法，落实扶持资金4800万元。为不断完善农村现代物流服务体系，努力促进农产品流通和销售，全年扶持市级农村现代物流体系建设项目108个、农产品品牌建设项目23个。发展各类农村连锁经营网点70个，实现连锁经营总额47.8亿元。全市累计发展农村连锁经营企业29个，连锁经营网点3285个，形成县、乡、村三级贯通的新农村现代流通服务网络体系。提升改造农产品批发市场，新建农产品购销公司、展销展示中心等，加快构建传统渠道与现代电子商务相融合的多层次鲜活农产品流通网络。全市实现农产品收购额55亿元，增长20.1%；农产品市场交易额71亿元，增长38.6%。2013年度全市农村商贸服务体系申报财政专项资金补助项目完成验收。

【粮食应急储备制度】 2014年，杭州市以粮食安全责任制为核心，抓好地方粮食储备工作，进一步提升产销合作的广度和深度，抓好“订单粮食”，确保粮源安全。在保持22.5万吨储备粮的基础上，与151个粮油经营企业签订《杭州市区粮食应急供应协议》，建立1.29万吨的社会应急周转粮储备和1500余吨的社会应急周转油储备。市级猪肉储备2800吨（其中：活体储备1600吨，冻肉储备1200吨），落实16个生猪活体承储单位和冻猪肉储备单位。10户肉品经营大户的供应量约占到市场总量的10%。

【生鲜农产品“放心柜”】 6月27日，市商务委制定《推进全市城镇超市设立“放心柜”实施方案》，要求超市鲜肉、蔬菜、水产、禽蛋、水果五大类农产品，必须达到质量安全放心、鲜活程度放心、卫生条件放心、价格计量放心、售后服务放心的“五个放心”标准。该方案明确三年内完成不少于119家超市“放心柜”建设任务。至2014年末，全市已有52个超市完成“放心柜”建设。

【再生资源回收体系建设试点】 市商务委为重点抓好再生资源回收网点提升改造收尾工作，对网点提升改造工作进行现场指导。5月，31个再生资源回收连锁（加盟）网点、临安报废汽车回收拆解中心及3个信息化平台项目顺利通过市级验收。至此，杭州市区再生资源回收体系试点中7个再生资源回收分拣中心项目、450个回收网点提升改造和3个信息化平台项目全部建设完毕。12月23日，省商务厅会同省财政厅等组成专家验收组，对杭州市再生资源回收体系建设项目通过现场抽查考核验收。

·电子商务·

【电子商务概况】 2014年，杭州市电子商务交易总额超过1.5万亿元，比上年增长30%，占全国总额的1/8；全市实现网络零售总额2088.5亿元，增长37%，相当于全市社会消费品零售总额的49.7%，占全国总额的1/13；实现居民网络消费总额899.55亿元，增长38.5%，占全省总额的28.2%。“阿里巴巴”“中国化工网”“淘宝网”“天猫”等均位居全国同类平台首位。“96188”“珍诚医药在线”“蘑菇街”“中国服装网”“中国钢铁商城”“中国化纤信息网”“机电在线”“爱逛网”等行业网站成为国内同行业的领军企业，网络零售平台、企业间电子商务平台、大宗商品交易平台和团购等第三方平台稳步发展。全国85%的网络零售、70%的跨境贸易（含B2B、B2C等）和60%的B2B交易在杭州的电子商务平台上完成，全国1/3的综合性电子商务平台和专业网站在杭州落户。

【杭州市电子商务促进会成立】 2月26日，杭州市电子商务促进会召开成立大会。该促进会由杭州市商贸旅游集团有限公司、杭州佑康食品集团有限公司、浙江珍诚医药在线股份有限公司、华数网通信息港有限公司、杭州网络传媒有限公司、浙江文创控股集团有限公司6个单位共同发起成立，有会员218个，会长由杭州祐康食品集团有限公司董事长戴天荣担任。促进会的宗旨是以创造机遇、合作共赢为主线，有效搭建政府与行业、行业与企业及企业间的沟通平台。推动杭州市电子

2月26日，杭州市电子商务促进会成立　　（市商务委 供稿）

商务和商贸服务业信息化建设的健康发展。

【《加快发展信息经济的若干意见》出台】 7月15日，杭州市出台《关于加快发展信息经济的若干意见》，提出到2020年杭州计划建成“六大中心”：国际电子商务中心、全国云计算和大数据产业中心、全国物联网产业中心、全国互联网金融创新中心、全国智慧物流中心和全国数字内容产业中心。国际电子商务中心建设目标是加快“电商换市”步伐，大力发展“移动电子商务”，推动线上线下融合发展。第一批总投资约885亿元的337个信息经济项目正陆续落地，其中包括阿里云投资30亿元建设电子商务云开放平台项目，华数集团投资10亿元建设杭州智慧家庭信息服务平台，聚光科技投资5亿元建设物联网产业化基地等；全国云计算和大数据产业中心为产业发展带来新商机，杭州市深化与阿里巴巴集团的战略合作，依托大数据，推进市民卡开展个人信用征信业务及服务；全国智慧物流中心是中国快递示范城市的深化，市政府为民建“E邮站”，借助科技手段让生活更加便捷。2014年，主城区已经建成200多个“E邮柜”站点，提供24小时自助投取包裹服务。

【电商嘉年华】 4月28~30日，杭州市江干区政府和阿里巴巴集团在东方电子商务园共同举办全国首届电商嘉年华。电商嘉年华设置营销活动展区、电商诊断展区、新业务体验展区和电商招聘展区为电商企业开展自助式游园活动，举办主题论坛12场，参加人员6000余人次。电商嘉年华是一个大型开放式的以“电商零距离”为主旨的交流学习聚会，有帮助电商解决店铺模特的“淘女郎”、国内首家高自动化电商仓配中心的“中联网仓”、电商ERP/CRM解决方案的“网店管家”、“阿里妈妈”、“淘宝卖家服务摄影”平台、“天猫”商家中心、“网商在线”、“御膳房”、“淘宝”营销、全渠道零售技术服务商“又一城”、专业门店O2O解决方案的“360SHOP”、“淘宝”贷款、“淘工作”、“淘公仔”等20多个电商参加电商嘉年华活动。

【“保税网购”模式开通】 5月7日，中国（杭州）跨境电子商务产业园下沙园区开通“保税网购”模式，首票跨境贸易电子商务“保税进口”货物——一批从澳大利亚进口的婴儿奶粉在杭州经济技术开发区海关的监管下通关，标志着杭州跨境贸易电子商务进口业务的全面启动。跨境贸易电子商务进口业务采用集中采购备货模式，简化中间环节，特别是境外物流环节的流通，“海外网购”无须国内外转运、清关代理等手续，实现真正B2C的销售轨迹，降低商品的采购成本和物流成本。至年末，备货模式的交易订单超过95万单，居全国7个试点城市前列。

【“电商换市”深化】 6月6日，杭州市市长办公会议审议通过《关于深入推进“电商换市”的实施意见》《杭州市电子商务拓市场实施方案》。两个文件是全市加快建设国际电子商务中心，落实“电商换市”战略的指导性文件。文件以商贸领域为重点，依托传统百货、连锁超市原有实体网点、货源、配送等商业资源，开展网络零售业务，探索“网上看样、实体网点提货”的经营模式；积极推进电子商务进社区，让社区居民得以享受电子商务带来的购物消费、实时配送、获取信息、身份识别等便民服务；鼓励电子商务进农村，利用信息手段拓展农村市场流通渠道，通过电子商务销售农产品。

【“淘宝特色中国·杭州馆”上线】 12月29日，由市商务委承办，杭州熙浪信息技术股份有限公司负责开发运营的“淘宝特色中国·杭州馆”正式上线。“杭州馆”吸引538家杭州网店、828件特色商品入馆销售。该馆在整合杭州各区、县（市）特色资源基础上，推出茶叶、酒类、休闲食品、南北干货、生鲜水产、肉类、果蔬等杭州特色商品，以及机票、酒店客栈、旅游路线、景点门票等服务。所有商品呈现在“精选市场”“特色专辑”“生鲜水果”“特色美食”“西湖龙井”“手工艺品”“杭州旅行”“百年老字号”“品牌专辑”等不同频道下。“杭州馆”推出官方授权、政府保障、原产地直供的B2C电子商务营销服务平台，成为杭州特色产品在网络市场上的重要宣传展示窗口。

【县域电子商务研究报告发布】 1月21日，阿里巴巴集团研究中心发布国内首份县域电子商务研究报告，桐庐、建德、富阳、临安4个县（市）被列入2013年中国电子商务发展百佳县。“电商百佳县”是阿里研究中心联合中国社科院等机构，根据全国各县（市）网商数量、网络零售额、电子商务服务体系、电子商务经济体等方面的发展情况数据统计而发布的阿里巴巴电子商务发展指数。

【中国(杭州)国际电子商务博览会】 10月30日至11月2日，由浙江省商务厅、杭州市政府主办的2014年中国(杭州)国际电子商务博览会举行。电商博览会设置世贸主题馆与和平产业馆两大展区五大展馆，主题概念馆深度剖析互联网技术在发展过程中的关键性节点，展示电子商务产业所依托互联网的前沿创新和概念性科技。展会期间举办“博鳌亚洲论坛——电子商务与中国产业发展战略”主题研讨会、“博鳌亚洲论坛——2014年中国(杭州)全球电商领袖峰会”和“西湖夜话”等系列高端论坛，旨在树立行业标杆，创立前瞻性及专业性的电商领域智库，成为杭州一个新品牌。

【阿里巴巴集团在美国IPO融资额250.3亿美元】 9月19日，阿里巴巴集团在纽约证券交易所正式挂牌，代号“BABA”，IPO融资额达到250.3亿美元，成为美国市场有史以来规模最大的IPO交易，开盘总市值2383亿美元，超越Facebook、亚马逊、腾讯和eBay，成为仅次于谷歌的全球第二大互联网公司。阿里巴巴集团扎根杭州，在电子支付、云计算、物流、网络营销、信息技术、运营服务等领域涌现出众多电子商务服务商，集聚全国1/3的综合性电子商务网站和专业网站。阿里巴巴集团的上市，增强杭州在国际互联网产业领域、金融领域的影响力。

【农村发展战略试点】 10月15日，杭州市桐庐县政府与阿里巴巴集团签订“农村发展战略落地桐庐试点

2014年杭州市限额以上住宿业和餐饮业经营情况

表22

项目	法人企业（个）	营业额（万元）	客房收入（万元）	餐饮收入（万元）	商品收入（万元）
住宿业	409	979 217	512 039	353 124	6 064
旅游饭店	254	825 794	408 270	315 603	5 607
一般旅馆	155	153 423	103 769	37 521	456
餐饮业	464	1 302 889	35650	1 235 288	11 136
正餐	423	739 361	35650	682 163	10 856
快餐	19	521 127	—	511 754	—
饮料及冷饮服务	13	10 193	—	9 358	280
其他餐饮业	9	32 208	—	32 014	—
总计	873	2 282 106	547 689	1 588 412	17 200

项目”协议，桐庐成为阿里巴巴农村发展战略全国首个试点县。阿里巴巴集团计划以行政村为主线，在桐庐用3个月覆盖50个村点，一年覆盖200个村点。桐庐作为培育出“三通一达”的“中国民营快递之乡”，计划和阿里巴巴集团一起打造“桐庐模式”，为全国的农村电商发展提供经验。

【国家电子商务产品质量信息服务平台运行】 10月30日，国家电子商务产品质量信息服务平台在杭州上线运行。该公共服务平台是国家质检总局授权杭州市建设全国唯一的电子商务产品质量监管和服务的示范窗口。该平台围绕“提升电子商务质量水平、服务电子商务企业健康发展”这一宗旨，宣传电子商务产品质量法规政策，权威发布电子商务产品质量监督抽查信息；向广大消费者发布消费预警，提供组织机构代码和工业产品生产许可证以及电子商务产品质量风险监测结果等信息查询服务；为电子商务平台企业构建内部交流机制，共享质量管理信息。

·住宿和餐饮服务业·

【住宿和餐饮服务业概况】 2014年，杭州市有星级住宿业及限额以上餐饮业企业873个。其中：住宿业法人企业409个，包括旅游饭店254个、一般旅馆155个；餐饮业法人企业464个，包括正餐企业423个、快餐企业19个、饮料及冷饮服务企业13个，其他餐饮业9个。星级住宿企业营业收入97.92亿元，其中客房收入51.2亿元、餐饮收入35.31亿元、商品销售收入6064万元。限额以上餐饮企业营业收入130.29亿元，其中客房收入3.57亿元、餐饮收入123.53亿元、商品销售收入1.11亿元。

【餐饮新政出台】 7月24日，杭州市政府出台《关于进一步促进餐饮住宿业转型升级持续稳定发展的实施意见》。该意见在营业税返还奖励、税费减免、相关收费标准下调等方面取得较大突破，新政策对餐饮住宿企业按2013年度营业税的20%予以一次性补助，对符合小型微利企业标准的餐饮住宿企业按减20%征收企业所得税。鼓励产业企业连锁化发展，对于总部在杭州的餐饮企业和在国内或境外新发展具有杭州特色的连锁自营店最高将分别给予20万元和30万元的补助。支持企业运用网络团购、微博打折、微信促销、刷二维码等新型电子商务营销方式，增强对年轻消费群体的吸引力，为餐饮住宿业持续发展提供强有力的政策支持。

【中国（杭州）美食节】 10~12月，由中国饭店协会和杭州市人民政府主办的第十五届中国（杭州）美食节在杭州举行。美食节期间，开展以“文化美食·传承创新”为主题的系列活动包括美食节开幕式、“食全酒美·乐动杭城”休闲美食嘉年华、百家食谱健康菜肴评选大赛、中国（杭州）咖啡西餐文化节、首届中国国际酒吧音乐节、第三届杭州名优点心展、第二届老字号焙烤食品展、“味蕾狂欢·舌尖最忙”区、县美食畅享季等主题促销活动。美食节活动精彩纷呈，吸引广大市民和游客参加，促进餐饮消费，销售额3000余万元。

【城市餐饮推介交流】 杭州市政府积极开展与兄弟城市美食文化交流，于5月11~14日和8月25~28日，由杭州市副市长谢双成率队，杭州美食推介团分别前往青岛、贵阳进行美食推广、促销活动。以“寻味江南·杭帮美食”为主题，先后举办“寻味江南”餐饮特装展、“品味杭州”杭帮菜品鉴会、美食美景图片展、“西湖茶礼”和“太极茶道”茶艺表演等系列活动，推介杭州和杭州美食。6月，还开展“推动国饮·乐游杭州”为主题的杭州茶文化南京展示推广活动。

5月11日，杭州美食（青岛）品鉴会上举行“太极茶道”茶艺表演活动

（市商务委 供稿）

【杭州（奥克兰、墨尔本）美食文化节】 11月4～15日，由杭州市政府主办，市商务委承办的杭州美食文化节分别在新西兰奥克兰、澳大利亚墨尔本举行。美食文化节以“文化中国·美食杭州”为主题，通过开幕式、“杭州味道”美食品鉴会、宣传品发放、视频播放、美食美景图片展、厨艺茶艺演示交流等形式，展示杭州的美食文化和厨艺绝技，宣传杭菜品牌，扩大“中国休闲美食之都”影响力。

【食谱健康菜肴（点心）创新设计大赛】 8月，由市商务委主办，市餐饮旅店行业协会、杭州杭菜研究会承办的“2014年杭州百家食谱健康菜肴（点心）创新设计大赛”启动。该评比活动自2005年开始，已举办四届。这次活动主题为“健康营养，大众消费”，覆盖杭州主城区、萧山、余杭、建德、富阳等地区。12月17日，50个企业的120道菜肴现场制作，并进行专家评选和展示交流活动。经评定，杭州楼外楼实业集团股份有限公司的板栗炖乌鸡等57道菜肴获得热菜类各奖项，杭州花中城大酒店有限公司的双色养生冻等28道菜肴获得冷菜类各奖项，杭州张生记饭店的迷你南瓜饼等27道菜肴获得点心类各奖项，萧山区餐饮行业协会等单位获得优秀组织奖。

【休闲美食体验点评选和复评】 6月13日至9月5日，市商务委与《杭州日报》合作，以“寻找杭州好味道餐厅”为主题，开展“杭州休闲美食体验点”评选和复评活动。此次评选标准为依法诚信经营，具备法人资格，近两年内未发生安全事故和餐品质量事故，环境整洁，接待能力强等条件。在3个月的时间里，杭州以及杭州周边市县的60多个美食休闲企业参加评选活动。最后新认定杭州知味观·味庄等29个企业为休闲美食体验点，胜利河大兜路美食街区等71个企业为复评合格。前10名评为“2014年度杭州好味道餐厅”。

【“十大最聚人气”面馆评选】 10月9日，由市商务委与杭州电视台生活频道合作，开展“2014年度十大最聚人气面馆”评选活动，宣传杭州面食文化，促进餐饮消费。面馆评选活动启动以来，有约100个面馆报名，吸引市民数十万人参与和投票，经过层层筛选，有20家面馆入围；市政府官方公众微信平台“杭州发布”对活动进行权威发布。12月18日，“2014年度十大最聚人气面馆”评选进行揭晓及授牌仪式，松木场面馆、老桥头面馆、奎元馆、原舍面馆、支和面馆、慧娟面馆、军儿面馆、方老大面馆、英英面馆、张春记老汤面馆10家面馆入选。

【商务午餐试点】 1月，市商务委在主城区选择5家规模以上楼宇开展“商务午餐”试点。对5个试点企业（杭州红泥餐饮娱乐有限公司第一分公司、浙江紫晶大酒店、杭州海缇客餐饮管理公司、杭州鼎香餐饮管理服务有限公司、杭州好月亮快餐有限公司）进行多次检查，联合“杭州网”组建“商务午餐”专题宣传网站，加强商务午餐宣传工作，推进餐饮网络订餐，拓展新的消费增长点。通过加强监管、积极引导、注重宣传，5个试点企业月营业额1200万余元，比上年增长23%，供应单位160余个，服务人数3万余人次，有效缓解试点企业周边商务写字楼白领以及市民百姓的就餐难问题，让更多消费者体验到安全、放心、健康、美味的“商务午餐”。

【便民早餐工程】 2014年，为了让杭州市民吃到放心、营养、健康的早餐，进一步规范提升早餐经营网点，加快推进便民早餐连锁经营，杭州市继续开展早餐标准化门店和示范门店创建工作。全年新认定便民早餐示范门店66家，标准化门店119家。对新增的112家早餐连锁门店进行财政奖励补助，共奖励补助271万元。组织“杭州网友最喜爱的早餐门店”评选活动，知味观、新丰小吃、甘其食等10家知名早餐连锁门店入选。调查全市餐饮企业主食加工配送中心新建改建情况，对主食加工配送中心（中央厨房）进行项目资助。

【《寻味江南——杭州乡土菜》出版】 2014年，由市商务委组织撰写，杭州出版社出版的《寻味江南——杭州乡土菜》一书，于5月14日出版，16开312页，定价100元。该书通过“杭州乡土菜”菜肴历史文化及乡土菜的做法和图片，完成对杭州地区民间乡土菜的品种特色及烹饪技艺的整理、积聚和研究工作。这一项开创性的美食文化工程，对更好地建设中国休闲美食之都，充实、拓展杭州饮食文化内涵，推进杭州餐饮业发展具有重要的意义和历史文化价值。

【餐饮业多语种菜单推广使用】 2014年，根据旅游国际化目标考核要求，提高餐饮国际化接待能力,方便国际消费者的餐饮消费，市商务委与杭州师范大学外国语学院合作，采取“统一风格、统一翻译、统一制作”的模式，为杭州酒家、知味观味庄、花中城、新开元4个知名餐饮企业制作200余本多语种（中、英、日、韩4语）菜谱。

【星级餐饮企业评定】 为促进餐饮行业标准化、规范化，杭州市开展餐饮企业星级评定工作。12月24日，依据杭州市《餐饮企业星级划分》标准，经企业自愿申报、材料审核、实地考察、专家组评审和社会公示，13个餐饮企业认定为第三批杭州市星级餐饮企业。其中，五星级1个（建德半岛凯豪大酒店），四星级6个（杭州奎元馆、杭州德悦海鲜大酒店、建德喜乐大酒店、建德鼎尚轩、桐庐久缘宴会厅、富阳太阳城堡大酒店），三星级6个（冠江楼、外婆家万象城店、锅内锅外、紫荆饭店、建德彩运大酒店、建德洋安桥头农庄）。

·粮油供应·

【粮油供应概况】 2014年，杭州市各粮油专业市场成交粮油及副产品257.27万吨（其中：粮食239.34万吨、食油及油料15.99万吨、粮油食品1.85万吨、副产品823吨），销售量超过250万吨，增长4.1%；成交金额119.64万元，增长9.3%；网上交易量111万吨，交易额28.5亿元，分别增长72.7%和65.2%。

【粮油供需平衡调查】 2014年，杭州市通过对全市20个国有粮食经营企业、102个重点非国有粮油加工经营企业、89个重点粮食转化企业以及472户农户的粮油收支存情况的抽样调查，全面完成全市2013年度粮油供需平衡调查工作。调查显示，2013年全市粮食总产量95.92万吨，减少9600吨；油料产量9.03万吨，折合成品油3.34万吨。根据调查测算，2013年全市粮食消费总量393.76万吨，减少2.67万吨，粮食产需缺口300.84万吨，增加1.29万吨，产需缺口继续扩大；食用油消费总量19.35万吨，减少2.53万吨，产需缺口16.02万吨。

【市本级粮食收购政策出台】 为保护农民利益，防止"谷贱伤农"，市政府综合考虑各方因素，出台2014年市本级粮食收购政策：市本级早籼稻谷、中晚籼稻谷、晚粳稻谷和小麦最低收购价格分别确定为每50千克136元、139元、157元和119元。奖励标准分别为30元、25元、25元、30元。省市外"订单粮食"继续执行每50千克不高于5元的财政补贴政策。粮食烘干费用继续按实际烘干数量给予每吨80元的补贴。

【市级储备粮轮换】 杭州市政府通过公开竞标完成2014年市级储备粮油轮换目标，全年轮换原粮16.07万吨、食用油2450吨、成品粮2万吨、"储、加、销"轮换粮食6000吨和代储小麦2000吨。

【"粮食订单"收购任务完成】 2014年，全市签订"订单粮食"6.41万吨，其中早稻7545吨、晚稻5.06万吨，小麦5987吨。市本级与28户种粮大户和专业合作社签订"订单粮食"3989.05吨。其中早稻1124.8吨、晚稻2380.25吨、小麦484吨。

【省外粮食生产基地情况调查】 杭州市在省外建立紧密稳定型粮食生产基地1.74万公顷，投资额2.29亿元，年粮食产量11.98万吨，每年可提供商品粮11.13万吨；其他类型粮源基地面积9.61万公顷，年粮食产量75.13万吨，每年可提供商品粮70.33万吨；省际间建立收购、加工、储存基地4个，实际投资1.83亿元，年加工粮食能力29.65万吨。杭州市粮食批发市场从事经营的省外经营户213户，2013年实际经营粮食产量166.65万吨，其中省外调入经营粮食产量163.88万吨。

【粮库基础设施建设】 2014年，杭州市重点推进803地下粮库扩建工程和勾庄二期工程建设。803地下粮库扩建工程完成37个洞室全断面开挖，主通道开挖全部完成。勾庄二期4号地块所有建筑物内外墙涂料粉刷全部完成；3号地块大米加工车间一层设备基坑全部完成，加工设备安装完成98%，开始室外地面浇筑施工。萧山国家粮食储备库、富阳中心库二期工程和临安市中心粮库迁扩建项目已建成正常运转；余杭区中心粮库和桐庐县中心粮库三期工程项目稳步推进。

【省"星级粮库"9家】 2014年，杭州市新通过良渚中心粮库为省"四星级粮库"称号；余杭区瓶窑中心粮库为省"三星级粮库"称号。全市累计有省"星级粮库"9家（四星级3家、三星级6家），居全省领先水平。

【绿色储粮新技术应用】 2014年，杭州市粮食收储有限公司加大资金投入。投资450万元形成充氮设备在各库点全面覆盖，投资100万元开展"包改散"试点，使改造后的仓房既能达到气调标准又能符合准低温储粮技术标准，改善工作环境，保障职工的身心健康。年末公司绿色储粮比例在65%以上。

【"智慧粮库"建设试点】 2014年，杭州市粮食收储有限公司投入300多万元，重点推进803地下粮库"智慧粮库"的建设；富阳中心粮库二期投入408万元，开发应用办公自动化系统、储备粮管理系统、智能仓储系统、自动化作业系统、安保管理系统等整个信息化系统。通过传统管理向"智慧粮库"信息化管理模式的转型，达到对粮库实行科学、高效、低成本、绿色生态的管理，实现管理成本下降、绿色生态储粮目标。（冯蔷颖）

·市商旅集团·

【市商旅集团概况】 2014年，市商旅集团全资和控参股企业实现营业收入317.50亿元，比上年下降2.7%；利润总额14.73亿元，下降9.6%。集团公司合并报表实现营业收入104.95亿元，下降2.5%；实现净利润6.35亿元，增长0.1%。年末，国有净资产总额48.96亿元，增长7.9%；国有净资产收益率8.6%。

从集团各业务板块营业收入完成情况看，七大板块全年呈四增三降态势，其中宾馆企业增长31.8%，综合旅游增长9.2%，交易市场增长4.9%，餐饮企业增长4.0%；工业企业、商场超市和批发企业呈降势。

集团公司和各企业主动适应经济形势、消费趋势和市场需求新变化。杭州大厦购物城完成三年期调整规划，特别是对儿童商场进行扩容升级，成为全国首个"体验式儿童王国"；杭州饮服集团加快打造中央厨房、餐饮门店、食品加工、电子商务"四轮驱动"经营模式。连锁经营业态创新提升。联华华商集团对社区购物广场业态进行调整升级，"一站式生活广场"义乌天华世纪城、"智慧型卖场"西湖文化广场店全新亮相，联合康康按照"混搭经营"思路，丰富连锁门店经营品种。至年末，已有联华华商连锁门店230家、肯德基400家、联合康康106家、知味观57家。贸易公司有计划推进"多乐之日"面包房连锁发展，尝试开展大宗贸易和境外融资。

集团公司成立全面深化改革领导小组及其办公室，研究制定全面深化改革总体方案。解百集团与杭州大厦重大资产重组工作结束。完成市属无国有股企业属地管理移交和"西湖味精"无形资产租赁工作。市金属材料有限公司、市服装（集团）有限公司国有股权挂牌转让，金城大厦、市旅游总公司、新龙坞旅游开发公司歇业清算工作启动，五洋宾馆、杭州国大房产开发公司两个非公司制国有企业改制工作正在进行。调整集团总部组织架构，减少内设机构，成立4个事业部，筹建酒店管理公司，推动管理型总部向"经营型+服务型+管理型"总部转变。

【市商旅集团集中采购平台建成】 3月，市商旅集团建成义乌中国小商品城集中采购平台。建设集中采购平台旨在免费为市商旅集团各个企业生产经营服务，涵盖采购、销售、信息等各个方面。集中采购平台的定位为“一体两翼、六个中心”，即集中采购平台包括义乌集中采购（在联华华商集团的帮助下负责商品寻源等工作）和杭州饮服集团（酒店餐饮类原材料采购）两个分支，逐步形成采销、服务、信息、调度、培训和利润中心。集中采购平台工作实行集中采购共享原则、优先原则、自采备案原则和自采必荐原则。至年末，义乌集中采购平台共计开发商品约100个，完成70多个商品的上网工作，全年完成集中采购金额1000万元，实现销售额1300万元，产生经济效益300余万元；杭州饮服集团实现集中采购金额260万元，节约成本30余万元。

【社区购物广场调整升级】 2014年，联华华商集团对社区购物广场业态进行调整升级，“一站式生活广场”义乌天华世纪城、“智慧型卖场”西湖文化广场店全新亮相。

义乌天华世纪城位于金华市义乌市望道路，分地下两层、地上五层共7层，总建筑面积约9万平方米，引入200多家知名品牌专柜，经营超过10万个品种的商品，是集购物、餐饮、休闲、运动等多功能于一体的城市家庭型消费一站式购物中心，拥有品牌齐全的床上用品中心梦寝居、家庭烘焙中心、漂流书屋、超市堂食吧。餐饮方面引进20多家美食店铺，涵盖中式、西式、日式、韩式、港式等饮食风格。为顾客提供儿童小公园、母婴室、图书借阅室、微信会员停车等28项免费服务。开业以来，备受广大义乌市民的喜爱，成为义乌市新的购物热点场所。

世纪联华西湖文化广场店作为全新的智慧卖场，引入Wi-Fi覆盖、自助收银机等智慧科技，整个卖场实行差异化定位，以“发现精彩、乐享生活”为主题。区域设计上减少百货占比，增加熟食区，设置烹饪中心，满足顾客餐饮需求；招商方面注重时尚体验，引进韩国面包品牌多乐之日和知名餐饮企业；设立自行车DIY改装中心、婴童馆，满足年轻人和儿童的现场体验。

【农贸市场信息监管云终端系统启用】 2014年，杭州市市场开发公司在所属翰林、察院前两个农贸市场启用农贸市场信息监管云终端系统。该系统直观地展示商品价格、检测结果、产地及流通环节等，以及商户姓名、证照、信用评价结果等商户信息，使消费者在详尽了解商品、商户的基础上进行消费，最大限度地保证消费者的知情选择权，消费者购物后还可以当场对消费过程进行评价。

8月29日，联华华商集团一站式生活广场在义乌天华世纪城全新亮相
（市商旅集团 供稿）

【新杭州名点名小吃评选活动】 5月22日至6月5日，杭州举办“新杭州名点名小吃评选活动”，杭州各区、县(市)的61个餐饮企业参与，参选的杭州点心小吃品种有175个。经专家组委会评选、网络投票等环节，最终命名鲜肉小笼等36个新杭州名点名小吃。入选的36个新杭州名点名小吃在市场销售、产品质量、绿色环保、食品安全、文化内涵等方面都具有一定的地方代表性，既有鲜肉小笼、春卷、糯米藕、油墩儿、南方大包等大众小吃，也有定胜糕、葱包桧儿等与杭州人文历史紧密相关的杭州特色点心，以及融合传统与创新的西湖雪媚娘、桂花芸豆糕、吴山麻薯饼、建德豆腐包、塘栖粽子、细沙羊尾、粢毛肉圆、萝卜干、麦糊烧等区、县（市）地方小吃。

【“双十二”内购节销售1.03亿元】 12月12日，杭州大厦购物城“双十二”内购节开幕，创下1.03亿元的销售佳绩，再次刷新杭州大厦单日销售历史纪录。其中，Chanel、BURBERRY、Tiffany等国际奢侈名品销售是平时的2倍~3倍；家电中的西门子、博世、夏普、德龙等品牌商品销售都创新高。杭州大厦10月开始策划内购节，12月初利用官方微信微博、今日头条APP推送等新媒体，开展全渠道营销，线上线下充分互动；在地铁车厢、华数电视、电台广播等投放广告开展营销；平面媒体以“一天足‘购’”为宣传主题，吸引关注，进一步扩大影响。

【“多乐之日”在杭州开业】 7月11日，市商旅集团引进韩国希杰集团旗下的国际连锁烘焙品牌“多乐之日”开业。全年有西湖文化广场店、东坡店、九莲新村店和庆春店4个门店开张营业。“多乐之日”连锁烘焙店精选法国进口AOC黄油、法芙娜巧克力以及北爱尔兰进口蓝米吉奶油等优质原料，推出包括面包、蛋糕、曲奇、三明治以及咖啡、冰淇淋等在内的约100种产品，并在店铺内现场烘焙面包、制作蛋糕，确保产品新鲜、健康、美味。

【“包容天下”嘉年华活动】 5月22~31日，“包容天下”嘉年华活动在杭帮菜博物馆举行。活动期间，

邀请北京、上海、深圳等8个城市相关企业产品参展，北京庆丰“猪肉大葱包”、上海松月楼“有机素菜包”、深圳面点王“特大叉烧包”、成都“冬菜包”、开封第一楼“小笼灌汤包”、天津狗不理“猪肉包”、扬州富春茶社“三丁包”、杭州知味观“小笼包”、杭州酒家“南方大包”，以及富阳“酒酿包子”、建德“豆腐大包”等进行包子大会展。在嘉年华展陈区互动体验区参与磨豆浆亲子活动，亲手包出各种各样的包子，参选“最佳创意包子”奖。

【结婚采购大会】 为进一步拓展婚宴市场，提升销售业绩，2014年杭州春季（2月28日至3月2日）、秋季（8月22~24日）结婚采购大会期间，市商旅集团组织西溪投资（悦榕庄、喜来登度假酒店、西轩酒店）、黄龙饭店、新侨饭店、五洋宾馆、天元大厦、知味观、杭帮菜博物馆、知味观·味庄、天香楼、旅游集散中心、市招商国际旅游、市外事旅游汽车、金龙尊品婚典等多个系统企业参加大会。春季大会3天共计实现销售331万元，秋季大会3天实现销售486.7万元。其中，秋季大会婚宴成交45单，实现销售465.6万元；旅游和租车成交15单，实现销售14.3万元；婚庆成交5单，实现销售6.8万元。

（梁 之）

5月22日，“包容天下”嘉年华活动在杭帮菜博物馆举行

（市商旅集团 供稿）

·烟草专卖·

【烟草专卖概况】 2014年，全市批发销售卷烟41.76万箱，与上年持平；销售额166.13亿元，增长6.7%；实现利税41.74亿元，增长8.6%。全年查获各类案件2159起，查扣卷烟14.4万条，案值3261.5万元；破获国标网络案12起，其中互联网案件6起。卷烟市场净化率保持在97%以上。全年新办零售许可证3354户，注销3921户。至年末，全市有持证经营户3.88万户，正常经营户3.69万户，比上年均有减少。全年零售客户、工业企业满意度继续保持全省领先。

【市场监管实现精细管理】 杭州市烟草专卖局开展专销联动，疏堵结合。将行政处罚、停业整顿等方式，综合运用到对零售户的管理中，引导零售户守法诚信经营。全年降档降级零售户934户，取消经营资格6户，对违法违规零售户起到很好的教育约束作用。联合杭州市市场监督管理局开展“蓝天1号”无证经营专项治理行动，查处无证经营案件810起，共计罚没款150余万元，有效打击无证经营卷烟行为，巩固与工商部门的协作机制。临安市烟草专卖局、桐庐县烟草专卖局各有1起无证经营案件追究刑事责任。开展“杭州烟草”微信公众号项目研究，探索社会公众监督专卖管理工作和评估市场监管效果的新途径。

【打假打私实现精准打击】 市烟草专卖管理部门在进一步加强与公检法等执法部门协作的基础上，借助稽查侦测系统，构建智能化案件数据库，案件线索实现有效串联和互通，设定以小案破大案、以显案破隐案和以个案带网案的目标，广泛开展与刑侦部门的合作，将案件做大做深。杭州市烟草专卖局侦查的“1·01”特级国标网络案件从终端销售、储存、运输环节向生产、供货源头追溯，“长链条、多环节”打击取得成效；淳安县烟草专卖局侦查的“3·03”案件是在淘宝网上交易、物流代收货款及全国代理销售等特性的新型网络售假模式下，破获的第二起互联网部督案件，实现重点领域打假新突破。

【推进终端建设稳质扩面】 全市现代化数据采集网络架构初具雏形，基本建立社会环境信息采集机制，全年建立数据采集终端6150户，建立卷烟消费者档案3.93万个。积极探索零售数据在卷烟品类管理，以及采、供、销等环节上的有效应用，对99个偏远山区客户成功试点不定期订货模式；建立现代终端三级督导管理机制，优化各终端层级的测量标准，调整终端建设配套管理程序，初步形成一套“多层级、能转化、有激励”的终端发展晋升机制；自主开发的“终端营销服务管理系统”上线运行，实现现代终端运维护管理信息化。2014年全市累计发展现代终端4750户，占客户总数12.5%。实现网上配货客户数占比5.5%。

（翁尚勇）

经济合作交流

Domestic Economic Cooperation

·经济合作交流综述·

【招商引资总量首次突破1000亿元】 2014年，杭州市国内招商引资围绕全面深化改革主线，创新招商引资思路，完善招商引资体制机制，突出在外省浙商和央企国企的招商，内资招商总量显著提升，引进资金结构稳中趋优，招商平台作用日益显现。全年引进内资项目2187个，引进市外到位资金首次突破1000亿元，达1054.07亿元，完成年度目标任务的102.1%，比上年（指2013年，下同）增长22.5%。其中，引进杭州市十大产业项目到位资金545.38亿元，增长26.2%，占国内招商引资到位资金总量的51.7%。

【浙商回归到位资金总量全省第一】 杭州市支持浙商创业创新呈现稳中提质的局面，浙商回归引进项目结构稳、规模大、质量好。全年浙商回归引进项目488个，到位资金520.06亿元，完成全市年度目标任务的108.4%，比上年增长8.3%，总量继续保持全省第一。全市坚持引进项目和推进项目两手抓，充分发挥市支持浙商创业创新领导小组办公室和市国内招商引资工作目标责任制考核办公室的作用，着力抓好项目推进工作。全年围绕“洽谈一批、签约一批、推进一批”的要求，确定推进91个重点浙商创业创新和国内招商引资项目。年内，百草味总部等10个浙商回归引进项目和国内招商引资项目开工建设。91个重点浙商创业创新和国内招商引资项目到位资金307.48亿元，为年度计划引资总量的113.9%。

【世界杭商大会签约招商项目19个】 10月22~23日，杭州市首次举办的世界杭商大会在杭州洲际酒店举行。大会以“凝聚杭商力量、共促杭州发展”为主题。省委常委、市委书记龚正，副省长熊建平出席开幕式并分别致辞。市委副书记、市长张鸿铭在会上做主题演讲。副市长谢双成主持大会开幕式。海内外知名杭商和企业家代表、到杭州投资企业新杭商代表、全国各地浙江商会和市内外杭商代表等700多人参加会议，共商杭州发展大计。会议安排走访、开幕式、颁奖典礼、杭商论坛、杭商圆桌会议、招商考察等6场活动。会议期间，杭州市政府与上海浙江商会、上海复星高科技(集团)有限公司、长江经济联合发展(集团)股份有限公司分别签署战略合作协议，杭州娃哈哈集团有限公司与中非发展基金有限公司、国家开发银行浙江省分行签署战略合作框架协议。市经合办组织19个招商项目签约，总投资184.1亿元，其中市外投资172.29亿元。

【优秀杭商颁奖典礼】 10月22日，世界杭商大会优秀杭商颁奖典礼在杭州洲际酒店举行。省委常委、市委书记龚正为功勋杭商代表宗庆后颁奖；副省长熊建平，市委副书记、市长张鸿铭为杰出杭商颁奖；省政协副主席、省侨联主席吴晶，省工商联主席南存辉，市领导许勤华、翁卫军等分别为青年领军人物和新锐企业、优秀商会颁奖。

杭州市从8月开始组织优秀杭商评选。通过广泛推荐、充分酝酿、市民投票和专家评审，世界杭商大会组委会评选出鲁冠球、宗庆后、冯根生、马云4位功勋杭商，王水福、汪力成、沈国军、沈金荣等12位杰出杭商，方毅、方聪艺、李晓军等10位青年领军人物，杭州瑞德设计股份有限公司、思美传媒股份有限公司、杭州小拇指汽车维修科技股份有限公司等10个新锐企业，欧洲杭州联谊总会、北京杭州企业商会、深圳市杭州商会等6个优秀商会。

【新设立外地驻杭州办事机构156个】 全年新设立浙江赛尔康宁生物科技有限公司驻杭州办事处、北京华铁世纪广告有限公司驻杭州办事处、广州中科检测技术服务有限公司驻杭州办事处等外地驻杭州办事机构156个，撤销同济大学科学技术开发公司驻杭州办事处、金华市进出口公司五矿机械分公司驻杭州办事处、徐州工程机械集团公司驻杭州办事处等外地驻杭州办事机构346个。至年末，外地驻杭州办事机构1994个。新增杭州市上海商会、杭州市莆田商会、杭州市三门商会等外地在杭州商会7个，累计46个，企业会员1万余个。市有关部门为166个到杭州投资企业办理投资入户手续，核准迁入杭州户籍指标255名。市经合办围绕中心工作，按照“抓重点、强合力、搭平台、夯基础”的工作思路，把两个“联合会”（来杭投资企业商会联合会、外地驻杭州机构联合会）建设作为“两外”（外地在杭州商会、外地在杭州办事机构）组织、服务、管理的有效载体，

抓紧抓好各项服务和管理工作的落实，充分发挥"两外"在促进杭州经济发展和合作交流中的重要作用。在世界杭商大会上，杭州市湖北商会、杭州市泉州商会获"优秀商会"称号。

【"两外"党建工作提升】 杭州市"两外"党组织以"争先创优"活动为动力，不断推进组织和作风建设。新成立外地在杭州商会党委1个、党支部5个。至年末，"两外"中建立党的基层组织69个，其中党委4个、党总支4个、党支部61个，党员597名。"七一"前夕，外地在杭州办事机构党委、浙江新世纪经贸专修学院党委、杭州市湖北商会党总支、杭州市温州商会党支部等7个基层党组织被市直机关工委授予"五星党组织"称号。浙江新世纪经贸专修学院党委、杭州市湖北商会党总支被市委组织部和市"两新"工委确定为市级双重管理社会组织党组织。

·支持浙商创业创新·

【全市支持浙商促进发展领导小组会议】 3月13日，杭州市召开支持浙商创业创新促进杭州发展工作领导小组会议，总结2013年度全市支持浙商创业创新工作，研究部署2014年任务。市委常委佟桂莉出席会议并讲话，副市长谢双成主持会议，市领导小组成员单位负责人40余人参加会议。会议讨论通过2013年度杭州市支持浙商创业创新工作考核情况、奖励办法和2014年工作思路及目标任务。会议要求围绕杭州"一基地四中心"的城市定位、"美丽乡村"建设的战略任务和"杭改十条"的明确目标，进一步优化投资环境，加强部门的相互协作，推进浙商创业创新工作上新的台阶。

【杭州市浙商回归工作推进会】 7月17日，杭州市召开浙商回归工作推进会，研究部署全市浙商创业创新工作。市委副书记杨戌标出席会议并讲话，市委常委佟桂莉主持会议，副市长谢双成传达全省浙商创业创新工作推进会精神，市经合办通报上半年全市支持浙商创业创新工作情况，西湖区、临安市、杭州经济技术开发区做交流发言。会议要求各地各部门树立"抓招商就是抓发展、抓招商就是抓服务"的理念，积极探索专业招商与专职招商相结合的路子，大力推动浙商总部回归和资本回归，加强对浙商回归项目的全过程、全方位跟踪服务，确保浙商回归工作取得新的发展。

10月22日，2014年世界杭商大会在杭州洲际酒店开幕，杭州市政府与上海浙江商会、上海复星高科技（集团）有限公司、长江经济联合发展（集团）股份有限公司分别签署战略合作协议 （市经合办 供稿）

【杭州市重点项目推进工作会议】 8月22日，杭州市召开全市支持浙商创业创新和国内招商引资重点项目推进专题工作会议。副市长谢双成出席会议并讲话。市发改委、市建委、市国土资源局等13个市直单位分管领导，下城区、江干区、西湖区等10个区、县（市）经合办和杭州经济技术开发区招商部门分管领导，复星城市蜂巢项目、菜鸟网络科技项目、萧山区瓜沥七彩小镇项目、杭州新天地东方茂项目等13个重点项目单位负责人参加会议。会上，市经合办通报上半年重点项目推进情况，布置下半年推进工作任务。市审管办介绍审批制度改革及项目代办情况。会议强调，抓好浙商创业创新和国内招商引资重点项目推进工作，是经济工作的重中之重，每个层面和责任主体要凝聚力量、齐心协力、做好服务，争取重点项目早落地、早开工、早建成。同时，做好非重点项目的梳理工作，加快招商引资，及早形成一批新的重点项目。

【浙商新春音乐会】 1月13日，市委、市政府举行2014年浙商新春音乐会，900余名在杭州知名浙商，包括省外浙商、异地在杭州浙商、杭州民营企业家、侨商、台商、外商代表，一起欣赏由杭州爱乐乐团精心准备的新春音乐会。音乐会前，市委副书记、代市长张鸿铭代表市委、市政府向浙商致以新春的问候，希望广大浙商一如既往助力杭州发展，积极建言献策，共同谱写"中国梦"的杭州篇章。市委常委、宣传部部长翁卫军出席音乐会。副市长谢双成主持会见活动并在音乐会上致辞。知名浙商代表宗庆后、郭广昌、周成建、胡季强、王建沂、陈乃科、汪力成、章鹏飞等参加会见。

【"浙商之春"走访慰问活动】 2月，按照全省统一部署，杭州市在春节期间开展"浙商之春"走访慰问活动，旨在营造尊商重商、亲商安商、扶商兴商的浓厚氛围，深入推进支持浙商创业创新工作。活动期间，市委、市政府召开新春座谈会，与浙商杭商畅叙友情，共话未来。市政府分管副市长谢双成带队走访慰问到杭州投资的知名浙商代表和家庭。各区、县（市）按照省、市要求，开展形式多样的联谊和座谈。全市向浙商杭商发放慰问信26.1万封，走访浙商杭商代表及家庭1800余户。

【市领导“三重”联系机制建立】 杭州市建立市领导联系“重大浙商项目、重点回归浙商、重要浙江商会”的“三重”联系制度，全年安排市领导联系重点项目11个。市领导按照分工，主动走访各地浙商，率队考察浙商项目，宣传杭州投资环境，协调做好项目对接，帮助解决项目推进中的问题。其中市政协领导开展浙商杭商走亲活动，先后走访北京、上海、天津、重庆等省、市20余个浙江商会和杭州商会，参加专题推介会，听取商会意见，进行项目对接。

【市政协领导走访浙商杭商】 4~8月，市政协主席叶明，副主席张鸿建、何关新、董建平、赵光育、张必来等分别带队，赴北京、上海、天津、重庆、青海、陕西、四川等19个省、市和重点城市，开展浙商杭商走亲活动。叶明先后走访青海、陕西、云南、福建和广州、深圳等地。在广州、深圳，叶明一行分别走访广东省浙江商会、深圳市浙江商会、深圳市杭州商会及华联发展集团有限公司、腾讯控股有限公司、中国宝兔集团有限公司等知名企业，了解企业发展战略和在杭州合作项目。并分别召开座谈会，通报杭州经济社会发展情况，就推进浙商回归工作进行交流，鼓励浙商杭商回归创业创新，共建“美丽杭州”。在云南、福建走访期间，叶明召开浙商杭商专题座谈会4次，走访浙江（杭州）商会5个，考察新螺蛳湾国际商贸城、厦门红星美凯龙广场等浙商企业和浙商项目。为时4个多月的走访活动，市政协领导拜会所在地的浙江商会、杭州商会23个，走访浙商杭商企业30个，召开推介会、座谈会26次，通过各个场合，了解浙商杭商企业生产经营和商会运营发展等情况，介绍杭州投资环境及浙商杭商回归创业创新的政策举措，听取各地浙江商会和浙商杭商有关优化政府服务、加强项目对接等方面的意见建议。

【“天下杭商——跨越新征程”大型采访活动】 10月8日，杭州市启动以宣传杭商创业创新、营造全社会尊重杭商为主旨的“天下杭商——跨越新征程”大型采访活动。此次大型采访活动，由市经合办和《杭州日报》联合主办，重点推出15位市内外及海外的知名杭商，进行面对面的访谈。采访团先后对话杭州娃哈哈集团有限公司董事长宗庆后、杭州万向集团董事局主席鲁冠球、传化集团董事长徐冠巨等杭商的“常青树”和阿里巴巴集团董事局主席马云等引领未来产业的杰出杭商人物，以及康恩贝集团有限公司董事长胡季强、浙江两岸食品连锁有限公司董事长杨进发等外地和海外到杭州扎根发展的新杭商代表。杭商作为浙商的一个重要组成部分和闪光点，其发展备受社会瞩目，采访活动也格外受社会关注。

10月17日，杭州市浙商回归引进项目集中开工暨百草味总部项目开工仪式在大江东产业集聚区举行（市经合办 供稿）

【杭州市浙商回归引进项目集中开工】 10月17日，杭州市在大江东产业集聚区举行杭州市浙商回归引进项目集中开工暨百草味总部项目开工仪式。副市长谢双成出席仪式并宣布项目开工。各区县（市）政府领导、市政府有关部门负责人及集中开工企业代表参加仪式。“浙商回归工程”启动两年多来，杭州市浙商回归引进到位资金超过1000亿元，始终保持全省领先。此次集中开工的重点项目10个，包括浙江容贝电子科技有限公司、杭州海贝服饰有限公司总部，杭州越辉科技有限公司、宝龙城市广场综合体等，项目涉及总部基地、网络科技、商贸休闲、新材料等领域，总投资83亿元。开工仪式后，谢双成一行考察新松南方光电园暨杭州中科新松光电有限公司项目。

【世界杭商论坛】 10月22日，世界杭商论坛在杭州举行。市人大常委会副主任项勤出席论坛，副市长谢双成在论坛上致辞。与会知名专家学者与杭商代表就“杭商内涵、杭商责任、杭商机遇”“智慧城市”“改革与机遇”等话题展开对话交流。国务院参事、国家统计局原总经济师姚景源，独立经济学家、原摩根士丹利公司董事、总经理谢国忠，中非发展基金公司总裁刘浩等围绕改革、宏观经济、对外投资等问题发表演讲。知名财经作家吴晓波主持论坛。此次论坛吸引杭州籍在杭州创业杭商、杭州籍在外地创业杭商、外地籍在杭州创业杭商代表400多人参加，共同为打响杭商品牌，凝聚杭商力量，促进杭州新发展献计献策。

【世界杭商大会获西博会最具创新奖】 为充分发挥杭州会展业助推杭州经济产业发展的作用，鼓励项目转型升级发展，杭州西湖国际博览会（简称西博会）组委会根据第十六届西博会的项目特点，特设产业发展大奖、最具创新奖、最具国际化奖、最具人气奖、最佳品牌奖5个奖项。11月8日，首批20个西博会项目被评为该届西博会优秀项目，其中世界杭商大会获西博会最具创新奖。

【浙商信息库建设】 杭州市深化浙商信息库建设，加强信息源收集和信息管理，进一步健全区（县、市）、乡镇（街道）、行政村（社区）三级信息网络。全年采集在外杭州籍浙商信息1.64万条，其中在外政界、军界和科技、文化、教育、卫生、金融等领域的杭州籍知名人士信息6100多条，超额完成省支持浙商创业创新促进浙江发展工作领导小组下达的确保9000条、力争1.3万条的浙商信息采集任务。

·国内招商引资·

【国内招商引资绩效提高】 2014年，杭州市国内招商引资以提质增效、转型升级为目标，坚持量质并举，绩效不断提高。全年引进内资项目2187个、到位资金1054.07亿元，引进内资项目和到位资金均创历史新高。引进内资新注册项目占累计引进项目总数的75.4%，引进内资新注册项目资金占累计引进项目资金总额的46.7%。引进项目正常运转率54.6%。引进项目中，引进1亿元以上项目153个，到位资金426.72亿元，到位资金比上年增长10.0%，占全市内资到位资金总额的40.5%；引进5亿元以上项目20个，到位资金183.92亿元，到位资金增长34.1%，占全市内资到位资金总额的17.5%；平均单个引进项目到位资金9.2亿元。新引进到位资金三次产业结构比例为0.2∶17.2∶82.6；所有制结构比例为非国有资本79.2%，国有资本20.8%；地域结构比例为省内41.5%、省外58.5%。全市2008年以来引进的国内招商项目在2014年统计年度（指2013年12月至2014年11月，下同）中，实现固定资产投资1396.17亿元，占同期全市固定资产投资总额的28.8%，比上个统计年度提高5.8个百分点；实现税收总额300.11亿元。

【十大产业招商成效明显】 杭州市全年国内招商引进十大产业项目到位资金545.38亿元，比上年增长26.2%，占全市国内招商引资到位资金总额的51.7%，提高1.5个百分点。其中：现代服务产业增长迅速，全市引进现代服务业项目1835个，增长35.4%；到位资金870.62亿元，增长25.8%，占全市引进资金总额的82.6%。现代服务业中，电子商务业、旅游休闲业、金融服务业分别增长4.5倍、107.4%和68.4%。

【国内招商引资成效评估】 11月，市经合办与浙江大学公共政策研究院联合开展"杭州市国内招商引资成效评估及对策研究"的课题研究，结合全国第三次经济普查，对2000年至2013年杭州国内招商引资成效进行综合分析。分析数据显示，13年间，杭州市国内招商引资到位资金数从25.27亿元增加到860.6亿元，年均增长31.2%，远高于杭州市GDP的年均增速。2002年至2013年，杭州6个主城区和杭州经济技术开发区引进国内招商引资企业33525个，存活19866个，存活率59.3%。其中处于正常营业状态的企业16136个，占存活企业总数的82.1%。2013年，6个主城区和杭州经济技术开发区招商引资企业缴纳营业税及附加90.44亿元，引进的固定资产投资占全市固定资产投资总额的23.2%。2013年末，招商引资企业从业人员70.24万人，平均每个企业接纳从业人员43.53人。

【支持浙商创业创新暨投资环境推介会】 3月26～28日，市经合办与杭州市工商联共同组织上城、江干、余

2014年杭州市各区县（市）、开发区国内招商引资情况

表23

单 位	项 目（个）	到位资金（亿元）	目标数（亿元）	完成率（%）	比上年（%）
上城区	68	80.42	79	101.8	1.7
下城区	210	129.57	129	100.4	20.4
江干区	147	124.32	123	101.1	21.0
拱墅区	452	130.45	129	101.1	23.0
西湖区	423	135.76	131	103.6	28.2
高新区（滨江）	62	69.67	69	101.0	1.3
萧山区	157	93.30	90	103.7	39.5
余杭区	121	71.26	69	103.3	39.4
富阳区	87	32.29	32	100.9	24.1
桐庐县	72	35.52	34	104.5	31.3
淳安县	100	33.27	32	104.0	26.3
建德市	109	26.57	26	102.2	2.4
临安市	46	34.13	33	103.4	30.6
杭州经济技术开发区	110	41.47	40	103.7	41.6
钱江新城	3	8.04	8	100.5	27.4
钱江经济开发区	20	8.03	8	100.4	53.0
合 计	2 187	1 054.07	1 032	102.1	22.5

杭3城区赴山东省济南市开展支持浙商创业创新专题活动。26日，召开杭州（济南）支持浙商创业创新暨投资环境推介会。山东省浙江商会、浙商企业代表及山东知名企业代表100多人出席。活动期间，市经合办走访山东省浙江商会、青岛浙江商会，并考察有关企业。上城区、江干区、余杭区经合办分别组织敲门招商活动。

【外国驻华商会浙江行·杭州活动】 4月10日，杭州市借助外国驻华商会到浙江考察的契机，在新侨饭店召开杭州投资环境说明会，深化沟通对接，谋求合作共赢。副市长谢双成会见外国驻华商会一行。中国美国商会、中国欧盟商会、英中贸易协会、中国法国工商会、美国州政府驻华协会、北京浙江企业商会代表和杭州市有关部门及各城区招商部门负责人50余人参加会议。

【上海浙江商会回乡投资代表团到杭州对接】 5月8日，上海市浙江商会会长、上海美特斯邦威服饰股份有限公司董事长周成建率上海市浙江商会回乡投资代表团到杭州对接。市委副书记杨戌标、市委常委佟桂莉会见回乡投资代表团一行。市发改委、市国资委、市经合办、市金融办、钱江经济开发区管委会、杭州大江东产业集聚区管委会、杭州城西科创产业集聚区管委会等有关单位负责人参加会见。会见前，代表团一行实地考察浙商回归项目富阳复地连城国际项目。

【杭州（深圳）科技人才合作暨投资环境推介会】 5月28日，杭州（深圳）科技人才合作暨投资环境推介会在深圳举行。市经合办、市科委、杭州城西科创产业集聚区管委会、杭州高新区（滨江）管委会（政府）、杭州经济技术开发区管委会有关领导和招商部门负责人参加会议。深圳市经信委、科技局，部分在深圳科研院所、高新技术企业、投融资机构，深圳杭州企业协会会员企业负责人150余人应邀参加推介会。

【杭州（北京）经济合作洽谈会】 7月14日，杭州（北京）经济合作洽谈会在北京市亮马河饭店举行，副市长谢双成、杭州大江东产业集聚区管委会主任杨军等出席会议。中国铁建股份有限公司、中国医药集团总公司、中国软件与技术服务股份有限公司、中国航天科技集团有限公司负责人，以及中国电子商务协会、中国工业设计协会、在北京部分中央企业、有关国有企业负责人150余人参加会议。会上，谢双成介绍杭州未来产业的发展方向和重点领域的改革举措。市经合办、大江东产业集聚区管委会、城西科创产业集聚区管委会、杭州高新区（滨江）管委会（政府）、杭州钱江开发区管委会负责人分别介绍杭州投资发展环境和重点招商合作项目。在北京招商期间，谢双成出席北京市杭州企业商会成立4周年大会，并介绍杭州经济社会发展情况；走访北京更香茶叶有限责任公司、金地商置集团有限公司、泰康人寿保险股份有限公司等企业，就意向合作项目进行深入洽谈。

【杭州（南京）经济合作洽谈会】 8月13～15日，2014年杭州（南京）经济合作洽谈会在江苏省南京市举行。市政协副主席张鸿建、赵光育出席会议，市经合办、市经信委、市科委、市金融办、杭州城西科创集聚区管委会等单位有关负责人出席洽谈会，分别介绍招商项目和有关政策。南京市有关部门领导、江苏省浙江商会会长和常务副会长、江苏省知名企业代表、南京市科研院所负责人、南京市高等院校负责人、杭州部分区县（市）经合办负责人140余人出席会议。

【杭州（深圳）招商推介会】 9月6日，杭州市经合办联合深圳市杭州商会组织杭州（深圳）招商推介会。市政协副主席张鸿建出席推介会并讲话。杭州市经合办、富阳市政府分别进行投资环境推介。深圳市杭州商会会长、常务副会长、副会长、商会会员企业代表100余人出席招商活动。会上，杭州市经合办与深圳市杭州商会签署战略合作协议，在深圳市杭州商会挂牌“杭州市支持浙商创业创新服务中心深圳联络处”，积极探索杭州市与各地商会开展紧密型的招商合作。

【长沙·文创产业专题招商活动】 11月26日，市经合办联合拱墅区、萧山区、桐庐县、富阳市赴湖南长沙开展文创产业专题招商活动。湖南省浙江商会会长、副会长和理事单位代表、湖南省知名企业代表近100人出席招商推介活动。

·“长三角”与杭州都市圈合作·

【“长三角”城市高层互访】 11月13日，市委副书记、市长张鸿铭率市政府代表团赴上海交流访问。上海市委副书记、市长杨雄会见张鸿铭一行，两市就加强沪杭合作交流、促进两地共同发展进行深入探讨，达成深化“长三角”地区一体化发展、紧密合作、实现共赢的共识。11月27日，省委常委、市委书记龚正，市委副书记、市长张鸿铭与到访的南京市党政代表团进行座谈，在相互通报各市的经济社会发展情况后，双方表示要进一步加强合作，实现优势互补，共同为长江经济带和“长三角”一体化发展做出应有贡献。

【“长三角”城市经济协调会第十四次市长会议】 3月29～30日，“长三角”城市经济协调会第十四次市长联席会议在江苏省盐城市举行。来自上海、无锡、宁波等30个成员城市市长围绕“新起点、新征程、新机遇——共推‘长三角’城市转型升级”的主题和“长三角”城市合作的重点领域进行交流。杭州市副市长谢双成出席会议，并在市长高峰论坛上做题为“共创区域体制机制新优势、共推区域转型升级新发展”的发言。会议确定由杭州市牵头进行“公共服务均等化：‘长三角’一体化的新跨越——基于人口城镇化路径的选择”的课题研究。年内，杭州完成研究课题。该课题通过“长三角”协调会办公室组织的专家评审，并获“长三角”专（课）题合作三等奖。

【16个沪杭合作项目完成】 杭州市接轨上海、推进杭州都市圈工作加强高层对接，突出部门联动，深化专题合作，在融合互动中进一步形成资源共享、优势互补的发展格

局。全年完成沪杭合作项目16个。杭州从上海引进项目157个，到位资金126.73亿元。其中由上海隧道工程股份有限公司和浙大网新科技股份有限公司组成的联合体中标，以BOT方式建设文一路地下通道，总投资33亿元。此举是杭州市区城市道路建设项目首次引进外来社会资本参与建设。沪杭合作项目中，包括与上海高校联合推进大学生创业教育，举办紧缺人才招聘会；与上海、南京、昆山等“长三角”地区“猎头”（高级人才寻访）服务机构合作，拓宽高端人才寻访途径；联姻上海高等院校和科研单位，进行科技项目攻关等。其中，杭州企业与复旦大学等上海高校新增技术合作项目22个。

【杭州都市圈经济走势持续向好】 杭州都市圈城市围绕“稳增长、调结构”，加快经济转型升级，经济走势持续向好。全年实现地区生产总值18775.75亿元，比上年增长7.9%，增幅高于全省0.3个百分点，呈每季上升态势。都市圈地区生产总值占全省的46.8%，提升0.85个百分点。其中，第一产业、第二产业、第三产业产值分别为734.71亿元、8885.3亿元和9155.74亿元，分别增长1.2%、8.0%和 8.4%。都市圈经济首位度上升至2.16，四城市经济指数提高至0.96。完成固定资产投资10721.51亿元，增长16.0%；实现财政总收入3330.25亿元，增长10.1%；实现社会消费品零售总额7544.09亿元，增长10.7%。

【杭州都市圈转型升级综合改革试点获批复】 3月24日，经国家发改委批复，杭州都市圈成为全国首个以都市圈范围经济转型升级的综合改革试点，标志着杭州都市圈发展正式上升为国家战略。为推进试点工作，浙江省政府成立由常务副省长袁家军牵头的杭州都市圈转型升级综合改革试点工作协调小组，杭州、湖州、嘉兴、绍兴四城市均成立由常务副市长任组长的专项小组。年内，杭州市编制完成《杭州都市圈转型升级综合改革试点三年实施计划（2014~2016年）》。

【杭州都市圈第七次市长会议】 8月8日，杭州都市圈第七次市长联席会议在嘉兴市桐乡举行。会议由嘉兴市政府、杭州都市圈合作发展协调会主办，桐乡市委、桐乡市政府、杭州都市圈合作发展协调会办公室承办。杭州市市长张鸿铭、湖州市市长陈伟俊、嘉兴市市长肖培生、绍兴市市长俞志宏出席会议，分别围绕“全面深化改革、共推转型升级”的主题发表讲话。会议回顾总结杭州都市圈7年来的建设成果，深入探讨下一步建设杭州都市圈的思路和举措，审定批准杭州都市圈2014年度工作思路和工作计划。原则通过《杭州都市圈发展规划中期评估报告》。该评估报告显示，杭州都市圈发展规划中的各项指标进展顺利，重大项目建设取得重大进展。至年末，杭州都市圈形成以《杭州都市圈发展规划》统领综合交通、环境共保、工业发展、金融合作、信息化合作、旅游合作等专项规划的规划体系。会议强调，四城市要以打造都市圈品牌为主线，以推动规划实施为重点，以专业委员会项目合作为抓手，加快节点区、县（市）融合，按照计划认真抓好各项工作落实，积极推进杭州都市圈一体化发展。会上并举行杭州都市圈蓝皮书授书仪式。杭州都市圈蓝皮书《杭州都市圈发展报告——新型城镇化建设（2014）》主要反映杭州都市圈新型城镇化建设发展成就和理论建设成果，于2014年5月由社会科学文献出版社正式出版。

【杭州都市圈大型联合采访活动】 8月4日，由杭州都市圈协调会办公室、杭州都市圈宣传专业委员会主办的“深化改革，转型升级——2014聚焦杭州都市圈大型联合采访”活动在湖州安吉开幕。杭州、湖州、嘉兴、绍兴四城市的党报、晚报（都市报）等地方媒体，新华社、中新社、《解放日报》、《浙江日报》等中央、上海和浙江省级媒体，以及《大公报》《香港商报》等香港媒体参加此次大型联合采访活动，参加采访活动的媒体近50个。采访组陆续走访嘉兴市的海宁、桐乡，杭州市的萧山、余杭，湖州市的安吉、德清，绍兴市的柯桥等节点县（市、区），用笔和镜头解读各地转型升级之路上的实践成果。采访活动至8月8日结束。

【31个杭州都市圈一体化合作项目完成】 2014年，杭州都市圈城市加快推进一体化合作项目落地，年内完成一体化合作项目31个，跨区域合作取得新的进展，都市圈建设实现再次提速。都市圈合作项目涉及交通（公交）、旅游、医疗保障、教育、商贸、文化、金融、人才、科技、会展等领域。其中钱江通道及接线工程、杭长铁路客运专线建成通车，杭黄铁路开工建设；杭州绕城高速公路西复线杭州至绍兴段可

8月8日，杭州都市圈第七次市长联席会议在嘉兴市桐乡举行。杭州市市长张鸿铭（左二）、湖州市市长陈伟俊（右二）、嘉兴市市长肖培生（左一）、绍兴市市长俞志宏（右一）出席会议

（市经合办 供稿）

行性报告经省发改委批复；杭州至海宁城际铁路环评获环境保护部批复，项目前期工作推进顺利。年内，全省交通规划路网中的杭州湾3个通道全部建成，“五线一枢纽”（沪杭线、杭甬线、杭宁线、杭长线、杭黄线、杭州铁路东站枢纽）高速铁路网络初具雏形，杭州都市圈各城市形成半小时交通圈。杭州都市圈与“长三角”地区的南京都市圈、浙东经济区之间基本形成一小时交通圈。

【产业转移合作步伐加快】 杭州市以《杭州都市圈发展规划》为导向，加快产业转移合作步伐，加强都市圈内企业交往，推动总部经济向中心城市、副中心城市集聚。全年杭州市从嘉兴、湖州、绍兴三地引进合作项目172个，到位资金71.23亿元。现代服务业合作不断强化，杭州都市圈四城市举办都市圈杭州产家电精品巡回展、迎新春优质农产品大联展、新春旅游优惠月等23场联合展示展销活动。开展都市圈“智慧旅游”合作，创新杭州都市圈“智慧旅游”信息共享方式和“智慧旅游”信息发布平台。发挥金融创新奖项目的辐射带动效应，推动银行类等金融创新项目在杭湖嘉绍四地的推广和应用。推进杭州都市圈科技政策一体化进程，杭州开展的“无偿资助—政策担保—科技贷款—引导基金—上市培育”的科技金融创新模式得到都市圈各城市认同。

【全方位推进环境共保】 杭州、湖州、嘉兴、绍兴四城市积极推进《杭州都市圈大气污染联防联控工作合作框架协议》和《“长三角”区域联防联治大气条例》的实施。开展饮用水源地风险源大排查和苕溪流域水环境综合整治，完成33个饮用水源环境安全隐患点整改任务和苕溪流域三大行业17个企业整治。召开都市圈“五水共治”座谈会。开展“保护清洁空气”“保护清洁水源”“保护清洁土壤”联合执法行动，对萧山区与绍兴县、余杭区与德清县、杭州经济技术开发区与海宁市等区域交界处联合开展边界交叉执法检查。

【杭州都市圈公共服务一体化】 杭州都市圈大力推进民生共享，不断提升公共服务一体化水平。杭州市有101个医疗机构与省级异地就医结算平台联网对接，全年实时结算参保人员63.08万人次，结算就医费用1.87亿元。优化杭州主城区与节点县、市的公交运输班线班次，杭州主城区及萧山区、余杭区与德清县、安吉县、海宁市等地的公交运输班线增至7条，“杭州通·杭州都市圈德清卡”在德清发行2.7万张并成功升级。开展“猎头”服务和人才测评服务，全年为都市圈内企业成功推荐64个岗位的高级人才。完成人才测评项目83个，测评各类管理人员9586人次。推进都市圈特殊教育发展联盟、都市圈公共图书馆服务联盟和都市圈文创人才联盟建设，促进都市圈抱团发展。推进高等教育资源合作，浙江工业大学德清校区项目签约，浙江大学国际联合学院在海宁开工建设，浙江理工大学与桐乡进行合作办学，浙江科技学院中德工程师学院落户安吉。全年杭州与嘉兴学院、绍兴学院等都市圈内高校开展合作金额2.2亿元。加强与“长三角”和都市圈城市战略科技合作，上海高校与都市圈城市之间实现科技成果转化及科技合作项目136项。举办都市圈公共图书馆巡展、四城市文化“走亲”、都市圈文创青年创意产品SHOW主题活动、都市圈中学生素质拓展、市民体验日、奥林匹克日长跑、都市圈老年桥牌赛和“争做美丽女性、建设美丽家园”主题活动等享有口碑的活动，让四城市市民深切感受都市圈发展带来的生活便利和幸福。

·区域经济合作和外部空间拓展·

【杭州与宣城签署友好合作框架协议】 12月30日，安徽省宣城市党政代表团到杭州考察，两市举行工作交流会并签署友好合作框架协议。省委常委、杭州市委书记龚正，宣城市委书记姚玉舟在签署仪式上讲话。杭州市领导张鸿铭、许勤华、谢双成和宣城市领导王章来、李明、汪谦慎等出席。杭州市常务副市长徐立毅、宣城市市长韩军分别介绍杭州和宣城经济社会发展情况，并代表两市政府签署《杭州市与宣城市友好合作框架协议》。

宣城市地处安徽省东南部、新安江源头，与杭州西部的临安市相邻。根据协议，两市将进一步加强政府间联系交流，加强优势产业、文化旅游业、农业领域、社会事业和民生领域更广泛深入的合作，促进毗邻地区融合发展、共同发展。

【21世纪海上丝绸之路市长（高峰）论坛】 5月16～19日，副市长谢双成参加在福建省福州海峡国际会展中心举行的“21世纪海上丝绸之路市长（高峰）论坛”。该论坛作为第十六届海峡两岸经贸交易会的重要配套活动之一。论坛邀请海上丝绸之路沿线国家、地区和国内有关城市的市长及政府高层、知名专家、经济学家、金融投资机构和商协会代表等广泛参与。论坛以推动融入国家建设21世纪海上丝绸之路重大战略为契机，就产业合作、园区对接、跨境贸易、港口物流等方面的议题进行磋商。谢双成在会上做题为“建设海上丝绸之路 助推一带一路发展”的主题发言。

【国际友城“城市与交通”市长论坛】 10月15～18日，由杭州市政府主办的“2014杭州国际友城‘城市与交通’市长论坛”在杭州举行。来自国内外25个城市和11个国外驻华使领馆的嘉宾参加，国内参加论坛的有哈尔滨、南昌、海口、福州、南宁、昆明、兰州、运城等城市。与会嘉宾围绕“城市与交通”的主题展开交流讨论，就进一步加强友城间在环境保护、交通等城市管理和建设领域的交流与合作达成共识。主办方并组织“友谊林”植树、城市交通体验等活动。会议期间，杭州市与克罗地亚斯普利特市、新西兰皇后镇市、阿根廷卡拉法特市缔结为友好城市，与吴哥窟所在地柬埔寨暹粒海省签署缔结为友好省市关系意向书。市长张鸿铭会见与会嘉宾，和与会城市市长或市长代表签署《城市绿色交通杭州宣言》。副市长项永丹、范辉出席有关活动并讲话。

【国内外市场拓展】 2014年，市经合办会同市经信委、市商务委、市软件行业协会等单位，采取联合参

展、抱团出展等方式，帮助规模企业开拓国内外市场。组织阿里巴巴集团、杭州华三通信技术有限公司、杭州海康威视数字技术股份有限公司、杭州天堂伞业集团有限公司等56个企业赴北京、上海、西安、哈尔滨等地参加第十七届“渝洽会”、第十八届“西洽会”、第二十五届“哈洽会”、第二十届“兰洽会”、第十一届东盟博览会、第十五届西部博览会等重大展会13个，参展面积1500平方米，实现销售额和签订合作意向金额6.5亿元。各区、县（市）经合部门积极引导、组织企业参加各类产品展销活动，鼓励企业开展终端拓展、布点销售、签约代销等，全年杭州企业扩大产品销售额256.58亿元。

【要素保障空间拓展】 杭州市推进粮食产销合作，全年在省外建立紧密稳定型粮食生产基地及其他类型粮食生产基地6.04万公顷；省与省之间建立收购、加工、储存粮食基地3个。市外新增种植养殖基地2.31万公顷，累计24.31万公顷。农业龙头企业累计外建加工企业92个。全年引进煤炭2300万吨、发电量580亿千瓦小时、成品油390万吨、天然气19亿立方米，为全市生产生活提供要素保障。全市与省外达成资源能源合作项目75个，合作金额107.72亿元；建立省外异地产业园区15个，园区面积313.33公顷。

·对口帮扶和山海协作·

【“双对口”帮扶全面推进】 2014年，杭州市全面推进对口帮扶四川省甘孜州、对口支援重庆市涪陵区的“双对口”帮扶工作。副市长谢双成于8月、9月分别率市政府代表团赴重庆市涪陵区和四川省甘孜州考察交流“双对口”帮扶工作，市政府代表团由市经合办、市委组织部、市财政局、市人力社保局等单位有关负责人组成。谢双成在两地分别召开“双对口”帮扶工作座谈会，走访杭州市对口支援的企业娃哈哈涪陵分公司，强调要深化杭州市与甘孜州、涪陵区两地的经济合作与交流，实现合作共赢；不断深化“双对口”帮扶工作内涵，推动“双对口”地区产业发展。组织甘孜州企业参加“杭州都市圈优质农产品迎新春大联展”，为甘孜州企业提供10个免费摊位，来自甘孜州的冬虫夏草、川贝母、雪莲花等药材，以及藏香猪、牦牛肉、青稞酒等高原特色产品受到杭州市民欢迎。开展“知名企业进甘孜”活动，组织西子奥的斯电梯有限公司、浙江英特药业有限责任公司、杭州华东医药集团公司等杭州企业赴甘孜州考察交流。全年杭州市落实对口帮扶四川省甘孜州专项资金2400万元，实施帮扶项目15个，完成全年任务的100%。落实对口支援涪陵区专项资金375万元，实施援助项目7个，完成全年任务的2.1倍。上述专项资金主要用于公益事业、特色产业等项目的扶持和发展。甘孜州康定县发生5.8级地震后，杭州市在第一时间发去慰问信，并向甘孜州捐赠抗震救灾资金100万元。为四川省阿坝州到杭州开展经贸活动提供协助。

10月17日，全国召开社会扶贫工作电视电话会议。会上，市经合办支援合作处、西湖区经合办、杭州娃哈哈集团有限公司被国务院扶贫开发领导小组评为全国社会扶贫（东西部协作）先进集体，市人力社保局培训中心主任楼春晓被评为先进个人。

【对口帮扶黔东南州】 根据省委、省政府对口帮扶贵州省的决策部署，杭州市开展对口帮扶黔东南州工作。4月11日，杭州召开对口帮扶黔东南州工作座谈会，市委副书记、市长张鸿铭会见黔东南州党政代表团。两地签订旅游合作框架协议，双方按照政府推动、市场主导、优势互补、有序推进的原则，开展旅游合作。并在职业教育、干部挂职、园区共建、规划编制等方面合作进行深入交流。同日，黔东南州在杭州举办招商引资推介会，杭州组织30余个合作企业参加。会后组织康恩贝集团有限公司、杭州瑞麒集团有限公司、浙江伟星实业发展股份有限公司等6个企业赴黔东南州考察对接，实地考察炉碧经济开发区、凯里经济开发区等省级开发区。杭州全年安排帮扶黔东南州项目38个，投入援助资金3000万元。

【西部人才培训】 根据《国家发改委办公厅关于印发2014年东部城市对口支持西部地区人才培训计划的通知》要求，市经合办会同市有关部门举办3期以“生态旅游建设与旅游经济发展”“特色农业及农产品加工产业化”“教育师资能力与素质提升”为主题的对口支持西部地区人才培训班，培训西部地区学员150名。参训学员来自四川省甘孜州、重庆市涪陵区、新疆维吾尔自治区阿克苏市等地区，学员对培训表示满意，国家发改委西部开发司为此发来感谢信。

【“山海协作”工程到位资金73.2亿元】 杭州市以产业项目合作为中心，以加强群众增收和新农村建设合作为重点，以社会事业领域项目合作为载体，以深化劳动力培训转移合作和加强开放兴区合作为抓手，扎实推进“山海协作”工作。全年与“山海协作”地区签订产业合作项目162个，到位资金73.2亿元，产业合作到位资金位列全省第一。其中：与衢州市签订合作项目31个，到位资金36.35亿元；与丽水市签订合作项目28个，到位资金7.7亿元；与舟山市签订合作项目53个，到位资金14.65亿元；市本级与淳安县签订合作项目50个，到位资金14.5亿元。全年实施群众增收、社会事业合作等新农村建设项目32个，到位资金225万元。转移劳动力6531人。开放兴区合作实现销售额2.5亿元。

【杭州市政府代表团赴衢州交流工作】 12月30日，副市长谢双成率市政府代表团赴衢州考察交流“山海协作”工作。萧山区、余杭区政府领导和市政府办公厅、市农办、市国土资源局、市财政局、市人力社保局、市经合办负责人和有关乡镇（街道）负责人随团前往，参加“山海协作”工作对接。其间，两市举行“山海协作”工作座谈会暨“山海协作”专项培训资金捐赠仪式。通过组织有关单位的对接交流，进一步推进“山海协作”工程的实施。全年到位资金从上年的25.8亿元增加到36.35亿元，到位资金额在全省居前。

（马洪飞）

对外经贸·口岸

Foreign Trade & Port

·对外贸易·

【对外贸易概况】 2014年，杭州市外贸进出口总额679.98亿美元，比上年（指2013年，下同）增长4.5%，其中出口491.66亿美元，增长9.8%。按不包含省级公司进出口实绩统计，杭州市外贸进出口总额597.76亿美元，增长5.8%，其中出口427.68亿美元，增长11.4%，出口增幅高于全国6.1个百分点、高于全省1.45个百分点。全年组织2104个企业参加境内、境外展会132个，参展企业占杭州市出口企业的1/4。

市商务委对杭州锅炉集团、万事利集团、浙江一达通企业服务有限公司等外贸重点企业和基层单位上门服务，联合国税、海关、检验检疫等部门，针对企业外贸发展遇到的突出问题开展对接，推进杭州市重点外贸企业稳定发展。组织全市“千家外贸企业的政策宣讲及开拓市场培训”，提高企业开拓国际市场的积极性和有效性。

【外贸品牌培育】 6月18日，杭州市组织出口品牌实务培训，宣传品牌境外注册和扶持政策，结合外贸企业不同阶段的创牌需求，整合外贸公共服务平台资源，给予外贸企业品牌建设负责人专业辅导。各区、县（市）商务局外贸科科长和120个外贸企业代表参加培训。

7月3日，杭州市出台《杭州市出口品牌建设三年行动计划（2014~2016年）》，围绕加快形成以技术、品牌、质量、服务为核心的出口竞争新优势总目标，鼓励外贸企业自主创新，加强出口品牌层级化、个性化管理，建立出口品牌梯度分级培育机制，鼓励外贸企业运用资本经营手段进行品牌资产重组和资源整合，嫁接、引进和收购国际品牌，建立出口品牌多元化发展模式。

开展省、市出口名牌企业认定，全年杭州市新增出口名牌企业51个，其中市级出口名牌企业36个、省级出口名牌企业15个。

【出口平台建设】 2014年，杭州市完成国家级、省级出口基地外贸公共服务平台建设工作，完成国家级、省级出口基地外贸公共服务平台申报工作，共申报项目11个。至年末，杭州市有国家级出口基地3个，省级出口基地18个，出口基地培育外贸公共服务平台117个。

【国际花园、户外家具及休闲用品展】 3月27~30日，由市政府、浙江省商务厅、中国轻工工艺品进出口商会共同主办的第七届中国（杭州）国际花园、户外家具及休闲用品展览会在杭州和平国际会展中心举行。展会有参展企业176个、展位608个，共吸引来自美国等35个国家和地区及国内20余个省、市的超过5000个户外休闲产品经销商及专业观众到会参观采购，其中境外采购商550人、国内采购商近1500人、专业观众3000余人。展会现场成交额近3000万美元，比上届增长约7%。

3月27~30日，第七届中国（杭州）国际花园、户外家具及休闲用品展览会在杭州和平国际会展中心举行。图为浙江豪杰金属家具股份有限公司展位

（市商务委 供稿）

【外贸风险防范】 2014年，杭州市联合中国出口信用保险公司浙江分公司营业部举办风险信息发布会。全年多次深入基层提供信用担保业务咨询和风险信息咨询，提升企业防范风险意识和能力。至年末，杭州市参保出口企业1812个，覆盖率22.9%，投保额125.48亿美元，比上年增长12.5%。报损案件512起，增长13.3%，报损额9364万美元，增长10.1%，挽回损失6771.54万美元，其中直接赔付2424万美元。完成2013年度信用担保资助政策兑现工作，全市累计落实各级扶持资金7733.11万元。

【杭州交易团参加春季、秋季广交会】 4月15日至5月5日，第115届中国进出口商品交易会（春季广交会）在广州举行。杭州交易团设展位1553个（其中品牌展位280个），参展企业664个，累计成交额11.24亿美元。主要成交国家和地区为美国、俄罗斯和欧盟、中东等，主要成交商品为五金工具、机械设备、照明灯具、卫浴产品、汽车零配件、家具和家纺产品等。

10月15日至11月4日，第116届中国进出口商品交易会（秋季广交会）在广州举行。杭州交易团有参展企业667个，展位数1572个（其中品牌展位276个），累计成交额8.5亿美元，主要成交国家和地区为美国、俄罗斯、印度等，主要成交商品为电子及家电产品、日用消费品、家居装饰品、礼品和纺织服装类产品。

【中东欧（波兰）中国家居品牌博览会】 5月28~30日，由市政府主办的第三届中东欧（波兰）中国家居品牌博览会在波兰波兹南展览中心举行。副市长谢双成率500余人组成杭州展团参展。展会设家纺、服装、面料、家具、家居装饰、厨房卫浴、家电、灯具8个展区，展览面积1万平方米，展品3000余种，参展企业256个，展位400个。其中杭州参展企业138个，展位230个。

展会吸引来自波兰、乌克兰、捷克、立陶宛、拉脱维亚等周边国家的专业观众近6000人，比上届增长10%。展会现场成交额846万欧元，意向成交额2815万欧元，累计成交额3661万欧元，增长5%。

展会期间，大会组委会拜访中国驻波兰大使馆、波兹南市政府、波兹南国际展览中心、波兰进出口商会、丹麦范岁久基金会、丹麦华人华侨总会、俄罗斯工商总会国际交流部、克罗地亚工商会、捷克国家商会、斯洛文尼亚马里博市政府等机构，举办招商推荐会，并走访杭州在境外的部分企业。

【一达通公司落户杭州】 7月30日，浙江一达通企业服务有限公司落户杭州。该公司是面向中小微企业的大型外贸综合服务平台，通过互联网为中小微外贸企业提供通关、退税、物流、融资等一站式的外贸综合服务，降低中小微外贸企业交易成本，推动外贸转型升级。

·利用外资·

【利用外资概况】 2014年，杭州市新批外商投资企业408个，实际到位外资63.35亿美元，比上年增长20.1%，占浙江省实际到位外资的40.1%，连续8年保持浙江省首位。利用外资总体规模在16个“长三角”重点城市和全国15个副省级城市中均位居前列。

杭州市全年“增资扩股”“以外引外”项目新增总投资30.43亿美元，占杭州市新增外商投资总额的22.7%；新增合同外资17.95亿美元，占杭州市新增合同外资总额的32.5%。全年协调推进“增资扩股”“以外引外”大项目7个，总投资4.29亿美元。其中世界500强企业项目4个，即壳牌（中国）股份有限公司独资设立加油站项目、辉瑞制药有限公司与浙江海正药业股份有限公司二次合作项目、美国思科系统公司中国总部拟设立投资性公司项目、西子奥的斯电梯有限公司第三工厂项目。

【招商引资体制机制完善】 4月10日，市委、市政府出台《关于进一步完善招商引资体制机制的实施意见》，通过统一招商政策、整合招商平台、统筹招商力量、优化招商环境，推动招商引资工作朝着优化结构、拓展深度、提高效益的目标转变，在提质的基础上实现新一轮量的扩张，为杭州创新驱动转型发展提供动力。主要目标为建立杭州市内外资统一的招商体制和部门协同机制，以及杭州市统筹流转的重大项目招引推进协调机制，形成“亩产效益”导向的招商选资绩效评价体系，完善市域内企业迁移的财政利益分配机制，深化“以企引企”“以民引外”为主体的招大引强机制，加快引进优质内外资项目及海外先进技术、管理经验、高层次人才，提升招商引资对杭州经济转型升级和创新驱动发展的贡献力。

【重大项目首报制度和统筹流转制度建立】 2014年，杭州市完善重大项目三级协调机制，加大“五个一批”项目跟踪推进协调力度，全年累计推出重点招商项目46个。重点跟踪推进在谈项目96个，合计总投资90亿美元，合同外资54亿美元。至年末，审批总投资3000万美元以上项目108个，合计总投资109.39亿美元，占杭州市总投资额的82.3%。合同外资49.04亿美元。审批需加快开工建设、投产经营项目54个，审批二次招商重点项目6个。

【外资企业联合申报制实施】 2014年是杭州市外资企业联合年检制改为联合申报制的第一年，杭州市全年完成填报企业3903个，参报率97.3%。采用开通各部门专线咨询服务电话、配备外经贸QQ服务平台咨询专员、做好联合年报微博等多种形式为企业做好咨询服务工作。6月19日，商务部外资司及浙江省商务厅在杭州市召开外资企业联合年报工作座谈会，对杭州联合年报工作予以充分肯定。

【外资企业服务月】 8月15日至9月15日，市商务委集中开展“四个一批”（促进一批在谈项目、审批设立一批优质项目、推进一批已批项目落地开工、争取一批在杭州重点外资企业“增资扩股”或“以外引外”）推进工作。其间，追踪跟进开工建设项目54个。其中：开工项目40个，完成投资14亿美元；二次招商项目6个。

9月3~5日，杭州市依托外经贸QQ服务平台，举办5场网上专题政策咨询活动，参与企业2000余个，接受咨询200余人次，解答问题300余个。

9月23日，杭州市举办专题培训班，分别组织杭州市外资审批人员及外资企业相关业务负责人参加，20余个外资企业服务部门和300余个企业参训，参训人员400余人次。

10月13日，杭州市开展“世界500强企业在杭州”宣传活动，在《杭州日报》开辟专栏，对美国思科系统公司、摩根士丹利（中国）股权投资管理有限公司、赛诺菲（杭州）制药有限公司、通用电气公司、宝爱捷（中国）汽车投资公司在杭州发展情况进行连续报道。

【3个开发区参加浙江省第2轮深化整合提升工作】 2014年，杭州余杭经济技术开发区（国家级开发区）、富阳经济技术开发区（国家级开发区）、建德经济开发区（省级开发区）参加浙江省第2轮开发区深化整合提升工作，方案获浙江省政府批复同意。至年末，杭州市累计有11个开发区参加浙江省开发区深化整合提升工作，各开发区调整管理体制、优化区域调整，发挥辐射、带动和示范作用。

【“外资招引百日攻坚”活动】 9月22日，杭州市招商引资项目推进领导小组在全市范围内启动“外资招引百日攻坚”活动。活动期间，全市组织及参加各类外资招商活动177场次，编制《“海风计划”招商手册》《跨境电子商务招商手册》，开展66场小型招商活动，结识重点客商945人，新增储备项目98个，推进在谈项目169个，实现外商直接投资20亿美元。

【澳大利亚、新西兰系列招商活动】 4月21～28日，市委常委佟桂莉率杭州市外经贸代表团赴澳大利亚、新西兰开展系列招商活动。招商活动注重杭州城市营销，加强全面经贸合作，突出金融产业招商，引进国际学校和医院。其间，举办“洞见中国未来：金融服务产业”经贸推广，与澳大利亚柯大瑞证券公司、澳大利亚基隆文法学校、澳大利亚浩德诊所进行洽谈，推进与新西兰皇后镇经贸合作关系等5场活动，共吸引67名基金（投资）公司高层管理人员参加活动。招商活动结束后，43%的企业表示有到杭州投资意向，有26%的企业表示拟到杭州投资或开展其他商业活动。

【杭州代表团参加“两会两展”】 6月8～11日，第十六届浙江投资贸易洽谈会、第三届中国海洋经济投资洽谈会、2014年中东欧国家特色产品展和第十三届中国国际日用消费品博览会（简称“两会两展”）在宁波举行。杭州代表团350余人参加活动，实现外商投资签约项目11个，总投资14.84亿美元，合同外资7.39亿美元。其间，设立大会唯一的城市形象展示馆推介杭州。杭州代表团与波兰等7个中东欧国家经贸部门和商会、协会负责人开展深入交流。“两会两展”期间，市外经贸局获取“中韩国际健康服务”项目信息，并于6月10日在杭州举办中韩健康服务业高峰论坛暨中韩健康管理平台（韩诺健康）项目启动仪式。

【杭州代表团参加投资贸易洽谈会】 9月8～11日，杭州市招商人员100余人参加第十八届中国国际投资贸易洽谈会。杭州代表团与相关投资商洽谈投资意向，招商人员参与多个对接会和研讨会，内容涉及金融、新能源、商业地产、高新技术类等行业，形成对接项目20个，其中意向项目4个，分别为杭州市山南国际创意产业园、金融集聚区项目、江东新能源产业项目、新加坡杭州科技园，投资额总计8.8亿美元。

【市政府代表团参加中美商贸联委会会议】 12月16～18日，第二十五届

2014 年杭州市出口额前 25 位企业情况

表 24

排序	名　称	出口额（万美元）	比上年（%）
1	东芝信息机器（杭州）有限公司	114 946	8.9
2	中策橡胶集团有限公司	102 553	5.0
3	杭州华三通信技术有限公司	88 761	27.0
4	杭州海康威视数字技术股份有限公司	62 298	2 033.4
5	杭州巨星科技股份有限公司	45 335	10.3
6	杭州意年进出口有限公司	41 197	—
7	浙江物产国际贸易有限公司	39 700	188.0
8	杭州库豆进出口有限公司	38 775	—
9	浙江正泰太阳能科技有限公司	35 651	25.6
10	杭州市轻工工艺纺织品进出口有限公司	34 179	11.5
11	浙江大华科技有限公司	29 716	1 440.2
12	杭州鼎胜进出口有限公司	26 064	25.3
13	博世电动工具（中国）有限公司	25 427	–2.1
14	杭州矢崎配件有限公司	24 479	–3.4
15	西子奥的斯电梯有限公司	23 377	12.7
16	浙江恒逸石化有限公司	23 335	9.1
17	汇孚集团有限公司	22 600	9.0
18	杭州礼贤进出口贸易有限公司	19 733	—
19	杭州松下家用电器有限公司	19 536	–4.8
20	杭州热联国贸股份有限公司	19 486	—
21	杭州杭丝时装进出口有限公司	18 830	15.3
22	杭州中艺实业有限公司	18 716	20.0
23	浙江柳桥实业有限公司	18 385	–4.1
24	中亚（浙江）商务有限公司	18 236	—
25	杭州美巢进出口有限公司	18 166	—
	合　计	929 481	19.0

中美商贸联委会会议在美国芝加哥举行，国务院副总理汪洋和美国商务部长普利茨克分别率团参加。该会议始于1983年，是中美最早建立的高级别经贸磋商机制之一。杭州作为“中国市与美国芝加哥市贸易投资联合工作组”中国8个成员城市（北京、上海、天津、青岛、沈阳、杭州、武汉、成都）之一，由副市长谢双成率杭州市政府代表团参加中美商贸联委会会议、中国市与美国芝加哥市贸易投资相关活动和国际资本与杭州市创新型企业对接活动。其间，代表团拜访美国思科系统公司总部，并考察在美国投资的杭州企业。

【全球投资峰会】 10月16～17日，由浙江省政府与欧洲货币集团共同主办，杭州市政府和浙江省商务厅承办的“中国全球投资峰会：杭州”在杭州举行。峰会就中国经济最新发展、中国市场热点和产业投资机会等问题进行研讨交流。650名来自全球的商业领袖、著名经济学家、海外投资者及浙江省优秀民营企业代表、各地市及开发区代表、招商人员参加会议。峰会现场，还设立投资对接洽谈专场，组织企业“一对一”对接洽谈，21个有国际合作意向的杭州企业就具体项目与47个境外企业进行现场洽谈。组委会组织有意向的客商赴杭州经济技术开发区、杭州国家高新技术产业开发区、杭州城西科创产业集聚区等单位实地考察。峰会期间，杭州市组织重大外商投资签约项目19个，主要集中在大数据、物联网、云计算、“智慧经济”等重点发展产业，总投资17.36亿美元，合同外资10.45亿美元。

【西博会经贸科技合作大会】 10月17～19日，第十六届中国杭州西湖博览会经贸科技合作大会在杭州举行。其间，形成重大外商投资签约项目19个，总投资17.36亿美元，合同外资10.45亿美元。其中大会签约项目9个，总投资10.2亿美元，合同外资6.25亿美元。项目主要包括旅游休闲、先进装备制造、生物医药、电子商务、物联网、养老服务、金融服务等杭州重点发展产业。

2014 年杭州市进口额前 25 位企业情况

表 25

排序	名　称	进口额（万美元）	比上年（%）
1	浙江物产国际贸易有限公司	89 496	–28.6
2	赛诺菲（杭州）制药有限公司	57 480	82.6
3	杭州杭钢对外经济贸易有限公司	53 192	–36.1
4	中策橡胶集团有限公司	51 052	–21.9
5	杭州娃哈哈保健食品有限公司	43 549	–2.2
6	浙江和鼎铜业有限公司	42 803	16.7
7	杭州默沙东制药有限公司	36 292	3 610.9
8	杭州热联集团股份有限公司	33 910	–24.2
9	杭州海康威视科技有限公司	32 721	297.8
10	中航国际矿产资源有限公司	28 832	51.3
11	浙江庞鑫电力能源有限公司	20 936	178.7
12	浙江省冶金物资有限公司	19 026	91.1
13	浙江省轻纺供销有限公司	18 888	–8.3
14	浙江大华科技有限公司	18 336	1 178.7
15	浙江富丽达股份有限公司	18 096	15.1
16	乐金电子（杭州）有限公司	17 766	–1.7
17	杭州翔盛进出口有限公司	16 743	–35.5
18	杭州福斯特光伏材料股份有限公司	16 556	41 8
19	浙江双兔新材料有限公司	15 305	64.6
20	浙江恒逸高新材料有限公司	15 058	–31.4
21	浙江宝盈物资集团股份有限公司	14 957	5.9
22	杭州翔盛纺织有限公司	13 701	–31.4
23	东风裕隆汽车有限公司	13 091	–12.3
24	浙江物产森华集团有限公司	12 946	–8.9
25	荣盛石化股份有限公司	12 617	96.0
	合　计	713 349	–4.3

·对外经济合作·

【对外经济合作概况】 2014年，杭州市新批对外投资项目128个，总投资11.67亿美元，其中中方投资10.86亿美元。非贸易型项目59个，总投资6.39亿美元，其中中方投资5.64亿美元。境外投资分布在31个国家和地区，投资行业涉及农业开发、影视制作、生物医药、环保技术、酒店经营、旅游服务等领域。对外经济合作营业额10.4亿美元（包含浙江省商务厅划转的原16个浙江省属企业营业数据），对外经济合作总额超过16亿美元，首次居浙江省地级市第1位。

【对外经济合作重点项目推进】 2014年，恒逸石化股份有限公司文莱石油化工项目签约仪式举行，该项目24亿美元基础设施建设订单落户杭州企业；浙大网新科技股份有限公司老挝教育援助项目全年实现营业额1.5亿美元；杭州之江市政建设有限公司尼日利亚机场建设项目顺利推进；万向集团在美国并购A123电池系统公司及菲斯克电动汽车项目有序展开，市商务委就先进制造业返程投资事宜提出对策和建议。

【达迈控股公司投资恒逸石化公司文莱石油化工项目】 2月25日，文莱国有公司达迈控股有限公司（简称达迈控股公司）与恒逸石化股份有限公司（简称恒逸石化公司）在杭州签署合资协议，参股恒逸石化公司文莱石油化工项目，恒逸石化公司全资子公司——香港天逸国际控股有限公司拥有70%股权，达迈控股公司拥有30%股权。该项目以原油、凝析油为原料，预计年产对二甲苯

150万吨、苯50万吨、化工轻油120万吨、汽柴煤油300万吨。

·服务外包·

【服务外包概况】 2014年，杭州市承接服务外包合同签约额84.83亿美元，服务外包合同执行额56.75亿美元。其中，离岸服务外包合同签约额53.57亿美元，离岸服务外包合同执行额41亿美元，执行额比上年增长15%。至年末，进入商务部服务外包业务管理系统备案企业1231个，服务外包企业从业人员30.79万人。杭州市全年服务外包培训总计开班381期，培训人员1.7万人次。杭州市服务贸易进出口总额135.47亿美元，占浙江省服务贸易总额的35.6%，其中出口85.16亿美元、进口50.31亿美元。全年承接“一带一路”（丝绸之路经济带和21世纪海上丝绸之路）沿线国家和地区服务外包合同执行额7.49亿美元，增长18.4%，高于杭州市离岸服务外包整体增长率3.4个百分点。

2014年，杭州市服务外包产业中，通信服务、物联网研发和金融外包发展迅速。全年通信服务和物联网研发服务外包合同执行额14.14亿美元，占杭州市离岸服务外包总执行额的35%；金融服务外包离岸执行额2亿美元，占杭州市离岸服务外包总执行额的5%。

【美国、日本、欧盟为外包业务主市场】 2014年，杭州市全年承接美国、日本和欧盟离岸服务外包执行额分别为13.8亿美元、5.93亿美元和5.18亿美元，合计24.91亿美元，占杭州市离岸服务外包执行总额的60.8%，是杭州市承接离岸服务外包主要市场。

【龙头企业产业集聚作用突出】 2014年，杭州市离岸服务外包合同执行额在1000万美元以上的企业离岸执行额累计34.31亿美元，占杭州市离岸执行总额的83.7%，比上年增长17.7%。其中，离岸执行额在1亿美元以上的企业4个、在5000万美元~1亿美元的企业8个。

【信息技术占外包主导地位】 2014年，杭州市承接离岸信息技术外包（ITO）、知识流程外包（KPO）和业务流程外包（BPO）合同执行额分别为26.35亿美元、13.89亿美元和0.76亿美元，分别占杭州市离岸合同执行总额的64.3%、33.9%和1.9%。信息技术外包主要业务为软件研发外包和信息系统运营维护外包。

【大学生软件服务外包大赛】 8月5~8日，第二届中国大学生软件服务外包大赛在杭州师范大学举行。大赛于3月正式启动，国内33个地区、179所院校报名参赛。经初评、公示、复评等环节，96所高校的111件作品入围决赛。杭州师范大学“‘停易找’停车管理系统”和“Personal University手机校园系统”、西安电子科技大学“安卓WiFi安全助手”等10件作品获一等奖，西安电子科技大学、大连民族学院获优秀组织奖。

9月25~26日，第六届中国国际服务外包交易博览会在杭州举行。图为全球服务外包行业论坛现场 （市商务委 供稿）

【中国国际服务外包交易博览会】 9月25~26日，由商务部、教育部、科技部、工业和信息化部和浙江省政府共同主办，中国国际投资促进会、杭州市政府和浙江省商务厅联合承办的第六届中国国际服务外包交易博览会在杭州举行。博览会以“数字时代：市场无边界、服务无极限”为主题，开设技术融合与创新、制造业服务化、金融服务、跨境电商、人才培养以及移动新媒体6场专题研讨会，并举办以医疗服务和医药研发为主题的首届智慧健康城市大会。800余人参会，其中，境外分析师和买家共109人（境外66人、国内43人），服务供应商150个、224人（跨国供应商13人、国内供应商211人），行业专家70人，地方政府和园区61个、130人。国际嘉宾分别来自印度、新加坡、澳大利亚和欧洲、北美等14个国家和地区。大会设立23个分会场，由国内外资深分析师和业内专家开展论坛对话、专题研讨和分析师讲座。

【杭州国际金融外包峰会】 11月3~4日，由市政府主办，市外经贸局、美国杜克大学离岸研究网络（ORN）承办的杭州国际金融外包峰会暨对日外包论坛在杭州召开。峰会以推进杭州市区域性金融服务中心为目标，与美国杜克大学离岸研究网络合作搭建金融外包招引平台，按照“金融外包”“对日外包”“生物医药”3个主题行业及市场，分别组织3场圆桌会议和2场参观活动，为中外企业提供专业讨论和“一对一”洽谈平台，参会人员超过120人。 （冯蔷颖）

·国际贸易促进·

【国际贸易促进概况】 2014年，中国国际贸易促进委员会杭州市分会（简称市贸促会）围绕推进城市国

际化战略和开放型经济发展目标，开展全方位、多形式的经贸促进和民间交往活动，为企业开拓国际市场和提升国际竞争力，促进杭州市外向型经济发展。

市贸促会全年拜访各国驻华使领馆和各国、各地区驻华商务机构29个次，邀请接待37个国家和地区的来访团组31批次、367人次。与阿根廷商会亚太分会、厄瓜多尔中国商会、缅甸工商联合总会、曼德勒工商会、泰国总商会等9个国际机构签订合作备忘录。组织外展项目58个，展位数665个，服务参展企业510个次。其中10个展位以上成规模展会项目15个，包括法兰克福家纺展、美国西部安防展、慕尼黑太阳能展等。

2014年，市贸促会签发一般原产地证明书6.62万份，签发电子原产地证明书2.48万份，办理单据认证1104份，签发优惠产地证896份，出具商事证明书3.99万份，代办使馆认证3605份，签发ATA单证册47份。

全年承办和参与第九届中国国际休闲产业博览会、第十届中国国际妇幼婴童产业博览会、第十一届杭州国际珠宝首饰展览会和第十五届中国（杭州）国际纺织面料、辅料博览会等6个展览项目，总展出面积7.46万平方米，展位数2307个，参观人数22.2万人次，其中专业观众5.2万人次。

【“贸促课堂”培训活动】 2014年，市贸促会围绕企业需求和关注热点，与国内外专业机构合作，举办“临安照明企业开拓国际新兴市场推介会”“自贸区与TPP：中国出口贸易新棋局培训”“外贸风险防范暨知识产权培训会”“走进东盟推介会”“欧洲跨境电商市场之德国和法国的电商契机研讨会”“纺织面辅料质量管理”“西班牙投资说明会”等培训活动13场。1498个企业、2229人次参加培训。

【杭州企业参加“牵手东盟互利共赢”系列活动】 8月20～29日，市贸促会组织杭州市8个优秀企业赴缅甸、泰国、印度尼西亚开展经贸考察与交流活动。考察期间，市贸促会与缅甸工商联合总会、缅甸曼德勒地区工商会、泰国商会（泰国贸易委员会）、印尼工商会馆中国委员会等签订友好合作备忘录，并合作举办投资缅甸暨中国—缅甸企业家对洽会、中国（杭州）—缅甸（曼德勒）企业家对洽会、投资泰国暨中国—泰国企业家对洽会、泰国华商企业和中国（杭州）企业对洽会、投资印尼暨中国—印尼企业家对洽会等5场经贸对洽活动，当地工业园区发展商、相关行业160余个企业参会。其间，市贸促会拜访泰国江浙沪商会、泰国福建商会设立杭州市贸促会（杭州市国际商会）驻泰国联络办公室。

【杭州代表团参加夏季达沃斯论坛】 9月10～12日，市贸促会组织杭州汽轮动力集团、浙江省物产集团等6个企业组成杭州代表团，参加在天津举办的第八届夏季达沃斯论坛。论坛期间，市贸促会联合“新浪财经”网站和“正和岛”网络社交平台举办“新浪财经·正和岛夜话——杭州之夜”投资环境推介活动，该活动是夏季达沃斯论坛举办以来，首次除东道主城市外举办的以城市命名的经贸推介活动。其间，市长张鸿铭做“智慧经济：创新时代杭州转型发展的战略选择”主题演讲。杭州所设城市展台被评为第八届夏季达沃斯论坛“四强”城市展台。

【中国国际妇幼婴童产业博览会】 5月30日至6月1日，由市贸促会、市婴童行业协会共同举办的第十届中国国际妇幼婴童产业博览会在杭州和平国际会展中心举行。展出面积3万平方米，设标准展位527个，展出展品有婴童服饰、养护用品、寝居用品、出行用品、童车、玩具、益智产品、食品保健品，以及孕妇服饰、卫生用品、孕期及产后营养食品等。展会以“嘉年华”形式，集品牌展示、亲子互动、产品销售于一体，接待观众5万人次，现场成交额1000余万元，成交主要产品为优质奶粉和辅食等。

【中国国际休闲产业博览会】 10月10～13日，由市政府主办、市贸促会等部门承办的第九届中国国际休闲产业博览会在杭州和平国际会展中心举行。该博览会以“魅力休闲”为主题，分国家地区馆、运动健康区、旅游商品区、文化品鉴区、农村休闲业态展示区、房车旅游等区块，总展览面积近1万平方米，展位数400余个，其中国际展位120个。接待观众5万人次。展会集中展示国内外休闲产业发展的热点、亮点内容，邀请来自美国、德国、巴西、阿根廷等20个国家和地区的50个机构到杭州参展。

【国际经贸活动】 9月12～13日，市贸促会组织杭州安琪儿置业股份有限公司、浙江国友通讯设备有限公司等16个企业赴长沙参加第八届中

9月10日，市长张鸿铭（前右）在天津参加第八届夏季达沃斯论坛期间参观杭州城市展台（市贸促会 供稿）

10月22日，市贸促会邀请来自俄罗斯、南非、爱沙尼亚、捷克等7个国家的驻上海领事馆外交官参加“杭州国际日”活动　（市贸促会 供稿）

国—拉美企业家高峰会。市贸促会参加中国—拉美贸促机构和商协会圆桌会议，并分别与厄瓜多尔—中国商会、阿根廷亚太商会签订友好合作协议。

11月8～10日，市贸促会组织西子联合控股有限公司、杭州纺织机械有限公司、杭州世导科技有限公司参加在北京举行的亚太经合组织（APEC）工商领导人峰会。该峰会邀请APEC各经济体领导人、亚太地区工商界领袖和知名学者约1500人参会，就“推动区域经济一体化”“促进经济创新发展、改革与增长”“加强全方位基础设施与互联互通建设”等议题分享看法、提出建议。

9月9～12日，市贸促会组织35个企业、68名参展人员参加在日本大阪举行的2014年浙江出口商品（大阪）交易会，设展位62个。展品主要涉及服装、家纺、箱包、户外用品等，共接待买家1316人次，实际成交额470万美元。

【涉外经贸交流】 3月20日，市贸促会联合泰国开泰银行在杭州举办“携手投资泰国共享东盟财富”泰国投资推介会。泰国开泰银行副总裁出席活动。杭州26个企业参加活动。

4月17日，市贸促会联合新加坡中华总商会上海办事处在杭州举办“中国企业走出去—由新加坡通往第三方市场”研讨会。新加坡中华总商会上海办事处主任出席活动。杭州40余个企业参加活动。

5月6日，市贸促会联合瑞士驻中国大使馆在杭州举办“瑞士—开拓欧洲业务的平台投资推介会”。瑞士驻华大使馆公使出席活动。杭州20余个企业参加活动。

5月12日，市贸促会联合波兰驻沪总领馆商务处在杭州举办“2014波兰食品对洽会”。波兰驻上海总领馆商务处一等参赞出席活动。杭州60余个企业参加活动。

8月20日，市贸促会联合泰国驻厦门总领馆在杭州举办“中泰企业贸易洽谈对接会”。泰国驻厦门总领馆商务领事出席活动。杭州50余个企业参加活动。

9月24日，市贸促会联合西班牙驻沪总领馆在杭州举办“西班牙投资说明会”。西班牙驻上海总领馆副领事出席活动。杭州70余个企业参加活动。

9月24日，市贸促会联合西班牙驻上海总领馆在杭州举办“西班牙食品对洽会”。西班牙驻上海总领馆领事出席活动。杭州200余个企业参加活动。　（傅备琦）

·杭州海关·

【杭州海关概况】 2014年，杭州海关受理报关单100.57万份，比上年增长7.2%；监管进出口货物1.36亿吨，增长3.2%；监管集装箱200.78万标箱，增长4.2%；监管进出境旅客345.57万人次，增长14.2%；监管邮递物品3272.94万件、快件1450.6万件，分别增长143.8%、32.8%。全年审批减免税证明5462份、货值17.65亿美元，减免税收15.69亿元。

杭州海关坚持以服务“大平台、大产业、大项目、大企业”为重点，主动做好浙江一达通企业服务有限公司、美国思科系统公司等项目引进的海关服务，帮助杭州诺基亚研发中心解决通关难题。做好杭州地区海关特殊监管区域整合升格的业务指导，推动加工贸易转型升级，鼓励高新技术企业开展货物深加工结转业务，延伸产业链。参与“浙江省海关特殊监管区域合理布局”课题研究，复制推广“保税展示交易”“境内外维修”“简化统一进出境备案清单”等7项上海自贸区监管创新制度。至年末，杭州地区海关特殊监管区域实际进出口额39.93亿美元，增长21.7%。

针对转型升级过程中企业“减负增效”需求，取消“报关员资格核准”“进境货物直接退运核准”“加工贸易备案（变更）”等19项行政审批程序，下放“减免税审批”等19项审批权限，简化“暂时进出境货物核准审批”等14项内部作业流程。取消进口付汇单、出口报关单退税联打印费等7项收费项目，全年为企业减免费用2500万元。提高集装箱机检比重，全年进出口货物机检率22%，降低查验成本1800万元。

推动杭州空港（杭州萧山国际机场）发展，全年支持杭州至俄罗斯莫斯科、法国巴黎、泰国清迈、韩国襄阳、泰国甲米、日本冲绳、韩国务安、日本静冈8条国际客运航线开通。全力推进每周“5进5出”（5个航班进港5个航班出港）凌晨快件包机业务，支持杭州72小时过境免签政策实施，新设“鲜活产品绿色通道”，推行免税店“购物暂存”业务，新增“我为旅客多守30分钟”服务举措。全年监管进出境人员332.24万人次，增长16%，列全国空港口岸第4位；监管进出口货物11.1万吨，增长33.7%，列全国空港口岸第8位；监管进出口快件327.89万件，列全国空港口岸第6位。参与诚信体系建设，加强海关高资信企业培育，关区内有高资信认证企业7271个，其中通过中美海关联合认证企业26个、中韩海关联合认证企业152个。加大知识产权保护力度，全年查扣涉嫌侵权货物4373批次、1527.63万

件，货值2920.97万元。

▶▶资料：深加工结转

加工贸易货物深加工结转是指来料加工、进料加工经营企业将保税进口料件加工的产品不直接出口，在境内结转给另一个加工贸易企业再加工后复出口的经营活动。

【跨境电子商务服务】 11月30日，杭州海关制订实施《杭州跨境电子商务海关监管操作规程》，开通"上海—杭州邮件快速进出口通道"，开展邮政"E邮宝"跨境出口试点。支持下城区跨境电子商务产业园发展一般进口业务，依托杭州经济技术开发区海关特殊监管区域开展"保税进、行邮出"进口业务。全年监管进口邮包112.51万个、货值2.34亿元，出口邮包396.91万个、货值2.1亿元。其中，"双十一"期间检验放行进口商品41.85万件、出口商品42.96万件，总货值近7038万元。全年接待来自上海、广东、江苏、山东、重庆、陕西等省、市的调研组到杭州学习跨境电子商务海关监管服务创新做法500余批次。

【《关于支持浙江省外贸稳定增长的具体措施》出台】 7月14日，经海关总署批准，杭州海关出台《关于支持浙江省外贸稳定增长的具体措施》。该措施落实海关总署决策部署，围绕浙江外贸形势，提出提高贸易便利化水平、改进海关服务、优化保税监管、完善外贸环境、密切区域海关合作、强化决策服务6个方面共26项具体举措，以激发市场主体的活力和竞争力，提振市场信心，支持浙江省外贸稳定增长。其中，在"提高贸易便利化水平"方面，全年通关作业无纸化率达报关单总量80%以上，减少企业通关时间；在"改进海关服务、完善外贸环境"方面，杭州海关大力支持跨境贸易电子商务，在下城区、杭州出口加工区和金华金义都市新区3个产业园试点经验的基础上，形成可复制、可推广的运行模式，支持舟山、义乌等地区开展试点工作。

【关检合作"三个一"改革】 8月27日，杭州海关与浙江检验检疫局共同签署《关于进一步推进工作合作的备忘录》，并通过《全面推进关检合作"三个一"改革方案》，联合开展"一次申报、一次查验、一次放行"（简称"三个一"）改革。海关和检验检疫部门通过完善联网数据核查和信息反馈机制、建立信息化平台，实现进出口企业一个平台一点接入、一次性递交相关单证电子数据，海关和检验检疫部门通过单一平台将信息反馈给申报企业，并支持浙江省内企业自主选择报关、报检地。至年末，"三个一"改革推广至43个通关现场，平均每票货物节省物流时间0.5天以上。

【长江经济带海关通关区域一体化改革】 9月9日，海关总署发布《关于开展长江经济带海关区域通关一体化改革的公告》，公告指出9月22日起首先在上海、南京、杭州、宁波、合肥海关启用区域通关一体化方式。"长江经济带海关区域通关一体化"改革措施包含上海、南京、杭州、宁波、合肥、南昌、武汉、长沙、重庆、成都、贵阳、昆明等九省二市12个海关。9月22日，杭州海关与上海、南京、宁波、合肥4个海关实现区域通关一体化，在商品归类结果互认、查验结果互认、诚信企业贸易便利化通关措施互享、侵犯知识案件处罚标准方面达成统一。12月1日，杭州海关与长江经济带11个海关实现区域通关一体化。该模式实施后，长江经济带的12个海关统一执法规范、作业流程、参数设置和验放标准，并建立区域通关中心，构建统一的申报平台、风险防控平台、专业审单平台和现场接单平台，形成覆盖长江经济带海关通关全流程的一体化管理机制和运行模式，实现长江经济带通关作业一体化，长江经济带的企业享受一体化通关待遇。

【杭州海关与浙江海事局签署合作备忘录】 10月29日，杭州海关、宁波海关与浙江海事局在杭州签署《杭州海关宁波海关浙江海事局合作备忘录》。该备忘录指出，杭州海关、宁波海关和浙江海事局将合力推进大通关建设，加强开放管理协作，推进口岸配套监管设施建设，不断提高整体效能，提高口岸通关效率；进一步加强在船舶管理、水上执法和危险货物安全监管等方面的合作，开展执法联动，建立水上突发事件应急处置机制，保障辖区监管到位；进一步加强船舶、货物等信息的交换、共享，实现优势互补；建立合作协调机制和保密机制，加强在文化建设、队伍建设等方面的交流合作。海事、海关部门进一步加强信息共享、联责联动，全面提升口岸管理水平，共同推动新形势下海事行政执法和海关监管工作的科学发展。

【进出口秩序规范】 2014年，杭州海关坚持重点打击和全面遏制相

11月21日，杭州海关人员在保税仓库内盘点跨境电子商务备货库存商品（章 勇 摄）

结合，依靠地方各级政府和社会力量，开展重点领域专项打击和联合治理，严厉打击涉毒、涉枪、涉爆等违法犯罪行为，进一步规范进出口秩序。全年立案武器弹药走私犯罪案件8起，缴获枪支38支、铅弹8308发；立案毒品走私犯罪案件5起，缴获各类毒品52.12千克。

【“绿风”专项行动】 1~12月，按照海关总署的统一部署，杭州海关开展打击农产品走私的“绿风”专项行动。该行动打击的走私重点商品包括：大米、小麦、玉米、花生、芝麻、大豆、淀粉等谷物粮食，食糖、棉花、食用油、饲料以及相关农副产品，冻牛肉、鸡肉及其副产品等肉类产品。打击的重点走私渠道包括：海上、陆路边境非设关地偷运走私农产品活动；边民互市贸易渠道以伪报贸易性质方式实施的走私农产品活动；一般贸易渠道以伪瞒报方式实施的走私农产品活动；加工贸易渠道以伪报贸易性质、倒卖等方式实施的走私农产品活动。至年末，杭州海关立案侦办农产品走私犯罪案件35起，案值13.29亿元。

【汽车零配件公共保税仓库启用】 6月16日，杭州首家汽车零配件公用型保税仓库——东风裕隆汽车有限公司（简称东风裕隆公司）公用型保税仓库经杭州海关验收合格挂牌运营。该保税仓库位于萧山临江高新技术产业园区，仓储面积近1万平方米，主要为东风裕隆公司整车装配生产线和其他汽车零部件企业提供进口汽车零配件保税仓储服务。企业进口的汽车零部件进入保税仓库后，可通过税款缓交政策节省资金占用，有效缩减生产成本，可更加灵活自主地规避国际原材料采购风险、产品出口的价格风险和汇率风险，降低物流风险，确保生产进度。杭州海关在确保有效监管的前提下，进一步加快单证审批时效，提高保税货物通关效率，发挥保税仓库功能。

7月25日，在杭州海关工作人员监管下，6辆集装箱卡车驶入萧山临江高新技术产业园区内的东风裕隆公司保税仓库，标志着该保税仓库正式启用。首票入库的货物包括自动变速箱、自动变速箱控制单元、变速箱料架等汽车零部件，总货值近900万元，主要用于东风裕隆公司整车装配生产。东风裕隆公司缓交进口税款200万元。

【“杭州海关12360热线”微信公众号上线】 12月24日，“杭州海关12360热线”微信公众号正式上线运行，用户在微信页面点击“自助查询—邮件状态查询”按钮，输入“邮件号”，就能查询寄往浙江省内的跨境邮包的通关状态。该微信平台设“海关信息”“自助查询”“业务知识”3类41项自助式交互查询功能，其中“自助查询”包括海关贸易统计数据、邮包状态、通关参数和企业信息等查询功能。 （周敏伟）

6月7日，杭州海关人员在杭州萧山国际机场查获涉嫌走私出口的文物

（梁 丹 摄）

·杭州出口加工区·

【杭州出口加工区概况】 2014年，浙江杭州出口加工区（简称出口加工区）以跨境贸易电子商务试点为平台，以转型申报综合保税区为契机，“转理念、优服务、推改革、促升级”，助力出口加工区内实体企业转型升级，全面推进“智慧加工区”建设发展。全年实现工业总产值117.85亿元，其中工业产值在前5位的企业是东芝信息机器（杭州）有限公司、杭州矢崎配件有限公司、杭州松下家用电器有限公司、希赛瓶盖系统有限公司和中日龙电器制品（杭州）有限公司。出口加工区内企业主要产业类型为电子类、汽车配件类、轻工类和体育用品类。税收总额6.42亿元，其中工商税收2亿元、海关代征税4.42亿元。工业增加值12.1亿元。进出口总额21.7亿美元，其中出口17.52亿美元，出口主要产品为笔记本电脑、汽车连接线和仪表配件、小家电、数码照相机配件等。固定资产投资66万元。出口加工区内企业通过优化生产工艺、提高自动化程度等技改投入，经营绩效平稳，盈利企业14个，占出口加工区内工业企业的70%。

2014年，出口加工区通过优化模式、便捷操作、提高效率等措施，以推行保税物流可持续发展为目标，助推仓储物流分拨配送业务，优化保税物流业务结构。跨境电子商务（进口）试点业务带动保税物流业务发展，全年保税物流业务货值3.77亿美元，其中，“即进即出”（加工贸易深加工结转）业务1.67亿美元，仓储企业物流配送业务1.37亿美元，生产企业物流配送业务0.36亿美元，跨境电子商务业务0.37亿美元。

【杭州出口加工区申报综合保税区】 2014年，出口加工区综合管理局结合杭州经济技术开发区产业发展及综合保税区产业功能定位需求，在总面积不变的前提下，杭州经济技术开发区同时申请对出口加工区一期围网内外空地进行置换，开创“一区两片”管理模式。其中，南片

区块（加工区围网内）用地面积1.41平方千米、北片区块（围网外置换土地）用地面积0.6平方千米，两区块合计面积2.01平方千米，相距5.5千米。

3月5日，海关总署加工贸易及保税监管司副司长李志辉一行到杭州经济技术开发区，就出口加工区升级综合保税区申报事宜进行考察，并召开汇报会。年末，出口加工区升级为综合保税区获海关总署、住房城乡建设部、国土资源部审批同意，尚需获财政部、商务部等其他7个部委审批。

【跨境贸易电子商务试点落户出口加工区】 1月28日，市委常委佟桂莉一行走访调研杭州出口加工区，并召开专题会议，听取开发区跨境贸易电子商务服务试点工作汇报，研究杭州跨境贸易电子商务服务试点工作。会上，市委、市政府和杭州海关正式确定杭州出口加工区为杭州跨境贸易电子商务进口业务试点的唯一实施单位。出口加工区综合管理局按时完成跨境贸易电子商务试点运行的各种软件、硬件设施安装，按程序进行招标、订货、安装、验收等工作，确保“先行先试”。协调海关、商检、电子口岸共同解决监管问题，完善各项管理制度，创建“提前申报备案、入区集中检疫、出区分批核销、质量追溯模式”监管办法，实行“负面清单”管理操作模式。针对直邮进口业务，采用启运申报、入区比对、快速核放等方式，简化通关流程。

5月7日，杭州跨境贸易电子商务进口业务产业园在出口加工区正式开园。首票跨境贸易电子商务“保税进口”货物——一批从澳大利亚进口的婴儿奶粉在杭州经济技术开发区海关的监管下通关，标志杭州跨境贸易电子商务进口业务全面启动。至年末，跨境贸易电子商务进口业务交易102.7万单、交易额2.21亿元。其中：网购保税交易95.6万单、交易额2.08亿元；海外直邮交易7.12万单、交易额1300万元。“双十一”期间，交易订单50万单，单日峰值超过10万单，成交商品主要为母婴用品、保健品、化妆品等。

【分布式光伏项目获批】 2月13日，杭州市出台《关于加快分布式光伏发电应用促进产业健康发展的实施意见》，计划在工业园区、公共建筑、新农村示范区等大力推广分布式光伏发电应用，进一步加大获得光伏发电项目企业的补贴力度。4月6日，出口加工区内企业天裕光能科技（杭州）有限公司向市政府申请在杭州经济技术开发区内筹建一个5兆瓦的分布式光伏项目。该项目于8月4日获杭州经济技术开发区经济发展局批准，主要包括杭州天裕光能科技有限公司、杭州松下住宅电器设备有限公司、杭州锦锋实业有限公司、杭州杭联热电有限公司4个企业的分布式光伏发电项目，并于12月15日并网验收。分布式光伏发电具有低碳环保，节能美观等优势，项目启动后，平均每天发电量2万千瓦小时。

天裕光能科技（杭州）有限公司成立于2008年，是从事非硅及微硅薄膜太阳能电池研发、生产和销售的高新技术新能源企业，完成国家发改委的金太阳项目和住房城乡建设部的光电建筑一体化项目，并参与杭州经济技术开发区多项屋顶光伏项目建设，2014年年产值1.5亿元。

【实务操作培训会】 7月18日，出口加工区综合管理局组织召开2014年杭州出口加工区实务操作培训会。加工区内工业企业、仓储物流企业、报关行等单位的60余人参加培训。会议邀请海关、出入境检验检疫、环保部门代表分别就新海关辅助管理系统切换事项、14条政策新规、货物查验要求、报检要求和新环保条例的解读等方面做培训和宣讲，并与参会人员讨论和交流具体实务操作过程中遇到的问题，分享操作经验。（王　洁）

2014年浙江杭州出口加工区主要经济指标完成情况

表26

指标名称	计量单位	2014年	比上年（%）
招商引资			
外资项目批准数	个	2	—
外资项目投资总额	万美元	558	—
合同利用外资	万美元	558	—
工业经济			
工业总产值	万元	1 178 518	-5.4
工业产品销售额	万元	1 178 430	-5.5
工业企业利润总额	万元	30 312	-24.7
税收总额	万元	64 150	-26.0
进口值	万美元	41 786	3.8
出口值	万美元	175 256	5.1
物流仓储业			
物流仓储营业收入	万元	13 234	27.3
物流仓储税收收入	万元	401	9.9
基本建设			
固定资产投资	万元	66	-99.7
厂房建设面积	平方米	15 000	—
厂房竣工面积	平方米	1 178 518	7 756.8

·出入境检验检疫·

【出入境检验检疫概况】 2014年，杭州出入境检验检疫局（简称杭州检验检疫局）围绕“抓质量、保安全、促发展、强质检”方针，适应新常态，面对新业态，积极应对法检目录调整，检验检疫出入境货物7.83万批次，货值33.16亿美元，分别比上年下降57.1%和56.3%。全年检出不合格货物1093批次，货值7523.83万美元，抽检不合格率分别为20.3%和12.5%。其中：出境检验检疫不合格58批次、货值184.87万美元，抽检不合格率分别为2.7%和1.4%；入境检验检疫不合格1035批次、货值7338.95万美元，抽检不合格率分别为31.9%和15.6%。全年签发各类货物检验检疫证书3443份，下降69.8%；签发各类检验检疫证单6.4万份，下降64.6%。签发原产地证书18.7万份，涉及金额86.99亿美元，分别增长3.9%和12.2%。全年截获植物疫情163批次，其中首次截获咖啡果小蠹检疫性有害生物1种、3批次。

杭州检验检疫局落实浙江出入境检验检疫局进一步下放部分行政许可权限工作，采用“一站式”方式，集中做好新承担的23项行政许可项事项办理工作。结合实际修订许可工作管理办法，完善内部工作流程。编写《动植检行政许可类工作指南》和18项办事指南，落实动植物检疫行政许可“五个一”（一份办事指南、一张内部工作责任流程卡、一份申请表、一张许可信息动态管理表、一套政策依据）规范化建设。探索竹木草生产企业备案的试点改革，进一步简化、优化许可项目的实施。

2014年，杭州检验检疫局对30起境外通报实施追溯调查，加大通报退运和产地证调查力度。全年完成出口退运调查242起、产地证实地调查112次，通过调查发现违规企业43个次，立案处罚3起。严厉打击食品违法行为，有效应对“3·15”曝光的台湾劣质油事件和杭州广琪贸易有限公司食品事件。加大食品风险整治力度，开展进口食品仓库“拉网式”检查以及原料来源和检测标准认定工作。全年集中监督销毁不合格进口食品28批次，货值19.13万美元，其中被国家质检总局采用并发布警示通报2批次。

强化进口地铁、特种设备、医疗器械、汽车等涉及公共安全商品的后续监管工作，探索建立进口机电产品异常情况企业主动报告制度。加大进口消费品、大宗资源类商品质量安全监管力度，全年促成浙江检验检疫局发布警示通报7次，国家质检总局发布公告1次。

2014年，杭州检验检疫局开展伪造变造证书查处、化妆品标签整治、产地证调查、有机产品认证等专项行动11次，配合地方政府部门开展“绿风”行动、“绿篱”行动、“绿剑”行动等5次。全年出动执法人员156人次，立案处罚12起，涉案金额97万元。

【跨境电子商务监管】 2014年，杭州检验检疫局服务中国（杭州）跨境电子商务综合试验区建设，建立《跨境贸易电子商务零售出口检验检疫监管工作有关意见（试行）》、出境电商交易商品“负面清单”制度和《跨境电子商务快件转关监管备忘录》组成的出境监管体系，以及《入境电子商务检验检疫监管工作办法》《跨境电子商务零售出口检验检疫内部流程规范》《入境电子商务企业和产品备案管理工作规范》《入境电子商务产品质量安全风险监控工作规范》两个层级4个规范构成的入境监管体系。实施“事前监管、分出集报”管理举措，在进口奶粉、化妆品、保健品等敏感商品方面，试行“事前备案风险评估、事中快速查验放行、事后风险监控”模式。研发杭州跨境贸易电子商务通关服务信息化平台，为新的监管模式提供基础配套设施和技术支撑。探索建立进口电子商务产品质量风险监测机制的检验检疫监管制度。杭州检验检疫局获批成立跨境电商管理部门——电子商务监管处，并向中国（杭州）跨境贸易电子商务产业园和杭州下沙电子商务园派驻专职人员。12月15日，成立杭州检验检疫局跨境电子商务领导小组和4个专项工作组。“进出口商品质量安全风险国家监测中心浙江出入境检验检疫局分中心”于12月15日获国家质检总局批复。杭州检验检疫局全年监管放行跨境贸易出口邮包29.8万个、货值560万美元，进口邮包150.41万个、货值2.37亿元。

【检验监管方式创新】 2014年，杭州检验检疫局与上海出入境检验检疫局开展交流调研，加强“长三角”口岸内地业务合作，推动杭州检验检疫局与上海出入境检验检疫局“一体化”试点，实现从上海口岸进口服装、废纸、原木板材等5类商品，涵盖辖区32个企业的转检业务。并与上海就通关业务交流、通关应急联合处置、跨境贸易电子商务、技术性贸易措施研究、内陆口岸建设等事项开展合作。

3月，杭州检验检疫局依托杭州跨境贸易电子商务通关服务信息化平台，通过市政府统一安排、海关和检验检疫人员现场入驻并共享X光机流水线的方法，在出口加工区和下城区中国（杭州）跨境贸易电子商务产业园实现“三个一”（一次申报、一次查验、一次放行）通关模式。11月11日，首次在非跨境电子商务产业园区实施上海转关至杭州海关驻富阳办事处货物“三个一”通关模式。

11月24日，杭州检验检疫局与市质监局重新签署合作备忘录，通过产品质量联合检查、联合执法等10个方面的合作机制，明确合作方向、工作重点及内容。

【技术性贸易措施研究】 2014年，杭州检验检疫局报送技术性贸易措施信息7405条，被录用信息1448条，连续3年居浙江检验检疫系统第1位。报送“对欧盟标准EN1494：2000+A12008的关注”（特别贸易关注）被技术性贸易壁垒（TBT）委员会例会采纳。承担“跨太平洋战略经济伙伴关系协定（TPP）呈现的技术性贸易措施发展动态和趋势研究”“检验监管区建立技术性贸易措施预警示范点研究和实践”课题研究。编印《千斤顶主要出口市场技术性贸易措施指南》。

【《紧急出口装置欧美技术法规和标准的研究》通过鉴定】 5月9日，杭州检验检疫局承担的浙江省科技厅科研项目《紧急出口装置技术法规和标准的研究及我国国家标准的制定》通过成果鉴定。紧急出口装置（Exit Device）是安装在建筑物内公共场所出口门内侧的紧急逃生装置，危急情况发生时，场所内人员只需轻触该装置触发面，即可开启锁具打开出口门。

【《生丝疵点条干电子检测试验方法》发布】 5月10日，国际标准化组织（ISO）正式发布由杭州检验检疫局主导参与的国际标准ISO 15625：2014《生丝疵点条干电子检测试验方法》。该标准是中国主导制定的第1个丝绸国际标准，也是ISO丝绸领域第1个国际标准。标准规定采用电容、光电、多锭的生丝电子检测设备对表征生丝质检的疵点和条干不匀检测的试验方法，

并规定试验检测原理、测试仪器、疵点分类与计算、试验条件和参数设置、试验程序等通用要求和特殊要求。

【进出境宠物检疫医院定点合作管理】 10月24日，杭州检验检疫局出台《进出境宠物检疫医院定点合作管理工作规范》，是浙江检验检疫系统首次建立宠物医院定点合作化机制。试行检验检疫部门和企业职责细化分离机制改革，规范鲜活植物、水生小动物、大中型入境动植物的隔离检疫工作，构建新型生物安全防控体系。深化检疫处理标准化建设，初步形成《检疫处理规范化工作手册》构架。

【质量安全示范区建设】 7月22日，杭州检验检疫局牵头，促成浙江检验检疫科学技术研究院与桐庐县出口针织产品质量安全示范区签订合作备忘录。

8月21日，由浙江检验检疫局4名专家组成的考核验收组对桐庐县出口针织产品质量安全示范区创建工作进行考核验收。考核验收组通过听取汇报、审查资料、现场检查相结合的方式，按照《浙江检验检疫局出口工业产品质量安全示范区现场考核方案》要求，对桐庐县创建省级出口针织产品质量安全示范区过程中有关目标任务规划、工作开展情况、质量安全成效、组织保障体系等工作落实情况进行考核、评分、验收。专家组认为，桐庐出口针织产品质量安全示范区创建工作指导思想正确、措施得力、特色鲜明、成效显著，各项工作达到现场考核要求，同意通过省级出口针织产品质量安全示范区考核。

11月4～7日，建德市出口低压电器质量安全示范区和临安出口电光源质量安全示范区分别通过国家级示范区的考核验收。出口电光源质量安全技术促进委员会落户临安出口电光源质量安全示范区，该委员会是全国首批5个国家级质量安全委员会之一。

11月20日，国家质检总局发布公告，继续认定桐庐县蜂产品质量安全示范区和余杭出口茶叶质量安全示范区为国家级质量安全示范区。

【儿童产品综合力测试仪获国家专利授权】 1月8日，杭州检验检疫局研发的“儿童产品综合力测试仪”获国家实用新型专利。该测试仪采用拉力、压力、扭力一体化全自动测试方法，测试数据全分析，设备精确、便捷、普适性能强，能确保测试结果的准确性和测试过程的科学性。

【丝检中心成为全国纺织品标准化技术委员会成员】 4月18日，第二届全国纺织品标准化技术委员会羊绒制品分技术委员会成立大会在内蒙古鄂尔多斯举行。杭州检验检疫局丝检中心受邀参会并成为该技术委员会委员，任期5年，这是丝检中心在成为全国丝绸标准化技术委员会成员之后，再次成为国家行业标准化技术委员会委员。

【中国—瑞士自贸区原产地证书签发】 7月1日，《中国—瑞士自由贸易协定》正式施行，杭州检验检疫局签发首份“中国—瑞士自由贸易协定原产地证明书”，浙江惠元对外贸易有限公司为杭州地区首家享受瑞士关税优惠的受益企业。凭“中国—瑞士自由贸易协定原产地证明书”，该公司出口至瑞士的首批2352件、货值2.96万美元的男士防寒背心享受瑞士进口“零关税”待遇，减免进口关税889.05美元。

《中国—瑞士自由贸易协定》是中国与欧洲大陆国家签署的第1个一揽子自贸协定。根据协定，瑞士对中国99.99%的出口产品实施关税减免政策，包括所有工业品和部分农产品。至年末，杭州检验检疫局签发“中国—瑞士自由贸易协定原产地证明书”1791份、货值总计3685万美元。

【截获咖啡果小蠹检疫性有害生物】 7月9日，杭州检验检疫局开发区办事处在对一批重量19.2吨、货值7.5万美元，原产地为巴西的咖啡豆实施检验检疫时，发现咖啡豆有类似咖啡果小蠹的危害症状，检验检疫人员抽取可疑样品送浙江检验检疫科学技术研究院鉴定，经鉴定确认样品中携带咖啡果小蠹，是浙江检验检疫系统首次在进口货物中截获该类外来有害生物，也是杭州地区2014年截获的第1批检疫性有害生物。杭州检验检疫局开发区办事处按规定对该批货物实施熏蒸处理，防止有害生物传入。

【丝检中心通过能力验证提供者监督评审】 9月4～5日，中国实验室国家认可委员会评审专家组对杭州检验检疫局丝检中心进行为期1.5天的定期监督评审。评审组专家依据

“双十一”购物节期间，杭州检验检疫局加强跨境电子商务现场监管。图为工作人员对购物节跨境电子商务商品进行检查　（杭州检验检疫局 供稿）

11月26日，浙江省首次引进1100头美国原种猪抵达杭州萧山国际机场
（杭州检验检疫局 供稿）

《能力验证提供者认可准则》和丝检中心质量管理体系文件，采取面谈、倾听、观察、记录等方法对丝检中心实验室进行随机抽查，对丝检中心作为能力验证提供者（PTP）的管理要求和技术要求进行确认。经评审，专家组对丝检中心能力验证工作表示满意，对丝检中心PTP管理体系运行给予充分肯定。

能力验证提供者是指利用实验室比对来判定实验室能力的组织实施机构，利用实验室间比对来判定实验室和检查机构能力的活动，全国仅有30个机构通过中国合格评定国家认可委员会能力验证提供者的认可。丝检中心于2005年4月通过中国实验室国家认可委员会的初评，是全国第6个获得能力验证提供者资质的单位，也是中国合格评定国家认可委员会认可的全国唯一纺织原料类能力验证提供者。

【外贸企业网上专题政策咨询会】 9月3日，杭州检验检疫局联合市外经贸局举办外贸企业网上专题政策咨询会。通过“外经贸企业QQ服务平台”与外贸企业进行面对面咨询和交流，解读检验检疫最新政策，解答有关出口报检、进口食品检验、原产地证、出口食品企业备案等方面的问题，参与企业1000余个，现场解答企业各类提问50余个。

【出口加工区实施通关单无纸化】 9月23日，杭州出口加工区法定检验检疫进出口货物正式实施通关单无纸化，区内企业凭检验检疫部门发送的通关单电子数据，即可在海关办理进出口通关手续，整个流程实现电子化。除应急等特殊情况外，检验检疫部门不再签发纸质通关单，海关不再收取纸质通关单。通关单无纸化是检验检疫部门和海关共同推出的一项通关便利化措施。实施通关单无纸化简化企业申报手续，降低企业费用，提高通关效率。

【富春江罐头食品公司通过美国官方检查】 5月23日，富春江罐头食品有限公司通过美国食品药品监督局（FDA）官方检查，是杭州地区通过FDA官方检查的首家低酸罐头食品生产出口企业。该公司创建于1982年，位于富阳市，是一个集生产加工、经销批发为一体的有限责任公司，主营产品有果蔬类罐头、软包装食品、保鲜食品等，年出口罐头食品1500余吨，其中出口美国市场的产品占出口总量的20%左右。

【美国种猪隔离检疫项目通过验收】 8月31日，浙江沃德威先种猪有限公司（简称沃德威先公司）进境种猪隔离检疫场在杭州检验检疫局跟踪和指导下，分别通过浙江检验检疫局和国家质检总局验收，获准隔离进境种猪。该种猪隔离场位于桐庐县，总投资1.1亿元，占地面积2.13万平方米，采用自动化技术，最大养殖规模1.5万头。

11月26日，沃德威先公司从美国一次性引进美系大白、长白、杜洛克、汉普夏4个品种，共1100头原种猪。其中母猪1000头、公猪100头。种猪抵达杭州萧山国际机场后，被转运到桐庐进境种猪隔离检疫场。杭州检验检疫局派出8名检疫人员，落实24小时驻守猪场工作制度，现场指导企业做好消毒、免疫等工作。

【杭州野生动物世界引进境外动物】 9月9日，在杭州检验检疫局工作人员的监管下，一对来自南美洲圭亚那的大食蚁兽从上海浦东国际机场被转运到富阳杭州野生动物世界。这是浙江省首次进口大食蚁兽。根据输入活动物的有关检验检疫要求，杭州检验检疫工作人员在30天的检疫隔离期间对大食蚁兽进行临床观察和定期回访，确保大食蚁兽健康安全。

10月17日，一对从新加坡空运来的马来貘在杭州检验检疫局工作人员的全程监管下，从上海浦东国际机场入境后被转运到富阳杭州野生动物世界，这是华东地区首次引进马来貘这种珍稀动物。马来貘是马来西亚的国宝，属濒危野生动物。因耳朵像马、后腿像犀牛、身躯像猪、鼻子似象，又被称为“另类四不像”。这对马来貘名叫“普特拉”和“因达吃”（音译名），在马来语中是“太子”和“美丽”的意思，每只体重约400千克，性情温顺。根据输入活动物的有关检验检疫要求，杭州检验检疫局工作人员在30天的隔离期内定期对马来貘进行临床观察，确保在隔离检疫期间马来貘的健康安全。（姚玉平 杨 军）

国家级开发区

National Development Zones

·杭州经济技术开发区·

【杭州经济技术开发区概况】 2014年，杭州经济技术开发区（简称杭州开发区）深入推进"三大战略""四大工程"，创新能力不断增强，产业发展水平提升，平台建设步伐加快，发展环境全面优化，自身建设持续加强，经济社会各项事业平稳健康发展。

全年开发区实现生产总值524.9亿元，比上年（指2013年，下同）增长8%；规模以上工业增加值增长9.3%，增幅提高2个百分点；战略性新兴产业增加值增长11.7%，增幅提高2.3个百分点；新产品产值增长26.8%，增幅居杭州市第1位；规模以上企业利润增长12.7%，高于全市平均增幅2.3个百分点，高新技术产业利润增长28%，高于全市平均增幅14.5个百分点，产业发展整体效益持续提升。

杭州开发区着力推进"东部人才港"和"东部科技港"建设，提升区域创新能力，增添经济发展内生动力。平台建设加快推进，坚持政府投资和社会投入相结合，加大平台建设力度，新开工创新平台22.5万平方米，续建33.2万平方米，各类创新平台引进科技型企业166个，新增市级以上科技企业孵化器3个，其中中国计量学院大学科技园被认定为国家级科技企业孵化器。优化完善创新发展政策体系，设立创业引导基金和贷款风险池基金，强化对科技型企业金融支持。中国科学院理化技术研究所杭州分所、浙江工业大学协同创新中心等项目建设取得实质性进展。新增市级以上高新技术企业49个，其中国家高新技术企业18个。新增市级以上研发（技术）中心28个，引进和培育高层次人才205人，其中国家"千人计划"、省"千人计划"等领军型人才21人。发挥企业创新主体作用，持续加大扶持力度，支持企业不断增强创新能力、提升创新效益，全年实现高新技术产业产值621.5亿元。高新技术产业利润增长28%，高于杭州市平均增幅14.5个百分点。

围绕产业高端化、集聚化发展，杭州开发区优化产业结构，提高质量效益，提升产业发展水平。完善鼓励产业发展政策体系，深入实施大企业"572"培育计划，产值5亿元以上企业的总产值占开发区总产值的80%，其中19个企业实现2位数以上增长。助推优质企业上市融资，至年末，2个企业成功上市，2个企业挂牌"新三板"，41个科技企业挂牌浙江省股权交易中心。推进跨境电子商务试点工作，杭州开发区成为全国首个实现"网购保税"与"直邮进口"业务全覆盖的试点园区，园区集聚参与跨境贸易业务的企业200余个，订单总量超过100万单，交易额2亿元以上，在业务覆盖、企业集聚、交易规模等方面均位居全国试点城市前列。注重"招大引强""招新引优"，全年实际到位外资8.1亿美元，实际到位内资54.2亿元，浙商回归到位资金32.1亿元。完成东部湾总部基地、东部高新产业园、现代物流专业市场集聚区3个园区控制性详细规划调整，一批重点项目顺利推进。

推进生态建设、完善公共配套、强化民生保障，区域发展环境持续改善。杭州开发区把"五水共治""三改一拆"作为"美丽东部湾"建设的重中之重，以"治污水、排涝水、抓节水"为重点，全年完成截污纳管改造230处，实施河道清淤12千米、生态修复4千米，整治高能耗工业企业12个；坚持改拆结合、拆后利用，拆除违法建筑34.8万平方米，改造城中村68万平方米、旧厂区12.7万平方米，完成3个社区回迁安置。杭州开发区入选第一批国家低碳园区试点单位，并成功创建国家生态工业示范园区。地铁1号线延伸段工程进展顺利，沿江大道桥梁工程主体完工，20条开发区内道路建成通车，547个公共停车泊位竣工，优化5条地铁公交接驳线路，行政服务中心、公共资源交易中心新平台正式运行，宝龙城市广场、和达城等164万平方米的商业平台建成投用。深入实施"教育强基""医卫利民""文化惠民"等十大民生工程，东方医院二期主体完工，5所学校建成投用，残疾人服务中心开工建设。全年完成民生类投入27.5亿元，占财政总支出的36.2%。

杭州开发区深化"法治下沙"建设，扎实推进依法治区，强化依法行政、严格执法，维护公平正义，保障群众合法权益。加强群众性精神文明建设，弘扬社会主义核心价值观，开展"最美下沙人"评选、道德文明讲堂、文明单位创建等活动。

【高新技术企业集聚】 2014年，杭州开发区培育国家高新技术企业15个、引进国家高新技术企业3个，累

5月7日，杭州跨境贸易电子商务产业园下沙园区开园 （杭州开发区 供稿）

计拥有国家高新技术企业106个，其中国家重点支持高新技术产业化骨干企业（国家"火炬计划"高新企业）12个。全年培育市级高新技术企业30个，引进市级高新技术企业1个，累计拥有市级高新技术企业356个。新增市级以上研发机构25个，累计181个，开发区企业研发机构设置率33.6%。

【杭州跨境贸易电子商务产业园下沙园区开园】 1月28日，市委、市政府和杭州海关正式确定，杭州开发区内杭州出口加工区为杭州市跨境贸易电子商务进口业务试点唯一实施单位。

5月7日，杭州跨境贸易电子商务进口业务在杭州开发区内的杭州出口加工区启动，首批货品在杭州开发区海关、杭州出入境检验检疫局开发区办事处的监管下完成通关，标志杭州跨境贸易电子商务产业园下沙园区正式开园。"天猫国际""苏宁易购"等电子商务平台、"考拉网（网易）""银泰网"等垂直电子商务平台以及菜鸟网络科技有限公司、中国邮政速递物流等22个项目签约入驻。市委常委佟桂莉、副市长谢双成等出席开园仪式。

杭州跨境贸易电子商务产业园下沙园区一期2.1万平方米核心建筑启用，功能包括监管场地、现场办公、场站作业、保税仓储、服务配套等，配备查验流水线等高标准监管查验设施。9月25日，园区启动"直邮进口"模式，成为全国唯一跨境进口模式全覆盖区域。10月31日，下沙园区首单跨境"O2O"业务运作。11月11日，跨境电子商务"双十一"活动期间，园区实现商品备案数1635个，产品种类200个，服务海外电子商务企业117个，完成保税进口业务订单37.08万单，交易额7157万元。至年末，园区进口业务交易总量102.72万单，实现交易额2.21亿元。其中：网购保税进口86万单，交易额1.82亿元；直邮进口8万单，交易额0.13亿元。

▶▶资料：O2O

O2O是Online To Offline（在线到离线或线上到线下）的缩写，指将线下的商务机会与互联网结合，让互联网成为线下交易的前台。

【杭州开发区入选第一批国家低碳工业园区试点】 5月29日，工业和信息化部、国家发改委公布国家低碳工业园区名单，杭州开发区被列入第一批55个国家低碳工业园区试点之一。杭州开发区实施"创新驱动、集聚领先、产城融合"战略，在践行生态文明建设和低碳产业发展上敢于创新，先行先试，以发展低碳经济为主线，有效提高能源资源利用效率，推进技术创新、技术改造，实施重大工程和重点项目建设。至年末，杭州开发区在加大主导产业建设的基础上，通过加大投资改造力度，初步构建电子通信、汽车及零部件、食品饮料等低碳经济产业链。通过示范推广，培育清洁生产（绿色）企业200余个，培养史陶比尔（杭州）精密机械电子有限公司、玫琳凯（中国）化妆品有限公司等一批科技含量高、环境污染少的重点企业。

【杭州开发区通过国家生态工业示范园区验收】 12月11日，环保部、商务部、科技部国家生态工业示范园区建设协调领导小组组织专家，对杭州开发区创建国家生态工业示范园区工作进行现场验收。验收组通过听取相关报告、实地考察、现场质询，认为杭州开发区企业环境管理、清洁生产水平以及资源能源利用效率明显提高，区域环境质量得到持续改善，环境监管体系和公众参与机制明显加强，生态工业园区建设成效显著，同意杭州开发区通过国家生态工业示范园区验收。

【"智慧先行区"建设】 11月7日，杭州开发区制定《杭州经济技术开发区关于加快发展智慧经济的实施意见》，成立杭州开发区智慧经济发展工作领导小组。该意见提出杭州开发区建设"智慧先行区"的目标是到2020年，建成杭州市智能装备制造业集聚区、电子商务发展示范区、新一代信息技术带动区、"智慧物流应用领跑区"和"智慧副城先导区"，将开发区建成信息基础设施配套完善、特色智慧产业集聚领先、工业化和信息化深度融合、智慧应用广泛深入、高端要素集聚、产业特色鲜明、生态环境良好、生活品质卓越的"智慧开发区"。

【重点功能区建设】 2014年，杭州开发区8个重点功能区（杭州东部高新产业园、江东汽车零部件产业园、杭州东部湾总部基地、金沙湖中央商务区、现代物流专业市场集聚区、新加坡杭州科技园、杭州东部产学研创新示范园、江东创新产业园）建设全面加快。至年末，完成杭州东部湾总部基地、杭州东部高新产业园、现代物流专业市场集聚区3个园区控制性详细规划调整，整合盘活低效利用厂房11万平方米，东部湾总部基地启动项目、新加坡科技园二期等一批重点项目顺利推

进。重点功能区全年实现投资118.9亿元，比上年增长2.67倍，招商引资注册资金26.7亿元，完成年度计划的145%。

【东芝公司商用空调生产基地投产】 1月17日，位于杭州开发区的东芝开利空调（中国）有限公司（简称东芝公司）生产基地正式投产，首台商用空调下线。该生产基地是东芝公司在中国境内第一个商用空调生产基地。项目投资方——日本东芝株式会社和美国联合技术公司均是世界500强企业。项目总投资7000万美元。

【中国电信创新园（东区）项目签约】 2月14日，浙江省政府与中国电信集团公司在杭州签订战略合作协议，杭州开发区代表杭州与中国电信集团公司签署中国电信创新园（东区）项目投资协议。该协议计划建设中国电信浙江创新园，打造国家级下一代移动互联网、电子商务及“智慧城市”等新兴业务创新研发、产品孵化、应用推广、运营支撑、人才聚集、产业链集聚的创新平台和运营基地。创新园总投资60亿元，分东区和西区，其中东区位于杭州开发区、西区位于杭州未来科技城。中国电信创新园（东区）投资总额30亿元，规划用地12.47万平方米。至年末，中国电信数字阅读基地、深圳市易信科技有限公司、北京中投视讯文化传媒有限公司等企业签约入驻。

【达内科技集团在美国上市】 4月3日，达内科技集团成功登陆美国纳斯达克证券交易所，成为杭州开发区第一个在美国上市的创新型企业，也是国内IT教育行业的首家上市公司。达内科技集团公开发行的美国存托股票定价为每股9美元，发行量1530万股，总募资额1.377亿美元，交易代码为“TEDU”。达内科技集团成立于2002年，是国内规模最大、实力最雄厚的IT培训集团，中国总部于2013年4月进驻杭州开发区服务外包大楼。达内科技集团每年在杭州开发区培养各类IT人才6000人，在线培训2万人。

【中肽生化公司新厂房竣工】 5月2日，位于杭州开发区的杭州中肽生化有限公司新厂房竣工启用，以满足新版药品生产质量管理规范（GMP）对原料药供应商现场监管和控制要求，避免不同客户需求的产品之间交叉污染。中肽生化有限公司是杭州“东部人才港”“东部科技港”海外高层次人才创业的代表性企业，于2001年在杭州开发区创办，经过10余年发展，实现从微型孵化企业到具有强大研发和销售能力的规模以上高新企业的转变，该公司多肽药物研发技术水平名列世界前3名。至年末，杭州中肽生化有限公司年销售额超1亿元，是国内最大的多肽药物生产和技术服务外包企业、最专业的多肽生产基地。

【迦美通讯公司开业运营】 7月11日，杭州迦美信芯通讯技术有限公司（简称迦美通讯公司）在杭州开发区高科技企业孵化园区开业运营。该公司于3月签约入驻，是杭州开发区第1个导航芯片设计企业，主要从事兼容中国4G通讯的TD-LTE（Time Division Long Term Evolution的缩写，即分时长期演进，是第四代移动通信技术与标准）手机射频前端芯片的研发和设计，其中芯片产品的流片、封装和检测环节全部采用外包生产模式，是典型的“无制造”集成电路芯片设计公司。手机射频前端芯片产品主要应用于智能手机领域及相关的终端通讯设备，主要目标客户为消费类移动终端生产厂商。迦美通讯公司独立研发兼容TD-LTE多模多频手机射频前端芯片，拥有多模多通道技术的完全自主知识产权。公司的导航射频芯片基于多模多频技术，能同时兼容美国GPS、中国北斗、俄罗斯格洛纳斯、欧洲伽利略等多种导航制式。

【中国计量学院大学科技园被认定为国家大学科技园】 9月3日，科技部、教育部发布《关于认定北京林业大学科技园等21家大学科技园为第10批国家大学科技园的通知》，中国计量学院大学科技园被认定为国家大学科技园。该科技园是杭州开发区第2个国家级创新园区。中国计量学院大学科技园于2009年7月启动建设，以光机电子高新科技、计量检测、工业设计创新项目及企业为重点孵化对象，以培育高新技术企业和以文化创意为核心的工业前端设计研发为主要目标。园区拥有孵化场地2万平方米，拥有“青蓝计划”企业25个，在孵企业108个，年末毕业企业47个。

【纪念国家级开发区建立30周年座谈会】 10月24日，浙江省纪念国家级经济技术开发区建立30周年座谈会在杭州开发区举行，来自浙江省43个开发区的100余名代表参加座谈。座谈会总结交流开发区建设发展的体会和经验，研讨新时期浙江省开发区的发展。其间，举行纪念国家级经济技术开发区建立30周年“下

1月17日，东芝开利空调（中国）有限公司首台商用空调下线
（杭州开发区 供稿）

沙新城杯”征文比赛和“衢州开发杯”摄影比赛颁奖活动，有64篇稿件和110幅摄影作品获奖。

【杭州开发区参加国际人才交流与合作大会】 11月5～7日，“2014年浙江·杭州国际人才交流与合作大会”在杭州举行，大会以“交流、合作、创新、创业”为主题，以“面向海外、服务浙江”为宗旨，邀请500余名海外高层次人才和20余个海外留学人员社团组织代表参会，征集交流与合作项目500余个。杭州开发区组队参会，现场洽谈项目152个，达成合作意向项目34个，签约项目20个，签约额2.5亿元，项目涉及电子信息、生物医药、新能源新材料等产业领域。

【邻里社区被评为“全国和谐社区建设示范社区”】 11月20日，民政部印发《关于确定全国和谐社区建设示范单位的通知》，杭州开发区白杨街道邻里社区被评为“全国和谐社区建设示范社区”，该奖项为全国社区建设最高荣誉。邻里社区是为外来务工人员提供社区化服务的新型社区，有来自全国28个省、市的“新杭州人”8300余人，平均年龄21岁，在开发区30个外资企业工作。邻里社区以打造“青春邻里、成长家园”为目标，构筑新市民温馨家园，打响“人文邻里、文明邻里、青春邻里、温馨邻里”品牌。邻里社区的成立入选2000～2010年“杭州市社区建设十年最具影响十件大事”，邻里社区获“浙江省党建示范社区”“杭州市首批和谐社区”等30余项市级以上荣誉。 （张红丹）

·萧山经济技术开发区·

【萧山经济技术开发区概况】 萧山经济技术开发区（简称萧山开发区）下辖3个新城——市北城、桥南城和江东新城，拥有3个国家级产业基地——江东新能源高新技术产业基地、装备制造新型工业化产业基地和杭州软件产业基地萧山扩展区块。8月28日，大江东产业集聚区进行体制调整，原萧山开发区江东新城、临江新城、前进工业园区由大江东产业集聚区托管。

2014年，萧山开发区实现规模以上工业销售产值759.6亿元，比上年增长4.8%；规模以上工业增加值151.3亿元，增长6.6%；规模以上工业利润51.7亿元，增长21.4%；第三产业增加值77亿元，增长4.4%；财政总收入56.56亿元，其中地方财政收入26.99亿元，均增长4.7%。

萧山开发区发展“1+4X”智慧经济模式，全年引进外资项目38个，合同利用外资10.6亿美元，增长79.3%；实际利用外资4.23亿美元，增长2%。引进内资项目22个，实际利用市外内资22.6亿元。总投资30亿元的浙江三生制药有限公司项目、总投资20亿元的宝龙城市广场项目、总投资3亿美元的无限生活信息科技项目、总投资9000万美元的国药华东区药品销售和现代物流中心等大项目落户萧山开发区。至年末，通过“零地招商”方式，引进外资第三产业项目30个，合同利用外资8.1亿美元，实际到位外资1.84亿美元。引进注册资本5000万美元的嘉华融资租赁（浙江）有限公司和注册资本3000万美元的浙江龙票融资租赁有限公司等不用地第三产业公司。

萧山开发区全年完成固定资产投资88亿元，增长3.3%。其中限额以上工业投资48.4亿元，增长2.4%。全年重点建设项目28个，其中郑泰（杭州）工程机械有限公司等3个项目建成投产，杭州谷易科技有限公司等8个项目土建竣工，费列罗食品（杭州）有限公司等7个项目顺利推进，杭州联成华卓实业有限公司等8个项目签约入驻。着力发展先进制造业，把“机器换人”作为产业升级的主引擎，全年装备制造业实现工业销售产值185.3亿元，占萧山开发区工业销售产值的31.4%。中国重汽集团杭州发动机有限公司D08发动机实现销售产值21.9亿元，增长7.5%。浙江兆丰机电股份有限公司新增自动化生产线，销售产值增长21%。至年末，萧山开发区新增高新技术企业11个；授权各类专利345件，增长37.5%，其中发明专利34件、实用新型专利218件、外观专利93件。全年关停污染企业4个，整治提升企业22个。与年用能1000吨标煤的企业签订“双控”目标责任书，实施节能改造项目。申报安全生产标准化创建企业60个，组织企业员工参加“百万员工安全生产大培训”3.72万人次。开展以涉尘涉爆场所为重点的“三场所两企业”专项检查22次。实施安全生产挂牌督办制，对7个存在较大隐患的单位进行挂牌督办。加大建筑工地安全生产管理力度，出台《在建工地安全生产工作制度》，开展施工现场检查21次。

现代服务业发展迅速，第三产业占萧山开发区生产总值的52.9%。厦门航空有限公司杭州基地项目A地块、浙江长龙航空有限公司购置飞机项目、浙江灵康药业有限公司、浙江珍诚医药在线股份有限公司物流项目、宝龙城市广场、长三角国际珠宝产业园等重点产业项目开工。杭州娃哈哈集团有限公司营销中心、杭州永盛控股有限公司、浙江长龙航空有限公司、浙江灵康药业有限公司等知名企业总部落户萧山开发区。杭州娃哈哈集团有限公司实现营业收入173.8亿元。杭州国际珠宝城实现营业收入36.5亿元。杭州金投融资租赁公司、杭州卓铭融资租赁有限公司、新萧商小额贷款公司等金融企业投入运营。建筑面积约11万平方米的雷迪森财富中心投入运营，至年末，入驻企业138个。

萧山开发区30个政府投资项目完成总投资12.15亿元。市心北路完成投资1.68亿元，全线整治完成。金鸡路北延伸工程顺利通车，钱江农场一区二期安置房、江东新城保障房结顶，萧山开发区小学、杭州湾信息港二期、市北安置房五期、桥南安置房二期、青年路、北二路、闸口路西延伸工程施工建设进展顺利。全年实施绿化工程8个，绿化总面积32.5万平方米。推进桥南区块市政园林GIS（Geographic Information System，地理信息系统）信息管理系统建设。新增公共自行车服务网点7个。全年改建旧厂房11.6万平方米，拆除违法建筑391处，拆除违法建筑29.6万平方米。全面开展“五水共治”，市北内河排涝闸、红垦管道翻水闸建成使用，五甲河、四甲河、九号坝直河、先锋河等河道整治有序展开。全面推进“四边三化”，铁路边借地与土地流转2.1万平方米，绿化面积2.1万平方米；高速公路周边绿化总长度27.9千米，清理棚摊

7850平方米。

实施“退二进三”（在产业结构调整中，缩小第二产业，发展第三产业）政策，全年收储企业13个、土地17.33万平方米。落实土地指标95万平方米，占补平衡指标12.27万平方米，完成土地利用总体规划局部调整面积57.33万平方米，工业项目用地20宗、57.13万平方米，挂牌出让第三产业项目用地3宗、15.53万平方米。完成经营性土地储备11.93万平方米，做地17.6万平方米。引进国家“千人计划”2人，与安徽淮南师范大学建立校企合作基地。

▶▶资料：“零地招商”

“零地招商”是2004年由厦门市提出的，针对当时厦门市以及全国其他地区土地资源紧缺情况，为减少土地资源浪费等而专为政府部门招商设计提出的概念。主要指引进落地的新项目不再需要重新征用土地，不再需要重新申请用地指标，而是从已经被征用的土地资源中进行挖潜和再利用的一种招商理念。

【桥南新城、江东新城产业发展规划通过评审】 1月16日，萧山开发区管委会召开《萧山经济技术开发区桥南新城、江东新城产业发展规划（2013~2020年）》专家评审会。省经济和信息化委员会、省发展规划研究院、浙江大学、浙江工商大学、浙江工业大学的专家参加评审会。专家组认为该规划文体规范、层次清晰、逻辑严密，现状调查翔实，产业分析深入，发展战略及产业导向符合萧山开发区产业实际，对策措施针对性强，对于萧山开发区创新发展、转型升级具有指导作用，一致同意该规划。

【“1+4X”智慧经济模式推出】 8月26日，萧山开发区召开贯彻落实萧山区委十四届七次全会精神暨2014年半年工作会议，为解决土地资源制约、环境容量有限、区域优势弱化等问题，会议提出“1+4X”智慧经济模式助力转型升级。“1”是指1个基础平台——杭州湾信息港，“4X”是指X个智慧谷+X个智慧园+X个智慧网+X个智慧厂。强调实现“五个转型”：从追求大数量向依托大数据转型，从互联网到物联网再到数联网的飞跃式发展；从传统产业向新兴产业转型，大力发展亩产高、效益高、效率高的三高智慧产业；从高碳型向低碳型转变，实现绿色发展、循环发展、低碳发展、集约发展；从工业园区向智慧城区转型，打造综合性、多功能、强辐射的智慧开发区。

至年末，杭州湾信息港拥有注册企业228个，其中包括口袋购物集团、挂号网（杭州）科技有限公司、浙江网盛生意宝股份有限公司、浙江数联云实业有限公司等12个网络公司及相关企业。中国智慧健康谷、中国智慧移动谷、中国智慧设计谷、中国智慧交通谷、中国智慧化纤谷等重大项目相继启动。新农汇产业园、长三角国际珠宝产业园、健盛之家产业园形成集约型产业发展模式。以“珍诚医药在线”“全球花木网”“雅库网”“中国化纤信息网”“中国网商城”为代表的智慧网发展更加成熟。以杭州娃哈哈集团有限公司萧山生产基地、中国重汽集团杭州发动机有限公司、杭维柯汽车变速器有限公司、博雷控制系统（浙江）有限公司等企业为代表的智慧工厂引领发展，12个项目列入区级智慧应用重点项目库。

【“双百亿”重大项目签约】 1月2日，萧山开发区扩大有效投资暨“双百亿”重大项目集中开工签约会在萧山空港经济区举行。会上有开工项目11个、签约项目10个。萧山开发区有开工项目7个，总投资超过100亿元。其中，费列罗食品（杭州）有限公司项目投资50亿元，宝龙城市广场项目投资20亿元，杭州湾信息港科技园项目投资6亿元，郑泰（杭州）工程机械有限公司机电项目投资4亿元，长三角国际珠宝产业园项目投资10亿元，浙江珍诚医药在线股份有限公司物流中心项目投资2.5亿元。

【“中国智慧健康谷”入驻萧山开发区】 1月24日，“中国智慧健康谷”项目暨杭州湾信息港二期项目签约仪式在杭州湾信息港举行。该项目以挂号网（杭州）科技有限公司为龙头，以杭州湾信息港二期（总建筑面积约17万平方米）为主要载体，整合智慧健康产业链上游和下游资源，目标是成为全国最大的医疗网络就诊中心、医疗数据信息中心和智慧健康产业集聚中心。通过引进、集聚和培育健康信息化企业，计划将杭州湾信息港建设成区域经济转型升

萧山经济技术开发区市北城商务区　　（萧山开发区 供稿）

级的新引擎、国际和国内领先的健康信息化产业基地、健康信息产业繁荣中心。杭州湾信息港二期设智慧健康产业研发总部办公区、智慧健康产业会议培训区、智慧健康产业集聚区和智慧健康产业金融服务区，“中国健康大会论坛”永久性会址落户杭州湾信息港。

挂号网（杭州）科技有限公司（挂号网www.guahao.com）是国家卫生计生委批准的全国就医指导及健康咨询平台，于2010年创建，是国内规模最大的移动互联网医疗的入口平台。挂号网与全国23个省、1300余家重点医院的信息系统实现连接，拥有超过5000万名注册用户和15万名重点医院专家，全年为1.6亿人次提供服务。

至年末，“中国智慧健康谷”有注册企业288个、入驻企业63个。实际到位市外内资2.18亿元，实际到位外资2.25亿美元。

【“中国智慧农业谷”项目签约】 5月5日，中国供销合作社总投资100亿元的“中国智慧农业谷”项目在萧山开发区签约落户。该项目计划成为国内最大的农产品流通、交易、采购平台，为企业提供技术、金融、教育、培训、推广等服务，为采购者和消费者提供全方位产品信息。以“B2B+O2O”的模式构筑农业产业利益分配新格局，成为可溯源安全食品的电子采购交易平台、线下展示体验平台以及全国可溯源名优土特产国际、国内采购中心。

▶▶资料：B2B

B2B是Business To Business的缩写，指进行电子商务交易的供需双方都是商家（或企业、公司），使用互联网的技术或各种商务网络平台，完成商务交易的过程。电子商务是现代B2B主要的表现形式。

【三生制药公司落户江东新城】 5月12日，浙江三生制药有限公司落户萧山开发区江东新城。该项目总投资30亿元，其中固定资产投资15亿元、注册资本10亿元，总用地面积22万平方米，用于研发和生产特比澳（重组人血小板生成素注射液）、单克隆抗体以及新建公共实验室等。项目一期总投资15亿元，其中固定资产投资7.5亿元、注册资本4亿元、一期用地面积10万平方米，主要用于特比澳的研发和生产，计划于2016年投产。项目二期单克隆抗体生产基地，计划于2018年投产。

【国药华东区药品销售和现代物流中心签约】 6月5日，国药华东区药品销售和现代物流中心落户萧山开发区江东新城签约仪式在上海举行。该项目由世界500强企业中国医药集团与中国500强企业复星集团共同投资，总投资额9000万美元，计划建设6万平方米的GMP医药分拣仓储配送设施，包括常温仓库、操作空间及冷库等设施，主要功能包括加工、包装、进口、仓储物流、药品检验、产品定价等。

【“中国智慧设计谷”落户萧山开发区】 9月15日，以浙江数联云实业有限公司为龙头的“中国智慧设计谷”签约仪式在杭州湾信息港举行。该项目是集家居数联技术平台开发、家居产业化线下平台应用模式于一体的“O2O”城市资源运营平台，计划成为萧山开发区整合智慧设计产业链上游、下游资源在一定空间内聚集的基地。在功能上设智慧设计产业研发总部办公区、智慧设计产业培训区和智慧设计产业金融服务区，搭建现代云技术服务平台和全新的商业架构，建立整合智慧设计产业全产业链的生态系统。

【中国医疗器械产业园入驻萧山开发区】 10月17日，萧山开发区和中国科学器材公司“中国医疗器械产业园”战略合作签约仪式在萧山开发区举行。该产业园致力于引进先进的医疗器械生产、经营企业，经验丰富的高端人才以及创新的金融体系，辐射吸引优质行业企业落户萧山开发区，促进医疗器械行业发展，提升医疗器械行业产业高度及核心竞争力，全面提升杭州市医疗事业发展规模及水平。

【中国健康大会】 10月18～19日，以“移动互联时代的科学就医”为主题的“2014中国健康大会”在萧山开发区举行。会议由国家卫生计生委宣传司指导，健康报社与市政府联合主办，“中国智慧健康谷”承办，分“政策引导与移动健康”“构建新时代的移动医疗生态链”2个专场。政府部门、行业组织、大型医院、研究机构、学术团体、产业界等各领域的相关负责人和专家1200余人参加会议。参会人员围绕“信息化建设促进慢性病防控工作”“移动健康发展中的政府角色”“远程医疗发展政策”等热点话题进行深入探讨，研究行业未来发展方向。

【家居产业液态店融资战略合作协议签订】 12月1日，“中国智慧设计谷”主体企业浙江数联云实业有限公司与北京博宇先锋投资管理有限公司在萧山开发区杭州湾信息港签订首期30亿元的家居产业液态店融资战略合作协议。浙江数联云实业有限公司开创“云平台+云终端+云商”战略，计划成为主导未来中国家居全产业领域的主流商业模式。在首期30亿元的融资启动后，浙江数联云实业有限公司全面开启家居全产业的终端市场布局，将用户体验端即液态店全面、快速地推入全国市场，为液态商业在全国市场的推广提供强大的资金支持。

【“中国智慧健康产业基金”项目签约】 12月23日，专项健康产业基金——“中国智慧健康产业基金”签约仪式在萧山开发区杭州湾信息港举行。该基金是由中国光彩集团发起，专注于中国智慧健康产业发展的大型投资基金，是专项针对智慧健康产业的国内人民币基金和国际美元基金相呼应的平行基金。基金规模120亿元，重点关注医疗信息服务、医疗金融服务、药物流通等领域投资。通过投资和金融服务，利用互联网技术来促进、整合大健康产业链的发展，在萧山开发区逐步形成1000亿元规模的智慧健康产业群。（戴少青）

·杭州余杭经济技术开发区·

【杭州余杭经济技术开发区概况】 杭州余杭经济技术开发区（简称余杭开发区）成立于1993年，2012年升级为国家级经济技术开发区，同

年12月，余杭高新园区创业中心（杭州余杭高新园区孵化器有限公司）被科技部认定为"国家级科技企业孵化器"。余杭开发区总规划面积51.34平方千米，常住人口5.3万人，先后引进世界500强企业10个，培育杭州老板电器股份有限公司、贝达药业股份有限公司、杭州东华链条集团有限公司等一批行业领军企业，并逐步成为一个以高新技术产业为支撑，配套完善、宜居宜业的现代综合性经济园区。4月28日发布的《浙江省商务厅关于2013年度全省开发区争先进位情况的通报》，余杭开发区在浙江省国家级开发区中排名第5位，居区（县）国家级开发区榜首。

余杭开发区分7个功能区块：传统产业提升区、高新产业区、新型装备制造业区、公共服务中心区、城市更新区、商贸区和配套居住区。总体功能定位为"长三角"宜居、宜业的和谐发展示范区、杭州先进制造业的核心成员、推动余杭区经济发展的主要引擎。产业定位为重点发展"4+1"主导产业，即生物医药产业、装备制造业、新能源新材料产业、电子电气产业和经改造提升的纺织服装业。

2014年，余杭开发区实现规模以上工业增加值91.6亿元，比上年增长15.5%。固定资产投资67.99亿元，增长28.6%。其中，工业投资51.41亿元，增长19%。财政总收入24.57亿元，增长31.2%。其中，经常性地方财政收入11.78亿元，增长26.1%。规模以上工业增加值能耗下降率13.3%。至年末，征地104.73公顷，拆迁896户，引进科技型中小微企业201个。

产业结构调整步伐持续加快，"4+1"主导产业集群效应进一步显现。至年末，装备制造业依托浙江春风动力股份有限公司、杭州西奥电梯有限公司等龙头企业，总产值150亿元，比上年增长20%。以贝达药业股份有限公司、杭州民生药业集团有限公司等为代表的生物医药产业发展迅速，全年总产值超过40亿元，增长30%以上。

全年高新技术产业总产值超过200亿元。其中，新产品产值180亿元，增长20%以上，增幅高于规模以上工业产值16个百分点，新产品产值率在40%以上。新增国家"火炬计划"高新技术企业1个、国家重点支持领域的高新技术企业8个、省级企业技术（研发）中心7个。累计拥有高新技术企业43个，其中国家"火炬计划"高新技术企业4个。拥有国家级企业技术中心3个，省、市级企业技术（研发）中心57个，国家认可实验室1个。成功创建中国家纺设计孵化科创园和开发区装备配套孵化科创园2个民营园区，总面积18.5万平方米，入驻科技型中小微企业201个。全年入选浙江省"151"人才工程、杭州市"131"中青年人才培养计划、余杭区"139"中青年人才培养计划等27人次。

2014年，余杭开发区拥有产值1亿元以上企业72个，其中产值50亿元以上企业1个、20亿元~50亿元企业3个、5亿元~20亿元企业10个。杭州诺贝尔集团有限公司、杭州老板实业集团有限公司等8个龙头企业实现产值225亿元，增长21%。杭州老板实业集团有限公司、贝达药业股份有限公司、杭州西奥电梯有限公司等7个企业税收超过1亿元。全年税收排名前20位的企业累计实现税收额14.79亿元，占余杭开发区税收总额的60.2%。

全年实际利用外资2.75亿美元，增长8%；实际到位市外内资20.48亿元，增长13.7%；浙商回归项目到位资金15.92亿元。全年接待各类有投资意向客商93批次215人次，在谈项目95个。引进贝达药业股份有限公司新药项目等16个新项目，总投资42亿元，其中投资额在3亿元以上的项目10个。新引进世界500强企业1个，即三菱重工合作项目。

围绕31个年度项目，抓进度、求实效，推进杭州长江汽车有限公司新能源汽车制造项目，杭州老板实业集团有限公司、浙江铁流离合器股份有限公司、浙江普利药业有限公司等8个新建项目全面开工，投资18.46亿元。续建项目22个，投资12.6亿元，其中浙江南都电源动力股份有限公司、杭州福斯达实业集团有限公司等8个续建项目投产，浙江尚越新能源开发有限公司、杭州南泵流体技术有限公司等10个续建项目基本完工。

全面推进"河长制"，制订64条区级河道支流"一河一策"方案，实施完成"五水共治"项目73个。余庆桥港、西港、老虎口河等7条"垃圾河"通过杭州市、余杭区验收，陆水湾港、亭趾港（新颜港）、小林港等3条黑臭河水质明显改善。全年完成刷卡排污系统建设企业32个，整治完成印染等企业16个，废水重复利用率50%以上。

余杭开发区关停落后产能企业5个，盘活存量厂房13万平方米，盘活存量土地33.33万平方米。实施"机器换人"项目57个，总投资额

杭州余杭经济技术开发区全貌 （余杭开发区 供稿）

7.73亿元。杭州绵创纺织品有限公司、杭州华升服装有限公司等10个园区改造提升项目全面开工，总占地面积44.67万平方米。全年引进电子商务企业25个，新培育省级著名商标2个、市级3个，实现“个转企”（个体工商户转型升级为各种类型企业）93个。

全年拆除违法建筑5.26万平方米，实现旧厂房改造21.86万平方米，开工新建农民多层、高层安置公寓89.29万平方米、竣工18.12万平方米，成功创建“无违建社区”14个。园区配套进一步提升，6个续建项目、11个新建项目扎实推进，道路整治总里程7679米，河道整治总里程2490米。至年末，宏达路、北沙路等5条道路整治完工。余杭开发区公共服务中心基本建成，万宝城商业综合体项目按计划推进，余杭开发区社区卫生服务中心开工建设。

【长江新能源汽车项目开工】 2月19日，杭州长江汽车有限公司新能源汽车制造项目举行开工仪式。该项目总投资51亿元，总用地面积46.67万平方米，计划年产纯电动新能源客车2万辆，销售收入145亿元，利税12.8亿元。至年末，厂房主体工程完成并进入设备安装阶段，实现固定资产投资13.3亿元。

【“助保贷”小微企业金融资金池成立】 6月9日，余杭开发区与建设银行余杭支行签约，成立余杭开发区“助保贷”小微企业金融资金池，推出首期资金1亿元的小微企业“助保贷”项目，由余杭开发区出资1000万元成立风险池，建设银行放贷1亿元，贷款利率为基准利率。贷款企业只需提供申请额40%的担保或抵押，其余60%的信用风险由建设银行和余杭开发区共同承担。该资金池着力解决小微企业抵押担保资金不足等问题，促进小微企业健康成长、增强经济活力、转变发展方式。该资金池的成立是政府与金融机构缓解小微企业融资难问题的探索，为企业的融资提供新途径。

【3个孵化器企业在浙江股权交易中心上市】 6月20日，余杭开发区孵化器内企业杭州东邦科技有限公司、浙江乐恒动力有限公司、杭州佳保网络科技有限公司3个科技型中小微企业在浙江股权交易中心“创新板”挂牌上市。浙江股权交易中心设有“创新板”“成长版”“拟上市企业版”3个金字塔式板块业务模式，可为挂牌企业提供融资和规范运营服务功能。挂牌上市使3个企业拥有多元化融资渠道。

【任建华获中国吸油烟机行业终身成就奖】 7月9日，“乘风而立——中国五金制品协会吸油烟机分会第六届会员大会暨行业30周年庆”在北京举行。余杭开发区老板电器股份有限公司董事长任建华获吸油烟机行业最高奖项——中国吸油烟机行业终身成就奖，公司董事、副总经理赵继宏和技术中心副总经理余国成获“中国吸油烟机行业模范工作者奖”。

【博济科创园入驻余杭开发区】 7月17日，科技园区专业运营商博济科创园与杭州兄弟实业有限公司正式签约落户余杭开发区。博济科创园是以企业引进、孵化、管理服务为核心，以培养创新型、高成长型企业和企业家为宗旨的专业科技园区运营商。该科创园采取“整租运营”模式，整体返租余杭开发区杭州兄弟实业有限公司3万平方米园区，全面负责该园区的招商、运营及管理，计划通过3年时间，建成国家级科技企业孵化器，是余杭开发区实施科技创新“523计划”的一次全新探索。

▶▶资料：科技创新“523计划”

2013年3月，余杭区委、区政府出台《关于支持科技型中小微企业发展的若干政策意见》，启动科技型中小微企业引进培育工作，即科技创新“523计划”。计划用3年时间（2013～2015年），每年安排2亿元专项资金，采用政府出资、镇街返租、企业建设等形式，在环杭州主城区域建设50个2万平方米以上科技创新园区、新增物理空间200万平方米以上、引进培育3000个科技型中小微企业。

【东华链条集团成为国家安全生产二级达标企业】 8月5日，杭州东华链条集团有限公司通过浙江省安全生产监督管理局相关安全生产标准化创建验收，成为国家安全生产标准化二级达标企业。杭州东华链条集团有限公司通过一系列安全生产标准化创建，生产环境、厂区面貌、现场管理有很大改观，全年工伤发生数比上年下降90%。至此，余杭开发区拥有国家安全生产标准化二级达标企业25个。

【4个企业成为全国医药工业500强企业】 8月23日，工业和信息化部公布《2013年医药行业工业企业快报排名》，余杭开发区贝达药业股份有限公司、杏辉天力（杭州）药业有限公司、杭州赛诺菲民生健康药业有限公司和浙江天元生物药业有限公司4个企业入选。排名按主营业务收入、利润总额、资产总额等类别分别排序，贝达药业股份有限公司列主营业务收入500强企业第340位、利润总额500强企业第154位、资产总额500强企业第461位；杏辉天力（杭州）药业有限公司列利润总额500强企业第300位；杭州赛诺菲民生健康药业有限公司和浙江天元生物药业有限公司分列资产总额500强企业第400位和第479位。

【周俊良获省“优秀企业家”称号】 8月20～21日，以“转型、创新、突破”为主题的“2014浙江省企业领袖峰会暨全球光荣浙商论坛”在嘉兴市嘉善县举行，大会对获得光荣浙商、浙江省工业大奖、浙江省百强企业及十大贡献奖、浙江省优秀企业家奖等奖项的个人和单位进行颁奖和表彰。余杭开发区杭州西奥电梯有限公司总裁周俊良由于在电梯服务制造领域的贡献，被浙江省企业家联合会、企业家协会评为浙江省第十三届优秀企业家。

【智能大吸力油烟机发布】 9月16日，“预见下一代大吸力”新闻发布会在杭州老板电器股份有限公司（简称老板电器公司）有机形态厨房文化科技体验馆——“厨源”举行。老板电器公司发布全球第1台搭载老板电器厨房智能系统（ROKI系统）的智能大吸力油烟机。油烟机内置智能导航烹饪系统，集成灶具和烟机的数据，烹饪时只需根据提示加入食材，便可智能调节火候、风

量以及烹饪时间。内置智能安全系统实现手机应用软件（APP）智能提示功能，可以远程查看烹饪状态，并能智能发送关火提醒。

【丁列明获“年度中国商业领袖”奖】 10月13日，第十届“环球中国商务会议”在意大利科莫举行，国内有3名企业家获奖。余杭开发区贝达药业股份有限公司董事长兼首席执行官丁列明出席会议，并获“年度中国商业领袖”奖，以表彰他的企业家精神，以及在创新创业中杰出的成就和贡献。环球中国商务会议由中国工业经济联合会与意大利经济发展部共同主办，由欧亚思构想国际集团承办，来自全球的300余名商业领袖参会。

10月21日，浙江春风动力股份有限公司自主研发的国宾护卫摩托车首次亮相（余杭开发区 供稿）

【新增2个民营科技创新园】 10月19日，余杭开发区成功创建中国家纺设计孵化科创园和开发区装备配套孵化科创园2个民营园区。中国家纺设计孵化科创园位于余杭开发区，由杭州余杭家纺产业发展有限公司负责运营管理，园区总规划面积55万平方米，总投资10亿元。园区重点吸引家纺设计类企业入驻，计划打造集展览展示、行业信息中心、产品检测、设计培训、企业总部、电子商务、现代物流、工业旅游于一体的现代家纺产业集群，同时通过搭建10个公共服务平台（家纺产品设计及流行趋势发布平台、家居软装配套设计平台、功能性原料与产品开发平台、行业公共信息服务平台、产品展示平台、产品检测平台、设计师培训论坛交流平台、家纺产品电子商务平台、产品物流平台、企业总部平台），计划成为设施完善、机制顺畅、服务优质、集聚效应和溢出效应明显的家纺设计科创园。至年末，园区第1幢建筑面积6万平方米的大楼建成，入驻家纺品牌企业100余个。开发区装备配套孵化科创园由杭州万事利生物科技股份有限公司投资筹建，园区总占地面积12.8万平方米，总规划建筑面积20万平方米。

2014年，余杭开发区民营科技创新园增至4个。

【春风动力公司国宾护卫摩托车交付】 10月21日，由余杭开发区浙江春风动力股份有限公司（简称春风动力公司）自主研发的国宾护卫摩托车CF650G在护送坦桑尼亚总统基奎特的国宾护卫队中首次被使用。这是国内自2004年1月1日取消以来首次恢复摩托车护卫礼仪。

国宾护卫队装备的CF650G摩托车，是春风动力公司在2013年应武警部队的需求研制，与民用版的产品相比，虽然型号同为CF650，但该车在外观、性能及可靠性上均有很大改进。CF650G摩托车车头采用天安门石狮形象，车身以白色为主，配以红色和黄色，分别象征五星红旗和万里长城。该车是国内自主生产的大排量摩托车，采用650CC并列双缸发动机，最高极速每小时177千米，车上配备可自动升降挡风玻璃、实时无线传输视频前置摄像头、实时传输音频头盔、防抱死制动系统（ABS系统）、荷兰白色动力（White Power）减震系统、LED照明设备等。

春风动力公司为CF650G摩托车申请专利27项，其中发明专利4项。全年春风动力公司为国宾护卫队交付CF650G摩托车166辆。

【老板电器公司未来人才培养中心成立】 11月23日，杭州老板电器股份有限公司（简称老板电器公司）与长江商学院在北京签订战略合作协议，计划投资1400万元实施卓越领导者培训项目。该协议的签订标志着老板大学正式成立，并标志着长江商学院首个民营企业定制化特设课程（CSP）启动。

老板大学即老板电器公司的未来人才培养中心，拥有老板电器公司35年人才培养经验和长江商学院战略支持，旨在加快培养“高、精、尖”企业人才队伍，促进老板电器公司稳健、快速、可持续发展。卓越领导者培训项目作为老板大学首个大型企业人才教育培训项目，计划为60余名老板电器公司事业合伙人定制为期2年的卓越领导者特设课程。

【西奥电梯公司被评为省级企业技术中心】 11月29日，杭州西奥电梯有限公司被省经济和信息化委员会、省财政厅、省国家税务局等5个部门认定为2014年“浙江省省级企业技术中心”。

杭州西奥电梯有限公司在与海内外知名院校产学研对接的基础上，与航天科技集团16所等科研机构合作，加大对“高、精、尖”技术合作研发。该公司通过国家级产品技术认证100余项，技术创新销售额占总销售额的80%。其中，“变频绿色节能型扶梯”被列入国家“火炬计划”，并通过验收。

【新增8个国家级高新技术企业】 12月10日，经科技部火炬中心认定，余杭区科技局公布余杭开发区新增8个国家级高新技术企业，即杭州斯沃德电梯有限公司、浙江乐恒动力科技有限公司、杭州碧雅布业有限公司、杭州民生药业集团有限公司、杭州奥坦斯布艺有限公司、杭州诺贝尔集团有限公司、杭州天允科技有限公司、浙江铁流离合器股份有限公司。同时，贝达药业股份有限公司、杭州微光电子股份有限公司、杭州科汀光学技术有限公司、杭州杭机数控机床有限公司、兴源环境科技股份有限公司、杭州福斯达实业集团有限公司等13个企业通过国家重点高新技术企业的重新认定审核。

【2个企业获中国专利奖】 12月10日，经国家知识产权局评定，余杭区科技局公布，贝达药业股份有限公司的“埃克替尼盐酸盐及其制备方法、晶型、药物组合物和用途”发明专利获中国专利金奖，浙江乐恒动力科技有限公司研发的“数码变频静音汽油发电机”获中国外观设计优秀奖。

贝达药业股份有限公司2013年以“新型作为酪氨酸激酶抑制剂的稠合的喹唑啉衍生物”获余杭区首枚中国专利金奖，2014年以“埃克替尼盐酸盐及其制备方法、晶型、药物组合物和用途”发明专利再次获得中国专利金奖。2项发明专利所对应的产品——盐酸埃克替尼（凯美纳）是国内第1个具有自主知识产权的小分子靶向抗癌药，于2011年6月获新药证书，该药的成功开发填补国内在靶向抗癌新药领域的空白，突破在小分子靶向抗癌药领域国外大药厂对国内市场的垄断，被誉为民生领域的“两弹一星”。

浙江乐恒动力科技有限公司的“数码变频静音汽油发电机”是一种普通开架式汽油发电机的换代产品，在相同输出功率下，体积减小50%、重量减轻50%、油耗降低50%、噪音降低15分贝以上，具有发电输出稳定的优点。该产品先后获得2013年“市长杯”创意杭州工业设计大赛产品组金奖、“浙江省工业设计大赛”产品组银奖、“中国企业产品创新设计奖”银奖。

▶▶资料：中国专利奖

中国专利奖是国内唯一的专门对授予专利权的发明创造给予奖励的政府部门奖，得到联合国世界知识产权组织（WIPO）的认可。中国专利奖由国家知识产权局于1989年设立，2009年起，中国专利奖评选周期由2年一届改为1年一届。评奖标准不仅强调项目的专利技术水平和创新高度，也注重在市场转化过程中的运用情况，同时还对保护状况和管理情况提出要求。

（张丽丽）

·富阳经济技术开发区·

【富阳经济技术开发区概况】 2014年，富阳经济技术开发区（简称富阳开发区）根据省政府《关于进一步提升全省开发区发展水平的指导意见》和省商务厅《关于深化整合提升工作的通知》精神，制订上报《富阳经济技术开发区深化整合提升工作方案》，9月20日，省政府办公厅发布《关于宁波经济技术开发区等21家开发区深化整合提升工作方案的复函》，批准执行富阳开发区深化整合提升工作方案，要求按照“高标准建设、实体化运作、特色化发展”目标，做强做优核心区块，优化整合周边功能区块，形成核心区与辐射带动区的共建共享、联动融合发展，推动开发区加快转型升级，实现创新驱动，发挥好开发区的龙头引领作用。

2014年，富阳开发区贯彻富阳市委、市政府“工业兴市”战略，以“改革创新年、项目攻坚年、环境提升年”活动为载体，围绕“一三五”（1年形象提升，3年实力倍增，5年跨越发展）工作目标，以目标任务、项目推进、产业培育、公共配套、体制创新“五大攻坚组”为突破口，持续深化园区的整合提升，助推银湖新区、场口新区、东洲新区“三区联动”发展，激发各新区发展活力；增强“三大产业平台”的综合承载力，实现开发区经济持续健康发展。全年规模以上工业企业总产值1048亿元，税收48.1亿元，固定资产投资196.5亿元，其中基础设施投资56.4亿元。

全年征用土地65.08公顷，其中场口新区26.53公顷，银湖新区36.41公顷，东洲新区2.14公顷。收购国有土地8.26公顷，其中富阳正鸿电子科技有限公司6.52公顷，杭州金丰管件有限公司1.74公顷。拆迁农户141户、企业52个。其中银湖新区农户24户、企业13个，场口新区农户117户、企业31个，东洲新区企业8个。全年完成政策处理土地173.51公顷，其中东洲新区39.02公顷、银湖新区45.19公顷、场口新区89.3公顷。

全年完成“农转用”土地报批25个，面积85.47公顷。完成供地项目44个、面积97.67公顷，实际交地项目18个、面积60.33公顷，盘活批而未供存量土地83.13公顷，安置留用地指标消化3.33公顷。完成国家级开发区土地节约、集约利用评价方案上报工作，完成7.41平方千米主城区块的土地节约、集约利用评价。

全年引进签约项目25个，其中1亿元以上项目11个，总投资额74.3亿元，预计产值403亿元、税收收入10.47亿元。全区全年实际利用外资2.35亿美元，实际利用杭州以外内资23.68亿元，实际利用富阳市以外杭州以内内资15.2亿元，完成招商引税806万元。

2014年，富阳开发区列入富阳市大计划产业项目45个（工业项目37个，服务业项目8个），其中新建项目24个、续建项目21个，实际完成投资额74.2亿元。列入政府投资基础设施项目65个（其中前期项目10个，新建项目22个，续建项目33个），实际完成投资10.97亿元、项目32个。建成道路面积15.4万平方米，新增绿化面积12.8万平方米，完成房屋开发面积8.87万平方米。

【富阳开发区整合提升】 2014年，富阳开发区完善规划编制，对原来“一区六城”（富阳开发区主体区块、银湖创新创业新城、东洲运动休闲新城、鹿山新城、江南新城、新登新城、场口新城，总面积252.55平方千米）进行深化整合和提升，形成“一核三区”新格局，区域面积126.1平方千米，其中经国家核定面积7.41平方千米，授权管理区域面积114.13平方千米，拟授权管理区域面积4.56平方千米。“一核”是指富阳开发区核心区域，包括银湖新区、东洲新区和场口新区（含经国家核准的区域），面积93.85平方千米。其中银湖新区（含复城国际城市综合体和高教园区）规划面积26.3平

方千米，东洲新区规划面积36.9平方千米，场口新区规划面积30.65平方千米。“三区”是指江南新区、鹿山新区和新登新区。其中江南新区规划面积8.35平方千米，鹿山新区（含鹿山工业功能区和金桥工业功能区）规划面积8.02平方千米，新登新区（含永昌工业功能区和胥口生物医药基地的拟授权管理区域）规划面积15.88平方千米。整合提升后，富阳开发区形成以信息技术、智慧经济、生物制药、电子器件、机械制造、现代装备为主，现代服务业为辅的新型产业集聚区。

5月8日，富阳复城国际东方茂购物中心开业（富阳开发区 供稿）

【东方茂购物中心开业】 5月8日，由复星集团与富春控股集团共同打造的首个浙商回归投资城市综合体项目——富阳复城国际东方茂购物中心开业。

作为富阳市首个城市综合体项目，复城国际项目占地9.4公顷，总建筑面积33万平方米，总投资25亿元，是富阳市委、市政府全力推进的10个城市综合体之一。项目地处原综合市场地块，整个地块内部被人字形规划道路分为3个区块，分为商业区、办公区和住宅区，集星级酒店、国际化写字楼、购物中心和高端住宅于一体。项目于2010年4月开工建设。作为复城国际项目的商业部分，东方茂建筑总面积20万平方米，由4栋总面积12万平方米的单体建筑和7000平方米大型全开放式广场构成，各单体之间通过连廊连接，最终形成中间椭圆形广场的布局。西南单体是大型超市区域，建筑面积3万平方米；东南单体是精品百货，有5层、建筑面积3万平方米；西北单体是娱乐休闲区，包括电影院、电玩城、大型餐饮、电器城等商家，其中影院放映厅总面积3000平方米；东北单体是拥有20层塔楼的五星级酒店。

【雄迈集团总部进驻银湖新区】 6月27日，富阳开发区管委会与杭州雄迈信息技术有限公司签订雄迈集团总部及技术研发中心入园合同。雄迈集团总投资3亿元、注册资金1亿元、年产500万台视频监控设备生产基地项目落户东洲新区。10月，雄迈集团总部及技术研发中心进驻银湖新区科技产业园，主要从事安防视频监控领域相关产品的研发、生产、销售、技术服务等。雄迈集团由杭州雄迈信息技术有限公司、杭州巨峰科技有限公司、杭州云阔科技有限公司联合组建。至年末，雄迈集团实现销售额9.1亿元。

【大华智慧（物联网）产业园建设项目签约】 12月1日，富阳开发区与浙江大华技术股份有限公司签订“大华智慧（物联网）产业园建设项目”协议。该项目主要以音频视频智能传感、分析处理、储存等系列设备制造和提供智慧城市各领域综合解决方案为主，总投资25亿元，其中固定资产投入约20亿元。项目位于东洲新区，用地33.3公顷，其中一期用地17.3公顷。

浙江大华技术股份有限公司是国家级高新技术企业，主要提供视频存储、前端、显示控制和智能交通等系列化监控产品和服务。该公司于2008年5月在国内上市，拥有专利468项，其中发明专利25项。连续10年获得“中国安防十大品牌”称号，是中国平安城市建设推荐品牌和中国安防最具影响力品牌之一。

【京东杭州电子商务产业园入驻富阳开发区】 12月4日，富阳开发区与京东集团签订“京东杭州电子商务产业园项目”协议，该项目位于东洲新区，旨在打造以现代信息技术为依托，以公路、铁路、水路等多种形式联运为特色，集物资集散、仓储加工、多式联运、城市配送、信息处理、配套服务等功能于一体的现代化、系统化、生态化电子商务运营基地，并成立京东区域采购中心，推广“O2O”模式，发展跨境电子商务业务。项目总占地面积33.3公顷。首期项目占地20公顷，总投资12亿元，固定资产投入9亿元，建设周期1年。京东集团是中国最大自营“B2C”（直接面对消费者的电子商务模式）网络零售商和中国500强企业之一，于5月22日在美国纳斯达克上市，市值近400亿美元。公司拥有1.8亿个用户和4万个正品行货供应商。

【富阳钢加工中心项目动建】 12月8日，富阳钢加工中心项目动工建设。该项目位于富阳开发区场口新区，是由世界500强企业鞍山钢铁集团旗下的鞍钢股份有限公司和浙江金固股份有限公司合资新建，其中浙江金固股份有限公司拥有51%的股份，鞍钢股份有限公司拥有49%的股份。项目总用地面积16.3公顷，总投资10.6亿元，计划年产热轧带钢、普通商用钢板200万吨。（周根潮）

·杭州国家高新技术产业开发区·

【杭州国家高新技术产业开发区概况】 2014年，杭州国家高新区技术产业开发区（简称杭州高新区）以深化改革为动力，强化创新驱动，着力改善民生，创新社会治理，加快推进“智慧e谷”建设。

全年实现生产总值692.84亿元，比上年增长11.5%，增幅列全市第1位。实现工业增加值350.03亿元，增长17.1%；服务业增加值322.97亿元，增长9%。规模以上工业销售产值1019.52亿元，增长21.8%。财政总收入169.21亿元，增长20.4%。其中，地方一般公共预算收入86.53亿元，增长14.8%。杭州高新区在国内106个国家级开发区中综合排名第5位。

全年实现信息经济总收入1273.43亿元，增长30%。物联网、信息软件、电子商务、数字传媒等重点产业营业收入增幅分别为46.0%、35.7%、61.7%、43.2%。杭州高新软件园在全国38个软件园综合排名中列第3位，互联网经济产业园列浙江省服务业集聚示范区综合评价第2位。十大产业增加值581.65亿元，占开发区生产总值的84%，列杭州市首位。新备案文化创意企业153个，限额以上文化创意企业实现营业收入457.99亿元，增长15.5%。

全年完成固定资产投资294.89亿元，增长18.9%。杭州创业软件股份有限公司、杭州电魂网络科技股份有限公司等15个产业项目开工建设，杭州感知中心写字楼、杭州海康威视数字技术股份有限公司二期等20个产业项目竣工，杭州海康威视数字技术股份有限公司三期、网易（杭州）网络有限公司二期等9个产业项目完成土地竞拍。政府项目完成投资60.3亿元，增长19.2%，13个省、市重点项目完成投资15.4亿元。

全年实际利用外资7.13亿美元，实际引进内资85.1亿元，浙商创业创新实际到位资金52.85亿元。引进投资总额1000万美元以上外资项目11个，新引进注册资本5000万元以上内资项目44个（其中5亿元以上项目2个）。实际到位内资1亿元以上项目14个。境外投资新批（增资）项目22个，境外中方投资额1.57亿美元。服务外包执行合同额28.22亿美元，增长21.5%。全年实现自营出口45.8亿美元，增长24.4%，增幅列全市第1位。

全年杭州高新区研究与试验发展（R&D）经费支出88.97亿元，增长12%。各类产业扶持资金支出20.14亿元，其中区级产业扶持资金11.69亿元，增长20.4%。507个企业享受技术开发费加计抵扣政策减免税额6.67亿元，233个高新技术企业享受减免税额4.75亿元。知识产权质押融资8680万元，其中专利权质押融资4180万元。新增国家级技术转移示范机构3个，累计6个。4项中欧国际科技合作项目获国家中小企业发展专项资助920万元。

全年获国家科技进步奖一等奖1项、二等奖1项，国家技术发明奖二等奖1项，市科技进步奖12项（其中一等奖2项），市工业设计大赛产品奖6项。新认定国家级高新技术企业62个，新获国家授权专利4218件，增长34.8%，增幅列杭州市第1位，其中发明专利936件，增长26.3%，"万人拥有发明专利授权量"列浙江省第1位。1个企业获全国创新创业大赛行业冠军，3项专利获第十六届中国专利奖，14个企业被列入"浙江省创新能力百强企业"。新增国家级企业技术中心2个，省级重点企业研究院9个，省级企业研究院10个，省、市级企业技术中心和研发中心50个。开发区创新能力居全国国家级高新区第4位。23个企业被列入杭州市企业高新技术研发中心名单，占全市的16.9%。至年末，全区拥有市级研发中心171个，居杭州市首位。杭州海康威视数字技术股份有限公司等14个企业被列入"2014浙江省技术创新能力百强企业榜单"，占杭州市列入数的41.2%，居浙江省首位。

科技创新服务体系和数字安防创新型产业集群建设纳入科技部试点，新增国家级孵化器1个（累计4个）、市级孵化器3个（累计8个）。建立科技企业孵化器创新创业导师团，为科技企业孵化器建设提供指导帮助。阿里百川创业基地、腾讯创业基地和浙江大学科技园滨江创新园相继落户杭州高新区。全年新增在孵企业200余个。11个科技中介机构被认定为"浙江省重点科技中介机构"，浙江科技大市场落户开发区并建成开业。杭州高新区被科技部火炬中心认定为浙江省首家"创业苗圃—孵化器—加速器"孵化链条建设示范单位。

杭州高新区新引进各类人才2.2万人，其中高级人才3480人。引进培育国家"千人计划"专家7人（累计40人），入选国家科技创新创业人才6人（累计7人），新引进省"千人计划"专家18人（累计89人）。新增省"151人才工程"培养人选5人，新增享受市政府特殊津贴4人。新增市"521"计划专家9人、团队2个。新引进企业博士后研究人员20人，培养出站9人。新引进留学回国创新创业人才228人，创办企业110个。全年征集海外高层次人才创业项目561个，其中创业发展项目96个、创业启动

杭州国家高新技术产业开发区全景　（杭州高新区 供稿）

项目157个、落地项目130个。新引进大学生创业企业330个，增长6.5%。全年培养高技能人才1524人。

杭州高新区科技金融服务中心全年入驻金融机构54个，为421个科技型中小企业融资27亿元。4个小额贷款公司发放贷款2589笔、贷款额43.03亿元。开展担保公司风险隐患专项排查，加强金融监管和监测预警。“新三板”挂牌企业13个，上市企业累计32个。建立杭州高新区创业金融服务联合会，推进深圳证券交易所路演中心落户。

制订《关于贯彻落实“杭改十条”再创高新区（滨江）体制机制新优势的实施方案》，推进企业工商登记制度改革、物联网产业园投资项目“化零为整”审批试点、“权力清单”制度、差别化产业扶持政策、科技金融服务体制改革、土地“亩产效益”评价体系、招投标（采购）制度改革、国有资产管理改革、流动人口积分管理、安居行动、拆迁户关爱行动等多项改革举措，优化政策体系和发展环境。

【杭州高新区科创中心被评为优秀国家级科技孵化器】 7月17日，科技部火炬中心公布2013年度国家级科技企业孵化器考核评价结果，73个单位被评为优秀国家级孵化器，杭州高新区科技创业服务中心位列其中。浙江省有2个单位被评为优秀国家级孵化器，另外1个优秀国家级孵化器为浙江大学科技园发展有限公司。杭州高新区东部软件园有限公司被评为良好国家级孵化器，杭州高新区企业万轮科技创业中心有限公司被评为合格国家级孵化器。

【杭州高新区综合排名列全国第5位】 7月22日，科技部火炬中心公布全国106个国家级高新开发区综合排名，杭州高新区位列北京中关村高新技术产业开发区、深圳高新技术产业开发区、武汉高新技术产业开发区、成都高新技术产业开发区之后，居第5位。在4个一级指标排名中，杭州高新区在知识创造和技术创新能力、产业升级和结构优化能力指标中均列第5位，在国际化和参与全球竞争能力指标中列第8位，在高新区可持续发展能力指标中列第12位。科技部火炬中心对杭州高新区的评价为：杭州高新区产业结构和经济效益较好，创新型产业数量多，从业人员结构好，创新能力和参与国际竞争能力较强，形成较好创新投入、创新产出、成果产业化、产品品牌塑造的创新产业链条。

【科技企业孵化器创新创业导师团成立】 7月22日，杭州高新区科技企业孵化器创新创业导师团成立，该导师团由国家级孵化器咨询机构、创业投资及担保行业、金融业专家，以及国家孵化器管理团队、科技企业13名负责人组成，主要为科技企业孵化器和入孵企业成长发展提供辅导培训，提升科技企业孵化器的孵化服务能力和企业孵化器管理团队综合素质，提高为在孵企业及创新创业企业家服务的水平，提升杭州高新区创新创业发展环境。

【“5050计划”创新创业大赛】 8月8日，杭州高新区首届“5050计划”创新创业大赛新闻发布会在国家级海外高层次人才创新创业基地举行。参赛项目企业代表、创业导师代表、投融资机构负责人、新闻媒体记者等100余人参会。大赛征集550余名海内外人才申报的项目179个，项目涉及生物医药、电子信息、互联网与移动互联网、先进制造、新材料等领域，89个项目入围，来自开发区内17个知名企业的创业导师对入围项目进行辅导。

【杭州高新区海外高层次人才联谊会成立】 9月4日，杭州高新区召开留学人员和家属联谊会、海外高层次人才联谊会第一次代表大会暨成立大会。会议听取并审议《杭州高新区（滨江）留学人员和家属联谊会章程》《杭州高新区（滨江）海外高层次人才联谊会章程》《杭州高新区（滨江）留学人员和家属联谊会第一次会员代表大会理事选举办法》《杭州高新区（滨江）海外高层次人才联谊会第一次会员代表大会理事选举办法（草案）》，选举产生杭州高新区（滨江）留学人员和家属联谊会、海外高层次人才联谊会第一届理事会及领导成员。

【高层次人才创新创业大赛】 9月21~23日，由杭州高新区和全英中国学生学者联谊会联合浙大正合投资管理有限公司共同主办的“杭州高新区2014全英高层次人才创新创业大赛暨中英高层次人才高峰论坛”在海外高层次人才创新创业基地举行。创新创业大赛半决赛历时3天，参赛项目23个，大赛组委会特别邀请学者及10余名“千人计划”专家作为评委，评选出8个创业创新项目进入决赛。其间，举行中英高层次人才高峰论坛，参会专家及参赛项目代表探讨中英创新创业环境。

【硅谷精英沙龙】 11月6日，第9期硅谷精英沙龙在杭州高新区海外高层次人才创新创业基地举行，近20个国家的200余名海外高层次人才参加活动，并与政府有关部门负责人、企业家、创投服务机构代表面对面进行沟通交流，感受杭州高新区优越的投资创业环境。

【深圳证券交易所落户杭州高新区】 12月3日，深圳证券交易所与杭州高新区签订协议，计划在杭州高新区设立路演中心和金融信息服务平台。杭州路演中心落户杭州高新区科技金融服务中心，该中心是深圳证券交易所在全国设立的第17个分路演中心，计划于2015年上半年投入使用，覆盖范围为整个华东地区（上海除外），浙江省本土拟上市公司可实现就近路演，并辐射到江西省、江苏省和安徽省。

【浙江科技大市场开业】 12月8日，浙江科技大市场在杭州高新区举行开业仪式。33个科技中介服务机构正式入驻，标志浙江科技大市场正式进入实体化运营、市场化运作阶段，形成线上和线下、网上和网下的互联、互动、互补的技术市场体系。

【7个企业入选全国软件百强企业】 6月13日，工业和信息化部发布2014年（第十三届）中国软件业务收入前百家企业名单，杭州高新区有7个企业榜上有名。其中：杭州海康威视数字技术股份有限公司软件业务收入69.81亿元，列第11位；浙江大华技术股份有限公司软件业务收入46.81亿元，列第19位；恒生电子集团软件业务收入45.16亿元，列第22位；中控科技集团软件业务收入20.88亿

元，列第46位；信雅达系统工程股份有限公司软件业务收入18.04亿元，列第52位；银江股份有限公司软件业务收入15.55亿元，列第63位；杭州士兰微电子股份有限公司软件业务收入11.04亿元，列第90位。

【2个公司被评为省重点科技中介服务机构】 7月31日，浙江省科技厅公布第5批浙江省重点科技中介服务机构名单，杭州高新区企业浙江睿洋科技有限公司和杭州高新技术成果产业化服务有限公司被评为浙江省重点科技中介服务机构。至此，杭州高新区累计有省级重点科技中介机构11个，占认定总数的10.8%，居浙江省首位。

【51个企业被列入“雏鹰计划”和“青蓝计划”】 10月28日，市科委公布2014年杭州市“雏鹰计划”企业、“青蓝计划”企业名单，杭州高新区有51个企业列入其中，占杭州市总数的28.7%，居杭州市第1位。其中“雏鹰计划”企业31个、“青蓝计划”企业20个。至年末，杭州高新区累计拥有“雏鹰计划”企业306个、“青蓝计划”企业68个。

【3项专利获中国专利优秀奖】 11月6日，中国专利奖评审办公室公布《关于第十六届中国专利奖授奖的决定》，杭州高新区3项专利成果获中国专利优秀奖。其中，杭州华三通信技术有限公司“接入点配置管理方法及接入控制器发明专利”和矽力杰半导体技术（杭州）有限公司“一种高效率的LED驱动电路及其驱动方法发明专利”获中国专利优秀奖，浙江吉利控股集团有限公司“汽车（NL-2）专利”获中国外观设计优秀奖。

【海康威视公司获全国云计算大数据创新优秀奖】 5月23日，在第六届中国云计算大会上，杭州高新区企业杭州海康威视数字技术股份有限公司“智慧城市视频监控大数据平台关键技术及应用项目”获2014年首届全国云计算大数据创新项目优秀奖。该大数据平台解决城市智慧化管理中监控视频数据储存的问题，赋予视频监控超强的识别、检索和分析能力。

【大立科技公司项目获科技部批准】 7月21日，杭州高新区大立科技股份公司牵头承担的“集成自主探测器的分析型工业热像仪开发和应用项目”获科技部正式批准。该项目预算总经费5786万元，其中国家重大科学仪器设备开发专项经费2616万元。项目实施周期为4年（2014年7月至2018年6月），目标为攻克自主17微米像元非制冷红外焦平面探测器工程化、红外热图分析等关键技术，开发嵌入式智能后处理平台，通过系统集成和软件开发，拓展在零部件质量检测、卫星姿态测量、特种设备检测等领域的应用开发，为国内工业制造、公共安全和建筑检测等领域科学研究提供技术支撑。

【杭州高新区企业参加中国国际数码互动娱乐展览会】 7月31日至8月3日，第十二届中国国际数码互动娱乐展览会（ChinaJoy2014）在上海新国际博览中心举行。其间，杭州高新区设立独立展台，杭州高新区内企业浙江冰峰科技有限公司、杭州玄机科技信息技术有限公司、杭州掌动科技有限公司、杭州友诺文化创意有限公司、杭州格游网络有限公司等网游企业参展，杭州边锋网络技术有限公司、杭州电魂网络科技股份有限公司等游戏龙头企业设独立展台参展。

【电影《秦时明月之龙腾万里》首日票房1300万元】 8月8日，由杭州高新区企业杭州玄机科技信息技术有限公司创作的中国原创武侠三维动画电影《秦时明月之龙腾万里》在国内上映，上映首日以1300万元居当日票房冠军。《秦时明月之龙腾万里》主要针对青少年观众，讲述少年荆天明在秦汉乱世之中无畏奸雄，忠于信念，最终改变命运并成长为盖世英雄的励志故事。

【宇视科技公司摄像机完成冰桶挑战赛】 8月26日，浙江宇视科技有限公司研制的监控网络摄像机（IPC）完成ALS冰桶挑战赛。该摄像机在实验室经历IP67等级和-40℃~70℃考验，是安防行业内首个能够“加电暴力浸泡”的摄像机。浙江宇视科技有限公司研制的监控球形网络摄像机在1.2米深的水下浸泡时间超过1年，仍可以正常工作，使监控设备可以通过恶劣自然环境考验。

【微信平台与海康威视公司战略合作】 2014年，腾讯微信平台与杭州海康威视数字技术股份有限公司旗下品牌“萤石”正式达成战略合作——“萤石”作为互联网智能视频服务商，实现首家智能视频摄像机与微信的互联互通。该合作主要体现在用户通过微信硬件服务号，跟“萤石”互联网摄像机进行交互，查看摄像机的直播视频并接收消息推送提醒，或直接在微信界面和摄像机一端的亲人、朋友进行实时的视频语音对讲。

杭州海康威视数字技术股份有限公司是智能视频云服务领域的重点厂商，该公司为微信用户带来全球各地的实时直播视频，也能让更多喜欢视频分享的微信用户通过“萤石”云视频分享生活瞬间。

【“丁香园”网站获腾讯公司投资7000万美元】 9月2日，医疗健康网站“丁香园”宣布获得腾讯公司7000万美元投资。“丁香园”网站计划和腾讯公司展开一系列合作，包括对微信系统的探索和对接。“丁香园”网站由杭州高新区企业观澜网络（杭州）有限公司创建于2000年，是国内规模最大的面向医生、医疗机构、医药界从业人士的专业性社交平台，拥有专业会员400余万人。其中，执业医师约200万人，占全国执业医师的80%。“丁香园”计划投入资金进行线上和线下相结合的医生自由执业培训，并建立医生自由执业基金，促进医生自我价值的实现，更好地为患者服务。

【华三通信公司参加中国智慧城市技术与应用产品博览会】 9月12日，杭州高新区内企业全球新IT基础架构供应商——杭州华三通信技术有限公司（简称华三通信公司）首次参加第四届中国智慧城市技术与应用产品博览会。展会期间，华三通信公司集中展示该公司在“智慧城市”领域最新技术与产品进展和对“智慧城市”发展的理解，包括新IT平台及应用、智慧城市产业联盟、华三智慧城市研究院、智慧城市成功应用案

例等。

华三通信公司作为杭州市信息产业龙头企业，为全产业提供完整的云计算和“智慧城市”基础架构，在云计算、“智慧城市”技术领域等相关领域的发明专利累计超过2000项，完成包括国家信息中心、浙江大学、山东大学等在内的500余个云计算及“智慧城市”应用项目。

【“秦时明月”入选中国动漫授权业十大中国品牌】 9月23日，杭州玄机科技信息技术有限公司动漫品牌“秦时明月”经网络投票和评委会评选，被评为“2014中国动漫授权业十大（中国）品牌”。“秦时明月”系列动画片有《百步飞剑》《夜尽天明》《诸子百家》《万里长城》《君临天下》5部。

“秦时明月”在网页游戏、手机游戏、图书、真人电视剧等品牌授权业务上成果丰硕。其中：上海骏梦网络科技有限公司以1000万元授权金获“秦时明月”网页游戏改编权；北京触控科技有限公司以1200万元授权金获“秦时明月”同名动作卡牌手机游戏中国大陆地区独家代理权；畅游有限公司投资1.2亿元打造多款“秦时明月”正版授权游戏；唐人影视有限公司获“秦时明月”系列动画的真人剧改编权，于8月15日正式开机；杭州剑瓷视界艺术品有限公司以1000万元授权金获“秦时明月”主题酒店独家开发权。

【启明医疗器械公司获中国创新创业大赛冠军】 9月26日，第三届中国创新创业大赛生物医药行业全国总决赛在上海落幕，杭州高新区企业杭州启明医疗器械有限公司以94.6分成绩获得冠军。

杭州启明医疗器械有限公司主要从事介入人工心脏瓣膜系统的开发及产业化。公司研发的介入人工主动脉瓣膜产品在国内率先完成临床试验，申报中国发明实用新型专利申请34项、授权发明专利7项。

【海康威视公司与阿里云公司战略合作】 9月28日，杭州海康威视数字技术股份有限公司与阿里云计算有限公司达成战略合作，双方就云计算、物联网云智能等方面展开深度融合，计划共同推动云计算和大数据技术在家庭监控、个人安全生活以及平安城市建设等领域的应用。基于该战略合作，阿里云计算有限公司成为杭州海康威视数字技术股份有限公司旗下品牌“萤石”公众视频服务平台首选云计算服务商，进一步强化“萤石云”的IT基础服务能力和数据分析能力。用户通过“萤石云”可以实现随时随地观看店内、家中的实时视频。企业负责人可以远程了解企业经营情况，并可第一时间接收突发事件报警消息，及时处理异常情况。

【杭州高新区企业参与APEC峰会保障工作】 11月11日，亚太经合组织（APEC）第22次领导人非正式会议在北京举行，各成员领导人围绕“共建面向未来的亚太伙伴关系”主题深入交换意见，共商区域经济合作大计，达成广泛共识。杭州高新区企业杭州华三通信技术有限公司、杭州海康威视数字技术股份有限公司、浙江宇视科技有限公司、杭州士兰微电子股份有限公司、杭州安恒信息技术有限公司等企业参与该峰会的网络设备、通讯、安保、信息安全等多项保障工作。

【知识产权管理服务平台推出】 11月18日，杭州高新区企业杭州优智博知识产权信息科技有限公司推出国内首个知识产权管理服务平台“智龟网”，并正式发布第1个服务产品“知规通”——《企业知识产权管理规范》贯标与认证咨询服务。“智龟网”运用先进的互联网技术和思维，将知识产权管理咨询服务产品化、标准化、平台化，透明服务内容、树立行业标准、搭建开放平台、引入合作机构、汇集专家智慧，为广大中小企业客户提供专业优质、个性适用、价格透明的服务与产品，以提升企业知识产权管理标准化、专业化和国际化水平。

【动画渲染在线服务平台上线】 11月20日，杭州国家软件产业基地有限公司动画渲染在线服务平台上线运行。该平台基于杭州国家软件产业基地有限公司高性能计算中心资源自主构建，具有稳定、高效、低错率等特点，是杭州首个提供动画渲染服务的线上平台。拥有文件上传、任务提交、任务控制、费用预估、账单查询等功能。企业可通过网络自主进行项目任务渲染与管理，提高渲染工作效率，节省渲染数据传输时间。平台通过精准的费用计算系统向企业提供优质的性价比服务，帮助企业节省成本。平台试运行以来，为浙江中南卡通股份有限公司、杭州友诺文化创意有限公司、杭州戏蜂子动画设计有限公司等企业的地产类动画提供渲染服务。

【“贝壳营”开营】 11月，贝壳社开设的“贝壳营”宣布正式开营。贝壳社是一个专注于医药健康行业的“O2O”创业服务社群平台，集医疗工作者、创业者、投资者、行业领军人物和创业导师等高端人脉资源，

杭州国家高新技术产业开发区街景（杭州高新区 供稿）

帮助创业者以最快的速度完成早期融资，为投资人筛选最优质匹配的项目。至年末，贝壳社集聚500余名医疗投资人、1万余名创业者。贝壳社首期拥有贝壳基金3000万元，计划选择10个～15个创业团队入营，分别给予每个团队50万元～300万元不等的资助。在18周的孵化期内，贝壳社拥有一定股份，并为团队提供免费的办公场地、“一对一”导师辅导、商业化辅导，以及市场渠道、实验室研发、政策申报和风险投资资源评估等服务。至年末，“贝壳营”有300余名生物医药领域的创业精英线上报名。

【华业高科技产业园升级为国家级科技企业孵化器】 12月5日，科技部认定杭州华业高科技产业园为国家级科技企业孵化器，这是杭州高新区第2个民营国家级科技孵化器。至年末，开发区国家级孵化器增至4个。

华业高科技产业园创建于2003年，占地面积7.87万平方米，规划建筑面积16.5万平方米，培育上市企业3个（含“新三板”挂牌企业），完成股权分置改革企业2个，累计培育高新技术企业12个，获得及申报知识产权164项。产业园被认定为杭州市高新技术产业园、浙江省小企业创业示范基地，以及杭州高新区十大特色产业园之一。

【“葱课”应用程序获全国大学生移动应用创新大赛一等奖】 12月11日，由中国教育电视台、中国互联网协会、上海动漫公共技术服务平台、中国国际动漫游戏博览会主办的“2014全国大学生移动应用创新大赛”决赛在中国国际展览中心举行，来自全国高校的16支队伍参赛。浙江大学的移动互联网在线教育应用程序——“葱课”获得一等奖。“葱课”创作团队是浙江大学微创联盟成员，于6月入驻杭州高新区管委会创业大厦的科技创业苗圃，成为杭州高新区内注册企业，并进入杭州高新区科技创新中心孵化。至年末，科技创业苗圃有入圃团队15支。

▶▶资料：“葱课”

“葱课”（Cong Academy）是一款移动互联网在线教育应用程序。“葱课”改变传统自上而下、由老师决定讲课内容的教育模式，从个体需求出发，以按需定制和AA课程为核心，提出自下而上的新学习理念，鼓励使用者发起课程，与他人分享经验、知识和见解。

【杭州高新区新生代企业家联谊会成立】 12月23日，杭州高新区新生代企业家联谊会暨第1次理事大会召开，开发区内52名新生代企业家理事代表参加会议。新生代企业家联谊会由从父辈企业中顺利接班和正在接班的企业家优秀分子、在杭州高新区自主创业的优秀新生代企业家、创业大学生中的优秀人才、留学归国创业的优秀代表等成员组成。联谊会的成立旨在集聚人才优势，搭建服务企业健康发展和促进青年企业家成长成才、提升创业创新意识和能力的平台。

【海康威视公司项目获美国“国土安全金奖”】 12月，杭州海康威视数字技术股份有限公司为美国费城提供的视频监控解决方案获得美国“国土安全金奖”。该方案为美国费城社区娱乐中心提供整套安全管理解决方案，通过一个高度可扩展的安全网络，在保护社区娱乐中心居民安全的同时，提高整座城市的安全水平。“国土安全奖”是美国国土安全领域最具影响力的奖项，旨在表彰美国市、洲、联邦等国家安全防护工作中表现突出的安防产品、解决方案及城建安防项目的政府机构。（田树军）

·杭州之江国家旅游度假区·

【杭州之江国家旅游度假区概况】 2014年，杭州之江国家旅游度假区（简称之江度假区）以“全国旅游度假示范区、生态文明示范区，全省文化产业集聚区、城乡统筹示范区和生态宜居示范区”建设为总目标，发挥国家级度假区的品牌优势、政策优势、区位优势、生态优势，各项工作取得较好成效，之江度假区获2014年“美丽中国”十佳度假区和浙江省领军智慧新城等荣誉。

之江度假区坚持以“加快经济转型升级”为主线，围绕“3+1”现代产业体系构建，加快招商引资、大项目推进等工作。全年实现财政总收入18.6亿元，其中地方财政收入10.58亿元，分别比上年增长29%和37%。引进市外到位资金37.83亿元、浙商创新创业资金19.92亿元，实际利用外资1.9亿美元。引进修正药业集团、杭州美地亚珠宝有限公司等1亿元以上优质项目。至年末，完成固定资产投资170亿元，增长18.6%，连续4年实现2位数增长。加快46个重点产业项目的建设步伐，其中杭州西湖国际茶博城、杭州国际金融会展中心等项目开工建设，昊元国际广场、“双鎏金街美地”商业中心、杭州卷烟厂易地技改二期工程有序推进，凤凰大厦、江园度假村等项目竣工验收，中大服装产业基地进入投产阶段，宋城景区完成转型升级。

休闲度假、文化创意、高新技术3个主导产业发展势头强劲。之江度假区全面贯彻落实市委、市政府关于推进旅游产业向旅游观光、休闲保健、文化体验和商务会展“四位一体”转型发展的要求，全年接待游客284.79万人次，实现旅游总收入30.27亿元，分别增长12.4%和15.9%。宋城景区推出“中国演艺谷”“惊天烈焰”等旅游项目。“醉美之江精品游”“骑行三江两岸”等主题活动获得好评。中国美术学院中国国际设计艺术博物馆和浙江民艺博物馆建设步伐加快推进。至年末，新增文创企业524个，增长45.2%。成功举办第十届中国国际动漫节分会场、第二届氧气音乐节等活动，引进肖邦国际音乐艺术中心，凤凰大厦基本建成并启动招商。阿里云开发者大会吸引全世界数百个企业、1.4万人次参会。云栖小镇成为西湖区信息经济、智慧经济的先行区，并入选全省首批特色小镇，集聚涉云企业115个。抓好龙坞茶镇建设，“西湖龙井”第5次蝉联中国茶叶区域公用品牌价值榜首，“九曲红梅茶”获2014年“浙茶杯”浙江优质红茶推选活动金奖。以“美丽乡村”建设为基础，依托之江优越地理环境，大力发展乡村旅游产业，以农家乐、精品民宿、茶文化等为载体，整

合农业资源，实现产业发展、农民收入双丰收。至年末，乡村旅游接待游客180万人次，实现营业收入1.8亿元，分别增长14%和10%。

抓好之江文化大平台建设规划和浙江文化中心“四馆”前期规划。落实《之江新城概念规划》成果，推进之江地区各单元控制性规划修编工作。凤凰谷单元控制性详细规划上报市政府批复，之江度假区单元控制性详细规划、转塘单元控制性详细规划形成报批稿，双浦单元控制性详细规划修编进入公示阶段。《之江地区电力专项规划》结题，《之江地区城市防洪减灾规划》上报市政府，《之江新城污水工程专项规划》获市政府批复。

全年完成基础设施建设投资12.14亿元。配合推进紫之隧道、地铁6号线、之江路改造等交通项目。推进浙江音乐学院周边配套道路建设，枫桦东路二期等10条道路开工建设，枫桦西路等6条道路竣工。配合抓好8个公交场站建设，提升之江公交服务能力。完成中国美术学院北路综合整治方案。实施“城管一体化”工程，接收实体移交项目7个，资料移交道路15条。杭州市之江医院、杭州市西湖区第二人民医院等民生实事项目进展顺利，引进学军小学、求是小学、文三街小学、闻裕顺幼儿园等优质教育资源。打造“精品农居”，全年新开工农居18.6万平方米，新竣工农居33.2万平方米，23.6万平方米农居基本具备交付条件。

整治优化区域环境，按照“突出重点、打造精品、彰显示范”要求，推进“一园一馆一站”建设，“三江两岸”展示馆和船工业遗址公园主体建设完成，四五排灌站顺利开工。投入1.86亿元建设38个防洪排涝项目，关停沿江一级、二级饮用水源保护区企业18个，加快推进农村生活污水处理，借力“五水共治”，全面改善之江地区生态环境。推进杭州南入城口综合整治工作。

强化土地管理成效，盘活存量用地资源。完成农转用报批的经营性用地9.01公顷，启动做地10宗、76.2公顷，完成做地21宗、51.87公顷，公开挂牌出让土地10宗、11.62公顷。推进征地拆迁“百日攻坚”“拆迁清零”专项活动，完成征地11宗、72.33公顷。拆迁面积45.11万平方米，全年拆除违法建筑105.28万平方米。

【宋城景区营业收入4.4亿元】 2014年，杭州宋城旅游发展股份有限公司秉承“建筑为形，文化为魂”经营理念，挖掘旅游文化，创新节庆旅游活动，全年举办“新春大庙会”“火把狂欢节”“南美狂欢季”“为爸妈喝彩”4个主题活动，组织《穿越快闪》《抛绣球》等精彩演出。大型歌舞表演《宋城千古情》累计演出1.7万场、接待观众5000万人次。至年末，杭州宋城景区接待游客595万人次，营业收入4.4亿元，获“西湖区第二届十佳美丽幸福体验点（提名奖）”“浙江旅游好微博（景区类）排行榜前10位（TOP10）”，被评为“浙江省信用管理示范企业”。

【文化创意产业发展迅速】 2014年，之江度假区新增文化创意企业524个，在册企业累计2234个。以杭州之江文化创意园为核心的各类文化创意园发展迅速，其中杭州之江文化创意园新增企业210个，在册企业累计1072个，引进蓝海瀚（台湾导演、演员，曾担任电影《龙门飞甲》《叶问2》《狄仁杰》的动作导演，作品有《光荣》《小鬼奇兵》等）、黄大同（多年担任国家社科基金艺术学项目评委，曾任全国艺术科学“十二五”规划评审专家，曾获文化部“中国文艺集成志书编撰工作和资料整理工作”贡献奖、全国艺术科学规划领导小组“中国民族民间文艺集成志书”编撰成果一等奖、全国第五届高校博士中国音乐史论文二等奖、浙江省第十六届哲学社会科学优秀成果二等奖、浙江省首届音乐学术优秀成果一等奖）等知名人士。全山石艺术中心、浙江省根雕非物质文化遗产基地等项目落户杭州之江文化创意园。外桐坞村、叶埠桥社区等呈现文化创意“一村一品”现象。

加快推进创意设计综合公共服务平台建设，提供网上发布信息、大众筹资、交易等信息化服务。对摄影棚进行数字化改造，为动漫、影视企业提供数字化技术服务。启动凤凰大厦智慧信息自助公共客厅建设。举办“世界向东”西湖软装艺术设计周、凤凰创享沙龙等活动。北京华映星球国际文化发展有限公司出品的动画电影《摩登恐龙总动员》入围戛纳电影节创投单元评选。全年之江文化创意园获区级及以上荣誉13项。

【转塘科技经济园区稳步发展】 2014年，转塘科技经济区块实现市外到位资金5.7亿元，省外到位资金2.78亿元，实际到位外资3200万美元。实现财政总收入1.52亿元，地方财政收入7311.1万元。实现工业销售

杭州之江国家旅游度假区一隅　　（之江度假区 供稿）

产值19.23亿元，增长10.5%，其中高新企业占96.6%。完成固定资产投资23.5亿元。

园区紧紧抓住云计算产业链式及抱团发展的产业特点，依靠阿里云计算有限公司在中国云计算领域领导地位，以产业生态打造为突破口，以开展系列活动为载体，吸引云产业链上企业到云栖小镇发展，打造云产业生态，引进杭州跃兔网络科技有限公司、杭州商圈网络科技有限公司等涉云企业115个。至年末，园区5个区重点建设项目提前完成年度节点计划。杭州宏迪工具有限公司、浙江中大人地实业有限公司、鹏辉实业（杭州）有限公司等项目办理竣工验收手续，杭州平安交通设施工程有限公司、润丰集团等项目主体建设有序进行。

【杭州—大邱文化交流基地项目签约】 1月15日，韩国大邱文化产业财团与杭州之江文化创意园签订合作备忘录，杭州—大邱文化交流基地落户之江度假区。韩国大邱文化产业财团成立于2009年，是韩国政府为发展文化艺术活动而设立的机构，旨在鼓励文艺创作，发展地区文化艺术，构建文化创作平台。合作备忘录签订后，双方计划互派青年艺术家进行创作交流，开展动漫游戏、音乐美术、戏剧影视等领域的项目合作，使该基地成为展示杭州文化创意、西湖文化创意、推进青年艺术人才成长的重要平台，吸引更多的海外文化精英加入之江文创产业的发展。

【动漫节凤凰·创意分会场活动】 4月30日，第十届中国国际动漫节分会场活动——国际动画节杭州峰会暨第四届中国动漫新锐榜颁奖典礼在杭州之江文化创意园凤凰·创意国际举行。来自美国、法国、加拿大、克罗地亚、匈牙利、荷兰、阿根廷、新西兰、韩国、爱尔兰等11个国家有关机构代表参加。其间，法国戛纳电视节、加拿大渥太华国际动画节、阿根廷科尔多瓦国际动画节等12个国际知名动画节的负责人与中国国际动漫节执行委员会签署《国际动画节展合作杭州议定书》和《合作备忘录》。在6月20日举行的第十届中国国际动漫节总结交流暨第十一届筹备工作部署会议上，凤凰·创意国际分会场被评为第十届动漫节最佳分会场。

【“动漫明天”沙龙】 4月30日，第二届“动漫明天”沙龙在杭州之江文化创意园凤凰·创意国际举行。该活动由中国电影家协会动画工作委员会华东基地召集，邀请国际动画节峰会代表、中国电影家协会代表、高校动漫专家学者、《中国动漫周刊》和“土豆网”等媒体人士参加。其间，中国电影家协会发布“天马杯”动画电影大赛信息，杭州—大邱文化交流基地发布动漫文化发展计划，多家动漫企业发布新片花絮并交流艺术创作与市场营销经验，“土豆网”发布进军动漫领域计划，之江文化创意园发布凤凰大厦产业信息。

【氧气音乐节】 5月17～18日，第二届“氧气音乐节”在杭州之江文化创意园举行。音乐节邀请国内12支知名新生代乐队为主力阵容，歌手罗大佑，苏打绿作为领衔歌手。音乐节还设有美食、亲子、公益梦想、车文化、宜居文化、创意集市、特色购物等系列配套活动，总计1.4万人次参加。氧气音乐节成为杭州品牌音乐节和国内七大音乐节之一。

【云计算产业生态联盟成立】 10月16～17日，以“云栖小镇·云计算生态”为主题的2014年阿里云开发者大会在杭州云栖小镇举行。大会吸引施耐德电气有限公司、飞利浦电子公司等企业参会，参会人数。1.4万人次。境内外300余家专业媒体对大会进行全程跟踪与深入报道。大会收集招商信息400余条，达成入驻意向企业50余个，在谈企业19个。其间，阿里云计算有限公司牵头在云栖小镇成立全国首个云计算产业生态联盟——云栖小镇联盟。至年末，该联盟发展业内较有影响力的企业60余个。

【外桐坞江南艺术小镇被认定为文化创意小镇培育对象】 11月11日，市文创办认定外桐坞江南艺术小镇等10个镇（村）为杭州市文化创意小镇培育对象。

外桐坞村位于转塘街道东北面，是西湖龙井茶的主要产地，于2010年初被确定为杭州市首批“风情小镇”，形成以“农家石榴村+历史文化村+艺术创意村”为主要表现形式的农家休闲娱乐区、居民生活休闲区、石榴采摘体验区、茶园观光区、茶艺体验区和艺术文化区。外桐坞村艺术特色街区为外桐坞江南艺术小镇代表，该街位于外桐坞村的核心位置，长约300米，入口处是面积1000平方米的艺术品展览中心，展品有书法、画作、雕塑等。街区两旁为中国美术学院名家设立的油画、国画、雕塑、陶瓷、摄影等艺术工作室。街区内还设有街头艺术DIY小店。至年末，外桐坞江南艺术小镇吸引40余名著名艺术家入驻。

【北斗星色彩研究公司获中国城市色彩大奖】 12月5日，第八届色彩中国颁奖典礼在山东举行，该活动由中国流行色协会主办。色彩大奖是国内最高的色彩奖项。杭州之江文化创意园企业杭州北斗星色彩研究有限公司的“重庆两江新区城市色彩规划”获2013～2014年度中国城市色彩大奖。

杭州北斗星色彩研究有限公司是专业从事色彩设计的文化创意型设计公司，公司在研究色彩基础理论与系统应用研究的同时，创立一套适合中国城市化进程的城市色彩规划和建筑色彩设计方法。公司以中国城市色彩调研与规划研究和建筑色彩设计为工作重点，先后完成全国艺术科学规划国家年度课题“中国城市色彩规划方法研究”、浙江省哲学社会科学重点课题“浙江省城市色彩规划方法研究”、住房城乡建设部标准司“江南水乡（镇）建筑色谱标准”的制订。

（祁雯佳）

城市建设管理

Urban Construction & Management

·城市建设管理综述·

【城乡建设统筹推进】 2014年，杭州市区快速路网建设、地下空间开发和停车场库建设、保障性安居工程建设和棚户区改造、农村住房改造等项目建设加快，交通治堵、“三改一拆”、“无违建”创建、“五水共治”等纳入省政府考核目标的重点工作取得阶段性成果，建设行业监督管理进一步规范，房地产市场保持稳定，区、县（市）建设事业发展提速。全年完成道路、河道等重大基础设施和保障性安居工程建设投资343.66亿元，其中市本级完成投资51.43亿元。全市完成房地产开发投资2301.1亿元，比上年（指2013年，下同）增长24.2%。

【市区快速路初步成网】 杭州市以构建必需的交通循环条件为目标，大力推进快速路网、城市主次干道、人行过街设施和支小路建设。全年完成快速路网及重要配套主次干道建设项目161个，新建、改建城市道路35千米。风情大道南延伸、秋石三期工程高架（机场路—清江立交）、东湖—德胜立交、紫金港隧道、余杭塘路（丰潭路—紫金港路）等快速路及主次干道建成通车。环城北路地下通道、文一路地下通道、秋涛南路提升改造、紫之隧道、机场高速公路改建等重大工程有序推进。杭长高速公路延伸线主线贯通。艮山东路、天目山路地下通道和江南大道提升等建设项目前期研究取得新进展。打通稼东路（民丰路—九沙大道）、育苗路（十字港—巨州路）等断头路9条，华丰路（同协路—览丁路）、茶汤路（石祥路—善贤路）等15条断头路开工整治。建成红普路德胜东路天桥、天城路范家路天桥等人行过街设施10处，文一路保俶北路人行过街地道建设加快。开工建设市区支小路80条，完工34条，完成总投资（含拆迁费）4.24亿元。市区快速路网初步形成。

【城市交通拥堵治理】 杭州市交通拥堵治理从空间布局优化、路网功能完善、轨道交通建设、公交优先、停车建设与管理、交通管理强化、出行需求调控等方面推进，实行综合治理，打好“组合拳”，治堵工作取得新的成效。推进公交都市建设，主城区新增公交专用道（双向建设）40.3千米、公交站点40个，建成公交首末站5个，新增公交车400辆。新增、更新公共自行车6000辆，全市公共自行车总量达8.11万辆，主城区公共交通分担率提高3.1个百分点。实施13个区域微循环交通组织，新增28条单行线，局部区域的通行秩序得到改善。地铁2号线东南段开通运行。改善影响通行的拥堵点15处，新增专用停车泊位5.33万个，其中公共停车泊位7711个。改造老居住区15个，新增停车泊位3617个。完成地下空间停车功能归位整治，道路路面停车泊位减少5019个。实施差别化停车收费政策，初步建成城市智能交通管理系统，及时发布城市交通拥堵指数，城市道路通行能力进一步提升。杭州市在全省2014年度治理城市交通拥堵工作考核中被评为优秀。

【“三改一拆”和“无违建县（市、区）”创建】 杭州市以“无违建县（市、区）”创建为龙头，坚持拆旧控新、改拆结合、应拆尽拆、拆用并

12月31日，秋石快速路三期工程建成通车　　（市建委 供稿）

重，着力突出重点、突破难点、增量提效、强化考核，“三改一拆”工作保持强劲势头，走在全省前列。全年完成“三改”面积2098.36万平方米，完成全年目标任务的2.1倍。其中，完成城中村改造952.42万平方米、旧住宅区改造619.28万平方米、旧厂区改造526.66万平方米。拆除违法建筑2901.94万平方米。富阳、桐庐、淳安、建德、临安和西湖风景名胜区接受省级“无违建县（市、区）”创建验收，其中桐庐、淳安、建德和西湖风景名胜区通过2014年度浙江省“无违建县（市、区）”创建工作先进集体的验收及公示。各区、县（市）申报的136个乡镇（街道）接受市级“无违建”创建验收，其中119个乡镇（街道）通过“无违建乡镇（街道）”和“无违建乡镇（街道）”创建先进单位的验收和公示。

【推进“五水共治”】 杭州市以水质改善和防洪排涝为核心，全力推进治污水、排涝水攻坚战，重点整治黑河、臭河、垃圾河，推进城镇截污纳管建设和农村污水处理、生活垃圾集中处理。市、区两级开工或续建河道45条（段），总长度52.59千米；完工12条（段），总长度10.22千米；打通断头河6条，建设闸站3座，主汛期前完成重点区域积水点整治工程4个。消灭垃圾河71条460千米，整治黑臭河道193条665千米。新增、修复河道驳坎41.25千米，完成河道两岸绿化42.23万平方米，新建、改建河道慢行系统35.04千米。统筹推进全市污水处理设施及管网建设。城西污水处理厂投入运营，出水水质高于国家一级A标准，可直接排入邻近河道。七格污水处理厂提标改造工程开工。全市建成污水管道267.5千米，主城区建成花蒋路、兴建路、红普路、育英路、育苗路、三新路等54条道路污水管道，总长度48.8千米。

【保障性安居工程建设】 杭州市积极构建多元化住房保障体系，加快保障性安居工程建设及棚户区改造。全年保障性安居工程和棚户区改造开工项目54个，计36534套、553.31万平方米；竣工项目61个，计36756套、422.14万平方米，开工和竣工数量分别完成省政府年度目标任务的121%和103%。牵头推进棚户区改造“统贷平台”搭建和贷款融资，落实国家开发银行专项贷款额度343亿元，年内签订贷款合同。

【建筑节能技术推广应用】 杭州市以建筑节能示范项目为引领，大力推进建筑节能新技术、可再生能源建筑应用及绿色建筑星级创建和住宅产业化试点。全市全年创建绿色建筑星级标识示范工程10项，列入示范计划15项，建筑面积125.62万平方米；完成既有居住建筑节能改造71.5万平方米、可再生能源建筑应用216万平方米；开展住宅产业化试点3个，建筑面积26.67万平方米。1月1日起，新建民用建筑全面执行《民用建筑绿色设计标准》。全年实施民用建筑节能审查项目540个，建筑面积4609.06万平方米。5月16日，市建委与青山湖科技城管委会联合举办“杭州绿色建筑与建筑能源环境技术论坛”，各区、县（市）住建局相关负责人及在杭州建设行业各科研、设计、施工等单位代表100余人参加，听取专家有关绿色建筑应用的前沿技术介绍，共同探讨建筑能效提升、暖通领域节能新技术应用等问题，并现场参观青山湖科技城规划展览馆及源牌绿色工坊。8月，市建委开展“基于建筑能耗统计分析的建筑节能管理体系研究”，搭建“杭州市建筑节能信息管理平台”。11月，农居改造示范村——建德市莲花镇戴家村62千瓦光伏陶瓷瓦建筑一体化系统并网发电。11月28日，经省十二届人大常委会第十四次会议批准，市政府出台《杭州市民用建筑节能条例》。该条例对新建民用建筑节能、既有民用建筑节能改造、民用建筑用能系统的运行节能等做出具体规定。

解放路佑圣观路人行过街天桥建成 （市建委 供稿）

【工程质量安全管理】 杭州市切实加强建筑工地安全生产、文明施工和工程质量管理。2月18日，市政府颁布《杭州市建设工程文明施工管理规定》。市建委以该规定的贯彻执行为契机，加大文明施工扬尘综合整治、安全生产专项检查、安全隐患排查、打非治违等专项工作力度。推进建筑施工安全生产标准化建设，全市有199个工程被评为市级“标准化样板工地”，42个工程被评为省级“标准化样板工地”。开展工程质量专项治理两年行动，鼓励和引导施工单位争创优质工程。严格落实工程质量分户验收制度，分户验收覆盖率100%。推进安全质量物联网管理应用平台建设，全市有6个质量安全监督机构建立属地物联网平台，30个企业建立物联网平台，145个企业624个工地接入市级物联网监控平台，利用物联网技术的信息化监管系统，对施工现场及关键部位的质量安全、文明施工、人员流动等情况进行统一监管和事件追溯。市建设行业全年发生安全事故9起，死亡9人，死亡人数与上年持平。 （郎淑文）

·城市规划·

【城市规划概况】 2014年，市规划局（市测绘与地理信息局）立足城市转型发展的实际，进一步加强城市规划对城市发展的引领作用。按照预期完成《杭州市城市总体规划（2001~2020）》修改、《杭州都市区规划纲要》和《杭州市城市开发边界划定对策研究》等重要规划编制和研究。围绕缓解“交通两难”“三改一拆”“五水共治”等重点工作，编制完成《杭州市城市排水（雨水）防涝综合规划》《杭州市给水专项规划》《“公交都市”实施策略规划研究》等重要专项规划。对西溪湿地周边和西湖、运河、钱塘江“三线”提出建筑高度、色彩、建筑形态、第五立面等要素的控制要求，提升城市空间景观品质。开展城北地区等老工业区相关规划研究，充分挖掘城市潜力空间。全年完成规划编制和规划研究项目193个。

按照“优化规划、简化审批、强化监管、配套支撑”的总体思路，深化规划行政审批制度改革，实现审批提速、服务增效。清理精简审批事项，推进规划审批和管理权限调整，实现规划审批服务向5个城区规划分局前延。加快方案审查标准化体系建设，加强对中介机构监管。牵头制定《杭州市推进“空间换地”实施“亩产倍增”规划管理意见》，为城市产业升级转型提供服务支撑。

开展全市第一次地理国情普查，完成水域、给排水设施等14个专题项目的要素普查和数据生产，普查成果在“五水共治”和市政建设中得到广泛应用。全年完成杭州主城区636.3平方千米1:500地形图动态更新修测。开展“百名规划师服务百家社区”活动，积极搭建社区和建设单位之间的沟通平台，进一步拓展规划公众参与的深度和广度。

（陈　曦）

【城市总体规划修改草案通过审议】 根据省政府对《杭州市城市总体规划（2001~2020）》（简称《总规》）修改的总体要求，市规划部门围绕增强城市辐射带动能力、城市可持续发展能力、城市发展活力、城市支撑保障能力、城市魅力5个重点开展《总规》修改。此次修改在不改变规划期限和总体框架的前提下，对不适应杭州发展需求的内容进行局部调整，修改主要涉及城市发展目标、城市发展规模、区域城乡空间布局、历史文化名城保护等11个方面。6月13日至7月12日，《总规》修改草案开展为期一个月的公示，广泛征求公众意见。8月27日，《总规》修改草案通过杭州市第十二届人大常务委员会第二十一次会议审议。12月2日，经省政府同意，《总规》修改草案上报国务院审批。

（公　理）

【市城乡规划委员会成立】 3月17日，为进一步加强城乡规划管理，完善城乡规划体系，市政府决定成立市城乡规划委员会。市城乡规划委员会下设主任委员会、规划工作委员会、专家委员会。市城乡规划委员会办公室设在市规划局。5月15日，市长、市城乡规划委员会主任张鸿铭主持召开市城乡规划委员会第一次工作会议，审议并原则通过《杭州市城乡规划委员会章程》。

【杭州都市区规划纲要编制】 11月11日，杭州都市区规划纲要成果文本和图集上报省住房城乡建设厅审查。杭州都市区规划范围包括杭州市域、绍兴市域以及邻近杭州的海宁、桐乡、德清、安吉4个县（市），规划涵盖2.9万平方千米。规划期限为2014~2030年，其中，近期为2014~2020年，远期为2021~2030年。根据省住房城乡建设厅确定的框架要求，杭州都市区规划纲要包含发展背景和规划总则、发展定位与规划目标、总体布局、公共服务与基础设施、资源保护与空间管制、区域发展协调及规划实施与保障机制7个章节。编制规划纲要旨在促进杭州与周边县（市）及周边县（市）相互间的协作和发展，实现互惠共赢。

（宋征宇）

【新一轮控制性详细规划修编】 2014年，市规划局按程序完成26个单元控制性详细规划编制，并上报市政府审查。按城区分，上城区完成清波、紫阳、南星、复兴4个单元，下城区完成石桥、朝晖、艮山3个单元，拱墅区完成大关、米市、湖墅、庆隆小河、申花、拱宸桥、祥符7个单元，西湖区完成塘北、蒋村、文新、小和山4个单元，江干区完成江干科技园、凯旋、二里亭、笕桥4个单元，杭州经济技术开发区完成元成东、下沙中心区、下沙七格3个单元，之江旅游度假区完成凤凰谷单元。年内，西溪、近江、古荡、湖滨清波、元成东、塘北、凯旋、江干科技园、松合、复兴、小营紫阳、朝晖、蒋村、凤凰谷、下沙中心区15个单元控制性详细规划通过市政府规划专题会议审查。襄七房、永久河、长江单元、玉泉单元、景芳三堡、近江、复兴7个单元控制性详细规划获市政府批复。

（张海畅）

9月24日，市规划局向省政府领导汇报杭州市总体规划修改情况

（市规划局　供稿）

【城市开发边界划定对策研究】 6月，住房城乡建设部、国土资源部选定杭州等14个试点城市，先期开展城市开发边界划定工作。市规划局根据杭州城市空间扩展中遇到的新情况，借鉴国内外先进经验，提出从空间管制的本源出发，叠合相关法律法规中的空间管制要求，并通过"多规融合"统筹多个相关部门的空间管理诉求，提出杭州城市开发边界划定的方法与管理建议。最终开发边界划定成果纳入杭州市总规修改，上报国务院。（公　理）

【城市排水防涝规划获批复】 5月27日至6月5日，《杭州市城市排水（雨水）防涝综合规划》向社会公示。该规划由市规划局、市城管委、市林水局联合编制，并多次征求市气象局、市建委等部门意见。规划综合考虑蓄、滞、渗、净、用、排等功能，提出通过源头控制—管网排水—调蓄泄洪三者相结合的内涝综合治理措施，有效应对不低于30年~50年一遇的暴雨，其中主城区不低于50年一遇，非中心城区不低于30年一遇。12月31日，该规划获市政府批复。（黄玮玮）

【杭州棚户区改造专项规划编制】 杭州棚户区改造专项规划由市规划局、市建委和市住保房管局共同编制，按基础稿和深化稿两个层面分阶段编制、审查和报批。其中基础稿于1月经市政府同意，并报省住房城乡建设厅备案。深化稿规划范围涵盖全市范围，内容包括棚户区改造内容、实施目标和改造策略研究等。深化稿于4月通过论证审查，并于12月报市政府审查。（宋征宇）

【天子岭循环经济产业园空间规划编制】 1月，《天子岭循环经济产业园区（静脉产业园区）发展规划》获市政府批复。市政府要求天子岭园区集中控制污染，集约节约利用土地，积极创建国家级循环经济产业园区。为加快推进天子岭园区规划的实施，根据市委、市政府要求，市规划局与市环境集团共同组织开展《杭州天子岭循环经济产业园（静脉产业园）空间布局规划》编制。通过对周边10平方千米~20平方千米空间范围内的整体研究，进一步明确天子岭园区的功能定位、发展目标、产业选择、主导功能、规模，以及发展方式和发展策略，并细化落实静脉产业园区的各类功能用地。年内空间布局规划形成初步成果。（黄玮玮）

【"公交都市"实施策略规划研究】 市规划局开展"公交都市"实施策略规划系统性、整体性研究。研究从界定"公交都市"的内涵和解析杭州公交发展现状入手，提出理想"公交都市"的主要特征、杭州建设"公交都市"的主要困难，以及杭州"公交都市"发展的战略目标、系统架构和策略行动，提出从公交网络配套、公交建设用地协调和"公交都市"发展保障等层面落实实施策略，加快形成以公交为主导的绿色交通体系。年内该项研究形成初步成果。（傅德仁）

【规划审批和管理权限调整】 11月1日起，市规划局将除跨行政区域、西湖风景名胜区范围内、市级政府投资的市政项目等以外的建设项目，调整至规划分局办理相关审批和管理业务。市规划局重点负责规划编制管理、政策法规与技术标准的制定，规划许可的统筹协调，重点区域项目的审议等。按照"两集中、两到位"的原则，完成5个老城区行政审批服务中心规划窗口的设立，形成1（市行政服务中心规划窗口）+X（区行政服务中心规划窗口）的规划窗口服务新模式。

【工程规划设计方案审查标准化体系建设】 为进一步加强建设工程规划设计方案审查管理，提高审查质量和审批效率，市规划局加快推进方案审查标准化体系建设。编制《建设工程设计方案内部标准化审查表》《建设工程设计方案审查意见书内审表》《建设工程设计方案审查意见书》，将方案设计审查的内容表单化、数字化和标准化。结合规划审批权限调整，将方案设计审查纳入规划管理信息平台统一管理，并推进标准化审查平台的开发和运用。（李传江）

【"百名规划师服务百家社区"活动】 4月7日，市规划局开展"百名规划师服务百家社区"活动，旨在巩固深化党的群众路线教育实践活动成果，全面提升规划管理水平和服务质量。市规划局和各城区规划分局近100名规划师参加该项活动。先后走访社区95个，上门服务343次，召开座谈会102次，撰写走访手记176篇，回收征求意见表1376份，征集各类意见建议800余条，所有意见均以不同方式进行回应。活动取得的主要成效是明确服务着力点、及时回应和解决基层反映的需求、促进机关工作作风的转变。（周继斌）

【第一次地理国情普查】 1月27日，杭州市开展第一次地理国情普查。成立地理国情普查工作领导小组，建立月度工作例会制度，明确普查工作规则；编制"普查实施方案"，确定普查市域、市区、主城区三级结构和自然、人文、经济地理三大分类56项地理市情内容，分类整合为水域水系、生态资源、"五率"、道路及交通、城市防灾、城市公共设施等16个专题项目。年内基本完成杭州的行政境界、人工化区域、农用地分布、水域、绿化覆盖率、道路、环卫设施、教育设施、医疗设施、燃气设施、给排水设施、公交线路、变电站、建制范围等14项专题要素的普查和数据生产及杭州市区"城市建成区、绿地率、绿化覆盖率"（简称"一区两率"）的省情普查。结合地理国情普查筹划"杭州市地理市情平台"建设，基本实现平台的数据管理与功能展示，并完成部分自然地理、人文地理和经济地理的18个大类120项专题数据的建库，初步实现地理市情信息的可视化及管理、查询、分析、统计等基本功能。（朱　筱）

【基础测绘建设投入资金1973万元】 2014年，杭州市基础测绘工作围绕城市建设和发展需要，加大资金投入，加快建设步伐，积极服务于各项建设事业。全年市本级投入基础测绘建设资金1973万元，实施多项重大基础测绘设施建设，完成市区636.3平方千米1:500地形图动态跟踪修测。完成杭州市2500平方千米地面沉降监测网所有点位的观测，在全省首个完成市区1000平方千米面积的高精度激光雷达点云数

据及高分辨率真彩航空影像的获取，为杭州市城市规划、地理国情普查提供10厘米的精细数字地表模型。完成“杭州市地图册”“杭州市政务地图册”等地图编制，向15个政府部门及相关单位提供各类基础测绘成果，为行业管理、城市发展研究、政府宏观决策提供科学、准确、及时的基础地理空间信息数据。（李　捷）

【市规划信息中心服务保障】 市城市规划信息中心着力提高城乡规划技术支持和服务水平，为城乡规划提供优质、高效的服务保障。以大数据应用为契机，推进城乡规划数据建设，规划数据资源实现规划现状数据入库与测绘同步、规划编制数据入库与编制计划项目管理同步、规划审批数据入库与规划实施项目同步、规划档案数字化与档案移交同步、电子文件扫描与公文流转同步。以提高规划服务水平为主线，全面构筑规划管理平台、电子公文系统、浙江政务服务网杭州规划服务子网和数字规划档案馆系统。以助推杭州智慧经济建设为动力，加快推进地理市情平台建设，完成自然、人文和经济120个地理图层数据建设，编制完成《杭州市地理市情成果数据规范（试行）》，初步形成规范化的数据管理体系。推进城市三维共享平台建设，实现二三维一体化规划管理与应用。以保障规划城乡一体化发展为目标，推进城乡统筹“四大延伸”，建成统筹城乡、上下联动的规划编制和规划实施信息化管理体系。加强档案规范化管理，优化档案利用服务。全年对外接待档案查阅1262人次，调阅档案2611卷。（汝　虎）

【市规划展览馆接待参观单位650余个】 市规划展览馆主要负责杭州市城市规划的展览、公示及城市规划法规和城市总体规划的宣传。全年接待各级党政代表团、社会团体和涉外机构等650余个，接待观众50余万人次。中共中央政治局常委、全国人大常委会委员长张德江等领导前往参观。全年承接各类会议100余个，包括国务院政策措施落实整改情况汇报会等重要会议。完成《杭州市城市总体规划（2001~2020）》修改草案等17个批次的城市专项规划、控制性详细规划的公示，回收市民群众对规划工作的意见建议1000余条。组织京杭运河（杭州段）建设成果展、杭派民居展等15个展览，以及“规划未来，放飞梦想——城市·梦想·家”童画大赛等3场公益活动。作为“第二课堂”教育实习基地，多次为杭州江滨职业学校、杭四中和杭十四中的学生提供接触社会、展示自我的实践活动平台。（朱海卫）

·勘察设计·

【勘察设计概况】 2014年，杭州市有勘察设计企业340个，比上年减少35个。按照行业分类，建筑工程设计类企业190个，其中具有甲级资质101个；工程勘察类企业18个，具有甲级资质10个；装饰类企业16个，具有甲级资质8个；其他设计企业112个，施工图审查机构13个。勘察设计企业中，有行业协会会员单位232个。年末，全行业有从业人员4.98万人。实现主营业务收入538.76亿元。有123个项目获浙江省建设工程“钱江杯”（优秀勘察设计）奖，其中一等奖37个、二等奖53个、三等奖33个。有163个项目获杭州市建设工程“西湖杯”（优秀勘察设计）奖，其中一等奖33个、二等奖54个、三等奖76个。年内召开杭州市勘察设计行业协会第三届会员大会。

【“四库一平台”基础数据库建设】 1月，根据省住房城乡建设厅要求，市建委完成“四库一平台”（勘察设计单位基本信息数据库、技术人员库、工程业绩库、诚信库、施工图审查信息平台）基础数据库的审核录入。数据库录入勘察设计企业401个、专业技术人员1.08万人、注册工程师4345人和工程项目信息6632条。录入信息达到准确和完整的要求，为下一阶段市勘察设计行业的信息服务平台建设奠定数据基础。

【勘察设计行业评优活动】 2~4月，市勘察设计行业协会在全市勘察设计行业开展建设工程“西湖杯”奖评选。评选收到73个勘察设计企业报送的223个参评项目，其中建筑设计项目79个、勘察项目46个、风景园林项目44个、市政项目18个、工程技术类项目15个、智能类项目21个。经过各专业组专家审阅图纸、观看多媒体材料及评议、投票、网上公示，评出一等奖33个、二等奖54个、三等奖76个，涉及获奖人员1835人。4月和8月，在全市勘察设计行业两次组织“美丽宜居”（村居、农村文化礼堂）建筑设计竞赛活动，收到美丽宜居乡村设计方案42个、文化大礼堂设计方案27个。

【杭州首届优秀青年建筑师选拔】 根据市委宣传部、市财政局、市文化创意产业办公室联合印发的有关文件精神，市勘察设计行业协会组织实施“杭州市首届优秀青年建筑师选拔和培养”项目。2月25日，经过推荐、选拔，有9名青年建筑师全程参加国内外有关课题的高端培训。培训后，9人均被市建委、市勘察设计行业协会授予“杭州市首届优秀青年建筑师”称号。

【工程勘察设计质量检查】 5月和12月，市勘察设计行业协会两次开展建筑工程项目工程勘察设计质量大检查。先后从勘察设计单位抽调53名专家，抽查14个勘察设计单位的33个项目。其中，5月抽查住宅类项目和公建项目17个，发出整改通知单11份；12月随机抽取16个在建的保障性住宅项目的勘察设计施工图纸进行检查，并进行专项检查112次，主要包括建筑结构、给排水、电气、暖通、建筑节能、工程概算等内容及从业人员社保情况的检查，发出整改通知书12份。

【“建筑结构设计高级研修班”举办】 8月26日，市勘察设计行业协会在杭州天元大厦举办“建筑结构设计高级研修班”。研修班邀请浙江省工程勘察设计大师、浙江省建筑设计研究院总工程师杨学林主讲“复杂和超限高层结构针对性设计措施及相关建议”；中南建筑设计院股份有限公司副总工程师、英联邦注册工程师周德良主讲“大型站房复杂钢结构设计——杭州火车东站新型大跨度建筑结构设计”。在杭州的建筑设计企业和房地产开发公司从事建筑结构设计的技术骨干

180余人参加研修班。

【"中国梦·设计梦"演讲比赛】 9月24日，市建委、市勘察设计行业协会共同举办"中国梦·设计梦"演讲比赛。市勘察设计行业的43名选手参加比赛。参赛选手以自身成长经历为脉络，讲述一个个追求美丽梦想的励志故事，表达青年员工对践行"中国梦·设计梦"的想法。经过评议，比赛产生一等奖1名、二等奖2名、三等奖5名、优胜奖16名。演讲比赛对于凝聚员工人心、弘扬行业精神、实现"中国梦·设计梦"起到积极的推动作用。

【行业协会换届】 11月28日，市勘察设计行业协会第三届会员代表大会在杭州天元大厦召开。协会232个会员单位的218名代表参加会议。刘卫代表第二届理事会做题为"坚持服务宗旨，凝聚行业力量，不断开创杭州勘察设计行业改革发展新局面"的工作报告。大会选举产生杭州市勘察设计行业协会第三届理事会理事、常务理事、副理事长、理事长、监事。中国联合工程公司总经理、党委书记郭伟华当选新一届理事长，顾全当选新一届协会副理事长兼秘书长。 （顾 全）

【建筑设计院获优秀建筑设计奖18个】 杭州市建筑设计研究院有限公司坚持科学发展、健康发展，积极拓展设计生产经营业务，承接的设计项目遍及全国各地。全年中标设计项目19个，接受委托设计项目64个。完成设计产值2.55亿元，上缴税收1878.9万元，实现利润2492万元。公司重视设计质量与管理，注重提高设计创优创新水平，全年设计成品合格率、施工图外部审查通过率均100%。先后有18个设计项目获优秀建筑设计奖。其中获全国优秀建筑设计奖2个、浙江省优秀建筑设计奖6个、杭州市优秀建筑设计奖10个。 （卢福荣）

【城建设计院完成设计产值1.62亿元】 杭州市城建设计研究院有限公司全年完成设计产值1.62亿元。承接规模和影响较大的工程项目有湖北省云梦县城东新区曲阳河东商业街、江西省上饶市广丰五星级酒店、河南省郑州市海洋生物博物馆等，以及杭州市西湖区古墩路等17条道路积水整治、杭州地铁2号线二期工程董家路站至良祥路站、浙江省苍南县龙港新城世纪大道等。公司建筑节能设计达标率100%。全年获省、市建筑行业优秀设计奖6个，其中浙江省建设工程"钱江杯"（优秀勘察设计）奖3个，分别为浙江省余姚市四桥改建工程——东旱门隧道、湖北省潜江市体育活动中心、温州市欧海大道西段快速路工程（高架部分）。上述3个项目同时获杭州市建设工程"西湖杯"（优秀勘察设计）奖。公司保持浙江省工商企业重合同守信用AAA级企业称号，并为中国勘察设计协会民营设计分会常务理事单位。 （陈 易）

【城市规划院承接重大项目20个】 杭州市城市规划设计研究院全年完成《杭州市城市总体规划（2001~2020）》修改及《杭州都市区规划纲要》《浙江省美丽县城评价指标体系研究》《杭州市城市开发边界划定对策研究》《杭富一体化战略规划研究》《京杭运河杭州段（三堡至塘栖段）城市景观提升工程规划》《杭州市产业发展潜力空间挖掘提升研究》《杭派民居研究》等20个重大项目的编制。上述项目时间周期短、社会关注度高、创新性强、难度大。该院十分重视，选派精兵强将，集中组织攻关，及时完成重大项目的编制任务。 （汤海孺）

【勘测设计院完成勘测项目2016个】 杭州市勘测设计研究院以持续发展为目标，大力拓展勘测设计市场。全年完成测绘、岩土工程、勘察设计、施工、检测等项目2016个。组织实施《杭州市1∶500地形图跟踪修测》项目，涉及图幅近1.2万幅，为城市规划审批提供翔实的地形图资料。BIM（建筑信息模型）技术研究及应用取得明显进步，此项新技术有利于减少施工过程中的返工，并能及时预警施工难点。工程创优和技术进步成绩突出，《杭州市现代空间基准体系建设方案之市域高精度高分辨率似大地水准面确立暨一、二等水准高程控制网建立》《杭州沿江大道（之江东路—车站南路）工程》等9个项目获国家级、省部级优秀工程奖，1项工作获省级科技进步奖。 （韦欧阳）

·城建投资·

【城建投资概况】 2014年，市城投集团以深化改革为动力，全面实施"五大战略"（大项目带动战略、开放发展战略、改革创新战略、人才强企战略、文化兴企战略），扎实推进重点工程建设、基础设施配套、为民办实事、公用产品保障等工作，较好地完成年度各项目标任务。全年实施新建和续建项目157个，完成投资97亿元。实现营业收入136.57亿元，比上年增长5.2%。实现利润9.40亿元，其中净利润6.43亿元。年末总资产890.48亿元，合并净资产364.23亿元，分别增长5.0%和0.8%。国有经营性净资产收益率12.2%。

重点工程建设和做地项目进度加快。紫之隧道完成掘进1.62万单延米，累计完成掘进1.7万单延米。开工建设转塘公交停车场、华丰综合停车场等公交场站6个，竣工8个。铺设高压和中低压天然气管道161.8千米，新增管道燃气用户5.4万户。厨余垃圾处理中心一期工程投入试运行，祥符水厂和九溪水厂饮用净水改造、七格污水处理厂提标改造等工程有序推进。三墩北地块绕城村农转居拆迁安置房项目开工，项目占地面积1.73万平方米，总建筑面积5.23万平方米，可安置村民315户。全年完成做地58公顷，出让土地23.6公顷，出让土地增长38%。三墩北周家坪路、里洋路、甲来路等6条道路完成竣工验收，综合管线网络基本成网，为三墩北整村推进及后期开发建设创造良好条件。通过发行票据、银行融资等途径筹措资金32亿元，新增银行授信50亿元，确保重点项目建设资金需要。

企业改革不断深化。市城投集团全年确定混合所有制改革、资产重组、企业上市、产融结合发展等8个方面改革重点，各项改革取得阶段性成果。杭州热电集团和杭州金通科技有限公司完成主要中介机构选聘，企业上市正式迈出步伐。杭州城投建设有限公司混合所有制改革方案初步拟定。污水处理政府购

买服务和公用产品成本核算、定价机制进一步确立。配合市物价部门实施居民生活用水价格改革，年内阶梯式水价改革方案和有关配套政策正式出台。

开放发展取得新进展。市公交集团中标甘肃两当、安徽滁州、南京浦口等25个市（县）公共自行车系统建设项目。市燃气集团进一步拓展周边县（市）供气市场，其中新建的建德加气站日供应量达3万立方米，成为全省最大的县级加气站。市环境集团与市城乡设计院联合成立杭州天城环境发展有限公司，从事特种优势微生物生化处理技术（GZBS）的推广和运用。丽水杭丽热电有限公司项目投产，宁海杭热热力有限公司和舟山杭热热力有限公司项目建设有序推进。由市城投集团承接的富阳公园路东延工程开工，工程总投资5.39亿元。市路桥集团、市建工集团等企业在汽车测试场项目、全国区域市场及新加坡等海外市场的份额进一步扩大。

公用产品保障能力提升。市城投集团健全具有城投特色的安全管理体系。全年组织安全生产检查3601次，发现安全隐患6648个，完成隐患整改6610个。建立巡护、抢修、安检、路救等应急抢修（救援）队伍137支，有应急救援人员2011人，确保日常和节假日期间城市公用产品的供应。全年新辟公交线路13条，优化32条；实现公交客运量14.4亿人次，增长5.3%。市区（不含萧山区、余杭区）新增、更新公共自行车3100辆，公共自行车租车量1.1亿人次，增长7.2%。完成供水4.8亿立方米。处理污水4.16亿立方米。销售天然气8.16亿立方米（包括汽车用气），增长23.7%。市区直运垃圾142.3万吨，增长11.4%。填埋处理垃圾（包括非直运垃圾）164.41万吨，增长14.5%。开展“走出热线走进社区，城投真情服务到永远”系列活动，其间为市民提供咨询服务1044次，为45个街道261个社区居民提供天然气设备检修、自来水管更换等上门服务。组织主城区城投服务中心营业厅争创“流动红旗营业厅”及“服务之星”活动，促进服务质量不断提升。

【市城投集团助力“美丽杭州”建设】 市城投集团积极打造绿色、低碳市政公用产品，加大节能与新能源和清洁能源公交车应用力度，全年购置新车1044辆，其中新能源和清洁能源车辆占87.5%。主城区1136辆公交黄标车辆被全部淘汰。推进主城区“无燃煤区”建设和机动车“油改气”项目实施。制订《杭州市无燃煤区天然气配套建设实施方案》，制订“一对一”的个性化改造方案，并提供一站式服务，落实专人持续跟进。杭州华源豆制品有限公司、杭州万事利有限公司等9个燃煤企业完成“煤改气”，年新增天然气1800万立方米。建成拱康路、清泰门、临丁路等天然气汽车加气站6座。加快推进垃圾处置“三化四分”（“三化”指减量化、资源化、无害化，“四分”指分类投放、分类收运、分类利用、分类处置）工作。厨余垃圾处理中心一期工程投入试运行，日处理厨余垃圾（家庭厨房产生的垃圾）200吨。日处理20吨餐厨垃圾（餐厅、饭店产生的垃圾）工程启动较小规模试验。（童丽霞）

【余杭区公共自行车系统与杭州主城区全面互通】 1月1日起，余杭区公共自行车系统在完成全区284个服务点、7387个锁止器的技术升级，并经过半个多月的试运行后，正式融入主城区，与主城区公共自行车系统实现全面互通，即两地的公共自行车可以通租通还。公共自行车的互通使两地市民出行更加方便。余杭区于2001年建成公共自行车系统，至2013年末，该区公共自行车发展到8000辆。

【国内首个“闸机式”公共自行车快速租还点启用】 2月20日，由市公交集团自主研发的国内首个“闸机式”公共自行车快速租还车系统在杭州火车东站东广场启用。“闸机式”公共自行车快速租还车系统最大的优点是租还快速，平均租还一辆车只要1.5秒钟；4个通道全部开通，1分钟可租还160辆。租还点设计理念先进，各项功能均具优势，租还不仅与主城区的公共自行车兼容，而且操作简便。该租还点位于东宁路，租还场地260平方米，能停放300辆公共自行车，是国内最大的公共自行车租还点。

【杭州公共自行车系统获“广州国际城市创新奖”】 11月28日，第二届“广州国际城市创新奖”在广州举行颁奖典礼，杭州作为国内唯一的入围城市，其公共自行车系统获“广州国际城市创新奖”，同时赢得“网络人气城市”奖。“广州国际城市创新奖”是世界城市和地方政府组织（UCLG）的最高奖，旨在表彰城市和地方政府在创新领域的成功实践。杭州从2008年5月建成公共自行车系统，至2014年8月申报创新奖时，已拥有3113个服务点、7.8万辆公共自行车，日最高租用量41.14万人次，累计租用量4.67亿人次。公共自行车的推出，一定程度上减轻城市道路拥堵的压力。2011年9月8日，杭州作为“世界最大公共自行车”项目

建设中的杭州七格污水处理厂三期提标改造工程　（市城投集团 供稿）

9月29日，杭州市公交治安巡防支队成立　　　　（市城投集团　供稿）

起源地入选全球提供最棒公共自行车服务的城市。

【杭州市公交治安巡防支队成立】9月29日，市公交集团、市公安局交通治安分局共同组建成立杭州市公交治安巡防支队，旨在保障公交运行安全，形成“严防、严控、严打、严治”的高压态势，有效保障广大群众出行安全。巡防支队由两部分人员组成，一部分是市公安局交通治安分局民警，另一部分是各大保安公司选拔出来的优秀保安，支队人数280余人。主要负责维护公交站区和公交车上的秩序，检查防护、防控措施落实情况，担负应急突发事件的处理和安全乘坐公交车的宣传。支队成立后，全体巡防队员在公交站区不间断地进行巡查，必要时进入公交车内对安全防护设施、标志标识进行检查，同时配合公安部门在重点时段、重点区域、重点线路，针对不同任务需求展开巡检，执行保卫和维护秩序的工作。　（郑增杰）

【城西污水处理厂通水调试】12月25日，城西污水处理厂启动通水调试。城西污水处理厂是杭州城西地区和西溪国家湿地公园的重要基础设施配套项目，同时被列入国家太湖流域水污染治理范围的重点项目、浙江省重点工程、杭州市“十大工程”重点项目。启动通水的一期工程实施规模为5万立方米/日，远期为20万立方米/日。其服务区域为西湖区的西北部地区，主要是蒋村集镇片区、紫金港路以西文二路以北区块、浙大紫金港西校区、西溪湿地保护区、西湖科技经济园区发展区块及三墩北居住区。工程采用改良A/A/O污水二级处理工艺和微絮凝过滤深度处理工艺，出水水质标准优于国家一级A标准。城西污水处理厂投入运行后，城西地区周边的水环境将得到改善。

【市城投行业“五水共治”重大项目启动】根据省、市“五水共治”工作部署，市水务集团启动两个水厂深度处理改造、污水处理厂提标改造、千岛湖供水工程等重大项目。祥符水厂饮用净水改造工程于10月31日开工建设，供水规模为25万立方米/日，主要对常规水处理系统进行深度处理和设备提升改造，工程总投资3.81亿元。九溪水厂供水规模为60万立方米/日，常规水处理系统深度处理和设备改造的总投资7.14亿元，于年底完成项目前期工作。七格污水处理厂提标改造工程于12月30日开工，项目分三期实施，设计污水处理规模120万立方米/日，出水水质由一级B标准提升至一级A标准，总投资约8亿元。千岛湖供水工程包括杭州市第二水源输水通道工程（九溪线）、闲林水厂工程、主城区分质供水试点、九溪水厂取水口上移等。年内，杭州市第二水源输水通道工程取得项目服务联系单和地质初探成果。闲林水厂工程委托设计部门进行水厂平面布局的多方案比选和水厂出厂管平面布置方案的设计。主城区在进行分质供水试点小区的选择。九溪水厂在进行取水口拟上移点的资料收集和方案前期比选。　（王　翔）

【城市天然气应急保障能力提升】市燃气集团着力打造杭州市天然气利用工程“多点接气、环状供气”格局，加快实施“燃气西进”战略和城乡区域一体化燃气基础设施建设。10月，滨江LNG（液化天然气）应急气源站建成试运营。11月，桐庐LNG应急气源站首次进液，该气源站一期工程建设150立方米LNG储罐2台，最大储气规模18万立方米。12月，杭州东部LNG应急气源站完成主体工程施工，该站是全市第二个天然气保障基地，包括一台1万立方米液化天然气常压储罐及相关配套设施。连同已建成的西部LNG应急气源站一并投入使用后，可在天然气断供的情况下，满足全市平峰时期6天、高峰时期3天的应急供应保障。　（方翠燕）

【国内首个厨余垃圾减量项目运行】6月25日，市环境集团厨余垃圾减量暨生化利用一期项目投入单机调试运行。该项目是国内第一个规模化厨余垃圾资源化利用项目，也是全国推出垃圾分类以来第一个真正落地的末端分类垃圾处置项目。建设规模为每日处理厨余垃圾200吨，工程总占地面积5710平方米，建筑总面积4656平方米，总投资1.1亿元。垃圾减量项目包括厨余垃圾和餐厨垃圾的处理。处理工艺采用“前分选—厌氧产沼—沼气利用”技术路线，由预处理系统、厌氧消化系统、沼气净化系统、污泥脱水系统及除臭系统5个系统组成。

【厨余垃圾清洁直运新车启用】9月25日，国内首创的厨余垃圾清洁直运新车启用。清洁直运新车采用全车绿色喷绘，配以白色醒目标识，实行“绿车绿桶、专车专运”。为推广厨房垃圾清洁直运，市环境集团成立清洁直运拱墅分公司，在拱墅区的清水公寓、和睦院、大关东六苑等12个小区启动“垃圾清运新模式”，开辟“垃圾不落地”特色清运

专线，实行“五定五公开”（线路定点、定时、定次、定类、定向，公开垃圾桶数量、收集清运时间、日清运频次、投诉电话、责任人）。在西湖区、杭州经济技术开发区分别新增1个环保教育宣传站，新辟10条大件垃圾定日、定点、定时清运专线，在垃圾分类做得比较好的社区设立清运专线。至年末，清运专线免费清运社区居民大件垃圾340车3621件。

【杭州承建黄岩废弃物生态填埋场渗滤液处理厂】 9月29日，台州市黄岩区废弃物生态填埋场渗滤液处理厂建成并投入试运行。填埋场渗滤液处理厂由杭州天城环境发展有限公司承建。渗滤液处理厂占地面积6979平方米，工程投资2681万元，渗滤液处理工艺采用特种优势微生物生化处理技术（GZBS），日处理渗滤液400立方米。经过调试，填埋场各项出水指标符合《生活垃圾填埋场污染控制标准》。（郭建玲）

【省内第一个住宅产业化PC项目开工】 7月22日，三墩北德泽家园住宅产业化试点项目开工。该项目是杭州市首个采用EPC（按合同约定实行总承包）模式招标的保障房住宅产业化试点项目，也是浙江省范围内第一个住宅产业化PC（混凝土预制板）项目，采用标准化设计、工厂化生产、装配化施工的产业化开发模式，能缩短建设周期，降低物耗、能耗及施工过程对周边环境的影响，有助于提高住宅的品质和寿命。德泽家园占地面积2.7万平方米，总建筑面积10.35万平方米，规划建设保障房1086套。（袁韧坚）

【第七期城建信托发行】 8月28日，由杭州市城建发展有限公司与杭州市居住区发展中心联合发行的第七期城建信托完成发行。该信托筹措资金9.83亿元，期限两年，投资者年收益率7%。筹措资金主要用于长睦地块大型居住区景观绿化、河道整治和三墩北地块经济适用住房建设。其中，长睦地块R21-11B宅地经过整理，出让给卓越置业集团有限公司，出让总价6.41亿元。三墩北地块二期经济适用房项目于年内交付2996套，交付率97.3%。

（徐永宁 袁韧坚）

【诚鼎创投基金投资企业挂牌上市】 10月17日，杭州诚鼎创投基金投资的企业——浙江金盾风机股份有限公司（简称“金盾风机”）IPO（向公众出售股份）申请获中国证券监督管理委员会创业板发行审核委员会第23次会议审核通过，杭州诚鼎创投基金实现所投企业上市“零”的突破。杭州诚鼎创投基金是杭州市城建发展有限公司与上海城投控股股份有限公司合作设立的首个股权投资基金，成立于2011年3月。“金盾风机”是杭州诚鼎创投基金投资的第二个企业。杭州诚鼎创投基金于2011年7月投资1500万元认购“金盾风机”股份，认购的股份占“金盾风机”总股本的4%。2014年12月31日，“金盾风机”在深交所创业板正式挂牌上市。

【紫之隧道完成开挖1.7万单延米】 2014年，紫之隧道建设指挥部精心组织工程施工，全线6个标段全面开工，并先后攻克隧道过五浦河和沿山河、3号隧道线位调整、山岭隧道地质复杂等多项难题，确保工程进度达到预期要求。全线累计开挖隧道17134单延米，其中明挖段2464单延米，浅埋暗挖段741单延米，山岭段13929单延米，超额完成市委、市政府下达的1万单延米开挖任务，为次年实现“洞通”奠定基础。（徐永宁）

【全球首台“自动对地贴墙”侧壁清洗车运抵杭州】 3月上旬，市路桥集团引进的全球首台带有“自动对地贴墙”功能的侧壁清洗车运抵杭州，并在杭州的西湖隧道、梅灵隧道、之江路通道等12条主要的隧道通道内，对设备进行作业调试。该台设备由德国施密特公司专门为杭州量身定制。根据杭州所有类型隧道的特点，刷子能随地面起伏，自动上升或下降，实现无缝清洗。该清洗车主要用于市政设施的立面保洁，尤其是城市高架隔音屏、隧道立面及护栏等配套设施的清洗，以取代传统的以人工清洗为主的作业方式，成为市政设施立面清洗的主力。（胡 毅）

·钱江新城·

【钱江新城概况】 2014年，钱江新城管委会抢抓体制机制调整、市民中心投入使用、市域一体化发展、重大国际会展落户杭州等新机遇，应对各种挑战，三大新城（钱江新城、城东新城、奥体博览城）建设与管理取得新的成绩。全年完成政府项目投资和社会项目投资354.9亿元，比上年增长14.1%。其中政府项目投资135.9亿元、社会项目投资219亿元。管委会获“杭州市社会主义新农村建设（城乡区域统筹发展）工作考核优胜单位、区县（市）协作责

全球首台“自动对地贴墙”侧壁清洗车 （市城投集团 供稿）

献单位”“杭州市亮化工程建设与管理考核先进组织单位”等称号。

重大项目建设加快。市妇产科医院、勇进中学（北师大附中）、杭州娃哈哈幼儿园交付使用。安置房开工8万平方米，续建109.3万平方米，竣工23.2万平方米。杭州高级中学钱江新城校区建设有序推进。新塘河配套工程开工。市民中心A座、C座投入使用。杭黄客运专线全线征迁启动，年内签约拆迁农（居）户1666户，签约率98.8%；交付建设用地105.66公顷、施工临时用地127.12公顷；完成建设前期投资30亿元。

征迁安置进展顺利。钱江新城以“征迁扫尾攻坚年”为抓手，全力推进征迁扫尾“清零”。杭州高级中学钱江新城校区、钱江东路延伸段完成交地，渔人码头生态公园66个集体企业完成搬迁，完成56户农（居）民户拆迁扫尾。回迁安置农（居）民378户。钱江新城开发有限公司完成之江东路（东湖路以东江干段）地块移交。

城市资源经营管理取得新成效。全年三大新城出让土地9宗32.92公顷，出让合同金额139.2亿元，回笼出让金62.1亿元。其中，管委会本级出让4宗12.36公顷，出让合同金额96亿元；实际出让2宗1.71公顷，出让合同金额10亿元，回笼出让金20.5亿元。招商引资实际到位资金16亿元，引进浙商回归资金4.8亿元，引进外资5000万美元，完成市政府下达的招商引资目标。钱江新城范围内引进注册资金5000万元或税收500万元以上的企业及企业总部38个；引进金融企业37个，其中金融机构24个。

综合管理工作统筹推进。钱江新城管委会完成渔人码头和南星单元小学控规调整、五福区块控规局部调整选址论证报批、四堡和七堡地区单元控规修编批复。编制完成核心区亮灯提升工程方案及施工图。开展望江路过江隧道及青年路过江隧道工程可行性方案设计，年内两条过江隧道项目建议书获批复。完成富春路（清江路—之江东路）污水管道改造和新塘河绿化配套设施方案及施工图设计。完成五福区块绿地及广场、停车场、安置房项目建议书报批，以及富春路污水管道改造项目建议书调整、可行性研究方案编制和调整。规划支路、华日路可行性研究报告获批复。市民中心、勇进中学、铁路东站枢纽西广场等6个停车库4362个车位交付使用，新增市民公园临时地面停车泊位1500个，新增市妇产科医院、勇进中学及平安金融大厦等地下空间30余万立方米。完成两大新城（不含市民中心项目）造价结算初审项目46个、结算终审项目393个。完成数字城管案卷3690件，及时处理率96.9%；完成“12319”案卷23件，综合满意率98%。

【钱江新城机构体制调整】 1月27日，市委专题会议决定，对包括钱江新城管委会在内的市属3个单位事业企业混编等问题进行清理，并要求于6月底前完成清理。5月20日，市委再次召开专题会议，明确杭州市钱江新城建设管理委员会、杭州市钱江新城建设指挥部、杭州市铁路及东站枢纽建设指挥部“三块牌子、一套班子”体制不变。同时，由钱江新城管委会出资成立杭州市钱江新城投资集团有限公司（简称新城投资集团）。6月30日，市政府下发《关于杭州市钱江新城建设管理委员会机构规范和体制调整方案的批复》，明确钱江新城管委会的主要职责，由管委会出资10亿元以上成立新城投资集团，并成建制将相关股权、资产划入新城投资集团。7月8日，新城投资集团完成工商注册，钱江新城管委会实现事业企业编制分离。

【勇进中学新校区投用】 9月1日，勇进中学（又名北京师范大学附属杭州中学）新校区正式投入使用。勇进中学新校区位于钱江新城的钱江路与姚江路交叉口西南角，校园建筑面积7万平方米，设教学班45个，配有5300多平方米的风雨操场，其中包括室内网球场、羽毛球场及攀岩墙等体育运动设施，系全市规模最大的公办初中。校园采用围合的手法，将行政楼、实验楼及体育场所等功能区沿周边布局，使用频率高的教学楼居中，并避开十字路口。新校区建有停车位442个，其中公共停车位370个。校园按国家《绿色建筑评价标准》设计，实施一系列绿色建筑。

【杭州娃哈哈幼儿园开园】 9月1日，杭州市娃哈哈学前教育集团新城园区开园。该幼儿园总建筑面积2259平方米，其中地上1937平方米、地下322平方米，规模为6个班，总投资1000余万元。幼儿园建设以打造一级示范幼儿园为目标，实现布局合理、日照充足、造型新颖、安全环保的预期。幼儿园的建成，有效缓解南星单元区块居民幼儿“入园难”“上好园更难”的问题。

【市妇产科医院启用】 11月12日，杭州市妇产科医院（杭州市妇幼保健院，杭州市第一人民医院钱江新城院区，杭州市钱江医院）正式启用。市妇产科医院位于钱江新城的富春路与观潮路交叉口，用地面积1.51万平方米，总建筑面积9.6万平方米，设停车泊位355个，总投资约8亿元，于2009年4月开建，属于市卫生计生委直管的公立医院，是全市唯一按三甲标准建造的妇产科专科医院。医院开设妇科、产科、生殖中心、计划生育科、新生儿科、整形美容科、乳腺科、妇女保健科、儿童保健科、中医妇科等临床科室，拥有包括一体化产房、家庭式病房在内的床位600张，由市第一人民医院实行集团化管理。

【杭州高级中学钱江新城校区一期工程完成】 杭州高级中学钱江新城校区位于江干区七堡，建设用地面积8.87万平方米，总建筑面积11.94万平方米，计划投资9亿元，建成后可容纳48个班学生。建设按工程上要高强度推进、装修上要高标准设计的“两高”要求，力争建成体现历史和文化内涵的一流学校。4月23日，副市长陈红英赴杭州高级中学钱江新城校区现场调研，强调要抢时间，抓节点，倒排计划，加快建设进度，确保学校在2015年9月交付使用。11月，杭州高级中学钱江新城校区一期工程通过中间结构验收。

【钱江新城治水成效明显】 4月15日、16日，钱江新城管委会两次专题研究治水工作，把7段河道建设和五堡临时排涝泵站启用列入年度治水目标。汛期前，完成五堡排涝泵站整体改造提升，以及江干渠高德置地地块和新开河桥三新路的围堰拆

除，钱江新城核心区河道过水能力明显提高。钱江新城二号港（花园兜街—艮山东路）12月完工，白石港（德胜路—机场路）的东宁路南侧至机场路段12月进场施工。白石港（环站北路—天城路）、二号港（铁路—引水河）、新开河（三新路—运河西路）、横河港（运河东路—二号港）4条河段治理全面展开，其中白石港（环站北路—天城路）、新开河（三新路—运河西路）基本完工。引水河、赵家港、白石港3条河段完成治理方案研究和手续报批。核心区森林路、公园路、市民路、五星路、四季路等11条支路完成雨污水管道维修。6月4日，市长张鸿铭，副市长徐立毅、徐文光、戚哮虎等市领导实地踏看新开河排涝水工程等重点施工工地，对钱江新城管委会治水工作予以肯定。

【钱江新城交通拥堵治理】 钱江新城管委会采取多项举措治理交通拥堵，内容包括道路整治、道路续建、新增停车泊位等。年内，望江路过江隧道试验段开工建设，钱江东路（三新路—观潮路）完成拓宽工程量50%，钱潮路（北延伸段）（凤起东路—景芳路）完成整治并通车，甬江路（秋涛路—钱江路）完成主体工程验收，三新路（凤起东路—钱江路）进入施工扫尾，之江东路（东湖路—聚首路）拓宽工程完成交地，明月桥路南延伸段（规划）（环站南路—之江东路）和钱江东路延伸段（观潮路—九田路）初步设计获批复。

【钱江新城“漂流书亭”认领活动】 9月28日，钱江新城50座“漂流书亭”启用两周年。当日下午，由浙江教育出版社、《钱江晚报》、钱江新城管委会和钱江新城投资集团联合主办的“担当起我们的责任——钱江新城‘漂流书亭’认领活动”在钱江新城城市阳台举行。钱江新城管委会分别与市纪委机关、浙江教育出版社、杭州出版社、杭州市城市学研究中心、杭州图书馆、钱江新城投资集团等单位签署“漂流书亭”认领战略合作协议书，城市主阳台的10座“漂流书亭”分别被认领。此次活动接受单位和个人捐赠图书3000册。

杭州奥体中心主体育场　　（钱江新城管委会　供稿）

【铁路东站枢纽西广场全面投用】 1月1日，杭州铁路东站枢纽西广场部分正式启用，11月12日全面投入使用。西广场于2010年5月28日启动建设，总建筑面积42.87万平方米，总投资40.74亿元。地下3层建筑面积34.45万平方米，主要为公共停车库、换乘大厅、出租车蓄车场、公交场站、旅游大巴车区等公共服务区域及配套商业。西广场启用后，正值春运开始，在各方面全力保障下，西广场运营总体安全平稳。春运期间，铁路东站枢纽东西广场换乘大厅迎送旅客362万人次，南北出租车通道总流量24.3万辆。

【铁路东站枢纽东广场配套商业招商】 杭州铁路东站枢纽东广场综合体及疏解通道是铁路东站枢纽的重要配套工程。东广场占地11.43万平方米，地上建筑面积16万平方米，地下建筑面积21万平方米，工程于2009年5月开工、2014年8月竣工。7月8日，东广场地下1层配套商业完成招商，招商面积1.65万平方米，租赁期10年，由北京鼎盛乐工投资有限公司中标。7月15日，杭州萧山国际机场东站枢纽航站楼启用，航站楼位于东站枢纽东广场大厅G层北侧。

【杭黄铁路杭州境内总投资239亿元】 9月30日，杭黄铁路客运专线（浙江段）征迁动员大会在桐庐召开，标志着杭黄铁路（浙江段）全线建设启动。

杭黄铁路正线全长264.79千米，其中浙江省境内184.73千米，安徽省境内80.06千米。全线设杭州南、富阳、桐庐、建德东、淳安、三阳、绩溪北、歙县北、黄山北9个车站。沿线将西湖、千岛湖、钱塘江、富春江、黄山等众多风景名胜串珠成链，形成“名城　名湖　名山—名江”的旅游线。杭黄铁路作为国家重点建设的铁路之一，初步设计批复投资总额338亿元，其中杭州境内总投资239亿元。1月22日，杭黄铁路可行性研究报告获国家发改委批复。4月30日，杭黄铁路初步设计获中国铁路总公司、浙江省政府、安徽省政府联合批复。7月7日，注册成立杭州市杭黄铁路投资有限公司，代表杭州市作为独立股东参与杭黄铁路有限公司组建。杭州市杭黄铁路投资有限公司由杭州市铁路投资集团有限公司、萧山交通投资集团有限公司、桐庐县铁路建设投资开发有限公司、淳安县交通发展投资有限公司、建德市铁路设施投资有限公司、富阳市交通发展投资集团有限公司等6个股东单位出资，公司注册资本27.02亿元。

【奥体中心主体育场金属屋面工程完工】 12月22日，杭州奥体中心可容纳8万人的主体育场“花瓣支架”金属屋面工程完工。奥体中心主体育场位于钱塘江南岸，与钱江新城的地标建筑“日月同辉”隔江相望。金属屋面工程总面积9.5万平方米，由28片大花瓣和27片小花瓣组成。大小花瓣面积7.5万平方米，均为铝镁锰板制成，花瓣之间的间隙为聚碳酸酯阳光板，面积1.5万平方米；

另有5000平方米天沟包边。奥体中心主体育场二次精装修和设备安装等工程按工期有序推进。

【望江路过江隧道开工】 12月30日，望江路过江隧道试验段开工建设。望江路过江隧道位于钱江三桥（西兴大桥）与钱江四桥（复兴大桥）之间，北接上城区望江路，下穿钱塘江，南接滨江区江晖路。全长3.24千米，双向4车道，设计时速60千米/小时，按城市主干道标准建设。此次开工的试验段工程是隧道北出口工程，总长145米，估算总投资1.19亿元。（袁　森）

·建筑业·

【建筑业概况】 2014年，杭州建筑业企业积极应对经济下行和房地产市场风险等严峻挑战，抓紧调整产业结构，努力克服建设资金困难，全行业实现稳中有进、稳中有升的发展趋势。全市有建筑施工企业2989个，比上年增长8.1%。其中，房屋建筑工程施工总承包企业529个，市政公用工程施工总承包企业423个，建筑装饰装修专业承包企业458个。全年建筑业企业完成总产值3971.39亿元，增长5.8%，占全省建筑业总产值的17.5%。全市在外省完成施工产值1242.51亿元，增长3.1%。实现增加值432.01亿元，增长3.4%，增加值占全市地区生产总值的4.7%。实现利润91.31亿元，增长3.3%。上缴税金106.28亿元，增长4.2%。其中，上缴地方税金91.98亿元，增长7.2%，占全市地方税金的11.1%。实现工程结算收入3440.03亿元，增长3.1%。（俞　辉）

【建筑业企业资质管理】 2014年，市建委开通建筑业企业网上资质申报功能，对建筑业企业进行工程业绩抽查、核实，加强对建筑业企业资质申报员业务指导。全年办理建筑业企业及一体化资质申请503个637项，其中资质升级申请342个394项，资质延续申请161个243项，准予许可396个983项。核准五县（市）建筑业企业资质申请78个103项。办理城市园林绿化企业一、二级资质申请升级（延续）57个，核准三级资质申请36个。办理乙级以上施工监理企业资质申请79个，涉及124个专业，核准丙级监理企业资质7个。受理39个工程造价咨询企业资质初审、32个工程建设项目招标代理机构资格审查。办理杭州市建筑业企业建造师（初始、增项、重新）注册4300人次，发放建造师注册证书（印章）3199本（枚）。（金慧忠　俞　辉）

【建筑市场监管】 市建委认真落实工程质量整治两年行动有关要求，组织开展建筑市场日常巡查及各类专项检查。全年检查建筑企业822个次、建筑工地379个次，签发限期整改通知书204份，约谈建筑企业186个次，办结行政处罚案件62起。对7个企业和9名评标专家扰乱招投标秩序、3个企业资质申报弄虚作假行为进行通报批评。查处未领取建筑工程施工许可证擅自开工的建设单位26个、施工单位39个。（金慧忠）

【建筑市场信用体系建设】 11月，原市建委诚信建设市场管理领导小组更名为市建委信用建设领导小组，并调整领导小组成员，以适应信用建设新形势要求。探索建立综合项目管理系统，在信用网既有数据基础上，将所有与工程项目相关的各类基础信息及管理过程中产生的信息集中到该系统中，以便全面了解工程项目进度，随时掌握工程项目管理情况。该管理系统于10月正式运行。成立市建委预选承包商名录管理工作领导小组，组织开展2014年度政府投资建设项目预选承包商名录网上申请、区（县）市初审、市建委复审。10月，编制完成预选承包商名录并对外公布，有574个建筑业企业（含外地在杭州企业）被入选。修订《杭州市建设工程信用记分标准》，健全建筑市场主体信用信息日常采集和定期统计分析制度。全年对677个次企业、1514人次人员的信用情况进行记分。指导开展2013年度建筑业企业信用等级评价，有555个企业获得良好以上信用等级。加强建筑工程评标专家库建设，对全市2228名建筑工程评标专家进行招聘、续聘与培训考核，并实行动态管理，基本实现专家评标结果电子化。（俞　辉　金慧忠）

【建设工程招投标管理】 市建委从完善招投标管理制度入手，加强建设工程施工招投标管理。制定《杭州市房屋建筑和市政基础设施工程建设项目招标代理机构综合评估法比选办法》，修订《杭州市房屋建筑和市政基础设施工程施工招标投标管理办法》，出台《市招标办涉密工程招投标操作流程》，印发《房屋建筑和市政基础设施工程施工公开招标项目招标失败后转变发包方式的办理流程须知》《关于施工招标文件示范文本部分条款的修改通知》。对建设工程按投资性质实行分类管理，其中全部非国有投资的项目实行发包后置备案制度；国有资金占比例50%以下的项目实行邀请招标，50%以上的项目实行公开招标。加强省重点建设项目下放后的招投标监管，主动上门与省招投标监管部门对接，梳理下放项目有关办事流程，确保省重点建设项目顺利推进。全年市本级完成公开招投标项目1133个，建筑面积2511.93万平方米，总中标价约397亿元。（金慧忠）

【加强建筑产业工人培训】 市建委采取多种形式，加强建筑产业工人培训教育。以信息化为手段，持续推进实名制管理。全市有271个企业的1079个工程项目纳入实名制管理系统。全年有75个建筑业企业的124个工地开设自培自考工作点，登记师资人员779人。整合资源平台，激发民工学校办学活力。全年受理登记民工学校316所，有150所民工学校参与示范民工学校创建，达到创建标准125所；有187所民工学校通过达标验收。牵头组织全市钢筋工、砌筑工、木工等工种的技能大赛，有500余名作业选手参加技能大赛。开辟民工学校网络教学课堂专栏，完成钢筋工、砌筑工、木工、混凝土工、抹灰工5个工种操作技能电教片的拍摄、制作和上网。会同市文明办、市文广新局、《杭州日报》、省执业药师协会等单位开展爱心赠书以及“电影进工地”“法律进工地”“健康进工地”等活动。组织50余个项目部民工学校开展关爱小候鸟夏令营活动。（俞　辉）

【农民工工资纠纷处置】 市建委完

善建筑业企业农民工工资纠纷协调处理机制，落实专人负责，加强与市劳动保障部门和区、县（市）建设局的联动。深化农民工实名制管理。健全农民工工资保证金制度。做好工资拖欠投诉纠纷处理。全年接听投诉电话456个次，接待到访人员861批次，组织和参与召开农民工工资纠纷协调会89次，处理工资拖欠纠纷153起，涉及农民工5361人、金额3.2亿元。

【推进新型建筑工业化】 7月，市建委成立新型建筑工业化领导小组。领导小组按照“政府引导、企业主体、市场运作”的思路，稳步推进新型建筑工业化各项工作。组织人员赴上海、南京、沈阳、厦门、济南、长沙等地学习考察，了解先行城市推进新型建筑工业化的做法和经验。多次召开座谈会，听取施工企业、房地产企业等单位推进新型建筑工业化的建议意见。起草《关于加快推进建筑业发展的意见》和《关于加快推进新型建筑工业化的实施意见》。推进4个示范基地和6个示范项目建设。其中，三墩北R21-19地块经济适用房示范项目进入主体装配式施工。杭萧钢构股份有限公司和浙江东南网架股份有限公司示范基地基本建成。推进技术标准体系建设，市建委编制完成《杭州市建筑工程装配整体式混凝土结构试点工程施工与质量验收规定》，并配合省有关单位完成《新型建筑工业化计价依据》编制。组织杭萧钢构股份有限公司、浙江东南网架股份有限公司、浙江中南建设集团有限公司、中天建设集团有限公司、远大住宅工业集团有限公司5个企业主编或参编68项建筑工业化或住宅产业化建设标准，年内完成62项。

▶▶资料：新型建筑工业化

新型建筑工业化是指以构件预制化生产、装配化施工为生产模式，以设计标准化、构件部品化、施工机械化为特征，能够整合设计、生产、施工等上下产业链，实现建筑产品节能、环保、全生命周期价值最大化的可持续发展的新型建筑生产方式。

（金慧忠）

【工地党建工作创优】 11月，市建委印发《关于进一步做好工地党建和流动党员管理服务工作的指导意见》，在全行业实行工地党组织与民工学校同步申报、同步建设、同步管理。分3批召开建筑工地党建工作交流会，组织建筑工地党务干部到市城投集团、市地铁集团、上城区和拱墅区有关部门学习取经，推进建筑工地党建创优工作。全年新登记工地党组织178个，登记流动党员854名。开展纪念中国共产党成立93周年、工地流动党员聚力“四治”、“学雷锋”关爱困难流动党员等主题活动。举办建筑工地党务干部培训班、建筑工地作业人员“四位一体”管理服务工作推进会。完成工地党建各类先进选树、评比和表彰，承办全市建设行业“支部建在工地，党建深入现场”经验交流暨工作推进会。开通运行“流动党员之家”网页，实现流动党员管理服务信息化。编印《2013~2014年杭州市建筑工地党建和流动党员管理服务工作集锦》《2013~2014年杭州市建筑工地党建和流动党员管理服务经验交流材料汇编》及3期《工地党建之窗》刊物。（俞　辉）

·城市管理·

【城市管理概况】 2014年，杭州市围绕建设“美丽中国”先行区的要求，努力破解城市“四治”（治水、治气、治堵、治废）难题，深入实施“人才兴管、创新强管、全民共管”三大战略，全力打造“贴心城管”品牌，道路保洁、河道治理、垃圾分类、行政执法等工作取得新的成效，城市管理长效机制进一步完善。

城市“四化”（洁化、序化、亮化、绿化）水平提升。全年新增保洁面积53.7万平方米，实施综合养护道路56条、169万平方米，道路清洁度98.4%、公厕清洁度98.2%，市区道路分类保洁管理项目获2014年中国人居环境范例奖。强化序化管控，加强对重点道路、重要窗口的督查，开展无证运输渣土、偷倒渣土、噪声扰民、无证经营燃气等专项整治，城区平均序化度97.4%。完成亮化工程建设项目50个，消除城市照明“暗区”1054处，景观照明、道路照明亮灯率分别为99.3%、98.8%，环西湖景观亮化提升工程获中国照明学会2014年城市照明建设奖二等奖，白堤夜景照明工程获“阿拉丁神灯奖·十大工程奖”。推广河道水面绿化，加强高温、台汛期、降雪等灾害天气情况下的保绿护绿，开展损绿毁绿违法行为专项整治。组织湖滨路步行街景观提升概念设计，优化湖滨路交通组织，加强沿路景观提升、空间管理、灯光彩化和市容环境秩序管理。

实事工程惠及面扩大。实施平路工程，全年修复车行道80余万平方米、人行道12万余平方米，提升加固窨井1800余个，修复、增设路名牌695块。市区增扩公共自行车服务点85个，累计3538个，其中24小时服务点100个。完成公厕提升改造43座，引导117个企事业单位向社会开放内部厕所。新增错时停车泊位1287个，会同各城区实施13处地下空间停车功能归位整治。实现人行道违法信息与交警并网处理，新增10个24小时全天候受理处罚点，处罚率比上年增长1.76倍。提升改造社区便民服务点150处，开辟疏导点158处，市民对社区便民服务点的总体满意度97.8%。以基层环卫所（站）为单位，建立城管环卫“直通车”服务队伍，全年为辖区居民提供化粪池疏通、清运等便民服务1.62万次。建立健全查违控违“五位一体”防控机制，查处违章建筑1579处、面积101.2万平方米。全年受理市民群众来电来信15.83万件，办结率、反馈率均100%，“12319”“96310”城管热线综合满意率96.6%。处置市110联动事件3661件，年度考核全市得分排名第一。

重点工作成效明显。“五水共治”开局良好，实施防汛排涝项目380个，清疏养护雨水管渠2500余千米，市区新增应急排涝能力3.78万立方米/小时。完成居民家庭节水型器具改造1.67万套，新增自来水“一户一表”1.05万户。完成截污纳管项目388个，消除排污口640个，新增截污量3.02万立方米/日。完成河道清淤35条（段），总长度53.6千米；提升改造河道闸站设施54座，引配水8.44亿立方米。数字城管类别扩充至12个大类、200个小类，全市数字城管覆盖面积500.1平方千米。全年立案交办问题117.04万件，问题及时解决率99.9%，26个中心镇数字城管规范运行率100%。垃圾治理稳步推进，主城区新增生活垃圾分类小区135个，累计1516个。

“贴心城管”行动全面推进。全年窗口受理行政审批事项2491件，即办件当场办结率和承诺件按时办结率均100%。全市承办城管行政执法一般程序案件1.59万起，结案1.54万起。建立微博微信工作网络，开展“评选最美城管人、弘扬核心价值观”活动，在《1818在路上》《市民监督团》等栏目播出城管执法一线工作纪实专题节目348期。出台《杭州市区生活垃圾分类工作实施方案》《杭州市区生活垃圾分类工作考核实施细则》《关于深化推进市区生活垃圾“三化四分”工作的实施意见》。编制杭州铁路东站枢纽地区、环城东路等51条道路户外广告详细规划，进一步加强户外广告长效管理。《杭州市燃气管理条例》《杭州市户外广告设施和招牌指示牌管理条例》《杭州市城市供水管理条例（修改）》3部地方性法规正式施行，城市管理法制化建设再上新台阶。开展“队伍正规化、执法规范化”建设试点，组织星级城管执法中队评比，全年新增四星级中队2个、三星级中队19个、二星级中队13个。（莫明跃 孙春芳）

【生活垃圾处置】 2014年，杭州市区清运处置生活垃圾330.53万吨，日均9056吨，比上年增长7.1%。其中主城区和西湖风景名胜区、杭州经济技术开发区清运处置生活垃圾176.18万吨，日均4827吨，占市区清运处置总量的53.3%，增长4.6%。年直运垃圾128.09万吨，日均3509吨，占垃圾清运量的72.7%。其中，分类垃圾清运31.23万吨，日均856吨，占垃圾清运量的17.7%。萧山区和余杭区清运处置生活垃圾146.36万吨，日均4010吨，占市区垃圾总量的44.3%，增长10.3%；其他社会清运单位清运生活垃圾7.99万吨，占市区垃圾总量的2.4%。市区垃圾填埋场处理生活垃圾197万吨；焚烧处理生活垃圾133万吨，焚烧处理占市区总处置量的40%。市结算平台向纳入市级监管的3个垃圾处置场（厂）支付处置费1.48亿元（含往年结算收支差额762万元）。（张　媛）

【节水管理】 2014年，全市计划用水管理单位扩展至2872个，纳入节水远程监控系统实施预考核用水大户3500个，用水单位用水计划覆盖面94%，超计划超定额加价费收缴率89%。2012~2014年，累计投入节水技改项目资金515.8万元，实施节水技改项目5个，获市财政补助91.77万元，累计节水39万余立方米。累计创建省级节水型企业125个、省级节水型居民小区35个，创建数量均居全省地级市首位。（牟彬辉）

【推行“门前新三包”】 杭州市推进主城区环境、市容、设施管理“门前新三包”工作。全年开展“门前新三包”主题宣传20余次，组织“门前新三包”实施方案培训30余次，聘任主城区主要街道街道长200名。年内，主城区有2010条道路实施“门前新三包”，有2.26万个沿街单位、店家与所在街道签订自我管理承诺书，签订率94%。8月4日，市城管委发布《杭州市区“门前新三包”工作评估标准》，依据标准开展“门前新三包”评先评优活动。全年发现沿街店家环境不整洁、占道经营、店招店牌破损等问题526个，整改率100%，市民对“门前新三包”的满意率提高。

西湖北线景区北山街夜景　（市城管委 供稿）

【“市政环卫一体化”综合养护】 2月21日，市城管委在全市开展“市政环卫一体化”综合养护试点。按照属地为主体、因地制宜、网格化管理、监管与指导并重等原则，通过制订年度计划、建立评价机制，逐步将符合综合养护条件的道路纳入“市政环卫一体化”综合养护范围。全年市区有56条道路实施“市政环卫一体化”综合养护，养护面积169万平方米。实施综合养护后，市政、环卫两个行业之间作业互相干扰、遇到问题扯皮推诿等情况得到缓解。（裘柳燕）

【犬只收容和领养】 3月27日，杭州市成立犬业管理协会，借助社会组织力量，推进犬类收容、领养工作。通过社会组织、志愿者共同参与，完善收容、诊疗、领养制度，健全网络信息，开通交流平台，形成“政府引导、组织服务、社会参与”的犬类收容、领养体制。进一步拓展犬类收容中心功能，与宠物医院合作增设检验防疫、安乐处置、医疗绝育等项目。制定《杭州市犬只领养规定（试行）》，规范《收容犬只领养协议书》。11月25日，市犬类收容中心组织以“文明养犬，让我们的城市更美好”为主题的犬类收容中心开放体验日活动，推出10只收容犬只进行试点领养，省、市17家媒体进行报道。（裘柳燕 袁燕萍）

【九峰环境能源项目推进】 4月10日，市城管委牵头组建由市发改委、市规划局、市城投集团等11个单位参加的九峰环境能源项目商务谈判小组，与中国光大国际有限公司开

展项目商务谈判，并经市政府授权，分别与中国光大国际有限公司、杭州市环境集团、余杭城市建设集团有限公司三方股东签署《杭州市九峰环境能源BOT（建设—经营—转让）项目特许经营协议》和《杭州市九峰环境能源BOT项目垃圾处理服务协议》。年内，九峰环境能源项目完成规划选址、项目立项、环境影响评价、社会稳定评价、工厂注册等项目前期工作。（何亦风）

【停车收费系统迁入阿里云政务云平台】 4月，市城管委将道路停车收费服务管理系统迁入阿里云政务云平台，并完成POS机（手持收费终端）与系统升级改造。该平台是全国首个数据库系统政府管理信息化平台，为杭州主城区停车实现大数据管理理奠定基础。阿里云政务云平台服务的可用性99.9%，数据可靠性99.9%，在线率99.9%。停车服务系统迁入阿里云政务平台后，系统整体运行稳定。（叶茂勇）

【“最美城管”主题宣传】 5月起，市城管委启动“评选最美城管人，弘扬核心价值观”主题宣传活动，通过动员部署、推荐宣传、网络投票、演讲比赛、网上公示、党委决定等环节，在全市城管部门中评选出“最美城管”15人，其中1人入选“杭州好人”，1人获“最美杭州人”提名奖，2人入选杭州市“最美行者”十佳。拱墅区城管执法局创作的微电影《城管日记》获杭州市“最美劳动者”微电影大赛一等奖和特别感动奖，杭州经济技术开发区城管执法大队创作的微电影《温情夏日》获大赛二等奖。（金永飞）

【实施未收费补缴机制】 市城管委针对道路停车收费难度大、停车费补缴渠道单一、运用经济杠杆调节停车需求效果不明显等问题，自7月9日起，实施道路停车未收费补缴机制，实施后成效明显。至年末，市区停车泊位周转率由2.6次提高到3.8次（剔除包月等特殊停车周转率由3.8次提高至4.3次），平均停放时长由2小时以上缩短至1小时30分钟左右，现场未收费率由40%降低至9.3%，单个泊位收益率提高56%。通过实施道路停车未收费补缴机制，公共资源得到有效利用，有效缓解“停车难”、减轻“微循环”拥堵。（叶茂勇）

【“智慧城管”建设启动】 7月，市城管委按照实际、实用、实效原则，抓住全市推进“一号工程”（大力发展信息经济和“智慧经济”）的契机，启动“智慧城管”建设。“智慧城管”以“一中心四平台”（“智慧城管”综合指挥中心，“智慧城管”日常运行管理平台、公共服务与互动平台、应急指挥平台、政策研究分析平台）为构架。年内完成公共服务平台、智能云终端、数据中心、集约化信息展示平台等十大信息化项目建设。新建成的“贴心城管”APP（手机应用软件）公共服务平台进一步拓展智慧服务的范围，注册用户增至2.6万人，为用户提供找公厕、找车位等服务400余万次。与市公安局、市林水局、市气象局等部门合作，共享2.1万路公安监控视频、2800余路公共自行车服务点监控视频及109个河道水位测控站点、149个雨量测控站点和400余个企业排污在线监测数据。（罗　洁）

【城管“执法服务进工地”活动】 7月10日，市城管委直属大队牵头开展旨在减少涉水违法行为的“执法服务进工地”活动。执法人员分头走进工地，发放“依法文明施工、共建美丽杭州”提醒告知书，组织签订《城市管理责任公约》，明确建设、施工、执法人员三方责任事项；对工地实施“一工地、一档案”建档管理，定期进行检查；利用“96310”“12319”热线，统一受理和答复涉及工地规范施工和行政许可的咨询等。同时，对发现的涉水违法行为，探索建设、执法、环保等部门联合处置机制，通过现场督查、行政约谈、典型曝光等举措落实整改。全年市城管委直属大队走访工地655个，发放告知书等宣传资料1904份，召开座谈会41次，签订《城市管理责任公约》486份。（袁燕萍）

【全市燃气供应安全大检查】 为吸取台湾高雄“8·1”石化气爆炸事故和江苏昆山“8·2”粉尘爆炸事故教训，从8月初开始，市燃气集团集中20天时间，采取暗察暗访和“四不两直”（不发通知、不打招呼、不听汇报、不用陪同和接待，直奔基层、直插现场）等方式，对主城区燃气供应站点进行全覆盖检查。对萧山、余杭及五县（市）21个管道企业、燃气场站（供应站点）进行抽查。大检查发现安全隐患47个，市燃气集团通过问题整改抄告单和问题整改函的形式，督促有关单位进行整改反馈。（秦普达）

【户外广告设置规划编制】 9月25日，市城管委编制完成杭州铁路东站枢纽地区道路和环城东路等17条市区道路户外广告设置详细规划。9月底，杭州铁路东站枢纽地区按规划要求设置道路户外广告。11月，环城东路等17条市区道路户外广告设置规划于批复后陆续实施。制定中河上塘高架两侧户外广告设置详细规划修编导则。此前，按照《公共设施附属广告市场化拍卖管理办法》，市城管委完成市区非机动车道200个交叉口534处遮阳棚附属广告资源运营权的拍卖。（毛林文）

【亮化工程建设】 市城管委合理调配亮化工程建设资金，把有限资金用在西湖、运河、城市广场、钱江新城等重点区域。推进节庆亮化工程建设，在“七一”“十一”期间，完成保俶路景观亮化小品装饰、宝石山亮化提升改造、湖滨路节庆灯饰布置、环城北路灯光小品装饰、万向公园小型灯光展及运河亮灯设施修缮，并组织西湖文化广场3D灯光秀表演。西湖国际博览会期间，首次利用高科技全息影像技术，将声、光、影有机结合，以西湖灯光秀代替原有的烟花大会，通过光影与幻象结合，虚拟与实景叠替，远景与近景交融，岛上真景与水面镜像互相衬托，营造节假日的喜庆氛围，受到市民及游客欢迎。

【路灯设施管理】 市城管委围绕节能、增亮的要求，加强路灯设施管理。开展城市照明“暗区”排查，全年新添增亮路灯1054盏。加强对路灯外接设施的管理，全市路灯加装华数天线868处、公交站点接电906处、公共自行车接电1794处、交警信号箱及指示牌接电321处。完成主

12月5日，杭州“贴心城管”专业志愿服务队成立　　（市城管委 供稿）

城区946个路灯电表改造，实施路灯电费计价按分时电价（“峰谷”电价）计算，平均电价降低0.82元/千瓦小时。完成主城区5.2万盏路灯的单灯节能改造，占路灯总盏数的37%、路灯总功率的57.6%，全年节省电量1632万千瓦小时，节约电费1500万元。（李湛圆）

【实行城市河道“河长制”】 杭州市按照“源头治水、科学治水、联动治水、合力治水”原则，对470条城市河道实行“河长制”，其中10条市管河道的河长由市领导担任，460条区管河道的河长、段长、片长分别由所在城区、街道（乡镇）、社区（行政村）负责人担任，并在河岸醒目位置设立河长告示牌。面向社会招募“民间河长”，在市区河道沿线居民和热心市民中选出56人担任“民间河长”，并组建“民间河长”服务监督队，协助责任河长和职能部门开展工作，建立责任河长—职能部门—“民间河长”的互动管理机制。全年消除城市黑臭河道47条，康桥新开河等5条河道成为生态示范河道。

（马良金）

【建立信访工作联动机制】 市城管委积极探索城区、街道（乡镇）、社区（行政村）三级信访工作联动机制，整合各个层级城市管理资源，共同解决城市管理中的热点、难点问题。6月开始，每月对市民群众3次以上重复投诉件进行梳理，利用三级联动机制，落实长效管理。全年督办市民重复投诉24件，核实督办热点、难点问题559个。对2559件违章建筑信访进行全面梳理和交办处置，对其中的重点信访件、重复投诉件等进行现场协调处置，促进违章建筑信访得到快速处置。10月，针对城区屋顶鸽舍投诉增多的情况，在排查摸底基础上，对城区3000余名信鸽协会会员搭建的鸽舍进行清理和核查。（郁　晨）

【“贴心城管”志愿者队伍增至7万余人】 杭州市加强“贴心城管”志愿者队伍建设，年末志愿者队伍扩大到7万余人，并有10支专业志愿者服务队。其中“抢险队”由参与城市应急救援的退役军人组成，“公羊队”由曾经参与四川汶川大地震的救灾队员组成，“商会队”由民营企业精英组成，还有“武术队”“大妈队”“学生队”“街长队”和各城区及市政府直属单位志愿者组成的“贴心城管”服务大队。服务项目从最初的10个扩展到37个，服务内容涵盖城市管理的方方面面。（徐　阳）

【“城管开放日”活动】 2014年，市城管委组织“城管开放日”活动72场次，接待群众5910人次。联合《杭州日报》、杭州电视台等新闻媒体发起征集民间“河长”“街长”“楼长”活动。联合中国新闻社、新浪网、国美电器有限公司等单位开展请环卫工人看电影、吃“年夜饭”、“送福包”等活动。联合邵逸夫医院、《浙江之声》频道为1000余名环卫工人免费健康体检。联合《西湖之声》频道、华数数字电视传媒集团有限公司等单位发起“拒绝垃圾扔窗外”活动，发放车载垃圾袋20万份。为破解环卫工人“作业、休息、吃饭在路上”的难题，联合社会各界设立“环卫爱心休息点”2529个，1200余个机关、企事业单位参与，中央和省、市10余家媒体对此进行专题报道。（金永飞 裘柳燕）

·住房保障管理·

【住房保障管理概况】 2014年，市住保房管局围绕“住有所居”和“住有宜居”目标，加快破解中低收入家庭住房难问题，进一步优化多层次、多元化的住房保障体系，积极开创公共租赁住房管理服务的新型模式。全市住房保障水平进一步提高，房地产市场健康稳定发展，居民居住条件不断改善。

加快推进保障性住房建设。三里亭、花园岗、蒋村、牛田等公租房项目完成竣工验收并具备交付条件；庆隆公租房项目主体结构结顶，进入装饰装修阶段；塘北公租房项目开工。全年公开受理公共租赁住房申请家庭6108户；市本级推出公共租赁住房房源2865套。全市新增廉租住房租赁补贴家庭569户，完成年度目标的116%。其中，市区新增廉租住房租赁补贴家庭459户，完成年度目标的131%。廉租住房对低保标准2.5倍（含）以内的住房困难家庭“应保尽保”。推出经济适用住房房源3057套，建筑面积20万平方米，分两期完成公开配售任务。

深化为民服务举措。推出保障性住房便民服务新举措，其中包括：廉租住房和公共租赁住房保障方式可以互转，缴纳浙江省住房公积金的市级单位职工可以提取公积金支付公共租赁住房租金，残疾或年迈的廉租房配租家庭因生活不便可调整房源等，新举措惠及住房困难家庭1800余户。推进“三改一拆”，全市完成旧住宅区改造619.28万平方米，完成年度目标的3.99倍；推进“清水治污”多层住宅阳台水改造工程，完成多层住宅阳台水自控装置安装360套，提前超额完成年度目标任务。市区完成直管公房大中

修项目25个；维修多元化产权房共用部位或共用设施531处，完成应急维修1.42万处。

推进历史建筑保护。全年组织修缮历史建筑25处，完工16处，超额完成年度目标。加强物业专项维修资金和物业保修金管理，5个老城区归集物业专项维修资金4.83亿元，归集物业保修金2.82亿元。完成1281个项目的物业专项维修资金使用审批，使用维修资金3670.37万元，其中按简易程序使用维修资金737.47万元。开展地铁开工站点及盾构施工区间房屋安全巡查，巡查线路总长度27.1千米，重点巡查开工站点14个，涉及房屋225幢，建筑面积300余万平方米。开展房产历史档案修复整理，年内修复、整理、装订档案7180卷，接收、入库房产档案23.8万卷，全部实现一档一位管理。

【公共租赁住房和廉租住房并轨】 7月31日，市住保房管局、市财政局、市物价局联合印发《关于进一步加强公共租赁住房和廉租住房并轨运行管理的通知》（简称《通知》），决定从2015年2月15日起，杭州公共租赁住房和廉租住房实行并轨运行。《通知》就健全公共租赁住房准入制度、完善公共租赁住房定价机制、规范公共租赁住房租赁管理等问题做出具体规定，强调要做好公共租赁住房和廉租住房之间的有序衔接，建立完善公共租赁住房社会化管理和服务体系，实现对住房保障家庭全方位、多层面的社会保障和服务。

【公租房管理项目获“中国人居环境范例奖”】 12月30日，杭州市公租房日常管理服务体系建设项目被住房城乡建设部授予“2014年中国人居环境范例奖”，成为国内公租房领域首个获奖项目。杭州市坚持“租、售、改”三位一体，不断破解中低收入家庭住房难，市区累计保障住房困难家庭20余万户。“十二五”期间，市区保障房建设规模达1290万平方米。根据公租房保障覆盖面广、规模大、区域分布多等特点，市住保房管局联合西湖电子集团等单位，研发完成公共租赁住房智能化管理系统。该系统集各个管理流程和服务效率提升于一体，其整体水平在国内公租房智能化领域领先。6月，该系统被住房城乡建设部列入科技示范工程项目，并在中央电视台《焦点访谈》栏目做专题报道。

【新物业管理条例施行】 5月1日，经浙江省第十二届人大常委会第六次会议批准，新修订的《杭州市物业管理条例》（简称新《条例》）正式施行。新《条例》7章68条，在物业管理概念、内涵和形式上赋予许多新的内容，对物业管理体制机制、物业管理矛盾纠纷解决机制、收费价格机制、业主大会和业主委员会制度、物业专项维修资金使用等机制、制度、办法进行创新和规范。新《条例》为解决杭州物业管理中出现的新矛盾、新问题提供法律依据。 （吕文汇）

【住房公积金管理】 杭州住房公积金管理中心加强公积金归集提取和信贷管理，各项主要业务实现新的发展。全市（不含省直单位）公积金开户职工26.3万人，净增实缴公积金职工8.65万人。全年归集住房公积金191.81亿元，比上年增长14.2%；提取住房公积金131.77亿元，增长14.1%；发放个人住房贷款1.94万户，贷款金额83.67亿元，下降26.6%；支持职工用公积金贷款购房188.45万平方米；回收个人住房公积金贷款35.17亿元，增长4.4%。实现增值收益9.42亿元，增长20.2%。年末，住房公积金建制职工179.19万人，其中实缴职工126.29万人；全市住房公积金归集余额470.79亿元，个人住房贷款余额412.03亿元，公转商贴息贷款余额10.65亿元，个人住房公积金贷款率87.5%，贷款逾期率0.023‰，资金运行总体平稳。积极支持保障房建设，累计发放保障房项目贷款7.02亿元。

杭州住房公积金管理中心努力提升服务品质。推出省、市间还贷提取按月转账互联应用，通过与省直公积金管理中心数据共享，使分别在两家中心缴存公积金的贷款家庭成员均可办理还贷提取按月转账业务，有效提升跨中心业务办理效率。完成短信服务平台的系统升级，使市区公积金免费短信功能实现对住房公积金、住房公积金补贴、一次性住房补贴三类资金及缴存、提取、贷款三大业务全覆盖。深化服务网点建设，完成大江东业务对接暨网点筹建、下沙网点搬迁、城西网点窗口增设；强化信息系统开发应用，完成临安分中心新业务系统的开发和上线。落实国家和省、市关于促进房地产市场稳定健康发展的决策部署，调整完善公积金信贷政策。对职工购买第二套改善型自住住房申请公积金贷款，适度放宽住房面积控制标准，调整首付下限比例及首套和二套公积金房贷认定标准，支持异地缴存职工申请公积金贷款。加强住房公积金监管，推出公积金提取第二代身份核验系统，实行双核验机制；强化楼盘准入分类管理，启用网管、桌管系统，联网对接全省

11月8日，杭州网民代表考察全市公租房建设工作 （市住保房管局 供稿）

公积金监管平台。加强内部审计监督，开展归集、信贷、计财业务后督检查；开展落实住房城乡建设部公积金岗位廉政风险防控70条规定的专项自查整改。（韩 燕）

【第十四届最佳人居展】 5月16～19日，由市政府、省住房城乡建设厅、市住保房管局共同主办的“中国（杭州）第十四届最佳人居环境展览会暨第一届网上人居展”（简称人居展）在杭州和平国际会展中心和浙江世贸展览中心两地举行。该届人居展以“提升人居品质，建设美丽杭州”为主题，以品牌展示和企业理念宣传为主要参展目的，吸引39个房地产开发企业参展，设展位1400余个。为期4天的展览，现场参观市民23万余人次，网上人居展点击量3万余人次。其中，设在世贸展览中心一期四楼的住房保障展区受到观展市民和媒体的特别关注，接受保障房政策咨询500余人次。人居展成交商品房32套，成交面积2627平方米。

【新一代房产信息系统开发】 市住保房管局按照“住房保障信息公开”的要求，在住房保障网开设“阳光工程”专栏，及时公开住房保障政策、建设情况、分配情况、日常管理等住房保障信息。为进一步推进政府信息公开，市住保房管局研发新一代房产信息系统。依托该系统构架，主城区实现“数字物业”管理、房屋阳光征收管理、白蚁防治管理、物业维修资金管理等房管业务子系统的上线运行。在确保萧山、富阳两地住房保障分配监管信息系统稳定运行后，余杭、桐庐、淳安、建德、临安五地住房保障分配监管信息系统正式上线，实现全市住房保障业务、系统和数据的“三统一”。

【房屋征收补偿政策完善】 7月1日，市住保房管局、市物价局联合发出《关于印发〈杭州市房屋重置价格标准〉等4个国有土地上房屋征收评估配套标准的通知》。8月24日，杭州市印发《关于公布杭州市区2014年度城市房屋拆迁临时安置补助费标准和搬家补助费标准的通知》，进一步完善房屋征收补偿政策。全年杭州市做出国有土地上房屋征收决定11个，涉及住户956户，建筑面积9.6万平方米。组织重点征收拆迁项目“百日攻坚”行动，年内完成11个国有土地征收拆迁重点项目，完成率50%。对上年度遗留的42个征收拆迁项目进行分类梳理，加大征收拆迁项目清理力度，全年完成遗留项目清理12个。推进拆迁安置工作，年内安置在外过渡两年以上的拆迁户236户。

【房地产市场平稳健康发展】 杭州市根据国家“因城施策，分类调控”的宏观调控政策，加强房地产市场监管。按照逐步“去行政化”的思路，分步对住房“限购”政策进行调整。7月29日，取消萧山区、余杭区住房限购及主城区140平方米以上住房限购。8月29日，取消主城区140平方米以下住房限购，全市全面解除住房限购政策。10月30日，市住保房管局会同市建委、市规划局、市国土局、市地税局等七部门联合印发《关于进一步促进房地产市场稳定健康发展的通知》，对信贷政策等进行调整。加强商品住房价格备案管理和预售资金监管，及时调整商品住房销售价格备案办法。对主城区预售楼盘运用POS机系统（销售点情报管理系统），进行商品房预售资金监管，确保首付款按时进入监管账户，降低楼盘“烂尾”风险。全年市区成交商品房91585套，成交面积984.5万平方米，分别比上年增长5.5%、4.7%。其中，商品住房成交76616套，成交面积847.5万平方米，分别增长8.3%、7.1%。市区商品住房成交均价15450.8元/平方米，下降7.5%。市区二手房成交34970套，成交面积344.6万平方米，分别下降25.2%、20.9%。其中，二手住房成交31981套，成交面积296.3万平方米，分别下降26.1%、24.5%。市区二手住房成交均价15015.7元/平方米，下降4.8%。至年末，市区可售商品房150792套，面积1788万平方米，分别增长33.2%、21.4%。其中，可售商品住房97366套，面积1189万平方米，分别增长27%、19%。（吕文汇）

·国土资源管理·

【国土资源管理概况】 2014年，杭州市国土资源部门围绕“保资源、稳增长、促集约、惠民生”目标，深化土地管理制度改革，加强建设用地供应和管理，为全市经济持续健康发展提供国土资源支撑。

保障发展用地。全市落实可用新增建设用地指标2160.6公顷，有效保障119个重点项目和重点区域的用地需求。出让经营性用地316宗797.1公顷，收取土地出让金923.63亿元。其中，主城区出让经营性用地57宗231.3公顷，收取土地出让金597.46亿元。全市公开出让工业用地727宗958.5公顷，收取土地出让金43.39亿元。其中，主城区出让工业用地24宗42.8公顷，收取土地出让金2.86亿元。主城区征收土地年收益6415万元，创下历史新高。稳步做好市区土地出让前期工作，制定经营性用地做地质量标准，开展经营性用地做地“百日攻坚”专项行动，完成经营性用地做地85宗275.3公顷。

守住资源红线。制定土地整治项目管理工作规则，落实高标准基本农田建设18666.7公顷，新垦造耕地面积1553.3公顷，实施农村土地综合整治项目面积378.8公顷，全市连续17年实现耕地占补平衡。实施“强监管洁矿山”行动，全面推进“四边三化”、“三江两岸”矿山治理和绿色矿山建设，规划需治理废弃矿山的治理率达98%。全市设有采矿权172宗，新创建绿色矿山5个，累计创建39个。地热资源勘查取得突破，临安湍口201井出水符合温泉认定标准，取得杭州地区首张温泉采矿权证。开展违法用地整改，整改复耕土地32.3公顷；立案查处违法用地1121宗，没收违法建筑56.9万平方米，拆除违法建筑10.77万平方米，提出党纪政纪处分建议141人，约谈乡镇（街道）12个。

推进节约集约用地。制定《关于实施“亩产倍增”计划促进土地节约集约利用的若干意见》，并就存量土地、产业用地、农村土地三个领域分别制定配套意见，基本建成杭州特色的节约集约用地政策体系。实施向空中、向地下、向低效、向管理、向改革要土地的“五要工程”。加快盘活存量土地，全年消化利用批而未供土地4176.1公顷，完成城镇低效用地再开发871.6公顷，

低效用地再开发总量居全省第一，其中利用零星用地新增工业厂房95万平方米。全年收回供而未用土地149.7公顷。搭建节约集约用地监管平台，推动土地利用方式由“资源消耗型”向“存量挖潜型”转变。加快推进用地改革，土地要素市场化配置改革完成总体设计。

加强保障房供地。全市完成保障房供地254公顷，超额完成年度计划。全年核发宅基地使用权证9014件，累计发证率达到符合发证条件的75%；办理集体建设用地使用权登记113件，累计发证13538件，面积2483.7公顷；办理国有土地使用权登记1.93万件，累计登记在册155万件。主城区城镇单套住宅登记实现同城就近办理，办证点由5个扩展至10个。明确5年内基本消除全市已知地质灾害隐患的目标，全市完成地灾隐患点治理工程61个、搬迁避让项目53个，避让搬迁1006人。完善信访、行政复议和政府信息公开的衔接联动机制，有效化解矛盾纠纷。全市受理涉土政府信息公开申请924件，比上年上升23.7%。

【市重点项目征迁“清零”专项行动】 9月12日，市政府召开市重点项目征地拆迁“百日攻坚”动员大会，以29个市重点督办项目和55个其他重点项目为核心，全面开展市重点项目征迁“清零”专项行动。至年末，主城区完成拆迁住宅1262户、非住宅117户，拆迁面积89.8万平方米，基本完成84个重点项目的“清零”任务，有效保障地铁2号线二期、凤起东路工程、闲林水库等重点项目建设进度。

【推进“空间换地”行动】 8月12日，市政府印发《杭州市推进“空间换地”实施“亩产倍增”行动方案（2014~2017年）》，明确通过锁定总量、优用增量、盘活存量、提高质量，全面提高土地集约利用水平。计划到2017年，全市建设用地总规模控制在18.67万公顷，本轮土地利用总体规划（2006~2020）新增建设用地总量控制在4.33万公顷，国土开发强度控制在11%以内；用于各类产业集聚区的新增建设用地计划指标不低于50%，新增工业用地容积率比2012年提高10%；全市推进城镇低效用地再开发0.67万公顷，消化批而未供土地1万公顷，新开发城市地下空间1800万平方米，新建（改扩建）标准厂房400万平方米；2017年实现单位建设用地GDP比2012年底提高40%，2020年实现单位建设用地GDP比2010年底提高一倍。

【加强用地管理】 市国土资源部门积极创新楼宇用地管理。2月12日，市政府办公厅转发市国土资源局《关于创新楼宇用地管理促进楼宇经济发展实施意见》。该意见提出对以用地单位竞得并自持土地使用权为主，用于集团总部、金融办公、科技研发、自用办公等项目建设，以及通过持续生产经营产生经济效益的经营性用地，给予专项提供用地政策支持。明确根据楼宇用地利税收益和城市功能提升等实际贡献，确定楼宇用地土地价格。加强市区公共停车场（库）土地供应与管理。7月29日，市政府办公厅转发市国土资源局《关于加强市区公共停车场（库）土地供应与管理的实施办法》。该办法规定市停车场建设的审批程序，明确财政性资金或国有公司投资建设的公共停车场（库）、社会力量投资（含可享受政府补助资金）建设的公共停车场（库）（含配有商业公建的项目）的供地方式；鼓励建设单位在符合规划的前提下，利用单位存量建设用地建设公共停车场（库），并提出从地价修正、土地登记手续办理和整体转让、出租、抵押等方面给予政策扶持。

【农村土地整治整乡镇推进试点】 9月24日，市政府批准《杭州市土地综合整治整乡镇推进试点专项规划》，正式启动土地综合整治整乡镇推进试点。在五县（市）范围内确定建德市大洋镇、淳安县文昌镇按照“全域规划、全域设计、全域整治”的原则，率先进行土地整治，力争至2017年各自实现“新增耕地666.67公顷以上，搬迁集聚农户4250户，获取土地指标收益超过20亿元”的目标，打造成为国内一流的城乡统筹示范区。至年末，两个试点乡镇启动垦造耕地项目26个，面积161.5公顷；建设用地复垦项目18个，面积320.6公顷。

【市区征地补偿标准调整】 9月2日，市政府出台《关于调整杭州市区征地补偿标准的通知》，对市区（不含萧山、余杭）征地补偿标准进行调整。调整后的征地区片价包含土地补偿费和安置补助费，开发性安置方式的补偿标准为0.93万元~1.53万元/公顷，货币安置方式的补偿标准为1.17万元~1.87万元/公顷；安置补助费标准统一为4.8万元/人。市区土地仍分为四个征地区片，各征地区片范围未作调整。

【耕作层剥离与再利用】 12月16日，市政府印发《关于开展耕作层剥离与再利用工作的实施意见（试

9月3日，杭州市市长张鸿铭（后排中）到市国土资源局调研

（市国土资源局 供稿）

行）》。该意见明确耕作层剥离资金由建设占用耕地的单位承担，纳入建设项目总投资；耕作层再利用资金在造地改田专项资金中列支。耕作层剥离由各区、县（市）政府负责，乡镇（街道）政府具体实施，建设占用耕地单位承担相应的法定义务。剥离后的耕作层重点用于土地整治、耕地质量提升、违法用地和临时用地复垦、污染土地修复、城市景观绿化和园林绿化等土壤改良项目。要求各区、县（市）结合本地实际情况，制定资金收缴和使用的标准、程序，编制耕作层剥离再利用专项规划，做好耕作层剥离与再利用工作。

【市区村级留用地管理新政出台】 2月21日，市政府出台《杭州市区村级留用地管理办法（试行）》。该办法重新规范留用地指标管理和使用，规定城市建设征收市区撤村建居村集体所有土地时，按建设项目征收农用地面积的10%核发留用地指标；撤村建居改革试点工作后撤销建制的行政村，其留用地及开发性安置指标总量不足1公顷的，可一次性补足至1公顷指标，非撤村建居的行政村可一次性预支1公顷留用地指标。留用地开发在原有自主开发、合作开发、“留用地项目货币化”的基础上，增加统筹开发、项目置换物业等模式。该办法还对留用地项目的转让和产权登记、留用地项目建设资金及核拨出让收入的管理做出规范。至年末，主城区核发留用地指标18公顷，出让留用地（含协议出让）8宗9.67公顷，可开发面积23.77万平方米。

【创新型产业用地管理】 1月16日，市政府出台《关于规范创新型产业用地管理的实施意见（试行）》。该意见以杭州市“十大产业”发展导向为基础，从创新型产业发展实际需求出发，坚持“优地优用，严进严出”的基本原则，优化全市国土空间开发格局，推动创新型产业健康可持续发展。建立创新型产业用地管理机制，严格限定创新型产业范围，建立分类指导目录，切实提高集约利用水平，规范用地程序，明确公开出让方式，建立差别化地价管理，试行“先租赁后出让”的弹性供地制度，规范产权管理和分割转让管理。强化创新型产业项目用地准入评估、达产验收制度，实施创新型产业项目用地准入管理，建立资格审查制度，严格达产验收和项目履约管理。

【矿业权网上交易】 7月1日起，杭州市全面实行矿业权网上交易。网上交易采用电子证书以代码标识的身份在网上操作，竞买人申请报名、竞价及成交确认全程通过互联网封闭完成，交易结果在互联网上即时显示，从源头上消除竞买人围标串标、威胁竞争对手等不规范交易行为。同时，规避竞买人与交易工作人员的接触，有效降低廉政风险和行政风险。至年末，全市完成网上交易采矿权4宗、探矿权1宗，成交总额7.89亿元。

【征收集体所有土地房屋补偿条例施行】 5月1日起，《杭州市征收集体所有土地房屋补偿条例》正式施行。该条例明确市国土资源管理部门主管全市征地房屋补偿管理工作，市辖各区国土资源管理部门负责本区内征地房屋补偿管理的实施工作。取消杭州实行近15年的集体土地房屋拆迁许可制度，调整为征地房屋补偿实施方案审批，由区国土资源管理部门根据补偿人提交的征地房屋补偿初步方案编制征地房屋补偿实施方案，经市国土资源管理部门批准并予以公告。规定私有住宅用房实行迁建安置或者调产安置，并详细规定安置的建筑面积和安置人口。明确非住宅用房补偿不作产权调换，由补偿人按照被拆除房屋重置价格结合成新的3倍对被补偿人予以补偿。

【宅基地管理新政出台】 4月30日，市政府印发《关于进一步加强农村宅基地管理切实维护农民权益的意见》。该意见提出通过使用规划预留指标解决一批、规划局部调整保障一批、增减挂钩落实一批，确保农居点落地；按照省级专项指标为主、市级专项指标奖励、县级自有指标兜底的途径，落实用地指标；实行“农户申请、村级审查、乡镇审批、县管转用”和指标先用后核销的扁平化审批，加快破解农民建房难。要求健全宅基地管理共同责任机制，鼓励探索宅基地有偿使用、有偿退出、“跨社调剂”和村民民主自治管理。至年末，全市批准农民建房用地19267户、248.7公顷，其中危房户1165户、无房户7268户，涉及新增建设用地指标143.7公顷。

【探矿权年检完成】 2014年，全市应检探矿权100个，实检100个，检查率100%。经市、县两级国土资源部门审查，98个项目年检合格，其中4个项目为整改合格，其余2个项目年检不合格。全市矿产资源勘查总面积1361平方千米，比上年下降7.5%；新设探矿权15个，新设探矿权勘查面积297.59平方千米；地质勘查累计投入5661万元，投入减少12.3%。

【重点保护古生物化石登记】 10月起，杭州市组织开展重点保护古生物化石登记工作。登记对象为本市拥有古生物化石藏品或展品的各类收藏单位和其他持有重点化石的单位、个人，化石持有者可凭此证书申请重点化石登记。通过专家鉴定的重点化石将获得由国家古生物化石专家委员会统一制作的“古生物化石鉴定证书”。（李　列）

·轨道交通·

【轨道交通概况】 2014年，杭州地铁以“建设人民满意地铁”为目标，以地铁网络化建设和运营为导向，坚持建设、运营、经营“三位一体”协调发展，地铁建设取得新的进展。地铁1号线客流量稳步提升，1号线下沙延伸段实现全线“洞通”；地铁2号线东南段建成通车，杭州地铁实现双线运营，运营里程增至66.3千米；地铁2号线西北段建设进展顺利，全线11座车站主体结构全部开工，其中钱江路站至庆春广场站区间隧道实现双线贯通；地铁4号线首通段基本建成，拟于2015年春节前通车；二期工程4条线路初步设计均获批复，4号线南段、2号线二期、5号线一期、6号线一期先后开工建设；地铁上盖物业建设及招商总体进展顺利，七堡车辆段综合体地块完成出让，九堡东站综合体完成土建施工，西湖文化广场站上盖物业

准备竣工验收。全年完成地铁建设投资78.33亿元，与上年基本持平，累计完成投资465.69亿元。

【加快城市轨道交通建设意见出台】 11月28日，市委、市政府出台《关于进一步加快城市轨道交通建设与发展的若干意见》，进一步明确近期地铁建设目标任务、体制机制、建设管理模式、资金筹措、征地拆迁、运营管理等问题，为杭州地铁建设提供强有力保障。该意见与2007年市委、市政府出台的《关于加快地铁建设的若干意见（试行）》相比，增加地铁运营管理及地铁保护区管理等内容，要求建立健全城市轨道交通法律制度，研究制定《杭州市城市轨道交通管理条例》，为城市轨道交通建设发展提供立法支撑。加快制定配套文件，建立健全投融资管理、运营管理、运营服务质量监管、地铁保护管理、政府购买城市轨道交通公共服务等机制。

【地铁1号线运营高效有序】 杭州地铁1号线自2012年11月24日开通试运营以来，坚持“以客为本”理念，不断提高运营服务质量和运营保障水平，多项服务关键指标保持较好水平。2014年4月21日，地铁1号线信号系统ATO（自动驾驶）模式上线运营，标志着杭州地铁开始迈入ATO时代。为进一步分担高峰时段城市通勤客流压力，地铁1号线优化调整高峰时段行车间隔，1号线主线（湘湖—客运中心）行车间隔由原来4分45秒缩短为4分钟，下沙、临平两条支线行车间隔由原来9分30秒缩短为8分钟。通过加强地铁与公交紧密接驳、制作并定期更新“路路通”车站指南、推售储值票、完善导向标识系统、提升节假日运营能力等措施，有效增加地铁1号线客流量。通过充分挖掘车站商业资源，优化组织架构，减少管理层级，精简岗位编制，不断降低地铁运营成本。地铁1号线较好地实现安全、平稳、有序运营的目标，市民对地铁1号线总体满意度明显提高。全年地铁1号线开行列车数16万列次，运营里程599万列千米，列车正点率99.88%，列车运行图兑现率99.97%。运送乘客1.44亿人次，日均客流39.56万人次，比上年增长56.3%。其中“五一”节创下80.8万人次的历史新高，客流比上年“五一”节增长81.9%。列车运营成本下降21%。每千米人员配比1∶47，在轨道交通行业新运营线路中处于领先水平。

【地铁2号线东南段通车】 7月24～28日，市交通运输局委托上海市交通运输行业协会组织召开杭州地铁2号线东南段试运营基本条件评审会。评审专家认为，按照《城市轨道交通试运营基本条件》的要求，地铁2号线东南段工程具备试运营条件。市委、市政府根据评审专家意见及有关规定，在综合考虑整改完成进度、沿线道路建设、公共交通配套等情况后，对外发布地铁2号线东南段开通试运营时间。试运营前，市地铁集团组织市民免费试乘体验地铁2号线。4天时间里，向市民发放试乘体验券30万张，有16.76万人次市民参与试乘，开行列车1110列次，各项运行指标良好，兑现率和准点率均100%。

11月24日，地铁2号线东南段开通试运营。试运营初期，除钱江世纪城站暂缓开通外，其余12座车站均停车载客运营。列车全天运行15个小时，首、末站首班车发车时间为6∶30，末班车发车时间为21∶30；行车间隔为8分48秒。在早、晚高峰期间，根据情况采取插车、缩短行车间隔等手段，增加线路运能。根据《杭州地铁票务规则》，2号线东南段计价方式和1号线一样，2元起步，按里程分段计价。试运行以来，列车运行安全、平稳、有序，客流量稳步上升，列车正点率99.99%，列车运行图兑现率99.98%。

地铁2号线东南段南起萧山区朝阳站，止于钱江新城钱江路站，全长18.3千米。设5座换乘车站，分别与地铁4、5、6号线及远期规划的7、9、11号线进行换乘。其中钱江路站与4号线实现同站台换乘，与远期规划的9号线通道换乘。地铁2号线东南段于2008年9月28日开工建设，历时6年建成。

▶▶资料：地铁2号线东南段特点

地铁2号线东南段照明灯使用LED灯，灯光柔和，而且在不同的车站，LED灯的排列方式不同。车站自助售票机拥有“纸币找零”功能，除找1元硬币外，还可找10元纸币。自动检票机单程票回收口的结构经过优化，乘客塞入单程票更加顺畅。刷卡区域设置特别醒目的光带提示，加快乘客刷卡进出站速度。优化自动售票机购票界面和提示方式，突出热点交通枢纽等部位的重要标识，使乘客选站更加方便。

地铁2号线东南段导向标识系统进一步优化，站外路引标识牌增加“国标的列车图形符号”

杭州地铁2号线蜀山车辆段　（白池民　摄）

杭州地铁4号线市民中心站站厅　　（白池民　摄）

及“地铁”文字信息和“线路号”等，并增加标识牌的高度。所有嵌墙的资讯标识均采用灯光模式。站内导向标识牌中增加标识二级信息，在出入口标识牌上增加周边道路信息，墙面导向牌增加出口信息、街道信息、交通接驳信息等，方便乘客快速出站。

【地铁4号线首通段建成】　地铁4号线一期首通段（近江站—彭埠站）工程连接钱江新城与城东新城，是实现地铁1、2、4号线初步成网运营的重要工程。市地铁集团打破常规，采取多项推进工程加快建设的措施。实行工程推进例会及专题协调会机制，倒排计划，将责任分解落实到各部室、岗位和个人。专门成立督查小组到工地进行不定期抽查，重点督查夜间施工的人力投入、现场施工进度及节点工作落实情况，督查结束出具督查报告。开展地铁4号线首通段“立功竞赛”专项活动，每月组织工程进度和质量评比，并通报评比排名情况。各参建单位加大力量投入，集中设备和资金，全力抓好工程建设。9月25日，地铁4号线首列车运抵杭州地铁七堡车辆段。10月20日、11月19日、11月25日首通段分别实现“洞通”“轨通”“电通”，并于12月底前完成所有车站装修和运营进驻等收尾工作。

【地铁4号线一期工程18座车站站名确定】　6月10日，市政府批复同意地铁4号线一期工程车站的命名方案，18座车站站名确定。正式公布的车站站名中，有9座车站为暂用名更名。彭埠站、近江站、钱江路站等地铁换乘站沿用地铁1、2号线站名。站点取名主要依据指位功能，与周围相对稳定的地名（主要街道、区片、行政区划、居民点或标志性建筑物）及地理方位相一致，符合杭州市民的出行习惯，好找易记。根据运营需要，各座车站有相应的英文站名。此前，市地铁集团通过发起“杭州地铁喊你来译名”的互动活动，广泛听取社会各界对车站站名英文译名的意见和建议，并邀请浙江大学、浙江财经大学、浙江省翻译协会、杭州市地名办等单位的7位专家（包括一名外籍人士），参加地铁4号线一期工程车站站名英文译名评审。7月22日，地铁4号线一期工程车站站名英文译名向社会公布。

【地铁运营安全保障】　市地铁集团坚持“确保安全运营、提倡平安出行”的理念，强化安保措施，扎实做好各项安全保障工作。3月8日起，地铁1号线提升安保等级，按照“逢包必查、逢疑必查、逢液必查”的要求，实行全线安检巡查。同时根据安检情况，在各车站配备液体检测仪，组织列车安全员随车巡查。地铁2号线东南段在开通时同步启用安检设施。全年检查乘客携带的拎包8546.2万个，查获危险品3.83万件、违禁品1322件。自安检启动以来，杭州地铁未发生由于携带违禁品或危险品造成的运营事故。加强隧道和运营线路巡查，平均每两天巡查一遍线路，全年巡查地铁线路2.21万千米，发现并处理安全隐患204处。本着提升地铁一线员工应对突发事件的能力和检验各项应急预案的可操作性、适用性的要求，杭州杭港地铁有限公司和杭州市地铁集团有限公司运营分公司共同组织自然灾害、公共卫生、社会安全、事故灾难等类型的应急演练1437次，并在各车站配备必要的应急救援物资。

【地铁工程安全生产监管】　市地铁

杭州地铁4号线一期工程18座车站站名（含英文名）

表27

序号	中文站名	英文站名
1	浦沿站	Puyan Station
2	杨家墩站	Yangjiadun Station
3	中医药大学站	Chinese Medical University Station
4	联庄站	Lianzhuang Station
5	水澄桥站	Shuichengqiao Station
6	复兴路站	Fuxing Road Station
7	南星桥站	Nanxingqiao Station
8	甬江路站	Yongjiang Road Station
9	近江站	Jinjiang Station
10	城星路站	Chengxing Road Station
11	市民中心站	Citizen Center Station
12	江锦路站	Jiangjin Road Station
13	钱江路站	Qianjiang Road Station
14	景芳站	Jingfang Station
15	新塘站	Xintang Station
16	新风站	Xinfeng Station
17	火车东站站	East Railway Station
18	彭埠站	Pengpu Station

集团从建章立制入手，加强地铁工程安全生产监管，在总结上年安全管理工作的基础上，新修订安全质量交底、安全质量检查、安全风险金抵押等6项管理制度，使管理制度增加到24项，形成较为完善的质量安全管理体系。不间断地开展质量安全检查，全年巡查工点572个次，落实整改意见315条。聘请风险管控专家对重要站点巡查42次，发出警告警示20起、黄牌警示4起。每月梳理重大风险源，把风险源管控列入月度重点工作予以落实。实施“每日报平安”制度，完善在建车站和区间独立进行第三方监测制度，确保第一时间发现和处置险情。全年地铁所有在建工程未发生死亡事故。

杭州地铁2号线彩虹服务队　（李　忠　摄）

【地铁建设工程文明施工】 市地铁集团坚持“大建设更要少扰民”的施工原则，整合集团资源，采取多种举措，提升地铁在建工程文明施工水平，维护城市环境卫生。将文明施工提高到与安全、质量及目标完成进度同等重要的位置，在工程招投标时，明确在总费用中专门列支文明施工措施费用，鼓励施工单位改进施工工艺，优化施工组织。修订完善《杭州地铁工程建设文明施工管理办法》《杭州地铁建设工程安全质量文明施工考核评比办法》等办法，细化、量化对地铁建设工程文明施工的具体要求，保障建设工程现场安全生产和文明施工。采用日常巡查、不定期抽查、夜间督查与专项检查考评相结合的办法，对各工点文明施工情况进行检查，全年开展检查1015次，下发整改通知单58份，并对整改情况进行跟踪。加强技术保障，要求施工单位进场施工前按照杭州地铁有关规定，专门编制交通组织、扬尘控制、渣土运输、现场管理等文明施工专项方案，经监理审批后实施，并将该方案作为后续现场管理的主要依据之一。地铁施工中，采用吸尘、冲洗车辆、密封渣土等措施，所有在建地铁工地均达到有围挡、覆盖、冲洗设施和泥土不上路要求。借助媒体力量，加大文明施工宣传力度，广泛征集市民对地铁文明施工的意见建议。开展与工点、项目部所在社区共建、“圆梦微心愿”、聘请文明施工义务监督员等活动，争取市民对地铁建设的理解和支持。

【地铁建设企业债券发行】 8月11日，国家发改委批复同意市地铁集团发行不超过50亿元的企业债券。根据国家发改委批复，企业债券所筹资金将用于地铁2号线一期工程项目建设。债券期限10年，采用固定利率形式，单利按年计息。该债券由主承销商及副主承销商组成承销团，采取余额包销的方式进行承销。

9月17日，市地铁集团在上海证券交易所网下向机构投资者（国家法律、法规禁止购买者除外）成功发行总值50亿元的债券。债券名称为“2014年杭州市地铁集团有限责任公司公司债券”，发行利率5.97%。该债券是全省第一只专项用于城市轨道交通建设的企业债券。经联合资信评估有限公司综合评定，发行人主体长期信用等级和本期债券信用等级均为AAA级。发行企业债券是市地铁集团探索直接融资方式的一次有益尝试。

【七堡车辆段综合体地块出让】 10月30日，由市地铁集团与市土地储备中心联合做地的杭州地铁七堡车辆段综合体地块完成出让。该综合体地块通过在杭州地铁七堡车辆段基地上方加盖转换平台，将地铁基地和上盖物业整合规划为杭州首个地铁车辆段上盖城市综合体。地块出让面积29.34万平方米，可开发建筑面积53万平方米，由杭州地铁置业公司与绿城集团联合体以44.4亿元价格竞得。年内，七堡车辆段综合体成立项目公司，进行设计方案深化。

【地铁吉祥物公开征集】 10月14日至11月13日，为提升杭州地铁形象，倡导绿色出行，市地铁集团向全社会公开征集杭州地铁吉祥物。征集活动得到社会各界广泛关注，一个月时间里，收到全国各地应征作品271件。12月11日，市地铁集团组织召开专家评审会，对征集到的作品进行评审。通过综合分析国际国内优秀吉祥物的设计趋势，结合地铁的行业属性、杭州地铁的特色，以及杭州地铁集团的企业文化内涵，并综合考量专家评审意见，市地铁集团最终选出3件优秀作品。12月26～31日，市地铁集团就其中的2件优秀作品公开征求市民意见。从征求的意见看，取名“杭杭”的作品最受欢迎。

杭州地铁吉祥物——“杭杭”

▶▶资料："杭杭"设计说明

"杭杭"以杭州地铁列车车头为设计主型，经拟人化变形，塑造出一个活泼可爱、聪明灵动的小小机器人，辨识度高。其造型简洁新颖，线条严谨流畅，加之通透的车窗玻璃和高科技金属合成材料车身，以及LED集成闪烁的颗粒表情，尽情地传递着时代感和科技感，体现出地铁这一新型交通工具"安全、舒适、快捷"的特性；展现出杭州有着众多闻名于世的秀丽自然景观和人文古迹的文化古城的特色。

（陈晶晶）

·运河保护·

【运河保护概况】 6月22日，中国大运河申遗成功，大运河被列入《世界文化遗产名录》，杭州运河保护实现"还河于民、申报世遗、打造世界级旅游产品"三大目标之一。年内，风起东路延伸段建成通车。杭州清真寺、金昌路、市运河水陆交通集散服务中心等市重点工程建设进展顺利。景芳单元集中配建保障性住房项目主体混凝土结构结顶，建成后可安置回迁户381户。三堡单元"农转非"居民拆迁安置房项目主体完工，竣工后可安置回迁户460户。全年投入运河综合保护项目资金31.17亿元。通过多种渠道融资18.6亿元。实现物业收入6124.84万元。运河景区接待市民、游客1287.2万人次，旅游直接收入1890万元，比上年增长61.1%。

【运河开发规划优化】 2014年，市运河综保委（市运河集团）完成管家漾城市设计和策划定位，并在此基础上，推进运河新城控规的优化调整，控规评估报告于12月上报。开展平安桥油库和运河余杭段油库选址。美丽运河示范区课题经规划专家论证完成终稿。京杭运河景观提升工程规划进行意见征集后通过专家论证。重新开展夏衍历史街区的区域策划和城市设计，年内完成历史街区的区域策划。

【运河水环境治理】 根据省运河"河长制"工作推进会和市运河"河长制"工作专题会议精神，杭州市成立京杭运河"河长制"联席会议办公室，编制完成《杭州市京杭运河"河长制"工作方案》《京杭运河（杭州段）水环境治理方案（2014~2017年）》。每月定期开展运河杭州市区段水质监测分析，对44个断面进行常规指标的水质监测和评价，监测项目有水温、溶解氧、总磷等8个。完成运河沿岸500米范围内截污纳管项目37个，涉及公建单位41个，新增截污量3294立方米/日。

【中国大运河庙会接待市民游客近90万人次】 10月18~21日，杭州举行首届中国大运河庙会。大运河庙会由市政府主办，拱墅区、下城区和余杭区政府，市西博办、市旅委、市运河综保委（市运河集团）等单位联合承办。庙会以"千古运河还看今朝"为主题，在拱宸桥桥西历史街区、桥东运河文化广场、大兜路历史街区三大主会场与西湖文化广场、塘栖古镇两大分会场，开展运河祈运仪式、彩船嬉歌行、运河百姓生活秀、三素食集、"非遗"集市、文化创意集市、乡情乡会、运河菜系交流峰会等富有运河文化内涵、展现运河南北地域特色的主题活动。庙会期间开通运河水上彩船专线。此次庙会是中国大运河成为世界文化遗产后，杭州举办的首场旅游盛宴。为期4天的庙会接待市民和游客89.9万人次，其中3个主会场77.9万人次，塘栖古镇分会场6.3万人次，西湖文化广场分会场5.7万人次。

10月18日，中国大运河庙会祈运仪式在拱宸桥举行

（市运河综保委 供稿）

【金昌路跨运河桥主拱合龙】 12月10日，金昌路（巨州路—拱康路）跨运河大桥的主跨桥拱在京杭大运河杭州城北段合龙。跨运河大桥东西两侧引桥长686米，为单跨复式钢箱提篮拱桥，跨径130米，是运河杭州段单跨最大的一座大桥。跨运河大桥宽42米，设计时速60千米/小时，拟于2015年5月完工。建成后将打通多条南北走向的道路，成为城北地区东西走向的大动脉。

【塘栖古镇景区成为国家AAAA级旅游景区】 5月16日，经省旅游局、市旅委组织的旅游景区质量评定小组验收，塘栖古镇景区被全国旅游景区质量等级评定委员会批准为国家AAAA级旅游景区。塘栖古镇景区为东至杭申线、南接翠紫河、西到利华双宫丝绸公司、北至新运河的范围内用地，包含市南历史街区及其西侧复原的小岛，面积2.9平方千米。2012年3月，市运河综保委与塘栖镇联合成立塘栖景区创建国家AAAA级旅游景区工作领导小组，加快景区内的旅游交通、游览设施、安全卫生设施、邮电服务设施建设，在机构制度、企业形象、服务人员素质、游客投诉处理机制等方面进行完善提升，并启动AAAA级旅游景区申报。

【凤起东路延伸段通车】 12月11日，由市运河集团投资承建的凤起东路延伸段建成通车。凤起东路延伸段位于杭州市东南部，西起三新路，东至塘工局路，是一条东西向的

城市交通次干道，全长约1560米，红线宽42米，双向6车道，设计时速60千米/小时，在原有三堡景御路的基础上扩建而成。凤起东路延伸段是沟通主城区、钱江新城至下沙的便捷道路，是省、市的重点"治堵"项目。他的建成通车，将拉近主城区与钱江新城扩容区的距离，改善杭州市东部地区的交通。

【章家坝铁路以东地块出让】 2月18日，由市运河集团和市土地储备中心联合收储整理的章家坝铁路以东艮山路两侧绿化带调整规划JG15-R21-01地块在市公共资源交易中心挂牌出让。德信房产集团以17.48亿元的价格拍得此地块，成交楼面价12440元/平方米。该地块位于杭州主城区东南部钱江新城二期延伸段，东至备塘路，南至章家坝村经济联合社，西至规划下宁路，北至艮山西路。

【运河新城运河景观带拆迁"清零"】 10月，运河新城运河景观带（康桥路—宣杭铁路）拆迁实现"清零"。该景观带南至康桥路，北至宣杭铁路，长645米，宽75米，占地面积4.87公顷，于6月底启动农居户拆迁签约，历时3个月完成。谢村安置地块、义桥洋湾里等7个项目拆迁实现"清零"，水湘、章家坝2个社区完成拆迁扫尾。杭州大众美术印刷厂等11个企业完成搬迁。

【运河后申遗时代保护】 为更好地保护运河遗产，杭州市从完善法规体系入手，展开运河后申遗时代保护工作。5月，市运河综保委组织运河景观规划提升方案征集及评选。9月，对运河景观提升规划中选方案进行深化。12月，编制完成《京杭运河杭州段（三堡至塘栖段）两岸城市景观提升工程规划》。启动《大运河杭州段文化遗产保护管理条例》立法调研。6月，完成立法调研报告，进入立法项目预备阶段。推进大运河（杭州段）遗产监测平台建设，对运河区域进行实时监测。年内完成遗产监测主平台扩容、6处运河遗产点监控布控及网络并网。策划和实施"当代马可波罗重游大运河""运河梦圆书画名家邀请展"等系列文化活动。联合北京、苏州、扬州等运河沿线的6个省18个市成立"运河旅游推广联盟"，共同向世界推荐大运河的旅游资源。

【市运河综保委机构调整】 为实现事企分开、管办分离，根据市委、市政府专题会议精神，市运河综保委与市运河集团实行分离。市运河综保委归并到市园文局，下设一个正处级事业机构，承担运河（杭州段）世界文化遗产监测管理及有关立法和运河保护开发协调等职能。市运河集团作为市政府直属国有企业，纳入市国资委监管体系。主要承担京杭运河规划范围内的土地开发利用、公共配套设施建设、项目建设和运营管理，开展资本运作等工作，并承担运河综合整治与保护开发中的资金保障。12月23日，市政府在中国扇博物馆举行市运河集团与市园文局资产交接仪式，副市长张建庭出席仪式并讲话。市运河综保委与市运河集团正式分离。 （许金花）

·城区绿化·

【城区绿化概况】 2014年，杭州市城区绿化围绕"美丽杭州"三年行动计划，以提升生态环境、优化景观质量为首要任务，积极拓展绿色空间，切实维护生态底线，加强绿化建设管理，为打造"生态美、生产美、生活美"的"美丽杭州"进一步夯实环境基础。年内，杭州市顺利通过"国家园林城市"复查，杭州城市绿化继续走在全国省会城市前列。

绿化建设量质并举。全年城区新增绿地417万平方米，建成凤凰公园、感知公园、之江船工业遗址公园等4000平方米以上公园绿地29处。半山森林公园北延游步道（二期）全面建成。完成艮山东路、之江东路的代征退让绿地面积8.5万平方米，新增屋顶绿化8.8万平方米。至年末，全市城区拥有绿地面积175.7平方千米，绿地率37%，绿化覆盖率40.6%，人均公园绿地面积15.5平方米。

美化彩化富有成效。全年实施"美化家园工程"26处，举办迎春花展、梅花展、桃花节、"两宋"菊花艺术节等花事活动，做到"季季有花展，月月有花香"。组团参加多项园艺赛事，均取得好成绩。开展"花香换书香""生活像花儿一样"等绿化宣传活动。推出19个绿地认建认养，认建认养面积26万平方米。

绿化养护强管精养。深入开展"最佳最差"绿地评比活动。重视古树名木保护和行道树病虫害防治，全年完成城区218棵古树名木无损检测。加强绿化养护检查和巡查，完成45个无物业管理社区437万平方米绿化的检查，整改完成率和整改及时率均为99%。

绿化审批精简高效。按照省、市统一部署，推进浙江政务服务网建设，全年完成网上绿化审批705件、绿化建设方案审批102件，受理绿化招标项目250件、园林绿化质量安全监督项目84件，群众满意度进一步提高。

【省市领导参加义务植树】 3月10日，省、市党政军领导到杭州经济开发区沿江景观公园，带头参加义务植树，为推进"生态浙江""美丽杭州"建设挥锄添绿。在植树现场，省、市领导与600余名机关干部和解放军指战员、武警官兵一同种下广玉兰、茶花、樱花等树苗1700余株。全年城区有106万人次参加义务植树。

【"国家园林城市"复查】 8月13～14日，根据《住房和城乡建设部办公厅关于开展国家园林城市复查工作的通知》，省住房城乡建设厅领导带队对杭州进行"国家园林城市"复查。此次重点复查园林绿化长效机制建设、城市绿地规划设计和建设养护、城市绿地及生态环境保护、节约型园林绿化建设、市政基础设施建设运行等情况。复查组分园林组和市政组两路，分别考察杭州的绿化建设、生活垃圾无害化处理、污水处理等工作。先后走访城北体育公园、草庄公园、白塔公园等园林景点，以及萧山锦江绿能电厂垃圾处理场、七格污水处理厂等市政工程，并听取市政府关于"国家园林城市"成果巩固情况的汇报。市园文局、市城管委、市建委、市规划局、市财政局等部门参加汇报会。专家组在听取报告和实地检查后，对杭州市巩固"国家园林城市"成果的工作表示肯定。

【上塘高架桥荫雨水收集利用试点】 11月10日，拱墅区城管局在上塘高架桥荫拱墅段开展雨水收集利用试点。高架桥荫拱墅段总长度2800米，涉及绿地面积1.18万平方米。其中大关路至绍兴路区段以雨水调节池处理方式进行雨水收集处理，高架雨水经过初期径流弃流、过滤消毒、雨水清水、灌溉出水等工序后用于绿化；其余路段采取雨水收集简单处理后自然渗排方式用于绿化灌溉。该项目对解决高架桥荫绿化灌溉水源、提高高架绿化灌溉自动化程度起到积极作用。

【自然花境竞赛活动】 5月5~6日，市城区绿化办举办“五一”自然花境竞赛活动。各城区选送参赛作品30件。经过园林花卉专家评比，评出“五一”城区混合花境类一等奖作品6件，获奖单位分别是江干区绿化办、西湖风景名胜区湖滨管理处、西湖区城管局、下城区城管局、拱墅区绿化办；专类花境一等奖作品2件，获奖单位是拱墅区城管局、拱墅区绿化办。

【“美化家园”工程评选】 10月9~10日，市园文局组织园林绿化专家，对主城区实施的26个“美化家园”工程进行检查验收。受检工程的最大亮点是引进一批新优植物品种，使“美化家园”工程的景观效果大为增强。经过专家评议，评选出一等奖4个：文新公园“美化家园”工程、湖西航道彩化提升工程、古荡湾河“美化家园”工程、丰潭路“美化家园”工程；二等奖8个：浴鹄湾景区彩化提升工程、钱江路“美化家园”工程、丽水路“美化家园”工程、清江路“美化家园”工程、文晖街道流水东苑、大关北苑“美化家园”工程、梅堰港河道绿地、滨江高教公园；三等奖11个：圣塘景区白沙路两侧月季彩化提升、上城区始板桥新村“美化家园”工程、庙桥港“美化家园”工程、余杭塘河经济生态林“美化家园”工程、长庆街道柳营社区石匠弄片、上沙路（学林街—华景街）街头、世纪大道东段道路绿地、石桥街道华丰社区（华丰南苑）、12号渠（11号渠—15号路）河渠、市心路改造（萧绍路—北塘河）、钱潮路、城星路“美化家园”工程。

【立体花坛创作竞赛活动】9月，杭州市开展以“生态杭城、品质生活”为主题的“国庆”立体花坛创作竞赛活动。各城区推出参赛作品18件，共用时花18万盆，红黄白绿黑草4300余平方米，观叶植物等植物材料6万余盆。此次参展的大多数作品构思新颖、主题突出、寓意明确、造型别致、艺术感强，受到专家和群众的赞赏。9月28~29日，市园文局组织园林专家对立体花坛作品进行评比，江干区绿化办参赛作品“印象”、西湖风景名胜区管委会风景局参赛作品“欢乐多”获得一等奖。

【盆景工职业技能竞赛】 10月15日，杭州市举行以“走进园艺，乐享生活”为主题的盆景工职业技能竞赛。此次竞赛为杭州市市级一类竞赛，由市园文局、市总工会、市人力社保局联合主办，市财贸旅游工会，西湖风景名胜区管委会人力社保局、杭州植物园、市园林绿化行业协会和市技师协会园林绿化技师分会共同承办，市职业技能鉴定指导中心提供技术支持。盆景工职业技能竞赛初、决赛分别于10月15日和17日在杭州植物园盆栽园举行。参加初赛选手74名，其中21名选手进入水石盆景制作决赛。经过专家评委评定，第一、第二名由西湖风景名胜区代表队选手获得，第三名由市风景园林学会盆景艺术分会选手获得。

【城区绿化养护管理综合考核】 根据市政府办公厅《关于2014年度杭州市城区绿化养护管理综合考核结果的通报》，西湖区政府（含杭州之江度假区管委会）和杭州西湖风景名胜区管委会获年度城区绿化养护最佳管理奖，拱墅区政府、下城区政府、余杭区政府、杭州经济开发区管委会获城区绿化养护优秀管理奖，上城区政府、江干区政府、市区河道监管中心、杭州高新开发区（滨江）管委会、萧山区政府获城区绿化养护达标管理奖。

【“最佳最差”公园绿地评选】 2014年，杭州市区有78个公园（景区）、105条道路绿地和41条河道绿地、10条高架绿化参加“最佳最差”公园绿地评选。评选采取专家明察和行风监督员暗访相结合。经评定，湖滨景区和大关公园被评为年度“最佳公园（景区）”；苏堤北段（含老曲院）景区、茅乡水情景区、八卦田景区、太子湾公园、南江公园、余杭人民广场、滨江公园、城北体育公园被评为“优胜公园（景区）”；荷禹路、东湖中路、小河路被评为“最佳道路绿地”；通益路、迎宾大道、解放路、江南大道四桥西、沿江大道被评为“优胜道路绿地”；赭山港被评为“最佳河道绿地”；紫金港河、贴沙河、冯家河被评为“优胜河道绿地”；中河高架被评为“最佳高架绿化”；上塘高架被评为“优胜高架绿化”。“最差道路绿地”为钱江

小河直街沿街垂直绿化　　（拱墅区绿化办 供稿）

路、萧绍路，“最差河道绿地”为孔家河，“最差高架绿化”为留石快速路一期。根据评选方案，2014年度参评的A类、B类公园（景区）年度分数均在合格分90分以上，无最差公园（景区）。（赵　艳）

·村镇建设·

【村镇建设概况】 2014年，杭州市坚持城乡统筹，围绕提升城镇化水平和农村人居环境水平，加快基础设施建设和村庄道路整治，深化“三改一拆”，推进农村集体资产股份制改造，不断夯实农村发展基础。全年市本级投入农村建设资金10亿元，重点用于中心镇、中心村、精品村、风情小镇建设。全年改造农村住房30599户、危房1518户，下山移民1739户、5791人。累计建成风情小镇21个、精品村186个。（严　建）

【村庄规划编制】 市建委根据县（市）域总体规划，指导、督促各区、县（市）优化完善县域村庄布局规划和中心村规划。年内，基本完成保留村建设规划编制，保留村建设规划编制率99.8%；154个村庄完成建设规划修编完善。（郭清民）

【农村生活污水治理】 杭州市从2014年起，计划用3年时间，对纳入省定任务的1556个村庄进行生活污水治理，新增受益农户40.2万户。各区、县（市）把生活污水治理作为“五水共治”的重要内容之一，制订治理规划、行动计划和年度工作方案，精心组织治理工程施工。7月11日，召开全市农村生活污水治理工程质量建设专题会，并组织区、县（市）有关负责人参观学习余杭仓前街道连具塘村和苕溪村的污水治理项目。全市生活污水治理开局之年进展较快。全年844个村庄完成生活污水治理，新增受益农户21.28万户。治理项目有的纳入乡镇污水管网，有的采用微动力厌氧处理模式，有的实行无动力厌氧加人工湿地处理。

【农村环境综合整治】 杭州市全面推进农村环境综合整治攻坚，深化“美丽乡村”建设，实施垃圾集中收集处理，房前房后绿化，新修、整修村庄道路，着力提升农村公共设施配套、饮用水安全保障、道路通达、村庄环境管理水平。全年建成“三江两岸”生态景观绿化带226万平方米。完成千岛湖小环湖农村生态治理、沿分水江农村环境整治。桐庐县、临安市所有行政村完成垃圾分类收集和资源化处理。全市农村安全饮水覆盖率97.5%。（严　建）

淳安县文昌镇王家源村景色　（市建委 供稿）

【中心镇建设】 根据全市新型城镇化暨农村工作会议精神和《2014年全省小城市培育试点和中心镇发展工作要点》要求，杭州市中心镇建设以新型城镇化发展战略为指导，以加快转变经济发展方式为主线，推进中心镇改革发展各项工作。全市小城市培育试点和中心镇建设取得新的进展。余杭区塘栖镇连续两年在省小城市培育试点考核中名列第一，淳安县千岛湖镇和建德市乾潭镇被列入第二批省级小城市培育试点，全市省级小城市培育试点镇增至6个。全年中心镇完成限额以上固定资产投资388.1亿元。实现财政总收入71.73亿元，比上年增长7.6%。其中，地方财政收入32.78亿元，增长6.6%。

▶▶资料：杭州市列入省级小城市培育试点镇名单

萧山区瓜沥镇
余杭区塘栖镇
富阳区新登镇
桐庐县分水镇
淳安县千岛湖镇
建德市乾潭镇

（陈新建）

【农村住房改造建设】 杭州市坚持“联席会议、推进例会、进度通报、信息报送、专项考核”五项制度，加强农村住房改造检查指导和统筹协调。全年完成农村住房改造建设30599户，完成年度目标的1.33倍；改造建设面积833.47万平方米，投资137.08亿元。其中，采用“二合一”模式改造建设14199户、“二选一”模式4296户、“民建公助”模式12104户。按照“规划设计一流、质量安全一流、风貌特色一流、生态环境一流、社区管理一流”的要求，抓好全市22个农房改造“示范村”申报，其中萧山区申报3个、余杭区2个、富阳区2个、桐庐县5个、淳安县3个、建德市3个、临安市4个。

【农村困难家庭危房改造】 杭州市继续推进农村困难家庭危房改造。全年完成危房改造1518户，完成年度目标的100.5%，其中新建770户、扩建20户、改建420户、修缮221户、置换84户。救助对象中五保户1户、低保户1057户、受灾困难户53户、其他困难户407户；四类受救助对象中残疾人579户。危房改造面积21.87万平方米。投入财政补助资金3886.52万元，其中中央资金982.5万元、市级资金322.5万元、县（市）级资金1796.47万元。（郭清民）

环境保护
Environmental Protection

·环境保护综述·

【生态建设成效明显】 2014年，杭州市深入贯彻落实省委、省政府建设“两美浙江”的重大决策部署，坚持环境立市战略，着力开展大气和水环境综合治理，扎实推进生态文明和“美丽杭州”建设。全市生态环境总体平稳向好，市区环境空气质量优良天数比上年（指2013年，下同）增加13天，PM2.5的年均浓度下降7.7%，全市水质达到或优于地表水环境质量Ⅲ类标准的断面占80.9%，水、大气、声和辐射环境质量总体稳定，主要污染物减排目标提前实现，全市环境安全得到有效保障，生态环境不断改善，生态环境状况指数（EI）位居全省第二。

【空气质量好转】 2014年，杭州市按照《环境空气质量标准（GB3095-2012）》评价，市区环境空气质量优良天数228天，优良率62.5%，比上年提高3.7个百分点。PM2.5的平均浓度64.6微克/立方米，削减5.4微克/立方米，下降7.7%。市区环境空气中二氧化硫（SO_2）年平均浓度符合《环境空气质量标准（GB3095-2012）》二级标准；二氧化氮（NO_2）、PM10、PM2.5分别超标0.25、0.40和0.86倍，但分别下降5.7%、6.7%和7.7%。降尘平均浓度为5.67吨/平方千米·月，下降2.29吨/平方千米·月，达到浙江省控制标准。桐庐县、淳安县、建德市、富阳市、临安市环境空气质量达到一级（优）、二级（良）的天数分别为283天、293天、299天、262天、267天，优良率分别为77.7%、87.2%、82.1%、72.4%、73.4%。空气中主要污染物为PM2.5（细颗粒物）。以环境质量指数法及质量等级划分法进行评价，杭州市环境空气质量总体上属尚清洁水平。

全市酸雨污染处于严重水平，临安市属较重酸雨区，其他区、县（市）属于重酸雨区。降水pH值范围为3.25~7.86，最低值出现在桐庐县。全市降水pH年均值为4.65，上升0.07；酸雨率80.0%，下降6.8%。

【水环境质量总体良好】 杭州市地表水总体状况良好，全市47个市控以上断面中，水环境功能达标率74.5%，达到或优于Ⅲ类标准的比例为80.9%。钱塘江水质状况为优，水环境功能达标率85%，95%的干流和支流市控以上断面达到或优于Ⅲ类标准。苕溪水质状况为优，水环境功能达标率100%，达到或优于Ⅲ类标准的比例为100%。运河和城区河道水质保持稳定。西湖水质状况良好，全湖测点均达到水环境功能区Ⅲ类水质标准，平均透明度1.39米，与上年持平，溶解氧、高锰酸盐指数、五日生化需氧量、氨氮均符合Ⅰ~Ⅱ类水质标准。千岛湖水质状况为优，全湖平均透明度4.30米，所有测点均达到水环境功能区Ⅰ类标准。

全市饮用水源水质良好，水质保持稳定。在2014年浙江省跨行政区域河流交接断面水质考核中，杭州市位列良好等次。

【声环境质量保持稳定】 杭州市声环境质量总体保持稳定，环境噪声的主要来源依然是生活和交通噪声。杭州市区的区域环境噪声为56.4分贝，质量等级为轻度污染。五县（市）区域环境噪声均小于55分贝，质量等级为较好。与上年相比，市区区域环境噪声强度有所上升，五县（市）中除桐庐县有一定程度下降外，其余县（市）保持稳定。杭州市区道路交通噪声68.6分贝，质量等级为较好。五县（市）道路交通噪声63.3分贝~70.6分贝，其中桐庐县、建德市、富阳市、临安市质量等级为好，淳安县为轻度污染。市区及淳安县、建德市的道路交通噪声值有一定程度上升，富阳市、临安市保持稳定，桐庐县有所下降。

根据《城市区域环境噪声标准》（GB3096-2008）评价，杭州市区1类标准适用区昼间噪声超标2.0分贝，其余类别标准适用区昼间噪声达标；桐庐县、淳安县、建德市、富阳市、临安市各类标准适用区昼间噪声均达标。

·生态建设·

【推进生态文明试点市建设】 杭州市致力打造“美丽中国先行区”，深入推进“美丽杭州”建设。健全工作机制，成立市生态文明建设（“美丽杭州”建设）委员会和生态文明改革专项小组，开展“美丽杭州”建设专项督查，部署落实生态文明体制改革重点任务。修订完善《杭州市生态补偿专项资金使用管理办法》，进一步强化源头地区、敏感区域的保护。完善生态文明建设工作考核，强化结果导向，把“美丽杭州”建设的关键指标和任务纳入各级政

府目标责任体系，强化发展质量、发展方式、发展后劲的考核。完善“美丽杭州”淳安县实验区单列考评体系，取消对其国内生产总值的考核。

【生态建设持续发力】 杭州市生态建设工作持续发力，生态县（市）、生态乡镇和生态村创建取得明显成效。市本级通过省级生态市验收，成为全省首个通过省级生态市验收的地区；江干区通过国家生态区验收，萧山区、富阳市通过国家级生态区（县、市）技术核查；富阳市富春街道、东洲街道等41个乡镇（街道）被环境保护部命名为国家级生态乡镇（街道）；建德市更楼街道和桐庐县城南街道、江南镇、钟山乡4个乡镇（街道）被省环境保护厅命名为省级生态乡镇（街道）；江干区凯旋街道被杭州市生态办命名为市级生态文明街道。至年末，全市累计有8个区、县（市）通过国家生态区、县（市）命名、验收和技术核查，建成国家级生态乡镇（街道）118个，国家级生态村2个；建成省级生态区（县、市）8个，省级生态乡镇（街道）135个；建成市级生态（文明）乡镇（街道）164个，市级生态（文明）村1019个；整体创建比例和进度均位于全省前列。

【“三江两岸”生态景观保护与建设】 杭州市坚持“三年卓见成效、五年基本成型”的目标，围绕六大领域29项工程，全力推进“三江两岸”生态景观保护与建设，着力打造“美丽杭州”和生态文明建设的先行区、示范区，整治成效明显。至年末，“三江两岸”拆除各类砂石码头18处，完成船厂搬迁1处，保留码头提升改造3处和江堤复绿15处；关停饮用水源保护区内污染企业22个；通过开展污染行业专项整治，累计关停富阳市化工企业12个，完成桐庐县清洁生产企业审核8个，淘汰冲天炉8座，关停萧山区“小化工”企业24个；推进环境基础设施建设，完成污水处理厂中水回用工程和污水处理厂建设各1个，完成截污纳管120.23千米，整治河道83千米；推进两岸生态景观建设，全线贯通淳杨环湖公路改建工程64千米，新增绿化带100多万平方米、绿道105千米，建成驿站8处、旅游码头2个。完成农村历史建筑修缮工程25个，挖掘非物质文化遗产11处。推进岸线生态修复，整治矿山4个，完成农业面源治理项目26个，整治和关停箱网养殖20多公顷。推进之江船工业遗址公园和“三江两岸”工程展示馆建设，开展“美丽乡村”精品线路建设和乡土建筑保护，不断巩固“景观提升”项目成效。

【“四边三化”建设】 杭州市“四边三化”建设取得新的进展，年内建设成果通过省现场考核验收。公路边“三化”先行引领，全年完成公路边“三化”4170处，完成路面及附属设施整治、绿化提升等建设投资17.7亿元。铁路边“三化”进展明显，萧山区铁路边“洁化、美化”整治任务全部完成，累计整治道路165.2千米；余杭区全面完成铁路边整治任务。河边“三化”成效显著，完成河道综合整治形象进度451千米，为年度计划的1.74倍。河道边新增绿化279千米，参加河边绿化近99万人次。山边“三化”有序开展，省级重点矿山治理总面积69.65万平方米，9个省级重点项目中完成治理5个，建设绿色矿山10个。全市完成“四边”绿化1799千米，完成省计划1.33倍；绿化面积1479.7公顷，完成省计划的1.21倍。

【物种多样性保护】 杭州市对物种多样性采取各种保护措施。加强自然保护区、森林公园、湿地公园等野生动植物繁育栖息地的保护和管理，有效发挥其生态保护功能。开展野生动植物保护宣传、野生动物疫源疫病监测防控、野生动物救护及补偿等工作，积极构建野生动植物保护体系。大力开展植树造林，提升森林林分质量，构建适宜野生动物生存的栖息地。加强执法，严厉打击各类破坏野生动植物的违法犯罪行为。积极引导和鼓励野生动物驯养繁殖业发展，保护野生动植物资源。持续开展杭州西溪国家湿地公园内植物植被、鸟类、昆虫、兽类、爬行类、两栖类、鱼类等生物多样性监测，为进一步提升西溪国家湿地公园管理水平打下基础。

【农村生活污水治理】 全市积极实施《杭州市农村生活污水处理全覆盖工作方案》和有关配套制度，将农村生活污水处理作为治污水和统筹城乡环境保护的重点工作扎实推进。全年农村生活污水治理项目总投资27.79亿元，其中市本级财政专项资金中的中央节能减排资金1.01亿元、生态环境保护资金1.5亿元、城乡统筹资金1.2亿元，均专项用于农村生活污水治理。有关区、县（市）均完成辖区内农村生活污水治理规划的编制。全年完成844个行政村的农村生活污水治理，新增受益农户21.28万户；累计敷设接户管道总长度4323千米、村内支管道2169千米、村内主管道1980千米。改造化粪池16.75万个。建成人工湿地150万平方米。新建微动力污水处理设施1215套、人工湿地复合式处理设施3414套。

·环境综合整治·

【主要污染物减排】 杭州市围绕主要污染物减排三大体系建设，抓好工程减排、结构减排和监管减排，创新总量控制制度和工作机制，主要污染物减排工作取得明显成效。根据省环境保护厅核定，全年全市化学需氧量、氨氮、二氧化硫、氮氧化物排放量分别比上年削减5.1%、3.76%、2.04%和5.78%，提前一年超额完成“十二五”时期减排任务。根据污染减排目标，制订《杭州市2014年主要污染物减排计划》，市政府与各区、县（市）政府签订减排责任书，实行“行政问责制”和“一票否决制”。着力推进重点减排项目建设，全年实施减排项目281个，其中国家减排项目26个。大力推进排污权初始分配及交易，全年完成1400多个企业初始排污权配额分配核准和777个重点企业4项主要污染物指标初始排污权分配。构建全市统一的排污权交易管理体系，开展排污权交易2次，首次增加氨氮和氮氧化物两项指标，全市累计实施排污权交易11次，交易化学需氧量指标794吨、氨氮82.8吨、二氧化硫2322.7吨、氮氧化物1108.3吨，总成交金额1.15亿元。“刷卡排污”管理逐步铺开，完成257个市控以上重点企业“刷卡排污”系统建设，可控制全市75%以上的工业排污量。实施减排预警机制，对减排指标不减反增的地区下达红色预警，实施区域限批；对没有达到时间进度的

6月29日，杭州市危险化学品泄漏事故应急演习在拱墅区康桥中石化油库举行　　（市环保局 供稿）

地区下达黄色预警，启动应急措施。加大减排督察工作力度，市减排办组织对市级部门和区、县（市）开展减排督察行动，督促加快推进减排项目建设。规范全市排污许可证核发和管理，对重点工业企业进行吨排污权税收贡献排名，实行差异化总量控制激励政策。

▶▶资料：刷卡排污

“刷卡排污”自动控制系统由企业端刷卡排污总量控制设备、环保部门的控制管理平台和数据安全传输网络三部分组成，由环保部门核定企业全年的排污总量，并按月分配充值到企业排污许可证电子证照（IC卡）中，企业按照IC卡中的排污额度进行排污。当企业月排污量临近排污限额时，系统分别发出预警、警告提醒；当超过额度时，企业端自动控制阀门立即关闭停止排污，从而实现污染物总量控制。

【大气污染整治】 杭州市继续深化大气环境整治工作，成立以市长为组长的市大气污染整治工作领导小组，并由市环保局牵头，抽调市城管委、市城投集团等单位人员组建市大气整治现场办公室，负责协调全市大气污染防治工作。制订实施《杭州市大气污染防治行动计划（2014～2017年）》和《2014年杭州市大气污染防治实施计划》。全年全市淘汰小燃煤锅炉343台，关停半山电厂4号燃煤机组；完成33个热电企业122台锅炉和12个水泥企业15条生产线的脱硝改造；关停3个日产2500吨的水泥企业；完成143个化工和印染行业企业的VOCs（挥发性有机物）治理，治理和取缔化纤、彩钢塑胶涂层等VOCs企业120余个。强化城市扬尘治理，检查工地9222个次，优良率51%；评出市级“标准化样板工地”199个。加强覆盖主城区的40个降尘点位的监测。积极做好大气重污染天气应急响应，全年启动三级响应3次。深化大气灰霾研究。初步完成环境空气质量预报预警系统安装。

【机动车污染防治】 杭州市通过对黄标车淘汰补助、黄标车限行等措施，加强机动车排气污染防治。提高排放标准，全市机动车全面执行国Ⅳ排放标准，严格新车和转入车辆的环保管理。提高检测标准，主城区全面实施柴油车加载减速法检测，全年检测柴油车5.97万辆。提升车用油品标准，自11月1日起，车用汽油执行国Ⅴ标准，车用柴油执行国Ⅳ标准。实施机动车总量控制，对小客车增量采取摇号和竞拍形式控制其增速。实施机动车环保检验合格标志管理，全年核发机动车环保检验合格标志127.7万枚，发放率90%以上。实施黄标车限行措施，主城区对绕城以内（不含）道路和各区、县（市）建成区全面限行。加快淘汰黄标车，全年淘汰黄标车及老旧车辆6.28万辆、转出3.26万辆。联合交警部门开展道路执法活动，市交警重点车辆查控系统查处主城区违法黄标车4.89万辆，环保自动拍摄执法系统查处黄标车1.29万辆。加强油气回收监管，全年回收汽油1128.8吨，其中主城区510吨。

【半山及北大桥地区新一轮环境整治】 2014年，杭州市半山及北大桥地区新一轮环境综合整治取得阶段性成效。杭州澳医保灵药业有限公司、华东医药器材化剂分公司、杭州新华集团有限公司杨伦分厂、杭州新泰塑纸有限公司实现停产，杭州炼油厂处于停产状态。杭州油漆厂确定落户德清县新市镇，杭州华丰纸业有限公司和杭州轻华热电有限公司排出关停时间表。杭州澳医保灵药业有限公司等企业关停转迁，使民生、田园、桃园等区块实现重污染企业“清零”。该地区全年削减废水排放452万立方米、固体废物排放2000吨。

【水环境整治】 杭州市加强饮用水源保护，将饮用水源保护工作列入《杭州市2014年度生态省建设工作任务书》，采取一票否决制。市政府与各区、县（市）政府签订《饮用水水源保护工作目标责任书》。推进饮用水源保护区内污染企业的关停工作，全市投入资金近10亿元，关停搬迁一、二级饮用水源保护区内历史遗留的污染企业22个，完成33个安全隐患点的整改。加强饮用水源保护区环境执法，检查沿江沿河企业2373个次，治理环境隐患301处。完成2014年度杭州市集中式饮用水水源环境状况评估、地级以下城市集中式饮用水水环境状况评估等报告。加强河道环境整治，开工或续建河道45条（段），完工12条（段），打通断头河6条，建设闸站3座，新建或续建河道总长度52.59千米。全市1845条乡镇级（含）以上河道实现“河长制”全覆盖，设立河长公示牌3192块，制定并实施“一河一策”综合整治方案。实施“阳光排污口”工程，建立企业“阳光排污口”157个、河道“阳光排污口”199个。

【重污染高耗能行业整治】 杭州市全面完成电镀行业整治扫尾工作，基本完成制革、印染、造纸、化工四大行业整治任务。深入开展重金属

污染防治，制订《杭州市2013~2014年重金属污染综合防治实施方案》，更新2014年市重点监控重金属企业名单，完成铅、镉、汞、铬、砷等五类重点污染物削减目标。加强执法检查，年初和年中组织开展2次行业整治“零点行动”、2次重污染高耗能行业专项执法检查。建立信息公开制度，定期在市环保局网站上公开四大行业“三个一批”企业整治状态信息，接受公众监督。采取媒体曝光等方式，督促进展滞后企业加快整治进度。至年末，全市列入整治计划的761个制革、印染、造纸、化工企业，完成整治759个，整治完成率99.7%，剩余2个为列入化工行业搬迁入园的企业。

【杭州都市圈环境共保】 杭州、湖州、嘉兴、绍兴四城市积极开展都市圈环境共保。3月，在湖州召开都市圈合作发展协调会环境专业委员会工作座谈会，交流商讨四城市共同推进能源结构调整、机动车尾气污染防治、工业大气污染治理等措施。制订《2014年度杭湖嘉绍地区边界环境联合执法工作方案》，开展“保护清洁空气”“保护清洁水源”四城市联合执法行动。四城市环境监察部门组成联合调查组，对绍兴与萧山、海宁与下沙、德清与余杭等交界处联合开展边界交叉执法检查，重点检查企业污染物治理设施运行情况、“三同时”执行情况、应急预案制作与应急物资储备情况等，加强地市边界间的环境管理合作，共同解决边界相邻地区的环境污染问题。余杭区和海宁市制定《余杭—海宁环境联保联动工作机制》，开展环境共保工作。

·环境管理执法·

【环境法制建设】 杭州市加强环境立法工作。《杭州市大气污染防治规定》《杭州市生态文明和“美丽杭州”建设促进条例》《杭州市环境宣教条例》分别列入2014年地方立法正式项目、预备项目和调研项目，其中《杭州市大气污染防治规定（草案）》通过市政府常务会议讨论。完成浙江省环保部门依法行政示范单位创建工作，清理、削减全市环保部门的行政权力事项50%。印发《关于进一步深化〈中华人民共和国环境保护法〉宣传贯彻实施工作的通知》，加强对新环境保护法的宣传贯彻工作，组织召开新环境保护法专题培训和研讨会12次，印发宣传折页1万册、宣传资料5000册。

【环境监察与排污收费】 4月3日，杭州市出台关于打造环境监管最严格城市的意见，将“最严准入、最严监管、最严治理、最严执法、最严制度”贯穿全年工作始终。成立市公安环境执法侦查支队，推进公安环保联合执法等专项执法，破获萧山绍兴跨界重大铅酸蓄电池非法收购处置案、废矿物油跨省非法处置案等重大案件，保持环境执法高压态势。全市立案查处环境违法案件1008起，处罚金额5544.1万元。其中，移送公安部门案件45起，比上年提高7.5倍；刑事拘留64人，行政拘留7人，取保候审14人，判刑5人。加大环境违法综合惩治和媒体曝光力度，积极推进网格化和精细化管理试点，提高执法效率。全年开展由市环保局领导带队的“零点行动”专项执法检查10次，立案查处环境违法企业7个，责令整改企业3个，以铁的手腕打击利用非工作时间偷排、漏排等环境违法行为。强势推进重污染行业企业整治专项执法，全年检查重污染行业企业86个次，16个违法企业被查处。开展大气信访集中区域专项督查，检查企业37个，责令整改企业17个。

全市排污费征收按照《排污费征收管理条例》的要求组织实施，确保征收全面、规范、足额。全市申报登记排污企业10592户，实际征收6878户，征收排污费1.83亿元。

【建设项目环境管理】 杭州市加强建设项目环境管理，严格执行《中华人民共和国环境影响评价法》《建设项目环境保护管理条例》和国家、省、市产业发展导向目录，认真把好建设项目环保审批关。全年完成8009个建设项目环保审批，否决143个污染严重、与区域环境不相协调的建设项目，无环保审批失误发生。市本级完成65个市区各类经营性土地出让项目出让前环境影响初步分析备案、8个市区搬迁退役企业土壤专题评价备案。严格执行重大项目、敏感项目集体审议制度，实行专家审查和公众调查制度，加大环境影响评价公众参与和政府信息公开力度。深化环评审批制度改革，简化环评审批程序，印发《关于明确主城区建设项目市区两级环保部门环评审批管理权限的通知》，将区级政府、区级事业单位和社会投资等鼓励类建设项目审批权限下放至区环保局；对涉及民生和基础设施的公益项目、污染较轻的33类建设项目和部分区域申请豁免审批。开展中介服务事项的统计和情况摸底调查，出台《关于印发杭州市涉审环境影响评价机构考核评价办法等文件的通知》，进一步提高建设项目环境影响评价质量和评估效率。加大对浙

5月7日，杭州市环保局开展环境执法“零点行动”。图为环境执法人员在临安市相关企业突击检查企业污染排放情况　　（市环保局 供稿）

6月5日，浙江省暨杭州市纪念“6·5”世界环境日大会暨浙江省环保联合会成立大会在杭州举行 （市环保局 供稿）

商创业创新项目、十大产业项目、治理交通拥堵项目、地下空间开发利用和省市重点工程项目的环保服务力度，实施项目动态化管理。

【危险废物安全监管】 杭州市全年工业固体废物产生量737.11万吨，综合利用量（包括综合利用往年贮存量）662.34万吨，综合利用率89.9%。工业固体废物处置量70.27万吨。工业危险废物产生量17.48万吨，综合利用6.79万吨，无害化处置9.21万吨。医疗废物产生量1.6万吨，无害化集中处置率100%。

杭州市创新固体废物管理手段，对全市危险废物动态监控系统进行提升改造，推进固体废物动态管理信息化进程。推进以危险废物、污水处理厂污泥为核心的刷卡转运系统建设，实现固体废物管理动态化、可视化、信息化。开展危险废物专项整治和执法行动，每季度组织一次全市危险废物交叉专项执法检查，全年抽查各类危险废物产生和经营单位100余个，严厉打击违法转移、无证经营和随意处置危险废物行为。积极提升危险废物处置能力，全市危险废物经营单位24个，危险废物年利用处置能力100万吨。建成污泥处理处置设施16座，设计处置能力8000吨/天。探索开展工业企业退役场地污染修复工作，明确工业企业退役场地开发利用的评估、修复、验收的具体程序和要求。督促完成东风杭州汽车有限公司、杭州市长河化工有限公司等地块的修复，监督推进浙江蓝天环保高科技股份有限公司等地块的修复。

【辐射环境管理】 杭州市有放射源单位176个、放射源1257枚，核技术利用单位728个，金属熔炼企业142个。全市辐射环境保持安全水平。全年审批审查辐射项目22个，受省环保厅委托审批颁发“辐射安全许可证”103份。督促送贮闲置和废弃放射源69枚、放射性废物428.5千克，送贮率100%。完成全市电离辐射环境监管及监督性监测，市本级抽查、抽测辐射工作单位120个，各区、县（市）检查辐射工作单位、废旧金属熔炼企业872个次，完成率均100%，并完成8个γ射线探伤企业47台γ射线探伤装置的辐射安全检查。全面完成电磁辐射环境监管及监督性监测，对16个雷达、广播发射塔进行监督性监测。进一步巩固深化“绿色和谐电磁环境”创建工作，结合实施“绿色变电站”和“绿色基站”典型示范项目，开展辐射宣传教育，积极调查处理辐射信访事件，全市建成“绿色基站”3个、“绿色变电站”1个。做好核辐射应急准备工作，全年未发生核辐射事故。

【环境应急管理】 杭州市加强环境应急管理制度建设。出台《杭州市将军岩断面水质异常预警与响应机制》《钱塘江流域水质异常环境应急联动工作规范》等应急规范性文件，建成市级环境应急物资库6个；强化对市环境应急决策指挥，提高突发环境事件应对信息化水平。完善环境安全隐患定期排查报告制度，开展定期巡查490次，检查企业3067个次，排查环境风险源企业208个，完成隐患整改269处。配合浙江省大气重污染应急演习，对大气重污染应急预案进行全过程演练，检验大气重污染应对能力。严密防范和快速处置突发环境事件，全年发生突发环境事件11起，均在第一时间妥善处置。

【环保宣传教育】 杭州市以提高全社会环境意识为重点，开展全方位、多角度、深层次的环保宣传教育。围绕“世界环境日”“浙江生态日”等主题日，策划省、市纪念“6·5”世界环境日现场活动、“五水共治”媒体采风、“环境优化与流动留守妇女儿童发展关爱行动”、市中学生“五水共治”主题教育、环保文艺演出进社区等活动10余个，参与人数2万多人。全年在市级以上平面媒体发表环境新闻稿711篇，刊登专版14个，制作播出《环保之窗》272期。加强新媒体应用和宣传，组建“杭州环保”网络发布矩阵，开通“杭州环保”新浪和腾讯微博及微信。积极回应环保热点，全年召开新闻通报会4次，协调接待新闻媒体采访近200次。加强对环保社会组织、环保志愿服务总队和高校环保社团的指导，组织“环保大讲堂”“给垃圾找个家”志愿者环保行动等活动。举办街道领导干部生态文明建设研讨班、环境教育暑期师资培训班等，在市委党校中青班开设环保讲座。印发《环保生活每一天》、《向污染宣战》、新环境保护法等宣传册和“世界环境日”宣传海报3万多份。

【“绿色”系列创建】 杭州市深化“绿色”系列创建工作，全年创建省级生态文明教育基地2个、省级绿色学校30所、省级绿色医院5个、省级绿色家庭30户；创建市级环境教育基地7个、市级绿色家庭20户。市委宣传部、市环保局等单位联合开展“共建共享美丽人居环境”行动，组织开展环境教育教案评比和“环保小卫士”夏令营活动。组织参加全国环保课外科技竞赛，获最高奖1个、一等奖7个、二等奖4个、三等奖8个。

【环境信访提案办理】 杭州市畅通群众环保诉求渠道，出台《杭州市环境信访调处反馈和督查规范》，着力提高信访办理质量，推动重点难点问题化解。全年受理各类环境问题信访总量2.33万件，比上年增长62%。其中，废气问题信访占53.1%。全市接待市民到访84批次255人次，对重要信访带案下访4次。所有信访件均及时办理并反馈。妥善处理多起集体访、重复访事件，没有出现严重的越级上访情况。信访反馈满意率95%。受理涉及环保工作的省、市人大代表建议和政协委员提案113件，全部按时办理完毕并上网公布，按时办结率、面商率、满意率（基本满意率）均100%。

·环保科研监测·

【“智慧环保”建设】 杭州市围绕“推进智慧应用，提升管理能力，促进智慧经济”的目标，大力推进“智慧环保”建设，为环境管理科学化提供技术支撑。编制《杭州市智慧环保建设规划》，启动“12369”架构体系的“智慧环保”建设。及时启动移动执法一体化（三期）、环境中心数据库（二期）、危险废物动态监管（二期）等项目建设，全面完成移动执法一体化（二期）、综合信息平台升级、环境应急地理信息系统（二期）等项目建设，初步实现掌握污染源排放情况、预警应急环境风险、监督考核环境质量状况、保障公众环境知情权的功能。杭州环保工作开始实现从“数字环保”到“智慧环保”的转变。

【环保科研】 杭州市进一步加强环保科研工作，全年组织水、气污染现状调查及防治等课题研究10个，其中“‘五水共治’城市河道综合治理工程生态环境效应评估研究”“杭州市氨排放现状调查及对PM2.5形成机制研究”等7个项目被列为市级科技计划项目。完成“杭州市环境空气PM2.5（细颗粒物）来源解析”研究并通过环保部组织的专家论证，完成“杭州城市下垫面与通风廊道关系研究”“杭州市环境空气质量改善的模式研究”等专项研究。《杭州通风廊道评价研究》《杭州市主要湖库、河流微囊藻毒素污染现状及防治对策研究》等10个课题通过有关部门验收。《千岛湖有机污染物污染现状及防治对策研究》获市科技进步二等奖，《杭州市区河道水环境治理和生态修复普遍技术及关键环节工程示范应用研究》《杭州市重点工业行业二氧化碳控制途径及对策研究》2个课题获杭州市科技进步三等奖；《杭州市地表水中典型内分泌干扰物污染特征调查及健康风险评估》获浙江省环保科技二等奖，《钱塘江（杭州市）水域水质改善关键问题和控制对策研究》《杭州市大气颗粒物重金属污染特征与防治对策研究》《杭州市备用饮用水源主要污染因子解析及水质安全评价》3个课题获浙江省环保科技三等奖；《污染物减排约束下的杭州市产业转型发展对策研究》获杭州市党政系统优秀科研成果二等奖。市环保部门在国内外权威专业杂志上发表论文80余篇。

全年市环保局组织承办两场技术交流会。其中：杭州湖泊环境保护技术交流会邀请中国环境科学研究院等国内一流水环境科研机构专家做专题报告；饮用水源地水质异常与自来水水质安全保障应急处理技术报告会邀请城市水资源开发利用（南方）国家工程研究中心、上海市环境科学院等单位专家到会介绍饮用水源地水质异常与自来水水质安全保障应急处理技术和管理经验。

【大气颗粒物来源解析】 杭州市以市区为核心，与南开大学合作开展2014年新一轮细颗粒物来源解析研究，并取得阶段性成果。研究结果表明，杭州市区环境空气污染以PM2.5为主，全年污染天气137天，占全年天数的37.5%。其中：以PM2.5为首要污染物的天数93天，占污染天数的67.9%；其他污染天以PM10或O_3为首要污染物。与非污染日相比，重污染过程PM2.5占PM10的比例有明显增加，冬季在80%左右，夏季在60%左右。在市区PM2.5来源中，本地排放约72%，区域传输占28%。在本地源排放贡献中，机动车对PM2.5贡献最大，占28.0%，工业生产（工业锅炉及窑炉、生产工艺过程等排放）贡献占22.8%，扬尘（裸露表面、建筑施工、道路扬尘、土壤风沙等排放）占20.4%，燃煤（燃煤电厂、居民散烧）占18.8%，其他（生物质燃烧、餐饮、海盐粒子、农业生产等）占10.0%。

【环保科技人才培养】 杭州市坚持以自主培养为主、引进为辅的办法，加强中青年科技人才培养。实施“引智工程”和“引才工程”，充分借力“院士工作站”和千岛湖科研基地等平台，加强与中国科学院、中国环境科学院等国内一流科研单位合作，引进和培养高层次专业人才。积极开展业务技术交流，组织技术和管理人员参加第二届中国（上海）国际技术进出口交易会、中国（浙江）环保产业博览会暨环保技术交流会和第四届中日（浙江）水环境技术交流会等国际性、区域性环保交流活动。举办辐射监管、水处理、固体废物处置、噪声监测等专业培训6次，363人次参加。组织由环保部开展的第一批环境监测“三五人才”申报，其中申报成功“一流专家”2人、“技术骨干”21人。全年有60名业务骨干参加国家环境监测总站、省环境监测中心、省辐射环境监测站等单位举办的专业培训。

【环境监测】 杭州市加强环境监测能力建设。全年投入1440万元，购置颗粒物监测仪、气相分子吸收光谱仪、气相色谱—质谱仪、背包式放射源搜寻系统等国际先进环境监测设备，进一步提高全市环境监测及环境预警能力。建成“千岛湖生态观测研究基地”并正式启用。累计建成空气质量自动监测站36个、地表水自动监测站44个、污染源在线监测系统561套、污水处理厂自动监控站（点）36个。杭州市环境监测部门全年获取有效监测数据640万个。完成266个企业委托监测、85个综合性竣工项目验收监测，提供环评现状监测资料33份，出具各类监测报告1600余份。编制《杭州市钱塘江流域市县两级水质联合应急监测方案》《杭州市苕溪流域市县两级水质联合应急监测方案》，进一步提高钱塘江流域、苕溪流域市县两级环境污染事故应急监测能力。全年完成钱塘江水质异味、桐庐境内运输车辆侧翻四氯乙烷泄露等突发环境污染事故应急监测14次。 （徐　静）

会展业

Conference & Exhibition Business

·会展业综述·

【杭州会展业创新发展】 2014年，杭州市以“打造全国首屈一指的会展城市”为目标，加大政府主导项目统筹整合力度，加快会展业市场化转型，进一步创新会展模式。全年会展业分五个阶段安排项目，第一阶段以“茶为国饮，杭为茶都”为主题，举办茶博会、休闲户外展等项目，带动全市特色潜力产业发展。第二阶段以“活力动漫，文创之都”为主题，举办动漫节、杭州艺术博览会等项目，带动文化创意产业发展。第三阶段以“世界遗产，人文杭州”为主题，举办大运河庙会等项目，弘扬运河文化，带动休闲旅游产业发展。第四阶段以“精彩西博，美丽杭州”为主题，以中国杭州西湖国际博览会（简称西博会）的举办为抓手，推动经贸科技产业发展，促进杭州国际化大都市建设，以及亲民、乐民、为民办会。第五阶段以“购物天堂，美食之都”为主题，举办休闲购物节等项目，带动消费和内需增长。全年举办展览290个，比上年（指2013年，下同）增加67个，增长30.0%。展览总面积243.6万平方米，增长7.0%；单个展览平均展览面积0.84万平方米。杭州市会议展览业协会所属会员单位全年承接各类会议11662个，增长2.0%，其中国际会议673个，占5.7%。西博会期间举办节庆活动 27个，观众821.7万人次。年内，杭州市获“2013~2014年度中国会展名城”“2013~2014年度中国会展城市奖”“2014年度中国十佳品牌会展城市”“2014中国十大影响力会展城市”“2014中国会展业年度杰出城市管理大奖”“最佳会议目的地”“东方养生圣地”等荣誉。

【中国国际动漫节】 4月28日至5月3日，第十届中国国际动漫节在杭州举行。该届动漫节汇集会展、商务、赛事、论坛、活动五大板块53项活动，吸引136.2万人次参加。来自美国、日本、法国、俄罗斯等74个国家和地区的602个动漫企业、机构到杭州参展、参会、参赛，国际化程度再创新高。动漫节除在滨江区白马湖动漫广场设立主会场外，还在中国美术学院和建德、桐庐等地设立10个分会场，形成“全城动漫”的节日狂欢季。该届动漫节达成签约交易和意向合作项目285个，涉及金额112.4亿元，现场实际成交和消费金额26.2亿元，合计138.6亿元。

【中国大运河庙会】 10月18~21日，首届中国大运河庙会在杭州举行。庙会以“千古运河还看今朝”为主题，通过拱宸桥主会场与西湖文化广场、塘栖古镇两大分会场联动，开展运河祈运仪式、彩船嬉歌行、运

2014 年杭州市展览规模分类情况

表 28

展览规模（平方米）	展览数（个）	占展览总数的比例（%）
5 000 以下	109	37.6
5 000~10 000	84	29.0
10 000~20 000	67	23.1
20 000 以上	30	10.3

2014 年杭州市展览项目构成情况

表 29

项目构成	展览数（个）	占展览总数的比例（%）
国际性展览	65	22.4
全国性展览	162	55.9
地方性展览	63	21.7

2014 年杭州市举办会议情况

表 30

项　目	数　量
举办会议数（个）	11 662
其中：国际性会议（个）	673
会议营业收入（亿元）	1.28
接待会议代表人数（万人次）	106
其中：境外代表人数（万人次）	3.9

河百姓生活秀、“三素食”集、非遗集市、文化创意集市、乡情乡会、运河菜系交流峰会等富有运河文化内涵、展现运河南北地域特色的主题活动，完整而生动地呈现运河综合保护成果，展示世界遗产文化。为期4天的庙会接待市民、游客89.9万人次。

参见“城市建设管理”类目的“中国大运河庙会接待市民游客近90万人次”条目。

【文化创意产业博览会】 10月16～20日，第八届（2014）中国杭州文化创意产业博览会在白马湖国际会展中心举行。该届文博会以“融—工艺·设计·生活”为主题，设国际设计馆、“IN杭州”设计品牌馆、两岸文创精品馆、非遗文化传承馆、“最设计”中国美院馆、创意设计生活馆六大主题展馆，涵盖首届两岸文创精品展、第六届中国（浙江）非物质文化遗产博览会、“最设计”中国美院展、中国（杭州）国际艺术衍生品产业博览会、杭州国际设计节、第四届杭州居室版画展及第二届两岸文创产业对接会、第十届海峡两岸文创产业高校联盟论坛等25项专业及产业活动，集中展示2000余个国内外文创机构的5000余件最新文创成果。展示及活动总面积6万平方米，观众23.5万人次。

【休闲发展国际论坛】 10月27～28日，由杭州市政府、世界休闲组织、浙江大学等联合举办的中国（杭州）休闲发展国际论坛在建德半岛凯豪大酒店举行。论坛围绕“休闲发展与城市国际化”主题，开展政策解读和学术探讨，研究现代城市国际化建设道路与休闲产业最新发展趋势。来自美国、匈牙利、加拿大、英国、德国等国近100名研究休闲旅游、城市建设、文化、社会等领域的专家学者，以及来自世界休闲组织、世界旅游城市联合会、中国社会科学院、省旅游局等会展行业、旅游休闲产业、互联网企业代表近300人参会。该论坛自2001年创办以来，先后举办13届，被业界称为休闲领域最具历史和最高学术水平的论坛之一。杭州举办此次论坛旨在推进国际重要的旅游休闲中心建设，形成提升城市国际化水平的体制机制。

10月18日，首届中国大运河庙会运河旗袍秀在杭州拱宸桥桥西历史街区举行 （苏乾初 摄）

·西湖博览会·

【西湖博览会概况】 10月17日至11月7日，第十六届西博会在杭州举行。以“创新西博、美丽杭州”为主题，围绕“服务产业促发展，服务民生促和谐”两大重点，统筹推出经贸合作、科技交流、文化创意、休闲旅游四大板块内容。会期内，策划举办经贸科技合作大会、电子商务博览会、文化创意产业博览会、全球投资峰会、世界杭商大会、市民休闲节、中国大运河庙会等50个重点会展项目，会期外举办40个会展项目，实现贸易成交额172.3亿元，协议引进内资185.7亿元，合同外资17.4亿美元。来自50多个国家和地区的中外嘉宾、客商、市民和游客960万人次参加西博会各项活动。

西博会注重聚焦“智慧城市”，在经贸科技合作大会“智慧经济”主题展中设立“智慧城市”专馆，联合阿里巴巴集团举办阿里云开发者大会，举办杭州（国际）物联网传感技术与应用高峰论坛、物联网产业发展高峰论坛等，努力提升杭州“智慧城市”建设发展水平。注重统筹区域要素，举办上城吴山庙会、下城丝绸旅游文化节、富阳休闲运动节等“一地一品牌”会展活动项目，提高各区、县（市）会展项目的品牌知名度，提升区域竞争力和影响力。注重品牌建设，加强与国际大会与会议协会（ICCA）、国际展览业协会（UFI）等国际专业会展组织及全球一流会展集团的深入合作，引进举办国际会展项目，提升西博会、会展业国际影响力，推进杭州城市国际化建设。在国内合作城市、杭州都市圈城市和“长三角”地区城市设立南浔、德清、安吉、诸暨、上虞、武义、龙泉、海宁、江山、枫泾、昆山、铁岭、徽州、朱家尖、嵊泗15个分会场，带动相关区域会展经济发展。

西博会在中国会展之星颁奖盛典、2014年度中国会展业年度大奖评选和2014年中国会展业年度研讨会中，分别获“2013～2014年度最佳品牌展会奖”“2014年度中国十大影响力品牌展会”和“2014年度中国十佳品牌会展项目”等荣誉。

【经贸科技合作大会】 10月17～19日，第十六届西博会经贸科技合作大会在杭州举行。以“经贸科技合作、改革创新发展”为主题，安排经贸科技合作大会主题论坛、“智慧经济”主题展，举办500强企业家暨新生代企业家论坛、中西部承接产业项目对接会、全球投资峰会、世界杭商大会、阿里云开发者大会、国际友好城市市长论坛、物联网传感技术与应用高峰论坛等论坛及文化创意产业博览会、台湾名品博览会、国际休闲产业博览会、国际汽车工业展览会、电子商务国际博览会、房地产博览会、国际丝绸博览会、国际珠宝玉石展览会等展览。其中，“智慧

10月18～25日，“舞动的水滴”杭州站艺术展在柳浪闻莺草坪及周边西湖水域举行 （翁仲华 摄）

经济”主题展设立智慧城市专馆、实业平台、国际休闲旅游、“智慧经济”的未来力量等展区。智慧城市专馆以展示“智慧经济”运用及智慧产品体验为主题，安排导入及导览、展示及应用、体验及服务3个智慧系统，设置智慧商业街区等，体现智慧产业化；设置智慧工厂等，体现产业智慧化；设置智慧生活小区等，体现智慧公共服务；设置未来城市蓝图等，展示智慧基础设施，并安排互动式、接触式体验。实业平台展区邀请2个市级产业集聚区、6个国家级开发区、3个省级开发区参展，集中展示在智能机器人、纯电动汽车、汽车网络通信等产业领域的最新成果。“智慧经济的未来力量”展区邀请浙江大学、中国美术学院等全国30余所高校、100余个学生社团参与，展示青年学生投身“智慧经济”的热情和创意。国际休闲旅游展区安排杭州市“智慧旅游·乐享休闲”展区，同时邀请武汉黄鹤楼、湖南岳阳楼、南昌滕王阁等中国历史文化名楼及韩国、印度等国际休闲旅游组织现场展示。

【市民休闲节】 10月16日至11月8日，第十六届西博会核心项目市民休闲节以“一主多点”的方式在吴山景区及各区、县（市）举行。吴山景区主活动区举办国际演艺团队演出及本地特色文化会演、各区（县、市）及韩国特色餐饮美食展示、专题休闲旅游资源会展、现代休闲装备和航模车模展示、太极瑜伽等休闲体育健身、西博会旅游节开启暨特色线路发车仪式、家园花卉艺术展示及庙会民俗团队巡游等活动。各区、县（市）推出吴山庙会、丝绸旅游文化节、休闲购物节、运河美食文化节、骑游“三江两岸”、星光大道亲子嘉年华、“三江”美食节、余杭休闲养生节、桐庐休闲乡村音乐节、环千岛湖房车巡游、建德采摘美食节、富春江运动节、大明山高山滑雪节等44项休闲活动，让市民、游客尽情感受西博会的精彩纷呈，尽情享受十月杭城的休闲惬意。

【挑战排舞吉尼斯世界纪录活动】 11月8日，第十六届西博会闭幕暨“万人同跳一支舞，共创排舞吉尼斯世界纪录”活动在杭州举行。排舞爱好者们在滨江区白马湖动漫广场主会场和其他18个分会场同时跳起排舞主题舞曲《舞动中国》，来自全国40余个省市的2.57万名排舞爱好者，打破之前在2007年由美国亚特兰大创造的1.72万人纪录，成功拿下一个新的吉尼斯世界纪录——最大规模的排舞。

【“舞动的水滴”杭州站艺术展】 10月18～25日，“舞动的水滴”杭州站艺术展在柳浪闻莺草坪及周边西湖水域举行。该艺术展起源于意大利威尼斯，曾在意大利米兰和中国北京、上海、宁波、香港等城市演绎，由著名艺术家、杭州市政协港澳台侨和外事委员会委员马兴文策划推出。艺术展以“天、地、绿、人、情、水”为灵感表现，融合人文原生态、艺术与自然生态、中西文化的碰撞与交织，倡导“五水共治”护水、爱水、珍惜水的理念，旨在表达人文与自然关系的艺术平衡。

·重要会展·

【国际经济景气研究中心大会】 10月8～11日，第三十二届国际经济景气研究中心大会在杭州万豪酒店举行。大会主题为“经济趋势调查与经济政策”。来自全球29个国家和地区的100余位经济景气研究方面的专家、学者参加会议。大会每两年举行一次，旨在推动全球经济景气理论和应用方面的研究和交流。该大会首次在中国大陆举行。

【国际友城“城市与交通”市长论坛】 10月15～18日，杭州国际友好城市市长论坛在杭州举行。来自国内外25个城市和11个国外驻华使领馆的嘉宾，围绕“城市与交通”主题展开交流讨论。杭州与各城市共同签署《城市绿色交通杭州选用》备忘录。会议期间，杭州市分别与克罗地亚历史名城斯普利特市、新西兰探险胜地皇后镇、阿根廷旅游名城卡拉法特签署缔结友好城市关系协议书，与吴哥窟所在地柬埔寨暹粒省签署缔结友好省市关系意向书。至此，杭州的友好城市增至29个，友好交流城市39个。

参见“经济合作交流”类目的同名条目。

【全球投资峰会】 10月16日，“2014中国全球投资峰会：杭州”在凯悦酒店举行。峰会设“全球商业前景展望”“全球经济前景”“中国企业成长过程中的融资问题”“中国消费市场及电子商务的趋势”“外商直接投资和中国海外直接投资的趋势”5个研讨专题及“先进制造（机器人技术）”“海洋经济”“生物医药”3个主题论坛，450名全球商业领袖、著名经济学家、海外投资者汇聚杭州，就中国经济最新发展、中国市场热点和产业投资机会等话题进行研讨交流。其间，举行外商投资项目洽

谈会，21个杭州企业与47个境外企业进行洽谈，签订合作项目19个，总投资17.36亿美元，合同外资10.45亿美元。

【阿里云开发者大会】 10月16～17日，阿里云开发者大会在云栖小镇召开。此次会议是中国云计算领域一年一度最大规模的开发者盛会。大会以“云栖小镇·云计算生态”为主题，聚焦云计算、大数据、架构与应用、“云安全”、“智慧民生”、开发者服务、创投等话题，设置创业、创新、民生、梦想之旅4个主题展区，展示创新丰富的“云生态”。近20场论坛涉及金融、政务、电商、移动互联网等创新项目展示和产品发布，吸引海外开发者、创业者8000余人参与。

【中国历史文化名楼市长论坛】 10月16～19日，“相约西湖——中国历史文化名楼市长论坛”暨第十一届名楼年会在新侨饭店、城隍阁、浙江世贸国际展览中心等地举行。杭州城隍阁作为中国历史文化名楼之一，与岳阳楼、黄鹤楼、滕王阁、鹳雀楼、蓬莱阁、大观楼、天心阁、阅江楼、钟鼓楼、天一阁、温州望海楼、光岳楼、太白楼、泰州望海楼等15座名楼一起亮相。此次浙江世贸国际展览中心举办名楼风采展，一改以往展馆内安静、流程化的参观形式，添加进名楼所在地特有的民俗表演等，并特别设置多媒体数字互动项目，通过高科技3D投影设备，将15座名楼及杭州4座古塔的形象直接投射在背景墙上，以供观众合影留念。

【国际汽车工业展览会】 10月，第十五届中国杭州国际汽车工业展览会在杭州国际会展中心举行。10月16～20日（第一季）以主流热销精品展示为主。5天时间杭州及绍兴、嘉兴、湖州、金华等周边地区6.5万人次市民前往赏车购车。10月29日至11月2日（第二季）以高端豪车、民族精品展示为主。两季吸引近70个品牌参展，40余款新车现场发布，总展览面积16万平方米。汽车工业展既是杭州市单个展览面积最大的展览，又是华东地区最具影响力的专业车展之一，并被列入全国规模最大的100个展览。

10月17～20日，浙江（杭州）台湾名品博览会在杭州和平国际会展中心举行（市西博办 供稿）

【吴山庙会】 10月16～26日，杭州吴山庙会暨第五届南宋御街国际旅游文化艺术节在清河坊和吴山景区两地举行。庙会推出祭祀巡游、文艺展演、金秋养生季、互动活动、商贸购物五大板块内容，举办伍子胥祭祀大典、非物质文化遗产技艺展演、魔术越剧、斗鸟大赛、集市购物等15项活动，吸引150万人次市民、游客前往体验老街的市井民俗，重温儿时记忆，感受节日气氛。

【500强企业家暨新生代企业家论坛】 10月17日，500强企业家暨新生代企业家论坛在黄龙饭店举行。论坛以“企业创新与可持续发展”为主题，邀请来自内地和香港、澳门的300余名企业家代表出席盛会。杭州与香港的知名企业新老掌门人开展交流对话。杭州市新生代企业家与港澳青年企业家联谊会联合发出“携手创新业·共筑中国梦”的倡议，号召全国新生代企业家在实施转型升级、促进科学发展、承担社会责任等方面做出更大贡献。

【西子美丽节】 10月17日，第六届西子美丽节在西湖涌金池畔举行。该届美丽节以“聚美丽”为主题，设置聚美才、聚美会、聚美秀、聚美图、聚美行五大板块，举办杭州市美发美容技能大赛、新秀发型展示、美丽时尚大巡游、形象设计发型趋势秀、美丽欧洲行、美丽韩国行、升级版“美丽电子地图”发布、中国美业电商大会、爱与美丽同行无偿献血公益行动等活动。其中无偿献血公益行动有100位企业领导、员工献血，献血量2.56万毫升。

【台湾名品博览会】 10月17～20日，浙江（杭州）台湾名品博览会在杭州和平国际会展中心举行。此次展会是浙江省首次邀请台湾世贸中心到杭州办展，展位面积1.8万平方米，设标准展位800余个。350余名台湾参展商参展，展出台湾优质商品1.5万种，接待观众8万余人次。展会设台湾精品馆、台湾农业精品区、智能生活体验馆、电子商务馆及科技应用体验馆五大形象馆（区），设置包括文创产业、老龄及养生保健、生活物质、运动休闲、农产食品、台湾名茶及地方特色产业服务与配件等在内的九大产业区块。展会为杭州与台湾交流合作搭建一个新的平台，有利于两岸经贸进一步发展。

【房地产博览会】 10月24～27日，浙江省第二十一届房地产博览会（简称房博会）在杭州和平国际会展中心举行。房博会以“和谐人居、美丽生活”为主题，组织参展房地产企业74个、中介服务机构4个，设立展位1169个，参展楼盘83个，可销售房源15779套，面积161.4万平方米。展示面积、参展企业、参展楼盘均比往届减少，但现场成交量为近3年最

第十六届（2014）中国杭州西湖国际博览会会展活动项目

表31

序号	项目名称	主办、承办单位	举办时间
1	第六届中国杭州超山梅花节	余杭区风景旅游局、余杭超山风景名胜区管委会、余杭旅游集团、	1月19日至3月
2	第六届桐庐山花节	桐庐县政府、桐庐县风景旅游局	3月21日至6月30日
3	2014年第七届中国（杭州）国际花园、户外家具及休闲用品展览会	杭州市政府、浙江省商务厅、中国轻工工艺品进出口商会、杭州市商务委、北京泰莱特展览有限责任公司	3月25～30日
4	活力澳门推广周·浙江杭州	澳门会议展览业协会、杭州会议展览业协会、活力澳门推广周组委会、澳门浙江名品中心	4月11～13日
5	第五届亚欧教育部长会议（ASEMME5）第一次高官会	教育部、浙江大学	5月7～9日
6	2014年中国（杭州）国际名茶博览会	杭州市政府、中国国际茶文化研究会、中国茶叶学会、杭州市茶文化研究会、杭州西湖国际博览有限公司、杭州承香堂实业有限公司、杭州合众茶文化创意有限公司	5月7～11日
7	2014年法国当代油画特展	杭州市西博办、杭州市委外宣办、中国驻法国斯特拉斯堡总领事馆、杭州西博文化传播有限公司、法艺文化艺术机构（法国）、浙江五洲文化艺术科技交流中心	5月10～14日（春季） 9月28日至10月15日（秋季）
8	中国（杭州）第十四届最佳人居环境展览会暨第一届网上人居展	杭州市政府、浙江省住房和城乡建设厅、杭州市住保房管局、杭州市房地产学会、杭州市房地产中介行业协会、杭州市物业管理协会	5月16～19日
9	第十七届（2014）西湖艺术博览会	中华文化促进会、中华社会文化发展基金会、浙江省文联、浙江省文化艺术发展有限公司	5月22～26日（春季） 11月6～10日（秋季）
10	2014年第十届中国国际妇幼婴童产业博览会	杭州市政府、杭州市经信委、杭州市贸促会、杭州市婴童行业协会	5月30日至6月1日
11	2014年警察与科学国际讲坛	公安部国际合作局、浙江省公安厅、浙江警察学院	6月25～28日
12	富春江运动节	富阳市政府、富阳市运动休闲办公室	7月1日至10月31日
13	第六届中国（国际）资产管理大会	新华浙江大宗商品交易中心、中国期货信息网	7月12～13日
14	第十六届中国·17度建德新安江旅游节	建德市政府、建德市风景旅游局、17度建德新安江旅游节组委会	7月17日至8月15日
15	横渡钱塘江活动	杭州市政府、浙江省体育局、杭州市体育局、杭州市水上救生协会	8月9日
16	第十一届19楼结婚采购大会	十九楼网络股份有限公司	8月22～24日
17	2014年国际超大数据库峰会	VLDB组委会、浙江大学	9月1～5日
18	创新中国·创新成就中国梦	创业邦、杭州市政府、杭州东部软件园有限公司	9月3～4日
19	第十届家博会暨19楼建材家具家电采购嘉年华	十九楼网络股份有限公司、杭州奇铠广告有限公司	9月6～8日
20	2014年钱塘江冲浪嘉年华	杭州市体育局、杭州新石巨体育经纪有限公司	9月8～11日
21	第五届萧山国际旅游节暨2014年中国国际（萧山）钱江观潮节	浙江省旅游局、萧山区委、萧山区政府、萧山区旅游局	9月10日至10月31日
22	宠·爱杭州——暨第四届杭州宠物文化节	浙江省进口宠物食品用品行业协会、长城国际展览有限责任公司、杭州市西湖国际博览有限公司	9月12～15日
23	2014年中国（杭州）工艺美术精品博览会	中国轻工业联合会、浙江省经信委、杭州市政府、杭州市经信委	9月18～22日
24	中国杭州第四届宠物嘉年华	杭州市体育局、杭州市旅委、杭州海森自控系统有限公司	9月20～21日
25	中国·杭州第七届宜居生活节	西湖区政府、杭州市商务委、杭州新时代家居生活广场	9月20日至11月17日
26	第六届中国国际服务外包交易博览会	商务部、教育部、科技部、工信部、浙江省政府、中国国际投资促进会、杭州市政府、浙江省商务厅	9月24～26日
27	2014年金秋休闲购物节	江干区商务局、江干区各大商场	10月1～31日
28	第十六届中国国际西湖情大红鹰玫瑰婚典	浙江省青联、共青团杭州市委、杭州青少年活动中心、杭州青年文化传播有限公司	10月6日

续表 31

序号	项目名称	主办、承办单位	举办时间
29	第三十二届国际经济景气研究中心大会	瑞士联邦经济研究所、国家信息中心（发改委）、杭州市信息中心	10月8～11日
30	第九届中国国际休闲产业博览会	杭州市政府、杭州市西博办、杭州市贸促会、杭州市旅委、杭州市农办、杭州市体育局	10月10～13日
31	2014年杭州美食节	杭州市政府、中国饭店协会、杭州市商务委	10月10日至11月10日
32	2014年中国国际丝绸博览会暨中国国际女装展览会	商务部、杭州市政府、中国纺织品进出口商会、杭州市经信委	10月11～13日
33	第十七届全国催化学术大会	中国化学会催化专业委员会、浙江大学、浙江工业大学、浙江师范大学	10月13～17日
34	“2014年两岸人文对话”活动	中华文化促进会、台湾太平洋文化基金会、杭州中华文化促进会、杭州师范大学	10月14～15日
35	第五届垃圾与文化国际化论坛	中国城市环境卫生协会垃圾与文化研究中心、杭州市环境集团有限公司、杭州天子岭绿色风行文化创意有限公司	10月15～16日
36	2014年杭州国际友好城市市长论坛	杭州市政府、杭州市外办	10月15～18日
37	2014年中国全球投资峰会:杭州	浙江省政府、欧洲货币集团、杭州市政府、浙江省商务厅	10月16日
38	2014年阿里云开发者大会	杭州市政府、阿里巴巴集团	10月16～17日
39	2014年相约西湖——中国历史文化名楼市长论坛暨第十一届名楼年会	国家文物局杭州市政府中国文物学会历史文化名楼保护专业委员会、杭州西湖风景名胜区管理委员会、杭州市西博办	10月16～19日
40	2014年中国杭州文化创意产业博览会	杭州市政府、浙江大学、中国美术学院、杭州市文创办、杭州市西博办	10月16～20日
41	2014年中国（杭州）国际艺术衍生品产业博览会	杭州市政府、浙江大学、中国美术学院、杭州西湖国际博览有限公司	10月16～20日
42	2014年杭州吴山庙会暨第五届南宋御街国际旅游文化艺术节	上城区政府、杭州市旅委、杭州市商务委、杭州市文广新局、杭州西湖风景名胜区管委会、杭州市文创办等	10月16～26日
43	第十五届中国杭州国际汽车工业展览会	中国机械工业集团有限公司、杭州市政府、浙江省汽车行业协会、浙江中汽会展有限公司、中国汽车工业国际合作有限公司、海外海集团、杭州市经信委	10月16～20日(第一季) 10月29日至11月2日（第二季）
44	第十六届西博会中国杭州市民休闲节	杭州市西博会组委会、杭州市西博办、杭州市旅委、杭州市商务委、杭州西湖风景名胜区管委会、杭州市体育局、杭州市文广新局、杭州文广集团、杭报集团、杭州市供销社等	10月16日至11月8日
45	2014年西博会国际旅游节	杭州市西博会组委会、杭州市旅委、杭州西湖风景名胜区管委会、之江旅游度假区管委会、钱江新城管委会、杭州市西博办、杭州市十大特色潜力行业工作领导小组办公室	10月16日至11月8日
46	第十六届西博会经贸科技合作大会主题论坛	浙江省政府、商务部投资促进事务局、浙江省经信委、浙江省商务厅、杭州市政府、中国民营科技促进会、市发改委、市经信委等	10月17日
47	500强企业家暨新生代企业家论坛	浙江省政府、商务部投资促进事务局、浙江省经信委、浙江省商务厅、杭州市政府、中国民营科技促进会、市发改委、市经信委等	10月17日
48	2014年中国中西部承接产业项目对接会	商务部投资促进事务局、杭州市政府、杭州市经信委、杭州市商务委、杭州市西博办	10月17日
49	第六届西子美丽节	杭州市十大特色潜力行业工作领导小组、杭州市商务委、杭州市美发美容行业协会	10月17日
50	第十六届西博会经贸科技合作大会	浙江省政府、商务部投资促进事务局、浙江省经信委、浙江省商务厅、杭州市政府、中国民营科技促进会、杭州市发改委、杭州市经信委、杭州市旅委、杭州市西博办等	10月17～19日
51	2014年中国大学生创意生活节	杭州市政府、浙江大学、中国美术学院、浙江大学城市学院、杭州市西博办、杭州市文创办、浙江育英职业技术学院	10月17～19日
52	国际创伤与应激学术会议	浙江省医学会行为医学分会、国际创伤与应激学会、杭州市第七人民医院	10月17～19日

续表 31

序号	项目名称	主办、承办单位	举办时间
53	久加久2014年国际美酒嘉年汇	杭州市商务委、商源集团浙江久加久食品饮料连锁有限公司、浙江酒类流通协会	10月17～19日
54	2014年浙江（杭州）台湾名品博览会	浙江省商务厅、台北世界贸易中心、浙江省商务厅、杭州市政府、浙江省台办、台北世界贸易中心上海代表处	10月17～20日
55	2014年中国科技与信息产业周	杭州市政府、中国民营科技促进会、中国技术创业协会、北京寰博国业会展文化有限公司	10月17～23日
56	首届中国大运河庙会	杭州市运河集团	10月18～21日
57	“舞动的水滴”杭州站艺术展	杭州市西博办、杭州西湖风景名胜区管委会、市政协港澳台侨和外事委、上海一风艺术设计创意集团、杭州西博文化传播公司	10月18～25日
58	第二届（2014）中国国际棋文化博览会	中国棋院、浙江省体育局、中国体育记者协会、中国棋院杭州分院领导小组、杭州市体育局、中国棋院杭州分院、杭州市商贸旅游集团有限公司	10月18日至11月2日
59	第三届公共关系论坛暨第五届西湖公共关系论坛	杭州市政府、杭州市公共关系协会	10月19～20日
60	2014年世界杭商大会	杭州市委、杭州市政府、杭州市委宣传部、杭州市委组织部、杭州市经合办、杭州市发展研究中心、杭州市工商联、杭州市经信委、杭州市科委等	10月22～23日
61	2014年（第二十二届）国际传输与覆盖研讨会	中国广播电视协会技术工作委员会、中国广播电视协会有线电视工作委员会、浙江省广播电视局、《世界宽带网络》杂志、浙江省广播电视科学研究所	10月21～24日
62	2014年侨界海外精英创业创新峰会	中国侨联、浙江省侨联、杭州市政府、杭州市侨联	10月22～24日
63	2014年国际（杭州）物联网传感技术与应用高峰论坛	工信部第一电子研究所、工信部电子元器件行业发展研究中心、德国传感技术专业协会、中国仪器仪表行业协会、杭州市经信委、杭州钱江经济开发区管委会、杭州麦乐克电子科技有限公司	10月22～24日
64	第十七届国际电机与系统国际会议	中国电工技术学会、浙江大学	10月22～26日
65	首届杭州湖山名车文化周	上城区政府、杭州智远文化艺术策划有限公司	10月22～26日
66	世界优秀大学博览会暨金吉列留学第四十四届世界名校全国巡回招生面试会	中国致公党杭州市委会、金吉列出国留学咨询服务有限公司浙江分公司	10月24日
67	2014年中国（杭州）国际电脑节	西湖区政府、杭州市商务委、颐高集团有限公司	10月24～26日
68	中国（淳安）国际露营大会	淳安县政府、淳安县体育局、北京露营之家体育文化传播有限公司	10月24～26日
69	浙江省第二十一届房地产博览会	浙江省房地产业协会、浙江省房地产估价师与经纪人协会、浙江浣花斋文化艺术发展有限公司	10月24～27日
70	中国工程院“气候变化背景下水环境保护”院士高峰论坛暨2014年海水淡化与水再利用西湖国际大会	中国工程院环境与轻纺工程学部、中国海水淡化与水再利用学会、浙江大学教育部膜与水处理技术工程研究中心、科技导报社、中国膜工业协会海水及苦咸水淡化膜分会	10月25～26日
71	中国城市学年会	杭州国际城市学研究中心	10月25～26日
72	2014中国（杭州）休闲发展国际论坛	杭州市政府、世界休闲组织、浙江大学、杭州市休博办、建德市政府、杭州市旅委、杭报集团、浙江大学亚太休闲教育研究中心、杭州市休闲发展促进会	10月27～28日
73	开封·杭州两宋菊花艺术节	杭州市政府、开封市政府、中国风景园林学会菊花分会、杭州西湖风景名胜区管委会、开封宋都古城文化产业园区管委会	10月28日至12月12日
74	2014年中国（杭州）国际电子商务博览会	商务部外贸发展事务局、浙江省商务厅、杭州市政府、杭州市经信委	10月30日至11月2日
75	2014年中国（杭州）国际设计发展高峰论坛	杭州市政府、杭州市文创办、中国建筑与室内设计师网、希岸设计师俱乐部、希岸国际品牌服务机构等	10月31日至11月2日
76	第四届杭州南宋酒文化节暨中国红曲酒保护与发展高峰论坛	中国文物保护基金会酒基会、上城区政府、杭州思巴达文化创意有限公司、杭州米奥生物科技有限公司	11月1～2日
77	临安冬季旅游活动	临安市政府、临安市旅游局、临安市各大景区	11月1日至2015年2月

续表 31

序号	项目名称	主办、承办单位	举办时间
78	第四届国际（杭州）毅行大会	杭州市委宣传部、杭州市体育局、都市快报社、杭州力尚体育策划有限公司	11月2日
79	2014年中国杭州名师名校长论坛	全国教师教育学会、杭州市政府、杭州市教育局、上城区政府	11月5～6日
80	2014年浙江·杭州国际人才交流与项目合作大会	浙江省委、浙江省政府、浙江省委组织部、浙江省人力社保厅、杭州市委、杭州市政府	11月5～7日
81	2014年物联网产业发展高峰论坛	杭州市经信委、杭州市电子器材行业协会	11月6～7日
82	2014年杭州·亚洲设计管理论坛暨亚洲生活创新展	杭州市政府、中央美术学院、杭州运河国家广告产业园等	11月6～9日
83	第四届中国西湖国际魔术交流大会	中国杂技家协会、浙江省文联、浙江报业集团、浙江省杂技家协会、《钱江晚报》	11月7～8日
84	第十六届西博会闭幕暨挑战排舞吉尼斯世界纪录	国家体育总局体操运动管理中心、杭州市政府、杭州市体育局、杭州市西博办、全国排舞运动推广中心、滨江区政府	11月8日
85	第三届浙江国际养老服务业博览会	浙江省老龄委、浙江省民政厅、浙江省商务厅、浙江报业集团、《浙江老年报》、杭州商贸国际会展有限公司	11月13～17日
86	2014年世界养生大会暨健康养生产业合作发展高峰论坛	联合国千年发展目标健康生活中国行工作委员会、世界养生委员会、杭州东方文化旅业集团、浙江美君科技有限公司、杭州华圣健康管理有限公司、北京昭姿堂生物科技有限公司	11月16～18日
87	杭州国际珠宝玉石展览会	中国黄金协会、浙江省珠宝玉石首饰行业协会、博闻（广州）展览有限公司、北京市圣雅诗进出口有限公司	11月21～24日
88	第十六届（2014）西博会杭州人才交流大会	杭州市人力社保局、杭州人才市场	11月29日
89	2014年杭州中国婚庆产业博览会暨第三届西湖国际爱情节	浙江省商务厅、杭州市西博办、浙江省婚庆行业协会、浙江新浪传媒有限公司、杭州莲花文化传播有限公司	12月7～9日
90	第三届杭州世界文化遗产国际峰会暨2014年历史城市景观保护联盟年会	浙江大学、杭州城市学研究理事会、历史城市景观保护联盟、韩国高等教育财团、世界遗产保护杭州研究中心、杭州西湖风景名胜区管委会、联合国教科文组织亚太地区世界遗产培训与研究中心	12月8日

注：2014年举办的会展活动均作为西博会的会展项目

高。4天展期成交商品房325套，比第二十届增长1.62倍，成交面积34395平方米，登记购房意向3378套，参观总人数24.4万人次。房博会期间，杭州市区（含萧山、余杭区）成交商品房2077套，同比增长1.36倍，成交金额28.7亿元。

【两宋菊花艺术节】 10月28日至12月12日，开封·杭州两宋菊花艺术节在杭州植物园举行。此届艺术节布置用菊30余万盆，时花10余万盆，展示各类菊花品种800余种，总展区面积5万余平方米。与往届相比，此届菊花品种更多更全，很多品种首次在杭州展出。展区分为开封菊花展示区、室外景点展示区、成语典故展示区、观赏鱼和组合盆栽展示区、环境布置区、菊文化科普展示区和群众交流活动区。

【国际电子商务博览会】 10月30日至11月2日，中国（杭州）国际电子商务博览会在浙江世贸国际展览中心和杭州和平国际会展中心举行。以“新体验、新模式、新趋势”为主题，设置世贸主题馆和和平产业馆两大展区、五大展馆，同步开设网络虚拟馆，全方位展现电商的发展历程，让参观者直观地体验电子商务带来的无界生活，充分感受杭州作为电子商务之都的魅力与风采。阿里巴巴集团、微软公司、亚马逊公司、思科公司等国内外知名互联网、电商、物流企业同台亮相，杭州13个区、县（市）及杭州经济技术开发区整体参展，天津、广州、合肥、宁波等城市组团参加。同期举办“博鳌亚洲论坛——电子商务与中国产业发展战略”主题研讨会、“博鳌亚洲论坛——2014中国（杭州）全球电商领袖峰会”和“西湖夜话”三大顶尖论坛，以及电子商务园区发展峰会、跨境贸易电子商务高峰论坛、“智慧物流”（快递）高峰论坛、旅游电子商务发展论坛、“智慧城市”创新论坛、移动电子商务论坛等专题论坛。

【国际人才交流与项目合作大会】 11月5～7日，2014年浙江·杭州国际人才交流与项目合作大会在杭州国际会议中心举行。大会开展海外留学人才创业项目洽谈、海外社团优秀创新创业项目发布、风险投资公司和民营资本企业投资洽谈、技术项目合作交流、海外留学人员社团合作交流、海外高层次人才招聘、“千人计划”创业成果展示推介、“梦想天堂”海外人才创业沙龙活动等主题活动。拱墅区、西湖区、萧山区、余杭区、临安市、高新区（滨江）、杭州经济技术开发区等分会场举办硅谷精英沙龙、浙江杭州未来科技城（海创园）推介会、资智合作对接会、“绿色硅谷”青山湖科技城人才峰会、“相约东部人才港”创新创业推介会、“紫金创新·情系西湖”海外人才创新创业大会、“相约运河·智汇拱墅”海外高层次人才对接会等活动。全球23个国家和地区的509名海外留学人员携676个项目参会交流，项目普遍具有前瞻性和较高技术含量，其中90%以上的项目涉及杭州信息经济、“智慧经济”领域。现场签约项目168个，签约金额16.5亿元，签约项目数量和金额均比上次大会增长20%。

【亚洲设计管理论坛】 11月6～9日，杭州·亚洲设计管理论坛暨亚洲生活创新展在浙江世贸国际展览中心举行。该论坛设置一场设计创业论坛、两场重量级大师对话及6场内容涉及产品设计管理、品牌设计管理、体验设计管理、时尚设计管理、建筑设计管理、室内设计管理等领域的专业论坛。论坛吸引美国、英国、法国、德国、比利时、韩国、日本等国家和地区设计界的领军人物。王敏、山本理显、李淳寅、陈秉鹏、邱德光等50多位国际设计界大师在杭州交锋对话，分享全球最具有前瞻性的设计管理理念及设计的文化内核。论坛设立亚洲生活创新展，围绕“生活创新”进行体验展示，从“创新智能产品”“时尚家居设计”“健康食物”3个角度表达对生活创新的理解。创新展囊括亚洲乃至世界最前沿的设计生活潮流。设计专业观众参与人数超过3000人，参观人数超过1万人次。

【国际养老服务业博览会】 11月13～17日，第三届浙江国际养老服务业博览会在杭州和平国际会展中心举行。此届养老服务业博览会包括第二届浙江养老服务业高峰论坛、浙江省养老机构公建民营招投标签约仪式、浙江省养老护理专业人才供需见面会、老年健康休闲养生系列讲座及中日养老产业商贸洽谈交流会等活动。来自日本、韩国、德国、瑞典、丹麦等国家和地区的有关企业参展。

【国际珠宝玉石展览会】 11月21～24日，杭州国际珠宝玉石展览会（博闻杭州珠宝展）在浙江世贸国际展览中心举行。此次展会汇聚来自美国、韩国、斯里兰卡、波兰、阿联酋等国家和地区逾200个珠宝首饰企业及品牌参展。展览会设立矿物晶体专区、“良渚杯”玉雕精品展、金丝玉展、玉雕大师展等。其间，举办中国杭州珠宝高峰论坛，为珠宝玉石爱好者提供鉴赏、交流、收藏的平台。

·会展场馆·

【会展场馆概况】 杭州市有浙江世贸国际展览中心、杭州国际会展中心、杭州和平国际会展中心、杭州海外海国际会展中心、杭州白马湖会展中心等主要专业会展场馆，场馆总面积26.8万平方米。全年专业场馆举办展览290场，展出总面积243.6万平方米。原浙江展览馆因地铁建设影响，未作为专业展馆使用。为适应会展业的快速发展，杭州市积极筹划会展场馆建设。已开工建设的奥体博览城位于高新区（滨江）与萧山区分界的七界河两侧，会展服务场馆——杭州国际博览中心建筑面积84万平方米，设计国际标准展位7500个，展位数是杭州和平国际会展中心的7.5倍，展位设计标准仅次于广交会。国际博览中心会议中心2.9万平方米，能满足如达沃斯、APEC等国际会议的要求。奥体博览城计划于2015年建成。

【杭州和平国际会展中心】 杭州和平国际会展中心位于杭州市东新路、绍兴路、潮王路、建国路4条城市交通干道交会的黄金地段。建筑面积6.1万平方米，室内展览面积1.68万平方米，可容纳国际标准展位1000个。由杭州和平国际会展中心有限公司经营管理。全年举办中国（杭州）工艺美术精品博览会、第九届中国国际休闲产业博览会等展览63个，占全市举办展览总数的21.7%。展览总面积75.3万平方米，占全市展览总面积的30.9%。

【杭州国际会展中心】 杭州国际会展中心又称杭州汽车城，由杭州海外海集团建设，建筑面积12.7万平方米，室内展览面积6万平方米，可容纳3000个国际标准展位；室外展览面积2万平方米。2014年第十五届中国杭州国际汽车工业展览会在国际会展中心举办，展览面积16万平方米。

【杭州白马湖会展中心】 杭州白马湖会展中心位于滨江区白马湖生态创意城，由滨江区政府投资建设。会展中心内标准展示厅、大型集中展厅、多功能厅、会议厅、贵宾厅、信息中心、餐饮、医疗、停车等设施配套齐全，可满足国际国内展览会议、企业年会、商业演出等各种活动需要。会展中心建筑面积近11万平方米，分为两个独立展馆，其中A馆面积4.07万平方米，B馆面积6.81万平方米，可设置近2000个国际标准展位。全年举办中国杭州文化创意产业博览会、中国（杭州）国际艺术衍生品产业博览会、杭州中国婚庆产业博览会暨第三届西湖国际爱情节等展览、节庆23个，展览总面积26.2万平方米。

【杭州海外海国际会展中心】 杭州海外海国际会展中心位于杭州上塘路和德胜路交叉口，隶属于杭州海外海集团。室内展览面积1.5万平方米，展厅分3层，每层均为5000平方米，能容纳700多个国际标准展位。全年举办第二届变配电设备及电能质量产品展览会、第九届馆藏图书展示会、第六届杭州渔具展览会等展览40个，展览总面积7.6万平方米。

【浙江世贸国际展览中心】 浙江世贸国际展览中心地处黄龙商务圈，交通便捷，配套设施完善，有展览面积1.4万平方米。由浙江世贸君澜酒店承包给浙江中博展览公司经营管理，是杭州市举办大型会展的主要场馆之一。全年举办第十六届西博会经贸科技合作大会、中国国际丝绸博览会暨中国国际女装展览会、杭州国际珠宝玉石展览会等展览33个，展览总面积22万平方米。

（陶　梁）

·旅游业综述·

【旅游业稳步发展】 2014年，杭州市接待境内外游客10932.56万人次，比上年（指2013年，下同）增长12.4%；旅游总收入1886.33亿元，增长17.6%；旅游休闲业增加值625.81亿元，增长12%，占全市生产总值的6.8%。旅游消费额占社会消费品零售总额的19.1%，旅游业增加值占服务业增加值的12.3%。旅游业税收67.9亿元。旅游业从业人员58.9万人，占全社会从业人员的9.2%，占服务业从业人员的21.3%。全市乡村旅游接待游客2388.59万人次，增长70.3%；经营总收入28.15亿元，增长168.1%。

杭州旅游产业融合进一步深化，重点推出上城区建国南路中医街等7条休闲特色街区。6月20～22日，2014年中国（杭州）会议与奖励旅游产业交易会暨中国会议产业大会（CMIC）2014年夏季峰会在杭州黄龙饭店举行。交易会为杭州引进会议项目80余个，商务客源6万人次。旅游产业融合基地初露头角，千岛湖啤酒休闲园、建德汽车越野运动基地、余杭运动休闲集聚区、萧山达利丝绸产业园、千岛湖游艇帆船俱乐部、富阳龙门山休闲综合体、浙江省中医药文化养生旅游示范基地（富阳）、临安珠宝玉石特色产业基地等建成。根据中国旅游研究院发布，2014年度杭州在全国60个样本城市中，游客满意度居全国第2位。淳安县被评为“全国旅游标准化示范县”，临安市被评为“中国最佳养生休闲旅游城市”，桐庐县被评为“中国最具魅力节庆城市”，拱墅区被评为“最美中国人文（休闲）旅游城区”，之江国家旅游度假区被评为“美丽中国”十佳度假区，西溪国家湿地公园被评为“国家生态旅游示范区”和“全国旅游标准化示范单位”。

【接待入境旅游者326.13万人次】 2014年，杭州市接待入境旅游者326.13万人次，比上年增长3.2%；旅游外汇收入23.18亿美元，增长7.3%。杭州接待入境旅游者人数居全国主要城市第5位。排名前4位的城市分别是深圳、上海、北京、广州。入境旅游者人数和外汇收入在全国15个副省级城市均居第3位，前

2014 年杭州市旅游接待境内外旅游总人数和总收入情况

表 32

地　区	接待人数（万人次）	比上年（%）	旅游总收入（亿元）	比上年（%）
全　市	10 932.56	12.4	1 886.33	17.6
主城区	3 481.62	9.3	1 131.69	17.7
萧山区	1 753.51	8.1	213.64	12.5
余杭区	1 199.68	16.0	125.79	17.3
富阳区	799.32	13.7	70.64	17.7
桐庐县	1 002.73	16.9	102.87	17.3
淳安县	1 031.27	13.5	94.01	15.9
建德市	659.54	21.1	46.51	30.2
临安市	1 004.89	15.6	101.18	26.4

2014 年杭州市入境旅游人数和外汇收入情况

表 33

地　区	接待人数（万人次）	比上年（%）	旅游外汇收入（万美元）	比上年（%）
全　市	326.13	3.2	231 811.17	7.3
主城区	259.11	5.7	212 605.40	8.5
萧山区	39.49	-1.3	11 167.58	-1.7
余杭区	18.12	-10.0	4 704.36	6.3
富阳区	2.20	-25.4	657.41	-21.2
桐庐县	2.62	6.1	934.17	6.3
淳安县	3.22	-19.7	909.53	-14.2
建德市	0.52	-24.6	273.88	-33.4
临安市	0.85	3.7	558.84	4.5

2014 年杭州市出境游主要目的地旅游人数及增长情况

表 34

国 别	人数（万人次）	比上年（%）
韩 国	26.86	48.9
泰 国	15.12	-19.6
日 本	13.36	220.4
印度尼西亚	4.67	104.4
越 南	3.78	-22.2
法 国	3.22	27.8
美 国	2.99	36.2
新 加 坡	2.98	-47.9
意 大 利	2.81	22.9
瑞 士	2.60	19.4
柬 埔 寨	2.58	17.6
马 来 西 亚	2.33	-55.8

2014 年杭州市入境游前 10 位客源国旅游人数及增长情况

表 35

位 次	国 别	接待人数（万人次）	比上年（%）
1	韩 国	58.62	8.8
2	日 本	21.66	-10.9
3	美 国	21.34	1.4
4	马 来 西 亚	9.95	-3.0
5	新 加 坡	8.94	4.4
6	泰 国	8.15	0.9
7	德 国	7.30	7.2
8	英 国	5.84	9.0
9	法 国	5.44	4.1
10	澳 大 利 亚	4.18	4.4

两位分别是深圳和广州。杭州市旅行社组织出境游人数119.15万人次，增长16.2%。出境游到达主要目的地依次为：韩国、泰国、日本、印度尼西亚、越南、法国、美国、新加坡、意大利、瑞士、柬埔寨、马来西亚、澳大利亚、德国、菲律宾、新西兰和荷兰等国。

【十大客源国入境游人数略有变化】 2014年，到杭州旅游的外国人总数为225.49万人次，比上年增长2.6%，占入境旅游者总数的69.1%。其中：亚洲134.28万人次，占入境旅游者总数的41.2%；欧洲40.95万人次，占入境旅游者总数的12.6%；美洲3.62万人次，占入境旅游者总数的9.7%；大洋洲7.47万人次，占入境旅游者总数的2.3%。非洲及其他11.16万人次，占入境旅游者总数的3.4%。杭州旅游十大客源国分别是韩国、日本、美国、马来西亚、新加坡、泰国、德国、英国、法国和澳大利亚，占全年接待外国人总数的67.1%，占全年入境旅游者总数的46.4%。

【接待国内旅游者1.06亿人次】 2014年，杭州市接待国内旅游者1.06亿人次，比上年增长12.7%；旅游收入1743.88亿元，增长18.6%。到杭州旅游的国内游客以省内及周边和近距离市场为主，省内占48.4%；其次是江苏11.4%、上海6.7%；江浙沪三地客源总计占64.9%。其他主要客源地有安徽、江西、山东、广东、湖南等省市。

到杭州旅游的目的主要是观光游览、休闲度假、商务会展、探亲访友、会议培训等，所占比重分别是38.3%、25.8%、12.2%、10.1%、5.2%。与上年相比，以观光游览为目的游客比例下降1个百分点，休闲度假游客比例上升1.6个百分点，商务会展客人比例上升0.5个百分点，探亲访友下降1.1个百分点，参加会议客人比例上升1.3个百分点。

·旅游资源·

【旅游重大项目投资118亿元】 2014年，杭州市有旅游在建项目134个，实际投资118亿元。其中，西湖风景名胜区3.5亿元，之江旅游度假区8.13亿元，市商旅集团2.02亿元，上城区7499万元，下城区9.09亿元，江干区3450万元，拱墅区7909万元，西湖区1.14亿元（不含之江旅游度假区），滨江区3.52亿元，萧山区32.91亿元，余杭区5.2亿元，桐庐县23.22亿元，淳安县17.1亿元，建德市2.71亿元，富阳市2.49亿元，临安市5.09亿元。南宋皇城大遗址保护工程、浙江旅游展示中心、杭州国际大厦、湖滨国际城市旅游综合体、玉皇山南旅游休闲创意综合体、西溪天堂国际旅游综合体、萧山区新"1010工程"、富阳市锦绣富春运动休闲综合体、桐庐县天溪湖休闲旅游度假区、淳安县文渊狮城旅游综合体、千岛湖国际商务度假中心等重大旅游项目进展顺利。

【A级景区建设】 2014年，杭州市新增A级景区8个，其中AAAA级6个、AAA级2个。至年末，杭州有A级景区50个，其中AAAAA级景区（点）3个、AAAA级景区（点）33个、AAA级景区14个。杭州公园、景区（点）全年接待游客1.18亿人次，比上年增长7.3%；门票收入23.01亿元，增长8.7%。其中，A级景区接待游客1.01亿人次，增长10.0%；门票收入18.85亿元，增长9.8%。全市纳入统计监测的公园、景区（点）营业收入27.3亿元，增长11.2%。其中A级景区营业收入20.6亿元，增长8.8%。

【"小营·江南红巷"旅游景区开放】 9月26日，"小营·江南红巷"AAA级红色旅游景区正式对外开放。景区内有中共杭州第一党小组纪念馆、钱学森航天科普（图书）馆、红巷生活广场等。浙江省第一个地方党组织——中共杭州小组在小营街道皮市巷3号成立，为纪念党小组成立筹建中共杭州第一党小组

纪念馆。通过声、光、电等多媒体设备，以立体的形式还原当年创建情景。钱学森航天科普（图书）馆位于红巷生活广场1号楼2楼，占地面积约200平方米。科普馆有钱学森简介区、公共区、模拟空间站生活区、模拟空间站工作区、科普互动区、科学原理区、科普图书阅览区7个区域。重点区域为科普图书阅览区，区域内存放各类书籍约2万册，供参观者阅览。区域整体布局以蓝白色条为主，走廊墙壁设置航天技术基础知识图文写真，陈列集科学性、知识性、趣味性、可参与性和艺术性于一身的科普展品。官方微信公众平台——“江南红巷”正式上线。游客可以通过关注微信，看到钱学森故居等景点的静态展示图、文字介绍。通过语音地图，实现地图导览的同时听语音讲解，了解景区节庆活动信息、周边人文风景。

【皋亭山景区管理运营模式创新】 皋亭山景区创新管理运营模式，于11月公开招标运营公司。经过竞争，浙江新世界国际旅游有限公司中标，成为皋亭山景区运营公司。运营公司主要负责景区的日常运营，包括前台接待，导游讲解，4D骑游馆、观光车等有偿项目运营；策划并执行景区年度品牌宣传和活动营销方案，做好大型活动策划和实施、新媒体营销、旅游产品策划包装等工作。

【“中国大运河·杭州申遗旅游线”推出】 4月，拱墅区推出首条运河旅游线“中国大运河·杭州申遗旅游线”，采取“一票六点”的联票形式，包含香积寺、博物馆、游船、老开心茶馆、剑瓷视界、富义仓6个景点。强调运河文化和民俗体验，将老开心茶馆的“小热昏”表演转型为旅游演艺，博物馆传统手工艺转型为旅游体验产品，茶道、香道等转型为深度旅游休闲产品，实现老开心茶馆每天一场民俗特色演艺，“剑瓷视界”每天一场香道、茶道表演，香积寺为游客提供3支清香，手工艺沽态馆提供一次技艺体验。

【“西湖西游”旅游形象品牌打造】 西湖区提出并打造“西湖西游”旅游形象品牌，深度发展美丽乡村游，推出“生态西溪、演艺宋城、茶乡龙坞、田野双浦、钱塘渔村、大清幽谷、画外桐坞、风水灵山、凤凰创意、白龙飞瀑、九曲红梅”等系列子品牌。4月，推出审美节庆型、娱乐休闲型、健身美食型、茶文化体验型、文化创意型、野趣探秘型6组“西湖西游精品线”。5月，之江国家旅游度假区牵头设计并推出梦回南宋·穿越之旅、绘声绘色·艺术之旅、茶园徒步·养生之旅、大手小手·亲子之旅、相约红梅·品鉴之旅、高球体验·尊享之旅6组“醉美之江精品游”线路。全区全年乡村旅游接待游客272.2万人次，比上年增长69.9%；营业收入3.14亿元，增长89.2%。

【《临安市生态养生旅游产业发展三年行动计划》印发】 2月24日，临安市政府印发《临安市生态养生旅游产业发展三年行动计划》。该计划重点依托清凉峰国家级自然保护区，整合、优化、重组临安西部地区旅游资源，建设以森林度假、温泉养生、古镇探幽、高山滑雪、激情漂流、国石鉴赏为核心竞争力的省级旅游度假区。构建“一山一湖一江”（天目山旅游朝圣区、青山湖旅游商务区、柳溪江旅游休闲区）为核心的生态养生旅游区。推进湍口温泉小镇规划建设，培育特色康复疗养养生项目。形成“1+3+X”（清凉峰省级旅游度假区、三大生态养生旅游组团、系列生态养生旅游产品）的生态养生旅游产业发展格局。

（张文照）

【“未来城市生活广场”打造】 西溪天堂国际旅游综合体与支付宝（中国）网络技术有限公司签署战略合作协议，建立园区大数据库系统和移动支付平台，打造“未来城市生活广场”。消费者到西溪天堂国际旅游综合体购物、吃饭、住宿，在停车场入口处无需取卡，直接通过系统拍照进入停车场，离开前只要通过支付宝“停车付费”功能即可付款离开。在园区内可以体验“逛街神器”功能，用手机“摇一摇”就可以

2014 年杭州市接待国内旅游人数和收入分布情况

表 36

地　区	接待人数（万人次）	比上年（%）	旅游收入（亿元）	比上年（%）
全　市	10 606.43	12.7	1 743.88	18.6
主城区	3 222.51	9.6	1 002.11	19.2
萧山区	1 714.01	8.4	206.77	13.1
余杭区	1 181.56	16.5	121.90	17.0
富阳区	797.12	13.8	70.23	18.0
桐庐县	1 000.11	16.9	102.30	17.4
淳安县	1 028.05	13.7	93.47	16.2
建德市	659.02	21.2	46.26	30.4
临安市	1 004.05	15.6	100.84	26.5

2014 年杭州市收费景区（点）接待人数和收入分布情况

表 37

地　区	接待人数（万人次）	比上年（%）	门票收入（万元）	比上年（%）
全　市	6 047.59	12.2	230 077.28	8.7
主城区	3 296.50	12.6	103 265.41	11.0
萧山区	464.80	31.6	39 119.84	8.8
余杭区	489.47	27.8	16 329.03	15.0
富阳区	342.11	20.1	13 781.15	45.9
桐庐县	298.29	14.7	11 795.75	7.7
淳安县	664.67	–5.9	25 917.58	–7.0
建德市	122.13	31.6	4 076.54	15.3
临安市	369.62	–3.0	15 791.98	–5.2

2014 年杭州市 AAA 级以上景区（点）接待游客人数和门票收入情况

表 38

景区名称	星级	接待人数（万人次）	比上年（%）	门票收入（万元）	比上年（%）
合计	—	10 129.32	10.0	188 482.89	9.8
西湖风景区	AAAAA	2 910.17	9.8	30 476.19	11.6
千岛湖风景区	AAAAA	619.16	-6.9	23 325.01	-6.6
西溪国家湿地公园	AAAAA	524.07	18.1	8 910.76	22.2
雷峰塔景区	AAAA	318.72	9.4	11 928.56	8.6
清河坊历史街区	AAAA	1 815.82	4.4	—	—
京杭大运河	AAAA	921.74	-7.1	501.61	65.9
杭州宋城旅游景区	AAAA	594.75	12.2	44 046.93	11.8
塘栖古镇（水北街）	AAAA	245.91	3.5	—	—
萧山湘湖景区	AAAA	404.15	15.0	404.59	385.8
野生动物世界	AAAA	142.28	49.4	8 629.23	82.9
杭州乐园	AAAA	193.36	36.6	15 758.2	9.8
双溪竹海漂流景区	AAAA	34.67	30.9	1 540.02	1.5
瑶琳仙境	AAAA	84.09	-3.3	4 206.81	8.4
超山风景区	AAAA	116.37	10.8	532.66	17.6
浙西大峡谷	AAAA	66.56	1.4	3 446.39	23.1
新沙岛旅游景区	AAAA	62.00	1.1	1 853.33	0.7
东方文化园	AAAA	50.35	17.7	1 485.55	-10.4
富春桃源风景区	AAAA	67.01	-2.3	1 134.92	-2.2
柳溪江景区	AAAA	11.99	-75.1	669.07	-81.6
良渚博物院	AAAA	48.44	3.7	—	—
杭州极地海洋世界	AAAA	68.02	-0.4	12 993.20	16.3
龙门古镇	AAAA	46.61	25.1	1 145.06	25.3
大明山景区	AAAA	57.80	10.2	2 630.02	14.7
垂云通天河景区	AAAA	35.69	30.4	1 095.35	10.8
天目山景区	AAAA	31.82	-6.6	1 544.87	-3.9
东天目景区	AAAA	20.93	36.3	811.87	25.8
天目大峡谷景区	AAAA	13.14	-22.5	574.01	-11.6
严子陵钓台	AAAA	23.14	6.3	1 342.95	9.8
灵栖洞景区	AAAA	14.01	14.7	731.29	11.5
大慈岩景区	AAAA	14.57	25.7	823.23	24.6
七里扬帆景区	AAAA	7.18	-26.9	300.77	-30.8
浪石金滩景区	AAAA	8.82	47.8	88.09	11.7
江南古村落景区	AAAA	111.91	—	—	—
山沟沟景区	AAAA	11.54	-17.4	660.18	-15.9
大奇山森林公园	AAA	28.62	25.3	1 101.22	27.9
中国江南水乡文化博物馆	AAA	159.51	-12.4	—	—
鹳山旅游景区	AAA	75.33	6.8	—	—
琵琶湾生态园	AAA	51.79	4.3	777.79	129.8
良渚玉文化园	AAA	16.95	409.7	—	—
千岛湖森林氧吧	AAA	13.09	15.1	390.73	11.2
好运岛（情人谷）景区	AAA	9.79	16.7	269.09	5.3
九咆界风景区	AAA	2.92	-5.2	129.70	2.6
灵山景区	AAA	2.20	8.3	80.39	9.1
天钟山景区	AAA	1.77	29.5	38.31	27.7
农夫乐园	AAA	37.57	-39.5	1 210.76	-21.4
画外桐坞景区	AAA	5.08	—	—	—
浙西大龙湾景区	AAA	27.91	43.8	894.18	43.7

得到各个商户的优惠券；在园区内的商户消费完毕后，可以使用支付宝钱包付款；通过移动POS机付款后，系统会自动将商户的优惠券推送给消费者，消费者凭券可以到店进行二次消费。 （梁　之）

·旅游管理与服务·

【星级饭店累计199家】 至年末，杭州市有星级饭店199家，比上年减少9家。星级饭店按地区划分，杭州主城区95家、淳安县25家、富阳市15家、建德市8家、临安市7家、桐庐县6家；按星级划分，五星级22家、四星级46家、三星级74家、二星级55家、一星级2家。客房总数3.2万间，床位5.41万张，平均客房出租率57.9%，每间客房日均出租价格409.54元。全市纳入统计监测的宾馆和饭店营业收入144.15亿元，下降1.2%。其中，星级饭店94.44亿元，下降6.7%。全市新增绿色金叶级酒店和银叶级酒店各2家。

▶▶资料：杭州市2014年度“十佳”星级饭店（排名不分先后）

浙江金马饭店，富阳国际贸易中心大酒店，千岛湖开元度假村，杭州太虚湖假日酒店，杭州大厦宾馆，杭州友好饭店，纳德大酒店，杭州金溪山庄，杭州临平大酒店，浙江新世纪大酒店。

▶▶资料：杭州市2014年度优秀星级饭店（排名不分先后）

杭州第一世界大酒店，杭州良渚君澜度假酒店，浙江国际大酒店有限公司，杭州中都青山湖畔大酒店，雷迪森旅游集团有限公司雷迪森酒店，浙江南国大酒店有限公司，杭州世外桃源皇冠假日酒店；杭州万华国际酒店有限公司，浙江梅地亚新闻交流中心，杭州华辰国际饭店，最佳西方梅苑宾馆，杭州富邦国际大酒店，杭州中豪大酒店，杭州萧山宝盛宾馆，淳安千岛湖饭店有限公司，杭州皇冠大酒店，银江宾馆，杭州玉皇山庄，杭州中洲大酒店，桐庐金鑫宾馆有限公司，杭州香溢浣纱宾馆，建德金茂宾馆，杭州富阳宾馆有限公

司，浙江金都宾馆，杭州千岛湖松城饭店有限公司，杭州开元名都大酒店，浙江世贸君澜大饭店，杭州马可波罗假日酒店，浙江开元萧山宾馆，杭州五洋宾馆。

【旅行社增至657家】 杭州市有旅行社657家，新增35家。其中，经营国内旅游业务和入境旅游业务旅行社597家，经营国内旅游业务、入境旅游业务和出境旅游业务旅行社60家。全市旅行社营业收入142.66亿元，比上年下降0.4%。全市星级旅行社91家，其中五星级15家、四星级35家、三星级33家、二星级5家、一星级3家。杭州市有导游1.3万名，新增1487人，增长4.2%。

▶▶资料：2014年度杭州市十佳旅行社名单（排名不分先后）

杭州市中国旅行社有限公司、浙江省中国旅行社集团有限公司、浙江省中青国际旅游有限公司、浙江中山国际旅行社有限责任公司、杭州海外旅游有限公司、浙江省中国国际旅行社有限公司、浙江光大国际旅游有限公司、杭州假日国际旅游有限公司、浙旅控股股份有限公司、浙江省国际合作旅行社有限公司。

▶▶资料：2014年度杭州市优秀旅行社名单（排名不分先后）

浙江海峡国际旅行社有限公司、浙江捷登旅游有限公司、浙江新世界国际旅游有限公司、杭州大众国际旅行社有限公司、杭州旅游集散中心有限公司、杭州开元国际旅游有限公司、杭州金榜旅行社有限公司、浙江银桥旅业有限公司、浙江百事通旅行社有限公司、杭州新航商务旅行社有限公司、杭州捷程商务旅行社有限公司、杭州萧山湘湖旅游有限公司、浙江立喜国际旅游有限公司、杭州西子旅游社有限公司、杭州康辉阳光国际旅行社有限公司、杭州招商国际旅游公司、杭州余杭中青国际旅游有限公司、杭州美之旅旅行社有限公司、杭州新中旅行社有限公司、临安新世纪旅行社有限公司、浙江美景国际旅行社有限公司、桐庐中国旅行社有限公司、浙江光大星辰国际旅行社有限公司、杭州假日金马旅行社有限公司、临安旅游集散中心有限公司、建德市光大旅行社有限公司、杭州萧山中青旅行社有限公司、富阳国际旅行社有限公司、杭州吴越假期旅行社有限公司、淳安千岛湖友好旅行社有限公司。

【旅游行业基础教育培训】 2014年，市旅委全年开展培训项目19个，班次28个，培训人员1.3万人次。完成中级高级导游资格报名考试216人，初级导游资格考试620人，高技术人才培养（获得中级高级职业技能证书）300人。11月，举办“全市旅游休闲高端人才研修培训”，参加培训158人。中级高级导游及“金牌导游员”“金牌讲解员”纳入市级人才体系，使旅游业一线服务人才进入市政府认定的人才目录。

【景点景区讲解员服务技能大赛】 9月17日，由市旅委、市人力社保局、市总工会和团市委联合主办的2014年杭州市首届景点景区讲解员服务技能大赛开幕，历时3天。比赛分笔试、面试讲解和才艺展示3个环节，按总分100分制进行评判。主要考察参赛人员对杭州市情、地域文化、景点概况、景点导游服务规范、旅游政策法规等内容的掌握情况和对不同情境的讲解、应对能力。大赛于7月启动报名工作，8月20日前由辖区旅游主管部门组织进行初赛选拔，并根据参加决赛分配名额上报决赛名单。来自杭州西湖风景名胜区管委会、杭州之江度假区管委会和各区县（市）的100名选手参加决赛。决赛得分排名前30位的选手，被授予杭州市“金牌讲解员”称号，前3名的选手被授予相应“技术能手”称号。

【杭州通·旅游消费卡服务提升】 2014年，市旅委联合市民卡公司，在杭州高速公路32个服务站（长兴服务区、德清服务区等）新增旅游卡售卡点，为通过高速公路进入杭州的旅客游客提供旅游卡购卡便民服务。在杭州市区127个中国工商银行网点和113个中国农业银行网点增设旅游卡充值服务。新增肯德基、必胜客等200余个连锁商户为旅游卡使用商户。2014年末，市旅委启动“杭州通·旅游消费卡嘉年华”活动，推出凭旅游卡半价游大运河和

9月19日，杭州市评选出首批景点景区“金牌讲解员”（市旅委 供稿）

在微信平台免费抽取旅游卡活动。

【“智慧旅游”服务系统建设】 市旅委与杭州移动公司合作，于5月1日正式开通杭州地区欢迎短信系统，向到杭州的游客发送欢迎短信，全年推送欢迎短信815.7万条。市旅委推出基于HTML5的杭州旅游手机网站、基于“百度”开放服务平台的旅游轻应用服务，并升级改版杭州旅游手机应用软件。5月，推出基于微信服务平台的互动式旅游门户网站，利用微信服务平台的自定义开发功能，为游客提供基于移动互联网的旅游信息查询、周边信息推介、语音导游、天气预报、旅游工具、行程规划、当季推荐等服务功能。按照扁平化的设计理念，对杭州旅游网（中文简体）进行改版建设，新增杭州旅游优惠专区、杭州旅游点评系统、杭州市民出游信息展示系统。完成杭州旅游云数据中心总体设计方案编制，建立“智慧旅游”数据资源标准、旅游数据接口规范、杭州旅游综合信息库，并整合已有内部数据资源。

【旅游咨询管理系统建设】 市旅委建设杭州旅游咨询管理系统，方便旅游咨询点工作人员为游客提供全面、准确、快捷的旅游信息服务，方便旅游咨询点管理人员实现旅游咨询数据统计。6月，杭州旅游投诉受理手机应用软件上线，质监部门负责旅游方面的执法人员可以随时随地查询相关信息、处理案件，提升案件处理效率。5月，市旅委完成导游资格考试报名培训系统建设。建成导游考试报名系统，建设导游资格年审和异地换证培训系统，并与导游信息管理系统整合。

【旅游公共服务体系完善】 杭州市新建桐庐旅游服务中心等7个咨询点。优化旅游集散中心布局，黄龙、紫金港、万松岭3个旅游集散中心实现常年运营，转塘集散中心实现季节性换乘。完善宣传品公共服务网点建设，120余个涉及旅游方面的企业成为旅游对外宣传品派发网点。“三江两岸”绿道工程继续推进，全年完成绿道建设105千米，建成驿站6座。“三江两岸”有驿站20座，其中淳安县10座，建德市和桐庐县各4座，富阳市2座。全市583所旅游厕所中有四星级4所、三星级61所、二星级10所。（张文照）

【旅游集散中心换乘30万人次】 杭州旅游集散中心针对换乘周期延长、景区车辆控制更严格、限牌及限号新政策出台等情况，布置落实春节、春秋旅游旺季（春季3月1日至6月2日、秋季9月1日至11月30日）、双休日及法定节假日期间的旅游换乘值班工作。全年接待换乘车辆12.02万辆，比上年增长13.9%；接待换乘游客30万人次，增长7.8%。2014年，杭州旅游集散中心被评为杭州市2013年度优秀旅行社、2013年度杭州市旅游行业质监网络建设先进单位、2013年浙江省旅行社品牌网络关注度前10位企业。

杭州旅游集散中心做好旅游咨询公益服务，开拓旅游业务。集散中心所有下属咨询点均安装无线网络，并放置自助旅游信息查询终端设备。配合市旅委“旅游咨询管理系统”网络平台的使用，推进咨询服务网点规范化、标准化管理。围绕省级“青年文明号”争创目标，通过亮化形象、优化服务、量化考核“三化”活动，提升咨询人员服务意识，提高服务质量。

【旅游集散中心惠民服务】 杭州旅游集散中心推出以“爱在溪口、孝行人间”为主题的迎新年祈福系列活动，并根据中心产品消费客户以中老年人居多的特点，推出“周三游”系列产品，避开周末旅游高峰，给中老年人出游提供良好的旅游环境。加大开发“旅游局+景点+班车”合作模式，开通旅游景点直通车，为市民、游客出游或购物出行提供便利。萧山区、余杭区、西湖区精品旅游线路及彭公竹制品市场等假日班车和免费直通车开通。免费直通车营运实现常态化。

【五洋宾馆主题特色连锁酒店加快发展】 五洋宾馆加快发展主题特色连锁酒店，五洋公馆城站店、西湖店相继于3月、9月开张营业。五洋公馆城站店位于上城区五柳巷，公馆外形是1幢4层洋房，拥有各类客房50余间（套），有家庭房、露台房和顶楼的花园洋房等特色房型。每间客房经过精心设计，怀旧风格的家具、壁画等呈现“民国风”。五洋公馆西湖店位于解放路199号。西湖店以才子佳人的爱情故事为背景，营造“浪漫、怀旧”的氛围，有精品房、主题房、家庭房、风情套房等各类客房100余间和集自助餐、酒吧、沙龙等多功能空间为一体的餐厅，接待游客3万人次。至年末，五洋宾馆主题特色连锁酒店5家，全年实现营收2327万元，比上年增长31.3%。（梁　之）

·旅游市场营销·

【72小时过境免签政策实行】 杭州航空口岸实行72小时过境免签政策经公安部批准，于10月20日起正式施行。72小时过境免签政策即对来自美国、俄罗斯、英国、法国、日本等51个国家的旅客，只要持有有效国际旅行证件和72小时内确定日期、座位前往第三国（地区）的联程机票，就可免办中国签证在特定区域内停留不超过72小时。原本无法离开国际中转区的外国旅客，只要符合72小时过境免签政策，就可以在短时间内进入浙江省区域内活动，但仅限于在浙江省行政区域范围内停留。

【京杭大运河城市旅游推广联盟成立】 6月23～25日，由国家旅游局作为指导单位，省旅游局和市政府主办，市旅委、市运河综保委承办的“京杭大运河城市旅游推广联盟成立大会”在杭州召开。联盟成员单位由北京市，天津市，河北省沧州市、衡水市，山东省枣庄市、济宁市、泰安市、德州市、聊城市，江苏省无锡市、常州市、苏州市、淮安市、扬州市、宿迁市，浙江省杭州市、嘉兴市、湖州市等大运河沿线18个城市旅游局（委）组成。联盟旨在整合京杭大运河城市旅游资源优势，加快沿线城市区域旅游协调发展，探讨大运河城市旅游新的合作方式和途径。

【“当代马可·波罗——杭州博士”全球招募活动】 “当代马可·波罗——杭州博士”全球招募活动于2013年3月策划启动。活动以四大海外社交媒体平台Facebook、Twitter、

Pinterest和YouTube的杭州官方账号为依托，开展一系列线上和线下营销活动。活动参与者2.59万人次，符合要求的“当代马可·波罗”候选人近700人。2014年5月20日，来自瑞士的李牧（Liam Bates）当选“当代马可·波罗——杭州博士”。李牧与市旅委签订1年工作合约。从5月20日开始的一年中，承担起向全球网友介绍杭州、推广杭州旅游的任务。随后，开展“当代马可·波罗——杭州博士聘任暨重游大运河”和“当代马可·波罗情定西湖”活动，以外国人的视角为杭州旅游做推广宣传。10月10日，由国际行业杂志*Marketing*举办的年度营销活动大奖颁奖典礼在新加坡圣淘沙举行。市旅委策划执行的新媒体旅游营销项目“当代马可波罗——杭州博士”全球招募活动，获得政府公关活动（事件营销）项目银奖，并入围最佳社交媒体应用奖五强。

【杭州旅游（香港）营销中心设立】 市旅委与香港中国旅行社合作，设立杭州旅游（香港）营销中心。5月17日，市旅委和香港中国旅行社在香港举行杭州（香港）旅游营销中心开幕仪式。营销中心位于香港旺角洗衣街得宝大厦2楼，设展示区和体验区。在展示区，四周墙面张贴杭州主要旅游资源的图片，展示杭州的旅游宣传品及纪念品；在体验区，设计营造杭州景点的模拟景观3D画，便于游客真实感受杭州旅游的风景。

【杭州旅游（台北）服务中心新增体验区】 5月20日，台湾首家杭州旅游互动体验区启动仪式在杭州旅游（台北）服务中心内举办。市旅委和雄狮旅游集团合作在杭州旅游（台北）服务中心新增“智慧旅游”互动体验区。体验区内设置大型触控式电子屏幕，利用互动软件，实现“杭州景点介绍”“杭州美景情境合成照”两大功能。通过触控式屏幕，游客可以浏览杭州断桥残雪、三潭印月、平湖秋月及雷峰夕照等景色，也可以选择喜欢的杭州美景作为底图，透过镜头体感模式精准捕捉拍照动作，拍出个人专属的杭州情景照。

【最新杭州旅游宣传口号推出】 2013年9月起，市旅游形象推广中心联合专业品牌策划团队开展杭州旅游海内外口号策划工作。策划工作从杭州的城市特质出发，通过FGD（焦点小组讨论法）等专业性的定性研究、线上线下数千样本的定量调查、专家访谈等系列科学调研手段，在广泛征集本地市民意见的基础上，挖掘出海内外游客心目中杭州的核心价值。2014年12月，经过一年多的调研分析和筛选，最终确定“*Hangzhou, living poetry*”（诗一般的杭州）和“最忆是杭州”这组脱颖而出，分别成为最受重点海外市场和专业人士认可的杭州旅游海内外宣传口号。同时，在中国美院专家的参与下，与口号配套使用的杭州旅游LOGO正式面世，并登上杭州旅游海外社交媒体新媒体平台的首页面，成为杭州旅游对外宣传的一张名片。

【杭州旅游广告投放亚洲市场】 2013年12月至2014年6月，市旅委实施2013~2014年杭州旅游亚洲市场形象广告投放项目。在韩国SBS电视台、新加坡8频道、马来西亚TV3、泰国第3电视台等目标市场电视台的黄金时段（18~24时）投放30秒杭州旅游形象广告片。

【杭州旅游美国市场整合营销项目】 杭州旅游美国市场整合营销项目由电视广告、公关整合营销、事件营销3部分内容组成。2013年12月至2014年5月，在CNN美国本土频道投放30秒杭州旅游广告74次、头条新闻频道投放旅游广告110次，在ABC电视台投放旅游广告196次。市旅委与2家美国重要旅行商进行合作，包装销售杭州旅游产品，并发布杭州旅游新闻稿100余篇。借助在纽约麦迪逊花园举行的“法国巴黎银行网球名将交锋赛”和旧金山市的越湾长跑比赛（Bay to Breakers）两个活动，通过整体包装营销进行杭州旅游形象宣传。

【“杭州新概念之旅”旅行社合作推广项目】 2013年10月至2014年3月，市旅委实施“杭州新概念之旅”旅行社合作推广项目。针对亚洲市场，研发杭州深度品质游产品和促销特价旅游产品，通过选择当地主流媒体发布广告的形式，进行宣传推广。在报纸、杂志等纸质媒体上发布广告375批次。其中，在新加坡市场选择《联合晚报》《新民晚报》《海峡晚报》《今日报》等媒体上发布广告36批次。在马来西亚市场选择《星洲日报》《光明日报》《中国报》《南洋商报》《新生活报》《好玩旅游月刊》等媒体上发布广告98批次。在泰国市场选择《中华日报》《京华日报》《星暹日报》《新闻日报》等媒体上发布广告162批次。“杭州新概念之旅”专项旅游产品

5月20日，来自瑞士的李牧（左）当选“当代马可·波罗——杭州博士”

（市旅委 供稿）

2014 年杭州市境外旅游促销活动

表 39

时　间	内　容
5 月 20 ~ 29 日	赴德国、比利时和法国开展杭州会议与奖励旅游参展促销活动
10 月 13 ~ 22 日	赴韩国、俄罗斯、爱沙尼亚开展杭州旅游促销活动
10 月 23 日至 11 月 1 日	赴印度、新加坡、印度尼西亚开展杭州旅游促销活动
11 月 2 ~ 11 日	赴英国、波兰和德国进行杭州旅游（欧洲）参展和促销活动
12 月 11 ~ 20 日	赴蒙古、加拿大、美国开展杭州旅游促销活动

2014 年杭州市国内旅游促销活动

表 40

时　间	内　容
1 月 15 ~ 17 日	赴温州开展杭州旅游促销活动
2 月 26 日至 3 月 5 日	赴广州、长沙和南昌开展杭州旅游新春国内推广活动
3 月 24 ~ 30 日	赴郑州、济南参加 2014 年浙江（山东）旅游交易会暨都市圈国内联合促销活动
5 月 11 ~ 18 日	赴香港和台湾开展 2014 年杭州旅游港台促销活动
6 月 30 日至 7 月 4 日	赴镇江、淮安和常州开展杭州旅游“长三角”城市促销活动
8 月 11 ~ 15 日	赴厦门、福州和上海开展杭州旅游秋冬季推广促销活动
8 月 25 ~ 29 日	赴苏州、扬州、沧州和德州开展杭州旅游秋冬季推广促销活动

总计人数2.82万人次。

【“乐游杭州·和谐社区”活动】 5月18日，由市旅委与市民政局、市运河综保委、杭州日报报业集团等单位共同主办的“乐游杭州·和谐社区”2014年“中国旅游日”杭州旅游进社区活动在拱墅区运河广场举办，并作为杭州旅游进社区三年规划的启动仪式。通过开展杭州旅游企业产品展示、优惠订购、咨询维权、免费体验、门票赠送等活动，营造杭州旅游进社区的氛围，引导社区居民热爱旅游、健康旅游、文明旅游、生态旅游。

【国际旅行商大会在杭州举行】 11月9日，“美丽中国·诗画浙江”第二届中国（浙江）国际旅行商大会在杭州开幕。大会开幕式在杭州西溪国家湿地公园内举行，国家旅游局，亚太旅游组织、国际旅行商代表、国内外媒体记者代表，以及浙江省旅游业界代表等近500人参会。活动期间，举办2014年中国（浙江）国际旅行商大会联谊会、中国（浙江）国际旅行商大会业务洽谈会、中国（浙江）国际旅行商大会暨杭州旅游推介会。组织会议代表考察飞来峰景区、灵隐景区、三潭印月、胡雪岩故居、杭帮菜博物馆、西溪湿地、河坊街历史街区、运河博物馆群等10余个景区（点）。　（张文照）

【市商旅集团参加国际旅游交易会】 2014年中国国际旅游交易会（简称“旅交会”）于11月14~16日在上海举行，市商旅集团组织宾馆酒店、旅游服务、餐饮服务以及杭州印象西湖文化发展有限公司等15个旅游业相关企业参加。在旅交会现场购买196平方米的展位，按照“现代、大气、开放、精致”的理念，进行展台搭建、装修。展会期间，通过开展现场抽奖、“关注微信送好礼”、住酒店送《印象西湖》门票等活动，吸引现场顾客。发放企业宣传资料1.3万份，赠送小礼品2000余份，拜访客户1200余个，上门洽谈客户900人次，达成意向性合作协议200余份。　（梁　之）

·旅游节庆活动·

【中国（杭州）西湖国际茶文化博览会】 3月28日，2014年中国（杭州）西湖国际茶文化博览会开幕，开幕式上西湖龙井开茶节启动。茶博会以“缘聚龙井，茶香天下”为主题，围绕“吃、住、行、游、购、娱”六要素，通过举办舞狮踩街、现场手工炒制茶叶、品茗体验、茶艺表演以及西湖龙井茶企业、农家茶楼、西湖民宿、茶文化旅游线路、旅游纪念品展示推介等活动，加大对西湖龙井茶以及乡村旅游的品牌宣传。3月28日至5月期间，围绕主体项目、茶文化、县（市）项目、茶旅游体验四大项目版块，举办清河坊民间茶会、全民饮茶日暨第三届万人品茶大会、中国（杭州）国际名茶博览会、杭州茶文化之旅产品推广活动等28个活动。

【中国（杭州）会奖产业交易会】 6月19~20日，“中国（杭州）会议与奖励旅游产业交易会暨中国会议产业大会（CMIC）2014夏季峰会”在杭州举行。大会由中国会展经济研究会和市旅委联合主办，杭州市会议与奖励旅游业协会、中国会议产业大会组委会、会议杂志社承办。来自北京、上海、南京、杭州等14个会议与奖励旅游联盟城市、78个会议与奖励旅游业相关企业、106个专业买家、80个专业卖家共300余人参加。大会设有“中国会奖旅游城市联盟2014夏季推广活动及会奖宣言发布”“2014中国（杭州）会议与奖励旅游产业交易会洽谈”等活动。杭州市在大会期间重点推介优质会议与奖励旅游资源和优惠政策，以吸引更多会议落户杭州。交易会为杭州引进80个会议项目，引进商务会议客源6万人次，可实现会议总收入1.8亿元。

【杭州西溪龙舟文化节】 5月30日至7月15日，由市政府、省文明办主办，市旅委、市文明办、余杭区政府和西湖区政府承办的杭州西溪龙舟文化节在杭州西溪国家湿地公园内举行。6月2日，2014年西溪龙舟文化节开幕活动在西溪湿地演武场门启动，并举行蒋村当地传统祭龙头仪

式，请龙王、祭龙头、点龙睛、披红绸、送龙王下水等仪式依次进行。祭祀活动后，蒋村“龙舟胜会”在西溪湿地深潭口水域举行，160余艘龙舟参加。文化节分为龙舟竞技体验、传统民俗文化、大黄鸭公众艺术展三大板块，举行西溪国际龙舟邀请赛、“海创园杯”第四届杭州中国名校龙舟竞渡等20余项活动。

【杭州西湖—诸暨西施故里荷花会】 7月19～21日，第九届杭州西湖—诸暨西施故里荷花会在诸暨主会场和桐庐分会场举行。通过旅行商踩线、媒体跟踪报道、游客参与等形式，整合宣传推广杭州全市夏季“荷”文化活动产品线路，提升杭州西湖—诸暨西施故里“荷”文化品牌。桐庐作为该活动的分会场，主要展现桐庐环溪“莲”文化的历史和人文底蕴，推进桐庐全域旅游发展，提升桐庐美丽乡村对外知名度，丰富三江两岸旅游产品。

【杭州旅游创意中心成立】 10月18日，杭州旅游创意中心在浙江大学城市学院成立。旅游创意中心是“政、产、学、研”四位一体的创意平台，其四大功能定位分别为“杭州元素”旅游创意产品展示区、大学生实践平台、杭州旅游智库平台、教师科研平台。中心联合在杭州的高校、研究机构和相关企业成立杭州旅游创意联盟，将高校科学研究、社会服务功能与地方经济社会发展需求进行产学对接，为杭州旅游的产业发展提供智力支持和成果转化平台。在成立仪式上，杭州旅游创意中心与杭州天堂伞业集团有限公司、杭州王星记扇业有限公司等企业签署产学研合作协议。“杭州元素”旅游创意产品展示在浙江大学城市学院同时启动，展品有前四届“中国杭州大学生旅游节”的获奖作品、杭州老字号企业的代表产品和首届“杭州（国际）运河文化创新设计营”优秀作品。（张文照）

【汉文化及非物质文化遗产表演节】 4月，杭州印象西湖文化发展有限公司推出“印象西湖——汉文化及非物质文化遗产表演节”系列活动。表演节期间，公司通过举办汉服秀、茶文化展示、重阳节“敬老爱老”风尚活动、二十四节气介绍、汉文化知识有奖问答等活动，营造“历史江南、人文杭州、底蕴西湖”的氛围，提升《印象西湖》节目的知名度和美誉度。3月，“印象西湖”被评为浙江省著名商标。（梁 之）

3月28日，市旅委举办2014年杭州旅游商品比赛（市旅委 供稿）

【旅游宣传品编印】 2014年，杭州旅游部门全年编印、制作、发放的旅游宣传品主要有6种。

《杭州旅游指南》印量479万册，有中文简体和繁体、英文、日文、韩文、德文、法文、西班牙文7种文字。内容涵盖“游、购、吃、娱、住、行”旅游六大要素，为游客提供旅游资讯服务。通过全市星级酒店、民宿、旅游集散中心、公共自行车租赁点免费派发给游客。

《杭州旅游民宿地图》印量5万份。地图收录杭州“四眼井、满陇觉、青芝坞、白乐桥、河坊街”等区域以及区县（市）民宿资源。向游客介绍杭州除了西湖风景区、西溪湿地国家公园、运河等以外的其他优质旅游资源150余个，以及富有杭州人文特色的民宿。在全市宾馆饭店、旅游咨询中心向游客发放。

《杭州旅游英文地图》印量10万份。地图结合“当代马可·波罗——杭州博士”全球招募活动，引入“李牧带你游杭州”理念，内容包含李牧亲身体验的所感所想。在设计上，李牧的形象贯穿于画面中。通过全市宾馆饭店、旅游咨询中心、旅游集散中心免费发放给游客。

《三江两岸绿道骑行地图》印量7万份。地图设计从骑行人习惯、骑行线路、骑行配套设施等方面入手，内容分为下沙观潮、都市风华、休闲之江湘湖、活力富阳、潇洒桐庐、清凉建德、环千岛湖七大板块。每个版块都配有详细的骑行线路图和周边配套信息。通过全市旅游咨询中心、旅游集散中心、市区主要自行车店免费派送。

《杭州旅游咨询宝典》（简称《宝典》）印量6万份，其中中文精装版1万册、中文简装版4万册、英文版1万册。《宝典》在标准地理底图的基础上，围绕游客对于资讯的需求，重点提供城际交通与市内交通的接驳方面的信息，实现航空、铁路、巴士、自驾车与市内的景区巴士、出租车、公交车、地铁、自行车相关信息的无缝衔接。在板块设计上，涵盖游客所关注的品质旅行社、经济型酒店、青年旅舍、特色街区、便民服务等信息。在精装版《宝典》中还附赠菲涅尔光学书签放大镜。

《在杭州——十大特色潜力行业消费指南》（简称《在杭州》）全年发行4期，单期印数15万份，共60万份。《在杭州》向游客和市民提供十大特色潜力行业和休闲旅游行业活动资讯、商户优惠信息等消费类内容的宣传品，为特潜行业相关企业提供宣传平台，同时为市民游客在杭旅游休闲消费提供指南。通过旅游咨询点、宾馆饭店、杭州萧山国际机场、杭州火车站等处向游客派送。（张文照）

·西湖风景名胜综述·

【综保工程稳步推进】 杭州西湖风景名胜区管理委员会（简称杭州西湖风景名胜区管委会）稳步推进西湖综合保护和南宋皇城大遗址综合保护两项工程。5月1日，白塔公园与杭州植物园盆栽园对外开放。中国茶叶博物馆龙井馆区土建和双峰馆区提升工程竣工，丰富博物馆“茶文化体验”和“茶文化展示”的内涵。推进西湖水质提升与生态系统稳态调控示范工程（国家水专项二期）。完成宝石山夜景灯光节能优化、西湖灯光秀等项目。双峰饮马桥区块环境整治、体育健身设施完善以及龙井茶园游步道、茶园灌溉系统一期等工程完工。对南宋皇城大遗址中的太庙遗址、皇城遗址、嘉会门遗址等区域进行物探实验，重点发掘南宋临安城东城墙遗址。南宋博物院核心地块土地置换取得新进展，滨江区浦乐单元3.33公顷土地和萧山区红垦地块6.67公顷土地完成征地和移交。

【西湖景区综合整治】 杭州西湖风景名胜区管委会开展“严肃整治‘会所中的歪风’暨‘三还于民’专项行动”，于年初关停30个高档经营场所，并制订《西湖风景名胜区业态提升规划》和《杭州西湖风景名胜区经营场所从业规范》。至年末，30个关停场所全部完成转型，其中27个对外开放。推进“无违建”创建工作，全年景区组织拆违602次，拆除违法建（构）筑物995处，建筑面积3.46万平方米。完成危旧房收购19户，建筑面积1373平方米。整治农居建筑1666平方米，改造旧厂区9359平方米。按照“保民生、保畅通、保环境”的要求，完成景区污水干管改造和虎跑路小天竺、南山路、阔石板、九龙苑、外大桥、葛岭路等防汛排涝项目。完成9个村、6个社区的居民家庭节水型器具的入户更换。开展景区污染源普查，基本摸清景区各行业环保基础状况。开展景区百日整治专项行动，“野导”、“黑车”、无证兜售商品、偷钓等行为得到遏制。推出南山路、虎跑路大巴车禁停举措，在春节假期和旅游旺季继续实施单双号、单循环、单行线、公交换乘、码头分流和电瓶车疏导等措施，优化景区交通情况。西湖风景区3800公顷山林连续27年无火灾发生。9月19日，由中国旅游研究院与《环球时报》共同主办的2014年中国最佳旅游景区评选结果揭晓，西湖风景名胜区等10个景区被评为2014年中国最佳旅游景区。

【西湖风景名胜区经济社会协调发展】 2014年，西湖风景名胜区全年实现财政总收入6.72亿元，比上年（指2013年，下同）增长14.3%，其中地方财政收入4.68亿元，增长8.9%。实现门票收入3.05亿元，增长11.6%。一般预算支出总额10.63亿元，下降2.5%。西湖风景区总客流量2910.17万人次，增长9.8%，其中收费景点客流量1736.78万人次，增长15.3%。4月1日，西湖新联票正式发售。至年末，销售24万张。农业总产值1.02亿元，农民人均年收入2.5万元，增长10.5%。全年“农家乐”接待游客量440万人次，经营总收入2.99亿元。全年茶产量124.1吨，产值10136万元。

全年受理群众来信来访来电2002件，反馈率100%、办结率100%、满意率98.9%。在各社区、村、学校和幼儿园实现警务室全覆盖。西湖风景名胜区市场监管分局（质检分局）成立。农村社会事业稳步发展，启动国家级美丽茶园综合标准化示范区（西湖）项目，实施“杭州西湖龙井茶繁育和示范基地”和“现代茶园绿色防控技术应用与示范”项目。西湖街道社区卫生服务中心建成并投入使用。新建6处居家养老服务照料中心，为990名老人发放“智慧养老”服务器。金沙港社区和九溪社区被命名为杭州市“老年宜居社区”。

·风景名胜·

【“槭树杜鹃园”获英国景观大奖】 12月11日，英国国家景观行业协会（British Association of Landscape Industries）公布2014年度英国国家景观奖获奖名单，杭州植物园“槭树杜鹃园”获国际类英国国家景观奖。“槭树杜鹃园”占地2公顷，以“春观杜鹃花、秋赏槭红叶”为主题，栽植秀丽槭、鸡爪槭、红枫等槭树科植物21种，配置毛白、紫萼等18个杜鹃品种。公园在空间布局、展示、观赏等方面巧妙结合，特别是运用透气、透水、重量轻的透水混凝土技术，让雨水渗入地下，具有保护自然、维护生态平衡、缓解城市热岛效应的特点。英国景观

行业协会是英国国家景观行业最具代表性的贸易协会。英国国家景观奖评选是英国最大、最负盛名的景观奖项，旨在世界范围内评选出最具杰出性、专业性和技术性的景观设计。

【杭州植物园盆栽园及白塔公园开园】 5月1日，杭州植物园盆栽园正式开园。植物园新盆栽园于2013年10月开工，投资1500万元，占地面积4.05公顷，主要分为盆栽盆景展示区、珍稀濒危植物盆景展示区、家庭园艺展示区和互动交流区，是一处集盆景（盆栽）植物种植、培育、制作、交流、展示等功能为一体的专类园区。5月1日，整治后的白塔公园开园。公园整治范围95.6公顷，工程主要包括对全国重点文物“白塔”进行保护，保护并利用原有铁路路线，整治区域内历史建筑，整理绿化、道路、水系等，结合铁路工业设施营造特色景观，打造具有浓郁铁路工业特色的休闲游赏区。开放的核心景点主要有闸口白塔、白塔历史文化陈列厅、南宋地经广场、“邂逅”雕塑、蒸汽机车和绿皮火车厢等。

【杭州花圃“莳花广场”改造为月季园】 2月，杭州西湖风景名胜区管委会把杭州花圃东入口大门内的“莳花广场”改造为月季园，总面积近1万平方米。改造工程在原水池中种植睡莲、大王莲，减少硬质铺装，扩大月季种植面积，主要突出月季的花色、形态，以树状月季、藤本月季、大花月季为特色，引进多特蒙德、黑美人、东方之子、金凤凰等100余个月季品种。后期工程增加铁艺设施、欧式建筑等园林小品。

【西湖灯光秀上演】 10月17日，多媒体灯光秀表演《西湖：美丽的传说》在西湖湖心亭登场。该灯光秀使用电脑控制500余套LED灯、光束灯、探照灯等进行表演。表演分四大板块，分别以“春·西湖美景三月天”“夏·接天荷叶无穷碧”“秋·天上人间”“冬·傲雪冬梅”为主题，利用全息影像技术，通过声、光、影的结合，展示西湖美景和历史人文。灯光秀表演时间为10月17~26日每晚19时至22时，每半小时1场，向公众免费开放。

5月1日，整治后的白塔公园正式开放　（杭州西湖风景名胜区管委会 供稿）

【宝石山夜景灯光改造工程完工】 8~12月，宝石山夜景灯光节能优化改造工程实施，总投资1400万元。工程在原有灯光效果基础上，对山体灯光系统的节能环保性进行优化，通过采用高光效、低功率灯具，更换光衰严重、老化破损的灯具以及调整优化灯具色温等方式，达到节能环保效果，较优化前可节能35%以上。工程总计更换灯具6300套。强化夜间山体游步道系统的安全性，取消宝石山936盏LED台阶灯，在树上装上小型投光灯用月光照明的方式向下打光。对宝石山山体暗区适度提亮，以暖白、暖黄等光色为基调，对保俶塔塔身采用立杆投光。

【“北山之夜”特色街区恢复室外运营】 5月1日，“北山之夜”特色街区恢复沿湖业态运营展示，运营时间为每晚19时~24时，活动持续至10月31日。有杭州维莎名流咖啡馆、杭州云漫咖啡店、杭州纯真年代书吧、杭州云聚文化艺术策划有限公司、西泠艺廊等9个商家开展经营。该活动旨在凸显西湖文化氛围，在书香墨染、油纸伞、金石印刻中感受“北山之夜”，让市民游客可以“赏夜景、品咖啡”。

·保护管理·

【西湖世界文化遗产预警监测系统运行】 3月，杭州西湖世界文化遗产预警监测系统试运行。监测对象主要是西湖文化遗产的各个要素。以岳庙为例，岳庙属于构成西湖文化景观遗产六大要素中的西湖文化史迹，它的构成要素包括院落完整性等，其中又包括核心建筑结构稳定性、安全性等。监测中心完成对西湖自然山水、两堤三岛、西湖十景、西湖文化史迹四大方面的预警监测系统平台建设。预警主要通过两种方法，一种是管理人员通过日常巡查把监测到的数据录入系统，另一种是使用专业仪器或与专业单位开展监测。西湖风景名胜区核心景点所在的各管理单位登录平台，即可查看到各遗产要素的监测数据。该系统设置有多级预警，平台发出预警后，相关管理单位就会派人前去处理。监测系统将继续补充对特色植物要素、城湖空间要素以及环境要素的监测。《杭州西湖风景名胜区汉英导览标识系统规范手册》编写完成。7月，杭州西湖风景名胜区管委会被联合国教科文组织授予“世界遗产保护管理荣誉证书”。

【古树名木数据库建设项目完成】 11月，西湖风景名胜区完成景区古树名木调查及数据库建设项目。调查清查了景区内古树名木的分布生长状况，查明树龄在100年以上的古树707棵、名木5棵。并对部分古树进行无损探测，建成西湖风景区古树名木图文数据库。杭州西湖风景名胜区管委会还结合日常养护管理，制定《杭州古树名木日常养护管理技术规范（草案）》《古树衰弱原因诊断技术程序（草案）》。

【西湖景区业态调整】 1月16日，杭州西湖风景名胜区管委会贯彻中央、省、市有关整顿会所的指示精神，关停“西湖会”、莲庄、抱青会馆等5个高档经营场所。由管委会党委班子成员带队成立7个专项工作组，分头上门做好关停沟通工作。吴山会馆、静逸别墅、菩提精舍等10个高档经营场所在一周内关停。杭州西湖风景名胜区管委会印发《关于关停整顿西湖风景名胜区内私人会所、高档娱乐场所的通知》，进行专题部署，对景区公园、历史建筑、名人故居内的餐饮场所开展全面排查。同步拆除景区道路和公园内的相关指路牌、标识标牌、宣传牌等53个。

1月27日，杭州西湖风景名胜区管委会在“西湖会”实行试点，“西湖会”转型为“开心茶馆”。推出价廉物美的各式茶饮，以及平民化、公益性活动。在经营过程中，注入西湖茶文化的元素，推出“周末茶文化讲堂”“免费学茶艺”“品鉴会”“茶艺表演”等与茶文化有关的活动。

【《杭州西湖风景名胜区业态提升规划》公示】 4月3～5日，由杭州西湖风景名胜区管委会委托北京大学遗产研究中心编制的《西湖风景名胜区业态提升规划》在杭州西湖博物馆向社会各界征求意见和建议。该规划针对西湖景区业态类型、产权结构、经营主体均呈多元化的特点，为长期有效管理景区公共资源的市场行为提供科学依据。特别在规划内容中，重点对30个高档营业场所的转型进行规划引导，并对相关政策支撑、监督管理制度提出建议，对指导西湖景区业态健康发展具有积极作用。

【文明景区建设深化】 1月1日，西湖景区市民游客建议热线电话“0571-86909090”开通，邀请市民游客为西湖的保护、管理等工作提出意见和建议，建立健全“西湖请您来挑刺”长效机制。杭州西湖风景名胜区管委会接到市民、游客提出的各类意见建议100余条，对于建议和意见以《热线挑刺电话交办单》形式下达到相关职能部门，并在7个工作日内整改落实，反馈率和满意率均为100%。

4月，杭州西湖风景名胜区管委会建立文明督导员队，由行风监督员、西湖志愿者、热心市民、相关媒体代表、公益团体等人员组成，聘期2年。督导员针对西湖景区各类不文明游览行为和管理保护工作不到位的现象进行监督和劝导，收集社情民意，随时反映、传递自身发现或社会各界群众对西湖景区及辖区单位的批评和建议等。4月，开设西湖“三公”（公德、公益、公信）课堂。“公德课堂”以“西湖因我更美丽”为主题，倡导市民游客和辖区单位弘扬社会公德。在公园开展“你丢我捡”垃圾换花籽活动。建设“公益课堂”，把景区自身的专家库和专业服务等资源推向社会，为社会提供园林、文物等相关公益服务。打造“公信课堂”，要求职能部门和管理单位在日常工作中加强规范性和效能建设，做到“取信于民”。

【西湖手划船服务督导点运行】 3月24日，西湖手划船服务督导点开始运行，督导服务员为市民、游客提供咨询、帮助，宣传手划船“每船150元/小时”的收费标准，调查游客乘坐手划船的满意度，回收《游客温馨提示单》，并受理手划船方面的投诉。服务督导点设立的主要目的是为提升西湖手划船服务质量，及时、有效地维护游客权益，特别是解决外地游客维权时存在的不便。

【西湖水面船舶安全抽查】 8月，杭州西湖风景名胜区管委会对9个船舶经营单位所属的128艘经营性船只开展安全抽检，重点对船舶牌证、船容船貌、环保装置、救生设施、消防设施等项目进行检查。检查中除3条自划船缺少救生圈被责令当场整改外，其余船只全部合格。管委会加强对各船舶单位的日常管理，确保西湖水面船舶航行安全，打造“平安西湖”。

【餐饮船舶环保规范性专项检查】 4月，杭州西湖风景名胜区管委会对西湖水域的餐饮船舶进行环保规范性专项检查。重点检查大华同人首席号、广厦号、知味观味舫、楼外楼号、西湖明珠号、富通号6艘大型餐饮游船，对其餐厨加工间、厕所等区域的生活污水、餐厨垃圾收储设备进行查验。检查表明，各大型餐饮游船环保管理较为规范，餐厨加工间均配置有油烟处理装置，餐饮废水和生活污水按环保规定进行分类收集、上岸处理、固体垃圾收集、密封打包外运等步骤，未发现向湖面倾倒等现象。

【灵隐景区旅游环境秩序专项整治】 4月14日，杭州西湖风景名胜区管委会启动灵隐景区旅游环境秩序专项整治。拟定《西湖风景名胜区旅游环境秩序强化整治方案》，进行任务分解，排出工作计划。在杭州移动电视上每天10次播放“野导”“黑车”温馨提醒视频广告。在灵隐景区设置2块大型宣传广告、12条宣传横幅、8块移动宣传牌，营造宣传氛围。景区公安分局、景区运管部门对“野导”“黑车”情况进行调查摸底并进行告诫。在前期视频取证基础上，抓获“野导”9名、票贩2名。“五一”假期期间，杭州西湖风景名胜区管委会每天4次对灵隐景区进行检查，完善现场旅游投诉服务点，在灵隐景区内主要节点路口设立5处景区引导台。

【西湖水域晨泳管理力度加大】 7月起，杭州西湖风景名胜区管委会实行控区域、控时间、控人员“一保三控”原则，强化对西湖水域晨泳现象的管理。根据不同季节管理需要，组织一支10余人的晨泳管理队伍，采取湖面劝导和沿岸劝导方式进行管理，并邀请市垂钓协会志愿者参与。组织人员不定期开展西湖晨泳现象专项管控行动，通过“大行动、大压力、大阵势”遏制不文明现象。联系市体育局、市冬泳协会及部分晨泳爱好者，宣传法规规定及危害性，并发放倡议书。强化人性化执法的管理理念，在苏堤设立晨泳督导岗，设置禁泳标志，播放劝导录音，得到大部分晨泳者的理解支持和配合。

【“退茶还林”集中整治行动】 7月18日，杭州西湖风景名胜区管委会对

梵村肖家坞、凤凰坞两块3.33公顷非法开垦的茶地进行“退茶还林”集中整治。健全网格化管理手段、明确和完善护林员责任制及各项制度，确保“退茶还林”整治行动落到实处。杭州西湖风景名胜区管委会与相关管理单位、西湖街道与所属各村（社区）签订森林资源保护工作责任书，村（社区）与村民签订护林协议书，并把森林资源保护纳入年度工作目标考核，强化对森林资源保护管理的督促、检查。在各森林管理单位原有护林队伍的基础上，新组建一支由17名护林员、植保员和管理员组成的森林资源专职管理员队伍，采取错时上班、增加巡查频次等措施，确保重点区域和易发区域的管理。在辖区各村（社区）召开党员大会和村民代表会议，将“毁林种茶”行为纳入村规民约。设置宣传牌、张贴“告村民一封信”、召开村民代表会议宣教等形式强化宣传教育，逐步将森林资源保护的意识深入民心。设置公开举报电话，邀请媒体、游客和市民共同加入到森林资源保护队伍，及时发现砍伐树木、毁林种茶等违法现象。

【西湖景区免费无线网络试点】 7月，由杭州西湖风景名胜区管委会与华数数字电视传媒集团共同承建的西湖风景区“i–xihu”免费无线网络试点项目的55个接入点建成并投入使用。无线访问接入点主要分布在岳庙景区14个、“北山之夜”景区9个、少儿公园景区26个、灵隐景区翠薇园6个。数据显示，在人流量较大的开放景区和游客休憩点的无线访问接入点利用率更高。“i–xihu”无线网络注册用户数3万余人，平均流速14兆/秒，最高流速接近20兆/秒。

【“掌上西湖”项目二期试运行】 9月1日，由杭州西湖风景名胜区管委会建设的集“导游、导览、导航、导购”为一体的移动智能终端——“掌上西湖”项目二期上线试运行。该系统是“智慧西湖”建设的重要组成部分，主要针对游客提供智能服务，包含近200个景区（点）的权威详尽介绍，向游客提供门票预订、宾馆预约、旅游商品导购、投诉入口及完整的自助游体系等服务。系统针对游客和管理者分别推出“智能服务”和“巡查管理”两个手机应用客户端。“智能服务”客户端主要以提升游客体验为核心，凭借景区独特的信息资源与服务资源，形成包括景区信息服务、景区导游导览、游客互动、产业服务为一体的移动终端智能服务平台，突出服务性。“巡查管理”客户端以提升景区管理为核心，包括山林防火、巡查上报、地图、语音、统计、人员管理等模块，提升景区长效管理能力，突出管理性。

【茶园喷灌设施试点】 6月，杭州西湖风景名胜区管委会研究并制订“西湖风景区茶园喷灌设施三年行动计划”。2014年，重点实施中国茶叶博物馆南侧8公顷茶园喷灌设施建设。建设方案本着茶园抗旱和景观效果兼顾、实用性与长效性兼顾，保抗旱、保民生、保景观、保长效、保安全“五保两兼顾”原则。喷灌设施的水源来自西湖，通过中国茶叶博物馆门前的水泵，以每小时90立方米的抽水量，将西湖水抽入中国茶叶博物馆景观水出水处。后经新建的下潜式水泵，以每小时60立方米的抽水量，再从景观水出水处抽水进入地下管道。灌溉水先进入埋在地下600米的主管，再由主管传输入埋在地下3000米的各条支管，每条支管上各安装3个~5个不等的喷头，最后通过喷头喷射水柱，对茶园进行灌溉工作。工程共安装79个喷头，喷头射程21米，可360度旋转，并采用交叉式灌溉，实现对8公顷茶园的全覆盖。

【西湖景区民宿行业协会成立】 12月5日，西湖景区民宿行业协会正式成立。该协会由景区内民宿经营业主自愿发起，聚集分布在西湖景区四眼井、白乐桥、满觉陇、玉皇山、三台山等区块的民宿67个。协会由杭州西湖风景名胜区管委会主管，旨在通过行业协会引导景区民宿行业的自律，改变目前西湖景区民宿“小而散”的现状，并通过规范服务和经营标准，打造和维护“西湖民宿”品牌。西湖景区内民宿146个。协会成立大会上，投票公布由民宿业主设计的协会标识。

【西湖景区茶叶商会成立】 11月13日，西湖风景名胜区茶叶商会正式成立。该商会是在原市总商会西湖龙井茶商会基础上，进行有机整合后正式登记注册。商会由杭州西湖龙井茶叶有限公司、杭州狮峰茶叶有限公司、杭州正浩茶叶有限公司3个公司发起，拥有会员单位60个，其中茶叶企业44个、茶叶专业合作社6个、茶村经济合作社10个，是杭州西湖风景名胜区管委会直接管理的社团组织。该商会的成立，对于协助政府履行西湖龙井茶一级保护区的保护管理职能，加强行业管理，实现西湖龙井茶产区细分，维护该区域茶农、茶企和涉茶组织的合法权益，具有重要意义。

·特色活动·

【《品茶说茶》获世界美食图书展金奖】 5月20日，在北京举行的第二十届“世界美食美酒图书展颁奖盛典”上，由中国茶叶博物馆主编、东方出版社2013年5月出版的《品茶说茶》获世界美食图书展茶类图书金奖。《品茶说茶》全书共300余页，以馆藏精品美图记述“茶史溯源”“茶的传播”“名茶妙品”“茶具赏鉴”“中国茶道的精神”5个部分，定价198元。世界美食美酒图书展是世界上规模最大的美食美酒图书节及美食图书年度评选。该图书展邀请来自法国、中国、英国、美国、德国等100余个国家和地区的出版社、美食组织。

【中小学生陶艺大赛】 2月，由杭州市园林文物局和杭州市教育局联合主办，杭州南宋官窑博物馆承办的第七届杭州市中小学生陶艺大赛启动。大赛以“我们美丽的校园”为主题，开展“启动仪式——陶艺大赛沙龙”“陶瓷文化进校园”“陶艺夏令营——龙泉青瓷行”等系列活动。至9月初，大赛组委会收到来自52所学校的202组共计506件参赛作品。经评委筛选和讨论，最终评选出83件获奖作品，其中一等奖10个、二等奖23个、三等奖50个。9月27日至10月28日，第七届杭州市中小学生陶艺大赛优秀作品展在杭州南宋官窑博物馆名窑传承馆展出。

5月18日，第五届“童画杭州名人”大赛启动

（杭州西湖风景名胜区管委会 供稿）

【“童画杭州名人”大赛】 5月18日，第五届“童画杭州名人”大赛启动。大赛和杭州市“五水共治”活动结合，以大禹、李泌、白居易、钱镠、范仲淹、苏东坡、杨孟瑛、李卫、阮元等10位为治水、护水和发展做出杰出贡献的名人为创作主题，收到参赛作品1000余幅。经过作品初评、中评等环节，12月18日，进入比赛终评。经过市教育局、市文明办、杭州美术家协会、杭州名人纪念馆、杭州日报社的10位专家评审，产生一等奖10个、二等奖20个、三等奖60个。获奖作品集结成册，进行推广展示。

【青少年西湖明信片设计大赛】 5月3日，杭州市第三届青少年西湖明信片设计大赛启动。大赛以“我的西湖梦”为主题，通过孩子的想象力，用漫画明信片的方式描绘出他们心目中的梦想。大赛期间，举办西湖文化进校园、明信片美术夏令营、著名漫画大师讲座等系列活动。大赛分初赛和现场决赛两轮。第一轮组委会共收到179所学校选送的7000幅参赛作品，参赛人数8万人次。10月12日，入围选手在西湖博物馆进行现场决赛。经过专家的筛选和讨论，选出187件获奖作品，其中特别大奖1名，一等奖15名，二等奖40名，三等奖65名，优秀奖66名。16幅优秀作品印刷成邮资明信片。11月8～19日，明信片优秀作品展在西湖博物馆举行。

【西湖文化特使训练营】 7月7日，杭州市第三届西湖文化特使训练营正式开营。西湖文化特使训练营举办以来，特使代表们表现出对西湖世界文化遗产保护的强烈责任心，并努力为西湖文化的传播和西湖世界文化遗产的保护做出贡献。训练营自6月招募以来，吸引400余名海内外的大学生、中学生报名，有54名来自美国斯坦福大学、英国帝国理工学院、加拿大多伦多大学等高校的杭州籍海外留学生，复旦大学、中国人民大学、浙江大学、中国美术学院等国内高校在校大学生，以及杭州本地部分高中生和在杭州留学的外国籍学生被录取。除学习了解西湖文化景观的遗产价值之外，还举办多场西湖文化知识讲座，并在专家带领下，到西湖遗产地进行游学、考察和采访。

【全国高校茶文化教师学茶活动】 7月，来自全国各高职院校60余位茶文化教师在杭州市中国茶叶博物馆学茶。活动期间，举办“茶经”“茶文化与茶生活”两场专业课，并进行“零距离”接触中国茶叶博物馆馆藏文物、中国十大名茶、“四种十服法”斗茶等体验式培训。活动有助于茶文化教师进行交流、沟通，为全国茶文化交流搭建平台。

【《杭州城市绿化集锦》出版】 8月，记载杭州市园林美景、园林文化和园林历史的《杭州城市绿化集锦》出版发行。该书籍是杭州市第一套全面、专业描述杭州城市绿化园林景观的专业图册。图书分上、下两册，共收录杭州市各类城市绿地景观照片1000余张，其中包括公园广场、河道水景、城市道路绿地、居住区绿地与单位附属绿地、立体绿化和美化彩化作品共177件。该图书较为全面地记录和展示杭州城市绿化成果，总结城市绿地整治改造和提升优化、花卉景观布置、公园景区改造、美化彩化等特色园林绿化方面的经验，为杭州市城市绿化发展和长效管理提供有益借鉴。

10月12日，杭州市第三届西湖明信片大赛决赛举行

（杭州西湖风景名胜区管委会 供稿）

【中国茶叶博物馆参展"波兰·中国民族文化周"】 9月，中国茶叶博物馆参加在波兰首都华沙举行的，由中国、波兰文化部主办的"2014波兰·中国民族文化周"活动。中国茶叶博物馆在提供"中华茶文化"主题展板外，还派出专业茶艺师进行茶艺表演，具有中国特色的"擂茶"演示、杭州"西湖茶礼"演示等。中国茶叶博物馆举办"中华茶文化"主题讲座，从茶史、茶类、茶民俗、茶健康等角度，阐释中国茶文化的博大精深。

7月7日，杭州市第三届西湖文化特使训练营正式开营

（杭州西湖风景名胜区管委会 供稿）

【"两宋"菊花艺术节】 10月28日至11月30日，杭州市和开封市在杭州植物园举办以"千年菊韵、梦绕宋都"为主题的"2014杭州·开封两宋菊花艺术节"。来自两市的17个单位参展，总展区面积5万余平方米，分为开封菊花展示区、成语典故展示区、组合盆栽展示区、菊文化科普展示区、群众交流活动区等7个区块。艺术节布置用菊30余万盆，时花10余万盆，有菊花品种800余种。

【杭州市首批盆景工技师产生】 10月，以"走进园艺，乐享生活"为主题的2014年杭州市盆景工职业技能竞赛决赛在杭州植物园盆栽园举行。从74名初赛选手中脱颖而出的21名选手入围水石盆景制作决赛。选手们在规定的时间内，经过石料切割、剔除杂质、适宜制作、量材施艺等工艺，把山石布置在水盆之内并用绿化进行点缀，完成立体、自然的山水盆景艺术作品。该21名选手全部被认定为杭州市首批盆景工技师。

【"相约西湖"系列文化活动】 10月16日，第十三届"相约西湖"系列文化活动在吴山城隍阁开幕。活动以"15座中国历史文化名楼齐聚西湖"为主题，包括名楼风采展、名楼文化座谈交流、国际友城市长与名楼市长交流、名楼楹联佳句展等内容。文化活动还包括"创意西湖"青年文创产品设计大赛和优秀作品展、中华名家书画精品展、国际诗歌大赛获奖作品展、西湖名人肖像印展等5个部分。活动和展览持续到10月31日结束。

10月16日，第十三届"相约西湖"系列文化活动开幕

（杭州西湖风景名胜区管委会 供稿）

【名楼楹联、名篇佳句展】 10月14日至11月15日，杭州西湖风景名胜区管委会在吴山城隍阁举行"中国历史文化名楼楹联、名篇佳句展"。该展览展出黄鹤楼、岳阳楼、滕王阁、鹳雀楼、蓬莱阁、钟鼓楼、天一阁、城隍阁等15个中国历史文化名楼中由苏东坡、郭沫若、丰子恺、启功、刘海粟、沈鹏等书写的楹联或名篇佳句书法作品，共47件。如苏东坡所书的《滕王阁序》，启功所书的《登鹳雀楼》等。展出旨在引领市民和游客走近名楼、认识名楼，体验历史文化名楼的不凡文化空间。

【"免费凉茶"服务】 7月7日至10月7日，杭州西湖风景名胜区管委会每天10时～14时在6个环西湖志愿服务微笑亭向市民游客提供"免费凉茶"服务。杭州西湖风景名胜区管委会与浙江省微茶楼文化发展协会合作，推出"荷叶茶""九曲红梅""浙江龙井""福鼎白茶""花茶""铁观音"6款茶水，丰富免费凉茶的品种。"免费凉茶"服务共送出3.2万升茶水，服务市民游客6.5万人次。

8月5日起，西湖风景名胜区灵隐景区联合星巴克咖啡连锁店、杭州解百集团股份有限公司、杭州知味观、杭州翠薇园商场等10余个商家，在灵隐景区检票口外，推出为期一个月的"礼佛先净心、绿叶送清凉"活动，免费向市民游客赠送冰镇凉茶以及各种冷饮，让市民游客感受到西湖景区的人文关怀和温情服务。 （谯 晓）

·财　政·

【财政概况】 2014年，杭州市实现地区生产总值9206.16亿元，按可比价计算，比上年（指2013年，下同）增长8.2%。其中：第一产业增加值274.35亿元，增长1.8%；第二产业增加值3845.58亿元，增长8.0%；第三产业增加值5086.24亿元，增长8.6%。三次产业结构比为3.0∶41.8∶55.2。全市按常住人口计算的人均GDP为10.38万元，增长7.6%。固定资产投资4952.7亿元，增长16.2%。社会消费品零售总额4201.46亿元，增长8.7%。外贸进出口总额679.98亿美元，增长4.5%。全市居民人均可支配收入39237元，增长9.7%，扣除价格因素，实际增长7.5%。其中：城镇常住居民人均可支配收入44632元，增长9.1%；农村常住居民人均可支配收入23555元，增长11.1%。扣除价格因素，实际分别增长7.0%和8.9%。

全市完成财政总收入1920.11亿元，增长10.7%。其中：全市地方一般公共预算收入1027.32亿元，增长8.7%，占财政总收入比重为53.5%；税收995.21亿元，增长9.3%，占地方一般公共预算收入的比重为96.9%。全市一般公共预算支出961.18亿元，增长12.3%。市区财政总收入1686.61亿元，增长11.3%。其中：市区地方一般公共预算收入893.05亿元，增长8.8%；市区一般公共预算支出750.1亿元，增长12.6%。市本级财政总收入325.29亿元，增长12.7%。其中：市本级地方一般公共预算收入114.5亿元，增长6.7%；市本级一般公共预算支出211.74亿元（含地方债券支出12.3亿元），增长7.7%。全市各级财政收支平衡，预算执行情况良好。

7月15日，市财政局人员到湖滨街道东平巷社区宣传杭州财政保障政策

（刘　淮　供稿）

【市本级非税收入812.48亿元】 2014年，杭州市建立税源分析规划长效机制，在全市开展三年税源规划工作，以各征收单位为主体，调查收集重点行业、重点区块、重点企业的生产经营与涉税数据，以数据挖掘为手段，科学评估企业未来3年纳税能力，明确征管的方向和重点，提高组织收入的预见性与有效性。加强税种专项管理，通过政府购买服务方式，强化土地增值税清算管理。完成对全市2011~2013年1096个房地产项目普查工作，已清算192个，入库土地增值税24.43亿元。对906个上市公司、拟上市公司股东财产性收入个人所得税专项核查，补缴入库税款7.19亿元。推进行政事业单位个人所得税全员全额申报工作，实现全市3281个行政事业单位全覆盖。健全非税征管机制，非税收入征管信息化建设稳步推进，资源类收入进一步拓展。全年市本级完成非税收入及其他资金812.48亿元，其中国有土地使用权出让金收入740.14亿元。

【市本级投入产业发展资金25.83亿元】 2014年，杭州市设立规模20亿元的信息经济发展投资基金，通过母基金、定向基金等方式，吸引社会资本共同参与，支持全市信息经济、智慧经济产业的发展。市本级投入产业发展专项资金25.83亿元，推动工业稳定增长、外贸提升发展，增强需求协调拉动作用。投入人才专项资金1.76亿元，提高海外引才工作

2014 年杭州市市区公共财政收支情况

表 41

收入项目	2013 年（万元）	2014 年（万元）	为上年（%）
地方公共财政收入合计	8207 264	8 930 502	108.8
一、税收	7944 744	8 696 917	109.5
国内增值税（25%）	911 972	1 017 659	111.6
改征增值税	—	780 996	—
营业税	2 357 668	2 329 172	98.8
企业所得税（40%）	1 366 788	1 542 964	112.9
个人所得税（40%）	518 965	619 503	119.4
城市维护建设税	587 543	618 304	105.2
耕地占用税	58 932	32 514	55.2
契税	587 742	707 572	120.4
房产税	277 891	328 309	118.1
其他地方各税	723 639	719 924	99.5
二、非税收入	262 520	233 585	89.0
教育费附加	214 589	229 413	106.9
排污费	8 958	6 102	68.1
行政事业性收费	9 144	4 364	47.7
罚没收入	107 687	107 559	99.9
国有计划亏损补贴	-90 499	-133 289	147.3
国有资源（资产）有偿使用	11 689	18 417	157.6
其他收入	952	417	43.8
公共财政支出合计	6 662 314	7 500 996	112.6
一、一般公共服务	712 903	692 020	97.1
二、国防	7 695	8 394	109.1
三、公共安全	455 440	514 553	113.0
四、教育	1 152 076	1 321 530	114.7
五、科学技术	385 361	438 420	113.8
六、文化体育与传媒	187 085	201 345	107.6
七、社会保障和就业	767 454	864 904	112.7
八、医疗卫生与计划生育	459 318	529 497	115.3
九、节能环保	119 226	178 407	149.6
十、城乡社区事务	988 104	1 033 824	104.6
十一、农林水事务	254 213	283 620	111.6
十二、交通运输	173 377	196 546	113.4
十三、资源勘探信息等	404 843	514 786	127.2
十四、商业服务业等	167 258	200 259	119.7
十五、金融支出	15 674	13 196	84.2
十六、援助其他地区	29 679	41 398	139.5
十七、国土海洋气象等	25 628	26 031	101.6
十八、住房保障	47 407	53 664	113.2
十九、粮油物资储备	4 278	4 561	106.6
二十、债务付息	1 457	4 506	309.3
二十一、其他	303 838	379 535	124.9

实效。

【企业融资平台建设】 2014年，杭州市出台支持企业利用资本市场的政策和措施，将政策支持前移到企业股改环节，并将新三板及地方股权交易市场纳入政策范围。研究制定发展互联网金融的政策和措施，推动全市新兴互联网产业的发展。5月，印发《杭州市政府采购支持中小企业信用融资暂行办法》，搭建政府采购信用融资平台，促进中小企业发展。

【保障城市基础建设】 2014年，杭州市出台《杭州市轨道交通建设资本金筹措实施意见》，筹集落实资本金118.08亿元，保障杭州地铁建设。投入城建和重大项目资金配套专项64.89亿元，加快路网建设，保障秋石高架等重点道路建成通车。落实公交场站建设和购买服务资金18亿元，助力大公交体系建设。

【支出结构优化】 2014年，杭州市合理安排支出结构，保障各项重点支出需要。市本级全年用于民生及社会事业支出152.14亿元，增长10.2%，占一般公共预算支出比重为76.3%。市本级投入社保专项资金35.25亿元，落实城区46.4万企业退休人员社会化管理和统筹外待遇、城乡居民及困难群体养老和医疗保险等补助政策。投入住房专项资金13.08亿元，支持廉租房租金补助和公共租赁房购置。投入21.71亿元，支持平安法治杭州建设，加强对社会治安、安全生产、消防、食品安全等重点安全领域投入。投入教育专项资金5.03亿元，改善学校办学条件和设施，扩大优质教育覆盖面。投入文化事业专项资金2.07亿元，繁荣群众文化生活，推动城乡一体的文化惠民提升工程。投入医疗卫生专项资金1.88亿元，推进市属医院建设和公立医院改革。

【社保制度一体化推进】 2014年，杭州市整合企业职工、城乡居民养老保险与医疗保险，出台实施细则，确保新老政策之间的平稳衔接。完善主城区部分企业劳模和中华人民共和国成立前老工人医疗、部分医疗照顾对象补助办法。启动萧山区、余杭区、大江东产业集聚区和主城区社保一体化建设工作。制定促进社会资本举办医疗机构政策，推动城乡优质医疗资源共享。

【公务支出管理】 2014年，杭州市出台市级会议费、培训费等6项开支标准，构建立体式公务支出管理体系。加强全市“三公”经费管控，压缩资金4.70亿元。印发《杭州市级行政事业单位内部控制建设工作指南（试行）》，指导11个试点单位建立内控制度，提高内部管理水平。

【财政改革深化】 2014年，杭州市推进全口径预算管理，完善一般公共预算、政府性基金预算、国有资本经营预算和社会保险基金预算编制，全面反映政府收支总量、结构和管理活动。出台预算调整审批联席会议制度，制定《杭州市市本级财政支出预算调整办法》，硬化预算约束。试编权责发生制政府综合财务报告，全面反映政府整体财务状况、运行成果和受托责任履行情况。开发政府投资预算综合管理信息系统，实现建设项目从立项到竣工财务决算批复事前、事中、事后的全过程信息化管理，确保政府投资年度计划与政府投资预算无缝衔接。印发《杭州市地方政府性债务管理办法（试行）》，完善政府性债务“借、用、还”机制，构建债务预警指标体系，规范政府举债行为。牵头开展存量债务的清理甄别和分类处置，防范和化解财政风险。开展市本级财政专项资金清理整合工作，出台专项资金管理办法，建立管理清单，压缩专项资金15.1亿元，清理政策文件152个。在工业科技、涉及农业等领域试点财政专项资金竞争性分配改革，出台《杭州市工业和科技统筹资金竞争性分配办法》，财政资金分配逐步由直接拨付转向竞争性择优分配。投资注册国有独资公司——杭州投资发展有限公司，实行“统一评级、统一授信、统借统还”的贷款模式。该公司成立后，承接国家开发银行棚户区改造贷款资金，全年完成棚户区改造项目授信155亿元。推进市本级及各区、县（市）财政预决算、部门预决算和“三公”经费预决算公开。预算首次实现同步上会接受市人大审查、同步向社会公开。主动接受市人大对部门决算、2亿元以上政府重大投资项目的重点审查。

【财政监管加强】 2014年，杭州市深化预算绩效管理，实现项目预算、项目全部财政性资金、市直综合考评部门绩效目标管理3个全覆盖，推进重点项目绩效目标评审论证，将绩效考核纳入综合考评，不断完善预算编制、执行、评价与结果运用的全过程绩效管理机制。扩大资产配置预算实施范围，拟定教育行业资产配置标准，出台《杭州市市级临时机构办公设备配置使用管理办法》，规范临时机构资产监管。推进资产配置预算编制，将预算编制单位扩大到财政适当补助事业单位和经费自理事业单位，并将专项资金、项目资金购置资产纳入预算编制，促进资产管理与预算管理紧密结合。加强政府采购管理，建立集网上商城、大卖场、网上询价于一体的电子化交易平台，促进政府采购规范透明。制定《杭州市政府采购作业指导书》，加强内控制度建设，在全国率先推出分散采购的服务类目录，涵盖属于政府采购的192类服务。审核专项资金预算项目，将其中的39项服务类项目纳入政府采购，合计金额1.1亿元。 （刘　淮）

5月14日，杭州财税政策直通车到浙大科技园服务 （刘　淮　供稿）

·国家税务·

【国家税务概况】 2014年，杭州市国家税务局（简称市国税局）组织税收1122.57亿元，比上年增长11%，税收总量在全国省会城市中排在第2位，在15个副省级城市中的排名从第4位升至第3位。完成市财政总收入口径的税收1048.24亿元，增长12.2%，占全市的比重为54.5%，完成全市财政预算收入目标。

市国税局加强领导班子建设，坚持正确的用人导向和用人标准，2014年度总体评价满意率为98.5%。做好系统党建工作，评选表彰全市国税部门“十佳党支部”和“十佳党支部书记”，基层党支部战斗堡垒作用和党员先锋模范作用充分发挥。加强干部教育培训，全年举办培训班46期次，培训干部1.16万人次，2人入选国家税务总局领军人才，国税队伍整体素质增强。加强国税文化建设，提升文明创建层次，全市国税部门有全国级文明单位2个、全国青年文明号3个、全国巾帼文明岗8个。举办第四届全市国税部门“活力无限、税我同行”健身运动会，国税队伍凝聚力逐步增强。推进党风廉政建设，配合浙江省国税局做好廉政风险信息管理系统上线试点工作，推广使用税收执法廉政监督卡，共发放8603份，收回7536份，收到意见建议45条，干部主动接受纳税人监督意识得到提高。市国税局被浙江省国税局评为“2013年度落实党风廉政建设责任制先进单位”。

【税收优惠政策落实】 2014年，市国税局落实各项税收优惠政策，各项税收优惠累计466.85亿元，比上

年增长13.1%，占同期国税收入的41.6%。创建“生产性固定资产投资敏感指标”，纳入市政府工作目标考核任务。围绕“贴近工业经济、贴近外贸经济、贴近现代服务业”，对接市政府10项重点工作任务。在支持发展信息经济、推进智慧运用“一号工程”中，市国税部门共梳理政策48条，落实税收减免42亿元。建立常态化专题汇报机制，每季度提供税收经济联动分析报告，为市委、市政府决策提供参考。年内，浙江省委书记夏宝龙、市委书记龚正等省市领导对全市国税工作的肯定性批示18次。

【税收专项检查与整治】 2014年，杭州市制定《关于推进依法治税、依法行政的实施意见》，明确“法治杭州”国税建设的具体目标。强化执法监督，探索“三级质检”风险控制模式，统筹开展“四合一”检查。全年发现违规税收执法行为问题3579个，补缴税款滞纳金1.26亿元，追究责任54人次。发挥稽查威慑作用，开展行业税收专项检查和区域税收专项整治，严厉打击虚开发票、骗取出口退（免）税等违法犯罪行为。全年查处涉税违法企业1485个，查补税款5.47亿元，缴获各类虚开涉案发票9690份，形成了各类市场主体公平竞争的税收环境。

【税收制度改革】 2014年，杭州市推进“营改增”改革试点，扩大铁路运输、邮政通信、电信服务业改革试点范围。至年末，全市10.44万个纳税人纳入试点范围，全年改征增值税入库84亿元，试点纳税人直接减负55.81亿元，原有工商企业从试点企业购买应税服务间接减税27.97亿元。推进行政审批制度改革，制定并实施《税务行政审批事项目录清单》《行政权力事项清单》和《进户执法项目清单》，编制并公布86项权力运行流程图，向纳税人晒出权力事项清单，划出边界，接受监督。

【纳税服务优化】 2014年，市国税局开展“便民办税春风行动”，落实《全国县级税务机关纳税服务规范》，推出便民办税6个大项37条具体措施，提高办税效率，减轻纳税人负担。缓解“营改增”压力，采取预约服务、延时服务，设立窗口补充岗，推进网上办税，拓展自助办税服务区。年内，在主城区第二办税厅和行政服务中心增设48个办税窗口，大厅拥堵现象得到缓解。注重服务纳税人的“纳税服务社会化平台”品牌建设，联合市地税部门推出网格化税收征管服务模式，依托原有的356个社会化办税服务平台，优化网点布局，将职能拓展为纳税服务、沟通协调、户籍管理、综合治税，实现服务零距离、管理全覆盖。至年末，全市共有网点378个，其中城区262个，县市116个，解决了服务纳税人的“最后一公里”问题。合作建立“智税”手机应用软件、“税问”微信、税收志愿者组织和纳税人权益保障组织等，形成涵盖事前、事中、事后的全链条“社会化办税服务平台”。

【税收征管质效提升】 2014年，市国税局开展管理创新，全年上报浙江省国税局立项项目24个，其中被确定为优秀项目7个。深化税源专业化管理，开展大企业全流程税务风险管理和分行业税务风险管理，与2个定点联系企业签定《税收遵从合作协议》。完成浙江省国税局下发的两批3058个重点税源风险应对任务，补缴税款5.27亿元，调减以前年度亏损10.01亿元。加强零负申报管理，开展集中调研，剖析零负申报现状和成因，制定《加强增值税企业纳税人零负申报管理的意见》和《零负申报企业和长期亏损企业所得税核定征收实施意见》，并将零负申报率纳入绩效考核，加强中小企业的税收风险应对。加强各税种管理。加强增、消两税管理，规范增值税纳税申报，制定《消费税税收管理指引手册》。加强企业所得税管理，完成14.62万户企业2013年度汇算清缴工作，继续做好后续审核工作，补缴企业所得税1.74亿元。加强出口退税管理，健全完善出口退税管理内控机制，对纺织品、木制品等开展专项预警核查，追缴退税款2626万元，暂缓和不予退税8557万元。开展反避税工作，加强非居民企业税收管理，查补税款8001.15万元。做好全市144个“走出去”企业税收服务与管理工作。

【行风税纪整顿】 2014年，市国税局深入开展党的群众路线教育实践活动，通过市、区两级党组引领带动、上级督促指导推进，全市国税部门完成教育实践活动各项任务。坚持聚焦“四风”抓整改，在第一批教育实践活动中，市国税局征求意见125条，完成整改121条；制订制度建设计划项目42个，完成41个。在第二批教育实践活动中，各单位确定整改任务项目958个，完成整改934个；制度建设计划项目503个，完成491个。开展行风税纪整顿，全年腾退办公用房3843.52平方米，压缩会议20.1%，压缩文件30.9%，压缩评比表彰18.5%，减少因公临时出国（境）4人次。加强效能监督，开展明察暗访662次，发现问题93个，批评教育干部47人次。 （张之伟 邹卫刚）

杭州市国税局服务第十届国际动漫节 （邹卫刚 供稿）

·地方税务·

【地方税务概况】 2014年，杭州市地方税务部门（简称市地税部门）组织各项收入1406.9亿元，比上年增长10.6%。入库税收830.2亿元，增长9%，完成浙江省地方税务局（简称省地税局）下达任务的101.1%。其中：营业税250.8亿元，下降1.9%；企业所得税125.6亿元，增长26%；个人所得税170.4亿元，增长18.9%；其他各税283.4亿元，增长7.8%。其他收入576.7亿元，增长13%。其中，社会保险基金收入490.1亿元，增长13.9%。

杭州市区（不含萧山区、余杭区）地税部门组织各项收入878.3亿元，增长11.2%。入库税收503.6亿元，增长8.8%，完成省地税局下达任务的100.3%。其他收入374.6亿元，增长14.7%。其中，社会保险基金收入323.8亿元，增长15.8%。县市地税部门共组织收入528.6亿元，增长9.6%。入库税收收入326.6亿元，增长9.4%，完成省地税局下达任务的102.4%。其他收入202亿元，增长10.3%。其中，社会保险基金收入166.3亿元，增长10.2%。

市地税部门全年组织收入总量再创历史新高，继续排名全省第1位。全市构成地方财政收入的税收652.6亿元，增长6%，低于税收增幅3个百分点，低于上年地方财政收入增幅2.7个百分点；占地税收入比重为78.6%，下降2.2个百分点。两个所得税大幅增长，营业税成主要减收点。地方小税种增长平稳。全年地方小税种入库税收283.4亿元，增长7.8%，低于整体税收增幅1.25个百分点。契税、房产税和城建税是增收贡献最大的3个税种。三次产业税收均实现增长，第三产业继续领先。第三产业累计入库税收607.6亿元，增长8.8%，增收48.97亿元，增收贡献为71.3%，税收占比为73.2%。县市增速略快于市区，市本级高于全市平均数。重点税源企业税收稳定，支柱作用依然明显。

市地税部门开展“学查防”主题活动。从岗位职责和制度规范、最易发生廉政风险的环节和思想认识上最易出现的误区、盲点等入手，全面排查税收工作中存在的风险点。针对查找出来的风险点，按照“清理一批、修订一批、制定一批”的要求，对已有各项内控制度进行再梳理、再评估、再完善，做好制度的废、立、改工作。鉴于大江东产业集聚区体制调整，设立大江东税务分局，年内已正常运转。设立稽查局，赋予下查一级的权力，形成全市大稽查格局。完善以脱产办班为主体的集中培训，全年组织45个实体培训班，参训干部7517人次。开展岗位业务技能比武活动，将萧山区、余杭区及五县（市）地税部门的中青年干部纳入竞赛范围，实际参考人数654人，评选出业务知识竞赛优秀个人49人。

市财政局（市地税局）在浙江省财政地税系统辩论赛中获第一名

（刘　淮　供稿）

【税源规划分析】 2014年，杭州市建立税源分析规划长效机制，以各征收单位为主体，深入调查收集重点行业、重点区块、重点企业的生产经营与涉税数据，以数据挖掘为手段，科学评估企业未来3年纳税能力，明确征管的方向和重点，提高组织收入的预见性与有效性。加强分析预测工作，提高收入统筹调控能力。强化税收预测分析考核工作，主动掌握税源、积极转化税源，促进税收日常征管。完善以往已建预测模型，强化宏观经济税源的预测分析能力。观察、反映、分析税收重点、热点问题，为领导决策和基础征管提供服务。

【税费优惠减免】 2014年，杭州市落实国家结构性减税和“清费减负”政策，通过对高新技术、中小微企业税费优惠，困难企业税费减免和延期缴纳，以及部分工业企业社会保险费缴费比例临时性下浮等措施，全市依法为符合条件各类企业减免税费（不含出口退税）251.2亿元。推进铁路运输、邮政业以及电信业等行业纳入“营改增”试点。深化“财税政策直通车”服务机制，建立22个服务站点，开展进校园、进园区、进企业系列服务活动。通过开展“专场培训、专项辅导、专家服务”，为业务情况复杂、政策需求量大、发展处于转型升级关键时期的企业，量身定制政策推送和辅导服务，解决企业在创业创新中遇到的财税相关问题。

【日常征收管理】 2014年，杭州市完善税源专业化管理体系。从信息采集、分析监控、风险应对、纳税评估、绩效评价、运行机制等方面对税源专业化管理工作规则进行设计拟定，完善税源专业化管理平台，开发行业税源管理系统、税源管理提速增效软件、开发非正常户管理流程三个软件，实现日常税源管理任务推送到人。加大风险推送工作力度，以风险为导向，加强事后监管。税源办牵头向各分局推送专项管理任务，推动相关税种的日常管理。对959个企业的股本印花税申报异常风险比对，补缴税款5313万元；对3000余个企业4万余条付汇信息开展营业税比对，补缴营业税2839

万元；对10个个人股权转让风险企业、10个长期亏损投资企业及4个旅游业营业税差额征收申报异常企业进行比对，补缴税款1423万元。强化财产性收入个人所得税管理。通过对906个上市公司、拟上市公司股东财产性收入个人所得税专项核查，补缴入库税款7.19亿元。推进行政事业单位个人所得税全员全额申报工作，实现全市3281个行政事业单位全覆盖。印发《2014年度"个转企"工作专项考核细则》，推进"个转企"相关工作。

4月21日，杭州市地税工作人员在西湖边向游客发放税务大讲堂资料
（刘　淮 供稿）

【"房土两税"管理】 2014年，杭州市以项目工作为重点，深化基础税源管理。市地税局与市国土局、市住保房管局进行信息共享业务交流，取得土地登记历史信息和近三年单位自管房产登记信息。对土地、房产数据进行初步分析加工，通过网税系统向纳税人推送土地和房产信息进行核对，累计推送土地信息2703条，房产信息4830条。强化土地增值税清算管理。通过政府购买服务方式，提高清算审核质量，完成对全市2011~2013年1096个房地产项目普查工作，清算192个，入库土地增值税24.43亿元，平均税负率2.8%。组建契税和耕占税两个调研组，依托市住保房管部门、市国土部门的共享信息，完成对契税和耕占税两税基础数据的收集、汇总、分析和数据建模，形成调研报告。

【地税信息化建设】 2014年，杭州市以"税友龙版"下行数据库为依托，深化数据分析应用，调动全局信息技术力量在自行开发的"杭州地税税源管理平台"上丰富完善报表查询系统，强化"税友龙版"数据的分析应用。全年开发应用170张查询报表，其中42张报表为各分局根据自身管理需要开发的个性化报表，各类查询报表累计使用1.3万余次，为基层分局日常税收管理和税源分析工作提供支持。西湖税务分局"行业税源管理系统"上线，实现"税友龙版"事项推送到人、责任到人，并推进税源属地管理向行业管理转换。年内，对"浙江地税稽查查账软件"进行升级完善。

【税收稽查效率提高】 2014年，杭州市地税稽查部门以整顿和规范税收秩序为主线，开展各项税收检查，注重稽查绩效，提高税务稽查效率，全年检查纳税人2909个，查出有问题单位2441个，其中大案、要案68起。查补税、费、滞纳金、罚款累计5.62亿元，比上年增长3.7%。对国家税务总局确定的"中国航天科工集团公司"等40个在杭州的分支机构和省地税局确定的18个重点税源企业开展税收专项检查，查补税费、滞纳金、罚款累计979万元。针对以往税务稽查中存在的时效欠佳、力度欠大等问题，实施稽查案件时效监管和大案、要案增长目标两大措施，提高稽查部门的稽查力度、稽查管理和稽查效率。

【税收法治建设】 2014年，杭州市对各项内控管理制度进行梳理完善，构建预警及时、监督有力、防范有效的廉政风险防控机制。优化督察工作方式，完善督察人员机构，建立事前风险防范、全程内审督察、事后评价完善的执法监督体系。落实岗位督察制度，开展执法案卷自查。建立法律服务制度，加强规范性文件的合法性审查。严格执行规范性文件统一登记、统一备案审查和统一公告的要求，确保制定程序规范，内容合法有效。成立内控工作人员队伍，加强执法督察力量。加大稽查执法人员以及基层一线税收执法人员的专业法律培训，增强干部依法行政、防范风险能力。全面推进普法宣传。参加全国和全省税收动漫大赛，4部作品获全国奖项，14部作品分别获全省一等奖、二等奖、三等奖，其中杭州地税滨江分局的作品《最美纳税人》获全国最佳动漫人物设计奖。

【纳税服务创新】 2014年，杭州市创新纳税服务举措，推广24小时自助办税服务系统，实现主城区与主城区以外的7个区（县、市）全覆盖，9项日常纳税事项同城通办。年内，全市累计2.4万个纳税人办理电子服务卡，服务6.63万个次。"24小时自助办税服务厅"被评为浙江省地税局纳税服务创新奖、市委组织部"学以致用"项目一等奖。修订出台《办理纳税人涉税事项操作指南（2014年版）》，为纳税人提供涉税事项办理要求和流程指引。应用办税服务厅综合管理系统的各项功能，办税服务厅平均等候时间从上年的6.88分钟减少到5分钟。12月10日，与市国税局、杭州银行等7个企业联合发起，经市民政局批准同意，成立纳税人权益保护协会，会员由200名纳税大户组成。推进"12366"中心建设。全年来电累计191万个，其中人工接听80万个，人工接通率92%，平均等候时长缩短至26.96秒；一次性解决率94.9%，优评率98.8%。非语音服务发展迅速。全年博客访问2.51万人次，微博"粉丝"7706人，微信关注人数7742人，手机平台用户1878人。　（刘　淮）

金融业

Banking, Affiance & Insurance

·金融业综述·

【金融业平稳发展】 2014年，杭州市有各类金融机构374个。其中，分行级以上银行机构47个，村镇银行7个，农村信用合作机构5个，信托公司4个，财务公司4个，资产管理公司4个，金融租赁公司1个，省级以上保险机构78个，基金公司1个，证券公司5个，期货公司10个，证券营业部161个，期货营业部47个。全市金融业实现增加值881.57亿元，比上年（指2013年，下同）增长3.7%，增长率比上年末下降0.2个百分点。金融业增加值占全市地区生产总值比重为9.6%，与上年末持平。

银行业稳定增长。全市金融机构本外币各项存款余额24450.51亿元（占全省的30.9%），增长10.3%，增幅高于上年0.2个百分点。本外币各项贷款余额21316.83亿元（占全省的29.9%），增长10.2%，增幅高于上年3.2个百分点。全市银行信贷不良率1.6%，与上年持平，低于全省0.4个百分点。

证券业震荡上行。全市证券经营机构累计代理交易额80810.68亿元（占全省的38.9%），增长46.6%，增幅下降5.6个百分点；手续费收入34.41亿元（占全省的34.5%），增长51.3%，增幅提高18.6个百分点。全市证券经营机构托管市值6710.11亿元，增长74.5%。证券投资者244.79万户，增长8.0%。证券机构全年实现利润16.68亿元，增长59.2%。

期货业保持平稳。全市期货经营机构累计代理交易额41.24万亿元，增长6%；实现手续费收入9.81亿元，下降19.3%。期货投资者17.29万户，增长10.9%。期货机构全年实现利润7.92亿元，增长19.3%。

保险业稳定发展。全市累计保费收入320.41亿元，增长14.8%，增幅提高2.2个百分点。全市保险机构全年亏损25.51亿元，扩大0.06亿元。其中：财产险公司盈利4.01亿元，增加4.84亿元；人身险公司亏损29.53亿元，减亏4.48亿元。

典当业效益下降。全市典当业累计典当5.85万笔，下降8.3%，增幅下降17.2个百分点。典当金额145.06亿元，下降8%，增幅下降13.7个百分点。全年实现收入2.7亿元，下降9.4%。上缴税金4280万元，下降30.1%。

【金融服务创新】 2014年，杭州市信用担保联盟与4个银行、5个担保公司开展业务195笔，在保余额5.78亿元。杭州市专为中小企业服务的网络“金融超市”与39个银行机构建立合作关系。新增登录企业1674个，审核通过企业1659个，全年放贷企业154个，放贷金额4.3亿元。全市金融仓储公司全年累计授信企业118个，累计授信金额26.72亿元。

至年末，杭州科技银行（即杭州银行科技支行）存款45.12亿元，比上年增长12.4%；贷款29.12亿元，增长5.1%。其中，科技型贷款余额26.98亿，占比92.7%。年内增加1个村镇银行（富阳恒通村镇银行），全市7个村镇银行年末存款余额47.45亿元，增长40.7%；贷款余额52.39亿元，增长47.6%。建德市大同桑盈资金互助社年末存款余额5343万元，增长18.5%；贷款余额5110万元，增长18.7%。

杭州联合银行等8个农信系统金融机构，年末资产总额3369.26亿元，增长10.2%；存款余额2826.73亿元，增长9.8%；贷款余额1960.81亿元，增长10%。不良率1.8%，上升0.1百分点。实现净利润44.03亿元，增长8.4%。

【小额贷款公司增加6个】 2014年，杭州市增加小额贷款公司6个。年内有5个小额贷款公司增资扩股3.15亿元。至年末，杭州53个小额贷款公司注册资金136.85亿元，比上年增长14.3%。年末放贷余额10.45万笔，金额186.47亿元，其中小额贷款分别占98.8%和72.3%。全年累计发放贷款147.14万笔，金额654.56亿元，其中小额贷款分别占99.7%和65.5%，平均利率和逾期率分别为18%和6.7%。全年业务收入和利润分别为30.27亿元和13.39亿元，分别增长12.6%和下降11.6%。

【小额贷款服务小微企业】 2014年，市就业局发放小额担保贷款1303笔，金额1.82亿元，比上年下降5.3%。其中，主城区发放515笔，金额8805万元，增长100%。市大学生创业联盟等部门推动实施大学生创业企业融资“风险池”计划。至年末，有78个企业成功申请“风险池”基金，授信4420万元，其中已放贷企业65个，实际发放金额3784万元。

中国工商银行浙江省分行营业部、杭州银行等银行机构联合太平洋产险公司杭州中心支公司、浙商财产保险公司等保险公司，开展

小额贷款保证保险试点。至年末，累计为64个小微企业客户融资1.60亿元。

【债券发行】 2014年，杭州市推动47个企业发行80期各类银行间市场融资工具，融资652.30亿元（占全省的43.8%），比上年增长25.4%。市地铁集团、西湖电子集团、拱墅区经济发展投资公司、萧山经济开发区国有资产经营公司、余杭经济开发建设公司、临安市城建发展公司和桐庐县国有资产投资经营公司7个企业发行103亿元企业债。全年有4个企业在上海、深圳交易所发行2.32亿元私募债，1个公司发行100亿元可转债，3个上市公司发行17亿元公司债，9个企业在浙江股权交易中心发行8.1亿元私募债。

【股权质押融资】 2014年，杭州市在工商部门办理股权质押融资企业1579个，质押股权412.35亿元，融资1361.57亿元。其中，在市本级办理的企业282个，质押股权163.35亿元，融资365.02亿元。

【跨境人民币结算】 2014年，杭州市跨境贸易人民币结算范围扩大，结算规模上升。至年末，全市跨境人民币结算累计3444.25亿元（占全省的35.6%），比上年增长52.5%。其中：货物贸易出口人民币结算1289.55亿元，增长16.4%；货物贸易进口人民币结算1417.23亿元，增长92.7%；服务贸易及其他项目人民币结算92.25亿元，下降37.4%；跨境投融资644.74亿元，增长15.3%。

【上市公司增至109个】 2014年，杭州市增加上市公司7个，其中境内上市公司2个、境外上市公司5个，募集资金1684.69亿元（包括阿里巴巴集团在美国IPO募资250.3亿美元）。13个境内上市公司定向发行股票，募集资金83.74亿元。至年末，全市上市公司总数109个，占全省比例超过1/3。其中：境内上市公司80个（包括中小板30个、创业板18个）；境外上市公司29个，累计募集资金2752.6亿元。首发上市申请获中国证监会受理的公司29个，处于辅导期内的拟上市公司39个。

5月30日，2014年浙江银行业"普及金融知识万里行"活动在杭州启动

（浙江银监局 供稿）

【私募金融发展】 2014年，杭州市增加各类股权投资公司90个，累计496个；增加投资管理机构18个，累计101个。根据中国证监会规定，私募基金管理人及其发行基金需在中国证券投资基金业协会登记和备案。至年末，全市在中国证券投资基金业协会备案的私募基金管理人157个，备案基金370只，管理规模362.41亿元，分别占浙江辖区总数的77.7%、86.7%和85%。

杭州产权交易所全年累计交易额41.70亿元，比上年下降27.7%，增幅下降39.10个百分点。杭州市在全国非上市股份公司代办转让系统（新三板）挂牌企业25个。在浙江股权交易中心增加挂牌企业176个，其中成长板8个（累计挂牌40个）、创新板168个（累计挂牌314个），均列全省第一位。

【金融环境优化】 2014年，杭州市制定"1+X"政策体系，出台《全面深化金融业改革创新若干意见》《关于进一步推动企业利用资本市场加快发展的实施意见》《关于推进互联网金融创新发展的指导意见》《企业资金链防范与化解机制方案》及《关于促进杭州市农村普惠金融发展的指导意见》。组织对在杭州的金融监管部门和银行机构的评价激励、对银行卡特约商户资金补助、对中小企业发债融资扶持政策兑现及全市小额贷款公司年度考评等工作。小额贷款公司分类监管办法全面实施，市政府与中国人民银行杭州中心支行合作完成2014年度27个小额贷款公司的信用评级。推动中国人民银行杭州中心支行成立杭州市金融管理服务委员会，推动浙江证监局成立协调推进杭州资本市场规范发展领导小组。市金融办联合杭州市发展研究中心召集有关单位筹备设立杭州财富管理联合会。

【金融界重大活动】 2014年，杭州市举办的重大金融活动有：创新中国2014年总决赛（第九届）、第八届中国有限合伙人峰会、第四届对冲基金峰会，第九届浙江省金融理财博览会等金融论坛、会议。依托创业创新企业上市（杭州）培育基地，举办拟上市公司董事长和秘书培训班、董事长培训班、医疗健康产业专题研讨会等大型培训活动，以及与全国非上市股份公司代办转让系统和浙江省股权交易中心合作，对拟挂牌企业进行多场专题培训。

【市政府与金融机构签署战略合作协议】 2014年，市政府与中国银行浙江省分行、中国长城资产管理公司等6个金融机构签署战略合作协议，与交通银行、浙商银行、平安集团、同心俱乐部等达成全面战略合作协议，市政府累计与18个金融机构签约合作。市金融办与上年签约的9个银行机构签署合作备忘录，跟踪推动已签约机构履约进程。至年末，13个签约银行机构向杭州市投放各类资金4239.79亿元。

【财富管理中心和互联网金融创新中心建设】 2014年，杭州市编制《杭州财富管理中心2014～2018年实施纲要》并获浙江省政府批复，出台《杭州财富管理中心建设2014年度行动计划》。市政府召开杭州财富管理中心建设动员大会，副省长朱从玖、市长张鸿铭等省市领导出席会议。年内，杭州市启动金融小镇建设，上城区玉皇山南基金小镇规划由省市相关部门及金融专家评审通过，建设工作步入实施阶段。余杭区完成梦想小镇规划方案制定。西湖区拟打造互联网金融小镇，桐庐县拟建设健康基金小镇，均已启动相关工作。市金融办与中国人民银行杭州中心支行合作开展互联网金融研究，完成《杭州互联网金融发展目标及路径研究》课题，重点在西溪谷、钱江新城、未来科技城等地建设互联网金融集聚区，其中西湖区编制完成《西溪谷互联网金融集聚区规划》。支持浙江网商银行筹建。"生意通""网易宝"和"商盟"3个机构支付业务许可证申请审查并上报，"支付宝"和"贝付"两个支付机构申请开展跨境电子商务外汇支付业务试点。

【支付环境优化】 2014年，杭州市增加小额外币兑换网点6个。至年末，全市累计小额外币兑换网点113个，占全省的20%以上；增加个人本外币兑换试点机构1个。全年增加创建"刷卡无障碍示范街区（景区）"10条，全市累计创建"刷卡无障碍示范街区（景区）"78条，其中国家级"刷卡无障碍示范街区（景区）"5条。西湖景区与中国银行浙江省分行合作推进"西湖银亭"项目，建成一站式旅游金融服务。延续对增加的银行卡特约商户补助政策。全年累计第三方支付机构12个。

【金融秩序维护】 2014年，杭州市出台《企业资金链防范与化解机制方案》，建立监测预警、协调化解和善后处置三大专项工作机制。建立企业应急转贷基金，会同银行机构帮助718个企业转贷61.71亿元，为企业节省成本8049万元。市级相关部门会同浙江银监局加强行业管理，引导金融机构加强管理。开展打击非法集资宣传月活动，组织以P2P名义进行非法集资专项整治。召开交易场所监督管理联席会议，建立交易场所的日常监督管理机制。参与上级主管部门牵头开展的部分交易场所现场检查，督促有问题的交易场所加强整改。杭州金融仲裁院全年受理金融争议案259件，比上年上升28.9%；标的额13.56亿元，上升97.7%，金融仲裁的影响力和品牌效应逐步增强。（市金融办）

·银行业·

【银行业概况】 至2014年末，杭州市有各类银行业金融机构75个，其中政策性银行3个、国有商业银行5个、股份制商业银行12个、邮储银行1个、金融资产管理公司4个、城市商业银行12个、农村合作金融机构9个、新型农村金融机构7个、外资银行11个、非银行金融机构9个及持牌专营机构1个。全市银行业金融机构总资产余额35326.47亿元，比上年增长10.3%。总负债余额34304.23亿元，增长10.5%。各项贷款余额21316.83亿元，增长10.2%。其中，小微企业贷款增加702.90亿元，增长14.2%。

2014年，杭州银行业金融机构深化"提升信用品质，服务实体经济"主题活动，加大"五水共治""两美杭州""智慧经济"等重大发展战略实施和重点建设项目的金融支持力度。通过提供表内外融资和发债融资服务等多种方式，调整优化信贷结构，促进产业结构调整和经济转型升级。注重金融服务均等化，突出对小微企业发展的金融支持。宣传普及金融知识，开展"普及金融知识万里行"活动。弘扬"枫桥经验"，推进银行业消费者权益保护工作。

【银行业改革深入推进】 2014年，杭州银行业改革深入推进，入围全国首批民营银行试点，浙江网商银行获批筹建。富阳恒通村镇银行开业，杭州辖内县域实现村镇银行全覆盖。萧山农村合作银行改制为农村商业银行，富阳农村商业银行获批筹建。杭州辖内法人银行机构业务治理改革推进，杭州银行等初步完成同业和理财业务治理改革。

【银行业服务创新】 2014年，杭州银行业金融创新顺利推进。中国工商银行浙江省分行营业部试点发行理财直接融资工具，支持企业缩短融资链条，降低融资成本。杭州银行和华融金融租赁公司获准开展资产证券化业务。浙商银行杭州分行推出电子商务金融综合服务平台，为商圈和供应链提供综合性金融服务。华夏银行杭州分行深化"年审制"还款方式创新，将小微企业贷款产品的期限由2年延长至3年。

【信贷风险管控】 2014年，杭州银行业金融机构强化信贷风险管控，遏制不良贷款快速上升势头，全年总体运行稳健。至年末，杭州银行业金融机构不良贷款率1.6%，与上年末持平。资本和拨备充足，抵御风险能力较强。拨备覆盖率174.8%，比上年上升13.3百分点；贷款拨备率2.7%，上升0.2百分点。杭州辖内中小法人银行业金融机构资本充足率12.7%，其中核心一级资本充足率10.4%。（徐佩锋）

【中国银行浙江省分行营业部】 2014年，中国银行浙江省分行营业部承接原杭州地区业务管理委员会职责，履行对杭州地区业务的全面管理职能，围绕"承担社会责任、做最好的银行"战略目标，遵循"压不良、强营销、夯基础"经营思路，推动杭州地区经济社会平稳健康发展。至年末，杭州地区本外币存款余额1104.35亿元，比上年增长68.27亿元；贷款余额1390.59亿元，增长197.02亿元。

密切市政联系，扶持重点项目。与杭州市政府建立全面战略合作协议，与市经信委达成中小企业转贷基金合作事宜，协同建德、桐庐多个郊县支行营销社保基金，洽谈新项目。新营业部成立后，加强杭州地区的项目拓展力度，与杭州百大置业有限公司、张小泉电子商务产业园区项目、浙江省机电集团有限公司、绿城物业服务集团有限公司、浙江新安化工集团股份有限公司、杭州市地铁置业有限公司等大中型项目达成合作意向，叙做野风物业有限公司"中银E社区"项目，支持实体

经济发展。

了解客户需求，完善金融服务。重点推动杭州地区投行类业务发展，提示辖内各机构密切关注企业投行业务需求，跟进企业动向，做好项目储备叙做。年内叙做中银集富理财对接项目6个，金额26.5亿元，解决企业需求，深化银企合作关系。根据杭州地区民营经济发达、中小企业活跃的区域经济特色，拓展一批行业前景好、发展潜力大的中小企业客户，加大扶植力度。至年末，新模式中小企业客户数942户，比上年增加167户；贷款余额53.86亿元，增加14.16亿元。

优化服务流程，推进网点转型。在建立核心机制方面，完善机构等级管理，建立各级营业部的支行化管理模式，加快推进城区网点直管模式；在队伍建设方面，持续优化营业网点人员数量与结构，强化人才选拔的基层实践导向，加强基层员工培训管理；在功能流程方面，加快公司业务与个人金融业务下沉，加快电子渠道建设，优化网点信贷审批流程，改进网点运营模式；在网点建设方面，整合低产网点，推进综合柜员制及智能化网点建设，加大科技与系统支持，增强基层网点的服务水平。（侯力辉）

【农业银行浙江省分行营业部】
2014年，农业银行浙江省分行营业部面对“三期叠加”、经济增速继续放缓、企业经营困难延续、利率市场化进程提速、互联网金融强势冲击、风险防控压力激增等外部压力与挑战，攻坚克难，抓重点、重转型、强基础、转作风，推进经营转型，严防各类风险，确保平安经营。制定2014~2016年发展战略与目标，确定“五大发展战略”和“十大重点工作”。负债业务上，注重抓日均、抓客户基础，存款稳定性增强。至年末，各项存款比上年增加130.99亿元，系统贡献度全省第一，日均核心存款增加70.73亿元。资产业务上，注重信贷结构调整，各项贷款增加83.98亿元。

农业银行浙江省分行营业部坚持从严从实，在全行深入开展群众路线教育实践活动，把活动沉到基层，开门搞活动，多层次多渠道广泛征求基层群众意见建议。营业部党委坚持立行立改、边整边改，制定整改“两方案一计划”，对征集到的意见逐条分解落实，明确整改责任和整改期限，让广大员工和客户看到活动带来的新变化。（祝　俊）

【工商银行浙江省分行营业部】
2014年，中国工商银行浙江省分行营业部本外币各项存款比上年增加276.77亿元，本外币各项贷款余额2036亿元。实现拨备前利润81.24亿元（不含萧山区，下同），实现净利润55.37亿元，实现中间业务收入41.15亿元。表外业务实现快速发展，呈现“两高于”的特点，即表外融资增量高于表内融资增量、新兴表外融资增量高于传统表外融资增量。收入结构明显优化，中间业务收入占营业净收入比重为33.4%，提高4.5百分点，中间业务、存款、贷款的收入贡献比为1:1:1，实现盈利格局均衡、多元化。可控风险暴露水平为0.03%，无重大责任事故和经济案件发生。

中国工商银行浙江省分行营业部着力优化客户金融资产结构，通过强化客户分层营销、加强裸贷客户治理和资金封闭管理、强化产品引存、落实日均环比增长目标等措施，增强存款增长的稳定性。合理把握信贷投向，拓展战略性新兴产业、先进制造业、现代服务业、文化产业等新兴市场领域，多渠道满足企业合理资金需求。加强专业联动、上下联动，推进全产品综合营销，扩大客户覆盖面和产品渗透率，促进中间业务增收。加强信用风险防控，对经营性物业贷款、造纸行业贷款、国内保理业务等风险隐患较大的重点领域进行专项检查，对民营企业还贷资金来源进行逐户监测，遏制风险暴露势头，突发风险事件减少25起，贷款劣变户数下降50%。加强客户投诉的精细化管理，提高网点现场投诉处理能力，防止投诉升级，全年有责客户投诉量下降45.5%，柜面客户满意度提高0.2个百分点。

加快物理网点建设和布局优化，全年完成网点建设项目54个，建成投产自助银行29个。加大互联网金融创新力度，依托“二维码”技术和工银e支付通道，推出手机O2O统一支付平台。通过推广零售金融业务签单服务、开发投产网点要客系统、实行ETC业务集中管理、开展常用法律法规巡讲、办理EDW灵活查询等多种形式，发挥中后台的服务保障作用。加强网点柜员综合化培训，开办7期培训，柜员参与人数616人。（周　佳）

【建设银行浙江省分行营业部】
2014年，建设银行浙江省分行营业部立足杭州地方经济特色和自身现状，优化结构，加快转型，提升资产质量，加强案件防控。整体经营良性运转，发展趋势积极向好。至年末，各项贷款余额1423亿元，其中对公和个人贷款余额分别为995亿元和428亿元，分别比上年增加32.6亿元和14.6亿元。

完善业务发展体系。以业务发展协调推进委员会为龙头，实现分层营销、协同作战。集中72大型集团客户，实行大客户部直营和牵头营

5月9日，市科委与建设银行浙江省分行营业部为帮助和扶持中小企业发展举行合作签约仪式
（周桃专 供稿）

2014 年杭州银行业金融机构情况

表 42

机构分类	单位名称
政策性银行	国家开发银行股份有限公司浙江省分行　中国进出口银行浙江省分行　中国农业发展银行浙江省分行
国有商业银行	中国工商银行股份有限公司浙江省分行 中国农业银行股份有限公司浙江省分行　中国银行股份有限公司浙江省分行　中国建设银行股份有限公司浙江省分行　交通银行股份有限公司浙江省分行
股份制商业银行	浙商银行股份有限公司　中信银行股份有限公司杭州分行　上海浦东发展银行股份有限公司杭州分行　华夏银行股份有限公司杭州分行　招商银行股份有限公司杭州分行　广发银行股份有限公司杭州分行 平安银行股份有限公司杭州分行　中国民生银行股份有限公司杭州分行　兴业银行股份有限公司杭州分行 中国光大银行股份有限公司杭州分行　恒丰银行股份有限公司杭州分行 渤海银行股份有限公司杭州分行
邮储银行	中国邮政储蓄银行有限责任公司浙江省分行
金融资产管理公司	中国华融资产管理股份有限公司浙江省分公司　中国长城资产管理公司杭州办事处　中国东方资产管理公司杭州办事处　中国信达资产管理股份有限公司浙江省分公司
城市商业银行	杭州银行股份有限公司　上海银行股份有限公司杭州分行　宁波银行股份有限公司杭州分行　北京银行股份有限公司杭州分行　南京银行股份有限公司杭州分行　江苏银行股份有限公司杭州分行　浙江泰隆商业银行股份有限公司杭州分行　浙江稠州商业银行股份有限公司杭州分行 浙江民泰商业银行股份有限公司杭州分行　温州银行股份有限公司杭州分行　台州银行股份有限公司杭州分行 金华银行股份有限公司杭州分行
农村合作金融机构	浙江省农村信用社联合社　杭州联合农村商业银行股份有限公司　浙江萧山农村商业银行股份有限公司　浙江杭州余杭农村商业银行股份有限公司 浙江富阳农村合作银行　浙江桐庐农村合作银行　建德市农村信用合作联社　淳安县农村信用合作联社　临安市农村信用合作联社
新型农村金融机构	浙江建德湖商村镇银行股份有限公司　浙江桐庐恒丰村镇银行股份有限公司　浙江临安中信村镇银行股份有限公司　浙江淳安建信村镇银行股份有限公司　浙江余杭德商村镇银行股份有限公司　浙江萧山湖商村镇银行股份有限公司　浙江富阳恒通村镇银行股份有限公司 建德市大同镇桑盈农村资金互助社
外资银行	三井住友银行（中国）有限公司杭州分行 东亚银行（中国）有限公司杭州分行　汇丰银行（中国）有限公司杭州分行　花旗银行（中国）有限公司杭州分行　恒生银行（中国）有限公司杭州分行　渣打银行（中国）有限公司杭州分行　南洋商业银行（中国）有限公司杭州分行　星展银行（中国）有限公司杭州分行　法国兴业银行（中国）有限公司杭州分行　大华银行（中国）有限公司杭州分行　澳新银行（中国）有限公司杭州分行
信托公司	中投信托有限责任公司　杭州工商信托股份有限公司　浙商金汇信托股份有限公司　万向信托股份有限公司
财务公司	万向财务有限公司　浙江省能源集团财务有限责任公司　浙江省交通投资集团财务有限公司 中国电力财务有限公司浙江分公司
金融租赁公司	华融金融租赁股份有限公司
专营机构	交通银行股份有限公司太平洋信用卡中心杭州分中心
财务公司	万向财务有限公司　浙江省能源集团财务有限责任公司　浙江省交通投资集团财务有限公司 中国电力财务有限公司浙江分公司
金融租赁公司	华融金融租赁股份有限公司
专营机构	交通银行股份有限公司太平洋信用卡中心杭州分中心

销。辖内国际业务、投行业务实现分散营销、集中经营，双边计账。小企业经营中心实现专注专营，私人银行中心完善“本部+专营机构”的经营模式。完善风险案件防范体系。以风险内控委员会为龙头，强化辖内风险管理集中管理，实施统一风险偏好。实行以放款中心、小企业经营中心、个贷中心为载体，集中管理；以检查辅导团队、业务检查中心、各部门条线为主体，集中检查辅导。完善内部管理体系。建立层层分解的目标考核体系。执行“上不封顶、下不保底”政策，以业绩为导向，奖勤罚懒。完善人力资源管理机制。完善人才培养体系、岗位体系、薪酬管理体系等，建设一流队伍。完善上下、内外沟通联络协调机制。开展与监管部门、各级政府等外部机构的走访对接工作，创新沟通、发起机制，进一步完善二级支行“直通车”机制。优化行业结构。道路运输、公共设施管理、商务服务业、电力、燃气等行业信贷余额增加85.32亿元，新农村、城镇化建设贷款增加33.44亿元。压缩“两高一剩”、潜在风险突出等行业的信贷余额，房地产行业余额下降31.39亿元，批发、纺织、造纸、金属制品、化学纤维制造等行业信贷退出110.65亿元。结合市场发展，设计创新能源管理融资产品、“一对多”分离式保函、鑫融通产品，推广“T+3”、“汇存盈”、定活通、结构性存款等产品；依托“聚财宝+财富卡体验+非金融服务”“聚财宝+银证合”等组合套餐，营销人大资金客户。加强转型创新，推进业务发展，对接市工商局，利用“工商验资通”平台实行批量营销。与省发改委合作，开发网上“招投标银保通”，解决政府采购、项目招标中的串标、暗箱操作等问题，受到省政府和国家发改委的好评。加强政府合作，搭平台，与市经信委建立中小企业转贷基金，与主城区以外的7个区（县、市）搭建助保贷平台4个。与法院、学校、医院联手做好案件资金归集、执行资金归集、“智慧医疗”、校园“一卡通”等资金归集系统开发。

在与阿里巴巴集团合作的基础上，省物联网协会、杭州市民卡公司、市政府政务网等加强互联网金融合作。在第三方支付领域，营业部

与8个第三方支付机构开展合作，合作业务包括备付金存管、网络支付、商户清算、代收代付等。电子商户、互联网企业在交通银行开户合作市场面90%以上。推进“杭州市政府百亿项目”，服务紫之隧道、市交通投资集团有限公司、市运河综合保护开发建设集团有限责任公司、市钱江新城建设开发有限公司等客户和项目。在做好存量优质客户的营销维护的基础上，拓展省市重点工程项目，与市钱江新城投资集团有限公司签订全面战略合作协议。营销千岛湖引水工程、平安不动产杭州项目公司、龙湖上下游客户、市金融投资有限公司。定期开展“建行服务进社区”活动，制定出6类重点社区、3类重点群体营销模式和方案。推进社区联名卡、自助终端、社区微服务等社区营销产品与服务。优化网点布局，网点新设和迁址要求严格对应社区、乡镇，统一规划，制定“网点建设三年规划”并组织实施。加强公私联动，全辖区161个网点全面开展对公业务。提升综合服务水平，全辖区有2个网点被评为中国银行业文明规范服务五星级营业网点，1个网点被评为2014年度中国银行业文明规范服务千佳示范单位。（周桃专）

【交通银行浙江省分行】 2014年，交通银行浙江省分行以客户为中心，以改革为推手，推动传统银行、表外银行和网络银行三大建设。至年末，杭州地区机构人民币各项存款余额775亿元，各项贷款余额677亿元。纳税（主要为所得税、调税、营业税）6.75亿元。

交通银行浙江省分行支持重大项目建设，加大信贷力度，促进杭州经济转型升级。推动交通银行总行与杭州市政府签署全面战略合作协议，利用表内外各类渠道为杭州财富管理中心提供1000亿元融资，重点支持千岛湖配水工程等5个项目；与杭州大江东产业集聚区管委会签署政银战略合作协议，探索政府和社会资本合作（PPP）模式。为各级政府部门提供更优质的金融服务，年内增加24项政府类业务资格，居总行系统第一。深化与重点客户的合作，与浙江省出入境检验检疫局、中国电信浙江公司、浙江网盛科技股份有限公司等单位签署战略合作协议，为城东新城建设、杭州天然气工程、杭州市金融城、大江东工业区等重点建设项目提供信贷服务。联手交银金融租赁有限责任公司为浙江城市发展集团股份有限公司办理2亿元融资租赁业务，帮助公司盘活存量固定资产；支持市区河道整治建设中心对市区河道综合整治与保护开发及配套工程建设。表外资产总规模约292亿元。其中，为省能源集团等企业发行中期票据、短期融资券及非公开定向债务融资工具，参与承销超短期融资券项目，为省交投发行15亿元超短期融资券。发展权益类投行项目，完成杭州金融投资集团、杭州金融投资集团建设9亿元债券过桥项目和6.5亿元增资过桥项目。表外托管规模超过546亿元，比上年增加279亿元。推进小微金融专业化经营。推出产业链模式下小企业线上融资产品“e贷链”，加快盘活小企业应收款。

调整业务结构，推动三大银行建设。传统银行业务转型。存款组织方式更加注重倡导流量增长、低成本核心负债增长。至年末，人民币各项存款775亿元，增加19亿元。信贷结构调整优化，人民币各项贷款余额677亿元，增长30亿元。实现中间业务净收入4.7亿元。表外银行建设成效显著。表外负债稳步增长，“生息365”和“天添利A”等表外产品日均增量在银行系统内排名第一。表外资产快速扩大。网络银行建设深入。交通银行总行与阿里巴巴集团高层会晤，深化与支付宝等第三方支付公司合作。确立基于微信、短信、网银的全渠道电银经营模式。搭建微信版商户银行，以线上体验带动线下收单业务增长。

维护区域经济健康发展和金融稳定秩序，应对经济下行所带来的风险。开展与企业面对面活动，梳理全融资全流程管理办法，防范非信贷融资风险。对年内增加的违约客户进行资产线索的排查，建“一户一表”，与企业共同商讨化解方案。加大对房地产行业、民间融资、担保链风险、银行承兑汇票业务等重点领域风险排查的力度。推进重大项目清收。实施专业化清收模式，引入省级资产管理公司共同处置不良贷款。通过催收、加固担保、重组等手段加快不良清收。健全矩阵式网格化案件防控和内控体系，强化合规经营。对所有网点、部门，围绕人财物开展矩阵式网格化内控责任及“三防一保”案件防控体系建设。实施营运机构、营运主管、营运人员三级考核，提升履职意识和风险防控能力。（韩佳敏）

【杭州银行】 至2014年末，杭州银行股份有限公司（简称杭州银行）资产总额4180.14亿元，比上年增长23%；本外币存款余额2790.99亿元，增长12%；本外币贷款余额1961.58亿元，增长13%；不良贷款率1.19%，上升0.01百分点；实现净利润35.01亿元，下降7.3%。年内，杭州银行获得由《银行家》杂志颁发的“最佳科技金融服务城市商业银行”等多项荣誉。

【杭州联合银行】 至2014年末，杭州联合农村商业银行（简称杭州联合银行）资产总额1079.35亿元，比上年增长6.4%；存款余额871.93亿元，增长6.3%；贷款余额627.28亿元，增长8.9%；不良贷款率1.9%，下降0.47百分点；实现净利润15.76亿元，增长13%。年内，在英国《银行家》杂志全球1000强排名中列第488位。包括杭州联合银行在内的8个农村信用机构资产总额3369.26亿元，增长10.2%；存款余额2826.73亿元，增长9.8%；贷款余额1960.81亿元，增长10.0%；不良贷款率1.80%，上升0.12百分点；实现净利润44.03亿元，增长8.4%，下降0.2百分点。

【杭州工商信托公司】 至2014年末，杭州工商信托股份有限公司（简称杭州工商信托公司）净资产16.77亿元，比上年增长38.7%；信托资产规模284.07亿元，增长25.5%；实现业务收入和净利润分别为9.3亿元和4.46亿元，分别增长35.6%和37.6%；资本利润率32.2%。

（市金融办）

·证券 期货·

【证券期货概况】 2014年，随着“新国九条”的发布，以及IPO重启、优先股试点、“沪港通”开启、

2014 年杭州市企业上市情况（境内）

表 43

序号	指标名称	单位	2013 年年末数	2014 年新增数	2014 年年末数
1	上市公司（境内）	个	78	2	80
2	主板	个	32	0	32
3	中小板	个	29	1	30
4	创业板	个	17	1	18
5	募集资金	亿元	804.14	292.83	1 096.97
6	首发募资	亿元	455.10	21.78	476.88
7	主板	亿元	75.18	16.31	91.49
8	创业板	亿元	128.46	2.36	130.82
9	再融资	亿元	349.04	271.06	620.09
10	已报会企业	个	23	—	31
11	辅导期企业	个	46	—	38

2014 年杭州市证券期货经营机构情况

表 44

序号	指标名称	单位	2013 年年末数	2014 年新增数
1	证券公司	个	4	1
2	证券营业部	个	145	16
3	证券投资咨询机构	个	3	-1
4	基金公司	个	1	0
5	已登记私募基金管理人	个	0	157
6	已备案私募基金	支	0	370
7	证券从业人员	人	4 205	-141
8	期货公司数	个	10	0
9	期货营业部数	个	40	7

2014 年杭州市证券期货交易情况

表 45

序号	指标名称	单位	2013 年年末数	2014 年年末数
1	证券经营机构代理交易金额	亿元	55 131.47	80 810.68
2	A、B 股交易额	亿元	—	57 628.66
3	基金交易额	亿元	—	1 756.65
4	权证交易额	亿元	—	0.03
5	证券经营机构代理交易手续费收入	亿元	22.75	34.41
6	证券经营机构利润总额	亿元	10.48	16.68
7	证券经营机构托管市值	亿元	3 844.43	6 710.11
8	证券经营机构客户保证金余额	亿元	156.46	351.46
9	证券投资者开户数	万户	226.6	244.79
10	期货经营机构代理交易金额	亿元	389 180.76	412 387.20
11	期货经营机构代理交易手续费收入	亿元	12.15	9.81
12	期货经营机构利润总额	亿元	6.64	7.92
13	期货经营机构客户保证金余额	亿元	181.05	264.56
14	期货投资者开户数	万户	15.6	17.29

原油期货推出、“新三板”扩容等一系列政策实施，杭州企业上市、再融资进一步活跃，证券期货经营机构创新发展，投资者参与热情高涨，呈现出良好的发展态势。

至年末，杭州有上市公司109个，其中境内上市公司80个、境外上市公司29个。证券公司5个，证券分公司18个，证券营业部161个，证券投资咨询机构2个。基金公司1个，基金分公司5个，已登记私募基金管理人157个。期货公司10个，期货营业部47个。各类机构数量均位居全省第一。年内，杭州证券经营机构累计代理交易额8.08万亿元，比上年增长46.6%，占全省证券经营机构累计代理交易额的38.9%。期货经营机构累计代理交易额41.24万亿元，增长6%，占全省期货经营机构累计代理交易额的67.4%。

2014年，杭州金融行业进入“以人为本”时代，银行业、保险业、互联网业和证券期货业相互争抢人才，杭州证券期货业人才流失的趋势突显。证券期货业新业务越来越多，需要大量的金融工程人才、互联网人才、衍生品人才、合规和风控人才。如果人才储备不足，就会出现拿了牌照无法开展业务的尴尬情况。领军人物和关键人才的严重缺乏，成为阻碍杭州证券期货业创新发展的关键问题。

【资本市场规模全省第一】 2014年，杭州的经济发展水平处于全省各地市的首位。与实体经济的发展相适应，杭州资本市场规模保持全省第一。至年末，杭州有境内上市公司80个，其中主板32个、中小板30个、创业板18个。25个企业在“新三板”挂牌，354个企业在浙江股权交易中心挂牌交易。杭州有辅导期企业38个，已报会企业31个。年内，有3个企业完成境内首次发行上市，募集资金21.78亿元。20个上市公司实施再融资，募集资金271.05亿元。其中：17个上市公司进行增发融资，募集资金164.05亿元；1个上市公司发行可转债，募集资金100亿元；2个上市公司发行公司债，募集资金7亿元。11个上市公司实施13起重大资产重组，其中完成8起，完成交易总价值113.43亿元。中小企业私募债和市政债试点持续推进。杭州覆盖多方面经济社会需求的多层次资本市场体系基本形成，不同类型、不同成长阶段的企业可以进入不同市场，利用不同工具实现融资需求。

【证券期货市场稳步推进】 2014年，“浙商证券”“南华期货”等上市工作稳步推进。“财通证券”增资扩股38.74亿元，净资本85.66亿元，行业排名由全国第49位上升至第21位。“信达期货”“宝城期货”“国海良时期货”3个期货公司进行增资扩股，实收资本增加6.8亿元。“浙商证券”“财通证券”取得场外期权、互联网证券、私募基金托管等6项创新业务资格。期货公司除“盛达期货”外，其余均取得资产管理、投资咨询业务资格。“永安期货”和“南华期货”成为全国首批获得期权经纪业务资格的10个期货公司之一。“金通证券”取得证券业务经营许可证和营业执照，“中信证券（浙

江）”实施分立。浙商证券资产管理公司取得公募基金管理牌照，完成资产管理全业务链布局。“财通证券”设立资产管理子公司，其香港子公司增资扩股。“永安期货”与“财通基金”合作推出期货资产管理产品，累计规模近30亿元。“南华期货”推进国际化布局，取得美国、欧洲、新加坡等全球主流交易所的会员资格，构建较为齐备的境外证券期货金融综合经营体系。

【资本实力提升】 随着资本实力的不断提升、组织架构的逐步完善和创新业务的快速发展，杭州证券期货公司的业务布局和收入结构更趋合理。至2014年末，杭州5个证券公司实现营业收入66.67亿元，利润总额31.28亿元，分别比上年增长50.1%和98.1%。其中，经纪业务收入占比由68%下降为53%；资产管理业务收入4.76亿元，为上年的2.39倍。10个期货公司实现营业收入25.05亿元，利润总额7.75亿元，受托管理资产41.04亿元，为上年的11.73倍，占全国的30%。

年内，随着玉皇山南“对冲基金小镇”、余杭“梦想小镇”、市创业投资服务中心等私募机构集聚区的建成，杭州私募机构呈爆发式增长。至年末，杭州完成登记的私募基金管理人157个、备案基金370只、管理规模362.41亿元，分别占全省（不含宁波）总数的77.7%、86.7%和85.1%。

【投资者保护机制完善】 2014年，杭州证券期货行业合规风险控制能力和诚信经营水平不断提升，上市公司规范运作基础进一步夯实，对投资者合法权益的保护得到有效提升，市场发展环境不断优化。证监会“12386”热线和浙江证监局投资者联络站投入运行，浙江辖区证券、期货、上市公司信息公示平台全面上线，辖区上市公司发起并履行保护中小投资者合法权益倡议，证券经营机构调解联络员机制、与法院诉调对接机制、法律专家参与调解机制、无偿法律援助机制等多元化投资者纠纷解决机制建立，投资者保护机制和体系建设日趋完善。通过对内幕交易、非法证券期货等违法违规活动的打击，维护市场的良好秩序。至年末，杭州有证券投资者244.8万户，比上年增加18.2万户；期货投资者17.3万户，增加1.7万户。

【多层次资本市场发展】 2014年，结合浙江省“转企、小升规、规改股、股上市”工作，杭州市推进企业股权分置改革、上市，引导企业到“新三板”、浙江股权交易中心挂牌，推动优质企业进入多层次资本市场。通过简化上市公司再融资监管流程、鼓励和引导上市公司开展并购重组、推进中小企业私募债试点等工作，推动企业利用资本市场发展壮大。会同浙江省金融办等部门成立联合检查组，组织辖区68个交易场所进行自查，对其中12个开展现场检查，督促整改落实，推动地方交易场所清理整顿。通过走访调研、参与论证、协调推进等方式，推动金融改革试点。（浙江证监局）

·保险业·

【保险业概况】 2014年，杭州市保险机构增加省级分公司2个、中心支公司3个、支公司7个及营业部1个。至年末，杭州市有保险公司各类分支机构633个，其中总公司3个、省级分公司76个（产险公司35个、寿险公司41个）、中心支公司25个、支公司184个、营业部57个及营销服务部287个。保险公司资产总额666.69亿元，比上年增长13.2%，资产规模占全省资产总额的26%。其中：产险公司资产总额69.81亿元，增长16.5%，资产规模占全市保险公司资产总额的10.5%；寿险公司资产总额596.88亿元，增长12.9%，资产规模占全市保险公司资产总额的89.5%。

杭州市全年原保险保费收入320.41亿元，占全省市场份额的25.5%，增长14.8%。保险深度3.5%，上升0.13百分点，高于全省平均水平0.35百分点；保险密度3613元，增加448元，高出全省平均水平1327元。其中：产险公司原保险保费收入144.80亿元，占全省市场份额的24.1%，增长11.5%，增速低于全省平均水平2.91百分点；寿险公司原保险保费收入175.62亿元，占全省市场份额的26.8%，增长17.6%，增速高于全省水平5.2百分点。全年保险业赔付支出119.03亿元，占全省赔付总额的25.1%，增长16.3%，增速高于全省平均水平11.02百分点。其中：产险公司赔付支出84.64亿元，占赔付总额的71.1%，占全省产险公司赔付总额的23.7%，增长7.2%，高于全省增速6.65百分点；寿险公司赔付支出34.4亿元，占赔付总额的28.9%，占全省寿险公司赔付总额的33.4%，增长46.6%，高于全省增速24.25百分点。

【保险中介发展】 杭州市保险中介快速发展，基本形成个人营销、兼业代理和专业中介共同繁荣的保险中介服务体系。至2014年末，杭州市有保险专业中介法人机构89个，其中代理公司68个、经纪公司14个及公估公司7个。

10月22日，中国保监会主席项俊波（前排左三）和浙江省副省长朱从玖（前排左二）在富阳调研大病保险经办管理情况　（浙江保监局 供稿）

2014年杭州地区各保险机构经营情况

表46

公司名称	保费收入		赔付支出	
	发生值(万元)	比上年(%)	发生值(万元)	比上年(%)
中国人民财产保险股份有限公司杭州市分公司	458 858.29	12.33	267 428.51	3.73
中国人寿保险股份有限公司杭州市分公司	309 911.51	-4.89	80 262.11	7.51
中国大地财产保险股份有限公司杭州市中心支公司	34 668.03	-0.12	21 684.80	-6.94
出口信用保险股份有限公司杭州市中心支公司(虚拟)	107 802.73	4.58	70 192.59	33.34
中华联合财产保险股份有限公司杭州市中心支公司(虚拟)	41 350.78	4.34	25 749.39	-13.02
中国太平洋财产保险股份有限公司杭州市中心支公司	149 340.51	21.98	97 014.51	23.48
中国太平洋人寿保险股份有限公司杭州市中心支公司	129 230.29	11.86	16 138.98	58.71
中国平安财产保险股份有限公司杭州市中心支公司(虚拟)	231 475.02	13.43	112 879.12	8.59
中国平安人寿保险股份有限公司杭州市中心支公司(虚拟)	259 686.46	14.25	46 123.47	7.82
新华人寿保险股份有限公司杭州市中心支公司	120 815.22	-4.73	35 089.85	201.97
泰康人寿保险股份有限公司杭州市中心支公司(虚拟)	48 523.42	10.10	23 729.71	308.18
华泰财产保险股份有限公司杭州市中心支公司	4 146.01	115.32	1 449.72	633.35
天安保险股份有限公司杭州市中心支公司	27 266.46	8.64	17 183.69	8.99
华安财产保险股份有限公司杭州市中心支公司(虚拟)	5 333.05	11.00	3 226.90	-10.20
永安财产保险股份有限公司杭州市中心支公司(虚拟)	8 337.56	-40.48	8 011.62	-32.03
太平财产保险有限公司杭州市中心支公司(虚拟)	22 126.54	22.79	15 070.33	-1.92
太平人寿保险有限公司杭州市中心支公司(虚拟)	73 685.29	43.10	5 402.75	92.13
中宏人寿保险有限公司杭州市中心支公司(虚拟)	13 834.15	19.19	840.89	115.71
中德安联人寿保险有限公司杭州市中心支公司(虚拟)	9 765.88	31.71	607.54	-69.40
工银安盛人寿保险有限公司杭州市中心支公司(虚拟)	44 469.99	56.46	863.09	14.28
信诚人寿保险有限公司杭州市中心支公司(虚拟)	9 233.83	38.44	657.63	-31.81
光大永明人寿保险有限公司杭州市中心支公司(虚拟)	4 325.41	4.63	558.09	49.57
民安财产保险有限公司杭州市中心支公司	6 423.02	-19.90	4 413.99	78.58
美亚财产保险有限公司浙江省分公司杭州市中心支公司(虚拟)	1 960.33	380.91	404.38	12 167.40
中银保险有限公司杭州市中心支公司(虚拟)	7 851.88	11.75	3 344.47	28.41
海康人寿保险有限公司杭州市中心支公司(虚拟)	3 204.01	3.98	302.44	-2.55
民生人寿保险股份有限公司杭州市中心支公司(虚拟)	8 198.68	21.53	570.83	-22.07
招商信诺人寿保险有限公司杭州市中心支公司(虚拟)	33 652.45	19.30	1 930.35	4.61
长生人寿保险有限公司杭州市中心支公司(虚拟)	4 512.92	25.36	543.78	-4.10
瑞泰人寿保险有限公司杭州市中心支公司(虚拟)	1 408.79	8.40	74.96	-59.56
利宝互助人寿保险有限公司杭州市中心支公司(虚拟)	14 433.07	-11.06	11 164.26	-1.90
生命人寿保险股份有限公司杭州市中心支公司(虚拟)	20 786.04	2.93	2 023.99	-8.57
安信农业保险股份有限公司杭州市中心支公司(虚拟)	7234.27	-16.12	5 119.34	-29.33
国寿存续保险股份有限公司杭州分公司	27 472.04	-0.94	16 772.66	-30.65
永诚财产保险股份有限公司杭州市中心支公司	10 713.90	-3.52	7 006.25	-7.45
安邦财产保险股份有限公司杭州市中心支公司(虚拟)	17 971.02	32.47	9 263.98	-2.21
信达财产保险股份有限公司浙江省分公司杭州市中心支公司(虚拟)	15 900.26	10.86	9 776.73	-17.86
平安养老保险股份有限公司杭州市中心支公司(虚拟)	14 275.85	10.65	8 712.44	3.57
合众人寿保险股份有限公司杭州市中心支公司(虚拟)	3 394.77	5.90	1 907.50	150.62
华泰人寿保险股份有限公司杭州市中心支公司(虚拟)	9 410.02	4.16	3 110.19	326.02
国泰人寿保险有限责任公司杭州市中心支公司(虚拟)	3 194.95	-17.33	583.59	-7.35
安盛天平保险股份有限公司杭州市中心支公司(虚拟)	19 651.39	26.78	12 067.34	0.96
太平养老保险股份有限公司杭州市中心支公司(虚拟)	6 449.89	50.42	169.92	0.09
中美联泰保险股份有限公司杭州市中心支公司(虚拟)	22 651.94	35.91	575.55	5.10
平安健康保险股份有限公司杭州市中心支公司(虚拟)	895.80	70.15	260.79	54.95
人保健康保险股份有限公司杭州市中心支公司(虚拟)	38 223.84	35.78	34 746.20	56.54
华夏人寿保险股份有限公司杭州市中心支公司(虚拟)	2 726.67	144.44	136.34	156.09
正德保险股份有限公司杭州市中心支公司(虚拟)	43 345.64	433665.86	111.44	772.47
信泰人寿保险股份有限公司杭州市中心支公司(虚拟)	10 274.27	-17.93	2 011.89	103.43
农银人寿保险股份有限公司杭州市中心支公司(虚拟)	13 754.99	31.27	4 098.16	-16.65
阳光财产保险股份有限公司杭州市中心支公司(虚拟)	64 023.83	17.73	34 980.03	4.15
都邦保险股份有限公司杭州市中心支公司 (虚拟)	7 840.05	-28.42	5 630.47	-14.31
昆仑健康保险股份有限公司杭州市中心支公司(虚拟)	554.87	-92.81	88.66	-46.31
渤海保险股份有限公司杭州市中心支公司(虚拟)	2 341.54	25.18	1 173.81	-14.98
和谐健康保险股份有限公司杭州市中心支公司(虚拟)	126.18	964.34	6.53	—
中国人寿保险股份有限公司杭州市中心支公司(虚拟)	91 533.77	32.26	29 137.27	410.65
华农保险股份有限公司杭州市中心支公司(虚拟)	2 104.51	-13.85	2 263.94	-19.81

续表 46

公司名称	保费收入		赔付支出	
	发生值（万元）	比上年（%）	发生值（万元）	比上年（%）
国华人寿保险股份有限公司杭州市中心支公司（虚拟）	4 190.26	124.35	878.20	105.26
国寿财产保险股份有限公司杭州市中心支公司	41 115.68	12.92	19 811.82	-1.98
安诚财产保险股份有限公司杭州市中心支公司（虚拟）	15 579.91	38.17	7 543.10	14.50
长安责任保险股份有限公司杭州市中心支公司	12 859.58	-16.06	9 679.51	5.77
爱和谊保险股份有限公司杭州市中心支公司（虚拟）	1 509.81	18.33	1 053.75	163.96
英大人寿保险股份有限公司杭州市中心支公司（虚拟）	4 904.71	3.43	6 752.54	577.84
泰康养老保险股份有限公司杭州市中心支公司（虚拟）	271.96	563.32	1.08	—
幸福人寿保险股份有限公司杭州市中心支公司（虚拟）	14 285.59	32.61	2 509.05	1 789.36
阳光人寿保险股份有限公司杭州市中心支公司（虚拟）	56 969.79	32.14	14 548.75	208.45
国泰财产保险股份有限公司杭州市中心支公司（虚拟）	4 321.12	-38.72	3 905.45	59.35
英大财产保险股份有限公司杭州市中心支公司	20 440.75	-21.68	10 242.82	-8.46
君龙人寿保险股份有限公司杭州市中心支公司（虚拟）	1 860.27	-37.76	158.10	65.67
浙商财产保险股份有限公司杭州市中心支公司	30 948.82	-1.36	17 719.29	-5.26
紫金财产保险股份有限公司杭州市中心支公司	4 117.38	-50.90	4 443.46	-24.60
中邮人寿保险股份有限公司杭州市中心支公司（虚拟）	243 068.74	21.32	777.12	76.16
安邦人寿保险股份有限公司杭州市中心支公司（虚拟）	37 022.15	2712.40	8.44	505.50
泰山财产保险股份有限公司杭州市中心支公司（虚拟）	7 562.12	-24.44	5 655.35	45.70
中韩人寿保险股份有限公司杭州市中心支公司（虚拟）	9 856.72	17.97	168.62	3 080.02
众安财产保险股份有限公司杭州市中心支公司（虚拟）	20 266.57	5 358.46	11 884.41	14 673.49

注：虚拟指没有在杭州地区设分公司或中心支公司，但业务收支发生在杭州地区的机构

【保险业专题报告】 10月14日，中共浙江省委主办的“浙江论坛”报告会在杭州举办。省委副书记、省长李强等省委理论学习中心组成员出席报告会。中国保监会主席项俊波出席并做“保险业的改革与发展”专题报告。副省长朱从玖主持报告会。项俊波从世界保险业的发展历史、中国保险业的改革发展情况、保险业在国家治理体系中的定位和作用、学习贯彻国务院关于加快发展现代保险服务业的若干意见、保险业服务浙江经济社会发展等五方面，对保险事业做了全面深入系统的讲解。

【保险教育进学校】 6月，浙江保监局联合省教育厅在杭州市萧山区青少年素质教育实践基地以“保险与风险管理”为主题，开展保险教育进学校活动。浙江保险业开发“五一”教学课件（一片展板，一组动漫，一本电子书，一部微电影，一堂风险管理课），综合运用展厅参观、电影动画、触摸游戏、现场互动等方式，用学生的语言讲述生活中会有哪些风险、保险能帮助我们做些什么等话题，让中小学生在参与体验中学习保险知识，引导他们潜移默化地认同保险、接受保险。

【保险公众宣传日暨客户服务节】 7月8日是全国保险公众宣传日。2014年宣传日的主题是“爱无疆，责任在行”。浙江保监局和浙江省保险行业协会把活动形成“3+3”系列，即保险公众宣传日包括组织一场讨论、进行一天体验、上线一系统；客户服务节活动包括开展一项公益活动、提供一次防灾服务、举办一组客户联谊。联合媒体组织保险公司看望100名生活困难的保险客户家庭的孩子，帮助他们完成“微心愿”（如在世界杯期间赠送足球等）。联合“浙江在线”开通“保险与民生——各地市长谈保险”的主题活动专题页面，邀请浙江各地级市分管保险工作的市长，介绍保险业在服务社会民生、支持经济发展方面所取得的成效。邀请行风监督员和媒体代表走进“12378”保险投诉热线、信访投诉接待工作室，了解并体验监管部门在维护保险消费者权益方面的工作。联合电台邀请社会公众参与体验寿险公司的客户回访工作和产险公司的车险快速定损中心服务。开通浙江保险业电话销售禁拨平台，保险消费者可以自主登录平台发起申请。各保险公司开展观影、自驾、摄影、亲子、健康讲座等多种形式的客户联谊活动，邀请客户人数超过5000名。

【太平洋寿险成立社保服务中心】 2014年，浙江保监局指导中国太平洋人寿保险股份有限公司成立富阳市社保服务中心，有针对性地开发“医保定点药店监控分析系统”“调查管理系统”和“医疗费用合理化审核系统”，服务富阳市大病保险工作。

【保险行业人民调解】 2014年，浙江保监局指导成立余杭区保险行业人民调解委员会，服务余杭区交通事故调解处理中心建设。该中心实行“交通事故认定、人民调解、价格评估、伤残评定、法律援助、保险理赔、民事诉讼”一体化处理的模式，建立以人民调解为基础，基层组织调解、保险行业调解、行政调解和司法调解相互衔接、补充的“五大联调”机制，惠及群众超过3万人次。

（浙江保监局）

【人保财险杭州市分公司】 2014年，中国人民财产保险股份有限公司杭州市分公司（简称人保财险杭州市分公司）实现保费收入46.41亿元，比上年增长12.5%，占市场份额35.3%，上升0.53个百分点。其中车险市场份额35.9%，回升0.1个百分点。非车险市场份额全面回升，商业车险续保率80%，居全国同行业第一。

年内，人保财险杭州市分公司调整车险分部的组织架构，理顺车险理赔各环节的操作流程，缩短理赔周期、提高理赔效率。修订完

善基层服务品质提升项目计划，统一规范服务窗口形象展示。推行窗口、理赔服务现场贴心服务，拓展年检合作服务商，设立人保客户休息室。依托客户响应平台，为各类客户提供包括免费办理中石化优惠加油卡、代办年检、拖车、理赔速递、车辆搭电/换胎/保养、免费送油等服务，其中代办年检项目客户满意度保持在95%以上。开展“满意在人保”和“全员服务365”活动，提升员工的服务意识和服务能力。紧贴客户需求，依靠理念、流程、管理的创新和信息技术支持，探索实践客户经理制，推动公司销售模式转型和快速发展，提升客户维系能力。客户经理制建设得到总公司的肯定，被总公司纳入2015年客户服务创新项目。建立投诉处理联席会议制度，落实客户投诉责任追究机制，加强疑难案件的处理时效，减少越级投诉量，推动重大疑难投诉案件的协商处理工作。全年亿元保费有效投诉量0.8件，有效投诉责任追究处罚合格率100%。（徐方辉）

【中国人寿杭州市分公司】 2014年，中国人寿保险股份有限公司杭州市分公司（简称中国人寿杭州市分公司）面对新形势、新任务，坚持“稳中求进、转型发展、提高效益、防范风险”的经营思路，业务快速健康发展，全年实现业务保费收入33.8亿元，占杭州市场份额21.2%。加快转型升级，调整优化业务结构，完成首年期交保费4.9亿元，比上年增长10.0%；10年期及以上期交保费2.5亿元，增长13.0%；短期险保费2.8亿元，增长18.0%。

年内，中国人寿杭州市分公司为全市约300万人提供各类保险保障，处理各类赔案6万余件，支付赔款和各类给付8.5亿元。支持部分中小企业转型升级，解决部分中小企业主的资金周转困难，利用保单借款功能，满足客户的资金周转需求。结合公司业务发展，加大增员力度，创造就业机会。公司有业务人员4600人，40岁以上二次就业人员的占比超过50%。利用政府加快职能转变、政府购买服务增多的机遇，发挥在网络、管理、精算、品牌、服务等方面的优势，拓宽业务领域，为地方党政部门提供服务，提高行政管理效率。开展城乡居民补充医疗保险项目、大病保险工作项目、与浙江省献血中心合作的献血保险项目、女性安康保险项目、残疾人保险项目、计生保险项目、补充工伤保险项目、地质灾害保险项目、大学生村干部保险以及针对森林防火、防汛抗旱、动物防疫的“三防人员意外险项目”等。

全年在杭州市的直接类投资、固定收益类投资、权益类投资、工程项目类投资超过200亿元。

（吕夏冰）

【太平洋寿险杭州中心支公司】 2014年，中国太平洋人寿保险股份有限公司杭州中心支公司（简称太平洋寿险杭州中心支公司）完善客户服务体系，推进基础服务标准化、增值服务差异化，客户满意度水平持续提升。在售险种200余种，覆盖人寿保险、年金保险、健康保险、意外伤害保险等领域。至年末，杭州中心支公司实现保费12.92亿元，在杭州寿险市场中排名第3位，市场份额为8.37%。险总保费8.74亿元，市场份额为10.19%；团险直销渠道总保费2.10亿，市场份额9.55%；银保规模保费3.18亿元，业务市场份额5.81%；交叉销售完成总保费0.43亿元。

年内，太平洋寿险杭州中心支公司险条线业务推动方式和资源配置显著优化，营销管理重新回归基础、一体化运作，对机构和团队的支持和改变加强。加快布局企业级移动应用，形成以“神行太保”与“中国太保”两大应用平台和“稳健一生”客户关系管理系统为主要构成的企业级移动应用体系，推动销售和服务模式在业内率先转型。柜面标准化检查100%通过省保险行业协会检查，获集团公司产寿险标准门店“i10标准店升级竞赛”三等奖，被中国质量万里行促进会评为产品售后（公众公共）、窗口单位服务质量A类公司（优秀）。（吴玲超）

【平安产险浙江分公司】 2014年，中国平安财产保险股份有限公司（简称平安产险浙江分公司）保费收入13.98亿元，比上年增长9.7%，全年赔付支出6.91亿元。

平安产险浙江分公司秉承“专业创造价值”的经营理念，承保方家山核电工程、杭州地铁集团责任有限公司、无锡尚德太阳能有限公司等大项目的财产险。深入县域市场，加快县域网点铺设及辐射能力，开设嘉兴崇福、余杭瓶窑、金华横店等9个县域网点。推出“淘宝电单车保险”和“老年人诈骗险”等创新产品。平安产险浙江分公司微信公众号于9月开通上线运营。推出平安产险新一代车险理赔系统——“新高铁”项目，对案件、客户、风险程度及价值进行区分，从而匹配差异化的理赔服务，通过查勘定损智能平台及E理赔设备，为客户打造高效、迅速、便捷的理赔服务。春节和国庆长假期间，联合杭州市志愿者协会在全省各大客流集散中心和部分高速路口及车站开展“平安护航，出行无忧”直通服务。9月21日，联合杭州市志愿者协会举办“平安乐活·杭州市第八届城市无车日环湖徒步赛”。平安产险浙江分公司与全省部分困难乡镇形成帮扶结对，全年捐赠扶贫款约20万元。年内，平安产险浙江分公司获《钱江晚报》“浙江十大保险品牌”、“浙商最信赖财产保险公司”、中国质量万里行A类评定等荣誉。（王珊珊）

【平安人寿浙江分公司】 2014年，中国平安人寿保险股份有限公司浙江分公司（简称平安人寿浙江分公司）杭州地区实现原保费收入25.97亿元，比上年增长14%。其中，人代理渠道实现原保费收入22.88亿元，增长14%；银邮代理渠道实现原保费收入1.14亿元，下降2%；直销渠道实现原保费收入1.94亿元，增长26%。全年发生赔款给付支出4.61亿元，增长8%。

9月，平安人寿浙江分公司持续7年以“专注，为明天”为宗旨的中国平安希望小学支教活动（浙江站）再次启动。24名志愿者前往浙江省丽水平安希望小学，进行为期两个月的支教。公司推进平安希望小学百万维护计划、希望小学学生结对等公益活动，从硬件与软件两方面共同支援贫困地区的教育。年内，平安人寿浙江分公司获《市场导报》“浙江市场消费者最满意单位”称号，获《钱江晚报》“2014浙江十大保险品牌”称号，获“2013年度浙江省保险学会信息工作先进单位”称号。（方　鸣）

·综合经济管理·

【综合经济管理概况】 2014年，杭州市实现地区生产总值9206.16亿元，比上年（指2013年，下同）增长8.2%。其中，第一产业、第二产业和第三产业分别增长1.8%、8.0%和8.6%。经济结构继续优化，三次产业比例调整为3.0∶41.8∶55.2。完成全市固定资产投资4952.7亿元，增长16.2%。其中：重点建设项目投资1618亿元，占36.0%；基础设施投资1005.53亿元，增长18%；工业投资913.4亿元，增长0.3%；民间投资2851.41亿元，增长26.5%。

杭州市实施信息经济“一号工程”，推进现代制造业、高新技术产业和战略性新兴产业发展。积极实施“两化融合”“四换三名”工程，提升传统产业优势和竞争力。深化国家服务业综合改革试点，推动上城区、滨江区、桐庐县等服务业集聚区的发展。10月20日，杭州航空口岸正式施行72小时过境免签证政策。杭州市制订实施“1+X”金融政策，稳步推进区域金融中心建设和财富管理中心建设。9月29日，浙江网商银行获中国银监会批准筹建。杭州市新引进世界500强企业项目12个，实际利用外资63.35亿美元，实际到位内资1054.07亿元。

杭州市加快建设粮食生产功能区和现代农业功能区，推进“智慧农业”、生态农业、观光农业、设施农业发展。新建省级现代农业园区19个，市级“菜篮子”基地49个，各级粮食生产功能区276个。新立项审批类项目295个，核准类项目21个，备案类项目93个。

【重点项目建设推进】 杭州市全年安排重点建设项目579个，其中实施项目406个、预备项目98个、预安排项目75个；年度计划投资额1300亿元，实际完成投资额1618亿元，是年度计划的124.5%。杭长（杭州—长沙）铁路客运专线、地铁2号线东南段建设工程、秋石高架三期工程、德胜东路（沪杭高速—文汇路）提升改造工程、余杭塘路工程（莫干山路—紫金港路西侧）、杭州市妇女医院建设等52个项目建成投入使用。地铁2号线二期建设工程、地铁5号线一期建设工程、地铁6号线一期建设工程、杭黄铁路建设工程、杭州第二水源千岛湖配水工程、文一路地下通道工程（紫金港路—保俶北路）、浙江省国家大学科技园浙商创新发展中心、杭州市中医院丁桥分院建设、之江医院建设等97个项目开工建设。

【服务业增加值5086.24亿元】 2014年，杭州市实现服务业增加值5086.24亿元，比上年增长8.6%，占全市生产总值的55.2%。服务业中重点产业保持增长，文化创意、旅游休闲、金融服务和电子商务等产业增加值分别占全市生产总值的17.5%、6.8%、10.5%和6.1%。服务业招商引资成效明显，实际到位内资870.62亿元，增长25.8%；实际利用外资50.5亿美元，增长31.6%。服务业税收607.57亿元，增长8.8%，占地方公共财政预算收入的59.1%。

杭州市制订并出台《关于接轨中国（上海）自由贸易试验区发展的意见》《关于促进健康服务业发展的实施意见》《关于推进互联网金融创新发展的意见》等政策文件。完成市级第3批服务业集聚区认定工作，新认定重点类服务业集聚区2个、培育类服务业集聚区10个。5个单位入选浙江省100个服务业集聚示范区2013年度发展综合评价前20名。1月26日，国家质检总局同意杭州为“全国质量强市示范城市”创建城市。杭州老板电器股份有限公司、浙江吉利控股集团有限公司、杭州千岛湖发展集团有限公司3个企业获2014年杭州市政府质量奖。杭州市新增浙江省名牌服务产品14种，新增浙江省著名商标服务产品13种。

【高新技术产业增加值1096.63亿元】 2014年，杭州市实现高新技术产业增加值1096.63亿元，比上年增长10.5%。全市发明专利授权量5559件，有效发明专利2.4万件。完成工业新产品产值3902.17亿元，增长18.6%。全市有国家重点扶持高新技术企业1778个，省科技型中小企业4275个。全市孵化器总面积226.78万平方米，在孵企业4336个，累计孵化企业8133个。全年研究与试验发展经费支出占全市地区生产总值比重2.98%。全市企业获国家级和省级科技资金资助5.79亿元，其中国家级资金资助2.16亿元、省级3.63亿元。全市列入国家高技术产业化项目13个，获国家补助资金7000万元。

【产业集聚区建设】 2014年，杭州城西科创产业集聚区核心区块完成固定资产投资（含房地产）198.6亿元，比上年增长57.6%，其中产业投资97.8亿元、政府投资58.9亿元；实际利用外资3.8亿美元，实际到位内资59.6亿元。限额以上服务业营业收入742.9亿元，增长33.8%；规模以上工业实现总产值357.9亿元，增长8.4%；规模以上工业增加值累计59.64亿元，增长9.7%；实现财政总收入85亿元，增长41.2%。城西科创产业集聚区管理体制完善，编制完成《杭州城西科创产业集聚区提升发展方案》。

大江东产业集聚区完成规模以上工业总产值827.93亿元，增长11.7%；实现固定资产投资222.67亿元，增长16.6%；完成财政总收入35.52亿元，增长34.5%。产业集聚区累计签约项目36个，总投资约290亿元。引进世界500强企业3个，中国500强企业3个，民营500强企业2个；引进50亿元以上项目1个，20亿元至50亿元项目3个。大江东产业集聚区管理体制调整完善，实现大江东区域开发建设管理“一个平台、一个主体”的实体运作。

【综合配套改革】 2014年，杭州市综合配套改革重点任务取得进展。5月28日，杭州市成立市产业发展协调委员会，初步建立市域产业发展协调机制。开展“多规融合”工作，制定《杭州市多规融合工作方案》。构建萧山、余杭两区与主城区的深度融合体制机制，出台《关于进一步加快萧山余杭与主城区一体化发展的若干意见》。成立杭州市城市国际化推进工作委员会，编制完成《杭州市城市国际化行动纲要(2014~2017年)》。9月25日，《杭州市企业投资项目核准清单(2014年本)》公布实施，编制形成《杭州市投资准入负面清单(2014年本)》，85个市级投资项目审批权下放。完善招商引资体制机制，出台《关于进一步完善招商引资体制机制的实施意见》。市国土资源局制定出台《杭州市推进土地要素市场化配置综合改革工作方案》等政策文件，萧山区、余杭区和富阳市被列入省资源要素市场化配置综合配套改革首批扩面地区。制定《智慧经济建设总体规划》《发展智慧经济重点工作分工(2014~2017年)》。

【区域统筹发展】 杭州市全年落实区县协作项目114个，总投资14.61亿元。主城区向五县(市)转移产业项目294个，总投资879.61亿元。实施“联乡结村”共建项目1514个，落实帮扶资金1.62亿元。实施“美丽乡村”建设项目2598个，到位资金29.41亿元。继续抓好193个中心村建设，新启动62个精品村、8个风情小镇、14条精品线路和7个精品区块建设。

【海洋经济项目发展】 2014年，市发改委编制完成《杭州市海洋科技创新改革试点工作方案》《杭州市海洋特色产业基地建设实施方案》，推进大江东临港装备制造、海水淡化技术与装备制造、海洋科技研发3个海洋特色产业基地建设。杭州市推进重大涉及海洋经济项目，实施市海洋经济发展重大项目107个，总投资220亿元；省海洋经济发展重大建设项目22个，年度计划投资30.3亿元。蓝星(杭州)膜工业有限公司的海水淡化装备制造基地一期、杭州中科新松光电有限公司的船用机器人、杭州大江东西子航空二期、5兆瓦模块化大型海洋潮流能发电机组千岛湖实验室等项目正式投产。

【社会民生保障改善】 1月7日，市政府办公厅印发《杭州市基本公共服务体系建设三年行动计划》。全市一般公共预算民生支出712.58亿元，占一般公共预算支出74.1%。社会保障城乡统筹力度加大，实施杭州市基本养老保险、医疗保险新办法，启动萧山区、余杭区和主城区社保一体化建设。至年末，全市参加社会基本养老保险、基本医疗保险、失业保险、工伤保险、生育保险参保人数分别为663.45万人、840.21万人、331.83万人、406.65万人和309.23万人，比上年新增22.30万人、17.93万人、11.83万人、17.21万人和15.47万人；全市社会基本养老保险和医疗保险参保率分别为97.1%和98.9%。12月，杭州市政府调整全市最低工资标准，市区最低月工资标准调整为1650元，非全日制工作的最低小时工资标准调整为13.5元。城镇居民年人均可支配收入44632元，增长9.1%；农村居民年人均可支配收入23555元，增长11.1%。新增城镇就业24.82万人，年末城镇登记失业率1.84%。全市保障性安居工程项目开工3.65万套，竣工3.68万套；全市新增廉租房货币补贴家庭569户；主城区新增经济适用住房3057套，推出公共租赁住房2865套。杭州市居民消费价格指数上升2%。

【生态文明建设推进】 7月，杭州市被国家发改委列为全国第一批生态文明先行示范区。9月，萧山区、富阳市通过国家级生态区(市)创建技术评估。10月，江干区通过国家级生态区验收。5月20日，西湖区成为全国首批37个“国家生态文明建设示范区”之一。全市累计建成118个国家级、131个省级生态乡镇(街道)。“三江两岸”生态景观保护与建设继续推进。新建沿江生态景观绿化带226万平方米，重点开展沿江5个“美丽乡村”精品线路建设，绿道建设150千米。全市实施“河长制”，1824条乡镇以上河道均建立“河长制”。整治“垃圾河”71条460千米、黑臭河193条665千米。5月15日，杭州市政府印发《2014~2017年杭州市大气污染防治行动计划》，建立和完善大气重污染应急体系。加大机动车淘汰力度，淘汰黄标车和老旧车9.5万辆，其中黄标车6.3万辆。推进“油改气”项目实施，新增油气两用出租车1903辆，液化天然气公交车816辆。全市单位生产总值能耗下降7.01%，规模以上工业单位增加值能耗下降7.92%。

【循环经济发展】 6月26日，市政府办公厅印发《杭州市园区循环化改造推进工作方案》。5月4日，杭州经济技术开发区列入首批省级循环化改造示范园区。杭州市推进国家餐厨垃圾试点城市建设，获中央补助资金5124万元。8月16日，市环境集团国家循环经济教育示范基地通过国家发改委、财政部、教育部、国家旅游局的验收考核，正式挂牌。1月9日，杭州市天子岭循环经济产业园区(静脉产业园区)发展规划通过市政府批复，明确以“园区、产业、城市、生态”四位一体的建设思路，建成集“城市服务、产业集聚、技术集成、科教宣传、示范辐射”等功能为一体的循环经济产业示范基地。

杭州市继续实施循环经济“770工程”，并申报省循环经济“991行动计划”。深化流域治理工作，组织编制《苕溪（杭州段）水环境治理方案（2014～2017年）》，跟踪督促水环境治理进度。

【市公共信用信息平台开通】 10月13日，杭州市公共信用信息平台正式开通试运行。该平台汇集全市27个主要部门的83类625项信用信息，形成1000余万份个人记录和60余万份法人记录，分为杭州市公共信用信息发布平台、杭州市信用记录现场查询系统和政府信用监管系统。杭州市公共信用信息发布平台依托互联网实现信用信息查询，信息主要涉及法人单位的基本信用信息。用户可通过“信用杭州”门户网站登入平台。12月19日起，市发改委（市信用办）委托杭州市民卡有限公司在市民中心市民卡办理网点开通杭州市信用记录现场查询系统，提供杭州市18岁以上杭州户籍的个人信用记录查询。政府信用监管系统按照政府内部工作需求建设，工作人员必须使用CA证书才能登录系统。查询信息的时间、用途、使用人都将被系统自动记录，防止信息泄露。

（郭玉虎）

【重大规划和重大课题研究】 2014年，杭州市发展规划研究院（简称市发展规划研究院）自主开展《杭州市探索建立服务贸易综合改革试验区的建议》《创新杭州电子商务信用体系建设研究》《杭州市社区互助养老机制研究》《杭州市公交停保基地土地利用现状与对策思考》等重大课题研究，受到市政府重视。承担《以龙头企业带动相关产业发展研究》《“网上自贸区”电商信用体系研究》《杭州市国家级试点和基地建设绩效评估及发展对策研究》《杭州市公共信用信息归集和使用管理立法研究》《2014年度杭州市国家级试点和基地拓展区认定评估报告》《苕溪（杭州段）综合治理实施方案》等多项课题研究。编制完成《杭州市招商引资白皮书》《运河集团十二五发展规划评估》《运河集团建设资金平衡测算》等研究报告。

【项目评估和概算审查】 市发展规划研究院完成发展评估类项目8个。其中，社会稳定风险评估项目5个，后评价项目3个。分别为：《杭州地铁2号线二期工程项目社会稳定风险评估》《杭州地铁5号线一期工程项目社会稳定风险评估》《杭州地铁6号线一期工程项目社会稳定风险评估》《浙江都市圈城际铁路近期建设规划社会稳定风险评估》《临安第二生活垃圾填埋场项目社会稳定风险评估》《杭州市丁桥高级中学建设项目后评价》《杭州市第十人民医院新院区建设项目后评价》《余杭仓前镇多层公寓建设项目后评价》。

市发展规划研究院开展政府投资项目概算审查29个。申报概算总投资34.54亿元，审后概算投资31.01亿元，核减投资3.53亿元，综合核减率10.2%。其中，市发改委委托项目21个，完成审查16个，核减率7.3%。

（曹玉进）

·行政审批服务（公共资源交易）·

【行政审批服务（公共资源交易）概况】 2014年，杭州市行政服务中心受理审批事项66.98万个，办结61.12万个。市公共资源交易中心成交额1319.71亿元，成交项目2.53万个。其中，建设工程项目2279个，成交额633.93亿元，中标价平均下降3.1%；土地交易项目82个，成交额602.27亿元，土地增值2.6%；产权项目1127个，成交额65.11亿元，平均增长12.2%；政府采购项目（不含“网上商城”）716个（次），成交额7.28亿元，平均节约资金7.7%，“网上商城”成交2.1万次，成交额4.95亿元，平均节约资金10.3%；综合交易项目114个，成交额6.16亿元，平均节约资金13.1%。

“市民之家”办事平台日均接待市民群众5754人次，日均办结各类事项1.08万件，办结率和群众满意率均为99.9%。互动平台成功举办各类活动368场次，参与市民1.58万人次，“杭网议事厅”网站点击量2693万人次；有1.79万人次通过资讯平台获取信息。

市行政审批服务管理办公室认真履行市审改办职责，按照省、市政府关于深化行政审批制度改革的工作部署，围绕“杭改十条”，制定实施《2014年杭州市深化行政审批制度改革重点工作安排》，协调有关部门完成“建立两张清单、推进三个试点、深化四项成果、加强平台建设”4个方面共10项工作。办好窗口微博，先后在“腾讯网”“新浪网”“新华网”“人民网”开通微博，并开通官方微信。全年累计发布微博10.49万条，听众数18.07万人次，编发《“中心”微博周刊》138期。

杭州市各级行政（便民）服务中心功能进一步完善，市本级、区县（市）行政服务中心和乡镇（街道）、村（社区）便民服务中心按照就近、便民原则实现全覆盖。其中，市本级和13个区、县（市）及杭州经济技术开发区、钱江经济开发区、大江东产业集聚区均建立行政服务中心，以综合审批和服务为主。全市198个乡镇（街道）和2984个村（社区）均建立便民服务中心，以提供代办、咨询等服务为主。各级“中心”都建立“一门式”服务大厅，实行窗口规范化服务。

【审批事项削减】 市行政审批服务管理办公室配合市编委办组织市直各部门，联动省、市、县三级，启动权力清单制度建设，共明确45个市级部门权力清单，拟保留权力事项3215个，下放权力事项1012个，清减率70.8%，其中审批类事项清减率74.6%。进一步创新审批机制，探索实施“标准化备案承诺制”和“一门收件、内部流转”机制。企业投资项目核准清单和政府责任清单出台。

【审批权力下放】 杭州市以开展国际商贸城审批权力下放试点为契机，向各主城区下放建设工程项目相关市级审批管理事项85项，统一刻制审批专用印章。联合市编委办、市法制办，分两批梳理明确委托大江东产业集聚区执行的第一批涉及19个市直部门的259个权力事项和第二批涉及45个市直部门的4153个权力事项。将建设工程项目下放至主城区及杭州经济技术开发区、之江国家旅游度假区和大江东产业集聚区公共资源交易中心交易。

【投资项目“五阶段”审批新流程】 杭州市实行投资项目“五阶段”（立项、用地审批、工程规划许可、施工许可和验收办证）审批新流程。组织牵头部门开展新流程专题培训，参训人员累计900余人次。至年末，有666个项目进入投资项目“五阶段”审批新流程，其中“立项阶段”项目232个，“用地审批阶段”54个，“工程规划许可阶段”323个，“施工许可阶段”57个。该审批新流程实施成效明显，仅“施工图集中联审”的改革举措，就节省3个月的审批时间。

【前置审批试点】 杭州市组织滨江区和萧山区结合自身特点推进前置审批“化零为整”试点，优化工作方案，制定操作流程和实施细则。萧山区以临江高新技术产业园区、萧山科技城为试点，对区内项目的前置审批事项试行统一编制报告、统一审批；滨江区根据物联网产业园项目的实际情况，推行地质灾害危险性评估和矿产压覆证明的统一办理。

【投资项目审批相关中介服务治理行动】 市行政审批服务管理办公室与相关7个行业的主管部门、17个审批部门以及16个行业协会合作，分两批清理并公布39项中介服务事项。实行网上登记制度，有495个中介机构在网上公示企业信息。试行网上中介合同备案制度，制定示范合同25个，备案合同204个。建设投资项目审批相关中介服务机构信用评价体系，制定并实施中介服务规范细则，明确“三类不良行为”和“黑名单”暨信用考核评价办法。

【政府购买服务实现网络订购】 12月，“政府购买服务实现网络在线订购”模式获2014年度中国政府采购“年度创新奖”。杭州市探索建立市场导向采购模式，推出“年度保证金”制度，推动区域共享利用，各城区和临安市实现共享，建德市、淳安县、萧山区和余杭区纳入计划。“网上卖场”上线运行，耗材、彩电、办公用品3类商品作为首批试点商品纳入卖场。“网上询价”正式启用，采购过程更加公开透明，采购期限由7个工作日缩短为3个工作日。 （王坚武）

·审　计·

【审计概况】 2014年，杭州市审计机关围绕构建杭州特色审计体系的总体目标，着力推进“一体两翼三化”建设，贯彻落实“强化监督、优化服务、夯实基础、提升价值”的要求，依法履行审计职责。全市审计部门完成审计单位396个。通过审计查出违规金额4.73亿元、损失浪费金额0.13亿元、管理不规范金额314.39亿元。应上缴财政3.77亿元，应减少财政拨款或补贴1.54亿元，应归还原渠道资金36.20亿元，应调账处理金额8.17亿元。审计移送事项58件，移送处理人员43人，涉及金额1.64亿元；促进增收节支金额40.95亿元，挽回损失3.98亿元。全年提出审计建议1092条，被采纳的建议841条，促进被审计单位建立健全各项制度64项；提交审计专题、综合性报告和信息简报610篇，被各级领导批示采用328篇；向社会公告审计结果50篇。杭州市审计局在浙江省审计厅对地市级审计机关年度工作考核中获得优秀。

【土地出让金收支和耕地保护审计】 根据审计署和浙江省审计厅的部署，杭州市审计部门开展土地出让金收支和耕地保护审计。通过提前谋划、布置自查，做好前期工作。在审计署武汉特派员办事处对杭州市审计期间，市审计局主动协调，加强沟通。8～11月，选派160名审计人员赴绍兴、舟山等地参加审计。审计期间，采取多专业融合、多方式结合的审计组织方式，打破处室界限，优化整合资源。参审人员服从大局，克服困难，按时完成审计任务。

【预算执行审计】 市审计局围绕推动宏观政策贯彻执行、促进建立全口径政府预算决算体系、切实保障人民群众切身利益、着力提高财政资金使用绩效、大力促进建设廉洁俭朴政府等五个方面，分别从体制效率、管理效能、政策效用、资金效益和工作成效入手，重点对市本级预算执行及全部政府性资金、市本级财政存量资金、市科技发展专项资金、市旅游专项资金、市“三江两岸”生态景观保护与建设资金等进行审计。审计反映出部分专项资金结余未及时清理、部分专项资金管理不够严格、部分政府购买服务未公开招投标、部分民生政策效应未能充分体现、部分政府投资信息化项目管理不够规范、大型保障房居住区公用配套设施相对滞后等21类问题，有针对性地提出盘活财政存量资金、修订完善专项资金管理办法、规范政府购买服务监管、充分发挥政策效应、加强国有资产运营监管、加强信息化项目建设管理、加大项目推进协调力度等建议20条。

【专项审计调查】 2～5月，市审计局开展2013年度公务支出和公款消费情况专项审计，在市本级450个单位自查的基础上，重点审计29个一级预算单位，报送的审计动态和信息被《杭州日报》、《杭州政务》、浙江省审计厅网站、“人民网”、“中国新闻网”等采用或转载，审计报告被市领导批示4次，推动杭州市财政局出台《杭州市公务接待管理办法》，促进廉洁政府、简朴政府建设。通过旅游专项资金使用情况专项审计调查，发现一个行业协会存在转移财政资金、通过假发票套取大额现金等违法违规行为，移送相关部门进一步调查处理。《审计建议改变财政专项资金事前拨付方式，提高资金使用绩效》被浙江省审计厅专报采用，《审计推动旅游多媒体触摸屏完善使用》被《中国审计报》采用。开展文创产业发展情况专项审计调查，反映文创项目评审机制不完善、项目跟踪管理不到位、文创园区产业集聚度不高、文创资金管理使用不规范、损失浪费移用等问题，审计报告得到市委宣传部肯定。

【政府投资项目审计】 2014年，全市审计部门加强对政府重大投资项目建设和管理情况的审计监督，审计投资额792.2亿元，核减投资额24.49亿元，向纪检监察机关和有关部门移送案件6起。杭州市审计局连续5年被评为杭州市政府重点项目推进优秀服务单位。通过实施2013年各类城镇保障性安居工程专项审计调查，收回建设资金6000余万元，盘活房产近200套，撰写审计信息《审计反映1.1万户保障房市政配

套问题亟待解决》《审计建议优化政策、盘活资金、提高绩效》，推动相关问题的解决。在建设领域中介机构履职情况审计调查中，发现一个房地产评估公司涉嫌违法违规问题，移送检察部门进一步核实和处理。市审计局与市监察局共同研究和制定《建立政府投资项目综合问责工作机制办法》，探索政府投资综合问责机制。推进投资审计信息化工作，完善审计项目分配管理制度。

【经济责任审计】 2014年，杭州市审计部门对137个单位的175名领导干部和国企领导人员实施经济责任审计，查出违规金额2549万元。首次同步开展14名区县（市）检察长经济责任审计。部署开展全市内部管理领导干部经济责任同步审计。在泰顺县县委书记、县长经济责任审计中，移送涉嫌违纪违法线索7起，移送当地党委、政府处理追责事项4件。2月18日，在市政府全体（扩大）会议上，市长张鸿铭就经济责任审计反映的问题进行通报。3月21日，市委财经工作领导小组召开第3次会议，专题研究市管领导干部任期经济责任审计事项。市审计局探索经济责任审计与巡视工作、机构编制联审评估工作相结合，与干部使用管理相结合的审计成果运用机制。市审计局总结杭州经济责任审计工作经验和做法，《扎牢制度笼子，规范权力运行》被《中国审计》杂志采用，扩大杭州经济责任审计的影响力。

【民生项目审计】 市审计局根据《杭州市审计局关于进一步加强民生审计工作的指导意见》，提出《关于做好2014年全市民生审计工作的意见》。探索完善民生审计项目计划立项机制，通过市政府网站“问卷调查”和“建言献策”栏目征集民生审计项目。2月，开展2013年度“春风行动”专项资金审计，重点剖析政策执行效果和资金使用绩效。开展“三江两岸”生态景观保护与建设资金绩效审计调查，撰写的《审计反映“死猪漂流”影响“五水共治”成效》信息得到市领导批示。开展市本级财政涉农资金专项审计调查，揭露涉农资金分配管理使用中存在的违法违规问题，向检察院和主管部门移送案件线索7起。

【审计基础强化】 市审计局出台《杭州市审计局关于加强绩效审计工作的指导意见》，重点关注政策效用、体制效率、管理效能、资金效益、工作成效等5个方面，打造杭州“综合问效型”绩效审计模式“品牌”。市审计局制订《建立健全惩治和预防腐败体系建设2014～2017年实施意见》，促进“一岗双责”制度的落实。4月25日，市审计局召开青年审计干部结对拜师座谈会，推行导师制培养青年审计干部工作。选派年轻干部赴审计署、市重点工程项目建设指挥部挂职锻炼，提高综合素质。升级全市地税审计数据分析系统的版本，完成政府投资项目全过程跟踪审计联网监管系统建设。开展“审计数据中心建设和大数据审计”研究和“强审大讲坛”活动，提升计算机审计能力。按照“三报三回”工作程序，44个审计权力事项整合归并为15个，做到“清单之外再无权，法无授权不可为”。市审计局以“审计质量提升年”为契机，制定《进一步提升审计项目质量若干规定》。采取“一事一号、整改销号、过程追踪”的方式，对市本级2013年度审计项目涉及整改的73个事项予以建号，推动审计整改的落实。（戴鹏飞）

·市场监督管理·

【市场监督管理概况】 根据《杭州市人民政府关于调整市和区县（市）工商质监体制改革完善食品药品监管体制的实施意见》，整合市工商局、市食品药品监管局、市食安办的职责，组建杭州市市场监督管理局（简称市市场监管局）。5月29日，市市场监管局正式揭牌成立。市市场监管局先后出台“助推杭改二十条”、推进市场监管智慧化助推“智慧经济”发展指导意见等政策文件。“无照转有照”商户1.82万个，完成全年任务的364.1%。配合“三改一拆”“五水共治”等工作，查处相关无照经营户1134个。认定中国驰名商标107件，浙江省著名商标562件。组织“三转一争”活动，开展“送政策、送服务、送信心”企业走访活动，走访服务企业8599个，解决企业困难问题982个，全年全系统通过股权出质、动产抵押等方式帮助企业融资1631.78亿元。

全年食品定量检测3.85万批次，合格率96.4%，其中蔬菜、生猪等主要农产品合格率99.5%；全市中小学（含托幼机构）的2057个食堂大宗食品统一配送或定点采购率97.1%。杭州市开展食品批发企业大排查，深入开展食品安全“百日严打”，持续加强无证无照餐饮整治。全市派出执法人员6.19万人次，检查食品餐饮店9.02万个次，分别是上年的1.4倍和1.36倍；完成食品检测3.85万批次，是上年的2倍；立案1827起，结案1606起，分别是上年的1.9倍和1.8倍。至年末，全市获得食品生产许可证的食品和食品添加剂生产加工企业1904个，其中食品添加剂生产企业82个。有食品流通经营主体6.74万个，其中从事批发的1596个、批发兼零售的1.01万个、零售的5.57万个。完成酒类特别标注2503个，乳制品特别标注2.25万个。全市共有药品批发企业124个，新开办10个。药品零售连锁总部60个。药品零售企业3035个，其中单体药店1199个、连锁门店1836个、连锁率60%，新增249个，注销204个。

【市市场监管局成立】 3月17日，杭州市政府印发《杭州市人民政府关于调整市和区县（市）工商质监体制改革完善食品药品监管体制的实施意见》，对全市市场监管体制改革做出安排。明确提出，整合市工商局、市食品药品监管局、市食安办的职责，组建杭州市市场监督管理局（保留市工商局、市食品药品监管局牌子）；将市质监局承担的食品和食品添加剂生产加工环节质量安全监督管理职责划入市市场监管局；市市场监管局对全市生产、流通、消费环节的食品安全和药品的安全性、有效性实施统一的监督管理，并承担本级政府食品安全委员会的具体工作，挂市食品安全委员会办公室牌子。工商部门和质监部门由垂直管理调整为划归区县（市）政府管理，区县（市）市场监管局实行“三局合一”，整合工商部门、食药部门、质监部门以及区食安办职责。

3月18日，市委宣布成立市市场

5月29日，杭州市副市长张建庭（左一）为新成立的市市场监管局揭牌

（市市场监管局 供稿）

监管局领导班子，启动市场监管体制改革。5月29日，市市场监管局正式挂牌成立。至9月末市本级机构改革完成，至年末各区县（市）改革基本完成，新的市场监管体制初步构建。原工商部门97个工商所更名为市场监管所，并新增27个，合计124个。

整合市级食品检验检测资源，将原市食品药品监管局所属的市食品药品检验研究院和市质监局所属的市质量技术监督检测院涉及食品安全检验检测的职责进行整合，组建市级食品检验检测机构。9月22日，杭州市食品药品检验研究院新办公大楼举行揭牌仪式，实验室面积1.36万平方米，仪器设备价值9400万元。五县（市）和萧山区、余杭区在原有质监局检验检测机构的基础上，组建相应的检验检测机构，其中余杭区分别组建食品药品监测中心和质量计量监测中心，富阳市、建德市和临安市实现食品药品、质监、农业相关检验检测资源的整合。

【工商登记制度改革初显成效】 高新区（滨江）工商登记制度改革试点于2013年12月31日启动，2014年8月份试点经验在全市推广。通过实缴改认缴、放宽名称审批、实行“五证一章”联办等9项改革举措，激发创业活力。全市新登记企业5.36万户、注册资本2896.24亿元，分别比上年增长35.1%、113.4%，增加就业人数36.7万人。通过改革为企业办理证照平均节省时间10天左右。

【市场秩序规范】 2014年，全市市场监管部门查处经济违法案件6627起，其中大案、要案2041起，罚没款1.26亿元，向公安机关移送案件86起。市本级查办案件67起，其中大案、要案43起，罚没款5086.22万元，分别比上年增长18%、112%和364%。8～12月，开展网络订餐平台专项整治，督促“美团”“点我吧”“淘点点”等网络订餐平台下线无证无照商户1.6万个。严厉打击传销，会同公安部门查处传销案件16起，捣毁窝点143处，成功破获“1040”特大传销案、打击“吉林祥盛”等大型传销组织。

【消费维权强化】 杭州市开展贯彻实施新《中华人民共和国消费者权益保护法》（简称《消法》）系列活动，市人大将《消法》执法检查列为全年重点执法检查项目，促进新《消法》贯彻实施。市政府第36次常务会议审议通过《杭州市网络交易管理暂行办法》，自2015年5月1日起施行。强化政企互动，积极指导网络平台规范发展，有效处置网络消费投诉2.82万起。整合投诉电话，建立市市场监管局统一的投诉举报平台，受理消费咨询投诉举报电话12.19万个，帮助消费者挽回经济损失2800余万元。妥善处置“广琪”食品安全事件后群体消费投诉、小客车限购消费纠纷等重点投诉事件，维护和谐消费环境。全市规范建设维权服务站680个。

【“个转企”工作推进】 杭州市个体工商户转企业（“个转企”）工作围绕“提质是首要，转企不停步，显效是根本”的总要求，实现“四年任务两年完成”。全年实现“个转企”1.28万个，两年累计实现“个转企”2.59万个，转有限公司的比例为86.8%，存活率98.6%，税务登记率90.3%，纳入统计名录比例93.5%。83个企业达到统计局“规上限上”标准。杭州市“个转企”工作列全省综合考核第一位，被评为2014年度“个转企”工作优秀市。

【“红盾网剑”专项行动】 8～12月，为切实维护公平竞争的网络市场交易秩序，市市场监管局在全市范围内开展网络经营行为专项整治执法行动（“红盾网剑”专项行动）。其间，检查网站3082个，实地检查经营者394个，删除违法商品信息187条，查处涉网案件42起，查处利用网络外卖的无照餐饮窝点243个；开展网络企业巡查1.91万次，在“天猫网上商城”和“淘宝网”的企业卖家实现100%“亮照”经营。

【“守合同重信用”企业创建】 2014年，市市场监管局通过建立“守合同重信用”（简称“守重”）企业申报QQ群、举办“守重”培训、建立培育库等形式，推动“守重”企业创建工作。全市举办“守重”培训6期，培训企业844个次，培训人员902人次；建立“个转企”“守重”企业培育库，库内培育企业551个；建立“守重”失信企业名单，把对“守重”企业考核贯穿到企业的日常经营活动中。全市“守重”企业申报总数1483个，比上年增长14%。新获得国家工商总局公示的“守重”企业33个，国家级“守重”企业累计59个。新认定省AAA级“守重”企业44个，延续认定95个；新认定省AA级182个，延续认定285个；新认定省A级213个，延续认定168个；各级“守重”企业总数2767个。

【格式条款整治】 1月，市工商局联合市消保委在《杭州日报》、《都市快报》、“浙江在线”等7个媒体发布

10月29日，市市场监管局对在杭州的网络订餐平台相关负责人进行约谈
（市市场监管局 供稿）

包括银行业、电信业等八大领域“霸王条款”的征集令，与律师事务所、高校法学教授建立格式条款专家评审机制，借助专业力量对疑难条款进行审查。对8个银行的48份消费类贷款合同和杭州公积金中心的借款合同进行备案规范，指导纠正不公平条款514条；检查银行业、电信业合同2050份，发现问题合同274份，问题条款778条次，约谈企业103个次，发出行政建议书54份，有效维护消费者合法权益。

【“创意杭州”广告创意设计大赛】 5月16日，第六届“创意杭州”广告创意设计大赛启动。大赛收集作品690件，评选出获奖作品195件，其中金典奖7件、银典奖15件、铜典奖20件、优秀奖153件。同时，举办大赛系列活动。5月16日，第二届杭州广告创意营活动举行；8月19日，组织20名2013年大赛获奖选手参加第七届釜山国际广告节；10月17日，2014年“创意杭州”广告设计高峰论坛暨广告业深度培训会举行；10月，在文博会上专设展区，展示“创意杭州”广告创意设计大赛获奖作品，推广“创意杭州”大赛品牌。

【广告产业发展深化】 2月，杭州国家广告产业园接受国家工商总局组织的第三方专家评估组考核，在已授牌的11个国家级广告产业园区评估考核中列第一位、全国广告园区评估考核综合排名列第三位。5月8～11日，第43届世界广告大会在北京召开，大会以“创意点亮世界”为主题，来自40余个国家和地区的近2000名广告界人士参与。杭州市组团在“建设成就展”环节设置专区，向世界广告界展示全国首个“一园两区”模式的国家级广告产业园——杭州（运河、西湖）广告产业园。展厅以水蓝色为主色调，通过水滴为原型的造型设计以及现实增强、二维码等技术展示杭州作为水系城市的韵味。12月，杭州经纬国际创意产业园、杭州市山南国际创意产业园被省工商局认定为省级广告产业园区。1月23日，杭州思美传媒股份有限公司在深圳证券交易所中小板上市，成为杭州市首个上市的广告经营企业。

【农贸市场评先创优活动】 2014年，杭州市农贸市场继续开展“你点我检、你提我改、你评我创”农贸市场民主管理活动，通过发动社会力量扩大群众参与力度，对市场的硬件设施、管理制度、卫生环境、经营秩序、食品安全和周边环境等方面进行评议，并将评议结果向社会公布。主城区99个农贸市场的9800余名经营户对食品安全责任公开承诺。2014年，全市农贸市场检测蔬菜食品144.7万批次，检测发现不合格食品6806批次，合格率99.5%，问题农产品121.45吨由市场方全部销毁。

【农资监管加强】 杭州市把好农资经营主体准入关，对农资经营主体进行清理，确保经营主体的合法性和有效性。根据2014年浙江省流通领域商品质量抽查检验工作要求，对农资产品抽检工作进行统一部署，组织人员分别对建德、淳安等地6个经销单位的15批次农药和15

10月17日，“创意杭州”广告设计高峰论坛暨广告业深度培训会在杭州举办
（市市场监管局 供稿）

5月9日，杭州市广告产业园建设成就展亮相第43届世界广告大会

（市市场监管局 供稿）

批次化肥商品进行质量检测，合格率84.4%。其中：农药商品合格15批次，合格率88.2%；化肥商品合格14批次，合格率87.5%，对不合格农资商品进行查处。

【禽流感防控工作】 市政府做出决定，于2014年1月24日零时起关停杭州市主城区活禽交易，并出台《杭州市限制活禽交易管理办法》，加强对杀白禽类产品的市场准入和销售的监督管理。市市场监管局与市农业局、市公安局、市商务委等单位联合出动检查巡查人员9676人次，对批发市场、农贸市场、超市、畜禽产品加工企业、餐饮伙食单位等畜禽产品流通环节集中整治，查处案件17起，没收非法交易活禽610只、无标示杀白禽268只，取缔违规活禽交易场所48处，并对6个市场主办者进行约谈。

【成人用品店专项整治】 10月15日至11月30日，市市场监管局在全市范围内开展成人用品店（性保健品店）专项整治行动，重点查处无证无照经营、经营假冒伪劣性保健品、违法违规广告宣传等违法行为。全市市场监管部门出动执法人员1198人次，排查成人用品店293个次，对产品抽验165批次，检出不合格产品100批次，检查发现无证无照经营户49个，责令改正40个，取缔25个，立案查处45起，移送公安部门侦办22起。

【食品安全基层责任网络建设】 11月17日，市政府制定出台《关于食品安全基层责任网络建设的实施办法》，构建“横向到边、纵向到底”的责任体系，明确乡镇、街道基层机构设置和工作职责，细化网格职能，构建协调运行机制。全市189个乡镇和街道成立食安委及其办公室，配备121名食安办专职干部。设立市场监管所124个。2951个行政村（社区）建立5275个小网格，配备食品安全专管员2414名、信息员4242名。

【农村食品市场专项整治行动】 8月下旬起，全市开展为期3个月的农村食品市场“四打击四规范”专项整治行动。检查食品生产单位842个次，食品经营户9269个次，检查批发市场、集贸市场等各类市场563个次，监督抽检食品5280批次，其中儿童食品265批次，查处食品违法案件160起。11月19日，市市场监管局、市食安办公布被列入“黑名单”的企业和经营户32个。

【“食品安全百日严打”行动】 3~7月，全市开展食品安全百日严打整治行动。行动期间，全市印发并张贴《关于开展全省食品安全百日严打专项行动的通告》15万份，监督抽检2059个品种、8968批次食品，约谈违规企业1346个，奖励举报18起，行政立案3267起，涉案金额1714万元，罚没金额544万元，刑事立案12起，取缔黑窝点71个。32个食品违法企业和10个药品违法企业被列入“黑名单”，并向社会公布。

【“广琪”食品安全事件处置】 3月15日，中央电视台综合频道“3·15”晚会曝光杭州广琪贸易有限公司销售过期食品原料的问题，杭州市有关职能部门开展案件查处。清查与杭州广琪贸易有限公司有关的食品原料供货单位和销售单位，封存涉嫌问题原料36种4628箱、成品237千克，召回涉嫌使用问题原料产品85千克。处理消费投诉170起，督促相关食品企业办理退卡、退券2.5万人次，退款总额875.44万元。抽检205批次涉案食品及原料，对中央电视台综合频道曝光的使用杭州广琪贸易有限公司原料的7个涉案企业立案调查，依法逮捕5名涉案人员，取保候审2人。杭州市开展专项整治，检查食品经营单位1.11万个次，清查食品批发、批发零售兼营单位9432个，餐饮单位1.65万个，立案查处576起；检查食品生产企业1391个，立案查处55起。

【食品安全信用信息公开机制建立】 2月26日，市政府办公厅印发《杭州市食品安全信用信息公开管理办法（试行）》（简称《办法》）。《办法》分为“总则”“食品生产经营者应当向社会公开的信息”“信息收集（征集）与公布（披露）管理”3个部分、29条。通过示范引领，逐步建立食品安全信用信息公开机制。全市有5.41万个食品企业落实信用信息公开，6.7万个食品企业建立信用档案。市市场监管局公布食品生产经营者“黑名单”64个。

【《杭州市药品零售企业管理规定》修订】 新修订的《药品经营质量管理规范》（简称GSP）于2013年6月1日颁布实施。2014年2月14日，杭州市政府据此重新修订并印发《杭州市药品零售企业管理规定》，并于3月1日起开始实施。杭州市制定并印发《杭州市药品零售企业GSP检查工作程序》《杭州市药品零售连锁

企业GSP检查细则》《杭州市药品零售企业GSP检查细则》。开展新版GSP培训工作，提高监管人员和企业对新版GSP的理解；组织认证检查工作，在信用等级低和发现问题多的企业，探索质量安全审计监管模式，现场检查药品批发零售企业3319个次。2014年，全市79个批发企业、41个药品零售连锁企业和1916个零售药店分别通过省、市、县（区、市）组织的新修订GSP的认证检查。

【药品医疗器械质量监管】 市市场监管局组织实施药品生产企业“飞行检查”，加大对高风险企业以及高风险产品、基本药物等重点品种的检查力度，“飞行检查”无菌制剂生产企业和2013年监管等级为B、C级的药品生产企业31个次，系统检查疫苗生产企业4个次，覆盖率100%。贯彻落实新修订的《医疗器械监督管理条例》，强化对高风险和低信用等级医疗器械生产经营企业的监管，被列为重点监管医疗器械生产企业检查覆盖率100%、整改率100%，无菌和植入类医疗器械生产企业系统检查覆盖率100%。开展医疗器械“五整治”、中药材（中药饮片）整治等专项行动，共立案182起，移送司法机关12起，涉案金额1271.12万元，罚没金额225.48万元。“5·19”系列涉嫌销售微整形假药案被列为省食药局督办案件。

【执业药师远程视频药学服务】 市市场监管局结合杭州药品零售企业和执业药师的实际情况，运用现代科学技术，在省内率先开通药品零售企业执业药师远程视频药学服务系统，解决药品零售企业执业药师不足的缺口，使企业通过新修订的《药品经营质量管理规范》检查。该服务系统在全省推广。至年末，全市有28个药品连锁企业取得《杭州市药品零售连锁企业远程视频药学服务确认书》。

【药品安全示范创建】 根据《杭州市药品安全示范县（乡镇）创建工作实施方案》，市市场监管局加强对基层局的指导、强化考核验收，实施创建工作动态管理。省、市局联合组织对西湖区、萧山区、拱墅区、

11月27日，志愿者进社区开展“药师进社区，健康千万家”主题活动

（市市场监管局 供稿）

富阳市和桐庐县的示范创建验收工作，五个区县（市）获“省级药品安全示范县（市、区）”称号；完成124个药品安全示范乡镇（街道）“回头看”工作。至年末，上城区、下城区、江干区、拱墅区、西湖区、萧山区、富阳市、桐庐县、临安市获“省级药品安全示范县（市、区）”称号，上城区清波街道等190个乡镇（街道）被授予“杭州市药品安全示范乡镇（街道）”称号，创建面100%，达标率98.4%。

【保健品化妆品监管】 杭州市对全市41个保健食品生产企业和63个化妆品生产企业开展“一企一档”建设工作，摸清生产企业情况。做好行政许可相关工作，全年完成18个保健食品生产企业相关许可，22个保健食品注册现场核查和封样；完成19个化妆品生产企业卫生许可证复核及6个生产企业新建、改建和扩建现场核查，完成48种特殊用途化妆品生产企业卫生条件审核。全年监测保健食品416批次，检测出不合格产品7批次，合格率98.3%。监测化妆品130批次，检出质量不合格产品1批次，合格率99.2%；标签不合格17批次，合格率86.9%。

【用药安全知识宣传】 市市场监管局联合各区县（市）市场监管局以及海王星辰健康药房、九洲大药房等连锁药品企业，开展“药师进社区，健康千万家”“安全用药月”等主题活动，通过健康知识大讲堂、执业药师现场安全用药指导、回收过期失效药品、发放宣传资料等形式普及用药安全知识。全年发放宣传资料3万份，举办讲座73场次，组织药学咨询服务112次，清理家庭小药箱500户，回收过期失效药品8300余件。组织市民参与“第三届药品安全网络知识竞赛”，学习宣传《老年人用药安全提示》《居民安全用药警示信息》。（方国平）

·物价管理·

【物价管理概况】 2014年，杭州市物价部门围绕全面深化改革、推进依法治国的要求，开展“基层基础建设年”活动，完善价格调控，推进价格改革。杭州市居民消费价格上涨2%，比上年低0.5个百分点，比全省平均2.1%低0.1个百分点，低于年初确定的3.5%左右的预期调控目标。

全年市本级投入使用价格调节基金9.57亿元，增长12.5%。落实物价补贴“两个联动机制”，根据价格水平和指数变化，及时测算并公布物价补贴标准。全年市本级向企业退休人员及低收入群体发放物价补贴8.31亿元，受益人数52万名。根据市区最低生活保障标准上调情况，

及时提高低收入群体临时价格补贴标准。

价格投诉举报平台四级联网新系统投入使用，完善投诉举报平台的软件和硬件。全年收到价格咨询和投诉1.69万起，增长62%。其中，立案处罚56起，经济制裁金额84.6万元，退还消费者12.5万元，没收违法所得5.9万元，罚款66.3万元。价格举报按时办结率100%、反馈率100%、满意率98.7%。

【资源产品价格改革】 市物价局推进杭州市区水价改革，完善水价形成机制，研究制定居民生活用水阶梯式价格制度。依照法定程序，落实供水成本公开，并召开杭州市区居民水价改革听证会。11月，市政府召开新闻发布会，向社会公布水价改革方案。2015年起开始实施居民阶梯水价，其中一级、二级、三级阶梯水量及销售价格每立方米分别为：216（含）立方米以下2.9元（含污水处理费）、216～300（含）立方米3.85元、300立方米以上6.7元。对低收入家庭增加水电煤补贴每户每月15元。市区非居民用水价格每立方米调整为4.4元（非经营性单位、商业企业用水）和4.7元（工业企业用水）；特种行业用水价格为5.35元。对医药、化工、造纸、化纤、印染、制革、冶炼等行业中的高污染高水耗企业实行差别化水价政策，在上述价格基础上每立方米加价0.5元。针对上游气价调整方案，12月上调非居民用天然气最高销售价格。

【差别化停车收费政策实施】 7月，市政府颁布《关于进一步加强和完善杭州市区机动车停放收费管理办法》，并召开新闻发布会，向社会公布差别化停车收费政策。8月25日，政策正式实施。道路停车收费区域划分为核心区域、一级区域和二级区域3个等级，首小时内分别为5元/半小时、3元/半小时、2元/半小时；首小时后分别为6元/半小时、4元/半小时、3元/半小时。实行政府定价的停车场，按核心区域低于每辆车10元/小时的标准，并报市价格主管部门审核确定，连续停放全天按不超过6小时计。住宅小区内地面临时停车收费标准调整为3元/小时，连续停放全天按不超过4小时计；住宅小区周边道路包月停车收费标准调整为120元/辆。

【医药价格改革】 4月1日，市级公立医院综合改革正式启动。按照“总量控制，结构调整”的原则和“一减两补一调”的思路，对所有药品（中药饮片除外）按实际进价“零差率”销售，并调整诊查费、护理费、诊疗费和手术费四大类共4162项医疗服务价格。改革覆盖13家市级医疗机构、3家区级医疗机构，并有17家非公办、非营利性的医疗机构自愿参照。市物价局制定出台《关于加强杭州市非公立医疗机构医药价格管理的意见》。配合推进医养护一体化改革试点，调整部分社区卫生服务价格。完成杭州市第一人民医院等8家医疗机构的30项特需医疗项目收费审核工作。审核省（市）医保定点医疗机构、定点药店263家。

【养老服务定价机制改革意见出台】 1月，浙江省物价局、浙江省民政厅批复同意杭州市养老服务定价机制改革试点。3月6日，市物价局、市民政局印发《杭州市养老服务机构定价机制改革意见》，明确养老机构定价机制改革的主要目标、基本原则和主要内容。根据改革意见，9月25日，市物价局制定杭州市第三社会福利院服务项目收费标准，对护理间、标准间、单间床位费和一级至三级护理费等基本服务项目收费实行政府定价管理，并核定具体收费标准；对套间收费、特级护理费等特需服务项目收费实行市场调节价管理。

【市区公交票价完善】 根据市政府关于推进“公交优先”有关问题专题会议精神，市物价局与市公交集团研究制定公交票价优惠措施的归并整合方案。报市政府同意后，10月1日起，取消市区公交“一线两价”计费办法。加强对市公交集团收费行为的规范，审批部分线路公交票价。9月，制定并公布杭州地铁2号线东南段票价。

【价格监测预警】 市物价局修订完善《杭州市价格监测报告制度》《价格监测定点单位管理办法》《杭州市市场价格异常上涨事件应急预案操作手册》。全年向国家发改委、省物价局等报送价格数据6.5万条，有效率99.8%以上，被评为全国价格监测工作先进单位。全年编发《杭州价格信息》48期、价格形势分析材料12篇、市场价格巡视专题材料24篇、工作动态信息25篇、价格动态信息66篇。12月，杭州市区“菜篮子”指数平台建成，确定指数价格信息采集点26个，并组织相关人员培训，启动指数试发布工作。

【农副产品平价商店建设】 4月和9月，在拱墅区世纪联华超市运河店和下城区大润发超市石桥店分别设立农副产品平价直销区。杭州市主城区大型超市平价直销区增加到3个，平价品种价格低于市场均价15%以上。8月11日，市价格调节基金管理工作领导小组印发《杭州市推进农副产品平价商店建设的试点实施方案》。12月，配套制定《杭州市农副产品平价商店试点实施细则》。

【旅游景点门票价格规范】 1月，市物价局核定灵隐景区、香积寺、净慈寺等新春佛教文化旅游活动门票价格。3月，核定西湖景区的联票价格，其中A组（灵隐飞来峰景区、三潭印月、城隍阁、胡雪岩故居）游客联票价格为130元/张。12月，核定西湖水上交通观光船票价，其中钱王祠码头—花港码头单程票价为每人15元/次，一公园码头—杭州饭店码头单程票价为每人15元/次；核定苏堤、白堤游览电瓶车票价，其中断桥—白堤—西泠桥单程票价为每人10元/次，苏堤南口—苏堤—苏堤北口单程票价为每人10元/次。

【住房价格管理强化】 全年市本级受理商品住房价格申请备案583个批次，比上年增长155%，涉及房源7.48万套、880万平方米，房价总金额2129亿元。市物价局核定德泽家园等5个公开销售的经济适用住房项目销售价格，享受标准面积以内的销售价格为每平方米4518元。10月，市物价局公布向社会公开销售的72个项目经济适用住房市场评估价格，并作为2014年9月12日至2015年9月11日期间经济适用住房购房人取得完全产权需补交土地收益等价款的计算依据。

2014 年 12 月杭州市区主要副食品零售价格

表 47

品 名	规 格	2014 年 12 月价格（元 / 千克）	上年同期价格（元 / 千克）	比上年同期上升（%）
猪 肉	去骨夹心新鲜肉	26.78	27.58	-2.9
	无骨新鲜腿肉	26.74	27.78	-3.7
	新鲜条肉	28.18	28.68	-1.7
鲜 蛋	新鲜完整鸡蛋	12.70	10.86	16.9
	新鲜完整鸭蛋	15.28	14.98	2.0
水产品	500 克~ 1000 克鲢鱼	16.46	15.82	4.1
	1000 克以上草鱼	15.84	17.58	-9.9
	250 克以上鳊鱼	17.10	19.22	-11.0
家 禽	1000 克以上食用鸡	19.26	15.74	22.4
	1000 克以上麻鸭	41.20	36.44	13.1
蔬 菜	青菜	4.04	4.24	-4.7
	包心菜	4.38	5.00	-12.4
	芹菜	7.66	8.44	-9.2
	花菜	7.34	9.56	-23.2
	菠菜	9.06	8.14	11.3
	番茄	6.92	9.66	-28.4
	萝卜	3.90	4.62	-15.6
	马铃薯	5.56	5.58	-0.4
大 米	标一晚籼米	5.16	4.76	8.4
	标一晚粳米	5.22	5.10	2.4
	特二晚粳米	6.30	5.58	12.9
面 粉	特一粉	5.12	4.68	9.4
食用油	二级菜油	11.10	10.58	4.9
	色拉油	8.84	11.12	-20.5

【价格检查执法力度加大】 2014年，全市查处价格违法案件439起，经济制裁总金额576.7万元，其中退还消费者11.7万元、没收违法所得177.5万元、罚款387.5万元。全市物价部门组织完成元旦、春节、清明等节日市场价格检查，重点规范主副食品、交通运输、旅游、餐饮、住宿、景点门票等价格收费。部署开展涉农涉企、时令商品、医疗、教育、旅游、银行等价格收费专项检查。规范网络电子商务价格行为，开展网络电子商务价格投诉举报的受理、查处，全年受理职业投诉人网络价格行为举报超过300起。加强对机场、高速服务区等相对封闭区域的价格行为监管和价格信息发布工作。市物价局检查和整治医院内设商店价格行为，向市属医院进行价格政策宣讲，引导医院小店部分商品价格下调10%~30%，并配合省物价局对省属医院内设商店价格行为加强规范。

【市场价格监管】 3月，市物价局向社会发布商品房消费价格警示；4月底和9月底分别针对“五一”假期和“国庆”假期发布旅游旺季消费价格警示；在中秋节前发布月饼消费价格警示。针对“快的”和“嘀嘀”打车软件影响出租车市场，开展市场调研，约谈相关企业，规范出租车市场价格。全年召开大型价格政策告诫会5场，集中约谈3次，价格政策指导培训6次。对市区350余个大型超市、家居行业、电子通讯企业及电子商务企业进行集中约谈和提醒告诫，参加价格政策培训3100人次。推进餐饮、超市、家电等行业的明码实价，组织两批61个明码实价示范店（点）授牌。9月，杭州市成立市社会价格监督总站，指导各区、县（市）成立社会价格监督服务站，向社会征集社会价格监督员58名。

【行政事业性收费规范管理】 市物价局配合行政审批制度改革，清理中介服务收费，明确依据充分的23项收费，对依据不足的收费，报省物价局批复后，对其中5项实行政府定价、10项实行市场调节。2月1日起，取消行政事业收费年审费等8项行政事业性收费，免征驾驶培训教练员证工本费等7项行政事业性收费。收费验审工作涉及39个主管部门、109项收费，收费总额40.9亿元，根据验审情况发出8份整改通知书、整改金额483.2万元。3月1日起，杭州市主城区建设项目的城市市政基础设施配套费标准调整至住宅建设项目每平方米征收150元、非住宅建设项目每平方米征收220元。4月1日起，杭州市排污费征收标准调整为：水污染物、大气污染物中5类（铅、汞、铬、镉、砷）重金属因子每污染当量1.8元；水污染物中除5类重金属因子以外的各因子每污染当量1.4元；大气污染物中除5类重金属因子外的各因子每污染当量1.2元。

【价格公共服务】 “杭州·价立方”价格公共服务平台实现超市直接上传价格数据，提高价格信息发布的时效性、准确性，公布价格的商品超过280万个。通过杭州价格网和省物价局价格监测网发布杭州市区农贸市场、超市、家电卖场民生商品价格信息350余期，在《每日商报》《今日早报》等媒体上公布价格监测信息48次。通过“杭州·价立方”新浪微博和腾讯微博，发布“每日菜价”“货比三家”“价立方”栏目及其他价格监测信息。

【农产品成本调查监审】 市物价局组织18个行业农产品调查，对208户农调户进行调查摸底，调整和优化农调网络布局。开展特色农产品成本调查，新增草莓、葡萄、枇杷等5个特色品种调查点；调整4个生猪调查点。每月定期发布生猪生产收益成本预警信息。全年完成成本监审和调查项目47个，涉及公用事业、教育、体育服务、环境卫生服务、专业服务6个行业的46个单位，监审和调查成本112.81亿元，核减不应计入定价成本的费用12.61亿元。

【规范化价格认证机构创建】 2014年，全市价格认证系统完成涉案财物价格认定案件7719起，标的额6.3

亿元。12月，增设杭州经济技术开发区价格认证中心，全市价格认证机构定性为公益一类事业单位。构建全市价格认定市场调查机制和价格认定法律顾问制度。做好杭州广琪贸易有限公司销售过期食品原料等案件涉及的价格认证工作。12月，杭州市价格认证中心被国家发改委价格认证中心评为“2013~2014年度全国价格认证工作先进机构”。

【价格开放式宣传】 2014年，中央级、省级、市级等主流媒体发布杭州市价格工作新闻稿件300余篇，通过网络搜索或转载媒体报道4.58万篇。市物价局打造“杭州物价发布”平台，及时发布各类价格信息、工作动态。提高《杭州物价》报、《市场与价格瞭望》的办刊质量，社会影响明显增强。12月19日，“阳光物价、情系万家”物价工作巡礼特别活动在杭州电视台西湖明珠频道、华数导视纪录频道现场直播。活动邀请社会各界代表500余人到现场观看，全面展示2014年杭州市价格工作。

（孙向光）

·统　计·

【统计概况】 2014年，杭州市统计部门围绕市委、市政府中心工作，推进统计制度方法改革，提高统计数据质量，完成各项任务。市统计局开展各项统计重点工作。推进第三次全国经济普查，完成普查各环节任务；落实普查登记全过程质量管控机制；完成国家、省经济普查办公室对江干区和桐庐县的经济普查事后数据质量抽查工作。12月，市统计局被国务院第三次全国经济普查领导小组授予“第三次全国经济普查先进集体”称号。

强化国民经济核算，根据省统计局地区生产总值季度核算方案，强化全市及区、县（市）月度地区生产总值数据的监测工作；执行基础数据分析评估制度。完善《投资统计业务工作规范质量控制及评估办法》，对投资统计数据进行全过程、规范化的监控与管理；与有关部门共同建立投资项目的审批基础数据共享库。完善十大产业和集聚区统计，加大300个重点企业和重大项目跟踪监测力度；强化两大省级产业集聚区重点规划区和核心区的统计监测工作，完善统计网络，理顺统计工作机制。

加强能源统计，抓好跟踪监测、评估和通报工作。按照全市“五水共治”的要求，协助有关部门建立健全用水和节水统计制度。研究和探索温室气体排放统计制度，做好循环经济统计监测工作。做好民生和社会统计，开展粮食生产监测、公共资源均等化和妇女儿童发展跟踪监测，抓好月度劳动力、5‰人口变动、平安杭州、低收入农户等调查。

【统计制度方法改革】 市统计局推进10项统计制度方法改革。制订并实施《杭州市信息经济（智慧经济）统计调查制度》《杭州市电子商务交易统计制度》《杭州市健康服务业统计制度》《杭州市养老服务业统计制度》。2月，制订《杭州市固定资产投资统计制度方法改革试点方案》，并选取桐庐县为改革试点。调整《杭州市季度地区生产总值核算方案》，建立《GDP核算数据质量评估办法》。完善能源统计监测体系，建立重点用能企业按单位增加值能耗贡献率排序并向社会公布的工作机制。6月，制订《杭州市城市节水统计制度》，建立健全用水和节水统计制度。完成全市企业创新调查和紧缺人才调查前期准备，并逐步完善创新评价指标体系和测算办法；完善大企业大集团统计调查制度。探索产业集聚区等领域的统计调查制度，协助城西科创产业集聚区和大江东产业集聚区做好核心区块统计监测准备工作，协助建立大江东统计月报制度。

【统计监测评价指标体系完善】 市统计局完善6项统计监测评价指标体系。修订《全市转型升级评价体系》并开展评价。2月，市统计局与市委组织部联合制订《2013年度区、县（市）党政领导班子实绩分析工作实施办法》，并开展实绩分析工作，印发《2013年度区、县（市）党政领导班子实绩分析报告》。建立“亩产效益”评价体系，撰写《我市规上工业“亩产效益”实证分析》。加强主体功能区分类评价，初步完成《主体功能区优化开发区域评价指标研究》。加强对省政府月度通报9项指标的统计监测，完善《区、县（市）规模以上工业增加值核算和评估制度》。完成全面建设小康社会、城市化进程、中心镇建设等方面的监测评价。

【统计监测分析】 2014年，全市各级统计调查部门撰写统计分析材料700余篇，各级党政领导批示323篇次。围绕市人代会确定的年度目标，强化经济“形”与“势”的分析。每月向市领导报送主要经济指标运行情况专报，每季度开展全市经济运行情况综合分析。收集相关城市的经济社会发展数据，开展城市间比较研究、“两个同步”等专题分析。做好民营经济、创新驱动、城乡统筹、中心镇建设、产业转型升级、提质增效、现代农业、杭州都市圈等监测工作。强化社情民意调查，先后开展市直单位、区县（市）满意度调查、“五水共治”、“美丽杭州”、法治杭州、城市管理、文明城市、千岛湖配水工程等热点问题的专项调查。

【统计服务水平提升】 市统计局创新统计服务载体，初步搭建“升级版”统计服务体系。改版《统计快报》《领导手册》《统计月报》《都市圈主要经济指标》等统计资料，提供“套餐式”服务。围绕“三转一争”大对标活动，编纂《杭州与全国重点城市主要经济指标大对标》资料。向市“两会”代表和委员提供《统计公报》《数据解读》等参阅材料，并推出手机版。在《领导手册》等统计资料的封面增设二维码,方便用户快速登录杭州统计信息网查询统计资料。完成“杭州宏观数据图表”网络数据发布平台。8月9日，“杭州统计”微博和微信平台分别开通，全年发布微博、微信371篇。为广大市民提供经济运行走势、城乡居民人均收入、住房面积等查询服务。组织“中国统计开放日”宣传活动，9月20日，在《杭州日报》开设专版，宣传统计工作及统计知识。编印《建国65周年杭州经济社会发展成就》手册，围绕10个专题开展统计宣传。

【统计基础建设】 市统计局以提升统计数据质量为目标，加大统计基础建设力度。开展县级统计机构和村（社区）统计工作规范化建设，经市政府审批同意，评选22个乡镇（街道）为2013年度杭州市统计工作先进乡镇（街道）。推进浙江省乡镇（街道）统计工作示范点建设，开展统计诚信单位创建，评选248个企业为2013年度杭州市统计诚信单位。发挥杭州市统计工作联席会议制度的作用，定期召开各专项组会议。杭州市将部门统计工作考核纳入市直单位综合考评体系，制订《市直单位统计工作专项考核办法（试行）》《2014年度市直单位统计工作责任分解表》《杭州市部门统计报表制度》。7月，制定《杭州市统计基本单位名录库建设维护与使用管理实施意见》，明确各单位职责、操作流程、时间节点及质量要求。抓好调查单位审核确认工作，全年新增规模以上调查单位2426个、退出1315个、变更206个。

【统计法制建设强化】 市统计局改进"1+X"统计执法检查机制，推进常态化统计执法检查。全市统计部门开展服务业、贸易、住房、餐饮等领域有关企业统计稽查。对富阳市、西湖区、余杭区3个区、县（市）和15个市级部门进行统计工作巡查。2014年，全市各级统计部门稽查企业、事业单位318个，查处统计违法案件77起。建立健全统计依法行政的相关制度。创新普法宣传教育的形式，改进方法，切实做好"六五"普法宣传教育工作。

（周　斌）

·质量技术监督·

【质量技术监督概况】 2014年，杭州市质量技术监督部门多措并举创建"全国质量强市示范城市"，形成完善的质量政策保障体系、质量工作责任体系、质量评价考核体系、质量服务支撑体系。培育浙江名牌产品153个和杭州名牌产品123个，评选市政府质量奖企业3个。市质监局强化高风险产品和重要消费品监管，抽查产品4024批次，合格率93.6%，立案查处各类质量违法案件665起，加强特种设备隐患排查治理和专项检查，保障全市17万台（件）特种设备安全。

市质监局建设电子商务产品质量监管协作平台，初步建立"网上发现、监督抽查、追溯源头、落地查处、信用管理"的"五位一体机制"。"工业锅炉节能远程监测与服务平台"把工业锅炉节能拓展到使用环节。"96333"电梯应急处置机制逐步完善，向应急处置与提前预警、主动服务并重转变，国家质检总局发布《关于推进电梯应急处置服务平台建设的指导意见》在全国范围推广"96333"应急处置机制。市质监局根据杭州产业发展需要，打造公共服务技术"大平台"："国家半导体照明产品质量监督检验中心"建设推进；9月1日，"国家工业锅炉节能质量监督检验中心"通过省质监局预验审；12月10日，"浙江省工业机器人计量测试中心"获浙江省质监局批准筹建。开展科研攻关，27项科研课题分别获国家质检总局、省质监局和省、市科技部门立项，4项科研成果获国家发明专利，1项成果获软件著作权。

3月17日，市政府印发《关于调整市和区县（市）工商质监体制改革完善食品药品监管体制的实施意见》，全市工商部门和质监部门的机构由市以下垂直管理调整为市、区县（市）政府分级负责的管理体制，将市质监局承担的食品和食品添加剂生产加工环节质量安全监督管理职责划入市市场监管局。

【质量强市示范城市创建】 市质监局把创建"全国质量强市示范城市"作为抓质量促提升的重要载体，把10个方面、50项内容、271项具体任务逐项分解落实到26个市直部门和13个区、县（市）政府，将政府质量工作与质量强市建设任务综合纳入政府目标考核。7~12月，对政府质量工作进行考核，对示范城市创建任务进行督查。按照2015年6月完成创建验收准备为时间节点，编制示范创建任务计划表。围绕"五水共治""四换三名""美丽杭州"等重点工程建设，抓好质量强市工作17项重点任务的落实，开展质量示范镇（街）、中小学质量教育基地、先进质量管理孵化基地等创建工作。杭州市质量强市和示范城市创建逐步形成以企业为主体，市县联动、部门联动、政企联动的格局。

【标准化项目建设和名牌培育】 市质监局开展"城市河道生态建设管理""美丽茶园""美丽低碳社区""美丽乡村""现代物流""城市电梯应急指挥""行政审批和公共资源交易服务""数字电视服务"等54个标准化试点项目。推动企业事业单位制（修）订88项国家、行业和地方标准；在制造业控制领域引进1个国际标准工作组，在LED和太阳能领域新增2个省级标准化组织。评选出123个企业（单位）的257项符合资助条件的标准化项目，市政府给予1976.1万元资助。杭州市评选市政府质量奖企业3个、杭州名牌产品123个，培育浙江名牌产品153个。在名牌产品评审中，突出市场评价、质量评价、效益评价、发展评价和社会责任评价5个重点，并与"杭州网"合作开展"第四届我心目中的杭州名牌评选活动"，提升名牌评价的公信力和社会影响力，强化社会监督。

【节能减排推进】 市质监局通过推进锅炉余热回收利用、推广低氮燃烧技术、热电锅炉改造等措施，节能技改55台工业锅炉，淘汰105台高能耗高污染低效率的燃煤锅炉，铺设集中供热管道1.3万米，实现年节约标准煤12.12万吨，减排二氧化硫等污染物1800余吨。搭建工业锅炉远程监测与服务平台，平台先后接入锅炉53台，试运行时间13个月。通过优化燃烧等管理节能措施和节能技术改造，燃煤和燃气锅炉整体热效率分别提高5%和3%，实现年节约标准煤1.1万吨、天然气37万立方米，减排二氧化硫等污染物251吨。动员无燃煤区内行业骨干企业带头做好燃煤锅炉改造工作，全年对22个单位的40台锅炉，完成"煤改气"或"煤改油"工作，减排二氧化硫280.27吨、氮氧化合物160余吨。做好油气合建站点前期规划审查、油气合建站工程建设指导、车辆改造监督检查安全把关和燃气车辆注册登记许可，服务规划、落实监督检查、行政审批压缩天然气（CNG）加气站和液化天然气（LNG）加气站29座，核发压缩天然气（CNG）和液化天然气（LNG）车用气瓶使用登记证7141张。按照《能源计量器具配备和管理通则》国家强制性标准要求，对561个年耗标准煤3000吨以上重点用能单位进行培训，110个年耗万吨标准煤以上重点用能单位能源计量通过审查，其中49个企业获“市能源计量示范单位”称号。

【电子商务产品质量监管】 市质监局运用“大数据”“云计算”等信息智慧技术，抓好“国家质检总局电子商务产品质量风险监测中心”和“国家质检总局电子商务产品质量‘12365’投诉举报处置指挥中心”建设，制定设计方案，研究完善电子商务产品质量风险监测模型，拟定风险监测抽样、检测协作和落地查处等配套制度。全年完成网上产品质量风险监测3401批次，“网上发现、监督抽查、追溯源头、落地查处、信用管理”机制不断完善。10月27日，国家质检总局在北京举行电子商务产品质量提升行动启动仪式。11月28日，在杭州召开电子商务产品质量执法打假现场交流会，标志“两个中心”建设运行进入新阶段。

【电梯应急处置】 市质监局抓好电梯应急处置工作，在“96333”应急指挥平台，建立电梯安全风险预警短信系统，根据日常受理的电梯困人、故障和安全隐患投诉的信息数据，开展电梯安全风险研判。针对暴雨、台风、高温等恶劣天气，及时给电梯维修保养单位和使用单位发出风险预警，采取措施加以处置。在开展应急处置的同时，分析电梯故障原因，弄清故障是电梯本身造成还是电梯维修保养不到位或是使用不正确导致。全年发生电梯故障5858起，比上年下降10.3%。开展城市电梯应急指挥公共服务国家标准化试点，在电梯应急处置流程、应急救援管理、电梯投诉处置程序、电梯安全运行状况统计分析、远程监控物联网公共服务平台等方面，制订和实施标准体系，使电梯应急处置工作更加规范。5月28日，杭州被国家发改委和财政部确定为国家特种设备监管物联网试点城市之一。全年4300余台电梯实现运行状态远程监控、自动报警和智能管理。市特种设备应急处置中心与市“110”应急指挥平台建立联网联动机制，只要“110”平台接到报警，处置中心同步响应，提高报警和处置的及时性、高效性，并完善与杭州市“119”消防指挥中心平台的联动机制。

【重点产品质量监管】 市质监局突出冶金、轻工、化工、建材、机械等领域的重点产品、重点企业，特别是电线电缆、家用电器、建材等高风险产品、重要消费品的监督抽查，抽查3972个企业的4024批次产品，合格率93.6%。按照制定的《产品质量监督抽查后处理工作规程（2014版）》《产品质量安全预警及重点关注整治工作规程》等要求，开展跟踪督查和整改复查，督促企业加强质量管理。通过举办质量培训班、质量问题分析会和开展重点区域、重点行业产品质量关注等方式，加强产品质量监督的处理。448个不合格产品企业中，除33个企业注销、关停外，完成其他415个企业的整改复查；25个预警企业，除3个停产延期预警外，其他22个企业被解除预警；涉及太阳能热水器、棉针织内衣、卫生纸、成形胶合板、建筑用砖等151个重点关注企业的产品，合格率平均提升10%。市质监局开展“蓝剑”系列执法行动，出动执法人员1.78万人次，检查生产企业6970个次，立案处罚665起，端掉制假售假窝点58个，罚没款上缴国库1052.76万元，立案查处结案率、到期结案率、重大案件报备率均为100%。处理各类投诉举报（咨询）1.7万起，为消费者、企业挽回直接经济损失450.68万元。

【特种设备安全监察】 市质监局加大使用特种设备企业（单位）现场安全监察、监督检查、隐患排查治理力度，开展承压类、机电类和无证小锅炉、液化石油气充装等特种设备安全检查。组织开展电梯维修保养单位的现场检查，对全市自动扶梯开展隐患排查，并对地铁、过街天桥（地下通道）的隐患治理情况开展督察。规范气瓶充装行为，开展气瓶充装单位的检查考核。市质监局与市公交集团联合组织力量对公交车使用的气瓶、充装、改装、检验等环节进行检查，查处1起改装伪造车用气瓶使用登记证的违法行为，取缔9张无证加气卡，并协助市公交集团车用气瓶的定期检验。开展地铁二号线电梯等特种设备检测验收工作，为地铁安全运营提供技术保障。全年发生事故3起、死亡3人，分别是1人从电梯井道高处坠落死亡、起重机械伤害事故致1人死亡、叉车倾覆事故致1人死亡。3起事故均是作业人员违规作业造成，市质监局在规定时间内完成调查，经市政府审批结案。

【民生计量环境优化】 市质监局与全市131个农贸市场签订责任书，推进电子秤“身份证”制度、计量器具动态管理台账制度、“阳光检定”制度、检查结果通报制度、备用秤流转制度和诚信计量宣传贯彻制度，推进“统一管理、统一规范、统一标准、统一检修”的“四统一”计量管理模式。市质监局组织市农贸市场行业协会、市质检院等单位共同完成杭州市地方标准规范《农贸市场计量管理服务规范》的审定和发布，并在拱墅区农贸市场开展标准化试点。建立和完善行政管理部门、稽查部门和法定计量检定机构三方联合工作机制和联动快速响应机制，常态化开展医疗机构医疗计量器具的检定和监督检查。全市质监部门开展加油站、加油机的检定工作。全年对131个农贸市场的9593台电子秤、884个（次）医疗机构的1.43万台（件）医疗计量器具、204个加油站在用的3561把加油枪实施强制检定，定检率100%。 （严鸣涛）

·安全生产·

【安全生产概况】 杭州市安全生产监督管理局（简称市安全监管局），挂杭州市安全生产委员会办公室牌子（简称市安委办），是主管安全生产综合监督管理工作的市政府工作部门。杭州市强化隐患治理，加强安全生产执法。市安全监管局被省人力社保厅和省安监局授予“全省安全生产监管系统先进集体”称号。

2014年，杭州市发生各类事故4006起。工矿企业、道路交通、水上交通、渔船运输与捕捞4类事故比上年减少119起，比上年下降4.3%；死亡人数减少88人，下降11.3%；受伤人数减少135人，下降4.8%。全市亿元地区生产总值生产安全事故死亡率0.08，下降14.9%。工矿商贸企业从业人员10万人生产安全事故死亡率1.24，下降13.2%。道路交通万车死亡率2.3，下降15.1%。

全市各类事故死亡人数（包括生产经营性火灾）693人。工矿企业发生各类事故70起，下降14.6%；死亡72人，下降12.2%。道路交通发生各类事故2580起，下降3.8%；死亡620人，下降10.3%；受伤2673人，下降4.9%。水上交通发生各类事故6起，下降40%；无人员伤亡。生产经营性火灾1350起，死亡1人，受伤3人。渔船运输与捕捞作业未发生事故。全市发生较大事故2起，死亡7人；事故数减少3起，下降60%；死亡人数减少10人，下降58.8%。全市13个区、县（市）各类事故死亡人数均下降。其中，上城区、滨江区和江干区下降幅度最大，分别下降37.5%、27.3%和15.8%。

市安全监管局推广江干区市场电气火灾防范物联网技术应用试点、下城区商务楼宇安全生产规范管理经验，推进大型市场、商务楼宇安全管理创新。推进拱墅区大封闭综合安全管理、桐庐县"三合一"综合治理、建德市危化品行业安全距离控制规划等模式，强化区域安全风险防控。加强余杭区、拱墅区等重点地区安全生产综合治理，督促萧山区、建德市等危化品重点县落实安全生产攻坚方案，加强化工园区一体化建设，推进解决区域性安全生产重点难点问题。

【安全生产组织领导加强】 杭州市委、市政府重视安全生产工作，履行辖区内安全生产监督管理职责，协调解决安全生产工作中的突出问题。市长张鸿铭4次主持召开安全生产会议，多次对地铁安全、消防安全等重点领域进行检查。1月和8月，杭州市分别组织两次全市性安全生产大检查。市政府主要领导按照"一岗双责"要求，分7组对各自分管领域进行安全生产大检查，促进各项安全防范措施的落实。12月11日，市委、市政府印发《关于加强安全生产促进安全发展的实施意见》，就落实"党政同责"、"一岗双责"、健全安全生产责任体系、强化重点行业领域风险防控、提升安全生产保障水平、夯实安全生产基层基础等提出明确要求。

【安全生产责任制度完善】 市安全监管局在理清各区、县（市）属地安全监管和负有安全监管职责部门、负有安全管理职责部门、开发区和市级有关单位安全管理职责的基础上，以"任务书"的形式分类下达安全生产目标管理任务。通过每月通报、每季点评、半年督查、年终考核和不定期暗访暗查等形式，对责任制落实情况进行过程管理。7月，对各区、县（市）进行暗访督查和半年度责任制考核预扣分。年终，以专门小组逐一核查、市领导集中听取安全生产工作汇报等方式，推进落实各项安全生产工作。9月30日，市政府办公厅印发《杭州市创建全国安全发展示范城市工作规划（2014～2016年）》，加大对安全生产考核权重，将安全生产纳入一票否决事项和平安考核、综合考评、区县（市）领导干部年度实绩评价考核等指标，健全安全发展工作机制。市、县两级实现"党政同责、一岗双责、三个必须管、各级政府主要负责人担任安委会主任、安监部门定期向组织部门汇报"五个全覆盖。2014年，杭州市政府对安全生产责任不落实，发生较大事故的区县（市）加大警示问责力度，临安市被黄牌警示。

【事故隐患专项整治】 8月，市安全监管局开展"三场所两企业"（有限空间作业场所、涉及可燃爆粉尘作业场所、喷涂作业场所、船舶修造企业、涉氨制冷企业）专项整治行动。排查涉氨制冷企业118个，关闭、改造企业24个，完成整改91个，停产整顿2个，限期整改1个。全市省级挂牌督办事故隐患34处，其中工矿2处、消防1处、道路交通事故多发点段和临水临崖路段31处，全部按期完成整改。市级挂牌督办事故隐患40处，其中工矿14处、道路交通事故多发点段5处完成整改。消防21处安全隐患中完成整改15处，其余6处整改期限为2015年。重点事故隐患得到有效整治，安全生产秩序改善。

【安全生产执法年活动】 2014年，市安全监管局以非事故处罚作为推进安全生产执法的突破口，督促负有安全监管职责的部门加大非事故执法查处力度。全市安全监管部门全年事故处罚和非事故处罚分别比上年增长11.8%和111.6%。强化联合执法机制建设，试点推广余杭区公共安全监管中心"一队五站"和"五联"联动执法，淳安县生产安全事故应急处置、调查处理联动，上城区"网格、户籍、联动"立体网格监管和临安市三线联动安全监管等基层联合执法模式。市安全监管局先后与市环保局、市公安消防局开展"雷霆行动"、联合执法等活动，联合打击一批非法违法行为，取得良好成效。

【"六打六治"专项行动】 杭州市按照"全覆盖、零容忍、严执法"的要求，采取暗查暗访或"四不两直"（不发通知、不打招呼、不听汇报、不用陪同接待、直奔基层、直插现场）的方式，开展"六打六治"专项行动。重点打击矿山企业无证开采、超越批准的矿区范围采矿行为，整治图纸造假、图实不符问题；打击破坏损害油气管道的行为，整治管道周边乱建、乱挖、乱钻问题；打击危化品非法运输行为，整治无证经营、充装、运输，非法改装、认证，违法挂靠、外包，违规装载等问题；打击无资质施工行为，整治层层转包、违法分包问题；打击客车客船非法营运行为，整治无证经营、超范围经营、挂靠经营及超速、超员、疲劳驾驶和长途客车夜间违规行驶等问题；打击"三合一""多合一"场所违法生产经营行为，整治违规住人、消防设施缺失损坏、安全出口疏散通道堵塞封闭等问题。组织各类执法检查8897次，出动执法人员3.36万人次，检查企事业单位和场所5.53万个次，打击非法运输、无资质施工、非法营运、无证无照生产经营等违法行为1.27万起，责令停产整顿209件，暂扣或吊销有关许可证18件，追究刑事责任485起，关闭和取缔企业298个。

【安全生产事故防控专项行动】 4月，根据《关于组织开展较大以上安全生产事故防控专项行动的通知》《关于印发杭州市较大以上事

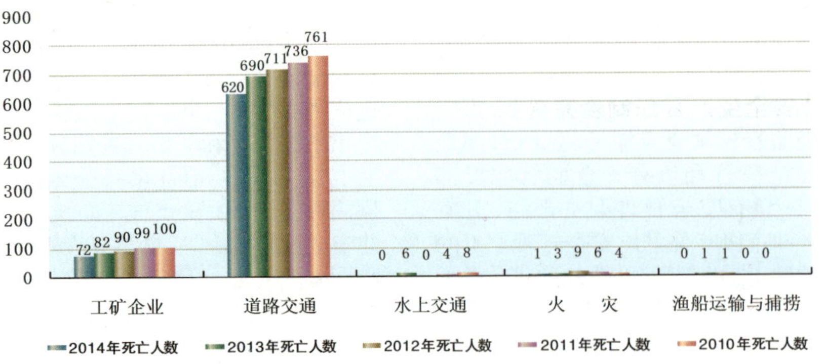

2010~2014年各类事故死亡人数对比图

故防控专项行动方案的通知》精神，市安全监管局加强"事前风险管控、事中应急救援、事后警示问责"，开展道路交通、建筑施工、消防安全、地铁安全和有限空间作业场所五大领域较大及以上事故防控专项行动。在有限空间作业场所领域，排查出有限空间作业场所（企业）757个，组织培训乡镇（街道）安全监管人员220余人次，制作印发《工贸企业有限空间作业安全指导》光盘500余份。在建筑施工领域，累计检查起重机械9108台次，发现隐患1.54万条；检查脚手架5431个次，发现隐患1.1万条；检查模板支撑系统2736项次，发现隐患4617条；检查深基坑2056个次，发现隐患4230条；检查高处坠落防护3099处，发现隐患5383条。在消防安全领域，成立20个技术指导组，每月对负责区域进行实地指导，逐一把关论证、提供技术支持。在地铁建设领域，对所有在建项目重大风险源进行梳理，并将盾构始发及接收、联络通道施工、盾构穿越敏感建（构）筑物（包括穿越既有的盾构区间）、基坑开挖等作为重大风险源予以重点掌控。开展全面大检查和高频率巡查，组织运营突发事件综合应急演练。全年五大领域的安全生产事故数下降，较大及以上事故数得到控制和减少。

【道路交通事故防控体系建设】 2014年，杭州市继续深化工程运输等事故防控体系建设，扩大整治范围，推广安全科技应用，建立健全黑名单制度，发挥市商品混凝土行业协会和市工程车驾驶员协会的社会管理作用。7月，市安委办制定并实施《杭州市公路交通安全防控体系建设三年行动方案（2014~2016年）》《杭州市公路交通安全防控体系智能建设指导意见》，推进视频监控系统、路况信息管理系统、机动车违法采集处理系统和机动车缉查布控扩充平台4个科技系统建设和智能交通建设，杭州市管辖的绕城高速公路监控中共享和完善85个，杭州市管辖的320国道监控保有量100个，固定测速点保有量18个。完善和新建9个执法服务站和1个4G移动执法服务站。4月，4G移动执法服务车开始上路提供服务。

【基层执法力量加强】 杭州市试点并推广临安市小微企业安全监管网格化模式、萧山区创建安全示范村（社区）模式和余杭区公共安全监管中心模式等，加强镇、街道、开发区的安全生产基层机构、队伍建设。市安全监管局强化各类开发区（园区）安全监管。9月，在大江东产业集聚区设立市场与安全生产监督管理局。推进职业卫生监管职能划转和机构队伍建设，市本级完成职能划转和移交。12月，启动建设项目职业卫生"三同时"审批工作，开展监管业务培训。萧山区、拱墅区和上城区完成职能划转，其他区县（市）的职能划转工作继续进行。

【企业安全基础建设】 杭州市积极推进安全生产标准化创建活动，2014年，全市累计有工矿商贸行业一级达标企业7个、二级达标企业440个、三级达标企业3205个；建筑施工企业达到合格及以上标准400余个，建筑施工工地达到合格及以上标准1000余个。全市221个"两客一危"（从事旅游的包车、三类以上班线客车和运输危险化学品、烟花爆竹、民用爆炸物品的道路专用车辆）达标企业219个，其中一级36个、二级96个、三级87个。

市安全监管局探索以市场化为基础的安全生产信用体系建设，全市有3042个规模以上企业完成诚信评定，发生安全生产事故的70余个事故责任单位纳入黑名单。实行安全生产"一票否决"，与工伤保险费率浮动、评先评优、公司上市等方面直接挂钩。

【安全生产专项资金投入加大】 市安全监管局以"智慧安监"项目为载体，推广物联网、视频监控等技术在危化品、矿山、建筑施工、市场防火、特种设备等重点行业领域的应用。市级财政投入安全生产专项资金3202.5万元，各区、县（市）按照不少于人均5元的标准投入安全生产专项资金4659万元，用于安全生产隐患整治、标准化、宣传教育、科技研发等领域。市安全监管局健全安全生产事故应急处置管理体系，成立2个矿山专业应急救援队，设立2个危化品应急物资储备中心（点），开展安全生产矿山、危化品等应急处置实战演练。投入280万元建设"应急联动和视频会议系统"，8个安全生产考点全部实现无纸化考试和视频监控。

【安全生产宣传教育】 6月，市安全监管局开展"安全生产月"活动，并获"全国安全生产月活动优秀单位"称号。7月，开通"杭州安监"微博和微信宣传教育网络平台。推进安全文化示范企业创建活动，全市3个企业获"省级安全文化示范企业"称号，1个企业获"国家级安全文化示范企业"称号。加大安全生产举报查处力度，全年查处投诉举报99起。实施教考分离，全市共培训生产经营单位负责人、安全管理人员和特种作业人员2.4万人，外来务工人员35万人，乡镇（街道）安全生产监督管理人员500余人。

（袁　飞　钟思思）

党政机关

Party and Government Organizations

·中国共产党杭州市委员会·

【市委工作概况】 2014年，在中央和省委的领导下，中共杭州市委高举中国特色社会主义伟大旗帜，坚持以邓小平理论、“三个代表”重要思想、科学发展观为指导，深入学习中共十八大和十八届三中、四中全会精神，贯彻习近平总书记系列重要讲话精神。认真贯彻落实省委“八八战略”及省委十三届四次、五次、六次全会精神，牢牢把握稳中求进、转中求好的工作基调，始终坚持干在实处、走在前列的基本要求，把改革创新贯穿于经济社会发展各个领域各个环节，以提高经济发展质量和效益为中心，稳增长、调结构、强改革、惠民生、促和谐，呈现经济质效稳中向好、深化改革稳中有进、民生保障稳步改善、社会大局稳定有序、文化建设稳步加强、作风建设稳扎稳打的良好态势，经济和平“两张报表”基本达标，民生、生态、稳定、廉政“四条底线”基本守住，中国特色社会主义、“中国梦”在杭州的生动实践不断深入。

党的群众路线教育实践活动从严从实开展。按照高标准、高质量要求，坚持领导抓、抓领导，具体抓、抓具体，重点抓、抓重点，长效抓、抓长效，联动抓、抓联动，第一批党的群众路线教育实践活动整改工作扎实推进，第二批党的群众路线教育实践活动全面完成。围绕落实中央“八项规定”、省委“28条办法”和“六个严禁”、市委“30条意见”，抓好中央21项专项整治和省委“八项专项整治”“六项集中行动”落实，全面整治“四风”问题。坚持走村入户征求意见、对准焦距查摆问题，积极推进为民服务“九大行动”、城市“四治”攻坚等专项行动，推进党风政风民风实现新转变。

全面深化改革取得新进展。坚决、扎实、统筹推进“杭改十条”落地，明确年度35项重点改革任务和重大项目。深化大江东产业集聚区管理体制改革，“一个平台、一个主体”的多项运行机制正式实施。出台萧山区、余杭区与主城区一体化融合方案，稳步推进两区与主城区深度融合。推广富阳权力清单制度改革和滨江工商登记制度改革两项省级试点，加快推进“四张清单一张网”建设。贯彻落实国务院总理李克强到杭州视察时的指示精神，加快推进中国（杭州）跨境电子商务综合试验区和国家自主创新示范区“两区”创建。

经济发展质量和效益迈上新台阶。坚持创新驱动发展战略，把大力发展信息经济和智慧应用作为“一号工程”推进，全力推动产业向中高端迈进。制定实施全市智慧经济发展总体规划、智慧经济七个《三年行动计划》，加快推进六大中心建设。加快推进智慧产业重大项目，启动上城山南基金小镇、西湖云栖小镇、余杭梦想小镇和杭州云谷、西溪谷、钱江传感谷等“三镇三谷”建设项目。深入推进“两化”深度融合国家示范区建设，推动产品、品牌、组织和商业模式创新，进一步提升纺织化纤、食品饮料、汽车零部件、精细化工等传统产业优势和竞争力。深化国家服务业综合改革试点，推动省级服务业集聚示范区提质发展。农业农村经济加快转型升级，生态农业、观光农业、设施农业和创意农业全面推进，农村现代民宿经济加快培育，农村电子商务加快发展。制定实施大江东发展战略规划，编制实施城西科创产业集聚区提升发展方案。加快推进杭州都市经济圈转型升级综合改革国家级试点。主动对接上海自贸区、长江经济带、丝绸之路经济带和21世纪海上丝绸之路，接轨上海融入“长三角”步伐明显加快。

城乡统筹发展呈现新面貌。以新型城市化为主导推进城市国际化和城乡一体化，不断完善“城市紧凑、乡村疏朗、城乡一体、功能配套”的网络化、组团式、生态型城镇体系。编制实施城市国际化行动纲要，加快推进城市公共服务领域国际化，航空口岸“72小时过境免签政策”成功落地。国务院批复同意富阳撤市设区。完善区县（市）协作体制机制，推进科技、现代服务业、文创、旅游、交通和人才“六大西进行动”。杭长铁路客运专线开通，一批重大交通项目稳步推进。实施“双千工程”“大企业大集团参与中心镇建设”活动，建立多元可持续的资金保障机制，加大中心镇建设社会投入。

“美丽杭州”建设取得新成效。扎实推进《“美丽杭州”建设实施纲要（2013~2020年）》和《“美丽杭州”建设三年行动计划（2013~2015年）》，争创美丽中国先行区和“两美”浙江示范区。完善生

2014 年中共杭州市委重要文件索引

表 48

序号	标 题
1	中共杭州市委关于学习贯彻党的十八届三中全会精神全面深化重点领域关键环节改革的决定
2	中共杭州市委关于印发《完善惩防体系、建设廉洁杭州 2014 ~ 2017 年实施办法》的通知
3	中共杭州市委关于印发《中共杭州市委常委会 2014 年工作要点》的通知
4	中共杭州市委关于调整市委常委分工的通知
5	中共杭州市委关于学习贯彻省委十三届五次全会精神深化“美丽杭州”建设的意见
6	中共杭州市委杭州市人民政府关于加快发展信息经济的若干意见
7	中共杭州市委杭州市人民政府关于贯彻省委常委扩大会议精神切实做好下半年经济工作的意见
8	中共杭州市委关于进一步加强和改进人民政协民主监督的意见
9	中共杭州市委杭州市人民政府关于进一步深化企业社会责任建设工作的意见
10	中共杭州市委关于全面推进市纪委派驻机构统一管理工作的意见
11	中共杭州市委关于进一步加强和改进乡镇人大工作的意见
12	中共杭州市委杭州市人民政府关于深入贯彻落实省委常委会议精神的实施意见
13	中共杭州市委杭州市人民政府关于进一步加快城市轨道交通建设与发展的若干意见
14	中共杭州市委杭州市人民政府关于加强安全生产促进安全发展的实施意见
15	中共杭州市委杭州市人民政府关于全面深化金融改革创新的若干意见
16	中共杭州市委杭州市人民政府关于进一步激发社会组织活力推进我市社会治理创新的若干意见
17	中共杭州市委杭州市人民政府关于进一步加快萧山区余杭区与主城区一体化发展的若干意见

态文明建设考核机制，把“美丽杭州”建设纳入各级政府目标责任体系和综合考评，严格实行节能减排“一票否决”，推动城乡生活方式、生产方式、建设方式转型升级。加快推进淳安县国家主体功能区建设改革试点。突出“4+1”整治重点，着力提升治水、治气、治堵、垃圾处置和食品安全监管能力。深入实施国家低碳城市试点、国家节能减排财政政策综合示范试点，全面推行用能预算化管理，继续做好能耗强度和消费总量“双控”管理，严格实行空间、总量、项目“三位一体”环境准入制度。

文化软实力得到新增强。建立“杭州发布”网络平台及其工作机制。推进“中国梦”主题宣传教育活动，健全完善弘扬“最美精神”长效机制。推进社会信用体系建设，实施《杭州市推进诚信建设制度化工作方案》。加快推进浙江文化城、浙江音乐学院、奥体博览城、动漫博物馆等重大文化设施建设。京杭大运河列入《世界遗产名录》，国家级非遗项目入选数量和总量位居全国同类城市第一。建立健全文化创意产业与科技、制造、农业等重点领域融合发展机制，推进文化创意产业化、产业文化创意化。成功举办动漫节、西博会、文博会等活动，人才集聚和展会品牌效应不断彰显。

城乡居民生活品质有新提高。杭州再次获“中国最具幸福感城市”称号。城乡居民收入差距逐步缩小，农村居民人均可支配收入增幅高于城镇居民人均可支配收入增幅。健全“2+2”城乡统筹社会保障体系，全市基本养老保险、基本医疗保险实现全覆盖。深化名校集团化、城乡学校互助共同体建设，促进基本公共教育服务均等化。市妇产科医院、市儿童医院建成并投入使用。加快推进主城区15分钟居家养老服务圈建设，入选全国首批“养老服务综合改革试点城市”。成功获得2018年世界短池游泳锦标赛和世界游泳大会承办权，央视首次全程成功航拍“2014杭州国际马拉松赛”。

平安法治建设进入新阶段。完善“一网三中心、三全十服务”社会治理模式。坚持和发展“枫桥经验”，用群众工作统揽信访工作，加强行业性专业调委会建设，探索建设区、县（市）矛盾大调解平台，完善“六和塔”式调处机制。深化“六安工程”“五前模式”，完善立体化社会治安防控体系。坚持特色导向、问题导向和责任导向，研究制定“杭法十条”。抓好《杭州市大气污染防治规定》《杭州市老年人权益保障规定》等条例立法。推进司法体制和涉法涉诉信访工作改革，制定出台系列预防刑事冤假错案的规定意见，健全错案防止、纠正和责任追究机制。

领导核心作用得到新加强。充分发挥“一个中心、三个党组”作用，支持人大、政府、政协和审判机关、检察机关依照宪法法律和章程独立负责、协调一致开展工作。围绕“配强好班长、建设好班子、培养好梯队”目标，制定出台《市管领导干部选拔任用工作规程》等配套制度，从严监督干部选拔任用，用好“一报告两评议”结果。推进“五好”服务型乡镇（街道）创建和“五力提升”工程。推广建德市寿昌镇“走村不漏户、户户见干部”做法，全面开展联系服务群众走访活动。制定《完善惩防体系 建设廉洁杭州2014~2017年实施办法》，全面推进廉洁杭州建设。坚决贯彻落实中央“八项规定”精神，持之以恒纠正“四风”，开展常态化监督检查，加大通报曝光力度。推进审改工作以及地方政府和职能部门履职情况监督检查，权力运行制约监督更加有效。

【市委全委会】 2014年，市委共召开两次全委会。

十一届七次全体（扩大）会议 7月15日召开。会议全面贯彻中共十八大、十八届三中全会和省委十三届四次、五次全会精神，审议通过《中共杭州市委杭州市人民政

府关于加快发展信息经济的若干意见》，动员全市上下全面实施创新驱动发展战略，加快发展信息经济、智慧经济，全面推进美丽中国先行区建设，全力推动杭州高起点上的新发展。省委常委、市委书记龚正代表市委常委会向全会作题为“以发展信息经济和智慧经济为突破口，建设美丽中国先行区，推进高起点上新发展”的报告。

十一届八次全体（扩大）会议　12月26日召开。会议学习贯彻中共十八届四中全会、中央经济工作会议精神，落实省委十三届六次全会、省委经济工作会议精神，审议通过《中共杭州市委关于全面深化法治杭州建设的若干意见》，回顾总结2014年工作，部署2015年重点任务。省委常委、市委书记龚正代表市委常委会向全会作题为“适应新常态，推动新发展，继续走在全国重要城市前列”的报告。

【市委常委会议】　2014年，市委常委会召开会议28次。市委常委会以邓小平理论、“三个代表”重要思想、科学发展观为指导，深入学习贯彻中共十八大和十八届三中、四中全会精神，按照党委“总揽全局、协调各方”原则，议大事、把方向、掌全局、用干部，充分发挥在同级党组织中的领导核心作用，就事关杭州经济社会发展的重大问题进行研究。

【市委财经工作领导小组会议】　2014年，市委财经工作领导小组召开会议9次，研究全市扩大有效投资、杭州市市本级2014年支出预算执行及2015年预算建议、全面深化杭州市国有企业改革、2015年全市经济社会发展主要预期目标等事宜。

【市委重要专题会议】　2014年，市委召开的重要专题会议有：全市防范处置企业拖欠工资工作电视电话会议、全市严肃整治“会所中的歪风”暨“三还于民”专项行动视频会议、全市政法工作会议、全市党的群众路线教育实践活动第一批总结暨第二批部署会议、全市深化作风建设大会、全市组织工作会议、全市扩大有效投资暨重点项目推进大会、全市新型城镇化暨农村工作会议、全市领导干部会议、全市培育和践行社会主义核心价值观座谈会、全市人口和计划生育工作会议、全市信访和“12345”工作会议、2014年全市综合考评工作会议、2014年市文明委全体（扩大）会议暨全国文明城市复评迎检动员大会、2014年全市发展实体经济大会、全市浙商回归工作推进会、全市政协工作会议、和谐社区建设推进大会暨社区减负工作会议、全市扶贫开发暨低收入农户增收工作推进会、全市党的群众路线教育实践活动总结大会、扩大有效投资推进重点项目专题会议、推进“一号工程”企业家专题座谈会、全面推进市纪委派驻机构统一管理工作会议、推进农村现代化民宿业发展专题会议、人大工作会议、市委理论学习中心组（扩大）专题报告会等。

【市委新设立的市级议事协调机构】　2014年，市委新设立的市级议事协调机构有：杭州市厉行节约加强行政经费管理联席会议、杭州市严肃整治“会所中的歪风”暨“三还于民”专项行动工作领导小组、杭州市“五水共治”领导小组、杭州市生态文明建设（“美丽杭州”建设）委员会、杭州市产业发展协调委员会、杭州市城市国际化推进工作委员会、杭州市专项资金清理整合工作领导小组、市委全面深化改革领导小组、中国（杭州）国际电子商务博览会组委会、“杭州发布”网络平台工作领导小组、杭州市科技创新工作领导小组、杭州市家庭生活垃圾分类工作协调小组、2014年世界杭商大会组委会、大江东产业集聚区体制调整工作领导小组、杭州市信息经济和智慧经济发展工作领导小组、杭州市经济责任审计工作联席会议、杭州市农村生活污水治理工作推进协调小组、杭州市国家卫生城市复评工作领导小组、中国（杭州）跨境电子商务综合试验区申报建设工作领导小组、杭州市公务用车制度改革领导小组、萧山余杭与主城区一体化发展工作领导小组等。

【全国道德模范与身边好人现场交流活动】　8月7日，由中央文明办主办，浙江省文明办，杭州市委、市政府，中国文明网承办的“道德的力量——全国道德模范与身边好人现场交流活动”在杭州举行。杨戌标、汪小玫等出席活动。

“全国道德模范”吴菊萍、毛陈冰，“全国道德模范”吴斌生前所在单位领导俞中欢，“省道德模范”孔胜东、陶晓莺、李立兴、魏钧，“市道德模范”陈辽敏、周立美、李东华、郑娟美、钱益品，“中国好人”黄小荣，“浙江好人”王小银，以及“杭州好人”杭州公交车燃烧事件市民现场救援群体代表，同杭州各界群众代表一起进行了交流。活动以好人事迹展播、访谈交流、网友互动等形式，再现道德模范与身边好人的感人事迹。在交流活动现场，道德模范向身边好人代表赠送了寓意着传承道德风尚的“道德传家宝”印章，并与身边好人一起，向全市人民发出倡议：从现在做起，从小事做起，从身边做起，讲道德，努力践行社会主义核心价值观；学雷锋，积极参加志愿服务活动；做好人，人人争当最美杭州人，让“最美”从风景成为风尚。

2014 年中共杭州市委办公厅重要文件索引

表 49

序号	标　题
1	中共杭州市委办公厅关于印发龚正同志在市委十一届六次全体（扩大）会议上的报告和《2013 年市委常委会主要工作报告》的通知
2	市委办公厅市政府办公厅关于促进文化和科技融合的若干政策意见
3	市委办公厅市政府办公厅关于进一步鼓励和扶持杭州市动漫产业发展的实施意见
4	市委办公厅市政府办公厅关于进一步完善招商引资体制机制的实施意见
5	中共杭州市委办公厅关于印发龚正同志在市委十一届七次全体（扩大）会议上的报告的通知

【2014年世界杭商大会】 10月22日，以“凝聚杭商力量、共促杭州发展”为主题的2014年世界杭商大会在杭州开幕，海内外杭商代表汇聚一堂，共话桑梓之情，共谋发展大计。

省委常委、市委书记龚正，副省长熊建平分别在开幕式上致辞。市委副书记、市长张鸿铭做主题演讲。省、市领导吴晶、王金财、叶明、杨戌标、许勤华、翁卫军、佟桂莉、董建平、张必来等出席。副市长谢双成主持开幕式。杭商代表宗庆后、范渊发言。开幕式上，杭州市人民政府与上海浙江商会、复星集团、长江经济联合发展集团签署战略合作协议，娃哈哈集团与中非发展基金、国家开发银行浙江省分行签署战略合作框架，对19个招商合作项目进行签约。开幕式后举行颁奖典礼，与会领导向功勋杭商、杰出杭商、青年领军人物、新锐企业、优秀商会等获奖杭商和企业颁奖。 （杨毅贞）

【开展保密专题党课活动】 2014年，全市开展保密委主任讲保密专题党课活动，市委常委、市委保密委主任许勤华先后主讲2期全市性的保密专题党课。6月27日，举行第1期杭州市保密专题党课活动，市直机关单位保密工作的分管领导和保密办主任等参加党课。7月2日，举行第2期全市性保密专题党课活动，市直机关单位机要秘书和保密管理干部，以及全市涉密单位的法人代表、保密办主任参加学习。通过开展保密专题党课活动，进一步强化各级的保密意识。各单位积极响应，相继开展保密委主任讲保密专题党课活动。

【“杭州论坛”保密形势专题报告会】 9月16日，市委保密委（市保密局）为贯彻落实全国保密工作会议提出的“推动保密教育进理论中心组”要求，举办题为“强化责任意识，做好新形势下的保密工作”的“杭州论坛”报告会。会议由省委常委、市委书记龚正主持并讲话，市委副书记、市长张鸿铭，市人大常委会主任王金财等市委理论学习中心组成员、市四套班子其他领导出席报告会，省保密局负责人应邀参加，市委理论学习中心组列席成员、副市级以上领导干部，各区、县（市）和市直单位有关负责人，市委保密委委员，区、县（市）保密系统负责人等听取报告。市委书记龚正在报告会上对全市领导干部提出“意识再强化、工作再深入、责任再落实”的工作要求。

【市委保密委为“一号工程”服务】 2014年，市委保密委（市保密局）认真贯彻市委《关于加快发展信息经济的若干意见》，紧跟信息经济、智慧经济发展步伐，主动协调相关部门开展多方调查研究，制定了全市军工单位扶持鼓励政策。代拟起草《杭州市军工单位奖励政策的范围和标准》，为更好地服务国防建设和推动“一号工程”的实施提供有力保障。

【保密新技术研发推广】 2014年，市委保密委（市保密局）成功研发非涉密计算机防泄密辅助系统，并在全市推广运用，有效地减少非涉密计算机泄密隐患，最大可能地保护领导干部和涉密人员。针对涉密计算机因管理不到位而误插误连的突出问题，专门设计、创新开发网线端口防误插误连装置，有效杜绝涉密计算机误操作带来的隐患。该装置受到各地各单位工作人员的好评。

【保密宣传教育方式创新】 2014年，市委保密委（市保密局）挖掘和整合保密教育资源，发挥党校、保密学院教育基地作用，借助“市民大讲堂”“干部学习新干线”等新媒体途径，走进社区、深入基层，对领导干部、机关工作人员、社会公众开展针对性的宣传教育活动。以《中华人民共和国保守国家秘密法实施条例》颁布施行为契机，在党政机关集中办公场所张贴宣传挂图、横幅等，在市区主要路段、公交站台、居民社区设置保密宣传牌90幅，有效开展保密宣传教育。 （皮新廉）

【加强党员干部理论武装】 2014年，市委组织部分层分级抓好中共十八届三中、四中全会和习近平总书记系列重要讲话精神学习培训，共举办培训班8期，培训市管干部1282名、社区（村）书记548名、基层一线市党代表181名；全市轮训处级以上领导干部9822名、基层党组织书记3.6万名，15万余人次党员群众通过基层远程教育站点收看学习。同时，增加市委党校主体班次政治理论教学比重，制定《杭州市中青年领导干部理论学习指南》，引导中青年干部针对性开展理论学习。

【第二批党的群众路线教育实践活动】 2014年，市委组织部根据中央和省委、市委部署，认真抓好第一批党的群众路线教育实践活动后续整改工作，组织全市13个区、县（市）及所属部门单位1061个领导班子、4986名县处级以上党员领导干部和3.07万个基层党组织、52.64万名党员开展第二批党的群众路线教育实践活动，并取得重要阶段性成效。全市建立各级领导干部联系点5014个，派驻各级督导组2383个，从严从实抓好“三个环节”各项任务。活动期间，各级领导班子和领导干部查找“四风”问题2.9万条，民主生活会提出批评意见10.1万条、自我批评11.6万条、整改意见3.7万条、即查即改“四风问题”2.1万个。落实中央21项专项整治任务和省委、市委部署要求，重点抓好“会所中的歪风”等专项整治，上下协同解决区、县（市）难点问题85个。部署开展“走村不漏户、户户见干部”“联系不漏户、党群心贴心”等行动，全市5.2万名乡镇（街道）干部共走访农户94.81万户，帮助解决实际困难5.79万件。

【党的群众路线教育实践活动成果巩固】 全市群众路线教育实践活动总结大会后，市委组织部迅速启动整改落实后续工作。牵头组建市委整改办，研究“四风”日常整治工作运行机制，建立定期报告、巡回督查、月度通报、季度例会和跟踪宣传5项制度。省市赴区、县（市）13个督查组每月进行1次督查，及时通报督查结果。2014年，全市103个市直单位的1896个整改项目完成1866个；13个区、县（市）确定的1857个整改项目完成1778个。总结运用教育实践活动成功经验和有效做法，制定《关于继续推动基层党的组织生活规范化制度化常态化的意见》等制度文件。

【党的建设制度改革】 2014年，市委组织部认真落实市委关于全面深化改革的部署要求，牵头组建党的建设制度改革专项小组，研究提出全年重点工作安排。细化党的组织制度、干部人事制度、集聚人才体制机制和加强民营企业家队伍建设4个方面54项具体改革任务。召开专项小组工作会议，建立专项小组会议、调研、督查、信息和联络员5项制度，突出抓好完善干部考核评价制度和健全集聚人才体制机制两项市委重点改革任务，协调推进其他各项改革任务落地。

【学习贯彻《党政领导干部选拔任用工作条例》】 2014年，市委组织部完成《党政领导干部选拔任用工作条例》（简称《干部任用条例》）培训2300余人次，印发学习资料5万余册，组织4.7万名公务员开展网上测试。制定出台《市管领导干部选拔任用工作规程》等“3+2”配套制度体系，从具体操作上把《干部任用条例》的原则要求进一步细化，对干部选拔任用的重点环节程序作出全面规范。全年提拔任用和转任重要岗位市管干部104名，晋升或到龄改任非领导职务78名，平职交流转任258名，都严格按规定执行，总体反响较好。开展《干部任用条例》贯彻落实情况专题调研，指导区、县（市）和市直单位对照《干部任用条例》，梳理检查、修订完善干部工作制度，以上率下提升干部选拔任用工作制度化、规范化水平。

【提振干部精气神行动】 2014年，市委组织部贯彻落实市委意见和提振干部精气神六项举措，引导干部争当“五事”干部，着力解决干部精神状态有所退化等问题。改进考核评价办法，出台《关于改进市管领导班子和领导干部年度考核工作的实施意见》，修订《区、县（市）党政领导班子实绩分析工作实施办法》，对“九大行动”“五水共治”“三改一拆”和九峰环境能源项目等中心工作和干部作风进行专项考核。加强定期分析研判，市委组织部干部处室每月1次、分管部领导每季1次、部务会每半年1次，对领导班子、领导干部和后备干部各方面表现情况进行分析研判。探索实施“旁听党委（党组）日常工作会议制度”，干部处室人员以观察员身份旁听20个市直单位党委（党组）会议。推动干部能上能下，充分运用综合分析研判和考核结果，落实《完善干部能上能下制度的意见》，市本级累计调整不适宜担任现职市管领导干部17人。

【干部梯队建设】 市委组织部制定《关于加强和改进优秀年轻干部培养选拔工作的通知》，落实15项具体举措，加大市管后备干部和优秀年轻干部培养选拔力度。调整充实市管后备干部队伍，确定126名市管正职后备干部，新充实34名市管副职后备干部。调整优化年轻干部梯队，开展年轻干部专题调研，分类调整“五个一百”名单，至2014年末，全市有524名年轻干部列入名单进行重点培养。改进落实培养锻炼举措，为年轻干部确定首批16个成长教育基地、20名成长导师；组织88名“80后”年轻干部进行专题培训；选派25名干部参加境外培训；选派84名年轻干部到国家部委、省直机关以及边远地区、市重点工程、市属企业等岗位实践锻炼。

【干部选拔任用监督】 2014年，市委组织部认真落实从严治吏要求，召开全市干部监督工作会议，制定出台《加强干部选拔任用工作监督实施方案》《加强选人用人巡视监督检查操作办法》，加强重点环节审核把关。用好“一报告两评议”结果，召开专题会议集体通报结果，排名靠前的单位介绍经验，靠后的单位整改表态。对4名省管干部和13名市直单位党委（党组）书记开展离任检查。抓好专项整治，整改完成32个超职数配备单位超配干部32名；清理规范456名退（离）休领导干部兼任的634个社会团体职务，在全市范围内对750名领导干部在企业兼（任）职行为进行清理。

【干部日常管理监督】 2014年，市委组织部把从严认真要求落实到领导班子和干部日常管理监督各个方面。按4%的比例对318名干部报告的个人有关事项进行抽查核实，完善出国（境）报备征求市纪委意见制度，对31名市管干部开展任中经济责任审计，向6名市管干部发送提醒告知函，对46名市管干部进行谈话提醒。召开全市干部监督工作联席会议，进一步整合纪检、组织、审计等职能机构信息资源，增强监督合力。完善用好专项审核办法，共审核22批、186名拟提拔或转任重要岗位市管干部人选，其中4名因个人申报与事实出入较大暂缓提拔。

【市属国企领导人员管理】 2014年，市委组织部制定《市属国有企业

2月21日，杭州市管领导干部学习贯彻习近平总书记系列重要讲话精神轮训班在市委党校开班
（市委组织部 供稿）

领导班子和领导人员综合考核评价暂行办法》，加大企业经营业绩考核权重，首次对16个市属国企领导班子和95名领导人员进行综合考核评价。修订《关于进一步加强市属国企监事会工作的指导意见》，改进市属国企监事会主席外派办法。完成对市钱江新城管委会、市运河综保委、西泠印社社委会3个事企混编单位体制调整工作，市千岛湖原水股份有限公司领导班子组建和华数数字电视传媒集团有限公司管理体制的调整工作。做好杭州汽轮动力集团、杭州工商信托公司党委换届工作，推进市属企业党委任期制。

【改进干部教育培训工作】 2014年，市委组织部根据《2013～2017年全国干部教育培训规划》，制定实施意见，召开全市干部教育工作会议推动落实。市本级共完成上级调训28批、34期、187人次；举办各类培训43期，培训干部5854人次。推行自主选学“知行讲堂”，共举办29场选学，参加5577人次。对重点培训班次学员发放《学以致用任务书》，对113名学员作跟踪回访。出台《市管干部教育培训考核管理办法（试行）》，首次向学习进度较慢的市管干部发送提醒函，对区、县（市）和市直单位学习任务完成情况进行通报。抓好社会化培训专项清理整顿，11名市管干部按规定做出整改。

【干部综合管理服务】 市委组织部认真做好领导班子调整充实和领导干部提拔晋升、到龄退休以及干部任免、工资审批、干部调动等具体工作。统筹安排各类挂职工作，接收外地到杭州挂职干部27批、214名，完成第八批17名援疆专业技术人才选派，做好援建和挂职干部日常服务保障工作。牵头完成2014年度副师职和团职军转干部安置任务。会同相关部门完成2014年度公务员招录和第二次全市统一的事业单位招聘工作。启动干部人事档案专项审核工作，推进档案数字化建设。

【基层骨干队伍建设】 2014年，市委组织部深化“五力提升”工程，以“好书记”队伍引领乡镇“好干部”队伍建设。建立乡镇（街道）书记工作例会制度，召开工作交流会3次，29名基层干部做发言交流，市委主要领导全程参加会议并现场点评指导。深化“领头雁”工程，抓实村（社区）带头人队伍建设。分层分级对3000余名村（社区）党组织书记进行轮训，选聘90名大学生村干部到村任职，处置不合格村（社区）干部58名，从优秀村（社区）干部和大学生村干部中分别定向考录镇街公务员12名和51名。发挥典型示范引领作用，总结宣传临安市板桥镇人大主席朱忠华先进事迹，得到张德江、夏宝龙等领导批示肯定。在全市开展向朱忠华式优秀乡村干部学习活动，选树优秀乡村干部200名。

【基层党组织服务功能提升】 2014年，市委组织部制定基层服务型党组织建设意见，突出“网格+网络”联动融合，提升基层党组织服务功能和治理能力。推进党建工作责任落实，全年召开2次区、县（市）委书记和市直综合部门主要负责人抓基层党建工作述职评议会，首次组织16个市属国企党委书记开展述职评议考核，市委主要领导和部领导参加区、县（市）乡镇（街道）书记述职评议会并做现场点评。召开市属高校党建工作座谈会，建立健全市委教育工委抓全市教育系统党建工作机制，完成杭州职业技术学院党政领导同步换届工作。强化乡镇（街道）带动引领，全市累计创建“五好”服务型乡镇（街道）168个，占总数88%，江干区、余杭区、桐庐县被评为省级“五好”服务型乡镇（街道）建设先进县（区）。夯实村（社区）基础支撑，开展村级组织换届“回头看”活动，完成404个软弱涣散村（社区）党组织整改；深化撤村建居社区规范提升工作，全市确立的79个重点试点社区加快推进。牵头开展“四多”问题专项整治，推动村（社区）减负增效。中央电视台对该整治成果进行报道。抓实服务载体推进，部署开展“治水护水·扮美家园”先锋行动、在职党员聚力“四治”攻坚行动等活动，全市党员干部参加“治水护水”志愿服务21.7万人次，认领“微心愿”4万余个。

【“两新”组织党建工作水平提升】 市委组织部完善社会组织党建标准化测评指标体系，制定社会组织党建工作规程，成立市社会组织综合党委，推进社会组织党建规范提升。制定非公企业党建工作流程，建立非公企业党组织防瘫预警机制，抓好14个区域性、枢纽型党群服务中心建设，推动非公企业党建创新发展。开展创意组织生活大赛，举办青春奉献志愿服务活动，探索建立“网络e支部”，激发党建工作青春活力。推广“红领党务通”，推进党务工作者专业化、职业化发展。试点建设“蓝领驿站”，探索外来务工蓝领服务管理新模式。人民日报社、光明日报社内参和新华社内参刊发专题报道。4月24日，全省乡镇（街道、园区）“两新”组织党建现场推进会和社会组织党建工作推进会在杭州市召开。

【发展党员和党员教育管理】 2014年，市委组织部严把党员入口关，认真领会《中国共产党发展党员工作细则》精神，指导各地各单位分层分级抓好发展党员工作培训，落实总量调控、结构调整等措施，发展党员9568名。严抓党员队伍管理关，制定《关于进一步加强党员组织关系管理的通知》，推行“六问一必查”等制度，对党员组织关系接转作出严格规范；探索以信息化手段完善党员先锋指数考评管理，从严开展民主评议党员工作。严把党员“入口关”，畅通党员队伍“出口关”，全市处置不合格党员2235名。

【全媒体党员教育新格局构建】 市委组织部扎实做好杭州党建网改版升级工作，突出党员教育培训功能，建设网络教学课堂；设立“阳光组工”板块，第一时间发布干部任前公示等权威信息。改进《杭州党建》电视栏目，拍摄制作“五水共治党员在行动”“百姓喜爱的村支书”等专题。制作完成省委组织部创新课题——网络教学课程“先锋慕课”《新时期群众工作法》，指导萧山区开展试点教学。5月8日、10月30日，全省“远教入户”现场会和“远教入企”试点工作部署会分别在杭州召开。

【基层协商民主制度化分层推进】 2014年，市委组织部分层推进基层

协商民主制度化。在乡镇，深化拓展乡镇党代会年会制度，全市105个乡镇全部召开党代会年会。在街道，研究出台全面试行街道党员代表会议制度，92个街道试行召开党员代表会议；推广街道民主协商议事会议制度，召开专题推进会和理论研讨会，全国党建研究会领导和相关专家参加研讨并给予充分肯定。在村（社区），指导各地完善村（社区）“五议两公开”制度，积极探索基层议事、公开、述职、问责等机制实现途径。深化落实党代表“五项制度”，全年邀请省、市党代表597人次参加党内重要会议活动。

【人才政策优化整合】 2014年，市委组织部牵头对2004年以来市本级出台的70个关于人才工作规范性文件进行梳理，对其中25个文件提出废止、失效和完善整合的意见。着眼构筑人才政策新优势，制定《杭州市高层次人才、创新创业人才及团队引进培养工作的若干意见》，在人才引进培养、创业扶持和生活保障等方面取得突破。积极破解人才住房难题，出台《杭州市高层次人才住房保障实施意见》，以货币化补贴或人才租赁房等方式为各类高层次人才提供住房保障。同时，牵头相关部门落实人才专项资金清理整治工作。

【推进高层次人才集聚】 2014年，杭州市连续第六年举办浙江·杭州国际人才交流与项目合作大会，签约项目168个、金额16.5亿元，比上年（指2013年，下同）增长20%。连续第十年组团赴海外招才引智，携带近1000个人才项目需求与海外人才洽谈，达成初步意向200余个。杭州市新增自主申报国家“千人计划”人选13名、累计69名，新增省“千人计划”人选59名、累计261名，新评选市“521”计划人选29名、团队6个，国家、省“千人计划”专家数分别居全国副省级城市前列和全省首位。

【发挥人才作用】 2014年，市委组织部出台《杭州市人才工作目标责任制考核实施办法（试行）》，首次把领导小组成员单位列入考核对象，明确区、县（市）“一把手”作为人才工作第一责任人述职，促使各地各部门形成以用为本的人才工作格局。启动人才西进“22633”工程，帮助五县（市）引进高层次人才200名，新增高技能人才5691名，选派41名五县（市）紧缺人才到市区单位培养锻炼。研究人才绩效评估体系，对“千人计划”、“521”计划实施成效进行评估。优化创业环境，修订《关于加强市领导联系高层次人才日常联络服务的办法》，开展“走企访才听心声、深化服务助发展”活动，累计走访企业（科研院所）2489个、高层次人才220名，帮助5名“千人计划”专家解决实际困难。

【民营企业家队伍建设】 2014年，市委组织部围绕建设“民营经济强市”目标，协同推进“杭改十条”第七条任务落实。会同相关部门研究制定《杭州市民营企业经营者队伍建设规划（2014~2020）》，从引进、培育、培训、管理、激励5个方面提出17项新举措。加强思想引领，组织2280名企业家和经营管理人员专题学习中共十八届三中全会精神等中央新理论、新精神。强化培训培养，办好“杭商学堂”6个研修班，培训各类企业高管370名，带动市直有关单位举办各类素质提升培训班211期、培训1.3万人次。

【推进“智慧党建”工作】 2014年，市委组织部认真落实市委发展信息经济、智慧经济工作部署，召开组织系统研讨班暨读书会，专题研究部署、统筹推进全市“智慧党建”工作。制定杭州市“智慧党建”工作五年规划，开发建设的干部管理信息系统、党群服务微平台投入试运行。指导各地各单位积极探索智慧党建应用。全市“e组工建设”不断深化，新华社《国内动态清样》刊发专题报道。在中共中央组织部办公厅举办的培训班上，杭州市就推进“智慧党建”工作做专题介绍。

（唐宽勇）

【学习型城市建设】 2014年，市委宣传部以“信息时代的学习革命——智慧点亮生活”为主题，举办第四届杭州学习节，主体内容包括开展信息时代的学习方式、“悦学体验点”征集、寻找“思·享”者、网络学习平台征集和调查、不同年龄的阅读书单5项调查；举办“信息时代的学习革命——智慧点亮生活”主题研讨、“‘MOOC来’——信息时代的学习革命思辨”活动、华数点点达人赛、中外名著插图展、十大“书香人家”、“书迷”评选、首届中华经典吟诵大赛、中小学生“品味书香、诵读经典”读书征文等群众性学习活动，推动人们学习理念的更新、学习方式的变革，进一步丰富学习型城市的内涵。在不断提升“学在杭州网”“悦学体验点”等网络平台的服务水平和辐射面的基础上，新设“漂流书亭”120余座、“漂流书架”100余个，投放书籍7万册，阅读人次超60万，流通率达80%。

【“我们的价值观”主题实践活动】 2014年，市委宣传部继续深化“我们的价值观”主题实践活动，部领导先后两次受邀为全国宣传部长培训班介绍“我们的价值观”经验。主动协调有关单位举办讲座、研讨会（座谈会或报告会）24次，《我们的价值观·大型报网互动思辨论坛》13期，开展系列主题活动47个。在原有“三个一”的基础上，新增“四个微”宣传，即“最美人物”微宣讲、“开心茶馆”微小品、“快拍快拍”微影像、“一理一论”微传播，宣传12个每月主题词。组织修订再版《我们的价值观——社会主义核心价值体系建设的杭州实践》一书，并获浙江省第十二届精神文明建设“五个一工程”奖。

【加强理论研究】 2014年，市委宣传部围绕学习贯彻习近平总书记系列重要讲话精神以及“杭改十条”、信息时代的学习革命、深化“我们的价值观”主题实践活动等课题，组织撰写《只有干在实处、才能走在前列——学习习近平总书记系列重要讲话》《奋力追逐幸福和谐之梦——谱写“中国梦”的杭州篇章》《深化“我们的价值观”主题实践活动、大力培育和践行社会主义核心价值观》《弘扬杭州传统人文精神、深化“我们的价值观”主题实践活动》等理论文章，编辑出版《信息时代的学习革命——以杭州为例》《2015年理论动车组系列丛书》等理论书籍。其中：《只有干在实处、才能走在前列——学习习近平总书记系列重要讲话》发表于《浙江日报》理论版，《“我们的价值观”开花结果》发表于《思想政治工作研究》2014年第11期。

【开展理论宣传】 2014年，市委宣传部结合学习贯彻中共十八届三中、四中全会精神，组织宣讲团赴各地宣讲。印发《杭州市中国特色社会主义理论体系宣传普及讲师团师资库》，供全市各地各单位开展菜单式宣讲。结合深化“中国梦”主题教育实践活动，以“共饮一江水”为主题，举办杭州市第二届微型党课大赛，选拔一批基层优秀宣讲员；在全省基层党校评选活动中，杭州市下城区东新街道等5所基层党校被评为浙江省示范基层党校；上城区望江街道等7所基层党校被评为浙江省先进基层党校；4名个人被评为浙江省基层党校优秀教员。 （李 进）

【“杭州发布”网络平台上线】 8月19日，由市委、市政府授权，以杭州市人民政府新闻办公室实名认证的“杭州发布”网络平台在新浪微博、腾讯微博等六大平台同步上线。至12月底，初步建成131个一级子平台、1041个二级子平台，形成覆盖全市的“1+100+1000”政务微博、微信发布平台矩阵；“杭州发布”的六大平台“粉丝”总量超过260万人，跻身全国政务微博第一方阵。“杭州发布”先后获国家网信办评选的“全国政务新媒体优秀公众账号”，以及其他权威机构评选的“全国十佳城市政务新媒体”“全国政务新媒体十大微信公众号”“2014年度全国最亲民微博”等荣誉，并在全国地级以上城市政务微信影响力榜单中名列前茅。

【“让网络空间清朗起来”学习讨论实践活动】 2014年，市委外宣办根据省委、市委统一部署，结合杭州实际，在全市范围内组织开展“让网络空间清朗起来”学习讨论实践活动。省委常委、市委书记龚正任活动小组组长，市委副书记、市长张鸿铭任第一副组长，13个区、县（市）和市直机关部门也分别建立领导小组。市领导和区、县（市）以及市直部门、单位的党委“一把手”带头上网课，推动全市领导干部知网、懂网、用网。通过广泛开展学习培训，大力建设网络文化阵地，依法进行网络空间治理，精心推出网上重大主题宣传等，使活动的触角抵达机关、企业、社区、学校等层面，达到“同频共振”的效应，为杭州市全面深化改革、推动创新发展营造和谐清朗的网上舆论环境。

【重大主题对外和网上宣传】 2014年，市委外宣办围绕中心、服务大局，组织市属网络媒体，协调中央、省级重点网络媒体，运用网络宣传手段，开展中共十八届四中全会精神、“智慧杭州”建设、“美丽杭州”建设、“法治杭州”建设、培育和践行社会主义核心价值观、“五水共治”等10余次网上重大主题宣传，营造良好的网上舆论氛围。开展“美丽杭州·美好生活”全国知名网络媒体采访活动。组织市属网络媒体推出“智慧杭州”网上专题，开展“寻找智慧经济杭州样本”系列网络访谈和“寻找智慧生活的十大样本”网络征集活动。做好杭州都市圈市长联席会议宣传报道，开展“深化改革、转型升级”2014年聚焦杭州都市圈大型联合采访活动。

【杭州市民摄影节】 5月8日，第七届杭州市民摄影节在西博馆的外宣交流中心正式启幕。该届市民摄影节以“五水共治”“美丽杭州”为主题，共推出展览100余个，展出照片6000余张。40余个中央、省、市级主流媒体和涉外、境外媒体参加启幕仪式，并进行专题报道。《中国摄影报》头版头条刊登报道，对市民摄影节“亲民、接地气、本土化”的办节宗旨给予充分肯定。

【开展“把美丽杭州寄出去”活动】 4月23日起，市委外宣办结合第七届杭州市民摄影节，开展“把美丽杭州寄出去”市民DIY明信片寄递活动。西湖景区设立7处环湖的市民DIY明信片服务点，将文化和科技相融合，为消费者提供个性化定制明信片服务。据不完全统计，至9月底，短短4个多月，市民和游客共寄递明信片7万余张，实现游客与景区的双赢。还特别发行印有杭州市市长张鸿铭签名的“杭州欢迎你”明信片，馈赠外国友人，向世界传递“美丽杭州”。同时，中国邮政总公司也为“把美丽杭州寄出去”市民DIY活动特别发行了印有三潭印月的西湖邮资图两枚（国际、国内）。

【杭州网络文化季】 10月30日，由市委外宣办（市网信办）、市网络文化协会主办的杭州网络文化季暨“杭州发布”宣传推广月活动正式启动。网络文化季围绕市委、市政府“发展信息经济建设智慧城市”和杭州全国文明城市复评、“杭州发布”网络平台宣传推广等重点工作，组织开展“杭州发布”宣传推广月、2014年中国互联网社区高峰论坛、“美丽杭州”智慧生活展示等网络文化活动，人民网等数十个主流媒体予以报道，有效传递网络正能量，展示“智慧杭州”良好形象。

【新闻发言人培训】 2014年初，市委外宣办对全市各级党委、政府部门和单位共228名新闻发言人进行调整，党委系统实行新闻发言人及助理制度，政府系统实行新闻发言人A、B双岗制度。先后对全市党委、政府及市直有关部门的200余名新闻发言人和“杭州发布”矩阵单位1200余名编辑人员进行业务培训。编制《杭州市突发公共事件新闻发布应急预案操作手册》《新闻发布工作文件汇编》等，以促进新闻发言人新闻发布的常态化和规范化。做好“7·5”公交放火案、市区停车收费改革等重大敏感事件的新闻发布会，以及2014年世界杭商大会等20余场常规新闻发布会的组织和媒体应对服务工作。 （市委外宣办）

【“最美杭州人”主题宣传活动】 2014年，《杭州日报》、《都市快报》、杭州网和杭州电视台开展“发现最美杭州人”新闻报道工作，全年宣传报道“最美杭州人”120人。在全市范围内建设“最美杭州人”光荣墙，全市城区、乡村相继建立光荣墙、光荣栏、光荣廊1050个，实现198个乡镇（街道）全覆盖，村（社区）覆盖率75%，上榜展示各级各类“最美人物”5000余名。出版2013年度《最美杭州人》教学教材，发放到各机关、学校、社区、农村等，共7000册。创作《最美杭州人》微漫画书籍，累计提供1万本供中小学生们

免费阅读。举办第二届“最美杭州人”评选活动，评选产生10名“最美杭州人”获得者和20名“最美杭州人提名奖”获得者。

【群众性歌咏活动】 6月27日，由市委宣传部、市文明办主办，杭报集团、杭州文广集团协办，新闻89杭州之声、杭州电视台综合频道承办的“红旗飘飘——杭州市庆祝中国共产党成立93周年群众性歌咏活动”在杭州文广集团演播厅举行。市委常委、宣传部部长翁卫军等领导出席歌咏活动，与群众同声放歌，共庆党的生日。歌咏活动讴歌了中国共产党成立93年来团结带领全国各族人民求解放、谋发展、图幸福，奋力开创美好生活的光辉历程和伟大功绩，抒发了杭州人民对党的忠诚和热爱之情。

【“五星红旗升起来”活动】 为庆祝新中国成立65周年，全市各级党政机关、人民团体，以及各区、县（市）的主要道路路段、学校、车站、码头、旅游景点、游船等公共场所升挂国旗。据统计，全市共悬挂国旗10.14万面，其中：在主城区和各区、县（市）城区的359条路段升挂国旗4.05万面，各级党政机关、人民团体、学校、车站、码头、旅游景点、游船等公共场所升挂国旗6.09万面。全市社区（乡村）悬挂国庆宣传口号1205条，主城区公交车电子屏、300余个书报亭和200余个邮政局服务点的电子屏对国庆宣传口号进行滚动播放。（陈明春）

【4部作品入选全国“五个一工程”】 在2014年精神文明建设“五个一工程”评选中，杭州创作的电视剧《焦裕禄》等20部作品成功入选浙江省“五个一工程”，占全省入选总数23%；11部作品被省委宣传部推荐参加全国“五个一工程”评选，占全省推荐总数47.8%，并首次实现浙江省“五个一工程”七大艺术门类全覆盖；电影《听风者》、电视剧《焦裕禄》和《国家命运》、歌曲《同志们》等4部作品入选全国“五个一工程”，连续3届位居全国同类城市第一。杭州申报的电视剧《周恩来》等22部文艺创作项目入选浙江省第9批“文化精品扶持工程”，占全省入选数量38%，充分展示杭州文艺精品创作的雄厚实力。

【文化名人阿来和奈保尔受聘“杭州文艺顾问”】 近年来，杭州市大力实施“青年文艺家发现计划”，引进一批高端文艺人才，为杭州文化建设建言献策。2014年，聘请著名作家、四川省作协主席、茅盾文学奖获得者阿来为“杭州文艺顾问”，聘请著名英籍印度裔作家、诺贝尔文学奖获得者奈保尔为“杭州荣誉文艺顾问”，文艺顾问数量增至24名。充分发挥杭州文艺顾问的传帮带作用，邀请参加过中央文艺工作座谈会的“杭州文艺顾问”阿来、麦家参加第十届杭州文艺骨干培训班，为全市300余名文艺骨干授课，有力提升文艺工作者的创作水平。

【农村文化礼堂建设】 继临安、富阳被评为2013年度全省农村文化礼堂建设先进县（市、区），余杭、建德受到通报表扬之后，2014年，杭州市委宣传部坚持一手抓新建、一手抓提升，顺利完成150个农村文化礼堂建设。开展农村文化礼堂摄影比赛、村歌比赛、征文比赛、“文化下乡”等群众文化活动，探索文化礼堂星级评定、理事会负责制等长效管理机制，着力发挥文化礼堂以德树人、以文化人、以礼育人、以艺悦人的功能。同时，在全省率先推出“掌上文化礼堂”，利用手机端网页和微信公众号功能，通过文字、图像和音频等多媒体，展示农村文化礼堂建设成果和各乡村的乡风民俗、文化特色，不断提升文化礼堂的知名度和美誉度。

【杭产文化精品助推杭州“文化走出去”】 2014年，杭州文化精品不断在全国乃至国际舞台上亮相，受到广泛关注。杭州歌剧舞剧院创排的《遇见大运河》在全国巡演43场，场场爆满；杭州越剧院携越剧《心比天高》《海上夫人》赴美演出，14天内共演出6场，向国外观众展示了越剧这一传统文化的独特魅力。杭州爱乐乐团成功举办第四次出国巡演，在“歌剧之乡”意大利演出歌剧《丑角》《乡村骑士》，受到热烈欢迎。话剧《活着》参加德国莱辛戏剧节，受到热捧。2014年世界影响最大的中国当代文学译作榜单中，市文联创研室专业作家麦家的《解密》、余华的《黄昏里的男孩》列排名榜前两名，分别被全球686家和443家图书馆收藏，充分展示杭产文艺精品的影响力。

【2支合唱队获全省群众合唱大赛特别奖】 2014年，市委宣传部以承办“我和我的祖国”——浙江省群众合唱大赛决赛为契机，在全市范围内开展群众合唱活动，有2万余名社会各界群众参与。9月17日，萧山区教师合唱团、杭师大学生合唱团两支队伍获全省群众合唱大赛特别奖（连续两届获得一等奖才能荣获特别奖），市委宣传部获优秀组织奖。作为群众合唱大赛的汇报演出，“我和我的祖国”——浙江省暨杭州市庆祝新中国成立65周年群众合唱晚会于9月26日在杭州大剧院举行，省市领导、道德模范、驻杭官兵、高校学生及社会各界共1300余人出席晚会，共迎中华人民共和国65华诞。（刘彦辉）

【“服务深化改革，推动创新发展”主题活动】 2014年，市委统战部在全市统一战线开展“服务深化改革，推进创新发展”主题活动。1月29日，《人民日报》刊发市政协副主席、市委统战部部长董建平文章《驱动改革创新的重要力量》。3月27日，杭州统一战线“服务深化改革，推进创新发展”座谈会召开，市各民主党派、工商联、知识分子联谊会联合发出“我为杭州建功立业”的倡议，引导全市党外人士争做改革创新的先行者、转型发展的推动者、社会和谐的维护者、民生慈善的奉献者。全市统一战线围绕主题活动搭建“建功立业”“最美人物巡回宣讲”等形式多样的活动载体，产生积极反响。

【坚持和发展中国特色社会主义学习实践活动】 6月8～12日，市委统战部以“加强中国特色社会主义参政党建设和党外人士践行群众路线”为主题，在河南兰考举办市各民主党派、工商联领导干部和无党派人士读书班，进一步领会多党合作的优良传统和焦裕禄精神的时代意义，推进党外领导干部的作风建设。开展杭州统一战线“杰出人物”“建功立业模范”宣传活动，对活动中涌现出的人物、模范及其先进事迹进行宣讲。2014年，全市统一战线广泛开展中国特色社会主义学习实践活动，召开报告会、座谈会111次；组织宣讲49场，参加4940人次；举办培训班49个，培训2.02万人；建立学习实践活动基地85个，为民主党派解决专项经费45万元。

【多党合作工作联席会议】 5月9日，杭州市召开多党合作工作联席会议。中共杭州市委副书记杨戌标出席并讲话，市委统战部及有关部门负责人、市各民主党派主委和无党派人士代表参加。会议学习习近平总书记关于多党合作的重要论述，就加强中国特色社会主义参政党建设、建立多党合作工作联席会议制度等议题进行研讨。会上，与会人员对建立多党合作工作联席会议制度取得一致意见，明确联席会议的主要职能、参加人员和会议组织等事项。

【党外代表人士队伍建设】 2014年，市委统战部在杭州市社会主义学院先后举办市各民主党派中青年骨干培训班、无党派人士培训班、党外局级领导干部研讨班、宗教界人士培训班；举办4期统一战线爱国主义系列讲座，加强国情形势教育和中国特色社会主义理想信念教育。强化党外干部履职管理，召开党外领导干部从政履职座谈会，55名来自人大、政府、政协、法院、检察院、国企、高校的党外局级领导干部参加座谈，6名代表在会上做交流发言。

【党外干部实践锻炼基地成立】 4月29日，市委统战部联合市委组织部在下城区成立杭州市首个党外人士实践锻炼基地，市政协副主席、市委统战部部长董建平出席揭牌仪式并讲话。党外人士实践锻炼基地的培养对象主要是具有专业优势和发展潜力的党外中青年骨干，以市级机关、高校、科研院所、国有企业中的民主党派、无党派人士中的年轻干部、专家为主体。首批3名来自民革、民盟、民建市委会机关的党外干部分别到下城区教育局、文晖街道、天水街道进行为期半年的实践锻炼。

【“咨政建言”专家库工作规则出台】 2014年，市委统战部组织召开“智慧经济”“创投引企”等专题建言会，邀请部分市统一战线“咨政建言”专家库专家建言献策，并形成专报向市委建言。为充分发挥“咨政建言”专家库和专家的作用，9月，市委统战部制定出台《杭州统一战线“咨政建言”专家库工作规则（试行）》，指导、规范“咨政建言”专家库的专家资格认定、入选程序及专家库的工作运行和日常管理，推进专家库工作制度化、规范化。

【市知联会网络与信息专业人士分会成立】 市委统战部深入开展全市网络信息界专业人士统战工作，从网络舆情、信息经济管理部门和与网络信息产业紧密相关的企业物色人选42名，成立网络与信息界专业人士组织。7月22日，市知识分子联谊会网络与信息专业人士分会（简称“网联会”）成立，省委统战部常务副部长金长征应邀出席成立仪式并为分会授牌。网联会成立后，发出履行社会职责倡议书，并举办“网络与信息发展”论坛和智慧经济、信息经济发展研讨会，组织7场次主题演讲，凝聚网络界正能量。2014年，网联会被评为浙江省优秀网联会。

【新生代企业家队伍建设】 市委统战部加强对新生代企业家联谊会的管理和指导，开展“政企”“银企”对接、“五水共治”、会员企业学习参观、对外交流等系列活动，深化服务机制，为会员搭建良好的成长平台。10月17日，市委统战部与市工商联、市西博办联合承办“500强企业家暨新生代企业家论坛”，各地代表向全国新生代企业家发出“携手创新业 共筑中国梦”的倡议。论坛荣获西博会最具创新奖。市委统战部积极推动基层新生代企业家组织的建立和发展，力求在全市范围内发现和凝聚更多优秀的企业家人才，推动新生代企业家队伍建设。至年末，有6个区、县（市）成立新生代企业家组织。新生代企业家群体培养列入《杭州市民营企业经营者队伍建设规划（2014~2020年）》。

【“优秀社会主义事业建设者”宣传活动】 2014年，市委统战部深入开展非公有制经济代表人士宣传教育工作，充分发挥先进人物的示范引领作用。与市工商联等单位联合举行第五届杭州市“优秀社会主义事业建设者”先进事迹巡回宣讲活动，5名来自不同行业的“优秀社会主义事业建设者”通过分享亲身创业的体会，向广大非公有制经济人士宣传理想信念、创业理念，介绍成功经验和企业文化建设成果及承担的社会责任。

【统一战线调研走访活动】 2014年，市委统战部深入开展部机关“统战工作大调研”和统战系统干部“凝心聚力大走访”活动，基本摸清统战工作关键领域、重点环节及新情况、新问题的现状，进一步密切与基层统战成员的联系。据统计，部机关干部在“统战工作大调研”活动中，先后就统战领域10个方面问题进行调查研究活动39次，召开各类座谈会39次，走访基层联系点38个、基层党外代表人士700余名，形成调研报告4篇和相关文件制度1项，宣传推广指导基层特色工作8项，帮助反映协调困难问题7项。全市各级统战干部在“凝心聚力大走访”活动中，走访党外人士812人次，了解问题和听取建议173个，帮助协调反映问题152个。

【杭州市中华职业教育社换届】 5月15日，杭州市中华职业教育社第五次社员代表大会举行。省政协副主席、浙江中华职业教育社主任陈小平，中华职业教育社副总干事韩晓光出席会议并讲话，市政协副主席叶鉴铭主持。中共杭州市委副秘书长谢国建、市委统战部常务副部长金志强、市教育局局长沈建平、相关部门负责人和社员代表共200余人参加会议。会议讨论并通过杭州市中华职业教育社第四届社务委员会做的工作报告，选举产生以市政协副主席叶鉴铭为主任的第五届社务委员会，并同时选举产生中华职业教育社第十一次全国代表大会会议代表。（邓　丽）

【政府权力清单制度】 2014年，市编委办编制政府权力运行流程图和相关监管举措，并纳入浙江政务服务网进行网上规范运行，固化部门行政权力及其运行流程，强化部门权责在阳光下运行，更好地接受社会监督。全市45个市直部门在市政府门户网站公布行政权力事项4227项，确定保留权力事项3215项，下放权力事项1012项，清减率70.8%；明确部门主要职责事项547项，具体工作事项3553项，厘清与相关部门的职责边界事项150项，加强事中事后监管的制度举措事项574项，公共服务事项333项。

【政府职能转变和机构改革】 2014年，市编委办根据《中共中央国务院关于地方政府职能转变和机构改革的意见》和省有关要求，拟订《杭州市人民政府职能转变和机构改革方案》，经省委、省政府批复同意后组织实施。制定《杭州市区县（市）政府职能转变和机构改革实施意见》，印发各区、县（市）贯彻实施。整合工商、食品药品监管及质量技术监督部门的食品安全监督管理等职责，组建市市场监督管理局；整合卫生与人口和计划生育部门，组建成立市卫生和计划生育委员会；整合内外贸部门，组建成立市商务委员会。及时组织拟订、印发新组建部门的“三定”规定。结合“三定”规定进一步理顺部门职责关系，特别是市商务委和市经信委关于电子商务和“老字号”品牌工作的职责边界，有效促进部门更好履职。将工商、质监机构由市以下垂直管理调整为市、县（市、区）政府分级管理，并推进实施区、县（市）工商、食药、质监部门“三合一”，进一步强化杭州市各级市场监管能力。推进纪检（监察）派驻机构改革，加强纪检（监察）派驻机构编制力量，重新明确纪检监察派驻（出）机构人员编制和领导职数，实现纪检（监察）派驻全覆盖。完成国家统计局杭州调查队和杭州经济社会调查局的机构调整、市纪委机关内设机构调整、市委全面深化改革领导小组办公室的设置、全市小客车总量调控机构的设置等。

【产业发展大平台管理体制改革】 2014年，市编委办根据市委、市政府印发的《大江东产业集聚区体制调整实施方案》，制定大江东产业集聚区管委会“三定”规定及萧山区、杭州经济技术开发区划转大江东产业集聚区的机构编制方案，整合大江东产业集聚区内原江东、临江、前进等功能区管理机构职能，由大江东管委会统一行使开发建设和管理职责，实现区域开发建设管理“一个平台、一个主体”。会同市审管办、市法制办从已公布的市直部门权力清单中筛选出4412项权力事项授权、委托下放集聚区，实现“办事不出大江东”。根据城西科创产业集聚区发展实际，重新制定城西科创产业集聚区管委会“三定”规定，进一步明晰市、区管理权限，增强管委会工作力量。同时，经省编委审核同意，设立大江东和城西科创产业集聚区党工委，与管委会合署办公，进一步健全完善集聚区领导管理体制，保障大平台管理体制改革的深入推进。

【事业单位分类改革】 2014年，市编委办深化公益类事业单位清理规范工作，对市钱江新城管委会和西泠印社社委会经营性职能进行剥离；围绕市运河综保委和市运河集团多年来存在的事企合一问题，进行机构职能、人员编制调整，实现事企分开。推动同类事业机构综合设置，整合市党员干部现代远程教育中心和市基层干部培训中心，搭建综合性的党员干部教育平台；指导区、县（市）通过挂牌整合的方式对党委宣传部门所属的网络宣传指导中心和网络舆情应急监测中心进行综合设置；重点围绕主要从事教学科研、检验检测、信息化和培训工作的事业机构，进行分析研究，提出整合思路。

【机构编制管理】 2014年，市编委办严格机构编制日常管理，合理调剂使用行政事业编制，着力盘活编制存量，优化行政资源配置。围绕市委、市政府中心工作，认真落实大江东体制重大调整过程中的机构编制保障工作。为打造电子商务之都，通过“撤一建一”方式设立杭州国家电子商务产品质量监测处置中心事业机构。为有效落实小客车总量控制政策，通过增挂牌子和内部划转编制的方式，设立市小客车总量调控运行机构。服务医疗卫生事业发展，新建市丁桥医院，在市预防保健门诊部的基础上建立市职业病防治院，通过内部划转方式增加医患纠纷中医疗事故技术鉴定和推进“智慧医疗”项目建设工作中的人员力量。着力保障教育事业发展，核定市教育局直属的22所学校2014~2015学年的教职工编制；为确保杭州高级中学新校区的正常开班，核增该校62名编制；为破解多校区、寄宿制学校面临的管理压力问题，核增部分相关学校的领导职数。通过明确职责、增加人员力量等多种方式，主动服务体育、残疾人托管、妇女维权等事业发展。在严控编制总量的背景下，积极探索公立医院机构编制管理新模式，提出管理体制多样化的参考模式。为确保全市人员编制总量不突破2012年底基数，研究拟制机关事业单位控编减编方案，根据不同类别、工作性质和机构规模，按不同比例精简收回人员编制，重点用于保障民生事业发展和市委、市政府中心工作的开展。建立浙江省杭州科技创新发展院，研究拟制发展院机构设置方案、人才事业编制保障办法和杭州市人才政策若干意见涉及发展院的实施细则。

【机构编制监督检查】 杭州市贯彻落实中央“约法三章”要求，努力实现“本届政府财政供养人员只减不增”目标。根据中央、省编委的统一部署，5~9月，市编委办通过单位自查公示、部门集中联审、实地检查验收等程序，对全市5500余个机关事业单位进行全面核查，发现和纠正问题88个，整理历年机构编制审批文件1万余件，基本实现机构清、编制清、领导职数清和实有人员清。强化监督检查，会同相关部门开展食药体制改革、超职数配备干部等专项督查工作。建立完善“点面”结合的机构编制评估体系，开展机构编制绩效评估、巡视评估及联审评估，促进机构编制管理的科学化和标准化。做好减编控编工作，对机关事业单位现有编制按一定比例进行上收，并由市编委统筹调配使用，重点保证市委、市政府中心工作和民生事业发展所需。

【事业单位登记管理】 2014年，杭州市市属事业单位办理事业单位法人登记的共523个，另有36个由事业单位举办的事业单位办理二类事业法人登记。从2014年度起，实施事业单位登记管理年检制度改革：取消事业单位法人年检，改为事业单位每年3月31日前依法向登记管理机关报送年度报告，并在登记管理机关指定网站上向社会公示其年度报告，接受社会监督；明确事业单位对年度报告的真实性负责；登记管理机关对事业单位报送的年度报告不再作出年检合格或者不合格决定，不再在事业单位法人证书上粘贴年检合格标记。

【党政机关网站标识管理】 为加强党政机关网站安全管理，提高党政机关网站安全防护水平，维护党政机关在互联网上的合法权益，市编委办建立党政机关网站标识制度。10月，根据中央编办和省委编办《关于转发做好党政机关网站开办审核、资格复核和网站标识管理工作的通知》要求，开展全市范围内的党政机关、事业单位网上名称管理及网站“挂标”认证工作。“挂标”工作内容包括开办主体单位的网站开办审核、资格复核及网站标识申领、使用。至年末，全市有门户网站的390余个党政机关完成开办审核和资格复核，网站复核申报率和网站标识“挂标”率均达100%。

【机构编制队伍建设】 2014年，市编委办以“学习型机关”建设为平台，开展“一季读一本书”活动，全年撰写读书心得109篇。举办市直单位组织人事（处长）和业务骨干共500余人参加的机构编制管理业务培训班，以及100余人参加的事业单位法定代表人培训班。开展中层领导干部选拔工作，2名年轻干部担任副处领导职务，3人担任正处领导职务，2人改任非领导职务。对部分人员进行轮岗交流，各处室人员配备更加合理。开通“杭州机构编制”政务微博微信，介绍机构编制工作相关政策法规、业务知识、工作动态等内容，增进部门单位和社会各界对机构编制工作的了解；组织信息员业务培训，提高信息员的信息宣传工作水平。全年编发《杭州机构编制信息》简报17期、信息150余条。在中编办网站刊发信息76条、省编委办网站刊发信息72条，进一步扩大杭州市机构编制工作的影响力。

（陆　琼）

【市委党校组织干部教育培训】 2014年，市委党校共培训学员506期、4.47万人次。其中：主体班次33期、1778人次；计划内班次53期、7073人次；计划外班次420期、3.58万人次。教学质量综合测评分97.75分，比上年提高0.28分。高国舫教授的“党建科学化的内涵及其实现路径”被评为“全国党校系统第三届精品课”。

坚持以“明理、悟道、修身、增智”为指导，打造教学品牌，完善教学内容体系，把习近平总书记系列重要讲话精神作为理论宣传教育的重中之重，并将中共十八届三中、四中全会精神及时贯穿到各个班次的教学中，理论武装和党性锻炼课程时间占到主体班次总课程量的50%。突出杭州发展实践及特色教学，推出“‘五水共治’现场教学”“杭州发展信息经济和智慧城市经济的探索和思考”“‘美丽杭州’背景下的新型城镇化建设”等专题。组织编写《马克思主义哲学简明教材》《中国特色社会主义理论简明教材》《领导干部能力读本》。推进教学方式创新，发挥“招标单元”、领导干部讲坛、专家大讲堂及客座教授队伍等师资平台作用，组织以阅读马列经典为主题的读书交流活动和“以做人民满意的好干部”为主题的学员论坛活动，组织市管干部进修班、市中青一班等主体班次开展专题调研、论文答辩，15篇学员调研成果获市领导批示、2篇调研报告在市政府《杭州政务调查研究》上发表。加大学员党性教育锻炼力度，严格执行市委党校和市纪委、市委组织部《关于进一步严肃培训纪律的通知》等纪律要求，落实《主体班学员量化管理考核和评优办法（试行）》，完善专题教学、视频教学、案例教学、现场体验等不同党性锻炼方式方法，组织学员到沂蒙老区、井冈山等地开展异地党性锻炼活动。

【理论科研成果】 2014年，市委党校获全国党校系统第十届优秀科研工作组织奖，出版著作3部，发表论文88篇（核心及以上刊物25篇），其中被《人大报刊复印资料》全文转载6篇、被《新华文摘》“论点摘编”栏目摘要2篇。获各类优秀成果奖55项，其中全国党校系统第十届优秀科研成果奖一等奖1项、二等奖1项、三等奖2项。《复印报刊资料》学术论文转载量进入党政干部院校总排名前10位，成为前10位中唯一一家副省级党校。《中共杭州市委党校学报》中的文章被《人大报刊复印资料》全文转载11篇，《中国社会科学文摘》全文转载2篇，在全国副省级城市党校学报中均位列第一，并首次进入《中国人文社会科学核心期刊（扩展版）》。全年中标省级以上课题19项，其中国家社会科学基金项目1项、全国党校系统调研课题2项、浙江省社会科学规划课题4项。主持完成包括市情研究在内的各级各类课题69项，其中国家课题4项、全国党校系统调研课题2项、中央社会主义学院招标课题1项、国家行政学院科研合作课题6项、浙江省哲学社会科学规划课题2项、浙江省自然科学基金项目1项、各类市情咨政研究课题38项，有13项决策咨询报告被市委、市政府主要领导批转。

【社会宣讲工作】 2014年，市委党校开展以习近平总书记系列重要讲话精神，中共十八届三中、四中全会精神和党的群众路线教育实践活动为重点的社会宣讲和基层宣传，共组织各类宣讲222场次、受众4.44万人次。其中：深入机关、企事业单位宣讲139场次、受众2.78万人次；深入基层社区、学校、部队、老年协会等义务宣讲83场次、受众1.68万人次。印发《2014年社会宣讲菜单》，收录党建类、社会类、经济类、文化类等59个专题。积极发挥理论阵地优势，共编发《宣讲参考》资料5期、20余万字。

（张　平）

【中国共产党杭州历史馆建设】 根据市委、市政府关于“党史馆在西湖景区会所整治中统筹规划解决”的批示精神，中国共产党杭州历史馆重新选址于北山街菩提精舍。6月3日，中国共产党杭州历史馆建设领

导小组召开第二次会议，市委常委、市委秘书长许勤华，副市长张建庭出席会议。会上专题研究该馆的建设事宜，并进一步明确场馆的租赁使用、修缮保护、展陈、经费、编制等有关事项。会后，市委党史研究室根据会议确定的“2015年‘五一’前建成并面向社会开放”目标，扎实开展展陈大纲修订、布展设计施工及文物资料征集等各项工作。

【党史征编】 2014年，市委党史研究室加强与市本级各部门之间的联系，通过单独指导、赴有关单位举办小型培训会等多种方式，明确任务要求，推动工作顺利开展。至年末，53个市直单位全部提交专题初稿，基本完成改革开放新时期党史专题资料征集工作，13个区、县（市）全部启动党史专题工作，建德、桐庐、临安、富阳、淳安等地形成专题集并正式出版。7月，《杭州纪事2013》由浙江人民出版社出版发行。该书共42万余字，以编年体大事纪要的形式，客观记载杭州2013年在政治、经济、文化和社会发展等方面发生的大事要事。

【邓小平同志诞辰110周年纪念活动】 2014年是邓小平同志诞辰110周年。为深切缅怀邓小平同志的丰功伟绩，营造学习党史国史和邓小平理论的良好氛围，3~7月，市委党史研究室组织开展“邓小平与改革开放”主题征文活动，共收到来自全市党史部门、教育系统等单位的论文35篇。经专家评审，确定12篇论文为优秀论文。8月20日，杭州市党史系统召开“纪念邓小平同志诞辰110周年”理论座谈会。会上，省委党史研究室副主任王祖强做主题报告，7名优秀论文作者代表做交流发言，分别从不同角度回顾邓小平同志光辉伟大的一生。8月22日，在《杭州日报》刊发“邓小平同志诞辰110周年”纪念专版，以“一代伟人——邓小平的西子情怀”为主题，介绍邓小平与杭州的故事。

【“党史六进”活动】 2014年，市委党史研究室创新党史宣传教育方法，扎实开展党史教育“进企业、进机关、进学校、进社区、进农村、进军（警）营”活动。3月，开展党史宣讲活动，在拱墅区夏意社区以“群众路线的历史与现实”为题，在江干区洁莲社区以“扎实开展党的群众路线教育活动，构建新型和谐的党群干群关系”为题，向党员干部宣讲党的群众路线。7月，借助市委组织部“西湖先锋”微博平台，开设党史宣传栏目，每天发布“杭州党史上的今天”微博；开通“杭州党史”三博一信，微博设在新浪网、腾讯网、新华网，微信在腾讯平台上线运行，每日发布“杭州党史上的今天”“党史动态”“党史微知识”等信息，更好地普及杭州地方党史知识，大力弘扬和传承革命精神。10月，以“情系军营情系社区”为主题，开展党史进军营、进社区活动。与武警杭州支队船艇大队、武警杭州支队三中队共同举办宣传栏，向下城区长庆街道王马社区、下城区朝晖街道稻香园社区赠送书籍，进一步丰富和活跃部队官兵、社区居民业余文化生活。

【《青山长相忆——杭州红色遗迹巡礼》拍摄完成】 2014年，市委党史研究室为保存和展示宣传杭州市革命遗址普查成果，与杭州电视台合作完成拍摄文献纪录片《青山长相忆——杭州红色遗迹巡礼》。该片历时两年时间，完成了对全市131处革命遗址遗迹（革命遗址120处、其他遗址11处）的拍摄工作。杭州电视台综合频道于10月27~31日每晚22时50分播出。该纪录片共分10集，以史为线，场景和口述相结合，突出阶段主题，兼顾历史整体，集中展示党领导杭州人民取得新民主主义革命胜利的历史。制作发行DVD光盘1200余套，分送市级机关和全市社区、学校等单位。同时，单独制作本市革命遗址保护现状的历史资料片以作留存研究。

【永远的丰碑——纪念杭州解放暨新中国成立65周年展览】 4月28日至5月13日，由市委党史研究室与市直机关工委联合主办，市档案局、市科协、省市新四军历史研究会、市收藏协会协办的“永远的丰碑——纪念杭州解放暨新中国成立65周年展览”在杭州市科技工作者服务中心举行。展览以还原杭州解放的历史情境为重点，共展出文物约500件，从“沉沦与探求”“挺进与解放”“接管与建政”“巩固与发展”4个部分再现了波澜壮阔的历史进程。展出期间，全市有130余个机关、企事业单位和社会团体的7400余人观展。中国共产党历史网、中国文明网、浙江党史网、《杭州日报》、杭州网、新浪网等9家新闻媒体进行报道。4月29日，市委常委、市委秘书长许勤华和省委党史研究室副主任王祖强参观展览。（俞晓娴）

【老干部工作】 至2014年末，全市有离休干部3313人，比上年减少252人。按区域划分，市直单位2029人、区县(市)1284人；按革命时期划分，红军时期3人、抗战时期577人、解放战争时期2733人；按机构性质分，机关单位913人、事业单位929人、企业单位1471人；按现享受待遇划分，享受省部级待遇（含单项）5人、享受地专级待遇136人、享受县处级待遇1723人（享受“地专两项”待遇31人）、乡科级及以下1449人。

按照“整合力量、组织规范、满足需求、提升效应”的要求，建立杭州市离退休干部“银色人才库”，将市直单位和老干部活动中心协会、老干部大学学员和关工委“五老”等队伍中有特长的2500余名离退休干部登记入库，并根据年龄、住址、特长、爱好，组成宣讲、帮教、科技、医卫、书画、摄影、文艺、诗词、法律和综合10个小组。其中书画和摄影等6个小组围绕“五水共治”“三改一拆”“智慧经济”等课题开展活动。倡导文化养老，老干部大学全年举办133个学习班，参加学习1.12万人次。新开办市级老领导班，共开设8门课程9个班级，参加学习97人次。首创老干部大学校内教师职称评聘制度，共评出教授、副教授、讲师和助教69名。加强扶持基层办学力度，在办学条件成熟的街道（乡镇）、社区设立“老年大学分校”和“老年大学教学点”。市老干部活动中心全年接待老干部6.5万人次，开展各类活动150余场次，3万余名老干部参加。全市各级老干部工作部门组织老干部理论读书会30期、党支部书记培训班14期、情况通报会191场、电影招待会4场、各类主题教育活动56次，有4.6万名老干部参与学习教育。

【离退休干部“两项建设”】 市委老干部局加强思想政治建设和党支部建设。3月18日，召开老干部情况通报会，传达全国两会精神，近300名离退休干部参加。4月29日，市委常委、市委组织部部长张仲灿在市级离退休领导干部、享受地专级待遇及以上离休干部理论读书会上做《党政领导干部选拔任用工作条例》修订情况的通报。7月16日，市委副书记、市长张鸿铭看望疗休养老干部并通报经济工作情况，近100名老干部参加通报会。8月1日，邀请省委党校教授方伯华为疗休养的老干部作做国际国内形势辅导报告。9月28日，市委常委、常务副市长徐立毅向老干部通报杭州市经济社会发展情况。11月21日，副市长陈红英向老干部通报杭州市卫生事业改革情况。12月23日，组织老干部参加党风廉政建设和反腐败工作情况通报会。6月26日，与上城区委联合召开“我为党的事业添光彩——杭州市老干部党建工作经验交流暨发挥作用推进会”，有力促进基层党建工作水平的提升。在老干部活动相对集中的大学、活动中心、医院、疗养院四个层面，成立老干部“临时党组织”。开展“杭州市老干部庆祝建国65周年”等系列活动、“三联一访·重阳敬老”大走访活动和“摸实情·促发展”市直单位走访活动。组织市级老领导赴“美丽杭州”建设实验区——淳安考察。桐庐县科技志愿服务队被评为“全国离退休干部先进集体”，市园文局“夕阳红”志愿服务队等6个团队被评为浙江省“离退休老干部先进集体”，9人被评为浙江省“离退休干部先进个人”。11月12～14日，举办第十六期杭州市离退休干部党支部书记培训班，100余名老干部参加培训。

【老干部生活待遇落实】 2014年，市委老干部局慰问老红军、原市级老领导74名，慰问区县（市）老红军、享受地专级待遇及原任区县（市）正职和副职的老领导45名，走访慰问老红军遗孀和市级离退休领导干部遗孀77人次，住院离休干部757人次，异地安置在20个省（市）的离休干部73名。为559名市本级身患重病、长期生活不能自理、家庭特殊困难的离休干部发放困难补助金，组织市本级404名离退休干部参加疗休养体检、607名离休干部参加门诊单项体检。

深化离休干部居家养老服务，对省、市2700余名离休干部核查居家养老信息情况，征求意见建议。为老干部提供法律服务，编制、发放《老干部法律援助服务指南》。为全市离休干部发放华数有线电视卡。组织247名符合腾空房换购资格的离休干部进行换购，其中47名离休干部完成选购。做好地铁2号线凤起路站红军时期的离休干部拆迁房补偿的协调工作，召开住房工作协调会26场，接待离休干部及家属关于解决历史遗留问题专项用房配售工作来信来访97人次。从2014年1月起，调整红军时期参加革命工作、抗日战争前期、抗日战争后期、解放战争时期的离休干部护理费标准，因瘫痪等原因生活长期完全不能自理的离休干部护理费标准，以及离休干部高龄的护理补贴标准。其中，离休干部的护理费与自雇费不重复享受，高龄护理补贴与生活长期完全不能自理护理费不重复享受。

（朱丽雁）

【关心下一代工作】 2014年，市关工委围绕培育和践行社会主义核心价值观，在全市青少年中开展“祖国在我心、共筑中国梦”主题教育活动。组织1万余名青少年参加“祖国在我心中”知识竞赛，6000余名青少年参加“童心向党”“天堂儿歌”创作歌咏比赛，3000余名小学生参加“我的中国梦——祝福祖国”演讲活动。全市有384个“五老”讲师团，深入学校、社区、企业和农村，利用家庭、楼道和社区等平台，开展以社会主义核心价值观和中国梦等为主题的宣讲活动3298场，受教育青少年73万人次。组织“筑就爱的梦想、放飞美丽心灵”“诵经典传孝道”“运河小公民”“同在蓝天下”“全民阅读”“大手拉小手”“小绘本大舞台”等教育活动，使广大青少年进一步懂得实现“中国梦”和践行社会主义核心价值观的深刻内涵。

根据“废除劳动教养制度”后出现的新情况，市关工委积极参与社会治理。组织法制副校长、“五老”关爱工作团定期到学校开设法制讲座，全市8000余名关爱工作团“五老”，采取“二帮一”“一帮一”等办法，对1万余名犯罪失足青少年进行帮教，6000余名有明显转变。召开“杭州市青少年法制教育帮教工作现场会”，推广青少年法制教育关爱帮教的“余杭经验”。全市1000余名“五老”网吧义务监督员全年监督网吧、书刊报亭、娱乐场所等近1000个，开展监督活动2000余次。充分发挥自身优势，为青少年做好事解难事办实事。举办第十四届“奋飞助学、梦想启航”帮困助学活动启动仪式，奖励200名家庭困难、品学兼优的学生，并要求受助学生每年至少参加一次以上回馈社会的公益活动。通过多种渠道筹集资金2600余万元，使3万余名困难家庭学生得到不同程度的资助。市关心下一代基金会对全市32个重点教育基地项目提供资助金128.8万元。“五老”科技服务团全年开展科技报告、咨询培训839场，受众36万人次。开办“假日学校”1087所，吸纳近10万名学生参与活动，其中外来务工人员子女2.5万名。重视抓好基层关工委建设，全市建立各类非公企业关工委224个，涵盖各类企业320个。3月下旬，在市委党校举办理论培训班，有200人参加培训。全市5.6万名“五老”工作人员通过各级关工委组织的理论培训、经验交流和学习考察等活动，进一步提升了工作水平。余杭区关工委被评为“全国青少年普法教育先进单位”，1名个人被评为“全国青少年普法教育先进个人”，余杭区仓前中学被评为国家级首批“零犯罪学校”；9个集体和19名个人获省级先进称号，55个集体和228名个人获市级先进称号。重视调查研究和理论建设，《浅谈青少年社会主义核心价值观的践行》被中国关工委《全国关心下一代工作理论文集》收录。《新形势下“五老”工作现状及对策建议》《努力构建与一流中心区相匹配的青少年校外活动场所网络》等调研报告和《引导青少年培育和践行社会主义核心价值观的思考》《浅谈青少年心理健康教育问题》等理论文章，为领导决策提供了参考。

（赵　勋）

【思想政治理论教育】 3月31日，市

直机关工委印发《2014年度市直机关党员干部政治理论学习意见》，明确教育内容、要求和目标，全面规划部署年度机关政治理论教育活动。举办机关党建教育讲坛，改变单向灌输式教育模式，以“案例单位讲与谈与专家点评讨论”相结合的方式开展专题互动式教育。与市委党史研究室等单位联合举办“永远的丰碑——纪念杭州解放暨新中国成立65周年展览”，有7400余名党员干部参观展览。借助省委党校、市委党校及浙江大学等在杭州的高校培训资源，对市直机关处级干部、党务干部、党员和入党积极分子等有计划、分批次组织集中培训，共举办培训班17期，培训机关党员干部近2000名。

【基层组织建设】 2014年，市直机关工委根据改革调整机构情况，及时调整归并机关党组织设置，指导新成立机关党组织4个，做到应建全建。指导11个任期届满的直属机关党组织进行换届选举。认真组织“五星级基层党组织”评选活动，对1346个基层党组织进行分类定级，对121个五星级基层党组织进行通报、授牌。选强配齐因人事变动空缺的专（兼）职机关党务干部，共任免机关党组织书记、副书记38名。召开年度述职评议会议，9名市直机关党委书记进行口头述职，79名机关党组织书记和6个机关党组织进行书面述职，并做好结果运用，推动机关党建工作责任落实。安排24名优秀机关党务干部参加疗休养。制订机关党员发展规划和年度党员发展计划，建立一支数量充裕、相对稳定的入党积极分子队伍，全面实施发展党员全程记实制，落实发展党员责任，确保新发展党员质量，共发展党员256名。制定机关党建创新创优办法，引导机关基层党组织积极创新，在微型党课、文化引领、主题党日、网络服务等方面，评选出可学可推广的“十佳创新创优成果”。

【市直机关廉政建设】 市直机关工委按照市委“五个两”（党委主体责任和纪委监督责任“两责”一起落实、党风政风和社风民风“两风”一起抓、“老虎”和“苍蝇”两个一起打、完善制度与执行制度两措并举、严格教育和强化监督两方面并重）的总体要求，研究部署市直机关党风廉政建设的工作格局，落实责任制，签订责任状。通过观看反腐倡廉案例、学习相关资料、参加知识测试等形式，加强班子和党员干部的党风廉政教育。组织16个归口单位800余名党员干部到南郊监狱、乔司监狱进行现场教育。全力培育廉政文化示范点，印制“我身边的廉勤故事”获奖作品汇编6000册，发至各机关和基层单位。对市总工会、市妇联、市科协3个归口监督单位的30余名领导班子成员和有关岗位人员进行廉政谈话。2014年，共办结信访件31件，自办立案2件，查处2名处级干部。

【市直机关组织“三走三服务”活动】 2014年，市直机关工委通过健全机制，突出关注民生，推动机关党员干部走出机关、开展各类志愿服务；走进社区、开展项目化服务；走入困难家庭、开展结对帮扶服务。据统计，2万余名机关事业单位党员干部与3万余户城乡困难家庭结成帮扶对子，送去慰问金4053.82万元和实物折价997.46万元，帮助解决就业、就医、就学等实际困难2.21万件（次）。举办“迎七一·我为党旗添光彩”大型广场为民服务活动，现场服务群众5785人次，发放各类刊物、宣传资料1.32万册（份），为群众送书法作品400余条幅，理发、义诊413人。近100支党员志愿服务队为群众、企业提供直接服务220余场次。全市91个市直机关、企事业单位2.12万名在职党员到社区报到，领办服务项目4.25万项，参与社区服务和“四治”攻坚行动6.7万人次，领办“微心愿”1.02万个（次）。

【文明机关创建活动】 2014年，市直机关工委把机关作风建设与文明机关创建紧密结合，抓住新一轮文明机关创建命名的时机，将机关作风建设的要求和内容等具体细化到各项目标任务中。利用明察暗访机制，组织32名主要由基层“两代表一委员”组成的市级文明机关暗访员，对114个市直单位进行随机明察暗访1344次，对明察暗访到的问题及时督促整改，其中书面抄告、电话责成整改单位60余个，现场纠正并给予教育110余人次，促进了机关作风的转变，优化了政务环境，形成了机关作风建设的又一长效机制。

【第二届机关文化节】 2014年，市直机关工委以“新起点、新形象、新业绩”为主题，举办第二届机关文化节。该机关文化节分“学习、服务、活力”3个篇章，全年安排10余个系列活动。在举办10余场（次）围棋、象棋、羽毛球、乒乓球、射箭、射击等体育比赛的同时，借助杭州文广集团的资源优势，先后组织机关党员干部参加“七一读诗”和“国庆诗会”活动。以“摆脱亚健康，提振精气神”为主题，举办“机关健康论坛”，分心理健康、美丽女性、中医养生和饮食营养4个篇章，吸引1000余名机关干部参加。开展“体质健康测试进机关”活动，先后在市公安局特警训练基地、市政府大楼、淳安县直机关大院等地，通过10余个基础项目体质健康测试，为近1000名机关干部提供健康体检外的第二张个人“健康锻炼处方”。“十一”前夕，组织600余名机关党员干部参加“迎国庆·健行西溪”健步走活动，倡导健康生活方式。

【机关群团组织建设】 市直机关工委深入开展“四治建功”“五水共治”金点子评比和“创先争优”活动，评比表彰机关工会各类先进184名。组织4000余名机关干部职工分批次赴北戴河等地疗休养，为6000余名干部职工办理机关女职工安康团体重大疾病互助保险，开展“牵手幸福”相亲和“六一”夏令营活动。开展“中国梦·我的梦”主题教育实践活动和“我为核心价值观代言”新媒体传播活动。全力打造“伙伴共青团”，建设服务型团组织。成立9支“五水共治”青年突击队，积极参与“美丽杭州”先行区建设。与淳安县王阜乡团委开展“城乡百团结对共建”活动，为该乡4所学校捐赠1万余元文体用品。开展“梦在前方路在脚下”“好家风好家训”“优雅、知性、品味”等系列机关妇女读书、征文活动，并将优秀征文、书评汇编成册，印发至基层妇女组织交流学习。积极探索岗位建功的新途径、新办法，开展“岗岗结对”活动，进一步发挥“巾帼文明岗”建一个岗、树一面旗、带一批人的示范引领作用。开展“姐妹帮扶”活动，省级以上巾帼文明岗与临安、淳安的困难姐妹家庭结对，为他们送去米、油、衣物及慰问金等。2014年，共慰问困难会员家庭、劳模、一线干部职工等1100余人，发放慰问金40余万元。（苏向国）

【综合考评导向助推作用明显】 1月3日，市考评办召开2013年度市直单位目标考核检查组成员会议，会同市委、市政府“两办”督查室成立6个考核组，分赴114个市直单位开展年度目标检查；由市考评办领导带队组成3个检查组赴各区、县（市）进行年度考核。3月上旬，组织绩效评估专家，分别对2013年度区、县（市）特色创新目标进行绩效评估和对76个市直单位创新创优项目进行专家综合评估。3月25日，十一届市委常委会第72次会议审议通过2013年度综合考评结果。4月8日，市委、市政府召开2014年综合考评工作会议，省委常委、市委书记龚正出席会议，并就综合考评工作做重要讲话。市委副书记、市长张鸿铭宣布2013年度市直单位和区、县（市）综合考评结果，宣读“十佳公务员”表彰决定。市委副书记、市考评委主任杨戌标对2013年度综合考评情况做总结讲评，对2014年综合考评工作进行部署。同日，通过“杭州考评网”、《杭州日报》向社会全文发布《2013年度杭州市市直单位综合考评社会评价意见报告》。5月12日，在《杭州日报》上向社会公示“2014年杭州市市直单位向社会公开承诺的社会评价意见重点整改目标”。8月28日，组织开展市直单位2014年度绩效考核目标进展情况中期检查评估。11月25日，市委书记专题会议听取综合考评工作情况汇报，指出：“今年以来，在市考评委的领导下，市考评办坚持围绕中心、服务大局，突出重点、狠抓落实，不断深化优化综合考评和绩效管理，着力推进市委、市政府重大决策和重点目标任务的贯彻落实，为我市争先进位、走在前列发挥了重要的导向助推作用。对此，应予充分肯定。”12月11日，市委、市政府召开2014年度杭州市综合考评动员大会，全面启动2014年度市直单位和区、县（市）综合考评工作；在《杭州日报》上公示“2014年市直单位社会评价意见重点整改目标”完成情况，在“中国杭州”政府门户网站和“杭州考评网”上开通市直单位综合考评网上评议，并在“市民之家”的综合考评资讯中心首次开展市民群众现场评议。12月25日，召开2014年20项跟踪督办社会评价意见整改工作述评会，对34个市直单位承担的20项跟踪督办意见整改完成情况进行面对面评议。12月27日，与《中国治理评论》编委会、浙江大学中国地方政府创新研究中心共同主办“治理现代化与绩效管理科学化”研讨会。

【综合考评法制化进程加快】 根据“杭改十条”和市委、市政府《关于优化综合考评强化绩效管理的意见》有关“加快实现绩效管理法制化”的要求，市考评办在市人大常委会法制工作委员会的指导下，开展《杭州市绩效管理条例》立法调研和起草工作。10月24日，向市人大常委会法制工作委员会提交该条例草案，并被列为市人大常委会2015年立法计划正式项目。省委常委、市委书记龚正对此给予高度评价，指出这是一项创新性立法。12月10日，市人大常委会主任、党组书记王金财到市考评办调研绩效管理立法工作。为切实加强各类检查考核的规范管理、做好党的群众路线教育实践活动后继整改工作，市考评办在深入调研的基础上起草“加强各类考核管理的意见”。12月12日，市委办公厅、市政府办公厅正式印发《关于加强市直单位各类考核管理的通知》。（杨　旸）

·杭州市人民代表大会及其常务委员会·

【人大机构概况】 至2014年末，杭州有各级人民代表大会112个，其中区、县（市）人民代表大会13个，乡、镇人民代表大会98个。各级人大代表9598人。其中，市人大代表508人，区、县（市）人大代表3053人，乡镇人大代表6037人。市十二届人大常委会有组成人员42人，其中主任1人、副主任7人、秘书长1人、委员33人。市十二届人大设有法制、内务司法、财政经济、城乡建设环境保护、教育科学文化卫生、农业和农村、民族宗教华侨、外事8个专门委员会。市人大常委会下设办公厅、研究室、人事代表工作委员会、法制工作委员会、内务司法工作委员会、财政经济工作委员会、城乡建设环境保护工作委员会、教育科学文化卫生工作委员会、农业和农村工作委员会、民族宗教华侨工作委员会、外事工作委员会（与民族宗教华侨工作委员会合署办公）、办公厅信访办公室12个工作机构。

【市十二届人民代表大会会议】 2014年，杭州市第十二届人民代表大会共举行1次会议。市十二届人大四次会议于2月10～14日举行。市十二届人大代表名额515名，实有代表508名，出席会议代表495名。

会议高举中国特色社会主义伟大旗帜，以邓小平理论、“三个代表”重要思想、科学发展观为指导，深入贯彻落实中共十八大、十八届三中全会精神和省委“八八战略”，全面贯彻落实市委十一届六次全会精神，充分发扬民主，严格依法办事，认真履行宪法和法律赋予的职权。会议听取和审查杭州市政府工作报告；审查杭州市2013年国民经济和社会发展计划执行情况与2014年国民经济和社会发展计划草案的报告（书面），审查、批准杭州市2013年国民经济和社会发展计划执行情况的报告与2014年国民经济和社会发展计划；审查杭州市及市本级2013年财政预算执行情况和2014年财政预算草案的报告（书面），审查、批准杭州市及市本级2013年财政预算执行情况的报告和2014年财政预算；听取和审查杭州市人民代表大会常务委员会工作报告、市法院工作报告、市检察院工作报告。

2月9日下午召开预备会议，选举产生由79名成员组成的大会主席团，选举大会秘书长，表决会议议程。

会议期间，共举行3次全体会议、5次主席团会议和1次财政经济委员会会议。

会议收到代表提出的议案、建议、批评和意见709件。其中：10人以上代表联名提出的议事原案9件；

代表建议、批评和意见700件。大会主席团决定，9件议事原案中的7件议事原案交由市十二届人大有关专门委员会审议，提出审议结果的报告，经市人大常委会审议通过后答复代表，并在下次市人民代表大会时印发全体代表；将其中2件议事原案转为大会代表建议处理。702件（含2件议事原案转为代表建议办理的）代表建议中，涉及工业、交通的133件，财政、农业、旅贸的103件，城建、城管的235件，科技、教育、文化、卫生、体育、宗教的103件，政治、法律、党群及其他方面的128件。市人大常委会将这些建议、批评和意见分别交市政府和其他有关机关、组织研究处理，并负责答复代表，同时将答复内容向市人大常委会办事机构反馈。

10月20日，市人大常委会党组书记、主任王金财（前右二）在滨江区调研《杭州市企业工资集体协商条例》实施情况 （市人大 供稿）

【市十二届人大常委会会议】 2014年，杭州市第十二届人民代表大会常务委员会共举行7次会议，即市十二届人大常委会第十七次会议至第二十三次会议。

市十二届人大常委会第十七次会议　1月14日举行。主要议程：审议市政府关于提请审议《2014年杭州市政府重大投资项目计划（草案）》的议案；听取并审议关于召开市十二届人大四次会议筹备工作情况的汇报；审议并通过市十二届人大四次会议议程(草案)、日程（草案）和有关名单（草案）；讨论并原则通过市人大常委会工作报告（稿），征求对政府工作报告（征求意见稿）、市法院工作报告（征求意见稿）、市检察院工作报告（征求意见稿）的意见；审议并表决市人大常委会2014年工作要点（稿）；审议市人大法工委关于2013年度杭州市人民代表大会常务委员会规范性文件备案审查情况的报告（书面）；审议并表决市十二届人大常委会代表资格审查委员会关于个别代表的代表资格审查报告；审议并表决市政府人事任免议案。

市十二届人大常委会第十八次会议　2月7日举行。主要议程：审议并表决市政府、市法院人事任免事项。

市十二届人大常委会第十九次会议　4月17日举行。主要议程：审议《杭州市院前医疗急救管理条例（草案）》；审议市政府关于提请审议《杭州西湖风景名胜区环湖景区控制性详细规划（2010~2020）报批稿》等9个景区控制性详细规划的议案；审议并表决市人大常委会主任会议、市政府、市检察院人事任免事项。

市十二届人大常委会第二十次会议　6月26~27日举行。主要议程：审议并表决《杭州市院前医疗急救管理条例（草案）》；审议《杭州市民用建筑节能管理条例（草案）》；听取并审议市人大常委会执法检查组关于《中华人民共和国仲裁法》执法检查情况的报告，审议市政府关于《中华人民共和国仲裁法》贯彻实施情况的报告（书面）；听取并审议市人大常委会视察组关于视察《杭州市人民代表大会常务委员会关于实施“公交优先”战略、加快推进品质公交建设的决定》贯彻实施情况的报告，审议市政府关于《杭州市人民代表大会常务委员会关于实施“公交优先”战略、加快推进品质公交建设的决定》贯彻实施情况的报告（书面）；听取并审议市政府关于贯彻“五水共治”战略决策推进防洪排涝工作情况的报告，审议市人大常委会调研组关于杭州市防洪排涝工作调研情况的报告（书面）；审议并表决市人大常委会关于接受王健请求辞去杭州市第十二届人民代表大会常务委员会委员职务的决定（草案）；听取并审议市十二届人大常委会代表资格审查委员会关于个别代表的代表资格审查报告；审议并表决市人大常委会主任会议、市政府、市法院、市检察院人事任免事项。

市十二届人大常委会第二十一次会议　8月27~29日举行。主要议程：审议并表决《杭州市民用建筑节能管理条例（草案）》；审议并表决《杭州市人民代表大会常务委员会关于修改〈杭州市公园管理条例〉的决定（草案）》；审议并表决《杭州市人民代表大会常务委员会关于修改〈杭州市城市供水管理条例〉的决定（草案）》；审议《杭州市大气污染防治规定（草案）》；审议《杭州市科学技术普及条例（草案）》；审议市政府关于提请审议《杭州市城市总体规划（2001~2020年）》（2014年修订）的议案；听取并审议市人大常委会执法检查组关于《中华人民共和国律师法》执法检查情况的报告，审议市法院、市检察院、市公安局、市司法局关于《中华人民共和国律师法》贯彻实施情况的报告（书面）；听取并审议市人大常委会调研组关于贯彻落实市人大常委会刑事诉讼法执法检查审议意见调研情况的报告，审议市法院、市检察院、市公安局、市司法局关于贯彻落实市人大常委会刑事诉讼法执法检查审议意见情况的报告（书面）；审议市人大常委会履职评议组关于法官履职评议情况的报告（书

2014 年杭州市人大常委会重要文件索引

表 50

文件号	发文日期	标　题
杭人大常〔2014〕1 号	2014-01-02	关于补选胡和平为浙江省第十二届人民代表大会代表的报告
杭人大常〔2014〕2 号	2014-01-03	杭州市人民代表大会常务委员会关于召开杭州市第十二届人民代表大会第四次会议的决定
杭人大常〔2014〕3 号	2014-01-02	杭州市人民代表大会常务委员会关于促进改革创新的决定
杭人大常〔2014〕4 号	2014-01-14	关于召开杭州市第十二届人民代表大会第四次会议有关事项的通知
杭人大常〔2014〕5 号	2014-01-14	关于出席杭州市第十二届人民代表大会第四次会议的通知
杭人大常〔2014〕6 号	2014-01-14	关于列席杭州市第十二届人民代表大会第四次会议的通知
杭人大常〔2014〕7 号	2014-01-14	关于听会人员参加杭州市第十二届人民代表大会第四次会议的通知
杭人大常〔2014〕8 号	2014-01-24	关于提请批准《杭州市企业工资集体协商条例》的报告
杭人大常〔2014〕9 号	2014-01-26	杭州市人大常委会 2014 年工作要点
杭人大常〔2014〕10 号	2014-04-21	关于市十二届人大常委会主任会议成员工作分工和联系区、县（市）人大分工的通知
杭人大常〔2014〕11 号	2014-06-27	杭州市人民代表大会常务委员会关于接受王健请求辞去杭州市第十二届人民代表大会常务委员会委员职务的决定
杭人大常〔2014〕12 号	2014-07-10	关于提请批准《杭州市院前医疗急救管理条例》的报告
杭人大常〔2014〕13 号	2014-09-05	杭州市人民代表大会常务委员会关于批准杭州市本级 2013 年财政决算的决议
杭人大常〔2014〕14 号	2014-09-15	关于提请批准《杭州市民用建筑节能条例》的报告
杭人大常〔2014〕15 号	2014-09-16	关于提请批准《杭州市人民代表大会常务委员会关于修改〈杭州市城市供水管理条例〉的决定》等两个修改决定的报告
杭人大常〔2014〕16 号	2014-10-29	杭州市人民代表大会常务委员会关于开展向朱忠华同志学习活动的决定
杭人大常〔2014〕17 号	2014-10-30	关于接受杨军请求辞去浙江省第十二届人民代表大会代表职务的报告
杭人大常〔2014〕18 号	2014-10-30	杭州市人民代表大会常务委员会关于接受杨军请求辞去浙江省第十二届人民代表大会代表职务的决议
杭人大常〔2014〕19 号	2014-10-31	杭州市人民代表大会常务委员会关于召开杭州市第十二届人民代表大会第五次会议的决定
杭人大常〔2014〕20 号	2014-10-31	杭州市人民代表大会常务委员会关于同意调整 2014 年杭州市本级收支预算的决议
杭人大常〔2014〕21 号	2014-10-31	关于提请批准《杭州市科学技术普及条例》的报告
杭人大常〔2014〕23 号	2014-12-31	杭州市人民代表大会常务委员会关于许可对杭州市第十二届人民代表大会代表童永榕依法采取强制措施的决定
杭人大常〔2014〕24 号	2014-12-31	关于提请批准《杭州市人民代表大会常务委员会关于授权市人民政府在滨江区暂时停止施行〈杭州市流动人口服务管理条例〉有关规定的决定》的报告
杭人大常〔2014〕25 号	2015-01-04	关于补选李玲为浙江省第十二届人民代表大会代表的报告
杭人大常〔2014〕26 号	2015-01-04	杭州市人民代表大会常务委员会关于接受陈永良请求辞去杭州市第十二届人民代表大会常务委员会委员职务的决定

面）；审议市政府关于2014年上半年国民经济和社会发展计划执行情况的报告（书面）；听取并审议市政府关于杭州市本级2013年财政决算草案和2014年上半年预算执行情况的报告；听取并审议市政府关于2013年度预算执行和其他财政收支情况的审计工作报告；审议市政府关于2014年杭州市政府重大投资项目年度计划上半年执行情况及新增政府重大投资项目计划情况的报告（书面）；听取并审议市人大常委会跟踪检查组关于饮用水水源保护跟踪检查情况的报告，审议市政府关于贯彻落实市人大常委会饮用水水源保护执法检查审议意见情况的报告（书面）；审议市十二届人大常委会代表资格审查委员会关于个别代表的代表资格终止的报告（书面）；审议并表决市人大常委会主任会议、市政府、市法院人事任免事项。

市十二届人大常委会第二十二次会议　10月27～28日举行。主要议程：审议并表决《杭州市科学技术普及条例（草案）》；审议《杭州市老年人权益保障规定（草案）》；审议并表决市人大常委会关于召开市十二届人大五次会议的决定（草案）；审议并表决市人大常委会关于开展向朱忠华同志学习活动的决定（草案）；审议市人大法委关于《杭州市城市地下管线建设管理条例》立法后评估情况的报告（书面）；听取并审议市政府关于推进产业一体化（制造业）情况的报告；听取并审议市政府关于调整2014年杭州市

本级收支预算的报告；审议市人大财经委关于2014年部门决算重点审查工作情况的报告（书面）；听取并审议市政府关于《杭州市人民代表大会常务委员会关于加快推进杭州天子岭循环经济产业园区建设的决定》贯彻实施情况的报告，审议市人大常委会视察组关于视察《杭州市人民代表大会常务委员会关于加快推进杭州天子岭循环经济产业园区建设的决定》贯彻实施情况的报告（书面）；听取并审议市人大常委会执法检查组关于《中华人民共和国义务教育法》执法检查情况的报告，审议市政府关于《中华人民共和国义务教育法》贯彻实施情况的报告（书面）；审议并表决市十二届人大四次会议主席团交付市人大有关专门委员会审议的代表议案审议结果的报告（书面）；审议并表决市人大常委会关于接受杨军请求辞去浙江省第十二届人民代表大会代表职务的决议（草案）；审议并表决市十二届人大常委会代表资格审查委员会关于个别代表的代表资格审查报告；审议并表决市人大常委会主任会议、市法院人事任免事项。

市十二届人大常委会第二十三次会议　12月29～30日举行。主要议程：审议《杭州市老年人权益保障规定（草案修改稿）》；审议并表决市人大常委会关于在滨江区暂时停止施行《杭州市流动人口服务管理条例》有关规定的决定（草案）；审议《杭州市生活垃圾分类与减量条例（草案）》；审议并表决《杭州市人民代表大会常务委员会任免国家机关工作人员办法（修订草案）》；审议并表决市人大常委会关于修改《杭州市人民代表大会常务委员会任命国家机关工作人员法律知识考试办法》和《杭州市人民代表大会常务委员会法官检察官法律职务任职资格审查办法》的决定（草案）；审议并表决《杭州市人民代表大会常务委员会关于进一步加强立法工作的意见（草案）》；听取并审议市政府关于调整2014年杭州市本级收支预算的报告；听取并审议市政府关于提请审议杭州市第二水源千岛湖配水工程等项目的报告；听取并审议市人大常委会执法检查组关于《中华人民共和国消费者权益保护法》执法检查情况的报告，审议市政府关于《中华人民共和国消费者权益保护法》贯彻实施情况的报告（书面）；审议市人大常委会跟踪检查组关于跟踪检查食品安全审议意见落实情况的报告（书面），市政府关于贯彻落实食品安全审议意见情况的报告（书面）；审议并表决关于市十二届人大四次会议主席团交付市人大农委审议的代表议案审议结果的报告（书面）；听取并审议市政府关于市十二届人大四次会议代表建议、批评和意见办理情况的报告，审议市人大常委会人事代表工委关于市十二届人大四次会议代表建议、批评和意见处理情况的报告（书面），市法院、市检察院关于市十二届人大四次会议代表建议、批评和意见办理情况的报告（书面）；审议并表决市人大常委会主任会议关于提请补选李玲为浙江省第十二届人民代表大会代表的议案；审议并表决市十二届人大常委会代表资格审查委员会关于个别代表的代表资格审查报告；审议并表决市人大常委会关于接受陈永良请求辞去杭州市第十二届人民代表大会常务委员会委员职务的决定（草案）；审议并表决市人大常委会主任会议、市政府、市法院人事任免事项。

【地方立法工作】 2014年，市人大常委会坚持立法先行，加强和改进立法工作，着力提高立法质量，充分发挥立法对经济社会发展的引领和推动作用。

推动立法与改革决策相衔接。根据市委建议，及时将生活垃圾分类与减量条例调整为正式立法项目并进行初审，对信息经济智慧应用促进条例进行调研，使立法主动适应杭州市改革和经济社会发展需要。及时作出常委会决定，授权市政府在滨江区暂停施行《杭州市流动人口服务管理条例》的有关规定，推进居住证制度改革试点工作。组织开展“查找不适应全面深化改革要求的法律法规条文”活动，共征集到人大代表和社会各方面建议1200余条，并对杭州市81件现行有效地方性法规进行全面梳理，为统筹推进“立、改、废、释”工作奠定基础。

注重民生领域立法。围绕事关人民群众根本利益的重点问题，依法行使立法权，审议通过《杭州市院前医疗急救管理条例》《杭州市科学技术普及条例》《杭州市民用建筑节能管理条例》3件地方性法规，对《杭州市公园管理条例》《杭州市城市供水管理条例》2件地方性法规进行修改，对《杭州市大气污染防治规定》《杭州市老年人权益保障规定》等法规草案进行初审，对24个立法项目进行调研论证，并协助全国人大常委会和省人大常委会完成多件法律法规草案的征求意见工作。

完善立法工作机制。制定《杭州市人民代表大会常务委员会关于进一步加强立法工作的意见》，构建“党委领导、人大主导、各方参与”的立法工作格局。通过征集立法项目、公布法规草案、公开征求意见等方式，使立法大门始终向代表敞开、向公众敞开。就院前医疗急救管理条例举行立法听证会、进行立法前评估，就城市地下管线建设管理条例开展立法后评估，使立法工作更加科学民主。

【人大监督工作】 2014年，市人大常委会坚持问题导向，突出监督重点，加强和改进监督工作，着力增强监督实效，推动“一府两院”依法行政、公正司法，促进经济社会健康发展。年内，共听取和审议专项工作报告13个、开展执法检查4次、审查规范性文件111份。

加强经济监督。听取和审议计划执行、城乡产业一体化发展情况等报告，对促进改革创新决定执行情况进行督查，强调要主动适应经济发展新常态，扎实推进“杭改十条”落地，全力打好转型升级“组合拳”，强势推进“一号工程”，确保经济平稳增长。围绕市政府在政情报告会上提出的产业园区建设、投资促进、创新驱动等7个方面重点工作，主任会议成员带队开展专题调研，提出意见建议，支持政府克难攻坚。其中，对全市产业园区建设情况进行深入调研，提出以打造创新型、高产型、生态型、融合型、服务型“五型”园区为目标，推进产业园区整合提升的建议，为市委、市政府决策提供参考。听取和审议城市总体规划修编、西湖风景名胜区9个景区控制性详细规划制定情况的报告。主任会议还听取萧山余杭与主城区一体化发展、大江东产业集聚区体制调整等报告。

加强“四治”监督。综合行使人大职权，全力推进城市“四治”工作。围绕治水，听取和审议防洪排涝、第二水源千岛湖配供水工程有关情况报告，对饮用水水源保护工作进行跟踪检查；开展“清水治污”工作专题询问，提出要坚持问题、项目、治本、改革、共治“五个导向”，推进“五水共治”，让治水成果惠及百姓。围绕治气，主任会议听取大气污染防治工作的报告，强调要以防治目标倒逼污染治理、产业转型。围绕治堵，采取集中视察与分组检查、明查与暗访相结合的方式，对“公交优先”工作进行视察，提出要在优化公交路网、优先公交路权、提供优质公交服务方面下功夫，创建公交都市，方便市民出行。围绕垃圾处置，对天子岭循环经济产业园建设情况进行视察，并听取和审议有关报告，要求市政府加强组织领导，科学规划，综合施策，加快园区建设，推进垃圾处置减量化、资源化、无害化。

加强预决算监督。听取和审议财政决算、审计、预算执行和预算调整等报告，批准财政决算，同意对2014年市本级收支预算进行调整。听取和审议政府重大投资项目计划及执行情况报告，就个别项目投资总额、项目设计提出审议意见，促进政府投资更加合理有效。借助审计和社会力量，对旅游西进和旅游发展专项资金进行全程跟踪审查，推动政府开展专项资金清理整合。对市经信委、市林水局、市卫计委、市城管委2013年部门决算进行重点审查，督促部门建立绩效评价考核机制，规范预算管理，提高财政资金使用效益。

加强民生领域监督。与区、县（市）人大常委会联动开展《中华人民共和国义务教育法》执法检查，要求政府推进素质教育，促进义务教育优质均衡发展，努力办好人民满意的教育。开展《中华人民共和国消费者权益保护法》执法检查，强调进一步构建全覆盖的消费维权网络、全环节的消费维权工作体系、全方位的消费维权格局，保护消费者合法权益。跟踪检查市政府落实市人大常委会食品安全审议意见情况，开展《杭州市企业工资集体协商条例》贯彻实施情况视察、职业教育发展情况专题调研。主任会议听取市政府有关“十件实事”落实情况、公立医院改革情况等专项工作报告，提出意见建议，推进相关工作。

加强司法监督。与区、县（市）人大常委会联动开展法官履职评议活动，对法院工作及部分法官履职提出评议意见，推动法院整改提高司法水平。开展《中华人民共和国仲裁法》《中华人民共和国律师法》执法检查，跟踪检查《中华人民共和国刑事诉讼法》执法检查意见的落实情况，推动法律有效实施，促进公正司法。认真做好群众信访的受理处理工作301件次，促进问题解决，维护社会稳定。

【人大代表工作】 2014年，市人大常委会坚持代表主体地位，加强和改进代表工作，支持和保障代表依法履职，着力发挥代表主体作用。

提高代表议案建议处理质量。市十二届人大四次会议大会主席团交付审议的7件代表议案，涉及的5个立法项目，全部列入立法计划。702件代表建议全部办理完毕，其中：代表建议所提问题已解决的，占总数35.6%；列入解决计划的，占总数54%。坚持重点督办、走访督查承办大户、通报办理进度、代表小组集体评议、建议办理“回头看”等有效做法，并创新督办举措，对代表提出的有关“四治”工作的77件建议，由主任会议成员和专职委员分别联系督办，推动问题解决。

加强常委会同代表的联系。制定主任会议成员和专职委员联系市人大代表的意见，与82名基层一线代表建立直接联系机制。通过走访、接待、政情报告会等形式，加强与代表的联系沟通，面对面听取代表意见。列出“菜单式”工作计划，让代表自主选择参加常委会有关活动，共邀请40余名代表列席常委会会议、80余人次代表参加常委会立法和监督等重点工作。

密切代表同人民群众的联系。制定《关于加强全市人大代表联络站规范化建设的指导意见》，按照“全覆盖、制度化、常活动、有成效”的要求，推进人大代表联络站建设。年内，全市人大代表联络站建成835个，覆盖所有乡镇、街道。省、市两级领导干部代表分别到代表联络站接待选民、听取民意。全年有125名市人大代表向原选举单位报告履职情况、接受监督。

组织指导闭会期间代表活动。组织开展“‘四治’攻坚战，代表在行动”主题活动，各代表小组积极开展视察、调研，推进“四治”工作。启动第二轮定向视察活动，增强活动的针对性和实效性。改进代表培训工作，培训代表260余人。评选代表履职积极分子和优秀议案建议，进一步激发代表履职热情。认真做好省人大代表杭州中心组的履职服务保障工作。

依法做好人事任免和选举工作。坚持党管干部原则与依法行使人事任免职权的有机统一，修改人事任免工作办法、任命国家机关工作人员法律知识考试办法、法官检察官法律职务任职资格审查办法等，推进人事任免工作规范化。全年任免国家机关工作人员113人次。依法做好省人大代表补选工作，依法审查新选举产生市人大代表的代表资格。

【人大常委会自身建设】 2014年，市人大常委会坚持把思想政治建设摆在首位，加强和改进自身建设，着力提高工作水平，努力开创人大工作新局面。认真学习贯彻中共十八大和十八届三中、四中全会以及习近平总书记系列重要讲话精神，坚定道路自信、理论自信、制度自信，增强政治定力，把好政治方向。坚持党的领导，严格遵守党的政治纪律和政治规矩，坚决贯彻中央和省委、市委决策部署。结合筹备市委人大工作会议，开展调查研究，提出意见建议，推进人大工作和人大建设。开展党的群众路线教育实践活动整改落实“回头看”，深化作风建设，巩固活动成果。坚持常委会会前学法制度，结合常委会中心工作和会议议题，有针对性地安排讲座内容，提高常委会组成人员议决能力。通过走访调研、上下联动、读书会等形式，密切与区、县（市）人大的联系。发挥专委会作用，强化协调配合，形成工作合力。建立市人大机关党

组、市纪委派驻市人大机关纪检组，严格执行中央"八项规定"，切实加强党风廉政建设，开展"三转一争"活动，发挥机关服务保障作用。开展纪念人民代表大会成立60周年系列活动，宣传人民代表大会制度优越性。在首个"国家宪法日"，组织市县两级人大机关干部和部分人大代表，在中华人民共和国第一部宪法起草地——杭州市北山街84号（现为北山街62号），参观"五四宪法"主题展览。挖掘和宣传临安市板桥镇人大主席朱忠华先进事迹，人民日报社、新华社、中央电视台、中国人大杂志等中央媒体做了报道。加强与国外地方议会的交往，宣传人民代表大会制度，促进杭州对外开放。（钱建中）

2月17日，市政府召开全体（扩大）会议暨全民推进"三个年"工作动员大会（市电子政务办 供稿）

·杭州市人民政府·

【市政府机构概况】 2014年，杭州市有乡级以上人民政府112个。其中，杭州市人民政府1个，区、县（市）人民政府13个，乡（镇）人民政府98个。县级以上政府工作部门334个，其中市级40个、县级294个。市人民政府设置工作部门40个（含特设机构1个），派出机构10个，直属事业单位13个。（钟俊元）

【市政府全体会议】 2014年，市政府召开全体会议2次，即十二届市政府第四次全体（扩大）会议暨全面推进"三个年"工作动员大会和第五次全体（扩大）会议。

第四次全体（扩大）会议暨全面推进"三个年"工作动员大会　2月17日举行。市政府常务副市长杨戌标主持，市长张鸿铭做重要讲话。会议认真贯彻落实国务院第二次廉政工作会议、省政府全体会议、市委十一届六次全会和市十二届人大四次会议精神，坚持改革统领，突出"改革创新年、项目推进年、优化服务年"主题，克难攻坚，狠抓落实，确保全年政府工作各项目标任务圆满完成。

第五次全体（扩大）会议　7月28日举行。市政府常务副市长徐立毅主持，市长张鸿铭做重要讲话。会议认真贯彻落实中共十八大、十八届三中全会和省委十三届五次全会、省政府全体会议、市委十一届七次全会精神，全面实施创新驱动发展战略，大力推进信息经济、智慧经济建设，狠抓下半年工作落实，确保全年政府工作各项目标任务圆满完成。

【市政府常务会议】 2014年，市政府召开常务会议17次，即十二届市政府第十七次常务会议至第三十三次常务会议。其中，第十七次常务会议至第十九次常务会议由代市长张鸿铭主持，第二十次至第三十三次常务会议由市长张鸿铭主持。

第十七次常务会议　1月2日召开。会议审议并原则通过《杭州市人民政府关于调整市和区、县（市）工商质监体制改革完善食品药品监管体制的实施意见（送审稿）》。

第十八次常务会议　1月9日召开。会议学习贯彻市委十一届六次全会精神，研究讨论《2014年政府工作报告》（送审稿）、《关于杭州市2013年国民经济和社会发展计划执行情况与2014年国民经济和社会发展计划草案的报告》（送审稿）、《关于杭州市及市本级2013年财政预算执行情况和2014年财政预算草案的报告》（送审稿），审议并原则通过《杭州市建设工程文明施工管理规定》（送审稿）、《杭州市建筑市场管理若干规定》（送审稿）。

第十九次常务会议　1月24日召开。会议学习贯彻十一届中央纪委三次全会精神，研究讨论调整代市长、副市长工作分工。

第二十次常务会议　3月20日召开。会议研究讨论《杭州市院前医疗急救管理条例（草案）》，审议并原则通过《杭州市客运汽车交通治安管理办法》（送审稿）。

第二十一次常务会议　3月25日召开。会议审议并原则通过《关于杭州市小客车总量调控管理和机动车限行工作总体方案》（送审稿）。

第二十二次常务会议　4月25日召开。会议审议并原则通过《杭州市小客车总量调控管理暂行规定》（送审稿）、《关于进一步促进社会资本举办医疗机构发展的实施意见》（送审稿）。

第二十三次常务会议　5月6日召开。会议研究讨论市长、副市长、市政府顾问工作分工。

第二十四次常务会议　5月27日召开。会议研究讨论《杭州市民用建筑节能管理条例（草案）》，杭州市"十二五"妇女、儿童发展规划中期监测评估情况。

第二十五次常务会议　7月4日召开。会议研究讨论整合卫生计生和内外贸机构。

第二十六次常务会议　7月14日召开。会议研究讨论市政府部门推行权力清单制度工作、杭州市企业投资项目核准清单、《杭州市科学技术普及条例（草案）》、《杭州市大气污染防治规定（草案）》，审议并原则通过《杭州市限制活禽交易管理办法》（送审稿）。

2014年杭州市人民政府重要文件索引

表51

文件号	发文日期	标 题
杭政〔2014〕6号	2014-02-14	杭州市人民政府关于扎实推进“改革创新年、项目推进年、优化服务年”工作的通知
杭政〔2014〕12号	2014-03-14	杭州市人民政府关于实施“亩产倍增”计划促进土地节约集约利用的若干意见
杭政〔2014〕20号	2014-04-19	杭州市人民政府关于杭州接轨中国(上海)自由贸易试验区发展的意见
杭政〔2014〕39号	2014-09-17	杭州市人民政府关于进一步推动企业利用资本市场加快发展的实施意见

2014年杭州市人民政府办公厅重要文件索引

表52

文件号	发文日期	标 题
杭政办〔2014〕1号	2014-01-07	杭州市人民政府办公厅关于加快先进装备制造业发展的实施意见
杭政办〔2014〕2号	2014-01-16	杭州市人民政府办公厅关于规范创新型产业用地管理的实施意见(试行)
杭政办〔2014〕3号	2014-01-28	杭州市人民政府办公厅关于鼓励社会力量兴办养老服务机构的实施意见(试行)
杭政办〔2014〕4号	2014-01-29	杭州市人民政府办公厅关于印发杭州市基本养老保障办法主城区实施细则的通知
杭政办〔2014〕5号	2014-02-14	杭州市人民政府办公厅关于印发杭州市药品零售企业管理规定的通知
杭政办〔2014〕6号	2014-03-31	杭州市人民政府办公厅关于印发杭州市市级公立医院综合改革实施方案的通知
杭政办〔2014〕7号	2014-04-28	杭州市人民政府办公厅关于印发杭州市小客车总量调控管理暂行规定的通知
杭政办〔2014〕8号	2014-05-30	杭州市人民政府办公厅关于推进医养护一体化智慧医疗服务的实施意见
杭政办〔2014〕9号	2014-08-06	杭州市人民政府办公厅关于加快工商登记制度改革的实施意见
杭政办〔2014〕10号	2014-09-10	杭州市人民政府办公厅关于进一步优化服务促进企业发展稳定工业增长的实施意见
杭政办〔2014〕11号	2014-12-12	杭州市人民政府办公厅关于印发杭州市级财政专项资金管理办法的通知

第二十七次常务会议　8月15日召开。会议研究讨论《杭州市城市总体规划(2001~2020年)》(2014年修订)。

第二十八次常务会议　9月28日召开。会议审议并原则通过《杭州市人民政府职能转变和机构改革方案》(送审稿)、《杭州市区、县(市)政府职能转变和机构改革实施意见》(送审稿)、《杭州市残疾人机动轮椅车管理办法》(送审稿)。

第二十九次常务会议　10月14日召开。会议研究讨论《杭州市老年人权益保障规定(草案)》。

第三十次常务会议　10月28日召开。会议研究讨论《关于在滨江区暂时停止施行〈杭州市流动人口服务管理条例〉有关规定的决定(草案)》。

第三十一次常务会议　11月4日召开。会议审议并原则通过《杭州市区水价改革定价方案》(送审稿)。

第三十二次常务会议　11月28日召开。会议研究讨论2015年市政府立法工作计划项目征集审核、《杭州市生活垃圾分类与减量条例(草案)》。

第三十三次常务会议　12月30日召开。会议研究讨论杭州市市直部门责任清单编制。　（王　瑜）

【市长办公会议】 2014年,市政府召开市长办公会议27次,即十二届市政府第二十六次市长办公会议至第五十二次市长办公会议。其中,第二十六次市长办公会议至第二十九次市长办公会议由代市长张鸿铭主持,第三十次市长办公会议至第五十二次市长办公会议由市长张鸿铭主持。

第二十六次市长办公会议　1月2日召开。会议审议并原则通过《关于鼓励社会力量兴办养老服务机构的实施意见》(送审稿)、《杭州市区村级留用地管理办法(试行)》(送审稿),研究讨论市本级2013年预算执行情况及2014年预算安排建议、市政府月度工作等事项。

第二十七次市长办公会议　1月9日召开。会议审议并原则通过《杭州市基本养老保障办法主城区实施细则》(送审稿)、《关于实施“亩产倍增”计划促进土地节约集约利用的若干意见》(送审稿)、《杭州市城市轨道交通沿线建筑原址复建规划管理办法(试行)》(送审稿)。

第二十八次市长办公会议　1月24日召开。会议审议并原则通过《杭州市区公共停车场产业化发展若干意见》(送审稿),研究讨论杭州市《2014年项目推进年活动实施意见》(送审稿)、2014年投资目标分解和重点建设项目计划、2014年招商引资计划、2014年“交通治堵”工作计划、杭州市人感染H7N9禽流感疫情防控工作。

第二十九次市长办公会议　1月29日召开。会议审议并原则通过《关于进一步完善招商引资体制机制的实施意见》(送审稿),研究讨论2013年“杭州市政府质量奖”获奖企业名单、杭州油漆有限公司搬迁补偿、协议转让浙江杭州安邦护卫有限公司股权、市政府月度工作等事项。

第三十次市长办公会议　2月25日召开。会议研究讨论2014年市“两会”建议、提案情况和办理工作建议,市政府月度工作等事项。

第三十一次市长办公会议　3月20日召开。会议审议并原则通过《关于促进健康服务业发展的实施意

见》(送审稿)、《杭州市市级公立医院改革方案》(送审稿)、《关于进一步加强农村宅基地管理切实维护农民权益的意见》(送审稿),研究讨论《关于进一步加快城市轨道交通建设与发展的若干意见》(送审稿)。

第三十二次市长办公会议　4月4日召开。会议研究讨论市政府月度工作。

第三十三次市长办公会议　4月8日召开。会议审议并原则通过《2013~2017年杭州市大气污染防治行动计划》(送审稿)、《2014年杭州市大气污染防治实施计划》(送审稿)、《杭州市区生活垃圾处理能力建设三年行动计划(2014~2016年)》(送审稿)、《杭州市"抓节水"三年行动计划(2014~2016年)》(送审稿),研究讨论《关于加快推进萧山、余杭与主城区一体化发展的若干意见》(送审稿)。

第三十四次市长办公会议　4月25日召开。会议审议并原则通过《关于加强杭州市住宅电梯安全工作的实施意见》(送审稿),研究讨论全市实体经济大会表彰文件、《杭州市房屋重置价格标准》等4个国有土地上房屋征收评估配套标准等事项。

第三十五次市长办公会议　5月6日召开。会议审议并原则通过《关于杭州市开展家禽定点屠宰的通知》(送审稿),研究讨论《调整部分市属企业(单位)国有资产监管体制》(送审稿)、举办首届APC杯盲人门球锦标赛暨2014年仁川亚洲残疾人运动会盲人门球资格赛等事项。

第三十六次市长办公会议　5月27日召开。会议审议并原则通过《关于进一步促进餐饮住宿业持续稳定发展的实施意见》(送审稿)、《杭州市推进农副产品平价商店建设的试点实施方案》(送审稿)等事项。

第三十七次市长办公会议　6月6日召开。会议审议并原则通过《杭州市2014年市本级重点实施项目征迁计划》(送审稿)、《关于深入推进"电商换市"的实施意见》(送审稿)和《杭州市电子商务拓市场实施方案》(送审稿),研究讨论市政府月度工作。

第三十八次市长办公会议　6月24日召开。会议审议并原则通过《关于杀白禽上市交易监管的实施意见》(送审稿)、《关于推进杭州市区家禽冷链销售供应的意见》(送审稿)。

第三十九次市长办公会议　7月4日召开。会议审议并原则通过《杭州市加快工商登记制度改革的实施意见》(送审稿)、《杭州市地方政府性债务管理实施办法(试行)》(送审稿),研究讨论市政府月度工作。

第四十次市长办公会议　7月14日召开。会议研究讨论市第三社会福利院定价机制改革。

第四十一次市长办公会议　8月1日召开。会议审议并原则通过《杭州市征收集体所有土地房屋补偿若干意见》(送审稿)、《关于调整杭州市区征地补偿标准的通知》(送审稿),研究讨论《杭州市轨道交通建设资本金筹措的实施意见》(送审稿)、华日实业投资有限公司搬迁补偿、中策橡胶集团有限公司重组、市政府月度工作等事项。

第四十二次市长办公会议　8月15日召开。会议审议并原则通过《关于进一步推动企业利用资本市场加快发展的若干意见》(送审稿),研究讨论埃博拉出血热疫情防控、大杭州市民卡资源整合、申请承办国际泳联2018年世界游泳锦标赛(25米)、调整杭州市区最低工资标准、《关于进一步转变作风完善服务企业长效机制的实施意见》(送审稿)、大江东产业集聚区管理体制等事项。

第四十三次市长办公会议　8月29日召开。会议审议并原则通过《进一步优化服务促进企业发展稳定工业增长的实施意见》(送审稿)、外贸稳增长扶持政策、《杭州市违法建筑处置办法》(送审稿),研究讨论东新路462号地块搬迁补偿、市政府月度工作等事项。

第四十四次市长办公会议　9月18日召开。会议研究讨论《杭州市区水价改革方案》(送审稿),市领导联系重大项目和联系区(县、市)、集聚区、开发区重点工作等事项。

第四十五次市长办公会议　9月28日召开。会议审议并原则通过《杭州市各区、县(市)扩大有效投资、推进重点项目考核挂钩实施办法》(送审稿)、《杭州市扩大有效投资、推进重点项目建设考核与奖励实施办法》(送审稿)、《关于加快养老服务业改革与发展的意见》(送审稿),研究讨论经济适用住房市场评估价格确定公布、半山电厂4号燃煤机组关停后经济补偿等事项。

第四十六次市长办公会议　9月29日召开。会议审议并原则通过《杭州市政府向社会力量购买服务的指导意见》(送审稿)、《杭州市政府向社会力量购买服务目录》(第一批)、《杭州市新能源汽车推广应用财政补助暂行办法》(送审稿),研究讨论浙江中铁房地产集团有限公司城东新城农转居公寓部分配套商业按存量房上市交易、杭州银行定向增发、市政府月度工作等事项。

第四十七次市长办公会议　10月14日召开。会议传达学习省委常委会研究杭州工作会议精神,审议并原则通过《关于开展耕作层剥离与再利用工作的实施意见》(送审稿)、《杭州市人民政府办公厅关于食品安全基层责任网络建设实施意见》(送审稿)。

第四十八次市长办公会议　10月28日召开。会议审议并原则通过《杭州市加强城市基础设施建设实施意见》(送审稿)、《关于加快推进建筑业发展的意见》(送审稿),研究讨论调整杭州市城乡居民最低生活保障标准、市政府月度工作等事项。

第四十九次市长办公会议　11月4日召开。会议审议并原则通过《关于深化推进市区生活垃圾"三化四分"工作的实施意见》(送审稿),研究讨论聘请朱新力等10名同志担任市政府法律顾问。

第五十次市长办公会议　11月28日召开。会议研究讨论全市排污权初始登记缴款和交易、开展公共租赁住房货币补贴试点等事项。

第五十一次市长办公会议　12月11日召开。会议研究讨论萧山余杭与主城区一体化发展、落实新增储备粮和仓储设施建设、西湖景区实行机动车环保行动等事项。

第五十二次市长办公会议　12月30日召开。会议研究讨论《政府工作报告》(初稿)、2015年国民经济和社会发展主要预期目标安排、市本级2014年预算执行情况及2015年预算安排建议、《关于全面深化国有企业改革的意见》(送审稿)、杭州默沙东制药有限公司搬迁评估、2014年“杭州市政府质量奖”获奖企业名单、市政府月度工作等事项。（市政府办公厅综合一处）

【处理公文5371件】 2014年，以市政府、市政府办公厅名义制发公文778件，其中市政府令5件、杭政50件、杭政函194件、杭政办11件、杭政办函170件、杭政办通报120件、杭府纪要145件。收到请示类公文2108件、传阅类公文2485件。请示类公文平均办文天数13.9天，办结率98.3%。（陈晓林）

【加强政务督查】 2014年，市政府着力构建大督查格局，出台《市委、市政府重大决策部署和重点工作任务督促检查工作机制》《市委、市政府重大决策部署和重点工作任务督查组发现问题分类交办机制》，不断提升政府执行力。成立15个联合督查组，围绕年度中心工作，就固定资产投资、重点项目建设、“五水共治”、“三改一拆”等开展12个专项督查，发现和解决决策部署推进落实过程中的各类问题，助推全市经济社会全面发展，确保“三转一争”专题活动取得实效。全年办理张鸿铭市长批示2335件、省政府领导批示462件，交办和办理率均达100%。建立“跟踪点项目”制度，着力抓好社会关注和领导关心的重点难点问题。做好市委、市政府重点工作和实事项目的分解、督办，按月、按季检查进度情况。依据“城乡均衡、群众普惠”的原则，强化过程监督，努力办好实事，2014年市政府十件为民办实事37个项目全部按期保质完成。围绕中心工作，明确目标、细化方案、健全机制、狠抓落实、多措并举、全力推进，以“勇于负责、敢于担当、干在实处、走在前列”为主旨，用专栏展示“市领导联系工作、重点项目建设、固定资产投资”等七个方面工作推进情况。按月进行展示和通报，按完成进度进行排序，并对落后单位亮红灯。以党政内网和综合考评网为载体，全网发布、公开通报、激励先进、带动后进，在全市上下营造争先进位、比学赶超的浓厚氛围，让督查考核在抓落实中发挥更大作用。（侯　芳）

【政府信息公开】 2014年，杭州市各级行政机关按照《政府工作报告》的要求，以加大政府信息公开力度、提升政府服务水平为导向，强化法治理念，完善体制机制，规范公开程序，持续推进政府信息公开工作深入、有效开展。全年新增主动公开政府信息40.78万条。其中，市级机关主动公开政府信息17.3万条，区、县（市）政府主动公开政府信息23.48万条。主动公开的政府信息主要包括行政权力运行、公共资源配置信息、财政资金使用和监督、公共服务、公共监管等九大重点领域内容。各公开义务人共收到政府信息公开申请6596件。其中：市级机关收到3552件，区、县（市）政府及其职能部门收到3044件；当面申请2147件，通过互联网提交表单形式申请1336件，以传真形式申请63件，以信函形式申请3050件。申请内容主要涉及土地征迁、房屋拆迁、建筑管理、规划编制、物业管理、环境质量、重大项目、行政审批信息。（于广益）

【建议提案办理】 2014年，全市收到省、市“两会”建议、提案1234件。其中，省人大代表建议10件，省政协提案22件，市人大代表建议702件，市政协全会建议案2件、提案500件。市政府高度重视建议、提案办理工作，坚持市长办公会议研究制度，市政府领导带头领办市政协全会建议案和重点建议、提案；专题召开交办会议，加强组织领导、明确责任分工、强化综合协调，严把“分办、办理、面商、落实”四个关口，着力提高办理质量和问题解决率；强化督促办理，加强目标管理、过程控制和质量监督；落实建议、提案办理“回头看”制度，建立完善市人大常委会重点督办建议和综合性提案跟踪督办机制，积极开展追踪问效，提升办理工作的透明度和规范化程度。全年建议提案办结率100%、面商率100%、满意率99.5%。（余　亮）

【公务接待】 2014年，市接待办贯彻落实中央和省、市领导关于做好接待工作的一系列指示精神，严格执行中央和省、市关于公务接待工作的各项规定。依照中央办公厅、国务院办公厅《党政机关国内公务接待管理规定》《浙江省党政机关国内公务接待管理办法》，制定《杭州市党政机关国内公务接待管理办法》，8月份以市委办公厅、市政府办公厅名义下发全市贯彻执行。全年市接待办共接待来宾822批次、2.33万人次。其中，党和国家领导45批次、33名，中央国家机关副部级以上和解放军、武警部队副军级以上领导109批次、158名，各省（自治区、直辖市）和副省级市副省级以上领导31批次、61名，全国各城市副市级以上领导153批次（其中城市主要领导69名）。先后10次随市委、市政府领导赴北京、上海、天津、西藏、贵州、广州、深圳、珠海等城市学习交流考察，完成“两湖”论坛、第十六届西博会经贸科技合作大会、第十届中国国际动漫节等15项国家及省、市级各类大型会议和活动的接待保障任务。（杨海斌）

【流动人口管理服务】 2014年，市委、市政府专门出台《关于完善和创新流动人口管理服务的实施意见》，进一步加强对流动人口的管理服务。根据省政府统一部署，在滨江区积极推进居住证制度改革试点工作，探索推行流动人口管理服务社区网格化模式，建立健全“网中有格，格中定责，人在格中，事在格里”的工作体系；创新流动人口智慧管理模式，改进优化流动人口综合信息平台、建设流动人口动态信息(智能门禁)管控平台和新杭州人发布（微信申报）系统；依托《新杭州人》刊物及“新杭州人帮帮网”，加强固定阵地、媒体阵地、互联网阵地建设，宣传报道在杭州流动人口中先进典型和事迹，营造社会各方理解和尊重流动人口的良好氛围。至年末，杭州市登记流动人口总数432.9万人，比上年（指2013年）增长2.2%，流动人口总数位居全省第一。其中：男性248.7万人，女性184.1万人，男女比例135∶100。全市流动人口与户籍人口比为0.6∶1。（茅书耘）

【应急管理工作】 2014年，市应急

办贯彻省委、省政府和市委、市政府关于应急管理重要决策部署，开展重大隐患排查和应急资源普查，不断提高预防和处置突发事件的能力。会同市安全监管局完成全市石油化工应急评估；会同市交通运输局、市环保局、市安全监管局开展危化品运输专题研究；协调市林水局、市城管委开展雨雪冰冻灾害和汛期应急准备工作；会同市公安局开展深化应急联动体制调研，加强防范应对暴恐袭击工作；配合市规划局开展杭州市第一次地理国情普查工作；会同市环保局落实大气重污染应急响应工作机制；会同市人防办开展避暑纳凉、服务民生应急宣传；调整（更新）应急管理负责人和联系人数据库。完成市政府应急平台体系（一期）的项目立项、方案审查和招投标等前期工作。6月，会同市城区防汛办和市安全监管局开展防台防汛应急演练和危险化学品事故应急救援演练。10月，会同市委政法委、市委维稳办、市公安局、市反恐办在拱墅区半山电厂联合举行“2014年杭州市暨拱墅区反恐防暴群体性事件应急联动处置演练”。成功处置“7·31”地铁4号线在建路段发生河水倒灌事故，积极应对“7·5”公交车放火案，妥善处置中泰及附近地区出现聚集堵路行为，及时化解槽罐车侧翻引发四氯乙烷泄漏事件，着力开展人感染H7N9禽流感应急处置和埃博拉疫情防控工作，全力应对梅汛期强降水灾害天气。

【应急预案体系建设】 2014年，市应急办指导、协助市城管委和市交通运输局等部门开展防汛防台抗旱、公共汽车客运、特种设备、城区防汛抗旱、地震等6部预案的修编工作；制定各类预案操作手册19部；开展大气重污染的省、市联动监测预警协调工作。参与重大活动的应急预案制定和实施工作，包括中国购物节大巡游、世界互联网大会期间区域联防联治指导和督促工作。开展预案管理的调研，初步完成《杭州市突发事件应急预案管理实施办法》起草工作。

【应急值守规范】 2014年，市委办公厅、市政府办公厅下发《关于进一步加强值班工作的通知》，扎实做好应急值守各项工作。8月，根据市委、市政府领导指示，建立双休日、节假日区县（市）四套班子主要领导值班带班制度，进一步规范值班值守工作。全年记录《值守记录》9208项（件）次；处理公安、信访、维稳、环境、气象、防汛、卫生防疫、城建城管、安全生产事故及网络舆情等各类信息2757件次；落实市委、市政府各类会议106次；办理领导干部外出报告和外出审批374件、重要内外事报告163件；处理传真函件2万余件，办理《杭州值班》来文来电1019件，处理《杭州值班》紧急信息23件；发送值守应急信息5.5万条；处理市领导短信批示226件；完成省应急办每两周一次的应急点名。

（肖　勇）

【无线电管理】 2014年，杭州市无线电管理局办结行政许可事项248项。其中，频率审批事项42项，呼号事项79项，台站设置及变更事项127项（数量1万余个）。收缴频率占用费103.5万元，检测设台单位和业余电台等无线电发射设备986台。开展打击整治“伪基站”专项行动，全年出动目标巡测36次，配合公安调查取证19起，联合执法2次，办理案件5起，没收设备6套，罚款2000元；查处“黑广播”案件13起，查扣设备11套；办理其他非法设台案件3起，没收对讲机1部，罚款2000元。完成国家下达的频谱监测任务，累计监测1.15万小时；每月对航空、铁路等重点业务以及军用频率的保护性监测，累计监测48次；完成重大活动、节假日等重要时期无线电安全保障监测；参与各类考试保障12次，为外国政要访问杭州、国际马拉松比赛等频率指配监测10次；受理杭州市消防支队指挥中心等干扰投诉10起，查处率100%。开展普法宣传活动，与杭州图书馆合作开展无线电管理宣传图片展。被各类网站、杂志采用政务信息28篇、图片27张；编制《无管信息》4期，向各单位发放400余份；与浙江工业大学“浙江省通信网技术应用研究重点实验室”合作，完成《无线数字电视调制识别研究》课题。　（曹宏伟）

【信访形势平稳可控】 2014年，全市两级信访部门共受理信访总量1.58万件（批）次，比上年下降6.1%。全市信访形势总体平稳可控，信访秩序日趋向好。

制定工作规则，推行群众来信网上直接转送办理，努力控制一般信访问题转为疑难问题，全市初信初访1.21万件，大部分得到有效办理。联合司法、宣传等部门开展“依法信访”宣传月活动，取得良好社会反响。坚持法定途径优先，积极摸索访诉分离办法。落实国家和省关于进一步规范信访事项受理程序、引导来访人依法逐级走访要求，引导群众依法、逐级、理性反映诉求，妥善处理多起集体上访。强化信访事项听证和复查复核三级终结制度，全年复查88件、复核35件、不予受理169件、信访听证21件。龚正、张鸿铭、杨戌标、许勤华等市领导带头接待群众16批32人次，对信访工作作出批示139件，阅批群众来信225件。区、县（市）领导接待群众978批3273人次，阅批群众来信1128件。全市有省、市、县三级积案129件，化解终结110件，办结率85.3%。完善信访联席会议机制，新增出租车运营管理、市场管理、残疾车主管理及中润问题专项组。围绕市委、市政府重点工作，开展“深化重点领域关键环节改革”专题征集，梳理、汇总建议87条，2015年市政府为民办实事专题征集建议2600余条。完善敏感时期信访工作机制，在重大活动或重要会议期间，部门职责更加明确，市区联动配合默契，现场接访、处置等效应明显。市委、市政府专题研究建立市府大楼信访秩序维护工作机制，一些违法信访行为得到彻底根治。按业务分工分层次组织13期全市信访“12345”业务培训，着力提升素质能力。围绕中心工作和重要任务，汇集分析社情民意，梳理热点难点问题，服务领导科学决策，发挥信访部门“第二研究室”作用。

【受理市长公开电话36.3万件】 2014年，杭州市“12345”市长公开电话（简称“12345”）共接处群众各类诉求36.3万件，比上年上升30.8%。其中，电话32.9万件，电子邮件2.2万件，手机短信1.2万件。当场答复处理19.2万件，占53.1%；交相关部门办理17.1万件，占46.9%。按时反馈率、办结率均在98%以上，收到表扬电话2390个、表扬信237封、锦旗36面。热点问题主要集中在机动车管理、违法搭建、村务管理、社区管理、拖欠工资、房产管理等方面。

“12345”增加受话人员，优化人员配备，在来电峰谷时段，合理调配受话席位，月平均接通率57.3%。开展“‘12345’真情服务进社区”活动6次，现场受理、解决、答复各类诉求134件。通过微博、微信及时回应群众诉求，发布微博信息226篇，微博阅读量13万余次。开通“‘12345’受话质量、办理质量”评价系统，实现透明化、可监督，受话质量群众评价满意率98.5%，办理结果评价满意率90.1%。结合“信访大数据”，开发自动提取数据表格67份，实现数据分析智能化。理顺知识库加载流程，知识库点击量5.7万次，新增知识条目1万余条，更新维护已有知识条目2.7万条。组织召开富阳经验现场推广会，召开“12345”办理质量工作会议。利用市领导下访接待契机，解决疑难复杂群众诉求。排查重复来电，热点问题打包交办，通报给市考评办等，违法建筑解决率从不足10%提高至40%以上；赴现场协调督办311批次、939人次；抽查、巡查受理件6.6万件，点评9866件，对417件存在问题的反馈件进行预通报，正式通报48件。全年编发各类信息115篇，市领导批示38件（次）。妥善处置应急件7043件，报送扬言焚烧公交车、炸楼等31件紧急事件。专报大气污染、机动车“双限”等民生信息29篇。向“96666”提供公述民评方面信息1500余条。在重要节点期间、重要时段，每日分析上报信息共289篇。向各新闻单位提供信息1.4万条（次），增长95.4%，“三报六台一网”共播发有关报道8859条（次）。

每月开展“改作风、强素质、提质量”岗位劳动竞赛活动。精心制定选派干部培训方案，共培训3387课时；邀请市人力社保局等单位集中组织讲课10余次，请身边人开展“每周一讲”37次。分区县（市）片组、承办量前十位部门定期召开例会，沟通交流工作；走访指导办理质量问题较多的单位47次，探讨提效改进办法。接待甘肃兰州等考察团共12批次93人次，赴成都、重庆、遂宁等地学习考察，借鉴经验。

（陈　亮　黄　莉）

【市长张鸿铭负责杭州市地方志工作】 5月6日，杭州市政府召开第23次常务会议，研究市长、副市长、市政府顾问工作分工。会议决定，市长张鸿铭领导市政府全面工作，负责财政、审计、城市规划、机构编制、地方志等方面工作，分管市财政局、市审计局、市志办。杭州市委、市政府历来高度重视地方志工作，历届杭州市地方志编纂委员会主任均由市长担任，对全市地方志工作给予了充分的重视、关心和支持。市志办作为主管本行政区域地方志工作的常设机构，直接由市长分管，在杭州地方志事业发展史上尚属首次。

（高　丹）

【地方志编纂成果】 《下姜村志》编纂完成。淳安县枫树岭镇下姜村，是浙江省委书记的基层联系点，也是杭州市委书记的基层服务点。自2001年起，省委书记习近平、张德江、赵洪祝、夏宝龙及历任杭州市委书记多次前往下姜村蹲点调研。下姜村从一个偏僻落后的小山村，变成了一个生产发展、生活富裕、生态优良的美丽乡村。《下姜村志》编纂工作于2014年2月启动，编纂人员先后5次进驻下姜村，通过实地考察、座谈会、档案翻阅、口述采访等方式驻村搜集资料，走访4个自然村全境10平方千米，拍摄照片800余张，入户调查225户742人，口述采访20人，形成文字资料50余万字、口述资料15万字。9月底，完成约30万字《下姜村志》初稿。

《杭州年鉴（2014）》出版并参加第五届全国年鉴编纂出版质量评比。《杭州年鉴（2014）》于10月由方志出版社出版，全书设类目40个、分目255个，收入条目2350条、随文图照234幅、表格105张。该卷年鉴在延续上年编纂框架的基础上，百科部类做了优化调整。卷首彩页和“特辑”类目适当突破记载时间上下限，特设中国大运河“申遗”成功的内容。“特辑”类目设杭州打造“美丽中国”先行区、杭州“改革十条”出台、杭州铁路东站枢纽启用、杭州“最美现象”经验向全国推广等富有杭州特色的板块，从多角度形象地反映杭州新貌和发展成就。12月7~14日，第五届全国年鉴编纂出版质量评比活动在深圳举行。《杭州年鉴（2014）》以其精美的装帧、严谨的校对、科学的分类、丰富的内容、快捷的检索得到评委会专家的一致好评。

《灵隐寺志》等5种旧志整理出版。《西湖便览》《灵隐寺志》《东西天目山志》《艮山杂志》《杭州上天竺讲寺志》5部旧志于12月整理出版。市长张鸿铭为新一轮典籍整理工作题写总序。《灵隐寺志》八卷，清康熙年间孙治初辑，徐增重修。此次整理底本为《武林掌故丛编》本，一函五册。《艮山杂志》，为清朝乾隆年间进士翟灏著，据丁丙的《武林掌故丛编》本，一函三册。《杭州上天竺讲寺志》又名《上天竺山志》，十五卷，由明代释光宾编纂，据丁丙的《武林掌故丛编》本整理出版，一函三册。明天启中，因《西天目山志》毁于火，杭州太守孙昌裔进行重修，绘图列说，体例相同，分别编成东西天目山志。《西湖便览》，明钱塘人高应科摘编，此次据明万历三十二年刻本整理出版，一函四册。

《杭州方志》创刊。5月，《杭州方志》正式创刊。该刊设特载、方志论坛、新志品读、年鉴编纂、武林掌故、旧志撷英、青山青史、读志用志、口述杭州、工作回顾等栏目，内容均涉及地方志理论研究、修志编鉴、读志用志、地情开发利用等栏目。至年末，《杭州方志》共出版4期，录文74篇，计29.86万字，图照35张。《杭州方志》主要发行对象是：全市参与承编《杭州市志》《杭州年鉴》的市直有关单位，各区、县（市）地方志工作部门，省内外同行等。

（冯跃民　蔡建明）

【《〈台湾通史〉研讨会论文选集》出版】 2013年9月27~28日，两岸学者齐聚西子湖畔，围绕《台湾通史》开展研讨交流，并征集到有关论文31篇（大陆学者21篇、台湾学者10篇）。论文主题涉及连横与杭州、清朝对台湾的治理、《台湾通史》的历史价值和现实意义、浙江与台湾经济文化交流、中华文化在台湾的传承与发展等方面。2014年6月19日，

杭州市市长张鸿铭为该论文选集作序。9月，论文选集经国家新闻出版总署审定，选录论文28篇（大陆学者18篇、台湾学者10篇）、照片34幅，卷首特载连战先生讲参稿，书名定为《〈台湾通史〉与连氏家族——〈台湾通史〉研讨会论文选集》。11月，该书由社会科学文献出版社出版。

【杭州与台湾南投县签订地方文化交流协议】 6月24～25日，第六届"西湖—日月潭"两湖论坛在杭州举行。杭州市政府地方志办公室和杭州市地方志学会首次参与此次论坛活动，与市台办共同合编《两湖论坛五周年成果集》和会议宣传材料等。25日闭幕式上，杭州市地方志学会会长贾大清与南投县文化基金会常务董事游守中代表双方签订交流合作协议，互赠南宋"临安三志"和《南投县志》等地方志书。协议内容主要包含建立双方地方文化协作联系机制、地方文化工作部门交流机制、地域文化研究合作机制、地方文化信息共享平台和青少年暑期访问交流基地五个方面。

（金利权）

6月25日，杭州市地方志学会会长贾大清（前右）与南投县文化基金会常务董事游守中（前左）代表双方签订交流合作协议　　（市志办　供稿）

·中国人民政治协商会议杭州市委员会·

【市政协组织机构概况】 2014年，杭州市有各级政协组织机构14个，其中副省级市政协1个，区、县（市）政协13个。各级政协委员3386人，其中，副省级市政协委员508人、县（市、区）级政协委员2878人。市政协设常务委员会，由主席、副主席、秘书长和常委组成；内设提案委员会、委员工作委员会、经济和农业农村委员会、城市建设和人口资源环境委员会、教育科技文化卫生体育委员会、社会法制和民族宗教委员会、港澳台侨和外事委员会、文史委员会8个专门委员会。第十届市政协设主席1人，副主席8人，秘书长1人；常务委员会组成人员95人，年内增补委员20人、辞去委员17人，增补常委2人、辞去常委3人。

【市政协十届三次会议】 2月9～13日召开。会议听取并同意市政协主席叶明所作的常务委员会工作报告和市政协副主席张必来所作的提案工作情况报告。会议充分肯定市政协常务委员会2013年工作。会议认为，过去的一年，市政协常务委员会在中共杭州市委的领导下，坚持以中国特色社会主义理论体系为指导，认真贯彻中共中央和省、市委一系列重大决策部署，坚持团结和民主两大主题，自觉围绕中心、服务大局；发挥优势、突出特色；关注民生、助推发展；扎实履行政治协商、民主监督、参政议政职能；为建设东方品质之城、幸福和谐杭州，谱写"中国梦"的杭州篇章做出积极贡献。会议同意常务委员会提出的2014年工作总体要求和主要任务。

会议期间，委员们列席杭州市十二届人民代表大会第四次会议，听取并讨论代市长张鸿铭所做的《政府工作报告》及其他报告。委员们以高度的政治责任感和历史使命感，围绕落实"杭改十条"，推进杭州全面深化改革和经济社会发展，反映社会各界心声，广泛协商讨论，积极建言献策，就创新完善体制机制，激发市场主体活力；强化创新驱动，推动经济转型升级；实施大项目带动，促进工业振兴发展；借势上海自贸区，进一步提升开放型经济；大力发展现代物流业，助推国际电子商务中心建设；坚持新型城镇化，加快城乡统筹协调发展；打好"五水共治"和治气治废攻坚战，建设"美丽杭州"；进一步发展文化事业和文创产业，促进文化名城强市建设；大力引入社会力量兴办社会事业，推进社会事业繁荣发展；打造食品安全城市，加强民生保障和改善；加大社会组织培育力度，提高社会治理能力；充分发挥政协协商民主重要渠道作用，推进政协工作改革创新等，提出许多建设性意见和建议。

会议审议通过政协全体会议建议案。会议期间，收到大会发言材料62份，13位委员做大会发言。收到以提案形式提出的意见建议593件，编印会议简报52期。

会议期间，市委、市政府领导参加小组讨论，听取大会发言。省委常委、市委书记龚正，省政协副主席陈小平、孙文友，市委副书记、代市长张鸿铭，担任过市政协领导职务的老同志虞荣仁、孙忠焕等应邀出席开幕会和闭幕会。

【市政协常务委员会会议】 2014年，中国人民政治协商会议杭州市第十届常委会召开5次会议，就有关问题进行协商。

市政协十届十次常委会议　1月13日召开。会议学习中共杭州市委十一届六次全体（扩大）会议和《市委关于进一步加强和改进人民政协政治协商的意见》精神，听取市政府秘书长王宏通报市政府关于市政协十届二次会议以来的提案办理情况，审议并原则通过市政协十届三次会议议程、日程（草案），政协第十届杭州市委员会常务委员会工

10月17日，由杭州公共外交协会、杭州日报社联合主办的"纪念中美建交35周年——中美友好·杭州故事图片展"在杭州图书馆展出　　（市政协 供稿）

作报告（草案）、提案工作情况报告（草案）及报告人名单，市政协十届三次会议秘书长、副秘书长名单。会议还审议通过有关人事事项。会议决定，市政协十届三次会议于2月9～13日在杭州召开。

市政协十届十一次常委会议　1月21日召开。会议听取市政府副市长徐文光关于市政协十届二次会议建议案办理情况的通报，审议通过将"杭州市政协学习和委员工作联络委员会"更名为"杭州市政协委员工作委员会"，审议通过市政协十届三次会议候选建议案，通过常委无记名投票表决，推荐《关于杭州应对中国（上海）自由贸易试验区的建议》和《大力发展现代物流业，助推杭州电商经济腾飞》2件候选建议案提交市政协十届三次会议审议。

市政协十届十二次常委会议　2月11日召开。会议听取各组讨论情况汇报，审议通过政协第十届杭州市委员会提案委员会关于十届三次会议提案收集和初审情况的报告(草案)；审议通过政协第十届杭州市委员会第三次会议决议（草案）；审议通过政协第十届杭州市委员会秘书长、常务委员候选人名单，大会选举办法（草案），总监票人、监票人名单（草案）。

市政协十届十三次常委会议　2月13日召开。会议审议通过政协第十届杭州市委员会常务委员会2014年度工作要点，确定市政协和常委会的工作重点。

市政协十届十四次常委会议　6月16日召开。会议围绕"创新体制机制，提质增效加快现代服务业发展"专题议政建言。市发改委通报杭州市服务业发展情况，各民主党派、界别委员积极建言，呼吁大力扶持发展健康服务业，以移动互联网思维加快现代服务业智能化发展，着力优化外部环境、提升科技服务业发展水平，并就创新政府服务机制、落实好相关扶持政策、培养和引进专业人才等发表意见。市政协主席叶明出席会议并讲话。市委常委、常务副市长徐立毅到会听取意见建议并讲话。

市政协十届十五次常委会议　10月10日召开。会议专题围绕"打好五水共治攻坚战——水环境治理"开展议政建言。市政协主席叶明出席会议并讲话。市委常委、常务副市长徐立毅到会听取意见建议并讲话。

【政协思想理论建设】　市政协常委会始终把深入学习贯彻中共十八届三中、四中全会和习近平总书记系列重要讲话精神作为重大政治任务，紧密结合政协实际加以部署和推进。引导各党派团体和广大政协委员统一思想，凝聚共识，进一步增强道路自信、理论自信、制度自信，更加坚定走中国特色社会主义政治发展道路的信念和决心，不断夯实团结奋斗的共同思想政治基础。学习贯彻习近平总书记在庆祝人民政协成立65周年大会上的重要讲话精神，开展系列庆祝活动，深刻理解中共中央关于人民政协工作的新思想、新观点，准确把握关于推进社会主义协商民主的新部署、新要求，不断深化对人民政协性质、地位、作用和任务的认识，增强做好新形势下政协工作的责任感、使命感。学习贯彻中共杭州市委十一届六次、七次、八次全会精神和各项重要部署，组织开展"三转一争"专题学习讨论，动员各级政协组织和广大委员围绕中心服务大局，积极投身杭州改革发展。坚持市政协工作重大事项和重要问题及时主动向市委请示报告制度。全年召开15次市政协党组理论学习中心组和主席会议进行集体学习，组织学习培训班和专题讲座4期，培训620人次。

【协助市委开好全市政协工作会议】　8月5日，中共杭州市委召开全市政协工作会议，这是杭州市政协事业发展中的一件大事。在市委的统一领导下，常委会认真组织开展政协工作专项督查和专题调研，学习借鉴兄弟城市经验，通过党组向市委提出工作建议，协助市委扎实做好会议各项筹备工作。市委书记龚正代表市委在会上做重要讲话，充分肯定人民政协工作取得的成绩，强调要充分发挥人民政协协商民主的重要渠道作用、民主监督的不可替代作用、参政议政的智力支持作用、联系各界的桥梁纽带作用，不断开创人民政协工作的新局面，为杭州市人民政协事业发展进一步明确方向。市委专门印发《关于进一步加强和改进人民政协民主监督的意见》，就强化政协民主监督职能，更好地在杭州市经济社会发展和地方治理体系治理能力现代化中发挥重要作用作出具体部署。会后，市政协及时召开党组（扩大）会议、主席会议和常委会议进行学习贯彻，先后制定贯彻市委意见的实施办法、推进政协履职能力建设的意见等一系列配套文件。市政府和市法院、市检察院及有关部门分别研究制定支持和接受政协民主监督的具体意见。各区、县（市）以党委名义相继召开政协工作会议，全市上下形成

学习贯彻的浓厚氛围，有力推动市委决策部署的落实。

【助推“杭改十条”落实】 市政协常委会把推动全面深化改革作为履职的突出重点。围绕“杭改十条”的制定，组织政协委员开展专题协商，反映各界呼声，提出意见建议。全市政协组织和广大委员积极贯彻市委的决策部署，宣传全面深化改革的目标、任务和举措，围绕“杭改十条”贯彻实施献计出力，努力做深化改革的实践者、参与者和促进者。聚焦全面深化改革的重点问题，积极协商议政。市政协十届三次会议集全体委员智慧，提出《关于借势上海自贸区，加快营造杭州转型发展制度新优势的建议》《大力发展现代物流业，打造杭州新的经济增长极》2件全会建议案，并围绕深化重点领域改革等问题积极建言献策。市委、市政府高度重视全会建议案的办理，积极采纳委员提出的意见建议，有效助推杭州市打造国际电子商务中心、全国智慧物流中心和完善开放型经济体制机制等工作。组织委员就推进行政审批制度、国有企业和国有资本管理体制、医疗卫生体制、农村产权制度、养老服务事业等领域的改革开展调查研究，先后召开专题协商会，提出：整合部门审批职能，建设良好社会征信体系；加快发展混合所有制经济，完善现代国有企业治理体系；健全医保配套政策，推进市级公立医院改革；加快农村土地确权赋权；引入市场机制推进社会养老；创新城市国际化实施体制机制等建议，助推相关领域改革的不断深化。

【服务科学发展】 市政协十届三次会议期间，委员们围绕推进创新驱动发展，实施大项目带动、激发市场主体活力，推进新型城镇化、加快城乡统筹发展，加强大气综合治理等问题议政建言，提出重要建议。根据市委统一安排，市政协领导及机关积极参与和做好杭州新天地等重大项目、重点企业联系和结对帮扶镇村工作，深入实地调研指导，帮助排忧解难，协调有关问题，推动工作落实。

围绕助力“一号工程”建设，开展“优化信息经济智慧经济创业环境”专题调研，就提高政府协同创新能力、增强中介机构活力、打造公共技术服务平台等提出建议。关注智慧经济发展平台建设，多次赴高新区（滨江）、未来科技城及有关园区企业视察调研，推动市委、市政府决策部署的贯彻实施。

围绕助推“五水共治”“三改一拆”工作，开展民主监督。参与省政协“三级政协联动、万名委员同行、助推五水共治”活动，全市担任“河长”的政协领导和委员共155人，参与“五水共治”项目6594项，政协委员和机关干部捐款3650余万元。建立九大民主监督推进组和二十五个界别民主监督小组，向市农办、市环保局、市城管委等牵头部门委派民主监督员，开展“排涝水”“治污水”主题监督月活动。市和区、县（市）两级政协委员共发现问题1614个，推动整改问题1341个；提出意见建议1369条，被采纳902条。召开专题常委会议，邀请市政府及有关部门负责人围绕水环境治理开展协商议政，提出科学治水、加强源头治理、形成长效机制和创新管理体制等7个方面的意见建议。发动政协委员收集并专题报送10期关于国内外“治水、治气、治堵和垃圾处置”先进经验的信息，供市委、市政府及有关部门参考。

围绕经济发展重要问题建言献策。开展“创新体制机制，提质增效加快现代服务业发展”重点课题调研，形成16篇调研报告，并召开常委会议专题协商，从强化体制机制创新、优化服务业发展环境等提出10个方面的建议。召开“加大钢结构建筑推广应用”民主议政会，提出将钢结构列为新型建筑工业化重点方向、建设钢结构住宅样本示范工程等建议。围绕推进商务旅游国际化、加强杭州萧山国际机场配套设施建设、参与海上丝绸之路建设、中小企业科技创新转型升级等议题，开展调研视察、协商议政活动，委员们从不同角度提出对策建议。加强对全市经济形势的分析研究，邀请市长张鸿铭通报全市经济社会发展情况。举行财政工作通报协商会，围绕预算编制和执行开展协商建言、民主监督。成立政协政务咨询团，发挥政协委员议政资政协政的作用。

围绕推动浙商杭商回归献计出力。市政协主席会议成员带队赴全国多个省市开展“浙商杭商走亲活动”，拜会浙江商会、杭州商会23个，走访浙商杭商企业30余个，召开相关推介会、座谈会26次，宣传推介杭州投资创业环境和有关政策，了解浙商杭商创业情况和回归意愿，积极为他们回到杭州投资创业做好协调服务工作。召开浙商杭商回归专题协商会，向市委、市政府提出强化招商引资工作统筹、改进招商引资方式方法、完善招商体制机制、重视浙商服务平台和商会建设等建议。

【促进民生保障和社会治理】 2014年，市政协持续关注重点民生问

10月10日，市政协召开“打好五水共治攻坚战——水环境治理”专题常委会议
（市政协 供稿）

题。召开“完善社区医疗卫生服务运行机制”民主议政会，提出健全“医养护一体化”服务体系、优化药品配放制度、加强医护人才队伍建设、完善考核机制等意见建议。围绕“推进六城区基本公共服务政策统筹”开展调研，就建立完善六城区基本公共服务政策统筹机制、多元参与机制、支撑保障机制等组织委员议政建言。围绕食品安全监管、民政事业基础设施建设、低收入农户民情、红十字会事业发展、新建市属医院建设运营、体育强市建设、现代职业教育发展等问题，组织开展调研视察和民主监督，推动相关工作和政策进一步落实。

围绕助推社会治理建设和创新，组织开展鼓励行业协会发展、促进政府职能转变、改进社区矫正工作等课题的调研，并提出建议。召开深化企业社会责任建设专题协商会，组织相关界别和委员就贯彻市委、市政府部署，加强企业社会责任建设议政建言。召开法院、检察院和公安工作通报协商会，就加强司法队伍建设、提升司法公信力、促进司法公正和社会公平正义等提出意见建议。选派政协委员担任人民监督员和人民陪审员，组织委员参与法院有关医疗纠纷审判前专家咨询座谈会，加强对司法工作的民主监督。针对九峰垃圾焚烧处理项目、机动车“双限”举措的推进和实施，发动委员建言献策，做好宣传引导、解疑释惑、反映民意、维护稳定等工作。支持委员在基层建立社情民意联系点、工作室、信箱，参与基层司法调解等工作，协助党委、政府协调关系、化解矛盾、凝心聚力，助推基层社会治理和民主法治建设。

围绕“钱塘江运河西湖沿线景观与文化资源提升利用”开展协商议政，提出全面深化沿线景观塑造和文化展示、筹划钱塘江海塘（钱江潮）联合申遗等意见建议。开展非物质文化遗产传承、后申遗时代运河保护和管理利用、西溪红楼文化景观、中国书法主题公园、两岸文创产业发展实验区建设等课题和项目的调研协商。开展“走基层·送文化”活动。做好政协文史工作，召开南宋临安城数字化模型项目论证、首届杭州佛教历史文化学术论坛、马可·波罗与杭州研讨会，深化杭州城市史、宗教历史文化的研究，全年编辑出版《杭州专业市场发展史》等文史图书共164万字。

围绕民生民本，做好政协提案、社情民意信息和信访工作。以提高提案质量和办理实效为核心，加强和改进提案的征集引导、审查立案、办理协商工作，坚持市委、市政府领导领办重点提案、民主党派集体提案，开展提案办理民主评议，加大对重点提案、综合性提案、集体提案的督办力度，探索提案评价体系建设。2014年，市政协综合性提案办理协商创新实践被评为浙江省政协工作十大创新案例。加强和改进社情民意信息工作，建立反映社情民意直报点，向全国政协和市委、市政府反映社情民意100余篇，编发《政协信息》62期。做好政协领导联系点、下访和信访工作，受理、办理委员和群众来信来访126件（次），及时反映和维护群众合法利益诉求。

【政协协商民主建设】 市政协认真贯彻中央和市委加强政协协商民主建设的部署要求，与市委、市政府共同制定实施协商年度工作计划，明确协商内容、协商形式、协商时间和活动组织，搭建协商平台，增加协商密度，推动协商于决策之前和决策实施之中。2014年，举行专题常委会议协商2次、民主议政会协商2次、主席会议协商11次、界别协商13次、提案办理协商35次。重点加强主席会议协商，围绕助推浙商杭商回归、市区停车市场化政策、政协建议案和重点提案办理等议题，邀请党政领导和有关部门负责人，与政协委员面对面沟通交流协商。建立每月界别协商座谈会制度，围绕土地集约利用、跨境电子商务发展、丰富老年人精神文化生活等问题协商建言。利用网络、手机客户端等手段，探索协商会议网络直播，开展网络议政。参与立法协商，组织有关界别和委员参加《杭州市院前医疗急救管理条例》《杭州市老年人权益保障规定》《杭州市大气污染防治规定》《杭州市网络交易管理办法》等草案的协商讨论，提出重要建议。根据市委部署，向法院、检察院及13个市政府部门委派民主监督员，开展经常性民主监督。

【政协团结联谊活动】 市政协坚持大团结大联合，加强同民主党派、工商联和无党派人士的团结合作，支持他们参与政协履职各项活动，尊重和保障他们在政协以本党派名义发表意见等权利。2014年，市各民主党派、市工商联、无党派人士提交的大会发言、集体提案和社情民意信息分别占总量的67%、72%和30%。

贯彻落实党的民族政策和宗教工作基本方针，促进民族团结、宗教和睦。推进桐庐莪山畲族乡的结对帮扶工作，协调落实帮扶资金，完善帮扶机制，组织委员和专家开展畲族文化挖掘整理和考察调研，支持和助推“中国畲族第一乡”创建工作。2014年，莪山畲族乡被授予“全国民族团结进步模范集体”称号。加强与宗教界人士的沟通联系，坚持走访宗教团体，听取宗教界委员和代表人士的意见建议，帮助反映和协调解决有关困难和问题。开展全市农村基督教情况调研，视察宗教场所建设情况，举办委员宗教知识讲座。

深化同港澳台同胞和海外侨胞的团结联谊。赴深圳、珠海看望港澳委员，实地走访委员企业。创新港澳和海外委员履职方式，举办港澳和海外委员系列履职周活动，组织委员考察上海自贸区建设，围绕垃圾分类和处置、停车治堵等问题开展调研视察和协商建言。市长张鸿铭与委员进行座谈交流，面对面听取意见。举办港澳海外委员个人艺术展。坚持“走出去”和“请进来”相结合，积极开展对外交往和公共外交，组团考察有关国家和地区，举办杭州旧金山圣地亚哥高科技项目对接洽谈会、多米尼克经贸旅游推介会、著名跨国企业投资洽谈会、中美建交35周年纪念座谈会等活动，邀请俄罗斯旅游界人士到杭州考察，组织在杭州外国友人考察“美丽乡村”建设，举办外国友人镜头中的“美丽杭州”摄影展。

支持市政协之友联谊会、企业家联谊会、长三角（浙江）民营经济研究会杭州分会、杭州中华文化促进会、公共外交协会、文史研究会、西湖文化艺术俱乐部、政协书画研究院、政协艺术团和茶文化研究会开展活动，发挥社团在团结联谊、

服务大局、助推改革发展中的重要作用。

【加强政协自身建设】 2014年，市政协坚决贯彻中央"八项规定"和省委"28条办法"、"六个严禁"和市委"30条意见"，抓好各项整改措施落实。完善委员履职机制，探索委员菜单式履职方式。加强与委员的联系，全年市政协主席会议成员和各专委会共走访委员478人次。深化委员联系界别群众和"岗位建功、履职为民"活动。加强委员服务管理，完成新任委员集中学习轮训任务，规范和完善委派民主监督员、特聘委员聘任管理办法。开展界别建设专题调研，加强对界别工作的指导，扎实推进界别协商，提高界别履职实效。加强专委会组织建设，分设社会法制和民族宗教委员会、港澳台侨和外事委员会。推进专委会之间、专委会与党政部门之间工作联动和协作。重视机关建设，加强思想政治工作，教育引导机关干部增强服务意识，强化责任担当，提高工作水平。改进机关工作方式，加强信息化建设，提高机关统筹协调和参谋助手能力。加强与区、县（市）政协工作的联系，指导滨江区成立政协委员会，强化与区、县（市）政协的联动协作，形成履职合力。与人民政协报社联合举办"国家治理与人民政协"研讨会，与中央编译局开展"推进社会主义协商民主制度建设"研究合作，开展"人民政协与国家治理体系和治理能力现代化""加强和改进人民政协民主监督""发挥委员主体作用"等课题研究。加强政协新闻宣传工作，办好《杭州政协》杂志、市政协网站、"政协之声"专版、"我们圆桌会·政协视点"栏目，宣传政协组织和政协委员履职成果，推动成果转化。全年中央和省市新闻媒体刊发杭州市政协工作新闻报道共399篇。 （王展霞）

·中共杭州市纪律检查委员会·

【纪律检查和行政监察机构及工作概况】 2014年，杭州市纪委（市监察局）内设机构16个、下属事业单位3个，纪检监察干部104名；市纪委派驻机构45个，派驻纪检监察干部151名；市级国有企业纪检监察机构17个，纪检监察干部55名；区县（市）监察局13个，纪检监察干部520名；乡镇（街道）纪委（纪工委）189个，专职纪检监察干部442名。

市委高度重视党风廉政建设和反腐败工作，自觉担当起党风廉政建设的政治责任，市委常委会多次专题听取工作汇报，做出部署。市政府党组高度重视政府系统廉政建设，注重发挥行政监察作用。全市各级党委、政府和纪检监察机关认真贯彻落实中央、省市委和上级纪委的决策部署，按照"五个两"的要求，认真落实党风廉政建设责任制，加大正风反腐力度，深入推进廉洁杭州建设，党风廉政建设和反腐败工作取得新进展、新成效。

【市纪委十一届三次全体（扩大）会议】 市纪委十一届三次全体（扩大）会议于1月26日召开。会议回顾总结2013年党风廉政建设和反腐败工作，研究部署2014年工作任务。省委常委、市委书记龚正出席会议并讲话，强调要深入学习贯彻习近平总书记系列重要讲话精神和十八届中央纪委三次全会、省纪委十三届三次全会精神，坚决打赢党风廉政建设这场硬仗，为杭州实现高起点上的新发展提供强有力的纪律和作风保证。市委常委、市纪委书记施彩华代表市纪委常委会做题为"以改革创新精神推进廉洁杭州建设，为我市努力实现高起点上的新发展提供有力保障"的工作报告。报告指出，2014年党风廉政建设和反腐败工作要坚持党要管党、从严治党，严明党的各项纪律，坚持不懈狠抓党风，毫不手软惩治腐败，科学有效预防腐败，坚决遏制腐败蔓延。坚持以改革的精神加强反腐败体制机制创新和制度保障，聚焦中心任务，强化执纪监督，加强"忠诚为民秉公律己"纪检监察干部队伍建设，加快完善惩防体系、建设廉洁杭州。

【党的纪律检查体制改革】 市委专门设立纪律检查体制改革专项小组，明确改革重点，把全面落实党风廉政建设主体责任和监督责任作为改革的重要任务。市委书记龚正带头履行第一责任人的职责。市委常委结合分管工作，主动抓好职责范围内的党风廉政建设。制定主体责任和监督责任报告制度实施办法，区县（市）和市直单位全部向市委、市纪委书面报告"两个责任"落实情况。市纪委听取13个区、县（市）党委、纪委和20个市直单位党委（党组）主要负责人的专题汇报。加大党风廉政建设责任制检查考核力度，修订完善考核办法，强化日常考核，实行考核全覆盖、结果全公布。制定查办腐败案件体制机制改革实施办法，明确查办腐败案件以上级纪委领导为主。印发区、县（市）纪

3月28日，市纪委（市监察局）开展"早发现早处置，以零容忍态度反腐败"网上访谈 （市纪委 供稿）

委和市纪委派驻机构向市纪委报告工作实施办法，强化上级纪委对下级纪委的领导。制定《关于全面推进市纪委派驻机构统一管理工作意见》，在全市统一派驻11个纪检组和34个纪检监察组，实现对所有市直部门和单位派驻监督全覆盖。

【严明党的纪律】 2014年，市纪委坚持把维护党的纪律特别是政治纪律摆在重要位置，对少数基层党员干部在一些复杂问题面前无组织无纪律情况开展教育惩戒，严肃查处违反党的纪律特别是政治纪律的行为。在余杭中泰“5·10”事件中，立案调查3名违反纪律的党员，对4名党员进行组织谈话。加强对重点工程建设中党员干部行为的纪律约束，制定印发《关于在推进重大项目重点工程中进一步规范党员干部行为的意见》，明确“十个严禁”的纪律规定。对少数无组织无纪律的党员干部，督促所在党组织予以严肃批评教育。加强对市委、市政府重大决策部署和重点工作落实情况的监督检查，坚决纠正有令不行、有禁不止行为。加大失职渎职行为查处力度，全市111名党员领导干部因失职渎职受到党纪政纪处分。

【深化作风建设】 2014年，杭州市各级纪检监察机关紧扣“四风”问题，坚决正风肃纪，狠抓中央“八项规定”精神落实。全年累计开展明察暗访3790次，问责922人，查处违反中央“八项规定”精神的问题92件，处理212人，给予党政纪处分57人，先后5次对36起违反中央“八项规定”精神和7起违反机关效能规定的问题予以指名道姓公开曝光。严肃查处少数基层干部收受礼卡礼券等重点案件。深入开展整治“会所中的歪风”暨“三还于民”专项行动，全市56个会所（其中西湖区30个）全部处置到位，4.66万名乡科级以上党员领导干部公开承诺不出入私人会所、不接受和持有私人会所会员卡。组织开展机关工作人员不遵守作息时间、党政机关和国有企事业单位所属培训中心财务管理不规范等问题的专项整治，着力查纠一批违规行为。加大效能投诉查处力度，市“96666”投诉中心受理投诉4671件，问责156人。完善和细化作风建设纪律规定，加强纪律教育和政策解读，保证纪律规定有效执行。围绕“治水、治气、治堵、治废”和食品安全等五个群众关注的问题，继续开展“公述民评”面对面电视问政活动，市长张鸿铭带头参加现场问政。加强基层党风廉政建设，制定实施《社区居务监督委员会工作办法》《推进乡镇（街道）资产监管信息化工作实施意见》等制度。

【违纪违法案件查办】 2014年，杭州市各级纪检监察机关共受理群众举报1.03万件（次），立案1394件，处分党员干部1383人。开除党籍656人，开除公职87人。525名党员干部被追究刑事责任。通过办案挽回直接经济损失2.26亿元。办案工作各项数据创历史新高。坚持抓早抓小，对发现的苗头性、倾向性问题及时警示提醒、诫勉谈话。市、县两级共通过谈话提醒教育2000余人，市纪委对涉及市管干部的问题线索由委局领导开展谈话函询71人次，委托所在地区和部门主要负责人谈话并签字背书15人次，并为60余名市管干部及时澄清了反映不实的问题。坚持用法治思维和法治方式反对腐败，严格规范线索处置和查办案件工作流程，建立问题线索定期集体研究、随案线索移送等制度，进一步形成执纪执法机关查办腐败案件的有效机制和工作合力。落实集中办案和管办分离要求，提升办案信息化水平，强化对案件查办的全过程监管，确保依纪依法、安全文明办案。规范区、县（市）纪委信访谈话室建设和使用，加强信访举报绩效考核。加强案件审理，重视申诉复查和行政争议化解工作，建立涉刑案件党政纪及时处理协调机制等制度。在查办案件的同时，注重办好各类党风廉政教育平台，通过剖析典型案件，强化警示教育。

【加强和改进巡视工作】 2014年，市纪委（市监察局）坚决贯彻中央、省委巡视工作要求，制定实施《杭州市巡视工作计划（2014~2017）》，进一步加大巡视监督力度。加强对巡视工作的领导，市委常委会定期听取市委巡视办综合情况汇报，市委书记专题会议认真听取和研究每一轮巡视工作情况。加强巡视队伍建设，新建第三巡视组，配强巡视办班子。围绕“四个着力”和“两责任一纪律”，聚焦发现问题，规范巡视反馈、线索移交和整改督办工作。全年共开展3轮巡视，对市农科院等9个单位开展巡视，对市经信委等6个单位进行巡视回访检查。向被巡视单位提出问题105条，提出整改意见71条，移交有关案件线索10件。认真做好中央第五巡视组交办件的核查工作，落实省委“十大整改行动”。积极配合省委第六巡视组开展工作。

【纪检监察队伍自身建设】 2014年，市纪委（市监察局）认真落实中央纪委“转职能、转方式、转作风”要求，聚焦主责主业，调整优化市、县两级纪检监察机关内设机构，充实一线监督执纪部门数量和人员力量。市本级一线监督执纪部门数量占内设机构总数的66.7%，人员占编制总数的68.3%。进一步清理议事协调机构，取消或退出市纪委（市监察局）参与的各类议事协调机构125项，保留20项。改版升级“杭州廉政网”，开通廉洁杭州微博和微信平台，举报、监督渠道进一步畅通，工作透明度明显提高，宣传引导作用明显增强。深入开展“忠诚为民秉公律己”主题实践活动，加强学习型机关建设，强化实务培训，提升干部监督执纪能力。坚持从严监督管理干部，严格执行请示报告制度，市纪委常委定期约谈区、县（市）纪委和派驻机构主要负责人。强化内部权力制约，制定选拔和选调干部署名推荐操作办法、市管干部廉政鉴定操作办法、派驻机构履职工作办法、对外宣传有关规定等工作制度，规范工作程序。成立市纪委纪检监察干部监督室，受理核查纪检干部信访62件，对5名违纪违法纪检干部予以严肃处理，防止“灯下黑”。

（汪盛华）

·民主党派工商联综述·

【“中国特色社会主义参政党”建设】 2014年，杭州市各民主党派围绕加强“中国特色社会主义参政党”建设，开展坚持和发展中国特色社会主义学习实践活动，服务深化改革和创新发展。3月27日，市委统战部召开杭州统一战线服务深化改革推动创新发展座谈会，会上发布《杭州统一战线服务深化改革、推进创新发展的意见》，民主党派代表宣读《关于在全市统一战线成员中开展建功立业、服务改革发展活动倡议书》。民主党派、无党派的代表围绕党外知识分子建言渠道、企业界从转型升级到浙商回归、民主党派成员立足岗位做贡献等主题，对统一战线可以发挥其独特作用、如何发挥作用等问题做发言。农工党党员、富通集团总裁王建沂做发言。市政协副主席、市委统战部部长董建平做讲话。

6月8～12日，市委统战部举办读书班，组织全市各民主党派、工商联领导干部和无党派人士赴西柏坡、兰考学习、考察。在焦裕禄干部学院学习期间，结合学习中共中央总书记习近平在兰考考察重要讲话精神，学员们听取焦裕禄干部学院张冲、葛坤英分别做题为“焦裕禄在兰考的475天”“新时期领导干部从政道德建设”的辅导报告，并拜谒焦裕禄烈士墓，参观焦裕禄纪念馆、黄河故道东坝头、焦林纪念园等。读书班赴西柏坡参观西柏坡纪念馆，接受多党合作历史教育。40位学员分别联系自身的工作实际撰写学习体会。市委统战部专题向中共杭州市委报告读书班情况。该次读书班旨在支持民主党派建设“中国特色社会主义参政党”、鼓励全市各民主党派和工商联践行群众路线教育，推进党外领导干部作风建设，建立一支有担当的党外干部队伍。

【统一战线工作制度化】 3月起，各民主党派市委会用两个月的时间开展领导班子届中述职评议工作。各民主党派市委会召开届中述职大会，回顾总结自2011年换届以来，市委会班子的主要工作、经验，并提出今后一个阶段工作重点和方向。通过届中述职，加强民主党派领导班子建设，完善民主党派后备干部管理，提高民主党派参政议政、民主监督的能力和水平，促进各项工作的规范化、制度化，确保全市多党合作事业的健康发展。

5月9日，为贯彻落实中共中央5号文件，建立多党合作工作联席会议制度，市委统战部受中共杭州市委委托召开多党合作工作联席会议，市委副书记杨戌标出席并讲话，市政协副主席、市委统战部部长董建平主持会议。市各民主党派主委叶鉴铭、陈振廉、郭靖晔、赵光育、周智林、王坚、朱祖德和无党派人士代表胡伟参加会议。会议学习中共中央总书记习近平关于多党合作的重要论述，研究如何更好落实和发挥民主党派的参政党作用。

【参政职能履行】 2014年，各民主党派、市工商联和无党派人士围绕中共杭州市委、市政府中心工作，开展“五水共治”“三改一拆”“法治杭州”和“一号工程”等社会经济领域建设课题调研，履行参政党职能。全年开展调研活动175次，撰写调研报告160篇。向中共中央和省委、市委有关部门报送信息1392条，其中录用687条。得到中共中央和省委、市委和市政府有关领导的批复17条。在市“两会”期间，各民主党派、市工商联提交议案147件、提案289件。民革市委会、九三学社市委会《关于借势上海自贸区，加快营造杭州转型发展制度新优势的建议》在市政协十届三次会议上入选全会建议案，民进市委会《关于破解杭州交通拥堵的对策建议》、农工党市委会《关于加强河道滨水生态化建设的建议》、市工商联《关于建立滨江“海创生物加速器产业园”的建议》被评为2014年度优秀提案。

【统一战线特色工作】 1月，为推动中国特色社会主义学习实践活动开展，市委统战部召开全市统一战线中国特色社会主义学习实践活动推进会暨社会服务品牌、示范基地授牌仪式。会上，提出三个结合：要把发挥统战部门主导作用和统战成员的主体作用结合起来，要把健全统一战线思想建设工作长效机制和支持民主党派、工商联、知识分子联谊会（简称知联会）自身建设结合起来，要把开展学习实践活动和统一战线打造品牌、创造一流业绩结合起来。举行社会服务品牌、示范基地授牌仪式，开展对统一战线社会服务十大品牌、十大示范基地的宣传活动。制作统一战线各单位开展社会服务的宣传片进行展示。

9月，市委统战部在全市民主党派成员、工商联会员及无党派人士中开展统一战线“杰出人物”“建功立业模范”宣传活动。对娄红梅等统一战线“杰出人物”和王麒诚等统一战线“建功立业模范”的先进事迹进行宣传。如《杭州日报》专版介绍先进人物事迹情况，多领域组织事迹报告会，举办多场次事迹座谈会等，引导统一战线围绕中共杭州市委中心工作，发挥资源优势，在服务深化改革、推进创新发展中彰显作用，引导各民主党派成员、无党派人士和工商联会员服务中心、参政议政、爱岗敬业。

11月27日，为培育具有地方特色的统一战线特色工作，加大统一战线社会服务力度，市委统战部召开各区、县（市）特色统战工作研讨会，对各地特色统战工作进行交流。如建德市组建统一战线“民情观察员”搭建民情“直通车”，下城区首创“同心统战文化宣传季”活动，富阳市“同心智囊团”助力经济社会

2014 年杭州市各民主党派组织成员情况

表 53

党派名称	组织情况（个）				成员情况（人）		
	市委会	区（县、市）委会	总支、基层委员会	支部	总数	女成员	新成员
民革市委会	1	1	7	46	887	394	48
民盟市委会	1	2	8	86	1 662	811	84
民建市委会	1	1	8	67	1 805	629	87
民进市委会	1	3	8	90	1 884	1 013	63
农工党市委会	1	1	13	72	1 486	783	75
致公党市委会	1	—	5	23	425	213	27
九三学社市委会	1	—	10	71	1 629	674	78
合　计	7	8	59	455	9 778	4 517	462

2014 年杭州市各民主党派、工商联参政议政情况

表 54

党派、工商联名称	办理市人大议案（件）	办理市政协提案（件）	调研活动		
			次数	撰写报告（份）	领导批示（份）
民革市委会	30	29	22	10	13
民盟市委会	30	37	45	43	1
民建市委会	35	64	15	12	2
民进市委会	19	56	35	28	4
农工党市委会	—	5	8	9	—
致公党市委会	11	37	28	12	—
九三学社市委会	23	61	22	46	4
市工商联	—	36	289	25	—
合　计	148	325	464	185	24

2014 年杭州市各民主党派、工商联社会服务情况

表 55

党派、工商联名称	培训技术人员（人次）	安排下岗再就业（人次）	提供就业岗位（个）	义诊人次	捐款（万元）	捐物折价（万元）
民革市委会	20	—	—	300	12	—
民盟市委会	300	—	—	120	7	102
民建市委会	—	—	100	—	360	—
民进市委会	—	350	50	50	6	3
农工党市委会	400	—	—	98	11	—
致公党市委会	—	—	—	—	2.1	0.5
九三学社市委会	200	—	—	500	18	—
市工商联	100	—	—	2 500	—	10 000
合　计	1 020	350	150	3 568	416.1	10 105.5

发展，萧山区构筑“宗教六大和谐关系”助推科学发展，江干区开展新中国少数民族题材电影戏剧研究，余杭区组建“同心服务团”凝心聚力促发展，西湖区实施“1233”工作新模式推进基层侨界群众文化建设发展。通过各地特色统战工作的开展，推动基层统战工作求实、求新、求精。

【社会服务创新】 2014年，市各民主党派、工商联发挥人才、智力、资源的优势，开展支教助学、送医下乡、扶贫帮困、法律服务、合作共建、技术咨询等活动，创新社会服务形式、建立基地、树立品牌。民革市委会钱塘书画社“同心·博爱”社会服务联系点，开展“同心·博爱”社会服务活动，提供医疗、教育、文化、法律咨询、电力维修等服务20余次，受益群众500多人次。

民盟市委会大型公益培训项目——书法教师“蒲公英计划”继2013年成功举办第1期后，于2014年暑期在富阳市举办第2期，对来自31个省市（自治区）的100余名基层书法老师进行公益培训，其中在新疆遴选10位优秀学员，以提高新疆整体书法教育水平。民建市委会打造“思源工程”品牌，开展抗灾救灾、捐资助学、法律服务等活动。通过“思源工程”公益平台向余杭区农业局捐资300万元，专项用于杭州“五水共治”。民进市委会内部开展“爱满民进”主题活动，各级基层组织广泛参与。至年末，收到会员捐款10.30万元。民进市委会领导根据会员调查情况，慰问特困会员家庭，并送去慰问金。农工党市委会“希望工程”在建德李家镇希望小学开展“快乐六一”捐资助学活动，为贫困儿童发放8万元慰问金，向学校捐赠价值3000多元的书包架。致公党市委会在浙江工业大学附属学校举办“大手牵小手·同筑单位五水共治梦”——“五水共治”暨“明志·悦读”活动，并向学校捐赠价值1万元的书券，启动“明志·悦读”活动。九三学社市委会通过“九三科技讲堂专家团”平台，建立科普题库，形成“菜单式”目录，增强“九三科技讲堂”工作的针对性、计划性和实效性。市工商联为102个企业提供法律服务107次，承办案件2起，提供法律咨询105次。与杭州仲裁委员会合作成立杭州商会仲裁院，在市工商联系统建立28个商会仲裁联络站，为3个商会提供经济合同示范文本，并在会员企业中推广将仲裁条款写入经济合同活动。

（滕政建）

·民革市委会·

【民革市委会概况】 民革市委会下辖县级委员会1个（建德市委会）、总支7个、基层支部委员会46个，其中新成立民革杭州科技职业技术学院支部。2014年，民革市委会全年发展党员48人。至年末，全市民革党员共887人。年中召开民革杭州市第十届委员会第五次全体会议，增补张勤、陈绍红为第十届委员会委员，张勤为第十届委员会常务委员和副主任委员。

在市政协十届三次会议上，民革市委会提交大会发言5篇、集体提案7件。其中，入选市政协全会建议案1件，入选市政协重点提案2件，被市领导选中领办3件。民革界别小组被市政协评为五星级界别小组，2件集体提案获评2013年度优秀提案，6位党员获评优秀政协委员。向市政协主席协商会、专题常委会和民主议政会提交调研文章9篇。被各部门录用信息146篇次，获中央、省、市领导批示13篇，其中：被中央统战部录用并获中央领导批示1篇，被中共中央办公厅录用2篇，获省高级人民法院领导批示1篇。

杭州民革的理论总结《发挥优势突出特点进一步树立以促进祖国统一为工作重点的参政党形象》获浙江省社会主义学院2014年度“参政议政和履职案例”招标课题立项。全年召开台海形势专题座谈会7次，接待台湾“中华花艺文教基金会”、台北四海青年商会、台湾流通业协会、南投美术协会等来访者10多批次。新增钱塘书画社“同心·博爱”社会服务联系点，开展“同心·博爱”社会服务活动，全市近200名党员参与，提供医疗、教育、文化、法律咨询、电力维修等服务20余次，受益群众500多人次。

全年在《团结报》《联谊报》《杭州日报》《浙江民革》《杭州政协》等媒体刊发文章40余篇。1名党员获2014年度“风云浙商”称号，1名党员获“2014年浙江民革骄傲人物”称号，2名党员获2014年“杭州统一战线杰出人物”和“杭州统一战线建功立业模范”称号。

【民革坚持和发展中国特色社会主义学习实践活动】 民革市委会贯彻民革中央文件精神和重要部署，开展坚持和发展中国特色社会主义学习实践活动。6月19日，成立学习实践活动领导小组，印发《民革杭州市委会开展坚持和发展中国特色社会主义学习实践活动实施方案》，召开学习实践活动推进会，要求各基层组织开展“九个一”活动，即召开一次学习实践活动推进会、举办一次主题学习会、撰写一篇学习体会文章、举行一次“议政日”活动、开展一次社会服务活动、组织一次涉台活动、召开一次民主生活会、召开一次基层组织活动经验交流会、完成一项调研课题。

【调研成果入选市政协全会建议案】 市政协十届十一次常委会表决确定，由民革杭州市委会牵头调研、联合九三学社市委会和经济界别共同提交的《关于杭州应对中国（上海）自由贸易试验区的建议》作为市政协十届三次会议的候选建议案。经赴上海、昆山、苏州、南京等地调研和多次集体讨论，前后10余稿修改，数次重大修改，形成调研成果《关于借势上海自贸区，加快营造杭州转型发展制度新优势的建议》，在市政协十届三次会议上获审议通过，入选全会建议案，并由市长张鸿铭领办。10月15日，市政府与市政协开展该建议案办理协商，建议案提出的“勇于先行先试、重点领域突破、做好承接复制准备、加强统筹协调”4个方面27条举措建议，除其中3条意见建议因受客观条件限制未采纳到位外，其余24条意见建议落实到位或列入计划。

【集体提案被市领导选中领办】 2月，民革市委会在市政协十届三次会议提交的7件集体提案中，《关于大数据时代下加快推进跨部门信息交换与整合的建议》由市委书记龚正和市委秘书长许勤华选中领办，

《关于进一步完善我市社区矫正工作的建议》和《关于切实加强扬尘监管，大力推行绿色施工的建议》分别由常务副市长徐立毅和分管副市长项永丹选中领办。

在《关于大数据时代下加快推进跨部门信息交换与整合的建议》提案协商办理中，民革市委会提出的"加强重视，成立机构，推进跨部门信息交换与整合""以地理空间为载体，积极推进信息集成""做好大数据成果利用，提升经济社会管理的科学化水平"等建议部分被中共杭州市委、市政府采纳和落实，纳入市委、市政府重大决策部署。7月，市委十一届七次全会做出加快发展信息经济和智慧经济的重大决策部署，制定出台《中共杭州市委、杭州市人民政府关于加快发展信息经济的若干意见》《杭州市发展智慧经济总体规划（2014～2020年）》，并明确把发展信息经济和智慧经济作为全市"一号工程"。在《关于进一步完善我市社区矫正工作的建议》提案协商办理中，民革市委会提出的"加大宣传，进一步扩大《办法》影响""夯实基础，进一步加强机构建设""拓展渠道，进一步落实各项保障"3条建议均被采纳。在《关于切实加强扬尘监管，大力推行绿色施工的建议》提案协商办理中，民革市委会提出的"落实责任，建立大环保监管体系""发动群众，建立举报有奖机制""严管重罚，创新监管体制"3条建议均被采纳落实。

11月3日，市委领导领办民革集体提案协商会召开　（民革市委会 供稿）

【民革界别专题协商活动】 5月15日，市政协民革界别组组织开展"推进两岸文化创意产业合作实验区建设"专题协商活动，实地视察杭州创意设计中心，与相关部门面对面沟通协商，为推进实验区建设献计出力。市政协副主席、民革市委会主委叶鉴铭参加活动并讲话，民革市委会专职副主委方方、市政协教科文卫体委员会专职副主任吴持瑛和市政协民革等界别委员20多人参加活动。委员们围绕实验区建设的体制机制、政策扶持、形式特点、产业内容、宣传推介、环境营造等问题提出许多有建设性的意见建议。

【参政议政工作制度体系初步形成】 2014年，民革市委会从建立健全参政议政工作制度着手，发动全体党员做好参政议政工作。在原有系列制度的基础上，相继推出"参政议政调研课题实施办法"和"调研成果稿费发放办法"，明确专委会、各级组织和民革党员中人大代表、政协委员的职责，使人大代表、政协委员和专委会参政议政的作用更明显，基层组织和党员的参政议政意识加强。民革市委会总结历年参政议政制度建设成果，以"参政议政工作制度体系建设"为题申报的市级机关职能目标考核创新创优项目，被市考评办立项。

【杭州科技职业技术学院支部成立】 12月24日，民革杭州科技职业技术学院支部举行成立大会，民革市委会副主委王慧中参加会议并讲话，专职副主委方方主持会议。中共杭州科技职业技术学院党委书记傅勤，党委副书记、副院长张小红等参加成立大会。民革组织实现在杭州市属高校的全覆盖。

【文化考察团参加"马年台湾灯会"】 受中共杭州市委委托，2月14～20日，以市政协副主席、民革市委会主委叶鉴铭为团长的杭州市文化考察团11人到台湾地区考察交流，参加台湾在南投县首次举办的"马年台湾灯会"。其间，访问杭州市旅台同乡联谊会、台湾新党党部、国民党南投县党部，观摩考察李毂摩画展，先后与新党主席郁慕明、杭州旅台同乡联谊会会长徐忆中、国民党南投县党部主委李哲华、台湾地区行政部门负责人林正则、南投县代县长陈志清和台湾著名书画家李毂摩等各界人士进行交流。

【杭台两地民间交流】 6月25日，民革市委会作为第六届"西湖—日月潭"两湖论坛的协办单位，在桐荫堂书院承办"杭州—南投"书画交流活动，与南投县美术协会签订书画艺术交流协议。6月26日，两湖论坛系列活动之"随手拈来从意造——李毂摩书画创作展"在西湖文化广场西泠印社美术馆开幕。10月18日，杭州钱塘书画研究社与到杭州参加"杭台书画名家联展"的南投县美术协会进行笔会交流，共同创作书画作品10余幅。

【关爱抗日战争老兵活动】 2014年，民革市委会关注杭州民革史料的征集整理，结合"抢救性采集民革前辈史料工作"，专题采访杭州民革党员中的抗日战争老兵林士瀛、钱炳坤、张海潮、陈菊南、夏竞人、顾稚石6人，记录整理杭州民革老一辈曾经见证的历史和光荣业绩，并完成林士瀛和钱炳坤的短片拍摄，留下珍贵视频资料，补充杭州民革历史资料。民革市委会领导多次走访慰问党员中的抗日战争老兵，组织参加纪念活动，持续推进关爱老兵工作。　（张晓怡）

·民盟市委会·

【民盟市委会概况】 民盟市委会下辖基层委员会6个（原民盟杭州师范大学总支升格为基层委员会）、总支2个、支部86个（其中新成立淳安县支部、杭州长河高级中学支部），区县（市）民盟委员会2个。全市有盟员1662人，其中发展新盟员84人，全体盟员平均年龄57.8岁。盟员中，大学以上文化程度1229人，具有高级职称921人。

民盟市委会打造“自媒体时代参政党民主监督专题研讨会”等亮点工作，实现整体工作全面提升，获杭州“市级文明机关”称号，并被民盟中央授予“思想宣传工作先进集体”和“社会服务工作先进集体”称号。

民盟市委会履行参政党职能，建言献策。在市政协十届三次会议上，提交大会发言8篇、团体提案17篇。在市政协专题常委会、民主议政会中，报送调研报告6篇，其中3篇作为大会口头发言。全年收到盟员反映社情民意信息440篇，其中有162篇上报给民盟中央、民盟省委、市政协、市委办公厅、市政府办公厅等单位和部门，被各级各部门采用的有107篇，采用率66%。民盟市委会精选一年来政协大会发言和团体提案14篇，优秀调研报告6篇，盟员人大代表议案、建议30篇，盟员政协委员提案36篇，理论文章2篇，重要社情民意信息98篇，编辑成《勤思集》。

民盟市委会拓宽社会服务领域，探索社会服务模式，组织专家分期分批赴淳安县安阳乡和丽水市松阳县裕溪乡源底村开展社会服务工作。民盟萧山区委会以“四送四助”“三送三下乡”等系列活动为载体，做强四大社会服务基地。民盟建德市委会组织盟员和马宅村党员一起开展“五水共治”活动，推进“同心”实践基地建设。民盟下城区基层委员会举办“城乡儿童携手六一”活动，与杭州市民生公益组织共同推出秋天的童“画”——少儿书画作品义卖活动。

民盟市委会开展坚持和发展中国特色社会主义学习实践活动。2月，在全市各民主党派中率先开通微信公众号，全年推送消息130余次，共300余篇，推出多个专题报道。“杭州民盟艺术团”于4月成立，成为宣传民盟和服务社会大众的重要载体。

【自媒体时代参政党民主监督专题研讨会】 11月12～14日，民盟市委会举办“自媒体时代参政党民主监督专题研讨会”。全国人大常委会委员、民盟中央副主席张平，民盟浙江省委会主委成岳冲，中共杭州市委副书记杨戌标等领导出席开幕式，大连、哈尔滨、南京等28个城市的民盟组织代表100余人参加会议。盟内专家与学者重点围绕“自媒体时代如何提高参政党民主监督品质与社会影响力”“如何加强自身能力建设，营造健康的监督环境，在自媒体时代有所作为”等议题，展开研讨和互动交流。大会收到论文33篇，编纂成册，汇集各地民盟组织关于民主监督的理论与实践成果，推动民盟组织在新形势下关于参政党理论的研究。

【“优秀基层盟组织大走访”活动】 继2012年“优秀盟员大走访”、2013年“优秀盟务工作者大走访”之后，民盟市委会2014年开展“优秀基层盟组织大走访”活动，使整个“大走访”活动形成体系，由点到面，从个人到组织，成为具有连贯性、逻辑性和层次性的系列活动。民盟市委会通过座谈会、参加组织活动等多种方式走访萧山区委会、建德市委会、各基层委员会和部分优秀基层盟组织，听取基层盟组织的工作总结和先进做法，并将优秀基层盟组织的先进经验汇编成《铸就基层的力量》一书，作为“优秀基层盟组织大走访”的总结和盟员教育读本。

【“盟员之家”建设】 2014年，为贯彻落实民盟中央“基层组织建设年”活动要求和民盟浙江省委会《关于开展“基层组织建设年”活动方案》文件精神，民盟市委会在基层委员会、总支部委员会层面全面推开“盟员之家”建设工作。建德市委会和上城等5个城区基层委员会以及拱墅总支均落实场所，按要求建成“盟员之家”。11月，民盟中央副主席张平，民盟浙江省委主委成岳冲、副主委徐向东参观上城区“盟员之家”后，对杭州的“盟员之家”建设予以肯定。

【课题调研出成果】 2月，民盟市委会启动主题为“建设生态杭州，推进城乡统筹，提高人民福祉”的课题招标工作。民盟市委会结合市委、市政府中心工作和社会热点、难点问题，重点从推进“五水共治”“三改一拆”“四治”和坚持新型城镇化建设等方面入手，列出19类102项调研目录。收到各专委会和基层组织申报课题94篇，立项39篇。为提高调研质量，民盟市委会通过召开立项课题中期汇报会等形式加强立项课题管理。民盟市委会围绕中共杭州市委、市政府年度工作重点，根据年初工作部署，着重就“农村饮用水安全”“垃圾减量化”“农村养老服务”等课题，组织课题组成员多次走访政府有关部门、县市区有关单位，深入余杭、桐庐、富阳等地

11月13日，由民盟市委会主办的“自媒体时代参政党民主监督专题研讨会”开幕　（民盟市委会 供稿）

开展课题调研。其中,“实施绩效工资后基层医疗卫生机构效益评估与建议”被评为市委统战部重点调研课题。

【“学盟章、读盟史”活动】 4~12月,民盟市委会根据民盟省委会的部署和要求,开展“学盟章、读盟史”知识竞赛和征文活动。9月,在省委会组织的“学盟章、读盟史”知识竞赛决赛中,民盟市委会代表队获二等奖。各基层组织发动盟员撰写“学盟章、读盟史”专题文章,累计收到稿件120余篇。其中,范宙虹获民盟省委会征文活动一等奖,俞建锋获二等奖,祝明富、朱青、王伟达获三等奖。

【民盟自身建设新发展】 民盟市委会依照民盟章程和市委统战部有关规定,于5月9日成立淳安县支部委员会,11月4日成立杭州市长河高级中学支部委员会。为规范基层组织盟务工作,促使基层组织工作有序开展、不断创新,民盟市委会完善对基层委员会、总支部和支部的考核办法,全面推行基层委员会(总支)年度先进考核及星级支部评选工作。通过量化考核、绝对评价,让基层组织清晰每年的工作任务要求,推进基层组织管理规范、科学。余杭区基层委员会和江干区基层委员会分别获民盟中央授予的“中国民主同盟基层组织建设先进基层组织”称号。建德市委会、上城区基层委员会、余杭区教育文化支部、江干区第二支部、机关支部5个基层组织被评为民盟浙江省2013~2014年度先进盟组织。

【社会服务打造精品】 2014年,由民盟市委会主委陈振濂发起的大型公益培训项目——书法教师“蒲公英计划”于暑期在富阳市举办第2期,对来自全国31个省市的100余名基层书法老师进行公益培训。通过培训,提升农村教师素质,把先进的教学理念和教学方法传送给农村学校,实现优质教育资源共享,促进教育公平化。“蒲公英计划”专门在新疆遴选10名优秀学员,以提高新疆整体书法教育水平。盟员何军创办的民间公益组织“公羊会”继续活跃在抗震救灾第一线。在此基础上,“公羊会”公益大学于9月揭牌成立。这是一所面向残疾人的民间公益“大学”,能够让残疾人学员走出家门,融入社会,学得一技之长。民盟市委会组织盟员承担“公羊会”公益大学书法课堂的教学任务。4~5月,民盟市委会联合《每日商报》举办的“中高考杭州名师大讲堂”分别在杭州第二中学分校和浙江大学附属中学进行,邀请杭州第二中学等学校的盟员名师现场进行指导。

(李国栋)

·民建市委会·

【民建市委会概况】 民建市委会下辖县级委员会1个(建德市委会)、城区基层委员会8个、支部67个,6个专委会、3个横向组织。有会员1805人,平均年龄54.9岁。其中,经济界会员1585人,占会员总数的87.8%。届中调整补选郭清晔为民建杭州市第十二届委员会主任委员,寿遐为秘书长。

民建市委会分别获民建省委会2014年度新闻宣传先进集体二等奖、2014年度《浙江民建》会刊先进集体三等奖、2014年度浙江民建网站先进集体三等奖,获民建省委会2014年度信息工作二等奖、中共杭州市委2014年度全市党委系统信息工作二等奖、市委统战部2014年度全市统战信息工作三等奖。民建市委会机关被市文明委评为杭州市2012~2014年市级文明机关。民建界别小组被市政协评为2014年度五星级界别小组。

民建市委会开展坚持和发展中国特色社会主义学习实践活动,制订实施方案,对2014~2017年实践活动做出全面部署,举办民建市委会委员读书会暨中国特色社会主义学习实践活动推进会。9月,出台《民建市委会关于政务信息公众平台的指导意见》,探索建立杭州民建微信平台。组织宣传骨干100余人参加全省宣传思想工作会议、全省2014年民建思想理论建设研讨班。3月,与民建省委会联合举办学习贯彻全国“两会”精神报告会和中共十八届四中全会精神学习会;组织会员和机关干部参加市统战系统爱国主义系列讲座。发布宣传报道503篇,编发《杭州民建》会刊3期。

全年发展新会员87人,平均年龄35.7岁。举办新会员座谈会和新会员读书班1期,有80余名新会员参加培训。选送16名会员骨干参加市党外干部中青班和省基层组织培训班。健全基层组织生活制度,增加基层组织活动经费。完成城建一支部、二支部、三支部整合和换届工作。组织先进支部评比,有29个支部申报,占全市基层支部的44%。经考核,20个基层组织获杭州市先进基层组织称号,9个基层组织获杭州市表扬和鼓励支部称号。开展与天津市、南昌市、宁波市、湖州市、宿州市等地民建基层组织学习交流。

组织撰写、报送省市“两会”大会发言、议案、提案和建议101件,其中市“两会”大会发言6件,集体提案15件,包括1件大会口头发言由市长领办,并被市政协评为2014年度优秀提案;4件提案作为合并提案由副市长领办;1件人大建议被正式立案。形成12篇调研报告,其中,中共杭州市委专报1篇并获市长重要批示,被市政府研究室录用刊发2篇,市委统战部立项课题1篇,省委会立项课题3篇。全年会员信息来稿470篇,编发160期,其中:全国政协录用1篇,中央统战部录用2篇,民建中央录用19篇;中共浙江省委录用2篇,省政协录用1篇,省委统战部录用20篇;中共杭州市委录用专报1篇、信息4篇,市政府录用专报1篇、信息12篇,市政协录用信息3篇,市委统战部录用信息22篇。

加强领导班子建设。6月,制定出台《关于加强领导班子自身建设的意见》,从完善理论中心组学习制度、密切联系基层制度、带头建言献策制度等6个方面加强班子建设。民建市委会领导带头参加基层组织的组织生活,走访会员企业、会员工作单位,参加各横向组织、专委会组织的研讨会、专题会,春节和暑期组织慰问老领导、老会员,走访结对帮扶对象。完成民建市委会机关办公地点搬迁至市民中心A座行政楼的工作。

会员范渊、周颖分别被评为2014年杭州统一战线服务改革发展杰出人物和建功立业模范。

【中心组理论学习制度完善】 2014

年，领导班子调整后，为加强领导班子建设，扩大学习参与面，民建市委会改进中心组理论学习形式，由主委、副主委轮流专题主讲当前形势、政策与任务，组织民建市委会常委、委员和人大代表、政协委员参加中心组（扩大）学习会2次。8月3日，民建市委会主委郭清晔就深入学习中共杭州市委十一届七次全体（扩大）会议精神和贯彻落实民建全国市级组织建设研讨会精神做主题报告，会上发送《民建杭州市委会中心组学习参考资料》供会员学习。11月13日，副主委薛滔菁围绕学习贯彻中共十八届四中全会精神进行专题演讲。

【“中国梦·我的梦”演讲比赛】 为迎接新中国成立65周年，9月26日，民建市委会在之江饭店举办“中国梦·我的梦”演讲比赛。来自建德市委会、各城区基层委员会、县（市）支部的12位会员进行演讲，描述自己心中的“中国梦”。民建市委会领导、各基层组织代表和机关工作人员近50人出席。

【城区基层委员会建立】 2014年，根据《关于民建杭州市委会各城区总支换届及成立基层委员会的方案》要求，民建市委会继续推进城区基层委员会的换届组建工作，在与城区统战部沟通协商的基础上，试行城区总支班子届中述职，并进行民主评议和民主推荐，完成下城区、上城区总支部和下属各支部的换届并成立基层委员会。至此，民建市委会完成全部8个城区基层组织的结构优化和基层委员会的建立工作。

【3个市属退休职工支部成立】 2014年，根据民建章程和《关于部分支部重组和结构调整的指导意见》的文件精神，民建市委会创新支部拆分整合思路，对部分无法正常开展活动的市属行业（企业）支部进行结构调整，撤销钱江、轻化、机床厂、机电4个市属行业（企业）支部，分流部分在职会员，成立市属退休一支部、二支部、三支部。

【“十竹斋”保护情况调研与建议】 为传承和保护杭州国家级非物质文化遗产，2013年12月，民建市委会走访杭州“十竹斋”艺术馆和木版水印技术的传人、民建会员魏立中，调研“十竹斋”木版水印印刷技艺与杭州“十竹斋”艺术馆在发展上存在的问题及建议。2014年3月，形成中共杭州市委专报《关于加大国家级非物质文化遗产保护研究基地——杭州“十竹斋”艺术馆建设和保护力度的建议》，引起中共杭州市委、市政府重视，市委副书记、市长张鸿铭，市委常委、宣传部部长翁卫军分别做出批示。

【信用担保机构相关政策调研与建议】 为促进担保行业健康发展、缓解中小企业融资难题，6～9月，民建市委会走访调研全市、各区担保行业协会，了解担保行业情况并听取建议意见。10月，编发报送社情民意《建议完善〈中小企业信用担保机构有关准备金企业所得税税前扣除政策〉》，被全国政协专报采用，引起国家税务总局领导重视，国家税务总局所得税司专门与民建市委会进行沟通探讨，表示将采纳相关建议。

【民建与下城区联合举办招商对接会】 民建市委会注重发挥机关干部在下城区的杭州市党外人士实践锻炼基地的挂职作用，探索民建会员企业家与城区资源互助合作新方式。10月28日，联合下城区委统战部举办“杭州民建走进下城——下城区投资环境推介会”，邀请80余位会员企业家和下城区相关职能部门到会共同寻找合作商机，受到市委统战部、下城区委领导重视。会上，建立民建企业家主题创业园、“OTO”项目风险投资、企业与园区的系统对接和“社区金融”等5个项目达成合作意向。

【企业家联谊会换届】 杭州民建会员企业家联谊会是民建市委会下设三大横向组织之一，主要由会员中有代表性的热心会务工作的企业管理人员组成。11月5日，杭州民建会员企业家联谊会召开第五次全体理事大会，选举产生新一届领导班子，新增副会长7人。会议搭建银企对接平台，举行企业家联谊会与渤海银行、南京银行金融合作服务联盟协议签订仪式。其间，邀请市长张鸿铭与会员企业家代表座谈交流杭州市经济发展形势，张鸿铭充分肯定会员企业家对杭州市经济社会发展做出的贡献并寄予希望。换届后，分别成立杭州民建会员企业家联谊会拱墅分会、西湖分会、余杭分会、高新（滨江）分会。

【社会服务品牌建设】 2014年，民建市委会通过“思源工程”公益平台向余杭区农业局捐资300万元，专项用于杭州“五水共治”。发动各城区企业家联谊会分会和支部捐资约

9月26日，民建市委会在之江饭店举办“中国梦·我的梦”演讲比赛

（民建市委会 供稿）

70万元，开展助学和爱心活动。组织会员律师到吴山防空洞、吴山广场雷锋角为市民提供法律帮助，为老会员提供法律咨询服务。向生活困难的会员发放困难补助8500元，发放原工商业者补助近10万元，为300余名75岁以上的老会员发放蛋糕票3.2万元。民建市委会积极服务中小企业。9月，与厦门市、漳州市、泉州市、南昌市民建市委会联合举办“第七届民建中小企业发展研讨会”。组织会员企业参加民建中央举办的2014年中国（宁夏）非公有制经济发展论坛、民建省委会在浙江大学举办的2014年春季专场招聘会。

（穆盈秀）

·民进市委会·

【民进市委会概况】 民进市委会下辖萧山、建德、临安3个区（市）委会，上城区、下城区、江干区、拱墅区、西湖区、杭州师范大学6个基层委员会，余杭区、滨江区2个总支，90个支部。2014年，民进市委会发展新会员63人。其中：教育文化界27人，医卫界10人，科研、经济、政府、非公有制经济人士30人，发展率3.4%。至年末，有会员1884人，其中女会员1010人，平均年龄56岁。

【参政议政提质增效】 2014年，民进市委会重视发挥人大代表、政协委员的作用，围绕杭州改革发展建言献策。市“两会”期间，提交人大代表建议、议案19件，政协集体提案20件、委员提案36件。《关于破解杭州交通拥堵的对策建议》被市政协评为优秀提案，民进界别小组被市政协评为五星级界别小组。《关于加快杭州停车设施规划建设的建议》作为市政协188号重点提案，由市委常委、市公安局局长叶寒冰领办，民进市委会与市建委、市交警支队、市规划局、市城管委等部门举行面对面现场办理座谈会。民进市委会先后与市农办、市发改委、市卫生局、市教育局、市民政局等20多个部门就《关于加快“美丽乡村”建设的几点建议》等20篇提案进行交流。

民进市委会全年完成调研课题28篇，其中：《加快转变政府职能推动社会组织和中介服务业发展》等3篇课题成果，提交市政协常委会做会议发言；《关于加强钱塘江水质状况监测和生态保护的建议》在市政协“打好五水共治攻坚战——水环境治理”专题常委会上做大会发言。参与民进中央、民进省委会和市委统战部的专题调研工作，提出意见建议，客观反映实际情况。2014年，民进市委会获民进全省参政议政工作先进单位。

【理论学习研究加强】 中共十八届四中全会召开后，民进市委会组织机关干部学习会议精神，及时印发《关于学习贯彻中共十八届四中全会精神的通知》，引导广大会员深刻认识在全面建成小康社会的进程中，全面深化改革和全面推进依法治国的重要意义。

民进市委会制定《杭州民进统战理论研究会工作条例》《杭州民进统战理论研究会理论研究文章评比奖励办法》，对统战理论研究会的宗旨、任务、评优奖励、运行机制等工作，以文件的形式加以规范。通过理论培训、组织研讨、专家讲座等方式，提升成员的理论素养，推进全会的理论研究工作。全年完成各类理论研究文章9篇，连续第4年申报民进中央理论研究课题并获立项，4篇理论文章分别获民进省委会优秀论文三等奖和优秀奖。

抓好宣传工作平台建设，开展“民进情缘70年”“我心中的民进”主题征文活动；改进《杭州民进》会刊编辑发行工作，新辟“学习实践”“双岗建功”栏目；发挥特约通讯员作用，建立宣传委员交流平台和会员思想动态调查机制，定期开展会员思想动态调查分析；发掘优秀会员先进事迹，宣传坚持和发展中国特色社会主义学习实践活动中涌现出来的先进典型，采编刊发会员事迹40余篇。加强传统刊物与网络新媒体的融合，通过《杭州民进》《杭州统战》《浙江民进》等报刊和杭州民进网站等载体，宣传会务工作和优秀会员事迹，提高杭州民进的知名度和社会影响力。

在全市统一战线深入开展学习实践活动和服务深化改革，推进创新发展的主题实践中，会员张治芬获“杭州统一战线杰出人物”称号，会员任永坚、周顺钿获“杭州统一战线建功立业模范”称号。

【组织建设工作加强】 5月，成立民进桐庐支部。为深入开展“创先争优”活动，民进市委会以“基层组织活动场所建设”作为加强组织建设的新载体。至年末，共建立各类活动场所58个，涌现出“同心基地”“社会服务体验点”“民情观察室”等具有特色的活动场所。民进市委会的场所建设工作经验，在民进中央举办的全国组织建设研讨会上做交流发言，得到民进中央领导和各级地方组织领导的肯定。全国政协副主席、民进中央常务副主席罗富和，省政协副主席、统战部部长孙文友，市政协主席叶明、副主席董建平等分别视察和调研民进市委会的基层活动场所。各级基层组织的场所建设促进民进组织的“创先争优”活动，涌现出一批先进典型，萧山区委会被评为“民进全国组织建设先进地方组织”，上城区基层委员会等10个基层组织、陈音等10名基层组织负责人分别获民进中央和省委会表彰，民进市委会获民进全省组织工作先进单位。2014年，民进市委会开展会员会籍管理工作，对会员信息进行核对，年底之前为每位会员发放会员证。

【社情民意信息报送】 2014年，民进市委会围绕“杭改十条”“五水共治”“社会民生”等专题，收集社情民意信息385篇，编发报送信息263篇，被各级部门采用142篇。其中：《实行教师全员“无校籍管理”，真正实现校长教师交流轮岗》等10篇信息分别被全国政协、民进中央和中央统战部采用，《建议在五水共治中建设钱塘江抗洪绿化带》等2篇信息获省委书记夏宝龙批示，《关于开发“山水西湖品质杭州”实景网络休闲游戏，推进杭州国际化水平的建议》等4篇信息获市长张鸿铭等领导批示。2014年，民进市委会获全市“统战信息工作二等奖”“党委系统市直单位信息工作考核三等奖”，分别被省委宣传部、市委宣传部授予“社会舆情工作先进单位”称号。

【文明机关建设】 民进市委会机关端正态度，创新服务。深化机关作风建设，开展“效能亮剑”行动。对照庸、懒、散、奢案例，开展自查、督查、评议、整改、建章立制活动。严格执行请假制度，执行去向牌制度，落实《机关工作人员考勤制度》。11月，民进市委会机关通过“第四轮文明机关”考核验收，以市直机关第1名的成绩获“市级文明机关”称号。

【社会服务拓展】 2014年，民进市委会做好“同心彩虹行动”第2轮贵州黔西南州安龙县结对和甘肃省临夏市“城乡手拉手”帮扶工作。民进市委会领导带领教育界、企业界会员到贵州、甘肃两地视察调研，落实帮扶项目。在安龙县签订“向阳花书屋”3年援建协议，并赠送价值3万余元图书；向甘肃省甘南藏区拉布村小学捐赠6万元生活设备，帮助改善办学条件；为临夏市铜匠庄小学、河西小学建立小型图书室，并赠送少儿百科全书和科普读物。民进市委会参与市委统战部“新一轮少数民族低收入群众增收帮扶行动计划”，对接帮扶丽水市松阳县裕溪乡潘山村，制订5年帮扶发展计划，落实5万元乡村公路建设捐赠款。开展“教文卫三下乡”“服务进社区”等系列活动，民进市委会联合市残联、市卫生计生委组织“名医专家”走进桐庐为残疾群众服务；为小营街道老浙大社区举办“服务进社区和谐千万家”为民服务活动；在萧山区茶亭伤科医院“同心医疗卫生服务基地”，建立专家定点门诊制度；杭州民进书画院举办国庆65周年书画展，多次组织画师开展文化下基层“书画惠民”服务活动。

【“爱满民进”主题活动】 5月，民进市委会针对会内的困难会员开展“爱满民进”主题活动，各级基层组织广泛参与。至年末，收到会员捐款10.30万元。民进市委会领导根据调查摸底情况，分别走访慰问特困会员，送去慰问金和组织的温暖。

【民进企业家联谊会建设】 2014年，民进市委会加强民进企业家联谊会自身建设，为企业界会员搭建交流、合作、培训和联谊平台。通过参加民进中央、民进浙江省委会、民进杭州市委会的各类培训、省内外交流、发展研讨会等形式，提升企业家会员的社会责任感，增强组织凝聚力。民进企业家联谊会在理顺工作机制、加强自身建设的同时，开展扶贫帮困、捐资助学等活动。企业家会员开展微公益活动，与家庭困难的学生结对助学，资助家庭困难学生完成学业。累计资助学生60余人，建设“蒲公英乡村图书馆”9个。6月，承办“民进民办幼儿园发展研讨会”，对民办幼儿园和民办培训机构的健康化、品质化发展提出意见、建议，为民进在“学前教育”问题上提出有价值的意见。

（隋树强）

民进企业家联谊会召开2014年年会　（民进市委会 供稿）

·农工党市委会·

【农工党市委会概况】 农工党市委会下辖各级组织86个，其中县级市委会1个、基层委员会5个、总支8个、支部72个（新成立淳安县和市公共卫生中心2个支部）。全市有党员1486人，其中新发展党员75人。完成24个基层组织的换届和调整，江干区和下城区相继成立基层委员会，补选3位市委委员和1位常委，选派7位青年骨干党员参加市社会主义学院各民主党派中青年骨干培训班，推荐3位优秀青年党员分别担任市十一届青联委员、市知联会网络与信息专业人士分会副会长和理事。

农工党市委会发挥在医药卫生、人口资源和生态环境领域的优势，深入调查研究，反映社情民意，参加与执政党的政治协商和民主监督。2014年是农工党全党上下开展坚持和发展中国特色社会主义学习实践活动的第一年。市委会分多个层面，加强市级领导班子、基层组织负责人、骨干党员、离退休老党员、新党员和机关干部的学习教育工作。全年召开中心学习组学习会8次、专题报告会4次、暑期读书会1次、新党员培训班1期，组织党员参加市委统战部举办的爱国主义系列讲座和市政协举办的各类报告会7次，学习贯彻中共十八大和十八届三中、四中全会精神及习近平总书记系列重要讲话精神、中共杭州市委十一届七次和八次全会精神等。

农工党市委会利用创建市级文明机关的契机，开展“三转一争”（即转理念、转作风、转方式，争先进位、走在前列）专题活动，推进机关效能建设，在2012~2014年度市级文明机关评选工作中，被授予“市级文明机关”称号。

【“我为杭州建功立业”实践活动】 2014年，农工党市委会带领全体党员参与“我为杭州建功立业”实践活动。党员谢恬领衔研发的绿色抗癌药榄香烯脂质体注射液、榄香烯脂质体口服乳被评为“国家重点新产品”，并获“吴阶平医药创新奖”；党员王建沂获中国光彩事业突出贡献奖；党员张玉芳获全国声乐比赛“文华奖”；党员罗红英获“市三八红旗手标兵”称号，其工作室被授予“浙江省技能大师工作室”称号；

党员刘明峰被评为“2013年度新锐浙商”；党员何苾梅获“市三八红旗手”称号；5位党员入选市统一战线服务改革发展“群英谱”，分别获杭州统一战线“杰出人物”和“建功立业模范”称号。

【“我为杭州深化改革献一策”活动】 2014年，农工党市委会重点围绕“五水共治”“杭改十条”和信息经济、智慧经济等热点难点问题开展专题调研，全年提交集体提案和调研报告9个。其中，集体提案《关于规范民营医院发展、促进社会力量办医的建议》得到市长张鸿铭和副市长陈红英批示，并被列为中共杭州市委领导领办提案。市纪委主要负责人到农工党市委会机关，召集市卫计委、市编委办、市发改委、市人力社保局、市规划局和市国土资源局等有关单位负责人及民营医院代表，就提案办理工作进行现场协商，提高提案办理实效。《关于发展“智慧农业”的建议》在市政协全会上做大会发言，并得到副市长戚哮虎批示。集体提案《关于加强河道滨水生态化建设的建议》被市政协评为优秀提案。2个调研报告分别获农工党全省参政议政优秀成果一等奖和三等奖。全年开展社情民意信息沙龙活动3次，向农工党浙江省委会、中共杭州市委、市政府等报送社情民意信息300余条，被各级相关部门录用50余条，3条得到市领导批示。有关“推进我市农村生活污水治理工作”等建议在《联谊报》《杭州政协》等报刊发表。

【“中国梦·农工情”征文活动】 2014年初，为深入开展坚持和发展中国特色社会主义学习实践活动，激发和增强广大党员对中国特色社会主义的道路自信、理论自信、制度自信，农工党市委会开展“中国梦·农工情”征文活动，对全市党员进行“唱响主旋律、传递正能量”的自我教育。活动期间，收到党员征文60余篇，其中不乏年事已高的老党员和加入党派不久的新党员。17篇征文分别获农工党中央和省委会征文活动评比奖项，入选农工党省委会《中国梦·农工情征文集萃》。

【基层组织负责人培训会】 2014年，为提高基层组织负责人党务工作能力，农工党市委会加强培训指导和工作交流，编印《基层组织日常工作程序》手册发放基层组织。7月，举办为期3天的基层组织负责人培训会。学习中共中央总书记习近平系列重要讲话精神，通报农工党市委会工作，重点就党务工作特别是基层组织换届程序、党员发展程序和星级支部考核等内容进行探讨，120余人参加。

【社会服务多样化】 2014年，农工党市委会“爱心工程”联合浙江花都美容美发学校，在省女子监狱举办2期美容职业技能培训班，培训80余名服刑人员，98%学员拿到结业证书；坚持每年2次上门为市社会福利中心老人开展健康咨询和理发等服务。5月底，农工党市委会“希望工程”在建德李家镇希望小学开展“快乐六一”捐资助学活动，为贫困儿童发放慰问金8万元，向学校捐赠价值3000多元的书包架。农工党市委会在“建军节”前上门慰问共建部队，送去价值5000余元的慰问品，并为部队官兵提供法律咨询等服务；出资2.2万元帮助部队营区建设灯光球场，为部队官兵提供更好的训练和活动场地。6月，在“中国环境与健康宣传周”期间，农工党市委会突出“五水共治”主题，联合滨江区委统战部，依托滨江区支部在滨江区举行大型为民服务活动，受益人数1000余人次，多个媒体进行报道。年底，农工党市委会对社会服务工作中的10个先进集体和79名先进个人进行表彰。

5月19日，农工党市委会联合浙江花都美容美发学校到杭州市儿童福利院开展爱心理发服务 （农工党市委会 供稿）

【“关爱青少年视力健康”活动】 2014年，农工党市委会在全市范围内开展“健康工程”进校园“关爱青少年视力健康”系列科普活动。6月5日，启动仪式在杭州永天实验小学举行。农工党市委会向下城区各学校赠送科学护眼宣传手册和视力检测表，并向全市青少年发出“科学用眼保护视力”的倡议。党员中的眼科专家为学生做眼部检测和视力筛查，为师生及家长讲解科学用眼知识。下半年，农工党市委会下属的12个区、县（市）基层组织和各市属医院总支、支部分期分批到中小学开展用眼健康讲座、眼病咨询和视力检查、发放护眼宣传手册等服务活动。“健康工程”进校园“关爱青少年视力健康”系列科普活动持续开展半年，直接服务中小学学生5万余人次，编印、发放科学护眼宣传手册2.5万册。

【农工党市委会与市儿童福利院结对】 为拓展“爱心工程”服务新领域，5月，农工党市委会联合浙江花都美容美发学校到杭州市儿童福利院开展爱心理发服务，并与福利院签订结对服务协议。农工党市委会协调市西溪医院、余杭区第三人民医院，帮助市儿童福利院解决智障、残疾儿童就近就诊等实际困难。12月，组织杭州市第七人民医院的农工党党员专家上门为市儿童福利院职工提供心理咨询和辅导讲座服务，帮助缓解福利院职工由于长期轮班照料孤残儿童造成的精神和体

力压力。协议签订后，浙江花都美容美发学校上门开展8次“爱心理发服务”活动，免费为1000多人次儿童提供理发服务。（楼文丽）

·致公党市委会·

【致公党市委会概况】 致公党市委会下辖1个基层委员会、4个总支和23个支部。拱墅支部升格为总支。新发展党员27人，至年末，党员总数425人。致公党市委会领导走访城区统战部和部分党员，了解基层组织班子建设的成功经验和存在的问题，共同促进基层组织建设。

致公党市委会围绕“五水共治”“三改一拆”“信息经济”“法治杭州”等工作，带领全市党员以开展坚持和发展中国特色社会主义学习实践活动为主线，以服务全面深化改革为主题，履行参政党职责。在市“两会”上，提交大会口头发言1件，集体提案5件，委员个人提案32件，人大代表建议意见11件，其中《促进小区业主自治在社会管理中发挥作用的建议》被列为中共杭州市委领导领办的民主党派集体提案，由中共杭州市委副书记杨戌标领办。致公党界别小组被市政协评为2013年度五星级界别小组。在“加大钢结构住宅建筑推广应用”民主议政会上，做《杭州市发展钢结构住宅的条件分析与对策建议》的发言；在“创新体制机制，提质增效，加快现代服务业发展”专题常委会上，提交《为快递行业办实事，支持杭商回归》的调研报告；在“打好五水共治攻坚战——水环境治理”专题常委会上，提交《以“五水共治”为契机，切实加强节水型城市建设》的调研报告；在“完善社区医疗卫生服务运行机制”民主议政会上，做题为“完善机制，积极推进等级医院与社区卫生服务中心双向转诊”的发言。市政协致公党界别的委员参加市政协组织的各项活动，发挥政协委员的主体作用。

【致公党坚持和发展中国特色社会主义学习实践活动】 致公党市委会把搞好学习实践活动作为2014年的重点工作。在1月13日召开的全委（扩大）会议上，主委王坚代表常委会就如何搞好学习实践活动进行专门动员，要求全市各基层组织和全市党员统一认识，增强开展学习实践活动的责任感和紧迫感；结合杭州实际，落实主要任务，把握各项环节，增强学习实践活动的针对性和实效性。为保证学习实践活动的质量，致公党市委会成立以主委为组长、3位副主委为副组长的领导小组，并制订年度工作计划。根据计划要求，领导小组成员分别到联系的基层讲课。致公党市委会的老党员培训班、中青年骨干培训班和暑期读书班，均把学习中共十八大、十八届三中全会精神和习近平总书记系列重要讲话精神作为主要培训内容。各基层组织将学习实践活动作为年度工作重点，结合各自实际，在组织生活会中安排相关学习内容。在致公党市委会网站和《杭州致公》杂志开设学习实践活动专栏，及时报道市委会和各基层组织开展学习实践活动的情况。致公党市委会将学习实践活动与日常工作统筹起来，引领各项工作全面开展。

【提案入选市政协建议案】 中共杭州市委十一届六次全会通过《关于学习贯彻党的十八届三中全会精神，全面深化重点领域关键环节改革的决定》（简称“杭改十条”），对杭州市深化改革的重点领域关键环节进行全面部署。2014年，致公党市委会针对“杭改十条”关于“推进国际电子商务中心建设，促进传统产业转型升级”“积极推进电子商务与快递服务融合发展”等内容，向市政协十届三次会议提交《大力发展现代物流业，助推杭州经济发展》提案。该项提案被推选为市政协十届三次会议建议案。这是致公党市委会的集体提案再次被市政协列为全会建议案。

【致公党助推“五水共治”】 年初，致公党省委会号召全省组织和党员做“五水共治”的推动者、实践者、参与者。致公党市委会结合中共杭州市委、市政府和市政协“五水共治”工作部署，发挥各基层组织和全体党员的积极性，投身“五水共治”工作。《购买专业服务促进节水管理》《当前推进农村生活污水治理亟待关注的几个问题》《关于关注企业、科研院所和高校实验室废液处置问题的建议》等调研报告先后获省领导批示。2篇关于“节水管理”的信息被致公党中央录用。6月20日，致公党市委会在浙江工业大学附属学校举办“大手牵小手·同筑五水共治梦”——“五水共治”暨“明志·悦读”活动，党员中的省、市和西湖区政协委员、人大代表三级联动，深入校园共推“五水共治”，号召大家节水护水，并向学校捐赠价值1万元的书券，启动“明志·悦读”活动。

【北美致公协会访问团接待】 7月8~9日，致公党市委会接待致公党中央海外联络部部长许怡一行，就海外高层次人才创业创新工作，先后到萧山和富阳进行调研，对政府改善海归人才的创业环境，更好发挥海归人才作用提出意见建议。10月14~15日，致公党市委会接待应致

6月20日，致公党市委会举办“大手牵小手·同筑五水共治梦”——“五水共治”暨“明志·悦读”活动
（致公党市委会 供稿）

公党中央邀请来华的北美致公协会访问团。该次接待注重实效，邀请市人才办的领导为访问团介绍杭州人才引进政策和IT行业发展优势，邀请各区人才办的领导陪同走访，以寻求进一步洽谈合作机会。访问团成员考察萧山区的部分IT企业，对杭州投资环境予以肯定，表示将进一步了解杭州IT行业发展前景，寻求投资合作的良机。

【海归创业创新论坛】 7月24日，致公党市委会祖国统一委员会和富阳支部在富阳联合举办"那些年我们回国来创业"——致公党杭州市委会海归企业家创业创新座谈会。6位归国创业和企业创新人才介绍创业历程，分享创业经验和感悟。市、区两级统战部、侨联和侨办的领导应邀出席。

【领导班子届中述职】 3月28日，致公党市委会召开五届领导班子届中述职评议会议，市委委员，省、市人大代表、政协委员，各基层组织负责人等30余人参加会议。述职会议上，主委王坚代表致公党市委会领导班子，从班子思想政治建设、参政议政履职情况、社会服务工作、海外联谊工作、自身建设工作开展情况5个方面，对该届领导班子两年多来的工作情况进行总结。领导班子各位成员分别做个人述职。与会人员对领导班子进行民主测评和民主推荐。通过届中述职，肯定成绩，指出不足，明确努力方向。

【送农技服务活动】 6月7日和12月23日，致公党市委会和萧山基层委员会邀请市农科院、区农业局的果蔬专家两次为浦阳镇江南村的70多名村民授课，并送上果蔬种子。其间，根据种养大户的需求，专家到种植基地进行现场指导，通过考察现场和听取种养户提问，专家对果蔬培育、种植过程中碰到的疑难问题做解答和指导，表示对种子提供和市场销售予以帮助。江南村是萧山区南片一个较为偏远的乡村，以农业生产为主，技术人员缺乏，技术水平较低，全村经济一直以来欠发达。区基层委员会响应市委会和区委统战部号召，2013年在江南村成立基层委员会社会服务基地，开展农技服务，提供帮困助学等资助。至年末，累计为江南村提供资金18万元，帮助村里改善设施、扶贫助学等，受到群众欢迎。 （吴煜华）

·九三学社市委会·

【九三学社市委会概况】 九三学社市委会下辖基层委员会10个、支社71个，社员1629人。2014年发展新社员78人，其中69人具有高中级职称，29人具有研究生以上学历，平均年龄38岁。

九三学社市委会以开展坚持和发展中国特色社会主义学习实践活动为思想建设的重点，制订并印发活动实施方案，开展中心组理论学习，组织参加有关座谈会、报告会和全市统战系统爱国主义系列讲座等活动，举办骨干读书班，在社刊、网站开辟学习专栏，为社务工作提供精神动力和思想保证。

在市"两会"期间，九三学社市委会提交大会发言材料5篇、团体提案9件。社内政协委员递交个人提案52件，人大代表议案和建议23件。其中，九三学社界别组和有关界别组联合提交的《关于借势上海自贸区，加快营造杭州转型发展制度新优势的建议》被选为政协大会建议案。2013年度提交的《关于优化建设项目规划行政审批制度的建议》等2件团体提案被市政协评为优秀提案。全年组织开展各类调研、考察20余次，完成调研报告和材料46篇。成立界别组"五水共治"监督组，全年组织政协委员开展各类视察、暗访、民主监督等活动15次，提出问题及意见建议30余条。九三学社界别小组被市政协评为2013年度五星级界别小组。九三学社市委会被评为2014年度九三学社浙江省参政议政工作先进市级组织。

九三学社市委会全年编发《信息工作通讯》《城区基层组织信息工作通报》6期，发布电子信息目录15期。结合"杭改十条""杭法十条"和民生动态，举办"司法体制改革""财政公开及预算改革"等"议政日"活动8次。全年报送信息215篇，被有关部门录用112篇。其中中共中央办公厅、中央统战部、九三学社中央录用8篇，市领导批示3篇。九三学社市委会获2013年度杭州市政务信息工作二等奖、2014年度杭州市统战信息工作二等奖等多项荣誉。

九三学社市委会依托人才优势，加强社会服务品牌建设。加大对建德市杨村桥镇的结对帮扶力度，助推新农村建设和城乡统筹工作。通过"专家与中小企业家握手"活动平台，根据企业需求，突出科技特色与人才优势，为企业提供科技支持、法律指导。九三学社市委会被评为2012~2013年度九三学社全省社会服务工作先进市委会。

九三学社市委会开展"我心中的九三组织""我身边的九三人"专题采访报道活动，在网站开辟专栏，加大对优秀社员履职成效和先进事迹的宣传力度。召开宣传工作会议，加强宣传工作的组织和领导。出版社刊《杭州九三》4期，开辟评论类专栏，每期选取社会热点问题开展讨论。全年在省、市级报刊网站刊登各类宣传报道近200篇。九三学社市委会被评为九三学社全省新闻宣传工作二等奖。

【参政议政课题招投标活动】 参政议政课题招投标活动是基层组织和专委会履行参政议政职能的重要载体。2014年，九三学社市委会收到申报课题53个，立项38个，其中11个被列为重点课题，内容涉及智慧经济、"五水共治"、基层医疗等领域，基层组织参与面为历年最广。九三学社市委会对申报课题按研究方向分类，以重点课题为中心形成主课题，相关课题作为子课题，围绕"大框架"集思广益，选择不同的切入点进行研究，提升课题招投标工作实效。10月，主课题成果之一的《建议完善我市城市内河污水治理长效管理机制》在市政协专题常委会上作为口头发言应用。

【"纵横结合"组织网络健全】 2014年，九三学社市委会特聘60余名宣传骨干，与信息骨干队伍合并成立"宣传信息研究会"，选拔各领域专家社员近50人成立"九三科技讲堂专家团"，与之前成立的科技专家联谊会、企业促进会、信息产业发展研究会和法律服务顾问团形成"四会两团"的履职新架构。至此，九三学社市委会进一步完善市委会、城区基层委员会、支社的纵向三级组织体系和以专委会、“四会两团”为着力点的横向履职平台。“纵横结合”的组织网络，有利于发挥组织效能，调动社员发挥自身特长参与社务工作的积极性，增强社组织的活力和凝聚力，为社务工作有序开展提供坚强的组织保障。2014年，九三学社市委会被九三学社社中央评为全国组织建设先进集体。

【“星级支社”评选】 自2013年开始试行“星级支社”评选工作后，2014年，九三学社市委会以健全制度、完善机制、规范工作、强化履职为目标，出台《关于星级支社评选工作的实施办法》《基层组织日常工作规范》《基层工作优秀案例》，推进评选工作的规范化和科学化，完成对全市71个支社的工作考核。经过自评、测评，评出五星级支社10个、四星级支社20个、三星级支社25个。

【专委会活动】 专委会是九三学社市委会工作的重要落脚点。2014年，参政议政工作委员会做好课题招投标活动的选题、评审立项工作；教育卫生、科技经济、社会法制等工作委员会发挥自身专业优势，对多个立项课题开展研究，递交高质量调研报告。青年工作委员会举办手机社市委运动会摄影比赛。文化体育工作委员会协办两场下基层“同心颂”广场文艺演出，近2000名群众观看表演。城区工作委员会通过搭建市区互动，做好活动场所——“社员之家”建设试点工作。妇女工作委员会举办妇女节“绽放舌尖上的中国梦——健康厨艺秀”主题活动，提高广大女社员参与社组织活动的积极性。老年工作委员会组织老年节庆祝会、社区慰问演出等活动，办好各类文体兴趣班，丰富退休社员生活，做好老社员的新春与高温慰问工作，传递组织关怀。

【入社对象前置培训】 2014年，为全面、立体掌握入社对象信息，提高其政治素养，九三学社市委会创新开展入社对象前置培训，制订前置培训方案，举办入社积极分子培训班、座谈会和学习交流活动5次，培训130余人次。通过社史社章专题讲座、“我身边的九三组织”小型演讲会、“科技改变生活”头脑风暴、履职讲堂、座谈交流等方式，加强入社积极分子对九三学社的了解，强化政党意识、责任意识，为择优发展创造条件。

3月13日，九三学社市委会赴建德市杨村桥镇开展“结对帮扶”活动。图为九三学社市委会和当地政府领导为20名“莓园好少年”颁发奖学金

（九三学社市委会 供稿）

【“九三科技讲堂”品牌提升】 2014年，九三学社市委会通过“九三科技讲堂专家团”平台，按相关领域分组，建立科普题库，形成“菜单式”目录，增强“九三科技讲堂”工作的针对性、计划性和实效性。相继在高新区（滨江）、余杭区、上城区设立社区基地，在下城区设立街道基地，完成全市所有主城区建立“九三科技讲堂”基地的目标，并形成网络体系。讲座受众面从街道、社区、学校向政府机关、园区企业延伸。全年开展各类讲座40场，内容涉及科技政策、高新技术、文化艺术、法律知识、健康养生等领域。其中为江干区四套班子机关、政府部门和园区企业负责人200余人举办“智慧经济大讲堂”，为钱江经济技术开发区50个园区的企业负责人做电子商务发展趋势报告等。

（陈　磊）

·市工商联·

【市工商联概况】 全市工商联系统有商会组织311个，比上年（指2013年，下同）增加29个，增长10.3%。市本级有直属商会46个，增加6个，增长15%。市工商联有会员28851个，全年新增会员2668个，增长率10.2%。市工商联获2014年度浙江省工商联综合先进单位等称号。

【理想信念教育实践活动】 2014年，市工商联开展中国特色社会主义学习实践活动和以“对中国特色社会主义的信念、对党和政府的信任、对企业发展的信心、对社会的信誉”为主要内容的非公有制经济人士理想信念教育实践活动。12月3日，市工商联召开非公有制经济人士理想信念教育实践活动座谈会暨《杭商故事》发行仪式。该项工作被评为全国工商联2014年度“十大亮点”工作之一。通过区、县（市）工商联和基层商会等推荐，评选党建工作、企业文化、社会责任、和谐劳动关系、转型升级五类先进典型示范单位。共收集到各类典型89例，评选出示范单位13个。10月27日，与市文广新闻出版局共同举办以“杭商·中国梦——汇聚民企力量共建美丽杭州”为主题的杭州市民营企业主题文艺会演，展示杭州市民营企业文化建设成果，展现民营企业精神风貌。

【宣传引导作用加强】 2014年，市

12月3日，市工商联召开非公有制经济人士理想信念教育实践活动座谈会暨《杭商故事》发行仪式 （市工商联 供稿）

工商联与主流媒体合作，在《中华工商时报》、中国思想政治网等媒体宣传民营企业家的典型事迹86例。发挥《杭州商会》杂志和网站主阵地作用，市工商联网站被评为市政协系统优秀网站（网页）。全年与清华大学联合举办2期“品质杭商”高级研修班，培训117人。组织6期“杭商大讲堂”系列宣讲活动，1838人次参加。完善“杭州市民营企业家学习新干线”，增设栏目，更新内容，至年末，累计点击量283.5万人次，比上年增长21.1%。

【重点课题调研】 2014年，市工商联开展重点课题调研，全年完成调研报告25篇。在政协大会期间，工商联界别小组委员提出个人提案39件，立案36件，立案率92.3%。《关于建立滨江“海创生物加速器产业园”的建议》被评为2014年度优秀提案；市工商联界别小组被市政协评为五星级界别小组。《杭州市民营企业经营者队伍的现状分析和培育工作的建议》和《商会承接政府部分职能转移的探索与思考》分别获全市统战理论调研优秀成果一等奖、三等奖。《杭州市发展混合所有制经济的实践与思考》获2014年度“非公有制经济领域统战工作课题研究优秀成果”三等奖。《关于进一步推动杭州市总部经济平台建设的思考和建议》获市政协主席叶明、副主席何关新批示。

【市工商联推动浙商回归】 市工商联组织企业参加投资环境及项目推介会，宣传浙商回归政策。3月26日，与市经合办、山东省浙江商会赴山东济南共同举办“2014杭州（济南）支持浙商创业创新暨投资环境洽谈会”。走访省外重点浙商，赴七台河市、哈尔滨市和大连市等地进行商会会务交流和投资环境考察，并召开座谈会，了解在外浙商创业情况。在第十六届杭州西湖国际博览会期间，邀请和落实杭商参加“杭商大会”和相关活动，吸引浙商回归。

【招商引资平台搭建】 2014年，市工商联搭建招商引资平台，全年组织571个民营企业参加甘肃武威、广西南平、内蒙古阿拉善盟、新疆建设兵团、辽宁鞍山、四川成都、中西部投资对接会等招商引资活动24场次。发挥浙江省小微企业金融促进会作用，推进建立“银行—商会—企业”融资模式，全年组织银企对接活动13场次。全市工商联系统担保中心为265个企业提供4.18亿元担保资金。根据与中信银行杭州分行签订的备忘录，为35个园林苗木企业落实贷款1亿多元。

【涉企纠纷法律服务】 2014年，市工商联深化与市中院涉企纠纷诉调对接机制。1月23日，杭州市法律服务志愿总队杭州市总商会工作站挂牌成立，通过律师值班和电话热线等方式，全年为102个企业提供法律服务107次，承办案件2起，提供法律咨询105次。3月27日，与杭州仲裁委员会合作成立杭州商会仲裁院。在市工商联系统建立28个商会仲裁联络站，为3个商会提供经济合同示范文本，并在会员企业中推广将仲裁条款写入经济合同活动。与各区、县（市）工商联和直属商会共同开展法律服务进企业、“法律体检”、法律讲座活动16次，423个企业参加。有6个区、县（市）工商联和24个直属商会建立法律顾问制度并聘请法律顾问。

【“五好”县级工商联建设】 5月，市工商联制定并印发《杭州市工商业联合会2014年“五好”县级工商联建设工作实施方案》，组织审核申报工作。基层工商联工作成效明显，滨江区工商联、萧山区工商联、富阳市工商联被省工商联评为县级工商联先进单位，11个区、县（市）工商联被省工商联评为“五好”县级工商联。

【商会组织规范化建设】 2014年，市工商联开展新一轮商会组织绩效评价工作。加强对各直属商会工作的指导，提高商会组织工作效能，发挥商会作用。完成杭州市总商会的社团年检登记，并指导16个行业商会通过社团年检登记。组织应参评行业商会做好2014年社会组织评估工作，杭州市总商会、杭州市美发美容行业协会被评为AAAAA级社会组织，杭州市汽车配件用品商会、杭州市上城区商会被评为AAAA级社会组织。

【老会员走访慰问活动】 2014年，市工商联领导牵头开展走访慰问等活动，对24位生活困难、长期生病的老会员，由原来的临时补助改为定期补助。全年发放各类困难补助45.29万元。4月，《杭商口述史——原工商业者卷》由商务印书馆出版，记录21位原工商业者的创业经历。整修原工商业者老会员活动室，更新部分家具和设施，更好地为老会员提供服务。 （陆　吉）

·市总工会·

【市总工会概况】 2014年，杭州市总工会有工会会员386.86万人，比上年（指2013年，下同）增加19.8万人；基层工会2.45万个，涵盖单位11.27万个，分别增加1169个和4276个。市总工会下辖13个区、县（市）总工会及2个开发区总工会、10个产业工会和8个直属事（企）业单位。

全市工会围绕市委、市政府中心工作，突出“深化改革、创新发展”主线，实施职工素质大提升行动，深化技能培训、技能帮带、技能竞赛、技能晋级、技能激励工作机制，努力培养一支新型技术工人大军；实施职工服务大改善行动，加快构建服务职工工作体系，提升维权服务效能，更好地满足职工群众的多层次需求，促进职工体面劳动、舒心工作、全面发展；实施“职工之家”大建设行动，创新工会组织运行机制、活动方式，强化基层工会建设，着力推进工会工作从单一活动福利型向全方位服务型转变，从侧重维权型向全面提质型转变，从被动应付型向主动有为型转变。

9月25日，杭州市召开党建带工建工作推进会。市委常委、组织部部长张仲灿出席并讲话，市委常委佟桂莉主持会议，市人大常委会副主任、市总工会主席郑荣胜出席会议。会议总结全市党建带工建、工建服务党建工作机制，坚持以“抓基层、打基础、增活力”为工作重点，全面推进基层工会建设。

市总工会转变工作作风，打通服务职工群众“最后一公里”，部署开展“五进五送”活动，组织各级工会干部特别是机关干部进企业、进社区、进村庄、进楼宇、进市场，为职工群众送培训、送文化、送法律、送保障、送健康。全市工会机关举办培训（讲座）132场，培训职工1.4万人次；举办心理讲座27场，健康咨询32场，参与职工3730人次；送电影、送文艺演出119场，观看职工2.44万人次；举办法律咨询28场，接待职工1248人次，受理法律援助案件65件；向职工送清凉、送温暖1.9万人次，关爱“小候鸟”4700人，组织1873名优秀职工免费疗休养。

【市工会代表大会代表实行任期制】 为进一步推进工会自身民主建设，充分发挥代表作用，变“一次性会议代表”为履职一届、联系一方职工群众的“任期制代表”，经市总工会研究决定，杭州市总工会试行工会代表大会代表任期制。2月27日，市总工会出台《杭州市工会代表大会代表任期制实施办法（试行）》，对代表的任期、职责、履职方式、履职保障和代表资格的终止条件等进行明确规定。通过建立代表活动制度、代表列席市工会重要会议制度、代表学习培训制度和代表监督制度等一系列制度，保证代表在代表大会召开和闭会期间都能较好地履行代表职责。

为保障代表任期制的实施，市总工会还设立代表联络工作机构，负责组织、指导、联络、协调代表开展活动。市总工会常委每人联系2~3名同级工会代表大会的基层代表，及时听取代表的意见和建议。

5月1日，市总工会在市工人文化宫为100对外来务工人员举办集体婚礼

（市总工会 供稿）

2014年暑假期间，杭州市各级工会组织开展关爱“小候鸟”活动
（市总工会 供稿）

建立重要情况通报和重要事项征求意见制度，尊重和保障代表的民主权利。

【《企业社会责任评价规范》发布】 2月28日，杭州市地方标准——《企业社会责任评价规范》（DB3301/T）正式发布，标志着杭州市企业社会责任建设进入规范化、标准化新阶段。该标准由市总工会、市标准化研究院、浙江大学公共管理学院联合起草，分总则、建设业、服务业3个部分，对企业的市场责任、用工责任、环境责任和公益责任做出规定，为企业社会责任的履行和评价提供依据。至年末，全市有3265个企业参与社会责任建设评估，其中有134个企业达到A级标准，有1905个企业达到C级以上标准。

【市“五一劳动奖章（状）”评选表彰】 4月28日，市总工会首次评选、表彰100个市“五一劳动奖章”获得者和50个市“五一劳动奖状”获得者。同时，为激励全市职工学习技术、提高技能，积极投身重点工程建设，市总工会对重点工程立功竞赛先进集体、先进个人和市级一类技能竞赛及部分行业性技能竞赛中第1名获得者，即时授予市“五一劳动奖章（状）”称号。

【《杭州市企业工资集体协商条例》实施】 5月1日，《杭州市企业工资集体协商条例》施行。条例规定，杭州行政区域内的所有企业、行业或者区域，都应当开展工资集体协商。当企业利润增长时，职工方可以提出加工资的协商要求，企业如果拒绝协商，将受到处理。协商的内容，几乎涵盖了劳动者所有关于“钱的问题”。包括劳动定额与计件单价、工资分配制度、工资支付办法、各岗位职工年度平均工资水平及调整幅度、试用期及病假事假期间的工资待遇、加班加点的工资及津贴补贴标准、奖金分配办法等。为贯彻落实好条例，市总工会出台贯彻落实《杭州市企业工资集体协商条例》的实施意见，大力推行工资集体协商制度。全市共签订工资专项集体合同1.98万份，涵盖企业7.97万个，覆盖职工255万余人。

【开展“四治”立功竞赛】 4月28日，市总工会根据省委、省政府“五水共治”决策，以及市委、市政府“四治”（治水、治气、治堵、治废）要求，在全市职工中部署开展“四治”立功竞赛，动员广大职工在“四治”重点工程、重大项目中开展劳动竞赛，立足岗位、建功立业。全市90%以上的重点工程、重大项目组织开展立功竞赛活动，其中市级以上“四治”重点工程立功竞赛开展率达到100%。通过工作项目化，开展比质量、比安全、比技术、比高效、比作风的“五比五赛”，推进“四治”重点工程、重大项目建设。使“四治”重点工程真正成为精品工程、民生工程。至年末，全市125项“四治”重点工程开工项目全部开展劳动竞赛，覆盖率100%。

【蓝领素质提升工程】 5月22日，作为杭州市总工会2014年推出的十件实事之一——“138蓝领素质提升工程”（资助1000名优秀外来务工人员上大学，培养3000名一线高技能人才，对8000名职工进行免费职业技能培训）正式启动。提高劳动者素质，着力提高职工的技术技能，完善职工成才成长机制，历来是杭州工会履职的重要内容。2014年，杭州市总工会大力推进职工素质、职工创新和职工激励，努力建设知识型、技术型、创新型职工队伍，为全面深化改革提供人才支撑。全年市、区（县、市）两级工会共投入资金1230余万元，资助1079名农民工上大学，帮助3092名职工获得高级工及以上职业技能等级证书，对8128名职工进行免费职业技能培训，完成“138蓝领素质提升工程”预定的工作目标。

【高技能人才队伍建设】 2014年，为贯彻落实市委、市政府《关于加快高技能人才队伍建设的意见》，推进“五位一体”职工素质提升工程，市总工会联合相关部门按照“市场紧缺、企业急需、职工欢迎”的原则，举办叉车司机、盆景工、大气环境监测工、汽车驾驶员（大客车）、养老护理员、水文勘测工、保安员、数控车工、工具钳工、餐厅服务员、食品检验工等21项市级职业技能竞赛，涌现出各领域、各条战线经济技术创新能手90名。为建立健全职工创新服务体系，激发职工创造活力和创新热情，帮助职工实现成果转化，全市工会共创建职工（劳模）创新工作室123个，完成技术攻关项目366项，组织技术攻关服务队进企业服务181次，帮助解决技术难题173个。

【企（事）业在职职工医疗互助】 2014年，杭州市修订《杭州市企(事)业在职职工医疗互助实施办法》，出台《杭州市在职职工重大疾病和住院医疗互助保障办法》和《杭州

市女职工特殊疾病医疗互助保障办法》，扩大医疗互助范围，降低参保缴费额度，提高医疗补助标准。全市参保职工61万人，比上年增加30万人，1.19万名职工获得医疗补助款共计1509.7万元。

【“爱在杭州”集体婚礼】 5月1日，由杭州市总工会主办，万事利集团有限公司承办的“万事利·爱在杭州”集体婚礼在市工人文化宫举行。市人大常委会副主任、市总工会主席郑荣胜为新人证婚，市政协副主席何关新、省总工会副主席张卫华，以及市文明办、团市委、市妇联等单位领导出席婚礼仪式。与新人的亲朋好友一起见证来自天南海北、各行各业的200位新杭州人的幸福结合。“爱在杭州”集体婚礼是杭州市总工会“十件实事”之一——“幸福大牵手”系列活动的一项重要内容，从2011年以来，已连续举办4届。

【“春风行动”救助范围扩大】 2014年，全市有3216个企业、18.3万人（次）参与“春风行动”捐款，共募集资金1.83亿元，其中市本级募集捐款4879.9万元，创历史新高。全年向12.65万户困难家庭发放“送温暖”慰问金（含年货）1.15亿元；向3927名困难学子发放“娃哈哈·春风助学”援助金1037.8万元；对萧山区、余杭区和五县（市）实施“春风行动”大病救助，发放大病救助金332.6万元。同时，把困难外来务工人员和市级建档困难职工纳入“春风行动”救助范围，发放春节一次性救助金和“送清凉”慰问金。出台《杭州市“春风行动”应急救助暂行办法》，从适用范围、资金来源、救助原则、救助条件、救助标准、不予救助情形、申请材料、申请程序8个方面做出相应规定。

【全媒体工会宣传平台】 市总工会整合工会宣传阵地，逐步完善以报刊、网站、广播电视为主体，以微信公众号、微博官方认证号为两翼的全媒体工会宣传平台。周报《杭州工运》以赠阅方式向基层和社会发放。新版杭州工会网站上线，调整结构，丰富内容，增强实用性，吸引关注度。杭州日报《职工新闻》版面、杭州电视台综合频道《最美劳动者》栏目、杭州广播电台《连心桥》栏目、“杭州工会发布”微信公众号和“杭州工会”微博官方认证号等宣传平台相互补充，实现工会宣传工作在纸媒、广电、互联网、智能终端等媒体传播渠道的全覆盖。

（唐洁秋 叶方魏）

·团市委·

【团市委概况】 2014年，杭州市各级团组织深入学习贯彻中共十八届三中、四中全会精神和总书记习近平系列重要讲话精神，紧紧围绕三大根本性任务和两大战略性课题，以“伙伴”共青团为建设理念，着力加强“五大体系”建设，不断强化思想引导，提升服务水平，夯实基层阵地，团结带领全市广大青年为东方品质之城、幸福和谐杭州建设做出了积极贡献。

至2014年末，全市14~35周岁青年80万人，其中团员40.6万人，专职团干部407人。基层团委1255个，基层团工委172个，基层团总支808个，基层团支部1.55万个。

团市委不断扩大团组织的有效覆盖，全年新增非公企业团组织390个、新社会组织团组织83个。着力加强团的干部队伍建设，联合市委组织部召开全市各级团委领导班子建设座谈会，出台《关于加强各级团委领导班子建设的若干意见》，选优配强各级团委领导班子。深化乡镇（街道）组织格局创新，做好换届动态调整。推进乡镇实体化“大团委”建设，全市所有乡镇（街道）全部实现“团的工作经费列入财政预算不少于2万元”的目标。

【市青联、市学联换届】 5月3~5日，杭州市青年联合会第十一届委员会第一次全体会议和杭州市第十二次学生代表大会在之江饭店召开。市委常委佟桂莉出席开幕式并讲话。市人大常委会、市政府、市政协的有关领导出席开幕式。大会审议通过市青联十届常委会工作报告，选举产生以周扬为主席的第十一届市青联主席班子和常委班子，完成第十一届市青联换届工作；审议通过市学联第十一届委员会工作报告，选举产生杭州市学生联合会第十二届委员会主席、副主席、常委单位及人员。

【市青年企业家协会换届】 7月22日，“杭州市青年企业家协会第七次理事会员大会暨创新·跨界·赢未来——聚力智慧经济产品展示会”举行。市委副书记、市长张鸿铭参观展示会，市委常委佟桂莉，团省委副书记、省青年企业家协会会长王征，团市委书记周扬出席开幕式。大会总结过去4年青年企业家协会的工作经验，研究部署协会未来3年

5月3日，杭州市青年联合会第十一届委员会第一次全体会议和杭州市第十二次学生代表大会召开

（团市委 供稿）

10月13日，中国少年先锋队杭州市第九次代表大会召开　（团市委 供稿）

的工作目标和任务，选举产生新一届协会会长班子。

【中国少年先锋队杭州市第九次代表大会】 10月13日，中国少年先锋队杭州市第九次代表大会召开。省委常委、市委书记龚正出席开幕式并讲话。市领导王金财、叶明、许勤华、翁卫军、张仲灿、佟桂莉、施彩华、潘方敏、叶寒冰、范辉、董建平等出席大会，团省委副书记苗伟伦应邀出席。团市委副书记吴洁静做题为“红领巾放飞梦想，核心价值观根植心中，为杭州实现高起点上的新发展时刻准备着”的工作报告。会议全面总结中国少年先锋队市第八次代表大会以来的成绩和经验，谋划未来5年的工作思路，选举产生新一届少先队工作委员会主任、副主任和委员，以及17名“红领巾理事会”理事。

【“双网互动”团建工作】 2014年，团市委开展团建“双网互动”工作。全市划分网格2902个，培养配备“网格长”和网格青年骨干9275名，联系、培育“滴水公益”“第九世界”“绿色浙江”等优秀青年社会组织54个。组建青少年专业服务团队和网格青少年日常管理服务团队4529支，建立网格微博1834个，启动“双网互动”工作基金20万元，并通过出台实施意见、印发指导手册、开展骨干培训、培育示范典型、评选“十佳网格长”等手段，有效推动“网络+网格”“网上+网下”的团员青年互动融合。

【青少年思想引领】 2014年，团市委学习贯彻国家副主席李源潮在浙江调研群团工作的指示要求，不断深化青年马克思主义者培养工程，探索建立中学生“青苗学院”，全市各级团组织开展集中学习、宣讲报告、交流座谈等500余场次。将“中国梦·我的梦——少年中国梦杭州青少年主题教育实践活动”贯穿全年，积极开展“我为核心价值观代言”“网上祭英烈”“奋斗的青春最美丽”等活动900余场，承办省少工委“红领巾相约中国梦，核心价值观记心中”主题队日活动，举行浙江省暨杭州市“十八岁成人节”宣誓仪式，评选“最美青工”“最美助残志愿者”“美德少年”等先进典型，并通过“我们圆桌会”“青春梦想秀”“公益广告展播”等宣传形式，引导广大青少年汇聚青春正能量。省委常委、市委书记龚正给“寻访身边的追梦人”主题实践活动中的学生郑雅文回信，勉励她和广大青少年为“同心共筑中国梦”奉献自己的智慧和力量。

【“青春杭州”全媒体中心成立】 12月24日，团市委“青春杭州”全媒体中心成立，成为全省共青团首个全媒体中心。市委常委佟桂莉和团省委副书记朱斌共同为中心揭牌，并对团市委“探索新媒体时代的共青团宣传大平台，打通网上网下两个舆论场”的新做法给予充分肯定。该中心融合网站、微信、微博、杂志、手机APP、电台、户外广告7种媒介，实现新闻中心、信息中心、文化中心、媒体中心及综合服务中心五大功能。截至2014年末，全市各级共青团已开设微信公众号60个、官方微博513个、团属网站19个。

【“五水共治”青春建功行动】 2014年年初，团市委启动“五水共治”青春建功行动。一年中，组织市政协共青团、青联界别委员开展“五水共治”民主监督明察暗访活动，组建青年突击队202支，建立“五水共治”实践基地200个，635名河段长完成全市100多条河流的结对认领；组建“五水共治”青春建功学院，发动基层团组织共计开展10期骨干培训班；组织开展“五水共治”青年林建设，全市各级团组织开展义务植树150余场，参与志愿者3万余人次，“小鱼治水”“红领巾治水”“团团治水”等工作品牌在全市产生广泛影响，点上“号站结对”和线上“段长负责”相结合的共青团治水长效机制基本形成。省委书记夏宝龙致信富阳大学生村干部，勉励他们把投身“五水共治”作为书写精彩人生的实践平台。

【青年就业创业促进】 团市委主动融入杭州“梦想小镇”建设，成立“杭州青年网商创业专家团”，组团参加“2014年中国（杭州）国际电子商务博览会”，积极探索在电商领域开展青年文明号创建活动的方式方法，持续推进“电子商务进万村”工程，新增村级服务网点572个，农村淘宝“桐庐模式”得到省委、省政府和共青团中央的一致肯定。在“挑战杯——彩虹人生”全国职业学校创新创效创业大赛中，承办“奋斗的青春最美丽”优秀毕业生分享会，开展“西湖金奖进青年”、青工“五小”创新创效、百场青工技能比武、青年科技创新能手评选等活动，全年共发放青年创业小额贷款2287笔，培训就业创业青年1.21万人次，新聘请创业导师108名，新增共青团青年就业创业见习基地78个，提供见习岗位2839个，选送22个项目参加中国青年创新创业大赛，其中9个项目进入全国总决赛。由团市委推报的西湖区大学生创业园被共青团中央命名为全国首批创业示范园区。同时，以“创业促就业—服务大学生创业”为主题，分18个调研组开展团代表

下基层大调研活动，深入走访园区、企业和相关部门200余个，发放问卷2700份，形成调研论文18篇。

【青年人才工作】 团市委与市人才办合力推进市青年人才工作站建设，设立10个创业园区分站和北京、深圳2个远程分站，组团出访美国、加拿大等地的高校社团机构，与20所国内外知名高校校友会建立日常联系机制。举办首届“名校校友汇”智能工业专场沙龙和海外推介会，召开北京大学、清华大学杭州校友座谈会，邀请15个校友创业团队到杭州考察交流，吸纳青年人才大使23名、西子创业天使汇成员单位51个、新媒体联盟成员单位17个。会员吴佳、陈伟星被推选为“新锐浙商”。

【志愿服务管理】 2014年，团市委出台《杭州市志愿服务时数和公益积分管理办法》，发布杭州公益地图，启动志愿服务管理平台二期建设，网上注册率超过90%，社区志愿服务站和重点服务场所的刷卡设备铺设率达到80%，志愿服务“刷卡计时”基本实现。省委常委、宣传部部长葛慧君在《杭州市八大举措推进志愿服务制度化》信息专报上做出批示肯定。承办全省志愿服务制度化推进会，市委常委、市志工委主任佟桂莉代表杭州在会上介绍典型经验。

团市委联合市残疾人联合会印发《关于开展阳光行动深入推进志愿助残结对工作的通知》，提供日常化生活照料、心理慰藉、社会融入、技能培训等服务，全年开展助残骨干志愿者培训72场、集中活动120次，建立志愿助残服务阵地75个，129个服务团队结对1046名残疾人。进一步提升“微笑亭”、“雷锋广场”、文博场馆等志愿服务专业水平，积极组织志愿者参与西湖国际博览会、中国（杭州）国际动漫节、“三改一拆”等重点工作，团市委被评为2014年度杭州市“三改一拆”行动最佳支持单位。团中央青年志愿者工作部党组书记侯宝森在西湖区蹲点调研时，对杭州市志愿服务工作给予高度评价。中央电视台《新春走基层》栏目对杭州志愿者服务春运工作进行了采访报道。在首届

12月4日，在首届中国青年志愿服务项目大赛上，杭州获得2枚金牌、4枚银牌 （团市委 供稿）

中国青年志愿服务项目大赛中，杭州获得2枚金牌、4枚银牌，仅次于北京、上海和广州。

【青年社会组织工作】 12月13—15日，杭州市青年联合会举办“2014年品质公益峰会——杭州论坛”和“第三届品质公益·杭州峰会”。“杭州公益伙伴圈”吸引70个青年社会组织加入，其中10名公益领袖被推荐为市青联委员，市青联专门增设青年社会组织界别。在第三届中国公益慈善项目交流展示会上，市青联共获得1枚金牌、2枚铜牌和1个特别贡献奖。省委副书记王辉忠在团省委十三届七次全会上，点名表扬杭州市的青年社会组织工作。

【青少年综合服务】 2014年，团市委推进青少年综合服务平台建设，集成开发网上综合服务大厅，整合推出“正能量、知团情、乐生活、解心结、找场地、青维权、就业创业、社团活动、学习实践”10类项目，打造“一站式”服务平台。已建成县级青少年综合服务中心8个、镇级服务站41个。推进共青团中央“青少年权益工作创新”试点工作，承办试点城市培训会，召开未成年人保护预防全会暨青少年权益工作创新动员会，联合出台《关于加强青少年社会事务工作者队伍建设的意见》，创建市级“青少年维权岗”28个，探索建立首个“12355”青少年健康促进基地，圆满完成2014年度“共青团与人大代表、政协委员面对面”活动，顺利推进市平安志愿者群防群治活动暨青少年平安自护十大行动。“12355 心灵花园”体验项目连续4年被列入全省未成年人思想道德建设10件实事项目。

杭州青少年活动中心全年培训人数首次超过20万人次，新建社区青少年俱乐部80个，体育综合楼投入使用，国际一流水平的青少年洞桥营地顺利开工。开展职业青年学历提升和青工免费职业技能培训工作，339名青年职工通过培训获得相关资质。策划“满城书香爱心接力”图书漂流活动，共有60个单位、2800余人参与活动。实施职业青年置业助力计划，提供最高30万元3年免息购房贷款。举办各类相亲交友活动200余场，中央电视台《新闻联播》栏目连续6年对杭州市“大红鹰玫瑰婚典”活动进行报道。

深入实施共青团关爱农民工子女志愿服务行动，建立规范化关爱行动阵地689个，其中国家级“七彩小屋”2家、省级“集善之家”1家。积极参与百万新疆各族少年儿童与内地少年儿童书信手拉手活动，举办公益夏令营1234场，捐建爱心图书室32个。 （沈晓峰 缪书玥）

·市妇联·

【妇女组织概况】 杭州市妇联有2个直属事业单位，下辖13个区、县（市）妇联，5个直属妇工委。全市区

县（市）、乡镇（街道）、村（社区）妇女组织3244个，机关、企事业单位妇女组织9211个，团体会员及民主党派（工商联）妇委会18个，在“两新”组织中建立各类妇女组织3.55万个。

1月9日，市妇联召开十五届三次执委（扩大）会议，审议通过妇联主席魏颖题为“巾帼建新功，共筑中国梦，团结带领广大妇女为杭州实现高起点上的新发展而奋斗”的报告，时任市委副书记、市人大常委会党组书记王金财到会并讲话。会议替补许米、吕红娟、钱丽萍3人为市妇联十五届执委，增补钱丽萍为市妇联十五届常委。各区、县（市）妇联非执委的班子成员，直属妇工委非执委的负责人，部分市妇联十五届妇代大会代表，市政协妇联界别组全体委员，市民主党派（工商联）妇委会主任和市妇联机关干部、直属单位负责人参加会议。

市妇联结合党的群众路线教育实践活动整改落实及“回头看”工作，常态化开展“下基层、访妇情、办实事、促发展”基层走亲活动，坚持领导班子成员调研课题领衔制度，确定4个课题问策基层并形成实施意见。发挥党派妇委会和市政协妇联界别组的参政议政作用，健全各级妇代大会代表任期制，更好发挥各级代表在联系服务各自领域妇女的积极作用。发挥杭州妇女网、“一半天”网站和市妇联、市妇女活动中心官方微博微信的网上舆论引导作用，扩大工作影响力。探索基层妇联特色品牌项目申报实践活动，确定2014年特色品牌项目13个和2015年创新型培育项目8个。开展杭州妇女参与经济发展的现状与趋势研究，编著出版的首部《杭州妇女发展报告（2014）——女性与就业》皮书获得第三届中国妇女研究优秀成果二等奖。围绕妇女与家庭文化现状与趋势研究，编写第二部《杭州妇女发展报告（2015）——女性与家庭文化》皮书，提高对基层妇女工作的指导水平。加强与国际国内妇女组织的交流联系，全年开展交流活动39次。

构建大宣传新格局。首次在《杭州日报》开办《西子女性》专栏，全年刊登《西子女性·风采展示》《西子女性·婚恋微讲堂》专栏专版23期；成立由陈辽敏等行业精英女性组成的西子女性宣讲团，开设“西子女性大讲堂”，全年在基层开展巡讲、驻讲16场；联合大学学生会和女企业家开展“优秀成功女性进高校”励志教育活动，为300余名高校女生提供“缩短大学与职场路径”的务实指导。全年完成宣传妇女工作和先进典型文章60篇，报道264篇。

加强妇联基层组织建设。贯彻实施村民委员会组织法，扩大基层妇女参选参政，村级组织换届后全市2046个村中有2028名妇代会主任进村“两委”班子，占99%；妇女村民代表9.9万人，占比36%；全部村实现女委员专职专选，村委会女性任职人数为2177人，占比34%；在村“两委”正职中，女书记97人，占比比上届略有提高；女主任53人，占比与上届持平。制定《杭州市加强服务型基层妇联组织建设实施意见》，指导基层全面完成“妇女之家”归并整合，将基层的妇女维权站、妇女心灵驿站、姐妹谈心室、妇女学校、家长学校、儿童之家等工作全部纳入“妇女之家”中；指导基层按照规范化建设要求，推动“妇女之家”由阵地建设向“1+N”组织运行模式和服务平台转变。

3月12日，全国妇联书记处书记焦扬（左三）在西湖区外桐坞村调研“最美家庭”工作 （市妇联 供稿）

实施女性素质分层分类培训。仅市本级全年就举办农村女性实用人才、来料加工从业人员和经纪人、养老护理员、家政服务员、“巾帼文明岗”岗长、女大学生、家庭教育指导者、处级女干部、结构型女干部、新任村妇代会主任、两新组织女性负责人、两新组织妇女组织负责人等各类培训班20期，积极提升女性素质。

2014年，市妇联获得“全国妇女宣传舆论阵地建设先进单位”等荣誉称号。市妇联于“三八节”表彰市“三八红旗手”“三八红旗集体（标兵）”149名（个），并开展优秀事迹宣讲活动;获全国妇联表彰“全国三八红旗手”和“全国三八红旗集体”各1个。市妇联的工作受到全国人大常委会副委员长、全国妇联主席沈跃跃，全国妇联副主席赵东花、全国妇联书记处书记焦扬等多位领导的肯定。

【“巾帼建功”活动】 2014年，市妇联组织女职工开展以提高妇女素质、提供优质服务、树立行业新风、创业建功成才为内容的“巾帼文明岗”创建活动，发挥“建一岗、带一片、挂一牌，树面旗”的作用。构建建功成才扶持体系，动员行业妇女参与开展职业技能、才艺技能、劳动素养等岗位练兵活动，举行家政服务等多领域女性岗位建功技能才艺比赛；联合市总工会等相关单位，组织开展有1300余人参加的医卫系统妇幼工作者健康技能竞赛。提高巾帼建功创建质量，推进市场“巾帼文明岗”创建工作，积极引导从业

妇女遵纪守法和诚信经营；评选出全国巾帼建功先进集体2个、标兵4个、巾帼文明岗6个；省级巾帼建功标兵8个、巾帼文明岗53个；市级巾帼标兵30个、巾帼文明岗95个。开展全国、省、市文明岗创建复验督查工作，加强规范管理和社会监督。

【妇女儿童发展规划实施】 2014年，市政府妇儿工委办深入实施杭州市“十二五”时期妇女儿童发展规划，及时向社会通报实施情况；向市政府常务会议报告妇女儿童规划中期监测评估总体情况，召开杭州市妇儿工委全委（扩大）会议，通报妇女儿童规划实施中存在问题及对策建议；对各区、县（市）妇女活动阵地和妇儿工委办自身建设开展督查，促进相关问题解决。监测数据显示至2013年末，妇女儿童发展规划12个领域136项可量化指标中，已达标121项，达标率为89%；未达标9项，占6.6%；暂无数据6项，占4.4%。其中，妇女规划7个领域69项可量化指标，已达标61项，未达标5项，暂无数据3项；儿童规划5个领域67项可量化指标，已达标60项，未达标4项，暂无数据3项。规划的14个实事项目已完成6个，1个项目因上位法规出台需调整，其余7个项目正在实施中。

【妇女维权】 市妇联推动源头维权。联合市法制办、市人大法工委建立杭州市政策法规性别平等咨询评估机制，将社会性别意识纳入政策法规制定和实施过程中；对《杭州市老年人权益保障规定（草案）》的性别平等开展专项评估并形成性别评估报告，提供性别视角的参考依据；制定《关于在农村产权制度改革中进一步保障妇女合法权益的指导意见》，推动各地依法落实农村妇女土地承包权、宅基地用益物权、集体资产股权等财产权益，切实维护农村妇女合法利益。促进合力维权，推动市人大内司工委开展对《杭州市预防和制止家庭暴力条例》实施情况的专项视察，促进各成员单位切实落实反家暴工作职责；联合市民政局出台《杭州市反家暴庇护救助工作实施办法》，推进反家暴庇护救助工作；推动市法院出台《全市法院推进人身安全保护裁定工作的实施意见》，以更好地保护家暴受害人的人身权益；联合市司法局成立婚姻家庭纠纷人民调解委员会，引导妇女依法有序表达诉求，及时化解家庭纠纷；做好“110”社会应急联动中有关家庭暴力案件的调处和跟踪回访工作。探索项目维权，成立杭州市婚姻家庭指导服务中心；实施“女性婚姻幸福感提升项目”，为女性和家庭成员提供专业婚恋指导服务；编印《在婚姻中成长》等婚恋指导系列丛书3册，开展“美丽女性·幸福家庭”普法大讲堂等宣传服务22场。举办萨提亚婚姻家庭心理咨询工作和婚姻家庭咨询师资格考试培训班，学习家庭治疗理念和有效解决问题技巧，提高妇联干部婚姻家庭矛盾纠纷调处能力。建立由市本级、区县（市）、街道（乡镇）、社区（村）4级妇女法律援助服务网、“12338”妇女维权热线和社区（村）维权机构组成的妇女合法权益救助体系，为妇女提供维权服务。推进妇女信访代理、法律援助制度建设，加大保护弱势妇女权益的力度；全市妇联系统共受理信电访1879件，跟踪调处“110”社会联动交办婚姻家庭纠纷815件。

8月1日，杭州市实施“清净在源头”家庭生活垃圾分类全民行动三年计划，省委常委、杭州市委书记龚正（前排左二）宣布启动，并现场指导工作

（市妇联 供稿）

【城乡妇女创业扶持】 市妇联构建信息技能扶持体系，通过“一半天”网站为广大创业妇女提供网上订单、创业指导、政策咨询等服务。构建岗位资金扶持体系。举办女大学生就业专场招聘会，帮助1280人达成就业意向。实施《杭州市促进女大学生就业创业三年行动计划》，通过成立女大学生创业训练营和为她们量身定制职前就业指导培训，推动女大学生就业创业工作。推广妇女创业小额贷款，对创业妇女实行贷款贴息政策。推进来料加工进低收入农户工作，落实财政专项补助政策，通过举办来料加工技能培训、技能比武、产品展示、业务对接和推行规范式记账以及第三方支付等举措，确保加工费、补助款发放有序到位，帮助低收入农户实现收入倍增计划。帮助来料加工经纪人参加博览会、展销会等进行展销和业务对接，达成意向项目30个，订单金额300余万元。全市21万来料加工从业人员共实现加工费收入10亿元，其中8878名低收入农户通过来料加工实现人均增收6505元。大力帮扶农村女能人创业致富。加强女能手之间的交流合作，引导妇女参与农家乐、现代民宿等农村经济新型业态的发展，丰富农村现代产业体系，辐射带动更多农村妇女增收致富。

【文明家庭创建活动】 市妇联创新家庭道德建设常态化工作机制，

印发《关于进一步深化杭州市家庭文明建设工作的实施意见》，结合以“慈母”为主题的文明家庭创建活动和第五届婆媳文化节，联合市文明办共同开展“我心中的好妈妈”等全民大讨论及征文活动，在城乡2961个“妇女之家”中启动寻找“最美家庭”“最美妈妈”“最美婆媳”的活动，展示“最美现象”。大力弘扬文明家庭新风尚。邀请著名文化学者于丹到杭州做“传统文化价值的当代运用”专题讲座，开展“晒”杭州和谐家庭幸福照、开好家风家训评议会、讲最美故事等活动，在上万户家庭中评出市级“最美家庭”“最美妈妈”“最美婆媳”60户（个、对），并在国际家庭日全市“最美家庭”系列先进事迹宣讲会暨第五届杭州市婆媳文化节上进行表彰，编印出版《我心中的好妈妈》征文集。渐冻人汪建华等143户家庭获得全国、省市“最美家庭”“文明家庭”“绿色家庭”“和谐家庭”“平安家庭”等荣誉称号。举办第十三届“家庭、老人、孩子心连心”重阳节联欢活动。

【农村“美丽庭院”创建活动】 2014年，市妇联实施“美丽庭院”创建项目申报工作，通过实地督查、跟踪抽查、入户访查、验收实查等举措，激发广大农户参与“美丽庭院”创建和“五水共治”“清河治污”的积极性、主动性。联合市农办、市旅委等单位开展“我眼中的美丽庭院”摄影大赛，将创建成果通过1622幅参赛作品的镜头展现，扩大了“美丽庭院”创建工作影响力。全市99.7%的村开展“美丽庭院”创建；34.8%的农户达到“美丽庭院”标准；全市命名市级“美丽庭院”样板户200户、“美丽庭院”500户、“美丽庭院”示范村160个和“美丽庭院”建设工作先进乡镇30个。

【城区家庭垃圾分类引导】 2014年，市妇联启动新一轮“清净在源头”家庭生活垃圾分类全民大行动三年行动计划，通过面上专项培训、线上宣传引导、点上示范引领和采取逐户宣传、逐幢排查、逐个提高等方式，努力推动垃圾源头减量和准确分类投放工作。同时，认真履行妇联在全市垃圾分类工作中的牵头协调职能，探索项目化实施、社会化运作、群众化推动的工作方式。100名垃圾分类培训师已持证上岗，9850名督导员开始督导，主城区“一区一课”培训制度全面建立，五县市试点工作逐步推进；全年市、区两级妇联开展宣传活动1938次，组织督导18.7万次，覆盖家庭成员83万余人；已实行垃圾分类实名制小区189个、实户制小区217个。

【“平安家庭”创建活动】 2014年，市妇联将“平安家庭”创建和维护妇女合法权益有机结合，深化“平安家庭”创建工作。全年紧紧围绕“立足创建、促进平安”的工作目标，有效推进《杭州市预防和制止家庭暴力条例》的贯彻落实，启动婚姻家庭人民调解、困难妇女法律援助、婚姻家庭指导服务等工作，有效提升妇联组织化解各类家庭矛盾纠纷的能力和水平。年末，通过妇联基层推荐、评选，市平安办命名15个“平安家庭”示范户。

【家庭教育指导】 2014年，市妇联推进实施家庭教育“十二五”规划。完成家庭教育“十二五”规划中期评估报告，召开全市家庭教育工作会议暨留守儿童关爱工作推进会；建立第二批35个家庭教育指导专家服务点，完成149所市级示范家长学校的申报、验收工作；举办全市示范家长学校经验交流会暨家庭教育工作指导者培训班，切实发挥市级家长学校示范辐射作用。招募家庭教育优秀人才，充实家庭教育专家队伍，召开家庭教育讲师团集体备课会，为基层家庭教育指导工作提供师资支持和菜单式服务。继续实施百万家长新素质提升行动计划。联动区、县（市）共同开展“千场家庭教育知识进家庭”活动，全年举办家庭教育专题讲座1029场，历年累计受益人数达159万余人。至年末，全市农村中小学、幼儿园家长学校办学率达95%以上，农村建制村家长学校办学率达80%以上，家长接受家庭教育指导率达90%以上。启动青春期家庭教育指导工作，为孩子健康成长营造良好的家庭氛围。

【“姐妹帮扶”活动】 全市各级妇联持续实施姐妹帮扶工程，通过拓展帮扶范围、突出就业帮扶、开展特殊群体帮扶等途径，加大对困难姐妹的帮扶力度。全年各级帮扶主体走访结对家庭7071次，赠送慰问金（物品）299.55万元，提供就业岗位6910个，帮助解决农副产品销售12.17万元，提供来料加工业务及发放加工费1430.77万元。

【妇女儿童实事工程】 2014年，市妇联持续开展杭州市“美丽基金”贫困女大学生助学、“两癌”妇女救助、老年妇女关爱3项关爱行动，共帮扶女大学生、困难妇女228名，资助金额44.5万元。实施环境优化与流动留守妇女儿童发展关爱行动，圆满完成“流动留守妇女儿童发展关爱行动五年计划”。5年中累计服务流动留守妇女儿童106万人次，办实事217件，命名22个关爱行动先进集体；开展“同在蓝天下·我们共成长”农村留守儿童“六一”特别活动和暑期关爱活动，改进留守儿童关爱方式；做好“六一”系列慰问和留守流动儿童安全教育及关爱服务活动，命名杭州市首批“示范儿童之家”40个。开展“社区助福行”巾帼志愿服务活动，解决空巢老人精神慰藉问题。

【市妇女活动中心打造“妇女之家”】 2014年，市妇女活动中心着力打造“兴趣技能公益培训”和“知识普及公益大讲堂”两大类培训品牌，开展各类培训约100场，服务女性约3000人次；通过向社区发放体验券、机关企事业单位妇委会预约体验、周末公益兴趣班等形式，每周安排4个半天，免费开放健身房、跳操房、瑜伽馆、游泳馆等设施，开展公益健身活动500余场，参与者5000余人次；积极开展以“结爱情心缘、圆夫妻姻缘、恒伉俪情缘”为主题的婚恋综合服务，突出专业指导优势与品牌效应，全年举办12场相亲活动，为350余位单身男女提供了指导服务。网上妇女之家——“一半天”妇女专业服务信息化平台全年访问量达到4万人次，培育“女人家圆桌会”及“专家一对一”两大线上品牌。年末，平台改版并优化线上线下互动功能，实现实体和网络“妇女之家”的有机融合，更好地服务于杭州女性。（王佶伶）

·人力资源和社会保障综述·

【人力资源和社会保障事业科学发展】 2014年，杭州市人力资源和社会保障部门（简称市人力社保部门）深入贯彻中共十八届三中、四中全会精神，坚持以“改革创新年、项目推进年、优化服务年”为目标，促进就业创业，完善社会保障，强化人才支撑，推进人事制度改革，发展和谐劳动关系，推动杭州市人力资源和社会保障工作在浙江省发挥示范带动作用。年内，萧山、余杭两区和主城区社保一体化改革实现“破冰”。承办了第十七届全国大中城市工伤保险工作经验交流会、中国（浙江）人力资源服务博览会、第三届杭州人力资源高峰论坛和杭州市外国专家迎新招待会等重大活动，促进了杭州市人力资源和社会保障事业科学发展。市人力社保局连续第9年获市直机关优胜（满意）单位称号，劳动关系和谐指数连续第4年居全省第一位。

【人力资源和社会保障信息化建设】 “杭州人力社保一体化”信息系统历经两年的开发设计，系统中的一体化社会保险部分于2014年5月1日上线并通过验收。该系统以数据中心为基础平台，注重梳理和整合人力资源和社会保障办事项目和优化业务流程，在一体化框架下对应用软件进行重建，覆盖492个社保业务项目，服务对象涵盖市、区、街道（乡镇）、社区（村）四级经办机构和6万个参保单位、300余万名参保人员，提升人力资源和社会保障公共服务的信息化水平和智慧应用能力。

【杭州列入失业预警试点城市】 2014年，杭州市在国内首先提出“社会失业率”概念，开发失业预警信息系统，制定失业调控和预防措施，通过获取失业动态监测数据、就失业相关统计数据、宏观经济相关数据，建立综合分析数据模型，构建杭州特色的失业预警体系，实现对未来就业、失业形势的分析预判和对可能出现的失业风险的积极预防和提前干预，政府有效控制失业率上升，弥补人力资源市场调节功能的不足。杭州市是人力资源社会保障部确定的十大失业预警试点城市之一。失业预警信息系统获国家版权局颁发的著作权证书。杭州市失业预警工作入选2014年全国地方就业十件创新事件，受到人力资源社会保障部和省人力社保厅的肯定。

【服务窗口建设】 2014年，市人力社保部门开展窗口单位改进作风专项行动，出台《窗口单位服务规范》《窗口单位纪律要求23项禁止性规定》《窗口单位通用文明用语》等，规范窗口单位服务行为，提升服务质量。局属16个窗口单位结合业务特点、工作性质，从服务场所、服务行为、服务纪律、服务质量、服务能力及服务结果6个方面，进一步细化标准、规范程序、健全制度，全年局窗口累计经办社保、医保等行政审批事项约64万件，基本做到承诺事项网上办事100%。社保经办服务、“12333”咨询服务、企业退休人员社会化管理等便民举措进一步创新，人力资源和社会保障网上办事、自助服务受到群众普遍欢迎。“12333”咨询服务综合运用在线解答、电子邮件、论坛等渠道，并推出微信公众服务平台，构建全方位、多渠道、立体化的咨询服务体系，全市“12333”年度来电418.8万个，接通率81.9%，为275万人次提供网络、短信、传真等形式的服务，市人力社保局被人力资源社会保障部确定为全国“12333”服务规范标准起草单位，“人力资源和社会保障电话咨询服务中心适度规模探索”课题获人力资源社会保障部人力资源社会保障电话咨询服务课题研究一等奖。年内，市“12333”咨询服务中心被人力资源社会保障部评为“全国巾帼文明岗”。

【权力清单改革】 2014年，市人力社保部门按照“清权、晒权、制权”的要求，实施权力清单改革，开展部门职责和权力清理工作。经市编委办确认，市人力社保部门保留权力事项111项，清减率为84%。市人力社保部门权力清单被省人力社保厅作为样本向全省地级市人力社保部门推广。

·人事管理·

【公务员管理】 2014年初，市委组织部和市人力社保局联合印发2014年度公务员管理工作要点，提出全年19条工作目标。出台《关于进一

9月29日，杭州市引进的外国专家马尔科姆（左）获国家政府友谊奖

（市人力社保局 供稿）

步加强公务员平时考核的实施意见（试行）》，突出弘扬道德、注重业绩、鼓励创新、规范管理为考核目标，建立奖勤罚懒的激励机制，为公务员年度考核提供重要依据。组织研发“杭州市公务员平时管理系统”信息化平台，在市人力社保部门推出“日志式”平时考核管理。以杭州市清理规范评比达标表彰工作联席会议的名义印发《关于调整杭州市清理规范评比达标表彰工作联席会议组成人员的通知》《关于进一步加强我市评比达标表彰活动监督管理的通知》和《杭州市清理规范评比达标表彰工作联席会议2014年工作要点》等相关文件，明确职责，加强监管力度，规范评比达标表彰活动的开展。开展2013年度市直单位、基层站（所）“十佳公务员”评选和人民满意的公务员（集体）宣传活动，评选产生2013年度市直单位、基层站（所）“十佳公务员”各10名。安排国家、省“人民满意公务员”和杭州市“十佳公务员”健康疗养休养。

【公务员考录】 2014年，杭州市以公平公正为原则，组织公务员考试录用工作，制定出台“7+2”制度体系，即杭州市招考公告和招考方案“2个文件”，专业资格审查办法、面试方案、考官手册、考务工作手册、体检工作手册、考察工作手册、录用工作手册等“7个手册”，实现招考工作的全覆盖。在面试考官选派中实施“7+0”模式，即7位面试考官均由市有关部门从考官库中随机抽取，增加面试公平性。在面试过程中，采取“一承诺、双抽签、三回避、四隔离、五严禁、六监督、七考官”的“1234567”举措，保证面试工作的顺利开展。健全公务员笔试、面试联席会议协调机制，联系市纪委、市委宣传部、市公安局、市城管委、市卫计委和国家电网杭州供电公司等部门，共同做好考试工作，保证考试的公平性和体检工作的质量，营造良好的考试环境和舆论氛围。年内，全市各级机关共录取公务员1206名，其中招录人民警察29名。

【公务员培训】 2014年，杭州市发挥“干部学习新干线”平台优势，做好公务员培训，全市90余个市直机关和13个区、县（市）全部实行学分制管理，学员学分完成率在99%以上。举办公务员“知识大讲堂”4期，组织开展“五水共治”专题法律知识学习考核、人民代表大会制度知识测试等网络竞赛活动4次，参加竞赛18.7万人次。225名新录用公务员、市直机关186名新任处级领导干部、193名军转干部分别参加培训。举办处级公务员能力建设培训班2期，90名优秀处级领导干部赴复旦大学参加培训。举办全市年度考核基本称职及以下公务员的基本素质培训班，83人参训。

【事业单位人事制度改革】 2014年，杭州市实施《关于事业单位岗位管理制度实施后有关问题的处理意见》和《杭州市事业单位工勤技能一、二级岗位管理办法（试行）》，开展专业技术二级、三级岗位和工勤技能一级岗位拟聘人选的申报和备案工作，加强事业单位岗位设置日常管理，探索研究事业单位岗位设置管理与原事业单位人事管理政策、公开招聘、人员流动调配之间的衔接政策，事业单位岗位管理平稳运行。制定《杭州市事业单位公开招聘操作程序（暂行）》，进一步规范事业单位公开招聘各个环节，特别是对户籍、年龄、学历、专业等条件设置和试卷命题、面试考官等事项做出详细规定。贯彻《事业单位人事管理条例》，在全省率先修订《事业单位工作人员聘用合同（范本）》，完善不同行业事业单位实行聘用制度的具体办法，规范聘用合同订立、变更、续订、解除等重要环节。至2014年末，全市推行聘用制度的事业单位和签订聘用合同的工作人员比例均在95%以上。

【事业单位绩效工资制度改革】 2014年，杭州市落实市本级事业单位绩效工资专项奖励办法，完成市本级高中（职高、技校）、市卫生部门医疗机构等事业单位绩效工资专项奖励审批，督促市教育局、市卫生局等行政主管部门研究专项奖励的具体分配方案，确保向高层次人才倾斜，向一线和有突出贡献的人员倾斜。完成市本级80个部门325个事业单位绩效工资总量审批，调整市工程咨询中心等5个事业单位绩效工资总量。针对事业单位出现的高级技师聘用新情况，制定和落实事业单位高级技师基础性绩效工资标准和退休生活补贴标准。制定《杭州市本级事业单位创收激励意见》，指导财政补助事业单位规范有序进行创收考核激励，并选定市质量技术监督检测院等4个科研单位，开展创收激励试点。出台《关于市本级事业单位绩效工资水平调控的补充意见》，完善自收自支、企业化管理事业单位绩效工资政策。

【市军转办被评为全国先进】 2014年，杭州市共接收军队转业干部318名，其中：计划安置306名（师职干

部10名、团职干部82名、营职以下干部214名）；自主择业12名。安置随调家属14名。师职军转干部安置采取考核积分选岗的方式进行，团职军转干部安置采取考试加考核积分选岗的方式进行，营职（含专业技术干部）以下军转干部安置采取考试加考核和填报志愿的方式进行。有85%的营职（含专业技术干部）以下军转干部安置到党政机关或参公事业单位工作。军转干部实现当年接收、当年安置、当年培训。做好企业军转干部解困稳定工作，制定《杭州市随军家属就业安置实施细则》。年内，市军转办被国务院军队转业干部安置工作小组、中共中央组织部、人力资源和社会保障部、中国人民解放军总政治部评为“全国军转安置工作先进单位”。

·人才服务·

【人力资源服务业发展】 2014年，杭州市出台《关于加快发展人力资源服务业的实施意见》，成立市人力资源服务业发展领导小组暨创建国家级人力资源服务产业园工作领导小组，编制《杭州市人力资源服务产业园发展规划》，从加大扶持力度、积极引进人才、实施推进工程、优化市场等方面着手，推进人力资源服务产业园建设，全方位扶持人力资源服务业发展。引进万宝盛华集团、易才集团、前程无忧公司、德科公司等50余个人力资源服务机构，园区基本涵盖人才派遣、劳务外包、猎头、人才测评、招聘、培训等完整的产业链，并与世界500强企业任仕达集团（中国）达成入驻杭州的意向，签订入驻协议。12月，人力资源社会保障部正式批文同意在杭州建立“中国杭州人力资源服务产业园”，这是全国第5个、浙江省首个国家级人力资源服务产业园。年内，承办2014年中国（浙江）人力资源服务博览会；举办杭州市人力资源服务企业高级管理人员研修班，全市80余个人力资源服务企业、100余名高级管理人员参加培训。

【人才创新创业环境】 2014年，杭州市出台《高层次人才住房保障实施意见》，编制《市高层次人才分类目录》，制定《高层次人才、创新创业人才及团队引进培养工作的若干意见》政策操作细则。实施企业人才工作联系制度，深入全市155个企业，宣传惠企政策、便企服务，帮助企业排忧解难。以“助推海归创业，共圆人生梦想”为主题，推出留学人员创业企业专场招聘会、法律与税务培训、投融资对接会等服务留学人员系列活动。

【海内外引才引智】 2014年，杭州市实施“115”引进国外智力计划，推进外国专家培养激励工程，全年实施国家、省、市级引智项目265项，引进外国专家760人，1名外国专家获中国政府“友谊奖”，4名外国专家获省政府“西湖友谊奖”，新遴选钱江特聘专家30名。组织用人单位参加北京高层次人才招聘会、中国浙江投资贸易洽谈会等大型引进人才活动。开展外国专家招引工作，参加中国（浙江）人力资源服务博览会，展示宣传引智工作。举办浙江·杭州国际人才交流与项目合作大会，500余名海外留学人员、25个海外社团组织，携带676个项目参会，杭州市现场签约项目168个，签约金额16.5亿元，项目签约数和签约金额均比上届大会增长20%。组织市部分企业、留学人员创业园、海外高层次人才创新创业基地，携带近1000个海外人才和项目需求，赴欧洲、美洲、澳洲开展4次引才活动，达成人才、项目引进意向200余个，现场签约项目52个，签约金额3.45亿元。

【人才项目选拔】 2014年，杭州市实施全球引才“521”计划，组织开展第4批遴选工作，共有28名个人和6个团队入选“521”计划。开展国家“千人计划”、省“千人计划”推荐申报，推荐130人申报国家“千人计划”，20人入选，其中1人入选国家“外专千人计划”；推荐224人申报省“千人计划”，59人入选，其中5人入选省“外专千人计划”。开展国家、省、市三级项目资助，对73个在杭州创新创业项目资助2074万元，推荐67个“2014年度留学人员科技活动项目择优资助”、6个“2014年中国留学人员回国创业启动支持计划”、28个“2014年度省‘钱江人才计划’C、D类项目择优资助”，浙江·杭州国际人才交流与项目合作大会入选“海外赤子为国服务行动计划”。全年获国家、省各类资助资金比上年增长48%。

【高技能人才培养】 2014年，杭州市实施高技能人才“815”培训倍增工程，加大高技能人才培养政策扶持力度，健全以企业行业为主体、职业院校为基础的高技能人才培养培训体系。全年培养高技能人才40067人，全市高技能人才总量达32万人，高技能人才占技能人才的比例约为26%，队伍规模增长较快，结构渐趋合理。深化技能大师工作室建设，

11月5日，在浙江·杭州国际人才交流与项目合作大会上，项目持有人与意向企业对接洽谈（市人力社保局 供稿）

新建国家级技能大师工作室1个、省级技能大师工作室5个、杭州市技能大师工作室10个。实施高技能人才培训基地项目建设，新建国家级高技能人才培训基地1个、省级高技能人才培训基地3个。

【专业技术人才培养】 2014年，杭州市实施“131”中青年人才培养计划，补充选拔重点资助人选15名、第三层次资助人选49名；选派22名培养人选参加出国中长期培训；组织40名培养人选参加英语（BFT）培训；补选“131”人才计划导师18名，结对指导28位培养人选。选拔享受市政府特殊津贴人员50名，推荐享受国务院特殊津贴人员10名，推荐申报省特级专家22名。全年引进博士后研究人员56名。加强专业技术人员继续教育，“专业技术人员学习新干线”平台向全市所有组织的专业技术人员开放，实名注册学员近13万人，共享100万册藏书和1000余种期刊，2014年更新课程3000余门。组织实施以急需紧缺人才和高层次人才培养为重点，统筹兼顾骨干人才培养的中高级专业技术人才知识更新工程，落实专项资助资金97万元，资助知识更新工程专项培训项目30个。组织开展专业技术人才知识更新培训近100期，培训专业技术人才1.28万人次，资助高级研修班项目20个。完善杭州市职称管理系统和高层次人才管理系统，实现职称和专业技术人才工作全流程网上办理，核准初级职称5899人，初定中级职称1873人。组织开展各类专业技术资格职称与职业（执业）资格考试，全年完成职称（执业）资格考试19万余人次。

【职业技能培训指导】 2014年，杭州市组织开展主题为“技能让我更精彩”的职业技能竞赛深化年活动，承办“华东医药杯”HPLC高技能培训暨应用考证（比武）会、杭州经济技术开发区汽车修理工技能竞赛、杭州经济技术开发区数控车床操作技能比赛、杭州市食品检验工职业技能竞赛等相关职业工种的技能竞赛活动。指导定点培训机构、高校、企业等开展职业技能培训，提升劳动者的职业能力，开展职业技能培训品牌机构和品牌项目评选活动，评选出职业技能培训品牌培训机构3个，品牌培训项目3个，发挥品牌引领示范作用。指导服务行业协会培训联盟，加强职业技能定点培训机构管理，认定职业技能培训定点机构20个，加强培训绩效日常跟踪监管。发挥公共实训基地平台作用，全年实训鉴定36.5万人次，其中高技能人才实训鉴定量42.4%。

【人才资源市场化配置】 2014年，杭州市突出人才市场配置人才资源的主渠道作用，发挥政府所属人才市场职能，为加快经济转型升级和推进创新型城市建设提供人才支撑。推进现场招聘，全面启用现场招聘网上预订系统，方便各类用人单位预订招聘展位。举办春季人才交流大会、西湖博览会人才交流大会暨高校毕业生就业招聘大会等公益性人才招聘会，组织旅游酒店餐饮业、电子商务等行业性专场招聘活动，促进产业发展。完善网络招聘服务平台，提升杭州人才网的服务功能和用户体验，突出网络招聘求职的便捷性和安全性。联合南京人才市场等举办第十届“长三角”大中城市网上人才招聘大会，优化“长三角”区域内人才配置。开拓高级人才招聘，组织本地知名企业事业单位赴香港、北京、上海等高层次人才聚集地引进紧缺人才。联合市发改委十大产业办公室组织十大产业重点企业，赴清华大学、北京大学、浙江大学等“九校联盟”高校，开展高学历人才招聘会。有针对性地为企业推荐合适的高层次候选人，全年推荐成功高层次岗位77个。提升人才测评服务，全年围绕测评咨询、考试评价两大模块，开展人才测评项目102个，测评1.15万人次，为企业选拔人才提供科学依据。做好人才派遣服务，严格遵守《劳务派遣暂行规定》，维护人才派遣用工单位、派遣单位和派遣员工三方的合法权益，全年与400余个企业事业单位签订人才派遣合同或人事代理合同，管理1.1万名派遣人员和人事代理人员。

【人事代理服务】 2014年，杭州市以建设人事代理一站式综合业务服务窗口为目标，做好日常人事代理服务，梳理规范人事代理业务并编制完成《人事代理业务指引》，试行人事代理一站式窗口综合服务。以建立全市规范化、信息化、网络化的人事档案和毕业生就业管理信息系统为目标，完成《人事档案和毕业生就业管理系统以及网上公共服务平台》和《人事档案整理和数字化加工》项目方案的调研、设计以及第三方招标方案的设计，分别进行公开招标。开设文晖街道服务窗口，方便人事档案和户籍挂靠人员就近办理准生证、生育证、独生子女证、婚育证明、应征入伍等公共服务事项。全年为18.7万人次提供办理硕士生先落户后就业、职称申报评审、档案利用服务、热线电话咨询等各项服务。至年末，代管的流动人员人事档案22万余份，人事代管单位2113个，

2014年杭州人才市场现场招聘岗位需求前15位排行榜

表56　　单位：人

排序	岗位名称	需求数	学历要求		
			研究生	本科生	大专生
1	销售人员类	75 485	—	2 227	35 903
2	销售管理类	23 190	3	1 305	13 215
3	市场／营销类	15 644	9	1 450	8 117
4	计算机软件类	12 460	71	3 434	7 093
5	客服及技术支持类	11 507	2	456	5 900
6	技工类	11 381	—	65	763
7	建筑装潢／市政建设类	10 921	45	2 224	6 813
8	互联网／电子商务／网游类	10 845	13	1 140	6 702
9	工程／机械／能源类	10 826	101	2 925	4 578
10	房地产类	10 380	14	316	3 120
11	储备干部／培训生／实习生类	8 982	24	1 296	6 252
12	金融／证券／期货／投资类	8 404	37	768	3 797
13	销售行政及商务类	8 147	—	465	4 862
14	百货／连锁／零售服务类	7 101	—	150	2 125
15	其他类	6 489	37	582	2 581

户籍代管人员2.7万人。市流动人员党委管理流动党员7800余名，建立基层党组织170个。

【市人力资源管理协会】 2014年，杭州市人力资源管理协会依据市民间组织管理局的要求，开展规范化建设，顺利通过2014年市联合类及专业类社会团体规范化建设评估。该协会发挥平台作用，全年组织人力资源专项高端研讨会8场，参加的人力资源总监、经理有500人次。组织赴联想集团、京东集团等国内标杆企业访学、第四届杭州十佳HR经理人评选、第三届杭州人力资源高峰论坛等活动，交流学习人力资源管理先进理念和经验，提升企业人力资源管理水平。

·就业创业·

【就业形势保持稳定】 2014年，杭州市把保持就业形势稳定作为重大政治责任，推动"就业促进专项行动"由市向区、县（市）延伸，制定"十大系列活动"，促进就业形势平稳。全年城镇增加就业24.82万人，城镇失业人员再就业13.5万人，接收高校毕业生7.02万人，分别完成年度目标的105.6%、117.8%和100.2%。帮扶城镇就业困难人员实现就业5.86万人，城镇登记失业率控制在1.84%以下，就业形势保持稳定。

【大学生就业创业全国领先】 2014年，杭州市实施《杭州市大学生创业三年行动计划（2014~2016）》，举办第二届大学生网上创业大赛"跨境电商专场"，组织第四届中国杭州大学生创业大赛和"大家说创业"大学生创业系列讲座，促进大学生就业创业。全年增加大学生创业企业1581个，增加创业大学生3473人，带动就业6271人，分别比上年增长14.5%、11.2%和8.3%。开展大学生创业项目无偿资助专家评审4批，资助大学生创业项目240个，资助资金1381万元。全年增加市级大学生创业园2个，累计15个，提供大学生免费经营场地29万平方米。一批大学生创业企业经培育后发展势头良好，研发出"快的打车"手机应用软件的杭州快迪科技有限公司成为全国知名企业，杭州熙浪信息技术股份有限公司在新三板挂牌上市，联合美妆公司和个信互动公司分别完成1.5亿元和2200万美元B轮融资。实名登记2014届离校未就业高校毕业生2617名，帮扶目标完成率和就业率均为100%。市大学生就业创业工作受到国务院副总理刘延东的批示肯定，并在全国普通高校毕业生就业创业网络视频会议上作经验介绍。

【就业长效机制完善】 2014年，杭州市制定《关于进一步促进普通高校毕业生就业创业的实施意见》《大学生创业企业扶优资助实施办法》《就业再就业职业技能培训职业（工种）和补贴标准（2014版）》及《主城区高校毕业生城乡登记失业人员社会保险补贴实施办法》，明确小微企业新招用高校毕业生社会保险补贴、用人单位招用高校毕业生一次性社会保险补贴、城乡登记失业人员和高校毕业生创业社会保险补贴具体执行办法，社保补贴政策延伸至自主创业的城乡登记失业人员。印发《关于扶持市区残疾人机动轮椅车车主来料加工就业的通知》，为残疾车车主来料加工就业提供政策保障。优化小额担保贷款政策扶持制度，明确小额担保贷款增加经办银行、破解担保难等问题。制定《小额担保贷款贷后跟踪分类服务要点》，加强贷后跟踪服务，控制贷款风险。至年末，全市发放贷款1676笔，发放金额2.67亿元；其中主城区发放贷款515笔，发放金额8805万元。

【公共就业服务能力提升】 2014年，杭州市构建具有地方特色的失业预警体系，完成失业预警信息系统二期开发，完善"六大模块、六大维度"失业预警主要功能，形成相互关联、环环相扣的失业预警信息系统，被人力资源社会保障部列为失业预警试点城市。举办第一届职业指导人员技能竞赛，组织500名职业指导人员参加全国职业资格证书考试，加强职业指导人员队伍建设。编印《杭州市公共就业服务业务规程》，实现"经办规程"在线可查，推进公共就业服务标准化。完善企业用工监测工作机制，监测企业比上年增加371个，全市监测企业累计1651个。制订大江东产业集聚区就业一体化实施方案，落实大江东产业集聚区与主城区就业政策和服务事项的梳理，完成大江东就业信息一体化改造。发挥人力资源市场服务功能，搭建多样化的供需对接交流平台，开展就业援助月、就业援助春风行动、"333"就业服务月、民营企业招聘周、随军家属暨退役士兵专场招聘会等公共就业服务专项活动，全年举办各类招聘会1207场，提供岗位52万个，达成意向9.51万人。

【就业创业平台建设】 2014年，杭州市加强网尚创业园建设，累计入驻网店66个，集聚创业人数73人。加强失业人员创业园建设，组织召

5月29日，杭州市举办"涌泉计划"启动仪式暨第一届杭州市大学生创业企业服务项目对接会
（市人力社保局 供稿）

开市区失业人员创业园建设经验交流会。市区新认定江干（草庄）失业人员创业园、滨江区卡卡婴童失业人员创业园两个失业人员创业园。优化创业项目平台，面向全社会征集创业项目73个。举办创业信息交流洽谈会暨第七届高校毕业生专场招聘会，参观洽谈1445人次，达成初步意向339人。举办各类创业项目展示及巡展19场，参展项目累计500余个，参观群众1万余人次，达成意向2416人次。加强大学生就业创业指导站、大学生就业创业师友对接平台建设，推进大学生就业创业师友计划，组织“师友计划名企体验行”“导师面对面”“实岗练一练”“百人百里师友行”等活动20余场，248名导师与604名大学生结对，引入团队化管理、档案制管理和成长跟踪管理模式。

【大学生创业服务】 2014年，杭州市推进“创业精英助推工程”，启动“涌泉计划”对初创期的大学生企业提供资金支持、行业指导、管理支持。首期募集“涌泉基金”1600万元，成功投资11个大创企业，投资额1200万元。举办第一届杭州市大学生创业企业服务项目对接会，250余个大学生创业企业、9个风险投资机构及创业园参会洽谈，达成初步合作400个次、融资意向80个次。制定完善“海大基金”日常工作机制，至2014年末，该基金投资企业3个，投资额2500万元。实施杭州市杰出创业人才培育计划，通过举办杭州大学生创业学院“精英班”、上海科技大学“杭州市科技创业班”、赴深圳知名企业考察学习等举措，做好两批培育对象的培训管理工作，首批23名培育对象顺利结业。办好杭州大学生创业学院，185名优秀大创企业负责人参加雏鹰班、强鹰班、精英班培训。组织开发“网上创业”培训项目，在杭州各大高校举办高校毕业生创业咨询服务活动23场，观众8100人次，咨询洽谈1270人次。为大创企业提供创业咨询、资助资金申请受理、开具大创证明和人才招聘、人事代理等免费服务。全年受理创业资助申请267个，开具大学生创业证明2230份。实施“圆梦青春、出彩花季”杭州市促进女大学生就业创业三年行动计划，通过女大学生“就业助行”行动和女大学生“创业助飞”行动，推动女大学生就业创业工作。

【大学生创业实训工程】 2014年，杭州市推进大学生创业实训工程，通过拓展实训载体、搭建对接平台、强化监管服务、落实保障措施、加强宣传激励，全市大学生创业实训机构（基地）总数达到571个。全年各类实训机构（基地）开班942期，实训总人数4.86万人，完成年度目标的108.1%。其中，市级大学生企业实训基地认定23个，累计309个。全年参加大学生企业实训学员9176名，实训后在杭州留用率75.6%。经审核，全年对165个大学生企业实训基地单位4967名企业实训学员，发放生活费和训练费补贴1455万元。

4月23日，副市长谢双成（右三）在杭州市茶叶加工工职业技能竞赛现场检查指导
（市人力社保局 供稿）

【高校毕业生就业服务】 2014年，杭州市落实“就业促进专项行动”，认真做好毕业生就业协议鉴证、档案接转、就业报到、就业改派等日常窗口服务，依托杭州人才市场、杭州人才网、高校“九校联盟”等平台，围绕就业指导、就业信息对接、就业招聘、企业实训、就业接收等高校毕业生就业服务环节，深化高校毕业生就业公共服务。全年通过现场招聘、网络招聘、校园招聘等形式，为高校毕业生提供就业岗位9.8万个，举办高校毕业生公益性招聘会24场。发挥杭州市大学生就业创业专家指导团作用，全年组织导师进校园开展高校毕业生就业创业宣讲等活动60场，8000余名大学生参与。组织见习实习对接活动，提供就业见习岗位6.44万个次。开展市区生源离校未就业毕业生帮扶，电话回访1355人，为需要帮助的毕业生提供就业信息和就业推荐等帮扶服务。在浙江工业大学朝晖校区和屏峰校区试点建立市人力社保局就业创业信息宣传栏，提供就业创业政策、就业招聘信息等。通过微信、微博等传媒工具，将招聘会信息及时发送给各高校毕业生，畅通就业信息。完成12名台湾大学生暑期到杭州社会实践的管理服务工作。

全年主城区接收应届高校毕业生46013名，其中博士生321名、硕士生5717名、本科生23008名。全市接收应届高校毕业生70159名，其中博士生362名、硕士生7158名、本科生34208名。

【城乡统筹就业】 2014年，杭州市采取鼓励单位吸纳就业、灵活就业、公益性岗位安置等帮扶措施，全年帮扶城镇就业困难人员实现就业5.86万人，完成年度目标的1.83倍，其中灵活就业3.25万人、单位招用1.69万人、增加公益性岗位安置人数1781人。动态消除“零就业”家庭14户，帮扶就业21人。发挥失业保险基金促就业、防失业的作用，主城区用工补助和社保补贴申报单位6265

个，涉及就业困难人员1.84万人。鼓励自谋职业、自主创业，主城区1449名就业困难人员申请享受创业补助和社保补贴。加大农村公益性岗位兜底帮扶力度，落实农村劳动力用工补助和社保补贴，运用政策杠杆，鼓励农村就业困难人员转移就业。年内，主城区开发农村公益性服务岗位970个，安置农村就业困难人员上岗933人，农村用工补助和社保补贴申报单位268个，涉及农村就业困难人员610人。

【人力资源信息网络平台建设】 2014年，杭州市完善人力资源信息网管理机制，利用人力资源信息网提供网络招聘、政策咨询等公共就业服务，市、区（县市）、街道（乡镇）、社区（行政村）四级联网的人力资源信息网使用绩效得到提高，网络人力资源市场促进就业的作用发挥明显。全年各级公共就业服务平台收集8.1万个次用人单位的20.1万条用工信息，并在网络上发布，提供就业岗位92.4万个。为3.8万名求职者进行求职登记，职业介绍3万人次，介绍成功8445人次。举办招聘会984场，参加单位1.8万个次，提供就业岗位35.9万个，报名人数9.7万人次，达成意向4.7万人次。有效会员单位数8437个，其中年内增加会员单位6555个，外网点击量487.9万次。

【外籍及台港澳人员就业管理】 2014年，杭州市加大许可前检查力度，开展外国人就业企业预审工作，全年检查核实相关企业信息500多个次，受理事项4278件，其中年内增加外国人就业许可事项701件，外国人就业证核发事项602件。至年末，在杭州就业的外国人累计2471人。

【职业指导人员技能竞赛】 4月1日至10月16日，杭州市举办第一届职业指导人员职业技能竞赛。13个区、县（市）从事职业指导的60名基层工作人员参加初赛，最后20名选手进入决赛。通过大赛，选拔出一批优秀的职业指导师组建成一支专业的职业指导团队，走进街道、社区、大学校园、监狱、军营、就业困难家庭，开展群体职业指导、“一对一”职业指导活动，提升全市职业指导工作的整体水平。

·劳动关系·

【劳动关系机制建设】 2014年，杭州市印发《企业工资集体协商条例》《企业社会责任评价规范》《企业社会责任建设暨发展和谐劳动关系工作先进荣誉管理办法》《进一步规范劳务派遣工作的若干意见》《军人随军家属就业安置实施细则（试行）》等一系列政策，完善劳动关系工作机制。制定《“双爱”活动实施计划（2014~2017）》，召开“双爱”活动暨工资集体协商工作交流推进会，部署推进“双爱”活动。全市规模以上企业“双爱”活动参与率达100%，市劳动关系和谐指数连续第4年位居全省第一。

出台《关于移送骗取社会保险基金涉嫌犯罪案件的实施办法（试行）》《杭州市骗取社会保险基金支出（待遇）刑事案件移送和查处工作实施办法》，进一步健全劳动监察与仲裁联动、仲裁与民事审判协商工作机制，规范仲裁办案流程。

印发《关于进一步落实我市劳动人事争议调解组织规范化建设的通知》《杭州市乡镇（街道）劳动争议调解委员会工作台账》《关于贯彻落实劳动人事争议处理效能建设的意见》等文件，推进劳动争议调解规范化建设。建立第三方调解参与机制，把乡镇（街道）劳动人事争议调解员作为第三方介入企业共同参与调解，弥补企业调解组织缺乏公信力和效率不高的制度性缺陷。全市95%以上的规模以上企业均建立企业劳动争议调解委员会。

【劳务派遣行政审批】 2014年，杭州市加强特殊工时制行政审批工作，保障职工休息休假权益。全年审批特殊工时单位2696个，涉及职工46.5万人。严格劳务派遣单位行政许可审批，完成2013年度劳务派遣提交经营年度报告的核验。年检劳务派遣单位170个，参检率95%，涉及派遣劳动者17万余人，用工单位5005个。完成《杭州劳务派遣单位现状及用工动态分析》报告。至年末，全市审批劳务派遣单位318个，涉及派遣劳动者27.4万人，涉及用工单位6741个，经备案劳务派遣单位分公司60个。汇总全市劳务派遣单位行政许可、变更、备案等名录，在杭州市人力资源和社会保障网站上公示。

【完善工资收入分配】 2014年，杭州市以《企业工资集体协商条例》为指导，在企业开展“工资集体协商集中要约行动”，重点抓好区域性、行业性工资集体协商工作，发出《要约书》1.19万份，编印政策解读、宣传材料6万余份，组织培训32期共2000余人。至年末，全市累计签订工资专项集体合同1.98万份，涵盖企业7.97万个，覆盖职工255万余人。杭州中瑞思创科技股份有限公司等19个企业被命名为杭州市工资集体协

3月30日，举办“走进农民工”——浙江省暨杭州市“12333”统一咨询日现场咨询活动
（市人力社保局 供稿）

商“提质增效”示范单位。调整全市最低工资标准，自8月1日起，将市区最低月工资标准提高至1650元，非全日制工作的最低小时工资标准调整为13.5元。督促规范劳动合同签订，主城区企业普遍与职工签订劳动合同，集体合同签订率达94.5%。

【企业薪酬调查】 4～6月，杭州市开展薪酬调查，对全市2525个企业人工成本和23.47万名在岗职工工资水平情况进行数据统计，结果分别比上年增加16.7%和26.9%。形成人工成本分析报告，并发布2013年度杭州市区全社会在岗职工平均工资，编印《2014年杭州市劳动力市场工资指导价位》，为各地企业开展工资集体协商、合理确定职工工资收入、构建和谐劳动关系发挥作用。

根据市养老服务工作目标考核办法的要求，随机抽取全市15%的养老机构作为样本企业进行抽样调查，编印《2014年全市养老护理员工资指导价位》，为全市养老机构在开展工资集体协商，确定不同岗位职工工资水平提供依据。

【劳动保障监察】 2014年，杭州市各级劳动保障监察机构全年监察检查用人单位超过11万个，立案查处劳动者举报投诉等案件4974件，行政处罚257件，处罚款1174.71万元。组织实施农民工工资支付、清理整顿人力资源市场、打击非法使用童工、残疾人就业、劳动用工和社会保险等专项检查6次，规范劳动用工秩序。结合劳动监察日常巡查、专项检查、案件专查等工作，针对不同的服务对象、用工时段，开展上门送法活动，加强对用工单位和劳动者的宣传教育。充分利用劳动保障监察网格，规范网格劳动用工信息采集、预警排查和投诉举报接待、政策法规宣传服务等工作职能，完善“两级执法、三级网络、四级监管”的劳动保障监察体系。

【企业防欠薪机制完善】 2014年，杭州市加强和完善防欠薪“一办五组”工作机制、防欠薪“110”社会应急联动工作机制和基层网格欠薪预警监控机制，组织农民工工资支付等专项检查6次，严厉打击拖欠工资行为，全年为1.23万名劳动者追回拖欠工资7253.1万元。充分发挥“110”社会应急联动的整体效能，及时处置欠薪等110报警求助2746起。

▶▶资料：“一办五组”

“一办”是指市防范处置企业拖欠工资工作协调小组办公室。

“五组”是指由市市场监管局、市商务委、市建委、市公安局和市委维稳办牵头的“三无”经营户清欠、餐饮行业清欠、建筑装饰行业清欠、依法打击恶意欠薪和欠薪重大事件维稳等5个专项工作组。

【基层劳动争议调处机制创新】 2014年，杭州市借鉴“枫桥经验”，在经济发达的乡镇（街道）试行建立劳动争议仲裁派出庭，指导乡镇（街道）劳动争议调解委员会规范有序开展辖区内企业劳动争议调解工作，向6000余个规模以上企业发放《杭州市企业劳动争议调解委员会工作手册》，推行基层调解先行、“调解仲裁一体化”的运行模式，最大限度地将劳动争议化解在基层。年内，区、县（市）或乡镇（街道）调解员到企业上门指导1.13万次。全市劳动争议调解组织共受理劳动争议案件9259件；各级仲裁机构共立案受理劳动争议案件6964件，比上年下降0.9%，结案率94%。市劳动争议仲裁案件受理量呈下降趋势。

【依法行政和执法监督】 2014年，杭州市制定《人力资源和社会保障行政处罚裁量适用办法》，严格遵守自由裁量权适用规定，防止同责不同罚、轻责重罚等问题。全市劳动保障监察机构严格持证上岗，推进劳动监察执法全过程记录制度，利用单兵执法记录仪全程记录执法过程，监督劳动监察执法程序和服务质量，并对投诉举报、行政处罚、重大突发案件处置制作电子档案备查，推进执法监督。

·社会保障·

【社会保障政策体系完善】 2014年，杭州市制定《基本医疗保障办法主城区实施细则》，修订《基本医疗保险定点医疗机构管理办法》和《基本医疗保险定点零售药店管理办法》，调整并提高参保人员在三级医院住院医疗费用统筹基金支付比例。自9月1日起，启动大学生医疗保险门诊统筹待遇，并将杭州所有高校的内设医疗机构纳入医保定点范围，方便大学生就医。制定《医养护一体化签约服务实施方案（试行）》和《主城区基本医疗保险医疗康复护理费用结算管理办法（试行）》，推进医养护一体化建设。落实浙江省政府和杭州市政府支持个体工商户转型升级为企业（简称“个转企”）的文件精神，制订“个转企”社会保险缴费优惠和财政补助方案，主城区共有1055个“个转企”企业办理社会保险参保登记或变更登记。

【社保城乡统筹推进】 2014年，杭州市建立职工和城乡居民两大社保制度平台，在主城区和萧山区、余杭区、五县市实现制度间、城乡间和区域间的衔接转续。市区社保一体化改革实现质的飞跃，开通市域范围内医保“一卡通”定点医疗机构162个，开通省域范围内医保“一卡通”定点医疗机构137个。开展萧山、余杭两区和主城区社保一体化改革调研测算，统一职工基本养老保险缴费比例和城乡居民社会养老保险基础养老金标准，制定经办一体化规定，扩大医保定点范围，公布911个互认互通的医疗机构名单，并完成相关信息化改造。推进大江东产业集聚区与主城区社保一体化工作，完成数据移植，对大江东产业集聚区内的78个萧山区“两定”单位进行主城区定点资格确认及系统验收，制定城乡居民参（续）保方案。

【全民参保登记计划】 2014年，杭州市制定《全民参保登记计划工作实施方案》，实施“全民参保登记计划”。至年末，全市职工基本养老保险、基本医疗保险、工伤保险、生育保险、失业保险参保人数分别为481.79万人、840.21万人、406.65万人、309.23万人、331.83万人，参保人员分别比上年增加22.3万人、17.93万人、11.83万人、17.21万人和15.47万人，分别完成全年目标任务的1.76

倍、2.99倍、1.48倍、2.46倍和1.47倍。市全民参保登记信息入库率在浙江省所有地级市中排名第一，全市基本养老和医疗保险参保率分别为97.1%和98.9%，基本实现人人享有社会保障，提前完成市劳动保障“十二五”规划中的参保率目标。

【养老保险待遇提高】 2014年，杭州市继续提高企业退休人员养老金待遇，全市98.59万名企业退休人员人均每月提高基本养老金250.99元。全面提高城乡居民养老保险基础养老金标准，自1月1日起，主城区和萧山区、余杭区城乡居民基础养老金标准分别由每月110元、120元调整到150元，富阳市、桐庐县、淳安县、建德市、临安市调整到130元/月。至年末，全市持有社会保障卡的人数为785万人。开展全市第五轮企业退休人员健康体检，提高体检标准、增加体检项目。推进文化养老工程，增设杭州退休干部大学教学点，组织开展企业退休人员社会化管理服务10周年系列活动、金秋文化节、“喜看杭州新面貌”一日游等活动。落实企业退休人员实施物价补贴“两个联动机制”资金发放工作，全年发放8.15亿元。

【社会基本医疗保险】 至2014年末，全市参加社会基本医疗保险840.21万人（不含参加省级医保人数），比上年增加17.93万人，参保率98.9%。其中：职工医保参保人数469.40万人；城乡居民医保参保人数370.81万人。完成工伤定点医疗机构、康复机构和辅助器具厂家协议签订工作，签订4个定点医院，4个辅助器具定点配置厂，拨付医疗康复费用526.31万元。城乡居民医保的政府补助标准为年人均330元，全市城乡居民医保政策范围内住院费报销比例超过75%。健全大病医疗保障和医疗困难救助机制，医疗救助财政人均救助资金标准超过13元，救助比例在50%以上，并全部实行“即时救助”。

【社保基金管理】 2014年，杭州市加强社保基金日常运行分析，警示运行风险，利用全国统一数据平台及“金保工程”、公安部门、民政部门的数据，做好信息比对工作，及时清理重复待遇享受人员，重点加大基金收支审核力度。对纳税未参保单位加大督查力度，实施专项稽核。年内，稽核用人单位193个，622名参保人员进行补缴整改，补收社保基金417.72万元，其中养老保险基金268.83万元、医疗保险基金135.9万元、失业保险基金12.99万元，做到立案率、查处率100%。召开社保基金安全工作座谈会，开展社保经办机构内控机制运行基金管理检查。做好养老待遇领取资格认证工作，依托人力资源社会保障部统一认证平台，开展异地居住人员领取养老待遇资格认证，组织街道、社区劳动保障站（室）对主城区1.9万名享受城乡居民社保待遇人员进行年度领取资格认证，认证率99.99%。

9月19日，杭州市举办企业退休人员社会化管理服务10周年回顾暨企业退休人员休闲运动会 （市人力社保局 供稿）

【智慧医保信息系统运行】 1月1日，杭州市智慧医保信息系统正式运行。该系统集费用征集、待遇享受、医保实时结算等功能为一体，实现实时结算从医院端计算变为中心端计算，医保费用审核模式由抽样审核变为系统全面审核等业务转变，同时支撑医院诊间结算流程改造、信息共享，提高医保实时结算7×24小时、365天不间断运行保障力度，实现医保的智慧服务、智慧监管、智慧保障。

【“阳光医保”智能监管】 2014年，杭州市推进“阳光医保”工程，实施医保费用智能审核，做好以总额预算管理为核心，按人头付费、病种付费、服务单元付费等相结合的复合性费用结算办法改革，各统筹地全部实施总额预算管理办法。完善“阳光医保”智能审核系统，优化计算机审核功能、审核规则及操作流程。通过费用审核、日常稽查、专项检查、中介审计等方式，加强监管工作力度。年内，主城区审核剔除不符合基本医疗保险规定的医疗费5671万元，其中基金拒付4693.51万元。网上稽查8841人次，外出稽查103个单位，约谈134人次，改变结算方式5人次，追回违规发生的医疗费106.34万元，暂停服务协议单位18个。市人力社保局被人力资源社会保障部确定为全国医保智能系统课题的牵头单位。

【医疗保险反欺诈专项整治】 2014年，杭州市针对基金监管难题，开展医疗保险反欺诈“亮剑”专项行动，全年解除医保“两定”机构（定点医疗机构和定点零售药店）服务协议11个，暂停医保“两定”机构167个，通报批评、责令自查整改医保“两定”机构107个，追回医保基金264.93万元。开展2013年度市本级670余个“两定”机构检查考核，通报考核不合格的“两定”机构7个。与136个新增定点医疗机构和94个新增定点零售药店签订医保服务协议，修订医保医师服务协议，开展主城区约400个定点医疗机构医保医师的协议发放和业务培训，完成医师库的相关系统改造。

（骆椿美 张一持 周 波）

外事·侨务·港澳台事务

Foreign affairs , Overseas Chinese Affairs, Hong Kong and Macao Affairs & Taiwan Affairs

·外 事·

【外事概况】 2014年，杭州市外事部门紧密配合全市中心工作，全年接待副部级以上外宾团组12批、95人次，驻华使领馆官员38批、287人次，世界500强等国际知名企业高管42批、280人次，境外媒体记者15批、62人次，副市长级以上友城访问团23批、115人次，各类民间友好团组12批、216人次。全年安排市领导出访26批、139人次；审批因公出国（境）团组902批、2960人次，其中党政机关及参公事业单位人员904人次。

全年共办理因公出国（境）团组护照（通行证）签证手续981批、3206人次；办理外国人到中国手续2472批、3538人次；专题推广APEC商务旅行卡，全年累计申办210人次。

【主要出访活动】 龚正率团访问英国、爱尔兰、意大利 6月8～17日，省委常委、市委书记龚正率团赴英国、爱尔兰和意大利进行为期10天的友好访问。在英国，代表团访问杭州友好城市利兹市，听取该市在污染物处理方面的经验，并拜访利兹大学和约克郡水务公司，就相关技术问题进行互动交流。在爱尔兰，代表团访问杭州市友好交流城市科克市，拜访科克理工学院并实地考察污水处理厂。在意大利，代表团访问费列罗公司总部，希望费列罗公司在全球战略布局中充分考虑其杭州工厂的战略地位。其间，代表团拜访菲亚特公司总部，就杭州“依维柯”项目与外方交换意见，并见证依维柯传动技术有限公司和杭州萧山经济技术开发区管委会增资意向书的签署。

张鸿铭率团访问卡塔尔 12月1日，市委副书记、市长张鸿铭率团代表中国游泳协会赴卡塔尔多哈市，向国际泳协做2018年世界短池游泳锦标赛和世界游泳大会的申办陈述，杭州成功获得国际泳联2018年世界短池游泳锦标赛及世界游泳大会的承办权。这是继2006年上海第八届短池游泳世界锦标赛之后，中国第二次举办该项赛事。世界短池游泳锦标赛，是国际游泳联合会主办的在25米长游泳池里进行的世界锦标赛，每两年举办一次，是世界最高级别的泳坛盛会之一。

【主要到访活动】 庞巴迪公司总裁兼首席执行官访问杭州 2月25日，市委副书记、市长张鸿铭会见加拿大庞巴迪公司总裁兼首席执行官盖·哈契一行10人。双方就西子联合控股有限公司与庞巴迪公司宇航公司开展航空零部件制造等合作进行深入交流。

南非驻沪总领事访问杭州 3月17日，市委副书记、市长张鸿铭会见南非驻沪总领事陶博闻一行6人。张鸿铭对陶博闻一行的到来表示欢迎，并简要介绍杭州经济社会发展情况。双方就2014年举行友城市长论坛相关事宜进行对接。

美国思科公司全球高级副总裁访问杭州 3月18日，省委常委、市委书记龚正和市委副书记、市长张鸿铭分别会见美国思科全球高级副总裁、全球业务总裁罗卓克一行5

4月16日，省委常委、市委书记龚正（右一）会见美国福特汽车公司总裁兼CEO艾伦·穆拉利 （市外办 供稿）

人。思科公司是全球领先的互联网解决方案供应商，该公司选择将中国总部落户杭州，并与城云科技（杭州）有限公司等企业合作参与杭州“智慧城市”建设。

欧绿保集团董事长访问杭州　3月18日，市委副书记、市长张鸿铭会见德国欧绿保集团董事长史伟浩一行4人。该集团是德国最大的废弃物处理和资源循环再生企业，与杭州市在产业转型升级、发展循环经济等领域合作潜力巨大。

美国旧金山湾区委员会CEO访问杭州　3月28日，市委副书记、市长张鸿铭会见美国旧金山湾区委员会CEO兼总裁吉姆·旺德曼一行4人。双方表示将进一步加强合作，建立更具体的交流机制。

9月30日，市长张鸿铭（右一）会见美国驻沪总领事史墨克一行

（市外办　供稿）

福特汽车公司CEO访问杭州　4月15～16日，省委副书记、省长李强，省委常委、市委书记龚正分别会见福特汽车公司总裁兼首席执行官艾伦·穆拉利一行8人。长安福特整车项目自2012年开工奠基以来，各项建设稳步推进，按计划将于2015年1月投产，一期产能达到25万台。

惠普公司全球SVP访问杭州　5月27日，省委常委、市委书记龚正会见惠普公司（华三通信技术有限公司母公司）全球高级副总裁安东尼奥·奈里一行6人。惠普公司计划将总部和部分服务器产品的研发、生产设在杭州。

美国默沙东集团董事会主席访问杭州　6月12日，市委副书记、市长张鸿铭会见美国默沙东集团董事会主席、总裁兼首席执行官福维泽一行9人。杭州是默沙东集团在中国起步的地方，并建有该集团最大的药品生产基地。

万事利丝绸股份公司新任CEO访问杭州　7月2日，市委副书记、市长张鸿铭会见万事利丝绸股份公司新任首席执行官帕特里克·伯纳凡一行6人。伯纳凡曾是爱马仕丝绸控股有限公司原首席执行官，此次到杭州参加万事利公司新闻发布会并宣布正式加入杭州万事利集团。

联合国教科文组织文化助理总干事访问杭州　7月29日，省委常委、市委书记龚正会见联合国教科文组织文化助理总干事班德林一行3人。班德林向杭州西湖风景名胜区管委会颁发世界遗产保护管理荣誉证书，并就未来与杭州合作举办“联合国住房和可持续发展大会”等事宜进行交流。

日本京都市市长访问杭州　9月5日，市委副书记、市长张鸿铭会见日本京都市市长门川大作一行14人，双方就旅游、历史文化和环境保护等领域的合作进行深入交流。

美国基辛格博士办公室主任访问杭州　9月7日，市委副书记、市长张鸿铭会见美国基辛格博士办公室主任雷默。双方就杭州市经济社会发展情况以及基辛格博士可能到杭州访问一事进行交流。

浙福机构福井县委员会主席代表访问杭州　9月10日，省委常委、市委书记龚正会见浙福机构福井县委员会主席代表、日本福井县商工会议所联合会会长川田达男一行10人。双方就加强浙江省与福井县、杭州市与福井市的友好往来进行交流。

韩国驻沪总领事访问杭州　9月22日，市委副书记、市长张鸿铭会见韩国驻沪总领事具相灿一行7人。韩国临时政府杭州旧址纪念馆被国务院列为第一批国家级抗战纪念设施、遗址名录，未来杭州市将加大旧址纪念馆保护力度。

爱尔兰共和国前总理访问杭州　10月15日，省委常委、市委书记龚正，副省长梁黎明会见到杭州参加全球投资峰会的爱尔兰共和国前总理及爱尔兰国际金融服务中心主席约翰·布鲁顿一行11人。

国际泳联代表团访问杭州　11月3日，市委副书记、市长张鸿铭会见国际泳联执行主任科奈尔·马库勒斯库一行7人。国际泳联评估小组此次到杭州实地考察会场及比赛场馆、下榻酒店等设施，并就双方签订城市协议条款等内容进行商谈。

亚马逊全球副总裁访问杭

2014 年杭州市其他重要出访团组

表 57

出访时间	代表团团长及职务	出访国家
4月	市委常委　佟桂莉	澳大利亚、新西兰
5月	副市长　谢双成	波兰、丹麦、俄罗斯
6月	市政协副主席　张鸿建	多米尼克、美国
6月	副市长　张耕	法国
7月	副市长　戚哮虎	以色列、俄罗斯、波兰
8月	市政协副主席　何关新	新加坡、马来西亚、泰国
8月	市政协副主席　董建平	美国、加拿大
10月	市人大常委会副主任　郑荣胜	克罗地亚、土耳其、保加利亚
12月	副市长　谢双成	美国

4月23日，市人大常委会主任、市友协会长王金财（右二）会见彼得·勋莱博士（左二）为团长的德国纽伦堡大区代表团一行　（市外办 供稿）

州　11月27日，省委常委、市委书记龚正会见亚马逊全球副总裁兼中国区执行董事葛道远一行7人，双方就“亚马逊中国支付中心总部”等项目进行商讨。

【主要交流活动】 杭州国际友城市长论坛　10月15~18日，杭州市举办以“城市与交通”为主题的2014年杭州国际友城市长论坛。其间，杭州市市长张鸿铭会见与会代表，并分别与克罗地亚斯普利特市市长、新西兰皇后镇市长、阿根廷卡拉法特议长签署缔结友好城市关系协议书，与柬埔寨暹粒省省长签署缔结友好省市关系意向书。与会城市市长或市长代表共同签署《城市绿色交通杭州宣言》，倡导大力发展公共交通、提倡绿色出行。

首届杭州韩国文化艺术周　10月15~21日，2014年首届杭州韩国文化艺术周在杭州举办。活动包括开幕式歌剧演出、吴山广场大型综艺表演、韩国旅游推介、文化展示、风土人情、产业发展、学术研讨、韩国宫廷古装巡演、闭幕式专场演出等众多内容。

2014年中国全球投资峰会（杭州）召开　10月16 ~17日，杭州市政府、浙江省商务厅和欧洲货币集团在杭州举办2014年中国全球投资峰会（杭州），就中国经济最新发展、中国市场热点和产业投资机会进行研讨交流。峰会邀请全球产业界、投资界的高端人士进行论坛主题演讲和圆桌讨论，话题包括“全球商业前景展望”“中国企业成长过程中的融资问题”“中国消费市场及电子商务的趋势”“外商直接投资和中国海外直接投资的趋势”等。其间，杭州市组织19个重大外商投资项目签约，主要集中在大数据、物联网、云计算、智慧经济等重点发展产业，总投资17.36亿美元，合同外资10.45亿美元。

“中美友好·杭州故事”图片展　10月17日，为纪念中美建交35周年，“中美友好·杭州故事”图片展活动在杭州图书馆举行。市政协主席叶明出席揭幕仪式，并与美国驻沪总领事史墨克一行5人及在杭州美国友人举行座谈会。

德国德累斯顿—杭州结好5周年城市图片展　10月18~20日，“德国德累斯顿—杭州结好5周年暨德累斯顿城市图片展”在市图书馆举行。其间，市长奥洛兹做了关于德累斯顿的专题讲座，在杭州市民读者中引起热烈反响。为期一周的“杭州—德累斯顿厨师饮食文化交流”活动也同步开展。

加拿大—中国（浙江）经贸合作论坛　11月7日，“加拿大—中国(浙江)经贸合作论坛”在杭州举行。加拿大总理斯蒂芬·哈珀出席论坛并致辞。省委书记、省人大常委会主任夏宝龙会见哈珀一行。加拿大政府部门有关负责人、企业家代表100余人和浙江省相关部门及企业代表300余人参加论坛。双方围绕技术与创新、投资与金融、农业、旅游与运输4个领域开展分组对接洽谈。

【友好城市交流】 斯洛文尼亚马里博市代表团访问杭州　3月17日，斯洛文尼亚马里博市代表团一行6人访问杭州，与市体育局、杭师大、市西博办、市旅委等部门进行专项交流，促进双方在青少年足球、高等教育、会展旅游等领域的交流与合作。

市友协代表团访问日本、韩国友城　4月28日至5月5日，市友协代表团访问日本、韩国。4月29日，代表团在日本岩国市参加“锦带桥友好石碑揭幕仪式”。5月2~4日，代表团及由杭州市9对市民夫妇组成的市民代表团，共同参加在韩国南原市举行的第八十四届“春香祭”韩式传统婚典活动。

韩国驻沪总领馆文化院院长访问杭州　5月14日，韩国驻沪总领馆文化院院长金镇坤访问杭州，就10月份在杭州市举办“韩国旅游文化节”相关事宜与市业务主管部门进行商谈。

第十六届锦带桥之缘中日友好书法交流展　5月16日，日本岩国市书法交流访华团访问杭州市，参加“第十六届锦带桥之缘国际书法展”开幕式。杭州市与岩国市的民间书法交流活动创办已有16年之久，成为两市传统交流项目。

韩国西归浦市中学代表团访问杭州　6月5~8日，韩国西归浦市中学代表团一行13人到杭州访问，并与杭州采荷实验学校对口交流。韩国学生还在杭州体验了市民居家生活。

法国尼斯市副市长访问杭州　6月21日，法国尼斯市副市长麦克·加利率尼斯市老年市民代表团一行39人访问杭州市。同日，麦克·加利赴杭师大签署共同筹办尼斯大学孔子学院友好合作备忘录。

杭州市派遣公务员赴日本岐阜市研修　7月2日，市环保局2名公务员赴日本岐阜市环保部门，进行为期3个月的以“雾霾治理和大气污染防治”为主题的研修交流。

英国利兹大学副校长访问杭州　7月8日，省委常委、市委书记龚正会见英国利兹大学副校长斯蒂芬·斯哥特及利兹大学化学学院色彩科学系首席教授林珑一行4人。为回应杭州市代表团访问利兹大学时双方达成的交流意向，代表团此行到杭州除了与浙江大学商谈合作外，还考察萧山富丽达集团、浙江圣山染整有限公司，并与萧山区政府、当地环保公司和印染企业座谈交流，探讨印染工业废水无害化处理的合作事宜。

杭州市青少年书画音乐交流团访问日本　7月30日，杭州市青少年书画音乐交流团赴日本九州、东京举办书画展及文艺演出。

杭州国际友好城市青少年夏令营　8月3～12日，首届杭州国际友好城市青少年夏令营顺利举办。来自日本福井市和韩国西归浦市的17位中学生，与中国学生一起开展为期10天的国际夏令营。除了中式家庭体验这个环节外，夏令营还设计汉语学习、中国传统文化、中国传统美食、中国城市游览等多个体验环节。

日本岐阜市青少年乒乓球代表团访问杭州　8月9～13日，日本岐阜市青少年乒乓球代表团一行36人到杭州参加中日乒乓球友谊赛，以纪念两市结好35周年。

日本日中友协副会长访问杭州　8月29日，日本日中友协副会长酒井哲夫一行8人访问杭州市。酒井哲夫先生原为杭州市友城福井市市长，是杭州人民的老朋友，一直致力于发展两市友好关系。　（鲍　晟）

·侨　务·

【侨务概况】 2014年，杭州市侨务部门全面贯彻中共十八大及十八届三中、四中全会精神，以习近平总书记系列重要讲话为指导，坚持为国家大局服务和为侨服务相统一，以侨为“桥”，在引资引智上搭建经济之“桥”，在服务侨胞上搭建联谊之“桥”，在推介杭州上搭建文化之“桥”，凝心聚力，奋发作为，为服务“信息经济”和“智慧经济”做出积极贡献。

在美国、欧洲、南美等国家和地区设立13个海外招才引资联络处，进一步拓展与海外侨胞联络联谊的空间与平台。全年引荐接待洽谈投资合作的海外客人40余批次。举办“海外华裔青少年寻根之旅”夏令营，来自15个国家和地区的约100名海外华裔青少年参加。开展“为侨资企业服务月活动”，举办侨商沙龙、专题讲座、“杭州侨资企业西部行”等活动，为侨资企业创造更好的发展环境。走访慰问侨界人士690户，赠送慰问金46.87万元；对10名归侨侨眷实施应急帮扶，送上应急帮扶金3.9万元。受理归侨侨眷来信15件次、来访196人次。受理确认符合政策规定的“三侨生”80人。“杭州侨网”全新改版，杭州侨办官方微博正式上线。

2月9～13日，杭州市政协十届三次会议在省人民大会堂召开，开幕式上表彰2013年度优秀提案。市侨联团体提案《关于更好地引进和留住海外高层次人才的建议》被评为2013年度优秀提案，受到表彰。市政协还发文表彰2012～2013年度杭州市政协优秀政协委员，侨联界别委员刘为明、李勇进被授予“优秀政协委员”荣誉称号。

12月4～5日，由杭州市侨联和杭州市侨办联合举办的2014年杭州市侨务干部培训班在市委党校开班。来自区、县（市）70余名基层侨务干部参加培训。设置的课程受到侨务干部的欢迎。　（范泳仪　张　军）

【欧洲华人华侨妇女会到杭州合作交流】 4月1～3日，欧洲华人华侨妇女联合总会一行16人应邀到杭州访问。代表团成员分别来自爱尔兰、法国、西班牙、葡萄牙、比利时、丹麦、希腊、捷克、意大利、荷兰、挪威11个欧洲国家。欧洲华人华侨妇女联合总会是由欧洲26个国家妇女侨领为创会人发起成立，已有30余个国家成员，是欧洲具权威性和凝聚力的侨团，在支持参与祖国建设发展、弘扬中华文化、融入主流社会、赞助慈善活动和希望小学等方面做了大量卓有成效的工作，多次受到国务院侨办及全国妇联的表扬。在杭州期间，市委常委佟桂莉、副市长谢双成分别会见代表团一行，对该协会到杭州访问表示欢迎，希望双方建立一个平台，能够保持长远的交流合作。代表团参观考察杭州妇女活动中心等，对杭州的经济社会发展给予肯定，表示杭州一直是所有华侨向往的地方，愿意引导推荐更多的海外女性精英到杭州投资发展各项事业。

【海外华裔青少年中国寻根之旅（杭州）夏令营】 7月10日至8月3日，杭州市在金城外国语小学举办海外华裔青少年中国寻根之旅（杭州）夏令营，来自美国、加拿大、巴西、捷克、意大利、法国和比利时7个国家的25名海外华裔青少年参加夏令营活动，学习中华历史文化和中文知识。夏令营开设武术、书法、茶艺、剪纸等课程，安排“节日文化与古诗词”“有趣的成语”“诗配画册及硬笔书法”“汉字的演变”等专题教学内容。学生体验包粽子、水饺等中国传统习俗活动，参观西湖、京杭大运河等名胜古迹和浙江自然博物馆、中国官窑博物馆等文化场馆。通过夏令营活动，让华裔青少年加深对祖籍国和故乡的认同，为宣传中华文化和对外交流搭建重要平台。

【海外华侨华人专业协会会长杭州行】 7月25日～26日，来自美国、加拿大、澳大利亚、英国、法国、德国等14个国家的48位华侨华人专业协会负责人齐聚杭州，参加“2014年海外华侨华人专业协会会长浙江杭州行”活动。“海外华侨华人专业协会会长联席会”是国务院侨办实施“海外人才为国服务计划”的一项重要内容。此次杭州行活动，旨在引导海外华侨华人充分发挥桥梁纽带作用，促进海外智力、人才、资金和项目与杭州市合作，不断推动海外华侨华人高层次人才到杭州创业创新。这些专业协会会长大多数具有博士学历，研究领域涉及生物医药、节能环保、金融、新能源等方面，专业层次比较高，学科和分布领域比较广。代表们实地参观华三通信技术有限公司、海康威视数字技术有限公司和“智慧e谷”展厅，并在高新（滨江）区海创基地举行的“2014年海外华侨华人专业协会会长浙江杭州行”交流峰会上，与杭州市相关区县（市）、创业平台、企业进行项目洽谈和对接。海外华侨华人专业协会负责人对杭州市的创业创新环境高度赞扬，表达了到杭州创业投资的意向，并希望为杭州发展“信息经济”、“智慧经济”多做贡献。

【海外华商杭州投资洽谈会】 10月29～31日，2014年海外华商杭州投资洽谈会暨杭州海外之友联谊

10月23日，由中国侨联、浙江省侨联、杭州市政府联合主办的2014年侨界海外精英创业创新峰会在杭州举行　　（市电子政务办 供稿）

大会在杭州开幕，来自23个国家和地区的海外华商、高层次人才、海外华文媒体代表等200余人参加开幕式，并带来30余个项目。市委副书记、市长张鸿铭出席开幕式并致辞，国务院侨办副主任谭天星出席会议并讲话。大会以“乡情聚西湖、共圆中国梦”为主题，充分发挥海外侨务资源的独特优势，通过海外侨团、协会等搭建交流合作平台，达到互通信息、密切联系、促进合作、共同发展的目的，为杭州市的引资、引才、引智做贡献。开幕式上还向浙江省“爱乡楷模”人士、优秀杭商的侨界人士、第三届杭州市“侨界十大杰出人物”和“侨界优秀人物”获得者颁奖。浙江省侨商会会长廖春荣、杭州市侨商会会长姜际春与西湖区政府进行侨商大厦建设项目签约。大会分别在富阳市、拱墅区举行合作交流专场活动，代表们实地考察富阳富通集团金桥厂区、海正药业（杭州）有限公司、富阳经济技术开发区和拱墅区北部软件园。在互动交流环节时，双方介绍各自项目情况、特点和发展需求等，加深相互了解，在“智慧城市”、文化创意、信息化建设等方面达成6个合作意向。

【海外华文媒体杭州行采访活动】 10月29~31日，杭州市举办“华文媒体杭州行”采访活动，采访报道海外华商杭州投资洽谈会开幕式和洽谈会富阳、拱墅专场。有来自美国、德国等13家海外华文媒体的15位记者参加。采访团成员通过采访，对杭州的经济社会、投资环境留下美好深刻的印象，并对活动进行了大量报道。据统计，在海外报刊、网站上共刊登宣传杭州的图文90余篇，提升杭州的国际知名度和美誉度。

【义诊暨侨法进侨村活动】 6月22日，在省侨办和民革浙江省委会的支持帮助下，市侨办在建德市大同镇开展“侨爱工程——送温暖医疗队义诊暨侨法进侨村宣传活动”，当地归侨侨眷和群众200余人参加。活动现场设立侨法、教育、“五水共治”宣传咨询台，通过宣传展板展示、宣传资料发放、现场解答咨询等方式，广泛宣传侨法和侨务工作。活动现场接受咨询和解答涉侨法律法规问题100余人次，发放侨法和“五水共治”宣传材料300余份。医疗专家为村民提供医疗咨询约200人次。

【社区侨务工作推进】 2014年，杭州市侨务部门进一步健全社区侨务工作网络、完善工作制度、巩固工作阵地、开展社区和侨胞侨眷“双向服务”建设，社区侨务工作得到新的提升。西湖区德加社区被国务院侨办评为“暖巢敬老行动示范社区”；拱墅区大塘巷社区被评为“全国社区侨务工作示范单位”；余杭区塘栖镇、建德市沧滩社区被评为国务院侨办“侨法宣传角”。

【杭州市基本侨情调查完成】 2014年10月末，历时一年多的杭州市侨情调查工作结束。调查显示，杭州市有杭州籍海外华侨、华人13.21万人，海外留学人员1.88万人，居住在杭州的归侨侨眷、海外留学人员眷属等12.08万人，归国留学人员2.13万人。杭州市侨情具有四大特征：杭州籍海外侨胞呈现全球分布、地区集聚的空间分布特点；杭州籍海外侨胞具有学历高、专业技术人员多的特点；21世纪以来，杭州归国留学人员数量剧增；市内涉侨人员存在的困难主要集中在年老独居、生活不能自理及经济困难等。杭州籍海外侨胞分布在世界六大洲的127个国家和地区，以北美洲居多。全市侨资企业有7224个。杭州市基本侨情调查工作及取得的成绩得到省委、省政府充分肯定，市侨办被评为全省基本侨情调查工作先进集体。

（范泳仪）

【市侨联助农帮困公益活动】 1月23日，“传递侨爱·播撒温馨”助农帮困公益活动，在侨界企业的积极参与、各级侨联通力协作和淳安县有关部门、乡镇、村和农户的支持下，历时9个月后圆满结束。活动期间，姚纳新等40余名侨界爱心企业家，自愿认养淳安县临岐镇左源村、右源村和文昌镇浪洞村210户低收入农户饲养的210头生态猪，并以高于市场价40%的价格收购，总金额84万元。助农帮困公益活动使参与的农户增加收入，倡导村民通过理念更新，提高创业致富能力。

【“亲情中华·欢聚杭州”慰问演出】 2月13日，由中国侨联、浙江省侨联共同主办，杭州市侨联协办的“亲情中华·欢聚杭州”慰问演出在浙江音乐厅举行。在杭州的部分归侨侨眷及从海外回杭州过年的市侨联海外联络处负责人等500余人观看演出。中国侨联副主席、省政协副主席、省侨联主席吴晶，中国侨联顾问王成云、中国侨联文化交流部部长陈迈、省侨联党组书记岑国荣、省侨联副主席张维仁、杭州市侨联主席章明伟、杭州市政协港澳台侨外事委员会主任胡泽之，以及参加杭

州市“两会”的市政协海外委员，与侨界群众一起观看演出。

【“侨爱助残”香榧致富5年计划】 3月14日，“侨爱助残”香榧致富行动在富阳市银湖街道正式启动。市侨联副主席袁国标、市侨办副主任陈建方，富阳市政协副主席、市委统战部部长夏芬，市侨办、市侨联、市残疾人联合会、市林业部门等负责人参加启动仪式。“侨爱助残”香榧致富行动是统一战线践行群众路线、变“输血”助贫为“造血”脱贫、打造侨为社会服务新品牌的重要平台和突破口。活动计划自2014年1月开始至2018年12月结束，为期5年。市侨联、市侨办将筹集60万元善款，帮扶24个乡镇、街道的300余户残疾人家庭通过种植香榧致富。目标为总种植面积23.33公顷，丰产期亩产500千克，帮助残疾人每年增收2万元以上。2014年先行试点，从侨界企业和侨界爱心人士中募捐10万余元，为富春街道等6个乡镇（街道）的55户残疾人家庭免费提供1100株香榧树，林业部门将全程给予技术指导，直至香榧挂果。

【旅欧侨领创意中心落户杭州】 3月22日，由著名旅欧侨领组建的浙江欧纬时尚创意有限公司在江干区丁兰街道千桃园正式成立。浙江欧纬时尚创意有限公司是一家由著名侨领郭胜华、陈乃科和吴青阳组建，集聚20多位意大利时尚设计师的时尚设计创意公司。省侨联副主席张维仁、市侨联主席章明伟、江干区区长腾勇等领导出席成立大会。该项目是省、市侨联积极开展“浙商回归”工程的重要成果。2013年5月，市侨联在杭州接待来自欧洲时尚品牌服装考察团，双方有约一年的考察、对接和洽谈。在省侨联推荐下，市侨联积极牵线考察，江干区、西湖区、余杭区的基层侨联主动对接洽谈，整合多方优势，最终促使项目在杭州落地。

【市侨联推进海内外侨界协作】 4月2日，为贯彻落实中央对侨联“拓展海外工作、拓展新侨工作”的新要求，杭州市侨联召开第4次海外协作会议，市、区两级侨联和来自美洲、欧洲、亚洲、非洲等地区25个国家的50位海外侨领及代表欢聚一堂，共商海内外侨界协作联动事宜。杭州市委常委佟桂莉，省侨联副主席张维仁，市侨联主席章明伟，市政协副秘书长、港澳台侨委员会主任胡泽之会见各国侨领。市侨联与42个海外侨团签订《杭州市侨联海外协作联动协定书》，通过互联、互助和共建，建设好协作机制和基地，积极开展民间交流，做好“请进来、走出去”工作，主动参与“浙商回归工程”，促进海外和谐侨社建设，促进杭州与世界各地的交流与合作。杭州市侨联海外协作机制新增侨团20个，市侨联海外联络处增加到61个。

【冰凌向市华侨活动中心捐书籍】 6月4日，全美中国作家联谊会会长冰凌向市华侨活动中心捐赠书籍1000册，捐书仪式在杭州市华侨活动中心举行。省侨联副主席、市侨联主席章明伟，市侨联副主席刘为明等领导和有关人员参加捐书仪式，并与全美中国作家联谊会会长冰凌、欧洲杭州联谊会常务副会长朱培华、纽约商务传媒集团浙江联络处主任赵延波等侨界文化人士就如何推进侨媒体建设与合作，加强侨文化建设与中外交流，做好侨务外宣，弘扬中华文化等议题进行座谈交流。

【西湖区“千侨万眷暖心工程”】 6月5日，杭州市西湖区侨联系统和涉侨团体组织推出“千侨万眷暖心工程”三年行动计划（2014～2016年），区侨联紧紧围绕区委、区政府工作中心，以贯彻落实中国侨联“九代会”精神为契机，以强化为侨服务为载体，结合自身实际，组织实施关心关爱侨胞、侨眷、侨企的民生实事工程，具体分为四大行动，即走亲关爱的“敲门慰问行动”、温馨服务的“暖巢敬老行动”、联络联谊的“聚侨连侨行动”和爱侨护侨的“维权保障行动”，从而做到凝聚侨胞有组织，维护侨益有能力，服务侨胞有品牌，创新推进西湖区侨联工作整体发展。

【海创会创业沙龙】 7月13日，杭州海创会首场创业沙龙在杭州市华侨活动中心举行。海创会成员是从世界各地归国的人士，见过世面，在创业创新上能开拓局面，在团结互助上注重情面，创业沙龙为海归创业者搭建了重要的交流平台。市侨联主席章明伟、市委组织部人才办副主任楼建忠等领导出席。市侨联副主席、市海创会会长、贝达药业有限公司董事长丁列明，市海创会常务副会长、杭州安恒信息技术有限公司总裁范渊，市海创会副会长、贝尔美语学校董事长斯弘德和60余名海创会会员参加活动。沙龙由杭州市海创会副会长、高博咨询董事长李慧主持，以“我们归来何为”为沙龙主题，讲述自己如何带着团队从美国波士顿回到杭州开拓事业的亲身经历，启发归国留学者的创新思维。范渊就“如何在信息化的时代保护创业者的信息安全”做专题演讲。楼建忠在活动中致辞，充分肯定市海创会的工作，并对海创会的发展提出意见建议和期望。

【侨界海外精英创业创新峰会】 10月23日，由中国侨联、浙江省侨联、杭州市政府主办，杭州市委人才办、市侨联、市西博办承办的“创业中华——相约杭州”2014年侨界海外精英创业创新峰会在杭州举行。峰会为侨界人士搭建相互交流、加强合作、促进发展的平台，也为海归、侨商和地方政府之间架起沟通交流的桥梁。中国侨联副主席李卓彬在会上发表讲话，杭州市委副书记、市长张鸿铭致欢迎辞。中国侨联副主席、浙江省政协副主席、省侨联主席吴晶对杭州新侨工作进行点评。杭州市委常委佟桂莉主持会议。杭州市侨联党组书记、主席章燕出席会议。峰会期间，39名海外人才携带45个项目，与省海创园、青山湖科技城等园区对接洽谈；约100名青年侨商考察萧山区、钱江经济开发区，寻找“侨商回归”合作商机。与会代表对杭州良好的创业投资环境留下深刻的印象，希望有更多的项目能找到合作伙伴。（张　军）

·港澳事务·

【港澳事务概况】 2014年，杭州市外事部门共接待港澳地区公务活动团组9批、108人次，接收2名香港公务员到杭州交流研修，选派杭州市

9月5日，省委常委、市委书记龚正（右四）会见由台湾海基会董事长林中森（左四）率领的海基会董监事访问团一行（市台办 供稿）

4名公务员赴香港交流培训。全年办理赴港澳通行证签注手续70批、226人次。与香港特区政府续签第5轮杭港公务员交流项目。

【港澳到访活动】 澳门学生团访问杭州 4月2～4日，由外交部驻澳门特别行政区特派员公署公共外交和新闻部主任侯悦与澳门特区政府教育暨青年局厅长袁凯清带队，澳门青少年外交知识竞赛获奖学生团一行54人访问杭州，市港澳办接待澳门学生团并安排访问浙江大学和中国美院。

香港汉基国际学校校长访问杭州 5月9日，杭州市副市长陈红英会见香港汉基国际学校校长方泰德一行5人。

香港派遣公务员到杭州对口交流 8月25日，香港特区政府屋宇署派遣高级结构工程师陈伟泰到杭州市建委、市国土资源局进行为期4周的对口交流。

香港贸发局浙江代表访问杭州 9月9日，香港贸发局新任浙江代表王斌一行2人访问杭州市，双方就如何更好地为香港、杭州两地企业搭建平台、做好服务展开深入交流。（鲍 晟）

·台湾事务·

【台湾事务概况】 2014年，市台办深入贯彻中央和省委决策部署，以“两岸一家亲，共圆中国梦”为主线，不断推进杭州和台湾的多领域交流合作，有效开展党际交流、基层交流、涉台投诉信访、陆生工作和对台宣传工作，得到中共中央台办、国务院台办高度肯定。杭州市全年因公赴台团组261批、1207人次，其中公务团组146批、941人次。市领导张鸿铭、翁卫军、佟桂莉、徐祖萼、陈红英等均率团赴台交流。全年接待海基会董事长林中森、国民党副主席黄敏慧、南投县代县长陈志清等岛内各界人士和基层社团74批、1216人次。台湾同胞到杭州旅游54万人次，杭州市民赴台湾旅游14.3万人次。新增台资项目39个，增资19个，注册资金2.1亿美元，合同台资1.7亿美元。举办第六届“西湖—日月潭”两湖论坛、“2014年杭州海峡两岸产业发展推进会”、“2014年两岸人文对话”等大型涉台活动10余场。举办各种台海形势报告会、座谈会、研讨会30余场，受众5000余人次。市台办全年受理各类涉台投诉件72件、信访件115件，结件率均超97%。成功调处历史积件2件。

【台办等领导到杭州调研】 5月，中央台办、国务院台办主任张志军到杭州考察调研，专程走访杭州青年台商创业代表，赴小营巷社区了解社区开展对台基层交流情况，并与杭州台商代表座谈交流，倾听台商心声。国台办副主任叶克冬、龚清概，海协会会长陈德铭，常务副会长郑立中，以及省人大代表先后对杭州市台资企业和富阳黄公望隐居地、玛瑙寺连横纪念馆两个国家级两岸交流基地进行调研指导。

【第六届“西湖—日月潭”两湖论坛】 6月24～27日，杭州市举办以“加强人文交流，推进产业合作”为主题的第六届“西湖—日月潭”两湖论坛，台湾南投县方参会人数和层次创历年新高。论坛设3个分论坛，分别由杭州市农办、市教育局、市民政局承办，并首次将“社区管理”纳入分论坛。活动促成杭州台湾两地10所学校签约结对；市志办与南投县文化局签订结对交流协议；西泠印社邀请台湾南投籍著名书画艺术家李毂摩在杭州举办首场大陆个展“随手捏来从意造—李毂摩书画作品展”；市商旅集团举办首届台湾购物节，向市民推荐南投县农特产品，反响良好。

【国家级涉台交流基地影响扩大】 6月3日，杭州市在“海峡两岸交流基地”黄公望隐居地，举办公望富春文化周系列活动和基地创建1周年座谈会。全年接待两岸参观者约1.3万人次。“海峡两岸文化交流基地”玛瑙寺连横纪念馆先后举办“玛瑙雅集之茶养生活动”“山川韵秀—苏惠心书画特展”“首届两岸亲子文创作品展”等多场涉台文化活动，全年接待两岸参观者8.1万人次，其中杭州市中小学生1万余人次。两个国家级涉台交流基地均有效发挥应有的作用。

【涉台投资环境优化】 市台办深入开展台资企业优化服务月活动，积极帮助台企、台商创业创新、转型升级。全年走访台资企业182个，召开台商、台胞座谈会14次，组织《中华人民共和国安全生产法》《中华人民共和国环境保护法》等相关辅导会8场，覆盖220个台资企业、4000余名台商。市有关部门统筹协调，妥善解决台胞子女在杭州就学及办(领)市民卡等事宜。充分利用涉台投诉信访协调机制，推行“1+4”工作模式，切实维护台商合法权益。

【杭州台湾基层交流】 5月7～13日，杭州市委副书记、市长张鸿铭率市

政府代表团赴台湾参访，拜会台湾政界、商界人士，走访南投县社区、农会、中小企业等基层组织和民众，深化推动杭州台湾两地农业、旅游、文创、教育等多领域交流与合作。5月20～26日，借“海娜号”邮轮赴台旅游之机，市台办与浙江省国际旅行社、杭州电视台生活频道共同组织1000余名杭州市民，赴南投县参加“西湖—日月潭”两岸一家亲活动，促成杭州与南投两地10户家庭牵手结对，实现寓基层交流于观光旅游的新突破。杭州各区、县（市）依托“杭台邻里节”等平台与南投县各乡镇开展互访。南投县美术学会、总工会、餐饮工会、妇女会、手工艺工会等基层社团先后到杭州交流。两岸民众在你来我往的交流中，亲情友情不断升温。

5月，杭州市委副书记、市长张鸿铭（左二）赴台湾南投县参访

（市台办 供稿）

【两岸青年交流创新】 7月，市台办举办“2014年杭州市两岸大学生交流营”活动，首次通过杭州籍陆生邀请他们身边的台湾同学到杭州参加暑期交流，并推出“入住家庭”模式，创新开拓两地青年交流模式。同月，“全国台企联青年团企业领袖第4期特训营”在杭州举办，积极为台湾青年到大陆就业创业搭建桥梁，60余名台商二代人员汇聚杭州参加活动。8月，以“见证中华历史，迎接民族复兴”为主题的台湾大学生中华文化研习营活动连续第9年在杭州举办，累计已举办22个班次，先后有1200余名台湾师生参加。9月，杭州市台湾同胞投资企业协会成立青年团。于2013年末成立的杭州台湾学生志工队通过参与社会公益和公共事务，使台湾大学生更加了解杭州、融入杭州。

【杭州台湾经贸交流】 2014年，杭州台湾经贸交流持续扩大，10月，杭台经贸文化合作周期间，成功举办“2014年杭州海峡两岸产业发展推进会”“浙台经贸交流会”“2014年浙江（杭州）台湾名品博览会”等活动，共吸引250余位台湾业界精英参加，签订投资合作协议27项，新增投资超3亿美元。台湾杏辉药业集团追加投资1亿元，建立数字化天然产物提取厂。

【杭州台湾文化交流】 2月，杭州市制作的以“西湖”为元素的彩灯在“2014年南投·台湾”马年元宵灯会惊艳亮相。10月，举办“2014年两岸人文对话”活动，两岸学者围绕“中华文化对当代教育的意义”展开探讨交流。“杭台书画名家联展暨杭州江南书画院成立25周年庆典”“两岸‘画·瓷’当代艺术名家作品邀请展”“第二届两岸儿童幸福音乐会”等杭州台湾文化交流也在两地热络开展。

【杭州台湾文创合作】 杭州作为国台办命名的首个“两岸文创产业合作实验区”，全年新增6个台资文创项目落户杭州。其核心区块杭州创意设计中心与台湾商业总会、台湾艺藏（上海）机构开展合作。市文创办举办“第二届海峡两岸文创产业交流对接会”“第十届海峡两岸文创产业高校联盟论坛”等涉台文创活动，成功促成杭州台湾“手竹知青”“民宿文化”等项目对接。两岸文创产业合作达成建设两岸文创品牌推广平台、两岸影视合作等工作意向。4月28日至 5月3日，第十届中国（杭州）国际动漫节邀请20家台湾展商40余人到杭州参展，台湾馆再次成为最热门展馆之一。10月16～20日，2014年杭州文博会举办，两岸文创精品馆面积超过1万平方米。两场展会销售额均创历史新高。11月21～24日，杭州市组织“王星记扇艺”“张小泉剪刀”等17个本土文创企业，应邀赴台参展第四届台湾文博会，杭州展区成为台湾文博会最受关注展区，并获评“最佳展示奖”和“最佳人气奖”。

【对台宣传调研】 市台办加强对台网络宣传，市台办网站全年访问量新增180万次，比上年增长约2倍，供稿工作受国台办表彰并做经验交流。市台办与台北市浙江同乡会《浙江月刊》合作刊发杭州专刊，积极宣传杭州历史文化和经济社会建设成就。台湾《联合报》、中天电视台等台湾媒体采访萧山区、拱墅区和“杭台经贸文化合作周”，并做3期专题报道。杭州《每日商报》与台湾《旺报》的两岸连线专版，全年累计刊发46期。市台办全年邀请台湾媒体12批、26家、64人次到杭州采访，创新联动海外华文媒体共同推动杭州对台宣传上新台阶。市台办提交的调研课题，获2014年度国台办系统优秀奖，获2014年度浙江省台办系统一等奖。 （许　群）

政 法

Political and Legislative Affairs

·政法综述·

【深化“平安杭州”创建】 2014年，杭州市政法（平安、综治、维稳）部门深入推进平安杭州创建，制定印发《关于进一步深化“六安工程”建设的意见》和《关于坚持和发展新时期“枫桥经验”，进一步加强平安基层基础建设的实施意见》，夯实平安建设基层基础；举行2014年“平安大巡防”活动启动仪式，召开全市平安巡防中队室建设现场会，为八城区49个街道发放平安巡逻电动车；在全市公交车、出租车、医疗、商贸、旅店、地铁集团等10个行业（部门）深入开展群防群治反恐防暴专项活动；组织实施全市反恐维稳和群体性事件应急处置演练，举办全市青少年平安自护十大行动暨平安志愿者群防群治活动启动仪式、反恐防暴短信志愿者转发等活动；开展反恐防暴平安自护技能培训、反恐防暴平安志愿者进校园等活动，强化群防群治工作；组织市公安局、市安全监管局等单位，抽调精干力量，分组对全市进行暗访督查，通报督查情况，多次召开专题协调会解决问题；抓好平安宣传活动，开通“平安杭州网”、平安杭州微博微信、平安杭州手机报等，营造“报刊有文字、电台有声音、电视有画面、网络有信息、微博有图文、微信有链接、手机客户端有彩信、百姓手中有实物”的“八位一体”全媒体平安宣传模式，得到省委政法委（平安办）的充分肯定，并要求全省学习借鉴。2014年度，杭州市连续第6年被省委、省政府命名为“平安市”。

6月20日，杭州市举行2014年平安大巡防活动启动仪式

（市委政法委 供稿）

【政法工作服务经济大局】 2014年，市委政法委先后印发《关于全市政法系统服务保障“五水共治”的实施意见》《关于全市政法系统全面深化法治杭州建设的指导意见》《关于加强企业资金链断裂引发的涉众型经济案事件善后处置工作的意见》等指导性文件，明确要求、目标任务和实施步骤，及时督促检查落实情况，切实服务保障中心工作。及时发布市委、市政府“三改一拆”“五水共治”等中心工作调研课题，广泛开展调研，并联合市司法局、市普法办专门举办“三改一拆”“五水共治”法治保障研讨会，抽调专人至市“五水共治”办公室挂职支援中心工作。积极为全市中心工作提供智力支持，一年中，就涉众型经济案事件善后处置、环保类“邻避”问题、楼盘业主维权活动趋势、征迁诉讼中委托代理“专业户”等21个经济运行涉稳重点、难点、热点问题进行专题分析，并全面排查经济领域的矛盾纠纷，全力化解涉及房地产、实体市场、企业互保等诸多领域涉众型经济案事件，切实保障全市中心工作顺利推进。

【维护社会和谐稳定】 市委政法委加强重点区域、地段、部位的反恐防暴工作，完善重大活动、重要节点期间“维稳管协调、公安管处置、信访管劝返、属地管稳控”的“四管”工作机制。成立社会稳定风险评估领导小组，下设综合协调、政策审核、项目审核3个办公室，直接参与千岛湖第二配水工程、九峰环境能源项目稳定风险评估工作，全市共完成稳定风险评估项目1225项，同

意实施1190项，暂缓实施26项，停止实施9项。市本级共对59个重大涉稳问题进行项目监管，已化解29个，其余均得到有效稳控；各区、县（市）共对267个重大涉稳问题进行项目化监管，已化解140个。积极推动省军区农副业基地、萧山机场等涉及军队、省属单位稳定问题的协调化解工作，保持局面可控。在完善维稳工作十大机制基础上，加强市委维稳办各副主任单位情报信息互通、涉稳信息会商机制，以及稳评前置把关工作机制，形成具有杭州特色的“信息报在发生前、稳评提在决策前、责任摆在领导前、化解做在激化前、处置守在底线前”的“五前”工作模式。

【推进综合治理工作】 7月30日，市委政法委制定《杭州市创新社会治理改革实施方案》，对全市社会治理网格进行规范调整，统一设置8位网格编号，实现1.15万个网格与信息系统网格网上网下统一规范。在全市培育镇（街）、村（社区）两级30个平安综治示范点。大力推进省平安建设信息系统建设，推广“平安通”移动终端设备1863个。确定2个大类11项排查整治重点，对14个刑事案件高发的村（社区）进行市级挂牌督办，重点整治工作达到预期目标，治安状况得到有效转变。深入开展2014年度全市“零发案小区”和“控案先进小区”创建活动，实现创建成功总量不少于800个且“零发案小区”创建成功数达到45%以上的目标，其中10个地区实现小区“5类刑事案件”受理数比上年下降。印发《关于切实解决进京非正常上访突出问题的通知》，明确工作责任，分解任务指标，建立定期会商机制，每月召开例会，分析研判形势，通报非正常上访情况，研究处理重大疑难问题，及时制订预防处置措施，进京非正常上访治理工作成效显著。印发《关于建立杭州市行业性专业调委会推进工作联席会议制度的通知》，推动市级劳动纠纷、医疗纠纷、物业纠纷、道路交通事故纠纷4个专业调委会建设，积极探索区、县（市）矛盾大调解平台建设，进一步健全完善矛盾纠纷调处的杭州模式。

【司法体制改革推进】 根据中共十八大及十八届三中、四中全会对司法体制改革的总体部署以及省委、市委统一安排，市委政法委坚持科学统筹谋划，强化组织协调，及时出台《杭州市深化司法体制机制改革实施方案》，印发《2014年杭州市深化司法体制机制改革工作计划》，明确司法改革的工作目标、责任分工和时间要求。制定《杭州市依法处理涉法涉诉信访问题的实施意见》，指导督促政法部门加强涉法涉诉信访改革配套机制建设，加大对涉法涉诉信访案件的查办纠错力度。先行先试，点面结合，探索开展“轻刑快办”和“刑事速裁”试点工作，为依法有序推进司法体制改革积累经验。与市财政局等六部门联合印发《杭州市司法救助实施办法》，不断完善司法救助机制，充分保障涉案弱势群众的合法权益。

【执法司法监督】 市委政法委坚持法律效果、社会效果、政治效果、舆论效果相统一，依法稳妥协调涉众、敏感、复杂案（事）件。督促政法部门依法及时办理有重大影响、群众反映强烈，以及各级领导、部门交办的重大疑难、复杂信访案件，推动各地涉法涉诉信访案的化解终结工作。在全市开展“减刑、假释、暂予监外执行专项执法检查活动”，组织政法系统对138起案件进行评查。率先在全省出台《中共杭州市委政法委员会关于认真履行职能切实防止冤假错案的规定》，坚守防止冤假错案底线。注重司法人文关怀，制定《杭州市司法救助实施办法》，对符合救助条件的288起案件当事人进行司法救助，发放救助金888.4万元。

【繁荣法学研究】 市委政法委认真贯彻落实省委政法委《关于切实加强市级法学会建设的意见》，建立中共杭州市法学会党组，召开理事会函会，增补专职副会长；建立专家人才库，选聘专家顾问团成员33名，人才库成员42名；积极组织会员参加中国法学会、省法学会、省市社科联等相关单位课题申报，对2013年度市法学会23项立项课题进行结项评审，组织2014年市法学会研究课题选题征集、课题申报、立项评审等；编辑《杭州市法学会2012年结项课题汇编》和《杭州市法学会获奖论文精选集（2011~2013）》，促进成果转换应用；编印、发放《杭州法学》期刊6期共7000余本；学会网站获全国法学会系统优秀网站提名奖并得到授牌；精心组织多场由司法部、中国法学会共同发起的“百名法学家百场报告会”法治宣讲报告会。

【政法队伍建设】 2014年，市委政法委深化党的群众路线教育实践活动，扎实开展教育实践活动“回头看”，把建章立制作为长效机制抓好落实。积极推进社会主义核心价值体系建设，扎实开展“中国梦”主题宣传教育活动，深化“我们的价值观”“做一个有道德的人”等主题教育活动，强化先进典型的示范引领作用。严格落实党风廉政建设主体责任，制定《市委政法委党风廉政建设主体责任重点工作》，切实履行“一岗双责”。开展岗位廉政风险排查，定期检查执行情况。认真贯彻落实《党政领导干部选拔任用工作条例》，按新条例开展中层领导干部选拔任用工作。加强作风纪律建设，开展“守纪律、正作风、作表率”活动。举办“杭州政法论坛”教育培训活动，加强业务学习和工作交流，提高机关干部的能力素质。

（姜剑涛）

·法 院·

【法院概况】 2014年，市中级人民法院深化党的群众路线教育实践活动成果，开展“转理念、转作风、转方式，争先进位、走在前列”专题活动，进一步增强干警大局意识、责任意识、群众意识和公正意识，忠实履行宪法和法律赋予的职责，各项工作取得新进展。

加强班子建设，不断提高民主科学决策水平和司法管理能力。以市人大常委会首次法官履职评议活动为契机，全面推进法院队伍正规化、专业化、职业化建设。举行法官向宪法宣誓活动，增强宪法意识。创新人才培养途径，新进预备法官一律下基层驻“窗口”、接地气、知民情。

认真落实市人大常委会对《中华人民共和国刑事诉讼法》《中华

人民共和国仲裁法》执法检查的审议意见，接受市人大常委会对贯彻执行《中华人民共和国律师法》专项执法检查。强化接受政协民主监督意识。落实院长定向联络人大代表工作制度，定期向人大、政协通报工作，在全省率先选任9名全国和省人大代表、政协委员担任人民陪审员。支持、配合检察机关依法履行法律监督职责。健全群众参与司法活动机制，接受社会监督。落实人民陪审员“倍增计划”，陪审员总数达1389人，是法官的1.4倍。通过微博直播庭审、微信推送服务、微电影普法、公众开放日等方式，让群众学习法律、了解法院、亲近法官。完善新闻发布例会制度，全年召开新闻发布会27场次，积极应对涉诉舆情，坦诚回应舆论关切，传递司法正能量。

加强审务督察，采用明察暗访、通报曝光等方式，严肃庭审纪律、司法礼仪和工作作风。完善办案廉政风险防控体系，落实廉政监督“一案一卡”、苗头问题“一事一谈”，加强对重要部门、重点岗位、重点环节的监督。出台专门制度，规范法院在职人员与辞职、离任人员的交往，预防人情案、关系案。

全市法院全年收案20.25万件，结案19.68万件，比上年（指2013年，下同）分别上升8.4%和4.8%，占全省1/5；市中级人民法院收案2.34万件，结案2.29万件，居全省中级法院之首。杭州市一线法官人均结案221.7件，超全省平均数34.7件，继续保持全省领先，是全国平均数的2.6倍。全年共获得省级以上集体、个人荣誉78项，其中江干区法院被授予“全国优秀法院”荣誉称号，淳安县法院王华和萧山区法院沈家庆获评第二届“最美杭州人”。

【宽严相济惩治各类犯罪】 市中级人民法院审结一审重大刑事案件231起，判处被告人561人。依法严厉打击危害国家安全、公共安全和人民群众生命财产安全的刑事犯罪。依法惩处涉众型经济犯罪，最大限度挽回被害人经济损失。坚持依法反腐不手软，全市法院审结贪污、受贿、滥用职权等职务犯罪案件192起、283人。对4644名尚属初犯、偶犯、从犯、未成年犯等具有从轻情节的，依法从宽适用缓刑。

【调判结合化解社会矛盾】 全市法院注重诉讼调解，促进案结事了，2014年调解撤诉率达56.4%。对不宜调解或调解不成的，及时依法做出裁判，为社会活动提供规则指引。审结各类人身、财产损害赔偿纠纷1.2万件，依法判决“浙江就业性别歧视第一案”。审结婚姻、继承纠纷1.76万件，倡导夫妻忠诚、家庭和睦。审结买卖、承揽等合同纠纷1.56万件，引导公平诚信。审结涉票据、证券、保险等纠纷1.05万件，维护金融秩序稳定。审结房地产、建设工程纠纷2562件，促进房地产市场规范健康发展。

11月5日，浙江省高级人民法院院长齐奇（左一）一行到杭州市中级人民法院调研，并查看院史陈列室
（市中级人民法院 供稿）

【审判促进依法行政】 2014年，全市法院新收一审行政案件1167件，其中市中级人民法院新收239件，比上年分别上升42.8%和132%。新收案件中，土地行政复议、房屋征收、政府信息公开、履行法定职责案件占45.2%。全市法院审结一审行政案件1108件，上升35.1%；行政机关败诉率为17%，上升6.4%。全面落实行政机关负责人出庭应诉规定，公安、国土、住保房管等行政机关负责人相继出庭应诉。深化“裁执分离”机制，审结房屋征收案件180件，平稳处置涉及地铁2号线和弥陀寺巷、百井坊巷等地块的重大项目案件，保障市区“三改一拆”工作依法推进。

【涉案民生保障】 全市法院完善涉农案件“绿色通道”快速处理机制，审慎处理耕地林地流转、宅基地纠纷等涉及农民切身利益的案件。持续开展农民工讨薪维权专项活动。关爱妇女、儿童、残疾人等弱势群体，制定专门意见，依法适用“人身保护令”遏制家庭暴力。严惩危害食品、药品安全犯罪，对93人依法追究刑事责任。注重劳动者权益保护，针对建筑领域层层转包、实际务工人员受伤维权难的状况，在市人社局协同下，在全省率先出台维权意见。深化医疗纠纷多元化解机制，促进医患和谐，市中级人民法院制定的《关于医疗损害责任纠纷案件鉴定人出庭制度的操作细则》被最高人民法院采纳并在全国予以推广。

【胜诉者权益保障】 2014年，全市法院执结案件5.45万件，执结标的161亿余元，执行标的清偿率为41.8%。完善和发挥网上“点对点”查控机制作用，公开曝光几年来失信被执行人5.5万名，使他们在出入境、融资、招投标、高消费等方面“网上有名，脚下无路”。坚持涉诉资产“司法网拍”优先原则，网拍率94.2%，成交率92.7%，总成交额36.8亿元。开展“雷霆行动”专项活动，加大对拒执行为的惩治力度，累计司法拘留、罚款1119人次，有效维护胜诉者权益。

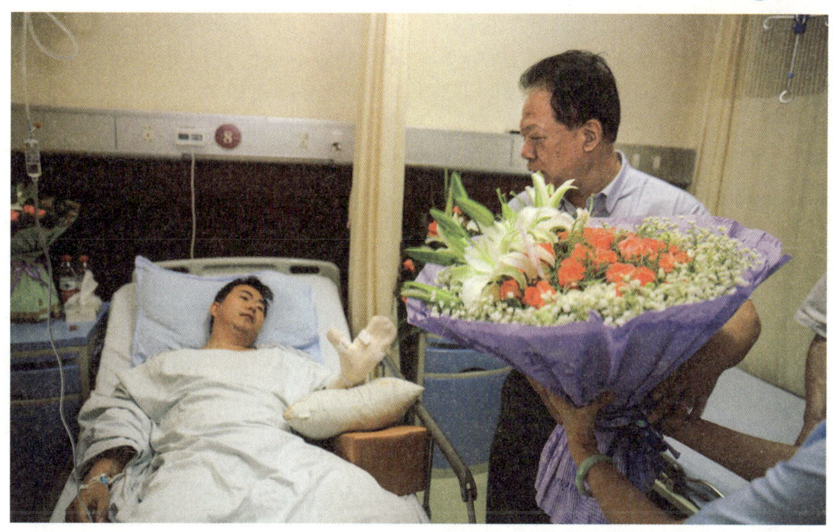

6月13日，杭州市委副书记杨戌标到杭州整形医院，看望执行公务受伤的淳安县法院干警王华　（市中级人民法院 供稿）

【司法为经济发展提供保障】 市中级人民法院对有前景的困难企业，注重运用集中管辖、破产重整、债转股等手段，帮助企业脱困解难。成功重整涉及1000余辆出租车和4000余名利害关系人的"中润系"4个企业，为涉稳涉众型企业破产重整积累了经验。通过破产清算，加速清理"僵尸企业"，盘活企业存量资产。依法慎用财产保全措施，有效预防企业因涉诉而影响正常生产经营。完善涉金融类案件的审判执行工作机制，支持银行不良债权处置、核销，为化解"资金链""担保链"风险提供司法保障。支持互联网金融和小微金融创新。

支持"大众创业、万众创新"活动，加大对知识产权侵权行为的惩治力度，全市法院审结专利、商标、著作权等知识产权一审案件4390件。妥善审理涉电子商务纠纷案件862件，净化电子商务环境。依法行使涉外商事司法管辖权，审结涉外、涉侨、涉港澳台案件413件，比上年增长38.6%，平等保护30余个国家和地区的中外当事人的合法权益。完成最高法院涉外商事审判程序重大调研课题，为制定相关司法解释提供意见。

全市两级法院及时出台专门意见，为"五水共治"提供司法保障。依法严惩污染环境、破坏生态的犯罪行为。审结盗伐滥伐林木、非法采矿和非法猎捕、杀害珍贵濒危野生动物等案件54件，保护青山绿水，促进生态文明。

【冤错案件防范】 全市法院建立防范冤假错案工作机制，全面贯彻"罪刑法定""证据裁判""疑罪从无"等原则，严格非法证据排除，严格命案客观性证据审查，切实发挥审判程序在查明事实、认定证据、保护诉权、公正裁判方面的核心作用，确保无罪的人不受刑事追究。强化人权司法保障，为1856名无钱请律师、可能被判处3年以上有期徒刑的被告人，通知法律援助律师为其出庭辩护；贯彻《中华人民共和国律师法》，尊重和支持律师依法履职，制定7项措施保障律师会见、阅卷和调查取证等执业权利。

【完善审判权运行机制】 市中级人民法院贯彻"让审理者裁判、由裁判者负责"精神，出台《关于完善合议庭及审判委员会运行机制的若干意见》，落实院长、庭长办案，推行主审法官、合议庭负责制，严格审委会案件讨论范围，探索审判管理全程留痕制度，实行电脑随机分案。深化量刑规范化改革，开展全国人大确定的刑事速裁程序改革试点工作。

【司法公开全面推进】 2014年，全市法院开展"司法公开推进年"活动，推进审判流程、裁判文书和执行信息"三大公开"平台建设。在全省率先以竞争方式指定破产案件管理人，杜绝暗箱操作。严格掌控减刑假释，实行"三个一律"，即所有案件一律向社会公示，所有法律文书一律上网公布，所有职务犯罪、金融犯罪、黑社会性质组织犯罪案件一律公开开庭审理。率先开发减刑假释协同办案系统，提升办案透明度和效率，经省高级人民法院支持在全省得以推广。

【法院便民利民举措】 全市法院打造集窗口、网络、热线"三位一体"的诉讼服务中心。完善导诉机制，落实"一站式"机制，为群众提供"面对面"服务；强化门户网站案件查询功能，探索支付宝钱包、网上银行等缴退诉讼费方式，为群众提供"网对网"服务；开通"12368"司法服务热线，半年中办理来电1.7万件，为群众提供"线对线"服务。发挥人民法庭深入群众、联系群众的优势，开展进村入企、就地办案、巡回审判。加大困难群体司法救助力度，全市法院共为5430起案件的当事人缓、减、免交诉讼费763.9万元，发放司法救助款456.9万元。明确诉访分离标准，重视再审复查功能，畅通"由访转诉"入口；畅通诉求表达出口，开通网络信访平台，实行远程视频接访，提高信访办事效率。加大对缠访、闹访等违法行为的处理力度，对触犯刑律者依法追究刑事责任。　（胡育萍）

·检　察·

【检察概况】 2014年，全市检察机关围绕市委重大工作部署，先后制定服务保障杭州市"杭改十条""五水共治""发展智慧经济"等工作的实施意见，推出37条具体举措，综合运用打击、预防、监督、教育、保护等职能，为全市深化改革、创新发展保驾护航，促进杭州经济社会发展。

坚持内涵式发展道路，深化"品质检察"发展战略，制定《关于深化"品质检察"建设的实施意见》，在全市检察机关部署开展品质提升年、业务优化年、作风转变年"三个主题年"活动，引领杭州检察工作科学发展。坚持以法治思维和法治方式提升杭州检察品质，编辑出版《品质检察·杭州实践》一书，被国家检察官学院典藏；联合《检察日报》和方圆杂志社举办全国检察机关“法治思维·品质检察”研讨会,《检察日报》专版报道,评价“品质检察”的实践具有样本意义;举办“我与品质检察”“我的检察故事”主题征文和“品质检察·职业良知”演讲比赛,拍摄《品质检察·杭州实践》专题片,展现“品质检察”建设成效。最高人民检察院领导评价“杭州品质检察实践引领了检察发展理念之先”,提炼了“崇法、理性、人本、科学”的杭州检察精神。

开展党的群众路线教育实践活动、“增强党性、严守纪律、廉洁从政”教育实践活动和“坚守职业良知、践行执法为民”学习大讨论活动,通过院领导上党课、举办征文演讲比赛、开设“检察官良知讲坛”等多种形式,教育引导干警坚定法治信仰,深化宗旨观念,明确职责使命,践行司法为民。加强检务督察,对公诉出庭、信访接待、提审讯问等活动进行常态检查,对执行讯问同步录像制度、落实办案区安全防范措施等情况开展集中检查,定期通报情况,确保规范办案。组织干警认真学习中共十八届四中全会精神,引导干警充分认识《中共中央关于全面推进依法治国若干重大问题的决定》对检察工作的重大意义。

坚持科技强检,全面运行统一业务应用系统,实现执法信息网上录入、执法业务网上审批、执法流程网上管理、执法活动网上监督,切实规范执法办案。加强检察信息化建设,深化“电子检务”工程,打造“智慧检察”,为提升办案水平提供技术支撑。全年受理各类案件4万起,办结4万起,比上年略有下降。

全市检察机关2014年共获得省级以上荣誉103项,共有8人次在省级以上业务竞赛活动中获奖,获奖人数居全省第1位。市检察院龚赟燕获得“全国民事行政检察业务能手”称号以及“优秀汇报与答辩奖”的荣誉。江干区检察院徐衍获得“全国检察机关电子数据取证业务能手”称号。西湖区检察院许航在获得中国十大“最美检察官”后,又获得浙江省劳动模范、杭州十大“平民英雄”和“最美杭州人”等荣誉。2个基层检察院被评为全省先进基层检察院。市检察院连续第6年被市年度综合考评为“成绩显著单位”。

【批捕起诉】 全市检察机关全年受理公安、安全等侦查机关移送审查批准逮捕的刑事案8407起、11860人,比上年分别上升1.5%和1.7%;共批准逮捕7365起、10089人,分别上升1.9%和0.9%。受理移送审查起诉14217起、20077人,与上年基本持平;经审查提起公诉12567起、17410人,分别下降2%和0.7%。

依法打击严重暴力犯罪,起诉故意杀人、抢劫、强奸、绑架、放火等严重暴力犯罪1589人。依法打击经济犯罪,开展打击破坏市场经济秩序犯罪专项活动,起诉764人。其中,犯罪金额1亿元以上16人,1000万元以上111人;合同诈骗、组织领导传销活动等扰乱市场秩序犯罪177人;生产销售假药、有毒有害食品等伪劣商品犯罪45人。重点开展环保、金融、知识产权3项检察,起诉污染环境、盗伐林木等破坏环境资源犯罪157人,非法集资、贷款诈骗等金融犯罪179人,侵犯商业秘密、假冒注册商标等侵犯知识产权犯罪85人。依法打击黄赌毒犯罪,参与“扫黄打非”、禁赌禁毒等工作,起诉组织介绍容留卖淫犯罪213人、赌博犯罪1439人、毒品犯罪960人。依法打击电商领域犯罪,关注电商领域新型犯罪,起诉119人。重点打击网络销售假冒伪劣商品和违禁物品,网络盗窃、诈骗和敲诈勒索,非法侵入电商企业计算机系统,窃取、泄露网购个人信息等犯罪,维护杭州“中国电子商务之都”的良好形象。

7月2日,市检察院举办第二届杭州市检察官、律师控辩大赛决赛

(市检察院 供稿)

【惩防职务犯罪】 2014年,市检察院贯彻落实中央反腐败工作部署,强化措施,重拳出击,切实加大惩治职务犯罪力度,共查办职务犯罪253起、300人,推进反腐败斗争深入开展。

全市检察机关立案侦查贪污贿赂等职务犯罪255人,其中县处级以上42人、厅级4人,大案侦破率继续保持100%。开展查办发生在群众身边、损害群众利益职务犯罪专项工作,在征地拆迁、医疗卫生、社会保障等领域立案161人;开展查处涉农专项资金领域职务犯罪案件专项行动,立案45人;开展打击行贿犯罪专项行动,立案65人。市检察院在办案中坚持规范执法,文明办案,其推进规范型、高效型、创新型、专业型“四型”反贪的经验,得到省检察院和最高人民检察院的肯定和推广。

全市检察机关全年立案侦查渎职犯罪45人,其中滥用职权33人、玩忽职守7人、徇私舞弊2人、其他3人。立案查办征地拆迁、工程建设、涉农惠农政策性补贴等领域渎职犯罪24人。健全重大事故参与机制,指定专人进驻调查组,参与事故调查,及时发现渎职线索,查处事故背后的渎职犯罪,全年参与重大事故调查5起。会同市环保局签署的《关于对重大环境违法案件和重大环境污染事故建立联合调查机制的意见》已经实施。

全市检察机关开展“百场宣讲促预防,千家万户话清廉”活动,在机关企业、乡镇村社等举办预防宣讲250余场,2万余人接受教育。组织

拍摄9部微电影并进行展播，建德市检察院与国网新安江水力发电厂联合拍摄的《坝》、萧山区检察院拍摄的《盗·梦》获全国检察机关微电影比赛二等奖。对重点行业、系统、单位开展预防调查60次，撰写调查报告44篇。撰写工程建设、教育、司法、民生、涉农等领域的类案分析80篇。为单位和个人提供行贿犯罪档案查询2.8万次。结合执法办案和法律监督工作，向发案单位、主管部门发出预防职务犯罪检察建议37件次，全部得到及时回复，促使相关单位建章立制、查漏补缺。联合市农办举办“乡镇长·检察长”论坛，全市各乡镇（街道）书记、主任以及富阳各行政村书记、主任等2000余人参加论坛。论坛首次利用高清视频网络传输技术，在各区、县（市）设立13个分会场，在富阳各乡镇（街道）设立24个分会场，还利用“杭州检察”官方微博进行全程同步文字转播，预防职务犯罪工作向乡镇、街道、村社延伸。“两长论坛”机制被写入“杭法十条”，成为最高人民检察院推广的全国预防工作品牌，在市直单位创新目标考评中获评高分。

【检察办案质效提升】 市检察院深化“陈波工作室”建设，全年对151起正确的民事、行政裁判进行释法说理，促进息诉服判。对49起民事申诉进行调处，促进案结事了。1起案件被评为全省检察机关优秀民事行政申诉调处案件。推进涉法涉诉信访改革，完善落实首办责任、司法救助、检察长接待日、风险评估预警和信访答复等机制，畅通涉检信访渠道，共受理群众信访4110件，其中属检察机关管辖2110件，已全部依法做出处理。坚持检力下沉，全市检察机关12个检察室已经正式挂牌办公，全面履行结合轻微刑事案件办理化解矛盾职责，预防和查处职务犯罪。加强对派出所、司法所、基层法庭的执法和司法活动的监督职能，开展示范基层室创建活动，西湖区上泗检察室被评为全省检察机关示范基层检察室。

注重质量不枉不纵。严把案件事实关、证据关、程序关、法律适用关，检察机关在刑事案件的审查逮捕、审查起诉工作中突出对物证、书证、视听资料等客观性证据的审查、挖掘和运用，使客观性证据和言词证据形成逻辑完整的证明锁链。推行客观性证据审查模式改革，出台规范刑事客观性证据、电子数据证据流转的两个程序性规定，形成证据审查“杭标规范”，被评为2014年度全省检察机关创新成果。坚持“疑罪从无”，严格批捕起诉标准。依法不批准逮捕1717人，不起诉1192人；对应当逮捕而公安机关没有移送审查逮捕的追捕23人，对应当起诉而公安机关没有移送审查起诉的追诉102人。加强案件质量评查，选取部分基层检察院办结的1515件公诉案件进行逐案评查，针对问题和不足提出指导意见，督促落实整改。

【司法人文关怀】 全市检察机关依法保障犯罪嫌疑人权利，开展捕后羁押必要性审查，建议对212名无继续羁押必要的犯罪嫌疑人、被告人变更强制措施。推进社区矫正检察工作规范化，在全省率先制定印发《社区矫正检察工作手册》，明确社区矫正检察重点，规范方法和流程。

加强涉罪未成年人司法保护，落实合适成年人参与诉讼、附条件不起诉、犯罪记录封存等新举措，综合运用法律、心理、亲情、文化、就业等帮教手段，教育引导失足未成年人改过自新、回归社会。上城区检察院牵头建立“新起点”未成年人观护基地，这是全省首家由政府主导和全额买单、职能部门建设管理、公检法联合运作的专业化帮教基地；江干区检察院和区教育局共同建立的“北极星”未成年人成长关护基地开始运作，是集犯罪预防、法制宣传等多种功能于一体的创新型平台。9个基层检察院成立了未检科。上城区检察院未检科被授予全国“青少年维权岗”荣誉称号。全市检察机关批捕未成年人犯罪338人，起诉554人，不起诉55人，附条件不起诉13人。

注重案件分析。建立刑事犯罪年度综合分析报告制度，通过梳理2013年全市检察机关批捕的案件，分析刑事犯罪发生的原因、类型、特点，提出遏制刑事犯罪的意见和建议，形成书面分析报告上报党委。针对执法办案中反映的征地拆迁、电子商务、环境保护、医疗卫生等党委政府和人民群众关注的热点问题，加强调查研究，提出检察建议，推动制度完善，助力法治政府建设。市检察院第4次获得杭州市人民建议集体奖。

▶▶资料：附条件不起诉

检察机关对未成年人涉嫌侵犯公民人身权利、民主权利，侵犯公民财产，妨害社会管理秩序犯罪，可能判处1年有期徒刑以下刑罚，符合起诉条件，但有悔罪表现的，可以做出附条件不起诉的决定，设立6个月至1年的考验期，开展教育、矫治和监督工作。如犯罪嫌疑人在考验期内，服从监督，接受教育和矫治，真诚悔罪，考验期满后，检察机关应依法做出不起诉决定。

【诉讼监督】 2014年，全市检察机关以开展破坏环境资源和危害食品药品安全犯罪专项立案监督活动为抓手，完善行政执法与刑事司法相衔接机制，共立案监督222人，起诉后法院已判决137人。对侦查机关不应当立案而立案的案件，监督撤案60件。对侦查活动中的违法情形提出纠正意见154件。加强对刑事判决、裁定的全面审查，对认定事实、适用法律错误，量刑畸轻畸重的刑事裁判提出抗诉，依法提出刑事抗诉39件，法院审结31件，改判15件，发回重审6件。对认为确有错误的民事行政案件，提出、提请民事行政抗诉16件，法院审结10件，改变原裁判9件。2件案件被评为2014年度全省检察机关民事行政监督精品案件。监督纠正虚假诉讼5件，16人被追究刑事责任。维护司法权威，为国家、社会和个人挽回经济损失约900万元。

探索开展行政执法监督，提出检察建议95件，均被相关行政执法部门采纳。依法强化刑罚执行监督，组织开展减刑、假释、暂予监外执行专项检察活动。出庭监督职务犯罪、金融犯罪、黑社会性质组织犯罪罪犯的减刑、假释案件331件，立案查处违法减刑、假释、暂予监外执行中的职务犯罪4件、4人。

加强派驻检察室规范化建设，6个派驻检察室被最高人民检察院评

11月6日，市检察院联合市农办举办“预防职务犯罪、打造廉洁乡镇·乡镇长·检察长”论坛（市检察院 供稿）

定为一级规范化检察室。全市检察机关全年受理申诉线索1939件，比上年上升24.1%。立案复查刑事申诉案件119件，复查后改变原决定1件，建议法院再审37件。2件被评为“全省优秀刑事申诉案件”。开展刑事被害人救助56件，发放救助金130万元，维护被害人合法权益。

【检察官律师良性互动】 市检察院主动走访市律师协会，听取律师意见，邀请律师代表“走进检察”，交流沟通。与市司法局、市律师协会会签《关于建立检察官与律师良性互动机制的意见》，提出15项具体措施，构建新型健康良性互动检律关系。与市司法局会签《律师参与审查逮捕诉讼活动的工作意见》，明确律师参与审查逮捕的依据、含义、权利保障、程序、方式以及辩护律师提出辩护意见的处理方式等。严格执行律师会见规定，依法保障辩护律师查阅、摘抄、复制案卷材料的权利，允许律师以复印、拍照等法定方式复制案卷，并在全市逐步推行电子化阅卷。律师可以凭借“三证”到检察院办理申请手续，经身份审核后，可以在网上及时查询案件流程信息。

【检察技术工作】 全市检察机关全年受理法医、理化、文件检验、心理测试案件共41件，其中技术性证据审查17件。做好讯问录音录像技术保障，升级完善讯问录音录像系统，受理讯问同步录音录像2013次，总时长1.7万小时。受理电子数据检验任务487次，涉及249起案件，为执法办案提供有力支撑。

【检察工作外部监督】 市检察院落实市人大常委会首次检察官履职评议意见和《中华人民共和国刑事诉讼法》执法检查审议意见，接受市人大常委会贯彻落实《中华人民共和国律师法》执法检查，确保整改到位。实行院领导走访人大代表制度，面对面听取意见建议。邀请人大代表参加“检察开放日”，观摩公诉人出庭，接受人大代表小组定向视察，增进代表对检察工作的了解。全年市人大常委会交办、转办信访案件10件，做到件件有反馈，事事有回音。制定出台《杭州市人民检察院关于自觉接受人民政协监督的若干意见》，办结政协委员提案1件。9月，组织开展全市人民监督员培训，通过庭审观摩评议、检察工作通报、法律和检察实务讲座等，为人民监督员依法履职提供支持，得到人民监督员好评。全年对拟撤案、拟不起诉的30件职务犯罪案件，均启动人民监督员监督程序，经审查评议，全部同意检察机关拟处理意见。

【检务公开平台建设】 9月29日，人民检察院案件信息公开系统开通，全市检察机关均接入全国统一的案件信息公开系统。以公开促公正、树公信，重点是案件程序性信息网上查询、重要案件信息网上发布和法律文书网上公开等阳光检务工作。至年末，全市检察机关依托案件信息公开系统，共发布案件程序性信息5060件，公开法律文书258件。开设检察官方微信，及时推送重要部署、工作动态和典型案件，创作普法系列漫画《小轴说法》，“杭州检察”官方微博传播力列全国检察机关前10位。在第16次全国“举报宣传周”活动中，通过新闻发布会、报刊专版、电视专访、门户网站、官方微博等形式开展宣传。市检察院召开新闻发布会，重点介绍宣传“网、电、信、访”四位一体的举报方式，以及对举报人的保护和奖励措施等。全年受理群众举报线索1315件，比上年增长26.7%。市检察院连续第5年被评为全国检察宣传先进集体。

【检察理论研究】 2014年，全市检察机关在知名期刊上发表论文7篇，在普通公开刊物发表论文38篇，有27篇论文获得省级以上表彰奖励。提交30余篇论文参与各类征文和研讨交流活动，有15篇论文获得表彰奖励。其中：在中央综治办、共青团中央和中国法学会开展的“未成年人健康成长法治保障”征文活动中有4篇论文获奖；在最高人民检察院组织的刑事申诉检察理论与实务研究、案件管理理论与实务征文评比中有3篇获奖；在省法学会组织的“法治浙江”研讨会上有2篇获奖。在杭州市“品质检察”研讨会上编印30余万字的论文集。

【刑事案件速裁程序试点】 根据全国人大常委会授权和中央政法委部署，2014年6月末，开始在全国18个城市开展为期2年的刑事案件速裁程序试点工作，杭州是浙江省唯一的试点城市。主要是对可能判处1年以下有期徒刑、拘役、管制或单处罚金的轻微刑事案件适用简化诉讼程序，从而提高诉讼效率，节约司法资源。根据市委政法委制定的刑事速裁工作方案，市检察院着手起草杭州市检察机关刑事速裁案件起诉规则，推进“轻案快办”工作。

（冯顺英）

·公　安·

【公安概况】 2014年，杭州市公安机关围绕“品质治安、法治公安、满

意民安”的总目标，以打造信息化条件下的警务实战体系为主线，全面推动“基础信息化、警务实战化、执法规范化、队伍正规化”四项建设。把握稳定是第一要务，全力维护各项重大活动及敏感时期社会稳定，稳妥化解矛盾纠纷和突发事件；加强反恐防暴工作，切实提升城市整体防控能力；抓住公安主业，统筹组织系列打击专项行动，通过优化机制，实现社会治安动态防控；坚持服务大局、依法行政，保障全市“五水共治”“三改一拆”等重点项目稳步推进，保障机动车“限牌限购”“错峰限行”升级调整工作平稳落地，进一步提升公安的社会治理水平和服务民生效能；深化执法规范化建设，通过推动执法管理系统化、执法主体专业化、执法问责刚性化，全面提升执法能力和执法公信力；抓公安队伍建设，以思想政治工作为基础、以教育训练为手段，以严管厚爱为保障，提升队伍整体素质和形象。

全市社会治安连续10年保持“发案下降、打处有力”态势，特别是命案及5类案件破案率达100%，居全省前列。《人民公安报》一版头条以“杭州打造‘品质治安、法治公安、满意民安’”为题，报道杭州市公安局的经验做法。全年杭州市公安机关有10个集体和21名个人受到上级记功，2个单位被公安部命名为“全国公安机关执法示范单位”，1个集体被评为全国公安机关爱民模范集体，4名个人被评为浙江省劳动模范，1名民警被评为杭州市市直单位“十佳公务员”。据12月民意调查显示，杭州市民群众安全感和满意度分别达到97.17%和94.51%。

【最具幸福感城市打造】 2014年，市公安局围绕杭州市“五水共治”“三改一拆”“杭改十条”“治堵治气”等中心工作，认真履职、主动作为。强势推进“打四黑、除四害”深化年活动，全面推行“河道警长制”、食品安全“百日严打”等专项整治行动，扎实做好重大民生工程维稳工作，不断推出城区交通“治堵排畅”新举措，为护航全市社会经济发展、确保杭州始终走在全国重要城市前列提供坚强保障。经过全市公安机关的共同努力，余杭中泰“5·10”事件得到快速平息，九峰能源项目“两公示一检测”工作顺利进行，侦破污染环境案件，机动车“限牌限购”“错峰限行”升级调整等群众高度关注的交通严管措施平稳落地。公安机关通过强化维稳职责，为人民群众打造“高品质、高品级、高品位”的社会治安环境；提高公安机关执法质量和执法水平，把群众满意作为一切工作的出发点和落脚点，确保群众的安全感和满意度始终保持高水平。通过抓安保、强打击、控发案、促防范，全力打造最安全城市。至年末，杭州市已连续10年保持国内最具幸福感城市称号。

【“7·5”公交放火案快速侦破】 7月5日17时03分，杭州市一辆7路公交车途经东坡路与庆春路交叉口时，车内突然起火燃烧，造成车内乘客39人受伤，其中重伤15人。公安机关经现场取证调查，确认该事件系一起放火案。该案历时48小时即告破，犯罪嫌疑人是公交车内被烧成重伤的包某某（男，34岁，甘肃省定西市人）。案件发生后，杭州市公安机关第一时间集结警力、到达现场，第一时间灭火救援、查清案情，及时引导舆论、回应关切，妥善处置这起重大突发事件，确保无人员死亡、无次生事故、无舆论炒作，确保犯罪嫌疑人被依法追究刑事责任，得到公安部和省委、省政府以及市委、市政府领导的高度肯定。同时，全市公安机关分3批表彰见义勇为积极分子42人次，大力宣传杭州人民和杭州警察在灭火救援中的英勇壮举，进一步提升杭州的形象和口碑。2015年1月7日，杭州市检察院对包某某以放火罪提起公诉。

【命案侦破达100%】 2014年，杭州市公安机关始终将命案作为破案攻坚重点，坚决做到“命案不破、力量不减、勘查不止、力度不减”，在侦破过程中积极运用新型专业手段，实现各部门同步联动、协同作战。全年现行命案发76起，破76起，破案率100%，比上年上升5.6%；命案破案率自1984年以来，30年内首次达100%。命案发案绝对数减少13起，下降14.6%。

【“夏安”系列专项行动】 7月末至9月末，杭州市公安机关在全市范围内组织开展“夏安”系列专项行动，以反恐防暴、突出案件侦破打击、面上综合整治“三大战役”为重点，加强对重点行业、重点部位、重点线路的检查管控和巡逻防范。最大限度把警力摆上街面，按照“见警车、见警察、亮警灯”的要求，加大巡查管理力度；加强对交通枢纽和公交车、地铁、长途车、水上巴士及其站（场）、线路的动态护卫，全力防止各类突发事件；强化城区派出所、萧山、余杭和县（市）城关镇及治安复杂集镇派出所夜间设卡盘查力度；最大限度优化整合社会团体、企事业单位和物业小区的保安以及农村地区的护村队、治安员等群防力量，把面上巡逻防控拓展延伸至楼宇单元和村小组等社会基础部位。其间，全市公安机关出动警力20.1万人次，清查各类场所13.7万处，盘查检查13.4万人次，现行抓获嫌疑人3391人。查破侵财、黄赌毒等刑事案件4200余起、治安案件4800余起，刑事拘留3060人，治安拘留4507人。

【“挺进”专项行动】 9月30日至12月20日，杭州市公安机关在全市范围内组织开展“挺进”专项行动，以打击现行命案等7类严重暴力犯罪案件、缉捕在逃境外经济犯罪嫌疑人等为目标，强化反恐防暴，狠抓要案攻坚，主攻侵财犯罪，严打“黄、赌、毒、恶”以及食品、药品、环境和经济等领域违法突出犯罪，整治复杂区域和突出治安问题，在安保、交通、消防等方面严格安全监管。专项行动共侦破现行命案17起，破案率100%；侦破环境和食品药品犯罪等民生案件52起；侦破涉黄、涉赌刑事案件92起；打掉通讯（网络）诈骗团伙9个；检查各类公共复杂场所1220个次，取缔黄赌场所58个次；查处各类交通违法行为104.7万起，其中酒后驾驶5401起（含醉酒驾驶1508起）；消防检查各类单位4.56万个，督促整改隐患7345处。

【民生领域违法犯罪打击】 2014年，杭州市公安机关通过开展“打四黑除四害”、食品安全“百日严打”、打击钱塘江流域污染环境犯罪为重点的专项行动，着力加强食品药品、环境保护等民生领域管理。拓展案件来源，主动对接食品药品监管、环保等行政监管部门，加强日常信息互通，获取高质量的案件线索；发动派出所对辖区内集贸市场、超市、食品生产经营企业开展排查；积极物色食品、药品、环境等行业内部的信息员，深挖内幕情报信息，特别是带有行业“潜规则”性质的违法犯罪活动线索。6月，建立实行“河道警长制”，积极参与政府治水项目推进、环境整治、河道清理、水源保护等重大工程。9月，杭州市公安局组建环境和食品药品犯罪侦查支队，专门负责环境、食品、药品等相关案件指导、侦办工作。全市侦结食品药品、环保等民生类刑事案件102起，移诉犯罪嫌疑人222人。

【缉枪治爆专项行动】 2014年，杭州市公安机关推行“深查收缴枪爆物品、深化排查枪爆隐患、深入管控军械枪迷、深度治理枪爆网站、深挖打击制贩源头”5项工作举措。全年查处涉危案件13起，收缴枪支2572支、子弹69.5万发、雷管4万余枚、管制刀具4850把、剧毒化学品3704.3千克。缉枪治爆行动5项举措得到公安部肯定并在全国公安系统推广。

【“打黄赌·铲源头”行动】 10月28日，杭州市公安机关启动2014年秋冬季节“打黄赌·铲源头”百日行动，以打掉一批隐藏深、危害大的黄赌窝点，整治一批涉黄涉赌重点地区为目标，积极拓展情报来源，主动加强区域协作，发起打击黄赌的凌厉攻势。至年末，共侦破涉黄、赌刑事案件62起，刑事打击处理涉黄、赌犯罪嫌疑人242人。

【“猎狐2014”境外缉逃专项行动】 7月20日至12月末，杭州市公安机关根据上级部署，组织开展“猎狐2014”境外缉捕专项行动。坚持“以抓为主、以抓促劝、抓劝并举”的基本方针，按照“一逃一档”工作要求，对全市20名境外逃犯逐一开展基础排摸，对7名有条件缉捕或劝返的重点对象开展滚动排查和研判，对5名已批准逮捕的境外在逃人员申报国际红色通缉令，对12名境外逃犯的护照及通行证宣布作废。专项行动成功劝返、抓获境外逃犯8名，专项缉捕率达到42.1%。

【打击防范通讯（网络）诈骗】 2014年，杭州市公安机关树立“精细分析、精心防范、精严打击”目标，抓好全方位、立体式的通讯（网络）诈骗犯罪防范宣传工作，突出防范、打击工作的针对性、实效性。年内，全市受理通讯（网络）诈骗案件4534起。加强案件受理初查，依托自行研制的通讯（网络）案件管理平台，及时分析研判和通报预警通讯（网络）诈骗案件的发案趋势、手段特点，精确指导防范工作；抓好社会面的防范宣传和银行环节源头技术防控；组建专业队伍，搭建“专人理案、专班研究、专业打击”的打击通讯诈骗双层架构，加强案件串并、破案打击工作。至年末，全市共摧毁通讯（网络）诈骗团伙25个，侦破通讯（网络）诈骗案件317起，追赃款1317.6万元。成功防范通讯（网络）诈骗案件1027起，避免损失3631.6万元。

【打击整治传销集中行动】 2月28日至7月31日，杭州市公安机关根据上级部署，针对部分郊县地区外来人员“拉人头”式非法传销较为突出的情况，组织相关警种和派出所，会同工商部门开展打击整治传销集中行动，共捣毁传销窝点498个，清查遣散涉传人员3447人；立案侦查组织、领导传销案件72起，破案72起，采取强制措施168人；立案侦查传销引发的非法拘禁案28起，破案28起，采取强制措施169人。

【打击假冒伪劣犯罪】 2~12月，杭州市公安机关根据上级部署，推进以侵犯知识产权为主的打击假冒伪劣犯罪工作。依托与阿里巴巴公司的协作优势，密切关注淘宝网上涉假线索，发起打击假冒伪劣犯罪集群战役。其间，全市发起7次网上打假战役，共立案侦查各类假冒伪劣犯罪案件161起（包括非法经营卷烟案件），破案118起（包括非法经营卷烟案件），捣毁制假窝点71个，缴获假冒伪劣商品20余万件；抓获犯罪嫌疑人约200人。

【挂牌督办治安重点地区】 2014年，杭州市公安机关改变往年各地自行申报挂牌整治地区的惯例，由市公安局结合日常掌握情况，对部分重点社区（村）的实有人口数、刑事和治安案件受理数等治安状况进行综合评估，从中梳理确定14个治安重点地区，实行市级挂牌整治。会同市综治委制定《2014年度市级社会治安重点地区整治验收摘牌标准》，明确整治目标。年内，通过整治14个重点社区（村），新增专职群防人员472名、各类技防和物防设施8000余件（套），110报警数、刑事案件受理数比上年分别下降10.2%和25.9%，达到整治工作目标，并经市综治委考核验收全部摘牌。其中，被

2014年杭州市交通、火灾事故情况

表58

月份	交通事故				火灾事故			
	次数（起）	死亡（人）	受伤（人）	经济损失（万元）	次数（起）	死亡（人）	受伤（人）	经济损失（万元）
1	151	46	144	48.46	1 081	9	—	265.88
2	122	21	127	31.07	537	1	1	68.44
3	213	55	184	37.38	694	—	—	244.14
4	159	35	153	50.44	608	—	1	449.44
5	169	36	171	45.92	734	4	—	501.06
6	128	41	136	25.10	620	1	—	200.18
7	146	46	131	22.07	719	—	2	260.40
8	128	43	128	17.97	599	—	—	149.64
9	186	54	177	32.72	355	1	2	136.31
10	277	81	326	92.00	322	—	3	635.05
11	349	87	378	83.58	265	1	1	148.93
12	550	75	618	230.35	298	2	1	574.51
合计	2 578	620	2 673	717.06	6 832	19	11	3 633.98

列为省级挂牌的萧山区育才东苑社区"十分钟巡控圈"做法及经验，被省委政法委推广介绍。

【"零发案"小区创建】 2014年，市公安机关结合杭州市平安网格创建，深入开展全市"零发案"小区和"控案先进"小区创建活动，会同市综治部门，探索建立小区物业公司防控"黑白名单"制度和小区控案"红、黄、绿"三色预警制度，督促落实物业公司的管理责任，提高居民群众参与小区防范的责任和意识。全年创建"零发案"小区和"控案先进"小区1080个，占封闭小区总数60%。入室盗窃、盗窃电动自行车等5类案件比上年下降14.7%。

9月29日起，市公安局西湖风景名胜区分局以自行车、电动车为执勤工具的特色巡逻队——"景安巡逻队"开始执勤 （市公安局 供稿）

【人口房屋"双实排查系统"推广】 2014年，杭州市公安局在PGIS警用地理信息平台基础上，研发"实有人口、实有房屋管理模块"和出租房屋二维码，结合移动警务通应用，实现房屋地址地图定位、房屋结构显示、人口单位和房屋信息整合关联、动态情报实时录入、流动人口信息自主申报和动态管理、安全防范宣传提醒等功能，有效解决派出所实有人口底数不清、信息分散、动态管理不到位的问题。全年，杭州市公安机关共采集标准地址113.4万个，地图定位率87.7%；建成电子结构图房屋95.1万幢，电子房间384.6万间，标准地址的电子建房（楼幢）率83.8%；关联实有人口536.4万人，人房关联率81.3%；采集各类单位信息1.81万条。

【出租房智能电子门禁系统】 2014年，市公安局会同市流动人口管理办公室，将出租房智能电子门禁系统的推广应用纳入地方党委、政府"平安建设"的工作目标之一。针对城市流动人口管理难、案件防范难、安全监管难的局面，杭州市公安机关推行的"出租房屋智能电子门禁系统"，具有对内外人员、视频监控、车辆登记等智能记录功能，对小区实行"住有登记、进有记录、疑会报警、信息互通"的数字化管控。小区强化对流动人口的"四实"管理，建立领卡登记、巡逻签到、发案倒查、监控巡查等工作制度，实现"以卡管人"。至年末，全市共安装出租房智能电子门禁系统3万户。已安装的小区（农居点）流动人口登记率大幅提高，入室案件同步大幅下降，不少小区还实现"零发案"。

【景安巡逻队建立】 9月29日，市公安局西湖风景名胜区分局成立一支以自行车、电动自行车为执勤工具的特色巡逻队——"景安巡逻队"，由50名队员组成。主要在西湖的每一个景点巡逻防控、防范宣传、服务游客。这是分局针对景区景点集中、游客密集、道路畅通状况不佳等问题，整合内部警力和社会资源，在"见警率、管事率"上下功夫，着力打造多警合成、群防群治、社区阵地为依托的打防管控"一体化网格"的新举措。至此，以"景安巡逻队"电动车、自行车、徒步为支撑，以监控、便衣队、群防群治等力量为辅助的"复合型"巡逻警务进一步完善，驾驭动态治安局势的能力和整体防控水平得到提升，西湖风景名胜区街面案件和街面侵财案件分别比上年下降18%和14%。

【机动车"限牌限行"政策实施】 2014年，杭州市公安机关积极配合市政府对杭州小客车总量调控工作，全程参与政策准备、宣布冻结、公开筹备、调控实施4个阶段的工作，全力保障"限牌限购"工作平稳落实。3月26日零时起，杭州市行政区域内小客车实行增量配额指标管理，增量指标通过摇号或竞价方式取得。同时，借助这一时机，推出将外地机动车高峰限行、延长高峰限行时间作为"错峰限行"调整内容，即在原限行范围内，7：00~9：00，16：30~18：30时间段限行。年内，全市新增智能卡口系统96套，自5月5日实施以来，共查处违反"错峰限行"规定车辆27.34万辆次，其中非现场抓拍17.11万辆次，限行区域内和高架道路交通运行总体平稳。

【推进交通事故快处调解】 8月13日，杭州市在原有"港昌"交通事故快速处理理赔中心的基础上，成立杭州市暨西湖区交通事故调处（指导）中心，进一步整合交警处理、专业调解、诉讼审判、司法鉴定、保险理赔、法律服务等行政、司法、社会资源，实现交通事故处理从接警到损害赔偿的"一站式"调处，推进全市交通事故调处工作迈入"大调解"阶段。至年末，全市共有交通事故调处中心3处、快处中心9处。2014年，市区共发生轻微事故20.38万起，进入调处、快处中心处理10.56万起，占到事故总数的51.8%。

7月29日，组建杭州市公安交警机动队（TPTU），核心职能是在机动状态下快速到达、快速应对、快速处置、快速撤离各类交通事故，主动缓解各类道路交通事故给城市交通带来的影响。至年末，机动队共出动警力2670人次，快速处置各类交通事故4200余起。

2月28日，市公安局户政支队警官上门采集居民身份证信息，为特殊困难群众解决申领居民身份证难题　（市公安局　供稿）

【车辆检验改革】 9月1日起，根据公安部、国家质检总局《关于加强和改进机动车检验工作的意见》精神，杭州市公安机关车管部门开展车辆检验社会化改革，依托全市交管服务站和车管服务窗口，严格落实小汽车6年内免检制度，全年全市84个核发窗口共发放免检车辆合格标志14.1万张。会同市物价、环保、城管等部门，对全市23个机动车检测站做好资产清算、人员安置、日常监管等工作，于9月末前完成政企脱钩。9月起，试点机动车检验合格标志远程核发，共远程核发检验合格标志1.38万辆次。杭州市是公安部交管局试点城市，并成为全国首个完成远程检验监管系统建设的城市。

【区域交通堵点化解】 2014年，市公安局交警部门健全"占道红线、占补平衡"工作机制，加强对杭州市地铁2号线西北段、秋石快速路3期、环城北路下穿隧道等城市快速路建设的交通影响评估和管理，明确交通流量疏解循线，落实施工现场管控和路面交通疏导措施，既确保道路工程顺利推进，又将施工对交通的影响降到最低限度，有效缓解市区主次干道的交通压力。全年全力抓好旅游旺季、国定假日西湖景区交通组织管理工作，保障景区通行有序。立足快速路网建设实际，筹建成立高架大队，年内实现在高架道路流量比上年增长5%的前提下，交通流速提升1.3%的目标。

【居民身份证便民服务】 5月起，杭州市公安机关推出2项居民身份证便民服务。实施离线采集居民身份证指纹服务，市公安局上门采集居民身份证信息，为特殊困难群众解决申领居民身份证难题，至年末，全市共计提供上门采集服务67次。开展二代居民身份证快递业务，拱墅区公安分局、淳安县公安局作为首批试点单位开展工作，至年末，两地共受理制证789张。富阳市公安局推出常态化送证上门服务，全年累计为群众上门送身份证2619次、8100张。通过上门送证，富阳市公安局还发现并注销死亡户口129个、重复户口47个，督促申报"口袋户口"3个，变更、更正户口主项登记70项（次）。

【出入境"三表合一"和电子港澳通行证签发】 3月31日，杭州市公安局按照公安部和省公安厅出入境管理局统一部署，在全市出入境窗口启动"三表合一"工作，9月15日启用电子港澳通行证签发。两项举措推出至年末，全市出入境管理部门通过"三表合一"受理出入境证件申请约87万人次，签发电子港澳通行证及签注18万余件，受理时间缩短，群众满意度和工作效率提升。从3月下旬起，重新规范接待场所设置，科学划分功能区域，办证流程上网上墙，基本实现全市出入境窗口的标准化、统一化和品牌化运作。在中国公民接待大厅开通绿色通道，为有需要的申请人服务。推出再次赴港澳台签注自助受理机、自动填表机、指纹采集仪、网上受理EMS双向速递和境外人员个人自主申报等科技信息化举措。开展窗口受理岗位练兵，规范前台受理流程标准，出入境窗口人均受理速度为每份申请基本控制在2分钟之内，有效减少窗口排长队问题。

【市关爱警察基金会成立】 9月22日，杭州市关爱警察基金会经市民政局批准登记正式成立，12月31日在杭州市公安局召开成立大会。该基金会是非公募性质的社团组织，以"凝聚警心，激励斗志，解忧济困，建设温暖警营、和谐警营"为宗旨，以因公牺牲、因公负伤致残、病故、罹患重大疾病或意外事故而导致生活特别困难，以及在公安安全保卫工作中付出艰辛努力的民警、辅警和光荣退休的民警为对象，大力开展资金筹措和服务工作，发挥激励功能、救济功能和补偿功能。

（蔡　妮）

·司法行政·

【司法行政概况】 2014年，全市司法行政机关深入学习贯彻中共十八大和十八届三中、四中全会精神，以及总书记习近平对司法行政工作的重要指示精神，围绕全面服务改革发展和全面推进法治杭州目标，把握司法行政职能定位，履行各项职责，为建设东方品质之城和法治杭州、平安杭州、美丽杭州做出新贡献，取得新成绩。

2014年杭州市获得"六五"普法中期工作"全国先进城市"称号。市司法局获省司法厅综合考评优胜单位、全省国家司法考试工作成绩突出单位称号，普法教育、法律援助工作分别获得省司法厅2014年度司法行政工作"创新奖"和"推进奖"。市司法局被市委、市政府评为"2014年杭州市'三改一拆'行动最佳支持单位"。市富春强制隔离戒毒所民警潘绍海被授予省"劳动模范"称号，市南郊监狱民警陈浩元获市"五一劳动奖章"，高枫被评为"最美浙江监狱人民警察"。市司法局信息调研、依法行政、反邪教警示教育等业务工作获得多项集体

和个人荣誉。司法部副部长赵大程、张彦珍对杭州市司法行政工作予以肯定，省司法厅厅长赵光君对杭州司法行政工作做出批示肯定。王辉忠、蔡奇、杨戌标等省市领导先后视察杭州司法行政工作。新华社及《人民日报》《法制日报》《浙江日报》等主流媒体多次报道杭州市司法行政工作，取得良好社会反响。

【法治宣传与法治建设】 市司法局深化“法律六进”活动，重点对象学法用法工作得到加强。组织开展市管干部和公务员“五水共治”网上法律知识考试。“杭州司法”一微两博平台上线运行，“微”媒体作用进一步发挥。依托“国际动漫节”“法治茶楼”“普法代言人阿普”等平台和载体，进一步打响“动漫法治文化”“运河法治文化”“西湖法治文化”等杭州特色的法治文化品牌。健全和完善社会化普法机制，加强专业化、社会化普法队伍建设，建立普法人才库、普法资源库。杭州市律师在375个政府及职能部门、9999个企事业单位担任法律顾问。顺利完成司法局工作权力清单梳理和权力事项上线运行工作。稳妥推进人民监督员选任管理方式改革试点工作。加强国家司法考试基地建设，完成2014年国家司法考试杭州考点考务工作。余杭区“法治指数的评估及应用”项目，获得第三届“中国法治政府奖”提名奖。

【法律服务】 2014年，杭州市有律师事务所553个，执业律师5027名；基层法律服务所71个，法律服务者397名；公证处12个，公证员87名；司法鉴定机构14个，司法鉴定人279名。市司法局落实《浙江省司法厅关于省直律师事务所及其律师实行属地管理的决定》，稳妥完成42个省直律师事务所、1000余名律师的接收服务工作。完成市人大常委会《中华人民共和国律师法》执法检查工作，联合市检察院出台《律师参与审查逮捕诉讼活动的工作意见》，协助市委政法委成立市律师执业维权监督指导协调小组，规范律师管理，优化执业环境。开展“公证管理规范年”活动，扎实推进服务标准化、管理规范化、监督制度化建设，圆满完成杭州市小客车限牌、车牌竞价、现场摇号公证工作。加强司法鉴定质量建设，做好“7·5”公交纵火案受害人员伤残司法鉴定。贯彻省司法厅《司法行政部门帮扶企业十项举措》的意见，全面开展中小企业法律体检活动，走访中小企业2914个，举办法律讲座241场，出具法律意见书、风险提示函833份，解决企业风险防范等实际问题962个。公证机构构建电商综合法律服务新平台，国立公证处在“浙江省中小企业网”创设网络服务平台，钱塘公证处为“淘宝网”定制网店更名过户公证模板。

【法律援助】 市司法局推进法律援助工作标准化建设，出台全省首个《杭州市法律援助工作标准（试行）》。加强援助案件的监督管理，建立“全程跟踪、旁听庭审、电话回访、质量评估”的常态化案件质量监管机制。落实应援尽援、应援优援，对聘不起律师的申诉人，纳入法律援助范围。开展“法律援助助残行动”等专项行动，深入社区、福利院为残疾人、老人提供法律服务。为驻杭州部队开展“拥军维权专项法援服务活动”。建立全省首个法律援助资源库，加强部门、专业法律援助工作站规范化建设。建立全市“12348”专线平台，实现省、市“12348”平台共享。全市共受理法律援助案件1.6万件，提供法律咨询8.64万人次，帮助当事人挽回经济损失1.7亿元。

【监所监管安全稳定】 市司法局强化监管安全底线意识，落实各项监管措施，实现监管“四无”、安全生产“五无”目标。严格落实“5+1+1”教育模式，监狱改造质量稳步提升。推进狱务公开，开展“三类罪犯”减刑、假释、暂予监外执行专项执法检查，刑罚执行更加规范。东郊监狱智能化现代文明监狱创建稳步推进，被评为全省监狱系统先进集体。南郊监狱狠抓规范执法成效显著。西郊监狱改扩建土地置换工作取得突破。北郊监狱正式挂牌，建设全省首家轻刑犯特色监狱。富春强制隔离戒毒所正式收治吸毒人员，有序推进“四四五”戒毒模式。

【人民调解工作】 2014年，市司法局扎实推进人民调解组织建设、制度建设、业务建设、设施建设的规范化工作。加强业务培训和指导，举办调解业务培训班；完善“诉调衔接”“警民联调”“检调对接”等工作，积极推进行业性专业性人民调解组织建设；新建杭州市婚姻家庭纠纷人民调解委员会，深化完善医疗、交通、保险等调委会工作机制，13个区、县（市）在医疗、交通、劳动、学生伤害、婚姻家庭等领域建立了人民调解组织。开展“五水共治”“三改一拆”“积案攻坚”等专项矛盾排查。帮助“7·5”公交纵火案受害者做好理赔工作。与杭州电视台联合，举办寻找“最美人民调解员”暨杭州市第三届“十大金牌和事佬”颁奖晚会，进一步打造人民调

9月5日，市司法局举行寻找“最美人民调解员”暨杭州市第三届“十大金牌和事佬”评选活动启动仪式
（市司法局 供稿）

9月10日，市司法局举办杭州市社区矫正业务知识竞赛总决赛

（市司法局 供稿）

解"和事佬"品牌。全市4220个调解组织、1.8万名人民调解员共调解矛盾纠纷10.8万件，成功率98.9%，人民调解协议涉及标的超过27.2亿元。全市9个医调会调解医疗纠纷819件，成功784件，成功率95.7%，其中涉及死亡纠纷155件、成功152件，成功率98%；索赔标的9552.3万元，调解成功实际赔（补）偿3047.6万元。上城区"五味和"大调解机制得到省委副书记、政法委书记王辉忠批示肯定。

【社区矫正安置帮教】 杭州市出台《关于进一步加强社区矫正工作的意见》，完善市、县、乡、村4级监管网络，全面推进县级监管指挥中心建设；组建"杭州市社区矫正人才库"，成立心理矫治专家团、教育矫治师资团和社区矫正行知团，积极引导社会力量参与社区矫正；扎实开展社区矫正执法案件大评查、执法工作大检查、执行情况大排查"三查"专项活动和"公正执法、规范履职"主题教育实践活动。市司法局认真开展"三类罪犯"暂予监外执行集中清理工作，成功举办全市首次社区矫正业务知识竞赛，扎实做好刑释人员等特殊人群管理服务工作，推进安置帮教基地建设，全年帮教率、安置率稳中有升。

【公共法律服务体系建设】 市司法局贯彻落实司法部《关于推进公共法律服务体系建设的意见》，健全和完善杭州特色基本公共法律服务体系。13个区、县（市）均建立司法行政法律服务中心，实现集中受理、分类办理、限时办结的"一站式"法律服务，共成功调处矛盾纠纷2618件，理赔金额1.3亿元，解答咨询6.69万人次，接待涉法涉诉信访 25 件 、54 人次，提供法律援助1.38万件，引导群众寻求律师、公证、司法鉴定等有偿法律服务1.7万件。举办法制宣传活动61场（次），发放法制宣传资料5.16万份。司法所建设稳步推进，35个司法所通过省司法厅"星级规范化司法所"考评验收。完善直属司法所建设模式，指导区、县（市）建设重点司法所28个。推进"法治（律师）行动在网格"活动，省委副书记、政法委书记王辉忠对该活动作出批示肯定。创建村级公共法律服务工作室，推进城乡社区法律援助工作站建设，着力打造"半小时法律服务圈"。鼓励支持规模律师事务所、司法鉴定机构等向基层和欠发达县（市）发展，努力满足欠发达地区人民群众的法律服务需求。

【杭州市第八次律师代表大会】 11月22~23日，杭州市第八次律师代表大会召开。市委副书记、政法委书记杨戌标等市领导与省司法厅副厅长俞世裕出席大会。市委政法委、市法院、市检察院、市公安局、市司法局、市地税局相关负责人，各区、县（市）司法局分管负责人、全市律师代表、市律协历任老领导等特邀代表共500人参加会议。大会审议通过《杭州市律师协会第七届理事会工作报告》《杭州市律师协会第七届理事会财务工作报告》《杭州市律师协会章程（修正案）》。选举产生新一届理事会、常务理事会、理事会会长和副会长。沈田丰当选第八届理事会会长，王立新、史建兵、刘国健、孙建平、金鹰、刘恩、朱虹、沈向明、徐宗新9人当选副会长。

【司法行政为民服务月】 12月1日~31日，市司法局与全市13个区、县（市）司法局联动，开展以"法律惠民生、法治促公平"为主题的全市司法行政系统"为民服务月"活动。启动"开展十大法治惠民行动，寻访千名法律受援人"工程，面向全市寻访1000名法律受援人，为他们提供法律体检、化解法律问题、讨回辛苦工资、提供义务调解、免费司法鉴定等有针对性的便民服务。服务月期间，接待各类法律咨询1780人次，受理符合条件的报名1024人次，引导至第三方解决的98人次，已办结为民服务事项179件。值班律师到社区（村）3587人次，服务时长1.4万小时，接待解答法律咨询问题4000余个，起草法律文书、修改文本489份。参与矛盾调解，帮助当事人获得法律援助614人次，化解矛盾389个。举办各类普法宣讲163场。

【法律服务"三改一拆"】 市司法局出台《关于加强"三改一拆"法律服务工作的意见》，成立杭州市"三改一拆"律师顾问团，为重大决策、重大项目和规范性文件合法性审查、法律风险评估等提供优质服务。全程参与西湖区弥陀寺巷区块、下城区白鹿鞋城区块、百井坊巷区块等重点综合改造工程项目法律论证。加大公证服务力度，开通"三改一拆"项目公证"绿色通道"。开展"三改一拆·法治同行"主题宣传活动，举办"三改一拆"领导干部法治讲座、社区工作者法治培训班和相关部门法治保障研讨会，提升领导干部运用法治思维和法治方式推进"三改一拆"的能力。全年参与制定规范性文件30个，提供法律意见或建议266条，提供法律论证、法律咨询服务5790人次，成功调解纠纷1577起。省委书记夏宝龙对杭州市

白鹿鞋城拆迁工作充分肯定，做出“依法拆除违章建筑，又很讲究方法，应予以表扬，注意总结经验”的重要批示。　（吕　炜）

·案　例·

【萧山“1·1”放火案罪犯被执行死刑】 因泄私愤于2013年1月1日在厂房仓库放火，导致重大经济损失和多名消防官兵伤亡的萧山“1·1”放火案罪犯李某，经一审、二审和最高人民法院的死刑复核程序后，最终被最高人民法院核准死刑。2014年9月4日上午，市中级人民法院对罪犯李某某进行终审宣判后，执行死刑。

经最高人民法院复核确认：被告人李某案发前系浙江省杭州市杭州友成机工有限公司包装仓库员工。2012年12月，李某因工作岗位被调整等原因，对仓库班长等人产生怨恨，遂决定放火报复。2013年1月1日2时许，李某进行伪装，从公司西南侧翻墙进入2号厂房，在二层包装仓库内，用打火机引燃包装仓库东侧堆放的纸箱，确认点燃后迅速逃离现场。因2号厂房存放大量纸箱、钙塑箱、泡沫等易燃物品，火势迅速蔓延，致友成公司2号厂房、机器设备、原材料、生产产品等财物全部被焚毁，直接经济损失6000余万元。同时，在火灾扑救过程中，3名消防官兵壮烈牺牲，3名消防战士受轻伤或轻微伤。2014年7月29日，最高人民法院核准浙江省高级人民法院维持第一审以放火罪对被告人李某判处死刑，剥夺政治权利终身的刑事裁定。

【张某滥用职权受贿贪污案】 2014年9月16日，市中级人民法院对杭州市住房保障和房产管理局原党委委员、副局长张某（男，1960年出生）滥用职权、受贿、贪污一案作出一审判决：以受贿罪判处其死刑，缓期2年执行，剥夺政治权利终身，并处没收个人全部财产；以贪污罪判处其无期徒刑，剥夺政治权利终身，并处没收个人全部财产；以滥用职权罪判处其有期徒刑7年。数罪并罚，决定对被告人张某执行死刑，缓期2年执行，剥夺政治权利终身，并处没收个人全部财产。

法院经审理查明：被告人张某任市建委房地产开发管理处处长和市经济适用住房建设中心负责人期间，在丁桥兰苑经济适用房项目建设中不正确履行职责，致使公共财产损失8900余万元，并给政府声誉造成重大损害。张某任市建委房地产开发管理处处长、市房产管理局副局长期间，利用职务便利，以收受现金、轿车、房产、土地开发权及低价购房等形式，先后索要和非法收受他人财物合计价值人民币1.24亿元，并为请托人在项目开发、工程设计、施工等方面谋取利益。张某在任市建委房地产开发管理处处长期间，伙同被告人董某某，采用骗购市政府用于拆迁安置的商铺归个人所有的方式，侵吞公共财产合计人民币1050余万元；张某利用职务便利，单独侵吞市建委房地产开发管理处公款3.07万元。　（胡育萍）

【塘栖运河综保工程职务犯罪窝串案】 2008～2010年之间，原杭州余杭运河综合保护开发建设有限公司动迁部主任姚某在余杭塘栖粮油公司拆迁中擅自提高拆迁补偿总额，并指使原杭州恒利房地产评估事务所项目经理俞某、原杭州广厦动迁服务公司副总经理李某伪造评估报告、确定补贴、奖励费用，给国家造成损失700余万元。姚某、原杭州余杭运河综合保护开发建设有限公司动迁部工作人员沈某、原余杭区塘栖镇房地产管理所所长谢某、原塘栖房屋管理所工作人员夏某等人或分或合，伪造公房租赁手续、违法动迁等骗取国家拆迁补偿，造成国家经济损失580余万元。沈某还在杭州民生制胶有限公司拆迁中，未调查核实房屋产权，对个人进行拆迁补偿，造成国家经济损失39万余元。上述人员均被法院作有罪判决，其中5人犯滥用职权罪判处3年以上有期徒刑。其中姚某某犯滥用职权罪判处有期徒刑9年；犯受贿罪判处有期徒刑14年4个月，并处没收财产人民币5万元；犯贪污罪，判处有期徒刑11年6个月，并处没收财产人民币3万元。三罪并罚，决定执行有期徒刑20年，并处没收财产人民币8万元。

该案系在全市深入开展“三改一拆”工作中，查处的一起国家机关工作人员滥用职权、贪污、受贿，相互勾结危害征地拆迁安置、侵吞国家财政资金的职务犯罪窝串案。共依法立案侦查职务犯罪案7件、7人，7人均获有罪判决，为国家挽回经济损失250余万元。　（冯顺英）

【绑架杀人沉尸案】 2012年6月11日，市公安局下城区分局接到报警，称某公司老板张某（内蒙古人）被温州人胡某绑架，对方索要赎金5000万元。2013年2月26日，市公安局专案组在泰国抓获犯罪嫌疑人胡某，并同步在广州、温州、丽水等地抓捕其他13名团伙成员。经审查，团伙成员均供述在胡某指使下，受害人张某已于2012年9月1日被装进铁笼内抛入丽水青田千峡湖滩坑水库。由于主要犯罪嫌疑人胡某拒不交代，专案组即组织开展尸体打捞工作。滩坑水库水深100多米，超过人工潜水60米深的极限，也远远超过一般水下探测设备的使用极限，打捞难度极大。专案组先后邀请浙江大学、国家海洋局第二海洋研究所、中船重工第715研究所等单位，使用国产和进口水下机器人、侧扫声呐、超短基线定位系统等高科技设备，对长约1000米、水深超过100米的千峡湖北山大桥水下部位展开地毯式搜索。2015年1月6日，在第4次打捞中发现受害人张某尸体。至此，历时910天的“6·10”故意杀人案告破。经查证，犯罪嫌疑人胡某系因债务纠纷绑架张某，在勒索赎金620余万元后，于2012年8月31日晚将被害人张某关进铁笼内，在丽水青田的北山大桥上扔进滩坑水库。

【破获特大传销案】 7月，杭州市公安局余杭区分局从可疑资金账户入手，查实自2013年12月以来，犯罪嫌疑人王某、詹某等人组织传销人员，从湖北武汉整体搬迁至杭州余杭区从事传销犯罪活动，发展下线1000余人，涉案金额2亿元。10月23日，杭州市公安局组织2000余名警力实施集中收网行动，抓获该传销组织头目67人，骨干头目无一漏网，其中刑拘52人、取保候审3人。捣毁传销窝点108个，清查传销参与人员450人。一举摧毁盘踞在杭州余杭区的传销团伙。　（蔡　妮）

·警　备·

【警备概况】 2014年，中国人民解放军浙江省杭州警备区（简称杭州警备区），着眼大势举旗铸魂、突出中心真抓实备、狠纠"四风"纵深进击、紧盯末端强基固本，圆满完成上级赋予的各项任务，全面建设保持良好发展势头。

以学习贯彻习近平总书记系列重要讲话精神为引领的思想政治建设持续加强。开展"牢记强军目标、献身强军实践"主题教育，组织"战斗力标准"和"军队要像军队样子"大讨论，筹划"强军筑梦十大工程"杭州篇。严守政治纪律和政治规矩，部队保持纯洁巩固。重视隐蔽斗争和"四反"工作，落实国安、公安等常态协作机制。

以"三项重大军事工作"为牵引的军事斗争准备持续推进。部署实战化训练和信息化建设任务，修订完善战备计划，完成重要目标防卫现地演练，江干区人武部参与处置地铁渗漏事件、桐庐县人武部应对危化品泄漏事故行动迅速、处置得力。杭州警备区首长机关参加浙江省军区比武获团体第3名。组织全区专武部长集中强化训练，民兵网络安全攻防演练和卫生救护分队跨区支援保障行动2个实兵演练得到浙江省军区肯定。"民兵网络信息安全保障力量运用"攻关成果获南京军区二等奖，空情保障、要地防空等重点难点攻关成果在浙江省军区做汇报交流。

以军民融合深度发展为目标的国防后备力量建设持续拓展。组织学习浙江省国防动员工作会议精神，研究落实"浙江省军民融合20条"举措，将国防后备力量建设融入杭州市全面深化改革进程。出台《杭州市战时国防动员指挥机构预建预编方案》，明确国防动员9个专项机构的结构功能，完善7个领域的配套方案和潜力数据更新。完成浙江省国防动员工作考评，杭州市总评成绩居全省第二。完成南京军区统编统训试点任务，指导预备役高炮团完成实兵实弹演练。推广拱墅区民兵红旗党支部试点经验，在全市打造33个不同类型的先行样板，联合市委组织部开展民兵党支部书记培训。深化"大国防"教育，通过电信运营商推送征兵宣传信息，在杭州政府网开通国防教育专栏，出台《杭州市高中学生军训工作规范（试行）》并在全省推广。组织民兵预备役人员和应征青年开展"五水共治"5000人大行动。

以探索现代保障模式为抓手的后勤装备保障能力持续提升。开发"国民经济动员仿真演练"软件，得到国家发改委国民经济动员办公室肯定。深化后勤保障社会化改革，出台公务接待、集中采购、医疗管理等规章制度，修建和改造人武部小食堂8个。杭州警备区全面建设现代后勤的做法在浙江省军区后勤部（科）长集训班上做介绍，预备役高炮团接受现地观摩。杭州警备区干休所做好老干部"两高期"的服务保障工作。组织营房"两项普查"，建立军用土地"五图一影"数据库，经上级检查，量化成绩在浙江省军区师单位排名第一。接受解放军审计署的专项审计，开展财经工作"三项治理"和"六款"清查治理工作。调整补充各类武器装备，展开装备技术普查和换季保养。

以党的群众路线教育实践活动为推动的作风建设持续深化。开展第二批党的群众路线教育实践活动，建立常委"带科挂部"制度，成立5个工作指导组开展面对面帮带，完成预备役高炮团、临安市人武部2个不同类型的浙江省军区试点，制定"七项硬性指标"，严把质量关口，达不到要求不转入下个环节。组织师团两级问题整改和承诺兑现，建立定期督办机制，推动"三个专项"37项工作、117件承诺事项得到落实。全年按时清退违规住房60套，整改超面积办公用房52间，压缩行政消耗性开支15%，清退违规款项273.54万元，本级公务接待减少195.29万元，风清气顺的局面基本形成。

【国防动员指挥机构规范统一】 9月，杭州警备区根据《南京战区战时国防动员组织实施暂行办法》和浙江省国防动员委员会要求，经征求市国防动员委员会各办公室和成员单位意见，制定《杭州市战时国防动员指挥机构预建预编方案》，明确国防动员指挥部和兵员动员、经济动员等9个专项动员指挥组的构成和职责。其间，组织各区、县（市）战时国防动员指挥机构预建预编方案会审，规范和统一两级指挥机构编成，完善国防动员平时、战时两套体制机构，为战时平战转换实施提供保证。

【基层专武部长集训考核】 4月21~26日，杭州警备区在浙江省人武学院组织全市182名乡镇（街道）武装部长集训考核。内容设置轻武器射击、教学法、业务理论、案例分析4个科目，考核总评成绩良好。集训按照正规化管理要求，制订教学、生活、管理规定，坚持一日生活制度，集体活动有组织，业余时间不失控，管理井然有序。通过集训考核，明确专武干部的工作职责、工作内容、工作思路、工作要求，检验并提高专武部长军事技能。

【首长机关参加对抗比武】 8月下旬，杭州警备区组织12人参加浙江省军区师级单位指挥技能“红红对抗”和首长机关战术指挥作业“红蓝对抗”。杭州警备区5名部门以上领导，带头参训，积极参赛。参赛人员克服工作和训练的矛盾，利用周一至周四晚上组织强化训练，集中组织3次计30天强化训练，最终取得浙江省军区比武综合第3名。

【高中学生军训规范】 2014年，杭州市成立由杭州警备区、市教育局牵头，杭州警备区作训、宣保部门，73021部队，94936部队，省武警总队作训部门，市教育局高中教育处具体组织的学生军训工作试点领导小组，全面开展规范高级中学生军事训练工作。按照3个阶段（筹划准备、组织实施、全面铺开）、从6个方面（内容设置、职责分工、方法手段、实践活动、协作机制、综合保障）入手组织规范军训工作。杭州警备区和各人武部与市、区（县、市）两级教育局协调、研究和讨论试点工作相关事宜，对全市71所普通高中（含完全中学）和37所职业高中进行调研，研究制定《高级中学学生军事训练指导手册》和《高级中学军事理论课基本教程》。

【非战争军事行动任务】 2014年，杭州警备区修订师团两级处置突发事件总体应急预案和专项应急预案，优化装备物资器材储备，加强应急抢险指挥通信保障能力建设，重点开展余杭区、富阳市人武部试点。加强与地方有关部门协调配合，以防汛抗台、抗击冰雪灾害、山林灭火等为重点，加强实案化指挥处置演练，组织支援地方抢险救灾行动。全年完成元宵灯会执勤、富阳森林火灾抢险、中国国际动漫节维稳等重大应急任务。师团两级拉动点验遂行首批出动任务的13支重点应急连和3支预备役应急排，对各单位民兵应急连装备器材进行检查，完成以队列训练、防汛防台常识学习、抢险救灾装备器材操作运用为主要内容的水上抢险分队训练。

·国防动员·

【国防动员工作综合考评】 8~10月，浙江省国防动员委员会统一部署国防动员工作综合考评，杭州警备区市、县两级对照国防动员工作考评细则，全面展开迎考准备。市国防动员委员会组织2次专题学习，指导各区、县（市）和各办公室做好各项准备。10月15日，浙江省国防动员委员会副主任、副省长袁家军带队考评杭州市国防动员工作。考评组对杭州市国防动员综合性、人武动员、政治动员、经济动员、人民防空、交通战备、科技动员、信息动员8个领域及创新性工作进行综合考评，综合考评成绩列全省第二，其中国防动员委员会综合办列全省第一，市人防办创新性工作加分列全省第一。

【战备制度落实】 2014年，杭州警备区制定《战备工作实施细则》，全面规范战备工作与建设。结合重大节日和敏感期战备，落实经常性战备教育，增强官兵战备意识和敌情观念。组织战备拉动演练，不打招呼拉动人武部和民兵应急分队。修订指挥所编组、紧急出动、机动、留守，以及政治工作、后勤保障、装备保障等方案，完善指挥机构，固定编组人员，明确保障措施。区分总体预案、自然灾害、事故灾难、公共卫生事件、社会安全事件、军内突发事件六大类，定期修订完善处置突发事件应急预案。

【大学生征兵工作启动仪式】5月23日，浙江省暨杭州市大学生征兵工作启动仪式在浙江传媒学院举行，下沙高教园区10余所高校的1000余名大学生参加。省、市征兵办，省教育厅和学院领导分别讲话，优秀退伍战士（大学生代表）畅谈军旅生涯的切身体会，应届大学生代表宣读大学生入伍倡议书。其间，开展国防知识和征兵宣传图片展，发放高校征兵宣传册，开设征兵宣传咨询站，发起“携笔从戎共筑钢铁长城!”千人签名等多种形式的征兵宣传活动。

【士官直接招收】 3~7月，杭州警备区完成从普通高校毕业生中直接招收士官工作。3月，杭州警备区印发《杭州市2014年从普通高校毕业生

7月17日，市委书记龚正（右一）现场指挥高炮演习　（杭州警备区 供稿）

中直招士官实施计划》，在全市48所高校全面调查摸底。5月，组织各人武部副部长、分管参谋26人参加直招士官业务培训。利用高校开学人员相对集中以及毕业生招聘、答辩期间，深入人才市场、高校，主动做好宣传发动和报名登记工作。加强对招收工作全过程的控制，严格把握标准、档案审查、规范定兵、组织报到。全市报名应征毕业生共91人，上站体检55人，终检合格19人。

【年度征兵工作】 2014年，杭州市各级政府和兵役机关精心筹划准备，强化组织领导，广泛宣传发动，严密部署实施，贯彻廉洁征兵，狠抓兵员质量，圆满完成年度征兵工作。3月，各区、县（市）深入一线摸清底数。6月，按照“分片包干、落实到户、责任到人”的要求，建立人武部、乡镇（街道）、村（社区）三级包干责任制。市征兵办协调新闻媒体、移动、联通、电信、邮政等部门，统一发布征兵流程，预告初检初审时间，发放征兵宣传册，发送宣传短信，在《都市快报》等报纸刊登政策问答，在华数电视、公交移动电视、地铁数字电视、自行车租赁点、报刊亭、公益LED屏滚动播放征兵政策和宣传片，杭州电视台综合频道黄金时段播放征兵电视讲话。按照“封闭式管理、封闭式体检”的要求设置体检站。落实廉洁征兵，各区、县（市）根据各自实际出台配套优抚政策。

【“五水共治·爱我家乡”大行动】 9月3日，杭州警备区组织2014年度杭州籍入伍新兵和民兵预备役5000余人，在全市8条河道同步开展清垃圾、除污水、整场地、植树木大行动，为建设美丽家乡做贡献。这次大行动，共清理河道25.8千米、清运垃圾360余吨、平整场地2.3万平方米、种植树木8000余棵。活动结束后，组织新入伍士兵开展“五水共治·爱我家乡”签名活动。

·国防教育·

【国防教育专栏开通】 4月25日，杭州市国防教育专栏在市政府门户网站开通。国防教育专栏公布国防法规和征兵政策，开设“八一光荣榜”，宣传征兵动态和全民国防教育日等重大活动，实时更新国防教育信息，普及国防教育。

【国防教育宣传活动】 9月18日是第十四个“全民国防教育日”，市国防教育办公室联合滨江区在浙江中医药大学音乐广场开展“关心国家安全，维护海洋权益”大型国防教育宣传活动。市委副书记、市国防教育委员会主任杨戌标讲话，杭州警备区政委、市国防教育委员会副主任顾玉龙宣布鸣放防空警报。杭州警备区政治部主任、市国防教育办公室主任施长友主持活动，退役大学生代表（浙江中医药大学学生）吕毅表态发言。其间，组织部队官兵和爱国青年在大型横幅上签下名字，表示要以实际行动支持国防建设。

【慰问军属走访活动】 2014年春节前夕，杭州警备区开展走访慰问杭州籍现役干部家庭活动。杭州籍师职干部家庭由杭州警备区负责走访慰问，团职干部家庭由各区、县（市）人武部负责走访慰问，营以下干部家庭由乡镇（街道）武装部负责走访慰问。杭州警备区党委5名常务委员分别带队走访慰问70名师职干部家庭，给每个家庭送上一块“光荣之家”牌匾和慰问品，为69名非杭州籍师职干部家庭寄一封慰问信和一块“光荣之家”牌匾。

【全国国防教育办公室主任会议现场观摩活动】 12月16日，全国省（区、市）国防教育办公室主任会议现场观摩活动在杭州市滨江区举办，国家国防教育办公室主任李辉，中央、国家机关有关人员，各省（区、市）国防教育办公室主任，各军区军兵种国防教育办公室主任，武警部队政治部群工办领导等140余名代表参加。滨江区组织的社区军人荣誉墙、国防主题动漫、利用华数手机网络平台开展国防教育和吉利集团“红色引擎”主题活动、武装部规范化建设等特色做法，得到与会代表的充分肯定。

【国防教育基地“英雄长廊”落成】 12月24日，由余杭区人武部负责修建的国防教育基地“英雄长廊”在余杭区运河街道螺蛳河畔落成，长廊长约180米，共有雷锋、黄继光、董存瑞等英雄人物雕像14座，国防教育知识宣传碑4座，孙子兵法、毛泽东军事思想等石刻兵书6座。

【建德市获省级“双拥模范城”称号】 7月31日，浙江省召开纪念建军87周年暨双拥模范城（县、区）命名表彰大会，建德市被浙江省委、省政府、省军区授予“浙江省双拥模范城”称号。建德市按照“党管武装、军地协同、社会参与、提升发展”的总体思路，维护军民的根本利益，全面落实拥军优属政策，出台《建德市域国有企业和财政保障与资助型组织等单位安置符合政府安排工作条件退役士兵规定（试行）》和《建德市人民政府关于符合人民政府安置条件的退役士兵安置规定》，从政策上解决退役士兵安置难问题，特别是《建德市拥军优属若干规定》和《建德市优抚对象子女教育优待办法》的出台，规定优抚对象在交通、旅游、华数电视减免、子女教育优待等方面“优先优待”内容，提升双拥工作整体水平。

·民兵预备役·

【民兵网络信息安全培训】 7月28～29日，杭州警备区组织网络信息安全保障大队85名民兵点验、基础课目训练和网上攻防演练。其间，邀请杭州市安恒信息技术有限公司刘志禾就网络信息安全形势、最新信息安全技术和如何成为一名合格的网络信息安全员进行专题辅导授课。组织政治教育、军事共同科目基础训练，依托搭建的模拟实战网络平台，分组依次担任“红方”“蓝方”，进行信息安全攻防对抗演练，检验队伍网络信息突防能力。

【民兵水上抢险准备】 6月，杭州警备区开展“全区民兵水上抢险分队训练月”活动，做好防汛抗洪抢险准备工作，提高民兵分队遂行防汛抢险任务能力。各单位修订防汛抢险方案，组织防汛现地勘察，补充完善抢险救灾器材。6月25日，杭州警备区在钱塘江指导江干区人武部组织民兵水上抢险分队现场观摩演

示，参演人员40人，冲锋舟7艘，围绕冲锋舟的航行与编队、水上打捞、运送救灾物资、安全转移群众等内容展开演练，推进各人武部民兵水上抢险分队训练的组织实施，做好防汛抗台准备工作。

【民兵情报报知系统建设】 2014年，杭州警备区推进民兵情报系统信息化建设，围绕平时应急、战时应战的要求，完成民兵情报报知系统建设。优化编组全区民兵情报报知队伍，发放854部情报信息终端，全年上报有价值情报1693条，浙江省军区采用14条。

【民兵"红旗党支部"建设】 2014年，杭州警备区组织开展民兵"红旗党支部"建设，主要开展5个方面工作：专题调研，摸清底数，全市有村社民兵党支部2044个，行业系统民兵党组织43个，建有武装部的企业民兵组织121个；指导拱墅区在盘石信息技术有限公司试点，审定方案，推进工作；优化民兵队伍结构，结合民兵整组点验，调整完善组织，编实编强民兵队伍，全市基干民兵队伍退伍军人比例超过62%，党团员比例超过86%；区分不同类别试点，按照民兵应急连、村社民兵连、企业（楼宇）民兵组织等类型，培育富有本地特色的样板示范；组织交流培训，与市委组织部联合举办316名民兵分队预设党支部书记培训，进行专题辅导、业务培训和经验交流。

【民兵建设融入现代社会管理】 2014年，上城区深化民兵建设融入现代社会管理工作，组建70支特色民兵服务队，配合市政府各级组织参与社会管理服务。常态运行"平安365"民兵治安巡防队，每天派民兵配合公安参与社会巡逻防控、维护治安等工作。民兵组织联动系统运行有效，全年接收、上报信息1885条。实现民兵教育管理、应急处突、抢险救援、治安巡防等全面覆盖、全时掌控。湖滨街道民兵信息员娄李嘉、黄亭华在"7·5公交车纵火事件"中及时上报信息，受到浙江省军区表彰奖励。加强民兵情报报知系统建设，全区70名情报信息员统一配备情报手机，情报报知触角延伸到全区54个社区和辖区二级以上重要目标，确保突发情况实时报知。

10月29日，浙江省民兵网络安全信息保障大队在杭州组织网络攻防演练
（杭州警备区 供稿）

【民兵预备役防空部（分）队统编统训】 3月，杭州警备区受领南京军区民兵预备役防空部（分）队统编统训改革试点任务。杭州警备区按照上级关于深化民兵预备役部队调整改革的指示，以"能打仗、打胜仗"为目标，积极适应信息化条件下作战和市场经济发展要求，加强科学统筹，创新编训模式，健全制度机制，组织预备役高炮团和上城区、萧山区、余杭区、桐庐县人武部，从编、训、保、管、用等方面入手，对民兵预备役防空部（分）队统编统训组织实施进行研究摸索和实践。

【"浙预—2014"实兵实弹演习】 6月中旬至7月中旬，杭州预备役高炮团在某训练基地举行"浙预—2014"实兵实弹演习。约200名官兵参加机动集结、临战训练、实弹射击等演训科目，提高在高技术条件下的实战能力。7月11日，省委常委、市委书记、杭州警备区党委第一书记龚正，市人大常委会主任、杭州预备役高炮团党委第一书记王金财，市委常委、秘书长许勤华到演习现场，观摩官兵的演习情况。省军区副司令员姚准宁、省军区副参谋长徐学清、杭州警备区政委顾玉龙、浙江陆军预备役步兵师师长张茂生等参加观摩。

龚正对军事演习取得圆满成功表示祝贺，向全体参演官兵提前送上"八一"建军节的祝福。杭州市各级党委、政府将一如既往地支持预备役部队建设，为预备役部队的发展创造良好条件。

（贾敏政 朱广恒 陈建良）

·武　警·

【武警概况】 中国人民武装警察部队浙江省总队杭州市支队（简称武警杭州市支队）主要担负警卫、守卫、守护、看押、看守、城市武装巡逻和"两规"、处突反恐、抢险救灾等任务。2014年，武警杭州市支队坚持以强军目标统领各项工作，部队任务完成圆满，内部安全稳定，连续3年被武警浙江省总队评为先进支队。

思想政治建设以学习贯彻强军目标为主线，深入抓好中共十八大精神、习近平总书记系列重要讲话和全军、武警部队政治工作会议精神落实。精心组织主题教育、战斗力标准大讨论和"中国梦·强军梦·我的梦"系列实践活动。落实"每月四课"，持续开展"四个彼此"教育讨论，做好经常性思想工作和心理、法律服务。武警杭州市支队团委被表彰为全军红旗团委。三中队中队长刘超被评为第十七届中国武警"十大忠诚卫士"。

落实"议中心"制度，改进作战值班模式，推进"四防一体化"建设、执勤隐患治理和"三防"试点成果普及，连续28年实现执勤安全无事故。加强力量建设和实战化训

7月9日，武警杭州市支队三中队中队长刘超（中）获中国武警“十大忠诚卫士”荣誉称号（王沙洲 供稿）

练，严密组织勤训轮换、“百日强化大练兵”、“卫士—14”演习和尖子班比武，部队遂行多样化任务能力得到提升。成功处置有碍目标安全险情5起，圆满完成杭州九峰垃圾焚烧场群体性事件前出备勤、杭州国际马拉松赛安保、地铁4号线塌方救援，以及832批次押解押运、长途调犯、重大临时警卫等任务。

开展条令法规学习、“暑期百日安全”等活动，增强官兵条令意识和道德法纪观念。落实规范化干工作、精细化抓落实、经常化促养成的要求，编印《安全预防工作手册》《新兵“第二适应期”工作指导手册》，突出公勤人员、车辆、枪弹、信息和节假日、重要时期管控，开展常态化隐患排查治理，部队安全发展基础得到巩固。

完成总部指导员队伍和教育骨干队伍建设试点，经验做法被武警总部推广。全面普及科学发展试点成果，圆满完成年度推进任务，31个单位验收达标。召开大队建设座谈会，制定《加强“前沿指挥所”建设措施》。举办基层主官《军队基层建设纲要》集训和干部骨干经常性培训，健全完善挂钩帮建责任制，2个连续5年未创先进的中队跨入先进行列。

开展后勤专业兵培训和岗位练兵活动，参加总队网上技能竞赛获第2名。加强经费物资管理和审计监督，严格清理纠治福利补助发放工作，压减行政消耗经费101.57万元，公务接待费比上年下降55%。统一安装“北斗”车辆监控管理系统，加强在建工程、空余房地产租赁、基层伙食管理，科学化管理水平得到提高。

推进党的群众路线教育实践活动，突出“四风”等问题的整治，立废改45项制度规定，清理不合理住房38套、超标超配车辆10台、超占人员33人、超编机关干部15名，整改机关超面积办公用房18间，群众满意度为99.7%。严密组织党委中心组理论学习，认真贯彻民主集中制原则，党委一班人齐心协力，在带领官兵实现争创先进支队“三连冠”目标中发挥示范引领作用。

【《军队基层建设纲要》集训】 为提高基层干部按纲抓建的本领，培养抓基层建基层的明白人、实干家，12月9日开始，武警杭州市支队在萧山区中队进行《军队基层建设纲要》集训。集训采取辅导授课、经验介绍、研讨交流、难题会诊、现场观摩等方法，对全军政治工作会议精神和习近平总书记系列重要讲话精神进行传达学习，引导基层干部理性思考部队按纲要带部队、解难题的方法举措。集训分两批进行，为期14天，基层大、中队主官和机关科长参加。

【“九观”辩论赛】 4月25日，为配合第二批党的群众路线教育实践活动，武警杭州市支队围绕树立正确的“学习观、组织观、工作观、进步观、利益观、婚恋观、交友观、法纪观、荣誉观”，组织现场辩论赛。五大队、一大队、六大队分别获团体前3名。武警浙江省总队政委戴建国到辩论赛现场指导，为获奖单位和“最佳辩手”颁奖。

【年度嘉宾访谈活动】 11月23日，武警杭州市支队举办“因为有你，心存感激”年度嘉宾访谈特别节目，三组嘉宾分别以“牵挂”“记忆”“未来”三条主线，结合自己的故事，用肺腑之言阐述对“感恩”的理解，引起了官兵强烈的情感共鸣。其间，武警浙江省总队文工团副团长郑俊海和武警杭州市支队“年度最美老兵”合唱《终有脱下军装的一天》。

【尖子班军事比武】 6月30日至7月1日，为检验尖子班、特勤排、应急班人员基本体能和基本技能，武警杭州市支队严密组织尖子班暨特勤排、应急班进行军事比武，比武内容包括5个共同课目和11个狙击类、突击类专业课目。参赛队员士气高昂、意志顽强，体现了良好的战斗精神和战斗作风。九中队、十中队和十二中队分别获团体前3名。

【萧山区看守所搬迁武装押解】 1月20日，武警杭州市支队出动若干兵力，协助萧山区看守所搬迁，完成1000余名被羁押人员的武装押解任务。任务中，武警杭州市支队执勤官兵认真履职，与公安民警密切配合，始终保持高度的戒备和昂扬的精神状态，全程组织严密，安全顺利，受到地方领导和目标单位的好评。

【中润客运公司债权人大会机动备勤】 杭州中润客运出租车公司因高息吸纳民间借贷致资金链断裂引发债务危机，涉及出租车1100余辆，债权人1500余人，总负债6.3亿元。1月25日，市法院召开债权人大会，就补偿问题进行调解磋商。武警杭州市支队出动兵力，担负机动备勤任务。全体备勤官兵，保持优良的作风和战斗素养，较好地维护了现场秩序。

【地铁4号线工地塌陷事故救援】 7月31日，位于杭州市江干区新业路与富春路交叉口的地铁4号线市民中心站施工场地，因河道塌陷致河水倒灌在建地铁施工隧道。武警杭州市支队接到市政府指令，迅速出动兵力进行紧急救援。经过4个多小时的连续奋战，共加固拦截坝30余米、加高1.5米，搬运土方170余立方米、水泥500余袋，装填沙包2800余包，将下游倒灌水成功封堵，解决了险情。

【革命烈士公祭日礼宾任务完成】 9月30日，武警杭州市支队出动兵力，担负浙江省云居山革命烈士公祭日礼宾任务。武警浙江省总队政治部主任赵献津率工作组莅临武警杭州市支队，传达武警浙江省总队首长指示精神，进行动员部署。任务过程中，全体官兵精神昂扬、热情饱满，以一流的动作、一流的状态、一流的作风，展示武警部队威武之师、文明之师的良好形象。浙江省委书记夏宝龙和武警浙江省总队司令员白海滨、政委戴建国对此批示表扬。

【杭州国际马拉松赛安全保卫】 11月2日，2014年杭州国际马拉松赛在杭州黄龙体育中心开幕。武警杭州市支队周密部署，出动兵力担负比赛的安全保卫任务。全体官兵认真履职，坚持依法执勤、文明执勤，主动克服困难，始终保持高度警惕，及时疏导人群，维护现场秩序。

（王沙洲）

·边　防·

【边防概况】 中华人民共和国杭州边防检查站组建于1979年5月，隶属于中国人民武装警察部队浙江省边防总队（浙江省公安边防总队），是国家设立在杭州空港口岸的出入境边防检查机关，主要任务是依据国家法律法规，对出入杭州空港口岸的人员及行李物品、交通运输工具及载运的货物实施边防检查，对出入境交通工具进行监护，对口岸的限定区域进行警戒，维护出入境秩序，执行主管机关赋予的其他法律、行政法规规定的任务。

2014年，杭州边防检查站加强口岸一线维稳管控，围绕提高边检服务水平、培训长效机制建设、争创“罗家夼”式先进所队、“双争”活动等工作，各项建设得到提升和发展，全年业务总量超过300万项（次），连续7年在全国同类型边检站中排第一位，被杭州市委、市政府授予“忠诚为民模范边防检查站”荣誉称号。2月25日，杭州萧山国际机场安全管理委员会和服务质量促进委员会联合召开杭州空港联席会议，授予杭州边防检查站2013年度口岸贡献奖。

注重民主集中制建设，落实党委务虚制度和决策咨询制度，突出加强对部队发展方向性、瓶颈性问题的研究，将民主集中制学习成果融入工作实践，凝聚集体智慧，发挥集体作用。发挥党委决策咨询委员会作用，制定出台实事工程和爱兵惠警举措，推动基层建设稳步发展。重视书记配备，探索基层党支部书记资格准入制，深化小组实体化运作机制改革，提高党小组长党务工作能力。将思想教育跟进到一线，延伸到战位，为各项安保中心任务提供有力的思想保障。围绕“双争”活动部署，按照“帮建支部、帮带干部、帮抓骨干”的工作思路，组织对各党支部普遍考察一遍、分析评估一次、重点帮扶一批，部队党建科学化水平得到提升。

注重队伍建设，突出岗位练兵活动，围绕政工、军事、业务、后勤等岗位要求，开展大练兵和比武竞赛，以考促训、以训促学。开展警营开放日、边防检查法规宣传、边防检查进社区等群众性活动，警民警地关系密切、和谐。开展条令学习月、正规化集训周等活动，加强廉政风险防控机制建设，加大日常督查力度，确保部队正规有序。全年1个基层党支部被评为总队先进基层党组织和省级青年文明号，1人被公安部边防管理局表彰为优秀党务工作者，1人被评为全省十佳带兵模范，3人分别被总队评为优秀党务工作者和优秀共产党员。

注重口岸一线建设，完成全国“两会”、上海亚信峰会、南京青奥会、北京APEC峰会、世界互联网大会等重大安保任务。组织“8·19”边防检查服务品牌推介活动，展现官兵良好风貌，提升社会影响力。提交《杭州口岸实行72小时免签政策的可行性报告》，得到省市主要领导的肯定，并最终得以实行。全年承办全国边防检查机关证件鉴别培训班5期、职业制交流培训班1期、全省新任检查员培训班2期、士官检查员培训班1期，为省警察学院外警研修班授课7次。完成加拿大政府领导团和马来西亚最高元首访问浙江、土库曼斯坦总统出境、西湖国际博览会、动漫节等重大外事商贸活动边防检查任务，为中外重要领导、贵宾提供通关礼遇300余人次。

推动落实爱兵惠警举措，开展实事工程建设，落实武警浙江省边

9月4日，市委书记龚正（中）向杭州边防检查站授予“忠诚为民模范边防检查站”锦旗

（王植文 供稿）

防总队住房10套和市政府经济适用房30套，营造拴心留人的良好环境。开展埃博拉、登革热防疫知识讲座，引导官兵正确认识疫情，做好自身防护措施。推进饮食文化建设，科学组织伙食供应，加强主副食品采购和管理，严把禽类动物及制品购置渠道，确保官兵饮食安全。

【春节边防检查出入境及往来港台人员9.48万人次】 1月31日至2月6日，杭州边检站共检查出入境及往来港台人员9.48万人次，比上年春节增长14.6%；检查出入境航班562架次，增长8.8%，其中往返新加坡、曼谷、甲米、普吉、清迈、廊曼、岘港、马累、巴厘岛、金边、暹粒、塞班、卡里波等地的加班机340余架次。平均日口岸出入境流量1.3万人次、航班80余架次，出入境航班验放与检查旅客数量为历年新高。其中，年初二、年初七分别为口岸旅客出境和返程高峰，口岸出入境流量分别为1.4万人次和1.63万人次，航班分别为94架次和97架次，均为平时流量的两倍以上。

【“忠诚为民模范边防检查站”命名】 9月4日，省委常委、市委书记龚正一行考察杭州边防检查站，并代表市委、市政府授予该站“忠诚为民模范边防检查站”荣誉称号。市委常委、秘书长许勤华，副市长谢双成等领导参加仪式。龚正一行实地考察侯检大厅执勤现场、出入境通道，看望慰问一线执勤官兵，与官兵代表合影留念。他指出，杭州呈现出经济运行稳中趋好、民生保障稳步改善、社会大局和谐稳定、作风建设稳扎稳打的良好态势，成绩的背后，凝聚着杭州边防检查站广大官兵的付出和汗水。龚正希望杭州边防检查站全体官兵珍惜荣誉，牢记使命，全力维护口岸安全稳定，为建设“东方品质之城、幸福和谐杭州”、加快打造美丽中国先行区和“两美”浙江示范区做出新的更大贡献。

【市政府调研边防检查工作】 7月23日，副市长谢双成带领工作组到杭州边防检查站调研。其间，察看营区面貌、食堂饮食文化、廉政文化长廊、检查员之家和执勤现场，听取提高边防检查服务水平队伍建设、职业文化建设、勤务机制改革创新等部队建设情况汇报，观看出入境卡片自助打印系统、语音问候系统、自助通道、文检仪等现场设备演示，并慰问执勤一线官兵。谢双成对该站在各方面取得的成绩尤其是职业文化建设工作给予充分肯定，对官兵为服务地方经济发展所做出的贡献表示感谢。

【上海亚信峰会“环沪护城河”安保工作动员】 4月23日，杭州边检站召开上海亚信峰会“环沪护城河”安保工作动员部署会。会议传达总队安保及社会面治安管控工作方案和安保情报信息工作方案，明确各阶段的任务，分析反恐斗争和杭州口岸安保形势，部署亚信峰会期间安保维稳工作，结合单位实际提出具体要求。

【专机检查勤务】 11月6日，加拿大总理史蒂芬·哈珀一行70余人乘坐专机抵达杭州。杭州边防检查站按照专机检查勤务要求，指派形象好、外语水平强、经验丰富的检查员组成专机检查组，执行专机检查任务，优质、高效地完成加拿大总理代表团入境边防检查任务。

【杭州航空口岸年出入境客流量发布会】 12月22日，杭州边防检查站参加由杭州萧山国际机场有限公司举办的“杭州航空口岸年出入境客流量跨越300万发布会”。杭州成为继上海、北京、广州之后，国内第4个航空口岸年出入境客流量超过300万人次的国际机场。

【警营开放日活动】 6月30日，绍兴西藏民族中学50余名师生到杭州边检站营区和口岸执勤现场参加“警营开放日”活动。其间，举行捐书仪式，武警浙江省边防总队政治部副主任黄旭堂代表边防总队向绍兴西藏民族中学捐书300余册。

【“魅力青春，激情警营”官兵风采展示大赛】 7月18日，武警浙江边防总队“魅力青春，激情警营”官兵风采展示大赛（杭嘉湖片区）预赛在杭州边防检查站举行，杭嘉湖片区7个团级单位的13个节目同台竞技。武警浙江边防总队训练基地的独唱《为爱民固边喝彩》、嘉兴边检站的《军人健美风采展示》和杭州边防检查站的现代舞《小苹果》及乐队组合《老男孩》4个节目胜出，并代表杭嘉湖片区参加武警浙江边防总队的比赛。最终，杭州边防检查站的现代舞《小苹果》获二等奖、乐队组合《老男孩》获三等奖。

（王植文）

·消　防·

【消防概况】 中国人民武装警察部队浙江省消防总队杭州市消防支队（市公安消防局）隶属于浙江省公安厅消防局，是中国人民武装警察部队的序列警种，是公安机关的重要职能部门，也是国家武装力量的重要组成部分。全年完成上海亚信峰会、APEC会议、首届世界互联网大会、第十六届西湖国际博览会等150余次消防安保任务。年内，市公安消防局完成国务院消防考核、公安部“三项建设”考核等部局以上考核及调研印证任务12项，有1个集体记二等功、2个集体记三等功、111名个人记三等功。与杭州电视台联办《火警119》栏目52期，在中央级媒体刊播新闻报道784篇，在省级媒体刊播新闻报道7893篇。

市公安消防局推进火灾等安全事故防控综合治理体系建设，探索“诚信消防”“智慧消防”建设。推行“三级战斗员”和“四会指挥员”等级评定工作，围绕力量调派、通信保障、遂行出动、作战指挥、资源共享等环节，加强现代化灭火救援组织指挥体系建设。全年投入7583万元，购置核生化侦检车、防化洗消车和远程供水车等31辆消防车；投入1514万元，增加消防器材1.14万件（套）。组织区域性火灾隐患排查、商业综合体建筑消防检查和消防安全“鲲鹏挺进”专项行动等。检查单位3.52万个，发现隐患4113处，督促整改3673处，办理行政处罚2493起，临时查封297处，责令“三停”单位519个，罚款1871.5万元，拘留54人。推进消防行政审批制度改革，采取“三放、三清、三转”（“三放”即放下权力、放宽范围、放大服务；“三清”即清洁审批环境、清理有偿

服务、清除以罚代管；“三转”即转形式、转标准、转作风）举措，提升消防行政审批效能。加强消防受理窗口规范化建设，提升窗口服务质量和办事效能。

市公安消防局全年接警1.42万次，其中火警7147次、抢险救援7022次，出动消防官兵14.95万人次、车辆2.41万辆次，抢救被困人员1848人，疏散被困人员1578人，抢救财产价值1.54亿元。在全市消防部队所属的43个中队警卫亭设置“雷锋角”，配备雨伞、打气筒、地图和消防安全知识宣传册等，开展便民服务。

【合同制消防员征招】 2014年，市公安消防局利用社会资源，与云南昆明科技学校签订协议，建立共建模式，征招一批素质相对较高、具有一定技能的适龄青年。至年末，市公安消防局在浙江杭州、衢州、丽水，江西上饶，云南昆明及贵州、四川等地征招合同制消防员150余人。

【基层消防“网格化”管理】 2014年，市公安消防局推进落实市消防安全委员会领导下的“五位一体”基层消防“网格化”管理模式，加强逐级消防安全责任体系建设。全市街道（乡镇）各级网格检查单位37.89万个次，发现隐患2.9万处，整改隐患1.43万处，抄报5556份，移送4550份。8月，市委、市政府印发《关于深入整治社区（村）“牌子多”等问题的通知》，基层消防“网格化”工作作为29项内容之一予以准入，社区（村）的消防工作统一纳入社区社会服务管理中心，将消防“网格化”工作纳入全市平安考核工作。

【消防行政许可服务】 6月起，市公安消防局在行政审批环节推进“创人民满意消防队伍”活动，提高消防行政许可效能。出台“容缺受理”、一站式受理、消防审核验收前服务指导等便民举措，明确小微项目界定标准，简化小微项目的受理资料，并将小微项目的审批时限缩短至7个工作日。清理审批前置条件，清理消防设计审核、验收及备案的申报资料，法律法规没有规定的均不作为申报材料。至年末，消防行政审批前置条件由27项减少至21项。压缩审批时限，消防设计审核（设计备案）和消防验收（验收备案）审批工作时限由20个工作日调整至14个工作日。下放审批权限，除市级政府投资和建筑高度超过100米的建筑外，其他所有项目均下放至区级审批，下放项目超过70%。全年办理建筑工程审核项目1388个，验收项目1004个；设计抽查项目2377个，验收抽查项目1944个；投入使用营业前安全检查2502个。

【消防安全信用体系建设】 市政府将消防安全信用体系建设纳入“信用杭州”体系建设，将消防安全许可、行政处罚、行政强制、重大火灾隐患、火灾事故、消防安全评估、中介黑名单等七大类39项消防安全信息纳入《杭州市公共信用信息归集目录》。在“杭州市公共信用信息平台”，录入行政许可信息3848条、重大火灾隐患信息62条、行政处罚信息602条、行政强制信息722条，供公众查询使用，为推进公共信用信息的应用奠定基础。全市27个部门在行政管理中使用信用记录和信用报告，全面实现政务信息资源交换、共享。至年末，相关部门形成信息通报、联合惩处等协作机制，探索消防信用信息在守信激励和失信惩戒中的作用，将企业消防安全状况作为信誉评级、项目核准、用地审批、银行贷款的重要参考依据，推动建立消防安全自律。

【“智慧消防”建设】 至2014年末，杭州市共有高层建筑5400余幢，超高层建筑108幢，消防重点单位6117个，建筑消防设施完好率偏低，消防监督管理和应急救援模式相对落后，火灾防控和应急救援压力较大。为推动“四项建设”进程，市公安消防局依托杭州市“智慧城市”建设计划，利用云数据、“物联网”、4G通信等现代信息化技术，建立“杭州城市消防远程监控平台”。把社会单位分散的消防报警中心进行整合，监测消防设备的运行状态及巡检情况、消防控制中心的人员上岗资格及值班状况，将各类报警信息通过通信网络传送至监控中心并集中处理，对城市火灾的数据进行查询分析、火灾风险评估、火灾趋势预测、重点消防单位查询及其他基础资料查询，全面掌握火灾发展动态。

【“关注消防”项目签约】 11月10日，杭州云林公益基金会与市公安消防局签订“关注消防”项目协议。“关注消防”项目由灵隐寺方丈光泉大和尚和杭州云林公益基金会发起，拨付专款100万元。项目关注对象为因灭火救援、执勤训练牺牲、受伤的杭州市消防部队现役官兵、合同制队员、文职人员和因参与杭州地区灭火救援牺牲、受伤的公安民警、社会义务消防员及见义勇为的群众，并采取“看望慰问、心理疏导、善款资助”等方式关爱关注

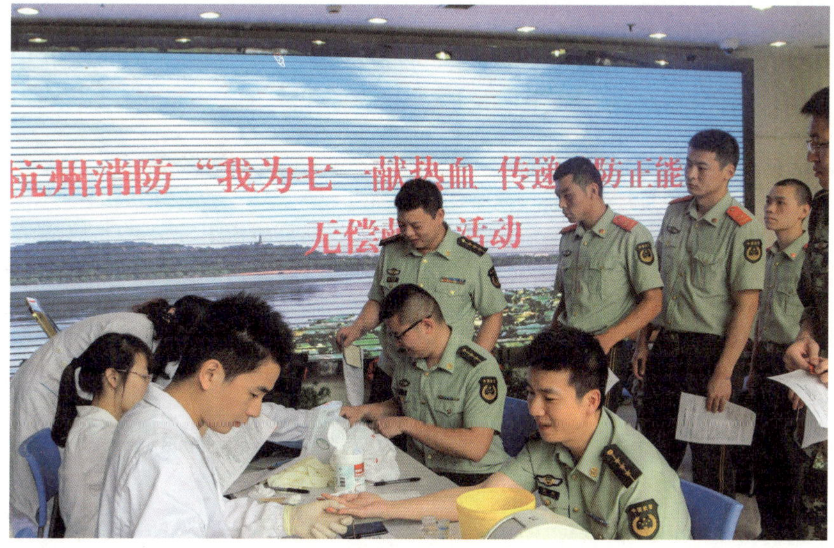

6月30日，武警杭州消防支队开展“我为七一献热血，传递消防正能量”无偿献血活动

（任柏栋 供稿）

对象。

【“最美消防员”颁奖礼】 12月2日，市公安消防局联合市文明办、共青团市委在浙江省人民大会堂举行“向人民报告”暨“最美消防员”颁奖礼，省市领导及各级代表、消防官兵1000余人参加。颁奖礼上，萧山“1·1”灭火英雄群体情景剧《向人民报告》带领现场观众一起追忆尹进良、陈伟、尹智慧3位英雄用青春和热血、用忠诚和梦想书写的峥嵘岁月，并为获年度“最美消防员”“关注消防员”的消防官兵颁奖，展现杭州消防事业蓬勃发展和在平安杭州建设中的工作成绩。

【“119”消防宣传月】 11月7日，2014年浙江省暨杭州市“119”消防宣传月活动启动仪式在上城区吴山广场举行。市公安消防局围绕“找消防隐患，保家庭平安”的宣传主题，调动政府部门、社会单位和群众的积极性，开展一系列内容丰富、形式新颖的消防宣传活动，营造“人人受到宣传教育、人人增强防范意识、人人掌握基本常识”的宣传氛围，推进冬季防火工作，预防火灾发生。其间，全市各地开展各类宣传活动35次，发动志愿者2500人，发放宣传品10万余份，参与群众20万余人。在中央级媒体发稿4条，省级媒体发稿43条，市级媒体发稿32条。

【“消防安全开学第一课”活动】 9月1日，市公安消防局联合市教育局在萧山区回澜小学举行消防宣传进学校暨“消防安全开学第一课”活动启动仪式。印发《杭州市中小学幼儿园兼职消防辅导员管理意见》，规定担任消防辅导员的基本标准，明确消防辅导员的职责和进学校的基本内容、流程、方法。要求全市中小学幼儿园兼职消防辅导员督促学校落实消防工作责任制，指导学校做好消防安全管理工作。

【“119”爱心助学活动】 10月24日，“橙色阳光·给你希望”杭州消防“119”爱心助学基金启动仪式在淳安县举行。浙江省青少年发展基金会负责人、浙江省公安厅消防局领导及消防官兵、受助学生代表200余人参加仪式。该基金由浙江省青少年发展基金会与市公安消防局共同设立，所有资金均来源于全市消防官兵爱心捐款，旨在每年资助杭州地区100名贫困中小学生、资建1个山区小学“希望书库”、资助9名贫困大学生（3个数字相合恰好是消防“119”），借此传递消防正能量。

【“7·5”公交车放火案现场灭火】 7月5日17时03分，上城区庆春路东坡路口一辆7路公交车发生火灾，市公安消防局调派湖滨消防中队4辆消防车第一时间赶赴现场灭火，同时抢救伤员。火灾造成33名乘客不同程度烧伤。经查，火灾系1名甘肃籍青年包某某所为，因其对社会不满，在公交车上倾倒、点燃天那水放火。

【消防执法腐败问题整治】 6月18日，市公安消防局集中整治执法腐败问题，通过清理消防干部违规投资入股、借贷、经商、办企业等，开展违规涉企收费整治“回头看”，整治消防公司、消防职业中介代办消防行政审批手续，清理消防行政审批前置条件利用消防检测检验谋取不正当利益，整治消防协会行政化，对消防执法干部廉洁执法状况分类排队，查办消防执法领域违法违纪案件等，纯洁队伍，整肃风气。通过《浙江日报》《杭州日报》《钱江晚报》及杭州各大门户网站向社会公开“四项承诺”（执法服务零距离、灭火救援零误差、廉洁自律零违纪、监督查处零容忍），并公布电话、网络、微信等举报渠道，接受社会监督。年内累计清退钱物折合52.8万元。 （任柏栋）

·人民防空·

【人民防空概况】 2014年，杭州市人防（民防）工作按照“强基础、求深化、促改革”的总要求，围绕党委政府工作大局，做好军事斗争人防准备，精心搞好筹划，聚力抓好建设，确保各项任务高标准落实，进一步增强信息化条件下的防空袭能力，整体发展水平走在南京战区和全省前列。

年初，由国家人防办副主任郭玉林带队的全国人防执法检查组对杭州市人防法规执行情况进行检查。检查组专门听取杭州市关于人防法规执行情况的汇报，并视察钱江新城和杭州铁路东站枢纽地下空间开发利用和人防建设情况。3月11日，召开全市人防工作会议，副市长项永丹、杭州警备区政委顾玉龙分别讲话，明确全年人防（民防）建设的工作目标和具体任务。3月27日，参加南京战区人防办主任联席会议，明确人防建设和发展的目标任务。召开全市人防指通工作会议和全市人防自建工程会议等业务工作会，深化、部署和安排年度重点工作。

5月22～23日，“全省重要经济目标单位人防工作建设现场会”在杭州市新安江水力发电厂召开。11月27日，南京军区基层人防规范化建设现场会在杭州市召开，所辖街道、社区和重要目标人防规范化、标准化建设受到国家人防办和南京军区领导的充分肯定。由市人防办主持编制完成的《杭州市重要经济目标人防指挥及远程视频监控系统规划》通过专家评审，并得到与会专家的高度评价。参与“浙江金盾—14”演习任务，完成杭州市所承担的由副市长项永丹担任总指挥的网电防护演习任务。组织全市人防系统有关领导、民防应急救援队伍80余人开展“杭州金盾—2014”应急应战机动通信保障演练。加强对市级人防专业队、民防应急救援队和民防志愿者队伍的训练。

加强工程建设和管理，制定出台《杭州市人防办（民防局）自建项目工程变更事项议事规则》，明确自建工程建设竣工验收备案制度和程序。理顺工程数据管理，运用省人防工程综合管理系统，全市各项人防工程数据报表管理规范。各项人防重点工程有序推进。完成城北体育公园应急疏散基地建设。“0901”人防工程安装和装修进入收尾阶段。建成萧山区第二职高人防地下停车场工程和桐庐县分水镇市民休闲中心人防工程。指挥工程建设项目按计划有序推进。

加快转变人防部门的职能，进一步简政放权，深化行政审批制度改革，大幅度减少行政审批事项。根据市编办的统一协调，开展权力事项清理工作，依据有关法律法规和人防行政职能，将108项权力事项

清理至62项。注重建设工程项目类权力事项下放工作，制定监管措施，加强事中、事后监管，规范审批办事程序，采取措施解决群众“两头跑”的问题。加强主城区行政审批人员的业务培训，提高审批服务人员的审批质量和审批效率。对接大江东产业集聚区管委会有关权力事项下放工作。完成对拱墅区、滨江区和临安市的行政执法监督检查，对发现的问题进行反馈，并督促限期整改。

协同市规划局和市地下空间开发办公室做好《杭州市地下空间开发利用专项规划》编制工作。《人防开发权市场交易试点课题》上报国家人防办。协调《地铁站点地下空间与人防控制性规划》编制工作、完成地铁2号线一期工程（东南段）和4号线首通段的人防工程专项验收，组织《杭州市人民防空工程建设监理管理规定》起草工作。配合开展浙江政务服务网的杭州市人防信息维护工作。结合“5·12”防空防灾警报试鸣，全市13个区（县、市）共33个街道（人防重点镇）、100余所学校、30余个社区约10万人，参加人员防护应急疏散演练。市人防办在下城区城北体育公园开展“5·12”防灾减灾知识大型广场宣传主题活动。各区、县（市）人防办通过多种形式的宣传活动，向群众普及防空防灾知识，增强市民群众应对各类灾害的能力。全市避暑纳凉点全年开放62天，接待纳凉市民11.8万人次。

年内，市人防办陈思晓被评为杭州市平民英雄“十佳”道德模范、陈坤被评为市直机关十佳“最美青工”。

【《杭州市人民防空专项规划（2012~2020年）》实施】 由杭州市人防办牵头编制的《杭州市人民防空专项规划（2012~2020年）》历时两年的编制和审查，于4月28日获市政府正式批准实施。该规划包括状况分析、人防疏散、人防工程、人防通信警报设施、人防重要目标防护和人防工程建设与城市地下空间开发利用相结合规划等内容，旨在构建“种类齐全、功能完善、布局合理、平战结合”的人防体系，提高城市整体防护能力，促进人防建设与城市建设协调发展，推动地下空间开发利用。

11月11日，市人防应急应战机动通信保障演练在淳安展开（王　敏　供稿）

【《杭州市重要经济目标人防指挥及远程监控系统规划》通过评审】 5月13日，《杭州市重要经济目标人防指挥及远程监控系统规划》通过专家评审。该规划主要对市人防办既有信息化系统和监控系统进行整合、改造，对全市重要经济目标区域视频监控系统进行规划，建立与重要经济目标单位指挥系统。

【基层人防规范化建设现场会】 11月28日，南京军区基层人防规范化建设现场会在杭州召开，杭州市开展基层人防规范化建设的经验做法被南京军区认可，并向各省市推广。南京军区副参谋长兰政、国家人防办副主任柳庆森出席会议并讲话，杭州市副市长陈红英致辞，南京军区人防办副主任江兆全主持会议。南京军区五省一市、省会城市和计划单列市人防办主任及有关部门负责人参加会议，浙江省各地级市人防办主任列席会议。杭州市通过加强社区民防知识宣传、民防基础设施建设、覆盖全面的自救互救演练、军区首创的社区民防标准化建设，进一步创新基层民防管理，形成“以自救互救为主要方式的社区民防实践”新格局，得到国家人防办和南京军区的肯定。

【重要经济目标单位人防工作建设现场会】 为贯彻落实全国重要经济目标防护工作会议精神，提高城市综合防护能力，5月22~23日，全省重要经济目标单位人防工作建设现场会在杭州市新安江水力发电厂召开，杭州市人防工作建设的经验和做法向全省推广。全省11个地级市的人防办分管领导和职能处室负责人、重要经济目标单位代表参加会议。

【应急应战机动通信保障演练】 11月10~14日，全市人防系统组织区、县（市）17个单位80余人赴淳安山区开展应急应战机动通信保障演练。演练围绕公共通信遭受破坏情况下北斗卫星定位、无线电短波数传等6个重点课目展开。通过实战化演练，充分发挥信息系统的“网聚能力”，提高人民防空应急应战组织指挥能力和协同水平，巩固和深化人民防空指挥链、信息链、行动链、协同链和保障链建设成果，检验已有装备在应急保障中的应用。

【市级综合人防应急疏散避难基地建成】 2014年，杭州市首个市级综合人防应急疏散避难基地在下城区建成。它是在城北体育公园原有资源的基础上，优化配套建设，做到平灾（战）结合，占地面积45万平方米，包括7个应急疏散避难区、4个应急功能配套区和应急指挥、通信、医疗、供水、供电等保障要素。该基地是城北地区最大的灾（战）时应急疏散避难场所，灾（战）时可安置1.2万人。（王　敏）

·文化综述·

【文化惠民工程提质增效】 2014年，杭州市深化“你点我演”群众文化预约配送机制，市本级文化部门配送378场演出到乡镇（街道）、村（社区），全市全年累计送戏“下乡”5699场次，送书“下乡”81万册，送培训6315场次，送讲座、展览6355场次，受众人数达805万人次。以“联乡结村”为载体，实施文化扶贫工程，确定市级扶持贫困村和特色村37个，购买文化活动器材37套价值50万元。举办元宵灯会、“美丽杭州”群众文化节等活动，多层次多方面展示杭州文化建设成果。开展公益文艺培训、老年人优惠观影、百场电影进社区（广场、工厂、工地）、留守儿童公益放映专场等活动。开展群众文化星级团队评比和示范性团队文艺骨干专场培训，评出示范性团队308支，星级团队127支。

【重大主题文艺创作】 市文化广电新闻出版局组织开展“中国梦”等重大主题文艺创作，有2部艺术作品获国家级资金扶持，市艺术创作研究中心余青峰凭借戏曲剧本《青藤狂歌》获第五届中国戏剧奖·曹禺剧本奖，余杭区创演的杭摊《美丽的眼睛》获第八届中国曲艺牡丹奖最高奖“节目奖”，越剧《陆羽问茶》获第三届中国越剧艺术节“参演剧目奖”；市艺术创作研究中心和建德婺剧团联合创排的婺剧《天下第一疏》获浙江省精神文明建设“五个一工程”奖。举办“西湖之春”艺术节暨新剧（节）目会演、杭州市首届村歌大赛、“歌颂新中国·同圆滨江梦”文艺新节目大赛、建德曲艺作品征集大赛等艺术活动。其中涌现出的原创音乐剧《灰姑娘的梦》获第四届中国校园戏剧节优秀剧目奖，村歌《相约深澳》等入选“第六届全国村歌大赛十大金曲”，《河坊街上，琅个琅珰》《五水共治建德美》《心愿》等作品在省级赛事中获大奖。在浙江省第九届音乐舞蹈节、浙江省青年话剧曲艺演员大赛、浙江省第二届合唱节等比赛中，杭州市获得表演及创作一等奖20个、二等奖34个、三等奖10个。

【国家级“非遗”项目数同类城市第一】 11月，国务院公布第四批国家级非物质文化遗产代表性项目名录，方回春堂传统膏方制作技艺、木版水印技艺、桐庐剪纸、河上龙灯胜会、孝子祭和淳安竹马6个项目上榜。全市累计有国家级非物质文化遗产名录项目44个，总量居全省首位，国内同类城市（省会、副省级城市）第一。另有世界级“非遗”名录项目3个，省级“非遗”名录项目168个，市级“非遗”名录项目334个。

【“非遗”镇级名录试点】 10月16日，杭州“非遗”镇级名录试点工作现场推进会在临安市湍口镇举行。湍口镇是浙江省首家建立“非遗”镇级名录的乡镇，该镇对一批具有价值的节令习俗、仪式活动进行全面梳理，严格评选镇级“非遗”项目，并建立名录库。2014年，新增临安市级“非遗”名录8项，杭州市级“非遗”名录2项。2014年，杭州市率先在全省公布了首批“非遗”镇级名录项目26项，初步形成世界、国家、省、市、县、镇六级“非遗”名录保护体系。

【杭州市建成“非遗”保护基地137个】 5月，杭州王星记扇业有限公司、金星铜集团有限公司2家单位入选文化部公布的第二批国家级生产性保护示范基地名单。12月，萧山区瓜沥镇、西湖区蒋村街道2家单位被文化部命名为“2014~2016年度中国民间文化艺术之乡”。9月，淳安县（淳安竹马）、萧山区瓜沥镇（萧山花边）、西湖区蒋村街道（龙舟）、余杭区中泰街道（竹笛）、桐庐县合村乡（合村绣花鞋）、桐庐县莪山乡（莪山三月三畲族文化节）6家单位入选浙江省文化厅评选的“浙江省民间文化艺术之乡（2014~2016年度）”名单。10月，淳安县（淳安三角戏）入选浙江省文化厅评选的浙江省传统戏剧特色县，建德市大慈岩镇新叶村（新叶昆曲）入选传统戏剧特色村；首批杭州市非物质文化遗产宣传展示基地名单公布，杭州胡庆余堂国药号有限公司等20家单位入选。12月，市文广新闻出版局出台《杭州市关于进一步推进杭州市非物质文化遗产生产性保护工作的指导意见》；余杭区南苑街道等4家单位入选浙江省第二批传统节日保护基地。全市已建成137个“非遗”传习所和传承保护基地。

【浙江省“江南丝竹”乐队联盟成立】 “江南丝竹”为国家级非物质文化遗产项目，是流行于江浙沪一带的民间器乐合奏形式。11月22日，

浙江省江南丝竹乐队（乐社）联盟成立仪式暨展演活动在杭州艺术学校举行。该活动由浙江省音乐家协会主办，杭州市音乐家协会、杭州非物质文化遗产保护中心、杭州艺术学校联合承办。该联盟由杭州、宁波、台州、湖州、温州等地区专业、业余的20余支江南丝竹乐队发起，隶属于浙江省音乐家协会，是由省内从事江南丝竹研究、演奏的乐队（乐社）自愿加盟的组织机构。首届理事长由浙江省音乐协会副主席、杭州市音乐协会主席、杭州艺术学校校长宋家明担任。该联盟致力于普及与提高浙江省“江南丝竹”研究、演奏、创作水平，加强对“江南丝竹”项目的抢救式保护，加强文献、资料、乐谱等的收集、整理，推动浙江省“江南丝竹”的传承保护和创新发展。杭州艺术学校是江南丝竹国家级“非遗”保护责任单位，将江南丝竹的教学纳入学校民乐专业民族室内乐的课程教学体系。

【杭州市“非遗”保护传承论坛】 6月25日，杭州古都文化研究会、杭州非物质文化遗产保护中心、杭州万向职业技术学院联合主办的“杭州非物质文化遗产保护传承论坛”召开，围绕“非遗”的保护与传承进行研讨。论坛共收到来自各地专家、学者、研究者和“非遗”传承人撰写的论文54篇。会上，江南民俗糕板馆馆长沈万林、济公文化研究会会长许尚枢、岳飞后裔宗亲会会长岳崇文、南宋史研究专家林正秋等近200位与会者共同发出“传承就是担当，让非遗活起来”的呼吁。

【杭州艺术博览会创规模之最】 第七届杭州艺术博览会于5月8~11日在浙江世贸国际展览中心举行。展览面积从上届的8400平方米扩展到1万平方米，国内知名艺术家吴冠中、罗中立、冷军等近百位艺术大家的精品力作参展。展会以生活美学为基点，推出“诗意家居——杭州第三届居室版画展”、“淘瓷”生活——第三届杭州当代陶瓷器物艺术展、“十人世界——百盘展”主题展及第二届可佩“带”雕塑首饰展、第二届透明哲学玻璃展等。杭州本土画廊和上海、北京、南京、武汉、成都等近50家艺术机构及艺术衍生品机构参展。该活动以“人人都是艺术家，快把艺术带回家”为理念，吸引3万余人参观，成交总额超过1000万元。

杭州艺术学校原创音乐剧《灰姑娘的梦》剧照

（市文广新闻出版局 供稿）

【“西湖之春”艺术节暨杭州市新剧（节）目会演】 5月22日至6月12日，由市委宣传部、市文化广电新闻出版局联合主办的2014年“西湖之春”艺术节暨杭州市新剧（节）目会演推出9台风格迥异、特色鲜明的新剧节目，涵盖越剧、杭剧、睦剧、绍剧、滑稽戏、歌舞剧和音乐剧等艺术门类。60%以上的剧目选择现实题材，聚焦社会人情，拉近对“中国梦”精神价值的审美认同；近80%的剧目属首次正式公演。会演以10~50元的低价票和公益赠票等形式让杭州市民共享文化发展成果，11场演出吸引观众8000余人次，总上座率接近90%。

【首期杭剧传习培训班】 杭剧是唯一起源于杭州的地方剧种，是首批浙江省非物质文化遗产代表性项目之一。3月12日，杭州市艺术创作研究中心举办首期杭州市杭剧传习培训班，邀请章驷群、汪谊华、王与昌等3位杭剧省级“非遗”传承人，为来自杭州杭剧团、杭州黄龙杭剧团、浙江省艺术职业学院、杭州运河文艺团等文艺院团、学校的35位青年骨干演员、杭剧研究人员和爱好者开展培训，全方位讲述了杭剧的演变史、唱腔特色和演出风格。传承人还与10名青年骨干演员结对，从曲牌、唱腔、念白、呼吸技巧等方面言传身教，使杭州市独有的地方戏曲能得到原汁原味地传承。

【涉外和对港澳台文化交流】 全年经文化部门归口报批、承办和跨部门、跨地区组织实施的各类文化交流项目165个、1657人次，各类重大文化合作项目20个。引进经文化部门审批的涉外涉港澳台商业性文艺演出319批、3103人次，分别占全省的36.2%和49.7%，数量有所增加，占全省百分比较上年（指2013年，下同）有所回落。1月，法国里昂国立管弦乐团、西班牙瓦伦西亚皇后歌剧院在杭州举办音乐会；俄罗斯国家克里姆林宫芭蕾舞团上演芭蕾舞剧《天鹅湖》。2月，杭州艺术学校赴新加坡参加“欢乐春节”演出；杭州越剧传习院赴美国纽约大学等四所学校巡演；杭州市参与“2014台湾灯会”。3月，美国阿肯色爵士乐团、葡萄牙交响管乐团到杭州演出。4月，英国巴赫合唱团与杭州爱乐乐团联合举办“天籁之音”音乐会；香港同流有限公司在杭州演出话剧《许三观卖血记》；“裳裳我华、诗经文化——两岸女国画家精英展”在台湾淡江大学举行。5月，乌克兰少儿芭蕾舞团芭蕾舞剧《美人鱼》上演；余杭区文化艺术团赴荷兰韦尔特开展书画交流；日本井上有一艺术展、保加利亚艺术品联展等在杭州举行；西泠印社文化艺术发展有限公司赴日本举办祝遂之书画篆刻作品展。6月，杭州文化代表团参加法国普罗万中世纪节，展示杭州市非物质文化遗产风貌；杭州越剧传习院赴香港参加“中国戏曲节2014”演出；西泠印社美术馆举办“随手拈来从意造——台湾艺术家李毅摩书画创作展”。7月，建德市婺剧团作为中国唯一一支参演团队，参加第十届韩国浦项国际表演艺术节并演出印度史诗剧《宝弓奇缘》；杭州十竹斋艺术馆赴日本参加“亚洲艺术教育国际学术研讨会”；杭州爱乐乐团赴意大利进行16天巡演，演出6场。8月，杭州三尚当代艺术馆举办“敬畏此刻：韩国当代艺术展”；亚洲青年交响乐团音乐会举行。9月，西泠印社文化艺术发展有限公司参加芝加哥博览会国际现当代艺术展；第三届杭州国际戏剧节举行，海内外多部精彩剧目参演；建德市婺剧团参加韩国原州国际动态艺术节。10月，杭州艺术学校实验艺术团赴美国参加第七届年度大湖音乐节和孔子学院成立10周年庆典并演出；杭州市副市长陈红英带团赴台湾参加南投县国际茶叶博览会并进行文化交流；台湾商业总会“ORIGINAL TAIWAN”亮相首届两岸文创精品展。11月，2014年杭州国际诗歌朗诵会举行；慕尼黑爱乐乐团在杭州举办“牵手慕尼黑爱乐——库提的单簧管”音乐会。12月，杭州大剧院国际音乐节德国广播交响乐团音乐会、俄罗斯国家芭蕾舞团《胡桃夹子》、法国巴黎爱乐乐团“浪漫法兰西经典之夜——2015新年访华交响音乐会”上演。

【杭州彩灯首次亮相台湾灯会】 2月13~23日，“2014台湾灯会”在台湾南投县举行。杭州作为中央确定的与南投县对口交流的友好城市，应邀参加灯会。杭州市参展彩灯以西湖美景为主背景，融入京杭大运河“申遗”元素、西溪湿地国家公园标志景点以及马年“马耀南投”形象。台湾花灯协会认为杭州花灯既具有中国风、西湖情，也真切地表达了海峡两岸人民的深厚友谊和对新春的美好祝愿，撤展后彩灯被留在台湾供同行学习。

【杭州艺校海外实训平台建设】 杭州艺术学校利用艺术特色和专业优势，搭建国际化办学合作平台，在新加坡建立海外实训基地，与台湾台中青年高级中学、韩国国立庆尚大学、美国加州大学孔子学院下属洛杉矶艺术高中等开展合作办学，并从2013年起担任“孔子课堂”的授课任务，每年安排2~3批次的学生赴海外实训，每届均有50%以上的学生参加海外实训。10月，该校与洛杉矶艺术高中合作创编的音乐剧《灰姑娘》在芝加哥“大湖音乐节”和“孔子学院成立10周年庆典”上演出成功。该剧由中美双方40余名学生共同参演，融合秧歌、绕口令、嘻哈舞、饶舌等元素，用新颖的方式表现民族文化艺术。

【文化领域行政审批制度改革】 至2014年末，市级文化行政管理部门原有713项权力事项仅保留64项，整合、下放、取消项目比例达91%，行政审批事项窗口授权率为100%。编制权力清单，按照全省“一张网”的要求，协调各区、县（市）录入权力事项信息审批数据；启用市文广新闻出版局行政审批专用章，各地受市局委托的行政审批事项全部统一使用专用章，进一步理顺审批主体和审批职责，提高办事效率。推进行政审批规范化，实行“批管分离”，“审批、管理、执法、监督”相互约束，建立重大复杂行政执法案件集体讨论制度。

【放开网吧市场准入】 1月起，文化部门改变管制性行业政策，全面放开网吧限制，全市网吧数量不受总量控制，且降低准入门槛、不限定网吧之间距离，网吧设立由市场决定。市文广新闻出版局坚持“放、导、转、管”并举，引导理性投资，鼓励网吧转型升级，支持网吧从传统的单一的互联网上网服务单位向文化消费、电子竞技、网络代购等跨界融合方向发展，使转型后的网吧成为具有现代气息的文化消费休闲场所。杭州市全年新增网吧122家，吸引社会资本1.8亿元，主城区新增和改建的网吧中，新型业态“网咖模式”占56%。

【文化市场诚信经营管理网上线】 6月20日，杭州市文化市场诚信经营管理网上线。该网站整合文化市场经营单位基本情况、处罚记录、奖励表彰等信息，设立文化场所基本信息查询、文化场所违规查询、违规排行榜及奖励表彰信息展示等模块。社会公众可通过网站实时查询文化场所诚信经营状况和违规行为处罚事由和处罚结果信息。该网站为国内首个城市文化市场诚信网站，旨在促进文化市场规范执法和企业诚信经营。

【文化市场执法】 市文化市场行政执法总队坚持日常巡查和集中整治相结合，加强对网吧、歌舞娱乐场所、出版物市场、艺术品市场、校园及周边文化市场的监管，重点组织开展了“净网”“清源”“秋风”等13项专项整治行动，市、县两级文化市场执法部门全年出动执法检查力量3.2万人次，检查文化经营场所4.3万家次，罚款119.9万元，停业整顿31家，吊销许可证5家，没收非法所得0.98万元，没收违法物品3万余件，办理重大案件30件，受理各类举报549件，案件办结率、举报回复率均为100%。

【非法出版物集中销毁】 4月24日，浙江省暨杭州市侵权盗版及非法出版物集中销毁活动在杭州市黄龙体育中心西广场举行，现场销毁各类侵权盗版音像制品、软件及电子出版物、非法图书报纸期刊、非法经营的游戏机等物品17.6万件。全省同一天销毁非法物品188万余件，销毁物品数量超过上年。

【文化类民办非企业发展】 杭州市鼓励社会力量和民间资本兴办非企业单位。2014年，经审批成立文化类民办非企业单位14家。至年末，市本级文化类民办非企业单位达到74家，业务范围涵盖音乐美术研究、文化交流、展览培训、文艺演出、艺术鉴赏、文物收藏等众多门类。17家文化类民办非企业单位的17个项目获市级财政补助资金254万元。

（孙立波）

·专业文艺·

【杭州市“文化春风行动”】 1月14日，由杭州文广集团、市总工会共同

主办的第九届杭州市"文化春风行动"启动仪式在东坡大剧院举行。这是杭州连续第九年举办"文化春风行动"，杭州文广集团所属文化场馆和文艺院团集中推出系列公益演出。"文化春风行动"共安排50场演出，包括话剧、歌舞、滑稽戏、音乐会等多种文艺样式，向社会各界赠票5600多张。活动到3月22日结束，为历年持续时间最长的一次。

【新春"文化下乡"活动】 1月17日，杭州文广集团组织杭州歌剧舞剧院、杭州越剧院、杭州滑稽艺术剧院、杭州杂技总团的演员赴结对帮扶单位建德市大同镇，开展新春送戏"下乡"活动。50余名演职人员冒着严寒送去了集歌舞、越剧、滑稽戏、小品、杂技于一体的综艺演出，受到群众欢迎，近千人观看。新春"文化下乡"活动由市委宣传部主办，杭州文广集团承办，历时2个月，演出72场。

【"新春欢乐颂"活动】 3月5日，杭州越剧院折子戏专场在淳安县枫树岭镇下姜村上演。杭州越剧院老中青三代演员齐上阵，演出阵容中既有梅花奖演员陈晓红，也有新生代青年演员吴素飞等，村民们在家门口观看精彩演出。该场演出也是首届"新春欢乐颂——杭州文广集团迎新春精品展演"的落幕演出。在为期90多天的"新春欢乐颂"展演中，杭州文广集团所属各文艺院团第一次打破院团间的界线，将各种舞台形式熔于一炉，累计演出143场，观众超过15万人次，总票房达626万元。

【迎新春文艺精品展演】 12月20日，第二届"新春欢乐颂——杭州文广集团迎新春文艺精品展演"开幕，整个活动持续三个月。杭州文广集团所属各文艺院团共演出143场，接待观众超过15万人次，成为该集团演出规模最大、参与人员最多、惠民成效最显著的一次活动。第二届"新春欢乐颂"活动在演出内容、惠民力度和观众互动等方面均比上届有所突破，实现社会效益和经济效益的双赢。

【杭州国际戏剧节】 9月16~29日，杭州国际戏剧节在杭州举行。2014年杭州国际戏剧节由市委宣传部、杭州文广集团、中国国家话剧院主办，杭州演出有限公司、杭州蜂巢戏剧文化有限公司承办。戏剧节的主题是"打开戏剧的窗，看见生活中的你"，分"前沿戏剧""大学生戏剧""特邀剧目"和"本土戏剧展演"四部分。来自英国、瑞士等多个国家和地区的14部作品、26场演出在戏剧节期间集中展演。此外，系列活动包括名家讲座、大师表演工作坊、剧本朗读会等。杭州文广集团所属各文艺院团创作的精品剧目如话剧《毛泽东和他的长子》、滑稽戏《好人木佬佬》等受到广泛好评。

【"西湖之春"艺术节】 5月22日晚，由市委宣传部和市文广新闻出版局主办，杭州文广集团、杭报集团、市文联协办的2014年"西湖之春"艺术节暨杭州市新剧（节）目会演开幕式在红星剧院举行。由杭州滑稽艺术剧院创作的大型滑稽戏《好人木佬佬》是开幕剧。艺术节期间，越剧、杭剧、睦剧、绍剧、音乐剧等各类剧目纷纷上演，且大部分是首次公演。杭州文广集团所属文艺院团有多部新作上演，其中包括青春版越剧《狸猫换太子》。

【越剧《一缕麻》获中国戏曲学会奖】 12月20日，杭州越剧院出品的越剧《一缕麻》举行首映礼，该剧被中国戏曲家协会确定为2014年度"中国戏曲学会奖"获奖剧目。"中国戏曲学会奖"是中国戏曲界最高级别的学术奖项，旨在表彰新时期中国戏曲艺术中艺术性与学术性兼具的开拓性剧目，鼓励继承传统、锐意创新的戏曲院团。杭州越剧院《一缕麻》经过7年的精心打磨，成为杭州市首个获此奖项的作品。范派小生徐铭凭此戏获得第25届中国戏剧梅花奖。

【大型舞剧《遇见大运河》首演】 5月21日，由杭州歌剧舞剧院历经四年创作的大型舞剧《遇见大运河》在杭州大剧院首演。该剧为助力2014年中国大运河"申遗"而创作，通过对大运河文化遗产核心价值的提炼、展现与表达，进一步唤醒人们保护运河、爱护运河的意识，是一部宣传中华民族优秀文化，助力运河"申遗"的重要文艺作品。该剧的导演、服装设计、灯光设计等主创人员均来自2008年北京奥运会开闭幕式主创团队，好莱坞作曲家克劳斯受邀参与创作。《遇见大运河》已被省委宣传部列入"浙江省舞台艺术文化精品工程项目"。在杭州站演出后，该剧沿中国大运河沿线27个城市巡演，最后在国家大剧院演出。

【话剧《梅兰芳》在国家大剧院演出】 9月3~4日，为纪念梅兰芳先生诞辰120周年，由杭州话剧艺术中心、上海保奇影视文化发展有限公司出品的话剧《梅兰芳》在国家大剧院演出。话剧《梅兰芳》从"师徒

《遇见大运河》剧照 （杭州文广集团 供稿）

11月5日，2014年“美丽杭州”群众文化节在杭州大剧院以优秀节目展演的形式落幕
（市文广新闻出版局 供稿）

情”“夫妻情”“手足情”“祖国情”等方面展现梅兰芳的一生，梅兰芳在《苏三起解》《四郎探母》《游龙戏凤》《贵妃醉酒》《霸王别姬》《穆桂英挂帅》中的经典舞台形象都得到了充分展示。该剧在结束北京演出后，又在河南郑州、上海等地进行巡演。

【“雷锋精神”宣传巡演活动】 3月初，在第51个学雷锋纪念日到来之际，由市委宣传部、市文明办、团市委和杭州文广集团共同主办，杭州滑稽艺术剧院承办的“雷锋精神”宣传巡演活动在杭州艺苑启动，杭州滑稽艺术剧院创作的现代轻喜剧《永远的雷锋》是巡演活动的首场演出。《永远的雷锋》是一部具有较强时代感的轻喜剧，故事情节发人深思，催人奋进，“最美妈妈”吴菊萍、“活雷锋”孔胜东受邀观看。首场演出结束后，此剧在各高校和城区剧院进行10多场的巡演。

【《千岛湖·水之灵》上演】 3月8日，由杭州文广集团参与投资的首个大型旅游文化演艺项目——《千岛湖·水之灵》（2014版）在淳安千岛湖畔正式上演。《千岛湖·水之灵》于2013年4月开始试演，2013年演出246场，接待游客7.83万人次。此次上演的新版节目由中央电视台原春晚编创团队进行优化提炼，结合观众需求和专家意见提升了视觉效果，完善了故事情节，力求突出千岛湖旅游文化定位。

【杭州爱乐乐团与费城交响乐团签约合作】 6月，杭州爱乐乐团与美国费城交响乐团正式签约，双方联合委约中央音乐学院作曲系主任、著名作曲家郭文景创作交响组曲《满江红》。《满江红》计划于2015年在杭州和美国费城举行全球首演。美国费城交响乐团是世界十大交响乐团之一，2013年与杭州爱乐乐团签署战略合作协议，双方在业务交流、人才培养等方面开展合作。共同委约、共享新作的合作方式对杭州爱乐乐团来说是一种新的尝试，借助费城交响乐团的专业实力，为杭州爱乐乐团搭建走向国际的平台。

【《一缕麻》入选国家“梅花奖数字电影工程”】 11月底，由杭州文广集团、中国戏剧协会联合出品，杭州越剧传习院、西湖明珠频道负责制作的戏曲数字电影《一缕麻》拍摄完成。该剧由杭州越剧传习院梅花奖得主徐铭、谢群英主演。这是杭州首部入选中国文联和财政部“梅花奖数字电影工程”的越剧剧目。除该剧外，杭州文广集团还计划筹措资金拍摄越剧《班昭》《红楼梦》《德清嫂》《流花溪》《北地王》《碧玉簪》《梨花情》《玉蜻蜓》《盘夫索夫》《新狮吼记》《大道行吟》等11部经典剧目。

【田沁鑫戏剧工作室落户杭州文广集团】 10月14日，国家话剧院三大导演之一的田沁鑫将其戏剧工作室落户杭州文广集团。田沁鑫是中国当代有影响力的新锐导演，创作的舞台剧《生死场》《青蛇》《风华绝代》等作品深受观众欢迎，其个人及作品曾获“文华大奖”“曹禺文学奖编剧奖”等奖项。工作室第一个项目是田沁鑫与杭州文广集团共同投资创作以李叔同生平为主题的大型舞台剧《聆听弘一》。此外，田沁鑫不定期针对杭州文广集团所属各文艺院团人员开设艺术创作、表演等方面的课程及培训。 （卢克中）

·社会文化·

【新年元宵灯会活动】 2月13~15日，2014年元宵灯会活动分设吴山广场、西湖文化广场、运河广场、余杭临平人民广场、萧山人民广场等9个主灯区、200多个灯会点、15条红灯笼景观线，展出大型灯组45座，悬挂红灯笼23万只，吸引观灯群众190.52万人次。各灯会单位采取旧灯巧妙新用，多用绿色材质等举措，吸引社会资金参与，取得了“隆重、节俭、安全、环保”的效果。

【“美丽杭州”群众文化节】 11月5日，为期10个月的2014年“美丽杭州”群众文化节在杭州大剧院以优秀节目展演的形式落幕。群众文化系列活动由服务类、赛事类和展示类等多项活动组成，包括“杭商·中国梦——汇聚民企力量共建美丽杭州”会演、“中国梦想·最美生活”市民生活才艺创意大赛、“我和我的祖国”群众合唱大赛、首届村歌大赛、“欢乐农家·美丽乡村”（街道）文艺会演、少儿书画摄影大赛、“中国梦·我的梦”少儿故事比赛、国际街头摄影节、第七届风雅颂民间艺术展演等，涌现出《鼓动山哈》《相约深澳》等在全国性比赛中获奖的作品。“美丽杭州”群众文化节由群众自编、自导、自演，各类赛事、展示活动1000余场，参演群众超过4.5万人次，参演群众文化团队2200余支。其中，演出活动393场（次），参演人员1万余名，观众近20万人次。

【杭州市首届村歌大赛】 4~9月，为展示杭州市新农村建设成果和推进农村文化礼堂建设发展，活跃农

民文化生活，市文化广电新闻出版局举办杭州市首届村歌大赛。全市有50件村歌作品参加比赛，经初选入围作品30件。9月12日，决赛在桐庐县江南镇深澳村大礼堂举行，由桐庐县文化馆选送的作品《相约深澳》、西湖区文化馆选送的《茶乡茶香》等10件作品获得表演奖金奖、创作金奖，30名选手获得创作奖。

【“欢乐农家”文艺会演】 6~10月，杭州市“欢乐农家”文艺会演举行，由市文化广电新闻出版局主办，杭州市文化馆、富阳文化广电新闻出版局等单位承办。经初赛、复赛和专场选拔赛，10月28日，来自富阳市、桐庐县、淳安县、临安市、建德市的11个节目参加决赛。参加会演的节目均为近2年创作和编排的，反映新农村建设和改革开放丰硕成果，具有鲜明的时代特征和浓郁乡土气息的文艺节目，涵盖音乐、舞蹈、戏剧、综艺等多种艺术门类，大部分为原创节目。情景剧《停电一小时》等5件作品获得金奖，舞蹈《富春山居随想》等6件作品获得银奖。 （孙立波）

·文化创意产业·

【文化创意产业增加值占地区生产总值的17.5%】 2014年，杭州市文创产业增加值1607.27亿元，比上年增长15.9%（按可比价计算），高于全市地区生产总值增速7.7个百分点，占全市地区生产总值的比重达17.5%。全市文创产业限额以上企业实现主营业务收入2842.07亿元，增长15.6%；利润总额587.32亿元，增长34.5%；利税705.29亿元，增长35.2%。至年末，全市规模以上文创单位（含企业、非企业）4409个，从业人员55.55万人。

【国有文化集团改革】 8月，西泠印社社委会（西泠印社集团）管理体制优化，规范企业兼职行为，西泠印社社委会人员进行分流，西泠印社集团全面承担西泠印社产业工作。9月，华数数字电视传媒集团实行管理体制改革，被确定为市属文化国有企业。12月，杭报集团传媒经营性资产成功实现整体借壳上市，浙江华媒控股股份有限公司成为杭报集团控股的上市公司。

杭州市首届村歌大赛现场 （市文广新闻出版局 供稿）

【大企业集团培育】 1月23日，思美传媒股份有限公司在深圳证券交易所挂牌上市，股票简称“思美传媒”，股票代码“002712”。思美传媒股份有限公司是中国一级综合服务类广告企业，其主营业务内容涉及媒介代理、品牌管理两大块，主要为客户提供从市场调研、品牌策划、广告创意、广告设计到媒介策划、媒介购买、监测评估等服务。5月15日，思美传媒股份有限公司与宋城演艺集团、华策影视集团上榜第六届“全国文化企业30强”。

7月9日，社交视频平台天鸽互动控股有限公司在香港上市。公司拥有“9158”和“新浪秀”2个主要实时社交视频社区以及其他数个较小的同类社区。收入主要来自视频社区增值收入、手机及网络游戏收入、其他广告服务收入三个方面。

【文化创意产业基地建设】 11月11日，杭州市认定杭州高新区动漫游戏产业园、杭州三里亭1737建筑设计聚落、浙报理想文化创意产业园等8个园区为“第三批杭州市文化创意产业园”；认定新传媒产业大厦、杭州广播电视中心大楼、华业大厦等12个楼宇为第二批“杭州市文化创意产业特色楼宇”；认定外桐坞江南艺术小镇、白马湖文化创意小镇、昌化国石艺术镇等10个镇（村）为“杭州市文化创意小镇培育对象”。至年末，杭州市已拥有24个市级文创产业园、35个市级文创特色楼宇、10个市级文创小镇培育对象。实施工业设计、建筑设计、广告设计人才培育项目，全年选送20余位高端设计人才出国培训。

【文化创意人才培养和引进】 2014年，市文创办组织开展“文创企业家孵化工程培训班”“创意力量大讲堂”“第二届文化创意人才招聘会”等活动。全年举办4期文创企业家孵化工程培训班、2期成长型文创企业家高端培训班，培训学员290人。“创意力量大讲堂”全年举办12期，受众2000余人次。5月24~29日，第二届文化创意人才招聘会举行，并在浙江传媒学院和中国美院开设人才对接会，来自全国各地的500余个企业参与，累计有7500余人应聘。

【杭州文化创意产业博览会成交25.52亿元】 10月16~20日，第八届中国杭州文化创意产业博览会在杭州白马湖国际会展中心举行。文博会以“融——工艺·设计·生活”为主题，展示及活动总面积达6万平方米，开设两岸文创精品馆、“非遗”文化传承馆、“最设计”中国美院作品馆、国际设计馆、创意生活馆、“IN杭州”设计品牌馆等六大主题展馆，涵盖25项专业及产业活动，集中展示2000余家国内外文创机构的5000余件作品。展会期间，完成签约项目59个，实际成交及意向成交金额达25.52亿元。文博会首次

4月19日，第十三期杭州市文创企业家孵化工程培训班举行

（市文创办 供稿）

推出“文易网”网上文博会平台，举办线上线下拍卖活动32场，拍卖成交1835件文创作品，实际成交额达1663.81万元。第二届两岸文创产业交流对接会、第十届海峡两岸文化创意产业高校研究联盟白马湖论坛、中国（浙江）非遗博览会、国际纹样创意设计大赛等活动与文博会同时举行。

【文化和科技融合示范基地认定】 12月26日，杭州市认定杭州西湖广告产业园为杭州市文化和科技融合示范园区，认定天格科技（杭州）有限公司等8个企业为杭州市文化和科技融合示范企业，认定十九楼网络股份SBS社区平台为杭州市文化和科技融合示范公共服务平台。浙江宇天科技股份有限公司、杭州华银教育多媒体科技股份有限公司等第二批入选对象扶持工作同时展开。

【中国（浙江）影视产业国际合作实验区杭州总部建设】 2012年5月成立的中国（浙江）影视产业国际合作实验区是全国首个定位于影视产业国际合作的国家级影视基地，以影视国际化合作为特色定位，由杭州市、海宁市、浙江华策影视公司三方共同建设，总部设在杭州。2014年，杭州总部成功申请“中国影视艺术创新峰会”落户杭州，首届峰会于11月30日至12月2日在杭州举行，并与中国影视产业推介会同时举办。12月15日，中国（浙江）影视产业国际合作实验区杭州总部与两岸企业家峰会文化创意产业合作推进小组就共建“两岸影视合作实验园”签订战略合作协议。第二期“影视产业高端人才培养计划”于10月启动，20名优秀影视产业人才赴美培训。

【中国建设银行杭州文创专营支行开业】 10月30日，中国建设银行杭州文创专营支行开业暨文创产业融资服务战略合作签约活动在建行省分行营业部举行。建设银行杭州文创专营支行是继杭州银行文创支行之后杭州的第二家文创金融专营机构。全市文创产业融资服务战略合作机构增至11家。杭州市构建的“政策扶持—战略合作—风险共担—贴息支持—还贷周转—投资引导”的文创产业融资服务链，有效缓解了文创企业融资难问题。

【“新杭线”青年设计师推广平台】 “新杭线”青年设计师推广平台由市文创办牵头，文博会组委会办公室策划实施。至2014年末，已集结了“素生”“本来设计”“品物流形”“橙舍”“初相”“竹语”等杭州本土青年设计师品牌。该平台设计、研发、创制的系列以创意生活、创意体验为宗旨的作品，先后参加丹麦哥本哈根中国文化中心开幕展、澳门乐活展、苏州文化创意设计产业交易博览会。（侯利民）

·考古与文物保护·

【考古与文物保护概况】 2014年，世界遗产申报和保护有新突破。中国大运河（杭州段）列入《世界遗产名录》，成为杭州市继西湖文化景观之后的第二处世界文化遗产。建立杭州市京杭运河（杭州段）综合保护中心。省政府提请国家文物局将良渚遗址列为中国申报世界文化遗产正式项目，向国家文物局提交六大“申遗”材料。良渚古城遗址保护展示整治方案获国家文物局批复。中国世界文化遗产预备名单遗产地联盟在良渚成立并达成《良渚共识》。良渚国家考古遗址公园通过国家文物局运行评估。西湖文化遗产预警监测系统平台试运行。西湖世界文化遗产保护规划送审稿编制完成。7月，杭州西湖风景名胜区管委会被联合国教科文组织表彰，获得世界遗产保护管理荣誉证书。

市园文局全年实施20余项文保工程，完成“红楼”基础和建筑本体加固、闸口白塔紧急防雷加固、六和塔保养性维护、保俶塔防雷和三维扫描、宝成寺陈设提升改造、郭庄保养性维护、东岳庙修缮、元宝心66号修缮、西湖博览会博物馆陈设提升改造、和睦桥修缮、古星桥修缮、明清钱塘江海塘（狮子口村）环境整治等文物保护工程。启动朱凤标故居一期、老虎洞窑址、飞来峰造像三期、三潭石塔、吴山石质文物、西湖南山造像排水防渗等保护工程。推进龚佳育墓保护工程、江干区明清钱塘江海塘遗址保护展示工程。龙兴寺经幢、红楼、欢喜永宁桥、茅湾里窑址、葛云飞墓、史量才墓6处文物保护单位纳入不可移动文物实时监测系统工程一期工程，采用远程管理、智能监察、集中指挥的方式，对野外不可移动文物实施预防性保护。300余处农村历史建筑得到修缮保护和有效利用。7处古村落被列入第三批国家传统村落。建德新叶全国古村落保护利用综合试点工作持续推进。南宋临安城遗址保护工作持续推进，对皇城遗址、太庙遗址、嘉会门遗址等区域进行了地球物理探测实验。全年完成大小考古发掘项目20项，发现墓

葬79座，出土文物约400件（套），发掘总面积6500平方米。配合城市基本建设开展考古调查勘探工作，完成城区土地出让前置考古勘探工作61项，勘探面积224.7万平方米。“文化遗产数字化公共服务平台及产业化示范应用——西湖示范工程”项目一期成果初步完成。全年出版数十种专业书籍。《杭州文博》（十四期）、《西湖学论丛》（第六辑）、《五代吴越康陵》、《凤凰山摩崖石刻》、《西湖楹联集萃》、《西湖博物馆藏历代杭人书画集》、《杭州近现代革命史迹》、《杭州古祠堂》等期刊、书籍出版。

【中国大运河成功“申遗”】 6月22日，在卡塔尔多哈召开的联合国教科文组织第38届世界遗产委员会会议，审议通过“中国大运河”项目列入《世界遗产名录》。京杭大运河（杭州段）是中国大运河的重要组成部分。《杭州大运河保护和管理条例》正在进行立法调研。运河“申遗”成功后，根据杭州市委、市政府决策，运河综保委职能划归杭州市园林文物局，计划于2015年1月初正式完成编制调整。

【文化遗产数字化公共服务平台西湖示范应用项目】 2014年，文化遗产数字化公共服务平台西湖示范应用项目基本完成平台展示界面制作，初步搭设完成符合项目要求的硬件环境。其中，西湖文化景观资源库收录200余张西湖老照片，拍摄近4000张西湖风光照片，完成30册《西湖文献集成》及96册“西湖丛书”数字化工作。初步完成了六和塔三维和二维数据采集、塔体结构、100多组砖雕图案文字解说。初步完成西湖文化地图的制作，收录200余处西湖文物景点的数字化信息。

【六和塔保养性维护工程】 4月10日，六和塔保养性维护工程竣工。工程于2013年5月2日开工，历时343天。此次六和塔维护工程系中华人民共和国成立以来第四次较大规模的保养性维护，建设单位为杭州西湖风景名胜区钱江管理处，工程土建部分设计单位为浙江省古建筑设计研究院，施工单位为杭州园林工程有限公司，防雷设计单位为临安万利防雷工程有限公司，施工单位为浙江伏特防雷工程有限公司，监理单位为杭州天恒投资建设管理有限公司。施工过程中采用光纤光栅实时监测与传统的精密监测相结合的方式对六和塔进行监测。

【烟霞洞水文地质勘查工程】 烟霞洞造像从五代至今历经1000多年，在长期自然营力和人为因素的影响下，洞窟内造像、石刻存在一定的环境地质病害损害，特别是洞窟处于山体围岩内，长期受山体地下水渗透影响，对佛像本体存在侵蚀，影响文物长期保存。为保护造像，杭州西湖风景名胜区钱江管理处实施烟霞洞石质文物保护工程。2014年完成水文地质勘查，施工单位为浙江华东建设工程有限公司。勘查工作于3月31日进场，6月20日完成全部野外作业及室内试验。8月14日，烟霞洞水文地质勘查工程验收会召开，《烟霞洞水文地质勘查报告》经审查通过。

【“红楼”修缮工程】 浙江省高等法院及杭县地方法院旧址（俗称“红楼”）位于庆春路258号，为省级文物保护单位。因西侧和北侧嘉里中心地下室开挖，造成红楼产生不均匀沉降，墙体出现裂缝。为确保文物安全，市园文局决定实施红楼地基基础加固工程和上部结构修复与加固工程。工程建设单位为中国建筑第五工程局有限公司，设计单位和施工单位均为浙江大陆建筑特种工程有限公司，监理单位为杭州文博建筑工程监理有限公司。地基基础加固工程于2013年12月20日开工，2014年3月25日竣工。工程主要内容为原有砖基基础采用钢筋混凝土梁双侧拼宽，新增锚杆静压钢管桩31根。上部结构修复与加固工程于2014年10月21日开工，计划于2015年1月下旬竣工，工程主要内容为对受损的楼梯间、外墙门洞拱圈、墙体、阳台栏杆等进行结构加固和结构补强，并进行装饰处理。

【八卦墩遗址考古发掘】 半山八卦墩遗址地处半山街道石塘工业园区内。为配合园区建设，2013年7月至2014年10月，杭州市文物考古研究所对此地块进行考古勘探与发掘工作。遗址发掘面积1750平方米，发现良渚文化、战国、汉六朝遗迹64个，其中墓葬18座、灰坑39个、房址2座、沟4条、水井1口，出土陶、瓷、石、玉、铜、铁类器物1500余件（套）。此次发掘为研究良渚文化提供了新的考古学资料，增进了对半山地区史前文化的认识，也再次证明半山地区是战国至汉六朝时期人们的重要活动场所。

【元宝心66号修缮工程】 元宝心66号位于吴山瑞石山北侧山腰，为杭州市市级文物保护单位，建筑长

修缮后的东岳庙戏台　　（市园文局 供稿）

期遭受白蚁侵蚀。为确保文物建筑安全，西湖风景名胜区吴山景区管理处实施元宝心66号修缮工程。工程于2014年5月19日开工，7月2日竣工，中标价26.39万元。设计单位为北京市古代建筑设计研究所有限公司（杭州华夏古建筑设计研究院有限公司），建设单位为杭州文物建筑工程有限公司，监理单位为杭州江南工程监理有限公司。工程内容为对白蚁侵蚀损坏的木构件进行修缮，对渗漏的屋顶和墙面进行翻修和粉刷。

【东岳庙修缮工程】 东岳庙位于吴山瞭望台旁，为杭州市市级文物保护单位，庙内古戏台长期遭受白蚁侵蚀。为确保文物建筑安全，西湖风景名胜区吴山景区管理处对东岳庙实施保养性维护。维护工程于2014年10月20日开工，12月29日竣工，中标价63.65万元。设计单位为北京市古代建筑设计研究所有限公司（杭州华夏古建筑设计研究院有限公司），建设单位为杭州文物建筑工程有限公司，监理单位为杭州江南工程监理有限公司。工程内容为对白蚁侵蚀的东岳庙建筑特别是古戏台、两侧长廊损坏的木构件等进行修缮，对渗漏的屋顶和墙面进行翻修和粉刷。

【五代吴越国捍海塘遗址发掘】 五代吴越捍海塘遗址是国内发现最早的海塘实物，1983年江城路铁路立交桥工程施工时首次被发现，并由临安城考古队进行抢救性发掘。2014年6～10月，杭州市文物考古研究所配合基本建设，在位于1983年发掘地点以北1千米处的杭州市上城区江城文化宫地块进行考古发掘，发掘总面积450平方米，发掘总深度达7米，再次发现了建于后梁开平四年（910）五代吴越国捍海塘遗址及相关遗迹。发掘出的吴越捍海塘遗址呈南北走向，横截面呈梯形，自东向西分布着迎水面、顶面和背水面三部分。捍海塘背水面和顶面因地制宜采用纯净的粉砂土分层堆筑而成，因发掘面积所限及近现代扰乱层叠压破坏未发现支撑排列的木柱。迎水面呈斜坡状，自西向东往钱塘江方向逐渐平缓。迎水面西部是以经过粗加工的竖向木桩与横木用竹索捆缚作为骨干框架，填以土、石，在木桩与塘体之间采用竹篱进行分隔和加固，框架上部采用大竹笼装载小石块作为海塘表面护塘石，再在塘面覆盖草和泥土，以加固粉土构成的海塘塘体。捍海塘迎水面东部塘体用人工分层堆筑，土层间铺以竹编、芦苇，用木橛、木桩加以固定，使迎水面塘体不发生位移。发掘中除出土大量唐五代瓷器残片外，还陆续发掘出芒鞋、竹编、芦苇编织物、漆器残件、加固塘体的麻绳以及动物骨骼、植物种子等有机质文物。此次发掘除了对五代吴越捍海塘土木结构和工程做法有较为直观的了解外，通过层位关系，确认了海塘修建的工序以及外在的形式，特别是发现了海塘表面铺垫柴草等海塘工程做法，为研究唐五代海塘结构和工程技术发展提供了新材料。发掘地点位于已勘探发现的临安城东城墙遗址以东约80米，确定了五代杭州城的东界以及与临安城东城墙之间的相对位置关系。

【和睦桥、古星桥修缮工程】 和睦桥位于小河街道，为杭州市文物保护点，古星桥位于祥符镇星桥村，为杭州市市级文物保护单位，两座桥梁石构件存在破损现象，2014年杭州市拱墅区住房和城市建设局决定实施两座桥梁修缮工程。工程于2014年12月20日开工，计划于2015年1月中旬竣工。设计单位为永嘉县乾嘉古建筑设计院，施工单位为杭州文物建筑工程有限公司，监理单位为浙江同洲项目管理有限公司。工程内容为拆除和睦桥、古星桥破损、下陷石构件，整修金刚墙，安装栏板、撑鼓，去除后期砂浆修补痕迹，清除杂草等。

【富阳泗州造纸作坊遗址保护工程】 全国重点文物保护单位泗洲造纸作坊遗址位于富阳市银湖街道。自2009年以来，富阳市启动泗洲造纸作坊遗址的保护工作，根据规划，将在遗址附近建中国造纸专题博物馆、考古体验区、古造纸印刷文化村等项目。2014年，核心项目遗址保护性钢架大棚建设工程开始施工，由富阳市文化广电新闻出版局负责实施，总投资2100余万元，计划新建地上建筑面积2962平方米。

【东山墓地考古发掘结束】 东山墓地位于富阳市富春街道东山村北，为配合富阳市大桥路延伸工程建设，3月27日至7月1日，杭州市文物考古研究所与富阳市文物馆联合对东山墓地的20余座砖室墓进行了抢救性考古清理，并对清理区域以南约2000平方米的公路范围进行详细考古钻探。此次共清理汉至唐宋墓葬26座，汉代墓葬2座、六朝墓葬21座、唐宋墓葬3座，墓葬均为砖室墓，墓向主要为东西向，少量为南北向。平面形制有长方形、凸字形、刀形等三种。其中仅2座墓葬残留券顶，其余墓葬券顶无存。有2组共4座墓葬为合葬墓，有1座墓葬发现有排水沟。部分墓葬的墓砖上有模印花纹。墓葬共出土铜镜、釉陶（包括罐、盘口壶、罍）、青瓷盘口壶、瓷碗等10余件随葬品。

【飞来峰造像二期保护工程入围全国十佳文物维修工程】 11月4日，由国家文物局指导，中国古迹遗址保护协会、中国文物报社主办的首届（2013年度）全国十佳文物维修工程评选会在北京召开。杭州西湖风景名胜区灵隐管理处实施的飞来峰造像二期保护工程作为浙江省唯一一项代表性工程入围十佳文物维修工程终评。飞来峰造像二期保护工程充分利用了先进的技术手段进行勘察、测试，并通过锚杆加固、地表防渗导流、危岩体加固、裂隙灌浆封堵、龛檐滴水槽等方式，有效地保护了飞来峰造像。

【桐庐县大麦凸遗址考古调查】 2013年12月中旬至2014年1月初，桐庐县文管办会同浙江省文物考古研究所对位于桐庐县横村镇柳岩村的省级文物保护单位大麦凸遗址进行考古调查。此次考古调查发现遗迹10处，采集了大量石器和陶器，包括石锛、石斧、石箭头、石网坠、陶鼎足等。此次调查初步确定了大麦凸遗址大致的分布范围。

【桐庐岩桥庙山墓群发掘结束】 9～12月，杭州市文物考古研究所和桐庐博物馆联合对位于桐庐城南街道岩桥村的庙山进行连续两次考古调查和发掘，发现和清理六朝、五代、宋和明清墓23座，南朝时期陶

窑5座，近代的窑炉1座，出土金银饰品、铜制烟杆及瓷陶器47件（组）。在发掘的墓葬中，宋墓数量最多，墓室以青砖、卵石垒砌，分单室、双室和三室三类，室内发现大量铁棺钉，个别还发现有朱红色和褐色漆皮，随葬品以韩瓶、瓷碗为主，个别墓发现金饰品、银钗、银耳环等。南朝窑址大多呈马蹄形，保存最为完好的是1号窑，在窑址底部还出土了若干刻有“大”“中”“小”等字样及花纹的砖块。

【建德梅城明清严州府城南城墙发掘结束】 明清严州府城遗址位于建德市梅城镇，建德市从2010年开始实施梅城大坝除险加固工程，为了确保古城墙的安全，自2014年7月起，杭州市文物考古研究所对南城墙进行发掘，计划将于2015年1月初完成。残存南城墙大致呈东西向，东起梅城镇市民路南端，西至城南西路15号，长约380米。城墙北侧紧邻城南路，南距新安江北侧江岸约50米，尚保存有小南门（福运门）和大南门（澄清门）两座古城门。揭露的古城墙主体部分呈蜿蜒曲折之形，南侧墙面地面以上残高6.6米左右，主要用条石错缝平砌而成，石块之间用石灰浆黏合。严州古城墙建于元末明初，是朱元璋的外甥李文忠当年为守城而建。抗战时期，为了躲避日寇飞机的轰炸，国民政府下令拆去东、西、北三面城墙，独留临江的南面城墙。20世纪60年代，古严州城因建造富春江水电站而部分被淹。古城墙作为城市挡水围坝加固工程的主要部分，被垒砌和包裹在坝体当中。

【寿昌江流域考古调查】 10～12月，建德市文保所联合杭州市文物考古研究所对建德市寿昌江流域内可能存在地下文物的区域开展专项调查。此次调查对象主要包括寿昌江流域内的石器时代遗址、古窑址、古墓葬等。调查以现场勘查为主要形式，并结合当地各种资料信息确定文物点的性质，对寿昌江流域面积内的包括李家、大同、航头、寿昌、更楼、新安江等在内的乡镇（街道）开展现场勘查。调查中发现了多处疑似古代砖室墓、洞穴遗址、古聚落址等文物遗迹。

【临安洪起畏夫妇合葬墓发掘】 洪起畏夫妇合葬墓位于横街村郎碧东部约300米的将军山西南麓。2013年11月至2014年6月，杭州市文物考古研究所会同临安市文物馆对该墓进行了抢救性考古发掘。墓体纵长60米，横宽52米，占地面积约3000平方米，由抱手、封土、墓前建筑、墓室、排水道等五个部分组成。洪起畏夫妇合葬墓规模宏大，形制独特，砾石铺砌的地坪和拜坛及其两侧的排水渠、“Z”字形的排水道、两墓室券顶之上再覆一个大券顶的营造结构、墓室底铺四条顺向的石灰条，在已发现的宋元墓葬中极为罕见。另外，墓志的志文内容丰富，不仅记述了洪起畏夫妇的生平，还涉及南宋时期一些重要人物和事件，可弥补史料记载之不足。

【农村历史建筑保护】 2014年，杭州市农村历史建筑保护及修缮工作总投资5000万元，重点修缮175处，一般零星维修205处。修缮后的农村历史建筑作为农村文化礼堂、乡村书屋、老年活动室、专题陈列馆等加以利用，丰富了农村文化生活。余杭区文化广电新闻出版局完成第一批15处农村历史建筑保护标志碑的安装。桐庐县完成50年以上历史建筑摸底调查，并出台《桐庐县农村历史建筑保护管理办法》。7月，建德市李村村、上吴方村保护规划完成编制。

7月24日，住房城乡建设部、文化部、国家文物局、财政部联合发文，公布2014年第一批327处列入中央财政支持范围的中国传统村落名单。全省共有15处，杭州市有2处，为桐庐县凤川街道翙岗村和建德市大慈岩镇新叶村。

【七处古村落列入第三批中国传统村落名录】 11月25日，住房和城乡建设部、文化部、国家文物局、财政部、国土资源部、国家旅游局等联合公布第三批中国传统村落名录，全国共有994个。其中，浙江省有86个，杭州市有7个，包括桐庐县富春江镇茆坪村、江南镇环溪村、莪山畲族乡新丰民族村戴家山村、合村乡瑶溪村，建德市大慈岩镇李村村、建德市大慈岩镇上吴方村和淳安县浪川乡芹川村。

【《五代吴越国康陵》出版】 1月，由杭州市文物考古研究所、临安市文物馆编著的《五代吴越国康陵》考古报告由文物出版社出版发行。五代吴越国康陵是吴越国第二代国王的王后马氏的墓，位于临安市玲珑镇祥里村。1996年12月至1997年1月进行了正式的考古发掘。该墓在已发现的吴越钱氏王室墓中保存最完好、内涵最为丰富。墓葬中最瞩目的是墓内后室的星象图和十二辰像。《五代吴越国康陵》一书以翔实的文字材料和大量文物图片较为全面、系统地介绍了吴越国康陵的考古发掘及有关情况。

【《传承与共生——中国世界文化遗产与社区研究》出版】 4月，《传承与共生——中国世界文化遗产与社区研究》由文物出版社正式出版发行，编者为杭州西湖世界文化遗产监测管理中心和杭州市城市规划设计研究院。2011年11月，受国家文物局委托，杭州市园林文物局开展“文化遗产与社区发展”课题研究。书中记录了与社区密切相关的世界文化遗产地的保护实情和发展经验，通过科学统计分析，提出了符合国情的遗产地社区总体发展思路和系列规划措施与保障制度。

【文化遗产日活动（第九个）】 6月14日，由市园文局、萧山区政府主办，萧山区文化广电新闻出版局、萧山区文化创意产业办公室承办的第九个文化遗产日杭州市主场活动在萧山博物馆广场举行。文化遗产日主题是“让文化遗产活起来”。杭州市40余家文博单位在萧山博物馆广场设点，开展有奖问答、徽章制作、拼图游戏、收藏品鉴定等80多项互动活动，现场表演了《萧山花边》、《莲花落》、《细十番》、绍剧《三打白骨精》等展示萧山非物质文化遗产的节目。各县（市、区）也开展各类宣传活动。萧山博物馆推出“你从远古走来——萧山历年考古成果展”，举办“文化遗产与博物馆”专题讲座。余杭区文化广电新闻出版局举办“美丽余杭魅力文物”摄影比赛，在径山镇双溪漂流景区、临平人民广场等地开展文化遗产知识宣传活动，向市民发放文物知识法律读本等宣传资料1万余件，《秀美江南、文化余杭——璀璨的文化遗产》《美丽余杭、文化之邦——余杭区文物保护单位掠影》宣传片在广场LED屏幕播放。桐庐县博物馆在景文百货门口集中展出了馆藏文物精品图版，向市民发放桐庐县文物保护单位分布图宣传册页、第一次可移动文物普查宣传资料400多份、文化遗产知识调查问卷400份。淳安县在千岛湖秀水街广场（旅游码头）举办非物质文化遗产项目展示、文化遗产保护成果图片展、免费鉴宝和文化法律法规咨询等活动。

（章珠裕）

·良渚遗址·

【良渚遗址概况】 2014年，良渚遗址管理区认真贯彻习近平总书记关于加强历史文物保护、传承优秀传统文化重要论述精神和关于良渚遗址保护、“申遗”工作的一系列重要指示精神，推进《良渚古城遗址申遗三年行动计划》，良渚遗址保护和良渚古城“申遗”工作取得新进展。省政府成立良渚古城遗址申遗工作领导小组，明确了省级相关部门的职责任务。“申遗”材料及时上报，《良渚古城遗址保护、展示、整治规划》获得国家文物局批复，“申遗”区农户、企业搬迁和农村土地综合整治等进展顺利。良渚国家考古遗址公园通过国家文物局评估验收，《良渚古城综合研究报告》编写完成。发起成立中国世界文化遗产预备名单遗产地联盟，发表全国大遗址保护《良渚共识》。国家文物局批复同意《良渚古城遗址遗产保护、展示、整治规划》。

良渚玉文化园全年接待考察团27批563人次，举办“璀璨伊人心”翡翠文化艺术展、浙江省玉雕大师精品巡回展、浙江省“良渚杯”玉石雕刻精品展等10项活动。良渚玉文化园送选的5件作品在第四届中国浙江工艺美术精品博览会上获得2个特等奖、1个金奖和2个银奖。

【良渚古城遗址“申遗”工作取得重要成果】 2月8日，余杭区区长、良渚遗址申遗工作指挥部总指挥朱华主持召开指挥部第一次全体会议，会议听取了良渚古城遗址“申遗”工作进展情况。

2月26日，良渚古城遗址保护工作专家咨询会在良渚召开，国际古迹遗址理事会副主席郭旃、中国建筑设计研究院建筑历史研究所所长陈同滨等国内知名专家指导良渚遗址保护与“申遗”工作。会议肯定良渚古城遗址“积极保护、整体保护、以人为本、系统综合”的保护理念和保护模式，对“申遗”文件准备工作和遗产展示规划给予认可，并就良渚古城遗址的长远保护、价值提炼、对比研究、规划展示的技术要求等进行深入探讨。

3月26日，按照《世界文化遗产申报工作规程》要求，浙江省政府申报函、《良渚古城遗址——申报世界遗产提名文件》（包括省文物局初审意见）、《良渚遗址保护总体规划》（含颁布文件）、《杭州市良渚遗址保护管理条例》、《良渚古城遗址管理规划》和《利益相关者协调情况说明》等“申遗”材料上报国家文物局。

6月9日，良渚遗址管委会组织召开良渚古城遗址遗产地利益相关者座谈会。中国建筑设计研究院建筑历史研究所所长陈同滨、余杭区和良渚遗址管理区负责人、相关企事业单位代表、村民代表等30余人参加座谈会。会议听取遗产地当地群众对“申遗”工作的意见建议。

6月22日，良渚遗址管委会副主任陈寿田随杭州市政府“申遗”代表团赴卡塔尔首都多哈出席第38届世界遗产委员会大会，向国际社会宣传良渚古城。

7月25日，国家文物局国家考古遗址公园现场评估工作组对良渚国家考古遗址公园开展现场评估。良渚国家考古遗址公园的评估得分在全国首批12个国家考古遗址公园中名列第一。

10月13日，浙江省文物考古研究所、陕西龙腾勘探有限公司联合举办良渚古城遗址考古勘探工作验收评审会，来自北京大学和陕西、四川、江苏、青海、甘肃、西藏自治区考古研究所、上海博物馆考古研究部等单位的9位专家参加评审会。良渚古城考古勘探工作通过评审。

【中国世界文化遗产预备名单遗产地联盟在良渚成立】 9月2日，由杭州良渚遗址管委会等单位发起的中国世界文化遗产预备名单遗产地联盟在良渚宣告成立。全国34家世界文化遗产预备名单遗产地管理机构负责人参加成立大会。会议通过《中国世界文化遗产预备名单遗产地联盟章程》，发布了《保护文化遗产良渚共识》。余杭区区长、良渚遗址管委会主任朱华当选中国世界文化遗产预备名单遗产地联盟第一届理事会理事长。国家文物局副局长、中国古迹遗址保护协会理事长童明康到会讲话。联合国教科文组织项目专员、世界遗产中心预备名单事务主管亚历桑德·巴尔萨摩应邀做“申遗”文本编制辅导讲座。

9月2日，联合国教科文组织世界遗产中心亚历桑德·巴尔萨摩（前）参观良渚博物院

（李力行 供稿）

【《良渚古城综合研究报告》编写完成】 12月31日，由良渚古城的发现者之一刘斌等专家撰写、作为良渚古城遗址文化遗产价值支撑的《良渚古城综合研究报告》编写完成。《良渚古城综合研究报告》内容包括良渚文化兴起，宗教王权艺术和治玉技术工艺，良渚古城的兴建，城墙、城内、外郭城考古，城内贵族墓地，城郊观象台与贵族墓地，良渚古城外的水利工程，良渚古城系统的工艺与工程研究，良渚古城的兴衰与环境等13章。

【《良渚文化》乡土教材首发】 8月31日，《良渚文化》教材首发仪式在瓶窑镇第一中学举行。《良渚文化》教材由良渚遗址管委会与余杭区教育局共同编著，主要阐述了良渚文化的内涵、良渚古城的价值、良渚遗址保护、良渚古城遗址"申遗"工作等内容。教材面向余杭区内2万多名中小学生，分四年级、七年级两册。四年级教材以图片展示和活动开展为主，旨在让低年级的学生直观地了解良渚文化、良渚遗址和"申遗"工作。七年级教材则注重对良渚文化、良渚遗址以及良渚古城遗址"申遗"的价值、意义的系统阐释，旨在使学生对良渚文化有更深的认识和理解，包括良渚文化内涵、良渚古城价值、良渚遗址保护、良渚古城遗址"申遗"等主要内容。

【良渚文明展在南京举行】 12月11日，由良渚博物院、南京市博物馆联合举办的"良渚灵玉：神与人的对话——良渚文明展"在南京市博物馆开幕，为期3个月。展览展出120件（组）良渚文化精美玉器，对良渚时期社会生产力发展水平、社会组织结构、信仰与礼制、丧葬习俗等方面进行了多角度、全方位展示。良渚文化玉器代表了新石器时代玉器制作工艺的最高水平，良渚先民赋予琮、璧、钺等玉器沟通人神天地的功能。江苏出土的"良渚文化遗址"如武进寺墩遗址、草鞋山遗址、北阴阳营遗址和蒋庄遗址都体现出以长江为纽带的玉制度和玉文化的交流与融合。

【崧泽文化学术研讨会在杭州召开】 10月10日，崧泽文化学术研讨会在杭州召开。会议由浙江省文物考古研究所、良渚博物院联合举办，来自故宫博物院、国家历史博物馆、中国社科院考古研究所、北京大学、江苏省考古研究所、山东省考古研究所等科研院所、高等院校及台湾地区的近百名专家学者参加会议。

参会人员参观了良渚博物院举行的"崧泽之美——浙北崧泽文化考古成果特展"，在会议期间就崧泽文化的形成、分期、聚落、社会发展、与周邻文化的关系及陶器、石器、玉器等方面展开研讨。此次会议是自20世纪80年代初崧泽文化命名以来，首次以崧泽文化为专题的大型学术会议。

【北京大学全国中学考古夏令营开营】 7月14日，由北京大学考古文博学院、浙江省文物考古研究所、良渚博物院共同举办的"发现浙江——北京大学第七届全国中学生考古夏令营浙江线"开营仪式在良渚博物院举行。北大考古文博学院院长杭侃，良渚遗址管委会副主任吴立炜等致辞，来自全国111所重点中学和北大考古文博学院的164名师生参加开营仪式。

【大汶口—龙山·良渚玉器文化展】 8月9日，由山东省文化厅、山东省文物局、山东省文物保护与收藏协会联合主办，山东博物馆、良渚博物院、山东省博物馆学会承办的"玉润东方——大汶口—龙山·良渚玉器文化展"在山东博物馆开幕。此次展览是良渚博物院与山东博物馆的首度合作，山东博物馆借调了山东各地17家博物馆的史前玉器，将4000年前大汶口—龙山文化与良渚文化的300余件（组）代表性玉器联袂展出，其中良渚文化精品158件（组）。展出玉器涵盖了玉璧、玉琮、玉圭、玉璋、玉璜、玉琥等多个玉器类别，是中国大汶口—龙山文化和良渚文化玉器展出最多的一次展览。

【"长沙国贵族生活特展"在良渚博物院举行】 12月27日，由良渚博物院和湖南省博物馆共同举办的"马王堆汉墓——长沙国贵族生活特展"在良渚博物院开幕。此次展览包括前言、长沙国与马王堆汉墓钟鸣鼎食、歌舞娱乐、养生保健、锦绣华裳、家有藏书、大礼安魂、结语等9个部分，共展出湖南省博物馆收藏的120件（套）铜器、漆器、陶器、玉器、丝织品等珍贵文物。整个展览持续至2015年3月。

【浙江省"良渚杯"玉石雕刻精品展开幕】 9月27日，由良渚遗址管委会和浙江省珠宝玉石首饰行业协会主办的2014年浙江省"良渚杯"玉石雕刻精品展暨"天工奖"入围展在良渚玉文化园开幕。近200位玉雕大师的402件作品参展，展品数量为历年之最。开幕式上，35项金奖、41项银奖、39项铜奖、8项最佳工艺奖和8项最佳创意奖获奖作者接受颁奖，新晋的浙江省玉石雕刻师、浙江省玉石雕刻大师、2013年中国玉石雕刻大师名单和浙江省参加全国"天工奖"30件入围作品名单也在当天揭晓。

【"广东四大玉石精品展"在良渚博物院举行】 4月15日，由良渚博物院、广东省博物馆共同承办的"南国石韵——广东四大玉石精品展"在良渚博物院开幕。展览为期2个月，广东本土所出信宜玉、广宁玉、阳春孔雀石和台山玉四种玉石为主的雕刻精品以及部分寿山石、青田石、黄龙玉、岫玉等玉石精品共计148件（组）参加展出，作品造型丰富，工艺技法独树一帜，具有较高的艺术价值，给良渚玉石文化研究、传承提供了新的灵感。（李力行）

·博物馆·

【博物馆概况】 2014年，杭州市博物馆建设与管理多措并举。杭州博物馆二期建筑整治工程完工。中国茶叶博物馆紫砂厅落成开放，三期龙井馆区主体工程完工。章太炎纪念馆扩建改造工程、西湖博览会博物馆陈设提升改造工程完工。西湖周边高档经营场所转型升级，菩提精舍历史建筑筹建杭州党史馆。县、市博物馆建设取得新进展，桐庐博物馆完成展厅陈列改造，富阳博物馆已开工建设，临安博物馆进入筹备阶段。3家单位获得"2014年度第五批市文化事业发展项目"立项，获得专项资金80万元。新增两

3月10日，西溪人文大讲堂举行　　（市园文局 供稿）

对国有博物馆对口帮扶民办博物馆试点。“杭州博物馆联盟”网站试运行。5家国家二级博物馆和3家三级博物馆顺利通过国家二、三级博物馆运行评估。全市各大博物馆共举办近100场临时展览，吸引300余万名市民游客参观游览。在第八届浙江省陈列展览精品评选中，4家博物馆获精品奖，2家博物馆获优秀奖。开展第二课堂和各类宣教活动150余次。举办杭州市中小学生陶艺大赛、童画杭州名人大赛、西湖明信片设计大赛、湿地主题少儿绘画大赛、青少年创意剪纸大赛、相约西湖、西湖文化特使、名人讲堂、西湖艺术史论坛、西溪人文大讲堂等活动。4家博物馆入围第二届全省博物馆免费开放最佳做法推介项目。7家市属博物馆参与国家文物局“完善博物馆青少年教育功能试点”。

【博物馆临时展览丰富】 中国茶叶博物馆举办5场茶文化临时展览，包括在广东省博物馆举办“茗香·茶韵——中国茶文化展”、摩洛哥索维拉城市博物馆举办“斗品团香——中摩茶文化交流展”、波兰首都华沙举办“2014波兰·中国民族文化周——中华茶文化展”，在全新提升改造完成的临时展厅举办“以适幽趣——明清茶具珍藏展”“听秋啜茗——广东省博物馆藏清代茶具文物展”。

杭州西湖博物馆举办17个临时展览，包括“祈福迎祥——山东民间年画展”“故乡有此好湖山——西湖博物馆藏历代杭州名仕书画展”“建国初期第一次西湖疏浚珍贵资料展”“杭州市第三届青少年西湖明信片设计大赛获奖作品展”“相约杭州·西湖寻梦——王秋童‘西湖十景’水墨作品展”“‘最美西湖’蔡云超、于广明书法摄影展”“山川韵秀——苏惠心书画特展”“岁月中国——秦风老照片馆历史影像精选展”“西湖历史文化名人肖像印展”“海峡两岸暨香港、澳门中小学生优秀书画作品交流展”等。

杭州博物馆举办3场临时展览，包括“喜上眉梢——杭州博物馆馆藏梅花书画精品展”“应均书画展”“衣被天下——黎族织锦艺术展”。此外，杭州博物馆藏10枚鹰洋参加上海龙美术馆“白银之国墨西哥·历史与未来”展览，馆藏《明祁忠敏公天启壬戌会试朱卷（不分卷）》参与“册府千华——浙江省藏国家珍贵古籍特展”。

杭州工艺美术博物馆举办18个临时展览，包括“广东民间工艺馆藏珐琅工艺精品展”“舟山渔民画艺术展”“浙江省博物馆馆藏近代工艺美术精品展”“许石丹个人艺术作品展”“中国书画印折扇百家邀请展”“蓝印花布艺术展”“中国梦·运河情——宣伟强作品展”等。同时配套“旖旎从风”临展出版《旖旎从风—中国书·画·印折扇百家邀请作品集》。

杭州南宋官窑博物馆举办4个临时展览，包括与江阴市博物馆共同推出“奢华之色——江阴市博物馆藏宋元明金银器特展”，与云和县传世哥窑研究所共同承办“太璞古香——传世哥窑传承展”，“杭州市第七届中小学生陶艺大赛优秀作品展”，与苏州博物馆共同主办“宣炉吉金——苏州博物馆藏明清铜香炉特展”。

章太炎故居举办7个临时展览，包括“寒梅傲雪见精神——迎春梅花展”“纪念章太炎诞辰145周年章太炎先生书法特展”“五九精神一座历史的丰碑图片展”“纪念章太炎诞辰145周年书法创作大赛获奖作品展”“秋菊满院正气飘香——章太炎故居秋季菊花展”“太炎书画院国庆书法美术作品展”“章太炎先生生平照片展”等。

中国江南水乡文化博物馆举办11个临时展览，包括“余杭、嵊泗书法联展”“镌石印痕——环太湖历史碑刻拓片精粹”“时代印痕——当代中国著名版画家邵克萍艺术作品展”“风雅流芳——馆藏近现代书画精品展”“厉柏海铁艺画展”“考古余杭系列展——秦汉时期”“厦门书画展”“晚霞灿烂——余杭区老干部书画协会、余杭区丘山老年书画社书画联展”“江浙散人黄征教授书法展”“辛亥名人海南石刻遗墨展”“兰亭故事展”等。此外，与海南省海口博物馆、江苏省吴江博物馆联合举办“韫玉良缘——良渚文化精品展”，馆藏“海上明月——浙、海两派书画名家精品展”赴陕西宝鸡青铜器博物院、西安半坡博物馆等地展出。

【杭州博物馆联盟网站试运行】 为健全和完善博物馆馆际之间的交流合作机制，发挥博物馆的整体效益，6月，“杭州博物馆联盟”网站正式上线试运行。网站内容包括文博快讯、通知公告、当前展览、文化讲座、第二课堂、藏品鉴赏等内容。网友可以预约西湖文化特使和杭州名人宣讲团进行上门授课服务。

【乾隆皇帝书法作品入藏杭州西湖博物馆】 9月，杭州西湖博物馆征集到一幅乾隆皇帝“策马登吴山”诗御笔书法作品，为水墨洒金笺立

轴，纵98.5厘米，横37.5厘米，落款处题“御笔”。此首“策马登吴山”诗见于《清高宗乾隆御制诗文集》第五册，为乾隆三十年（1765）第四次南巡游杭州吴山时所作。藏品填补了馆内帝后作品收藏的空白。

【杭州名人纪念馆推出多项展览】 3月5日至5月7日，于谦祠举办“清风昭世——于谦祠廉政文化展”。唐云艺术馆共举办临时展览26个，包括“向大石斋致敬——钱大礼、张耕源、吴静初三人画展”“钱塘墨韵——萧山博物馆藏近现代杭人书画作品展”“中国梦——西子名家作品展”“净心得一——曾宓、吴新如、陈柳闻三人画展”“播芳六合——丁茂鲁书画作品展”“鞠礼缶翁——西泠印社社员纪念吴昌硕诞辰170周年篆刻书法作品展”“来楚生书画铭刻精粹展”“汉唐遗风——章太炎先生文物珍品展”“相约西湖——水墨西湖写春秋名家书画作品展”“砚边漫笔—西子画院九人书画作品展”等。展览的同时，收到捐赠书画作品14件，紫砂壶11把，青瓷作品1件。

【中国茶叶博物馆紫砂厅落成】 11月20日，中国茶叶博物馆紫砂厅落成暨“紫砂泥韵——吴远明捐赠紫砂茶具展”开幕仪式在馆内举行。紫砂厅坐落在中国茶叶博物馆鸿渐阁，展厅面积220平方米，分为紫砂茶具的历史、泥料、造型、装饰、工夫茶饮的产物五个板块，集中展出了吴远明捐赠的100件紫砂茶具，长期对公众免费开放，并同步配套了以DIY紫砂茶器具为主的紫砂工坊。

【中国江南水乡文化博物馆新增藏品542件】 2014年，中国江南水乡文化博物馆新征集到马叙伦、章太炎、褚德彝、姚虞琴等余杭籍名家字画6件，接受叶庆文捐赠雕塑作品3件，接收浙江省文物考古研究所移交的后头山遗址和三亩里遗址出土文物533件（组）。全年新增藏品共计542件（组）。

【西湖艺术史论坛】 2014年，韩美林艺术馆举办“西湖艺术史论坛”第十二至二十讲。九次“西湖艺术史论坛”包括：浙江省博物馆研究馆员、《东方博物》编辑部主任兼执行主编王屹峰主讲的“墨拓写画：八破画的兴起”“古砖花供：全形拓的成熟”“旧友新雨：欣赏者与赞助者”“磨砖作镜：收藏者与守护者”“囤碑搜字：旅行者与记录者”“暖意握管：九能的儒僧”；浙江古籍出版社专家主讲的“说不尽的《清明上河图》”“元代文人画艺术与江南地域文化”“走进南宋李嵩的《西湖图》”。

连横纪念馆内的台湾民俗生活展厅 （济 民 摄）

【西溪人文大讲堂举办25期】 3～11月，中国湿地博物馆推出西溪人文大讲堂活动，在西溪红学陈列馆内举办25场讲座，内容涉及西溪的历史、建筑、名人、物产、民俗等，并于清明、端午、国庆等传统节日举办10场越剧表演，展示西溪的传统民间曲艺精粹。

【浙江省青少年创意剪纸大赛】 4～9月，杭州工艺美术馆举办以“创想中国梦”为主题的2014年浙江省青少年创意剪纸大赛，以“张小泉文化月”系列活动为切入点，通过“小泉故事——杭州刀剪老字号张小泉品牌文化展”、张小泉品牌创始年代专家研讨会暨新闻发布会、“我和张小泉”微博线上互动等活动宣传张小泉文化。来自杭州、萧山、余杭、台州、桐庐、金华、舟山等地的学生参与，收集作品237幅。经过初选获得复赛资格的100名选手在刀馆进行现场比赛，最终产生35个金、银、铜剪子奖，65个优秀奖，10个优秀指导老师奖及5个学校组织奖。

【六项展览获评浙江省陈列展览精品】 5月30日，在浙江省文物公布的第八届（2013年度）浙江省陈列展览精品评选项目通告中，良渚博物院的“玉魂国魄——玉器、玉文化、夏代中国文明展”、杭州博物馆的“美德嘉行——西泠印社社员捐赠文物展”、杭州南宋官窑博物馆的“蜀地遗珍——四川遂宁金鱼村南宋窖藏瓷器精品展”、杭州西溪湿地博物馆的“‘湿地精灵·蝶影缤纷’蝴蝶文化展”获精品奖，萧山博物馆的“山栖越魂——柴岭山商周土墩墓考古发掘成果展”、杭州工艺美术博物馆的“文心情缘——雅俗共赏的折扇艺术”获优秀奖。

【七家博物馆参与“完善博物馆青少年教育功能试点”】 6月6日，浙江省文物局委托浙江自然博物馆负责牵头向国家文物局申报“完善博物馆青少年教育功能试点”工作项目，并确定9家博物馆为参与试点单位，其中7家为杭州市属博物馆。申报试点项目经过国家文物局专家组评审，得到国家文物局批复同意。7月底至8月中旬，开展项目中期评估，对杭州名人纪念馆的体验活动“童画杭州名人”、韩美林艺术馆的体验活动“中国传统手工艺及民俗——吹塑纸版画”、南宋官窑博物馆的体验活动“特色陶艺”、杭州博物馆的教育课程“文化与智慧的传播者——雕版印刷”、西湖博物馆的教育课程“走进西湖系列之‘西湖十景’”、中国茶叶博物馆的教师培训试点项目“茶艺培训之‘名优绿茶冲泡’”、杭州工艺美术博物馆流动展览进校园社区试点项目“遗珍探秘——走进非物质文化遗产”等进行评估。12月29日，国家文物局完善博物馆青少年教育功能试点工作总结推广会在京召开。

【纪念朱家溍诞辰100周年展览】 10月25日，“百年季黄——纪念朱家溍先生诞辰100周年展览”在萧山博物馆开幕。故宫博物院院长单霁翔，浙江省文化厅副厅长、省文物局局长陈瑶、朱家溍子女朱传移和朱传荣出席开幕式。朱家溍（1914—2003），字季黄，浙江萧山人，故宫博物院研究员、国家文物鉴定委员会委员，著名的文物专家、历史学家、戏曲学家。此次展览分为“家世家风”“化私为公”“文博生涯”“意趣生活”和“情系故里”五个部分，展出文物67件，展览持续至2015年3月5日。结合此次展览，单霁翔做“把壮美的紫禁城完整地交给下一个600年”专题讲座。《纪念朱家溍先生诞辰一百周年文集》出版。 （章珠裕）

·公共图书馆·

【公共图书馆概况】 全市以杭州图书馆为中心馆，区县（市）馆为总馆，乡镇（街道）为分馆，村（社区）图书馆室为亚分馆，包括各专业或主题分馆的公共图书服务体系加快构建，累计建成乡镇（街道）图书馆（室）170个、村（社区）级图书室2784个，其中纳入全市公共图书馆集群管理、实现通借通还的基层服务点1279个。至2014年末，杭州市各级公共图书馆总藏书量达1864万册，全年接待读者1231.36万人次，比上年下降3.1%；外借图书941.8万册次，增长14.5%。举办各类阅读推广、科学普及、多元文化活动3300余场，参与读者近80万人次。杭州数字图书馆数字资源浏览量达887.26万人次，下载量达97.54万次，分别增长32.2%和28.6%。

【“杭图模式”入选全国民生典范城市案例】 5月30日，在人民日报社、人民网主办的“2014城市发展质量论坛暨全国民生改善典范城市发布会”上，杭州市获“全国首批民生改善典范城市”称号，杭州市公共图书馆服务体系建设案例入选首批民生改善典范城市案例。杭州市公共图书馆服务体系建设始于2003年，坚持平等免费理念，推出全国公共图书馆界首个免证阅览制度，文献外借册次逐年上升，全市千人拥有公共图书馆面积、千人拥有阅览座席数、人均文献拥有量等指标均高于国家要求。“中心馆—总分馆”模式整合市、区县（市）、乡镇（街道）、村（社区）图书馆（室）资源，率先在国内实现了城乡公共图书服务“一证通”，让农村居民也能享受到与城市居民基本同质的图书、信息和文化服务。2014年，杭州图书馆新推“艺术品外借”、“电子书借阅机·数字体验”、“图书流动服务点开进加油站”、10座全天开放的微型图书馆等全新服务和活动，受到市民广泛好评。

【市民卡图书借阅功能统一开通】 4月23日，在第八届西湖读书节启动仪式上，杭州图书馆联合市民卡公司为全市800余万市民卡用户统一开通免费图书借阅功能，服务区域辐射整个大杭州。杭州市民可凭市民卡借阅图书，不用另行办理开通手续，新申领的市民卡直接具备图书借阅功能，率先在国内实现了全市人手一张借书卡。至年底，杭州图书馆用户数据量为807万人，成为国内用户数据量最大的图书馆。

【新设10台全天候微型自助图书馆】 24小时微型自助图书馆被称为“第三代图书馆”，是高新技术与文化生活融合的载体。4月23日，杭州市首批5台24小时微型自助图书馆启用，每台设备可存放借阅图书400余册，还书容量1200册。至11月30日，10台24小时微型自助图书馆全部投入使用，分别位于下沙西子航空厂区、西湖文化广场、运河广场、青少年宫（昭庆寺）、杭州图书馆浣纱路老馆、丁桥大唐苑社区、滨江海创基地、下沙和达东东城、九堡镇社区活动中心和信义坊东广场。微型自助图书馆根据布点环境、周边市民阅读需求，有针对性地配置相应图书，并提供全天候的图书借阅服务。至年末，微型自助图书馆服务读者2.79万人次，借还图书达5.80万册次。

【“当艺术遇上图书馆”系列活动】 4月23日，杭州图书馆推出“当艺术遇见图书馆·借书如借画”活动，首次向读者提供艺术品外借服务，邀请艺术家提供自己的摄影作品，供读者欣赏、借阅。以艺术交流会的形式，组织艺术家与读者交流作品背后的故事。读书与艺术体验结合的图书馆服务方式开创了国内先河。

4月23日，杭州市为800余万个市民卡用户统一开通图书借阅功能
（市文广新闻出版局 供稿）

【“阅读疗愈”活动】 “阅读疗愈”活动是一种全新的阅读推广模式，邀请心理专家，以现场交流、推荐书单的形式帮助人们舒缓情绪，促进心理健康。2014年，杭州图书馆推出一对多人的阅读疗愈团体服务、由心理专家主持的阅动读书会和OH卡牌心态疗愈三种形式，受到读者欢迎。全年共举办59场，837人参加。特殊的活动内容与形式获得行业关注，图书馆行业报纸《图书馆报》多次对此进行专版介绍。

【特殊群体阅读服务】 5月16日，杭州图书馆被省残疾人基金会评为“爱心第一馆”。服务特殊群体、发挥公共图书馆的公益功能一直是该馆的宗旨之一，如“听心”盲人影院是音乐分馆为视障者提供视听服务的平台。2014年，“听心”盲人影院走出图书馆，服务余杭、富阳、萧山等区（县、市）的盲人，并指导他们阅读盲文图书。“听心”盲人影院活动全年举办5场，服务200多名盲人读者。杭州图书馆被中国盲人协会、全国盲人阅读推广委员会等机构评为“2014年全国盲人阅读推广优秀单位”。此外，发挥“带你飞翔”关爱行动小组力量，组织开展励志讲座进民工子弟学校、爱心捐赠、外来务工者子女夏令营等活动，为特殊未成年人群体开展阅读指导服务。

【未成年人阅读服务网络】 5月13日，市文化广电新闻出版局联合教育部门对全市加入少儿阅读服务网点的学校进行业务培训，并为第三批加入阅读服务网点的学校授牌。少儿阅读服务网点建设工程于2012年启动，是杭州少年儿童图书馆探索跨系统馆校合作，推进全民阅读的一项举措。至年末，全市已建有幼儿园网点6家，小学网点13家，初中网点7家。依据各年龄段的生理、心理特点，全年配送各类图书1.7万册。

【未成年人体验式阅读服务】 杭州少年儿童图书馆设置“科普实验课堂”“多元文化寻踪”“财商培养”等系列课程以及“家有儿女”家庭教育系列讲座、“小可妈妈伴小时”亲子课堂、“读数学”主题阅读沙龙等活动，让少年儿童从实践中获取知识，为家庭教育提供支持。联合浙江省文学志愿中心、新华书店等社会机构，邀请黄亚洲、冰波、王旭峰等知名作家进学校，已开展“名家进校园”系列讲座8场，4000余人参加。“太阳风”文学社通过文学沙龙、名人专访、文学采风等活动，帮助社员开阔视野，激发创作灵感。2014年，30余篇社员作品在《妙笔作文》《小学生世界》等期刊上发表。 （孙立波）

·档案事业·

【档案事业概况】 2014年，杭州市档案部门围绕市委、市政府中心工作，坚持转型发展，大力推进档案工作现代化，服务各项事业。至年末，全市14个综合档案馆和市城建档案馆馆藏档案共372.45万卷、171.48万件，资料18.67万册，实物档案1.26万件。市档案馆馆藏档案191.81万卷、38.90万件，资料2.15万册，照片7.97万张。

杭州市城市档案中心选址确定，选址于之江度假区转塘单元G-15地块，地块用地面积2.41万平方米。江干区档案局提出区档案馆改造建议，逐步建成新型公共档案馆。滨江区档案局落实了档案新馆的建设面积和功能布局。淳安县档案局协助做好档案新馆建设的方案设计、方案审查、立项、开工建设等工作，至年底新馆已进入主体施工阶段。

年内，市档案局内设机构和人员编制有所增加。原下属事业单位更名为市档案事务服务中心，增挂市电子文件管理服务中心牌子，核定编制10名。

【依法行政与业务指导】 7月30日，市委办公厅、市政府办公厅出台《关于加强和改进新形势下档案工作的实施意见》，是全市档案事业科学发展的纲领性文件。

市档案局重点对人保杭州分公司、杭州汽轮机动力集团有限公司、杭州市交通投资集团有限公司、钱江新城建设开发有限公司等企业进行业务指导，帮助企业推进登记备份和知识产权、品牌建设、企业文化等档案管理。加强全市重点工程建设项目档案管理，6月，会同市治水办转发了《关于加强全省“五水共治”工作过程中档案管理的通知》，联合各区、县（市）档案局组织开展业务指导，并上门提供档案指导服务。7月，对市第三社会福利院、环城北路地下通道工程等重点建设项目、重大建设工程进行执法检查，有效促进了全市重点工程档案依法、规范管理，全市有21个市级以上重点建设项目通过档案专项验收。

结合全市农村文化礼堂建设，开展“乡村记忆”示范基地和“企业记忆之窗”示范点创建工作，桐庐县芦茨村等8个行政村被命名为省级“乡村记忆”示范基地，浙江华日电冰箱股份有限公司等5个企业被评为省级“企业记忆之窗”示范点。市档案局重点指导浙江吉利控股集团等单位做好“记忆之窗”展厅建设、“企业记忆”文化产品开发等工作，提升企业软实力。

年内，市档案局对121家市直单位进行年检抽查，年检合格率连续多年达100%。对杭州千百万档案管理咨询公司等4家档案中介机构进行重点抽查，加强中介服务过程中的档案安全管理。推广萧山等地农村档案信息共享工程试点经验，利用镇、村数字档案室和农村基层信息查阅点，将档案文件和政府公开信息服务延伸到乡镇（街道）和行政村（社区）。

【档案接收征集和利用】 市档案馆全年接收机关档案1.59万卷、8.27万件，企业档案8521卷，民生档案6.83万卷。以“聚焦美好家园，定格美丽杭州”为主题，举办第八届“杭州印象”纪实摄影作品大赛，11月大赛落幕。大赛收到93名参赛人员5547幅照片。经专家评审，评出典藏金奖2项，典藏银奖3项，典藏铜奖9项，优秀奖45项，入围奖2174幅，组织奖3个。征集到老干部档案225件，乾隆年间至民国时期有关杭州的各类契约、照片、地图、商标近3000件，其中2盘民国时期的旧电影胶片填补了馆藏空白。开展村训家训挖掘整理工作，征集到村训31条、家训97条。西湖区档案局（馆）征集到蒋村龙舟、杭州雕版印刷技术等非物质文化遗产资料。余杭区档案局（馆）征集到地方文献150余册（卷），期刊

《崇贤》17期，余杭名人陈乃铨档案166件。淳安县档案局（馆）征集到吴邦国、李瑞环视察千岛湖照片400张。富阳市档案局（馆）征集到“最美爸爸”黄小荣、“道德模范”吴子学的奖章、照片等，还征集到抗战史料、“新登战役纪念馆”有关档案、地方文史资料、地方宗谱、国家级非物质文化遗产代表性项目——孝子祭申报材料及照片等；基本完成富阳市健在的“两老人员”（老游击队、老交通员）革命事迹材料征集、实地采访和照片拍摄等数据采集工作。建德市档案局（馆）征集到新安江丝绸总厂等老企业档案史料47件，纪念品、老产品等实物档案83件、照片924张。临安市档案局（馆）征集到1951年於潜县潜东天目土特产联营站股票、民国版的《平斋文集》、水氏家谱等珍贵档案资料。

市档案馆全年开放鉴定馆藏纸质档案1.2万卷，完成影像页开放鉴定30.59万页。上传2.13万条文件级数据、2.57万页影像页到国家开放档案信息资源共享利用系统平台，实现档案资源全国共享。继续推进“省外协作查阅、省内跨馆服务、市内馆际联网”远程查阅服务，先后与安徽、江苏等省市有关单位签订协议并开展移民档案异地查询，与上海、广州等城市开展婚姻档案异地查询。建立局领导窗口接待日制度，明确接待时间为每月15日，接待地点在局档案和现行文件查阅窗口，2014年1月15日为首个局领导接待日。

上城区档案局、西湖区档案局为行动不便的查档群众提供上门送档服务。下城区档案局对原区工业总公司及下属单位职工民生档案建成专题数据库，对老弱病残人员提供上门送档服务。萧山区档案局采取午间值班、双休日预约查档等方式，延长窗口服务时间。临安市档案局推出“预约查档”服务。

【“智慧档案”建设】 5月，为进一步规范杭州市数字档案室建设，确保各单位电子文件和数字档案的安全规范和有效利用，市档案局第五次在全市范围内开展“省级规范化数字档案室”创建和“省级示范数字档案室”评选活动。活动面向全市各级机关、人民团体、企事业单位，以《浙江省规范化数字档案室建设测评标准》为适用标准，通过各区、县（市）档案局申报、市档案局审核、省档案局审定的程序进行。经过评选，至年末，杭州市政府国有资产监督管理委员会等116家单位档案室被命名为第五批“浙江省规范化数字档案室”，33家单位档案室被命名为第五批“浙江省示范数字档案室”。

市档案局（馆）以电子文件中心建设和登记备份工作为重点，推进“智慧档案”建设，完成国家电子档案接收和长期保存系统建设工程项目试点工作，建立并完善电子档案移交接收与长期保存系统、杭州市电子文件管理系统。至年末，已有49家单位与办公业务资源系统直接对接。电子文件管理连续第三年列入杭州市市直单位综合考评专项目标，有效提升了全市电子文件管理水平。加强民生领域、重点建设项目档案登记备份工作，建立重要档案登记备份制度，完成省规范化档案登记备份中心认定工作。

江干区档案局（馆）完成馆藏婚姻档案数字化工作，并以数字化婚档代替原件提供利用，全区各街道、镇、区级机关各单位均完成电子档案的登记备份。下城区档案局（馆）对数字档案馆进行升级改造。拱墅区档案局（馆）开发新的数字档案馆软硬件系统，实现一键式检索与分类浏览相结合、与档案室数字档案管理平台的无缝链接、短信借阅审批等功能。西湖区档案局（馆）完成数字档案馆一期建设，区档案局网站改版升级。萧山区档案局（馆）改进了档案登记备份平台系统，实现脱机备份、在线备份等多途径、多形式备份。余杭区档案局（馆）完成余杭区智慧档案资源信息共享平台项目的招标工作，该平台已基本架设完毕，进入试运行阶段。淳安县档案局（馆）完成馆藏重点档案数字化加工150万页及婚姻、户口迁移等7个专题数据库建设。富阳市档案局（馆）完成数字档案馆设备更新项目。建德市档案局（馆）完成数字档案馆项目第三期的招投标、硬件的采购、数字档案馆系统的存储扩容工作。临安市档案局（馆）完成登记备份和数字档案馆两个平台建设、软件系统升级、电子查阅利用系统启用、档案网站改版等工作。

【档案编研与展览】 12月29日，《杭州通鉴》首发。该书采用编年体为条目结构，纪事本末体为条目内容，收编时限从远古时期至2005年底，地域范围为杭州市行政区域及部分历史上属杭州的地区。该书编纂历时十年，是杭州市第一次以“通鉴”条目形式全方位记录杭州历史的地方史料。12月，《杭州交通寻踪》出版发行，主要反映近现代杭州交通发展和建设情况。编纂完成《杭州历史上的外国人》一书。

上城区档案局（馆）收存158枚杭州话印鉴，编印杭州方言语音建档系列丛书“印证杭州话”。下城区档案局成立地方志编纂委员会办公室，启动区志编纂工作，出版《武林丝绸志》。拱墅区档案局出版《运河南端忆盛业——拱宸桥畔的工业辉煌》，编纂《拱宸桥杂记》。西湖区档案局完成《西湖区志·档案篇》初稿。萧山区档案局出版《杭州萧山馆藏家谱图录》。余杭区档案局完成《余杭历史文化村落简介》初稿，完成《余杭滚灯》《五常龙舟胜会》两书的供稿工作。富阳市档案局完成“改革开放时期档案工作的恢复和发展”和“富阳市档案馆主体业务建设与发展”两个党史课题。临安市档案局推进《临安历史上的今天》编写、出版工作。桐庐县档案局出版《美丽桐庐村景诗集》。

市档案局（馆）举办“运河情韵——大运河杭州段档案遗存展”“杭州西湖旧影展”“王巽庠个人摄影展”等展览。上城区档案局（馆）举办“上城档案助力五水共治——上城区水文化图片展”。拱墅区档案局（馆）举办“拱墅革命史”主题展览。余杭区档案局（馆）举办“纪念中国人民抗日战争胜利69周年档案史料图片展”。

【档案文化宣传教育】 6月，市档案局（馆）联合各城区档案局（馆）举办“国际档案日”广场宣传、档案服务进社区等系列活动，使档案走进百姓、服务民生。推进“家庭建档三年计划”，制发《杭州市家庭建档管理规范》，会同各区、县（市）档案局（馆）开展家庭档案进机关、进社区活动，分发专用档案卷盒，制作

“家庭建档知识普及”和“家庭档案成果展览”宣传展板，在各城区和县（市）进行为期2个月的巡回展出。萧山区档案局（馆）以中国曲艺家协会副主席、“牡丹奖”得主翁仁康家庭档案为典型，推广家庭建档工作。临安市档案局（馆）完成50余户“好家风”家庭建档工作，建立“家庭档案”近380盒。

上城区档案局开通官方微博和微信平台，发布微博160条、图文微信24次。萧山区档案局编制《档案法制宣传册》，与萧山日报社开展“我是‘兰台小令史’”活动。淳安县档案局与钱江晚报社合作开辟《老底片，新亮点》专栏。（乜登科）

·西泠印社·

【西泠印社概况】 西泠印社按照市委、市政府“光大品牌，做强产业”的总体要求，深化事业单位和国有企业体制改革，坚持文化事业和文化产业共同协调发展，在繁荣社会文化、拓展产业平台、构建文化体制等方面成绩突出。以“百年西泠·雅韵流芳”为主题，举办社团大型系列活动。西泠印社社友会开展两次纳新。西泠印社书画篆刻院举办两届名家工作室，积极发现、贮备和培养艺术人才。举办“西泠峰骨——纪念吴昌硕诞辰170周年暨西泠印社历任社长作品展”，发挥文物的教育宣传功能。《西泠艺丛》期刊由国家新闻出版广电总局正式批准创办。西泠印社集团经济运行总体平稳，营业收入22153万元，比上年增加2677万元，增长13.8%；净利润7817万元，增加149万元，增长1.9%。西泠印社紧紧围绕建设“江南艺术品业中心”的定位和产业升级的目标要求，以全面深化改革为动力，建立起“三重一大”决策制度，逐步完善了企业法人治理结构。西泠印社集团实施品牌保护和项目驱动战略，促进艺术与科技、艺术与金融相结合，在完善艺术品全产业链的基础上努力探索创意、设计等新业态，向艺术品产业注入新的价值，全面提高西泠印社产业的市场化、国际化、高度化水平。

【西泠印社深化体制改革】 2014年，西泠印社按照市委专题书记会议的要求，建立“1+3”管理体制，即在中共西泠印社党委的统一领导下，指导协调西泠印社社团、西泠印社社委会、西泠印社集团有限公司三大主体的统筹发展。市委组织部按照西泠印社机构调整和领导干部企业兼职清理的要求，调整西泠印社社委会和西泠印社集团班子。西泠印社党委按照“1+3”管理体制要求，梳理西泠印社社委会和西泠印社集团公司的职能，调整完善内部机构，实行人员分流，规范领导干部在企业兼职的行为，并完善西泠印社党委议事规则和西泠印社社委会主任办公会议议事规则。西泠印社集团制定并完善《总经理办公会议事规则》和《集团联席办公会议事规则》，规范重大事项决策行为，确保依法决策、科学决策、民主决策，健全集团公司法人治理结构。

【西泠印社发展26名新社员】 10月25日，西泠印社召开第九届理事会第二次会议，发展26名新社员（包括2名名誉社员）。其中，由理事会投票表决产生的2014年度推荐入社新社员19名，第四届“孤山证印”西泠印社国际印学峰会评选出论文获奖入社社员4名，社友会推荐入社2名，特邀入社1名。

【艺术人才队伍发现和培养】 2014年，西泠印社社友会以发现和储备艺术人才为目标，开展两次纳新工作，通过申请、推荐、专家审核评选等程序，43位新人成为西泠印社社友会2014年度会员，并开展了多次创作展览、艺术交流、鉴赏讲座、专业培训等活动。西泠印社书画篆刻院以培养艺术人才为重点，举办两届名家工作室，教学过程中注重对艺术经典的临摹和传统技法的讲解剖析，既融合现代艺术教育方法，又秉承艺术师承传统和理念，在“师徒授受”和“学院教育”之外走出了一条融合传统与现代的艺术教育新路径。

【“百年西泠·雅韵流芳”系列活动】 10月25日至11月26日，西泠印社在杭州图书馆、中国印学博物馆、星都宾馆等地举办甲午秋季雅集“百年西泠·雅韵流芳”大型系列活动。系列活动包括“百年西泠·雅韵流芳”当代国际书画篆刻名家精品博览、第四届“孤山证印”西泠印社国际印学峰会、当代金石学全形拓系列艺术活动等子项目，涵盖创作选拔、艺术展览、学术研讨、鉴赏交流等内容。系列活动将书画篆刻传统艺术的传承与普及相结合、艺术人才的选拔培养和专业领域的提升相结合。其中，10月25日在杭州图书馆开幕的当代国际书画篆刻名家精品博览，展出在书法、国画、篆刻创作领域的当代艺术名家作品400余件。第四届“孤山证印”西泠印社国际印学峰会于11月25~26日在杭州星都宾馆举行，收到海内外论文125篇，为历届峰会收稿数量最多的一次。

【甲午春季雅集系列活动】 5月14~15日，西泠印社组织沪杭地区社员百余人赴潘天寿先生故里、浙东古城宁海，举办潘天寿作品展、潘天寿诗词书法作品邀请展、西泠印社甲午春季雅集宁海书画笔会、童衍方艺术馆开馆仪式暨艺术作品展等活动，与宁海文化艺术界同道沟通交流，共同缅怀先贤。

【吴昌硕诞辰170周年纪念活动】 西泠印社社委会探索文物保护、研究和利用的新途径，结合纪念西泠印社首任社长吴昌硕诞辰170周年活动，3月，举办“西泠走进西溪——吴昌硕作品赏鉴”活动。7月30日至8月31日，西泠印社社委会与浙江美术馆、钱江晚报社等单位联合主办“西泠峰骨——纪念吴昌硕诞辰170周年暨西泠印社历任社长作品展”，共展出吴昌硕书画印作品230件，其他六位社长作品130余件，其中西泠印社提供藏品199件，接待4万多人次，延续了西泠印社服务公众、弘扬传统艺术的文化理念。以该主题展览为依托，发起以“向大师致敬”为主题的书法篆刻作品征集活动，征集印章51方，书法作品50幅。

【西泠印社学术刊物获正式刊号】 6月，国家新闻出版广电总局正式批准西泠印社创办《西泠艺丛》期刊（新编国内统一连续出版物号CN33–1393/J）。《西泠艺丛》由西泠印社社务委员会主办、主管。西泠印社首次拥有了与“国际印学研究中心”地位相匹配的学术阵地，有利于传承西泠印社高端学术研究，继承西泠印社学术办刊历史文脉，弘扬中国优秀传统文化。

【中国西泠网运营活动】 中国西泠网网络互动平台全年举办多项活动、展览、赛事的宣传工作。“网上文博会”在10月份杭州文博会期间举行，网络总访问量累计突破200万人次。实景展现4万方印章的线上3D立体展厅，线上线下拍卖实际成交总额达到1663.81万元，总成交率84.3%，达成100场拍卖合作意向，总额约3000万元。在线同步推出的杭州市首个艺术品金融理财产品“印石通宝”初步达成意向投资额8000万元。至年末，中国西泠网拥有注册会员4万余人，网站日均独立访问IP稳定在2700个左右。西泠印社及中国西泠网微博平台拥有关注者8万余人，西泠印社微信平台累积关注者1.6万人。

【西泠印社拍卖有限公司居全国同行业前列】 2014年，西泠印社拍卖有限公司总成交额25.35亿元，位居同行业全国第三。12月13~15日，在杭州黄龙饭店举行的西泠拍卖十周年庆典秋拍总成交率83.3%，居全国首位；成交额18.33亿元，创十年拍卖最高点。秋拍推出38个专场，其中青铜器专场成为第12个具有全国首届意义的新专场。西泠秋拍共办理号牌1400余块，新增买家500多位，黄龙商圈及武林商圈周边五星级和精品酒店订房率创历史新高，预展及拍卖期间出现一房难求的现象。

【艺术品鉴定评估中心成为民间收藏文物鉴定试点机构】 西泠印社艺术品鉴定评估中心受文化部委托，承接了艺术品鉴定行业规范课题研究项目，4月底基本完成。该项目旨在通过系统研究制订《艺术品鉴定评估行业规范》及从业人员规范、培训纲要等相关文件，建立鉴定评估行业规范标准，健全艺术品鉴定的监管体系。10月，西泠印社艺术品鉴定评估中心成为国家文物局批准的全国首批民间收藏文物鉴定试点机构之一，面向社会开展民间收藏文物鉴定工作。

【西泠印社出版社取得书法教材出版资质】 12月10日，西泠印社出版社的《书法练习指导》教材通过教育部教材审定。全国通过最终审定的出版社仅有11家，西泠印社出版社是浙江省唯一获得审定通过的出版社。《书法练习指导》由中国美术学院教授、西泠印社执行社长刘江领衔主编，著名书法家、西泠印社出版社社长江吟先生主持编写，西泠印社副社长李刚田、西泠印社理事、中国美术学院教授王冬龄、祝遂之担任副主编。教材的结构及编写思路，既展现出西泠印社的书法特色，同时也反映了学院派书法学习的专业性和系统性，把书写技法教学与书法传统文化知识紧密结合。具有自主知识产权的竹浆元素宣纸作为书法教材练习用纸在国内尚属首创。

（孔丹莹）

·文联与协会·

【杭州市文学艺术家联合会概况】 杭州市文学艺术家联合会（简称市文联）是中共杭州市委领导下的市级专业性人民团体和杭州文艺界的联合组织。市文联有文学、美术、书法、戏剧、摄影、音乐、舞蹈、民间文艺、曲艺杂技、电影电视等10个市级文艺家协会，拥有会员近8000人。下属基层单位有西湖杂志社、杭州画院、杭州国际文化会馆；市文联的团体会员除10个市级文艺家协会、7个区、县（市）文联之外，还有杭州钱塘戏剧研究社、杭州钱塘书画研究社、杭州市书画艺术研究会、杭州古都文化研究会等。

【文艺作品获奖】 据不完全统计，2014年，杭州文艺界获各类奖项370多个。在第23届奥地利特伦伯超级摄影巡回展中，房翔的《禅》获中国专题类金奖，汪建伟的《远方》获彩色幻灯片金奖。吴宗其的《看大戏》《角马过河》分获美国摄影学会国际摄影大赛旅游组PSA铜牌奖和绶带奖；贺勋毅的《家门口看大戏》获第五届PSAChina国际摄影大赛UPI金奖，《老有所乐》《理发师》获2014年美国摄影学会国际摄影大赛铜奖；范胜利的《我也要看》获第五届PSAChina国际摄影大赛画意组（PID）“儿童”主题铜奖，《潮水来了》获第十六届全国艺术摄影大赛金奖；陈夏梅的《大雁飞渡》获PSAChina国际摄影大赛画意组（PID）黑白UPI银奖，《祭祖》获第五届PSAChina国际摄影大赛旅游组（PTD）不限主题绶带奖，《禅茶》获中国摄影家协会第六届“雪花纯生·中国古建筑摄影大赛”铜奖。董其峰获第八届中国曲艺牡丹奖全国曲艺大赛新人奖，杭州摊簧《美丽的眼睛》获第八届中国曲艺牡丹奖全国曲艺大赛节目奖，潘晓炜、詹海洁分别获首届中国好故事（走马）邀请赛银奖、铜奖；谢群英、费鑫萍分别获第三届中国越剧艺术节优秀表演奖、优秀青年演员表演奖，冯小娟、朱丽君获第八届中国曲艺牡丹奖节目奖。舞蹈《行·禅》《哭嫁》分别入选中国舞蹈节第九届中国舞蹈“荷花奖”现代舞、当代舞“十佳作品”。原创青春校园剧《灰姑娘的梦》在第四届中国校园戏剧节中获“优秀剧目奖”“优秀组织奖”，葛诗敏获“校园戏剧之星”称号。舞剧《词风》获财政部文艺基金项目扶持。金国荣的官窑青瓷《冰裂牡丹系》《玉玲珑》分别获中国国际轻工消费品展览会轻工精品奖和文化创意银奖。《听风者》《焦裕禄》《国家命运》《推拿》入选第十三届全国精神文明建设“五个一工程”奖，《昆塔盒子总动员》被评为第二十届上海电视节白玉兰奖最佳中国动画片。

在第六届鲁迅文学奖评选中，杭州作家8件作品入围，门类涉及报告文学、诗歌、散文杂文和文学理论评论及文学翻译等五大类；麦家被中央组织部、中央宣传部、人力资源和社会保障部和科技部授予“杰出专业技术人才”荣誉称号。余华获意大利2014年度G.Acerbi文学奖。朱晓军长篇报告文学《天地良心——中国最美渔民郭文标》入选国家新闻出版广电总局培育和践行社会主义核心价值观主题出版重点选题。

【重点文艺创作】 2014年，市文联将“中国梦”为主题的文艺创作列入当年文艺创作重点。签约的作家和文学作品有：孙昌建的报告文学《浙江先驱者》，柏华英的报告文学《一代天骄》，陈博君的报告文学《中国

最美检察官》，孙侃的报告文学《最美爸爸》，朱晓军的报告文学《后陈村监委会》和《大山里的梦》，俞梁波长篇小说《村庄史》，陆春祥的杂文自选集《乐腔》，泉子诗集《湖山集》，朱炳仁诗集《七面来风》。签约的摄影家和摄影系列作品包括：吴国方的《老照片——排队》，王芯克的《高铁》，金华青的纪录片《贡秋回家乡》，朱炳仁的铜雕作品《中国山水铜印》等诸多创作项目。另有一批青年艺术人才的创作项目得到签约扶持和重点关注。

【“青年文艺人才发现计划”】 2014年，市文联继续推行“青年文艺人才发现计划”，完成第四批青年文艺人才的选拔工作。经过近半年的征询、调研、推荐、评审等环节，21名各文艺门类的青年被纳入第四批青年文艺人才库。杭州已累计培养134名青年文艺家。此外，市文联组织多批次青年文艺人才赴贵州、内蒙古和宁夏等地采风。

【五体书《五水赋》长卷首次展出】 9月28日，由市委宣传部、市文联组织辞赋家和书法家共同创作的“美丽杭州——江、河、湖、海、溪五体书《五水赋》长卷”在吴山广场首次亮相。《五水赋》书法长卷由著名书法家王冬龄题名，辞赋家尚佐文、钱伟强、何智勇、王翼奇、蔡云超等创作《东海赋》《钱塘江赋》《运河赋》《西湖赋》和《西溪赋》，由蔡云超、宋涛、羊晓君、韩祖耀、王小勇五位书法家分别以正、草、隶、篆、行五种书体创作书写。总长约80米的《五水赋》长卷，用富有古典韵味的赋体和俊逸灵动的书法，将“东海的宏阔、钱江的澎湃、运河的绵长、西湖的秀美、西溪的幽野”融于一卷。国庆期间，近10万市民在杭州图书馆观看《五水赋》长卷展览。作品已被杭州市政府收藏。

【“西湖六月中”大型造型艺术系列展示活动（第七届）】 7月初至年末，市文联推出第七届“西湖六月中”大型造型艺术系列展示活动，整个活动包括书法、美术、摄影和民间艺术四大板块。7月15日，由市委宣传部、市文联主办，市书法家协会承办的首届杭州书法艺术大展，征稿范围涵盖全杭州地区，共收到参赛作品800余件，经专家组严格评审，评出入展作品169件，入选作品142件，另有特邀作品50件。11月8日，第四届“杭州青年美术新秀选拔赛”在杭州画院美术馆推出展览，主题为“美丽杭州、精彩生活”，旨在选拔杭州市优秀青年美术人才，发掘美术新人。参赛选手年龄在18~40周岁，作品种类丰富多彩，包括中西各类画种，富有生活气息和艺术感染力。5月31日起，“重返单纯——吴山明执教50年从艺60年中国画展”在北京、杭州和浦江多地展出。展览分为“体==素照神”“笔迹墨痕”“淡者愈真”三个单元，汇聚了吴山明60年来所创作的中国画200多幅。10月28日至11月3日，由市委宣传部、市文联、余杭区委、余杭区政府联合主办，市美术家协会、杭州画院、杭州油画院、杭州西溪湿地公园（余杭）管委会办公室承办的“盛世西溪——油画作品邀请展”举行，展出70余位画家的100幅油画作品。“人间万象”——刘小平漫雕艺术论坛暨作品展由市文联主办，市民间文艺家协会承办，12月22日在杭州香山文创园刘小平根雕艺术馆举行。研讨会对刘小平的漫雕作品的艺术风格、审美价值等进行了讨论。中央电视台、浙江电视台等多家新闻媒体到现场采访。展览展出刘小平2011年以来创作的漫雕，包括巨型漫雕作品200余件。

【“杭州优秀文艺家丛书”出版】 9月，由市文联、市美术家协会、市书法家协会、市摄影家协会、市民间文艺家协会共同策划的“杭州优秀文艺家丛书”出版，丛书涵盖杭州市美术、书法、摄影和民间工艺等四个造型艺术门类的57位艺术家。每位艺术家独立成册，辑入了作者在国内外赛事中的获奖作品以及精心之作。如此成规模地整体推出杭州造型艺术家作品集，在杭州市文艺界尚属首次。这是杭州文艺界向中华人民共和国成立65周年献礼之作。

【全国名刊与杭州青年作家现场点评会】 7月7~9日，2014年首届“全国名刊与杭州青年作家现场点评会”在杭州、富阳两地举行。此次活动由杭州市文联、《西湖》杂志社、富阳市文联、富阳市作协联合举办，是市文联“青年文艺家培养计划”的一部分，来自杭州城区及富阳、萧山、淳安、桐庐等县（市）的25名青年作家的27篇作品，接受十家全国一流期刊主编、编辑的详细点评。《收获》主编程永新、《十月》主编陈东捷、《花城》主编朱燕玲、《小说选刊》主编王干、《中篇小说选刊》主编北北等多位全国名刊主编在点评后与作者展开深入的交流。

【话剧《活着》参演德国莱辛国际戏剧节】 1月，由市委宣传部、国家话剧院、市文联、杭州蜂巢戏剧文化有

11月20日，市文联组织的摄影展在新叶村文化礼堂举行，所有作品在展览结束后赠送给新叶村

（市文联 供稿）

限公司联合出品的话剧《活着》，应邀赴德国参加2014年北京柏林建立友好城市20周年一系列庆祝活动的开幕演出。话剧《活着》由先锋导演孟京辉执导，改编自知名作家余华同名小说，在汉堡塔利亚剧院和柏林德意志剧院演出四场。

塔利亚剧院成立于1843年，已有170多年的历史，是德国最重要的剧院之一。德意志剧院成立于1849年，也是德国的顶级剧院。能在这两家剧院演出，意味着剧目和剧团已具备很高的艺术水准。

【金荷奖·中国（杭州）青年影视剧本双年奖】 9月26日，由市文联主办的2014年金荷奖·中国（杭州）青年编剧影视剧本双年奖颁奖典礼在杭州举行。大赛自2013年10月启动，共收到来自全国各地的影视大纲165份，参赛作者大部分出生于1972~1993年。经过大赛评委的初审与复审，评出优胜大纲21部、获奖作品10部。其间，主办方还组织了作品推荐会、编剧训练营、展映、观摩等活动。

【“追寻佛的足迹——张望摄影作品北京展”】 9月11日，“追寻佛的足迹——张望摄影作品北京展”开幕。该展览由中国摄影家协会主办，市文联承办，为期14天。展出的近百幅作品涵盖张望15年佛教摄影的绝大多数精品佳作，包括半数以上首次正式发表的作品。这是张望继联合国总部展、世界文化大会展、尼泊尔展与德国展等国际高端展览之后，首次在北京举办大型展览。

【洛杉矶第三届中国摄影节】 美国当地时间10月18日，2014年美国“洛杉矶第三届中国摄影节”在洛杉矶文化艺术中心开幕。活动由杭州市摄影家协会和洛杉矶摄影学会共同主办，杭州市摄影家协会选送的60幅以宣传杭州为主题的优秀摄影作品在摄影节期间展出。其间，杭州市摄影家协会和洛杉矶摄影学会建立友好协作关系。

【中国杭州WDC-AL标准舞、拉丁舞世界公开赛】 8月14~15日，中国杭州WDC-AL标准舞、拉丁舞世界公开赛暨第五届亚洲舞蹈锦标赛在黄龙体育馆举行。此项赛事是国内三大A级舞蹈比赛之一，由世界舞蹈总会业余联合会、杭州市文联、远东国际标准舞职业教师协会联合主办。来自乌克兰、俄罗斯、白俄罗斯、马来西亚以及中国内地、台湾、香港、澳门等国家和地区的4000余名选手齐聚杭州，角逐各大奖项。

【文艺志愿者惠民服务】 市文联以“5·23”中国文艺志愿者服务日为契机，推出多场“特色农村文化礼堂文化惠民建设现场会”，10个文艺家协会与13家农村文化礼堂结对并签订服务责任书：杭州市戏剧家协会在富阳市大源镇蒋家村举行教学与成果展演，杭州市舞蹈家协会在余杭三角村举办首届村民舞蹈节，杭州市美术家协会打造“书画黄公望”活动品牌，杭州市书法家协会开展“一位书法家结对一所学校书法志愿服务活动”，杭州市作家协会举办“我的家乡我的梦”全市农村文化礼堂征文比赛，杭州市民间文艺家协会打造桐庐芦茨村“杭州剪纸之乡”。“到人民中去”品牌活动已被15个副省级城市及全国文联用作“5·23”文艺志愿活动共同品牌。春节前，市文联在临安锦南的上畔村和桐庐江南的荻浦村举行大型惠民文艺演出。

此外，市文联联合市委宣传部、市农村文化礼堂建设工作领导小组办公室和杭州日报社共同主办农村文化礼堂征文大赛和全市农村文化礼堂主题摄影展，记录、展示、宣传农村文化礼堂建设的丰硕成果。

【区、县（市）和行业文联工作】 萧山区文联、萧山区财政局联合设立优秀文艺作品（项目）扶持奖励专项资金和公益性文艺项目补贴；建筑面积2590平方米的“萧山文艺之家”投入使用；开通“萧山文联”政务微信、微博公众平台。余杭区文联拓宽文艺惠民的方法和路径，开展“送服务到农村文化礼堂”“美丽洲大舞台”“美丽洲故事会”等文艺惠民活动；曲艺杭州摊簧《美丽的眼睛》获第八届中国曲艺牡丹奖剧目奖，建成“江南文艺网”微信公众平台。临安市文联创作反映临安主要水系的文赋，其中《天目源赋》获浙江省百水赋征文活动二等奖；《美丽的上田我的家》获2014年浙江省“村歌”创作演唱大赛银奖。富阳市文联举办“公望富春”浙江省百名知名画家富阳采风写生及作品展、第三届郁达夫小说奖颁奖典礼，3件书法作品入选全国书法篆刻大赛，4件美术作品入选第12届全国美术作品展。

桐庐县文联举办“浙川四地书法展”“翰墨世家香飘画城——沙氏三代书画展”等10余项大型书画展，创作出版《通达天下》《严光与严子陵钓台》等作品。建德市文联建立首批“中青年文艺人才库”，成立建德公安文联、新安文化艺术研究院、市三国水浒文化研究会；实施“村会结对”，与10个村结对共建农村文化礼堂。淳安县文联把《千岛湖》文学杂志从半年刊改为季刊，开通“淳安文艺”微博、微信。市公安文联组建了建德、临安、江干等9个文联公安分会。杭州检察官文联于年初成立，围绕检察系统文化建设开展系列文艺活动。

此外，词楹联学会邀请辞赋家创作关于西湖、西溪、运河、钱塘江和东海的五篇文赋；古都文化文化研究会编辑出版《传承就是担当——杭州非物质文化遗产保护传承论坛文集》和《一个民间学术团体的十年回望》；钱塘书画研究社与《每日商报》合作，扩大对外宣传；西湖国际美术家联谊会举办“画说丝绸路、同播兄弟情”国际美术创作写生交流活动。 （王晓斌）

·新闻出版综述·

【围绕中心做强正面宣传】 2014年，杭州市宣传战线围绕中心、服务大局，牢牢把握正确舆论导向，坚持改革创新，弘扬主旋律，传播正能量，努力创新重大主题报道，积极引导社会舆论，为杭州经济社会发展提供舆论支持。

精心策划、积极宣传中共十八届三中全会、四中全会和市委十一届六次、七次全体会议精神，大力开展解放思想大讨论、“杭改十条”和发展信息经济、智慧经济等主题报道，为杭州市全面深化改革、推动高起点上的新发展营造浓厚氛围。围绕市委“一号工程”，《杭州日报》推出《发展智慧经济》《信息经济智慧经济在杭州》等专栏，杭州电视台综合频道开展历时3个月的“拥抱智慧经济，建设美丽杭州”大型新闻行动，运用系列报道、评论、典型宣传等多种形式，对市委的中心工作给予集中宣传，取得良好的宣传效果。围绕“美丽杭州”建设，市属媒体深入宣传杭州大力促进生态环境改善，提升群众生活品质，在建设美丽浙江、创造美好生活进程中发挥领跑示范带动作用的生动实践。

大力弘扬社会主义核心价值观，通过新闻、专题、栏目、访谈、公益广告等多种载体，对社会主义核心价值观24字进行宣传普及，提高群众的认知度。《每日商报》策划的“解读社会主义核心价值观，做生命中最有意义的100件事”大型全媒体活动，将国家的宏大命题与百姓的个体诉求相结合，取得较好的传播效果。在“7·5”公交车纵火案的新闻报道中，新闻媒体深入细致挖掘先进典型和感人故事，大容量报道杭州市民见义勇为、救死扶伤、尽职奉献的“最美”精神，深度剖析杭州作为道德高地的深刻内涵，使杭州“最美”精神又一次成为全社会的热议话题。

根据第二批党的群众路线教育实践活动的总体部署，积极宣传活动的进展和成效，宣传典型经验、典型人物。《杭州日报》、杭州电视台综合频道等市属媒体都对“走村不漏户、户户见干部”的寿昌经验以及临安板桥镇人大主席朱忠华的典型事迹做了深入报道。就杭州市大力推动文创产业化、产业文创化，加快建设全国文化创意中心的生动实践，市属媒体做了深入宣传。在第十届中国国际动漫节和第八届中国杭州文化创意产业博览会期间，新闻宣传内容丰富、形式多样、高潮迭起，为推动杭州市文化大发展大繁荣营造了良好的舆论氛围。

【舆论引导能力提高】 2014年，新闻媒体积极主动引导社会热点舆论，不断提升引导能力。在桐庐320国道槽罐车侧翻导致化学品泄漏、钱江新城地铁工地透水等突发事件中，主动、及时发布权威信息，积极回应市民关切，确保了舆情平稳。在“7·5”公交车纵火案的舆论引导中，及时挖掘凡人善举，提振社会正能量。在千岛湖引水工程、九峰环境能源项目、禽流感、公立医院改革、机场路改扩建、停车收费和水价调整等热点问题的舆论引导中，加强正面宣传引导，及时发布准确信息，加强政策解读，为社会和谐稳定发挥积极作用。

【媒体融合成效明显】 2014年，市委宣传部以全面深化改革为契机，深入推进媒体融合发展，并将媒体融合理念运用于重大主题报道，采取多媒体展示、多平台推送，使得重大主题报道更为实时互动、丰富多元。杭报集团坚持以新媒体集群、融媒体集群、多媒体集群、用户数据库“三群一库”为重点，推进“报、网、机”三大平台融合发展。杭州文广集团全力推进以杭州网络广播电视为核心的互联网平台建设，以“葫芦网”和“爱杭州”为核心的新媒体品牌影响力不断提升。

（刘兴河）

·报刊网络·

【杭报集团转型发展】 2014年，杭州日报报业集团（以下简称“杭报集团”）坚持以中共十八届三中、四中全会和市委十一届六次、七次全会精神为指引，弘扬主旋律，打好主动仗，守好主阵地，推进重大主题报道、舆论引导、媒体融合发展、作风建设等重点领域的改革创新，为推动杭州在高起点上的新发展提供有力的思想保证、舆论支持和精神动力。

杭报集团把学习好、宣传好、贯彻好中共十八届四中全会精神作为重大政治任务抓紧抓实抓好，“聚焦四中全会”等系列报道话改革成果，绘创新蓝图。《学习贯彻四中全会精神，全面推进依法治国》等理论专栏强化理论引导，切实发挥好精神引领作用，强调坚持走中国特色社会主义法治道路，以法治守护公平正义的核心价值，用法治为全面深化改革保驾护航的理念，并由此引申出《法治中国的杭州实践》《法治中国·四中全会公报解读》等专栏，从杭州本土的角度出发，对十八届四中全会精神进行解读，述说杭州的亲身实践样本。

杭报集团紧紧围绕“高举旗帜、围绕大局、服务人民、改革创新”的总要求，配合党委政府中心工作，全力以赴为杭州转型升级创造良好氛围。各媒体着力提升主题报道的策划能力、统筹能力、创新能力，全年精心策划“杭改十条”“杭法十条”“五水共治”“三改一拆”“三还于民”，以及智慧经济与信息经济“三转一争”大讨论、治气治堵、垃圾处理、反腐倡廉、西博会、动漫节、杭商大会、世界互联网大会等约30项重大主题报道。

全年省市领导共81人次对杭报集团采编工作做出肯定和表扬，省委宣传部、省新闻出版广电局报刊阅评共计10次对杭报集团宣传报道工作给予专题表扬。杭报集团还获得“2014年世界媒体500强”“亚洲名优品牌奖”“中国品牌行业10强”“中国自主品牌成长100强”和“省数字出版转型示范单位”等称号，品牌影响力大幅提升。在2013年度浙江省新闻奖评比中，杭报集团获得4个一等奖，11个二等奖，12个三等奖，《我们的价值观》栏目获评省级名专栏奖。《都市快报》摄影记者陈荣辉拍摄的作品《圣诞工厂》，获第五十八届世界新闻摄影比赛（荷赛）当代热点类单幅二等奖。在2013年度杭州市综合考评中，杭报集团在全市71个参评单位中脱颖而出，首度获评杭州市优胜（满意）单位。杭报集团被省委、省政府授予“2004～2013年度省级平安创建工作先进单位”，是杭州市两个获得此荣誉的市直单位之一。

【杭报集团借壳上市成功】 11月27日，中国证监会正式下文批复同意杭报集团借壳上市项目。至此，历经1年零3个月，杭报集团成为国内第3家实现传媒经营性资产整体上市的党报集团，“华媒控股”亮相深圳证券交易所。杭报集团以借壳上市为契机，以建设“全国一流现代文化传媒集团”为目标，自觉融入市委、市政府“一基地四中心”战略导向、产业导向和城市发展方向，积极争取政府资源和政策扶持，打造“以现代传媒集群为核心平台的城市生活服务商”，努力争当智慧经济先行者。杭报集团提出的“城市生活服务商”概念，主旨是服务“城市生活”，重点是为市民提供信息资讯、文化消费、社交服务等城市生活服务。同时立足于传统优势——资讯服务，积极拓展延伸会展活动、文化、艺术、理财、旅游、教育、培训等服务。

11月27日，中国证监会批复同意杭报集团借壳上市。图为杭报集团浙江华媒控股股份有限公司成立庆典
（杭报集团 供稿）

【“四位一体”报道重大主题】 杭报集团积极采用“时代化”的操作手法，赋予重大主题报道以时代特色，体现与时俱进理念，在传达党委、政府声音的同时，用生动、丰富、令人亲切、愉悦的传播方式，着力解决重大主题报道模式化、程式化、说教化等问题，提升传播力、引导力、影响力，提高重大主题报道的质量和水平，进一步巩固党报作为主流媒体的宣传效应。同时，不断完善报道方式，采取专栏、专版、评论、理论文章等“四位一体”同步推进的方式，加大报道频度、挖掘报道深度、拓展报道广度、增强报道厚度，营造强大宣传声势。还综合利用“纸媒、网络、移动终端”三合一融媒体平台与“四位一体”联动，推动重大主题报道的多媒体发布、立体化呈现，使之更加符合现代传播规律，提升报道到达率。

【聚焦“杭改十条”宣传】 针对杭州市深化改革、创新发展的主要任务和重大举措——“杭改十条”，杭报集团坚持统筹安排，精心策划，“杭改十条”系列专栏深入解读改革举措，《深化改革 创新发展》《走基层——改革新征途》《热点热议》《杭改十条进行时》等栏目大处着眼、小处着手，为深化改革、创新发展凝聚强大合力。《聚焦“杭改十条”》专栏将镜头对准杭州在深化改革、创新发展过程中的新举措、好经验，为杭州实现高起点上的新发展凝聚更多的能量。《2014浙商“马上谈”》等专栏，浓墨重彩宣传经济社会发展呈现的稳中向好态势，为打造杭州经济升级版助威呐喊。《一理一论·全面深化改革系列·大力发展“三大经济”》《实业兴市·企业的新机会》等专栏，讲述杭州企业在“杭改十条”大背景下的机遇。

【助推“一号工程”智慧经济】 2014年是全面深化改革的开局之年，为更好地推动全市各项重点改

革任务的落实落地，为全面深化改革、全力推进“一号工程”营造浓厚的舆论氛围，杭报集团精心谋划、周密部署、全力以赴，围绕创新发展、率先发展、科学发展主题，持续在重要版面、显著位置推出发展信息经济、智慧经济的报道，《发展“智慧经济”》《信息经济智慧经济在杭州》《信息经济·智慧经济的杭州样本》《智慧经济的杭州实践》等15个专栏专题，600余篇相关报道，形成全方位立体宣传声势。

《杭州日报》围绕全市重点改革任务，撰写《为全面深化改革发力》等多篇评论文章，《阿里在美上市给杭州带来什么》《小镇大梦想》等改革进展重点报道、典型报道、系列报道，描述各行业全面深化改革的机遇与实践。《都市快报》每周选取一个典型企业、人物或行业进行报道，全面深挖杭州运用信息技术发展智慧经济的做法举措。《每日商报》推出《杭州机会》（秋季版）手册，全面系统地介绍杭州在以智慧城市建设为抓手的转型发展中，所产生的新一轮杭州机遇。

【“三转一争”主题报道】 杭报集团坚持围绕“转理念、转作风、转方式，争先进位、走在前列”主题，精心策划组织做好“三转一争”报道，大力宣传各地各部门努力破解难题、打好全年“收官之战”的创新思路、举措和成效，进一步在全市上下掀起全民参与、上下同欲、创新改革、再创新业的新热潮。《杭州日报》的品牌栏目《民情速递》推出2万多字的《盘点2014过硬的民生实事》系列报道9篇，以典型事例反映重大民生工程成果、以感人细节展现为民理念、以评论为“三转一争”提炼示范样本，通过一个个鲜活而具体的事例和画龙点睛的评论，为推动更多人加入“三转一争”行列，提供了示范样本。

【“美丽杭州”宣传】 杭报集团坚持全市上下共同参与原则，着力宣传各地和各部门的新理念、新思路、新举措，放大“美丽杭州”建设实践成果。“五水共治”宣传声势浩大，《五水共治特别报道》大力宣传各地各部门坚持“五策并举”的成效和经验，探索主流媒体服务“打赢治水攻坚战”的新途径。“三还于民”宣传集中推进，在严肃整治“会所中的歪风”暨“还湖于民、还园于民、还景于民”专项行动中，开辟专栏集中宣传、深入解读、加强评论，及时公布关停进展，注重典型挖掘，展现全市坚决惩治会所歪风和“三还于民”的决心和信心。治堵报道强化正面引导，各媒体精心策划，重兵投入治堵报道。《杭州治堵进行时》等栏目高频度推出，宣传治堵成果，搭建市民百姓与职能部门间的沟通桥梁，及时解读治堵举措，引导市民理性看待。特别是在车辆“双限”报道中，通过大体量宣传报道，为绿色出行鼓与呼。“三改一拆”报道注重展示成果，各媒体推出的《拆出了空间，赢得了民心》等报道及时发布“三改一拆”的工作进度，开设的《“三改一拆”在行动》等栏目常态化报道各地破立并举建设美丽新家园的经验成效，树立正面典型。“运河申遗”报道全媒体联动，杭报集团坚持报网互动播报运河申遗成功这一重大事件，推出《运河申遗特别报道》等专版，全景展示杭州运河保护成果，为杭州打响城市品牌，推动建设国际风景旅游城市营造氛围。

【社会主义核心价值观宣传】 杭报集团各媒体把社会主义核心价值观宣传作为重要职责使命，摆到突出位置，各媒体持续高频度推出《我们的价值观·大型报网互动思辨论坛》专栏，紧紧抓住世界观、人生观、价值观的“总开关”，在全市牢固树立中国特色社会主义共同理想，着力铸牢精神支柱。发挥好媒体的主渠道、大平台、大课堂作用，形成典型宣传常态，进一步深化社会主义核心价值观典型宣传。《发现最美杭州人》栏目不断提升报道的质量和深度，多篇“最美”报道被中央媒体推向全国；《解读社会主义核心价值观24字，做生命中最有意义的100件事》栏目将宏大命题落地传播，弘扬主旋律，传递正能量。杭报集团各媒体在具体化、系统化上下功夫，在贯穿结合融入、落细落小落实上下功夫，进一步巩固价值观宣传主力军、主渠道、主阵地的地位，受到省委常委、省委宣传部部长葛慧君的批示表扬。

【现代传媒集群构建】 杭报集团为确保媒体融合的正确方向，积极推动“报、网、机”三大平台融合发展，加快构建包括新媒体集群、融媒体集群、多媒体集群在内的“现代传媒集群”，以改革创新的思路，努力做好6个坚持：坚持以价值为魂，持续增强媒体的公信力；坚持以内容为王，持续增强媒体的影响力；坚持以渠道为先，持续增强媒体的传播力；坚持以用户为上，持续增强媒体的引导力；坚持以人才为本，持续增强媒体的竞争力；坚持以管理为要，确保媒体融合的正确方向。截至年末，杭报集团主要媒体运营官方微博账号40余个、官方微信账号153个、移动客户端16个，其中《都市快报》官方微信影响力稳居全国前10位。

【采编流程融合转型】 杭报集团各媒体积极组建全媒体新闻中心、实时新闻中心、多媒体演播中心等，以方便实施采编流程再造，加快媒体融合步伐。《杭州日报》以全媒体播报的模式，引领媒体融合走向成熟；《都市快报》成立即时发布中心，体现“第一发布、优先发布、优质发布”水准；《萧山日报》基于全媒体集群平台，对采编团队进行融合重组，打造五大“全媒体中心”，为全媒体运作常态化提供制度保障。《杭州日报》构建的全媒体中心，在内容采集环节，着力解决热线组、记者组、后方编辑组和一个24小时响应的信息交集平台的关系。在发布渠道环节，各平台编辑组的职责有统有分，生产出各种终端新闻产品——在网站、移动客户端、报纸等多终端发布。从而实现新闻资源的一次开发、多次生成，全天候、全方位、立体化实时传播。

在“7·5”公交车放火案的报道中，放火案发生10多分钟后，《杭州日报》官方微博即发布了第一条新闻。随后，通过全媒体中心值班主任的协调，杭报在线、官方微博、官方微信、手机报、“城市通”立即响应，按时间纵向记录事件发展全过程，动态直播事件经过和救援情况，发自《杭州日报》全媒体平台的信息被《人民日报》、中央电视台新闻频道、凤凰卫视、江苏卫视、东方卫视等媒体大量引用，抢占“第一落点”，发出“第一声音”，并第一时间提炼“最美”主题，从突发事件一开始就牢牢把握话语权，成功引导舆论走向。

【采编技术手段创新】 杭报集团努力创新采编技术手段，有效推进媒体融合，杜绝媒体融合报道中的新闻简单“搬运”现象。《都市快报》推出“航拍浙江”项目，借助新媒体渠道开展“美丽杭州”“五水共治”“杭州市民摄影节”等大型主题宣传，其中一组航拍杭州四季的照片，通过《都市快报》及所属快拍快拍网、快报官方微信发布，先后被人民网、《中国日报》、凤凰网、新浪网、腾讯网、百度贴吧等3000多个微信公众号转载发布。在昆山特大粉尘爆炸事件中，面对各大媒体被限制进入现场，无法获得第一手现场素材的难题，《都市快报》利用航拍技术，获得第一手影像素材，进行融合报道。中央电视台数个频道报道昆山粉尘爆炸事故时，先后采用了该航拍视频。

【媒体融合报道卓有成效】 2014年，《杭州日报》的 “城市通”、《富阳日报》的“无线富阳”、《萧山日报》的“无线萧山”等新版客户端正式上线运营，包含移动传播、移动服务、移动营销的全媒体产品线进一步丰富和巩固，融媒体报道卓有成效。《都市快报》全媒体平台建设继续处于全国前列，“好奇实验室”成为国内影响力最大的科普实验求真视频节目，《都市快报》新浪官方微博的“粉丝”数超过265万人，相当于再造两份《都市快报》。设立仅1年半的《都市快报》官方微信日均图文阅读量达58万人，日均转发次数为4.46万次。在业内权威的“新媒体影响力排行榜”上，《都市快报》官方微信连续数月排名前10位。“19楼网站”注册用户达到4620万人，全站日均发帖量204万个，日均访问量超过5550万人次，中国网站排名第89位，全球互联网ALEXA排名第509位。《杭州日报》“城市通”移动客户端用户数逾16万人，位居杭州地区附近搜索排名前列。

【主业纸媒产业升级】 杭报集团大力构建现代传媒集群，坚持夯筑“基石”，做强做好纸媒基础产业。《杭州日报》1月1日率先改版，旨在突出内容和表现形式创新，整合新闻资源，优化内容配置，挖掘报道内涵，扩充传播外延，做精重要新闻，做深深度报道，做强民生新闻，做活品牌版面，力求“以严谨体现全国一流，以悦读表现最具品位”。《都市快报》在新年伊始全面改版之际，推出全新新闻产品“漫阅读”周刊，打造学习型城市建设的新平台。《富阳日报》在4月完成假日刊以及正报的改版，改版以“融媒体”为核心，强化本地新闻，加上新的版式、新的规范，报头设计加入了《富阳日报》官方微信的二维码、富阳新闻网的网址，以及新闻热线号码，以期提供读者与报纸的各种联系渠道；各个版面也尽可能体现融媒体元素，如提供二维码链接、利用新媒体与读者互动等；设置专门的融媒体版面，推出《富报E客厅》等栏目。

6月9日，杭报集团在第三届中国品牌年会上获得“中国自主品牌成长100强”称号 （杭报集团 供稿）

【评论质量提升】 杭报集团高度重视和切实加强言论、评论、理论工作，把评论言论作为主流舆论引导社会舆论的最直接工具。每当市委做出重大决策、重要部署，或者发生重大新闻事件时，及时配发社论、评论；巩固提升《吴山时评》等言论品牌栏目，围绕市委、市政府的工作重心和老百姓关心关注的热点难点问题，加大社论和本报评论员文章的频率，并做到超前策划部署，着力提升质量，积极解疑释惑，平和社会心态，引导社会舆论；积极营造全报社重视评论、做好评论的良好氛围，专门召开言论工作研讨会，杭报集团总编辑、副总编辑带头写社论、评论，面向全国公开招聘优秀评论员，有效带动时评、短评、点评在党报各版面“全面开花”；邀请市委办公厅、市委政研室的负责人和兄弟报社的评论员，就做大做强党报的评论工作“把脉开方”。2014年，杭报集团省新闻名专栏《吴山时评》实现扩容，还打造了《西湖评论》《一理一论》等评论新品牌。

【公益活动体现媒体责任】 2014年，杭报集团充分利用主流媒体的权威性和公信力，坚持核心价值导向，不断推出各类公益活动，大力弘扬中华民族传统美德，发挥主流媒体的示范引领作用。杭报集团所属媒体常设的公益栏目和活动超过30个，组织的“拯救民勤·绿色传递”“都市快报爱心读者免费午餐”“中国乡村儿童大病医保开化项目”“洒下滴滴汗水带走缕缕书香”“圆梦100 快公益”等公益活动总数超过170场次。各媒体丰富公益活动的内涵外延，打造公益品牌，提升影响和引导舆论的能力。

【《城乡导报》更名】 经国家新闻出版广电总局批复，同意《城乡导报》更名为《余杭晨报》。《余杭晨报》国内统一连续出版物刊号为

CN33-0113，办报宗旨和业务范围不变。12月10日，《余杭晨报》正式与读者见面，更名的第1期出版了156版。

【杭报集团打响会展业品牌】 10月30日至11月2日，由《杭州日报》、杭州日报传媒有限公司承办的“2014年中国（杭州）国际电子商务博览会”，吸引“阿里巴巴”“微软”“亚马逊”“思科”“尼尔森”“京东”“网易”“顺丰”等一大批国内外知名互联网、电商、物流企业参加，参会人数超过13万人。《都市快报》承办第七届杭州艺术博览会，观众达3万人次。《杭州日报》的“电博会”、《都市快报》的“艺博会”、19楼网站的“婚博会”和“家博会”、《每日商报》的“老博会”等重点会展成功举办，打响了杭报集团的会展品牌。

【文创产业上台阶】 杭报集团以萧山文创大厦、富阳阳光文化创意大厦、临平新天地文创园为文创工作重点，不断加大文化产业投资力度，以期壮大文化产业。萧山文创大厦项目完成过户登记手续与招标设计，成为杭报集团跨江发展的重要战略基地。历时3年建造的富阳阳光文化创意大厦年末顺利竣工。临平新天地文创园一期招商实现90%可租面积入驻，其中文创八大类行业入驻面积占68%，文创企业数量占55%，一个有文创特色的商业街区布局基本完成，成为杭州市社会资源国际旅游访问点实践基地。

【户外广告经营】 杭报集团扶持培育户外广告业务，重点支持浙江风盛公司加强对外合作和战略整合，开展横向协作和跨区域发展，迅速提升杭报集团户外广告的整体影响力和竞争实力，成效显著。风盛公司地铁广告经营取得突破性进展，经公开招投标，获得杭州地铁2号线东南段、4号线首通段广告资源经营权项目，为公司乃至杭报集团户外媒体战略发展储备了优质平台资源。城市户外媒体经营稳步发展，集中开发一批工地围挡、墙面等小型户外资源，采购机场户外高架等一批适销、合规资源。由于单个项目体量小，去化速度快，上画率高，实现较高的项目利润。富阳阅报栏项目已获得实质性进展，完成首批15座阅报栏投建及第2批座阅报栏的点位审批，项目公司已在前期筹建之中。

【盛元印务产业结构优化】 2014年，杭报集团盛元印务有限公司（简称盛元印务公司）包装印刷份额继续扩大，“元祖”“欧莱雅”“美宝莲”“卡尼尔”“科颜氏”“兰蔻”“理肤泉”等品牌包装订单大增。积极开发数码印刷手机APP，自主开发“abook原创”APP应用，并于11月正式在“苹果”手机应用商店上线，实行线上下单、物流送货的电子商务业务模式。盛元印务先后通过G7国际认证、ISO 9001认证、环保部环境标志绿色认证、ISO 14000环境体系认证、FSC森林认证和ISO 18000职业健康体系的监督审核，并位列“中国印刷企业100强排行榜”前50名。在上海印刷大奖评比中，盛元印公司务获得两枚银牌、一枚铜牌的好成绩。

【发行网络助推物流配送】 杭报集团每日送电子商务有限公司（简称每日送公司）全力破解分拣瓶颈，通过仓库搬迁、分拣外包等手段，改善硬件环境，抢占市场份额。同时改造提升生鲜物流链，进军冷链配送市场，质量得到市场认可。每日送公司扩大业务范围，承接“天猫超市”“当当网”等电商落地配送业务和“淘点点”等城市生活物流，日均单量超1.5万件，服务质量多次受到上游合作伙伴表彰。“双十一”期间，最高日单量超3.5万件，绝对准点率高达98.9%，位列华东首位、全国第4位，凸显发行网络转型优势。同城配送的高速增长，成为新的利润增长点。每日送公司成立O2O营销事业部，通过与商家合作，采取线上下单、线下体验或线下预订、上门配送等方式，推出“好茶季”“端午季”“优德电子产品代理”“大闸蟹促销”等主题活动。

【艺术品项目形成产业链】 杭报集团依托《都市快报》的影响力，加强与知名艺术家、高等院校和艺术产业机构的战略合作，建设上规模、有档次、多渠道的艺术品项目，全面进入艺术品市场，形成“创作、产品开发、展览、零售、基金、美术馆”等完备架构和完整产业链。其中，举办的杭州市第六届艺博会，拥有6大主题展、4个邀请展，规模为历年之最，超写实主义大师冷军的作品首次亮相杭州；第三届杭州“壹加艺”艺术节，销售各类艺术品143件，并开设“快意微拍”微信拍卖项目，成交活跃；与浙江画院共同设立的“陆俨少艺术奖”，形成了一项具有全国影响的权威专业艺术活动；白马湖展区的“第四届杭州居室版画展”获2014年度杭州文博会“最佳策展奖”；与新华浙江大宗商品交易中心共同打造国内首个版画艺术品电子化交易平台——新华都市国际版画中心，是继2013年推出版画艺术品基金后，又一个艺术品金融创新的大项目；与“金彩画廊”合作，成立杭州如果艺术品有限公司，拓展艺术衍生品项目，产品入驻西湖银泰商场售卖；武林路艺术2号馆、小河路“快意空间”全年推出40余场主题展览，提升了快报艺术品展售窗口的知名度。

【杭报集团干部队伍建设】 杭报集团党委在干部选拔任用工作中，专题学习新颁布实施的《党政领导干部选拔任用工作条例》以及《关于完善竞争性选拔干部方式的指导意见》等组织工作政策文件，严格执行组织工作纪律，规范程序，提高选人用人公信度；创新办法，深化干部人事制度改革；健全机制，切实加强对干部的监督管理等工作，为杭报集团确保正确的舆论导向和各项事业的健康发展提供坚实的组织保障。

根据杭报集团上市的需要，制定并实施切实可行的员工安置方案，妥善做好经营人员和采编人员分离工作，努力做好上市公司高管团队和职能部门架构的搭建、社保管理的规范等工作，为上市打好内部基础。

【杭报集团新闻队伍建设】 杭报集团以开展马克思主义群众观、马克思主义新闻观“两观”教育和“三转一争”为抓手，各媒体通过各种形式的学习培训载体，加强新闻队伍建设，推动领导干部作风、采编人员行风转变，提升队伍凝聚力、战斗力。

杭报集团开展打击新闻敲诈和虚假新闻专项行动，1028名在职采编人员签订承诺书；在全面剖析采编工作风险点基础上，通过抓学习、抓教育、抓自律、抓整改、抓典型、抓长效，整顿采编队伍中的不正之风，营造守法、守规、守责的良好从业氛围。持续开展“总编走基层，领导到一线”活动，不断巩固和深化“走转改”活动成果。

杭报集团继续与国内外著名高校合作开发培训项目，开设高层次研修班。与清华大学合作，组织为期6天的杭报集团上市公司高管特训班。与美国密苏里新闻学院合作，进行大数据的专题培训。先后4次组织40多名员工参加浙江大学传播大讲堂的专题讲座。根据新闻出版广电总局的要求，组织1028名新闻工作者，进行6个专题培训，进行新闻记者证换证考试和公示。开展马克思主义新闻观教育培训，邀请有关专家到杭报集团举办专题讲座。（郑　霞　何　斌）

·广播电视·

【创新引领广电事业】 2014年，杭州文化广播电视集团（简称杭州文广集团）紧紧围绕广播电视、文化演艺、产业经营三大板块发展任务，把握正确导向，繁荣文艺创作，促进产业升级，为杭州在高起点上的新发展做出应有的贡献。

创新主题报道巩固新闻宣传阵地。集团所属各媒体创新内容、创新手段，进一步加强重大主题报道统筹和媒体联动力度，以综合频道为主载体，形成了“三个一小时，打造杭州好新闻”的良好格局。全年策划推出依法治国、全面深化改革、“五水共治”、“一号工程”、“三转一争”、“我们的价值观”、“美丽杭州”建设、“四治”攻坚战、运河申遗、动漫节、西湖博览会等重大主题报道30余项，受到市委、市政府主要领导的肯定。

创新舆论引导正确把握时、度、效。集团积极引导各频道（率）牢牢树立把关意识、责任意识和政治意识，杜绝导向偏离、价值缺失、责任失守等问题。面对“富春江水污染事件”“杭州限牌和首次竞价摇号”等突发事件及社会热点，以直播、评论、网络专题等多种方式，第一时间发布权威信息，正确引导社会舆论。在“7·5”公交车放火案发生后，集团各媒体第一时间推出直播和专栏，及时报道最新进展，展示普通市民凡人义举，正面引导社会舆论，扩大“最美杭州人”在全国的影响。

创新问政形态，强化舆论监督成效。电视综合频道积极筹备全媒体栏目《今日关注》，围绕全市中心工作和群众关注的重大民生问题、城市管理的重点议题，开展舆论监督。《民情观察室》在数十个社区成立“社区民情观察室”，以便快速收集社情民意。生活频道《市民监督团》推出“文明监督眼”和“公德调查”版块，监督交通违法和公共场所不文明现象。杭州新闻广播电台《民情热线·第一调查》，围绕重点民生和党风政风投诉展开深度调查，推动问题解决，打造杭城广播界“舆论监督”第一品牌。杭州文广集团与市纪委合作的“公述民评”电视问政场次增加到5场，并首次实现电视、网络同步直播，进一步增强舆论监督效果。

2014年，杭州电视台综合频道推出全媒体栏目《今日关注》，打造“杭州舆论监督第一品牌”（杭州文广集团 供稿）

创新活动载体打造公益宣传品牌。继续加大爱心公益品牌活动的打造力度，电视综合频道“杭州道德模范（平民英雄）”评选、西湖明珠频道“开心茶馆——我们的价值观”特别节目、生活频道“生活像花儿一样”绿满杭城行动、影视频道“夕阳红的春天”、少儿频道“美德少年”评选、杭州电台关注“星星的孩子”自闭症影片展播、杭州新闻广播电台“我们读诗”、西湖之声广播电台“快乐六一听见爱”蒲公英爱心行动、交通经济广播电台“幸福的士牵手基金”、时尚周末“恩爱秀出来”爱情公益活动等，均围绕“美丽杭州，与爱同行”主题，积极传递社会正能量。杭州文广集团执行举办世界杭商大会，参与杭州成功申办2018年世界短池游泳锦标赛，发挥了区域性强势媒体服务政府中心工作的作用。

创新精品生产提升创优夺奖实力。杭州新闻广播电台《连线快评》栏目获第二十四届中国新闻奖一等奖，这是全国城市电台中唯一获得中国新闻名专栏的栏目，也是杭州广播史上获得的首个中国新闻奖一等奖。电视综合频道系列报道《“最美司机”吴斌》继获得中国新闻奖一等奖之后，再获中国广播影视大奖，少儿频道《妈妈早点到》获全国优秀少儿电视栏目一等奖。杭州新闻广播电台录制的歌曲《人民在我心中》、西湖之声广播剧《满天都是小星星》获省“五个一工程”奖。各频道（率）、周报获得“金长城传媒奖”“中国品牌媒体百强”“最具品牌价值城市电视频道”等全国性奖项约30个。集团广播电视作品全年共获得省级奖项63个。

创新互动合作扩大杭州对外影

响。加强与中央电视台浙江记者站以及浙江卫视、中央电视台新闻频道等平台的合作与互动，通过共同策划选题、大事件联动等方式，全年在中央人民广播电台发稿35篇，在中央电视台发稿262篇，其中《新闻联播》栏目发稿15篇。在美国国际卫视（ICN）、澳洲天和电视台、中国黄河电视台等涉外媒体平台送片播出98部（集）。

创新媒体融合加快传播平台打造。杭州网络广播电视台与集团所属各媒体积极开展台网联动直播，扩大主流网络媒体的影响力。围绕杭州“智慧经济、信息经济”建设规划，打造“爱杭州”城市媒体公众服务平台，“爱杭州”移动客户端用户超过23万人，“葫芦网”影响力居全国3000家广电同类网站第6位。积极推进全省城市台融媒体联合运营，杭州网络广播电视台与绍兴等地网络广播电视实现平台联合与运营联动。各频道（率）拥有微信公众平台数量约30个，构建了“1+N”微信矩阵模型。

【杭州新年音乐会】 由市委办公厅、市政府办公厅主办，市委宣传部、杭州文广集团承办的2014年杭州新年音乐会，于2013年12月31日在杭州大剧院举行。新年音乐会由杭州爱乐乐团担纲演出，杨洋担任指挥。新年音乐会彰显“公益特色、杭州特色、民族特色”，喜庆热烈、雅俗共赏。全场演出8个曲目，既有《我爱你中国》《江南谣》等耳熟能详的中国歌曲，也有大型交响套曲《音诗》选段等爱乐乐团最新创作的曲目。杭州越剧团的五朵“梅花”与爱乐乐团一起，以“交响乐+越剧”的崭新形式，同台演绎《梁祝》等经典越剧唱段。两首交响乐作品《意大利随想曲》和《达夫尼斯与克罗埃》第二组曲，以浪漫优美、热情洋溢的曲风，为音乐会划上一个典雅、欢畅的句号。电视综合频道连续4年圆满完成新年音乐会直播任务。

【“美丽杭州”新年祈福活动】 2014年元旦来临之际，杭州电视台影视频道传统品牌活动“跨年祈福系列活动”进行4个多小时的精彩直播，陪伴杭州市民度过一个祥和幸福的跨年之夜。“美丽杭州祈福2014”大型跨年特别节目设置多点连线直播，展现各点迎接新年的盛况。省委常委、市委书记龚正和幸福市民代表一起，向杭州市民送上新年的美好祝愿。零点时分，杭州市代市长张鸿铭同市民代表一起，在净慈寺敲响祈福杭州的钟声。“美丽杭州祈福2014”大型跨年祈福系列活动历时一个多月，集团各频道（率）新闻栏目共同推出“幸福生活”系列专题报道，展现美丽杭州人的精神风貌。

【社区“民情观察室”挂牌】 1月11日，杭州电视台综合频道首个“社区民情观察室”在湖滨街道晴雨工作室挂牌成立。这是《民情观察室》栏目为进一步收集社情民意，关注社会热点，回应百姓呼声，将节目从线上向线下延伸的一种尝试，也是频道提升城市台本土化和终端化优势的一大举措。市民可以通过设在家门口的“民情观察室”直接反映问题，提供新闻线索、寻求帮助、表达观点。在挂牌仪式上，综合频道为20位在《民情观察室》节目中表现出色的观察员颁发荣誉证书，并计划在城区成立50个“社区民情观察室”。

【杭州电视节目亮相美国SCOLA电视网】 3月，应美国SCOLA卫星教育电视网的邀请，杭州电视台综合频道精选一批反映杭州城市人文风光的专题节目，在美国SCOLA电视网推出的“中国月”宣传推广活动期间播出。SCOLA频道及其新媒体平台Facebook、Youtube、Twitter、Linkedin、Google Plus等社交网站上，以视频、图片、文字等形式，向世界展示杭州优美的自然景色和悠久的历史文化。

【《社区服务台》栏目为养老服务】 2014年，杭州电台联合上城区政府、下城区政府共同打造的《社区服务台》栏目开播。节目每周一至周日10时至10时30分播出，与杭州市900余个社区结成网络。求助者可以给栏目拨打热线电话诉说求助内容，社区工作人员通过系统了解求助内容后马上就近上门，进行针对性的帮助。节目邀请各方人士对居家养老中遇到的共性问题，进行深入分析，讨论寻求解决之道，并分享各社区在开展居家养老工作中的先进经验，真正为政府分忧，为百姓解难。

【“求索纪录”高清频道开播】 3月20日，经国家新闻出版广电总局批准，杭州广播电视台开办的“求索纪录”高清付费频道正式开播。该频道由华数集团负责整体运营，每天编排5小时以上的新节目，涵盖自然、科技、历史、探险、文化等领域，全天24小时滚动播出，汇聚全球顶级纪录片制作团队的精品和国内中央电视台、中央新闻纪录电影制片厂、北京科学教育电影制片厂等知名制作单位摄制的经典优秀纪录片。利用华数集团在业内的领先优势，该频道将形成全国有线网和全国新媒体的立体型覆盖。

【《生活大参考》全国发行】 杭州电视台生活频道与湖南天泽传媒有限公司签署电视节目发行协议，该频道的品牌节目《生活大参考》将由天泽公司发行至全国各城市电视台，4月1日起，长沙的电视观众将首先收看到该节目。《生活大参考》是电视生活频道的品牌栏目，创办8年来一直致力于用轻松活泼的表现形式，介绍有效实用的生活窍门和美食制作之道，并凭借精良的后期制作成为全国生活服务类节目的翘楚。栏目曾获得全国生活民生类节目创优一等奖。《生活大参考》与中央电视台财经频道及多家省级卫视等合作制作的美食节目多次在全国播出。此次《生活大参考》向全国城市台发行，是新形势下杭州电视台生活频道对节目实施“制播分离”的一种尝试。

【多屏覆盖的新媒体平台打造】 3月20日，杭州文广集团控股下属企业华数集团与探索亚洲有限责任公司（Discovery）正式成立合资公司。华数在国内数字电视及新媒体领域具有领先优势，Discovery则在全球媒体和广播业务领域，尤其是在非虚构和纪录片类的电视节目及频道方面具有丰富的资源和经验，双方将以各自的优势为依托，联合投资和制作展现中国历史、文化、科技、旅游、地理、人文等内容的高端纪录片，促进中国纪录片产业发展。华数还将通过与Discovery在平台、业务、渠道及技术优势上的互补，进一步将其积累的华语数字内容资源向全球220余个国家辐射，实施多屏立体型覆盖，推动杭州乃至浙江优势文化资源向全球输出。

【调频信号隧道覆盖工程】 4月23日，由杭州文广集团组织实施的“杭州调频信号隧道覆盖一期工程”通过省、市广电系统专家验收，并受到高度评价。杭州调频信号隧道覆盖工程是由集团自筹资金、自主设计的惠民工程项目，总投资350万元。一期工程耗时4个月，完成市区梅灵、灵溪、西湖3条主要隧道的调频信号覆盖，解决移动听众在隧道里难以收听到广播的难题，是一项公益性的便民利民工程。在充分调研的基础上，杭州文广集团将尽快启动二期工程，计划对市区13条隧道实现调频广播信号覆盖。

【城市媒体公共服务平台建设】 杭州文广集团所属杭州网络广播电视根据杭州“智慧城市”建设总体规划，结合自身媒体资源优势，积极建设“爱杭州”城市媒体公众服务平台。4月，“爱杭州”完成一期功能开发，以城市动态、同城生活、市民服务为三大核心模块，提供新闻资讯、本地广播电视直播与点播、同城活动、同城生活等功能，提供实时路况播报、公交查询、停车位查询、票务信息等10余项城市公共服务应用，以及“96345”便民服务中心和“12345”市长热线一键拨号功能。新版“爱杭州”于4月末发布至“安卓”“苹果”等手机平台，方便市民使用。

【家庭影院娱乐业务开发】 4月16日，华数集团与世界著名的娱乐科技公司IMAX 公司及国内的TCL公司合作，共同致力于家庭影院娱乐业务的开发。作为中国最大的数字内容提供商和被政府批准允许向家庭单位输出多媒体内容的5家运营商之一，此次合作华数集团将被授权发行经由IMAX技术优化的好莱坞和中国即时上映的影片等娱乐内容，并输出到IMAX-TCL高端家庭影院系统。华数集团与IMAX公司的合作，除为国内家庭提供一系列广泛和具有差异化的高端IMAX片源，为国内消费者带来完整的家庭影院体验外，还将通过这个平台，把中国本土电影输送到全球其他国家市场，展现中国电影艺术及优秀人才的创造力，扩大中国传媒文化产品的全球影响力，提升中国传媒文化产业的国际竞争力。

【“长三角”越剧票友大赛】 4月27日，由杭州电台等单位联合举办的第五届“长三角”越剧票友大赛在古镇西塘落下帷幕。2014年是著名戏剧家顾锡东诞辰90周年，该大赛是为纪念顾锡东而设立，吸引了“长三角”地区众多戏迷票友参加。经过初赛、复赛的层层选拔，最终42位票友从1000余位参赛者中脱颖而出，登上决赛舞台。吕建华、陈晓红、徐铭等国家一级演员和戏剧界专家担任比赛评委。大赛评出十大票友奖、十大票友提名奖及21位群星奖。杭州电台已是连续5年承办该赛事，并联合中央电视台戏曲频道全程录播该届比赛。杭州电台《戏坛金三角》节目主持人张坚主持大赛的复赛和决赛，并在中央电视台戏曲频道《快乐戏园》栏目两期电视专题晚会中担任嘉宾主持人。

【《迫在眉睫2》全国首映式举行】 5月8日，杭州交通经济广播电台在杭州举行公益微电影《迫在眉睫2》全国首映式。晚上18时，该微电影在腾讯、优酷、搜狐、酷6、乐视、新浪6家网站同时上线。2013年，杭州交通经济广播电台摄制公益微电影《迫在眉睫》，播出后受到各界好评，获得国内外多项微电影节大奖。《迫在眉睫2》与《迫在眉睫》一样取材于真实的故事：杭州交通经济广播电台在直播中接到一位听众电话说要跳楼，主持人于虎打断正常节目播出，赶赴现场与民警和消防官兵一起劝说对方，最终成功化解跳楼事件。影片历时2个月筹备、15天拍摄、4个月的后期制作而成。该片激发社会向善，构筑道德高地，展示杭州这座城市的大爱，体现交通经济广播电台“让爱导航”的理念，再次传递了社会的正能量。

【少儿频道成为体育传播成员台】 经中国广播电视协会体育转播工作委员会审核批准，杭州电视台少儿频道成为中国体育传播成员台，这是浙江省首家加入中国广播电视协会体育转播工作委员会的电视机构。2009年以来，少儿频道凭借优秀的专业直播团队和直播设备及技术，成功直播转播“中超联赛”“CBA联赛”“WCBA联赛”“全国女排联赛”“F1世界一级方程式锦标赛”等众多体育赛事，成为国内专业的体育直播电视机构。8月，受国际奥委会电视转播委员会委托，少儿频道体育直播团队前往南京，提供第二届国际奥林匹克青年运动会“3对3篮球赛”直播国际公共信号。

【“我们读诗”年度公益活动】 5月11日，由杭州文广集团、市文广新闻出版局、杭州新闻广播电台、腾讯大浙网共同发起的“我们读诗”年度公益活动正式启动，活动官方微信“我们读诗”同步上线。每晚21时，都会有一位活动参与者朗诵一首好诗，与听众、网友共享诗意生活。该活动致力于打造一个“开放、原创、分享”的全民读诗公共平台，以传统广播与公众微信作为双重传播媒介，营造良好的城市文化氛围。活动邀请国内文化名人加入，呈现他们的朗读原声，创造“我们读诗”的涟漪效应。杭州新闻广播电台在全国电台中首开先河，在每个整点读诗，每周推出“我们读诗”专访节目。活动不定期举办线下沙龙、诗歌雅集，并在年末推出“我们读诗”新年朗诵会。

【广播电视融合示范网建设】 7月23日，国家新闻出版广电总局在杭州召开“有线无线卫星广播电视融合网技术研究和业务应用示范”项目方案论证会，专家委员会一致同意该项目技术方案并通过论证。根据总局和项目专家委员会的要求，全国首个有线无线卫星广播电视融合示范网将由华数集团率先在杭州建设。华数集团充分发挥产业集聚优势，力争该项目打造成为中国广电网络产业发展的又一个“浙江模式”。

【《民情热线》开播10周年】 由杭州文广集团、市纠风办主办，杭州

新闻广播电台的《民情热线》是全省最早开设的政风行风监督类节目之一，节目以“领导走进直播室，百姓难题现场办”为主要特点，构建起“广播有声、电视有形、报纸可读、网络互动”的“四位一体”联动运行工作的新模式。节目开播10年来，有力推动政风行风建设和民生问题的解决。市委副书记、市长张鸿铭，市委常委、宣传部部长翁卫军分别做出批示，对《民情热线》开通10周年表示热烈祝贺，对《民情热线》围绕中心、服务大局、促进民生改善做出的贡献表示充分肯定。

【农村文化礼堂移动互联网轻应用上线】 8月，在市委宣传部农村文化礼堂建设工作领导小组指导下，经过3个月的研发，由杭州文广集团杭州网络广播电视负责制作的“杭州农村文化礼堂移动互联网轻应用”项目正式上线，成为杭州打造农村文化礼堂建设的重要载体。该轻应用融合视频、音频等多媒体方式，并嵌入地图模式，只要轻轻一点每个村的方位，便可跳出该村文化大礼堂的相关音视频、图文等内容。全市195个农村文化礼堂已全部被收录进杭州网络广播电视移动互联网轻应用项目中，网民可通过手机点击浏览，细细品味每个村的乡土文化。

【第十届“美德少年”评选】 9月9日，由市委宣传部、市文明办、杭州文广集团等单位主办，杭州电视台少儿频道承办的第十届“美德少年”评选活动在集团演播大厅举行颁奖直播晚会。2014年是“美德少年”评选活动开展的第10年，已成为全市规模最大、参与人数最多、影响最广泛的优秀少年评选活动。该届“美德少年”评选活动自4月开展以来，经过层层选拔，郑致远等10位少年获“美德少年”荣誉称号，吴奇波等10人获“美德少年”提名奖。颁奖晚会以“以德育人，美哉少年”为主题，表彰一批尊师孝亲、诚信守礼、勤学创新、自立自强、热心公益的未成年人先进典型。

【钱塘江大潮特别直播】 9月11日，杭州电视台联合中央电视台、浙江电视台进行2个多小时的“钱塘江大潮特别直播”。杭州电视台综合频道主持人张贺作为出镜记者全程参与直播报道，频道直播技术团队负责萧山美女坝直播区域。该直播是杭州电视台连续第5年与中央电视台、浙江电视台合作进行的直播钱塘江大潮活动，曾多次获得中央电视台直播大奖，成为中央电视台与地方台合作的“样板工程”。因出色完成钱江潮直播及相关稿件上送等任务，杭州电视台综合频道已连续多年被评为中央电视台全国“电视新闻协作优秀集体”。

9月9日，杭州市举办第十届“美德少年”颁奖晚会 （杭州文广集团 供稿）

【市长走进《我们圆桌会》】 12月18日，杭州市市长张鸿铭偕15位政府职能部门负责人，走进杭州电视台《我们圆桌会》“2015民生十件实事，市长听你说”节目录制现场，面对面倾听市民代表对“十件实事”的意见建议。“为民办实事”项目是市委、市政府坚持约20年的一项民心工程，也是每年市“两会”《政府工作报告》的重要内容。不少到现场参加录制的市民代表就“垃圾分类”“五水共治”等热点话题，以及“2015年民生十件实事”与市长展开热烈讨论。这是市长张鸿铭全年第3次走进《我们圆桌会》栏目组，也是首次通过电视平台向市民代表面对面征询“十件实事”。

【“公述民评”面对面问政直播】 10月10日晚，2014年“公述民评”面对面问政电视直播活动第一场在杭州电视台演播厅举行。首场问政主题为“五水共治”，重点关注提升城市河道水质和主城区住宅小区积水治理两大问题，市长张鸿铭参加当晚的现场问政。这是杭州市连续第6年举办该项活动，“公述民评”问政场次从上年的4场增加到5场，并首次实现电视、网络同步直播。杭州电视台综合频道和杭州网在每周五晚20时15分起，同一时间进行“公述民评”面对面问政直播。除第一场“五水共治”主题外，还涉及“推进大气污染治理”“提高道路交通通行能力”“提升城区生活垃圾分类水平”“加强中小学校园及周边食品安全监管”等主题的现场问政。

【杭州、绍兴广电达成合作意向】 10月，由杭州文广集团总经理余新平带队，集团总编室、杭州网络广播电视负责人随行，前往绍兴广播电视总台学习交流新媒体建设情况。双方在新媒体建设方面的平台联合与运营联动上达成合作意向，并推动发起成立葫芦网“杭州湾新闻频道”，实现城市台之间在新闻上的跨平台联合发布。以杭州网络广播电视为主导，杭州文广集团与绍兴广电总台开展“网台和移动客户端建设”一期项目合作，移动端产品于10月28日绍兴广电总台成立30周年之际推出。

【《连线快评》获中国新闻奖一等奖】 10月20日，在第二十四届中国新闻奖评选中，杭州新闻广播电台的品牌评论节目《连线快评》获中国新闻奖一等奖（中国新闻名专栏），这是在该届新闻奖评选中，全国城市电台中唯一获得中国新闻名专栏的作品，也是杭州广播史上获得的首个中国新闻奖一等奖。《连线快评》栏目自2010年创办以来，以打造“快速发声、短小精悍、新颖有力、动心动情”的广播评论为宗旨，对热点新闻事件进行反思和解读，针砭时弊、激浊扬清，以主流媒体的公信力和权威性，回应社会热点、纾解社会矛盾，正确引导舆论，取得良好的社会效益。

【综合频道获中国电视频道品牌10强】 在第七届中国品牌媒体高峰论坛上，杭州电视台综合频道获得“2013～2014年中国品牌媒体百强·城市电视频道品牌10强”称号。中国品牌媒体高峰论坛由中国人民大学新闻学院、复旦大学新闻学院、北京大学新闻与传播学院、清华大学新闻与传播学院、中国传媒大学、武汉大学新闻与传播学院等中国十大顶级新闻学院联合主办，是国内唯一汇聚报刊、广播、电视、网络、广告、新媒体等主流媒体品牌，进行探讨、交流，并开展合作的权威专业平台。高峰论坛上，杭州电视台综合频道以内容、经营、管理等方面的创新融合，不断推动新闻宣传、经营管理的发展，取得明显的成效，被组委会评定为“受众认知、客户认可、同行认同的具有竞争力的主流媒体”。

【交通经济广播电台列全国城市电台收听率10强】 8月19～21日，在“移动互联时代的广播媒体及收听数据采集技术”高峰论坛暨2013年度全国广播收听市场风云榜发布会上，杭州交通经济广播电台凭借独有的企业文化、创新的节目机制、较高的市场占有率，获得全国城市电台交通广播类频率综合收听率10强，成为杭州地区唯一获此荣誉的广播电台。（卢克中）

·出版发行·

【新闻出版管理】 杭州市文化广电新闻出版局（简称市文广新闻出版局）会同市新闻工作者协会，在全市范围深入开展新闻战线“马克思主义新闻观”培训和“打击新闻敲诈，抵制虚假新闻”专项教育活动。组织全市报纸期刊新闻采编人员培训考试，完成全市1200余名新闻从业人员记者证换发资料审核。开展全市企业报好新闻、优秀通讯员、优秀办报者评选工作。完成2013年度内刊、记者站核验初审工作。为进一步提高企业报的办报质量，加强企业报刊通讯员培训，举办新闻业务培训班2期，全市200家企业报的300名编辑、通讯员参加培训。

【数字出版产业发展】 2014年，杭州市采取项目带动和平台建设相结合的方式，为文化企业提供政策指导、项目申报、资金扶持、交流展示等服务。杭州（国家）数字出版产业基地产值达到84亿元，全市数字出版产业产值比上年增长约20%，为27个数字出版企业提供392万元资金扶持，基地建设得到国家新闻出版广电总局副局长孙寿山高度评价。

10月20日，在第二十四届中国新闻奖评选中，杭州新闻广播电台评论节目《连线快评》获中国新闻奖一等奖（杭州文广集团 供稿）

【西湖书市】 9月30日至10月3日，由市文广新闻出版局主办、以“品书香，悦生活”为主题的2014年西湖书市在杭州西溪天堂商业街举行。主会场面积2800平方米，分为“中国梦”“国学珍藏”“文化怀旧”“特色民营”“禅意生活”“经典文创”“外文经典”“体验艺术”八大主题展区。书市改变展销、展示为主的传统模式，将阅读主题贯穿始终。书市期间，举办15场大型文化活动，满足读者多元文化需求。新华书店、浙江人民美术出版社、晓风书屋、枫林晚书店等26家国有、民营特色书店参展，约30万种贴近生活、聚焦热点的图书集中展销。主委会还向12个社区赠送了图书。

【李克强到访杭州民营书店】 11月21日，国务院总理李克强在杭州考察期间，应杭州民营书店晓风书屋店主朱钰芳的邀请，走进书店翻阅书籍，亲切询问书店经营状况、有无政府补助等情况，并鼓励说，“虽然实体书店受到网络冲击，但是纸质书是文化的象征，永远会有市场”。李克强还购买了杨绛先生的《洗澡》和《洗澡之后》两本书。

【民营书店扶持】 市文广新闻出版局落实杭州市《关于扶持民营书店健康发展的暂行办法》，完成民营书店专项补助经费申请工作，有14家民营书店项目得到扶持资金200万元，有2家民营书店项目获得国家新闻出版广电总局补助300万元。5家民营书店参加在台湾台北市举办的海峡两岸书展，市场空间得到拓展。

【国家版权示范城市建设】 市版权局牵头开展版权执法、服务、宣传等系列版权保护工作，助推文创产业发展。在“4·26”世界知识产权日、第十届中国国际动漫节、2014年杭州市文博会期间，通过展览展示、现场咨询、现场执法等形式宣

传版权知识，向全市中小学校赠送第二期《版权达人》漫画读本1.6万册。开展版权宣传环西湖绿色骑行活动，倡导“用正版坦然”的理念。开展版权知识讲座5场，累计培训企业200余个。与杭州市版权保护管理中心合作，开通版权保护热线电话“87889048”和8个工作QQ号，受理版权电话咨询1.1万人次，在线咨询1.5万人次；做好版权登记，年登记普通作品2300余件，软件1000余件。6～12月，开展全市打击网络侵权盗版“剑网2014”专项行动，共处理和删除各类侵权盗版信息或链接300余条；加大对视听网站、游戏网站、印刷企业和各类企业侵权行为的检查力度，全市累计出动检查人员6200余人次，检查经营单位1313个。9月15～19日，组团参加在成都举办的第五届中国国际版权博览会，市版权局获最佳组织奖。

4月23日，以“阅读·圆梦”为主题的第八届西湖读书节启动

（市文广新闻出版局 供稿）

【第八届西湖读书节】 4月23日至11月24日，举行以“阅读·圆梦”为主题的第八届西湖读书节。开幕式上，各区（县、市）在同一时间、不同时空，以多点联动、全城诵读、全民参与的直播方式开启“诵读经典，成就梦想”全城诵读一小时活动。该届读书节分高端“引”读、全阶“乐”读、品牌“悦”读、数字“领”读、全民“尚”读五大板块，推出全城诵读一小时、“十大书香人家”、“十大书迷”、“十佳书社”评选、农家书屋主题征文、为贫困地区学校搭建爱心图书室等300余场活动。向市民发放价值100万元的电子阅读券，参与市民超过150万人次，在部队、机关、学校、农村、社区等多个层面推动全民阅读。在全国首届“书香人家”评选工作中，杭州市西湖区吴芸等5户家庭入选。

【农家书屋建设】 杭州市推进农家书屋工程建设，至年末，全市建成统一标准的农家书屋2080个，全市行政村覆盖率达到100%，部分农家书屋已纳入全市公共图书服务体系，实现图书资源与城市居民同步共享。在农家书屋里，农民群众至少可以借阅到1500册以上的实用图书、30余种报纸杂志和不少于100种（张）的电子音像制品。2014年，市文广新闻出版局组织开展“逐梦田园，建设美丽乡村”农家书屋主题征文活动，并将优秀获奖征文集结成册，出版发行《锄尖上的墨香》一书；举办杭州市农民讲书比赛，参加浙江省农家书屋讲书大赛，获个人二等奖1个，市文广新闻出版局获优秀组织奖。

【印刷业健康有序发展】 市文广新闻出版局全年组织2次承印管理5项制度落实情况专项督查，执行印刷复制行政执法报告评价制度，组织印刷企业参加法律法规、行业趋势培训。加大为印刷企业服务力度，协调金融机构为中小微印刷企业提供“毕昇贷”“民印贷”“印友贷”等金融服务产品，全年新增授信企业19个，新增贷款金额3672万元，为企业添置设备、周转资金提供便利。印刷业金融服务产品已累计为82个企业提供3.78亿元贷款资金，为企业转型升级，向绿色印刷、数字印刷发展提供保障。至年末，有5个企业获国家新闻出版广电总局印刷示范企业称号，25个企业通过国家绿色印刷认证，2个项目获第二届全国印刷行业科技创新成果评选活动数字印刷科技创新重点成果奖，6人在第四届全国印刷行业职业技能大赛中获奖。

【4个企业入选中国印刷100强】 中国印刷企业100强排行榜由《印刷经理人》杂志组织，排名以年度销售收入为主要指标，辅之以工业增加值、实现利税、利润总额、资产总额等数据，记录大型印刷企业成长轨迹。7月，杭州市有4个印刷企业入选2014年中国印刷企业100强榜，分别是浙江美浓世纪集团有限公司（第23名）、浙江印刷集团有限公司（第40名）、杭州日报报业集团盛元印务有限公司（第49名）、浙江日报报业集团印务有限公司（第51名），印刷百强企业数量居全省前列。

（孙立波）

·新闻出版团体·

【市新闻工作者协会】 2014年，杭州市新闻工作者协会（简称市记协）在市委宣传部的领导下，在全市新闻界的支持配合下，贯彻落实中共十八大和十八届三中、四中全会精神以及习近平总书记系列重要讲话精神，以马克思主义新闻观为指导，深入开展“三项学习教育”和“走转改”活动，切实加强新闻队伍思想作风建设。市记协利用培训研讨、表彰先进等形式，深入宣讲、学习中共十八大有关文件，动员全市新闻工作者进一步增强做好新闻舆论工作的使命感和责任感。充分发挥记协作为党和政府联系新闻界的桥梁纽带作用，努力为打造东方品质之城，建设幸福和谐杭州服务，各项工作取得新的进展。

2014年记者节期间，杭州市委宣传部和杭州市记协联合开展2014

4月11日，在市记协七届二次常务理事会上，市属各媒体代表共同签署《打击新闻敲诈抵制虚假新闻杭州媒体自律公约》　　（市记协 供稿）

年度创新重大主题报道评选表彰活动，共评出优秀作品34篇、优秀策划创新11件、优秀栏目6个、优秀媒体融合成果4个。这些受表彰的作品，充分显示了杭州市属媒体重大主题报道的策划和创新能力，充分运用新技术创新媒体传播方式，为加快传统媒体和新兴媒体融合发展，巩固壮大主流思想舆论，继续占领舆论制高点做出了贡献。

10月12～13日，市记协接待到访的突尼斯《新闻报》法文版总编辑本克雷穆·赛伊德为团长的突尼斯新闻代表团一行5人，陪同外宾前往淳安县相关企业访问。完成市委宣传部和省记协交办的各项任务。

【马克思主义新闻观教育】 开展马克思主义新闻观教育是2014年新闻战线培训教育工作的重点任务，市记协于8月中旬举办2014年全市新闻界“三项学习教育”培训班。来自全市各新闻单位的51名一线采编人员参加培训。市记协邀请原浙江日报总编辑、老新闻工作者江坪，杭州师范大学教授周驰，浙江省台湾事务办公室处长章柏康，分别讲述“学习和践行马克思主义新闻观”“传媒从业人员心理健康”“逻辑式对台宣传方式”等课程。培训班通过专题学习与研讨，对进一步增强新闻单位一线采编人员政治意识、大局意识、责任意识，夯实马克思主义新闻理论基础，统一思想，解疑释惑，提升宣传工作水平起到良好的促进作用。

【新闻作品评奖评优】 2014年，市记协完成2013年度杭州新闻奖评选工作，共评出357件获奖新闻作品。其中，报纸一等奖24篇、二等奖40篇、三等奖50篇；广电类一等奖29件、二等奖47件、三等奖50件。另有网络、副刊、摄影、漫画、版面、标题、新闻论文、内参报道获奖作品共117件。市记协组织专家学者对获奖新闻作品做分析点评，进行业务梳理和理论总结，并在《新闻纵横》杂志上刊发，扩大新闻评奖工作的影响力和激励效应。

在杭州市选送参评2013年度浙江新闻奖的作品中，获得2013年度浙江新闻奖一等奖5篇、二等奖12篇、三等奖19篇，另有副刊、网络、论文、版面、漫画、摄影、内参获奖作品9件。在第二十四届中国新闻奖评选中，杭州文广集团的《连线快评》（中国新闻名专栏）栏目获得一等奖。市记协与市检察院联手，开展第二届杭州市检察好新闻评选。

【新闻职业道德建设】 4月11日，在市记协七届二次常务理事会上，市属各媒体代表共同签署《打击新闻敲诈抵制虚假新闻杭州媒体自律公约》。5月15日，市记协召开新闻行业社会监督员与媒体代表座谈会，市属各媒体和区、县（市）新闻单位的代表围绕“打击新闻敲诈，抵制虚假新闻”的主题，交流贯彻中共十八大精神，坚持正确导向，创新报道，改进文风，提高新闻媒体的传播力、公信力、影响力，增强舆论引导的及时性、针对性、实效性等方面所开展的工作。与会的社会监督员代表积极发言，为媒体改进文风提意见，为新闻报道的改进创新出点子、提建议。会议为推进新闻行业自律，强化新闻职业道德建设起到积极的作用。

【记协代表团访问台湾】 7月24～30日，应台湾旺旺中时集团、台湾南投县农会邀请，杭州市记协代表团一行8人在市记协主席赵晴率领下前往台湾访问。市记协代表团与旺旺中时集团、南投县农会、文创园区经营者等举行座谈交流，双方进一步加深了解，发展友谊。通过考察台湾文创产业和采风采访，加强市属媒体的对台宣传。

【记协新闻采风及文体活动】 6月上旬，市记协组织杭州市新闻工作者重访山东威海刘公岛、丹东东港市大孤山东南的大鹿岛、金州石门子阻击战遗址等甲午战争古战场，反思“甲午之殇”，牢记历史，不忘警示，激发新闻工作者爱国主义情怀。

市记协还组队参加全国、全省新闻界多项体育赛事。10月18～19日在杭州举行的第二届“商旅杯”全国新闻界围棋锦标赛上，杭报集团和杭州文广集团分获平面媒体组、广播电视媒体组团体冠军；杭州文广集团张妍琪获广播电视媒体组个人冠军，杭报集团茅永刚、张磊分获平面媒体组个人第二名、第三名。市记协组织杭州市新闻工作者泼墨挥毫和采风摄影，参加了庆祝中华人民共和国成立65周年全省新闻界书画摄影展。　　（陈培新）

科学技术

Science & Technology

·科技综述·

【科技服务社会经济】 杭州市科技工作围绕市委“一号工程”和实现“八培增、两提高”目标，以创建国家自主创新示范区为突破口，实施创新驱动战略，深化科技体制改革，取得明显成效。

全市把建设杭州国家自主创新示范区作为重要任务，提出在2015年成功创建国家自主创新示范区目标。2014年，全社会研发投入占地区生产总值比重达到3%。实现高新技术产业增加值1096.63亿元，比上年（指2013年，下同）增长10.5%，增速比规模以上工业企业高1.6个百分点；工业新产品产值4038亿元，增长18.6%；发明专利授权量5559件，有效发明专利2.4万件，连续8年位居全国省会城市第一，副省级城市第二；网上技术市场成果交易6959项，实现交易额75.43亿元。全市已有国家重点扶持高新技术企业1778个，省科技型中小企业4275个。市本级连续7年获得省科技进步目标考核优秀单位荣誉。

深化科技体制改革，推进行政审批制度改革，完成64项行政权力事项清理工作，下放3项行政审批事项。深化科技金融结合，做大创业投资引导基金规模，基金总规模39.25亿元，投资项目169个，投资金额23.8亿元，带动社会联合投资金额22.01亿元。杭州市政府引导基金被“中国有限合伙人联盟”（CLPA）连续第5年评为“十佳政府引导基金”。新设立规模1亿元的“蒲公英天使投资引导基金”，引导投资机构投向早期初创企业。创新政策性担保机制，累计为1400个（次）科技型企业提供融资担保约55亿元，节约企业融资成本1亿余元。“联合天使担保风险池”累计超17亿元。出台《杭州市科技型中小微企业融资周转资金管理办法》，累计为410个（次）企业提供融资周转资金约22亿元，为财政实际到位资金的12.5倍。制定项目验收管理、专家库管理等一系列办法，组织重大科技创新项目经费大检查活动。开展省科技报告体系建设首项试点工作。实施重大科技创新项目征集评审工作，立项资助64个项目。完成科技进步奖评审，推荐52个项目申报省科技进步奖。杭州市企业获2014年国家科学技术一等奖1项、二等奖3项。帮助企业获得科技资助资金5.79亿元，其中国家经费2.16亿元、省经费3.63亿元。

围绕发展信息经济，主攻网络基础产业、物联网、互联网和电子商务等领域，组织实施25项重大创新项目，市、区财政共投入1.02亿元，带动企业投入研发经费4.42亿元。完成杭州市高新技术产业领导小组办公室机构调整。新推荐认定国家重点扶持高新技术企业251个、技术先进性服务企业3个、杭州市高新技术企业404个，累计分别达到1778个、50个和3535个。支持高新区错位布局、集聚发展，杭州高新技术产业开发区综合排名首次跃居全国第5位，萧山临江高新区获批国家级高新区。新创建余杭生物医药省级高新区和桐庐医疗器械省级高新技术产业化基地。深入推进“雏鹰计划”和“青蓝计划”，新认定“雏鹰企业”95个、“青蓝企业”83个，累计达997个和400个。起草新一轮科技型初创企业培育工程实施意见，以创业资金支持、创投基金补助、贷款贴息补助等方式，加快科技型中小企业发展。推进孵化平台建设，修订《科技企业孵化器管理考核细则》，加大孵化器认定和考核力度。

5月4日，市委、市政府召开全市发展实体经济大会，表彰2013年度市科学技术进步奖获得者 （市科委 供稿）

组建杭州美国硅谷孵化器，与12个企业达成入孵硅谷孵化器意向。全市已认定科技企业孵化器69个，其中国家级21个、省级32个，国家级孵化器数量位居全国省会城市第1位。全市孵化器总面积226.8万平方米，累计孵化企业8133个，在孵企业4336个。

组织企业参加"2014年浙江省技术成果拍卖交易暨网上技术市场活动周"活动，传化科技城、圣弘工业设计、科畅科技咨询3个单位列入全省第一批科技大市场建设工作试点。网上技术市场成果转化项目立项72项，市级财政资助1104万元。加快杭州"知识市场"建设，收集各类点子和专利2万余条。深化与中科院、浙江大学、中国美院的战略合作，成立浙江省大学科技园联盟，中国计量学院科技园被认定为国家大学科技园，浙江清华"长三角"研究院杭州分院落户江干区。加快推进"两城"建设，青山湖科技城累计引进香港大学研究院等大院名校46个，建成省级以上研发机构70个。未来科技城引进海外高层次人才1217名，其中"国千"人才65名、"省千"人才85名。全市已有27个省级重点企业研究院、38个省级企业研究院、433个省级高新技术企业研发中心。开展"百局千人万企"专项调研和"五帮一化"科技服务企业活动，组建"爬山虎"中小微企业联盟，实地走访企业2549个，解决问题656个，组织1500余个企业参加科技创新政策培训。开展服务企业创新创业"五个一"行动，新建科技创新示范服务站4个，在76个重点企业设立科技创新联络员。"创新服务券"补助18个科技创新服务平台及所服务企业累计1269.2万元。

启动"十三五"时期科技发展、知识产权、防震减灾规划编制工作，修订《科学技术进步奖励办法》等，落实企业税收优惠政策。成立杭州市科技创新工作领导小组，强化统筹协调职能。开展区、县（市）创新发展专项考核，评定高新（滨江）区、江干区、西湖区为2013年度创新发展专项考核优秀等次，富阳市、余杭区、临安市、萧山区为优胜等次。在省级创新型试点区、县（市）测评中，高新（滨江）区、西湖区、江干区、萧山区、余杭区、下城区、临安市、富阳市、拱墅区、上城区等评估成绩居全省前列，建德市通过省级科技强市复查。推进国家知识产权示范城市建设，修订《杭州市专利专项资金管理办法》。开展知识产权执法维权"护航"专项行动，正式挂牌成立"中国杭州（制笔）知识产权快速维权中心"，制定《杭州市网络市场专利保护工作指导意见》，打击网络市场专利违法行为。举办2014年"市长杯"创意杭州工业设计大赛。拱墅区成功创建国家知识产权强县工程示范区。余杭区和临安市分别完成国家知识产权局强县工程试点县和浙江省创建知识产权示范市验收工作，高新（滨江）区全面开展专利导航实验区建设。围绕现代农业发展和"美丽中国"先行区建设，新认定新农村科技示范点13个，新增市级农业科技企业20个、市级农业研究中心10个。围绕"五水共治"等重点工程，组织实施35项节能减排技术示范推广项目、20项生态省建设科技示范项目、200余项民生科技项目。完成市本级和区、县（市）地震应急预案的编修工作。开展市级地震台站规范化建设，实施台网更新改造，积极开展地震安全性评价，全市完成安评项目23项。

（许　平）

【科技创新政策与环境】 杭州市科学技术委员会（简称市科委）主抓全市国家创新政策落实工作，加强政策宣传与企业技术创新方法培训；开展项目鉴定，对2013年度部分企业194个技术开发项目进行鉴定、复查，为企业技术开发费享受所得税加计扣除政策提供服务。配合省人大常委会对贯彻落实国家、省科技进步法律法规检查活动，全面反映杭州贯彻落实科技进步法律法规，加快建设创新型城市的成效。开展"百局千人万企"专项调研活动，了解掌握区、县（市）创新发展情况和深化改革、优化服务的意见建议。

【科技进步考核】 5月4日，杭州市召开全市发展实体经济大会，对2013年度区、县（市）创新发展专项考评优秀单位高新（滨江）区、江干区、西湖区等进行表彰。杭州市科技进步目标考核包括省科技进步目标考核和市创新发展考评两项工作，为简化考核评审程序，市科创办按两项考核分别布置，统一考评要求，统一考评结果处理，把前期创新发展专项考评结果运用到科技进步目标责任制考评，充分体现"简化考评形式，提升考评实效"的总体要求。市区党政领导科技进步和人才工作目标责任制的年度考评有较大改进。积极配合省考核组到杭州实地考评，确保杭州市连续第7年获得省科技进步目标考核优秀。

【国家创新型试点城市】 2014年，杭州市全面推进国家创新型城市建设。12月，省科技厅委托第三方机构开展创新型试点城市（县、区）测评，根据2011~2013年科技进步统计监测值的定量评价，杭州市在全省9个地市级创新型城市中稳居第1位，高新（滨江）区、西湖区、江干区、萧山区、余杭区、下城区、临安市、富阳市、拱墅区、上城区在全省37个创新型试点县（市、区）中，分别居第1位、第3位、第4位、第5位、第6位、第8位、第16位、第20位、第21位、第22位，杭州及各区、县（市）创新优势总体明显。在科技强县（市、区）复查中，建德市通过复查，桐庐县因科技资源和科技投入指标偏低未通过，被要求整改。

（徐长明　刘海琳）

【自主创新示范区申报】 2014年，杭州国家自主创新示范区创建工作全面推进。上半年，省政府决定以杭州高新区为核心，建设杭州高新（滨江）区新一代网络技术与产业自主创新示范区。4月，杭州市向省政府及国务院上报经论证的创建方案。5月，省政府向杭州市及杭州高新（滨江）区批复建设新一代网络技术与产业省级自主创新示范区文件。9月，杭州市学习借鉴深圳经验，按"一区多园"建设模式，组织市科技信息研究院编制杭州创建国家自主创新示范区发展规划，市城市规划设计院编制示范区空间布局规划。10月，省政府召开推进杭州自主创新示范区建设工作专题会议，研究落实国家自主创新示范区先行先试政策，推进杭州省级示范区建设。11月，国务院总理李克强原则同意杭州申报创建国家自主创新示

范区，杭州国家自主创新示范区创建工作全面展开，快速推进。12月上旬，省政府两次召开专题会议听取杭州市调研报告，12月18日，杭州市委主要领导赴科技部，汇报杭州创建国家自主创新示范区的基础和思路。12月19日，全国政协副主席、科技部部长万钢到杭州考察指导。创建杭州国家自主创新示范区工作被列入2015年度省市党委、政府的工作报告。杭州市成立市委、市政府主要领导任组长的杭州国家自主创新示范区创建工作领导小组，统筹推进创建工作。（徐长明）

【科技依法行政工作】 根据国家、省市关于开展行政权力清理、完善行政审批的一系列决定意见，市科委开展科技行政权力清理工作，完善和规范行政审批行为。市科委结合权力清单工作所确定的部门权力事项，以及省科技系统《省市县三级权力事项基本目录》的250条权力事项，梳理出入库权力事项62条，并经市编委办对口联络小组确认。市科委对62条入库权力事项完成事项办理指南、运行流程、结果文件等详细信息梳理，并按规定进行检测后报送市工作组。（刘海琳 倪玲连）

【科技活动周】 5月17~24日，杭州市举办2014年科技活动周。该届科技周以“科学生活，创新发展”为主题，以形式简洁实效为导向，突出科技支撑经济社会发展、科技改善环境、科技改变生活、科技惠及民生等内容，组织开展丰富多彩的群众性、社会性科技宣传、科学普及活动。市科委在中国（杭州）湿地博物馆组织举行2014年杭州市科技活动周开幕式，副市长张耕宣布科技周开幕。各区、县（市）举办各具特色的开幕式暨科技宣传、科学普及活动，市青少年宫举办青少年夏令营活动等。

【科普工作】 2014年，《杭州市科学普及条例》立法工作正式列入市立法计划。10月27日，第十二届市人大常委会第二十二次会议通过《杭州市科学普及条例》立法审议。市科委完成2013年度全市科普工作统计；通过政府采购招标方式，在江干区闸弄口街道天仙社区、拱墅区半山街道金星社区、下城区石桥街道华中社区等社区投入40余万元，新建太阳能科普画亭5座，对已建的20余座科普画亭进行图版更新，增强社区的科普基础设施建设；市科委协同市科协开展市级科普基地和科普工作先进街道检查，联合举办全国科普日、市青少年创新大赛等活动，共同推进全民科学文化素养工程建设。（刘海琳）

10月24日，2014年“市长杯”创意杭州工业设计大赛决出优胜者。全国政协常委、中国工程院院士潘云鹤（右一），杭州市市长张鸿铭（左一）与金奖获得者合影（市科委 供稿）

【科技扶贫】 2014年，杭州市科委作为市第25帮扶集团的牵头单位，继续做好“联乡结村”工作，加强与集团成员单位及帮扶单位沟通联系，通过实地考察，帮助选定帮扶项目。全年集团共落实“姜山村路灯亮化工程”“低收入农户养猪”等9个帮扶项目，总投入968万元，其中集团帮扶资金190万元。积极落实对口帮扶任务，安排毛竹与多花黄精复合种植模式研究与示范、肥药双控加强农业面源污染治理2个项目，支持桐庐县莪山乡和淳安县安阳乡的农村建设与农业科技创新工作，帮助提高帮扶地区的“自我造血”功能。（林 霄）

·科技计划·

【重大科技创新专项】 2014年，杭州市征集市重大科技创新项目113项，其中工业类项目71项、农业和社会发展类项目42项。经形式审查、专利评估、财务审计、专家论证、部门会商、公示和统筹办讨论等程序，工业类项目立项41项，资助经费1.66亿元（2014年下达5810.5万元）；农业与社发类项目立项23项，资助经费3530万元（2014年下达705.5万元）。争取国省科技项目，2014年推荐浙江省重大科技创新项目144项，其中竞争性项目60项、重点企业研究院项目22项、创投保荐项目27项、产业创新联盟推16项、国家创新型企业6项、重大与高发疾病防治技术13项。共立项112项，获省级财政资助9241万元。（吴国仓）

【新认定“雏鹰计划”企业95个】 市科委持续开展“雏鹰计划”认定工作，2014年申报“雏鹰计划”企业539个，认定95个。对2010~2012年已认定的1000个“雏鹰企业”开展年度绩效考核，确定其中903个企业考核合格，97个考核不合格取消“雏鹰企业”资格。自2010年启动实施“雏鹰计划”以来，共有3141个（次）企业申报“雏鹰计划”，累计认定“雏鹰企业”1204个，经绩效考核淘汰“雏鹰企业”207个。至2014年末，全市“雏鹰计划”企业总数为997个，市级财政累计下达补助经费1.82亿元。

【新认定“青蓝计划”企业83个】 2014年，市科委继续开展“青蓝计划”企业认定工作，“青蓝计划”申报企业152个，认定“青蓝计划”企业83个。自2011年启动实施“青蓝计划”以来，共有673个企业申报“青蓝计划”，至2014年末，全市经认定的“青蓝计划”企业总数为400个，市级财政累计下达补助经费5559万元。（姚广稀）

【农业科研攻关】 2014年，全市下达农业科技计划项目182项，科研经费2949.5万元，重点支持现代农业关键技术研究与示范，包括新型种养模式、农产品加工等产业链技术环节，其中市重大科技创新项目11项，科研经费1114万元，重点支持现代农业发展急需的一批农业新品种选育以及产业重大共性关键技术研究与产业化。2014年，市科委向上级科技部门争取各类科技项目30项，其中国家农业科技成果转化资金项目2项、省农业科技成果转化资金项目24项、省重大科技项目4项。获得资助的国省科技资源将加快杭州市农业科技创新和成果转化，为实现科技资源的科学配置和高效利用起到较好的示范引领作用。

【种子种苗工程】 杭州市全年安排393.5万元专项资金，组织实施“辣椒雄性不育种质材料收集与创新”等38个种子种苗工程项目。通过种子种苗工程实施，取得良好的成效，在林特、瓜果、蔬菜、水产等领域选育出多个新优品种，提高动植物品种的良种覆盖率，推广先进种养模式与工艺，有效促进杭州市农业增产、增效，农民增收。

【社会发展科技计划】 全年杭州市落实748万元专项资金，组织实施“杭州市主要污水处理厂出水水质特征及其安全风险评估”等74项社会发展科研攻关项目，为生态环保、节能减排、食品安全、公共安全、交通安全和应急救灾等社会公益事业提供技术支撑，重点支持大气雾霾污染预警与防治技术研究。积极推广“杭州市大气颗粒物重金属污染特征与防治对策研究”等大气污染监测治理方面的研究成果，在重污染行业、企业建立示范工程。加强生态环保示范工程建设，组织实施“西湖风景名胜区植被碳汇及其对杭州市节能减排贡献研究”等20项省级生态环保科技应用类示范项目，以及“城镇生活垃圾热解处理综合利用”等14项节能减排技术示范项目，重点推广和示范一批在环境保护、节能减排、循环经济等方面取得良好成效的新技术、新成果。在西湖区、上城区、富阳市、建德市等地建立饮用水源地污染控制、城市滨水生态植物修复、生活垃圾无害化处理、污泥调理处置等多个示范工程。

【医疗卫生及重点专科专病计划】 2014年，杭州市实施医疗卫生科研项目70项和医学重点专科专病项目53项，资助经费686万元，继续加强对医疗卫生领域科技创新的扶持，提升全市医疗卫生水平。通过专项持续支持，杭州市的重点专病专科建设得到加强，医疗卫生领域的科技创新成果呈现。全市共拥有具有专科特色的3类重点学科110个，其中国家级重点专科30个、省级重点学科30个、市级重点学科50个。医疗卫生及重点专病专科专项的实施，有效提高杭州市医院科研创新能力和临床医疗水平。2014年，由杭州市第一人民医院承担的“局限期小细胞肺癌放化综合治疗模式的研究”获杭州市科技进步一等奖。由杭州市第三人民医院承担“组织细胞移植治疗白癜风的关键技术推广应用和重要病理机制研究”获省科技进步一等奖，皮肤科的年门诊量已超过104万人次。（林　霄）

【软科学研究】 7月，杭州市启动“十三五”时期发展规划编制工作，市科委组织编制市“十三五”时期科技发展规划、知识产权规划、防震减灾规划的方案。委托浙江大学等4个项目组，分别承担“十三五”时期科技发展规划、知识产权规划、防震减灾规划前期研究和草案编制工作。全年完成了市科技计划软科学研究49个项目的立项工作，以及30个项目的结题验收，向省科技厅推荐上报12个项目申请。（倪玲连　魏　洁）

·科技创新体系建设·

【高新技术企业培育】 杭州市2014年新增国家重点扶持的高新技术企业101个、技术先进性服务企业2个、杭州市高新技术企业406个，全市累计国家重点扶持的高新技术企业1778个、技术先进性服务企业49个、杭州市高新技术企业3537个，完成年度目标任务。（王鉫良）

【科技型中小企业培育】 杭州市实施“雏鹰计划”“青蓝计划”，通过科技创业资金支持、创新基金配套补助、银行贷款贴息补助、评比奖励等方式，加强“雏鹰”“青蓝”企业管理和服务，加快科技型中小企业培育和发展。至年末，全市有“雏鹰计划”企业997个、“青蓝计划”企业400个。开展“雏鹰企业”和“青蓝企业”贷款贴息工作，共有322个企业获得贷款贴息资助，贷款总额28.82亿元，市财政贴息金额2024.25万元。开展省科技型企业认定备案工作，先后认定两批省科技型企业共计1240个，累计已认定省科技型企业4275个。筹划新一轮初创型企业培育，结合“雏鹰计划”实施情况及杭州市经济发展重点，起草制定《杭州市科技型初创企业培育工程实施意见（2015~2017）》。（姚广稀）

【新农村科技示范】 根据《杭州市新农村建设科技示范点认定管理办法》文件精神，市科委开展市级科技示范点认定，以“一村一品”为重点支持杭州市新农村建设，发展现代农业。2014年，新认定“淳安县瑶山乡政府”等13个单位为第5批杭州市新农村建设科技示范点，组织实施“塘栖枇杷优质高效配套技术推广示范”等23项科技示范项目，支持桐庐、富阳、临安等县（市）的蔬菜良种引育，以及水果、茶叶、山核桃、毛竹等栽培和管理技术研究的示范点建设。加强对省级新农村建设科技示范点的建设管理与指导，临安市潜川镇海龙村、阔滩村、青山殿村3个科技示范点完成建设任务，顺利通过省级验收。

【可持续发展试验区建设】 杭州市可持续发展实验区建设专项把“五水共治”、“四治能力”提升、“美丽杭州”建设等作为重要支持内容，重点支持“垃圾渗滤液膜处理浓缩液处理技术研究”等24项实验区科技示范项目，其中生态环保项目8项、节能减排项目4项、循环经济项目6项、现代农业项目6项。专项组织更加注重民生福利，突出项目的社会效益和生态效益。专项实施以来，强化科技示范带动作用，已取得积极成效，有力支持了可持续发展实验区建设。同时，做好科技惠民项目组织推荐工作。"西溪湿地生态保护与服务功能提升技术示范项目"被列入2014年省科技惠民计划，项目的实施对西溪景区"智慧旅游"发展和生态保护将有较大的促进作用。（林　霄）

【科技企业孵化器】 杭州市科技企业孵化器建设重点围绕提升孵化器发展质量，做好制定政策、兑现补助、加强管理等工作。至年末，全市经认定的市级以上科技企业孵化器有69个，其中省级孵化器32个、国家级21个，国家级孵化器数量位居副省级城市（省会城市）第1位。全市孵化器总面积226.78万平方米，累计孵化企业8133个。在孵企业总数4336个，2014年新增在孵企业1041个，新毕业企业191个；孵化企业就业人数4.8万人，在孵企业注册资金总额63.75亿元，实现营业收入119.94亿元，上缴税收4.68亿元。杭州市共有9个孵化器分别申报国家级和省级孵化器，申报前组织专家进行专题辅导。分别新认定国家和省级孵化器各4个。组织杭州市孵化器负责人赴江苏南京、无锡、苏州等地考察，学习各地在推进"苗圃—孵化器—加速器"孵化链条建设、创新资源集聚、孵化能力建设等方面的成功经验和特色做法。引进国家级孵化器苏州火炬创新创业孵化管理有限公司，与余杭高新园区的杭州兄弟实业有限公司合作共建孵化器。（潘学冬）

【企业研发机构建设】 市科委围绕促进重点产业发展和提升企业创新能力，加强企业研发机构建设，积极组织企业申报省级各类研发机构。根据省科技厅关于2014年省级重点企业研究院、企业研究院、工程技术研究中心、高新技术企业研发中心的申报通知要求，做好企业组织申报、审核推荐、专家评审、实地考察等工作。杭州市共有13个省级重点研究院、64个省级企业研究院、70个省级高新技术企业研发中心获立项。加强市企业研发机构建设，开展市级企业研发中心的征集申报和评审工作，全年新增150个市企业高新技术研发中心，全市累计已建设企业高新技术研发中心823个。（王卸良）

·科技成果与人才·

【科技成果奖励】 杭州市加强科技成果管理，促进科技成果信息的交流，为科技成果转化和宏观科技决策服务，全年完成成果登记466项，其中应用技术类363项、软科学类13项、基础理论类10项。征集科技进步奖申奖项目244项，经市政府批准通过的授奖项目100项，其中：一等奖5项、二等奖25项、三等奖70项。为更好地体现"公平、公正、公开"的原则，积极发挥省外专家作用，市科委委托南京市科委，聘请14位来自南京大学等单位的省外专家，会同浙江省内的专家，共同参与评审。推荐"流程工业泵与风机系统节能优化运行技术"等52个项目参加浙江省科学技术奖的评选，获一等奖1项、二等奖9项、三等奖17项。（吴国仓）

【杭州硅谷孵化器筹建】 2014年，市科委积极配合相关单位推进杭州硅谷孵化器建设工作，组建管理团队，吸引科技项目和人才。至年末，杭州硅谷孵化器已投资4个项目，创造150万美元的销售额，110万美元的利润，利润率达73%。杭州硅谷孵化器意向入孵项目14个，候选项目中有相当比例由海外优秀华人留学人员创办或作为核心创业团队成员。这些项目的入孵，对于引进海外高层次人才回杭州创业将起到直接促进作用。

【海外高层次人才服务专窗】 市科委联合市发改委等单位，建立窗口服务制度与流程，实现规范化、精细化、个性化和信息化的人才服务机制。开展政策咨询、科技项目申报受理等服务工作，在网上开辟杭州市海外高层次人才政策扶持专窗专题栏目，所有人才服务政策信息均已上网，实现24小时在线服务。组织市发改委等8个部门业务负责人赴杭州海创园（未来科技城），开展科技政策、企业所得税优惠政策等创新创业政策宣讲活动，园区内外150余个企业负责人和海外高层次人才参会，全方位的政策讲解受到参会人员的好评。

【省级创新团队申报推荐】 市科委鼓励杭州市企业积极申报省级创新团队。经推荐审核，最终经省科技厅评审，2014年杭州市有5个团队入选，分别是海正药业（杭州）有限公司的"新结构抗体类生物药研发"创新团队、浙江吉利控股集团有限公司的"新能源汽车核心动力系统开发"创新团队、杭州安恒信息技术有限公司的"安恒Web应用安全检测与防御技术"创新团队、杭州多禧生物科技有限公司的"靶向治疗癌症单克隆抗体药物"创业团队、杭州华澜微科技有限公司的"自主可控信息存储安全技术"创业团队。5个团队各获得省级财政500万元资助。（俞永义）

·科技金融扶持体系·

【科技型中小企业融资周转资金】 2014年，杭州市加大对科技型中小企业的融资周转力度，科技型中小企业融资周转资金累计到位资金8500万元。市创投服务中心共计为225个（次）科技型中小企业提供融资周转资金11.9亿元，财政资金放大倍数为14倍，户均530万元，平均周转天数10天，为企业直接节省融资成本3000余万元。自设立周转资金以来，累计为380个（次）企业提供融资周转资金约20亿元，支持的企业中95%以上为科技型中小企业。

【"联合天使担保"为企业提供融资支持】 杭州市深化科技与金融相结合，推广发展"联合天使担保"风险池基金模式，加强对大学生创业企业、"雏鹰企业"、高新技术企业等科技型企业的培育和融资支持。2014年，联合担保风险池开展融资业务6.1亿元，支持企业160个；提供高新技术企业融资6亿元，支持企业137个；完成知识产权质押业务2.4

亿元，支持企业71个；为69个“雏鹰企业”提供2.9亿元融资担保。

【创投引导基金】 2014年，市科委引导基金推动本地新兴产业企业成长的效果进一步显现。引导基金阶段参股合作创投，累计已投资项目169个，投资金额23.8亿元，并带动社会资本联合投资22.01亿元，引导基金实际放大倍数约8倍。所投资的项目中，杭州项目113个，占66%，金额15.8亿元，占总投资金额66%；初创期项目68个，占40%，金额9.5亿元，占40%，初创期项目数量占60%，金额占60%。杭州项目中，85%属于十大产业领域。引导基金所投企业5年内累计实现利润117亿元，税收超过47亿元，创造就业岗位2万余个，增加各类专利逾1000个，制定行业标准50项，承担国家级项目或获得国家级奖励100余项。

（吴国仓）

【国家科技型中小企业技术创新基金】 2014年，杭州市推荐申报创新基金技术创新项目382项，公共服务的机构补助项目40项。经浙江省科技厅组织专家评审，有90项技术创新项目上报国家，占全省总上报项目的46%。根据国家2014年创新基金立项公告，杭州市共立项技术创新项目49项，获得国家财政资金支持5381万元，公共服务机构补助项目34项，获得国家财政资金支持3888万元，投资引导基金项目13项，获得国家财政资金支持1480万元，资助总额1.08亿元，占国家总支持资金3.1%，占全省支持资金51.8%。省立项的技术创新项目41项，获得省财政资金支持620万元。

（王卸良）

·科技服务·

【科技创新服务平台】 2014年，杭州市大力推进科技创新服务平台建设、节能减排创新服务平台、新型化纤与纺织材料科技创新服务平台等6个平台边建设边服务，按期完成阶段目标。杭州市平台整合仪器设备1.17万台套，总价值6.04亿元，实验、中试和服务场地24.27万平方米；参与平台建设科技人员963人，其中高级职称人员793人。平台充分发挥创新载体功能，主持承担国家、省部级项目357项，项目经费3.2亿元。平台已获得授权专利637项，其中发明专利198项，并申请专利443项，其中发明专利209项，实用新型专利62项；主持、参与制定国家标准21项、行业标准24项，获得国家、省部级各类奖励99项。平台充分利用人才、资源、技术优势，帮助企业解决技术难题662项，获得横向课题经费3.42亿元；新品种和先进适用技术推广837项，成果应用产生经济效益45.35亿元；累计为中小企业、种养殖户提供检测服务1.94万次;通过选派科技特派员、专家科技帮扶小分队等形式开展技术咨询2552场（次），接受咨询2.61万人次，开展培训575场（次），培训企业技术骨干、农技骨干、种养殖大户3.24万人次。

（任　容）

【科技创新服务中心】 2014年，全市进一步完善科技创新三级服务体系，继续深入开展“服务‘蒲公英计划’企业创新创业‘五个一’行动”，充分利用社会创新要素，通过举办创新创业大讲堂、开设创新创业诊所、组织科技创新服务小分队等活动，深入乡镇、孵化器、科技园区、大学生创意园，开展技术路线诊断、创新创业辅导、创新创业人才培训与科技政策宣讲等服务。深化与浙江大学等高校的产学研合作，推进浙江大学重点科研基地与杭州市重点企业结对工程，推动高校重点实验室与杭州市企业在技术、人才等方面的交流与合作。承担杭州市海外高层次人才政策服务专窗工作，编制服务手册，组织分窗口单位深入园区开展针对海外高层次人才的政策宣讲活动。依托杭州市大型科学实验仪器共用服务平台，继续推动在杭州高校科研院所大型科学试验仪器设备的开放共享工作，组织仪器设备上网，服务全市科技型中小企业。

（汪　亮）

【科技特派员工作】 2014年，市科委积极开展特派员培训工作，对第5批市派50名特派员进行集中培训，及时下拨科技特派员生活、交通补助和项目经费等，确保科技特派员工作和项目实施顺利开展。年末，杭州市被评为第11批省科技特派员工作先进市；桐庐县、临安市被评为第11批省科技特派员工作先进县（市）；杭州市农科院菌菇所宋吉玲等10人被评为第11批省优秀科技特派员。

（俞永义）

·知识产权与专利发明·

【专利申请与授权】 2014年，杭州市知识产权工作取得新成效。全市专利申请和授权量分别达到4.86万件和3.35万件。其中，发明专利授权5559件，位居全国省会城市第1位，副省级城市第2位。

【知识产权区域试点示范】 杭州市不断深化国家知识产权示范城市建设。完善考核，落实全市发明专利5年倍增计划的指标分解。探索建立知识产权指数体系，发布2012年全市知识产权指数。出台《杭州市重大科技创新项目前置审查实施方案（试行）》，把对全市112个重大科技创新项目申报单位的有效发明专利拥有情况的审查，作为项目是否立项的重要依据。继续推进园区知识产权试点示范工作，拱墅区通过省知识产权工作示范区复核，并创建国家知识产权强县工程示范区。余杭区和临安市分别通过国家知识产权局强县工程试点县和省创建知识产权示范市验收。高新（滨江）区全面开展专利导航实验区建设，明确工作定位，建立长效机制，逐步实现阶段性发展目标。

【企业知识产权工作】 杭州市积极实施国家中小企业知识产权战略推进工程，开展企业专利试点、示范、知识产权标准化管理和托管工作。年末，全市拥有国家知识产权示范试点企业16个、省级专利示范企业200个、市级专利试点示范企业374个，开展国家知识产权标准化管理工作企业50个，通过第一批认证的企业有11个。全市企业申请和授权量分别占全市申请和授权总量的60.9%和65.7%。杭州贝达药业股份有限公司的埃克替尼盐酸盐及其制备方法专利获得中国专利金奖，杭州华三通信技术有限公司等3个企业专利获得中国优秀专利奖，杭

州华普永明光电股份有限公司等企业的5件外观设计获中国外观设计优秀奖。积极开展专利权质押融资活动，帮助58个企业获得银行贷款2.24亿元。

【知识产权保护】 杭州市制定并实施《2014年杭州市知识产权执法维权“护航”专项行动方案》，联合9个区、县（市）知识产权局，开展对杭州家乐福超市余杭店知识产权执法维权“护航”专项行动暨联合执法活动，现场检查各类商品约1万件。联合各区、县（市）对“1688”（阿里巴巴）网站进行假冒专利执法活动，对家电、日用品、机器设备等约1万件商品进行筛查，对40件疑似假冒专利商品（链接）做出限期整改的处理意见。对杭州国际动漫节产业博览会、中国杭州文化创意产业博览会、首届杭州台湾名品博览会等进行会展知识产权执法。

【杭州（制笔）知识产权快速维权中心运行】 9月29日，中国杭州（制笔）知识产权快速维权中心正式运行，已经受理专利申请70余件，接收专利侵权纠纷13件，其中完成调解5件、移送法院受理3件。杭州市中级人民法院驻该中心巡回法庭正式挂牌，2014年全年专利案件立案781起，其中假冒专利1起、侵权纠纷780起；已结案775起，其中假冒专利1起、侵权纠纷774起，结案率达99%。维权援助中心接听各类投诉、咨询电话300余个，立案受理相关维权案件521起。

【知识产权宣传培训】 2014年，市知识产权局编发《2013年杭州市知识产权保护状况》白皮书。制作执法维权专题宣传品，发挥大型户外广告的作用，选择10个重点园区附近的公交车站进行为期一个月的灯箱广告宣传。建立由50名高校师生组成的志愿者队伍。举办“专利申请与维权”“知识产权进园（社）区”“知识产权保护及维权知识讲座”等培训活动，参加培训人员1000余人次。联合浙江大学举办“浙江大学—杭州市企业科技创新与知识产权战略高峰论坛”，开展主题为“推进知识产权战略，提升国际竞争优势”研讨，受到与会300个企业负责人的欢迎。24人通过专利管理系列初中级技术职务任职资格考试。（王晓燕）

·地震防御·

【防震减灾概况】 2014年，杭州市地震局围绕全面提高防震减灾综合能力的目标，坚持抓重点、抓基础、抓规范、抓亮点，全力做好防震减灾各项工作，较好地完成了年度工作目标任务，杭州市地震局和余杭区地震局、江干区地震局、西湖区地震局被省地震局评为防震减灾工作先进单位。

积极开展地震安全性评价，全市完成安全评估项目23项。梳理并完成涉及地震工作的权力清单和责任清单，并规范涉审中介管理相关工作。

【地震监测】 市地震局开展市级地震台站规范化建设工作，研究制定《杭州市地震监测台（站）工作职责》，规范台站工作内容和管理要求。实施台网更新改造工作，完成富阳市万市镇、桐庐县彰坞镇、余杭区瓶窑镇3个地震台前兆验收准备；完成临安市湍口测报点地下流体监测项目设备安装并投入试运行；配合省地震局对萧山区楼塔镇地震台进行升级改造。萧山区楼塔镇地震台在省地震局组织的地震观测资料评比中获得测震学科地方台组第2名，临安市、淳安县、桐庐县地震台获得测震学科优秀奖，瓶窑镇、下沙街道等6个强震台获得强震动学科无人值守台站组优秀奖。

【地震应急】 2014年，杭州市本级和区、县（市）地震应急预案的编修工作完成。按计划完成地震应急装备的购置与完善，在省地震局组织的突击检查中获肯定。第3季度云南连续发生鲁甸6.5级地震和景谷6.6级地震，浙江省文成县、泰顺县自9月12日后连续发生1000余次0级以上震群型地震事件，市地震局及时与省地震局保持联系，加强值班，关注动态。

【防震减灾科普】 市地震局组织“5·12”防灾减灾日大型广场宣传主题活动和杭州市第三届“平安中国”防灾宣导系列公益活动。积极开展地震安全示范社区创建工作，4月，江干区四季青街道运新社区被省地震局授予“浙江省地震安全示范社区”。（曾维启）

·科技团体·

【科技团体概况】 2014年，杭州市科协积极配合市人大常委会法工委、教科文卫委、市政府法制办，推进《杭州市科学技术普及条例》立法工作。10月28日，市十二届人大常委会第二十二次会议表决通过《杭州市科学技术普及条例》。12月8～10日，市科协第十次代表大会召开。杭州市委、市人大常委会、市政府、市政协和省科协主要领导出席会议，市委书记、省科协党组书记和市委分管领导分别做重要讲话。大会总结过去五年的工作，提出未来五年的发展目标和工作任务。代表大会圆满完成市科协换届的各项任务，选举产生新一届市科协领导班子。2014年，杭州经济技术开发区、余杭区、富阳市、桐庐县的科协也召开代表大会，完成换届任务。杭州职业技术学院成立科协组织。

市科协以项目形式支持学会能力提升，从服务科技创新、服务政府和社会事务、服务会员和自我发展能力等方面指导12个学会提升能力。该工作被确定为省科协2014年度引领市级学会能力提升项目。完善专职秘书长“一专多联系”工作模式，加强学会管理职业化人才的培养。由学会组成的联合党支部中，建立各学会党建工作负责人和联系人制度，实现新社会组织党建组织和党建工作双覆盖。

市科协做好2014年杭州市自然科学优秀学术成果奖评选工作，推荐报奖论文430篇，约占成果总数的14.4%。评选出优秀论文一等奖47篇、二等奖102篇、三等奖275篇；优秀科普成果一等奖3部、二等奖6部；科技工作者的3篇建议分获优秀科技工作者建议一、二、三等奖。评选杭州市护理学会等11个单位获优秀组织奖。实施杭州市青年科技人才培育工程，资助2人出版科技类专著、7人参加国际性学术会议。丁列明、范渊被评为2014年“全国优秀科技工作者”，丁列明获全国“十佳”提名奖。

【公民科学素质提升工作】 3月13～14日，市科协承办2014年全国地方《公民科学素质行动计划纲要》实施工作会议，与会人员实地考察西湖区、高新（滨江）区、中国杭州低碳科技馆相关科学素质纲要工作，给予一致好评。4月1日，市科协在市全民科学素质工作领导小组和科普工作领导小组联席会上，向各区、县（市）政府发放了2014年度公民科学素质建设工作任务书。市科协通过不断完善工作机制，进一步推动“政府主导、条块结合、社会参与”的科学素质提升“杭州模式”，全年新创建杭州市科学素质工作先进乡镇（街道）13个。。

10月21日，中国现代科学家主题展全国巡展杭州站展览开幕，省政协副主席、省科协主席姚克（前右二）参观展览 （市科协 供稿）

【院士专家工作站建设】 9月29日，杭州市出台《杭州市优秀院士专家工作站评选办法》，对已建院士专家工作站开展跟踪评价。在10个企业新建市级院士专家工作站，4个单位被确认为第5批浙江省院士专家工作站。年末，全市累计建设市级院士专家工作站80个、省级院士专家工作站19个。

【海外智力及项目引进】 3月28日，中国科协国内第2个海外智力为国服务计划示范项目落户浙江中科领航汽车电子有限公司，同时，中国科协授予杭州市临江高新区“中国科协海智计划浙江杭州工作基地（临江）”牌匾。这是继2011年中国科协海外智力为国服务计划工作基地落户浙江杭州未来科技城（海创园）后，在杭州拓展的第2个工作站。10月，市科协举办第九届海外英才杭州项目对接会暨“智慧经济”时代论坛，达成初步合作意向15项，深化合作项目8项，签约项目4项。举办第十一届京沪杭高科技产业化交流活动，以“钢结构绿色建筑”为主题开展技术学术交流，并邀请10位院士为杭州发展咨询建言。

【科协学术交流】 6～7月，杭州市科协第七届学术年会围绕“五水共治”主题举办。年会突出为举办地服务的定位，搭建学术研讨、专家帮扶、科普宣传3个平台，共举办20余场学术活动。孟伟、曲久辉、高从堦3位院士分别做学术报告，为“美丽杭州”建设献计献策。10月14日，市科协会同市环科院等单位，联合承办第四届中日（浙江）水环境技术交流会，30位日本专家、企业界人士和250余位国内各界人士开展学术研讨，中日企业还开展技术交流和答疑。市科协成立由60余人组成的“助力五水共治”专家顾问组，收集到全市20余项“五水共治”需求，赴水产养殖基地调研指导。全年立项重点学术活动项目150余项，其中重大课题6项。注重学术研究成果的转化，及时向市委、市政府及有关部门提出决策咨询，研究成果《保护千岛湖水质应重视治理水土流失》获市委书记龚正和市长张鸿铭批示，《关于杭州市生活垃圾处置问题的几点建议》和《杭州市公务员心理健康调查情况及建议》获市长张鸿铭批示。

【主题科普活动】 2014年，市科协立项实施重点科普项目90项。紧紧围绕五大重点人群开展形式多样、各具特色的科普活动。9月20～26日，以“助力五水共治，建设美丽杭州”为主题，举办2014年全国科普日暨杭州市第二十八届科普宣传周，开展各类活动400余项。10月21日至11月4日，中国科协“科技梦·中国梦，中国现代科学家主题展全国巡展”杭州站展览在杭州市科技工作者服务中心举行，累计接待学校、社会团体参观2万余人次。组队参加第二十八届浙江省青少年科技创新大赛，获得一等奖11项、二等奖30项、三等奖25项。开展第二十九届杭州市青少年科技创新大赛。举办杭州市“科学大讲堂”12场。组织科普讲师团进社区、农村、学校、机关、企事业单位，举办科普讲座500场。

【科普能力建设】 2014年，市科协强化科普能力建设，中国杭州低碳科技馆获得住建部颁发的三星级绿色建筑标识证书，是国内科技馆界首家获此荣誉的展馆，全年接待参观团队524批次、55万人次。指导拱墅区、桐庐县、淳安县做好全国科普示范区（县）创建工作。新建区、县（市）基层科普馆11个，命名2014～2016年度市级农村科普示范基地14个。4个社区获中国科协、财政部“基层科普行动计划”项目表彰，淳安县蚕茧产业协会等5家专业协会获2014年省“基层科普行动计划”先进单位称号。市科协加强新媒体科普，于5月推出“科普一分钟”微信平台，为公众推送科普资讯。积极开展科普微视频进公交、进地铁、进楼宇活动。 （王建国）

社会科学

Social Science

·社会科学综述·

【社会科学服务经济社会】 2014年，杭州市社会科学理论界围绕杭州“信息经济”“智慧经济”“一号工程”“杭法十条”等发展政策，开展理论探讨、专题研讨和调研等工作。市社会科学界联合会（简称市社科联）、市社会科学院（简称市社科院）开展“深化改革、创新发展”解放思想大讨论和“三转一争”主题活动，认真履行职能，团结和引导社会科学工作者发挥“桥梁”“纽带”“智库智囊”作用。以“市社会科学规划常规性和专项课题”“市社科重点研究基地项目”“市社科联课题”等申报立项为平台，开展应用对策类和基础类理论研究。以“领导批示”“各级党委政府有关部门采纳”“论文”“报告发表”“著作出版”等形式，实现科研成果转化。举办社会科学普及周活动，建立和完善市级科普示范基地和基层理论宣讲点，编发“社会科学普及丛书”和宣传资料等，加强社会科学知识宣传普及工作。制订和出台《社团学术活动和科研成果出版资助办法》，促进杭州市92个社团在围绕中心、服务大局、参与决策咨询等方面发挥“思想库”“智囊团”优势。

2014年，在全国城市社科院第24次院长联席会议上，市社科院被评为全国城市社科院先进单位。在全国大中城市社科联第25次工作会议上，市社科联推荐的中共临安市委宣传部、浙江大学城市学院社科联和市国税研究会被评为全国大中城市社科组织先进集体，2人被评为全国大中城市社科工作先进个人。在市社科联开展的2014年度评选表彰活动中，20个社团被评为市社科联系统先进集体，48人被评为市社科联系统先进工作者，25个单位和社团被评为市社会科学普及活动优秀组织单位，54人被评为市社会科学普及活动先进个人。

至年末，杭州市有市级科普示范基地25个、省级科普示范基地11个。13个区、县（市）建立“基层理论宣讲点”30个，开展社科理论宣讲活动200余场。

【课题规划与管理】 2014年，市哲学社会科学规划办公室（简称市社科规划办）围绕杭州市重点工作和重大问题，开展常规性课题选题征集工作，编发7个研究系列的《课题指南》，通过面向社会公开申报、组织专家评审和市社科规划办批准等方法，市社科规划办常规课题立项221项，水文化专项研究课题立项5项。做好人民政协理论研究、妇女与家庭文化研究、杭州佛教历史文化研究、市决策咨询委员会重大问题研究等29项专项课题立项工作。撤题或终止2010年以前立项尚未结题的27项市社会科学规划常规性课题，并采取列入学术信誉不良记录名单、取消申报资格3年、停拨预留经费等惩罚措施。

【杭州文化研究工程】 2014年，市社科联、市社科院组织社会科学理论界开展杭州历史文化和当代杭州发展研究。在南宋史研究方面，市社科院南宋史研究中心4项课题被列为浙江省社会科学规划课题，并与中国社会科学杂志社合作，编发《国际社会科学》（南宋史研究专辑第3辑），完成“南宋及南宋都城临安研究系列丛书”5部专著的编纂工作（累计出版11部）。发表一级刊物学术论文6篇（含《国际社会科学杂志》3篇），《南宋川陕边防行政运行体制研究》获“邓广铭学术奖励基金”二等奖，4项课题被列为省级社科重点研究基地课题。在杭州历史文化研究方面，市社科联完成《杭州书法史》《杭州地名史》（“杭州历史文化系列研究丛书”）等4部专著的编撰出版，《杭州经济史》《杭州书院史》等9部专著完成编撰，进入出版程序（累计编撰出版18部）。市社科院杭商研究中心7项课题被列为市社会科学规划课题。年内完成“杭商创业口述史丛书”《新中国创业者卷》编撰工作。

【城市治理研究】 4月，杭州国际城市学研究中心创办的“浙江省城市治理研究中心”被列为浙江省哲学社会科学重点研究基地。5月，该中心在四川省泸州市设立分中心，围绕中西部地区的新型城镇化开展智库服务。制订《浙江省城市治理研究中心首席（兼职）专家聘用管理暂行办法》，聘请首席专家、兼职专家、学术助理，扩大“核心层—紧密层—支撑层”研究团队。建立硕士生教育、博士生教育、博士后培养的培养体系，设置城市学专业硕士点，招收3批城市学专业硕士研究生和10名博士后进站研究。与中国人民大学共同实施“杭州城市学·郑杭生基金会学子”项目，2批16名博士获得课题资助。

·社会科学活动·

【全国城市社科院联席会议召开】 5月22日，全国城市社科院第24次院长联席会议在杭州举行，来自全国35个大中城市的社科院院长、专家学者参加会议。市委常委、市委宣传部部长翁卫军，中国社科院副秘书长晋保平出席会议并讲话。副市长陈红英出席会议。会议围绕“全面深化改革新时期城市社科院的新定位、新挑战和新机遇”主题进行研讨。参会的城市社科院代表结合各城市发展实际，就全面深化改革、加快新型智库建设、加强学科建设、培养新型人才、把握职能定位、当好党委政府参谋助手等问题进行深入研讨和交流。

7月31日，《杭州市公众人文社会科学素养调查报告》新闻发布会召开。图为发布会现场（市社科院 供稿）

【公众人文社会科学素养调查结果发布】 7月31日，市社科联、市社科院召开《杭州市公众人文社会科学素养调查报告》新闻发布会，新华通讯社、《光明日报》、《文汇报》、《钱江晚报》、“浙江在线”、《杭州日报》、《都市快报》等10家媒体记者参加会议并做相关报道。会上，发放《杭州市公众人文社会科学素养调查报告》。调查结果表明，杭州市公众人文社会科学素养知识掌握情况较好，总体答题正确率为69.5%，比浙江省公众平均正确率高出23个百分点。在“术语的了解”“基本观点的掌握”“常识的理解”3方面的正确率分别比全省平均水平高出10、11.6、33.8个百分点。

【社会科学普及丛书编撰】 2014年，为宣传普及杭州历史文化和社会科学知识，市社科联组织杭州师范大学和浙江大学城市学院社科联及市地方志学会等社团，采用图文并茂的表现形式，编撰出版“杭州市社科普及丛书”（第三辑），包含《历史篇》《宗教篇》《旅游篇》《世界语篇》《保健篇》等10册，印制2000套，为市民学习社科知识提供资料。

【社会科学普及周活动】 10月18~24日，由市委宣传部、市社科联主办的“杭州市2014社会科学普及周”活动在西湖区西城广场举行。普及周以“普及社会科学，建设美丽杭州”为主题，包含启动仪式、广场咨询服务、社科专题讲座等活动。其间，举行“杭州市社科知识普及丛书”（第三辑）首发式。市社科联所属社团在现场设立咨询点79个，组织200余名专家学者为近1万人次市民提供咨询服务，发放各类社会科学普及手册和宣传资料数万份，展出宣传图板70余幅。面向社会举办30场社会科学专题讲座。向主城区5所中、小学发放《杭州史话》7000本。13个区、县（市）委宣传部结合当地实际，错时联动，分别举办广场咨询、专题讲座、主题展览、知识竞赛等80余项社会科学普及宣传活动。

10月18日，市人大常委会副主任徐苏宾（左二）参加杭州市2014年社会科学普及周活动（市社科院 供稿）

【中国城市学年会】 10月25~26日，由杭州国际城市学研究中心主办的2014年中国城市学年会暨第四届城市学高层论坛在杭州举行。来自国内外和省、市有关单位的400余名城市学专家学者参加会议。年会以“‘城市病’与城市治理：挑战·机遇·对策”为主题，围绕中国城镇化进程中最突出的流动人口、交通、教育、历史文化遗产保护等问题进行探讨，寻求破解对策和治理方法。围绕城市文化遗产保护、生态环境、流动人口、教育、交通5类问题，进行专题研讨。其间，为第四届“钱学森城市学金奖”“西湖城市学金奖”获奖作品颁奖，各征集主题分别产生金奖1个、金奖提名奖10个、优秀奖39个。

中国城市学年会成为中国城市研究领域最有影响力的论坛之一。

【世界文化遗产国际会议】 12月14~15日，由历史城市景观保护联盟、浙江大学等单位联合举办的“第三届杭州世界文化遗产国际会议暨2014历史城市景观保护联盟年会”在杭州举行，来自联合国教科文组织世界遗产中心、中国联合国教科文组织全国委员会、中国文物学会、中国古迹遗址保护学会、联合国教科文组织亚太地区世界遗产培训与研究中心，以及日本、韩国等国内外的专家学者、城市规划与建设单位负责人、文化遗产保护管理单位负责人140余人参加会议。会议围绕东亚地区文化遗产保护实践等重大议题开展跨文化、跨学科的专业研讨，有效推动西湖、运河文化遗产的保护和利用，促进良渚遗址、南宋皇城遗址、西溪湿地、跨湖桥遗址、钱塘门遗址等申报世界文化遗产工作。

·社会科学成果·

【市委调研成果】 2014年，市委政研室拟定或修改《关于加快发展信息经济的若干意见》《关于全面深化法治杭州建设的若干意见》《关于深化“美丽杭州”建设的意见》《关于深入贯彻落实省委常委会议精神的实施意见》《关于贯彻省委常委扩大会议精神切实做好下半年经济工作的意见》《关于进一步加强和改进人民政协民主监督的意见》《关于进一步激发社会组织活力推进我市社会治理创新的若干意见》《关于支持杭州建设国家自主创新示范区的请示》《杭州市决策咨询委员会工作规则》等一系列重大政策文件。围绕创新驱动、“一号工程”、城市“四治”（治水、治气、治堵、垃圾处置）、“美丽建设”、社会治理、新型城镇化等市委、市政府关注的重大问题和社会关注的热点难点问题开展调研，形成《近三年我市全国民营企业500强排名变化情况分析及对策建议》《大数据时代杭州加快推进智慧城市建设的思考》《在抢抓机遇中加快杭州文创产业发展的对策建议》《构建文创金融服务链深化文化投融资体制改革》《关于稳步推进绿色交通系统建设的调研与思考》《关于加快实现“绿水青山就是金山银山”的调研与思考》《建立健全我市体现群众意愿的科学民主依法决策机制研究》《加快农民异地搬迁后续管理的思考与建议》《关于我市贯彻落实〈国家新型城镇化规划〉的对策建议》《历史文化遗产保护和城市国际化的经验和启示》《统筹谋划杭州大都市区空间重构优化城市功能布局的若干建议》《进一步优化杭州市区地下空间功能的建议》等调研成果。

加强与市直部门和区县（市）等调研力量的联动，总结提炼基层可复制可推广的典型经验，形成《关于建德市“三改一拆”暨“无违建市”创建工作的调查与思考》《加快建设富阳市银湖科技城的思考和建议》《桐庐县农村居家养老模式的研究》《关于加快清凉峰省级旅游度假区建设的对策建议》《深化村社经济合作社股份制改革的实践与思考——以拱墅区为例》《加快山南基金小镇建设，打造智慧经济重镇》《上城区“平安365”社会服务管理的实践》《西湖区旅游产业创新发展路径研究》等调研成果。

借用浙江省委政研室、浙江省发展规划研究院、浙江大学、浙江工业大学、杭州师范大学、浙江工商大学、浙江农林大学、宁波大学等独立第三方资源，对杭州发展的重大问题开展调研，形成《长三角城市群中杭州发展定位研究》《建设网上自由贸易试验区若干重点难点问题研究》《加快建设互联网金融产业集聚区对策研究》《县域经济向都市经济转型发展研究》等10余个领域的调研成果，形成《关于进一步加快发展杭州都市圈的思考建议》《体制改革是提高杭州交通管理水平的根本出路》《关于优化杭州路网架构的建议》《提高杭州道路交通组织与管理水平的建议》《关于优化我市静态交通体系的建议》《杭州城西内涝治理跟踪研究》等一批研究成果。

向其他城市收集有关信息经济发展和经济社会发展思路等资料，形成《上海建设全球创新中心对杭州的启示》《深圳市推进产业转型升级的主要做法和思路》《成都市推进产业招商的经验和启示》《台湾城市生活垃圾管理》等一系列调研成果。着眼全年经济工作中的热点和难点，开展系列调研活动，形成《区县（市）对深化改革和发展智慧经济的主要意见》《当前市属国有工业企业对深化国资国企改革工作的主要意见建议》《关于推进我市成长型企业持续快速健康发展的几点建议》《关于用好老城区创新型产业平台的调研和建议》《杭州优势成长型企业发展指数测评分析》《加强农产品电子商务平台建设的几点思考——以淘宝网“杭州特色馆”为例》等报告。

参与“三转一争”专题活动，撰写《杭州发展新常态面临的机遇和挑战分析》《关于二次对标国内先进城市综合竞争力研究》《精准发展理念，保持战略定力》等相关文章。做好市委、市政府领导年度重点调研课题跟踪服务工作，组织开展2013年度全市党政系统优秀调研成果评审工作，编辑《杭州市党政系统优秀调研成果汇编（2013年度）》《决策参考（2014年度合订本）》《杭州市决策咨询委员会2013年度报告》，公开出版《“美丽杭州”建设的研究与实践》。

【市人大常委会调研成果】 2014年，市人大常委会形成调研报告46篇，编辑出版《杭州人大》杂志6期，编发《杭州人大信息》65期，其中调查研究专刊21期。

参与市委有关重要文件起草调研。根据市委要求，起草《推进法治杭州建设的工作思路和举措（人大工作部分）》《发挥人大职能作用推进法治杭州建设》，为市委召开十一届八次全会和出台《关于全面深化法治杭州建设的若干意见》提供参考。结合筹备市委人大工作会议，组成5个督查组，赴各区、县（市）对《中共杭州市委关于加强和改进新形势下人大工作的意见》落实情况开展督查调研，形成《关于市委〔2009〕24号文件落实情况的督查报告》及5个分报告和1个问卷调查分析报告，为市委出台《关于进一步加强人大工作发挥人大作用的意见》提供参考。结合筹备杭州市乡镇人大工作会议，组成7个调研组，赴有关区、县（市）开展调研，形成《全市乡镇人大工作情况调研报告》及7个分组调研报告，为市委出台《关于进一步加强和改进乡镇人大工作的意见》奠定基础。

开展重点工作调研。围绕市政府在政情报告会上提出的产业园区建设、投资促进、深化改革等7个方面重点工作，开展专题调研，提出意见建议。

实施重点课题调研，围绕市人大常委会年度重点工作和市人大常委会建设的重要方面，确定主任会议成员及机关各部门调研课题20个，其中主任会议成员重点调研课题9个，机关各部门调研课题11个，形成调研报告20篇。

总结临安市板桥镇人大主席朱忠华先进事迹。起草《基层人大干部的楷模》调研报告，刊载于《中国人大》杂志和《杭州日报》。朱忠华的事迹在新华社、《人民日报》、中央电视台、中央人民广播电台、《光明日报》、《法制日报》等媒体上报道。

发挥人大工作研究会作用，对《杭州市全民健身条例》实施情况进行调查研究，形成调研报告，对进一步完善法规提出意见、建议。《杭州人大工作60例》由浙江人民出版社出版，选取60年来杭州市各级人大及其常委会60个工作实例，展示杭州市各级人大及其常委会60年实践探索，为推进人民代表大会制度实践创新提供借鉴。编印《市人大常委会及机关调研成果汇编（2013年度）》。组织人大调研成果参加全市党政系统优秀调研成果评选，获优秀组织奖。

【市政府调研成果】 2014年，市政府研究室围绕“建设市政府核心智库”目标要求，提升调研工作有效性和针对性，立项开展课题研究60余项，完成调研成果70篇，7项课题成果直接转化为重大政策、举措，23件成果获市领导批示，5项成果在省政府研究室内刊上发表。

市长课题“杭州市“十三五”发展战略研究”完成前期调研、研究思路和课题提纲，进入初稿起草阶段。研究起草《萧山、余杭与主城区一体化发展政策》《创业创新人才政策、大江东体制机制改革方案》《地铁建设管理条例》《要素市场化配置综合改革方案》。主持中国网上自贸区子课题“政策创新及服务优化研究”“六城区民生保障政策均等化研究”等政策类课题研究，课题成果获市长张鸿铭批示肯定。

12项重大课题全部完成（市政府研究室牵头完成7项）。其中，《杭州智慧产业链发展战略研究》《杭州企业外迁情况调查和对策研究》《以发展权交易改革为突破口加快杭州市产业平台转型发展的建议》《杭州市“十三五”基本公共服务发展思路研究》等课题获市领导批示6件。

完成重点课题30项，其中《杭州奥体博览城场馆运营模式研究》《杭州高新区（滨江）创新发展经验及建议》《推进杭州市政府购买服务的若干建议》《完善创业创新人才政策的若干建议》《兄弟城市出租车运营管理的借鉴与思考》《杭州市固定资产投资规模及潜力分析》等课题获市领导批示10件。

围绕市领导关注的热点和难点问题，开展动态调研。其中，《海宁、平湖要素市场化配置综合配套改革工作学习考察报告》《促进我市资本市场健康发展的几点认识和建议》《关于完善新安江流域生态补偿机制的建议》《我市个别楼盘降价情况分析及杭州未来房地产发展的趋势研判》《杭州未来房地产发展的趋势研判》《关于余额宝互联网金融创新的几点思考》《关于“快的、嘀嘀”打车软件行业竞争的思考》等调研成果获市领导参阅。

【市政协科研成果】 2014年，市政协理论处编辑出版《理论与实践》（第七辑），科研文章《发挥政协优势作用，推进依法治国战略的思考与实践》被收录、刊载于《中国政协理论研究》第21期。

市文史研究会以杭州城市史和宗教历史文化研究为重点，组织开展系列学术活动和研究课题。举办2014年杭州文史论坛暨南宋临安城研讨会。“南宋临安城数字化模型”课题研究与项目实施稳步推进。开展杭州佛教和伊斯兰历史文化研究课题研究，举办首届杭州佛教历史文化学术论坛。开设杭州文史小讲堂，定期组织小型学术研讨活动和普及讲座。编辑出版“杭州文史小丛书”（第一辑）、《元代杭州历史遗存》等文史研究书籍14部。

【市委党校科研成果】 2014年，市委党校中标省级以上课题19项。其中，国家社会科学基金项目1项、全国党校系统调研课题2项、浙江省社科规划课题4项、浙江省党校系统第16批规划课题7项、浙江省党校系统重大课题1项、浙江省社会主义学院招标课题1项、浙江省社科联研究课题3项。

主持完成省级以上课题31项。其中国家社科基金课题4项、全国党校系统调研课题2项、中央社会主义学院招标课题1项、全国行政学院科研合作课题6项、浙江省哲学社会科学规划课题2项、浙江省自然科学基金项目1项、浙江省社科联课题2项、浙江省委党校系统规划课题7项、浙江省委党校重大课题1项、浙江省社会主义学院课题1项、浙江省民政政策理论研究规划课题1项、浙江省发改委2013年重大招标课题1项、浙江省法学会重点招标课题1项、民建浙江省委2014年度理论研究课题1项。

完成各类市情研究课题38项。其中市规划课题4项、市哲学社会科学重点研究基地课题3项、市决咨委委托课题7项、政校基地（市政府研究室与市委党校合建平台）课题5项、市党的建设研究中心课题8项、市软科学课题2项、其他部门委托课题9项。累计有13项决策咨询报告被市委、市政府主要领导批转。

全年出版著作3部，编写教材2部，发表论文88篇。其中，公开发表论文72篇（副省级及以上）、核心以上刊物（含核心刊物）25篇、省级刊物29篇、副省级刊物18篇、内刊8篇、被人大报刊复印资料全文转载6篇、《新华文摘》论点摘编2篇。

全年获各类优秀成果奖55项。其中：全国党校系统第十届优秀科研成果奖一等奖1项、二等奖1项、三等奖2项；浙江省社科联第八届青年社科优秀成果三等奖1项；2014年浙江省党校系统优秀调研成果二等奖3项、三等奖3项；浙江省党校系统理论研讨会优秀论文一等奖3项、二等奖4项、三等奖4项；浙江省党校系统青年学者学术研讨会一等奖3项、二等奖5项、三等奖1项；民政部“民政论坛”研讨会优秀论文二等奖1项；市社科联第八届社科优秀成果奖一等奖1项、二等奖2项、三等奖4项；2013年杭州市党政系统优秀调研成果三等奖1项。

【杭州国际城市学研究中心科研成果】 2014年，杭州国际城市学研究中心承担国家级课题3项、省部级课题7项、厅局级课题4项、省级基地课题8项。完成《流动人口“同城同待遇指数”研究》（国家社会科学基金项目）、《农民市民化成本支付与土地制度创新》（国家自然科学基金项目）、《新型城镇化进程中农民市民化成本支付研究》（中国国际经济交流中心交流基金项目）等课题。组织开展《习总书记新型城镇化思想研究》重大课题研究，收集梳理习近平关于新型城镇化的署名文章342篇、公开报道4845篇，形成500万字资料素材、70万字的研究资料汇编。启动《杭州通史》编纂工作。

5月，杭州国际城市学研究中心应邀赴英国布里斯托参加2014年英国城市学年会，并做相关学术访问，洽谈城市学研究项目合作。6月，应邀出席生态文明贵阳国际论坛，做“关于推进城镇绿色发展”主旨报告。10月25～26日，举办“中国城市学年会·2014”，来自全国500余名人文社会科学、教育、交通、文化遗产、生态环境等方面的专家参加会议，4任浙江大学校长分别发表主旨演讲。11月，应邀出席“中国城市大会”并做演讲。12月，应邀出席“2014年高层智库论坛”，并做“关于智库建设的思考”主旨演讲。

完成市政府委托的《杭州城市发展重大课题研究》，完成“智慧城市建设”“城市户籍制度改革”“城市生态环境保护”“城市国际化”“城市治理”“城乡全域统筹”6个方面调研课题。出版各类著作35部（理论性著作1部、纳入城市学文库的“城市治理系列丛书”7部、文化遗产保护研究相关著作27部）。其中，《城市学总论》被称为“立足前沿领域的学术专著、引领从业人员的经典教材”，《西湖通史》被称为“世界湖泊史上的首创之作”。

至年末，承担各城市委托的横向课题29项。举办第四届“钱学森城市学金奖”“西湖城市学金奖”优秀成果征集评选活动，收到国内外知名专家学者应征专业作品1711篇（部）、广大市民网民提交的民间点子1.24万个。经过专家评审，第四届“钱学森城市学金奖”各征集主题分别产生金奖1个、金奖提名奖10个、优秀奖39个，“西湖城市学金奖”各征集主题分别产生金奖1个、金奖提名奖10个、优秀奖39个。

杭州国际城市学研究中心根据《城市学全媒体建设十年规划纲要》，实现以专报、报纸、期刊为主要形式的纸质媒体，以广播、电视为主要形式的广播电视媒体，以网络、微博为主要形式的新媒体的“三系合一”，全面建成以中国城市网为核心的“七位一体”城市学全媒体集群。构建完善城市学数字图书馆。加强与浙江出版联合集团、杭州出版社、杭州市新华书店公司、浙江人民书店有限公司等单位的合作。加大城市学研究成果宣传推广力度。

【市社科院科研成果】 2014年，市社科院组织省、市社会科学专家学者召开“我们的价值观”主题词、“水环境社会治理与‘十三五’社会建设”、“杭州智慧经济”等6场研讨活动。

开展千岛湖配水工程项目社会稳定风险评估，组织专家学者深入淳安县、建德市、桐庐县、富阳市等地开展调研，完成《杭州市第二水源千岛湖配水工程项目社会稳定风险评估报告》。承担各级、各类课题31项，其中省社科规划课题3项、省社科联课题1项、市社科规划课题6项、市决咨委委托课题2项、市宣传思想文化工作重点调研课题1项、其他委托课题28项。

完成研究报告27项。其中《新兴基督徒企业家团契问题的对策建议》获得省领导批示。组织专家学者编纂《杭州都市圈蓝皮书·新型城镇化建设（2014）》、《杭州蓝皮书：2015年杭州发展报告》（经济卷、社会卷、文化卷），出版专著11部、合著8部。发表论文75篇，核心期刊以上16篇。编发《成果要报》19期，其中《“印象西湖”另辟新址演出的建议》（《成果要报》第6期）、《关于立足中华优秀传统文化弘扬社会主义核心价值观的六条建议》（《成果要报》第11期）获市领导批示。出版发行《杭州研究》4期。参加省、市有关部门开展的社会科学成果评选获奖5项。

【杭州师范大学科研成果】 2014年，杭州师范大学获国家社科基金项目立项19项，其中重点项目3项、一般项目12项、艺术学单列1项、教育学单列1项、后期资助2项。项目立项数在全国732所高校中排名第62位，居浙江省内高校第1位；重点项目数量居浙江省内高校第1位。教育部人文社科基金立项16项，项目立项数在全国580余所高校中排名前20位，全国师范类高校排名第9位、浙江省内高校排名第4位。

承办由中华文化促进会、台湾太平洋文化基金会举办的“两岸人文对话”论坛。与浙江社会学院和浙江社会科学杂志社联合举办“基层社会治理创新论坛”。邀请来自国内外的近100名知名专家学者进行学术交流。“诚恕讲堂”成为学术讲座常态化、机制化、品牌化建设的一个重要载体。

人文社会科学学科教师在一级刊物发表成果135篇。在文化部、中国文学艺术界联合会、中国美术家协会主办的“第十二届全国美术作品展览”中，5名教师的作品入围，2部作品获全国银奖。在浙江省社科联第五届社科研究优秀成果奖、第八届青年优秀成果奖评选活动中，获得奖项19项，其中一等奖3项、二等奖4项，获奖数居浙江省内高校第2位。

至年末，美育与文化传播协同创新中心（培育）顺利推进，与北京大学联合培养博士生。新增杭州市哲学社会科学重点研究基地1个。

【杭州科技职业技术学院科研成果】 2014年，杭州科技职业技术学院（杭州广播电视大学）承担各级各类科研项目87项。其中教育部人文社会研究青年基金项目等省部级项目2项，浙江省社会科学界联合会项目、浙江省人力资源和社会保障厅项目、浙江省教育厅项目、杭州市哲学社会科学规划研究项目、杭州市文化创意产业专项资金扶持项目等厅局级项目24项，市社科联项目、浙江省高等教育学会项目等其他研究项目7项，校级年度研究项目、校级思政专项项目、校级陶行知研究专项项目等校级项目43项。

校级项目中，市级精品课程1项、校级教育教学改革课题15项、校级课堂教学改革课题25项。编写教材12部，其中国家“十二五”规划教材4部、省重点建设教材1部。出版学术著作2部，获专利12项。在全国各类学术期刊发表学术论文168篇。其中中文核心期刊20篇、美国科学引文索引（SCI）收录1篇、美国工程索引（EI）收录6篇。与杭州市江干区工商业联合会、杭州资信评估公司、马克汉姆国际教育集团杭州分公司等企事业单位合作，完成《中小微企业信用评级中财务指标体系模型构造与应用研究》等横向科研项目8项。

科研成果获各类奖项14项，其中浙江省社科联第五届社科研究优秀成果奖“基础理论研究类”一等奖1项（首次获得）、杭州市自然科学优秀学术成果奖3项、浙江省现代远程教育学会优秀科研成果奖1项、浙江省成人教育与职业教育优秀教科研成果奖1项、高教学会第二届优秀高等教育科研成果奖2项、浙江省教科研优秀成果奖1项、市社科联第九届社科优秀成果奖5项。

【浙江大学城市学院科研成果】 2014年，浙江大学城市学院承担各级各类科研项目301项，其中纵向项目83项（国家级项目6项，省部级项目16项）、市政产学研课题66项、企事业单位合作课题152项。259项课题被列入2014年大学生科研计划，其中重点课题76项，累计参与学生1164人次，指导教师198人，资助经费18.84万元。

发表论文516篇，其中一级期刊20篇、核心期刊27篇、被六大检索机构收录120篇。出版著作18册（部），其中专著10册（部）。获得地厅级及以上科研成果奖励6项，其中省部级3项。获国家专利88项，其中授权发明专利11项、实用新型专利77项。获计算机软件著作权109项。

主办或承办国际国内学术会议或研讨活动110余场次。组织30余名师生参加浙江省、杭州市、拱墅区社会科学普及咨询服务活动，接受1000余名市民咨询，发放宣传材料1000余份。

【杭州职业技术学院科研成果】 2014年，杭州职业技术学院组织申报各级各类纵向课题299项，获得立项的市厅级以上课题57项。其中：省级以上社科类项目4项，分别是浙江省哲学社会科学规划课题1项、浙江省科技厅科研项目3项；市厅级社科类项目53项，分别是浙江省社科联研究课题6项、浙江省社科研究基地课题1项、浙江省教育厅科研项目12项、浙江省教育科学规划课题6项、浙江省教育技术规划课题2项、浙江省住房和城乡建设厅科研项目1项、浙江省人力资源和劳动社会保障研究课题4项、杭州市哲学社会科学规划常规性课题2项、杭州市社科重点研究基地项目5项、杭州市社科联课题7项、杭州市决策咨询委员会委托课题1项，杭州市委办公厅委托课题1项、杭州市科技项目1项、杭州市科技情报调研项目1项、浙江省高教学会3项。

完成市厅级以上科研结题44项，获得各级各类科研成果奖11项。其中浙江省教育科学优秀成果一等奖1项，杭州市社科联第九届优秀成果二等奖3项、三等奖1项，校级科研成果奖6项。《加快职业技术人才培养服务产业转型升级需求——杭州职业技术人才培养问题研究》调研成果报送市领导。

在公开发行的国内外期刊上发表论文218篇，其中一级期刊6篇、核心期刊55篇、一般期刊131篇、国际索引26篇。出版学术专著2本。获国家知识产权专利52项，其中实用新型专利26项、外观设计专利19项、软件著作权7项。

与企业联合开展横向课题研究，签订合同54个、合同金额380.71万元。

【杭州万向职业技术学院科研成果】 2014年，杭州万向职业技术学院申报各级各类课题120余项，立项51项。其中厅局级以上项目29项、教育部“十二五”职业教育国家规划教材建设项目1项、中国职业技术教育学会课题2项、浙江省哲学社会科学规划课题2项、浙江省社科联课题1项、杭州市哲学社会科学规划常规性课题3项。

在公开发行的国内外期刊上发表论文126篇，其中中文核心期刊26篇。获省、市级教科研成果奖27项，其中一等奖5项、二等奖8项。首次获得浙江省第七届教学成果奖一等奖1项。获得外观设计专利30项、实用专利2项。

邀请省内外专家举办社会科学专题讲座4场，参加“杭州市2014社会科学普及周”活动，设立“预防大气雾霾污染”“食品安全营养与健康”“室内盆栽花卉与装饰”3项咨询服务项目，接受市民咨询1000余人次，发放宣传资料近600份。

【杭州市青少年研究所科研成果】 2014年，杭州市青少年研究所首次承接国务院研究室综合研究司的课题，承担团省委《浙江青少年综合服务平台研究》重点课题，市社科常规性规划课题立项2项，市社科联课题立项2项，所级立项课题9项。

完成《“青年与党的十八届三中全会”舆情调查专题报告》《关于“小学生如何看待父母生二胎”的调查》《青年运用新媒体情况》《杭州青年“依法治国”认识调查》。编著出版高等教育“十二五”规划教材《大学生心理健康教育》。

参与杭州电视台综合频道《钱塘论坛》电视理论节目“兴公益，泽社会”杭州公益社会组织发展论坛3期、《提升媒介素养》电视节目2期、《杭州》杂志“我们论坛”走进“美丽杭州”节目1期。

【杭州市教育科学研究所科研成果】 2014年，杭州市教育科学研究所以“提升服务、强化管理、点面结合、品牌培育、加强推广”为重点，充分发挥教育科研的服务性和先导性作用，为整体提升杭州市教育品质提供智力支持。

全年有3项课题被列为全国规划课题，其中国家一般课题1项、国家青年专项课题1项、教育部重点课题1项。组织推荐123项优秀课题方案申报“2015年度省教育科学研究课题”，立项87项，其中重点课题18项、规划课题59项、体卫艺专项课题10项。

首次采用电子稿形式进行参评，引进“大众评审”“异地评审”等环节，确立485项国家基础教育课程改革专项课题（教师小课题），150项市教育科学规划年度课题。加强

对省、市课题的管理与结题审核，结题率98%。加强对14项市教育科学规划重大课题管理，研究开发课题中期网上管理路径和优秀成果网络推荐方式。

开展《“单独两孩”生育政策对杭州基础教育基本公共服务影响和对策分析》《中小学内涵发展因素分析研究》等课题研究。组织“美丽学校建设”课题组赴中国科学院和舟山市、丽水市等地学习调研。开展推进义务教育公办学校教师校长交流研究工作。完成对西湖区教育科研发展情况的总体调研。做细区、县（市）“十二五”教育事业发展规划的中期评估工作。做好“杭州—临安教科研合作项目”，扩大教科研指导范围。出版《2013杭州教育科研年度报告》《杭州市民办教育发展报告》等专著。

举办以“新视角、新评价”为主题的杭州市中小学2014年教科研学术周活动。举办“‘长三角’中小学生心理健康教育自助系统成果推广暨生涯辅导”“杭州市学前教育”“市中小学第七届教育科研管理”“教师的价值追寻”“校本课程建设与青年教师的成长”“课程选择性与学生多样化发展的高中新课程”“新课程与学校特色课程建设”“发育行为障碍儿童家庭教育”等论坛和研讨活动50余场次。组织人员参加第十六届中国基础教育高层研讨会、中国教育学会班主任专业委员会成立大会暨第1次学术年会、上海杭州两地培育和践行社会主义核心价值观教育交流观摩活动、第十届中华青少年生命教育论坛、第四届基础教育改革与发展论坛、白玉兰讲坛。积极参与“黄浦杯征文”“扬州论坛”“杭州—南京科研论坛”以及浙江省教科院组织的相关活动。

组织开展杭州市第二十九届教育科学研究优秀成果评选，评出一等奖24项、二等奖60项、三等奖87项。组织开展杭州市第十一届国家基础教育课程改革成果评选，评出一等奖49项、二等奖73项、三等奖203项。改革创新杭州市第九届教育科研先进集体与个人的评审工作，通过申报、初审、实地复核、会议终审等环节，评出先进集体44个、先进个人72人。组织参加浙江省2013年度优秀教科研成果评审，获一等奖5项、二等奖3项、三等奖5项。推荐优秀成果参加浙江省创新教育研究会2013~2014年优秀教育成果征集活动，获一等奖4项、二等奖5项、三等奖10项。

·社会科学刊物·

【《杭州研究》】 《杭州研究》是市社科联、市社科院开展理论研究、学术交流、转化成果、对外宣传的重要载体之一，由中央文献出版社出版。全年出版4期，设《要论特刊》《专家视点》《热点专题》《经济经纬》《政治建设》《城市发展》《改革创新》《社会文明》《历史文化》等10个栏目，刊登发表研究报告和论文102篇，约140万字。特点是围绕市委、市政府中心工作，如群众路线教育研究、产业创新、城市建设与经济协调发展、企业创新等；关注热点和难点，如杭州融入长江三角洲、外来务工群体、农村社会管理创新等；重视基础研究，如东亚文化中的西湖意象研究、杭州名人文化研究等。

【《市委党校学报》】 《市委党校学报》由中共杭州市委党校、杭州行政学院主办，是一本紧密结合改革实践、鼓励和提倡对现实问题和理论问题进行探索的政治类综合性学术期刊（双月刊）杂志，是《中国学术期刊影响因子年报》统计源期刊，是中国人文社会科学政治学类扩展期刊。全年出刊6期，刊发各类文章87篇，总字数约100万字。其中，中国社会科学文摘全文转摘1篇，人大报刊复印资料全文转载13篇。

【《杭州师范大学学报》（社科版）】 2014年，《杭州师范大学学报》（社科版）先后入选第五届华东地区优秀期刊、全国中文核心期刊、中国人文社会科学核心期刊、中文社会科学引文索引（CSSCI）扩展版来源期刊，新入选全国高校精品社科期刊、中国人文社会科学综合评价AMI核心期刊。全年出版正刊6期，每期136页，刊发文章101篇、147万字；出版增刊2期。开设《21世纪儒学研究》《文艺新论》《文学研究》《城市学研究》《法学研究》《媒介与大众传播研究》等重点栏目。

【《美育学刊》】 《美育学刊》由杭州师范大学主办，是国内唯一的美育研究专业期刊，为国内的美育以及艺术教育研究提供学术交流平台。设《美育理论》《美育史论》《美育实践》《艺术与审美文化》等专栏，在追求学术性、理论性的同时，兼具普及性与实践性，为学界提供一份严谨而又不乏审美意趣的学术刊物。全年出版6期，每期正文120页，彩色插页8页（刊登主题性的学术书评及艺术家作品），发文96篇。其中3期为特色专稿，主题分别是“佛教艺术专题研究”“摄影与视觉叙事”“多学科视域下的幼教动画研究”。

【《现代城市》】 《现代城市》由浙江省教育厅主管，是浙江大学城市学院主办的综合性技术期刊。浙江省城市科学研究会及杭州市相关企事业单位等为刊物理事会主要成员单位。《现代城市》杂志为季刊，主要报道中国城市建设学科领域中最新的科技成果和工作经验，主要阅读对象为城市和村镇建设和管理部门工作人员、教育和科研及相关企（事）业单位工作人员、科技人员等。设有《城市规划》《城市建设》《城乡之间》等10余个栏目，全年刊发文章60余篇。该杂志被《中国学术期刊网络出版总库》《中文科技期刊数据库》全文收录。

【《杭职院学报》】 《杭职院学报》是杭州职业技术学院主办的内部期刊。全年出版4期，设《招生与就业》《创新与创业》《课程与教学》《办学模式探索》《专业与课程》《教师与教学》《学生指导与心理》《科技开发与应用》《高职教育研究》《教学与科研》《党建与思政》《学生工作》《高职专业与课程建设》《高职教学实践》《高职实训探索》《专业技术与应用》等栏目，刊登具有副高级职称以上或博士学位的教师的具有理论深度和实践参考价值的论文，为高职院校专业建设、教学管理和学生工作等提供学习和参考。每期校内发放200余份，供学术界交流300余份。

（卢　楠）

教　育
Education

·教育综述·

【区县（市）全部通过国家义务教育发展基本均衡县验收】 12月12日，国家督导检查组对浙江省42个区县（市）进行义务教育发展基本均衡县督导检查反馈会议在杭州举行。继2013年上城区、下城区、江干区、拱墅区、西湖区、滨江区、萧山区、余杭区和建德市9个区县（市）创建成为国家义务教育发展基本均衡区县（市）后，经国家督导检查组认定，富阳市、临安市、桐庐县、淳安县4个县（市）通过国家义务教育发展基本均衡县的评估验收。全市13个区县（市）均创建成为国家义务教育发展基本均衡县（市、区）。上城区、下城区、江干区、拱墅区通过首批浙江省教育基本现代化县评估，并通过省政府教育督导室与省教育厅审核批准。

【“杭州教育发布”网络平台开通】 8月，市教育局建设的“杭州教育发布”政务信息网络平台上线运行。该网络平台由设在“新浪网”“腾讯网”“新华网”“人民网”上的4个政务微博和1个政务微信构成。7月18日，“杭州教育发布”政务微信试运行。8月19日，微信正式运行。至年末，以微信、微博为主要载体的“杭州教育发布”政务信息网络平台建设基本覆盖市教育局直属学校和直属单位。

【《杭州市推进教育国际化行动计划》出台】 8月18日，杭州市人民政府办公厅印发《杭州市推进教育国际化行动计划的通知》，明确杭州教育国际化的总体要求、发展目标和基本原则。计划通过实施百校结对、师训基地、聘请外教、合作办学、留学杭州、国际理解教育、示范学校等7个重点建设项目，推进师生海外交流、教师海外研训、海外人才引入、中外合作办学、涉外教育服务、汉语国际推广、国际学术交流和市民外语普及。

2014年，全市中小学师生访问团145批、2643人（其中学生2032人、教师611人）出国开展交流活动；接待海外来访247批、3600人。全市中小学与国外学校结成姐妹学校72对，累计429对。

【“美丽学校”建设】 8月6日，市教育局出台《“美丽学校”建设实施意见》，以“环境雅致、品质一流、师生发展、特色鲜明、人民满意”为建设目标，重点实施“美丽校园”创建、“美丽班级”建设、“美丽课堂”构筑、“美丽教师”培养和“美丽学生”培育5个工程，推进学校“净化、绿化、美化、文化”。12月，按照“社会参与、系统推荐、专家评审”3个模块，启动杭州市“美丽学校”重点培育学校和重点培育项目评选活动，市教育局和《钱江晚报》微信平台“升学宝”合作实施“社会参与”环节，近180万人次参与317所学校的公众点赞推荐活动，教育系统350名有关人员和创建学校的校长参与系统推荐活动。最终确定2015年度重点培育学校50所、重点创建项目100个。

【中小学校章程备案审核完成】 11月，市教育局完成第二批直属学校章程制（修）订备案审核。杭州第四中学、杭州第七中学、杭州第九中学、杭州第十一中学、杭州市长河高级中学、杭州市源清中学、杭州市旅游职业学校、杭州市电子信息职业学校、杭州市交通职业高级中学、杭州市城西中学、杭州聋人学校11所学校完成章程的制（修）订与审核备案。市教育局直属学校中有15所完成章程制订工作。市教育局推进全市公办学校章程建设。至年末，全市有579所公办中小学完成学校章程的制（修）订，占全市公办中小学校数的84%。

【萧山区、余杭区与主城区教育一体化推进】 市教育局推进主城区优质教育资源向萧山、余杭两区延伸，加快两区与主城区名校集团化办学和城乡互助共同体建设。上城区教育局、下城区教育局分别与余杭区教育局签订教育战略合作协议。上城区的天长教育集团签约组建杭州天长教育集团余杭世纪小学，上城区的崇文实验学校签约领办萧山世纪万科校区；杭州第二中学参照杭州学军中学领办余杭海创园分校模式，在萧山区（钱江世纪城）领办杭州第二中学分校；杭州高级中学地区班、杭州市长河高级中学宏志班调整为主要面向萧山、余杭两区招生。主城区学校（幼儿园）与萧山区、余杭区的6个中心乡镇学校（幼儿园）新建36个城乡互助共同体，累计80余个，与大江东产业集聚区学校（幼儿园）组建25个互助共同体。杭州第二中学与萧山中学、杭州学军中学与余杭高级中学签订名校发展共同体合作意向书。

【特殊教育送教上门活动】 杭州市建有培智学校12所，聋人学校1所，15所普通学校设立特殊教育辅读班16个，331所普通学校开展特殊儿童随班就读，建设资源教室160个。视力残疾、听力语言残疾和智力残疾三类儿童入学率99.6%。杭州市实施义务教育适龄重度残疾儿童送教上门，1971名领证的义务教育阶段残疾适龄儿童少年按户籍分解到各区县（市），由教育部门、民政部门和残疾人联合会协同落实。送教上门的学生学籍由区县（市）教育行政主管部门统筹安排在特殊教育学校和普通学校的省中小学电子学籍网注册。

【中小学生艺术、科技系列活动】 2014年杭州市中小学生艺术节于4月启动，11月30日结束。艺术节以“中国梦——阳光下成长”为主题，开展知名作家进校园、儿童诗歌征集评选、校园歌曲征集评选、艺术节海报设计征集评选等艺术普及体验活动。艺术节期间举办声乐、舞蹈、器乐、戏剧曲艺以及课堂教学器乐、讲故事等专场比赛和绘画、书法、篆刻、工艺、摄影等专项比赛44场（项），全市7000余名中小学生参加。11月，2014年浙江省暨杭州市首届青少年DI创新思维大赛举行，来自全省40余所中小学的600余名学生参加。12月，启动杭州市“校园好声音”歌手大赛，采用学校推荐、网络报名和微信报名的参与方式，不设门槛，参与学生近4000人。

▶▶资料：DI创新思维大赛

DI创新思维大赛是一项青少年创新思维竞赛。DI是英文Destination Imagination的缩写，意为“目的地想象”。比赛重在考察青少年的思维能力、团队合作精神、时间管理能力以及创造性解决问题的能力。全球有75个国家和地区的青少年参与DI赛事及各类活动。该项目于2013年落户浙江，2014年经DI中国区总部正式授权，由杭州市教育局和杭州青少年活动中心共同主办2014~2015年度浙江省暨杭州市青少年DI创新思维大赛。

10月12日，杭州市首届中小学生中华经典吟诵大赛决赛在杭州青少年发展中心举行 （市教育局 供稿）

【学生社团文化节系列活动】 2014年杭州市学生社团文化节于5月启动，12月闭幕。文化节活动包括开幕式、社团展示和社团走秀、“社团进社区”活动、“美丽梦想”杭州市中学生情景剧大赛、“青春舞台”校园歌手组合大赛、首届Vigour show高中生街舞联盟大赛、社团文化节闭幕式等。其活动设计、组织、评比等环节均有全市选拔出的社团文化节学生组委会15名学生参与。全市300余所学校组织开展校级社团文化节，20万名学生参与学生社团活动，在“19楼”网站和微信公众平台上实时播报各校社团活动开展情况，扩大学生社团影响力。300余个学生社团进100个社区为居民服务。

【中小学校体育场地向社会开放】 市教育局和市体育局以“简便易行、惠及全民”为原则，设计“全面开放、全域联动、全民健身”的制度，出台《推进杭州市中小学校体育场地设施向社会开放的实施办法》和《学校体育场地设施开放智能化管理操作办法》，依托市民卡平台，推进中小学校体育场地向社会开放。杭州主城区有中小学校（校区）266所，其中251所学校（校区）体育场地从9月1日起向社会开放，开放率94.4%。至年末，杭州开通健身功能的市民卡41万张，进校园健身人数28万人次。12月11日《中国教育报》第3版以《杭州市民刷卡可进校园健身》为标题、12月12日《新华每日电讯》第5版以《杭州开放250余所学校体育场让市民健身》为标题对项目进行报道。杭州市教育局《“三全”新政：中小学体育设施对外开放的制度设计与创新》研究成果，获2014年度浙江省教育科研优秀成果一等奖。

【学生饮食放心工程】 杭州市启动全市义务教育学校校园直饮水建设工程，加强校园商店规范化建设，做好A等级和B等级食堂创建、学校大宗食品统一配送或定点采购、品牌超市进校园、中小学生饮食安全教育等工作。全市投入2亿元用于改善校园饮食安全硬件条件。435所中小学校园内安装直饮水，校园直饮水安装率44.1%。全市中小学食堂实行量化分级，A等级和B等级率72.9%，其中主城区超过80%。大宗食品统一配送或定点采购率98.5%，其中主城区学校全部实现统一配送和定点采购。全市中小学食堂监控系统安装率74.5%。全市设有校园商店的中小学216所，其中品牌超市114个，所占比率53%。

【空气质量信息发布与学校室外活动安排联动机制建立】 1月9日，市教育局、市环保局和市卫生局联合发布《关于建立空气质量信息发布与中小学校和托幼机构室外活动安排联动机制的通知》（简称《通知》）。《通知》指导中小学校和托幼机构依据市环保局门户网站发布的当日市区各站点环境空气质量预报信息，安排学生（幼儿）的室外活动时间和内容。10月9日，市教育局印发《关于进一步做好中小学校和托幼机构雾霾天气预防工作的通知》，明确当空气质量指数（AQI）第2日预报值大于201、全市启动应急响应时，各学校须依据要求启动相应等级的应急响应，落实应急措施。中小学校和托幼机构的停课决定由市教育局统一通知。

【学生资助体系完善】 杭州市构建覆盖学前教育、义务教育、高中教育及高等教育阶段的学生资助体系，履行“不让一个孩子因家庭困难而失学”的承诺。全市“奖、助、贷、免、补”各类资助金额7.26亿元，获资助学生329.7万人次。其中，全市义务教育段近69万名学生免杂费、课本费及作业本费3.79亿元，13.44万人次农村寄宿制学生免住宿费2997万元，3.33万人次享受营养改善计划1284.13万元，7.8万人次中等职业教育段学生免学费1.62亿元，通过教育资助券、国家助学金等形式资助（奖励）24.88万人次学生1.42亿元。

【杭州都市圈教育合作】 杭州市加强都市圈市级层面交流与合作，举办“长三角”第十届中小学小班化教育论坛活动、杭州都市圈4个城市的优秀学生干部培训暨“红船·追梦”夏令营活动、泛杭州都市圈职业院校校长论坛、特殊教育联盟教学开放周等活动。杭州学军中学、杭州市长河高级中学、杭州第七中学分别与嘉善高级中学、嘉善第二高级中学、嘉善中学结为联盟学校，开展师徒结对、同课异构活动，推进区域教育协作。

【合作办学推进】 2014年，杭州高级中学与美国俄亥俄州曼斯菲尔德基础学术高中合作举办高中课程项目获准招生。浙江大学城市学院、杭州科技职业技术学院分别与澳大利亚南昆士兰大学、台湾东南科技大学签署举办财务管理专业、建筑装备技术专业合作办学项目协议书。浙江大学城市学院与新西兰怀卡托大学签署共建非独立法人中外合作办学机构意向书。全市有各级各类合作办学项目64个（在杭州的省部属高校47个，市属高校9个，高中段学校8个）、机构2个。

【教育对口支援】 5月4～23日，市教育局举办对口支援贵州省黔东南苗族侗族自治州骨干教师高级研修班，40名小学语文、数学、外语科目的骨干教师接受培训；8月，组织对杭州师范大学附属阿克苏市高级中学8名骨干教师进行培训。5月，选派7名教师作为第5批援疆“双语”培训教师赴新疆支教；9月，选派5名特级教师、名师赴阿克苏市参加由杭州市援疆指挥部、杭州市教育局和阿克苏市教育局主办的“杭派教育”展示暨杭州—阿克苏共建青蓝工作室教学研讨活动。

11月6日，杭州师范大学附属阿克苏市高级中学学生通过杭阿远程互动教室和杭州市源清中学学生同步学习 （市教育局 供稿）

·幼儿教育·

【幼儿教育概况】 杭州市有幼儿园881所，在园幼儿（含符合条件的进城务工人员子女）29.5万人，教职工3.52万人。其中：学前三年在园幼儿（含符合条件的进城务工人员子女）28.12万，比上年（指2013年，下同）增加1.09万人；小班在园幼儿9.3万人，增加6773人。全市3周岁～5周岁杭州市户籍幼儿入园率98.7%，全市等级幼儿园在园幼儿覆盖率98.4%。优质学前教育覆盖率76.7%。

【学前教育创强活动】 杭州市加快推进学前教育均衡优质发展。2014年，继续开展学前教育创强活动。临安市和淳安县分别通过杭州市学前教育强市、合格县的评估验收。全市所有区县（市）均成为杭州市学前教育合格区县（市），其中上城区、下城区、江干区、拱墅区、西湖区、滨江区、萧山区、余杭区、富阳市、临安市10个区县（市）为杭州市学前教育强区县（市）。五常街道、玲珑街道、瑶琳镇、钟山乡、汾口镇、枫树岭镇、中洲镇、浪川乡创建为杭州市学前教育先进乡镇（街道），里商乡、王阜乡创建为杭州市学前教育达标乡。

【幼儿园等级评估】 杭州市新评定西湖区名苑学前教育集团名苑幼儿园等市特级幼儿园（园区）3个，累计27个；新评定江干区笕新幼儿园明桂苑园等甲级幼儿园（园区）25个，累计205个。萧山区新街中心幼儿园新东名苑分园等11所幼儿园（园区）被认定为浙江省二级幼儿园。全市省等级幼儿园在园幼儿人数覆盖率95.7%，其中省一级、省二级幼儿园在园人数覆盖率65%。

【幼儿园教师风采展示系列活动】 10～12月，市教育局举办2014年“杭州市幼儿园教师风采展示系列活动”。活动分设“微教具制作”“创意建构”“群口故事”3个专场。区县（市）教育局积极宣传，9780名教师参加区域选拔，321名教师参加集中展示。活动评出金奖8个、银奖20个、铜奖29个。

·义务教育·

【义务教育概况】 杭州市有小学421所，在校生50.27万人；初中241所，在校学生21.39万人；九年义务教育入学率100%。义务教育阶段在读的进城务工人员子女25.23万人，占全市学生数的35.2%。

杭州市推进“轻负高质”教学改革实践，举办第六次和第七次“轻负高质”联系学校现场会，承办省“轻负高质”联系县现场会，分别展示“轻负高质”联系学校开展“阳光体育”活动、提高教师“轻负高质”教育教学能力和推进“轻负高质”教育教学模式改革等方面的成果，并交流经验。降低小学低段教学要求，规范小学教学管理，落实小学“零起点”教学，减轻小学生过重的课业负担。举办小班化教育实验学校研讨会、自然小班教育研讨活动、初中小班化教学研讨活动，推进个别化教学、适性教育，打造高效课堂。以“课程变革的小班智慧”为主题，承办“长三角”地区第十届小班化教育论坛。5月，杭州市开展义务教育阶段深化课程改革试点学校的申报。经专家评审，于年末确定杭州市天长小学、杭州第六中学等10所中小学为首批义务教育阶段深化课改试点学校，2015年1月初发文公布。

【名校集团化办学新“共同体”模式】 全市累计建立教育集团309个，成员单位1159个。杭州市主城区中小学名校集团化参与面77.6%、幼儿园名园集团化参与面63.7%，全市城乡义务教育段学校互助共同体覆盖率98.4%。西湖区创新推出“紧密型教育共同体”管理模式，先后组建9个“紧密型教育共同体”，使受援学校办学水平在短期内实现较大提升，推动城乡教育优质均衡发展。江干区重点打造“名校新校”“区域联盟”“院校合作”“教师研训”“跨体制校”5类“教育新共同体”，以一个街道（镇）为单位对区块内所有学校进行规划。

【义务教育“阳光招生”改革】 2014年，杭州市继续推进义务教育“阳光招生”改革，发布《杭州市区义务教育阶段公办学校招生工作暂行办法》和《杭州市区民办初中招生工作办法》两个规范性文件，落实《中华人民共和国义务教育法》免试入学要求。“阳光招生”坚持公办学校“零择校”、民办初中“电脑派位+自主招生”，实行招生政策公开、学区划分公开、招生计划公开、招生程序公开、招生方案公开和申（投）诉渠道公开。2014年民办初中电脑派位和自主招生的录取比例从7∶3调整为6∶4。设计开发市区民办初中招生网上报名系统，进行网上报名，具有杭州市区小学学籍的小学毕业生以及具有杭州市区户籍的外地小学毕业生均可通过网上报名系统自主报名，不设其他前置条件，实现“零门槛”报名。电脑派位由“公众监督团”现场观摩全过程。自主招生通过明确评价指标“负面清单”、面谈方案指南以及违规处理办法落实免试面谈。民办初中自主招生实现“零投诉”。

2014 年杭州市各类中小学、幼儿园情况

表 59

学校类别		学校数（所）	毕业生数（人）	招生数（人）	在校生（在园幼儿）数	
					2014 年（人）	为上年（%）
普通高中	全 市	72	38 489	35 962	110 478	97.0
	主城区	28	10 982	11 172	33 628	99.5
	市 属	14	8 210	8 501	25 669	100.1
职业高中	全 市	33	23 417	20 920	64 858	94.2
	主城区	12	6 511	6 598	19 511	99.5
	市 属	8	5 044	5 111	15 004	99.9
中等专业学校	全 市	7	1 077	1 507	3 974	108.7
技工学校	全 市	16	6 523	9 159	25 380	95.3
初中	全 市	241	67 988	71 560	213 936	100.2
	主城区	77	21 915	24 413	73 419	103.2
小学	全 市	421	73 244	92 919	502 688	104.0
	主城区	117	24 043	37 041	179 761	108.2
幼儿园	全 市	881	90 554	98 533	295 036	103.4
	主城区	330	36 808	42 970	120 236	103.4
盲聋哑学校	全 市	2	24	46	502	101.4
智障儿童学校	全 市	12	138	168	1 106	103.9
工读学校	全 市	1	86	99	304	108.2

·普通高中教育·

【普通高中教育概况】 杭州市普通高中（含完全中学、十二年一贯制学校）72所，在校生11.05万人，专任教师9378人。初中毕业生升入各类高中比例99.7%，其中主城区99.6%。全市高中教育优质覆盖率85.6%。

市教育局改革完善市区各类高中提前自主招生工作，继续实行网上填报志愿、网上评卷、网上查分、网上直播录取的招生办法，确保高中招生考试和录取工作的公开、公平、公正。通过保送生、特长生、特色班、中外合作课程项目班、中等职业学校提前自主招生等形式减少市区参加统一中考的学生数。市区各类高中学校提前自主招收初三毕业生8886人，占市区初中毕业生总数的40%。其中，市区职业高中“3+2”和“五年一贯制”专业首次试行提前招生，招生数593人。

【普通高中课程改革深化】 杭州市通过开展专题学习培训、教学安排研讨、课程改革调研等途径，推进普通高中结合新高考深化课程改革工作。开展“必修走班”教学模式探索，杭州第二中学、杭州师范大学附属中学、杭州绿城育华学校入围全省16所“必修走班”试点学校名单。

参与浙江省新一轮以课程特色为主要内容的普通高中特色示范学校创建活动。2014年，杭州高级中学、杭州第二中学、杭州第七中学、杭州师范大学附属中学、杭州第十四中学、杭州绿城育华学校、萧山区第二高级中学7所学校被认定为省一级普通高中特色示范学校（全省共32所）；杭州市西湖高级中学、浙江传媒学院实验中学（杭州市艮山中学）、杭州市长征中学、杭州市余杭中学、富阳市实验中学、桐庐分水高级中学6所学校被认定为省二级普通高中特色示范学校。

【杭州中学生获国际奥林匹克竞赛大奖】 5月，杭州学军中学学生金策、任路遥在北京航空航天大学举行的第八届亚洲和太平洋地区信息学奥林匹克竞赛中获得金牌；同月，杭州第二中学学生蔡进逸、王宇晗在新加坡举行的第15届亚洲物理学奥林匹克竞赛中获得金牌。7月，杭州学军中学学生徐寅展在台北市举行的第26届国际信息学奥林匹克竞赛中获得金牌；同月，杭州第二中学学生吴锐恒在越南举行的第46届国际化学奥林匹克竞赛中获得金牌。

【学生体育赛事和体质健康监测】 1月，杭州高级中学和杭州第二中学羽毛球队在全省中小学生羽毛球积分排名赛总决赛暨2014年浙江省中小学生羽毛球锦标赛上分获男子团体和女子团体冠军。10月，杭州师范大学附属中学男子足球队和杭州第九中学女子足球队在浙江省第十五届运动会上分别获男子足球和女子足球甲组冠军。2014年，杭州市成功承办全省中学生田径运动会、省中学生篮球联赛初中男子组晋级赛、校园足球联赛初中总决赛等比赛活动。依据省教育厅公布的浙江省高校新生体质健康测试数据，杭州市在总成绩和合格率两项指标的生源地排名上列全省第1位，杭州高级中学等10所高中学校位于全省总成绩平均分前25所高中学校之列。

【市直属高中实现“校校有外教”】 除两所特殊教育学校外，市教育局21所直属高中全部获得聘请外籍教师资格证，聘请外籍教师46名，全市中小学聘请专职外籍教师81名（不含中外合作办学项目）。全市聘有外籍教师高中段学校35所，比例为33.3%。市教育局对直属学校聘用外籍教师实施专项补助的标准从每个外教一年10万元提高到12万元。市属高校聘请外国文教专家113名，占专任教师总数的2.9%。

·中等职业技术教育·

【中等职业技术教育概况】 杭州市有独立设置的中等职业学校46所（不含技工学校），其中职业高中33所、普通中专7所、成人中专6所。在校生7.36万人（不含技工学校及成人中专非全日制学生），专任教师5042人（不含技工学校）。“双师型”教师比例79.9%。

杭州市积极参与以专业建设为主的浙江省等级中等职业学校创建活动。至年末，有15所职业高中被省教育厅认定为省一级中等职业学校，8所被认定为省二级中等职业学校，6所被认定为省三级中等职业学校。全市有国家改革发展示范学校4所，省级改革发展示范学校14所；市级及以上示范专业72个（其中国家级3个、省级46个）；新增省级实训基地2个，全市有市级及以上实训基地60个（其中国家级5个、省级39个）。中央财政支持实训基地建设项目11个。7月，杭州市获“2013年度职业教育发展优秀单位”称号。

【职业学校教学成果获国家级一等奖】 2014年，在首届职业教育国家级教学成果奖评审中，杭州市两项教学成果获一等奖，分别是杭州职业技术学院的《基于校企共同体的服装专业人才培养模式创新与实践》、杭州市中策职业学校和杭州市职业教育研究室的《行会驻校、名店订单、企业教室、项目管理——中职烹饪专业人才培养模式的探索与实践》。杭州职业技术学院、杭州市交通职业高级中学和杭州市西湖职业高级中学3项成果获二等奖。

【中等职业学校师生技能竞赛】 2014年，杭州市代表队在浙江省中等职业学校学生技能大赛暨全国选拔赛上取得金牌36枚、银牌46枚、铜牌29枚的成绩；在全国赛上取得金牌14枚、银牌14枚、铜牌8枚的成绩，名列浙江省金牌数和奖牌数第1位。在全省中等职业学校信息化教学大赛上，获一等奖2个、二等奖3个、三等奖4个；在全省“创新杯”信息化说课大赛上获一等奖12个、二等奖14个、三等奖9个，18人获得参加全国赛资格。在全国中等职业学校“创新杯”和“人教杯”教师说课与信息化教学设计大赛中获一等奖25个、二等奖9个；在全国职业院校“挑战杯”创新创效创业大赛总决赛上获特等奖1个、一等奖3个、二等奖1个。11月，杭州市举办中等职业学校师生技能大赛，大赛设15个专业类别、58个比赛项目，50余所职

4月23日，2014年杭州市区阳光体育高中学生田径运动会开幕

（市教育局 供稿）

业高中、技工学校1400余人参与。全市14个中等职业学校承办各项赛事，10个行业企业单位参与技术支持。

【中等职业教育课程改革】 杭州市完成8个“浙江省中职专业课改教学创新项目”和3所“浙江省中职学校遴选‘做中学’校本教材开发试点学校”申报推荐工作。杭州市中策职业学校、杭州市西湖职业高级中学、杭州市临平职业高级中学、杭州市乔司职业高级中学的4个课改教学创新项目获得立项，杭州市电子信息职业学校和杭州市交通职业高级中学成为校本教材开发试点学校。杭州市承担的省中等职业教育“家政服务”和“茶文化”专业课程改革项目通过专家鉴定。杭州市交通职业高级中学、杭州市中策职业学校、富阳市职业教育中心、杭州市服装职业高级中学、杭州市旅游职业学校、杭州技师学院6所中等职业学校入选浙江省首批中等职业教育课改试点学校。

·高等教育·

【高等教育概况】 在杭州全日制普通高校38所，在校生（含研究生）47.47万人。其中：部、省属高校32所，在校生（含研究生）40.27万人；市属高校6所，在校生（含研究生）7.19万人。杭州市高等教育毛入学率59.8%。

市属高校推进市级15个重点学科、5个重中之重学科、10个重点实验室、6个重点实训基地建设，新建市级重点专业10个、特色专业10个、重中之重实验室3个、精品课程25门。重点项目建设经费投入1485万元，市属高校国家级和省部级重点建设项目配套经费1089.5万元。市属高校引进“西湖学者”5名、“西湖鲁班”1名，继续扶持市属高校中青年学术带头人20名、中青年教学名师培养人选20名、优秀创新团队5个，支持10名优秀中青年教师赴海外研修。人才队伍建设项目扶持经费392万元。

【《杭州市属高校产学对接工作实施意见》出台】 4月，《杭州市属高校产学对接工作实施意见》出台，构建起高校、企业、行业、园区、政府产学对接新模式，提出促进产学对接的9个措施，并实施7个工程，设立专项资金9000万元。市政府成立杭州市促进现代职业教育发展暨市属高校产学对接工作领导小组，市教育局牵头制定《杭州市属高校产学对接七项工程实施办法》，会同有关部门出台产学对接特需专业建设工程、中高职衔接示范专业建设工程、技能名师工作室建设工程、校企共建校内实训基地建设工程、优秀中青年教师进企业服务工程的实施细则，并启动实施。

【大学生创业扶持政策完善】 按照市委、市政府印发的《杭州市大学生创业三年行动计划（2014~2016年）》，杭州市完善大学生创业扶持政策，实施创业项目无偿资助、杰出创业人才培育扶持、创业融资扶持、经营场地补贴、税收扶持、加强创业教育和培训、完善大学生创业平台等举措。全市成立大学生创业企业9110个，其中年营业收入1亿元以上企业8个、1000万元以上44个、100万元以上330个。至年末，全市创业大学生2万余人，带动就业3.8万人，涌现杭州熙浪信息技术有限公司、杭州艺福堂茶业有限公司、杭州泛城科技有限公司等企业。杭州有市级大学生创业园15个，其中国家级大学生创业孵化基地1个、省级大学生创业示范基地5个；大学生企业实训基地309个，见习训练基地695个。

【中国（杭州）大学生创意生活节】 5月9~14日，由杭州市政府、浙江大学、中国美术学院主办，浙江大学城市学院、浙江育英职业技术学院、市西博办、市文创办共同承办的第四届中国（杭州）大学生创意生活节暨2014年大学生创意先锋展在浙江育英职业技术学院举行。活动以“春华秋实·创新创业”为主题，按照“春播—成长—秋收”3个阶段展开，促进大学生创业就业。大学生创意先锋展以“微生活、再出发”为主题，展现大学生的微生活状态，重点展示纤维艺术、创意家居、大学生微原创校园文化、3D造像、大学生“五水共治”实践等内容。

【大学生诗歌朗诵大赛】 9月，由市教育局和团市委举办的“践行社会主义核心价值观”杭州市属高校大学生诗歌朗诵大赛启动。12月4日，大赛决赛在浙江大学城市学院举行。杭州市属高校选送14个节目参赛。经专家评审，杭州师范大学钱江学院的《梦的礼赞》获一等奖。

（高　宁　黄海燕　吴嘉佳　蔡宇冠）

【浙江大学加快发展】 浙江大学有紫金港、玉泉、西溪、华家池、之江5个校区，占地面积450.37公顷，校舍总建筑面积204.57万平方米。图书馆总藏书量671万册，附属医院7个。设有7个学部，36个学院（系）。拥有一级学科国家重点学科14个、二级学科国家重点学科21个。

浙江大学有全日制在校学生4.64万人，其中硕士研究生1.4万人、博士研究生8779人、本科生2.36万人。在校留学生（含非学历留学生）5746人。至年末，学校毕业生初次就业率达到97.2%。本科毕业生海内外深造率达到56.0%。获国家级教学成果奖11个，其中一等奖1个、二等奖10个。学校有专任教师3437人，其中教授及其他正高职人员1474人。学校启动实施为期4年的学科与人才队伍专项建设，并实施“百人计划”。全年引进教师156名。

全年科研总经费31.21亿元，在研千万级以上项目115个。获批国家自然科学基金项目739个，资助总金额5.61亿元；获批国家自然科学基金创新研究群体延续资助项目1个、重大重点项目18个；获批国家社科基金项目51个。煤炭分级转化清洁发电协同创新中心和感染性疾病诊治协同创新中心被认定为国家2014年度“2011协同创新中心”。1月，浙江大学以第一完成单位承担的11个项目获得国家科技进步奖。其中，国家科技进步奖一等奖2个、国家自然科学奖二等奖3个、国家技术发明奖二等奖3个、国家科技进步奖二等奖3个。

浙江大学研究制订学校综合改革方案，从8个方面确定学校深化改革的52项任务以及相应改革举措。改革方案获国家教育体制改革领导小组办公室同意并备案实施。11月21日，中共中央政治局常委、国务院总理李克强到浙江大学考察，并与

2014 年杭州市普通高校本专科学生基本情况

表 60

学校名称	2014 年 毕业生数(人)	2014 年 招生数(人)	2014 年 在校学生数(人)
合计	110 512	122 099	426 638
浙江大学	5 283	5 836	23 633
杭州电子科技大学	4 035	4 278	16 571
浙江工业大学	5 096	5 113	20 966
浙江理工大学	4 230	4 361	17 591
浙江农林大学	3 381	3 670	14 222
浙江中医药大学	1 207	1 640	6 200
浙江工商大学	3 856	3 881	15 144
中国美术学院	2 256	1 937	8 354
中国计量学院	3 315	3 830	14 603
浙江科技学院	3 601	3 953	15 651
浙江水利水电专科学校	2 736	3 006	8 071
浙江财经学院	3 381	3 516	13 477
浙江警察学院	1 027	1 021	3 917
浙江传媒学院	2 361	3 540	13 141
浙江树人学院	3 718	4 095	14 992
浙江交通职业技术学院	2 855	3 049	8 779
浙江同济科技职业学院	1 597	1 895	5 770
浙江机电职业技术学院	2 662	3 097	8 542
浙江建设职业技术学院	2 447	2 721	8 022
浙江艺术职业学院	818	911	3 007
浙江经贸职业技术学院	3 107	3 152	9 055
浙江商业职业技术学院	3 516	3 678	10 455
浙江经济职业技术学院	2 466	2 904	8 348
浙江旅游职业学院	3 078	3 642	10 330
浙江警官职业学院	1 265	1 189	3 491
浙江金融职业学院	2 778	3 097	9 004
浙江医学高等专科学校	1 878	1 783	5 450
浙江长征职业技术学院	3 730	3 854	11 402
浙江工业大学之江学院	1 727	1 901	7 536
杭州电子科技大学信息工程学院	2 007	2 155	8 448
浙江理工大学科技与艺术学院	1 444	1 486	6 018
浙江中医药大学滨江学院	875	1 061	4 385
浙江工商大学杭州商学院	1 968	1 934	7 696
中国计量学院现代科技学院	1 627	1 484	6 538
浙江体育职业技术学院	226	288	720
浙江外国语学院	1 187	1 979	6 570
浙江特殊教育职业学院	149	226	642
杭州师范大学	3 735	4 334	16 568
浙江大学城市学院	3 011	3 347	13 200
杭州师范大学钱江学院	1 968	2 190	8 946
杭州职业技术学院	2 705	3 255	9 359
杭州科技职业技术学院	2 425	3 199	8 866
杭州万向职业技术学院	1 739	2 295	6 125
浙江育英职业技术学院	2 039	2 316	6 833

学生进行座谈和交流。

浙江大学与帝国理工学院共建“应用数据科学联合实验室”，两校联合培养研究生项目被国家留学基金管理委员会确定为创新型人才国际合作培养资助项目。与爱丁堡大学签署联合办学协议。实施“海外一流学科伙伴提升计划”，遴选11个院系对接32所世界名校，开展学生交流、学术互访。全年接待海外访问团组1768人次，全校师生海外学习交流总数6651人次，其中学

生海外学习交流总数3161人次。

【《浙江大学章程》实施】 10月20日，《浙江大学章程》（简称《章程》）经教育部核准公布。《章程》分总则，学校的功能、权利和义务，组织结构与管理机制，学生，教职工，经费与资产，学校与社会的关系，校标、校徽、校旗、校歌与校庆日，附则九章，共78条。《章程》包含法律和《国家中长期教育规划纲要》提出的自主权内容，明确办学自主权的行使与监督规则。《章程》明确学校内部各种权力的运行规则，突出对教师、学生权益、地位的确认与保护。

【中国创业教育联盟落户浙江大学】 11月26日，联合国教科文组织中国创业教育联盟（简称联盟）成立大会在杭州举行，来自近20个国家的国际组织、政府、企业、学校、社团和媒体的300余名代表参加。浙江大学为联盟主席单位，负责联盟的组织与筹建、对分支机构的领导和协调等工作。联盟主席由浙江大学教育学院院长徐小洲担任。联盟计划设立海归创业联合会、文化创业促进会、中国大学生创业促进会和创业学院四大行业板块。

【创新创业教育强化】 浙江大学通过成立学生创新创业教育工作领导小组，完善创新创业教育协同机制，构建“创业培训—创业竞赛—创业交流—创业孵化”全过程教育体系。设立创业种子基金，启动e-works创业实验室，建设项目成果孵化平台。学生创业团队全年获得风险投资和政府资助超过1亿元。9月27日，在“创青春”全国大学生第九届“挑战杯”创业大赛专项赛中获金牌4枚。11月4日，在该届大赛决赛中获得金牌4枚、银牌2枚。浙江大学积极营造创业教育氛围。6月7日，“中国梦·创业梦”大学生创业高峰论坛暨浙江大学首届创业团队峰会在浙江大学紫金港校区举行。12月20日，“新尚杯”高校大学生创业邀请赛全国总决赛在浙江大学举行。

【国际学术期刊论文发表】 7月3日，英国《自然》杂志介绍农业与生物技术学院教授陈学新团队有关访花昆虫能长距离传播水稻花粉并促进水稻异花授粉的最新研究成果。7月23日，浙江大学医学院李兰娟院士团队的最新微生态科研论著《肝硬化中肠道菌群的改变》在《自然》杂志在线发表。该论著从肠道菌群发生紊乱的角度揭示肝硬化发生发展的机制，用细菌标志物为治疗肝硬化的微生态制剂提供方向。论著共同通讯作者为郑树生院士，第一作者为秦楠博士。10月22日，以浙江大学环资学院副教授梁新强为共同第一作者的一项全球保护性农业评估研究成果《保护性耕作对农业生态系统生产力维持的局限》在《自然》杂志在线发表，揭示全球保护性农业应对气候变化下农业可持续生产的重要性。

【浙江大学学生获国际学科竞赛特等奖】 2014年，浙江大学在校本科生在各类学科竞赛中，获得国际特等奖1个、一等奖33个，国家特等奖2个、一等奖19个。其中，4月获得美国（国际）大学生数学建模竞赛特等奖，连续5年获得该奖项。7月25日，在2014年机器人世界杯足球赛RoboCup小型组(Small Size League)决赛中，浙江大学控制系、机械系、电气工程学院、计算机学院学生组成的ZJUNlict队2∶0击败美国卡内基梅隆大学队，卫冕小型组冠军。7月，浙江大学设计团队获得德国红点设计概念大奖9个。

【“意念控制机械手”实验成功】 8月25日，浙江大学医学院附属第二医院神经外科与浙江大学求是高等研究院合作的“脑机接口临床转化应用课题组”发布最新进展。研究人员在中国首次将脑机接口成功用于人体，实现在人体颅内植入电极，让“意念”控制机械手完成高难度的“石头、剪刀、布”手指运动。这是课题组在前期动物研究成果的基础上，首次破译人脑信号，并建立信号对机器的准确传递的研究模型，为临床上因中风、脊髓及肢体神经损伤、肌萎缩侧索硬化（渐冻人）以及其他神经肌肉退化等肢体运动功能障碍患者，实施运动功能重建带来新的希望。

【中国创新设计产业战略联盟成立】 10月11日，中国创新设计产业战略联盟在杭州成立。联盟由浙江大学、中国机械工程学会倡议发起，旨在提升创新设计能力，以制造业、创新设计企业和区域支柱产业的创新设计需求为导向，以形成产业核心竞争力与影响力为目标，促进民族品牌产业和区域经济发展。该联盟包含50余个大中型企业和40余个大学、研究院、行业协会和媒体，涉及航天、航空、高铁、造船、化工、电力、重工、信息网络、物流、设计服务等行业。大会选举产生联盟第一届理事会，院士路甬祥当选为第一届理事会会长，院士潘云鹤当选为理事长。

【浙江大学学生节举办】 12月20日，浙江大学首届学生节开幕，历时12天。学生节坚持“以学生为本”的教育理念，以“健康、快乐、成长、梦想”为主题，活动分“律动青春——趣味互动篇”“笃志创新——学术科技篇”“高山流水——高雅艺术篇”“求是印象——爱校荣校篇”“礼乐合同——文艺表演篇”“引领未来——成长梦想篇”6个篇章，涉及学习科研、创新创业、人际交流、休闲娱乐等74个创意活动。参与学生近10万人次。

【好医生好护士奖评选】 首届“浙江大学好医生好护士奖”评选活动自9月初开始，通过组织筹备、宣传发动、人选推荐、初次遴选、网站公示、社会投票以及答辩评审等环节，最终评选出5人获“浙江大学好医生奖”，5人获“浙江大学好护士奖”。“浙江大学好医生好护士奖”由浙江大学医德医风奖励基金会设立，旨在倡导优良医德医风，提高医疗服务水平，促进和谐医患关系，引导良好行业风尚，提升学校声誉。每位好医生、好护士特别奖颁发奖金50万元，每位好医生、好护士奖颁发奖金15万元。（楼建晴 张 黎）

【中国美术学院稳步发展】 中国美术学院（简称中国美院）校园占地面积66.67公顷，建筑面积近30万平方米，地跨杭州、上海两市，拥有杭州南山、象山和上海张江三大校

9月28日，“东方葵——许江作品展”在中国国家博物馆开幕

（中国美术学院 供稿）

区，设有20个直属院系（部）及1所附属中等美术学校。在校本科生6808人，研究生1069人，专科生1546人，继续教育生412人，留学生（包含短期生）753人。教职工1035人，其中正高级职称108人，副高级职称230人。2014年，招收本科生1663人，硕士生337人，博士生39人。2014年，毕业生2545人，毕业生初次就业率90.8%。新增“风景园林”“文物与博物馆”2个硕士专业学位授权点，以及“艺术史论”“工艺美术”2个新专业。“书法学”“产品设计”等9个专业获批浙江省新兴特色专业项目。

中国美院补充教职工24人，其中专任教师16人，科研和实验技术人员3人，管理人员5人。全年入选省“151人才工程”第二层次4人，教育部高校思政课骨干教师国内高级访问学者1人，省视觉艺术青年人才培养“新峰计划”4人。博士后流动站新招收4人，期满考核出站1人。4项课题获国家级立项，7项课题分别获省部级立项，30余项课题获厅局级立项。1个项目获国家艺术基金传播交流推广资助项目立项，4个项目获国家艺术基金美术书法摄影创作人才资助项目立项。至年末，2项国家级课题、8项省部级课题、15项厅局级课题、12项院级课题获准结题。

“高等艺术教育人才选拔机制研究与实践”“中国本土建筑设计教学体系入门核心课程创建——兴造的开端：园宅/院宅”2个成果获省级教学成果一等奖。“秉承‘五行’相生理念创建艺术学科融合实验教学共享平台的研究与实践”“手工陶瓷实验器物课程群的建构与实践”“文化遗产保护与活化教学”“西方艺术史教学与学科共建新模式”5个成果获省级教学成果二等奖。《二维设计基础（新一版）》和《现代玻璃艺术教学》2本教材获“十二五”普通高等教育本科国家级规划教材立项。《二维、三维设计基础》《纤维与软材料造型》《书籍设计与制作》3门国家级精品资源共享课程立项。

中国美院推进研究生培养机制改革，新增“2011计划——文创设计制造业”“2011计划——视觉中国学研究”两个专业招收博士生。完成浙江省提升地方高校办学水平专项资金支持项目“TOP15：研究生卓越人才培养项目”，并出版《打开可能性——中国美术学院研究生生态调研》。中国美院与澳大利亚国立大学、英国伦敦大学戈德史密斯学院、韩国弘益大学等艺术院校新签定对外交流协议6项。推进中国美术学院大学科技（创意）园建设，全山石艺术中心、北京电影学院浙江中心和浙江省根雕非物质遗产基地等项目落户。与台州市、南浔镇、邹城市建立战略合作关系。2月26日，中国国际设计博物馆开工建设。12月，中国美术学院民族艺术博物馆竣工。《中国美术学院制度汇编》完成。

【外籍专家获“中国政府友谊奖”】 9月29日，2014年度“中国政府友谊奖”颁奖大会在北京人民大会堂举行，国务院副总理马凯向获奖外国专家颁奖，中国美院教授司徒立获该奖项。9月30日，司徒立在北京受到国务院总理李克强接见。

“中国政府友谊奖”是中国政府为

第十二届全国美术作品展中国美术学院获奖作品名单

表 61

作者	成果名称	成果类型	奖项
何红舟	桥上的风景	油画	创作奖金奖
应金飞	似水年梦	水彩粉画	创作奖银奖
林一蕙	黑·白	陶艺	创作奖铜奖
单飞达	中国远征军	壁画	创作奖铜奖
韩 绪 俞佳迪 瞿振超 林衍兆 易柳汝 袁婧怡	浙江省农村文化礼堂视觉形象及符号系统设计	平面设计	创作奖铜奖
孙景刚	偶遇	油画	创作奖铜奖
王 岗 肖 乐	青语·山	陶艺	创作奖铜奖
曲 晶	无有—炻器	陶艺	创作奖优秀奖
邵 健 周 浩 张 露 倪幸均 李金蔚	龙泉大师园徐朝兴工作室——建筑与景观设计	环境艺术	创作奖优秀奖
王羽天	遥望	油画	创作奖优秀奖
翟振辉	霜露	陶艺	创作奖优秀奖
沈烈毅	铁壳船	雕塑	创作奖优秀奖
方赞茹	看不见的风景	油画	创作奖优秀奖
崔小冬	温暖的日子	油画	创作奖优秀奖
陈 锽	超越生命——中国古代帛画综论（上）、（下）	专著	理论评论奖二等奖
杭 间	设计的善意	专著	理论评论奖三等奖
张 激	国家艺术支持——西方艺术政策与体制研究	专著	理论评论奖三等奖

表彰在中国现代化建设和改革开放事业中做出突出贡献的外国专家而设立的最高奖项，由国务院授权国家外国专家局于1991年正式设立。

【"东方葵——许江作品展"举行】 9月28日至11月8日，由中国美术家协会、中国国家博物馆、中国美术学院共同主办的"东方葵——许江作品展"在中国国家博物馆举行。展览共展出"葵园"主题的大型油画作品近50幅、系列水彩作品100余件，以及一系列雕塑作品。展览依照不同的观看方式分为"重屏——东方葵""层览——葵平线""综观——一花万果""俯仰——共生"4个板块。大幅油画作品《东方葵——狂飙》《长空艳》展览后捐赠给国家博物馆。该展览推出《层览——葵平线》《重屏——东方葵》《综观——一花万果》3本画册，及《葵园》《体象》《诗心》《这一代》4本"葵园"手札。

【中国国际设计博物馆包豪斯藏品展】 9月28日至11月8日，由杭州市政府和中国美院主办的"作为启蒙的设计——中国国际设计博物馆包豪斯藏品展"在中国国家博物馆举行。该展览展出沃尔特·格罗皮乌斯、马塞尔·布劳耶等现代主义设计大师的作品300件。展览期间，举办学术研讨会，并推出"中国设计与世界设计研究大系"丛书的首套5本，分别是《包豪斯藏品精选集（上/下卷）》《包豪斯：作为启蒙的设计》《包豪斯道路：历史、遗泽、世界与中国》《遗产与更新：中国设计教育反思》《从制造到设计：20世纪德国设计》。

【"中国油画国美之路"展览】 9月20日至10月20日，由中国美院主办的"我们在绘画中——中国油画国美之路"展览在中国美院美术馆举行，展出100余位艺术家的300余幅作品。展览分"担当""创格"、"先锋""体象"等板块，并设立文献板块"传习篇""纪事篇"，展现中国美院油画系从1928年建校至今主题性绘画创作的优秀成果。9月20~21日，相关学术论坛分4个专场在浙江美术馆和中国美院举行，40余位国内外重要的油画家及专家学者与会。

【杭州国际当代玻璃艺术展】 1月13日至3月5日，由中国美院主办的首届杭州国际当代玻璃艺术展在中国美院美术馆举行。展览主题为"透器·透气"。9位来自澳大利亚、美国、德国、法国、英国等国家的艺术家和国内19位艺术家参展。展览共展出100件不同种类的优秀玻璃艺术作品，呈现实验性和多样化的特点。1月13日，举办相关学术研讨会，针对"当代玻璃艺术学院教学""中国玻璃艺术与国际融合""玻璃艺术未来发展""玻璃艺术的传承"等主题进行研讨。

【礼学国际学术研讨会】 12月6日，由中国美院视觉中国研究院联合清华大学中国礼学研究中心、香港嘉礼堂共同举办的第三届礼学国际学术研讨会在中国美院象山校区开幕。研讨会以"重现古代礼乐文化，复兴传统人文精神"为宗旨，围绕"《仪礼》冠、婚、乡、射诸礼之实践性复原"与"经学研究"、"礼/物：礼仪世界的物体系"和"从礼看艺术"等议题，来自中国、日本、英国等国家的30余位礼学研究领域的专家学者，进行为期两天的学术探讨和对话。在开幕式上，展示运用3D特效数字技术拍摄的《士冠礼》和《乡射礼》复原的研究成果。

【象山校区入选"中国当代十大建筑"】 6月8日，"中国当代十大建筑"评选结果暨颁奖典礼在新华社金融信息交易所举行。颁奖典礼上公布"中国当代十大建筑"评选结果：中央公园广场、中国尊、国家体育场（鸟巢）、中国美院象山校区、上海金茂大厦、上海证大喜马拉雅中心、上海中心大厦、台北101大厦、广州电视塔、北京国贸三期等建筑成为新一批"中国当代十大建筑"。中国美术学院象山校区建筑是2012年普利兹克建筑奖获得者、中国美院建筑艺术学院院长王澍的作品。"中国当代十大建筑"评选由文化部下属的中国建筑文化研究会、北京大学文化资源研究中心共同主办，在"新浪网"等10个大型门户网站上发起公众投票，最终由评委会从20个候选项目中评出。

（程剑光　王良贵）

【杭州师范大学平稳发展】 杭州师范大学（简称杭师大）有仓前、下沙、玉皇山、古荡湾等校区，占地面积124.67公顷，教学仪器设备总值6.4亿元，图书馆藏书241.6万册。杭师大设16个学院、2个基础教学部，1个国有民办独立学院（钱江学院）和

6月8日，中国美术学院象山校区入选"中国当代十大建筑"。图为象山校区景色　　（中国美术学院 供稿）

5月19日，杭州师范大学与美国中田纳西州立大学就共建孔子学院等事宜签署合作协议（杭州师范大学 供稿）

1个直属附属医院（杭州市第二人民医院）。全日制在校生1.88万人（不含钱江学院本科生8978人），其中硕士研究生2016人、博士研究生3人、本科生16568人、留学生186人；教职工2267人，专任教师1410人。2014届本科毕业生就业率97.4%、考研出国率10%，研究生就业率95.1%。学校有一级学科硕士点19个，本科专业69个。杭师大有浙江省“重中之重”学科1个，省级重点学科15个。教育部专业综合改革试点项目3个，教育部卓越教师培养计划改革项目1个，省高校人文社科重点研究基地1个，省教师教育重点基地1个，省级科技创新服务平台2个。

规范内部管理，加强依法治校。全年“废改立”规章制度155项。10月27日，杭师大完成大学章程草拟，并提交市政府审议。学校出台《杭师大关于进一步深化校内管理体制改革的若干意见》及5个配套文件，实施以校院两级管理为主要内容的校内管理体制改革。加强校院两级学术委员会及其专门委员会的制度建设，发挥学术委员会的作用和职权。

【教学改革深化】 杭师大加大教学投入，按学费收入的30%安排年度预算，“攀登工程”项目经费3000万元。10月，制订《杭师大专业建设与发展规划（2015~2020年）》，分层分类开展专业建设。继续发展经亨颐学院，探索“职前职后一体化”的教师教育培养模式。12月，制订《杭师大应用型人才培养提升计划（2015~2020年）》，加大应用型专业建设力度。12月，出台《杭师大课堂教学创新行动计划实施方案（2014~2016年）》，加强学生创新实践能力教育。学校获国家级基础教育教学成果奖二等奖2个、国家级高等教育教学成果奖二等奖2个。完成国家级大学生创新创业训练计划项目47个，新增年度项目25个。获省级及以上学科竞赛奖项409个。

【“攀登工程”二期项目推进】 4月，杭师大制订《杭师大“攀登学科”建设工程总方案（2014~2017年）》。6月，制订《杭师大“攀登工程”二期实施方案》，明确将“攀登学科”建设作为“攀登工程”二期建设的主要内容，按照“学术研究类、应用服务类、传统特色类”三个类别推进。加强“攀登工程”二期建设的管理，学校先后出台《杭师大“攀登工程”二期项目管理办法》《杭师大“攀登工程”专项经费管理办法》《杭师大“攀登工程”专项资金使用绩效管理办法》等。杭师大完成博士生、硕士生、全日制专业学位硕士生培养方案的制订或修订工作，新建研究生核心课程20门。杭师大新增临床医学硕士、社会工作硕士和工程硕士（软件工程）3个硕士专业学位授权点。9月，杭师大与澳大利亚堪培拉大学合作举办的教育领导与管理硕士学位项目再次获得教育部批准，开始新一轮招生。

【师资结构优化】 2014年，杭师大新引进省“千人计划”人选2人、教育部“长江学者”特聘教授1人、国内知名学者1人。新引进学科带头人、学术骨干15人，海内外优秀博士18人。新聘国家“千人计划”人选1人。资助优秀中青年教师32人、“师从名师”人选18人。新增入选省“千人计划”2人、市“521计划”2人。实施国际化师资培养计划，成功获得国家留学基金管理委员会青年骨干教师国际研修项目。改革职称评审办法，专任教师中教授等高级职称人员比例56%，具有博士学位人员的比例51%。强化分类管理和绩效管理，实施新一轮绩效工资改革和岗位设置聘用工作。

【科研水平提升】 杭师大全年科研经费总额1.3亿元，科研项目经费公开率93%。获国家自然科学基金项目64个，获省自然科学基金项目54个，其中国家杰出青年科学基金项目4个。获国家社科基金项目18个，其中重点项目3个。获教育部人文社科基金项目16个。1人获2014年度吴阶平医药创新奖，1人获德国化学期刊国际学术奖。获教育部高校科研优秀成果奖（科学技术）二等奖1个，省科学技术奖二等奖和三等奖各1个。2件作品获第十二届全国美术作品展览暨中国美术奖创作奖银奖。获省社科联第五届社科优秀成果奖一等奖3个。

【产学研合作加强】 10月，杭师大出台《杭师大产学对接工作三年规划》。11月4日，杭师大与临安市政府签订全面战略合作协议，在经济发展方面加强与临安市的合作，计划建立至少1个产学研合作联盟，尤其在信息经济、智慧经济发展方面提供综合服务，通过合作实现双方共同发展。新增和续签教育合作项目6个，7月和11月，分别成立杭师大—余杭区教育合作理事会、杭师大—青山湖科技城教育合作理事会。规范教育基金会管理，新增捐赠项目10

个、捐赠款近600万元。

【国际交流拓展】 杭师大全年签署校际合作交流协议24份，与外国驻华使领馆、国外高等教育机构及海内外民间社会团体合作举办教育展等活动10余次。930名外国留学生到学校学习，其中长期留学生620人。引进国际知名学者和优秀教师到校任教或讲学，全年聘请长期、短期外籍文教专家82人次。积极为教师、学生出国（境）进修、学习创造条件，具有3个月以上出国（境）学习经历的教师比例30.5%，具有1个月以上出国（境）学习经历的在校生比例3.5%。12月，杭师大与美国中田纳西州立大学共建的孔子学院被国家汉语国际推广领导小组办公室评为“示范孔子学院”。

【杭师大两个项目获全国大学生创业竞赛金奖】 11月5日，第九届全国“挑战杯”大学生创业计划竞赛获奖名单公布。杭师大的“杭州思聪电子商务有限公司”“3D梦想打印机——杭州讯点商务服务”两个项目获金奖，“杭州伴搏电子商务有限公司”“爱发芽教育公益频道”两个项目获银奖。杭师大完善学生奖助体系，全年面向本科生发放奖学金906万元、各类助学金和贫困补助662万元，设立校内外勤工助学岗位1550余个。10月，杭师大制订《杭师大关于进一步加强辅导员队伍建设的实施意见》，推进辅导员队伍专业化职业化发展。 （罗来庚 郭旭鹏）

【浙江大学城市学院】 浙江大学城市学院位于拱墅区，占地68.47万平方米，校舍面积42万平方米。设有计算机与计算科学学院、信息与电气工程学院、医学院、工程学院、外国语学院、商学院、传媒与人文学院、法学院和创意与艺术设计学院9个学院，39个本科专业，3个中外合作办学项目，6个课程合作项目。专任教师近700人，在校全日制普通本科生1.32万人。2014届毕业生初次就业率94.3%。

2014年，学院4个专业获批省新兴特色专业，5个专业获批市重点特色专业；新增2个市重中之重实验室，1个市哲学社会科学重点研究基地。科研经费5000余万元。在研国家自然科学、社会科学项目27个。1月，学院加盟上海高校课程资源共享中心，引入5门共享课程，开展慕课（MOOC）教学获东西部联盟选课学校优质运行奖。4月，与新西兰怀卡托大学签署共建非独立法人合作办学机构意向书，初步确定合作办学机构中拟设的专业及相关培养方案。

▶▶资料：慕课

“慕课”（MOOC）是一种新的在线课程开发模式，把学习管理系统与更多的开放网络资源综合起来。第1个字母“M”代表Massive（大规模），与传统课程只有几十名或几百名学生不同，一门慕课课程有1万余人，最多达16万人；第2个字母“O”代表Open（开放），以兴趣为导向，凡是想学习的都可以进来学，不分国籍，只需一个邮箱，就可注册参与；第3个字母“O”代表Online（在线），学习在网上完成，不受时空限制；第4个字母“C”代表Course（课程）。慕课的课程范围不仅覆盖科技学科，比如数学、统计、计算机科学、自然科学和工程学，还包括社会科学和人文学科。绝大多数课程免费教学。

【杭州科技职业技术学院（杭州广播电视大学）】 杭州科技职业技术学院1999年12月开始筹建，2009年2月经省政府批准、教育部备案正式建立。学院与创办于1978年的杭州广播电视大学实行“两块牌子、一套班子”的管理体制。下设城市建设学院、信息工程学院、机电工程学院、艺术设计学院、工商学院、旅游学院、教育学院7个高职二级学院，1个教育学院，1个公共教学部。开设七大类31个专业，高职全日制在校生近9000人。在编教职工520余人，副高级以上职称120人，专任教师270余人，“双师”素质教师比例超过50%。2014年，招收高职学生3347人。

学校制订专业发展规划（2014~2018年），明确以科技类专业为核心，现代服务类专业为支撑，重点打造与杭州市七大产业紧密对接的11个专业群。7月，与台湾东南科技大学签署合作举办建筑设备工程技术专业教育项目协议。学生教育管理不断创新，建立“一中心五站式”服务模式的学生事务服务中心；深化“校长请我喝杯茶”等品牌活动；创办行知创业学院，制订出台《素质拓展学分管理办法》，使第一课堂和第二课堂的学分互认。全年拍摄、录制、播出杭州“市民大学堂”专栏节目51期；11月，举办“市民大学堂”十周年纪念活动。12月，学校创业园被确定为“富阳科技企业孵化器”，教育学院获“杭州市幼教师资培训试行资质”。

【杭州职业技术学院】 杭州职业技术学院是市政府主办的以工科类专业为主的普通全日制高等职业技术院校，1998年筹建，2002年正式建立。学院占地66.67万平方米，开设专业34个。学校下设友嘉机电学院、金都管理学院、达利女装学院、临江学院、信息工程学院、新通国际学院、青年汽车学院、杭州动漫游戏学院8个二级学院。建有投资3亿元、面向全市开放的学校实训中心暨杭州市公共实训基地，开发区高职学生创业园（国家级大学生科技创业见习基地）等。有在校生近1万人，教职工660余人。

2014年，学校被评为全国教育系统先进集体；教学成果《基于校企共同体的人才培养模式创新与实践》《高职院校创业教育体系构建与实践》分别获国家级教学成果一等奖和二等奖。该校学生在各级技能大赛中获省级以上奖项45个，其中一等奖9个。2月，该校大学生创业园在由市城市品牌工作指导委员会办公室、市发展研究中心等主办的第七届杭州生活品质行业点评活动中被评为“杭州创业最佳平台”。7月，在首届“挑战杯”全国职业学校创新创效创业大赛中，该校学生获特等奖1个、一等奖2个，学生专利及全套技术与企业达成协议，签约转让。8月，学校与省特检院、杭州容安特种设备职业技能培训有限公司签订协议，合作共建电梯培训（实训）基地，该基地于11月落成。9月，学校推进高等职业教育反哺基础教育工作，创建集职业辅导、实践体验、能力训练三位一体的“青少年职业体验中心”，开发3D打印、机床加工、汽车养护等体验课程50

余门，邀请家长和中小学师生走进校园体验职业教育。10月，国家骨干高职院校建设案例《创业带动学业，提升就业能力》被评为全国高职高专校长联席会议“优秀案例”。12月，与杭州师范大学钱江学院签订战略合作协议书，构建全面战略合作关系。

【浙江育英职业技术学院】 浙江育英职业技术学院创办于1998年，是民办普通高等职业院校。学院位于杭州经济技术开发区，下设2个分院、4个系、2个部，教职工400余人，学生7000余人。学院实行董事会领导下的院长负责制。

4月，学院分别与浙江中汽会展有限公司、杭州畅逸商务会展有限公司、台州市国际会展中心、浙江省粮油食品进出口股份有限公司签订合作协议。8月，2012级计算机应用专业学生裴祥云获第九届中国青少年科技创新奖；教师崔海辉、余国浩分别被评为浙江省高校优秀教师和浙江省高校优秀辅导员。8月24~29日，学院田径队参加在北京举行的全国第十四届大学生田径锦标赛，夺得金牌2枚、银牌4枚、铜牌2枚，获普通组男子团体总分第3名，女子团体总分第5名，综合团体总分第6名。11月18日，由浙江省会展协会主管、浙江育英职业技术学院主办的浙江会展网（www.zjhuizhan.com）正式上线。11月19日，学院与韩国光州女子大学合作办学的空中乘务专业班正式开班，招收学生21人。

【杭州万向职业技术学院】 杭州万向职业技术学院是经省政府批准建立，由杭州市政府和万向集团公司合作创办，并获香港理工大学支持的全日制高等职业技术院校。学院占地面积17.47万平方米，建筑面积18万平方米。万向集团公司设总额1亿元的万向学院教育基金，每年从基金增值收益中提取约1000万元，用于资助优秀教职员进行硕士或博士课程及短期专业培训，奖励有杰出表现及贡献的教职员、学系和行政部门，资助优秀学生前往国内外高校进修或游学。学院秉承“明德、慎思、崇实、创新”的校训，确立“立足浙江、面向全国、主动服务、自觉适应”的办学指导思想，先后获“浙江省文明单位”“浙江省平安校园”“杭州市先进基层党组织”“杭州职业技术教育十佳学校”等荣誉。

2014年，学院《高等职业院校人才培养工作状态数据采集与分析网络平台的研究及推广应用》项目获浙江省第七届高等教育教学成果奖一等奖。万向教育基金项目开展：“寻梦中国”60名学生分别赴西安、延安、曲阜等地，接受历史文化熏陶和爱国主义教育；“万里追梦”60名学生分别赴伦敦、新加坡等地，拓宽视野；“升学圆梦”项目确定10名学生获得首届万向教育基金专科升本科奖学金，每人2.4万元；“创业筑梦”项目举办学生应用创意创业大赛，遴选10个优秀创意设计和创业项目，给予每个项目启动资金1万元，并对创业成功团队给予最高5万元奖励。学院开展专业实践进社区、公益服务进社区等志愿服务活动。

·成人教育·

【成人教育概况】 杭州市有专修学院16所，社区学院14所，社区学校187所，乡镇成人文化技术学校157所（其中省标准化成校151所），民办培训学校（教育机构）488所。全国社区教育示范区5个、全国社区教育实验区1个。省社区教育示范区3个、省社区教育实验区2个。市社区教育示范学校80所，职工教育培训示范基地100个，校企合作职工教育培训示范基地40个。省级示范性成人高校48所，市示范性成人高校53所。

江干区被教育部认定为全国社区教育示范区，滨江区被认定为全国社区教育实验区；西湖区、富阳市、余杭区被省教育厅认定为省社区教育示范区，临安市为省社区教育实验区。

【“终身学习活动品牌”和“百姓学习之星”评选】 在中国成人教育协会组织的全国“终身学习活动品牌”和“百姓学习之星”评选中，市教育局选送的“杭州市成人双证制教育培训”品牌被评为2014年“特别受百姓喜爱的终身学习活动品牌”（全国十强）；拱墅区选送的“一键通”数字化学习平台、余杭区选送的“瓶窑镇竹产业培训基地学习共同体”2个品牌，被评为2014年“终身学习活动品牌”（全国百强）。萧山区推荐的沈月芳被评为2014年“事迹特别感人的百姓学习之星”（全国十强）；拱墅区推荐的潘欢儿被评为2014年“百姓学习之星”（全国百强）。

【家政人才培训】 杭州市指导有关乡镇成人学校、民办培训学校开展家政服务人才培训，并给予政策扶持。杭州市给予萧山区首个专业化家政培训基地衙前成人学校25万元建设经费补助，增加临安市家政培训学校200名双证制培训（家政班）名额，扶持家政培训学校发展。家政服务培训设置老年护理、烹饪、婴幼儿护理、插花等专业，培训1.78万人次，基本满足社会对家政服务人才的需求。

【城乡成人学校结对互助】 杭州市新增4对城乡成人学校互助共同体。全市有8所社区学院，80所社区学校（乡镇成人学校）参与互助结对。其中五县（市）参与结对的乡镇成人学校44所，占五县（市）乡镇成人学校总数的47.3%。结对学校共开展项目合作23个，赠送自编教材17套、1160本，人员互访566人次，信息交流548条。

【加强教育培训市场管理】 5月5日，市市场监管局与市教育局召开专题会议，就配合查处涉嫌违法开展学前教育活动和其他文化教育（指学历教育、学前教育、自学考试助学之外的文化教育，重点是中小学文化类学科教学培训）活动及制订经营性民办培训机构审批、登记、监管办法等问题达成共识，明确教育部门和市场监管部门对培训行业管理的职责，搭建部门间联合执法的沟通协调、合作机制。市教育局与有关部门联合印发《关于民办培训学校跨区域迁校有关事项的通知》，简化跨区县（市）迁校的审批程序。市教育局评估认定民办培训学校十大特色品牌项目，并给予每个项目10万元的经费补助。做好成人双证制教育培训工作，落实市本级财政教育补助经费688万元。全市参加双证制教育培训的学员3万余人，其中2.56万人取得“双证”（成人职业高中证书和技能证书）。开展新时期扫盲教育，全市共脱盲6.66万人，完成任务数的150%。

【全民终身学习活动周】 11月7日，由市委宣传部、市教育局、西湖区政府等单位联合举办的杭州全民终身学习活动周开幕。开幕式上，对杭州市“民办培训学校特色品牌示范项目”和杭州市“百姓学习之星”、“终身学习活动品牌”、西湖区学习型社区和学习型社团进行表彰颁奖。活动周期间，全市推出各类教育培训和学习活动200余项，内容涵盖教育培训、文化传承、体育比赛、科普知识、环境保护、养生保健、科学生活、道德法制等方面。

·教师队伍建设·

【教师队伍建设概况】 杭州市中小学、幼儿园（含特殊教育学校、工读学校，不含技校、成人中专）有专任教师9.75万名，市属普通高校有专任教师3898名。幼儿园、小学、初中教师具有高一层次学历比例分别为90.6%、97.3%、95.1%。全市中小学教师高级、中级职称比例分别为15.7%、51.6%。全市中等职业学校专业课教师中“双师型”教师比例82.6%。全市拥有231名在职省特级教师，占全省在职特级教师总数近四分之一。

全市教育系统开展师德师风建设年活动，4月21日出台《关于切实加强中小学师德师风建设的意见》及实施方案，完善师德教育、宣传、考核管理、奖惩和监督等制度，确定每年10月为全市师德师风检查月。2014年，全市有全国教育系统先进集体2个、全国模范教师3人、全国优秀教师6人、全国优秀教育工作者1人、全国德育和思想政治教育先进个人1人，省春蚕奖45人、省中小学师德楷模22人，市优秀教师240人、市优秀教育工作者60人、系统优秀教师211人、系统优秀教育工作者49人，享受国务院特殊津贴1人、市政府特殊津贴2人。

【教师校长流动工程】 杭州市在桐庐县和上城区先行试点的基础上，全面实施县域内义务教育公办学校教师校长交流工程。原则上在同一义务教育公办学校连续任职10年以上校长和任教12年以上的教师均进行交流，并且时间不少于3年。各区、县（市）均制订出台具体实施意见和操作办法。在9月开学前，各区、县（市）确定的教师校长交流人员全部到岗到位。2014年，全市实际交流教师校长人数1420名。其中，普通教师927名、骨干教师321名、校长172名。实际参与交流的骨干教师占符合交流条件骨干教师的19.4%。

【教师职称评审改革】 2014年，省教育厅、省人力社保厅下放小学、幼儿园教师高级教师（中学高级教师）、中等专业学校教师高级专业技术职称（职务）评审权。全市开展小学、幼儿园高级职务以及中专高级讲师、教育管理副研究员、中小学高级实验师的评审。评出小学、幼儿园高级教师139人，高级讲师19人，教育管理副研究员3人，中小学高级实验师2人，中学高级教师500人。统一全市中小学教师教学能力水平考试要求，首次按照分级设置试场的形式组织考试。全市申报高级职务的教学能力水平考试和英语水平考试全部改由市教育局统一组织。规范说课与论文答辩的测试程序，建立异地专家论文鉴定机制。

【教师专业发展培训】 杭州市推进教师全员发展培训，7.82万名教师在浙江省中小学教师培训管理平台注册，人均完成培训98.58学时，90学时集中培训完成率27.0%，教师人均自主选课62.34学时，自主选课后实际参训率99.0%。全年省级培训计划数1075人、国家级培训计划数642人，省级培训完成数1074人、国家级培训完成数640人，合计完成率99.8%。42名教师成为第11批浙江省特级教师。组织各类教师专题培训，培训书法骨干教师80名、美术骨干教师40名、初中信息技术骨干教师40名、第八期进城务工人员子女学校班主任55名、特殊教育学校骨干教师42名、环境教育教师120余名和幼儿园骨干教师40名。7月，市教育局和杭师大共同成立杭州市教师教育质量监控中心，办公室设在杭师大经亨颐学院。

【教师海外研修活动】 2014年，市教育局新拓展英国纽卡斯尔学院为职业教育海外师训基地。全年组织中小学体育、高中英语、高中数学、中小学德育、高中语文5个学科培训团共112人分别赴澳大利亚、美国、加拿大等国家开展研修活动，组织2个干部培训团共37人分别赴美国、芬兰开展研修活动。市属高校专任教师海外访学3个月以上人数445人，占专任教师总数的11.4%。

·改善办学条件·

【改善办学条件概况】 2014年，杭州市地方教育经费总投入270.67亿元，其中国家财政性教育经费投入229.14亿元（包括地方公共财政预算安排的教育经费198.84亿元、政府性基金预算安排的教育经费29.8亿元）。市本级地方教育经费总投入58.41亿元，其中国家财政性教育经费投入44.11亿元（包括地方公共财政预算安排的教育经费36.73亿元、政府性基金预算安排的教育经费

2014年杭州市中小学、幼儿园教职工情况

表62

学校类别		教职工总数（人）	其中：专任教师数（人）		达到规定学历的专任教师比例（%）	
			初中	高中	初中	高中
普通中学	全　市	32 266	18 671	9 378	99.95	99.55
	主城区	11 118	6 610	3 071	100.00	99.48
	市　属	3 000	216	2 327	100.00	99.40
小　学	全　市	31 490	30 139		100.00	
	主城区	11 231	10 895		100.00	
幼儿园	全　市	32 037	20 088		99.87	
	主城区	14 230	8 653		100.00	

9月9日，杭州市举行庆祝第30个教师节活动　（市教育局 供稿）

7.07亿元）。全市普通小学生人均教育经费支出1.78万元，普通初中生人均教育经费支出2.48万元，普通高中生人均教育经费支出2.78万元，职业高中生人均教育经费支出3.06万元。继续实施教育帮扶工程、标准化学校建设工程、农村中小学现代远程教育工程、农村中小学书香校园工程，加大对农村教育设施设备、基本建设的投入力度，改善农村学校办学条件。

【中小学、幼儿园建设】 2014年，杭州市新建中小学、幼儿园68所（中小学23所、幼儿园45所），新增学校用地面积103.27万平方米、建筑面积83.81万平方米，完成投资24.65亿元。全市中小学、幼儿园基本建设项目376个，竣工校舍建筑面积86.76万平方米，在建面积193.22万平方米，完成投资47.02亿元。新增省义务教育标准化学校121所，累计574所，覆盖率86.7%；新增标准化建设达标幼儿园112所，累计736所（含园区），覆盖率81.1%。富阳市职业教育中心新建项目竣工。杭州第十四中学康桥新校区二期、杭州市江滨职业学校、浙江大学附属中学丁兰校区、杭州高级中学钱江校区等7所学校开工建设。杭州第二中学萧山分校、杭州交通职业高级中学笕桥校区、杭州中策职业学校康桥校区、杭州学军中学海创园分校等8所学校启动项目前期准备。拓展市教育局直属学校办学空间，推进杭州第四中学国际部二期、杭州市旅游职业学校葵巷校区整体改造项目二期工程、杭州市长河高级中学教学综合楼和体艺活动中心等单体项目建设和前期工作。

【“智慧教育”行动计划出台】 12月，杭州市出台《推进杭州教育信息化发展智慧教育行动计划（2015~2017年）》，实施教育一卡通、名师公开课、云学堂、数字化学习、名师网上工作室、教师网络研训、市民空中大课堂、智慧教育示范校八大项目，推进教育网上政务服务、校园智能管理建设、智慧课堂建设、数字媒介素养教育、教育智能化社会服务、信息网络改造提升六大任务。建设教育基础信息库、优质教育资源库两大数据库和教育管理公共服务平台、教育资源公共服务平台、在线教学服务平台3个云服务平台，为教育管理、师生教学、家校联系、社会教育4个层面提供服务。

【数字校园建设】 杭州市有市级数字校园示范建设学校103所，省级29所，国家级2所。杭州第十四中学、杭州源清中学、西湖小学、杭州市胜利小学成为国家级“中小学信息化试点单位”。杭州交通职业高级中心、杭州市电子信息职业学校、杭州市临平职业高级中学、杭州市萧山区第三中等职业学校等7所学校被列为“浙江省职业教育数字化资源建设基地学校”。西湖区教育局交互式电子白板教学应用绩效评估案例亮相全国网络校际协作发展论坛，获得肯定。上城区获首届全国教育信息化创新应用典范区域特别实践奖。2014年，杭州市获浙江省初中教师实验技能大赛团体总分全省第三名，全国教育教学信息化大奖赛一等奖5名、二等奖14名、三等奖6名，全国多媒体课件大赛一等奖3名、二等奖5名、三等奖5名。

【“宽带网络校校通”建设】 杭州市推进“宽带网络校校通”建设。全市实现市及区县（市）和学校三级千兆网络高速互联互通，所有公办中小学实现“校校通”，并通过教育城域网接入中国教育和科研计算机网（CERNET）。全市中小学的1000兆网络接通率90%以上，班级和教师办公室基本实现100兆宽带。普通班级教学多媒体配备比率100%，学生数和计算机比例为4.22∶1。拱墅区、江干区实现无线网络校园全覆盖。拱墅区成为全国首个区域中小学实现1万兆光纤接入的县级区。全市各级教育行政部门和90%以上的学校实行管理信息化；95%以上的普通中小学校教师在浙江教育资源网上实名注册；2.86万人参加杭州市中小学教师教育技术能力培训，完成率63.2%。完成全市教育系统网络视频会议系统建设，配备直属学校（校区）和直属单位高清视频会议终端34个，各区县（市）的会议软终端13个。拱墅区、西湖区被列为首批浙江省教育技术装备规范管理示范县（市、区）。

（高　宁 黄海燕 吴嘉佳 蔡宇冠）

卫 生

Public Health

·卫生综述·

【杭州卫生事业发展】 2014年末，全市有卫生机构数（含村卫生室）4198个（含市直属23个、省直属37个），比上年（指2013年，下同）净增59个。其中医院218个（含市直属13个、省直属19个），社区卫生服务中心（站）1295个（含社区卫生服务中心131个），卫生院89个，门诊部360个，诊所（含卫生所、医务室）1185个，妇幼保健院（站）9个，疾病预防控制中心（卫生防疫站）15个，卫生监督机构16个。实有医疗床位5.58万张，其中医院床位5.08万张、社区卫生服务中心床位2520张。卫生技术人员8.56万人，其中执业（助理）医师3.2万人、注册护士3.47万人，医护比例1：1.09。平均每1000人拥有医疗床位7.79张，医院床位7.1张；拥有卫技人员11.96人，执业（助理）医师4.47人，注册护士4.85人（含省级在杭州卫生资源）。

杭州市医疗机构诊疗总数1.12亿人次（其中市直属1089.98万人次，省直属2190.4万人次），增长4.87%；门（急）诊总数1.09亿人次（其中市直属1087.54万人次，省直属2190.27万人次），增长4.56%。全市医疗机构入院总数167.72万人（其中市直属25.91万人，省直属72.47万人）。全市居民到医疗机构就诊的门（急）诊诊疗年人均次数15.25次。全市孕产妇死亡率4.18/10万，婴儿死亡率2.01‰，5岁以下儿童死亡率2.76‰。全市无甲类传染病及传染性非典型肺炎、人感染高致病性禽流感病例报告。甲乙类传染病发病率240.53/10万，上升2.55%。

全年全市卫生系统引进博士22人，硕士206人。市卫生计生委直属事业单位有副高级以上职称人员1702人。拟定《2014～2018年卫生人才队伍建设规划》，与“丁香网”开展人才招聘战略合作；组织全市卫生系统27名管理干部赴台湾进行为期21天的专项培训；组织123名管理干部参加直属单位中层干部管理能力提升培训班。加强干部日常监督管理，印发《关于严格加强委管干部日常管理监督工作的若干意见》，抓好《党政领导干部选拔任用工作条例》学习贯彻，选拔产生4名正处级（院级）领导、12名副处级（院级）领导。全年共任免党政领导干部21名，其中提拔任用16名，平级调任及轮岗交流3名，因年龄等因素免职2名。选派8名医务人员参加援藏、援疆，其中援藏2人、援疆6人（含中组部、团中央第15批博士服务团援疆1人）。

重点卫生基建项目进展顺利。11月12日，市妇产科医院开张营业；12月13日，市儿童医院医疗综合楼完成装修并投入使用。市中医院丁桥分院建设项目持续推进，市老年病医院项目完成初步设计。

【市本级卫生机构改革完成】 根据《杭州市2014年机构改革工作要点》，启动市本级卫生计生机构改革并顺利完成。7月29日，原市卫生局和原市人口计生委正式合并，组建杭州市卫生和计划生育委员会（简称市卫生计生委）。新机构设15个内设机构，行政编制76名，办公地址在杭州市孝女路2号。新机构的成立，是统筹卫生和计生服务资源，建立与政府职能转变相衔接、与新

12月13日，杭州市儿童医院与北京儿童医院签约合作并启用医疗综合大楼

（市卫生计生委 供稿）

时期健康和计划生育服务需求相适应的卫生计生管理体制的重要举措，是卫生计生事业跨越发展的新起点。

【卫生法规建设加强】 市卫生计生委着力推动党委政府完善卫生政策法规，努力优化卫生事业的发展环境。从年初推动市委办、市府办联合印发《关于和谐医患关系、建设平安医院长效工作机制的实施意见》起，全年累计印发关于卫生计生工作的市级相关政策性文件9件，从市级层面强化卫生计生改革发展的顶层设计。9月26日，《杭州市院前急救医疗管理条例》经省人大常委会批准公布，立法动态受到全国媒体和社会各界的广泛关注。

【卫生行政审批改革】 市卫生计生委推进权力清单制度和责任清单制度建设，保留权力事项149项，压缩率为78.3%；梳理责任清单，涉及主要职责14项；细化具体工作事项98项，其中涉及部门边界划分的事项37项。编写案例8个，建立健全事中、事后监管制度15个，公共服务事项15项。完成市卫生计生委网上政务大厅建设。配合市审管办做好审批事项改革试点，做好省卫生计生委下放行政审批事项的实施工作，积极推进"大江东"市级权限下放和承接工作。推行首席代表工作机制，办理市本级行政许可、非行政许可共计1559件，承接实施省卫生计生委下放审批2.36万件，办结率100%。

7月29日，市卫生局与市人口和计划生育委员会合并，成立杭州市卫生和计划生育委员会 （市卫生计生委 供稿）

【健康杭州建设】 市卫生计生委深化卫生宣传和健康教育"六个一"工程，加大健康教育和健康促进力度。成立由委主要领导挂帅、65名专家组成的市级健康教育讲师团，在全省健康教育技能比武中获第1名。各区、县（市）申报市级健康单位60余个、WHO健康单位14个。在杭州的11个省市级二级以上医院成功创建首批浙江省健康促进医院。在各级各类医疗机构中建立起健康教育和健康生活方式基地12个。

【"百万群众评卫生"活动】 杭州市在直属9个医院推行以短信测评方式接受群众监督、听取群众意见、服务人民群众，全年累计投放测评短信250余万条。要求医院对不满意意见进行回访和整改，同时建立健全短信测评系统运行的相关工作制度和机制，查找薄弱环节，进一步提升内部管理的科学性。不断完善第三方满意度测评，将第三方测评样本采集频次由每年4次增加到每年10次，使测评结果更具客观性和科学性。

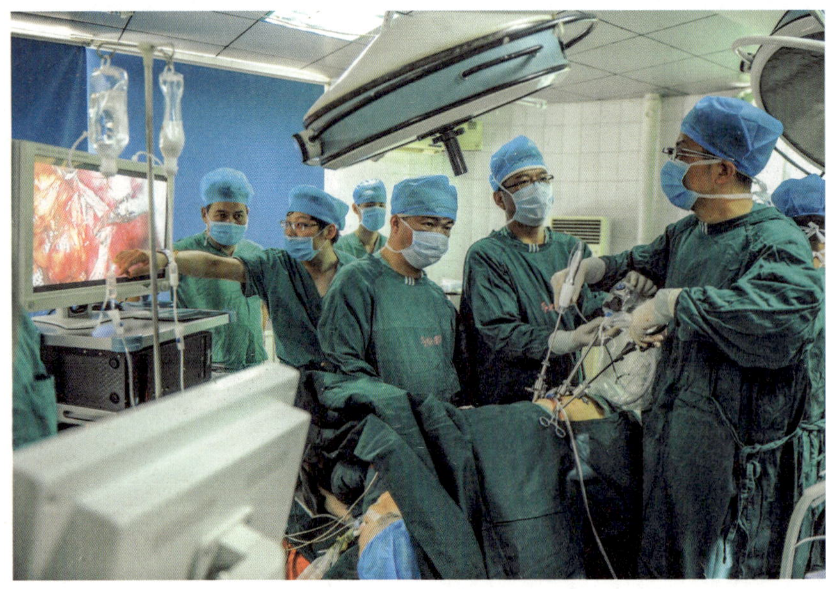
杭州市卫生援疆首例联合共建工作室腹腔镜手术 （市卫生计生委 供稿）

·卫生应急·

【卫生应急能力建设】 至2014年末，杭州市卫生应急指挥系统二期项目建设完成，市本级和上城区、下城区、西湖区、江干区、萧山区、桐庐县、淳安县使用该系统。加强应急队伍建设，调整杭州市突发公共卫生事件领导小组、专家咨询委员会、专家组成员，新组建心理危机干预队伍。加强应急制度建设，市本级和五区二县实施月度风险评估制度。新制定《杭州市突发事件卫生应急预案管理指导意见（试行）》，修订完成《杭州市突发公共卫生事件应急预案》操作手册。成功举办大培训1次、大比武1次和应急演练2次。

【禽流感防控】 杭州市在省内率先出台《杭州市建立人感染H7N9禽流感源头防控长效机制的实施办法》，建立并实施联防联控、暂停活禽交易、加强疫情监测、积极救治病患等一系列科学防控措施。7月1日起，杭州市主城区、萧山区、余杭区全境和富阳市政府所在城区实

行永久性关闭活禽交易市场。建德市、临安市、桐庐县和淳安县采取季节性休市或每月定期休市的措施。全年累计报告确诊禽流感病例30例，对所有病例都做到早发现、早诊断、早报告、早隔离、早治疗，得到省政府及省联防联控工作督导组的高度肯定。

【埃博拉疫情联防联控机制】 8月15日，为切实加强埃博拉疫情防控，杭州市首次在没有确诊病例的情况下启动联防联控机制。市卫生计生委承担联防联控机制办公室的职能，加大对来自疫区人员的监测和留观对象的控制力度，组织开展全市埃博拉防控应急演练，努力将疫情挡在国门之外。全市累计解除留观病例4例，调查甄别从埃博拉疫区到杭州（回杭州）人员229人，有100人属于疾控部门管理对象。全市累计解除健康监测管理64人，未完成健康监测管理中途离开杭州36人，均未发现异常。

【"7·5"公交纵火案医疗救援】 7月5日，杭州突发公交车纵火案，造成29名乘客受伤，其中20人重伤。市卫生计生委立即组织开展医疗救援工作，市急救中心第一时间派救护车赶赴现场转运伤员，所有伤员得到及时有效救治。在救治过程中，统筹协调医疗救治力量，派出2名ICU专家、20余名护士和护工支援浙医二院对重症伤员的救治工作；协调邀请国内顶级专家参与会诊；协调解决抗感染特效药多粘菌素B等救治药物及医疗器械；积极协助做好伤员理赔等工作。经过多方努力，创造了伤员"零死亡"的奇迹。

【食品安全风险监测】 2014年，市卫生计生委完成食品安全风险监测样品7663件、4.1万项次，纳入其他相关部门监测样品数后完成年度项目。实现食源性疾病监测哨点医院全区域覆盖，特定病原体监测哨点医院覆盖16个，列全省首位。全年圆满完成省卫生计生委下达的哨点医院实验室检测盲样考核，并注重食品安全风险监测数据的分析利用和共享，每季度向市食安办及其他相关部门通报食品安全风险监测的结果和分析建议。

·预防保健·

【重大传染性疾病防治】 市卫生计生委以杭州八城区为单位，成功申报第三轮全国艾滋病综合防治示范区。加快省科技重大专项"控制MSM人群艾滋病新发感染干预技术研究"；开展艾滋病高危、重点人群的干预与检测，推进艾滋病快检点建设，重点人群疫情快速上升势头有所遏制。继续加强结核病防控，组织对全市区、县级以上非定点医院开展结核病报告和管理检查，对辖区13个定点医院开展报告和定点管理规范和质量检查；落实耐多药结核病防治配套经费，做好耐多药结核病规范诊治和管理。

【地方病和其他传染性疾病防治】 市卫生计生委加强血吸虫病防治，全市11个血吸虫病历史区县开展血清学查病1.21万人，发现输入性血吸虫病3例。深入开展碘缺乏病防治，按月对碘盐生产加工企业和居民用户开展碘盐监测，对碘缺乏病高危人群8~10岁学龄儿童开展甲肿率监测，居民合格碘盐食用率符合国家标准，儿童碘营养基本适宜。上城区、下城区、拱墅区、滨江区及桐庐县消除疟疾工作通过市级验收。

【慢性非传染性疾病防治】 市卫生计生委引导、鼓励县（市、区）创建慢性病综合防控示范区，富阳市、上城区成功创建为国家级示范区，滨江区、萧山区和余杭区成功创建为省级示范区。开展"关注血脂、促进健康"活动，在第5轮企退人员体检中增加血脂检查项目，约50万人受益，免费开展40岁以上人群筛查约3.5万人次。开展重点慢性病（脑卒中和肿瘤）高危人群筛查与干预，惠及1.82万人；完成城市癌症早诊早治项目，试点2个区已累计完成风险评估2万余人。抓好适龄学生窝沟封闭防龋，全市831所中小学校的13.21万名学生接受免费口腔检查，适龄学生窝沟封闭率97.5%。

【计划免疫规范有序】 2014年，全市新增五星级接种门诊10家，三星级3家。全市201家免疫接种门诊均为省级规范化门诊，其中星级门诊有131家（五星级60家，三星级71家），占全市预防接种门诊总数的65.17%，居全省首位。累计完成查漏补种本地儿童9.72万人次，"九苗"补种率达到98.68%，流动儿童10.18万人次，"九苗"补种率达到98.63%。以县为单位常住儿童免疫规划疫苗接种率达到95%，流动儿童接种率达到90%。

【妇幼保健体系建设】 2014年，杭州市完成23家五星级儿保和妇保门诊创建，完成40家三星级儿保和27家三星级妇保门诊创建。积极开展爱婴医院创建，规范杭州的产科、儿科服务，提高妇幼卫生服务水平。完善妇幼保健信息化建设，依托市一医院完成市危重孕产妇远程会诊中心设计。成功举办市级妇幼健康服务技能竞赛。做好农村孕产妇住院分娩补助、叶酸补助、两癌筛查工作，住院分娩完成率102.4%，叶酸完成率118.2%，宫颈癌、乳腺癌筛查均完成国家任务数，分别为2.84万例和5200例。

【精神（心理）卫生工作】 杭州市进一步规范重性精神疾病患者管理服务，各社区卫生服务机构联合相关部门对具有肇事肇祸倾向或者之前具有肇事肇祸经历的患者加强随访，主城区1531名困难重性精神病患者享受了免费治疗待遇。制定印发《杭州市严重精神障碍发病报告与信息管理细则（试行）》，对二级以上公立医疗机构组织开展精神卫生工作督导。落实心理健康促进工作专题调研，筹备全市十大类心理健康知识公益讲座并完成200场。

·基层卫生·

【医养护一体化服务】 5~9月，市政府先后出台《关于推进医养护一体化智慧医疗服务的实施意见》《杭州市医养护一体化签约服务实施方案（试行）》。城乡居民医保一档和二档参保人员选择签约服务后，减免当年度门诊起付标准，经签约医生转诊至主城区范围内其他定点医疗机构就诊的，其个人负担比例按社区卫生服务机构的标准确定，门诊个人起负线下降300元。主城区（萧山、余杭除外）推行全科签约服务试点，10月4日正式实施，约有57万名居民与全科医生进行了签约。

【基层医疗机构综合改革】 杭州市卫生系统推进基层医疗机构综合改革，以县为单位紧密型乡村一体化管理率达97.34%。完善绩效工资制度，推动各地实现动态调整绩效工资总量，各地均建立“收支结余的一定比例计提奖励基金用于激励员工”的政策。健全绩效考核制度，建立调动积极性的绩效考核办法，体现“多劳多得、优绩优酬”。巩固完善基本药物制度，12月起，根据各大医院提供的常用慢性病药品目录，逐步增配66种常用慢性病药品。

【基层卫生队伍建设】 杭州市完成2014年定向培养生的招录工作，全市招录本科层次的定向培养生55名，专科层次的85名。组织选送16名全科骨干师资、14名基层复合型公共卫生骨干和43名城乡社区公共卫生人才，参加由省卫生计生委统一组织的培训。完成社区护士岗位培训323名，完成心电、B超、放射、检验等医技岗位培训254名，完成全科（助理全科）医师规范化培训273名。完成1802名村卫生室执业的乡村医生注册培训和2051名全科医生继续医学教育任务。

【优质医疗资源下沉】 杭州市开展市、县级医院紧密型合作办医，市级医院已与14个县级医院开展紧密型合作，全面参与托管医院的运行管理，长期下派管理及技术团队从事医院管理、专科建设及人才培养等工作。实施县域中心镇医疗服务能力提升工程，市级和县级医院以结对帮扶形式在全市26个中心镇设立分院，中心镇设有县级医院的由市级医院帮扶，设有乡镇卫生院的由县级医院帮扶。加快建设以市一医院为中心，辐射两区五县（市）的医学影像、病理、产前筛查、危重孕产妇抢救等疑难会诊中心。

【建设分级诊疗体系】 杭州市建立全市统一的具有预约挂号、上转申请、病历上载和下传、转诊满意度评价等功能的双向转诊平台，主城区45个社区卫生服务中心、市属医院全部接入市级双向转诊平台，浙医二院、邵逸夫医院等省级医院相继加入到杭州市双向转诊平台。这一体系的建立，方便社区全科医生根据患者病情，选择合适的上级医院、专科和专家进行转诊。

【卫生强县和示范乡镇卫生院建设】 2014年，建德市成功创建省级卫生强县。至此，杭州市实现卫生强市（县、市）创建“满堂红”。全市完成9个省级示范卫生中心创建，积极开展全国示范乡镇卫生院和乡镇卫生院等级评审，全市成功创建甲级卫生院8个、乙级卫生院36个。

9月15日，杭州市卫生部门推出服务百姓健康行动大型义诊活动

（市卫生计生委 供稿）

·医院管理·

【市级公立医院改革】 4月1日起，杭州市顺利启动以破除“以药补医”机制为切入点的市级公立医院综合改革。通过9个月的努力，年末基本实现“百姓得实惠、医院得发展、政府得民心”的改革目标。市级医院门诊、急诊人均费用和出院者平均费用分别比上年同期下降1.37%和2.48%；药品费用占医疗收入的比例下降9.5%；门诊、急诊量增加4.65%；出院总人次增加12.7%；市级医院外科手术增加10.35%。第三方测评显示，群众对市级医院总体满意率为97.6%，提高1.4%。浙江省副省长郑继伟在《今日早报》关于杭州市公立医院改革进展的报道上，做出“杭州市卫生计生委对公立医院改革的鲜明态度和有力举措值得表扬”的批示。

【智慧医疗全面推进】 2014年，杭州市全面推进智慧医疗，即实现“全院通”智慧结算，智慧结算延伸至B超室、放射科等医技科室和停车、食堂等所有收费环节，全年为577万人次的门诊、急诊患者提供了诊间结算服务，23.2万名住院病人接受了“床边结算”服务。实现“全城通”智慧应用，新增3个民营医院（绿城医院、爱德医院、整形医院）和3个市属医疗机构（市妇产科医院、市老年病医院、市五云山疗养院）实施诊间结算，全市12个市属医疗卫生单位、27个县级医院、13个省级医院、3个民营医院及城区65个社区卫生服务中心和276个社区卫生服务站开展了此项服务。实现“全自助”智慧服务，所有市属医院都设立“自助服务区”，配置的多功能自助机开通办卡、充值、预约、挂号、查询、缴费、化验单打印等交互服务功能，为患者提供便捷的自助服务。实现“全人群”项目覆盖，发行在杭州的省、市、区（县、市）各级各类医疗机构通用的“浙江·杭州健康卡”，使没有市民卡的人群也享受到同等的便利。9个市属医院累计发放健康卡14.61万张，在市属医院就诊的省医保和省"一卡通"人群均实现诊间结算，全年累计完成省级医保诊间结算5万余人次。

【卫生许可管理】 市卫生计生委简化审批流程，下放审批权限，强化医疗机构审批管理，全年完成医疗机构设置审批和备案219个次，变更登记和校验57个次。完成执业（助理执业）医师注册（变更注册）946人次，医师多点执业注册145人次，外籍医师临时执业注册70人次，澳门、台湾医师短期行医执业注册5人次，护士注册（延续、变更）864人次。

【医疗质量持续改进】 市卫生计生委深入开展"医疗服务阳光用药"工程，深化处方点评工作。市属医院已全部完成抗菌药物应用监管为重点的临床用药诊疗信息预警平台建设，严格防范和处置大处方及不合理用药。落实市委办、市府办《关于和谐医患关系、建设平安医院长效工作机制的实施意见》要求，坚持医疗争议定期评析制度，充分发挥"一站式"诉求中心和医疗纠纷人民调解委员会作用，积极化解医患矛盾。市属医院开展69个专业、142个病种的临床路径管理。继续开展优质护理工程，市级医院2014年新评选40个病区为优质护理示范病房。

【推进社会资本办医】 5月29日，市政府出台《关于进一步促进社会资本举办医疗机构发展的实施意见》，在放宽社会资本举办医疗机构的准入条件，进一步改善执业环境，支持民营医疗机构发展等方面有所突破。市卫生计生委出台社会资本举办医疗机构审批权限下放文件。至年末，全市累计新审批设置民营医院31个，其中已开业11个；民营医院核定床位为6517张，占全市总核定床位数的17.48%。

【惠民医疗服务】 2014年，市惠民医院诊治病人1.04万人次（其中爱心门诊9046人次，惠民病床住院1413人次），减免医疗费用34.77万元。杭州市卫生"健康使者"志愿服务项目在首届中国青年志愿服务项目大赛上获银奖。浙大御跸社区卫生服务团队成功创建国家级青年文明号。以医院食堂、厕所等为重点，推进医院管理星级示范创建工作。

·中医中药·

【基层中医药服务能力提升】 市卫生计生委加强基层医疗机构中医药服务区域标准化建设，13个区（县、市）均创建一个适宜技术培训基地。全市所有社区卫生服务中心、乡镇卫生院均按要求设置相关中医科室，并分别能提供10种和6种以上中医药服务。75%的社区卫生服务站和70%以上村卫生室能提供4种以上中医药服务。巩固地市级"全国基层中医药工作先进单位"创建成果，拱墅区顺利通过"全国基层中医药工作先进单位"5年复评。

【中医预防保健能力建设】 市卫生计生委总结推广两个国家"治未病"预防保健服务试点单位经验，建立杭州市中医"治未病"预防保健服务中心。建立中医药预防保健服务机构和人员的准入制度，完善服务规范和技术标准，建立中医药预防保健服务评价体系。开发中医"治未病"体质辨识系统，探索社区建立中医特色居民健康档案。稳步提高重点人群和慢性病患者的中医健康管理率，各区、县（市）65岁以上老人和0~36个月儿童中医药健康管理服务覆盖率达到40%，并全部纳入电子化管理。

【中药饮片使用专项治理】 市卫生计生委会同市医保局，对在杭州经营的20个群众举报较多、中药饮片费用高的医保定点医疗机构开展专项检查。根据违规情节轻重程度，对5名中医师给予暂停1年执业活动的处理；对3个违规严重的中医门诊部取消基本医疗保险定点单位资格；对5个医疗机构责令进行深刻检查，限制全面整顿；对13个医疗机构进行通报批评。

【中医药文化传承】 2014年，杭州市新增"浙江省名中医"称号的中医师4名，全市省级名中医的人数达到23名。着重抓好名医师带徒工作，以及名老中医药专家传承工作室建设项目的管理，要求每位省、市级名中医在授予称号前承诺，按要求完成师带徒任务。至年末，已整理出版学术经验专著2部。继续举办"西学中"培训班，累计举办学制两年的培训班12期。开展"学经典、做临床"活动，先后举办两期"四大经典"理论培训班，累计有400余名在职中医师参加培训。继续开展中医药进农村、进社区、进家庭活动，普及中医药文化。

·医教科研·

【医学科研创新和成果】 杭州市全年获得医学国家级科研项目立项14项，省（部）级立项33项，省卫生计生委及中医药管理局立项142项，市科委立项121项。全年获省科学技术奖一等奖1项、二等奖1项、三等奖1项；省医药卫生科技创新奖二等奖2项、三等奖22项；省中医药科技创新奖二等奖4项、三等奖10项；市科技进步奖一等奖1项、二等奖8项、三等奖23项。发表医学科研论文2010篇，其中SCI期刊167篇、Ⅰ级期刊757篇。国家级继续医学教育项目立项40项、省级立项79项、市级立项149项。

【医学重点学科建设】 2014年，市卫生计生委重新修订《杭州市医学重点学科管理办法》和《杭州市卫生科技项目管理办法》，对2011~2013年建设周期重点学科进行绩效评价。结果显示各重点学科取得较为明显的发展，在门诊住院人次、经济收入、科研立项、论文发表和成果获得等方面成绩显著。组织开展2014~2016年建设周期医学重点学科申报评审，110个重点学科进入新一轮周期建设，其中一类30个、二类30个、三类50个。

【住院医师规范化培训】 2014年全市新招录住院医师规范化培训学员855名，其中西医755名、中医100名。组织全市培训基地共1283名规范化培训学员参与理论和临床技能考核。加强培训基地的能力建设，市一医院的技能中心已基本建成并将投入使用；市一医院和市二医院列入国家级住院医师规范化培训基地目录。

【继续医学教育】 市卫生计生委加大2014年的继续医学教育项目申报宣传力度，全年国家级继续医学教育项目立项40项、省级立项79项、市级立项149项。严把合格证的申领与年度学分审验关，做到严格把关，认真审核，杜绝人情分和虚假分。市继续医学教育办公室抽调10余名有经验的管理干部，集中进行审核，共审核中高级合格证申领人员2100余人。

【医疗卫生国际化】 杭州市出台《杭州市医疗卫生国际化四年行动计划（2014～2017）》，启动市属医院标识引导系统改造升级项目，推动3个市属医院与美国、德国的4个单位建立国际合作项目。继续与浙大外国语学院继教中心联合举办中青年医务骨干英语口语提高班，全年招收30名市级医疗卫生机构学员，并首次招录主城区和萧山区、余杭区的26名学员。

·卫生监督·

【部分卫生监督执法职能调整】 11月18日，因杭州市政府机构整合调整，根据市卫生计生委新的“三定方案”要求，市卫生计生委与市安监局联合召开全市职业卫生现场监管职能划转工作会议，明确将原卫生行政部门承担的建设项目职业病危害预评价审核、职业病防护设施设计审核、建设项目职业病防护设施竣工验收、职业卫生技术服务机构资质认可和管理、用人单位职业病危害项目申报、用人单位职业卫生监督检查、职业病危害事故调查处理以及用人单位和职业卫生技术服务机构违法违规行为的查处等工作职责移交给市安监局。

【卫生监督协管省级示范点创建】 2014年，全市申报创建省级卫生监督协管示范点的单位共51个，其中乡镇卫生院16个、社区卫生服务中心35个，经市级初评、省级复核，16个乡镇卫生院、34个社区卫生服务中心成功创建省级卫生监督协管示范点，在全省起到了创树典型、示范引领的作用。

【公共场所卫生监督】 全市各级卫生监督机构对120个住宿场所开展“五常法”（即常组织、常整顿、常清洁、常规范、常自律）管理试点。推进公共场所卫生监督量化分级管理，完成1.06万个住宿场所、游泳场所、沐浴场所、专业美容场所和商场（3000平方米以上）等公共场所的量化分级管理等级核定。在116个住宿场所、76个游泳场所开展卫生监督信息二维码公示试点。巩固公共场所控烟成果，每季度在新闻媒体和网站上公开通报全市公共场所控烟处罚的情况。组织开展旅游风景区住宿场所卫生专项治理和游泳场所夏季保健康等专项行动。

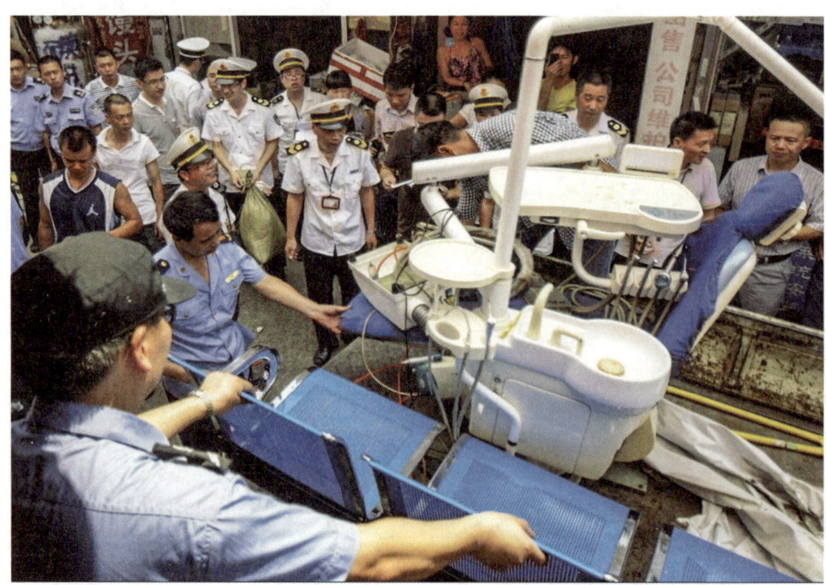

4月15日，杭州市卫生监督部门开展春季“打击非法行医”专项行动
（市卫生计生委 供稿）

【生活饮用水卫生监督】 各级卫生监督机构全年共监督检查各类集中式供水单位222个次，监督检查覆盖率达100%；监督抽查二次供水单位621个次，抽检出厂水、管网末梢水和二次供水样本2561份，总体合格率94.8%。其中，出厂水196份样本合格率93.4%，管网末梢水样本1844份合格率94.9%，二次供水样本521份合格率95%。

【医疗机构监督执法】 杭州市开展全市医疗机构“依法执业守护健康”卫生监督检查，市本级对69个市级发证医疗机构及部分二级以上医疗机构进行检查。开展医疗机构疑似职业病报告专项检查，深化放射防护管理规范化医院创建活动，42个医院获得“放射防护管理规范化医院”称号，实现全市创建“满堂红”。

【学校卫生监督执法】 2014年，市卫生监督机构开展校园卫生安全健康行动，监督检查学校1136个次，开展卫生监督现场监测405个次，实现对全市各级各类850个学校监督全覆盖。开展学校病媒生物预防控制专项监督检查，共监督检查学校及托幼机构209个。

【严厉打击非法行医】 市卫生计生委贯彻落实国家卫生计生委等六部委《关于进一步整顿医疗秩序打击非法行医专项行动方案》，制定《关于建立打击非法行医长效工作机制的意见》，在全市集中力量开展整治非法行医专项行动。全市查处无证行医窝点805户次，行政处罚265户次，移送公安机关处理的非法行医案件44起。 （薛　亮）

·爱国卫生·

【爱国卫生概况】 2014年，杭州市进一步结合“五水共治”“三改一拆”等行动和“为民办实事”项目，

认真实施《健康杭州“十二五”规划》，深入开展卫生城镇创建、农村改水改厕、病媒生物防制等工作，深化健康杭州建设，促进城乡居民身心健康，巩固发展国家卫生城市成果。至年末，西湖区、上城区、下城区、杭州西湖风景名胜区管委会、江干区、杭州经济技术开发区管委会、滨江（高新）区、拱墅区、桐庐县、富阳市、建德市、临安市和杭报集团、市交通运输管理局、市卫生计生委、市教育局、市环保局、市城管委等被评选为2014年度爱国卫生工作任务完成优秀单位。

【国家卫生城市复评迎检启动】 为迎接2015年杭州市第4次国家卫生城市复评，进一步提升城市综合管理水平，对照2014版《国家卫生城市标准》，结合杭州城市卫生管理中存在的主要问题，特别是对城郊接合部和城中村卫生、马路市场、建筑工地卫生、食品安全（小餐饮）等重点难点问题全面开展调研和督查，加强部门协调，形成工作合力。11月14日，市政府召开国家卫生城市复评迎检专题部署会议，全面启动复评工作。12月24日，市委办公厅、市政府办公厅印发《关于建立杭州市国家卫生城市复评工作领导小组的通知》，建立以市长张鸿铭为组长、市委副书记杨戌标为第一副组长的领导小组，副市长陈红英为指挥长的迎检指挥部，以及由市政府文化宣传、教育卫生、城市管理、食品安全、环境保护等分管秘书长为组长的6个专项组，并根据2014年新修订的《国家卫生城市标准》要求，结合各地各部门的工作职责，制订迎检方案，细化分解任务，建立联络员制度，开展《国家卫生城市标准》业务培训；投入192万元，在市区主干道、公交车候车亭和导乘牌、自行车候车亭设置150余个广告位，开展爱国卫生公益宣传，营造巩固国家卫生城市成果、建设健康城市、共享健康生活的宣传氛围，扩大市民群众对杭州市国家卫生城市和建设健康城市的知晓率和参与度；开展“发现身边最美的城郊接合部摄影比赛”，以先进典型推动城郊接合部和城中村环境卫生的整体提高。

【爱国卫生月活动】 4月，全市组织开展以“远离病媒侵害，你我共享健康”为主题的第26个“爱国卫生月”活动。各地、各部门积极行动，广泛参与。据不完全统计，活动期间，各地、各部门开展宣传活动3164次，参与活动人数289万人；举办各类健康讲座830场，设置宣传站（点）3054个；在新闻媒体发布宣传信息、新闻441条；出健康板报、专栏2512期，制作宣传展板2942块，宣传横幅2988条，印发各类宣传资料57.8万份。治理脏乱道路165.8万平方米，清除垃圾3.7万吨，清除乱张贴21.43万张，消灭蚊、蝇滋生地1.92万处，投放鼠药5.19万千克，举办除“四害”培训班271期，为全年爱国卫生“除害灭病”奠定了工作基础。

【农村改水改厕】 2014年农村改水改厕工作目标是“巩固提升99%以上农村集中式供水率，新建2万座农村无害化卫生厕所”，被列入市政府“为民办实事”项目。各级政府和相关部门紧密结合“五水共治”“生态文明”“美丽乡村”建设等载体，统筹推进农村改水改厕任务的落实。市爱卫办印发农村改厕宣传单页6.8万份，举办130余人参加的农村改水改厕技术培训班，各地爱卫办统一培训项目镇村管理人员和改厕泥瓦工1646人次。市水利部门实施惠及8.4万人的农村饮水安全提升工程，市爱卫办牵头完成市财政补助农村改水项目22个，共计改造供水管网5万米，提升改造村级水站净水设施51座，修建水坝8座，新建蓄水池16个；新增农村自来水受益人口400人，累计农村自来水普及率达99.9%；实际新增农村无害化卫生厕所2.34万座，累计无害化卫生厕所普及率达95%，超额完成年度目标任务。开展农村水质卫生监测和粪便无害化处理效果监测，2014年农村水厂350个监测点平均水质合格率为54%；按监测点供水人口统计，饮用合格水质人口的比率为93%。其中，日供水量3000吨及以上的平均水质合格率为98%；日供水量3000吨以下的水质平均合格率为40%。经对2013年度农村改厕项目的粪便无害化处理效果监测，检查成蝇、蛆、臭味、厕屋内空气中NH3浓度、寄生虫卵沉降率、粪大肠菌值、沙门氏菌等，无害化处理效果总合格率为88.8%。

【卫生创建成果】 2014年，市爱卫会认真贯彻落实城乡统筹战略，整合资源，结合“五水共治”“三改一拆”“清洁城乡”等载体，推进卫生创建活动，合力改善城乡环境品质。桐庐县分水镇和江南镇新申报创建国家卫生镇，通过杭州市级技术评估和考核，推荐上报浙江省爱卫办；西湖区转塘街道和建德市乾潭镇、三都镇、更楼街道、寿昌镇、大洋镇被命名为浙江省卫生镇（街道）；

9月1日，杭州市启动全民健康生活方式日暨健康楼宇项目活动

（市爱卫会　供稿）

建德市洋溪街道和临安市湍口镇、板桥镇被命名为杭州市卫生镇（街道）；临安市、余杭区余杭街道分别通过全国爱卫会复审，被重新确认为国家卫生城市和国家卫生镇；上城区湖滨街道等12个街道通过复查被重新确认为浙江省卫生街道，江干区丁桥镇等11个镇通过复查被重新确认为浙江省卫生镇；滨江区浦沿街道等9个街道（镇）通过复查被重新确认为杭州市卫生街道（镇）。全市28个单位被命名为浙江省卫生先进单位，27个行政村被命名为浙江省卫生村；55个单位被命名为杭州市卫生先进单位，13个社区被命名为杭州市卫生社区，17个行政村被命名为杭州市卫生村。

至年末，全市市级以上卫生乡镇（街道）共174个，占乡镇（街道）总数的91.1%，提前完成“十二五”时期卫生创建工作目标。

【除“四害”活动】 市爱卫会按照“四害”季节消长规律和预防登革热等虫媒传染病需要，统一组织开展春秋季灭鼠和夏秋季灭蚊、灭蝇、灭蟑螂活动，抓好季节性“四害”防制工作。广泛发动市民积极参与除“四害”群防群控活动，清除各类杂物和污积水，搞好室内外环境卫生，消除“四害”滋生场所。市爱卫办投入19万元，购买3950千克灭蚊缓释剂和23.5万包灭蟑螂药物发放到各区，经各区配套后，及时将灭蟑药和粘鼠板等药物免费发放给有需求的居民家庭和有关行业、单位，共同做好“四害”杀灭工作。组织PCO公司为建筑工地、八小行业、居民家庭开展除“四害”咨询和上门提供灭鼠、灭蟑螂等公益服务活动。市本级投入183.6万元在主城区的部分街道、社区继续开展以安装“防蚊闸、防蚊贴、灭鼠屋、管道挡鼠板、捕蝇笼”等为重点的病媒生物防制技防设施试点建设，在其他区、县（市）推进灭鼠屋建设，减少化学药物使用对生态环境的影响，提高物理防制效果。至年末，据统计，全市累计安装防蚊闸1.5万只、防蚊贴9918个、捕蝇器（笼）9296只、灭鼠屋5.58万只。在西湖区部分街道开展公共环境“四害”防制效果监测评估试点工作。举办一期蚊蝇防制知识培训班，一期PCO企业有害生物防制员初级培训班，83名学员取得初级职业技能证书。加强对农贸市场、建筑工地、八小行业除“四害”工作督查，进一步规范农贸市场“四害”防制标准，并将其纳入健康市场考核内容。杭州市主城区顺利通过全国灭蚊灭蝇先进城区复验，临安市、桐庐县“灭蚊灭蝇先进城区（县城）”和淳安县“灭鼠先进县城”通过市级复查。

【健康教育与健康促进活动】 根据国家卫生计生委和浙江省卫生计生委关于“全民健康素养促进活动”的要求， 杭州市成立由市卫生计生委主要领导和市级医疗卫生机构65名专家组成的杭州市健康教育讲师团，制定《杭州市公民健康素养讲师团管理办法（试行）》。组织开展“合理用药、科学就医”知识进万家活动，在市民健康素养基线调查的基础上，编印杭州市“合理用药、科学就医”宣传折页85万份，制作宣传视频2个，采购家庭小药箱2200个。讲师团深入区、县（市）、机关企事业单位、社区等场所，开展临床医疗、公共卫生、传染病防控、食品安全、健康生活方式等多个领域的健康教育巡讲。举办2014年度杭州市健康教育技能比武，并组队参加全省健康教育技能比武活动，获得团体冠军和3个个人单项第1名。

【健康城市建设实施与发展研究】 2014年，杭州市建设健康城市领导小组办公室按照《健康杭州“十二五”规划》相关要求，组织完成中期评估，对缺乏基础数据的“居民健康素养、居民油盐摄入量”等重点项目开展调查，完成调查监测报告。根据调查结果，提出“杭州市居民健康素养水平仅为13.77%，食盐、食用油过量摄入的人群比例高达89.8%和65.1%”等问题，为适时调整健康教育宣传主题提供决策依据。在健康城市建设项目的探索与研究方面，参与市发改委“健康服务业实施意见”和市规划院“应对人口老龄化、强化生命全过程健康监护、促进健康服务业发展”的健康社区规划，以及市健康服务综合信息平台、医养护一体化智慧医疗健康服务模式的建设。

【公共场所控烟】 市健康办以《杭州市公共场所控制吸烟条例》实施4周年为契机，联合市级相关部门启动以机关、医疗卫生单位和宾馆（饭店）为重点的第二轮“百家无烟单位”创建活动，推动落实领导干部带头控烟的要求，新创建无烟单位135个。开展第27个“5·31”世界无烟日主题宣传活动，通过展示2014年浙江省“我爱无烟环境，拒吸二手烟”小学生绘画作品比赛获奖作品、学生代表宣读《控烟倡议书》、表演“我要告诉你，因为我爱你”音乐剧等形式，深入宣传烟草危害，号召社会各界共同营造无烟环境，关心下一代健康成长。组织对全市各级各类80余个医疗卫生计生机构进行控烟专项督查暗访，结果表明，全市医疗机构控烟情况总体良好。在全省委托第三方对卫生计生机构控烟暗访检查中，杭州市总成绩排名第1位。4月，杭州市参与由中国疾控中心控烟办全程指导完成的“中国城市成人烟草流行调查”项目，采用全球统一的烟草流行调查问卷，对杭州市主城区市民烟草流行状况进行抽样调查，抽样结果具有高度代表性。结果显示，杭州市城区范围内居民吸烟率为20.5%，相比以往数据呈现下降趋势。委托杭州师范大学组织开展“2008年和2013年杭州市归因于吸烟的相关疾病负担研究”，旨在进一步了解全市自2010年控烟立法以来，吸烟相关疾病负担的现状。

【健康单位创建】 2014年，市健康办组织开展各级各类健康单位创建活动。中国移动通信集团浙江有限公司淳安分公司等10个单位被世界卫生组织（WHO）健康城市合作中心命名为健康单位，杭州服装职业高中等10所学校被命名为浙江省健康促进学校（金奖），浙江大学医学院附属第一医院等11个医疗机构被命名为浙江省健康促进医院。杭州市命名健康单位36个，其中健康机关2个、学校2个、医疗机构9个、市场5个、企（事）业单位7个、宾馆（酒店）4个、社区3个、行政村4个；命名健康促进学校（银牌）20所。9月，公元大厦、坤和中心、钱江国际时代广场、余杭市民中心4个楼宇参与健康楼宇试点建设工作。 （王莲花）

体　育

Sports

·体育综述·

【体育强市创建】 2014年，杭州市体育局以创建“体育强市”为抓手，以“多运动、少吃药、健好身”全民健身活动为载体，不断满足杭城人民群众日益增长的体育文化需求，实现全市群众体育蓬勃惠民、竞技体育精彩纷呈、依法治体规范有序、体育产业持续发展、项目建设稳步推进、经费保障规范高效的目标，推进全市体育事业又好又快发展。

坚持“开展体育运动，增强人民体质”方针，深化公共体育服务机制，提升全民健身设施品质，推动特色群体项目开展，举办特色品牌群体赛事活动，发挥各单项体育协会和社会体育指导员在全民健身和群众体育活动开展上的积极作用，探索发挥体育功能参与社会管理的新路子。

注重体育大项目基础设施建设，强化管理单位的社会服务意识，提高设施利用率，探索新建体育场馆运作模式和运行机制，不断满足群众的体育健身需求。圆满完成杭州潇洒休闲运动公园项目一期工程，杭州足球运动队和拳击、散打、跆拳道运动队全部搬迁完毕；出资建成江干区杭州采实教育集团钱江新城实验学校国际标准轮滑训练场地；杭州市全民健身中心项目建设桩基工程全部完成。

社会体育公共服务体系建设扎实推进，共创建省级强乡（镇）1个、特色乡镇4个、先进街道2个、先进社区183个。创建中心村体育休闲公园14个、体育示范幼儿园19个、社区体育健身俱乐部59个、村级俱乐部57个、星级职工体育俱乐部1个、体育小康村175个。创建市级体育示范街道4个、五星级社区2个、四星级社区53个、三星级社区32个。延续提升城乡体育健身公园和广场（中心）建设的政策扶持力度，全年新投入使用城乡公共体育设施25个，其中健身中心（丙类）2个、健身广场8个、健身公园15个。

【欧洲篮球冠军联赛亚巡赛杭州站】 9月15日，2014年欧洲篮球冠军联赛亚洲巡回赛杭州站新闻发布会在杭州海外海皇冠假日酒店举行。欧洲篮球冠军联赛是欧洲大陆顶级篮球联赛，24支国家球队争夺欧罗巴篮球冠军称号，赛事常规赛于每年10月展开。2013年11月，北京欧迅体育文化传播有限责任公司首次将欧洲篮球联赛引入中国，2014年该系列赛已升级为亚洲巡回赛，涉及北京、杭州和台北3地。10月7日，欧洲篮球冠军西班牙巴塞罗那队与浙江广厦篮球队比赛，交手充满决战气氛，展示了亚巡赛“全情全力”的拼搏精神。欧洲篮球冠军联赛亚洲巡回赛目的是将欧洲篮球近距离地呈现给当地球迷，促进亚欧篮球界的深度交流，并丰富亚洲地区的赛事资源，为篮球爱好者提供多元化观赛选择。

【钱塘江国际冲浪中国嘉年华】 9月4～11日，第三届红牛钱塘江冲浪对抗赛在中国杭州钱塘江（钱塘江萧山段及钱江新城）顺利进行，并在钱塘江潮5年来最汹涌的大潮日进行了终极对决。中国杭州队、美国夏

9月4～11日，杭州举办钱塘江国际冲浪对抗赛，美国夏威夷队获得冠军
（市体育局 供稿）

2014年杭州籍运动员参加国际、洲际比赛成绩情况

表63

项　目	比赛名称	月份	地　点	姓　名	性别	比赛项目	名次
乒乓球	德国乒乓球国际公开赛	3	德国	吕　翔	男	男子双打	1
射　击	第七届亚洲气枪锦标赛	3	科威特	邱烨晗	女	青年女子10米气步枪团体	1
射　击	第七届亚洲气枪锦标赛	3	科威特	赵中豪	男	青年男子10米气步枪团体	1
射　击	第七届亚洲气枪锦标赛	3	科威特	邱烨晗	女	青年女子10米气步枪	2
跆拳道	亚洲跆拳道锦标赛	5	乌兹别克斯坦	王世君	男	87+公斤级	3
田　径	青奥会亚洲区田径选拔赛	5	泰国	项嘉波	男	标枪	1
射　击	第五十一届世锦赛	9	西班牙	邱烨晗	女	青年女子50米步枪3×20团体	3
射　击	第五十一届世锦赛	9	西班牙	邱烨晗	女	青年女子50米步枪卧射团体	3
沙滩排球	第十七届亚洲运动会	9	韩国仁川	包　健	男	沙滩排球	3
武术套路	第十七届亚洲运动会	9	韩国仁川	王　地	男	南拳南刀全能	1
跆拳道	第十七届亚洲运动会	9	韩国仁川	陈灵龙	男	87公斤级	2
游　泳	国际泳联短池游泳世界杯系列赛(北京站)	10	中国北京	傅园慧	女	50米仰泳	1
游　泳	国际泳联短池游泳世界杯系列赛(北京站)	10	中国北京	孙　杨	男	400米自由泳	1
游　泳	国际泳联短池游泳世界杯系列赛(北京站)	10	中国北京	叶诗文	女	100米个人混合泳	2
游　泳	国际泳联短池游泳世界杯系列赛(北京站)	10	中国北京	毛飞廉	男	200米个人混合泳	2
游　泳	国际泳联短池游泳世界杯系列赛(北京站)	10	中国北京	毛飞廉	男	200米蛙泳	2
游　泳	国际泳联短池游泳世界杯系列赛(北京站)	10	中国北京	毕易榕	女	800米自由泳	3
游　泳	国际泳联短池游泳世界杯系列赛(莫斯科站)	10	俄罗斯莫斯科	毕易榕	女	400米自由泳	2
游　泳	国际泳联短池游泳世界杯系列赛(莫斯科站)	10	俄罗斯莫斯科	毕易榕	女	800米自由泳	2
游　泳	国际泳联短池游泳世界杯系列赛(香港站)	10	中国香港	洪金龙	男	混合4×50米自由泳接力	2
游　泳	国际泳联短池游泳世界杯系列赛(香港站)	10	中国香港	吴　越	女	混合4×50米混合泳接力	2
游　泳	国际泳联短池游泳世界杯系列赛(香港站)	10	中国香港	吴　越	女	混合4×50米自由泳接力	2
游　泳	国际泳联短池游泳世界杯系列赛(香港站)	10	中国香港	洪金龙	男	200米自由泳	3
游　泳	第十七届亚洲运动会	10	韩国仁川	傅园慧	女	100米仰泳	1
游　泳	第十七届亚洲运动会	10	韩国仁川	傅园慧	女	50米仰泳	1
游　泳	第十七届亚洲运动会	10	韩国仁川	叶诗文	女	200米个人混合泳	1
游　泳	第十七届亚洲运动会	10	韩国仁川	叶诗文	女	4×100米自由泳接力	1
游　泳	第十七届亚洲运动会	10	韩国仁川	叶诗文	女	400米个人混合泳	1
游　泳	第十七届亚洲运动会	10	韩国仁川	毕易榕	女	800米自由泳	1
游　泳	第十七届亚洲运动会	10	韩国仁川	孙　杨	男	1500米自由泳	1
游　泳	第十七届亚洲运动会	10	韩国仁川	孙　杨	男	4×100米自由泳接力	1
游　泳	第十七届亚洲运动会	10	韩国仁川	孙　杨	男	400米自由泳	1
游　泳	第十七届亚洲运动会	10	韩国仁川	毛飞廉	男	4×100米混合泳接力	1
游　泳	第十七届亚洲运动会	10	韩国仁川	毕易榕	女	400米自由泳	2
游　泳	第十七届亚洲运动会	10	韩国仁川	孙　杨	男	200米自由泳	2
游　泳	第十七届亚洲运动会	10	韩国仁川	毛飞廉	男	4×200米自由泳接力	2
帆　板	第二届青年奥林匹克运动会	10	中国南京	吴琳俐	女	女子T293级场地赛	1
赛　艇	第二届青年奥林匹克运动会	10	中国南京	潘　婕	女	女子双单1000米	2
帆　板	国际帆联世界杯帆船赛青岛站	10	中国青岛	史红梅	女	女子RS:X级	3
帆　船	国际帆联世界杯帆船赛青岛站	10	中国青岛	陈莎莎	女	女子470级	3

11月8日，杭州举办“万人同跳一支舞，共创排舞吉尼斯世界纪录”活动

（市体育局 供稿）

威夷队、美国加州队、澳洲黄金海岸队参赛，这是中国人首次参加钱塘江内河冲浪赛。最终美国夏威夷队技高一筹，力压澳大利亚黄金海岸队获得冠军。“钱塘江冲浪中国第一人”陈东铭所在的中国杭州队获得第3名，美国加州队位列第4名。赛事由浙江电视台钱江频道和中央电视台新闻频道全程配合录制，美国全国公共广播电台NPR(包括网络)播报赛事。钱塘江国际冲浪中国嘉年华是将国际潮流运动“冲浪”与中国传承文化“钱塘江观潮”相结合的大型景观体育群众性活动，已成为中国“长三角”地区体育赛事中极具观赏性、又将自然和人文完美结合的活动。

【中国知名高校新安江龙舟赛】 7月17日，由杭州市体育局、浙江大学、建德市政府联合主办的中国知名高校建德新安江龙舟赛开赛。该赛事首次集中教育部重点建设的“C9联盟”高校的龙舟队，即北京大学、清华大学、浙江大学、复旦大学、上海交通大学、南京大学、中国科学技术大学、哈尔滨工业大学和西安交通大学的龙舟队。赛事以风景秀美的新安江为背景，以“至清、智慧、致青春”为口号，设置了10千米的超长赛程。该赛事是一场比拼技术、默契、速度的比赛，是展示各所高校学子团结拼搏、奋发图强的中华优秀传承的舞台。经过激烈角逐，中国科学技术大学龙舟队夺得冠军。

【国际（杭州）毅行大会】 国际（杭州）毅行大会是杭州市体育局创办、由杭州市委宣传部主办的一项大型群众体育活动，致力打造属于杭州市民“健康、快乐、休闲”的时尚运动，已初步形成全城瞩目的“杭毅风潮”。大会以打造“杭州城市名片”，展现市民精神风貌为主旨，自2011年创办以来，从最初的2000人参与，到2014年的1.5万人同行钱塘江边之江路，不仅在参与规模上得到提升，更将“快乐运动、常态毅行”的理念推广普及，深受社会各界欢迎。

【《舞动中国》创吉尼斯世界纪录】 11月8日，在杭州举办的“万人同跳一支舞，共创排舞吉尼斯世界纪录”活动中，杭州市民与来自国内外的排舞爱好者在杭州19个会场同时齐跳排舞《舞动中国》，创造了2.57万人“最大规模的排舞”吉尼斯世界纪录，让中国全民健身运动的成果和风采展现在世界舞台。排舞挑战吉尼斯世界纪录活动在国家体育总局体操运动管理中心、杭州市政府、全国排舞推广中心积极促进下，受到全国各民族以及海外排舞爱好者的广泛欢迎。在杭州滨江区白马湖动漫广场主会场，来自13个国家及国内13个省、41个市、20个民族的5000余名排舞精英齐聚，在杭州市所辖13个区、县（市）和浙江大学、浙江工业大学等高校组成的18个分会场，有2万余名杭州市民参与其中。挑战排舞吉尼斯世界纪录活动被评为第十六届西湖国际博览会最具创新项目。

【杭州国际马拉松赛】 11月2日，银泰2014年杭州国际马拉松赛圆满落幕。来自奥地利、澳大利亚、阿塞拜疆、美国、法国、中国等35个国家的3万名路跑爱好者参加了6个项目的比赛，分别为马拉松赛（42.195千米）5000人、半程马拉松赛（21.0975千米）5000人、短程马拉松赛（12.8千米）3600人、小马拉松赛（7千米）1.4万人、情侣跑（4.5千米）1500人、家庭跑（1.2千米）900人。其中，有42名国内外专业运动员报名参加全程

7月17日，中国知名高校新安江龙舟赛开赛 （市体育局 供稿）

2014年杭州市部分大型体育赛事活动情况

表64

赛事（活动）名称	举办时间	主办单位	承办单位	规模	地点
“谁是球王”羽毛球民间争霸赛	2月29日至3月4日	中央电视台、国家体育总局、教育部	中央电视台体育频道、中国羽毛球协会、市体育局	350人	富阳、杭州
2014年中国名校龙舟马拉松赛	7月15～17日	国家体育总局社会体育指导中心、中国龙舟协会、中国大学生体育协会	市体育局、建德市政府、浙江大学	250人	建德
2014年钱塘江国际冲浪对抗赛暨冲浪中国嘉年华	9月7～11日	国家体育总局水上运动管理中心、杭州市政府	市体育局	250人	杭州
2014年欧洲篮球冠军联赛中国巡回赛	10月6～8日	欧洲篮球冠军联赛联盟	市体育局	100人	杭州
第九届中国国际休闲产业博览会	10月10～13日	杭州市政府	市体育局	20个国家，200个企业，300个展位	杭州
2014年全国健身气功站点联赛总决赛	10月16～19日	国家体育总局自行车击剑运动管理中心、中国铁人三项运动协会	市体育局、富阳市政府	490人	富阳
2014年金秋武术大会	10月18～19日	市体育局	市武术协会	4000人	杭州
2014年全国跆拳道冠军赛	10月16～21日	国家体育总局拳击跆拳道运动管理中心、中国跆拳道协会	市体育局	450人	余杭
2014年全国休闲皮划艇大会	10月20～21日	国家体育总局健身气功管理中心	市体育局	200人	杭州
2014年全国业余铁人三项积分赛	10月25日	国家体育总局水上运动管理中心、省体育局、省水上运动管理中心	市体育局、市水上运动管理中心	500人	杭州
2014年第四届国际（杭州）毅行大会	11月2日	杭州市委宣传部	市体育局、都市快报社	1.5万人	杭州
2014年“共创排舞吉尼斯世界纪录”挑战活动	11月8日	国家体育总局体操运动管理中心、杭州市政府	市体育局、市体育总会、共青团杭州市委、省广播电视集团104.5电台、钱江晚报社	20个会场、2.57万人	杭州
2014年舞动中国联赛及总决赛	11月9～10日	国家体育总局体操运动管理中心、市体育局、滨江区政府	全国排舞运动推广中心	1300人	杭州
“谁是球王”足球民间争霸赛	12月8～13日	中央电视台、国家体育总局、教育部	中央电视台体育频道、中国足球协会、市体育局	350人	桐庐

马拉松比赛。情侣跑的起点设在断桥，其余5个项目的起点均设在黄龙体育中心。半程马拉松的终点设在滨江区的长河路，短程马拉松的终点设在钱江新城南广场，其余4个项目的终点都设在黄龙体育中心。中央电视台派出直播团队，航拍和地面拍摄相结合，全方位直播马拉松赛事，立体展示了杭州西湖、钱塘江、钱江新城、滨江区和主城区风貌。为确保赛事顺利安全进行，公安部门在黄龙体育中心建立现场指挥中心，医疗部门派出救护车18辆，在赛道上每隔5000米设置一个固定的医疗急救点，配备1名持有美国心脏协会全球通用急救证书的志愿者或1名医学学生志愿者，并设置9个医院绿色通道。市城管办在黄龙体育中心、钱江新城市民广场、半程终点和赛道每隔5000米位置均配置流动厕所。最终，肯尼亚选手NAIBEI KENNEDY KWEMOI以2小时12分12秒的成绩，获得男子全程马拉松赛的冠军并打破赛会纪录；埃塞俄比亚选手ARAGE YEBRGUAL MELESE以2小时32分47秒 的成绩获得女子全程马拉松赛冠军。

【体育依法行政环境优化】 市体育局抓好全年度的依法行政和执法培训工作。依据“职权法定、权责一致、方便办事”的原则，圆满完成权力清单工作，保留权力事项13项，下放权力事项17项，部门共性权力8项；规范行政审批事项，完善事中事后监管制度，积极转变体育行政职能；组织对全市14件体育行政案卷和6件行政处罚案卷的评查工作，规范全市体育执法文书格式，提高体育执法案卷质量。大力抓好《全民健身条例》的学习、宣传工作，做好体育系统“六五”普法教育培训工作。

【体育市场监管】 市体育局以贯彻落实《全民健身条例》为重点，积极落实依法管体，依法治体要求，建立规范、有序、安全的体育产业市场依法监督管理环境。根据《全民健身条例》规定，该局完善监督管理方法，加大体育行政执法力度，加强对高危险性体育项目行政许可专项管理，召开全市经营高危险性体育项目管理工作会议，加强执法人员培训，切实抓好全市游泳场所等333个高危体育项目的开放监督工作，确保体育经营市场规范、有序和安全。

·竞技体育·

【杭州籍运动员获南京青奥会佳绩】 8月，在南京举行的第二届夏季青年奥林匹克运动会上，杭州市水上运动中心培养的帆板运动员吴琳俐在女子帆板T293场地赛的比赛中获得冠军；女子赛艇运动员潘婕在女子双人单桨1000米比赛中获得亚军。

11月2日，银泰2014年杭州国际马拉松赛在黄龙体育中心鸣枪开跑

（市体育局 供稿）

【杭州籍运动员获仁川亚运会佳绩】 9月19日至10月4日，在韩国仁川举行的第十七届亚运会上，共有10名杭州籍运动员入选中国体育代表团，分别参加游泳、跆拳道、武术套路、沙滩排球等项目的比赛，共取得11枚金牌、4枚银牌、1枚铜牌的优良成绩，为中国争了光，为浙江添了彩。

【杭州代表团蝉联省运会3项第一】 10月，杭州组团参加浙江省第十五届运动会，有784名运动员参加21个大项、27个分项的比赛，共取得金牌598.25枚、奖牌993.5枚、总分9472.3分，蝉联省运会金牌数、奖牌数和总分3项第一，继续保持全省领先。杭州代表团还获得“竞技体育贡献奖”和“体育道德风尚奖”，实现竞赛成绩和精神文明双丰收。

【杭州获世界短池游泳锦标赛承办权】 12月2日，在卡塔尔多哈举行的国际泳联年度会议申办会议上，杭州获得国际泳联2018年世界短池游泳锦标赛及世界游泳大会的承办权。世界短池游泳锦标赛是世界最高级别的泳坛盛会之一，是国际游泳联合会主办的在25米长游泳池里进行的世界锦标赛，每两年举办一次。申办会议在多哈的标志性建筑火炬酒店举行，中国杭州、秘鲁利马、阿联酋迪拜3个城市参与竞争。经过城市展示、会见执委、大会陈述等活动，来自五大洲的24位评委进行投票。根据计票结果，国际泳联主席马格里奥宣布杭州胜出，这是杭州市乃至浙江省走出国门申办并取得国际大型体育赛事承办权的第1次，也是中国自2006年后第2次举办该项赛事。

·群众体育·

【群众性体育品牌赛事】 市体育局大力培育杭州本土特色的群体性品牌赛事活动，成功举办全民健身日、“冲浪中国”嘉年华系列活动、无限极世界徒步日（杭州站）健身徒步走、“谁是球王”中国羽毛球华东区总决赛、“安利纽崔莱”健康跑、“舞动中国”总决赛、2014年中国知名高校建德新安江龙舟赛、欧洲冠军篮球联赛中国巡回赛等活动，新增2014年“市长杯”篮球联赛等10余项特色品牌全民健身活动，参与人数约10万人。深入挖掘杭州城市内涵，举办杭州国际马拉松赛、钱塘江国际冲浪对抗赛、横渡钱塘江游泳活动、杭州国际毅行大会、“日勤于步，健康永驻”全民健身走系列活动等。依托全国排舞运动推广中心落户杭州的优势，举办2.5万人同时参与的“共创排舞吉尼斯世界纪录”大型活动。

【学校体育场地对外开放】 市体育局为推进“多运动、少吃药、健好身”的全民健身活动，形成学校体育场地对外开放服务的常态化，积极与教育、公安、财政等部门沟通协调，建立完善了工作联席机制和督导机制。市政府办公厅印发《关于转发市体育局等部门推进杭州市中小学校体育场地设施向社会开放的实施办法的通知》，市体育局联合市教育局印发《学校体育场地设施开放智能化管理操作办法》。杭州市主城区共有公办学校266所，自9月1日起，符合开放条件的251所学校（校园）体育场地全部向社会开放，开放率94%。至年末，全市559所符合开放条件的学校全部对外开放。

【完善“15分钟健身圈”】 市体育局为促进全民健身运动，打造市民“15分钟健身圈”，充分利用高新技术，对全市1.88万个标准体育场地进行电子地图标注，创新制作了全民健身纸质地图。搭建开通杭州市全民健身电子服务平台，提供体育健身在网上及手机电子平台的公益性服务功能。

·体育产业·

【运动休闲项目线路】 市体育局做好品牌引导产业发展，积极推动体育产业与旅游、休闲、会展产业相融合。大力培育体育健身服务业，推进体育与信息产业的融合，积极引入社会民间资本进入体育领域。举办2014年第七届杭州骑游大会、亚瑟士杭州山地马拉松赛等10余项休闲体育活动。积极培育运动休闲优秀基地、项目（线路），石林镇富溪水域（皮划艇探索旅行）—环千岛湖骑行绿道白小线（自行车骑游）—富溪源（漂流）—石林景区（露营）被列为2014年浙江省运动休闲旅游精品线路，皮划艇（湘湖旅游度假区）、帐篷露营（富阳新沙岛景区）被列为2014年浙江省运动休闲旅游优秀项目。

11月2日，1.5万人参与2014年国际（杭州）毅行大会　　（市体育局 供稿）

【体育产业从业人员培训】 2014年，按照市政府“多渠道培养既懂经营管理又懂体育营销的复合型体育产业人才”要求，市体育局大力培训体育产业从业人员，提高从业人员技能素质。举办田径、游泳、自行车等11个项目的裁判员培训班和射击教练员培训班，共确认国家二级裁判员458人，审批国家二级运动员301人；加大规模培训社会体育指导员，举办社会体育指导员、职业技能和健身业务培训10余次，共有3000余人取得社会体育指导员资格证书或职业技能证书；落实和规范体育经营场所社会体育指导员“先培训、后就业”的持证上岗制度，委托杭州市具有培训资质的机构开展体育产业从业人员培训，全年共培训初级体育场地工264名、初级救生员1082名，培训社会体育指导员中级30名、初级270名（游泳、高尔夫球、跆拳道），对提高杭州市社会体育职业指导员的综合素质和服务水平发挥了积极作用。

【体育职业技能竞赛】 5月1~3日，市体育局与市总工会、市人力资源和社会保障局共同主办，市体育休闲行业协会承办的2014年杭州市社会体育指导员职业技能竞赛在吴山广场举行。赛事首次移师户外，又正值五一假期，吸引了很多市民、游客观赏。赛事将鉴定考核融入技能竞赛中，竞赛分健身教练、瑜伽、健身健美3组，同时举行健美操和瑜伽团体表演赛，150余人参与，其中理论知识考试和操作技能考核成绩均合格的42位选手，由市人力资源和社会保障局核发4级（中级）职业资格证书，对各组总分第1名的4人核发3级（高级）职业资格证书。经过3天角逐，最终产生30个奖项，52名选手获得名次。

【体育彩票发行】 2014年，杭州市体育彩票发行工作探索新机制，推出新举措，加强对体育彩票公益性的宣传，加强对体育彩票玩法的推广，努力做好体育彩票销售。截至12月31日，完成体育彩票销售19.27亿元，比2013年增长1.15%，占全省总销量17.98%，超额完成年度销售任务，继续位居全省第1位、全国前列。（金晓强）

社会生活

Social Life

·社会救助·

【自然灾害救助】 2014年，杭州市自然灾害较少。全年发生4次洪涝、台风等影响的局部、小范围的自然灾害。据各级民政部门统计，全市累计受灾人口39.74万人，紧急转移安置人口10012人，因灾死亡1人，农作物受灾面积3467公顷，倒塌需恢复居民住房51户、86间。因灾造成直接经济损失5190万元。因受台风“凤凰”带来强降雨，造成局部地区洪涝。特别是9月份以后富阳等地雨量超过常年同期，造成农作物受损严重，富阳、临安、建德、淳安等地遭受一定经济损失。面对洪涝、台风等自然灾害，市减灾委及时发出预警响应、启动应急响应，做好抗灾协调和灾情会商工作。全市安排救灾资金217万元，支援各地恢复重建。

【防灾减灾综合能力提升】 市减灾委组织协调34个成员单位和社会组织开展“5·12”防灾减灾日和国际减灾日的宣传、演练活动，促进避灾安置场所规范化建设。印发《杭州市应急避灾疏散场所建设管理实施方案》，全年新建避灾场所479个，县（区）级和乡镇（街道）级避灾中心累计293个，覆盖率145%；村（社区）级避灾点累计1916个、覆盖率63%。全市基本建立起布局合理、安全实用、管理规范、功能完善的应急避灾疏散网络体系。开展社区灾害风险管理和综合减灾示范社区创建活动，38个社区（村）被国家和省减灾委评为“综合减灾示范社区”；加强灾害信息员队伍建设，组织3次区、县（市）信息员培训，确保各地灾情上报迅速、准确、全面。全市共组织23期灾害信息员培训班，完成1960名社区（村）级灾害信息员的培训，轮训率为65%。市、县、乡、村四级灾害信息工作网络初步建立，城乡基层综合减灾能力增强。

【第十四次“春风行动”】 春节前，全市开展第十四次“春风行动”。由市四套班子领导带队，市四套班子办公厅及市有关单位负责人参加，分13路走访慰问13个区、县（市）部分低保家庭、困难家庭、优抚对象、残疾人、下岗失业人员和农村敬老院。慰问标准：主城区市级救助对象1人户2700元，2人户3600元，3人户4200元，4人及4人以上户4800元。主城区的区级救助对象（人均收入在低保标准120%~150%的困难家庭）按市级救助圈标准的一半发放。市四套班子领导在“春风行动”中，走访慰问困难群众70户、敬老院13家，赠送慰问金84.36万元。

【低保救助标准提高】 按低保标准动态调整要求科学调整低保标准，上城、下城、江干、拱墅、西湖、滨江、萧山、余杭区城乡低保标准实现一体化，人均月标准660元。桐庐、淳安县和建德、富阳、临安市城镇人均月标准为540元~585元，农村人均月标准390元~440元。年末，全市城镇享受最低生活保障人数0.99万人，累计支付低保金5356.2万元；农村享

2014 年杭州市城乡居民最低生活保障标准

表 65

地　区	城镇月保障标准（元 / 人）	农村月保障标准（元 / 人）	执行时间
上城区	660	660	2014 年 12 月 1 日起
下城区	660	660	2014 年 12 月 1 日起
江干区	660	660	2014 年 12 月 1 日起
拱墅区	660	660	2014 年 12 月 1 日起
西湖区	660	660	2014 年 12 月 1 日起
滨江区	660	660	2014 年 12 月 1 日起
杭州经济技术开发区	660	660	2014 年 12 月 1 日起
杭州西湖风景名胜区	660	660	2014 年 12 月 1 日起
萧山区	660	660	2014 年 12 月 1 日起
余杭区	660	660	2014 年 12 月 1 日起
桐庐县	540	415	2015 年 1 月 1 日起
淳安县	540	405	2014 年 10 月 1 日起
建德市	540	405	2015 年 1 月 1 日起
富阳市	561	424	2014 年 1 月 1 日起
临安市	585	440	2015 年 1 月 1 日起

受最低生活保障人员5.25万人，累计支付低保金1.88亿元。城镇低保标准年增长幅度10%左右，农村达到城镇70%以上。

【城市居民家庭经济状况核对和收入认定】 2014年，市民政局联合劳动、房管、市场监督管理、国税、地税、公安、公积金、残疾人联合会等部门，对主城区申请社会救助的对象，通过低收入信息协查平台进行家庭经济状况核对和收入财产认定工作。该平台整合了网络审批信息系统的信息数据，不符合救助条件的申请家庭大幅下降。至年末，杭州主城区出具低收入家庭认定材料4355份，其中用于申请保障性住房2346户、申请有关社会救助2009户，促进社会救助公正公平。

【残疾人基本生活保障工程】 杭州市继续实施《杭州市残疾人基本生活保障工程实施办法》，家庭人均收入在城镇或农村低保标准100%~200%的持证重度残疾人被列入保障对象，享受重度残疾人保障金，并享有与低保家庭同等的社会救助政策待遇。残疾人单独施保人员共计3.47万人，2014年全市累计发放残保金和残疾人补贴2.07亿元。

【城乡居民临时救助】 2014年，杭州市按照当地常住人口人均不低于3元的标准筹集资金。遭受突发性急难险情和各类意外事故等造成临时性生活困难的家庭可以得到救助，其中患大病住院实施医疗救助后仍承担较大医疗费用，造成生活特别困难的家庭列入临时救助范围。至年末，全市救助困难对象2.5万人次，支出救助金3086.07万元。

【困难群众物价补贴】 2014年，杭州市连续四次向低保、困难家庭和残疾人基本生活保障对象发放物价补贴累计6312.9万元。其中：主城区向11万人次困难群众发放物价补贴5454万元，城镇低保、市级困难家庭成员及残保对象每人889元，区级城镇困难家庭成员每人664元。

【市区征地“农转非”劳动年龄段以上人员生活补贴】 市区征地“农转非”劳动年龄段以上人员生活补贴标准为每人每月220元。市区城乡居民参加社会养老保险并享受养老金待遇后，因集体土地被征用或撤村建居成为“农转非”人员享受生活补贴。至年末，全市向1690名补贴对象发放补贴480万元。

【困难家庭配套援助】 2014年，市区困难家庭获得各类生活补贴和减免费用2.75亿元，其中获得医疗救助等各类生活补贴2.3亿元，减免农村义务教育段学校就读的子女资助农村爱心营养餐、承租公房新增租金、有线电视初装费、免收诉讼费、公交车费等费用0.45亿元，针对市区困难家庭的优惠政策有33项，涵盖了日常生活、文化、教育、医疗、住房、法律和参保援助等七大方面。

（胡建新）

·优抚 双拥 安置·

【优抚政策落实】 至2014年末，全市有优抚对象18.6万人，其中享受定期抚恤补助的重点优抚对象1.43万人。根据省民政厅、省财政厅要求，从2014年10月1日起，全市提高了在国家机关、社会团体、企事业单位工作和享受离休、退休待遇的残疾军人，以及伤残人民警察、伤残国家机关工作人员、伤残民兵民工的残疾抚恤金标准；提高享受定期生活补助金的参战参试军队退役人员补助标准，城镇每人每月为560元，农村每人每月为460元。全市调整重点优抚对象抚恤补助标准，同时对未享受定期抚恤金的烈士、因公牺牲军人、病故军人的父母（抚养人）、配偶，年收入低于抚恤补助标准的，其差额予以补足。国家机关、社会团体、企业事业单位的在职和离退休残疾军人，其年收入与年残疾抚恤金之和低于同等级无工作单位残疾军人残疾抚恤金标准的，其差额予以补足。

全市享受定期抚恤的“三属”576人，其中：烈士遗属269人，发放定期抚恤金619万元；因公牺牲军人遗属103人，发放定期抚恤金259万元；病故军人遗属200人，发放定期抚恤金487万元。享受残疾抚恤金的伤残人员4456人，发放抚恤金、护理费7083万元。享受定期生活补助的在乡复员军人2653人，发放生活补助金7450万元。享受定期生活补助的参战参试军队退役人员3336人，发放生活补助金1874万元。享受定期生活补助的带病回乡退伍军人2636人，发放定期补助金3201万元。市区（不含萧山区、余杭区）发放病故军人一次性抚恤金1338.4万元。（庄　健）

【爱心献功臣活动】 2014年，全市有304个机关、企事业单位与686名优抚对象结对，为优抚对象解决生活、医疗、住房等方面的实际困难。其中，解决医疗费203万元，赠送慰问金198万元，赠送食品、衣被、家电等生活用品2741余件，价值53万元。

（庄　健）

【强化双拥组织领导】 4月21~25日，全市开展新一轮省级双拥模范城（区、县）的考核检查。7月，杭州市本级以及本轮申报创建的上城区、下城区、江干区、拱墅区、西湖区、滨江区、建德市、富阳市、临安市被省委、省政府、省军区命名为“浙江省双拥模范城（县、区）”，

2014 年度杭州市区义务兵家庭优待金标准

表 66

优抚对象		标准（元／年）
义务兵家庭		22 190
在西藏服役的义务兵家庭		55 475
义务兵立功增发优待金	获中央军事委员会授予荣誉称号	44 380
	获军队大军区或军兵种授予荣誉称号	22 190
	立一等功	17 752
	立二等功	11 095
	立三等功	4 438
	获优秀士兵称号	1 109.5

残疾军人、伤残人民警察、伤残国家机关工作人员、伤残民兵民工残疾抚恤金标准

表 67　　（从 2014 年 10 月 1 日起执行）

残疾等级	残疾性质	抚恤金标准（元 / 年）
一级	因　战	52 360
	因　公	50 700
	因　病	49 040
二级	因　战	47 380
	因　公	44 890
	因　病	43 210
三级	因　战	41 570
	因　公	39 070
	因　病	36 590
四级	因　战	34 070
	因　公	30 760
	因　病	28 260
五级	因　战	26 620
	因　公	23 270
	因　病	21 610
六级	因　战	20 800
	因　公	19 680
	因　病	16 630
七级	因　战	15 800
	因　公	14 140
八级	因　战	9 970
	因　公	9 130
九级	因　战	8 290
	因　公	6 650
十级	因　战	5 820
	因　公	4 980

2014 年杭州市区部分优抚对象抚恤（补助）标准

表 68　　单位：元

属　别		月抚恤（补助）标准	年抚恤（补助）标准
烈士遗属		3 550	42 600
因公牺牲军人遗属		3 254	39 048
病故军人遗属		2 958	35 496
在乡复员军人	参加抗日战争	2 219	26 628
	参加解放战争	2 071	24 852
	中华人民共和国成立后	1 923	23 076
带病回乡退伍军人		1 775	21 300

并受到表彰。7月22日，市双拥办组织召开驻杭部队秘群处（科）长、政治处主任会议，总结交流双拥工作开展情况，听取部队代表对双拥工作的意见和建议。

【走访慰问部队官兵】　春节、“八一”建军节期间，市四套班子领导慰问驻杭部队和海军杭州舰官兵并赠送慰问金。1月13日，省委常委、市委书记龚正，代市长张鸿铭率团慰问73011部队。同日，市委副书记王金财、副市长戚哮虎慰问海军杭州舰。1月17~29日，张鸿铭、王金财、杨戌标、翁卫军等市领导分四路走访慰问驻杭部队官兵。7月22日，市委副书记杨戌标、副市长戚哮虎、市政协副主席叶鉴铭慰问73011部队官兵。7月25日，副市长戚哮虎率团慰问73021部队海训官兵。7月30日，龚正、张鸿铭、王金财、叶明等四套班子领导走访慰问省军区、省武警总队。市双拥办走访慰问了驻杭部队医院（疗养院）伤病员（休养员）。10月29~31日，市双拥办慰问94936部队外训分队。

【支持部队建设】　杭州市委、市政府高度重视解决驻杭部队的困难，拨专款70万元帮助有关驻杭部队解决战备训练和生活方面的实际困难。武警杭州士官学校、73025部队、南京军区杭州疗养院、117医院、73021部队的5个科技拥军项目获得50万元资金补助。9月28日，由市民政局、市人力资源和社会保障局主办，市双拥办、市就业服务管理局承办的2014年驻杭部队随军家属暨退役士兵就业专场招聘会在杭州科技职业技术学院举行，70家用人单位推出就业岗位近1500个。全年对驻杭部队随军未就业家属发放生活补助和社会保险补助共计500余万元。

（冯晓飞）

【退役士兵安置】　2014年，杭州市努力构建以扶持就业为主，自主就业与安排工作相结合的安置保障体系。市本级事业单位招聘录用重点安置对象仍然实行考试、考核的办法，通过笔试、面试以及在部队档案中立功奖励等内容加分，择优录用。市安置办与市编委办协商后安排市级事业单位编制数18个，约占应安排工作人数的22%。重点安置对象除应聘市级事业单位18人，自愿选择自主就业21人，其余已安排到大专院校、国有企事业单位以及社区岗位。各区、县（市）通过考试（核）形式，有30%的退役士兵安排到事业编制和由财政经费保障的公益性岗位，50%以上的安置到国有企业、大专院校。杭州市还规定社区（村）等基层组织在招聘人员时，推出不低于20%的比例招聘经职业技能教育培训合格的退役士兵和退役大学生士兵。市本级退役士兵自主就业经济补助金标准提高至20050元，2年退役士兵自主就业经济补助金标准为31100元，12年退役士兵为192480元，实现城乡退役士兵一体化安置。

全市推荐职业技能教育培训承训学校（机构）27家，提供教育培训项目65个。自愿报名参加职业技能教育培训人数776人，培训合格率

2014 年杭州市区无工作单位残疾军人残疾抚恤金标准

表 69

伤残等级	伤残性质	月抚恤金标准（元）	年抚恤金标准（元）
一级	因战	5 964	71 568
	因公	5 693	68 316
	因病	5 421	65 052
二级	因战	5 421	65 052
	因公	5 150	61 800
	因病	4 879	58 548
三级	因战	4 879	58 548
	因公	4 608	55 296
	因病	4 337	52 044
四级	因战	4 337	52 044
	因公	4 066	48 792
	因病	3 795	45 540
五级	因战	3 795	45 540
	因公	3 524	42 288
	因病	3 253	39 036
六级	因战	3 253	39 036
	因公	2 982	35 784
	因病	2 711	32 532
七级	因战	2 711	32 532
	因公	2 440	29 280
八级	因战	2 440	29 280
	因公	2 169	26 028
九级	因战	2 169	26 028
	因公	1 898	22 776
十级	因战	1 898	22 776
	因公	1 627	19 524

2014 年杭州市区伤残人员护理费标准

表 70

伤残等级	伤残性质	月护理费标准（元）	年护理费标准（元）
一级	因战	2 711	32 532
	因公	2 711	32 532
	因病	1 627	19 524
二级	因战	2 711	32 532
	因公	2 711	32 532
	因病	1 627	19 524
三级	因战	2 169	26 028
	因公	2 169	26 028
	因病	1 627	19 524
四级	因战	2 169	26 028
	因公	2 169	26 028
	因病	1 627	19 524

100%。参加培训的退役士兵培训、住宿、职业技能鉴定以及生活补贴等费用均由政府全额负担，财政支出教育培训经费764万元。3月25~26日，全国退役士兵安置工作督察组对杭州市退役士兵安置工作情况和职业技能教育培训工作进行检查并给予充分肯定。10月30日，杭州科技职业技术学院代表浙江省在全国退役士兵职业技能教育培训工作经验交流会上做了典型发言。

（刘吉坤）

【军队离休退休干部安置】 2014年，杭州市接收安置军队退休干部（士官）165名，其中市本级163名，余杭区2名。第六批无军籍离退休职工接收安置工作完成，共计接收104人，其中军队无军籍离休职员干部12名、退休职工92名。市本级共组织1324名军休干部参加疗休养和门诊体检，返还军休干部医疗节余费41.66万元。在春节、“八一”建军节等节日看望慰问患病干部、劳模和伤残军休干部818人，走访慰问军休干部遗属233人，向1697名军休干部发放节日慰问费397.68万元，为军休干部定期增资1219万元。投入经费100多万元，对军休干部住房和居住环境进行美化整治。全市军休干部参加钓鱼、棋牌、门球、书画、摄影、合唱团等各项文体活动740余次，参与者1.88万人次。（韩　冰）

·城乡基层组织·

【城乡基层组织概况】 至2014年末，全市共有社区1030个。其中，上城区54个，下城区74个，江干区139个，杭州经济技术开发区34个，拱墅区99个，西湖区150个，西湖风景名胜区6个，高新区（滨江）53个，萧山区171个，余杭区156个，富阳区26个，桐庐县18个，淳安县12个，建德市27个，临安市11个。

社区工作者11420人，平均年龄37.63岁。其中，中共党员7336人，占64.2%；女性6212人，占54.4%；大专以上文化程度的9358人，占81.9%，其中研究生以上学历95人，占0.8%；取得社会工作师资格的1319人，占11.6%，取得助理社会工作师资格的2229人，占19.5%。社区工作者人均年收入（含社会保险、住房公积金等）9.11万元。

全市有村委会2044个。其中江干区4个、西湖区36个、西湖风景名胜区9个、萧山区411个、余杭区188个、富阳区276个、桐庐县183个、淳安县425个、建德市229个、临安市287个。

【杭州成为全国和谐社区示范城市】 8月13~15日，民政部“创建全国和谐社区建设示范单位”专家评估组到杭州，依次对下城区的打铁

关社区、江干区的洁莲社区和南肖埠社区、上城区的柳翠井巷社区、西湖区的翠苑一区社区、拱墅区的夹城巷社区等六个社区进行实地评估。副市长戚哮虎代表市政府汇报了杭州市和谐社区示范单位创建情况。评估组认为杭州市和谐社区创建的最大亮点和示范经验是整体性创新社区服务体系，包括社区服务主体专业化、社区服务机制社会化、社区服务运行管理项目化、社区服务手段信息化、社区服务区域类型均衡化、社区服务创新多元化等，希望杭州市更加重视社区治理的制度环境、社区居民委员会能力不足以及信息平台、数据库的整合等问题。

11月初，民政部发出关于确定全国和谐社区建设示范单位的通知，确定杭州市为全国和谐社区建设示范城市，拱墅区、上城区、下城区、江干区、西湖区、滨江区6个区为全国和谐社区建设示范城区，拱墅区米市巷街道等7个街道为全国和谐社区建设示范街道，拱墅区和睦街道华丰社区等11个社区为全国和谐社区建设示范社区。

【社区（村）工作减负】 2月下旬至8月中旬，市和谐社区建设领导小组办公室通过实地走访、座谈交流、听取汇报等方式开展社区（村）减负工作专题调研。8月20日，市委办印发了《关于深入整治社区（村）“牌子多”等问题的通知》。8月26日，全市和谐社区建设推进大会暨社区减负工作会议召开，省委常委、市委书记龚正做重要讲话，市委副书记、市长张鸿铭做工作报告。市委副书记杨戌标主持会议，许勤华、张仲灿、施彩华、叶寒冰、徐祖萼、戚哮虎、何关新等市四套班子领导出席。会上，市领导为五星级社区公共服务站代表授牌，下城区、江干区、古荡街道、劳动路社区、华丰社区负责人做了交流发言。龚正要求切实减轻社区工作负担，破除社区发展中的难点问题。12月，市委、市政府印发了《关于进一步明确社区（村）组织机构挂牌有关事项的补充通知》和《杭州市规范工作事项进社区（村）准入制度实施办法（试行）》，进一步明确社区（村）组织机构挂牌事宜。社区允许悬挂的组织机构牌子为3个，行政村允许悬挂的组织机构牌子为4个，其他对外挂牌一律取消。市直部门工作任务准入进社区（村）的工作事项从57项减少到29项。市直部门考核评比从62项减少到1项、盖章证明从49项减少到22项。除基础台账和日常工作相关的原始记录外，其他纸质台账一律取消。

【“西湖—日月潭”两湖论坛系列活动】 6月25日，由杭州市政府和台湾南投县政府共同主办的第六届“西湖—日月潭”两湖论坛在杭州举行。杭州和南投两地的社区工作者代表、相关领域的专家学者40余人就政府管理和基层社区民主的议题开展讨论与交流。杭州和南投双方签订社区间相互友好的发展协议，承诺在社区发展领域加强合作与交流，形成“交流互访、工作互动、合作互助、工作互帮”的友好关系，共建两岸和谐社区。6月26日，台湾南投县政府社会处处长林荣森和南投县社区工作者代表先后考察了下城区文晖街道京都苑社区、中国社区建设展示中心和上城区上羊市街社区。

【第五届社区工作者节】 10月22日，杭州市首届公益创投洽谈展演暨第五届社区工作者节活动在城北体育公园开幕。市长张鸿铭出席并为获奖代表颁奖。民政部基层政权与社区建设司司长蒋昆生、国家民间组织管理局副局长刘忠祥、浙江省民政厅厅长尚清，市领导戚哮虎、汪小玫以及国家和省、市有关部门负责人出席活动。

公益创投前期收到创意项目205个，经过项目洽谈、优化和评审等环节，最终108个项目获得资助，受资助的项目涵盖为老服务、助残服务、青少年服务和生态环保等十大类。第五届杭州市社区工作者节通过举办展览、评选等系列活动，增进政府、社会与社区工作者之间的沟通和理解，营造全社会关心、关爱社工的良好氛围。开幕式当天，近60家社会组织设置便民服务、义卖、医疗保健等90个摊位，为市民提供免费服务。杭州市社会工作者协会同日正式成立，10名最美社工受表彰。“杭州社会组织”标识同步揭晓，杭州市生态文化协会等10家单位获“示范性品牌社会组织”称号。

【社区服务业发展】 12月17日，市民政局印发《加快推动“三社联动”、创新社会治理通知》，推动社区、社会组织、社区工作者的联动，促进社区服务水平的提升。

11月28日，市财政局、市民政局联合下拨2014年度社区服务业发展专项扶持资金，并首次以公益创投的方式使用社区服务业发展专项资金，提高专项资金的使用效益。此次下拨资金共1000万元，其中各区社区服务业项目356个扶持资金580万元、公益创投项目50个扶持资金420万元。

12月10日，召开全市社区服务业统计年报工作培训会议，提高相关工作人员对社区服务业统计年报的认识，帮助他们提高业务水平。

【社区工作者队伍建设】 12月9日，杭州市首届社区工作者个案评审会召开，省民政厅相关部门业务负责人、高校学者、行业专家担任评审。评审会前期共收集到2240个社区工作者案例，21个优秀案例经审核通过并接受现场评审。参评个案内容反映杭州社会建设和社区发展的阶段特征，契合社区转型发展新特点、居民自治新需求，包含帮扶救助、残障康复、居家养老、劳动保障、矛盾调处、青少年服务、社区矫正、社区自治、卫生服务、文体教育、优抚安置等12个类别。会上，参赛选手通过现场演讲、PPT展示等方式陈述。经过评审打分，共评出一等奖1名，二等奖2名，三等奖3名。评审专家充分肯定杭州市在社区建设工作中重视个案理论研究的做法，对参评案例给予了高度评价。

年内，杭州市选送两批共40名优秀社工赴中国台湾、美国进行社会工作专业化培训。

【杭州市第十一届邻居节】 10月25日，杭州市第十一届邻居节活动在西湖区莲花广场启动。邻居节由市文明办、市民政局、市妇联等联合主办，以“好邻居·好家园·好生活”为主题，突出构建新型邻里关系的基本要求，传递向善向美的正能量，弘扬邻里和睦、守望相助的社会风尚。

邻居节启动仪式上，开展“寻找老邻居，夸夸好邻居”和“大家游、大家唱、大家串”等邻里交流活动，举行未成年人和老人、中国人和外国人、楼宇社区里的企业“邻居”、社区居民和村民等邻里结对仪式，表彰杭州市“好邻居”、“和谐家庭”和杭州市首届“最美杭州人·节约之星”等先进典型，宣读《邻居公约》。市民在互动交流中增进邻里情谊。

【第十届村民委员会换届选举工作完成】 2月底，全市2047个村完成了第十届村民委员会换届选举工作。此次换届全部采用自荐直选的方式，其中一次性完成选举的村有1193个，占应换届村数的58.3%。村书记、主任“一肩挑”的村由上届的35个增加到118个，占5.8%。大学生“村官”当选村民委员会成员的有159人，占村民委员会成员总数的2.5%。为保证选举公平、公开、公正，全市查处贿选人员26人、破坏选举人员22人、其他违法违纪人员12人。

按照分级负责的原则，各区、县（市）对当选的6348名村民委员会成员和近1万名村民代表进行培训，提高他们为村民服务和协助政府履行社会管理与公共服务职能的能力。

【农村社区管理项目获财政资助】 11月28日，市民政局、市财政局印发《关于下达2014年市级福利彩票公益金资助农村社区管理项目补助经费的通知》，市福彩公益金投入500万元，资助全市农村社区管理项目124项，其中农村社区慈善爱心超市建设项目13个、农村社区志愿者服务“时间银行”项目4个、农村志愿者服务队项目5个、农村社区老年食堂建设项目8个、农村社区信息平台提升项目1个、农村社区品牌创新项目42个、农村一门式服务大厅提升改造项目51个。

市民政局组织力量对项目资金下拨和绩效情况进行督查，确保专款专用，发挥福利彩票公益金的社会效益，推进了区、县（市）农村社区服务的发展。（龚　苏）

·社会福利事业·

【养老机构建设】 2014年，全市新增养老机构床位7487张。至年末，全市共有各类养老机构299家，其中国办养老机构26家，民办养老机构132家，乡镇（街道）敬老院141家。养老机构总床位5.61万张，其中护理型床位2.51万张，占总床位数的44.8%，按户籍人口统计，每百名老年人拥有床位数3.96张，位居全省第一。市第三社会福利院于重阳节正式投入运营。

【居家养老服务】 2014年，全市新增集就餐服务、生活照料、休闲娱乐、保健康复等功能于一体的社区居家养老服务照料中心610家。至年末，全市建成社区居家养老服务照料中心1559家，其中城市社区居家养老服务照料中心592家，农村社区居家养老服务照料中心967家，共有日托床位14108张。居家养老服务照料中心功能覆盖50%的城市社区、1/3的农村社区，初步形成城市社区15分钟、农村社区20分钟养老服务步行圈。全市享受政府购买居家养老服务人数7.01万人（约占户籍老年人口数的4.9%）。全年市区两级财政投入居家养老服务补贴资金1.42亿元。

【“智慧养老”体系建设】 市、区两级积极推进“智慧养老”服务项目建设。至2014年末，全市累计为12.7万名空巢、独居、高龄及失能、半失能、失智老年人安装“呼叫器”或派发“关爱手机”（呼叫终端），并通过运营商服务平台，对接社会服务实体，为老年人提供安防急救、主动关怀、亲情通话和生活服务“四位一体”的智能养老服务，主城区形成终端覆盖。

【杭州成为全国首批养老服务业综合改革试点】 2014年，杭州市养老服务业改革加快推进。市政府办公厅于1月28日印发《关于鼓励社会力量兴办养老服务机构的实施意见（试行）》，6月20日，印发《关于印发深化农村居家养老服务实施办法的通知》。11月21日，市政府印发《关于加快养老服务业改革与发展的意见》（杭政函〔2014〕174号）。市第三社会福利院被民政部确定为公办养老机构改革试点单位，开展市场化定价机制、评估准入、公开轮候三项改革。8月，市民政局和市质监局联合制定《养老机构等级评定与划分》地方标准，明确将社会办养老机构的运营补贴与机构等级挂钩。7月30日，杭州市被国家发改委、民政部确立为全国首批养老服务业综合改革试点地区。

【养老服务队伍建设】 至2014年末，全市共建成养老服务指导中心16家，乡镇（街道）养老服务中心186家。养老服务从业人员1.47万人，其中护理人员7681人，获得职业资格证书6241人；拥有银龄互助志愿者4.49万人，开展为老志愿服务5.29万次。全年培训养老服务人员3.85万人次，其中家庭照护培训3.40万人次，机构护理人员960人，居家护理人员3492人，初级养老护理员321人。

10月22~24日，杭州市第五届护理员技能竞赛举行，首次培养3名技师级养老护理专业人才，另有69名护理人员取得高级养老护理员资格。总分第一名的选手获市级“五一劳动奖章”，享受市级劳模待遇。

（吕辛怡）

【福利生产】 2月，市政府办公厅印发《关于贯彻〈浙江省福利企业管理办法〉的通知》，进一步明确了福利企业资格认定和监督检查的具体措施，为规范福利企业管理服务工作提供了政策依据。年内，按照简政放权的要求，市级管理部门下放了福利企业审批权以及两项行政处罚权，理顺市、县两级管理部门的职权，简化办事流程。评选和表彰“杭州市十佳福利企业”“杭州市爱心福利企业”，开展福利企业招用非全日制残疾人职工的试点工作。

至2014年末，全市共有福利企业382个，职工3.98万人，其中残疾人职工1.47万人，占职工总数的36.8%。福利企业实现总利润8.8亿元，比上年（指2013年，下同）增长131.6%。全市残疾人职工月人均工资2348元，增长5%。五项基本社会保险月人均参保额792元，参保面保持100%。（孔　薇）

【福利彩票发行】 2014年，全市共发行福利彩票23.71亿元，销量比上年增长9.5%，其中电脑票15.25亿，“中福在线”6.93亿元，“刮刮乐”1.53亿元。超额完成省民政厅和省福彩中心下达的22.95亿元的全年福彩销售任务，为国家筹集公益金6.54亿元，发行总量和人均销量继续保持全省领先。市民政局被省民政厅评为2014年度全省福利彩票发行工作“组织管理特等奖”，杭州市福利彩票发行中心被评为“销售总量特等奖”。（章本彪）

【慈善活动】 2014年，杭州市各级慈善总会共募集善款2.86亿元，使用善款3.02亿元，救助困难群众23.11万人次。杭州市慈善总会加强对全市首批6家农村“造血型”扶贫基地的监督指导和资金扶持。农村“造血型”扶贫基地项目扶持周期为两年，总投入扶持资金220万元，帮扶农户286户，对全市慈善扶贫起到示范和辐射效应；余杭区慈善总会对为老助幼服务等33个公益项目进行资助，资助金额达109万元，受益人数3万多人次；下城区慈善总会实施“1+X”亮居工程，全年投入资金101.91万元，160多户困难家庭提供基础装修和基本家具；拱墅区慈善总会实行“助医绿色通道”救助工作机制，为患急、重疾病而又无力支付住院押金的低保家庭成员垫付住院押金。

杭州市慈善总会根据根据杭州市对口帮扶贵州省黔东南州实施方案，配合黔东南州做好“慈德圆梦”助学工程、“阳光驿站——留守儿童之家”助学项目，共为“慈德圆梦”助学工程募集善款18万元，帮助36名贫困学子圆梦大学；为“阳光驿站——留守儿童之家”助学项目募集善款2万美元，帮助从江县6所贫困山区寄宿制学校建设留守儿童之家。杭州市慈善总会还向黔东南州慈善总会捐赠价值25.5万元的学习、文体用品，用于改善黔东南州留守儿童、贫困学生的学习条件。

杭州再次入选中国慈善城市百强，在第三届“中国城市公益慈善指数”调查活动中获得六星级，在中华慈善总会组织的第二届中华慈善突出贡献奖评选活动中获突出贡献（个人）奖、突出贡献（组织）奖以及突出贡献（项目）奖三类奖项；在省慈善总会主办的第二届浙江慈善工作先进集体和个人的评选表彰活动中，杭州各区、县（市）共有4家机构、2个项目、18位个人分别获得优秀机构奖、项目创新奖以及突出贡献奖、优秀慈善工作者奖、优秀义工（志愿者）奖等荣誉。（陈　翔）

·民政事务管理·

【《杭州市地名管理规范》出台】 为加强全市地名管理、增强地名法规可操作性，8月，杭州市出台第一部《杭州市地名管理规范》地方标准，这也是浙江省第一部地方性标准。《杭州市地名管理规范》由杭州市民政局、杭州市标准化学会起草，由浙江省质量技术监督局正式发布实施。该规范对交通设施、居住区、建筑物、构筑物、地下空间等地名命名、更名的原则和规范进行了更全面、系统地阐释，严格规范各类地名的专名和通名使用办法，有利于对地名命名管理活动进行具体指导。

【地名设标工作】 至2014年末，全市共设楼门牌210万余块。年内，市区共命名道路101条，桥梁67个，隧道6条，建筑物112个，住宅区153个，地名更名7个（含萧山、余杭）。市委、市政府年度城市建设重点工程中地名标志更新设置的相关工作全面完成。市地名办配合2014年背街小巷和庭院改善工程，协调各有关单位，分门别类，做好无标准名称道路的命名、门牌更新数量的测算、制作和安装工作。在全市完成乡镇地名标志设置工作的基础上，建立健全农村地名标志的长效管理机制。

【杭州市启动全国第二次地名普查工作】 地名作为一种重要的文化形态和载体，是民族文化、地域文化、乡土文化的历史见证与记忆，是重要的地理信息和社会公共信息。2014年年初，国务院下发通知，决定从2014年7月1日至2018年6月30日开展第二次全国地名普查。12月30日，以“开展地名普查，弘扬地名文化”为主题的浙江省、杭州市暨萧山区第二次全国地名普查宣传活动在萧山区举行。杭州市在完成2012年杭州市第二次地名普查试点任务的基础上，根据国家和省统一部署，全面启动全国第二次地名普查。（朱文军）

【收养登记】 杭州市从2014年1月1日起，严禁任何机构和个人私自收留弃婴。全市当年办理收养登记717件，被收养人717人，比上年增长90.2%。其中：上城区4件，下城区4件，江干区8件，拱墅区11件，西湖区24件，滨江区15件，萧山区215件，余杭区80件，桐庐县78件，淳安县49件，建德市49件，富阳市121件，临安市59件。办理解除收养关系8件，其中萧山区2件，下城区、江干区、西湖区、滨江区、富阳市、临安市各1件。（高光荣）

【婚姻登记】 2014年，全市办理内地居民结婚登记7.26万件，比上年上升1.0%，其中复婚4428件，补办结婚登记1520件。办理内地居民离婚登记1.95万件，比上年上升5.8%。办理涉及外国人、华侨、出国人员及港澳台居民结婚登记250件，下降10.7%，其中涉及外国人174件，涉及华侨、出国人员10件，涉及香港居民17件，涉及澳门居民3件，涉及台湾居民46件。办理涉及外国人、华侨、出国人员及港澳台居民离婚登记45件，其中涉及外国人27件。全市补发婚姻登记证2.99万本，下降2.3%。出具（无）婚姻登记记录证明12.52万份，上升2.4%，其中出具婚姻登记记录证明519份。1950~2014年约197万条婚姻登记数据导入浙江省婚姻登记系统。

【婚姻家庭辅导服务】 2014年，全市婚姻登记机关继续开展婚姻家庭辅导工作，接受婚姻家庭辅导服务的当事人7016人次，其中接受婚前辅导服务的260人次，接受婚姻家庭问题咨询服务的851人次，接受离婚劝导和调解服务的5641人次，接受法律咨询服务的264人次。制定《婚姻家庭辅导服务工作标准》，汇编《通往幸福之路——杭州市婚姻家庭辅导工作集锦》。（吴　强）

【殡葬管理】 2014年，全市火化遗

移民创业致富农业产业基地——淳安县鸠坑乡原种有机茶基地

（市民政局 供稿）

体4.28万具，火化率100%，其中杭州殡仪馆火化遗体1.14万具。全市21家经营性公墓（陵园）新建墓穴1.14万穴。全市建设“1250”工程生态墓地示范点新增20个（其中新建生态墓地13个，改、扩建生态墓地7个），生态墓地总数达3314个，覆盖99%的行政村。

13个区、县（市）全部实施基本殡葬费用减免政策。全市有3.96万名死者家属享受惠民政策，减免金额2473万元，与惠民政策实施前相比平均每户节省开支625元，享受惠民政策的比例为92%。第21次骨灰撒江活动中，73位先人的骨灰撒入钱塘江，累计已有1391人的骨灰撒入钱塘江。（许东良）

【社会组织管理体制改革】 12月15日，市政府办公厅印发了《市政府办公厅关于政府向社会力量购买服务的指导意见》。12月24日，市委印发了《市委市政府关于进一步激发社会组织活力推进我市社会治理创新的若干意见》（市委〔2014〕16号）。文件围绕创新社会组织社会服务、创新社会组织规范运行体系、创新社会组织扶持培育、创新社会组织监督管理、加强组织领导等方面做出系统安排和全面部署。探索推行社会组织行政许可事项审批专员制度，经过法定授权的审批专员独立行使社会组织行政许可事项审批，进一步提高了登记管理效能。至2014年末，全市社会组织达到17837家，其中登记的5681家（社会团体2715家，民办非企业单位2957家，基金会9家），备案类社会组织12156家。2014年新登记社会组织559家。

【社会组织参与公共服务】 2014年，杭州市举办了首届公益创投活动，公开向社会征集公益服务项目。经过项目洽谈、项目提交、项目优化、项目评审等多个环节，108个项目获得966.63万元资助，包括为老服务、助残服务、青少年服务、生态环保、科技普及、生活健康、文体教育、社区事务、社会组织培育及其他等十大类。10月22日，杭州市举行首届公益创投洽谈展演暨第五届社区工作者节活动，市长张鸿铭为金奖、银奖及优秀奖获得者颁奖。全市社会组织获得2014年中央财政资助项目1个计20万元，获得省福彩金资助项目13个计180万元。

【社会组织品牌认定】 7月2日，市民政局、市发展研究中心发出通知，启动社会组织品牌认定工作。在对800余家社会组织进行前期抽样调查的基础上，制定社会组织品牌评价标准，包括品牌治理支撑力、品牌价值引领力、品牌服务创新力、品牌评价影响力、品牌发展持续力5个方面。经第三方机构认定、专家委员会评审和公示，杭州市生态文化协会等10家社会组织被认定为杭州市示范性品牌社会组织，杭州市阳光工艺大舞台创业园等10家社会组织被认定为杭州市成长型品牌社会组织，成为杭州社会组织品牌发展的典范。“杭州社会组织”形象标识于年内发布。

【社会组织规范化】 8月25日，市民政局发出建立杭州市促进社会组织发展督导团的通知。首批督导员有来自社会组织相关领域的专家、学者、热心人士等18人，督导团以“志愿性、公益性和专业性”为原则，按照“自治、自律、自愿、无偿”的方式开展各种巡查、监督、指导服务工作，进一步健全了全市社会组织的社会监督体系。2月28日，市民政局联合杭州市标准化学会起草并发布了《社会团体民主自治工作规范》。《社会组织评估工作规范》修订完善了九大类评估指标体系。至2014年末，全市共评估社会组织3886家（其中AAAAA级96家、AAAA级325家、AAA级463家）。2014年，市本级年检社会组织859家，年检合格775家，合格率90.2%。连续两年未参加年检或年检不合格的5家社会组织被撤销登记，1家未经登记擅自开展活动的非法社会组织被取缔。

【社会组织党建体制创新】 杭州市将党建工作融入社会组织登记、年检等管理环节中，督促社会组织建立党建工作台账，实时动态维护，推动社会组织党组织的动态覆盖和作用发挥，促进党建工作由集中抓向常态化转变。8月，杭州市社会组织综合党委正式成立。综合党委隶属于市民政局党委直接领导，并接受市两新工委业务指导。综合党委负责管理行业协会商会类、科技类、公益慈善类和城乡社区服务类四类直接登记的社会组织和其他既不适合属地管理、又不适合行业主管部门归口管理的社会组织组建的党组织。至年末，杭州市社会组织综合党委建立支部6个，党员35名。

（张绍茂）

【水库移民基本情况】 杭州市是全省水库移民第一大市，有大中型水库移民后期扶持人口34.62万人，分布在153个乡镇（街道），1887个行政村（社区）；小型水库移民2万余人，涉及100个乡镇，486个村。根据

《大江东产业集聚区体制调整实施方案》《关于推进大江东产业集聚区与主城区民政事务一体化建设的实施方案》等有关文件精神，萧山区河庄、义蓬、新湾、临江、前进5个街道划归杭州市大江东产业集聚区托管，大江东5个街道300名大中型水库移民后期扶持人口管理工作交由大江东产业集聚区社会发展局管理。农村移民人均纯收入14004元，比上年增长12%。以县域为单位，移民人均收入水平达到当地农村居民人均收入的84%以上。全市各级移民专项资金中用于移民创业致富项目建设的总额达到9382.63万元，占当年计划安排的移民项目资金总量的43.6%。全年新建、扩建产值100万元以上的移民创业致富产业基地12个。

【杭州市出台水库移民创业贷款工作指导意见】 为扶持和引导水库移民创业致富，发挥农信金融机构的资金优势，解决水库移民创业过程中的资金瓶颈问题，8月，杭州市移民办联合浙江省农村信用社联合社杭州办事处出台了《关于开展杭州市水库移民创业贷款工作的指导意见》，水库移民创业贷款包含简化贷款手续、实行贷款利率优惠、优先安排贷款等优惠措施。根据《指导意见》，水库移民创业贷款工作以移民管理机构为主导，依托浙江省农村信用社联合社等银行业金融机构，以小额信用贷款为载体，以扶持移民创业为导向，贷款利率原则上按贷款同期同档次利率下浮20%~50%。

【水库移民扶持政策】 2014年，杭州市后期扶持规划移民资金总投资2.0亿元，其中发放直补资金1.18亿元，直补政策受益人数19.61万人。总投资中项目扶持资金8189.01万元，解决农村饮水安全项目受益人数5570人，新增灌溉面积111.47公顷，培训劳动力1.65万人次。2014年完成项目规划移民资金投资7463.35万元，带动其他配套资金1.87亿元，新增灌溉面积126.87公顷，培训移民劳动力6828人次。

杭州市发布水库移民管理工作方面的市级地方标准——《水库移民专项资金管理规范》，促进水库移民专项资金管理规范化。

（程　祥）

【流浪乞讨人员救助管理】 2014年，杭州市8个救助管理站共救助流浪乞讨人员1.4万人次，比上年上升1.8%。其中，杭州市救助管理站救助流浪乞讨人员1.05万人次（未成年人520人次）。受助人员中有乞讨行为的2130人次，无乞讨行为的1.19万人次；主动求助的8491人次，被引导护送入站受助的5536人次，其他11人次。开展“冬季送温暖”和“夏季送清凉”专项救助行动，未发生一起流浪乞讨人员非正常死亡事件。杭州市流浪乞讨人员救助管理工作协调小组印发了《关于进一步做好我市流浪乞讨人员救助管理工作的通知》。

（吴　强）

【儿童福利工作】 根据省民政厅关于继续实施贫困残疾儿童抢救性康复项目的部署，经过各区、县（市）民政部门调查审核，市儿童福利院为82名符合条件的贫困残疾儿童，实施为期3个月的免费抢救性康复训练。杭州市作为全省“婴儿安全岛”试点单位，借鉴其他试点地区经验，对“婴儿安全岛”进行转型并在市儿童福利院设置“杭州市困境儿童阳光驿站”。余杭区被列为全省第二批适度普惠型儿童福利体系建设试点单位，在全市率先以政府名义出台适度普惠型儿童福利政策文件。市民政局、市财政局根据上年度城镇居民家庭人均消费性支出变化情况，联合发文调整孤儿基本生活费标准，从2014年1月1日起，主城区（除萧山区、余杭区外）福利机构养育的孤儿人均月基本生活费调整为1450元，社会散居孤儿人均月基本生活费调整为870元。萧山区、余杭区和五县市也根据当地城镇居民家庭人均消费性支出水平，及时调整孤儿基本生活费标准。

（高光荣）

·民　族·

【杭州市民族团结促进会第四次会员大会】 1月21日，杭州市民族团结促进会第四次会员大会在杭州召开，来自全市各行各业的60多位少数民族会员参加会议。会议审议了杭州市民族团结促进会五年来的工作，通过章程修正案，选举产生以傅力群为会长，吴国强、王大安、马丽华、丁永中为副会长的新一届理事会领导班子。

【全国民族团结进步模范获表彰】 中央民族工作会议暨国务院第六次全国民族团结进步表彰大会于9月28~29日在北京召开。在大会上，桐庐县莪山畲族乡人民政府获全国民族团结进步模范集体荣誉称号，下城区东新街道新颜苑社区书记冯唐律获全国民族团结进步模范个人荣誉称号。

【浙江省民族乡（镇）工作现场会在杭州召开】 民族乡镇是全面建成惠及全省人民小康社会的薄弱点，大多自然条件较差，人才、资源等要素匮乏，完全依靠其自身力量，难以扭转“发展速度相同甚至稍快、但差距却在不断扩大”的趋势。4月24日，浙江省民族乡（镇）工作现场会在杭州市桐庐县召开。全省民族乡（镇）负责人，民族乡（镇）所在市及县（市、区）有关负责人，省级有关单位及对口结对的经济发达县（市、区）领导出席会议。会议要求各级落实《关于进一步加快民族乡（镇）经济社会发展的意见》。会议明确了民族乡（镇）经济社会发展的总体思路和18个民族乡（镇）近阶段的发展目标。桐庐县负责人在会上介绍了杭州市唯一的少数民族乡莪山畲族乡在民族经济发展、基础设施提升、畲族文化保护、乡村旅游发展等方面的经验。

【杭州代表团获省少数民族传统体育运动会五个奖项】 11月13~16日，由15名运动健儿组成的杭州市体育代表队参加了在温州举行的浙江省第五届少数民族传统体育运动会。在蹴球、押加、高脚竞速、板鞋竞速等4个竞赛项目的竞赛中，杭州市代表队获得4个三等奖和大会组织奖。

【杭州同心少数民族服务中心成立】 12月29日，杭州同心少数民族服务中心在下城区新颜苑社区成立，成为浙江省首家为少数民族服务的公益性社会组织。杭州同心少数民族服务中心由浙江省少数民族企业家协会、杭州市下城区东新街道新颜苑社区居民委员会、热心于民族公益事业的少数民族群众和汉族群众自发组成，是从事非营利性社会服务活动的社会组织。服务中心由新颜苑社区和少数民族人士共同出资建立，旨在为少数民族同胞提供多样化的社会服务，为各民族共同团结奋斗、共同繁荣发展起积极作用。

【民族村社（学校）帮扶结对】 9月11日，杭州市民族工作推进会暨社区（学校）与民族村（学校）结对帮扶共建签约仪式举行。全市六大主城区热心民族事业的19个社区及2所民族小学，与19个少数民族乡村及2所乡村民族小学结成帮扶对子，结对为期3年。结对双方本着“全面合作、资源分享、互利互惠、共同发展”的原则，全方位、深层次地开展交流与合作，以实现资源共享、优势互补、共谋发展、共同进步。

【穆斯林欢度古尔邦节】 10月4日，在杭州工作生活的4000余名中外穆斯林按照传统习俗沐浴熏香、严整衣冠，身着盛装，到凤凰清真寺参加古尔邦节会礼。8时30分，随着阿訇颂念《古兰经》经文的声音响起，庄严盛大的节日会礼正式开始。全体穆斯林群众重温真主教诲，聆听经典阐释，并在阿訇的带领下虔诚跪拜，整个会礼仪式持续近一个小时。聚礼结束后，举行传统的宰牲仪式。穆斯林群众在欢声笑语中喝羊汤、吃油香，整个凤凰寺处处洋溢着节日喜庆、欢乐、祥和的气息。穆斯林群众纷纷表示要爱国爱教，坚定不移地与宗教极端主义做斗争，维护祖国的统一和世界和平，弘扬伊斯兰教“爱国、中道、和平、团结”的思想真谛，投身于“美丽杭州”建设事业。

【杭州伊斯兰教志愿者服务队正式成立】 3月28日，杭州伊斯兰教第一次志愿者大会在杭州凤凰寺召开，标志着杭州市伊斯兰教志愿者服务队正式成立。大会通过志愿者服务队章程，70余名服务队成员选举产生志愿者服务队管理人员及各职能组、执行部分组人员。志愿者服务队的宗旨是秉承“敬主爱人、服务社会”的志愿者精神，加深各族人民之间的了解，增进各宗教的和谐共融。（洪　亮）

·宗　教·

【新年敲钟祈福活动】 连续成功举办十届的新年祈福活动于2013年12月31日晚在净慈寺隆重举行。省委常委、市委书记龚正通过电视屏幕向广大市民游客发表新年祝贺。2014年1月1日零点，市委副书记、代市长张鸿铭，市佛教协会会长光泉法师和市民代表一起登上钟楼，共同鸣响迎接新年的吉祥钟声。佛教摄影展也于当天举行。

5月6日，杭州云林公益基金会成立　（市民族宗教局 供稿）

【“星级宗教活动场所”评定】 根据省民族宗教事务委员会的统一部署，市民族宗教局按照“爱国爱教、执法守法、安全整洁、团结稳定、管理规范、活动有序、教风端正、服务社会”等要求，推进星级宗教活动场所评选工作，指导申报场所开展创建工作。灵隐寺、凤凰寺2处场所被命名为全省“五星级宗教活动场所”，中天竺法净禅寺、三天竺法镜寺、永福寺、余杭径山寺、建德玉泉寺、基督教鼓楼堂6处场所被命名为“四星级宗教活动场所”，另有32处场所被命名为“三星级宗教活动场所”。

【“文明敬香”活动】 1月30日晚（除夕）开始，灵隐寺等市属八大寺院全面开展“文明敬香”活动，每位游客信众均可免费获赠三支清香，自带高香、蜡烛等一律谢绝带入寺院。《杭州市进一步推动文明敬香建设生态寺观三年行动计划（2014~2016年）》出台，引导“文明敬香”从专项活动逐步进入常态化。通过开展“美丽杭州从我做起、文明敬香共享蓝天”万人签名、文明敬香一日体验之旅、文明敬香书画展等活动，以及制作文明敬香微电影、发放宣传小册子、寺院法师讲经说法等形式，向游客信众宣讲文明敬香的理念，提高信众的生态文明素养，引领和谐健康、文明时尚的社会新风。至年末，寺院周边空气质量明显改善，西湖景区宗教文化资源和自然生态环境得到有效保护，商贩、违法导游侵扰寺院的状况得到有效遏制。

【宗教界消防运动会】 4月1日，由市民族宗教局和市公安消防局主办，杭州市佛教协会、杭州市道教协会和西湖风景名胜区消防大队承办的杭州市宗教界消防运动会在灵隐寺举行。杭州市佛教、道教界派出11支代表队近60名运动员参加多个项目角逐。西湖风景名胜区公安分局和消防大队还分别组织人员进行了消防和突发性事件应对表演，帮助宗教活动场所提高安全防范能力。

【“五水共治·五教同行”宗教慈善活动】 2月起，杭州市宗教界以“五水共治·五教同行”为主题，开展宗教公益慈善活动，其中包括：“五水

共治·五教同行”慈善募捐，宗教活动场所结对帮扶民族村，帮助当地进行水源地保护和污水治理；挖掘宗教教义教规中与自然和谐相处、优化生态、节约资源、保护环境的理念，开展环保宣传；倡导保护环境、优化生态的善行，使之与文明敬香、生态寺观建设相结合。

【灵隐寺“杭州云林公益基金会”成立】 5月6日，“东南佛国·杭州”托钵行脚活动当天，由灵隐寺发起的“杭州云林公益基金会”宣告成立。该基金会主要支持宗教活动场所开展公益慈善活动，以发展佛教优良传统、推动人心向善、促进社会和谐为宗旨，开展赈灾济困、安老扶幼、资助教育文化事业及其他公益活动。

【民族宗教界“水·空气·生命”主题摄影展】 9月25~28日，由市民族宗教事务局主办、杭州市宗教民族事务服务中心承办的2014年杭州市民族宗教系统“水·空气·生命”主题摄影展在浙江图书馆举行。摄影展前期共收集作品900余件，经专家遴选近250件作品参加展出。摄影作者深入“文明敬香”“五水共治”一线，展现民族宗教界人士善待生命、关注生态、呵护城市的风貌。

【部分市管宗教活动场所登记管理权限移交】 根据市政府进一步建立健全权力清单制度运行机制，实现“行政权力进清单，清单之外无权力”的总要求，在多方征求意见建议的基础上，市民族宗教局于11月25日，将杭州市城区思澄堂、鼓楼堂、凤凰寺、天主堂、天水堂、笕桥堂、崇一堂、香积寺、城北堂、张大仙庙等10处原由市民族宗教局登记管理的宗教活动场所登记管理权限以及其他相关机构的日常管理权限正式移交到属地区级民族宗教部门，促进宗教工作属地管理，理顺宗教事务管理机制。（洪　亮）

·人民生活·

【城镇居民收入稳步增长】 据抽样调查，2014年，全市城镇常住居民人均可支配收入44632元，比上年增长9.1%，扣除价格因素，实际增长7.0%。

工资性收入增长贡献最大。全市城镇常住居民人均工资性收入27638元，比上年增加2058元，增长8%；拉动可支配收入增长5.0个百分点，对收入增长的贡献最大，贡献率达55.5%；占居民可支配收入的比重为61.9%，下降0.6个百分点。

家庭经营净收入增长最快。全市城镇常住居民人均家庭经营净收入4365元，比上年增加649元，增长17.5%；拉动可支配收入增长1.6个百分点，对收入增长的贡献率为17.5%；占居民可支配收入的比重为9.8%，上升0.7个百分点。

财产净收入小幅增长。全市城镇常住居民人均财产净收入6039元，比上年增加348元，增长6.1%；拉动可支配收入增长0.8个百分点，对收入增长的贡献率为9.4%；占居民可支配收入的比重为13.5%，下降0.4个百分点。

转移净收入较快增长。全市城镇常住居民人均转移净收入6590元，比上年增加652元，增长11%；拉动可支配收入增长1.6个百分点，对收入增长的贡献率为17.6%；占居民可支配收入的比重为14.8%，上升0.3个百分点。

【城镇居民八大类消费支出七升一降】 2014年，全市城镇常住居民人均消费支出32165元，比上年增

2009～2014年杭州市城镇常住居民人均可支配收入增长情况

表71

年　份	人均可支配收入（元）	比上年（%）
2009	26 864	11.5
2010	30 035	11.8
2011	34 065	13.4
2012	37 511	10.1
2013	40 925	—
2014	44 632	9.1

注：2009～2012年为市区（含萧山区、余杭区）数据，2013年起为全市数据，且为城乡调查一体化改革后新口径数据。因统计口径不同，2013年与之前不具可比性，下同

2014年杭州市城镇常住居民人均可支配收入构成情况

表72

项　目	人均收入（元）	比上年（%）	占总收入比重（%）
人均可支配收入	44 632	9.1	100
1. 工资性收入	27 638	8.0	61.9
2. 经营净收入	4 365	17.5	9.8
3. 财产净收入	6 039	6.1	13.5
4. 转移净收入	6 590	11.0	14.8

2014年杭州市城镇常住居民消费支出结构

表73

项　目	人均支出（元）	比上年（%）	占消费支出比重（%）
消费性支出	32 165	4.9	100
1. 食品烟酒	8 688	9.6	27.0
2. 衣着	2 193	4.1	6.8
3. 居住	8 565	3.0	26.7
4. 生活用品及服务	1 683	6.0	5.2
5. 交通通信	5 364	5.1	16.7
6. 文化教育娱乐	2 990	1.9	9.3
7. 医疗保健	1 708	–3.0	5.3
8. 其他用品及服务	974	6.0	3.0

2009～2014年杭州市农村常住居民人均可支配收入增长情况

表74

年　份	人均纯收入（元）	比上年（%）
2009	11 822	10.6
2010	13 186	11.5
2011	15 245	15.6
2012	17 017	11.6
2013	21 208	—
2014	23 555	11.1

2014年杭州市农村常住居民人均可支配收入构成情况

表75

指　标	人均收入（元）	比上年（%）	占总收入比重（%）
人均可支配收入	23 555	11.1	100
1. 工资性收入	14 809	13.7	62.9
2. 经营净收入	6 021	7.3	25.6
3. 财产净收入	879	7.4	3.7
4. 转移净收入	1 846	5.5	7.8

2014年杭州市农村常住居民消费支出情况

表76

指　标	人均支出（元）	比上年（%）	占消费支出比重（%）
消费性支出	17 816	11.2	100
1. 食品烟酒	5 091	12.4	28.6
2. 衣着	1 094	18.5	6.1
3. 居住	4 539	6.8	25.5
4. 生活用品及服务	933	13.4	5.2
5. 交通通信	3 299	12.6	18.5
6. 文化教育娱乐	1 485	14.6	8.4
7. 医疗保健	1 052	9.8	5.9
8. 其他用品及服务	323	3.8	1.8

长4.9%，增幅比上年回落5.4个百分点，扣除物价上涨因素实际仅增长2.8%。从消费支出的构成看，八大类消费呈七升一降的格局。

食品烟酒支出增长9.6%，增幅居首位。全市城镇常住居民人均食品烟酒类支出8688元，增长9.6%，拉动消费支出增长2.5个百分点。

生活用品及服务、其他用品服务均增长6%。交通通信支出增长5.1%，拉动消费支出增长0.8个百分点。衣着支出2193元，增长4.1%。居住支出8565元，增长3.0%。教育文化娱乐支出2990元，增长1.9%。医疗保健支出有所下降。

2014年末，杭州市城镇居民人均住房建筑面积35.1平方米，每百户家庭拥有家用汽车45.4辆、空调201.5台、移动电话227.9部、家用电脑110.6台、微波炉62.6台、淋浴热水器93.7台。

【农村居民收入保持较快增长】 2014年，全市农村常住居民人均可支配收入23555元，比上年增长11.1%，连续11年保持两位数增长，扣除价格因素，实际增长8.9%。

工资性收入增长最快，全市农村常住居民人均工资性收入14809元，增长13.7%，占农村常住居民可支配收入的62.9%，拉动可支配收入增长8.4个百分点。

经营净收入平稳增长。全市农村常住居民家庭经营净收入人均6021元，增长7.3%，占农村居民可支配收入的25.6%。财产净收入879元，增长7.4%。转移净收入1846元，增长5.5%。

【农村居民生活持续改善】 2014年，农村居民人均生活消费支出17816元，比上年增长11.2%。八大类消费支出呈现全面增长：食品烟酒消费支出5091元，增长12.4%；衣着支出1094元，增长18.5%；居住支出4539元，增长6.8%；生活用品及服务支出933元，增长13.4%；交通通信类消费支出3299元，增长12.6%；教育文化娱乐消费支出1485元，增长14.6%；医疗保健支出1052元，增长9.8%；其他用品和服务消费支出323元，增长3.8%。

2014年末，全市每百户农村居民家庭拥有家用汽车34.3辆、空调器135.9台、移动电话244.6部、家用电脑67.3台、微波炉38.7台、淋浴热水器85.9台、洗衣机82.7台、电冰箱99.5台。

【居民消费价格总体平稳】 2014年全市居民消费价格总水平平均上涨2.0%，涨幅较上年回落0.5个百分点。

食品类价格涨幅居首，上涨2.9%，涨幅较上年回落1.3个百分点，为近五年最低值（2010—2013年分别上涨7.3%、10.7%、5.7%和4.2%），影响居民消费价格总水平上升0.9个百分点，是影响CPI走势的主要因素。烟酒类价格略降0.1%。其中，酒类价格下降1.8%；烟草价格上涨0.4%。衣着类价格上涨1.7%。其中，衣着加工服务费价格上涨1.0%，衣着材料价格上涨0.5%，服装价格上涨3.2%。

家庭设备用品及维修服务类价格上涨2.7%。其中，家庭服务价格上涨17.9%；室内装饰品、床上用品、家庭日用杂品价格分别上涨1.7%、1.2%和1.1%；洗衣机等家庭设备价格下降0.9%。医疗保健和个人用品类价格上涨1.4%。其中，保健器具及用品价格上涨10.7%，医疗保健服务价格上涨5.5%，化妆美容用品价格上涨4.8%；西药价格下降8.0%，黄金首饰等个人饰品价格下降7.1%。

交通和通信类价格下降0.6%。其中，通信工具价格分别下降1.4%和4.4%，汽油、柴油价格分别下降0.5%和3.2%，车辆使用及维修费价格上涨2.3%。

教育文化娱乐用品及服务价格上涨1.8%。其中，健身等文娱费价格

2014年杭州市八大类商品及服务项目价格指数

表77

类　别	价格指数（上年＝100）
居民消费价格总水平	102.0
1. 食品	102.9
2. 烟酒	99.9
3. 衣着	101.7
4. 家庭设备用品及维修服务	102.7
5. 医疗保健和个人用品	101.4
6. 交通和通信	99.4
7. 娱乐教育文化用品及服务	101.8
8. 居住	102.7

上涨1.0%，旅游价格上涨8.3%；电视机等文娱用耐用消费品及服务价格下降4.3%。

居住类价格上涨2.7%。其中，建房及装修材料价格上涨2.1%，住房租金价格上涨2.7%，自有住房价格上涨3.5%，水电燃料价格上涨0.6%。（冯显芝　何艳秋）

·人口和计划生育·

【人口和计划生育概况】 2014年，杭州市出生82372人，比上年增加19824人，增幅为31.69%。全年受理单独两孩再生育申请21663例，审批20867例，单独两孩出生8134人。受单独两孩政策影响，各地一孩率下降、二孩率上升。全市一孩率为67.99%，下降7.05个百分点，二孩率为31.49%，上升7.02个百分点，多孩率为0.52%，上升0.03个百分点。全市计划外出生2293人，计划生育率97.22%，多孩违法生育发生率0.21%。全市户籍人口出生性别比为106.09。全市女性初婚48830人，减少1238人，减幅2.47%。已婚育龄妇女领取“独生子女父母光荣证”52.15万人，领证率37.58%，下降1.8个百分点。

【“单独两孩”政策平稳实施】 通过摸底调查，杭州符合“单独”政策的夫妇12.5万对，其中愿意生育二胎的有8.2万对，占65.74%。市卫生计生委利用广播电视、报刊、网络等媒体，做好计生国策正面宣传和计生工作典型宣传；坚持依法行政，文明执法，公平、公正执行政策，落实了再生育审批、优生相关制度、社会抚养费征收和利益导向制度的衔接。开展跟踪评估，指导各地落实属地管理责任，密切关注社情民意和网络舆情，确保全市“单独两孩”政策的平稳实施。全国政协调研组、国家卫生计生委、中国计划生育协会领导到杭州调研，对杭州“单独两孩”政策实施工作给予肯定。

【计划生育行政执法责任制落实】 2014年，杭州市严格依法征收，强化社会抚养费规范使用，推广社会抚养费说理性征收机制和“零口供”定案机制。杭州市全年征收社会抚养费1819例，兑现金额1.22亿元，无因社会抚养费征收而引起的行政侵权和行政败诉案件。卫生计生部门依法有效办理群众来电来信来访，2013年10月1日至2014年9月30日，全市共受理计划生育来信、来访、来电6285件（次），按期结案率、优质结案率均达100%，无重大恶性信访案件。

【计划生育利益导向】 2014年，杭州市重点完善以“失独家庭”为主要扶助对象的计划生育特殊家庭扶助制度。市卫生计生委、市财政局等八部门联合印发《杭州市计划生育特殊家庭扶助制度实施细则》，并分类指导各地出台特扶操作细则。结合国家计划生育特殊家庭帮扶项目试点工作，开展计划生育特殊家庭关爱活动。全市共有农村部分计划生育家庭奖扶对象5.27万人、计生特殊家庭扶助对象6895人、农村独生子女父母参加养老保险补贴对象18.45万人，市级计划生育公益金对象当年148例，历年遗留235例，奖扶资金全部兑现到位。

【出生人口性别比综合治理】 2014年上半年，杭州市先后召开全市出生人口性别比偏高综合治理工作座谈会、全市出生人口性别比偏高治理工作分析会，分析问题形势，部署出生人口性别比综合治理对策措施。市卫生计生委在主城区交通要道制作关爱女孩、禁止“两非”检查的公益广告。与公安等部门联合开展专项督查活动，并督促各区、县（市）开展严打“两非”专项整治行动。下城区、拱墅区成功破获非法胎儿性别鉴定案件3起，富阳市判处全市首例非法胎儿性别鉴定案，被告人被判处有期徒刑6个月。

【“幸福家庭”创建活动】 1月26日，市政府办公厅印发《广泛开展幸福家庭创建工作实施意见》，要求在全市重点开展家庭“文明倡导、优生优育、健康促进、致富发展、计生家庭扶助”等五大行动。余杭区乔司街道方桥村成为全国启动“新家庭计划——家庭发展能力建设”项目试点单位。开展人口早期发展研究和试点工作，市卫生计生委印发了《关于进一步加强优生优育优教促进工作的指导意见》，健全0~3岁婴幼儿科学育儿指导公共服务网络。

【人口健康文化建设】 5月25日，杭州市启动“5·29会员活动日”暨“生育关怀、幸福人生”宣传服务月活动，宣传计划生育政策，为群众提供优生优育和政策方面的咨询、指导。7月11日世界人口日前后，市卫生计生委举办“弘扬婚育新风、共创健康幸福生活”暨幸福家庭大讲堂活动，在《我们圆桌会》《杭州日报》等媒体栏目宣传单独两孩政策；开展“弘扬婚育新风、构建品质生活”百场文艺演出活动寓教于乐，宣传计划生育知识和先进理念；以“美丽乡村”、农村文化礼堂建设为切入点，将人口文化融入文化礼堂建设；开展优生优育讲座活动，推动人口文化进校园活动。人口计生动漫片在中国人口文化促进会组织的人口文化奖评选中获三等奖。

【计划生育优质服务】 杭州市全年开展“查孕、查环、查病”服务157万人（次），落实三级随访服务21.3万人（次）。全市共设有免费避孕药具供应点3513个，自动售套机1857台，智能型避孕药具发放机78台。依法开展病残儿鉴定和计划生育手术并发症鉴定工作，市级计划生育管理部门组织病残儿医学鉴定16批230人（次）、计划生育手术并发症鉴定2批8人（次）。完善优生“两免”（免费婚前医学检查和免费婚前优生检测）和“国免”（国家免费孕前优生健康检查项目）工作，出台《杭州市“国免”高风险对象重点指导与随访规范（试行）》，健全“国免”项目转诊和后续服务机制。全市婚前医学检查率达92.4%，孕前优生检出率达96.4%，为7793对高风险对象的夫妻提供跟踪随访服务。对失独家庭有生育意愿的夫妇有序开展确定、告知、预约、协调、随访、经费结算等六个方面工作。（薛　亮）

·老龄工作·

【老年工作概况】 2014年，杭州市老年人口数迅速发展，老龄化、高龄化发展趋势明显，主城区老龄化程度突出。按户籍人口统计，全市60岁以上老年人142.97万人，占总人口数的19.98%，比上年增加8.09万人，增长6.00%。其中，城镇82.43万人，农村60.54万人。80岁以上高龄老人23.77万人，失能和半失能老年人8.89万人，纯老年人口家庭的老年人25.97万人，分别占老年人口的16.62%、6.21%和18.17%。全市老龄化程度排在前三位的分别是上城区、西湖风景名胜区、拱墅区，老年人口占总人口比例分别达到27.52%、24.66%、23.74%。至年末，全市百岁老人（1914年12月31日前出生）按周岁计有331人。

全市乡镇、街道及以上老龄工作机构34个，从事老龄工作在编人员519人。基层老年协会组织不断完善和规范，95.76%的社区建立老龄工作小组，95.67%的社区和99.07%的行政村建立老年协会。全市规范化村（社区）老年协会累计2906个，基本实现城乡全覆盖。

全市16所老年电大分校所属教学点发展到2822个，比上年增加60个，在校学员25.08万人，累计毕（结）业学员112.91万人。全市有老年学校222所，在校学员3.15万人；老年文艺团队2765个，参加人数8.59万人。老年体育协会2187个，参加人数41.66万人；老年体育团队3208个，参加人数11.97万人。其他老年社团组织136个，参加人数0.54万人。

全市建有各类老年活动中心（室）3466个，累计投资13.87亿元，建筑面积109.03万平方米。各类星级老年活动中心（室）2656个，其中“四星级”13个，“三星级”178个，星光老年之家3161个，日间照料中心1559个，老年食堂1092个。

6月10~13日，全市乡镇（街道）老龄干部培训班在市委党校举办，15个区、县（市）180余人参加培训学习。各区、县（市）先后举办基层老年协会骨干培训班，全年骨干培训56次，有3723名社区老龄工作者参加培训，通过培训学习，提升了基层老龄干部的业务综合能力和政策水平。

【老年人帮扶和救助】 10月“敬老月”期间，全市向2013年11月至2014年10月新满100周岁的146位老人每位赠送“期颐之贺”印章一枚，向575位百岁老人（含虚岁）每位赠送慰问金1000元。全年各级组织慰问、救助困难老人9.47万人，发放救助金额1.36亿元，其中已纳入“低保”的老人1.96万人，发放救助金额6070.01万元。

【老龄工作“三项创建”活动】 5月14日，全国老龄办在杭州召开全国“敬老文明号”创建活动现场会，杭州作为创建单位做了经验介绍。150余位来自国家有关部委及各省、自治区、直辖市、计划单列市和省会城市的代表实地参观杭州图书馆、清波派出所、灵隐社区卫生服务中心等3个首批全国“敬老文明号”单位。杭州市全面启动第二届（2014~2016年）“敬老文明号”创建工作，在全省率先出台《第二届“敬老文明号”创建实施方案》，修订《“敬老文明号”创建和管理办法》，建立共性和个性有机结合的创评标准体系，委托第三方评估机构对各申报单位创建工作进行过程性评定。开展老年宜居环境示范点建设，制订老城区社区、新建社区、撤村建居社区和农村社区四类老年宜居标准，命名首批100家杭州市“老年宜居社区”。

【“敬老月”庆祝活动】 10月，在全国第5个“敬老月”和第2个“老年节”期间，杭州市以“传承中华美德弘扬敬老文化”为主题，开展向老年人“送温暖”“送欢乐”“送健康”“送服务”等系列活动。举办首届杭州市老年人“看美丽杭州、享幸福养老”征文活动、全市老年书画摄影比赛等，特别是老年服饰大赛、老年模特选拔、老年书画摄影比赛及巡展、老年文艺专场会演及“文化下乡”等项目，吸引广大老年人积极参与，掀起敬老爱老助老活动的高潮。各级各部门累计开展各类敬老、助老、爱老的文体活动和志愿便民服务1900多场，参与市民40余万人次。

【杭州市“孝亲敬老之星”评选活动（第二届）】 6月13日起，市老龄工办与市文明办联合在全市范围内开展“孝亲敬老之星”评选活动。经基层推荐、个人自荐互荐、组织审核、媒体公示、网络投票、评审委员会评定等环节，毛双莲等10人当选为杭州市“十佳孝亲敬老之星”，方丽明等10人获得“十佳孝亲敬老之星提名奖”，在“老年节”期间命名表彰。并从中推荐4位申报“最美杭州人”的评选，其中淳安县千岛湖镇敬老院副院长宋秋香获“最美杭州人”提名奖。

【浙江省内首条市级助老公益热线开通】 9月29日，杭州市“967032”助老服务热线正式开通。热线为人工接听方式，向老年人提供心理疏导、法律咨询等服务，同时提供志愿者对接等服务，并由专门成立的社会组织运营，实现资源利用最大化、专业服务最优化。

【杭州市老年文化艺术节】 从5月开始，杭州市举办为期半年的老年文化艺术节。老年文化艺术节系列活动包括杭州市“老年节”庆祝大会，中国老年服装设计大赛，老年服饰表演和舞蹈、器乐、小戏小品四个专场会演，“文化养老和老龄事业”主题研讨会，“长寿宴”公益活动等五项主体活动，彰显文化养老特色，参

与老年人达8万人次。其中，首届中国老年服装设计大赛收到来自全国的设计作品近1000幅，在“老年节”期间进行总决赛，受到国内外设计界高度关注和社会各界广泛好评，被中央电视台《新闻联播》报道。

（郭清芳）

·残疾人事业·

【残疾人事业概况】 至2014年末，杭州市有残疾人47.78万人，占全市总人口的6.36%。17.96万名残疾人申领第二代残疾人证，其中视力残疾22862人，占12.73%；听力和言语残疾23241人，占12.94%；肢体残疾92255人，占51.38%；智力残疾17944人，9.99%；精神残疾18421人，10.26%；多重残疾4843人，占2.7%。

【创新残疾人托安养服务机制】 至2014年末，杭州市已建成137家托养（庇护）机构，出台12项政策，建立358名专（兼）职管护人员队伍。“三位一体”重度残疾人托（安）养模式基本形成，建立了“保基本、可持续”的托（安）养机制。12月3日，杭州市出台《智精残疾人托养机构护理服务规范》，促进残疾人托养服务标准化。该规范文件分为两大部分，第一部分内容包括范围、规范性引用文件、术语和定义、机构要求、人员要求、服务要求、服务管理和监督与评估八个板块；第二部分主要对托养服务所涉及的核心项目，即基础护理、安全守护、康复训练以及医疗保健的服务内容、操作细则和技术要点做了详尽的说明和规定。全市纳入残疾人托（安）养工程的重度、智力和精神残疾人14268人，其中，2468名残疾人得到集中托养，3953名残疾人得到日间照料，7847名残疾人居家安养。

【“基础管理建设年”活动】 中国残疾人联合会确定2014年为全国残疾人联合会系统的“基础管理建设年”。9月，作为浙江省残疾人基本服务状况和需求专项调查试点单位，杭州市西湖区历时1月对全区10056名实名登记持有第二代残疾人证的残疾人开展专项调查，拉开了杭州市专项调查的序幕。至年末，全市共动员和组织3000余名市、区（县、市）、乡镇（街道）、村（社区）四级残疾人联合会工作人员和志愿者开展残疾人基本服务现状和需求专项调查、残疾人联合会系统专兼职工作者状况和残疾人联合会组织财物管理状况专项调查。按照在户调查率不得低于应调查总户数的95%的要求完成全市17.6万持证残疾人的入户普查工作。全市新订制度71项，修订167项，废除22项。在调查中，工作人员走入残疾人家庭问需求，送政策、送信息、送服务，加大了政策宣传和监督检查力度。

【帮扶低收入残疾人农户】 8月4日，市政府办公厅印发《关于开展低收入残疾人农户帮扶行动（2014～2017年）的通知》。文件要求从完善低收入残疾人农户救助保障体系、低收入残疾人农户就业创业帮扶措施和开展低收入残疾人农户结对帮扶活动三个方面，加快改善低收入残疾人农户的生产生活，有效促进低收入残疾人农户收入倍增。8月18日，市政府残疾人工作委员会秘书处发出《关于开展“生命阳光爱心助残专项资金”与低收入残疾人农户结对帮扶行动的通知》，为面临急、难、险临时困难和重大疾病、医疗康复困难的低收入残疾人农户开展以助困、助医为主要内容的结对帮扶行动。

杭州市计划从2014～2017年，市“生命阳光爱心助残专项资金”计划结对帮扶1000户低收入残疾人农户。2014年，结对帮扶低收入残疾人农户250户。

【残疾人运动员在各项赛事中取得佳绩】 6月25～27日，以“展示风采、传递正能量、实现美好中国梦”为主题的市第六届残疾人职业技能竞赛举行，共设竞赛项目19个，14个代表队共有参赛人数250人。在此基础上，组团选送48名优秀选手参加浙江省第四届残疾人职业技能竞赛，取得团体总分167分、8块金牌、33块奖牌，获得大赛团体总分、金牌数、奖牌数三个第一。5月15～18日，市第九届残疾人运动会举行，设田径、游泳、乒乓球等八个大项，近1000人参加，产生547枚奖牌，萧山、富阳、桐庐获团体总分前三名。4～9月，在浙江省第九届残疾人运动会上，杭州代表团以120枚金牌和1376分成绩蝉联金牌、总分双第一。在第十一届仁川亚洲残疾人运动会上，杭州市5名运动员获得8枚金牌、6枚银牌。

【营造社会助残氛围】 全面启动“阳光助残”志愿服务行动。持续开展“七彩计划”“感动我们的好声音”“青春微梦想”等助残活动，帮助近80人次残疾青年实现了婚纱摄影、旅行、就业、医疗、音乐和相亲等各类梦想。残疾人无障碍视听体验基地项目入选首批中国青年志愿者助残“阳光行动”示范项目，获得全国银奖。联合市文明办、团市委举办了杭州市首届“最美助残志愿者”评选，知名作家王旭峰等10名

12月2日，杭州市首届最美助残志愿者颁奖典礼举行（杭州文广集团 供稿）

助残志愿者当选。在第十一届亚洲残疾人运动会夺得4枚金牌、4枚银牌的残疾人游泳运动员宋懋鋆获得“最美杭州人”称号。

【残疾人康复】 杭州市充分挖掘和利用社会康复资源，构建“机构为支撑，社区为依托，家庭为基础”的康复服务网络。2014年，通过机构康复、社区康复、基本医疗保障和救助，为有需求的5271名残疾人提供助听、助行、助明等各类康复服务。统筹推进全市残疾人康复机构建设，全市已建成并投入使用的残疾人康复机构9家。大力扶持优质民办康复机构发展，12月3日，仁爱家园爱德唐氏综合征康复中心和低视力康复指导中心正式启用。市政府为民办实事项目（0～6周岁残疾儿童抢救性康复项目）共为421名残疾儿童提供抢救性康复救助，年度康复服务率达98%。

【残疾人就业帮扶】 2014年，杭州市按照“制度化、专业化、社会化”要求大力推进残疾人就业服务机构规范化建设，第一批、第二批共9家就业服务机构的规范化建设评估验收。全年新增1425名残疾人就业。全市残疾人按比例就业人数达到18368人，其中新增按比例就业500人。杭州户籍残疾人大学毕业生共55人，安置就业47人，就业率达85%。结对帮扶残疾人26158人，脱贫4921人。

【残疾人维权信访】 杭州市各级残疾人联合会以维权、维稳为重点，全力参与“两非”车辆综合整治工作，围绕“平安杭州建设”，切实保障残疾人的合法权益。健全巩固市残疾人联合会系统干部每日轮流接访、理事长接访日等相关工作制度，加强信访接待室接待工作力量；13个区、县（市）已建成残疾人联合会法律救助工作站，进一步规范信访接待秩序，越级上访及涉法涉诉类信访的劝返和化解工作取得成效。2014年，全市各级残疾人联合会共受理残疾人来信来访833件次，法律救助331人次。其中，市本级处置来信来访240件次，市长热线电话108件，民情热线电话21件，办结率达100%，满意率95%。 （李伟君）

·杭州市红十字会·

【杭州市红十字会概况】 全市红十字会组织1426个，团体会员单位1019家，会员52.78万名（其中青少年会员44.66万名），志愿者9219名。2014年新增团体会员109家，发展新会员16540人。新增志愿者860名。

【群众性应急救护培训】 2014年，杭州市各级红十字会共培训红十字救护员5.93万名，普及培训12.32万人次，分别占户籍人口的0.83%和1.74%。应急救护培训进初中项目扩展到所有区、县（市）。

市红十字会联合市公安局在公安系统内开展“红十字应急救护员培训进公安”项目，为公安系统培训898名红十字救护员；与市安监局联合印发《关于在生产经营单位开展应急救护培训的通知》，并建立救护培训基地；与杭州图书馆共同举办红十字应急救护培训系列讲座。

下城区红十字会联合杭州市永天小学，编写全省应急救护培训小学阶段教材。西湖区红十字会与西湖区卫生局将区内11家社区卫生服务中心建成“红十字应急救护培训站”。余杭区建立覆盖全区的医疗卫生系统红十字会培训基地和20个镇（街道）救护培训站。临安市红十字会开展“温暖旅途·救在身边”生命关爱行动，为全市96辆城市公交车配备红十字急救箱。富阳市红十字会与运动休闲办公室联合建立红十字水上应急救援队。建德市红十字会建成首家救护技能演练馆。

【“博爱帮困”系列活动】 2014年，杭州市各级红十字会募集款物1969.24万元，发放款物1886.06万元，救助困难人群3.11万人次。“红十字博爱送万家”慰问活动向全市5237户困难家庭发放慰问款物达411.31万元。“特殊家庭关爱项目”启动，为淳安县和建德市207户60岁以上失独困难家庭发放救助金20.7万元。市红十字会与市总工会合作，将人体器官（角膜、遗体）捐献者家庭列入“春风行动”慰问范围，每户标准1万元～2万元。市红十字会与贵州省黔东南州红十字会签署帮扶协议，捐赠30万元和价值150万元物资支持援建农村饮用水工程改造和改善困难家庭生活。滨江区红十字会通过“让爱微笑”公益项目为贵州贫困唇腭裂患儿筹募100万元。

【应急救援】 7月3日，市红十字会和市卫生局联合组建杭州市红十字心理救援队，主要承担灾难及突发事件状态下，对受灾人群进行心理应激救援疏导，同时承担全市红十字会系统的心理应急救援的知识和技能普及培训。杭州“7·5”公交车放火事件发生后，红十字心理救援队骨干队员赴医院对伤员开展心理危机干预工作。市红十字会工作人员到各收治医院看望慰问受伤人员及家属，赠送7.6万元爱心款和63.11万元药品。云南鲁甸6.5级地震发生后，市红十字会立即向昭通市红十字会提供紧急援助10万元。全市红十字会共接受捐赠款物378.51万元，名列全省红十字会系统第一。

【生命关爱工程】 2014年，杭州市有1255人登记自愿加入“中国造血干细胞资料库”，12人捐献了造血干细胞，器官（角膜、遗体）捐献22例。“5·8”红十字博爱周期间，对2013年15名造血干细胞捐献者进行了回访。市红十字会在卫生部门的支持下，成立了红十字心理救援专家咨询委员会和心理救援队，并进行了实际演练。

【红十字公益宣传】 5月，市红十字会联合市文明办启动“最美杭州人——红十字最美人物”评选活动。10月，王勇、伊银良、李勤爱、汪可银、沈传林、杨艳香、赵赟、唐礼法、程瑛被评为“最美杭州人——红十字最美人物”。造血干细胞捐献者潘克勤还被评为“最美浙江人——红十字感动人物”。市红十字出租车志愿服务队队长王勇被评为“第二届最美杭州人提名奖”。市红十字会联合市文明办，在全市主要交通干道的100辆公交车和100块公交站牌上投放以“捐献造血干细胞、挽救生命”和“捐献器官、接力生命”为主题的红十字公益广告。萧山区红十字会联合萧山电视台拍摄《红十字“救”在身边》和《人人学急救，急救为人人》公益宣传片。 （肖彩霞）

人 物

People

·新任市领导简介·

赵一德 男，1965年2月出生于浙江温岭，1983年8月参加工作，1985年1月加入中国共产党，省委党校哲学专业研究生。历任浙江省温岭县温西区公所干事，共青团浙江省温岭县委干事、副书记、书记，温岭县新河区委副书记兼新河镇党委书记、塘下镇党委书记兼人大主席、箬横镇党委书记，共青团浙江省委青农部干部、副部长（主持工作），共青团浙江省委组织部部长、常委、党组成员，共青团浙江省委副书记，浙江省青年联合会主席，共青团浙江省委书记，中共温州市委副书记（正厅长级），中共温州市委副书记、政法委书记（正厅长级），温州市委副书记、代市长、市长，中共衢州市委书记，中共浙江省委秘书长。2012年6月，任中共浙江省委常委、秘书长。2015年9月，任中共浙江省委常委、杭州市委书记。

徐文光 男，1968年10月出生于浙江诸暨，1990年8月参加工作，1989年1月加入中国共产党，省委党校工商管理专业研究生，澳大利亚堪培拉大学教育领导学专业在职硕士研究生。历任诸暨市枫桥区团工委书记、区委组织员，诸暨市政府办公室秘书、副主任，诸暨市物价局副局长，诸暨市枫桥镇党委副书记、镇长，诸暨市枫桥镇党委书记、人大主席，中共上虞市委常委、纪委书记，中共上虞市委副书记、纪委书记，中共上虞市委副书记、代市长，中共上虞市委副书记、市长，中共富阳市委副书记、代市长，中共富阳市委书记、人大常委会主任，杭州市政府副秘书长，杭州市政府党组成员、副市长。2014年3月，任中共杭州市委常委、余杭区委书记、杭州良渚遗址管理区党工委书记。

马晓晖 男，1966年1月出生于浙江慈溪，1984年2月参加工作，1988年9月加入中国共产党，省委党校党政领导与管理专业研究生，厦门大学高级管理人员工商管理硕士。历任慈溪县浒山镇工商所干部，慈溪县工商局副科长、团支部书记，慈溪市横河区天东乡副乡长，慈溪市浒山镇党委委员，奉化市大桥镇镇长助理，慈溪市政府办公室秘书，慈溪市团委书记，宁波市团委副书记、团委书记，宁海县委副书记、政法委书记，宁海县委副书记、代县长（副厅级）、县长，台州市路桥区委书记（副厅级），台州市委常委、组织部部长，台州市委常委、组织部部长（正市级待遇），温州市委副书记（正市级待遇）。2015年4月，任中共杭州市委常委、市政府党组副书记、常务副市长、市委政法委副书记、杭州行政学院院长。

叶寒冰 男，1965年10月出生于浙江三门，1982年8月参加工作，1985年10月加入中国共产党，中央党校经济管理专业研究生，浙江大学、香港理工大学工商管理专业高级工商管理硕士。历任浙江省三门县健跳中学、花市中学代课教师，浙江省警察学校公安管理专业学生，浙江省公安厅三处办事员、科员，浙江省公安厅办公室机要组秘书、副科级秘书、正科级秘书、机要组组长、助理调研员，浙江省公安厅三处副处长，浙江省公安厅治安总队总队长，中共湖州市委常委，湖州市公安局局长、党委书记，中共温州市委常委，温州市公安局局长、党委书记，浙江省公安厅党委委员、副厅长。2014年6月，任浙江省公安厅党委委员、副厅长，中共杭州市委常委、市委政法委副书记，杭州市公安局局长、党委书记、督察长。（十三届省纪委委员）

范　辉 女，1963年2月出生于浙江舟山，1983年8月参加工作，1983年4月加入中国共产党，山西省计划统计学校统计专业中专毕业，复旦大学工商管理硕士。历任山西省华北广播电视学校会计，太原团市委组织部干事、副部长、部长，太原团市委常委、组织部部长，中农信公司山西办事处办公室负责人，中农信公司山西办事处办公室主任，中农信公司山西办事处副主任，山西省证管办党组成员、主任助理，中国证监会太原特派员办事处干部、调研员，中国证监会昆明特派员办事处党委委员、副主任、纪委书记，中国证监会云南监管局党委委员、纪委书记、副局长，中国证监会云南监管局党委书记、纪委书记、局长，中国证监会云南监管局党委书记、局长，中国上市公司协会党委委员、副会长，中国上市公司协会党委书记、副会长，中国期货业协会党委委员、副会长。2014年7月，任中国期货业协会党委委员、副会长，中共杭州市委常委、杭州市人民政府党组成员、副市长（挂职）。

陈擎苍 男，1966年4月出生于浙江慈溪，1987年8月参加工作，1986年3月加入中国共产党，杭州大学生物学生物专业大学毕业，理学学士。曾在杭州牛奶公司乳品二厂工作，历任中共浙江省纪委研究室干事、副主任干事、主任科员、副主任，中共浙江省纪委党风廉政建设室主任，2008年5月确定副厅长级，中共金华市委常委、纪委书记，中共浙江省纪委常委，中共浙江省纪委常委、秘书长，中共杭州市纪委副书记（主持工作）。2015年5月，任中共杭州市委常委、纪委书记。（市委组织部）

·新闻人物·

许友云 男，1973年3月出生，中共党员，高级技工，杭州宝井钢材加工配送有限公司操作班长。2014年度全国五一劳动奖章获得者、浙江省劳动模范。

许友云一岗多能，先后提出个人合理化建议25条，其中3条转化为创新成果，《提高过跨小车运输能力》获上海宝钢国际经济贸易有限公司举办的论文比赛二等奖，《提高机组自力项目安全性》获上海市工商业联合会钢铁贸易商会举办的论文比赛二等奖，《提高纵切机组窄带月加工合格率》获中国质量协会举办的“海立杯”全国QC小组成果发表赛二等奖。许友云所在机组年加工钢材2.5万吨，产品合格率始终保持100%。

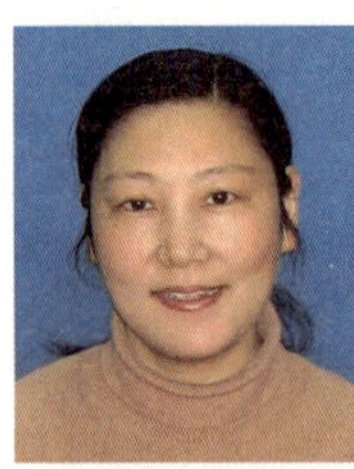

阮燕萍 女，1967年4月出生，中共党员，高级工程师，杭州民生药业有限公司工厂总监。2014年度全国五一劳动奖章获得者、浙江省劳动模范。

阮燕萍通过实施品牌战略、规范管理制度，使杭州民生药业有限公司的“21金维他”成为中国驰名商标，年产值近6亿元。在滨江新厂区工作时，阮燕萍导入精益生产理念，推行“5S”管理模式，使工厂生产工艺达到美国药品生产要求，并通过美国FDA工厂检查，为公司制剂产品出口欧美市场打下基础。

陈　静 女，1979年1月出生，中共党员，工程师，浙江新安化工集团股份有限公司农化研究所研发组组长。2014年度全国五一劳动奖章获得者、浙江省劳动模范。

陈静自2005年从事技术研发工作以来，申请专利17项，发表论文14篇。承担草甘膦母液处理、草甘膦技术创新等国家“十二五”科技支撑计划课题、浙江省重大科技专项、杭州市重大科技创新项目。首创草甘膦母液“磷”资源化回收新技术，解决制药行业的母液出路问题。她成功研发创新型草甘膦高黏度水剂，为企业创收1.6亿元。

荀述荣 女，1966年9月出生，杭州佳骏人力资源有限公司东新片区片长。2014年度全国五一劳动奖章获得者、浙江省劳动模范。

2002年以来，荀述荣在杭州市下城区石桥市容环境卫生所担任道路保洁工作，“晴天一身灰，雨天一身泥”，在岗位上兢兢业业。所负责的东新片区地处城郊接合部，道路、街巷乱丢乱倒垃圾现象严重，她以身作则，牺牲休息时间，带领全组人员保证清扫质量，在检查评比中始终名列前茅。

赵永红 男，1970年7月出生，技师、助理工程师，桐庐县万里长运有限公司客运分公司经理。2014年度全国五一劳动奖章获得者、浙江省劳动模范。

赵永红优化公交班次，减轻司机劳动强度，节约能源消耗。日调整公交班次34班，年节省燃油4万余升。他积极创建“工人先锋号”，打造“文明车厢”，用“对待乘客热心、帮助乘客诚心、照顾乘客细心、服务乘客真心”的“四心”标准服务乘客，一直工作在客运第一线，连续6年被评为市级职业技能带头人。

唐水林 男，1969年10月出生，中共党员，主管医师，杭州市上城区卫生局卫生监督所副所长。2014年度全国五一劳动奖章获得者、浙江省劳动模范。

唐水林本着“精心指导、优质服务”的工作理念，20余年来一直坚守在卫生监督一线。“非典”疫情期间，他克服妻子肾移植手术后急需家人照顾的实际困难，舍小家顾大家，奋战在工作一线。唐水林在全省首推医疗机构医疗废弃物实时在线远程监控工作模式，获国家卫计委的好评；由他起草的《打击非法行医有奖举报办法》得到省、市卫生部门的肯定。

傅　勇 男，1968年1月出生，中共党员，一级实习指导教师，杭州汽车高级技工学校计财处主任。2014年度全国五一劳动奖章获得者、浙江省劳动模范。

参加工作27年来，傅勇在工作期间无一起责任事故，无一起学员投诉。在学校师资紧缺时期，他一年出勤350天，每天工作10小时，放弃休息时间，满足学员学习需求，学员考试合格率90%以上。他坚决反对行业不正之风，从不与学员在外就餐，所有学员的答谢宴请全部谢绝，学员赠送的礼金礼品全部归还。

（叶方魏）

·逝世人物·

顾维良 男，中国共产党党员，正市级离休干部，市七届人大常委会党组书记、主任，因病医治无效，于2014年3月30日6时在杭州逝世，享年88岁。

顾维良，1926年9月出生，上海

市宝山区人，1946年10月加入中国共产党。他曾在上海地下党交通联络站工作（鼎新公米店经理）。新中国成立后，历任中共杭州市委秘书处会计、总会计，杭州市财政局预算科副科长、科长，杭州市粮食局科长，杭州市计划委员会科长、办公室副主任、主任，杭州市商业局党委副书记、副局长、革委会副主任，浙江麻纺厂党委副书记、革委会副主任，杭州市计划委员会党组成员、副主任兼杭州市物资局党组书记、局长，杭州市计划委员会党组书记、主任，杭州市副市长兼市计委主任、党组书记，市中东河综合治理指挥部总指挥、党组书记，杭州市常务副市长，杭州市人大常委会党组书记、主任等职。1994年7月离职休养。

邓　鄂　男，中国共产党党员，杭州市政协原副主席，因病医治无效，于2014年12月31日零时30分在杭州逝世，享年99岁。

邓鄂，曾用名邓汝明，1916年9月出生，山东文登人，1938年7月参加革命工作，1939年1月加入中国共产党。历任八路军胶东五支队特种营秘书、政治部组织干事，山东第一纵队随营学校保卫股股长，抗大一分校保卫团保卫股股长，山东滨海区海陵县公安局局长，山东鲁南临城县委委员、公安局局长、县长，南下干部纵队政治指导员，杭州市公安局二处、三处副处长、处长，市政府办公室主任，市人民委员会副秘书长、秘书长兼闲林埠钢铁厂党委书记、市计委党组副书记、副主任，市人民委员会视察室副主任，市委、市人民委员会信访室主任，市基本建设委员会党组副书记、副主任，杭州市政协第三届、第四届副主席等职。1985年4月离职休养。2011年6月享受副省长级医疗待遇。

张海禄　中国共产党党员、原杭州市二轻工业局顾问、离休干部，因病医治无效，于2014年7月18日5时38分在杭州逝世，享年100岁。

张海禄，1915年3月出生，山西省吉县人，1936年2月参加中国工农红军第一方面军一军团，1937年1月加入中国共产党。历任八路军一一五师卫生部班长，鲁南军区一所事务员、管理员、三团一营管理员，山东鲁南八师师部管理员、教导营管理员，二十二军教导团供管股股长、六十四师师部供管股股长、机帆大队供给副主任，宁波市公安局总务科科长，宁波市公安局劳改大队大队长，宁波专署公安处直属劳改工厂厂长，杭州建筑总队三大队大队长、工务科科长、副总队长，十里坪农场场长，蒋堂农场副场长，富春江水电站工程总队副总队长，新安江沙石总队副总队长，船运队队长，长兴农场副场长，省第一监狱副监狱长，浙江建设兵团工业团十七连副连长、副参谋长、副团长、钱江五金工具厂副厂长，杭州市二轻工业局顾问等职。1983年5月离职休养。2009年9月享受副省长级医疗待遇，2011年6月按省长级标准报销医疗费。　（朱丽雁）

鲍永清　男，汉族，1958年4月24日出生，生前是淳安县汾口镇宏鲍村村民。2014年2月1日12时，宏鲍村发生山火，火势迅速蔓延。鲍永清闻讯后和村干部及其他村民自发赶往现场救火。面对山林大火，鲍永清等人不顾个人安危，奋力用树枝扑火，并紧急开辟防火隔离带。不料山上忽然刮起一阵大风，浓烟裹着烈焰向鲍永清迎面扑来，瞬间将其吞噬。鲍永清当场昏倒在地，顺着山势滚落二三米。在场的其他村民迅速把鲍永清救到安全地带并采取急救措施，但其一直处于昏迷状态，后被送往淳安县第二人民医院，经抢救无效牺牲。7月16日，鲍永清被浙江省政府评定为烈士。　（庄　健）

·历史人物·

胡海秋　（1902—1985），原名胡京涛，绍兴人。14岁考入北京天主教法文学堂。民国7年（1918年）秋，公费留学法国，就读于安比那市棉纺织学院。民国13年（1924年），胡海秋毕业回国，在上海创办六一织造厂，后迁杭州，先后任业务经理、总经理。新中国成立后，响应政府号召，于1951年率先在六一织造厂实行劳动保险条例。1954年，该厂成为杭州第1批公私合营企业。1956年当选为杭州市副市长，并任杭州市政协副主席。1950年，加入中国民主建国会，历任市民建副主委、浙江省民建副主委、全国民建常委及顾问。1957年，被错划为“右派”，1980年得到平反。

周师洛　（1897—1977），字仰川，诸暨人。民国9年（1920年）毕业于浙江公立医药专门学校药科。民国11年（1922年），到杭州同春医院主持药局。同年7月，任浙江公立医药专门学校附设诊察所药局调剂员。民国12年（1923年）辞职，到杭州中英药房担任药师。民国15年（1926年），集资开设同春药房，任总经理，并自制针药，以“民生制造厂化学药品部”名义对外销售，是杭州生产西药的开始。民国19年（1930年），组织试制安瓿成功。民国22年（1933年），赴日本考察安瓿制作技术。民国25年（1936年），正式成立民生药厂股份有限公司。抗日战争爆发后，为避免日军控制，他率领员工向内地撤退，先后辗转苏、浙、皖、赣、闽5省，坚持办厂。民国34年（1945年）8月，抗战胜利后，工厂迁回杭州。民国36年（1947年）3月，任杭州市新药业公会理事长。1950年5月，任民生药厂股份有限公司劳资协商会资方首席代表。

李　铭　（1887—1966），字馥孙，绍兴人，早年留学日本。民国2年（1913年）回国，先后任浙江兴业银行上海分行经理、浙江实业银行董事长兼总经理、国民政府公债基金保管委员会主任委员等职务。民国21年（1932年），创办杭州电力公司，任董事长。民国23年（1934年），创办鼎新纱厂，任董事长。民国30年（1941年），在美国参加国际货币基金会议，任中国代表团顾问。民国34年（1945年），与张嘉璈、陈光甫等在纽约成立中国投资公司。抗日战争胜利后回国。民国36年（1947年），任中央银行输入管理委员会主任委员。民国38年（1949年），到香港开设浙江第一商业银行，任董事长。

（年鉴编辑部）

区县（市）

Districts & Counties (Cities)

·上城区·

【上城区概况】 全区辖6个街道，有54个社区。户籍人口33.0万人，人口自然增长率4‰。全区生产总值807.62亿元，比上年（指2013年，下同）增长8.1%。其中：第二产业增加值362.37亿元，增长8.0%；服务业增加值445.25亿元，增长8.1%。

工业总产值727.63亿元，增长6.3%。工业销售产值707.62亿元，增长3.2%。规模以上工业企业产值722.89亿元、销售产值702.98亿元，分别增长6.4%和3.3%。规模以上工业企业产品销售收入344.55亿元，增长5.5%；利税242.24亿元，增长5.0%，其中利润34.75亿元，下降15.9%。规模以上工业企业产品产销率97.2%。万元工业增加值综合能耗下降7.1%。

上城区“十大产业”增加值（剔除重复）230.47亿元，占生产总值的28.5%。全区规模以上文化创意企业完成主营业务收入162.43亿元，增长4.0%。金融业增加值138.37亿元，增长10.0%。规模以上软件信息企业主营业务收入6.29亿元，增长24.4%。规模以上先进装备制造企业销售产值17.50亿元，为上年的94.7%，规模以上物联网企业主营业务收入20.04亿元，为上年的93.7%。规模以上生物医药产业销售产值4000万元，为上年的74.0%。规模以上节能环保产业销售产值0.30亿元，增长2.7%。

社会消费品零售总额303.57亿元，增长7.7%。其中：限额以上批发零售业实现零售额166.01亿元，增长7.3%；限额以上住宿餐饮业实现零售额21.75亿元，下降2.6%。限额以下批发零售业实现零售额98.36亿元，增长10.1%；限额以下住宿餐饮业实现零售额17.46亿元，增长12.1%。

外贸进出口总额27.27亿美元，增长2.4%。其中：进口总额11.61亿美元，下降8%；出口总额15.66亿美元，增长11.7%。全年批准外商直接投资项目27个，合同利用外资2.20亿美元，下降49.5%；实际到位外资2.06亿美元，增长13.0%。引进内资项目553个；实际到位内资144.96亿元，下降31.7%。引进市外资金到位500万元以上项目81个，到位资金500万元以上的省外项目36个。思科公司中国总部正式落户在钱江新城的中豪·望江国际，成为浙江第一个世界500强企业中国总部。对外贸易加快发展，自营出口总额15.66亿美元，增长11.7%。服务外包合同执行额2.61亿美元。“智慧城管”项目获中国城市管理进步奖并入选中国社会治理创新案例五十佳。湖滨银泰四期正式营业。南宋御街·清河坊、湖滨路、南山路三大特色街区接待游客2795.02万人次，完成营业收入83.01亿元，增长6.6%。南宋御街·清河坊被评为浙江省旅游满意度“十佳景区”。楼宇经济实现税收29.4亿元，下降37.4%。其中，纳税1亿元以上的楼宇11幢，纳税1000万元以上的楼宇46幢。全区有商品交易市场28个，全年市场成交额114.80亿元，为上年的99.4%。其中，年成交额1亿元以上的市场8个，成交额107.60亿元，下降0.6个百分点。

财政收入93.57亿元，增长3.3%。其中，地方财政收入58.03亿元，增长1.0%。一般公共预算支出23.22亿元。固定资产投资77.64亿元，增长21.6%。工业投资3.04亿元，增长65.4%；房地产开发投资43.50亿元，增长20.0%。商品房销售面积11.93万平方米，增长67.4%。

上城区政府管理与公共服务标准化项目获第七届“中国地方政府创新奖”优胜奖。全年认定市级以上创新型示范（试点）企业3个，新增市级以上高新技术研发中心8家、市级以上科技型中小企业17个、省级企业研究院1个，入选省高新技术百强企业1个。全年引进各类人才17852人，1人入选省“千人计划”。

年末，全区有小学18所，在校学生19189人；特殊教育学校1所，在校学生208人；初中11所（其中九年一贯制学校3所），在校学生8720人；职高1所，在校学生789人。各类医疗卫生机构173个，床位11607张。各类专业卫生技术人员16847人，其中执业（助理）医师6301人，注册护士7532人。计划生育率97.94%。

全年共办理“两会”议案、建议和提案239件，人大议案、建议办理满意率100%，政协提案办理满意率100%。

【“17654”民主民生互动平台】 上城区整合民主协商载体，发挥党组织引领、党员带头参与的作用，在全区打造“17654”民主民生互动平台，至2014年末，基本构建起“民主广泛参与、民意畅通表达、民情有效传递、民生有力解决、民怨及时化解、民智充分集聚”的民主沟

通与民生解决新机制。在区级层面建立1个民情信息中心和7个民情信息处置平台，下辖6个街道，分别成立“最美小营”“紫阳邻里”“南星e家”等6个民主沟通工作室，54个社区设立“民情气象站”。通过调研、座谈、问卷、网络等形式，对散落于民间、滞留于基层的社情民意及时、系统、有效收集和梳理。通过民主协商解决民生难题，让民众享受更好服务。

【政府管理与公共服务标准化项目获“中国地方政府创新奖”】 自2004年开始，上城区以构建行为规范、运转协调、公正透明、廉洁高效的服务型政府为导向，开展标准化工作的理论创新和实践探索。至2013年末，累计制定出台154项标准，其中1项成为国家级标准，5项成为省级标准，34项成为市级标准，并建成四大信息化平台。在2014年1月11日闭幕的第七届“中国地方政府创新奖”选拔大会上，该项目从全国132个申报项目中胜出，被评为全国十大政府创新项目。

【浙江玉皇山南对冲基金投资管理有限公司注册成立】 10月，以“对冲基金”命名的投资公司——浙江玉皇山南对冲基金投资管理有限公司正式在玉皇山南基金小镇落地。该公司由敦和资产管理有限公司、天堂硅谷资产管理集团、永安期货股份有限公司三方出资设立，注册资本1亿元。该公司以投资国内外顶尖对冲基金团队的新投资模式，助力玉皇山南基金小镇吸引国内外特别是回国发展的国际顶尖对冲基金团队入驻，提升基金小镇在对冲基金行业的影响力。

【钱学森航天科普馆建成开馆】 9月26日，钱学森航天科普馆在小营街道红巷生活广场开馆。钱学森科普馆整体布局以太空蓝白色调为主，分为钱学森简介区、科普互动区、模拟空间站生活区、模拟空间站工作区、科普阅览区、科学原理区、公共区7个功能区块。观看航天科普模型、浏览航天科普知识、体验航天科普游戏，载体新颖、寓教于乐。10月21日，中国科协党组成员、中国科学技术馆馆长束为，中国科协科普部副部长章丰一行到钱学森航天科普馆调研参观，对上城区基层科普工作给予充分肯定。

【上城区第八届运动会】 5月25日，上城区第八届运动会在杭州市开元中学举行开幕式。开幕式由区人民政府主办，区体育局等相关单位承办。运动会设置成年部和青少年部，历时8个月，共举行游泳、田径、篮球、足球、排球、棋类、轮滑、广播操等13个大项、239个小项的比赛，来自各系统、企事业、地区单位、中小学校65个代表团、384支代表队、3318名运动员参加运动会，产生598枚金牌、385枚银牌、322枚铜牌，34人次刷新23项最高纪录。

【新天地实验小学启用】 新天地实验小学是2014年上城区重点工程项目之一，是面向未来儿童发展，满足孩子体验式学习的智能学校。校园东北至徐家埠路，东南至新肆爱弥儿巷，西南至3号支路，西北至四号路。该项目由望江指挥部负责建设，于2010年6月启动，2013年3月正式开工建设，2014年8月竣工并完成验收，比预定工期提前1个月完成校内校舍和校外道路的所有施工和验收工作。9月1日，学校按时启用。

【“五柳巷·建国南路中医一条街”基本建成】 按照《上城区医疗机构设置规划》，上城区鼓励扶持“百年老店”发展，打造“五柳巷·中医院文化传承与创新产业园”项目。至年末，全区设有31家民营中医门诊部、9家中医诊所。在原有胡庆余堂、方回春堂、万承志堂、同仁堂等中医门诊部的基础上，项目一期即“五柳巷·建国南路中医一条街”经过两年的有机更新，基本建设完成。三慎泰、傅同春、天禄堂、俞同春4家百年老字号国医馆及2家中医诊所入驻中医一条街。

【海峡两岸校园广播文化交流促进会成立】 9月18日，杭州市上城区海峡两岸校园广播文化交流促进会成立暨第一次会员大会召开。会议讨论并通过章程、选举办法等文件，选举产生会长、常务副会长、副会长、秘书长，聘请名誉会长、顾问。

杭州市上城区海峡两岸校园广播文化交流促进会是由上城区教育部门、广播电台等文化机构以及个人所自愿组成的非营利性社会组织，以“校园广播文化”为平台，以“推动两岸青少年学生的实践探索和沟通交流，增进‘两岸一家亲’，深化对中华民族和中华文化的认同，携手两岸青年为共同实现中华民族伟大复兴的‘中国梦’而奋斗”为主旨，开展以弘扬中华文化，倡导和平发展为主题的多领域、多层次的两岸青少年学生交流活动。

（许红霞）

五柳巷·建国南路中医一条街　　（上城区史志办 供稿）

·下城区·

【下城区概况】 下城区辖8个街道，有74个社区。户籍人口40.58万人，人口自然增长率5.54‰。全区生产总值690.76亿元，按可比价计算，比上年增长6.6%。其中：第二产业增加值50.28亿元，增长2.1%；第三产业增加值640.48亿元，增长7%，现代服务业增加值占服务业增加值的69.7%。三次产业结构比例为0∶7.28∶92.72。

工业总产值76.92亿元，工业销售产值76.83亿元。其中，规模以上工业企业总产值64.35亿元、销售产值64.26亿元。工业产品产销率达99.86%，新产品产值21.68亿元。建筑业总产值112.79亿元，竣工产值60.06亿元，增长20.0%。

社会消费品零售总额768.26亿元，增长9.8%。其中：批发零售贸易业零售额718.48亿元，增长10.2%；住宿餐饮业零售额49.78亿元，增长4.2%。

金融业增加值207.85亿元，增长10.2%，占地区生产总值的30.1%。文化创意产业增加值131.51亿元，增长10.8%，占地区生产总值的19.0%。至年末，下城区有市级文创园区4个、市级文创特色楼宇6幢、区级文创园区7个、区级文创特色楼宇11幢。启动新一轮楼宇经济发展三年行动计划。全年楼宇经济引进500万元以上杭州以外企业210个，到位资金129.57亿元，增长20.4%。119幢目标楼宇实现税收65.6亿元，其中税收1亿元以上的楼宇37幢。

自营进出口总额32.7亿美元，其中出口总额20.52亿美元，出口总额比上年增长10.7%。完成境外投资项目14个，中方投资额8214.17万美元。服务外包合同执行金额3.51亿美元，增长7.2%。引进内资企业2047个，实际利用内资158.48亿元。其中，杭州地区以外企业1303个，到位资金140.22亿元。实际利用外资3.07亿美元，增长40.4%。浙商创业创新项目到位资金58.81亿元，增长10.8%。

财政收入130.04亿元，增长4.2%，其中地方财政收入80.17亿元，增长3.5%。公共财政预算支出25.83亿元，增长13.3%。其中：城乡社区事务支出3.85亿元，增长6.0%；社会保障和就业支出3.69亿元，增长14.0%；教育支出5.34亿元，增长6.6%；公共安全支出2.15亿元，增长9.6%；一般公共服务支出2.07亿元，下降17.8%。全年统筹区级资金17.56亿元用于民生事业发展，占区级财政支出的83.1%。

固定资产投资101.70亿元，第二产业投资0.20亿元，第三产业投资101.50亿元。房地产开发投资72.50亿元。房屋施工面积383.40万平方米，竣工面积50.86万平方米。商品房销售面积25.63万平方米，其中住宅销售17.15万平方米。

百井坊拆迁工作进展顺利，专业市场搬迁加快推进。白鹿鞋城343家商户的整体搬迁完成。“三改一拆”活动中改造旧住宅659户、4.62万平方米，旧厂区35.09万平方米，城中村128户、4.48万平方米；拆除违法建筑16.26万平方米。深入开展“五水共治”，落实“河长”责任制，完成3条黑臭河道治理、3个河道综合整治项目和13条河道清淤疏浚，消除排污口142个；完成23个低洼积水点治理和9个泵站提升改造工程。出台大气污染防治和应急方案，开展“百日治霾”专项行动，对工地及道路扬尘、餐饮油烟等进行重点整治。新增绿地面积6.1万平方米。推进公共停车产业化发展，竣工并启用公共停车泊位1415个。垃圾分类小区覆盖率达到100%。

专利量申请3346件，专利授权量2047件。累计培育科技型中小企业234个。规模以上工业企业新产品产值率达33.7%。新增国家重点扶持高新技术企业4个，新增市级高新技术企业17个、市级以上研发中心8个。新增浙江省、杭州市重大科技创新项目7项。全区有各类教育机构52个（不含民办、部门办、街道办幼儿园及民办培训机构），其中：区属幼儿园16所（36个园区），在园幼儿16386人；小学17所，在校小学生23285人；中学12所，在校中学生11577人；特殊教育学校1所，在校学生78人。教职工人数3111人。4名教师被评为浙江省特级教师。

城乡居民社会养老保险参保率达99.89%。深化居家养老服务，政府资助型养老服务对象达8813人，占全区老年人总数的9%。全年新增床位731张，每百位老人拥有床位数4张。社会组织新增256个，总数2075个。政府购买社会组织服务，首批18个服务事项交由社会组织承接，涉及金额1381万元。下城区被评为首批全国社会工作服务示范城区和新一轮全国和谐社区建设示范城区。区管医疗机构数175个，拥有床位数1395张，卫生技术人员2826人。预约诊疗服务进社区累计服务13万余人次。实行“医养护一体化”签约服务，有效签约9.1万人。全区计划生育率97.58%，免费婚前医学检查率91.90%，免费孕前优生检测率99.98%，发放计划生育特殊家庭帮扶资金698.4万元。

城镇新增就业30538人，失业人员再就业16467人，其中就业困难人员安置6544人。化解各类劳动纠纷1116起，设立杭州市首个常态化劳动人事仲裁派出庭。留学生创业园引进企业25个。2014年引进海外高层次人才15名。城镇居民人均可支配收入45949元，增长9.0%。

推进政府职能转变，清减行政权力事项2600项、非行政许可事项106项，清减率分别达到51%和97.2%。完成责任清单清理工作，明确责任事项301项。下城区政府自觉接受区人大及其常委会的依法监督和区政协的民主监督，坚持重大事项向人大报告和向政协通报制度。全年办理人大建议、政协提案220件，办结率100%，满意率达到100%，解决率从上年的58.7%提高到60.9%。

【杭州跨境贸易电子商务产业园累计出口包裹256.5万个】 2013年7月8日，中国（杭州）跨境贸易电子商务产业园（简称“杭州跨境贸易电子商务产业园”）在下城区长城街22号正式开园。至2014年末，杭州跨境贸易电子商务产业园每日出口包裹1万余件，累计出口包裹256.5万个。出口额累计2048万美元，出口目的地覆盖全球180多个国家和地区。2014年11月8日，园区首期企业进口产品O2O展示活动成功举办，全球最大的在线钻石珠宝销售商BlueNile在园区清关。11月11日前后，园区每日直邮进口包裹2.5万件。

【中国杭州人力资源服务产业园挂牌】 12月16日，人力资源和社会保障部正式复函浙江省政府，批准在杭州建立国家级人力资源服务产业园，并要求充分发挥园区整合资源、集聚产业、拓展服务、孵化企业、培育市场等功能，为人力资源服务业创新发展提供借鉴。位于下城区东新街道、2013年4月挂牌成立的浙江（杭州）人力资源服务产业园因此更名为“中国杭州人力资源服务产业园”。至2014年末，中国杭州人力资源服务产业园引进世界500强企业万宝盛华集团、全球人力资源机构50强企业中国国际技术智力合作公司等23个国内知名人力资源服务企业和2家省级人力资源行业协会组织。2014年，园区人力资源类企业产值达到18亿元，贡献税收3104万元，服务5万人、3000余个企业。

【银泰集团推出“中国购物节”】 11月11~16日，银泰集团和阿里巴巴集团首次联合，推出实体店和网络商城联动的“中国购物节”系列活动。11月15日上午，“中国购物节”巡游促消费活动“杭州大巡游”举行，12个游行方阵、400多名演职人员从银泰武林店出发，经延安路、凤起路行至中山北路，全程1.1千米，吸引数万名市民驻足。“中国购物节”期间，银泰集团销售额超过14亿元，比2013年店庆期间增长13.5%。银泰武林总店销售额超过3.8亿元，增长20.2%，其中16日销售额突破2亿元，增长25%，刷新单店单日销售纪录。

【“名师智慧空间站”启动】 为发挥教育专家的辐射、示范和引领作用，着力培养一批中青年骨干教师，推动区域教育高位均衡、和谐、持续发展，2014年初，下城区启动人才工作重点项目——“名师智慧空间站”项目。1月23日，下城区教育局公布第一批“名师智慧空间站”项目名单，包括“区域公共教育服务平台建设的实践研究”“九年一贯制学校课程衔接研究与实践”2个区域项目和“基于当代教学设计理论的初中科学智慧课堂的研究”等12个专题项目。区内特级教师、三星级教师领衔，面向全区公开招募113名一线优秀教师组建成研修团队，所有空间站均在基层校园建站。至2014年末，通过小班化培训、个性化指导和跟踪式培养，“名师智慧空间站”项目开展教师专业发展研讨、展示、观摩等活动90余场，区内外1255名中小幼教师受益。

【和平广场公共停车楼启用】 11月17日，和平广场公共停车楼投入使用。和平广场公共停车楼位于绍兴路与东新路交叉口北侧，占地面积1.21公顷，总建筑面积2.18万平方米，共6层452个车位（1楼特别设置8个残疾人车位，方便残疾人的轮椅停放）。收费标准为小型车每小时4元（24小时内6小时封顶），对外还可进行包月停车。和平广场公共停车楼距离地铁1号线打铁关站仅300米，有效缓解和平广场及周边小区居民“停车难”和“出行难”问题。

【特斯拉汽车公司浙江总部落户下城】 7月17日，特斯拉汽车公司浙江区域总部落户城北体育公园，7月24日向杭州8位车主交付首批Model-S电动轿车，并启用杭州首座、国内第6座超级充电站。该项目注册资金100万美元，占地面积870平方米，包含综合服务、形象展示、汽车销售及相关产品销售等功能。至2014年末，特斯拉汽车公司浙江区域总部实现销售额3.87亿元，创造税收111万元。杭州是继北京和上海特斯拉综合服务中心启用后，在全国布点的第三站。

【咸亨国际应急装备中心成立】 11月20日，咸亨国际应急装备中心在下城区石桥街道天堂经济园13号楼挂牌成立。中心汇聚了国内外知名应急救援装备品牌，集展示、体验、推广于一体，一期总投资1000万元，通过全天候展览的形式推动社会对应急减灾及救援的重视。至2014年末，中心接待社会各界2000余人次参观考察，尤其是防灾减灾及家庭应急逃生科普知识的讲解与普及，深受群众欢迎。

【武林街道应急联动指挥中心成立】 11月20日，下城区武林街道投入150万元的杭州市首个街道跨部门联合应急指挥中心建成。应急联动指挥中心位于武林街道办事处一楼大厅内部，集智慧化信息分析、通讯联系、GPS指挥调度、视频监控和应急联动于一体，整合派出所、交警、城管执法和社区等多部门资源，实现“一体化指挥、多元化联动、常态化运作”。至2014年末，武林街道应急联动指挥中心接到报警855起，警情办结率达100%。11月21日和27日，通过中心监控和GPS通信设备，警察仅用时1分钟就赶到逃犯所在地并抓获全国通缉的逃犯，比传统出警速度至少快5分钟；“12·16”麒麟街飞车抢夺案仅用17小时就宣告破获，抓获犯罪嫌疑人2名。

（朱佳祺）

整治后的东河夜景 （下城区府办 供稿）

·江干区·

【江干区概况】 江干区辖8个街道，有4个行政村、140个社区。户籍人口48.41万人，人口自然增长率10.37‰。全区生产总值458.7亿元，增长6.5%。其中：第一产业增加值0.6亿元，下降13.6%；第二产业增加值133.6亿元，增长7.8%；第三产业增加值324.5亿元，增长6.0%。三次产业结构由上年的0.1∶29.6∶70.3调整为0.1∶29.1∶70.8。

制定新一轮经济相对薄弱村社扶持政策，明确对全区经济薄弱村（社区），连续3年每年扶持100万元，用于基本公共服务项目建设。2014年，完成公共服务项目12个。启动笕桥街道浜河社区"美丽村庄"试点建设。丁兰街道沿山村开展省级"森林村庄"创建。村庄绿化率达71.52%。江干区与建德市下涯镇开展"联乡结村"结对共建，落实结对帮扶资金248万元，支持8个项目建设。落实"低收入农户收入倍增计划"扶贫资金90万元，支持衢州市衢江区云溪乡、车塘村9个项目建设。

全区工业总产值246.4亿元，按可比价格计算增长12.7%。规模以上工业企业实现总产值196.6亿元、销售产值194.4亿元，分别增长4.9%和5.1%；实现新产品产值79.3亿元，增长24.3%，新产品产值率40.3%。规模以上工业企业利税35.8亿元，增长1.0%；实现利润27.4亿元，增长9.1%。规模以上工业企业万元增加值能耗下降5.5%。浙江清华长三角研究院杭州分院、博奥生物工程、国家智慧物联网产业基地等项目顺利落地，绿谷·杭州开工建设，东方电子商务园入选"省电子商务十大产业基地"，东部软件城创新孵化园发展良好，省国家大学科技园创新集聚功能加快形成。启动"智慧小镇"和"智慧CBD"试点。合作设立"赛富丽元""先锋基石""金投智汇"等智慧产业基金，规模达15亿元。新增中国移动通信集团浙江有限公司、微软中国浙江总部、国鼎黄金有限公司、中信证券（浙江）有限责任公司、大唐电力浙江总部等企业总部和功能性机构30家、世界500强企业2个。引进金融类企业205个，浙江金融资产交易中心、杭州市农村产权交易所等项目落地。新增省级以上技术研发中心6家、国家级高新技术企业9个。万事利集团入选省首批"三名"示范企业，西子奥的斯电梯有限公司、杭州锅炉集团股份有限公司、杭州巨星科技股份有限公司、祐康食品（杭州）有限公司、杭州嘉德威钢琴有限公司入选省"机器换人"示范工程项目，杭州东城电子有限公司"E邮柜"入选省政府为民办实事项目，浙江凯实激光科技有限公司在"新三板"挂牌。

社会消费品零售总额312.7亿元，增长9.1%。其中批发零售业实现零售额291.6亿元，住宿餐饮业实现零售额21.1亿元，分别增长9.4%和4.3%。至年末，全区拥有50个专业市场，2014年整合提升改造专业市场2个。专业市场实现成交额425.7亿元，增长0.3%，其中，成交额1亿元以上市场实现成交额412.7亿元，增长0.2%。新增楼宇资源70万平方米，楼宇经常性税收增长26%。新增税收超过1000万元楼宇50幢、1亿元以上的楼宇6幢。商圈建设步伐加快，庆春广场地下空间开发有序推进，天虹百货开业，西子国际主体完工。

外贸进出口总额22.89亿美元，增长15.2%。其中，出口额19.15亿美元，增长10.6%。全年引进区外实际到位资金233.9亿元，增长25.7%，其中，市外实际到位资金176.9亿元，下降2.2%。实际利用外资3.23亿美元，引进世界500强企业2个。

财政总收入104亿元，增长7.9%。其中，地方财政收入62.7亿元，增长8.2%。财政总支出42.4亿元，增长22.7%。

固定资产投资491.4亿元，增长18.7%。地铁2号线东南段、秋石快速路三期主线开通。兴建路（东段）、红普路（艮山东路—德胜路）、凤起东路等14条主（次）干道和九州路等8条支小路建成，华丰路、笕丁路等7条主（次）干道和桥头路等10条支小路加快建设。推进道路建管衔接32条（段）26千米。完成老旧小区交通综合整治项目2个。建成杭海路停车楼等停车场（库）9个，新增停车泊位2573个。"五水共治"工程完成治理项目150个，拆除河岸违法建筑9.8万平方米，复绿7.4万平方米。在全市率先实施"阳光排污口"工程，清除排污口400个，每日新增截污量8000余吨，消除黑臭河道12条，治理积水点28处。"三改一拆"持续推进，节约利用土地资源。全年累计改造旧厂区32.6万平方米、旧住宅区16.7万平方米、"城中村"95.8万平方米，拆除违法建筑108.5万平方米。10月，江干区通过环保部国家级生态区现场考核验收。

全年城镇登记失业率1.84%，新增城镇就业岗位30040个，实现失业人员再就业16877人，帮扶就业困难人员就业6114人，被征地"农转非"人员再就业3882人。就业年龄段的残疾人就业率98.9%。实施《推进养老服务事业发展意见（2014~2016）》，建设居家养老服务照料中心45家，新增养老床位177张，政府购买居家养老服务惠及老人7500余名。发放"春风行动"等帮扶救助款3173万元。低保帮扶审批周期从20余天缩短至最快2小时。社会化助残服务残疾人8000余名。

专利申请量2288件，专利授权量1515件。全区共有各级各类学校（幼儿园）121所，其中小学20所，初级中学9所，九年一贯制学校6所，十二年一贯制学校1所，普通高中1所，职业高中1所，乡镇成人文化学校4所，公办特殊教育学校1所，幼儿园78所。全区在校学生（幼儿）78167人，其中小学32896人、中学14380人、学前儿童30891人。全区在编教职工3911人。全年实施学校建设项目26个，新开办学校（幼儿园）6所。新增甲级幼儿园9所，新增标准化幼儿园10所。浙江省义务教育标准化学校比例达91.4%。公共教育支出占财政支出比重（含省市补助）16.3%。

开展重大事项社会稳定风险评估27件，化解市、区两级重大涉稳问题9件。深入开展"信访积案攻坚年"活动，化解积案76件，化解率达65.2%。区级矛盾纠纷调处中心建立，实施人民调解"以奖代补"机制，基层调解委员会实现全覆盖，共调处矛盾纠纷8487件，调解成功率为99.9%。区政府全年办理人大代表意见、建议112件，政协委员提案93件，满意和基本满意率100%。

【丁兰街道被列为杭州市“智慧城市”试点】 10月，丁兰街道积极探索生态智慧型城镇化新路，被列为杭州市“智慧城市”唯一街镇级试点，并以“智慧小镇”为名被推荐成为浙江省首批特色小镇。街道围绕“发展智慧经济、建设智慧丁兰、全力争创智慧城市美丽杭州示范区”的总体目标，制定《建设智慧丁兰三年行动计划》，以项目化的形式明确了于2014年底前，实施“三区两馆一平台”等重点项目。所谓“三区”，就是建成智慧园区、智慧社区、智慧景区三大运行平台。“两馆”，就是建成智慧丁桥规划馆、未来生活体验馆，向群众生动诠释“城市让生活更美好”的升级版。“一平台”，就是建立智慧城市信息平台。在“智慧园区”建设方面，初步形成东部软件城创新孵化园、腾讯产业园、智慧总部园的“一城三园”智慧经济产业框架。率先利用留用地、旧厂房、农居房发展智慧经济，基本拉开了沿临丁路—同协路发展的智慧产业空间。同时整合优化已有资源，实施转型升级一批、洽谈引进一批、跟踪落实一批的“三个一批”智慧经济滚动开发战略。以长虹社区等“智慧社区”为试点，加速“智慧生活”普及。研制“智能盒子”（家庭智能网关）给居民家庭免费试用。通过环境传感器及可穿戴设备，提供家庭安防、远程控制、煤气报警、老年人身体状况实时感知等增值服务。以阳光逸城小区为试点，小区内520多辆私家车、120多辆电动车、数百个车位纳入智能停车诱导系统。“智慧景区”围绕“创AAAA级景区”总目标，推广视频监控系统、Wi-Fi全覆盖、虚拟景区、手机客户端、4D影视院等智慧应用。

【东方电子商务园入选“浙江省电子商务十大产业基地”】 6月5日，浙江省电子商务促进会公布2013年度浙江省“电子商务百强”名单，东方电子商务园进入“浙江省电子商务十大产业基地”榜单。至年末，东方电子商务园已培育、拥有入园企业400余个，员工人5000余人。2014年，园区贡献税收1.67亿元，电商交易额超30亿元。同年，该园区还获得浙江省电子商务促进会电商产业基地专委会专业认定，申报国家电子商务示范基地，并通过答辩。

【江干区“四诊四定”体系破题分级诊疗】 4月，省、市级公立医院以“药品零差率”为切入点推行综合改革，助推基层首诊、分级诊疗和双向转诊等制度的实施。江干区近年来形成“四诊四定”服务机制在综合改革中受到广泛关注。其中，“预约诊疗”缩短了患者候诊时间，“专项诊疗”让患者享受到规范化的慢病管理服务，“联合诊疗”让患者在家门口就能享受到上级专家的会诊服务，“双向诊疗”充分发挥了全科医生健康“守门人”的作用，避免转诊患者盲目选择上级医院；定药品比例、定处方金额、定输液组数和定抗生素使用比例的“四定”法进一步规范了医疗行为、控制医疗费用。

“四诊四定”服务让辖区群众享受到更便捷、更优质、更经济的基层医疗服务，初步构建起“首诊在基层、大病去医院、康复回社区”的分级诊疗体系。至年末，江干区区属医疗资源拥有区人民医院（4个院区）、8个社区卫生服务中心和64个社区卫生服务站。据第三方测评结果显示，江干区群众对基层医疗服务的满意率达96.8%，83.7%的群众表示愿意在基层首诊。

【茶都名园茶文化创意园开园】 4月20日，茶都名园茶文化创意园开园。茶都名园茶文化创意园位于茶文化特色街核心区块——凯旋路70号，由杭州市供销社、杭州合众工业集团共同建设，占地2万平方米，总投资4000余万元，主要分为“茗楼”和“茗园”两大功能区块。园区由形态各异的16幢建筑物组成，在保持杭州茶厂原厂区建筑群的基础上，秉承传统与现代交融，文化与经济共生，生态与建筑和谐的理念，建设集茶叶相关产品展示销售、创意产业发展、消费与休闲为一体的茶生活新天地。（姜建民）

钱江新城夜景

（江干区府办 供稿）

·拱墅区·

【拱墅区概况】 拱墅区辖10个街道，有99个社区。户籍人口32.65万人，人口自然增长率9.11‰。全区生产总值391.4亿元，比上年增长7.6%。其中，第二产业增加值98.27亿元，第三产业增加值293.13亿元，分别增长6.2%和8.1%。

规模以上工业企业实现利税总额37.49亿元，增长12.8%。高新技术产业保持快速增长，规模以上高新技术企业工业总产值91.31亿元，增长13.2%；工业销售产值87.52亿元，增长14.9%。建筑业总产值312.92亿元，增长8.4%，新增资质建筑企业16个。新增省科技型中小企业58个、市级以上高新技术企业25个。

十大产业实现增加值（剔重）167.07亿元，增长12.4%，比全区生产总值增速高出4.8个百分点，十大产业增加值占全区生产总值的42.7%。其中，文化创意产业、金融业、生物医药产业分别实现增加值（不剔重）71.58亿元、62.39亿元、23.21亿元，分别增长12.5%、9.0%、10.8%。“6+2”产业主营业务收入1493.8亿元，增长8.2%。旅游休闲产业实现主营业务收入57.3亿元，增长29.1%；文化创意产业主营业务收入172.3亿元，增长18.3%；中介服务产业主营业务收入172.2亿元，增长16.8%；都市工业主营业务收入166.9亿元，增长12.6%。运河广告产业园建设持续推进，中国（杭州）智慧信息产业园全面开展招商，中科院数字技术中心、惠普云服务平台投入运行。智能电商产业园、国家工业设计中心纳入全市首批创新型产业用地项目。

社会消费品零售总额376.26亿元，增长4.5%。其中：批发零售业实现零售额359.73亿元，增长4.3%；住宿餐饮业零售额16.53亿元，增长7.6%。年成交额1亿元以上的商品交易市场25个，成交额863.26亿元。

自营进出口总额16.31亿美元，下降6.8%。其中：自营进口总额3.79亿美元，下降37.2%；自营出口总额12.53亿美元，增长9.1%。全年实际到位市外资金171亿元，实际利用外资4.1亿美元，浙商创业创新工程到位资金59.5亿元。通过“以企引企”模式引进内资69.9亿元。新引进1亿元以上的大项目27个，中粮集团、天津现代集团有限公司等行业领军企业落户拱墅。转移区县协作产业项目16个，总投资4.4亿元。

出台加强科技创新、推进企业对接资本市场、鼓励大学生创业的一系列政策扶持措施，落实各类扶持资金1.8亿元。开展企业服务活动，推出全省首个企业服务“政企云”手机应用平台，全年为企业解决实际困难2236项。1984家个体工商户升级为企业。“海外海”被认定为中国驰名商标，“天格科技”“凯大催化”“话机世界”成功上市。引进“国千”人才5名，培养“省千”人才2名。

财政收入100.03亿元，增长7.8%。其中，地方财政收入60.39亿元，增长8.8%。地方财政支出24.37亿元，增长11.5%。其中：教育支出5.22亿元，增长10.9%；社会保障和就业支出2.75亿元，增长18.3%；科学技术支出0.86亿元，增长13.7%。

固定资产投资383.88亿元，增长24.6%。从固定资产投资方向看，第二产业投资9.00亿元，其中工业投资9.00亿元，分别下降60.5%和59.3%；第三产业投资374.88亿元，增长31.3%。房地产投资298.24亿元，增长28.3%。房屋施工面积845.27万平方米，增长27.4%；竣工面积159.87万平方米，增长269.8%。商品房销售面积102.97万平方米，增长23.0%。

开展征地拆迁“百日攻坚”专项行动，全年拆迁1065户、面积110万平方米。出让土地9宗、41.19公顷，土地出让金额109.62亿元。回迁安置房开工面积40.57万平方米，竣工面积94万平方米，安置回迁户1407户。实施“七纵七横”14条主次干道建设，云锦路（永宁路—下塘河）段完工；实施30条支小路改建工程，建成桥西单元规划二号路、临一路延伸段等8条支路。1853个停车泊位投入使用。全市第一个井筒式停车库顺利开工。在10个街道13个老旧小区创新推广实施“大封闭综合管理”交通综合治理，规范和新增车位3400余个。新增绿地30.68万平方米，种植大苗7260株、藤本植物23万株。半山游步道北延二期工程竣工。205个居民生活小区实施垃圾分类，垃圾无害化处理率100%。深入推进“三改一拆”，拆除违法建筑110.9万平方米。关停半山北大桥地区市属重点企业4个。建成扬尘综合控制区210万平方米。万元工业增加值综合能耗下降4.7%。启动生活垃圾“三化四分”试点，推进生活垃圾分类投放、收运、利用和处置工作，实行生活垃圾总量控制，构建全区域、全过程、全覆盖的生活垃圾综合治理体系。

专利申请量1755件，专利授权量1470件。发明专利申请量420件，增长0.96%；发明专利授权量128件，增长33.33%。年末，全区共有中学16所，在校学生1.55万名；小学21所，在校学生2.36万名；幼儿园54所，在园幼儿1.61万名。学前教育品质不断提升，新创建杭州市特级幼儿园1所、甲级幼儿园5所，等级幼儿园覆盖率100%。举办第三届大运河文化节、半山立夏节、区老年人运动会等特色文体活动。36所院校体育场馆免费向市民开放，新增体育场地面积16.3万平方米。优化公共卫生和基本医疗服务，建成卫生数据交换平台和区域健康信息管理服务平台，提升改造5家社区卫生服务中心。各类医疗卫生机构181家，拥有床位6081张。各类专业卫生技术人员6395人，其中执业（助理）医师2339人、注册护士2931人。浙江老年关怀医院实施公立医院综合改革试点，完成“医养护一体化”签约服务5.34万人。全年新增就业3.1万人，引导和帮助城镇失业人员实现再就业1.7万人，动态消除“零就业家庭”。全面推行“邻家式”医保服务。建立困难救助信息共享平台，出台困难家庭医保补贴和因病致贫家庭生活补贴暂行办法，实现边缘困难群众医保全覆盖，“助医绿色通道”救助项目被省政府授予“浙江慈善奖”。

全年共办理人大代表意见、建议和政协委员提案288件，办结率100%。受理信访1.1万件（人次），办结率100%。

【“河长制”管理网络助力“五水共治”】 拱墅区自2013年8月开始，在杭州市率先实行“河长制”。至2014年末，全区建立起“河长制”体系，形成覆盖61条河道的区、街道、社

区三级“河、段、片”长管理网络。其中，21条黑臭河道和11条骨干河道全部由区领导担任“河长”，坚持“守土有责、属地管理”，区级“河长”负总责，属地“河、段长”具体负责。“河长”牵头召集相关部门会商“病情”，制订并督促落实河道治理实施方案，确保河道治理目标、任务和责任落实到位。2014年，12条（段）河道实施综保工程，打通断头河5条，消除黑臭河道21条，新增日截污量2.5万吨，完成25条道路和9个生活小区低洼积水改造，建立地下管网及河道管理智慧平台，运河拱墅段水质主要指标稳定保持在V类水平。

【拱墅区“政企云”服务平台上线运行】 6月4日，拱墅区“政企云”服务平台上线运行。该平台设有政策大厅、金融服务、企业助手、通知公告、企业诉求等六个板块。平台定期更新国家、浙江省、杭州市以及拱墅区出台的最新扶持政策，帮助企业及时掌握政策、用好政策；及时推送通知公告，快速发布活动通知、公告通报、重要提醒等事项；具备高效的互动交流，拥有网站、电话、短信等信息渠道，手机APP端为企业提供互动交流的快捷平台。快速办理项目申报、解决企业“融资难”、企业反映诉求、企业给政府服务打分等都是该平台的特色。至年末，该平台拥有注册企业10517个，全年帮助企业解决实际困难2236项。

【万达广场购物中心开业】 12月12日，万达广场购物中心开业。万达广场购物中心是大连万达集团在杭州的第一个商业项目，位于杭州市北部软件园核心区块、城市东西大动脉——石祥路与杭行路交汇处，占地8.53公顷，总建筑面积36万平方米，总投资近55亿元，涵盖大型商业中心、休闲娱乐中心室内步行街、投资型写字楼、高级写字楼等业态，改善了杭州城北地区的商业环境。

【拱墅区加快建设“5432”服务体系】 2014年，拱墅区按照“政府主导、政策扶持、社会参与、市场推动”的思路，加快推进“5432”养老体系建设：“5”即丰富保障赡养、休养、乐养、健养、助养“五养”服务；“4”即健全规范信息管理、困难关爱、标准引领、社会参与等四项举措；“3”即构建区养老服务指导中心、街道养老服务中心、社区养老服务站室三级管理网络；“2”即丰富完善社区服务模式和扶持发展社会组织参与居家养老服务模式。拱墅区全年新建社区居家养老日间照料中心15家，新增享受政府购买养老服务人员1902人，新增机构养老床位608张。至年末，拱墅区已建成92家社区居家养老服务站、12家集中托老所、62家居家养老服务日间照料中心、60个老年食堂。

【杭州运河广告产业园联手惠普公司打造智慧产业园】 3月28日，杭州运河广告产业园与全球500强企业惠普公司合作打造的IT云公共服务平台正式启用。该项目包括“云数据中心”“政企云企业服务平台”“智慧园区管理信息化平台”和“智慧园区综合展示体验中心”四大核心功能，以先进的技术手段和有效的整合方案，建立基于云计算的公共服务平台，为园区入驻企业提供灵活、高效、便捷、经济的IT基础服务，使运河广告产业园率先进入大数据、大服务时代。启用以来，项目已为260个企业提供零成本入驻办公，节省办公能耗70%以上。

【杭州运河智谷技术创新中心助推拱墅产业转型】 杭州运河智谷技术创新中心位于运河广告产业大厦，由杭州北部软件园、中科院自动化研究所、杭州龙纪影视传媒公司共同筹建。2012年，杭州运河智谷技术创新中心与运河广告产业园签订合作备忘录。经过团队组建、项目推广、体制创新等准备，2014年4月1日，数据中心和技术实验室正式迁入。杭州运河智谷技术创新中心以突破广告产业核心技术和引领未来产业发展为目标，以构建核心技术研发支撑、公共技术运行支撑、创业创智基本支撑等三大公共服务体系为重点方向，打造虚拟现实与视觉工业、海量数字内容智能处理两大产业孵化群，引进和培养文化科技、文化传媒领军人才，建成省内一流的公共服务平台。

【世界500强企业中粮集团落户拱墅】 10月8日，拱墅区政府、中粮集团置地管理有限公司与河北天成房地产开发有限公司三方共同签订战略合作协议。中粮集团综合体品牌“大悦城”落户拱墅热电厂地块，项目总面积46万平方米，集大型购物中心、商业街区、高档写字楼、高品质住宅为一体，实现购物、娱乐、观光、休闲、餐饮等多种功能。

【“助医绿色通道”救助项目被授予“浙江慈善奖”】 “助医绿色通道”是专门面向因患急、重疾病须住院治疗，但因家庭经济困难无力承担住院押金的低保、困难救助对象

小河直街　　（拱墅区府办 供稿）

的救助项目，项目通过垫付住院押金，着力解决其看病住院“首付难”问题，变“事后救助”为“事前救助”，使之“病有所医”。2013年，拱墅区全面实施“助医绿色通道”救助工作机制，实施以来共为500多人次的低保困难救助对象垫付住院押金60多万元。2014年，拱墅区“助医绿色通道”救助项目被浙江省政府授予“浙江慈善奖”。（顾煜俊）

·西湖区·

【西湖区概况】 全区辖9个街道、2个镇，有148个社区、36个行政村。户籍人口64.6万人，人口自然增长率8.3‰。全区生产总值799.53亿元，比上年增长8.3%。第一产业增加值4.28亿元，下降2.2%；第二产业增加值106.21亿元，增长2.4%；第三产业增加值689.04亿元，增长9.0%。

农林牧渔业总产值6.45亿元。其中，种植业产值2.4亿元，畜牧业产值0.31亿元，渔业产值3.58亿元。种植业面积7.58公顷，粮食与经济作物种植面积比由上年的41.33∶58.67调整为28.33∶71.67。龙井茶、无公害蔬菜、水产养殖及花卉苗木等优势产业实现产值5.72亿元，占农林牧渔业总产值的88.7%。生猪饲养量3.22万头，家禽饲养量24.1万羽，畜禽肉类产品产量1704吨。淡水产品产量2.1万吨。

工业总产值280.83亿元，下降2.7%。工业销售产值278.44亿元，下降2.9%。规模以上工业企业产值223.63亿元，增长7.4%，占全区工业总产值的79.63%；规模以上工业企业销售产值221.24亿元，增长6.8%，占全区工业销售产值的79.46%。新产品产值80.91亿元，增长10.3%。新产品产值率36.2%，比上年提高2.82个百分点。建筑业增加值43.57亿元，下降0.9%。

社会消费品零售总额417.82亿元，增长9.8%。其中：批发业零售额179.05亿元，增长8.8%；零售业零售额207.19亿元，增长13.0%；住宿业零售额5.52亿元，下降6.9%，餐饮业零售额26.06亿元，下降2.7%。年成交额1亿元以上的商品交易市场12个。旅游景区、景点门票收入5.92亿元。全区接待游客1000.53万人次，旅游收入184.77亿元。

外贸自营出口总额22.46亿美元，对外投资1.25亿美元。服务外包合同执行金额、离岸执行金额分别为6.7亿美元和3.69亿美元。区外到位资金233.46亿元，市外到位资金196.59亿元。实际利用外资6.73亿美元。引进10亿元以上内资项目3个、1亿元以上项目69个、1000万美元以上外资项目18个。

财政收入154.36亿元，增长16.2%。其中，地方财政收入90.55亿元，增长13.0%。全年一般预算支出47.92亿元，增长17.7%。其中：教育支出10.22亿元，增长17.4%；社会保障和就业支出5.53亿元，增长8.2%；城乡社区事务支出8.11亿元，增长11.5%。

固定资产投资472.39亿元，增长18.4%。其中，工业投资16.49亿元，下降9.4%。房地产开发投资227.42亿元，增长17.4%。房屋新开工面积212.36万平方米，竣工面积180.96万平方米，销售面积96.07万平方米。

专利申请量8223件，专利授权量4515件，其中发明专利申请量和授权量分别为4324件和1902件，发明专利申请和授权量均连续8年保持全省第一。杭州电子商务产业园成为国家级科技企业孵化器。学前儿童入园率99.9%，小学生入学率、初中生入学率均达100%。幼儿园76所，在园幼儿2.63万人；小学24所，在校学生4.94万人；中学18所，在校学生2.04万人；特殊教育学校1所，在校学生95人；职业高中1所，在校学生1695人。在职在编教职员工5212人。全年新开办幼儿园3所、小学2所。公共图书馆1个，文化馆1个，全国（省、市级）重点文物保护单位15处（群）。各类医疗卫生机构349个，医疗床位6025张。各类专业卫生技术人员8902人，其中执业（助理）医师3460人、注册护士3741人。农村自来水普及率100%。城乡居民医疗保险参保率达到99.84%。全区计划生育率97.01%。西湖区被民政部命名为“全国和谐社区建设示范城区”，被环境保护部命名为“国家生态文明建设示范区”。

办理人大代表意见、建议169件，政协委员提案152件，满意和基本满意率100%。受理群众来信、来访、来电1.81万件，办结率99.6%。

【西溪天堂风情美食街被评为市级商业特色街】 11月，西溪天堂风情美食街被杭州市政府评为“市级商业特色街”。西溪天堂风情美食街位于西溪天堂国际旅游综合体内，东至紫金港路和布鲁克酒店，南至西溪湿地博物馆和码头，西至西溪湿地博物馆东侧，北至西溪天堂西轩酒店、悦椿酒店及喜来登酒店国际会议中心，南北长370米。西溪天堂风情美食街总建筑面积4.5万平方米。至2014年末，街区有商户54家，其中餐饮商店12家、娱乐休闲场所8个、咖啡茶点商户16家、酒吧6家、青年旅社1家、教育培训机构2家、创意产品零售商店9家。巴特洛西班牙餐厅、美泰泰国餐厅、万秀台平壤餐厅、暗恋·桃花源居酒屋等多家国际风尚餐厅落户西溪天堂风情美食街。（余世刚）

【城西污水处理厂厂区和南线管网通水运行】 12月27日，城西污水处理厂厂区及南线管网通水运行。城西污水处理厂位于杭州绕城高速公路与留祥路交叉口西北角，厂区总用地15.25公顷，南线管网总长1.26千米。一期工程污水日处理能力5万吨，出水水质采用高于国家标准的一级A标准执行。城西污水处理厂投入运行，结束了杭州城区西北部没有污水处理厂的历史。（陈 晔）

【“微公交”体系建设缓解群众出行难题】 2014年初，西湖区将“加快居民出行路网建设，推动建立城乡公共交通配套体系”列入政府实事项目。“微公交”电动汽车外形小巧，由运营中心统一调度，市民可通过类似租赁自行车的模式来租赁电动汽车，有短时租赁和团体租赁两种业务。5月，西湖区创建首个纯电动汽车示范社区——象山片区。至年末，象山片区已投放“微公交”电动车1000多辆，建成可充换电智能立体车库租赁站点4座（古墩路古荡科技园站、文三路古荡街道站、振华路女儿港站、紫荆花公园）、微公交酒店3处（黄龙饭店、百瑞国际大酒店、西溪宾馆），建成微公交平面站点13处，其中投入运营10处，完工

3处。全区累计投放“微公交”电动车9841辆。此外，位于西湖区蒋村街道、占地1.33公顷、能容纳1500辆纯电动汽车的调度中心已经建成并投入使用。（陈　晔）

【西湖区初步建成“智慧医疗”系统】 7月18日，西湖区推出移动医疗服务项目——“社区健康通”。“社区健康通”是一款手机应用软件，具备在线签约、预约、转诊、健康教育等服务功能。群众可以通过“社区健康通”签约全科医生，免费跟医生在线交流，还能预约浙江省、杭州市级医院的专家诊疗、住院、检查等事项，体检记录、检查结果也可通过“社区健康通”进行查询。至年末，“社区健康通”已有注册用户3.66万人，全科医生在线签约用户7583人，健康咨询1.42万人次。此外，西湖区已建区域心电会诊中心、影像中心、联合诊疗中心，实现远程诊疗；建设区域卫生数据智能决策分析系统、全处方点评管理系统，建立卫生信息分析平台。全区已初步建成“智慧医疗”系统。（李晓燕）

【西湖科技经济园区实现智慧发展】 年初，西湖科技经济园区围绕以智慧经济为主导的高端装备制造业、智慧型服务业和文化广告创意产业“2+1”产业开展项目招商，引进浙江北斗天绘信息技术有限公司、浙大创新院等150多个企业，并创建成为“杭州市创新发展园区”。新增15个国家扶持的高新技术企业、5个市高新技术企业、1个省级高新技术企业研发中心、3个市级高新技术企业研发中心。2014年，西湖科技经济园区高新技术产业产值36.66亿元，占总产值的83.5%。（吴　涯）

【外桐坞村创建国家级AAA级景区】 3月，转塘街道外桐坞村通过杭州市旅游委员会AAA级景区验收。外桐坞村位于转塘街道东北面，毗邻中国美术学院象山校区，素有“万担茶乡”之称，是西湖龙井茶的主要产地，是浙江省特色旅游村和杭州市首批“风情小镇”之一。村落面积130公顷，其中茶地18.8公顷、山林84公顷。全村总户数160户，常住人口567人。（胡　鹏）

·滨江区·

【滨江区概况】 全区辖3个街道，有51个社区。常住人口32万人，户籍人口19.1万人，人口自然增长率17.06‰。全区生产总值692.84亿元，比上年增长11.5%，增幅列全市第一。其中：工业增加值350.03亿元，增长17.1%；服务业增加值322.97亿元，增长9.0%。

规模以上工业企业产值和销售产值分别为1032.92亿元和1021.98亿元，分别增长25.2%和21.2%。规模以上工业企业营业收入1207.14亿元，增长29.0%；利税247.62亿元，增长15.3%，其中利润191.86亿元，增长13.4%。规模以上工业企业产品产销率98.9%。建筑业增加值18.09元。

信息经济总收入1273.43亿元，增长30%。物联网、信息软件、电子商务、数字传媒等重点产业营业收入增幅分别为46.0%、35.7%、61.7%、43.2%。高新软件园列全国38家软件园综合排名第三，互联网经济产业园列全省服务业集聚示范区综合评价第二。十大产业增加值581.65亿元，占生产总值比重84%。新备案文创企业153个，限额以上文创企业实现营业收入457.99亿元，增长15.5%。

社会消费品零售总额77.06亿元，增长4.5%。新建及提升改造农贸市场14家。创建早餐示范门店、标准化门店10家。传统产业加快转型升级。实施新业包装、新大集团等4个工业园区厂房改造项目，完成旧厂房改造38.4万平方米，淘汰落后产能企业2个。楼宇经济创新发展，万轮集团、华业控股集团创办的孵化器被评为国家级科技企业孵化器。现代都市农业加快发展，建立跨区合作生产基地1.26万公顷，实现营业收入30亿元。

财政收入169.21亿元，增长20.4%。其中，地方一般公共预算收入86.53亿元，增长14.8%。区级公共财政支出51.5亿元，增长17.5%。其中：科学技术支出4.70亿元，增长34.5%；教育支出7.70亿元，增长23.3%；社会保障和就业支出6.13亿元，增长23.9%；医疗卫生支出1.78亿元，增长20.5%；城乡社区支出16.85亿元，增长9.0%。

固定资产投资294.89亿元，增长18.9%。阿里巴巴二期、创业软件、电魂网络等15个产业项目开工建设，感知中心、海康威视二期等20个产业项目竣工。政府投入60.30亿元，增长19.2%，13个省市重点项目完成投资15.40亿元。“智慧新天地”概念规划与城市设计完成，核心区域“三纵三横一堤一河”基础设施项目陆续开工。奥体博览城主体育场、西兴互通立交、地铁4号线和6号线工程扎实推进，机场快速路改建工程、“浙江之门”等省市重点项目和区重点招商引资项目进展顺利。星光大道二期、之江世茂商业综合体、江汉路龙湖商业综合体建设加快推进，商汇大厦、星耀城商业街陆续开业。新开工（续建）城市道路29条、建成9条。建成星光大道周边区域交通信息诱导系统，新建与续建公共停车场（库）7座，江陵路站等3个地铁站点大型换乘停车场基本建成，新增加停车泊位1316个。

“三改一拆”行动、“五水共治”工程大力推进，以整村成片拆迁带动项目有效征迁。星民、七甲闸、襄七房、共联、傅家峙、岩大房等撤村建居社区基本完成整村拆迁工作。“三改”面积149.41万平方米，拆违面积62.93万平方米。全区179个“五水共治”项目开工建设，完成129个，投资总额8.6亿元。21个农转居拆迁安置房小区（苑）截污纳管工作竣工。清洁河道24条，清淤30余万立方米，基本消除黑臭河道、垃圾池塘。新建（改建）华家、江三、浦沿等6座排涝闸（泵）站，开展55个易积水点整治，57千米城市道路雨水管网进行彻底清淤。制定《2014年杭州市滨江区生活垃圾分类工作实施方案》，完成55个小区垃圾分类收集及清运采购项目，基本实现垃圾分类全覆盖。加强城市建设工地和渣土运输管理。

全年实现自营出口45.80亿美元，增长24.4%，增幅列全市第一。引进投资总额1000万美元以上外资项目11个。实际利用外资7.13亿美元；实际利用内资85.10亿元，增长13.23%。“浙商创业创新”工程实际到位资金52.85亿元。新引进注册资

位于滨江区的杭州低碳科技馆　　（张　辉　摄）

本5000万元以上内资项目44个（其中5亿元以上项目2个）；实际到位1亿元以上内资项目14个。境外投资新批（增资）项目22个，境外中方投资额1.57亿美元。服务外包合同执行额28.22亿美元，增长21.5%。

全区研究与试验发展（R&D）经费支出88.97亿元，增长12%，占GDP比例达13%，总量约占全市的三分之一。全年各类产业扶持资金支出20.14亿元，其中区级产业扶持资金11.69亿元，增长20.4%。获国家科技进步奖一等奖1项、二等奖1项，国家技术发明奖二等奖1项、市科技进步奖12项（其中一等奖2项）、市工业设计大赛产品奖6项。经认定的国家级高新技术企业新增62个。专利申请量5556件，授权量4232件，增长35.25%，增幅列全市第一。其中，发明专利936件，增长26.3%，万人拥有发明专利授权量列全省第一。3项专利获第十六届中国专利奖，14个企业被列为浙江省创新能力百强企业。新增国家级企业技术中心2家、省级重点企业研究院9家、省级企业研究院10家、省级市级企业技术中心和研发中心50家。滨江区创新能力居全国国家级高新区第4位。科技创新服务体系和数字安防创新型产业集群建设纳入科技部试点，新增国家级孵化器1家（累计4家）、市级孵化器3家（累计8家）。

全年累计引进各类人才2.2万人，其中高级人才3480人；引进培育国家“千人计划”专家7人（累计40人），入选国家科技创新创业人才6名（累计7人）；引进省“千人计划”专家18人（累计89人）。新增省“151人才工程”培养人选5人，新增享受市政府特殊津贴专家4人；新增市“521”计划专家9人、团队2个。引进企业博士后研究人员20人，培养出站9人。引进留学回国创新创业人才228人，创办企业110个。全年征集海外高层次人才创业项目561个，96个为创业发展项目，157个为创业启动项目，已落地项目130个。新引进大学生创业企业330个，增长6.45%。全年培养高技能人才1524人。

全区有小学7所、初中3所、九年一贯制中小学6所；在校小学生16248人，在校初中生6132人。在职在编教职工1904人，其中初中教师585人，小学教师980人，幼儿园教师339人。公共图书馆1个，文化馆1个。全区有线数字电视用户近8万户。电视、广播综合覆盖率均为100%。坚持文化为民惠民，开展“电影巡映·送戏进村到社区”“文艺讲堂进社区”等文化产品配送服务和“新中国成立65周年”系列文艺活动。承办全国排舞总决赛、“谁是球王”中国羽毛球民间争霸赛，排舞世界吉尼斯纪录挑战成功，区第四届全民运动会成功举办。区文化中心顺利结顶，区体育馆、中国国际动漫博物馆开工建设，区青少年活动中心完成前期工作。实施长河街道公共体育设施提升、江南体育中心气排球场地改建、滨江公园健身点网球场和篮球场升级改造等工程。全区新建健身苑（点）7个，更新75个。学校体育设施免费对外开放。全区社区卫生服务中心3个，社区卫生服务站32个，其中医疗床位125张。各类专业卫生技术人员413人，其中执业（助理）医师111人、注册护士57人。全区计划生育率98.46%。

全年新增就业岗位11235个，帮助失业人员实现就业3810人，其中就业困难人员2923人（拆迁户家庭710人）。第14次“春风行动”共募集资金585万元，发放各类救助资金1045万元，累计帮扶困难家庭2351户次。

全年办理区人大代表建议68件，办结率100%，满意和基本满意率99.5%。办理区政协委员提案98件，办结率100%，满意和基本满意率95.8%。

【滨江区政协正式成立】 2013年8月，中共杭州市委印发《关于同意设立中国人民政治协商会议杭州市滨江区委员会的批复》。2014年2月17~20日，政协杭州市滨江区第一届委员会第一次会议召开，会议选举产生政协杭州市滨江区第一届委员会领导班子，标志着滨江区政协正式成立。

滨江区政协设“一办三委”4个正处级机构，机关编制11名（区政协主席、副主席、秘书长编制单列）。区政协办公室设主任1名（秘书长兼任）、副主任2名，区政协提案和委员工作委员会、区政协经济科技和城建委员会、区政协社会发展和民族宗教法制委员会设主任各1名，科级领导职数3名。

【工商登记制度改革助力民众创业创新】 针对传统工商登记审批制度存在的门槛高、成本大、取名难、前置审批久、年度检验烦等问题，滨江区于2013年12月31日开始实施工商登记审批制度改革，推出九项举措：试行注册资本认缴登记；推行“先照后证”；名称核准不重名；简化住所登记手续；实行“五证一章联发”；整合审批事项；建立企业年报公示制度；畅通审批渠道；建立企业信用信息公示平台。

中央电视台《经济信息联播》、《中国工商报》头版、《法制日报》

等中央级媒体和省、市级地方媒体多次报道滨江区改革经验。2014年4月16日，滨江区呈报的《杭州工商注册登记制度改革取得显著成效》一文得到国务院总理李克强的重要批示。

2014年，全区工商新注册企业5351个，比上年增长114%。注册资本230.7亿元，增长233.6%。

【4项中欧国际合作项目获国家财政资助920万元】 4月22日，科技部、财政部联合公布2014年度中小企业发展专项资金中欧国际合作立项项目，滨江区4个企业承担的4个项目获国家财政专项资助920万元，分别是杭州海聚动力科技有限公司的"新型节能全液压钻机"、杭州交通卫星定位应用有限公司的"基于大数据的智能交通诱导系统的研制"、浙江睿思特节能环保技术有限公司的"区域能源管理与决策云平台"和浙江菲达科技发展有限公司的"垃圾焚烧SDA烟气处理技术联合研发"，立项数位居全省各区（县、市）首位。

【彩虹快速路时代高架互通立交开通】 3月28日，彩虹快速路时代高架互通立交（彩虹立交）四个方向匝道及火炬大道东侧上下匝道正式开通运行。彩虹立交最高处有33米，上下5层。第一层为原有的滨文路地面道路，第二层是时代大道高架，第三层是滨文路东、西方向通向时代大道，第四层是彩虹快速路，第五层则是时代大道到滨文路的互通。

【"白马湖系列丛书"（第一辑）出版】 9月，"白马湖系列丛书"（第一辑）——《白马湖诗词》《白马湖传说》由西泠印社出版社正式出版发行。《白马湖传说》分为历史传说、地方风物传说、人物传说、幻想故事和生活故事五个部分，辑录当地口口相传的70余篇传说故事；《白马湖诗词》精选从春秋时期到现代的300余首诗词作品，共有白马抒情、冠山名胜、长河沧桑、西陵古韵和乡贤闲咏五个篇章。"白马湖系列丛书"旨在从不同角度展示白马湖地区独特的风土人情和深厚的文化底蕴。

【中小学校园体育场地向市民开放】 9月1日，滨江区中小学校园体育场地向市民开放。在21个体育资源免费对外开放学校（校区）中，A类开放点18个（江南实验学校月明校区、西兴中学、西兴小学、滨兴学校、长河小学、长河小学白马湖校区、闻涛小学、博文小学、滨虹学校、长河中学、高新实验学校、浦沿中学、滨文小学、浦沿小学、山二校区、彩虹城小学、东冠小学、滨江职高），开放时间为早上5点至6点30分，晚上18点至20点（冬令时：早上5点30分至7点，晚上17点至19点），双休日、节假日早上6点至晚上19点。江南实验学校、杭州第二中学、长河高级中学为B类开放学校，只在节假日、寒暑假对外开放。市民持市民卡，可在居住地就近选定一所学校，到社区登记办理健身功能即可入学校（校区）健身。无市民卡的市民以及符合相关条件的居民，可持杭州通卡到开放学校（校区）所属社区申请。

【浙江大学医学院附属儿童医院滨江院区启用】 12月27日，位于滨江区滨盛路3333号的浙江大学医学院附属儿童医院滨江院区正式启用。医院总用地面积6.1万平方米，投资7.44亿元，一期建筑面积13.05万平方米，停车位近800个。主要科室包括内科监护室、新生儿监护室、外科监护室、耳鼻喉头颈外科、眼科、骨科、烧伤整形科、神经外科、新生儿外科、内分泌科、神经内科、消化内科、心内科。原有的心胸外科分为胸外科、心脏外科；普外科、呼吸内科、新生儿科均设两个病房；新增设口腔科病房、创伤外科病房、外科腔镜中心病房、肿瘤外科病房；开辟感染楼收治发热、肠道感染等疾病患者。（田树军）

·萧山区·

【萧山区概况】 全区辖12个镇，14个街道，有411个行政村、171个社区。户籍人口125.54万人，人口自然增长率6.51‰。全区生产总值1727.63亿元，按可比价格计算，比上年增长7.9%。其中：第一产业增加值61.60亿元，第二产业增加值928.27亿元，第三产业增加值737.77亿元，分别增长2.0%、8.1%和8.0%。按户籍人口计算的人均生产总值达到138309元，按当年平均汇率折算，人均生产总值达到22516美元。十大产业（杭州市统计口径）增加值565.56亿元，按可比价格计算增长7.9%。

农林牧渔业总产值100.40亿元，增长4.9%。其中，农业产值56.75亿元，增长12.3%；林业产值1.20亿元，增长2.6%；畜牧业产值26.13亿元，下降12.2%；渔业产值12.84亿元，增长15.5%。

工业总产值4718.10亿元，增长5.6%。工业销售产值4614.38亿元，增长5.1%。工业产品销售率达到97.8%。1846个规模以上工业企业实现销售收入4096.61亿元，实现利税总额313.09亿元，其中利润总额223.51亿元。规模以上高新技术企业实现销售产值1181.45亿元，增长5.5%，新产品产值率达29.7%，比上年提高3.2个百分点。建筑业增加值75.84亿元。

社会消费品零售总额515.65亿元，增长5.9%。其中：批发零售业448.57亿元，增长4.8%；住宿餐饮业67.08亿元，增长13.6%。各类专业市场共计159个。其中成交额1亿元以上的市场28个，100亿元以上的市场3个。星级市场共48个，其中四星级市场11个。全年市场成交额达1002.2亿元，增长9.8%。拥有各级名牌产品335种。全年居民消费价格比上年上涨2.0%。全年共接待游客1753.51万人次，旅游总收入213.64亿元。

外贸进出口总额138.48亿美元，下降1.6%。其中，出口总额99.93亿美元，增长5.6%。出口总额中高新技术产品出口3.13亿美元，增长14.7%。新批外商投资企业71个，合同利用外资19.10亿美元，实际利用外资12.58亿美元。引进及结转注册资金500万元以上市外内资项目166个，实际到位资金119.15亿元。引进浙商回归项目52个，到位资金74.09亿元。

财政总收入243.21亿元，增长6.2%。其中，地方财政一般预算收入133.85亿元，增长5.8%。一般公共预算支出120.2亿元。年末，全区金融机构本外币存款余额3106.86亿元，比年初增加102.67亿元。本外币贷款余额2849.58亿元，比年初增加190.49亿元。上市公司累计27个。

固定资产投资850.85亿元，增长16.4%。房地产开发投资318.74亿元，增长28.6%。公路通车里程2398.35千米，其中高速公路60.87千米，航道里程796.83千米。社会机动车辆拥有量54.70万辆。杭州萧山国际机场全年起降航班21.33万架次，旅客进出港2552.6万人次，货邮吞吐量39.86万吨。固定电话用户61.57万户，移动电话用户248.85万户，登记注册的宽带用户45.55万户。全社会用电量207.86亿千瓦小时，全年供水量3.1亿吨，完成农村“一户一表”改造1.7万户。配合做好大江东体制机制调整工作。宁围、新街、闻堰撤镇设街。年末建成区绿化覆盖率37.8%；建成区绿地面积2945公顷，增长2.3%；公园绿地面积824公顷；全力开展“五水共治”。拆除各类违法建筑459.09万平方米，拆违总量列全市第一。实施重点节能项目136个，减排项目89个。通过创建国家级生态区技术评估。

专利申请量4781件，专利授权量4019件。新认定国家重点扶持的高新技术企业47个。全区84所小学在校生10.62万人，45所初中在校生4.41万人，9所普通高中在校生2.11万人，17所职业高中在校生1.36万人。全年文艺作品获得国家级奖项13个。艺术表演团体演出76场次。图书馆流通图书225.23万册次。新的老年大学建成，编纂出版《萧山市志》，《萧山年鉴》获全国年鉴编纂出版质量评比综合特等奖。全年获得国家级运动会奖牌4枚。各类医疗机构678家，病床6948张，卫生技术人员10658人。

城镇常住居民人均可支配收入47195元，增长10.1%；人均生活消费支出32581元，增长14.9%，农村居民人均可支配收入26758元，增长10.8%；人均生活消费支出23511元，增长13.1%。城镇常住居民人均住房建筑面积48平方米，农村居民人均住房建筑面积67.3平方米。

【衙前镇凤凰村试行股权改革】 5月29日，萧山区衙前镇凤凰村完成新一轮股份经济联合社股权改革，首次明确股东股金的终生持有和继承权利。该村股份经济联合社将21377万元总授权股金确权至578户家庭、2041名股东。

股份经济联合社股权改革方案贯彻“一稳、二改、三不变、四不能”的原则。“一稳”就是从保持凤凰长期发展稳定角度考虑，使股权明确，稳定人心。“二改”就是股本金短期改长期，可以继承，并且由结算到人改为结算到户。“三不变”就是股金分红与村民保障分配比例不变、人口增减的原政策不变、以后新增人口与新增资产的结算不变。“四不能”就是股东股金不转让、不兑现、原始股不再变动、新股东不再分片核算。

湘湖摘星岛俯瞰 （张 迪 摄）

【萧山区进行部分行政区划调整】 7月，经浙江省和杭州市政府批准，闻堰镇、宁围镇和新街镇建制撤销，在三镇原行政区域范围分别设立闻堰、宁围、新街三个街道办事处。此次行政区划调整后，萧山区由15个镇、11个街道调整为12个镇、14个街道。

【大江东管委会托管河庄等5个街道】 8月28日，杭州市委、市政府召开大江东体制调整工作会议，决定对大江东产业集聚区体制进行调整，由大江东党工委、管委会托管萧山5个街道，具体区域范围为河庄、义蓬、新湾、临江、前进5个街道的行政管辖区域，以及大江东规划控制范围内其他区域（不含党湾镇所辖接壤区域的行政村）。杭州市委常委、萧山区委书记俞东来兼任杭州大江东党工委书记，杨军任杭州大江东管委会主任；撤销江东、临江、前进等管理机构（前进工业园区正式脱离杭州经济技术开发区管辖）。杭州大江东产业集聚区正式融入主城区。

杭州大江东新城位于萧山东北部的沿钱塘江区域，处于环杭州湾产业带和环杭州湾城市群的核心位置，包括江东新城、临江新城和前进工业园区。杭州大江东产业集聚区党工委、管委会是杭州市委、市政府的派出机构，级别与杭州市委、市政府工作部门相同，被依法赋予与萧山区相同的管理职能和审批权限，依法独立行使经济管理权限和社会管理职能。

【海峡两岸产业发展推进会在萧山举行】 10月15日，杭州海峡两岸产业推进会在萧山区举行，来自杭州和台湾两地70余个企业共签订投资及合作协议27项，新增投资超过3亿美元。此次推进会重点邀请台湾金融、医疗、汽车零部件、智能装备、智慧产业等领域企业家与会，现场签订投资协议14项、企业间合作项目13项。其中：钱江世纪城管委会与裕融企业股份有限公司签订投资设立裕隆汽车金融投资公司，总投资15亿元；杭州大江东产业集聚区管委会与高雄医学大学辅设中和纪念医院签订合作办医意向协议，新增投资额2亿元。

【《萧山市志》出版发行】 2014年，《萧山市志》出版发行。《萧山市志》共5册，计1005万字。上限1985年1月1日，下限2001年3月25日，即萧山撤市设区日。在记述上适当上溯下延，以求记载对象之完整，读者查索之便利。该志全面、完整地记载了萧山地域的自然、政治、经济、文化、社会等方面的历史与现状。第四卷为索引，分目（子目）索引、人名索引、地名索引、图片索引、表格索引、附（附录）索引6类。第五卷为社会课题调查卷。该志特色鲜明。注重社会调查，与浙江大学、浙江工商大学、华中科技大学合作，广泛开展了16个课题调查，涉及吃、穿、住、行、教育等民生根本之问题，视角亦投向百岁老人、妇女、知识分子、企业家、外来民工等社会关注之焦点，以真实再现社会万象，开创了二轮修志集中、系统开展大规模社会课题调查之先河。该志广泛运用注释，注重边注的使用，以多种形式衔接前志，方便读者，丰富志书记载的形式。（顾王芳）

·余杭区·

【余杭区概况】 余杭区辖14个街道、6个镇，有建制村184个、社区156个。全区户籍人口92.54万人，比上年末增加2.21万人。人口自然增长率8.36‰。全区生产总值1101.23亿元，比上年增长9.5%，增幅高于浙江省（7.6%）和杭州市（8.2%）平均水平。按户籍人口计算，全区人均地区生产总值120413元，增长7.4%。按当年平均汇率计算，人均地区生产总值达到19602美元。

农业总产值72.0亿元，增长0.1%。其中：种植业产值39.58亿元，增长5.0%；林业产值7.09亿元，增长6.8%；牧业产值6.06亿元，下降36.5%；渔业产值15.18亿元，增长5.2%。农作物总播种面积4.68万公顷，下降2.3%，其中粮食作物1.46万公顷。粮食总产量10.21万吨，增加0.32万吨。水产品产量6.29万吨，增长1.9%。生猪存栏5.6万头，出栏15.64万头，分别下降36.1%和42.9%；羊存栏5.02万只，出栏5.54万只，分别增长12.3%、10.6%；家禽存栏117.11万只，出栏431.44万只，分别下降27.1%、63.2%。

工业总产值2082.29亿元，增长3.1%。至年末，规模以上工业企业1193个，产值1483.47亿元，增长3.5%；销售产值1465.47亿元，增长4.4%；工业增加值300.60亿元，增长7.0%。规模以上企业实现主营业务收入1446.65亿元，增长3.7%；利税总额124.99亿元，增长12.9%，其中利润总额72.61亿元，增长13.8%。企业总资产贡献率为9.98%，成本费用利润率为5.24%，分别较上年提高0.1个和0.58个百分点。华立集团股份有限公司和杭州诺贝尔集团股份有限公司蝉联“中国民营企业500强”称号，分别居500强榜单第300位和415位。

财政收入240.78亿元，增长20.3%。地方公共财政预算收入148.80亿元，增长18.0%。财政预算支出137.12亿元，增长23.0%；预算内用于民生支出94.66亿元，占全区财政预算支出的69.0%，增长16.7%。按支出结构分，教育科技、城乡社区、保障就业、医疗卫生、农林水利、节能环保分别占总支出的25.9%、10.5%、10.2%、7.0%、6.0%和2.8%。

固定资产投资786.15亿元，增长24.5%。从产业结构看，第一产业投资0.61亿元；第二产业投资134.54亿元，增长2.6%；第三产业投资651.00亿元，增长30.2%，比重较上年提高3.6个百分点。全年进出口总额60.14亿美元，增长8.2%。其中：进口4.35亿美元，下降0.4%；出口55.79亿美元，增长9.0%。

社会消费品零售额349.43亿元，增长13.6%。其中，批发零售业零售额316.92亿元，增长14.0%；住宿餐饮业零售额32.51亿元，增长9.0%。实体商品交易市场成交额876亿元，增长14.4%。其中，102个消费品市场成交额652亿元，增长15.1%。全区接待国内外旅游者1203.92万人次，旅游总收入125.79亿元，分别增长16.4%和17.3%。其中，国内旅游者1181.56万人次，国内旅游收入121.9亿元，分别增长16.5%和17.0%。至年末，全区有A级景区10家，其中AAAA级以上景区6家；旅游饭店23家，其中4星级以上旅游饭店4家，特色文化主题饭店1家；星级旅行社4家。浙江省旅游经济强镇4个，浙江省旅游特色村9个，纳入杭州旅游咨询体系的咨询中心10家。全区拥有民用汽车27.83万辆，增长8.6%，其中载客汽车23.35万辆，增长9.1%。公路客运量14459.76万人次，增长9.3%；内河港口货物吞吐量2222.28万吨，水运货运量1888.34万吨。

专利申请量6696件，授权量4588件，其中发明专利申请量1141件、授权量295件。企业专利申请量、授权量分别为6047件和4181件，占总量的90.3%和92.5%。8月，余杭区通过国家知识产权强县工程试点工作考核验收。全区2014年新认定市级以上各类科技型企业196个，其中国家重点支持领域高新技术企业51个，浙江省科技型中小企业98个，杭州市高新技术企业38个，“雏鹰计划”企业7个，“青蓝计划”企业2个。全年新增省级企业技术中心6家，市级企业技术中心8家，市级工业设计中心2家。全区幼儿园91所，1468个班，在园幼儿47071人，3~5周岁幼儿入园率99.7%。小学46所，在校生82297人。初中33所，在校生30632人。普通高中11所，在校生13201人。全区小学适龄儿童入学率达到100%，初中、高中毕业生升学率分别达到100%、90.5%。

全区有文化经营单位1401家。公共图书馆藏书总量达到105.2万册，新增7.8万册。《余杭晨报》日发行量达3.05万份。余杭电视台每天播出时间17.5小时，其中自备节目8小时。余杭广播电台每天播出时间24小时，其中自备节目19小时。有线电视入户率98%，数字电视用户34.8万户。各类医疗卫生机构360家，其中区属医院7家、社区卫生服务中心20家。医院、卫生院共有各类医疗病床3655张，其中区属医院2236张。卫生技术人员5960人，其中执业医师1954人、注册护士2354人，分别增长2.8%、8.6%和8.9%。计划生育率97.89%。新建60个健身苑点、17个篮球场、20个乒乓室（场）、7个室内健身房、4个体育健身公园。

城镇居民人均可支配收入45329元，增长10.0%；人均生活消费支出32668元，增长12.3%。年末，城镇居民人均住房建筑面积为34.76平方米。农村居民人均纯收入26581元，增长11.3%；人均生活消费支出22521元，增长11.8%。农村居民人均

余杭方志馆外景　　（余杭区史志办　供稿）

住房建筑面积64.05平方米。年末，城乡居民储蓄余额823.52亿元，比年初增长13.7%；人均储蓄余额达9.01万元。

【余杭区位列中国综合实力百强区第8位】 10月17日，《中小城市绿皮书：中国中小城市发展报告（2014）》正式发布。中国综合实力百强市辖区浙江省占19席，在前十强中浙江省占3席，分别是第4位杭州市萧山区、第5位宁波市鄞州区、第8位杭州市余杭区。评价市辖区的综合实力的4个指标涵盖经济发展和民生改善两个方面，分别为人均地区生产总值、地方财政总收入、城镇居民可支配收入、农民人均纯收入；从规模效应和市场需求两个方面评价市辖区的投资潜力的5个指标，分别是常住人口数、地区生产总值、全社会固定资产投资额、社会消费品零售总额、居民人均消费支出。

【余杭区公布首份“权力清单”】 8月18日，余杭区首份权力清单在区政府门户网站（www.yuhang.gov.cn）公布，并广泛征求社会各界意见、建议。余杭区纳入权力事项清理的部门39个，共梳理权力10432项。经审核清理，此次公布的权力清单中涉及行政权力事项的部门31个，保留行政权力事项3776项，清减率63.8%；承接省、市直接下放或委托下放的行政权力96项（不含行政处罚、行政强制等省市下放属地管理的权力事项），审核转报事项109项。

【径山茶和中泰竹笛成为国家地理标志保护产品】 5月16日，国家质量监督检验检疫总局发布2014年第55号公告，批准中泰竹笛、径山茶、清流鲜切花、莆田荔枝、宁化薏米（宁化糯薏米）、永春漆篮、竹溪黄连、夫子河鱼面（夫子河捶鱼）、周巷凤凰茶、蕲春夏枯草、蕲春薏苡仁、神农架野板栗、丹江口青虾、连山大米等14个产品为国家地理标志保护产品，其中径山茶、中泰竹笛2个产品为余杭区产品，自文件印发之日起实施保护。“径山茶”地理标志保护产品产地范围为余杭区径山镇、余杭街道、闲林街道、中泰街道、黄湖镇、鸬鸟镇、百丈镇、瓶窑镇、良渚街道等9个镇（街道）现辖行政区域；“中泰竹笛”地理标志保护产品产地范围为余杭区中泰街道现辖行政区域。产地范围内的生产者，可向浙江省杭州市余杭区质量技术监督局提出使用“地理标志产品专用标志”的申请，经浙江省质量技术监督局审核，报质检总局核准后予以公告。中泰竹笛的检测机构由浙江省质量技术监督局在符合资质要求的检测机构中选定。至此，余杭区共有地理标志保护产品3个。

【60周岁以上老年人获得政府购买的意外伤害保险】 7月30日，杭州市余杭区财政出资为全区60周岁以上老年人每人购买一份人身意外伤害保险工作启动，老年人因意外造成骨折或致残、致死，每人可获得1万元~3万元不等的赔款。至年末，余杭区有60周岁以上老年人17.71万名，占总人口的19.4%。老年人意外伤害保险每人每年保险费20元，区财政每年出资约375万元。余杭区由政府为60岁以上老年人购买意外伤害保险的做法在杭州地区属首次。

【“炬华科技”上市】 1月21日，杭州炬华科技股份有限公司在深圳证券交易所创业板上市，股票名称“炬华科技”，证券代码为“300360”，首次公开发行后总股本7928万股，首次公开发行股票数量1988万股，每股发行价格55.11元，对应市盈率为33.17倍。

杭州炬华科技股份有限公司是一个专业从事电能计量仪表和用电信息采集系统产品研发、生产与销售的高新技术企业，于2012年10月被科技部火炬高技术产业开发中心认定为国家“火炬计划”重点高新技术企业，拥有浙江省高新技术企业研究开发中心以及多个电能表与用电信息采集系统产品专利及软件著作权。研发中心建有电能表性能实验室、环境影响试验室、电磁兼容（EMC）试验室、结构与材料实验室和多个计量检定室。

【老板电器茅山制造基地智能物流仓储中心项目签约】 9月10日，老板电器茅山制造基地智能物流仓储中心签约仪式在余杭区举行。杭州老板电器股份有限公司、昆明船舶设备集团有限公司、世仓物流设备（上海）有限公司合作建设智能物流仓储中心。这是国内家电行业规模最大的智能化、现代化物流仓储中心，总投资7.5亿元，占地面积13.4万平方米，生产、物流各占50%，其中智能物流仓储中心投资2.5亿元。其中家电智能化立体库长160米、宽132米、高32.2米，共有3.3万个货位。整个物流系统共有18个巷道、15层立体库、3个环形穿梭车系统、15个堆码机器人、7个发货月台，可支撑年销售各类厨电产品800万台的规模，计划于2015年9月建成投运。

【余杭生物医药高新技术产业园区建设启动】 12月22日，浙江省医疗

设备与工业信息工程重点企业研究院建设暨余杭生物医药高新园区启动会议在临平召开，标志着余杭生物医药高新技术产业园区建设正式启动。余杭生物医药高新技术产业园区是浙江省唯一生物医药高新技术产业园区，规划总面积20.76平方千米，其中启动区块规划面积10.33平方千米。重点发展可穿戴设备、现代大型设备、植入介入材料、基因诊断（生物芯片）设备等生物医药产业，计划到2020年建成浙江省医疗器械审评中心、浙江省医疗器械检验院余杭分院、浙江省食品药品监管局行政审批受理分中心、创新药物早期成药性评价公共服务平台、企业研发资源共享平台等五大功能性平台。（李景苏）

·富阳区·

【富阳区概况】 全区（以下均指富阳区）辖6个乡、13个镇、5个街道，有26个社区、276个行政村。户籍人口66.6万人，人口自然增长率1.1‰。全年实现生产总值601.5亿元（现价），比上年增长8.3%。

农林牧渔总产值56.4亿元，增长5.4%。粮食播种面积1.86万公顷，下降18.4%；粮食总产量12.0万吨。肉类产量5.38万吨，禽蛋产量0.73万吨，蚕茧产量2042吨。117个农业龙头企业实现销售收入59.0亿元。年末，各类名牌农产品69种，其中杭州市级以上34种。全年投入农田水利建设资金6.3亿元，年末全区各类水库151座。年末，拥有农机总动力46.2万千瓦，耕地有效灌溉面积2.2万公顷。全年投入“富春山居美丽乡村”建设资金8.0亿元，其中“五水共治”建设资金（包括省、杭州市资金）3.5亿元，建成“富春山居美丽乡村”精品村10个。“富阳芦笋”获国家地理标志证明商标。

工业总产值1648.0亿元，增长3.1%。其中规模以上工业企业产值1297.5亿元，增长3.6%。年末，全区有工业产值超过1亿元的企业204个，其中超10亿元企业9个、超20亿元企业9个、超50亿元企业1个、超100亿元企业1个。全区668个规模以上工业企业全年实现主营业务收入1293.9亿元，增长5.4%；实现利税97.4亿元，增长20.4%。建筑业增加值25.1亿元，增长4.9%。

社会消费品零售额170.79亿元，增长13.6%。新建（改建）农贸市场1家。全区有商品交易市场40个，其中年成交额1亿元以上的市场15个。富阳获中国电子商务发展百佳县市称号。主要旅游景点接待游客449.4万人次，增长17.7%；旅游景点门票收入13781.2万元，增长45.9%。全区乡村旅游接待游客314.7万人次，实现乡村旅游收入20370.8万元。

全年新批外商投资项目18个，实到外资3.2亿美元，增长33.7%。全年完成进出口总额28.5亿美元，增长7.5%。其中：自营出口13.72亿美元，增长14.6%；自营进口14.78亿美元，增长1.6%。全年完成境外投资项目9个，总投资4732万美元。京东（杭州）电商产业园项目落户富阳。

财政总收入88.4亿元，增长6.3%。其中，公共财政预算收入49.6亿元，增长7.0%。公共财政预算支出57.7亿元，增长9.5%。年末，金融机构各类存款余额876.07亿元，增长10.6%；各项贷款余额890.93亿元，增长13.2%。全年引进3家商业银行，完成浙江富阳农村合作银行股份制改革。全年保险费收入4.93亿元，增长4.8%。其中：财产保险费收入2.47亿元，增长13.1%；人身保险费收入2.46亿元，下降2.3%。保险费理赔支付1.82亿元，增长2.5%。

全区公路通车里程1933.4千米，其中高速公路37.3千米。全年货物运输量1120.9万吨，比上年下降1.5%；公路旅客运输量1739万人次，增长4.0%。杭黄铁路富阳段开工建设。全年邮电业务总量8.76亿元，与上年基本持平，固定电话用户14.2万户，移动电话用户83.7万户，电话普及率为147.0部/百人。互联网用户21.6万户。全社会用电量71.2亿千瓦小时，增长3.6%，其中居民生活用电5.8亿千瓦小时，下降7.2%。全年城区供水总量5658万立方米，管道煤气用户10万户。市区道路长度168.0千米，有营运公交车274辆，出租车269辆，客运总量3167万人次。建成国家级生态乡镇（街道）19个，省级生态乡镇（街道）1个、杭州市级生态乡镇（街道）4个。

全年组织实施各类科技计划项目237项，其中国家级9项、省级85项；专利申请量2800项，专利授权量2200项；技术合同交易（吸纳）200项，总金额2亿元。至年末，全区有高新技术企业200个，其中国家级102个。各类专业技术人员5.24万人，其中具有中高级职称1.36万人，分别增长6.1%和4.3%。全区有幼儿园72所，在园幼儿2.46万人；小学42所，在校学生4.45万人；普通中学22所，在校学生3.29万人；中等职业学校2所，在校学生0.83万人。学龄儿童入学率和初中入学率均为100%，初中升高中段比例99.93%。通过国家义务教育发展基本均衡县市评估验收。23个乡（镇）街道成为省和杭州市教育强乡镇。有线电视用户20.55万户，数字电视用户20.45万户。《富阳日报》全年出版301期，日发行3万份。区图书馆藏书39.4万册（件）。全区有各类医疗机构489家，医疗床位2652张，医疗卫生各类专业技术人员3714人。通过国家慢性病综合防控示范区创建。全年完成无偿献血1.41万人次，献血量281.98万毫升。城乡居民基本医疗保险参保人数43.16万人，参保率99.72%。计划生育率94.97%。全年举办各类群众性体育比赛75场，参赛运动员3.5万人。新建健身苑点7个、篮球场12个、乒乓球室6个，农村健身设施覆盖率100%。全年获得杭州市级以上各类奖牌167枚，其中金牌68枚。举办首届富春江全国业余铁人三项积分赛。

城镇常住居民人均可支配收入39954元，增长10.1%；农村常住居民人均可支配收入22840元，增长11.3%。城镇居民人均住房建筑面积52.2平方米，农村居民人均住房建筑面积72.8平方米。全区私人汽车拥有量94398辆，增长10.6%，全区每百户家庭拥有私人汽车47辆。

【国务院批复同意设立杭州市富阳区】 12月13日，国务院批复同意浙江省调整杭州市部分行政区划。具体为：同意撤销县级富阳市，设立杭州市富阳区，以原富阳市的行政区域为富阳区的行政区域，富阳区人民政府驻富春街道桂花路25号。批复指出：行政区划调整涉及的各类机构要按照“精简、统一、效能”的原则设置，涉及的行政区域界线要按规定及时勘定，所需人员编制和经费由杭州市自行解决。要严格按照国务院“约法三章”的要求，不新建政府性楼堂馆所、不增加财政供养人员、不增加“三公”经费。要严格执行党中央关于厉行节约的规定和国家土地管理政策法规，加大区域资源整合力度，优化总体布局，促进区域经济社会协调健康发展。富阳撤市设区后，公交、养老、医疗、社保等政策将逐步与主城区接轨。

【启动权力清单制度试点】 1月，省政府正式确认富阳市为全省权力清单制度改革唯一试点市。3月7日，富阳推出全国首份县级权力清单；4月3日，推出工业投资项目负面清单；10月15日，推出部门责任清单。至年末，完成权力清单制度改革省级试点，取得“三单一图一改”的显著成效，在全国率先推出首份县级行政权力清单和责任清单，推行企业投资项目不再审批“负面清单”，深化一系列行政审批制度改革，为全省权力清单制度改革提供有益经验。其中行政审批由150个审批职能科室、88个分管领导，削减为44个行政许可科、35个分管领导，集中在市行政服务中心办理，加快审批速度，方便了市民。该项工作得到中央、省、杭州市领导高度肯定。来自中央编办、国务院法制办、浙江省政府、广东省政府、江苏省政府等部门考察团到富阳考察取经。全国各地媒体关注，新华网、《人民日报》、中央电视台《新闻联播》、《浙江日报》都刊文介绍权力清单试点工作。

【大华“智慧（物联网）产业园”落户富阳】 12月1日，富阳市政府与浙江大华技术股份有限公司签订合作协议，“智慧（物联网）产业园”正式落户富阳。双方还就“智慧城市建设”达成战略合作关系。市四套班子领导参加签约仪式。浙江大华技术股份有限公司是国家级高新技术企业，连续6年入选“全球安防50强”。根据2013年权威机构报告，浙江大华技术股份有限公司的全球安防视频监控市场占有率位列第二。大华“智慧（物联网）产业园”项目，以音视频智能传感、分析处理、储存等系列设备制造和提供“智慧城市”各领域综合解决方案为主，总投资20亿元，一期30个月内投产，5年内全部投产。项目建成后，园区及相关产业链年产值约100亿元，形成2万人左右的高科技物联网设备生产、研发与应用为一体的智慧产业园。

【京东（杭州）电子商务园落户富阳】 12月4日，富阳市政府与京东集团签约，京东（杭州）电子商务产业园项目正式落户富阳。该产业园位于富阳经济技术开发区东洲新区，是一个集电子商务运营基地、现代化智能物流技术示范基地、京东互联网产业园、京东区域采购中心等于一体的项目。京东集团是全球仅次于美国亚马逊的、中国最大的自营B2C网络零售商，也是中国500强企业之一。该集团成立于1998年，自2004年正式涉足电子商务领域以来，一直保持高速增长。2013年，京东交易额超过1200亿元。2014年5月22日，京东在美国纳斯达克上市，市值超过330亿美元。京东（杭州）电子商务产业园项目旨在打造一个以现代信息技术为依托，以公路、铁路、水路等多式联运为特色，集物资集散、仓储加工、多式联运、城市配送、信息处理、配套服务等功能于一体的现代化、系统化、生态化的电子商务运营基地；建设集自动识别技术、数据挖掘技术、人工智能技术等为一体的现代化智能物流技术示范基地；成立京东区域采购中心，积极推广O2O模式，发展跨境电子商务业务等。

【组建“市职业教育中心”和“富阳学院”】 6月，富阳学院、富阳市职业教育中心举行成立大会，标志富阳职业教育格局完成重大调整，实现资源大整合。新组建的富阳学院由原浙江电大富阳学院和原富阳市职业高级中学合并而成，将建立以先进制造业为主，集教师教育、高等教育、中职教育、社区教育、成人继续教育为一体的综合性教育基地。新组建的市职业教育中心由原富阳市城镇职业高级中学和原富阳市富春职业高级中学合并而成，将打造以现代服务业为主，集中职学历教育、成人技术培训、技能鉴定与就业服务于一体的中职教育基地。9月，位于富阳高教园区、新建成的市职业教育中心正式投入使用，新校园占地面积15.07公顷，建筑面积10余万平方米，总投资3.2亿元，可容纳100个班级、4500名学生，是富阳教育史上最大的教育建设项目。

【启动生活垃圾分类处理】 9月，富阳市政府印发《关于进一步加强生活垃圾处理工作的实施意见》，按照“政府主导、社会参与，教育引导、全民动员，城乡统筹、科学规划，全程控制、突出重点，多措并举、综合治理”的原则，大力推进生活垃圾分类投放、收运和处置工作，建立生活垃圾综合管理体系，推进生活垃圾减量化、资源化、无害化处理，促进城市精神文明与生态环境建设。意见明确，到2020年，富阳城区建立生活垃圾源头减量、分类投放、分类收集、分类运输和分类处置的长效运行和监管体系。11月，正式启动城区生活垃圾分类处理工作，主城区所有行政事业单位和25个封闭式物业小区成为首批实施生活垃圾分类单位。同时启动农村生活垃圾减量化资源化处置工作，选定银湖街道洪庄村等10个行政村开展试点，并利用7个乡镇建立的垃圾厌氧发酵系统处置厨余垃圾，探索环保酵素等新的生活垃圾减量化、资源化处理方式。

【村经济合作社股份制改革】 为促进户籍制度改革，推进城乡一体化进程，促进村集体资产保值增值，11月，富阳全面启动村经济合作社股份合作制改革。改革基本做法是对村级非土地资产率先进行股份制改造（改造对象仅为村级经营性资产，不包括公益性资产和资源性资产；耕地、林地等土地资源继续按照原承包关系经营保持不变），通过清产核资、股权界定、股权量化等程序，将该村经营性资产量化到户到人，建立村股份经济合作社，实现“资产变股权，社员当股东”。预计2015年实现农村土地承包经营权变更登记和农村集体资产股份合作制改造全覆盖，2017年基本建立“确权到人（户），权跟人（户）走”的农村集体产权制度体系。

【微电影《如果我在富阳遇见你》公映】 6月3日，2014年公望富春文化周“因为公望”主题活动在黄公望

纪念馆举行，微电影《如果我在富阳遇见你》首次公映。该微电影起源于风靡网络的富阳版“如果体”，由富阳市委宣传部与北京知行堂品牌管理公司联合制作出品。影片以“望得见山水，记得住乡愁”为核心思想，以一对年轻男女在富阳相遇相识相知为线索，着重反映富阳山水人文历史底蕴和《富春山居图》哲学意义。首映当日，省、杭州市30余家主流媒体推介宣传，同时浙江在线、杭州网、腾讯视频、富阳新闻网等网站同步上线，引发网民观影热潮和业内人士好评，著名作家麦家等也在微博、微信上点评转发。24小时视频总点击量突破40万次。至8月，网络点击量突破200万次，总评论量1万余条。（陈炜祥）

·桐庐县·

【桐庐县概况】 桐庐县辖4个街道、6个镇、4个乡，有183个行政村。年末户籍人口40.83万人，比上年末增加0.24万人，人口自然增长率5.08‰。全县生产总值306.47亿元，按可比价格计算，比上年增长8.5%。其中：第一产业增加值21.78亿元，增长3.0%；第二产业增加值172.13亿元，增长7.6%；第三产业增加值112.22亿元，增长10.9%。

农林牧渔业总产值32.36亿元，增长5.6%。其中：农业产值20.19亿元，增长9.3%；林业产值3.04亿元，增长13.8%；畜牧业产值6.12亿元，下降7.0%；渔业产值2.33亿元，增长1.5%；农林牧渔服务业增加值0.68亿元，增长12.1%。粮食总产量8.86万吨，下降3.4%；油料产量1.41万吨，与上年持平。新增粮食功能区700公顷。提升标准农田2433公顷，改造中低产田700公顷，新发展设施农业面积400公顷。新增无公害农产品认证企业29个、无公害建设基地800公顷。“一乡一业”现代农业示范区建成14个，桐庐县中部省级现代农业综合区通过验收。家庭农场新注册96家，市级以上规范化农民专业合作社新增21家，其中国家级示范社15家。

工业总产值793.34亿元，增长8.2%。工业销售产值784.30亿元，增长8.2%。规模以上工业企业361个，新增4个。规模以上工业企业产值463.82亿元，增长7.3%；销售产值458.40亿元，增长7.2%。产值1亿元以上的企业104个，新增12个，总产值339.0亿元，占规模以上企业产值的73.1%；利税46.94亿元，增长0.8%，其中利润27.78亿元，下降7.8%。规模以上工业企业产品产销率98.83%，下降0.08个百分点。战略性新兴产业增加值增长11.9%，高于规模以上工业企业增加值增速2.9个百分点。先进装备制造业、针纺织业产值分别达149亿元和176亿元。工业投资68.25亿元，增长15.3%。电子商务发展“1234计划”深入推进，阿里巴巴集团农村发展战略首次在桐庐试点。电子商务骨干企业销售总额达12.50亿元，增长108.3%。

社会消费品零售总额117.37亿元，增长13.9%。其中：批发业零售额11.19亿元，增长24.4%；零售业零售额88.92亿元，增长13.2%；住宿业零售额0.82亿元，增长10.0%；餐饮业零售额16.44亿元，增长10.7%。新增限额以上商贸单位58家。举办桐庐县电商发展大会、中国县域医疗设备产业发展论坛、桐商大会、华夏中医药养生旅游节、中国休闲乡村旅游季等活动。

全县接待国内外游客1010.2万人次，增长15.9%。景点接待游客494.4万人次，增长14.5%，其中境外和中国港、澳、台地区游客2.76万人次，增长11.8%。乡村休闲旅游接待游客516.4万人次，增长99.2%。旅游总收入102.1亿元，增长16.4%。其中景点门票收入1.24亿元，增长9.8%；乡村旅游收入2.69亿元，增长103.7%。瑶琳森林公园、天子地景区等景点完成提升改造。芦茨慢生活体验区大坝至白云居、龙门山庄至白云源绿道建成，中药百草园项目园区内基础配套设施完成，胡庆余堂铁皮石斛产业园项目展示厅建成，严陵坞慢村项目部分民居改造完工。富春江大景区创建AAAAA景区工作启动，江南古村落景区、浪石金滩成为国家AAAA级景区，全域旅游标识系统、县旅游服务中心建成使用。

外贸出口供货总值196.70亿元，增长7.2%，其中自营出口12.52亿美元，增长12.1%。全县有外贸生产企业1141个，增加41个。外贸（海关）进出口总额13.34亿美元，增长11.7%。其中：进口总额0.75亿美元，下降4.8%；出口总额12.59亿美元，增长12.9%。出口总额中一般贸易出口10.97亿美元，增长5.8%；加工贸易出口0.90亿美元，增长15.1%；新增其他贸易出口0.72亿美元。

全年批准招商引资项目256个，比上年减少67个。其中，新引进项目80个，包括10亿元项目4个、5亿元项目2个。新引进项目协议资金58.89亿元，下降13.9%，其中实际到位资金24.28亿元，增长16.3%。招商引资实际到位资金60.39亿元，增长1.1%，其中市外内资34.02亿元，增长29.2%。实际利用外资1.66亿美元，增长22.2%。杭黄铁路（桐庐段）、千岛湖配水（桐庐段）工程开工建设，富春江船闸扩建工程顺利推进，中欧城一期、江南国际养生中心等项目启动建设，浙江龙生汽车部件股份有限公司汽车部件产业园、中通之家等项目加快推进。

邮政业务收入0.55亿元，增长14.7%。邮政储蓄收入0.22亿元，增长15.6%。发送特快专递114.58万件，增长79.1%，电信业务收入3.97亿元，下降2.0%。年末，全县电话用户合计73.04万户，增长12.3%，其中移动电话用户64.01万户，增长14.4%。

年末，金融机构本外币存款余额334.97亿元，比年初增加19.84亿元，增长6.3%。本外币贷款余额284.17亿元，比年初增加24.84亿元，增长9.6%。金融机构资产质量好转，不良贷款减少0.43亿元。年末，城乡居民本外币储蓄余额175.29亿元，比年初增加15.68亿元，增长9.8%；人均储蓄余额4.37万元，比年初增加0.4万元，增长10.1%。

财政收入38.05亿元，增长1.6%。其中，地方财政一般预算收入23.91亿元，增长8.0%。税收收入22.04亿元，增长9.5%，其中：增值税5.12亿元，增长7.9%；营业税5.73亿元，增长6.8%；企业所得税3.15亿元，增长33.7%；个人所得税0.93亿元，增长5.9%。财政支出32.90亿元，增长9.8%。其中：教育支出7.63亿元，增长9.8%；科学技术支出1.30亿元，增长12.3%；社会保障和就业支出3.74亿元，增长5.2%；医疗卫生支出3.63亿元，增长24.0%；环境保护支出1.02亿元，增长6.9%；城乡社会事务支出1.99亿元，增长21.3%。

固定资产投资209.64亿元，增长21.5%。按三次产业分，第一产业投资8.30亿元，增长191.4%；第二产业投资68.25亿元，增长15.3%；第三产业投资133.09亿元，增长20.4%。房地产开发投资46.64亿元，下降7.5%。房屋施工面积419.01万平方米，下降0.2%；竣工面积50.98万平方米，下降43.2%。商品房销售面积55.47万平方米，下降7.2%，其中住宅销售48.54万平方米，下降6.9%。商品房销售额35.11亿元，下降7.2%，其中住宅销售额30.54亿元，下降5.1%。

境内公路通车总里程1758千米。新建农村联网公路47千米，完成农村公路大中修35千米、农村公路安保工程35千米、农村病危桥改造10座。富春江船闸改扩建工程完成投资1.12亿元，累计完成工程进度的20.2%。柴埠大桥完成水中桩基施工，23省道桐庐浮桥埠至麻蓬段提升改建工程完成路基施工，横村徐家埠大桥改建工程完成80%。交通建设投资9.48亿元。至年末，全县拥有公交线路24条，营运公交车120辆，全年完成城区旅客运输2494万人次（含免费乘客），延伸公交线路2条，开通旅游专线2条，开通瑶琳镇际公交线路1条。县城绿地面积753万平方米，建成区绿地率达41.03%，绿化覆盖率43.05%，人均公共绿地11.05平方米。白云源路、浮桥埠桥北路、梅林路南延（320国道—城南路）、春江西路综合整治等工程竣工，杨梅山、舞象山等山体公园交付使用。全年新建道路6.78千米，面积12.4万平方米。年末人均道路面积15.85平方米，城市化水平达63.5%。

新增国家重点支持高新技术企业9个、市级高新技术企业23个、市级创新型试点企业2个、市级“雏鹰计划”企业4个。新增市级以上科技项目56项，其中国家级7项、省级15项。新增国家“火炬计划”项目3个、浙江省级重点企业研究院1家、浙江省和杭州市研发中心7家。专利申请量1619件，专利授权量1166件。经认定登记的技术合同36项，合同成交额6832.8万元。年末，各类专业技术人员20021人，比上年末增加505人，其中新增高级职称130人、中级职称66人、初级职称309人。

幼儿园50所，在园幼儿12119人。小学26所，在校学生22957人。普通中学17所，在校学生15972人。中等职业技术学校2所，在校学生2809人。小学入学率达100%，初中巩固率100%，高中入学率99.63%。全年输送大中专（含技校）生3868人。成人教育在册学生4199人，其中广播电视大学在册学生1189人，毕业299人；网络学院在册学生1118人，毕业327人。免除义务教育阶段杂费、课本费、作业本费2520万元，助学奖学15581人次，资助和奖励金额938.91万元。继续实施名师名校长和名师区域流动工程。城北老年体育活动中心主体工程竣工。桐庐县图书馆完成改造升级。各类图书馆藏书42万册。全年开展各类大中型文化活动262场，开展送文化“下乡”201场，送电影“下乡”2400场，举办展览展示活动59场。举办山花节、百姓日及第二届“欢乐大舞台·幸福桐庐人”大型群众文化活动，承办浙江省村歌大赛等。文艺作品获国家级奖项46个、省级奖项71个、市级奖项141个。桐庐籍运动员参加全国、浙江省、杭州市比赛获金牌174枚、银牌76枚、铜牌82枚。在第十五届省运会上，桐庐籍运动员获金牌44.25枚，列全省各县（市区）金牌榜之首。承办全国象棋甲级联赛、“谁是球王”足球民间挑战赛。全县新建30个健身点、20个篮球场和30个乒乓球室。桐庐电视台平均每周播出119小时，其中自办节目36小时。桐庐人民广播电台每天播音24小时，其中自办节目15小时。全年播出广播新闻3102条，电视新闻4755条。年末有线电视终端16.67万个，电视综合覆盖率100%，广播综合覆盖率100%。各类医疗机构314个，其中公立医疗卫生机构209个，私营医疗机构105个。各类医疗病床1601张。卫生技术人员3128人，其中执业医师995人、助理执业医师201人、注册护士1072人。计划生育率96.53%，比上年上升0.47个百分点。

城镇居民人均可支配收入36366元，增长10.3%；人均生活消费性支出20971元，增长9.8%。农村居民人均可支配收入20627元，增长11.3%；人均生活消费性支出12149元，增长14.2%。城镇居民人均住房建筑面积50.36平方米，农村居民人均居住面积72.50平方米。

桐庐县莪山乡“三月三”传统节日　（桐庐县史志办 供稿）

【桐庐县获中华宝钢环境奖】 5月12日，环境保护部办公厅公布第八届中华宝钢环境奖评选结果，桐庐县是城镇环境类唯一获奖单位。中华宝钢环境奖由中华环境保护基金会设立，全国人大环境与资源委员会、全国政协环境与资源委员会、教育部、民政部、环境保护部等11家单位共同组成评选委员会，旨在表彰和奖励为环境保护事业做出突出贡献和取得优异成绩的集体和个

人，促进中国环境保护事业发展，是中国环境保护领域最高的社会性奖励。

桐庐县一直秉承“环境立县”战略，坚持生态建设与经济发展并重，把环境保护与城镇化推进有机融合，探索城乡统筹、区域一体、绿色循环的生态发展模式，不断提升生态文明水平。通过强化工业污染防治，加强农业污染治理，全县集中式饮用水水源地水质达标率达100%，空气环境质量优良率在90%以上。全面发展现代循环农业，推进“美丽乡村”建设，形成生活垃圾处置和生活污水处理“县、乡、村”三级处置体系。全县农村建有146个垃圾资源化处理设施，实现“源头分类、就近资源化利用”的农村生活垃圾分类处理模式全覆盖。

【桐庐县被评为“全国敬老模范单位”】 12月10日，全国老龄办、民政部、教育部、国家广电总局、共青团中央、全国妇联和中国关心下一代工作委员会等单位联合下发关于表彰第六届“全国敬老模范单位”的决定，桐庐县被评为“全国敬老模范单位”。

桐庐县近年来围绕“老有所养、老有所医、老有所为、老有所学、老有所乐”目标，老龄工作得到快速发展，老年人的幸福指数逐步提高。全县183个行政村和15个社区建立老年人协会，建立起一支自上而下、条块结合的老龄组织网络和一支老、中、青，专、兼、聘相结合的老龄工作队伍，以及多层次、全方位的老年阵地体系。县财政每年用于居家养老服务补助经费1000余万元。至2014年末，桐庐县建立居家养老服务站202个，照料中心78个，老年食堂75个，提前两年实现居家养老服务全覆盖；投资6000多万元改扩建县社会福利中心，投资600多万元改建城北老年公寓；探索公建民营模式，发展民办养老机构，全县养老服务床位数达到2671张，每百名老人拥有床位3.4张，“五保”老人集中供养率超过93%。整体推广“三位一体”居家养老模式，探索“银龄互助”机制，建立养老互助会202个，设立互助小组1625个，帮扶结对老人7.7万人。政府购买居家养老服务4362人，占老年人总数的5.6%。此外，进一步完善社会保障政策和老年优待措施，建立高龄津贴制度，在全社会形成敬老、爱老、助老新风尚。

【桐庐成为浙江省首批“清三河”达标县】 9月11日，桐庐县从申报的31个县（市、区）中脱颖而出，被评为浙江省首批“清三河”（清理垃圾河、黑河、臭河）达标县，成为杭州地区唯一获此荣誉的单位。10月16日，全市“五水共治”现场会在桐庐召开。10月20日，横村镇、百江镇和钟山乡入选浙江省“治水美镇”50强。12月16日，桐庐入选“浙江最具魅力新水乡”。至年末，桐庐县范围内83条河流全部达到Ⅲ类以上水体，富春江出境断面水质连续八年优于入境断面水质。

【桐庐县与阿里巴巴集团联合发展农村电子商务】 10月13日，浙江省商务厅和阿里巴巴集团在首届浙江县域电子商务峰会上签订农村发展战略落地合作协议，浙江省成为全国第一个与阿里巴巴集团达成“千县万村”合作的省份，而桐庐是浙江的第一个试点县。10月15日，在桐庐县第二届电子商务发展大会上，阿里巴巴集团与桐庐县签订阿里巴巴农村发展战略试点项目。10月29日，阿里巴巴集团“千县万村”计划的全国第一个县级运营中心——农村淘宝桐庐服务中心运营。富春江镇金家村诞生阿里巴巴农村淘宝第一单。

阿里巴巴农村发展战略是阿里巴巴集团在海外上市后确定的三大战略之一，计划三至五年内在全国投资100亿元，建立1000个县级运营中心和10万个村级服务站。

【智慧安防设备生产基地项目签约】 6月26日，杭州海康威视数字技术股份有限公司与桐庐县正式签订智慧安防设备生产基地项目投资协议，总投资超过30亿元。智慧安防设备生产基地规划建设生产工厂、仓储物流中心以及其他配套功能区域，一期工程12月10日正式进场施工。杭州海康威视数字技术股份有限公司是全球最大的智能安防产品及行业解决方案提供商，2014年营业收入达172.3亿元，净利润46.6亿元，公司市值超1000亿元。

【浙江工商大学杭州商学院桐庐校区启用】 10月9日，浙江工商大学杭州商学院桐庐校区2014级新生开学典礼暨桐庐校区启用仪式举行，首批2000名新生参加开学典礼。浙江工商大学杭州商学院桐庐校区坐落于桐庐经济开发区（凤川—江南新城），规划用地面积37.13公顷，2012年12月27日正式动工，总投资近6亿元。桐庐校区分四期建设，计划2016年基本建成，可以满足浙江工商大学杭州商学院5个分院、1个基础部、28个本科专业的8500名本科生需求。

【中国县域医疗设备产业发展论坛在桐庐举行】 10月30日，由浙江省经信委、浙江省科技厅、浙江省食品药品监管局指导，桐庐县政府、中国医疗器械行业协会共同主办的县医疗设备产业发展大会暨中国首届县域医疗设备产业发展论坛在桐庐县举行。会上，桐庐县被授予省级高新技术产业化基地，桐庐县相关部门还现场发布了桐庐县医疗器械产业发展政策、桐庐医疗器械省级高新技术产业化基地规划及招商政策。此外，举行桐庐县重点医疗器械企业精准服务合同化管理签约仪式、医疗器械产业基金等项目签约仪式。在论坛上，浙江省医疗器械检验院院长何涛做题为“医疗器械产业精准对接、精准服务的相关建议”的主题演讲。中国医疗器械行业协会副秘书长管燕做“中国医疗器械行业现状及发展趋势”主题演讲。

桐庐医疗器械产业（以内窥镜为主）起步于20世纪90年代初，硬管内窥镜国产设备市场份额占有率在70%以上。至2014年末，全县有各类医疗器械企业197个，其中生产企业46个、经营企业151个。规模以上医疗器械生产企业8个，“新三板”上市企业1个，销售产值20多亿元。

【分水镇举办首届中国笔业博览会】 11月15日，中国笔业博览会在分水镇文体中心开幕。博览会为期3天，设专业展位120个，参展企业100多个。来自20多个国家和地区的300多名外商、2800名国内专业采购商以及各类客商共计1.2万人次参加展会和采购。直接交易企业90余个，合同交易额5600万元，协议交易额1.12亿

元。博览会带动餐饮、住宿等服务业销售额达526万元。（吴爱林）

·淳安县·

【淳安县概况】 淳安县辖11个镇、12个乡，有425个行政村、11个社区、1个居民区。户籍人口45.9万人，人口自然增长率1.88‰。全年实现生产总值192.06亿元，按可比价格计算，比上年增长8.3%。其中：第一产业增加值30.11亿元，第二产业增加值76.27亿元，第三产业增加值85.68亿元，分别增长3.1%、5.9%和12.7%。

农林牧渔业总产值42.91亿元，增长6.2%。其中：农业产值28.14亿元，增长4.7%；林业产值5.69亿元，增长35.9%；牧业产值6.25亿元，下降6.4%；渔业产值2.22亿元，增长5.2%。全年粮食种植面积1.72万公顷，粮食总产量7.56万吨。茶叶产值6.09万元，增长0.9%；蚕茧产量4195吨，下降19.0%；肉类18428吨，下降4.2%；禽蛋4296吨，下降3.8%；生猪出栏24.4万头，家禽出栏81万羽，年末生猪存栏15.05万头，家禽存栏43.47万羽。全县有农业龙头企业130个，其中国家级2个、省级6个、市级36个、县级86个。经工商登记的农民专业合作社731家，其中国家级示范社10家、省级示范社8家、市级示范社12家。“千岛玉叶”“鸠坑毛尖”入驻杭州“茶都名园”。完成2013年度10个精品村、千汾运动休闲精品线、东南滨湖风情精品线、富泽民俗体验精品区块、4个“美丽乡村”整乡镇推进、28个省级待整治村112个行政村停车场项目建设；启动2014年度10个精品村、淳杨山水景观精品线、千威漂流亲水精品线、下姜休闲体验精品区块、瑶山风情小镇、厦山村市级重点历史文化村落保护等项目。异地转移农户1677户、5307人。

工业总产值249.41亿元。工业增加值58.23亿元，增长3.8%。工业销售产值320.95亿元，比上年增长4.3%。其中规模以上工业企业销售产值246.53亿元，增长3%。规模以上企业达到128个，涉及28个行业，纺织、酒饮料和精制茶制造业、电气机械和器材制造业为全县三大支柱行业。

社会消费品零售总额60.1亿元，增长13.7%。城镇居民消费价格总水平上涨2.4%，其中：食品消费上涨2.4%，衣着类消费上涨2.3%，家庭设备用品消费上涨0.9%，医疗保健消费上涨0.5%，交通和通讯类消费下降0.7%，娱乐教育文化用品消费上涨7.1%，居住类消费上涨3.2%。

接待中外游客1005.33万人次，旅游经济总收入90.3亿元，分别比上年增长10.6%和11.2%；接待乡村游客336.5万人次，实现乡村旅游收入3.56亿元，分别增长28%和26.7%。千岛湖国际商务度假中心、文渊狮城等旅游综合体建设有序推进，千岛湖国际酒店管理学院主体结顶，红星文化度假村建成运营。密山岛和西南湖区水上迷宫基础设施完工，完成桂花岛改造提升，2艘大型夜游船投入运营，7家水上乐园建成营业。千岛湖风景区免费Wi-Fi和湖区景点视频监控实现全覆盖。启动“朱家—百照”“桐子坞—桂溪”旅游精品线路建设，“田园牧歌”牧心谷休闲运动营地项目落户。7月，淳安县被国家旅游局授予“全国旅游标准化示范单位”称号。

全年引进项目273个，其中新引进项目150个，协议资金95.76亿元，到位资金62.19亿元，分别增长14.3%和0.9%。实际利用外资6805万美元，下降53.8%。自营进出口总额2.38亿美元，增长20.1%，其中自营出口额2.06亿美元，增长16.8%。

全县财政收入21.1亿元，其中地方财政收入13.86亿元，分别增长9.9%和10.5%。地方财政支出43.56亿元，增长15.9%。年末，金融机构人民币存款余额259.91亿元，增长10.4%。其中，城乡居民储蓄余额121.9亿元，增长7.8%；贷款余额204.74亿元，增长16.2%。

固定资产投资145.05亿元，增长21.5%。其中：第一产业完成投资2.09亿元，增长381%；第二产业投资23.21亿元，下降20.9%；第三产业投资119.75亿元，增长33.7%。房地产开发投资51.88亿元，增长47.2%。基础设施投资47.13亿元，增长19.2%。实施千岛湖省级重点生态功能区小城镇培育试点工作，完成滨湖景观飘带、城中湖景观飘带、秀水桥至千岛湖大桥段城市绿道、中心湖区及周边岛屿景观照明工程。加快青溪新城建设步伐，启动千岛湖文化综合体、科技大厦、丰家山二期等项目建设。全面实施“五水

淳安千岛湖大桥 （济　民　摄）

共治”三年行动计划，建成姜家、威坪污水处理厂，完成南山污水处理厂改造与中水回用工程，达到一级A标排放标准。城区铺设主管网23千米、支管网116千米，247个行政村完成治污项目建设。景区景点、游船艇污水统一收集上岸处理，建立河（湖）长制，完成城区道路、防洪沟清淤工程25千米。强化农业面源污染整治，畜禽养殖企业关停220个、完成生态化改造64个。市控以上地表水功能区达标率为100%，饮用水源地水质标准率100%。

农村公路大中修工程完成100千米，村道安保工程完成80千米，病危桥改建工程完成12座，4座隧道完成维修加固及照明增设。行政村客运班车通达率达99%，城乡客运一体化达到92.3%。全县通车公路里程2628.99千米，其中高速公路13千米、省道56.9千米、县道790.4千米。全县有公路桥梁641座，其中农村公路桥梁610座、特大桥梁7座，有公路隧道69座。更新城乡客运车辆114辆，开通县一医院公交专线。

全年新列市级以上科技发展计划项目72个，其中国家级8个、省级31个、市级33个。通过认定的杭州市高新企业8个，国家重点扶持高新企业4个。杭州千岛湖鲟龙科技股份有限公司被列为国家火炬计划重点高新技术企业、省级高新技术企业研究开发中心，其承担的“俄罗斯鲟深水网箱高效健康养殖技术示范与推广”项目被列为2014年国家“星火计划”项目。全年专利申请量392件，下降56.4%；专利授权量382件，下降48.7%。普通高中5所，在校学生6796人；初中18所，在校学生10388人；小学58所，在校学生16594人；幼儿园36所，在园幼儿7487人；职业高中2所，在校学生3679人；广播电视大学1所，在校学生43人；特殊教育1所，在校学生33人。千岛湖镇六小、县实验幼儿园、千岛湖建兰中学、睿达实验学校顺利开学，成功创建国家义务教育均衡县和杭州市学前教育合格县。建成乡镇图书分馆5个，创建市级示范综合文化馆1个，市非物质文化遗产宣传展示基地1个。全县有文化馆（站）24个，公共图书馆6个（含乡镇分馆），艺术馆1个，农家书屋437个，共有藏书33.89万册。淳安竹马入选国家级非物质文化遗产名录，芹川村被国家文物局等部委命名为中国历史文化名村、中国传统古村落。完成第五轮21处农村历史建筑修缮工程和25处农村文化礼堂建设。实施农村数字电视网络双向化改造和整体转换工程，双向网络实现全覆盖。县妇幼保健院造建工程基本完成；成功引进一家精神病专科医院。县级市民卡“诊间结算”使用率在60%以上，在县一医院和县中医院探索实施床边结算服务，实现了县级医院与基层医疗机构之间诊疗数据互联互通。全县有各类医疗卫生机构311家，二级甲等医院2家，三级乙等医院2家。医疗床位1353张，医疗卫生机构人员2061人。计划生育率94.81%。养老保险参保人数35.61万人，参保率96.4%。医疗保险参保人数457366人，参保率99.97%。敬老院25所，养老机构总床位数2385张，供养老人987人。社会福利院1所，床位157张。创建省级体育旅游精品线路1条、市级运动休闲旅游示范基地1个、省级村体育俱乐部20年和省级体育小康村50个；实施城乡公共体育设施提升工程4个；新建多功能体育运动场2座。举办全国春季赛艇锦标赛、国际泳联10公里马拉松游泳世界杯赛（千岛湖站）、第八届中国·杭州环千岛湖国际公路自行车赛、全国青少年艺术体操锦标赛、浙江省中小学羽毛球总决赛、“长三角”运动休闲体验节、千岛湖国际山地徒步毅行大会、中国国际露营大会等活动。

城镇居民人均可支配收入30559元，增长10.5%；人均生活消费性支出18659元，增长7.8%。农村居民人均可支配收入13278元，增长11.4%；人均生活消费支出9049元，增长9.4%。

【国家级桑蚕标准化示范区立项】 1月，国家标准化管理委员会下达第八批国家农业综合标准化示范项目，淳安县的“桑蚕养殖与加工综合标准化示范区”项目位列其中。这是淳安县首次承担国家级综合标准化示范区建设，也是浙江省首个桑蚕示范区。淳安县从2013年开始，计划用三年的时间实施“桑蚕养殖与加工综合标准化示范区”项目，目标是示范推广桑园面积666公顷，种桑养蚕农户达3000户，建立以浪川乡、姜家镇为核心的优质茧丝基地和设施配套的高效蚕桑示范园区；示范区亩产增加22千克，增产蚕茧462吨，蚕茧产值增加1848万元，累计产品牌茧2100吨，蚕茧产值8400万元，亩产茧达到100千克，干茧等级稳定在4级以上。示范区的建设可以辐射带动全县蚕桑产业稳步发展，预计到2015年，全县桑园总面积5333公顷，优质高产桑园3333公顷，年产蚕茧5000吨，蚕茧产值2.5亿元，茧丝绸行业总产值超过10亿元。

【千岛湖鱼类增至114种】 5月，淳安县举行千岛湖鱼类品种新闻发布会，公布截至2013年10月，千岛湖大库及其新安江、武强溪、富强溪、云源港、清平源、商家源、凤林港和郁川溪等8大主要支流鱼类共计114种，新增建德小鳔䱗、银䱗等8种。千岛湖鱼类群落组成从20世纪60年代初的建库初期开始研究，1961年有鱼类65种，1985年有83种，1990年有96种，2013年10月增加到114种。其中本地和驯化鱼类99种，网箱逃逸外来鱼类15种。鱼类种类的增加，表明千岛湖在水环境保护、鱼类资源增殖、生物多样性保护等方面取得显著成效。

【农村污水处理三年行动】 3月，淳安县启动《淳安县农村污水处理三年行动计划（2014~2016年）实施意见》，计划用近三年的时间，投入4.7亿元建设农村污水处理工程项目，投资2亿元整治农村面源污染。重点实施“集中污水处理厂及配套工程”“农业生产面源污染整治工程”“农村生活面源污染整治工程”三大工程，建立健全农村污水处理运维常态化工作机制，从“源头”打好农村环境保护基础。计划新建姜家、威坪、界首、安阳等4个乡镇级的集中式污水处理厂，启动左口等污水处理厂项目前期；新建村级污水处理设施200个；建设农村环境连片整治示范工程60个；新建农村户用沼气池1200只。至2016年末，沿湖沿溪村庄（包括自然村）污水处理设施全覆盖，实现全县所有行政村农户生活污水截污纳管率在75%以上，污水处理设施正常使用率100%，农村污水年处理能力达到1400万立方米；全面完成规模化养

淳杨公路及自行车骑行绿道　　（市交通运输局 供稿）

殖场（户）生态化改造，实现规模化畜禽养殖场污水达标排放或“零排放”，规模化畜禽养殖场排泄物综合利用率达到97%以上。

【千岛湖养老服务中心项目启动】 为适应老龄社会需求，着力解决养老服务“一床难求”困局，3月，淳安县政府启动千岛湖养老服务中心项目建设。该中心选址千岛湖镇高山富城区块，被列入2014年民生重点建设项目。项目占地3.3公顷，建筑面积2.3万平方米，核定养老床位500张，其中配建救助管理站办公救助用房面积2000平方米、核定救助床位50张；救灾物资储备中心用房面积1200平方米。项目总投资9000万元，计划于2015年底建成。

【千岛湖建兰中学开工】 3月13日，千岛湖建兰中学项目动工兴建。该项目由杭州建兰中学自主办学，青溪新城管委会代建。学校由公共资源部、初中部、国际高中部、生活部和教育职业发展中心五个部分构成，开设36个班，其中：初中部30个班，学生每班40人；国际部6个班，每班24人。学校选址青溪新城桃源口地块，规划总用地范围8公顷，建筑面积5.1万平方米，计划于2015年9月1日投入使用。

【淳安县中国工农红军北上抗日先遣队纪念馆动工】 1月7日，淳安县中国工农红军北上抗日先遣队纪念馆在淳安县中洲镇厦山村动工。淳安县是中国工农红军北上抗日先遣队的主要进军目标，抗日先遣队先后四次挺进淳安并进行了多次重大战役，留下了一批极具特色的革命历史遗存。近年来，淳安县先后对北上抗日先遣队“茶山会议旧址”，方志敏、粟裕和刘英临时住所，临时医院，“77阵亡战士”墓，汰厦关隘遗址及余家头碉堡群等一系列革命遗址进行修缮，并挖掘和整理抗日先遣队在淳安的相关史料。纪念馆项目由杭州市和淳安县共同投资6000万元建造，并列入淳安县政府重点投资项目。项目占地8公顷，总建筑面积为7274平方米，包括纪念馆、研究中心、大型纪念碑、雕塑群及纪念广场等配套设施。2014年完成房建及园林景观建设，计划2015年10月1日前完成陈列布展并投入使用。

【千岛湖大排档开张】 5月1日，投资6000余万元、历时一年半建设的千岛湖大排档正式开张。千岛湖大排档位于千岛湖镇梦姑路，用地面积2.38公顷，整个建筑形似一艘建造中的大渔船，有着浓郁的地域人文风貌。主体建筑分地上一层、地下一层，共有24间独立排档，配备崭新桌椅、青瓷花纹仿古餐具、中央空调，建有临湖阳台的舒适茶座、用餐大厅、开放式厨房，可同时容纳3000人用餐。大排档的投入使用有助于缓解湖区游客用餐紧张的状况。

【淳杨公路改建工程通过验收】 9月26日，淳杨公路改建工程通过省市验收组验收。淳杨公路改建工程是浙江省重点建设项目，为千岛湖环湖公路重要组成部分，连接5个乡镇。起点与上江埠大桥相接，终点在汾口镇与淳开公路相接，全线采用二级公路标准设计建设，总长52.34千米，总投资14.12亿元。工程于2012年12月25日开工。沿线设计13座桥梁和3座隧道，同时采取边开挖边复绿的做法，沿线边坡100%复绿。淳杨公路改建工程是淳安打造“环湖经济圈”的重要载体，改善了沿线5个乡镇的10余万名群众的交通条件。

【淳安承办全国青少年艺术体操锦标赛】 7月20～27日，2014年“野娇娇杯”全国青少年艺术体操锦标赛在淳安体育馆举行。大赛由国家体育总局体操运动管理中心、中国体操协会主办，淳安县政府承办，旨在展示全国艺术体操的最高水平，发掘艺术体操优秀后备人才，为教练员、运动员提供学习交流、切磋技艺的机会，进一步推动全国艺术体操运动的发展。来自北京、香港、辽宁、重庆、湖北及中国人民大学等50个代表队的400余名运动员、教练员、裁判员参加比赛，在参赛的运动员中有多次获全国冠军的优秀运动员。比赛设少年组、青少年组，比赛项目有：少年组个人项目绳、圈、球、棒、带五项自选动作和规定动作比赛；少年集体5圈、10棒；青少年组个人项目球、带、纱巾规定动作比赛；集体项目3球2带比赛。比赛产生21枚金牌和艺术表现奖、最佳形态奖、优秀表演奖、艺体之星人气奖和成套动作编排奖等5个奖项。

【全国冬泳锦标赛在淳安举行】 11月29～30日，第21届全国冬泳锦标赛在千岛湖举行。锦标赛由国家体育总局游泳运动管理中心、中国游泳协会和浙江省体育局主办，由杭州市体育局、淳安县政府联合承办，来自全国80多个在中国游泳协会注册的冬泳团体会员单位，共计2500余名运动员参加，涵盖老、中、青各个年龄段。竞赛项目有自由泳、蛙泳、仰泳、蝶泳、自由泳接力、混合泳接力等10个。比赛在国内第一座池水与自然水体相连的水上浮动游泳池进行，让冬泳爱好者亲身感受畅游千岛湖的愉悦心情，诠释人与自然的和谐统一。

【淳安竹马入选国家级非物质文化遗产代表性项目名录】 12月，淳安竹马成功入选国家级非物质文化遗产代表性项目名录。淳安竹马始源于元末明初，已有600多年的历史。传统淳安竹马分为红、黄、绿、白、黑五种，表演者全部都以古装戏剧人物打扮。头马为红马，由戏剧须生扮跳，表演沉着稳健；二马为黄马，由戏剧青衣扮跳，表演冷静庄重；三马为绿马，由戏剧小生扮跳，表演婀娜多姿；四马为白马，由戏剧花旦扮演；五马为黑马，由戏剧小丑扮跳，表演剽悍勇猛。广大文化工作者对竹马进行大胆改革和创新，使这一具有浓郁地方特色的汉族民间艺术得以焕发光彩，最初的神马独舞已逐渐发展成大型广场舞蹈。

（刘东山）

·建德市·

【建德市概况】 全市（以下均指建德市）辖3个街道、12个镇、1个乡，有232个行政村、24个社区、15个居民区。户籍人口50.97万人，人口自然增长率2.77‰。全市生产总值298.93亿元，增长8.1%，其中第三产业增加值108.99亿元，增长10%。三次产业占比为9.56∶54.47∶35.96。

农林牧渔业总产值45.9亿元，增长6.2%。农村经济总收入45.91亿元，增长6.2%。全市粮食播种面积1.73万公顷，粮食产量8.72万吨。蔬菜种植面积7347公顷。肉类总产量29.4万吨，下降0.9%。其中，猪肉产量17.7万吨，下降3.9%。年末生猪存栏12.8万头，下降41.4%。年末禽类存栏659.9万羽，下降34.3%。禽蛋产量9.5万吨，下降9.1%。水产品产量1.06万吨，下降12.5%。木材产量4.8万立方米，下降11.2%。年末耕地面积2.64万公顷，基本农田面积2.29万公顷。农业主导特色产业实现产值35.1亿元，所占比重达76.4%。农业“两区”建设深入推进，新建粮食功能区522公顷。“建德果蔬乐园”成为省内知名的乡村旅游品牌。完成中心村、精品村、风情小镇、精品线路建设项目194个，“美丽大洋”“醉美三都”等城镇品牌加快提升。垃圾填埋场梅城处理中心投入使用，“户集、村收、乡镇运、市处理”的生活垃圾收集处理机制实现全覆盖，在78个行政村推开垃圾分类和资源化、无害化利用工作。完成下山移民2025人，改造农村住房3066户。大洋镇成为杭州市土地综合开发试点镇，乾潭镇幸福村、李家镇沙墩头村创建成为省级农村住房改造示范村。完成“四边三化”整治79.8万平方米，新建“三江两岸”景观林带33.3公顷。24个区市协作项目落实年度协作资金1.3亿元。

工业总产值706.32亿元，增长3.1%。工业销售产值695.01亿元，增长3.2%。新增规模以上工业企业29个，“个转企”640个。规模以上工业企业销售产值425.2亿元，增长7.6%。规模以上工业企业新产品产值率30.7%。规模以上工业企业实现利润30.15亿元，下降8.9%。高新园区规模以上工业企业销售产值增长15%，占规模以上工业企业销售产值比重的8.5%。高新技术产业园列为杭州市全国云计算和大数据产业中心培育区块，省级经济开发区和逸龙文创园列入杭州市智慧经济发展规划。各类工业平台共计平整土地140公顷、基础设施投资2.5亿元，盘活存量土地70.7公顷、闲置厂房11万平方米。中策橡胶一期、克莱伯电梯、正和钙业、丛晟食品等项目完成建设。建立上海股权托管交易中心建德孵化基地，沈氏节能科技股份有限公司、虎鼎机械制造有限公司、浙江华电电站设备有限公司等5个企业分别在“新三板”和“Q板”上市。化工企业有序搬迁入园，电镀企业整合到位，废杂塑料粒子企业全部关停，水晶行业完成整治，开展“清水治污·环境整治”零点行动，查封、取缔涉污企业158个。能源消费总量138.36万吨标准煤，增长12.7%，万元地区生产总值能耗下降5.7%。扩大企业应急周转资金和科技型中小企业贷款风险池规模，推行外贸企业信保贷政策，帮助企业周转资金14.2亿元。

农夫山泉四期、云创安全轮胎、快到网电商基地等项目签约落地。全年实到内资62.5亿元，增长20%；实际利用外资1.4亿美元，增长27.8%。全年货物进出口总额9.42亿美元，增长7.7%，其中出口8.66亿美元，增长11%。通过国家级出口低压电器质量安全示范区考核验收。

江干新安江休闲特色街完成主体工程，桥东征迁进入扫尾阶段，洋安城防工程进展顺利，杭新景高速新安江互通景观工程基本完工，“三江两岸”绿道北线全线贯通。梅城堤防加固二期工程加快建设，寿昌江整治工程基本完工，乾潭镇列入全省第二批小城市培育试点镇。城市环境持续改善，创建成为省示范文明城市。推进“五水共治”“三改一拆”，拆除养殖棚舍71.5万平方米，千岛湖建德湖区养殖网箱全部拆除，55条主要河道有53条整体达到Ⅲ类以上水质；拆除违法建筑331.5万平方米，改造旧厂区、城中村、旧住宅55万平方米，腾出土地253公顷，通过复耕、复绿、复建等方式有效利用率76.7%。

社会消费品零售总额93.41亿元，增长13.5%。湖南卫视品牌栏目《爸爸去哪儿》在新叶古村拍摄。举办第16届新安江旅游节。全年游客总人数659.67万人次，增长21.2%；旅游收入46.51亿元，增长30.3%。阿里巴巴·建德产业带和农食馆上线企业224个，线上交易9000万元，带动线下交易4.2亿元。逸龙文创园一期开园，集聚电商、文创企业62个，实现产值1.4亿元，创建成为省级电子商务产业基地。

财政总收入33.32亿元，增长8.5%，其中地方财政收入18.70亿元，增长8.0%。一般公共预算支出31.24亿元。民生银行、泰隆商业银行挂牌开业，实施普惠金融工程，全市新增各类贷款17.7亿元。年末，全市金融系统各项存款余额285.61亿元，增长5.5%；金融系统各项贷款余额239.63亿元，增长3.1%。保险公司保险保费收入2.6亿元，增长14.4%。支付各类赔款及给付1.51亿元。

固定资产投资143.29亿元，增长21.8%。其中，第一产业投资3.99亿元，增长99.6%。固定资产投资中，民间投资占比为61.4%，服务业投资中生产性投资占比为16.6%。房地产开发投资27.74亿元，增长0.9%。商品房销售面积19.04万平方米。建筑业实现产值26.02亿元，增长11.7%。54个政府投资重点项目完成投资40.2亿元，增长28%。杭黄铁路开工建设，杭新景高速公路二期、铁路货场迁建等项目稳步推进，320

国道大中修工程完工，寿童公路完工通车。全市民用汽车拥有量4.16万辆，其中私人汽车保有量3.48万辆，增长6.6%。市区建成区面积9.59平方千米，城市绿化覆盖率38.79%，市区园林绿地面积375公顷、公共绿地面积147公顷，人均公共绿地面积10.95平方米。全市森林覆盖率75.8%。城区供水总量1301万立方米，其中生活用水709万立方米。城市污水集中处理率87.5%。

创建杭州市级智慧企业25个、“机器换人”示范企业9个，新增杭州市级以上高新技术企业14个、省级科技型中小企业38个。完成8个国家标准和行业标准制定。新增杭州市级以上名牌产品12种、著名商标6件，新增出口名牌4个。实施杭州市“115引智项目”21项，引智成果转化当年新增产值1.9亿元。全年科学研究和试验发展经费4.66亿元，增长13.7%。全年实施各类科技计划224项，其中国家级9项。全市经认定的高新企业89个，其中国家级20个。杭州市级以上高新技术企业研发中心44个，其中省级以上18个。全年专利申请量1456件，专利授权量1213件。全市幼儿园36所，小学28所，中学29所。专任教师3304人；在园幼儿12545人，在校小学生20851人，中学生23459人。全市总藏书559.59千册（件），书刊外借28万册（次）。县级以上文物保护单位91处（群），其中国家级3处（群）。新编婺剧《五水共治建德美》获得“浙江好腔调”奖，新叶村被评为省传统戏剧特色村。新建成农村文化礼堂40个。举办各类群众性体育比赛147场。成功举办全国老年人健身球操等大型赛事。三都镇创建为省级体育强镇。全市健身苑点610个，当年新建17个。体育设施达到省级标准的行政村149个。各类医疗卫生机构160个，其中医院9个。卫生技术人员3037人，其中执业医师和执业助理医师1059人，注册护士1231人。医疗卫生机构床位2154张，其中医院1674张。更楼、乾潭等5个镇（街道）创建成为省级卫生镇（街道）。市妇保院迁建主体工程完工，市中西医结合医院（市三院）迁建工程开工建设。5家乡镇卫生院通过省等级卫生院评审。区域医疗信息系统实现市、乡镇、村三级医疗机构全覆盖，建成五县（市）首个“医疗云”综合卫生应用平台。全市计划生育率95.12%。新增就业岗位5826个，年末城镇登记失业率2.66%。全市参加养老保险人数36.27万人，参加城乡居民基本医疗保险人数46.23万人。建成寿昌、大慈岩等6个乡镇养老服务中心，新增居家养老服务照料中心119个。有敬老院14家、福利院1家，社区服务中心256个。

实施“四张清单一张网”制度，行政权力数量削减率达61%，行政审批事项削减率64.5%。推进工商登记制度改革，新设内资企业（有限公司）增长40.8%。推进投融资体制和资源要素配置市场化改革，完成国有公司整合，扩大中心镇经济社会管理权限。

新安江百姓纳凉大舞台　　（建德市史志办 供稿）

城镇居民人均可支配收入35117元，增长10.5%；城镇居民人均生活消费性支出27517元，增长9%。农村居民人均可支配收入18295元，增长11.4%；农村居民人均生活消费性支出10944元，增长11.2%。

【建德公布首份“权力清单”】 8月，建德市首份“权力清单”在市政府门户网站公布，征求社会各界的意见和建议。纳入权力事项清理的共有部门44个，梳理权力11013项。权力清单制度是指政府（包括各部门）按照法定职责和“三定”方案，梳理和界定政府权力边界，并按照行权基本要素，将梳理出来的权力事项进行规范化，以列表清单形式公之于众，主动接受社会监督、自觉促进依法行政的实践活动。权力清单的实质是责任清单和服务清单，其目的是给行政职权打造一个透明的“制度笼子”，为行政机关依法行政明确依据，为企业和公民办事提供便利。审核清理后，涉及行政权力事项的部门35个，保留行政权力事项4288项，清减率61.1%。

【“建德发布”网络平台上线】 8月19日，由建德市政府新闻办公室实名认证的“建德发布”网络平台与建德网民见面。“建德发布”发布网络平台主要由“建德发布”新浪、腾讯官方微博、官方微信构成。全市30余个部门单位开通了“新浪”和“腾讯”官方微博，基本形成建德政务网络微矩阵。该平台设有“建德速递”“权威发布”“民生服务”“建德滋味”“美在建德”等板块，致力于成为一个权威信息发布的平台、热点事件回应的平台、民生信息服务的平台。

【建德市获浙江省“五水共治”工作优秀市荣誉】 2014年是“五水共治”开局之年，建德市创新资金筹措机制、区域共治机制，推进治水各项工作。全市55条主要河道有53条达到Ⅲ类及以上水质，占96.4%，提升26.7个百分点。全市全年投入19.5亿元，共实施24大类137个“五水共治”项目，以工程项目推动治水工作。治污水方面，13座乡镇污水处理厂（站）提标改造同步到位，城镇污水处理率达77.8%。完成144个村

的农村生活污水治理工程，建设终端池535座，铺设管网1000多千米，新增受益农户3.2万户，其中纳管受益户2万户。防洪水方面，钱塘江治理新安江洋安段3.35千米完成主体工程；寿昌江中小河流治理汪家至更楼段1.7千米堤防主体工程基本完成；白岭坑水库除险加固主体工程开始施工，19座山塘主体全部完成；农村中小河流堤防加固13.4千米，农村河道综合整治50千米。排涝水方面，主城区13个积水点和乡镇（街道）20个积水点改造都全部完成，实现主城区和集镇积水问题较往年有明显改善。保供水方面，完成饮用水源地环境整治；完成农民饮用水安全提升新安江水厂管网延伸工程5处、乡镇水厂管网延伸工程4处、单村供水工程2处，共解决2.18万农民安全饮水问题。抓节水方面，推广节水新技术，完成10万立方米以上企业取水实时监控系统安装和4个轻质碳酸钙企业节水改造；完成一户一表改造400户；建设灌排渠道55.9千米，完成喷微灌设施建设300公顷，中低产田改造、菜篮子工程通过杭州市验收，农业节水项目均超额完成年度计划任务。同时，以治水为突破口，追溯工业污染、农业面源污染等源头，实现发展提质和环境美化的双赢。

【4个企业在上海股权托管交易中心挂牌】 9月25~26日，建德市的杭州凯特电器有限公司、浙江华电电站设备有限公司、虎鼎机械制造有限公司、杭州国茂生态农业科技开发有限公司等4个企业在上海股权托管交易中心中小企业股权报价系统（Q板平台）成功挂牌，实现了建德企业在场外市场挂牌融资“零”的突破，建德市成为浙江省首个在上海股权托管交易中心挂牌的县（市）板块。通过上海股权托管交易中心Q版模式，企业融资渠道更为宽广，融资方式更为直接，融资条件和成本大幅降低，为企业发展壮大创造了良好条件。4个成功挂牌的企业引导激励更多有发展前景的建德中小企业通过股交中心进入资本市场，推动企业发展理念创新、发展模式创新、组织架构创新，从而做大做强，促进建德经济和工业产业结构的转型升级。

【乾潭镇列入省小城市培育试点镇】 4月，建德市乾潭镇被列入第二批省小城市培育试点镇。小城市培育试点是省委、省政府推进新型城镇化、加快城乡一体化发展的战略举措。乾潭镇行政区域面积386平方千米，4.5万人。2014年，建德市委、市政府印发《关于扶持乾潭镇开展小城市培育试点的若干意见》，从深化行政体制改革、推进事权财权配套和强化土地要素等三个方面，提出了13条支持乾潭小城市培育的扶持政策。在城镇建设上，该镇按照“一城带三城”的思路，以“杭州市都市圈生态健康城”的功能定位，统筹推进森林公园慢城、大健康产业城和生态文化名城“三城”建设，加快高速出入口道路改造、旅游码头生态化改造、城镇供水项目和废弃矿整治等重大项目的建设步伐，拉开城市框架，提升城市品位，提高生活品质。产业支撑上，该镇以五金工业功能区、城中工业功能区和城东工业功能区为主平台，着力彰显五金工具、家纺寝具、竹木板材、机械制造块状经济的集群优势；成立服务业办公室，设立专项扶持资金，重点培育和发展乡村旅游、创意文化、民宿经济和电子商务等现代服务业新业态；以工业思维谋划农业，加快三次产业融合发展步伐，重点发展现代农业、智慧农业和生态经济。乾潭镇将通过小城市培育试点的杠杆来撬动全镇经济社会全面、创新发展，努力实现促集聚、拓空间、强产业、优服务的小城市培育目标。

【杭黄铁路（建德段）开工】 杭黄铁路连接名城（杭州）、名江（富春江、新安江）、名湖（千岛湖）、名山（黄山）等著名景区，是一条“美丽铁路”。杭黄铁路（建德段）长40.95千米，途经钦堂、乾潭、杨村桥、下涯、莲花等5个乡镇，在杨村桥镇北面设建德东站。该工程概算投资56.4亿元，设计行车速度为每小时200千米~250千米。10月11日，杭黄铁路（建德段）征迁动员会召开，需征收土地101.5公顷，征收房屋面积4.99万平方米，征收房屋175户。其中，桥梁、隧道等重要控制性工程施工先行用地5.0公顷，分布在乾潭、杨村桥、莲花3个乡镇。10月29日，杭黄铁路（建德段）开工建设，位于杨村桥镇岭源村的杭黄铁路站前Ⅵ标项目外源1号特大桥工程成为建德段率先开工的项目。

【白章线改建后交付使用】 8月14日，省重点工程白章线洋溪至大洋段公路改建工程通过交工验收并正式通车。白章线改建工程系浙江省2011年重点工程，起于洋溪大桥东侧，终点与大洋镇麻车大桥相接，全长32.78千米，投资概算4.21亿元，工程按二级公路技术标准，设计速度60千米/小时，路基宽10米~12米，全线有中小桥11座370.72米，隧道1座785米。该工程于2011年11月18日开工，2014年5月完工，是联系洋溪街道、下涯镇、梅城镇、大洋镇和马南高新产业区的主要通道，实现了建德主城区到各乡镇30分钟交通圈的目标。

【严州中学游泳健身中心开放】 1月18日，严州中学游泳健身中心开馆运行。该中心是严州中学新安江校区二期工程，由市政府投资建设，是杭州市、建德市重点工程，杭州市城乡统筹资助建设工程。中心占地面积1.83公顷，总建筑面积1.23万平方米，投资约5500万元。游泳健身中心内设1个游泳馆、1个健身馆及两个室外网球场。游泳馆内分别有50米标准游泳池和25米标准训练池各1个，游泳池水温常年恒温28℃。健身馆内设有乒乓球馆、器械健身房、健身操馆、击剑馆、瑜伽馆、动感单车房和羽毛球馆各1个。游泳健身中心首先满足学校教育教学和新课程改革的需求，同时作为全市公共体育设施向市民开放。（杨忠平）

·临安市·

【临安市概况】 临安市辖5个街道、13个镇，有社区11个、行政村287个、居民区14个。户籍人口52.97万人，人口自然增长率4.1‰。全市生产总值431.67亿元，比上年增长8.2%。其中，第一产业增加值37.50亿元、第二产业增加值233.88亿元、第三产业增加值160.29亿元，分别增长3.1%、7.8%和10.0%。全市按户籍人口计算，人均生产总值81823元。三次产业比例为8.7∶54.4∶36.9。文化创意、旅游休闲、金融服务、电子商务、信息软件、先进装备制造业、物联网、生物医药、节能环保、新能源十大产业实现增加值177.57亿元，增长10.7%，占全市生产总值的41.1%。

农林牧渔业总产值54.44亿元，增长6.0%。其中：种植业产值24.83亿元，增长5.4%；林业产值18.17亿元，增长14.0%；牧业产值9.7亿元，下降4.6%；渔业产值0.90亿元，下降1.6%；农业服务业产值0.84亿元，增长10.0%。八大主导产业总产值41.33亿元，占农业总产值的75.9%。其中：竹笋产值10.65亿元，增长14.2%；山核桃产值6.47亿元，增长3.6%；畜牧业产值9.32亿元，增长0.8%；蔬菜产值4.62亿元，增长10.8%；花卉园艺产值3.50亿元，增长5.5%；水果产值2.75亿元，增长12.9%；茶叶产值3.17亿元，增长9%；蚕桑产值0.85亿元，下降7.6%。粮食作物总产量8.32万吨，下降6%。新建粮食生产功能区666.67公顷，建成主导产业示范区2个、特色农业精品园4个。新建杭州市级“菜篮子”基地9个，面积126公顷。完成杭州市中低产田改造项目12个，面积400.67公顷；实施杭州市设施农业配套项目8个，建成设施农业面积176.67公顷。

全市规模以上工业企业593个，总产值683.79亿元，增长3.2%。规模以上工业企业销售产值676.90亿元，增长3.4%；新产品产值224.52亿元，增长4.0%，新产品产值率33.3%。规模以上高新技术企业销售产值374.47亿元，增长2.3%，占规模以上工业企业销售产值的56.2%。全市规模以上工业企业实现利税总额59.3亿元，增长7.7%，其中，利润总额35.32亿元，增长8.7%。规模以上工业企业产品产销率98.9%。

固定资产投资197.51亿元，增长20.1%。其中，第一产业固定资产投资2.91亿元，增长74.1%；第二产业固定资产投资52.09亿元，下降23.2%；第三产业固定资产投资142.51亿元，增长50.0%。建筑业增加值17.82亿元，增长5.4%。全市有总承包和专业承包资格的建筑企业55个，总产值74.14亿元，增长3.0%。房地产开发投资61.93亿元，下降2.8%。房屋施工面积471.72万平方米，增长3.9%。其中，新开工面积83.75万平方米，下降36.5%；竣工面积90.01万平方米，增长53.2%。全年商品房销售面积44.82万平方米，下降27.7%；商品房销售额30.44亿元，下降31.7%。

社会消费品零售总额141.11亿元，增长13.6%。其中，城镇消费品零售额81.34亿元，增长13.2%；农村消费品零售额59.77亿元，增长14.0%。分行业看，批发零售业零售额123.33亿元，增长13.8%；住宿餐饮业零售额17.79亿元，增长11.7%。

全市进出口总额19.3亿美元，增长7.6%。其中出口15.69亿美元，增长8.6%。按出口产品分，电线电缆出口3.21亿美元，增长1.4%；节能灯出口4.1亿美元，增长6%；纺织服装出口0.69亿美元，下降21.7%；医药化工产品出口1.93亿美元，增长47.8%；无纺清洁产品出口1.16亿美元，增长3.3%；其他产品出口0.14亿美元，增长66.5%。全市实际利用外资1.78亿美元，增长9.2%；实际到位内资66.88亿元，增长5.7%。

财政收入52.6亿元，增长8.1%。地方公共财政预算收入28.19亿元，增长8%。其中，税收收入26.96亿元，增长7.9%；非税收入1.23亿元，增长9.6%。地方财政支出45.66亿元，增长9.2%。用于民生支出34.01亿元，增长10.1%，高出地方财政收入2.1个百分点，占财政支出的74.5%，其中文化体育与传媒、社会保障与就业、城乡社区支出分别增长12.6%、21.3%和51.1%。全市金融机构本外币存款余额437.79亿元，增长9.1%。本币存款余额433.6亿元，增长9.5%，其中居民储蓄212.2亿元，增长5.8%。本外币贷款余额362.47亿元，增长8.2%，本币贷款余额357.79亿元，增长9.1%。

公路客运量1211万人次，公路客运周转量5.13亿人千米。公路货运量528万吨，公路货运周转量7.01亿吨千米。年末，高速公路通车里程103.99千米。

接待旅游总人数850万人次，旅游景点接待游客442.46万人次，增长5.3%。门票收入1.59亿元，增长7.1%。“农家乐”接待游客183.5万人次，增长21.2%，其中接待过夜游客93.8万人次，增长20.6%；经营总收入1.12亿元，增长21.3%；床位数1.54万张，增长2.0%；直接从业人员1617人，增长2.1%。

启动“数字临安”地理空间框架建设，开展第一次全国地理国情普查。启动城市地下综合管线信息管理系统建设，实施城市北入城口排涝工程，整治汽车东站、钱王街等积水点和清淤排水管网6.3千米。泥山湾路、青山西环线、万马路北延断头路等道路完工，新临水桥完成桥梁主体工程。筑境小区北侧三角绿地等8处闲置空地整治复绿，增加绿化面积2.3万平方米。临安市人民医院前节点改造完工，增加停车位28个。城中花园小区完成改造，增加停车位80个。全市增加地下停车位1023个、路灯200余盏。林水山居南门港湾式公交站、吴越街公交车站台相关便道建成。日处理渗滤液300立方米的生活垃圾渗滤液处理改造升级工程完工，垃圾焚烧厂投入运行。修复沥青（砼）路面1.6万平方米、人行道3万平方米、侧平石4千米，疏通管道18千米。

全市用电量30.55亿千瓦小时，下降0.5%，其中城乡居民生活用电4.27亿千瓦小时，下降3.7%。年末，市区自来水日供水能力16.7万立方米，全年供水量3611.04万立方米，其中居民家庭用水量1967万立方米。全年日常养护城区道路长度100千米、道路面积145万平方米、绿地面积49万平方米、鲜花面积9706.5平方米、行道树1.53万株，修剪城区草坪94万平方米。

推进环境规划，《临安市生态环境功能区规划》修编通过评审，开展《环境功能区规划》编制工作。全市5个集中式饮用水源地水质达标率100%，4个出境断面水质年均值达到Ⅱ类水标准；环境空气质量优良天数268天，优良率73.4%；区域环境噪声保持在54.3分贝以下，符合环境功能区要求。新增城市污水主干管10.8千米、支管网25.3千米。制定出台《临安市2014年度主要污染物减排工作计划》和《临安市2014年主要污染物排放总量削减目标责任书》。加快造纸、印染、化工三大行业整治工作，关停淘汰企业24个，原地整治提升55个。完成8个化工企业、5个印染企业、5个装饰纸企业、36个印制电路板企业、2个涂装企业

有机废气治理。各镇（街道）规模以上工业能源累计消费总量52.03万吨标准煤。

电信、移动、联通、数字电视公司业务收入7.34亿元，增长6.1%。邮政业务收入6558万元，增长17.3%。年末，固定电话用户18.3万户、移动电话用户73.54万户、计算机宽带用户18.45万户。

新增国家重点支持高新技术企业7个，全市累计拥有国家重点支持高新技术企业74个；新增浙江省科技型企业59个、杭州市高新技术企业24个；申报浙江省创新型试点企业2个、杭州市创新型试点企业5个。杭州环申包装新材料有限公司等10个科技型企业入驻“新三板”。新增浙江省级高新技术企业研发中心2个、杭州市级高新技术企业研发中心4个。组织100余个次企业先后到上海大学、杭州师范大学、宁波大学等高校开展“产学研”对接活动6场；邀请中科院长春应化所、武汉科技大学、浙江工业大学等高校及科研院所的30余位专家到临安对接50余个企业；与浙江工业大学、宁波大学、上海应用技术学院等6所高校建立“产学研”工作站。全年发明专利授权134件。

全市幼儿园75所，在园幼儿17351人；小学40所，在校学生29027人；初中18所，在校学生13266人；普通高中5所，在校学生8159人；职业中学3所，在校学生3903人。浙江农林大学在校学生2.13万人，毕业生5445人，教职员工1653人。

以“钱王文化艺术节”为载体，举办文艺活动40余场、文化走亲活动12场，送戏下乡300余场；送电影下乡3336场，观众35万人次。完成可移动文物普查馆账物核对，核查馆藏文物3000余件。保护、修缮农村历史建筑，实施修缮项目30个，完工26个。公布清明恭祭钱王、浙西马啸流水宴等11项为第六批临安市级非物质文化遗产名录；完成杭州市第五批非物质文化遗产名录申报工作，增加杭州市级名录7项。围绕“世界读书日”“西湖读书节”等节日开展主题活动40余次，举办老年读书会30期、“集贤堂”讲座14期。全市拥有各类卫生医疗机构451个，其中市属医院7个，拥有床位1985张、卫生技术人员3351人，其中执业医师和执业助理医师1319人。全市人口计划生育率96.92%，免费婚前医学检查率92.75%，免费孕前优生检测率97.96%。

清明祭钱王活动　（临安市史志办 供稿）

全年增加就业岗位1万余个，再就业4052人，城镇登记失业率2.68%。养老保险等“五险”参保人数新增47191人，城乡居民基本医疗保险参保34.7万人，最低工资标准1350元，增长12.5%；居民户口失业保险金945元，增长12.5%。全年开工建设保障房383套，面积3.6万平方米，其中公租房96套、廉租房96套、经济适用房191套。至年末，累计发放市民卡近54万张。

开展养老服务工作，建立政府购买服务项目与中介机构转换通道，确定於潜镇为改革试点单位，临安市居家乐养老服务中心为服务中介机构，累计服务2100人次。建成农村居家养老服务照料中心100家，城市社区居家养老服务照料中心6家，累计建成162家，占居家养老服务站总数的52%。“智慧养老”服务平台建成并投入运行，5273名老年人享受政府购买服务补贴，占全市老年人5.67%。儿童福利指导中心成立。福利企业共安置职工7702人，其中残疾职工2848人，安置比例35.3%。全年募集善款569.8万元，救助支出548.2万元，累计援助3000余人。

城镇居民人均可支配收入37860元，增长10.3%；人均消费支出29821元，增长10%。农村居民人均可支配收入21578元，增长10.9%；人均消费支出16658元，增长12.7%。年末，城乡常住居民人均住房建筑面积分别为42平方米和76平方米。城镇每百户居民家庭拥有家用汽车38辆、电脑113台、空调243台；农村每百户居民家庭分别拥有汽车21辆、电脑71台、空调128台。

【青山湖科技城智能电网工程通过验收】 4月4日，青山湖科技城智能电网综合建设工程通过国网浙江省电力公司的验收。该工程是浙江省内两个智能电网综合建设工程之一，也是唯一的县级智能电网综合建设工程。工程于2012年2月启动建设，总投资1.9亿元，覆盖范围约115平方千米，涵盖电力系统发电、输电、变电、配电、用电等环节。该工程结合青山湖科技城绿色发展的思路，开展智能供电、智能用电、清洁能源与综合应用四大模块建设，包括新能源并网接入、储能系统、智能配用电一体化通信平台、智能风光互补路灯、智能家居体验等。工程建设过程中，建成浙江省内规模最大的智能化电力电缆隧道，全长1.1千米，实现智能机器人巡检，电缆隧道门禁远程开启控制，智能视频监控和环境综合在线监测；应用覆冰在线监测，研发架空线路覆冰预测软件，实现微气象区域输电线路覆冰预测，提升综合抗冰保障能力；安装磁悬浮发电路灯72套，微风即可发电，实现风光能源的全效利用。

【甲午年“清明恭祭钱王”系列活动】 4月4～5日，临安市举办甲午年

“清明恭祭钱王”系列活动。此次系列活动由临安市钱镠研究会、临安市文广新闻出版主办。4月4日，邀请钱氏后裔、钱学森之子钱永刚到临安市衣锦小学作“走近钱学森”专题报告会，讲述钱学森的人生轨迹。报告会上，临安市启动钱王文化进校园活动，发出“弘扬钱王文化、培育良好家风、践行核心价值观”倡议书。举办钱王宗庙布展座谈会，邀请前来参加甲午年“清明恭祭钱王”活动的各地钱氏后裔代表参加，通报钱王宗庙的设计规划方案，听取他们关于钱王宗庙布展的意见和建议。4月5日，甲午年“清明恭祭钱王”典礼在钱王陵园举行。来自全国各地的钱氏后裔代表，临安市钱镠研究会代表、市民代表等800余人参加仪式。典礼仪式分撞钟击鼓、敬奉供品、净手上香、行施拜礼、恭读祭文、颂歌钱王、乐舞敬拜、诵读家训、敬献花篮等环节。仪式开始前，表演《临安水龙》《钱王点将》《上田十八般武艺》《还乡歌》等临安民间艺术。作为每年清明节祭祀吴越国武肃王钱镠的群众性祭典，5月，“清明恭祭钱王”被列入临安市第六批非物质文化遗产名录。9月，“清明恭祭钱王”被列入第五批杭州市非物质文化遗产代表性项目名录。

【杭州电子科技大学信息工程学院开工】 12月23日，杭州电子科技大学信息工程学院在青山湖科技城动工建设。杭州电子科技大学信息工程学院是一所三本独立学院，按民办机制运作，具有独立法人资格，实施相对独立办学。2012年7月，杭州电子科技大学与临安市人民政府签署《杭州电子科技大学与临安市人民政府合作共建杭州电子科技大学信息工程学院协议书》。2013年4月18日，杭州电子科技大学信息工程学院奠基仪式在青山湖科技城举行。学院占地面积44.67公顷，建筑面积17万平方米，总投资8.3亿元，一期工程计划在校生规模8800余人，远期在校生规模1万余人。学院下设10个系25个本科专业，以电子信息和经济管理类专业为主，涵盖电子信息、经济管理、物联网应用等学科。杭州电子科技大学信息工程学院是继浙江农林大学、浙江警察学院、浙江医学高等专科学校之后第四所入驻临安市的高校。

【地质环境工作服务经济社会发展“711”工程】 2014年5月7日，临安市出台《地质环境工作服务经济社会发展“711”工程实施方案》，地质环境工作服务经济社会发展“711”工程启动实施。工程计划用2年时间，完成“中国矿泉水之乡”建设、重点地区温泉资源勘查、浙江省级地质灾害避让搬迁示范县建设、大明山省级地质公园创建、“绿色土壤”调查评价、矿山地质环境整治、基层地质灾害精细化监测预警系统7项重点工作，建立地质环境信息公共服务平台1个，形成地质环境工作服务经济社会发展图件及制度1套。8月7日，浙江省国土资源厅批复同意建立临安大明山省级地质公园，大明山成为杭州地区首个地质公园。10月22日，浙江省国土资源厅颁发临安湍口地热资源采矿许可证，为杭州第一本地热资源采矿许可证。

【中国临安民间茶俗文化旅游节】 4月10日至5月23日，第三届中国临安民间茶俗文化旅游节举行。旅游节由杭州市旅游委员会、临安市政府主办，临安市旅游局、太湖源镇政府承办。旅游节期间，举办神龙川御茶节，游客通过采茶、炒茶、品茶、吃铜锅饭，体会山野乐趣；推出山妹子“茶之语”采茶体验游，邀请游客到山妹子茶叶基地采茶、吃农家饭，到临安山核桃文化体验馆体验炒茶过程；开展“慕茶客、爱诗家”临安茶旅游散文征文活动，收到来自全国各地的投稿文章390篇，评选出获奖文章22篇。5月23日，中国（杭州）西湖国际茶文化博览会闭幕式暨第三届中国临安民间茶俗文化旅游节在太湖源景区和太湖源镇东坑村举行。

【临安市蔬菜集约化育苗中心主体工程竣工】 6月，临安市蔬菜集约化育苗中心投入使用。临安是浙江省山地蔬菜产业带建设重点县、杭州城区夏淡蔬菜主要供应基地，蔬菜产业是临安山区农民收入的重要来源。为解决传统农户自育自用模式存在的育苗时间长、用工多、成本高、成苗率低等问题，2013年，临安市农技推广中心联合清凉峰镇2家蔬菜生产企业、6家蔬菜生产合作社在清凉峰镇九都村启动临安市蔬菜集约化育苗中心项目建设。项目规划面积6.67公顷，计划总投资780万元，引进现代化设施开展新品种试种、示范展示和周年蔬菜工厂化育苗，解决蔬菜“育苗难”问题。至2014年4月，累计投入建设资金630万元，工厂化育苗区、连栋温室大棚智能化玻璃温室、钢结构播种车间、蓄水灌溉系统等主体工程竣工，引进试种蔬菜新品种22个、示范展示新技术5项，培育蔬菜穴盘秧苗270万株，实现蔬菜自动化播种、智能化育苗，提供蔬菜育苗、嫁接技术、施肥杀虫等社会化服务。

【阿里巴巴集团农村淘宝“千县万村”项目进入临安】 12月31日，阿里巴巴集团农村淘宝“千县万村”项目进入临安启动仪式在临安电子商务产业园举行。临安市政府与阿里巴巴集团签署战略合作协议，临安成为阿里巴巴集团农村淘宝“千县万村”项目首批落户县（市）。该项目选定临安市8个镇（街道）、15个村作为服务站点，计划在2015年设立村级服务站200个，阿里巴巴农村淘宝临安运营中心行使村级服务站的开发建设、培训和发展，并运营、管理村级代购市场；村级服务站提供网上代买、网上代卖、网上缴费、创业培育等服务项目。

启动仪式上，临安市政府启动临安市电商伙伴计划，与杭州电子科技大学、浙江农林大学信息工程学院和浙江工商大学现代商贸发展研究院签署战略合作协议，培育临安电子商务人才。

2014年，临安市以全省综合评分第一的成绩创建成为“省级电子商务示范县”，农产品电子商务网销售额突破18亿元，增长80%，促进农民增收2亿元。清凉峰镇成为全省6个淘宝镇之一，清凉峰镇玉屏村、马啸村创建成为全国淘宝村。

（许锦光）

•统计表•

杭州市土地面积、年末户数和人口数、人口变动情况
（2014 年）

表 78

指标名称	计量单位	全　市	为上年（%）	市　区	为上年（%）
一、土地面积	平方千米	16 596	100.0	4876	100.0
二、年末总户数（户籍）	万户	222.35	100.8	157.11	101.1
三、年末总人口数（户籍）	万人	715.76	101.3	525.07	101.6
按性别分					
男性	万人	357.26	101.1	261.17	104.2
女性	万人	358.49	101.5	263.91	104.3
按农业、非农业分					
农业人口	万人	311.49	99.6	166.52	97.3
非农业人口	万人	404.27	102.6	358.56	103.8
四、人口密度（按户籍）	人 / 平方千米	431	101.2	1077	101.6
五、人口自然变动情况					
自然增长人口	人	49 328	148.1	42 328	146.4
本年出生人数	人	89 743	126.7	69 577	128.9
本年死亡人数	人	40 415	107.6	27 249	108.8
自然增长率					
本年	‰	6.94	—	8.13	—
上年	‰	4.73	—	5.63	—
六、人口机械变动情况					
（一）本年迁入人口合计	人	87 546	114.1	77 679	114.6
其中：省内	人	35 136	111.7	31 701	112.3
省外	人	52 410	115.8	45 978	116.1
（二）本年迁出人口合计	人	43 780	91.9	35 272	90.1
其中：省内	人	21 487	89.1	15 279	83.2
省外	人	22 293	94.7	19 993	96.2
（三）本年净迁人人口	人	43 766	150.7	42 407	148.0
七、年末常住人口	万人	889.2	100.5	712.28	100.5

注：1.统计表中的上年指2013年，下同

2.2014年富阳撤市建区，市区数据已将富阳包括在内，为上年（%）按同口径对比

杭州市国民经济主要指标(一)

表79

指标名称	计量单位	2009年	2010年	2011年	2012年	2013年	2014年
年末总人口(户籍)	万人	683.38	689.12	695.71	700.52	706.18	715.76
非农业人口(户籍)	万人	354.48	365.24	376.03	384.09	393.88	404.27
人口自然增长率	‰	3.42	3.41	4.64	3.95	4.73	6.94
市区	‰	4.24	5.01	5.74	5.56	5.97	8.13
年末从业人数	万人	597.47	626.33	637.77	644.43	650.51	654.92
全市生产总值(当年价格)	亿元	5 111.40	5 965.71	7 037.28	7 833.62	8 398.58	9 206.16
第一产业	亿元	190.51	208.41	236.77	255.11	261.60	274.35
第二产业	亿元	2 365.76	2 819.81	3 280.52	3 500.13	3 574.25	3 845.58
第三产业	亿元	2 555.13	2 937.49	3 519.99	4 078.37	4 562.73	5 086.24
全市生产总值指数(以1978年为100)	—	5 680.15	6 361.77	7 004.31	7 634.70	8 245.48	8 921.61
人均生产总值(按户籍)	元	75111	86 932	101 634	112 211	119 372	129 448
人均生产总值指数(以1978年为100)	—	4 192.56	4 657.93	5 081.80	5 493.43	5 883.46	6 295.30
规模以上工业企业利税总额	亿元	882.62	1 224.48	1 330.48	1 339.94	1 450.55	1 538.07
全社会交通运输客运量	万人次	30 116	33 772	34 778	35 819	36 409	24 070
全社会交通运输货运量	万吨	22 372	25 914	28 831	30 089	30 734	29 335
固定资产投资	亿元	2 195.17	2 651.88	3 100.02	3 722.75	4 263.87	4 952.70
社会消费品零售总额	亿元	1 837.82	2 225.00	2 690.22	3 165.19	3 864.84	4 201.46
接待境外旅游者人数	万人次	230.40	275.71	306.31	331.12	316.01	326.13
实际利用外资(外商直接投资)	万美元	401 370	435 627	472 230	496 061	527 633	633 460

杭州市国民经济主要指标（二）

表 80

指标名称	计量单位	2009 年	2010 年	2011 年	2012 年	2013 年	2014 年
财政总收入	亿元	1 019.43	1 245.43	1 488.92	1 627.89	1 734.98	1 920.11
公共财政预算收入	亿元	490.40	616.58	747.50	786.28	855.74	1 027.32
金融机构年末存款余额	亿元	14 284.21	17 084.35	18 396.57	20 148.77	22 174.71	24 450.51
金融机构年末贷款余额	亿元	13 113.30	15 078.73	16 573.74	18 090.9	19 350.46	21 316.83
城乡居民年末储蓄存款余额	亿元	4 286.92	4 990.97	5 547.48	6 089.98	6 408.59	6 767.2
全市非私营单位就业人员工资总额	亿元	754.91	933.06	1 122.28	1 483.9	1 758.23	1 982.27
全市非私营单位就业人员平均工资	元	43 947	48 772	54 408	56 417	63 664	69 209
市区居民消费价格指数(以 1978 年为 100)	—	675.00	701.33	734.99	753.36	772.19	787.63
市区商品零售价格指数(以 1978 年为 100)	—	507.97	526.76	549.94	560.39	568.80	573.35
全市城镇常住居民年人均可支配收入	元	26 864	30 035	34 065	37 511	40 925	44 632
农村居民年人均可支配收入	元	11 822	13 186	15 245	17 017	21 208	23 555
高等学校在校学生数	人	394 087	434 811	446 721	459 181	471 820	474 652
中等专业学校在校学生数	人	4 016	3 999	4 100	3 909	3 656	3 974
普通中学在校学生数	人	359 956	352 997	340 634	331 353	327 346	324 414
小学在校学生数	人	445 132	453 897	465 289	472 613	483 489	502 688
年末卫生机构数	个	2 687	2 819	2 958	3 017	4 139	4 198
医院	个	144	151	167	198	208	218
年末卫生技术人员	人	56 270	61 117	65 869	71 618	78 340	85 614
执业（助理）医师	人	22 753	24 345	25 773	27 369	29 686	31 977
年末床位数	张	40 226	42 828	45 291	49 471	52 056	55 779
医院床位	张	33 094	33 611	39 363	44 019	46 636	50 805

杭州市历年生产总值及发展指数

表 81

年份	全市生产总值（万元）				全市生产总值发展指数（%）			
	合计	第一产业	第二产业	第三产业	合计	第一产业	第二产业	第三产业
1978	284 046	63 372	169 344	51 330	100	100	100	100
1992	2 900 690	349 033	1 487 838	1 063 819	540.48	161.61	637.53	814.80
1993	4 247 094	419 364	2 264 440	1 563 290	703.16	171.15	878.66	1 004.65
1994	5 855 239	575 131	3 143 430	2 136 678	888.09	185.01	1 161.59	1 225.67
1995	7 620 055	692 510	4 100 008	2 827 537	1 064.82	198.15	1 434.56	1 445.06
1996	9 066 133	839 985	4 776 225	3 449 923	1 203.25	208.85	1 644.01	1 621.36
1997	10 363 299	913 611	5 415 017	4 034 671	1 360.88	223.05	1 852.80	1 861.32
1998	11 348 899	960 558	5 879 589	4 508 752	1 513.30	244.02	2 071.43	2 060.48
1999	12 252 795	975 821	6 307 510	4 969 464	1 667.66	257.44	2 280.64	2 287.13
2000	13 825 616	1 039 641	7 093 233	5 692 742	1 867.78	272.11	2 565.72	2 563.87
2001	15 680 138	1 114 569	7 935 809	6 629 760	2 095.65	292.25	2 891.60	2 884.40
2002	17 818 302	1 146 388	9 018 225	7 653 689	2 372.28	304.23	3 276.18	3 308.41
2003	20 997 744	1 265 890	10 757 812	8 974 042	2 732.87	322.48	3 885.55	3 725.27
2004	25 431 796	1 322 341	13 182 254	10 927 201	3 142.80	338.93	4 534.44	4 257.98
2005	29 438 430	1 482 145	14 943 581	13 012 704	3 551.36	350.45	5 037.76	4 956.29
2006	34 434 972	1 548 594	17 283 905	15 602 473	4 059.54	364.71	5 672.80	5 820.31
2007	41 040 117	1 634 719	20 458 811	18 946 588	4 651.74	372.78	6 483.45	6 761.14
2008	47 889 748	1 798 300	23 725 807	22 365 641	5 165.17	386.73	7 062.80	7 705.13
2009	51 114 007	1 905 093	23 657 646	25 551 268	5 680.15	398.74	7 486.57	8 822.37
2010	59 657 106	2 084 144	28 198 060	29 374 902	6 361.77	408.71	8 332.55	9 995.75
2011	70 372 782	2 367 708	32 805 209	35 199 865	7 004.31	418.93	9 057.48	11 195.24
2012	78 336 168	2 551 127	35 001 330	40 783 711	7 634.70	429.40	9 709.62	12 449.11
2013	83 985 753	2 615 974	35 742 503	45 627 276	8 245.48	435.41	10 389.29	13 606.88
2014	92 061 634	2 743 492	38 455 759	50 862 382	8 921.61	443.25	11 220.43	14 777.07

注：生产总值发展指数以1978年为100，按可比价格计算；生产总值按当年价格计算

杭州市和各区县（市）土地、人口情况及主要经济指标（2014 年）

表 82

指标名称	计量单位	全市合计	市区	萧山区	余杭区	富阳区	桐庐县	淳安县	建德市	临安市
土地面积	平方千米	16 596	4 876	1 163	1 222	1 808	1 780	4 452	2 364	3 124
年末总户数（户籍）	万户	222.35	157.11	37.47	25.33	21.48	14.80	14.72	16.98	18.73
年末总人口（户籍）	万人	715.76	525.07	125.54	92.54	66.61	40.84	45.90	50.97	52.97
人口自然增长率	‰	6.94	8.13	6.50	9.06	5.46	5.08	1.82	2.77	5.08
粮食总产量	万吨	62.54	37.00	14.35	10.21	12.02	5.48	7.56	7.34	5.15
地区生产总值	亿元	9 206.16	7 977.37	1 727.63	1 101.23	601.47	306.13	192.06	298.93	431.67
固定资产投资	亿元	4 952.70	4 257.22	850.85	786.15	350.07	209.64	145.05	143.29	197.51
社会消费品零售总额	亿元	4 201.46	3 785.52	515.65	349.43	170.79	117.37	64.05	93.41	141.11
财政总收入	亿元	1 920.11	1 775.03	243.21	240.78	88.42	38.05	21.10	33.32	52.60
公共财政预算支出	亿元	961.18	807.80	120.20	137.12	57.70	32.92	43.56	31.24	45.66
非私营单位就业人员工资总额	亿元	1 982.27	1 855.20	319.96	171.60	66.26	26.28	23.20	26.38	51.21
非私营单位就业人员平均工资	元	69 209	70 034	58 085	72 892	55 412	60 952	60 829	58 929	57 458

杭州市规模以上工业企业单位数、总产值
（2014 年）

表 83

类别	全市		市区	
	企业数（个）	工业总产值（亿元）	企业数（个）	工业总产值（亿元）
规模以上工业企业合计	6 169	12 853.05	4 716	11 023.03
一、按轻重工业分				
轻工业企业	2 995	4 997.92	2 266	4 284.06
重工业企业	3 174	7 855.13	2 450	6 738.97
二、按经济类型分				
国有企业	22	692.22	17	646.37
集体企业	9	3.22	5	2.24
股份合作企业	9	5.72	9	5.72
联营企业	1	0.50	1	0.50
股份制企业	4 795	8 161.68	3 578	6 622.61
外商及中国港澳台投资企业	1 130	3 889.34	1 001	3 687.45
其他企业	203	100.37	105	58.15
三、按企业规模分				
大型企业	125	3 794.83	115	3 544.42
中型企业	691	3 939.63	599	3 421.36
小微企业	5 353	5 118.59	4 002	4 057.26

注：规模以上工业企业口径为企业年主营业务收入2000万元及以上

杭州市规模以上工业企业主要经济指标
（2014 年）

表 84

项目	总计	国有企业	集体企业	股份合作制企业	联营企业	股份制企业	外商及中国港澳台投资企业	其他企业
企业数（个）	6 169	22	9	9	1	4 795	1 130	203
亏损企业数（个）	845	2	0	0	0	598	220	25
工业总产值（万元）	128 530 518	6 922 198	32 246	57 214	4 977	81 616 830	38 893 351	1 003 701
主营业务收入（万元）	128 337 049	6 958 086	31 532	53 311	4 972	82 176 879	38 127 643	984 626
主营业务税金及附加（万元）	2 329 796	22 504	382	450	11	2 052 709	247 860	5 880
销售费用（万元）	5 018 365	8 863	413	1 326	46	2 218 761	2 773 357	15 600
管理费用（万元）	6 564 545	139 097	1 144	24 567	98	3 913 366	2 450 932	35 341
财务费用（万元）	1 656 541	22 346	258	0	0	1 336 632	308 829	17 218
利润总额（万元）	9 046 043	158 118	1 240	16 834	19	4 933 105	3 890 517	46 210
利税总额（万元）	15 380 693	346 930	2 609	19 345	91	9 410 562	5 520 385	80 771
流动资产合计（万元）	79 385 120	1 438 480	21 719	261 433	1 518	51 560 227	25 650 265	451 478
固定资产合计（万元）	31 660 955	4 254 411	5 702	16 064	95	18 748 166	8 460 646	175 873
累计折旧（万元）	21 322 291	3 245 662	12 610	12 123	142	11 837 877	6 100 743	113 134

杭州市主要工业产品生产量
（2014 年）

表 85

产品名称	计量单位	实 绩	为上年(%)	产品名称	计量单位	实 绩	为上年(%)
发电量	亿千瓦小时	200.11	102.1	中成药	吨	8 428.97	97.3
罐头	万吨	7.04	93.5	橡胶轮胎外胎	万条	5 173.98	113.8
乳制品	吨	170 941	102.2	水泥	万吨	2 094.16	98.6
啤酒	千升	971 737	98.4	粗钢	万吨	375.03	104.3
软饮料	万吨	718.93	92.1	生铁	万吨	294.38	109.9
精制茶	吨	41 377.54	86.3	铁合金	万吨	6.73	103.5
卷烟	亿支	571.86	105.3	钢材	万吨	936.21	101.0
方便面	吨	284 033	111.8	精炼铜（电解铜）	吨	172 551	131.5
化学纤维	吨	6 806 328	109.7	工业锅炉	蒸发量吨	7 200.70	85.4
合成纤维	吨	6 665 895	110.3	金属切削机床	台	50 263	93.9
纱	万吨	73.67	105.7	金属成形机床（锻压设备）	台	11 959	117.5
布	万米	437 620	103.8	泵	万台	75.40	107.9
印染布	万米	573 955	102.0	滚动轴承	万套	14 150.86	108.5
蚕丝及交织机织物（含蚕丝≥ 50%）	万米	3 300.04	74.4	汽车	辆	90 330	97.1
服装	万件	38 958.99	99.3	叉车	台	72 544	100.4
皮革鞋靴	万双	1 290.32	89.2	两轮自行车	万辆	432.28	93.1
家具	万件	3 934.43	101.6	交流电动机	万千瓦	63.72	105.9
塑料制品	吨	1 752 972	104.6	钢绞线	吨	44 713.63	73.6
机制纸及纸板	万吨	646.44	92.4	通信及电子网络用电缆	万对千米	550.70	92.4
盐酸（含量 31% 以上）	吨	102 179	106.2	光缆（光纤通信电缆）	万芯千米	3 070.55	126.3
氢氧化钠（烧碱）（折 100%）	吨	196 421	101.7	家用电冰箱	万台	117.45	103.9
碳酸钠（纯碱）	吨	269 736	104.3	家用洗衣机	万台	347.76	98.2
初级形态的塑料（塑料树脂及共聚物）	吨	355 452	72.6	吸排油烟机	万台	227.56	139.0
合成氨	吨	173 863	94.3	移动通信手持机	万部	533.98	53.8
农用氮、磷、钾化学肥料总计（折纯）	吨	85 691	102.6	电工仪器仪表	万台	2 674.43	113.5
化学农药原药（折有效成分 100%）	吨	119 256	94.1	工业自动调节仪表与控制系统	万台	178.72	99.0
涂料（油漆）	吨	248 531	103.4	电光源（灯泡）	亿只	9.74	94.3
合成洗涤剂	吨	148 250	107.2	彩色电视机	万台	10.00	14.6
化学药品原药（化学原料药）	吨	9 782.86	110.1	微型计算机设备	万台	172.42	105.0

杭州市农林牧渔业总产值
（2014 年）

表 86

指　标	2014 年（亿元）	2013 年（亿元）	为上年（%）
农林牧渔业总产值	418.58	399.37	104.8
其中：农业产值	233.38	216.11	108.0
林业产值	47.02	40.82	115.2
牧业产值	82.82	91.13	90.9
渔业产值	44.20	40.73	108.5

注：农林牧渔业总产值包括农林牧渔业服务业产值

杭州市主要农产品产量
（2014 年）

表 87

指标名称	2014 年（吨）	2013 年（吨）	为上年（%）
粮食	625 429	600 129	104.2
谷物	509 587	494 478	103.1
豆类	64 466	63 410	101.7
番薯	51 376	42 241	121.6
油料	67 171	90 151	74.5
油菜籽	63 580	79 826	79.6
棉花（皮棉）	742	825	89.9
麻类	25	75	33.3
蔬菜	2 969 929	3 053 390	97.3
蚕茧	12 294	14 502	84.8
茶叶	26 548	28 503	93.1
水果	753 729	814 075	92.6
柑橘	187 336	178 341	105.0
梨	66 228	66 179	100.1
桃	71 659	72 019	99.5
葡萄	19 634	18 054	108.8
肉类	296 700	340 380	87.2
猪肉	242 104	270 332	89.6
禽蛋	130 870	152 883	85.6
鲜牛奶	36 859	40 519	91.0
淡水产品	186 026	197 992	94.0

杭州市外商直接投资情况
（2014 年）

表 88

指　标	计量单位	实绩	为上年（%）
项目个数	个	408	98.3
总投资额	万美元	1 329 217	93.6
合同外资	万美元	723 838	79.3
实际利用外资	万美元	633 460	120.1

杭州市进出口情况
（2014 年）

表 89

指　标	2014 年（亿美元）	2013 年（亿美元）	为上年（%）
全市进出口总值（海关口径）	**679.98**	**650.71**	**104.5**
一、出口总额	491.66	447.66	109.8
1. 国有企业	80.65	78.03	103.3
2. 三资企业	138.21	131.5	105.1
（1）中外合作企业	0.64	0.69	92.7
（2）中外合资企业	65.36	63.71	102.6
（3）外商独资企业	72.21	67.10	107.6
3. 集体企业	20.40	19.20	106.3
4. 私营企业	251.32	217.61	115.5
二、进口总额	188.32	203.05	92.8

杭州市环境保护情况
（2014 年）

表 90

指标名称	全　市	市　区
工业废水排放量（万立方米）	32 226	27 381
工业废水中化学需氧量排放量（吨）	26 036	21 624
工业废水中氨氮排放量（吨）	1 203	1 017
工业二氧化硫产生量（吨）	138 043	121 417
工业二氧化硫排放量（吨）	69 805	56 108
工业氮氧化物排放量（吨）	59 582	44 633
工业烟（粉）尘去除量（吨）	4 378 624	2 462 583
工业烟（粉）尘排放量（吨）	62 993	54 490
一般工业固体废物综合利用率（%）	90.78	—
城市污水集中处理率（%）	93.87	—
城市生活垃圾无害化处理率（%）	100.0	100.0
空气质量达标 (AQI<100) 天数（天）	—	228
集中式饮用水源地水质达标率（%）	100.0	—
化学需氧量削减率（%）	5.10	—
氨氮削减率（%）	3.76	—
二氧化硫削减率（%）	2.04	—
氮氧化物削减率（%）	5.78	—

杭州市区城市公用事业情况
（2014 年）

表 91

指　标	计量单位	数　值	指　标	计量单位	数　值
一、城市公共交通			四、城市供气		
年末公交运营线路条数	条	703	城市液化气供气总量	万吨	9.87
年末公交运营线路总长度	千米	12 032	家庭用气总量	万吨	5.08
年末运营公共汽（电）车	辆	8 656	天然气		
公交客运总量	万人次	140 928	家庭用气总量	万立方米	18 019
年末轨道交通运营长度	千米	66.30	家庭用气户数	万户	111.30
轨道交通客运总量	万人次	14 521	全社会气化率	%	100
二、城市供电			五、园林绿化		
全年用电总量	亿千瓦小时	552.71	园林绿地面积	公顷	18 386
工业用电	亿千瓦小时	355.06	公共绿地	公顷	6 304
生活用电	亿千瓦小时	72.56	建城区绿化覆盖率	%	40.57
三、城市自来水供应			公园景点个数	个	207
总售水量	万立方米	56 401	公园景点面积	公顷	2 298
平均日供水量	万立方米	165	六、市政建设		
供水能力	万立方米 / 日	380	年末实有道路面积	万平方米	6 145
供水总量	万立方米	66 172	年末实有道路长度	千米	2 748
生产用水	万立方米	14 792	年末实有桥梁数	座	1 235
生活用水	万立方米	26 894	排水管道长度	千米	5 012
用水普及率	%	100	城市污水排放量	万立方米	53 111

杭州市固定资产投资
（2014 年）

表 92

项　目	2014 年（亿元）	2013 年（亿元）	为上年（%）
固定资产投资	4 952.70	4 263.87	116.2
第一产业	19.07	8.40	227.0
第二产业	915.25	912.53	100.3
第三产业	4 018.38	3 342.94	120.2

杭州市金融机构年末本外币存贷款余额
（2014 年）

表 93

项　目	全　市		市　区	
	2014 年末（亿元）	为上年（%）	2014 年末（亿元）	为上年（%）
一、各项存款	24 450.51	110.3	23 131.96	110.4
1. 单位存款	15 410.40	111.0	14 846.80	111.3
2. 个人存款	7 179.77	105.2	6 473.26	104.8
储蓄存款	6 767.20	105.6	6 075.00	105.2
3. 财政性存款	672.43	108.6	641.38	107.7
4. 临时性存款	68.44	111.6	57.95	101.1
5. 委托存款	163.12	126.5	161.93	125.8
6. 其他存款	956.35	145.6	950.66	146.0
二、各项贷款	21 316.83	110.2	20 232.51	110.2
1. 境内贷款	21 164.04	110.2	20 079.73	110.2
（1）短期贷款	9 147.43	100.9	8 587.99	100.8
（2）中长期贷款	10 629.30	116.2	10 116.78	116.1
（3）融资租赁	589.24	121.6	589.24	121.6
（4）票据融资	731.63	165.8	721.07	166.0
（5）各项垫款	66.43	91.7	64.65	99.0
2. 境外贷款	152.79	111.5	152.77	111.5

杭州市城镇常住居民家庭调查情况

表 94

项　目	计量单位	2008 年	2009 年	2010 年	2011 年	2012 年	2013 年	2014 年
调查户数	户	600	600	600	600	600	1 920	1 920
平均每户人口	人	2.75	2.68	2.71	2.71	2.69	2.79	2.79
平均每户就业人数	人	1.29	1.25	1.25	1.32	1.31	1.51	1.53
年人均可支配收入	元	24 104	26 864	30 035	34 065	37 511	40 925	44 632
年人均消费支出	元	16 719	18 595	20 219	22 642	22 800	30 659	32 165
人均住房建筑面积	平方米	29.9	30.8	30.9	33.7	34.4	34.9	35.1

注：2013年和2014年数据为城乡调查一体化改革后新口径数据（下同）

杭州市区城镇居民家庭每百户平均耐用消费品拥有量

表 95

项　目	计量单位	2008 年	2009 年	2010 年	2011 年	2012 年	2013 年	2014 年
摩托车	辆	4.9	4.8	4.5	4.1	4.0	6.6	6.8
助力电动车	辆	36.1	38.8	42.4	46.0	48.2	50.9	—
家用汽车	辆	17.8	21.7	22.8	31.2	34.3	40.2	45.4
微波炉	台	69.1	74.6	78.8	73.5	74.1	64.1	—
普通电话	部	92.3	89.6	89.6	84.7	83.6	51.6	54.2
移动电话	部	180.9	178.5	193.6	211.0	213.1	217.4	227.9
淋浴热水器	台	93.3	95.0	99.4	103.4	105.4	89.4	93.7
洗衣机	台	89.8	94.6	96.2	96.3	96.6	82.6	86.8
电冰箱	台	98.2	100.3	102.3	102.5	102.5	88.0	92.3
计算机	台	81.7	86.9	99.0	109.7	112.2	103.7	110.6
彩色电视机	台	167.3	174.0	179.2	176.9	178.4	166.4	174.0
组合音响	套	32.3	31.2	30.0	25.5	25.9	15.2	—
摄像机	架	9.2	10.3	11.1	11.6	12.4	10.0	10.5
照相机	架	51.5	53.7	54.8	62.1	63.5	50.6	54.4
空调器	台	195.5	203.9	214.6	212.0	214.7	189.6	201.5

杭州市城镇常住居民家庭人均消费支出

表 96　　单位：元

项　目	2013 年	2014 年
人均消费支出	30 659	32 165
食品烟酒	7 928	8 688
衣着	2 108	2 193
生活用品及服务	1 588	1 683
医疗保健	1 762	1 708
交通通信	5 105	5 364
教育文化娱乐	2 934	2 990
居住	8 316	8 565
其他用品和服务	918	974

杭州市农村常住居民家庭调查情况

表 97

项　目	计量单位	2008 年	2009 年	2010 年	2011 年	2012 年	2013 年	2014 年
调查户数	户	1 100	1 100	1 100	1 100	1 100	1 280	1 280
平均每户人口	人	3.56	3.57	3.58	3.46	3.45	3.38	3.35
平均每户劳动力	人	2.58	2.59	2.59	2.49	2.5	2.03	2.05
年人均可支配收入	元	10 692	11 822	13 186	15 245	17 017	21 208	23 555
年人均消费支出	元	8 446	9 065	10 267	12 125	13 612	16 021	17 816
人均住房建筑面积	平方米	69.7	70.74	71.22	72.5	71.0	66.9	67.9

杭州市农村常住居民家庭人均消费支出

表 98　　单位：元

项　目	2013 年	2014 年
人均消费支出	16 021	17 816
食品烟酒	4 530	5 091
衣着	923	1 094
生活用品及服务	4 250	4 539
医疗保健	823	933
交通通信	958	1 052
教育文化娱乐	2 930	3 299
居住	1 296	1 485
其他用品和服务	311	323

杭州市区居民消费价格指数
（2014 年）

表 99

项　目	指　数	项　目	指　数
居民消费价格总指数	102.0	3. 鞋袜帽	96.3
一、食品	102.9	4. 衣着加工服务费	101.0
1. 粮食	101.4	四、家庭设备、用品及维修服务	102.7
2. 淀粉	102.9	1. 耐用消费品	99.4
3. 干豆类及豆制品	103.2	2. 室内装饰品	101.7
4. 油脂类	93.0	3. 床上用品	101.2
5. 肉禽及其制品	100.8	4. 家庭日用杂品	101.1
6. 蛋类	114.0	5. 家庭服务及加工维修服务	115.0
7. 水产品类	105.1	五、医疗保健和个人用品	101.4
8. 菜类	98.8	1. 医疗保健	101.6
9. 调味品	99.9	2. 个人用品及服务	100.6
10. 糖类	97.8	六、交通和通信	99.4
11. 茶及饮料	102.9	1. 交通	99.3
12. 干鲜瓜果类	109.0	2. 通信	99.7
13. 糕点饼干	101.0	七、娱乐教育文化用品及服务	101.8
14. 液体乳及乳制品	101.8	1. 文娱用耐用消费品及服务	95.7
15. 在外用膳食品	104.0	2. 教育	100.9
16. 其他食品类	100.5	3. 文化娱乐用品	100.5
二、烟酒及用品	99.9	4. 旅游	108.3
1. 烟草	100.4	八、居住	102.7
2. 酒	98.2	1. 建房及装修材料	102.1
三、衣着	101.7	2. 住房租金	102.7
1. 服装	103.2	3. 自有住房	103.5
2. 衣着材料	100.5	4. 水、电、燃料	100.6

注：价格指数以上年为100

杭州市社会保障情况
（2014 年）

表 100　　单位：万人

地　区	职工基本养老保险参保人数	职工基本医疗保险参保人数	工伤保险参保人数	生育保险参保人数	失业保险参保人数
全市	559.48	469.40	406.65	309.23	331.83
市区	495.00	419.18	361.97	281.39	305.31
萧山区	128.36	71.09	62.60	51.20	51.50
余杭区	72.55	60.56	51.93	37.04	38.51
富阳区	36.50	24.98	27.38	16.54	18.68
桐庐县	15.02	12.14	11.00	6.90	5.81
淳安县	9.36	9.02	8.59	4.30	4.30
建德市	17.45	12.18	9.24	7.17	7.49
临安市	22.65	16.89	15.86	9.45	8.91

杭州市主要经济指标在全国 15 个副省级城市中的位次
（2014 年）

表 101

城　市	地区生产总值（亿元）	工业增加值（亿元）	固定资产投资（亿元）	社会消费品零售总额（亿元）	出口总额（亿美元）	城镇常住居民年人均可支配收入（元）
杭　州	9 206.16	3 414.90	4 952.70	4 201.46	491.66	44 632
沈　阳	7 098.70	—	6 564.10	3 570.10	71.40	31 720
大　连	7 655.58	—	6 773.63	2 828.42	302.25	33 591
长　春	5 382.00	2 415.80	3 924.50	2 217.50	24.70	27 299
哈尔滨	5 332.70	—	—	3 070.90	34.40	28 800
南　京	8 820.75	3 165.78	5 430.77	3 957.97	326.28	42 568
宁　波	7 602.51	3 490.06	3 989.46	2 992.03	731.09	44 155
厦　门	3 273.54	1 291.16	1 572.95	1 072.94	531.65	39 625
济　南	5 770.60	—	3 063.40	2 964.40	60.61	38 763
青　岛	8 692.10	3 419.82	5 766.00	3 268.79	457.77	38 294
武　汉	10 069.48	3 947.23	7 002.85	4 369.32	137.91	33 270
广　州	16 706.87	5 075.41	4 889.50	7 697.85	727.15	42 955
深　圳	16 001.98	6 356.93	2 717.42	4 844.00	2 844.03	40 948
成　都	10 056.60	3 855.40	6 620.40	4 202.40	338.20	32 665
西　安	5 474.77	1 523.12	5 903.98	2 872.90	119.61	36 100
杭州位次	5	7	8	5	4	1

杭州市主要经济指标占浙江省的比重
（2014 年）

表 102

指　标	计量单位	浙江省	杭州市	杭州市占全省比重（%）
地区生产总值	亿元	40 153.50	9 206.16	22.9
第三产业增加值	亿元	19 221.51	5 086.24	26.5
规模以上工业企业利税总额	亿元	6 303.09	1 538.07	24.4
固定资产投资额	亿元	23 554.76	4 952.70	21.0
社会消费品零售总额	亿元	17 835.34	4 201.46	23.6
出口总额	亿美元	2 733.29	491.66	18.0
实际利用外资	亿美元	157.97	63.35	40.1

杭州市主要经济指标在“长三角”16 个城市中的位次
（2014 年）

表 103

城　市	地区生产总值（亿元）	工业增加值（亿元）	固定资产投资（亿元）	社会消费品零售总额（亿元）	出口总额（亿美元）	城镇常住居民年人均可支配收入（元）
杭　州	9 206.16	3 414.90	4 952.70	4 201.46	491.66	44 632
上　海	23 560.94	7 362.84	6 016.43	8 718.65	2 102.77	47 710
南　京	8 820.75	3 165.78	5 430.77	3 957.97	326.28	42 568
无　锡	8 205.31	3 837.59	4 634.21	3 054.75	442.31	41 728
常　州	4 901.87	—	3 310.05	1 804.19	213.84	39 483
苏　州	13 760.89	—	6 054.00	4 061.11	1 811.78	46 677
南　通	5 652.69	2 366.43	3 896.39	2 153.52	224.80	33 374
扬　州	3 697.89	1 634.48	2 416.66	1 232.00	76.82	30 322
镇　江	3 252.38	1 529.85	2 142.34	976.56	66.02	35 752
泰　州	3 370.89	1 492.03	2 200.19	937.17	61.82	31 346
宁　波	7 602.51	3 490.06	3 989.46	2 992.03	731.09	44 155
嘉　兴	3 352.80	1 633.84	2 221.21	1 347.02	236.51	42 143
湖　州	1 955.96	904.27	1 242.92	871.20	88.06	38 959
绍　兴	4 265.83	1 924.93	2 304.68	1 487.14	297.51	43 167
舟　山	1 021.66	349.21	960.88	376.58	57.80	41 466
台　州	3 387.51	1 402.99	1 765.93	1 646.32	193.51	39 763
杭州位次	3	5	4	2	4	3

附 录

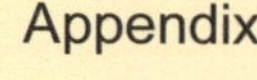

Appendix

·先进名录·

【2014年浙江省文明村镇】

余杭区百丈镇
富阳市永昌镇
桐庐县合村乡
下城区东新街道
江干区闸弄口街道
西湖区北山街道
萧山区河庄街道
余杭区崇贤街道
萧山区宁围街道
萧山区闻堰街道
萧山区新街街道
西湖区双浦镇翁家埭村
萧山区河上镇下门村
萧山区所前镇祥里王村
萧山区党湾镇梅东村
萧山区靖江街道义南村
萧山区河庄街道江东村
萧山区义蓬街道金泉村
余杭区乔司街道三角村
余杭区崇贤街道龙旋村
余杭区良渚街道新港村
余杭区百丈镇石竹园村
余杭区余杭街道仙宅村
富阳市东洲街道黄公望村
建德市三都镇新和村
建德市乾潭镇幸福村
建德市寿昌镇城中村
桐庐县分水镇后岩村
桐庐县富春江镇金家村
桐庐县旧县街道合岭村
淳安县枫树岭镇下姜村
淳安县千岛湖镇马路村
淳安县金峰乡景山村
临安市锦南街道横岭村
临安市高虹镇石门村
临安市龙岗镇华光潭村
临安市天目山镇闽坞村

【2014年度市综合考评结果】

综合考评的单位共66个。

优胜单位(含创新进档单位):市人力社保局、市卫生计生委(市卫生局、市人口计生委)、市公安局、市公安消防局、市民政局(市老龄工办)、杭州西湖风景名胜区管委会(市园文局)、市体育局(市体育总会)、市财政局(市地税局)、市委组织部(市委人才办)、市旅委、市委宣传部(市文明办)、市农办。

先进单位(含创新进档单位):市文广新闻出版局(市版权局)、市司法局、市教育局、市农业局(市水产局)、市林水局、市发改委、市住保房管局、市经信委、市残联、市委党校(市行政学院、市社会主义学院)、市国土资源局、杭报集团(杭州日报社)、市法制办、杭州经济技术开发区管委会、市建委、市总工会、市委政法委(市综治办)、市民族宗教局、市妇联。

非综合考评的单位共48个。

成绩显著单位:市委办公厅(市委政研室)、市纪委(市监察局)机关、市政府办公厅(市政府研究室)、市检察院、市人大常委会机关、市政协机关、市法院。

工作先进单位(含创新进档单位):杭州海关(在杭单位)、市统计局、市国税局、市国安局、九三学社市委会、市工商联、市委台办(市台办)、市地铁集团。

【2014年度区、县(市)综合考评结果】 12个区、县(市)(淳安县除外)综合考评总体得分较高,最高为95.907分,最低为92.766分,平均得分为94.54分。按照综合考评结果评定规则,12个区、县(市)综合考评最终得分都在优良达标线85分以上,且均无“一票否决”,因此均确定为优良等次。

根据市委有关文件精神,淳安县作为“美丽杭州”实验区,在区、县(市)综合考评中单列考评,最终得分为96.370分,确定为优良等次。

【综合考评单项奖结果】

“落实经济工作责任制”先进单位:市商务委、市经信委、西湖区、余杭区、杭州高新开发区(滨江)。

“治理城市交通拥堵”先进单位:市建委、市公安局、市交通运输局、市委宣传部(市文明办)、市财政局(市地税局)、市城管委、江干区。

“扩大有效投资”先进单位:市发改委、市地铁集团、市交投集团、市建委、市教育局、市林水局、市城投集团、余杭区、拱墅区、富阳区。

“为民办实事项目”先进单位:市人力社保局、市城管委、市城投集团、市地铁集团。

“进位显著奖”单位共8个。

综合考评单位5个:市环保局、市规划局(市测绘与地理信息局)、市交通运输局、市物价局、市信访局(“12345”市长公开电话受理中心)。

非综合考评单位3个:市政府驻上海(深圳)办事处、市政府驻北京办事处、市商旅集团。

“创新奖”项目13个。

市直单位10个:杭州海关(在杭单位)、杭州经济技术开发区管委会的“试点跨境贸易电子商务进口，助力综合试验区建设”，市住保房管局的“推进历史建筑保护、传承杭州历史文脉——历史建筑保护利用的‘杭州范例’”，市政府办公厅（市政府研究室）、市卫生计生委、市人力社保局的“建立杭州模式的医养护一体化智慧医疗服务”，市委办公厅（市委政研室）、市民政局的“‘激发社会组织活力、推进社会共同治理’的研究与实践”，市委组织部（市委人才办）的“以标准化建设为引领，打造社会组织党建‘杭州样板’”，市运河集团的“中国大运河（杭州段）申遗”，市发改委的“构建公共信用信息社会应用杭州模式”，市环保局的“由事后治理向源头控制转变——杭州市‘刷卡排污’系统协同创新应用”，市公安局的“杭州反恐怖防范工作创新——以加强城市整体防控为目标，构建具有杭州特色的反恐怖防范工作体系”，市纪委（市监察局）的“完善党风廉政建设责任制检查考核机制，促进‘两个责任’落实”。

区、县（市）3个：桐庐县的“全面携手、开拓创新，推进农村垃圾分类处置和资源化利用工作”，富阳区的“行政权力清单制度改革”，上城区的“协同治理、精准服务——上城区‘平安365’社会服务管理的实践与探索”。

【杭州市获2014年度全国五一劳动奖状企业名单】

浙江杭州余杭农村商业银行股份有限公司

·议事协调机构名录·

【市政府新设的议事协调机构】2014年，市政府根据工作需要新建非常设机构有：杭州市第一次地理国情普查工作领导小组，杭州市第二水源千岛湖配水工程建设指挥部，杭州市市区公共停车场（库）建设领导小组，杭州市城市防汛排涝工作领导小组，杭州市小客车总量调控管理工作领导小组，杭州市萧山机场公路改扩建工程推进协调小组，杭州市村级留用地开发建设领导小组，“全国质量强市示范城市”创建工作领导小组，杭州市促进广告业发展领导小组，杭州市农民专业合作社资金互助会试点工作联席会议，杭州市治理固体废弃物工作领导小组，杭州市对外文化贸易发展领导小组，杭州市土地出让金收支和耕地保护情况审计迎审工作领导小组，杭州市棚户区改造“统贷平台”运作管理工作领导小组，杭州市人民政府教育督导委员会，杭州市公共交通安全运营工作领导小组，杭州市主城区环境功能区划编制工作领导小组，杭州市智慧电子政务建设工作领导小组，杭州市重点项目征地拆迁“清零”专项行动领导小组，杭州市政府性债务管理工作领导小组，杭州市埃博拉出血热疫情联防联控工作联席会议制度，杭州市社会救助联席会议制度，杭州市推动企业利用资本市场加快发展领导小组，杭州市生态文明先行示范区建设协调小组，千岛湖供水工程推进小组，杭州市畜禽屠宰管理工作领导小组，西湖风景区实行机动车“环保行动”工作领导小组。

【市政府调整的议事协调机构】2014年，市政府根据工作需要新建非常设机构有：杭州市大企业推进委员会，杭州市高新技术产业发展领导小组，杭州市汽车产业发展领导小组，“两江一湖”风景名胜区管理委员会，杭州电网建设领导小组，杭州市“110”社会应急联动工作领导小组，杭州市安全生产委员会，杭州市半山和北大桥地区环境污染综合整治工作领导小组，杭州市参加中国海洽会组委会，杭州市查处规范无证无照经营工作联席会议制度，杭州市产业发展投资基金管理委员会，杭州市产业集聚区规划建设工作领导小组，杭州市城乡规划委员会，杭州市创建国家电子商务示范城市工作领导小组，杭州市创新型城市试点建设工作领导小组，杭州市创业投资引导基金管理委员会，杭州市打击传销工作联席会议制度，杭州市大气污染整治工作领导小组，杭州市大学生创业大赛组委会，杭州市第三次经济普查领导小组，杭州市电子商务工作联席会议，杭州市发展海洋经济工作领导小组，杭州市发展中介服务业领导小组，杭州市房屋征收与补偿工作领导小组，杭州市复员退伍军人和军队离休退休干部安置领导小组，杭州市各类交易场所监督管理联席会议，杭州市鼓励和引导社会资本参与基础设施建设工作领导小组，杭州市轨道交通建设资金筹措办公室，杭州市国家下一代互联网示范城市创建工作领导小组，杭州市国家知识产权示范城市工作领导小组，杭州市户籍制度改革工作领导小组，杭州市机动车油改气工作领导小组，杭州市建设国家创新型科技园区工作领导小组，杭州市建设国家促进科技和金融结合试点城市工作领导小组，杭州市建设现代服务业创新发展示范城市领导小组，杭州市节能减排财政政策综合示范实施工作领导小组，杭州市金融创新奖评审委员会，杭州市军事设施保护委员会，杭州市快速路网建设领导小组，杭州市粮食安全工作协调小组，杭州市楼宇（总部）经济领导小组，杭州市钱江新城建设领导小组，杭州市区市场整合改造提升工作领导小组，杭州市人民政府妇女儿童工作委员会，杭州市人民政府与中国石油化工集团公司战略合作推进委员会，杭州市实施“居者有其屋”工程领导小组，杭州市食品安全委员会，杭州市市民卡（社保卡）扩大发卡及应用推广工作领导小组，杭州市统计工作联席会议，杭州市推进商标战略工作联席会议制度，杭州市推进土地节约集约利用工作领导小组，杭州市推进现代物流产业发展领导小组，杭州市外国人管理工作协调小组，杭州市望江地区改造和保障性住房建设领导小组，杭州市未成年人保护委员会，杭州市先进制造业基地建设领导小组，杭州市享受政府特殊津贴人员评审工作领导小组，杭州市新能源产业发展领导小组，杭州市新一轮“菜篮子”工程建设领导小组，杭州市信用杭州建设领导小组，杭州市应对市场价格异常上涨工作领导小组，杭州市迎接国家环境保护模范城市复检工作领导小组，杭州市运河及城市河道长效管理领导小组，杭州市征兵工作领导小组，杭州市政府与在杭国家级科研院所战略合作委员会，培育发展十大特色潜力行业工作领导小组，钱江金融城建设领导小组，国家版权保护示范城市建设工作领导小组，杭氧地区前期开发建设指挥部，杭州市城市雕塑建设指导委员会，杭州市城市生活无着的流浪乞讨人员救助管理工作协调小组，杭州市创建浙江省首批体育强市工作领导小组，杭州市促进服务外包发展领导小组，杭州市地名委员会，杭州市防治动物疫病指挥部，杭州市非物质文化遗产保护工作委员会，杭州市公共卫生委员会，杭州市固定无证无照餐饮场所整治管理领导小组，杭州市集体土地所有权登记发证工作领导小组，杭州市加快健康服务业发展领导小组，杭州市减灾委员会，杭州市建筑业发展工作领导小组，杭州市教育体制改革领导小组，杭州市教育招生考试委员会，杭州市旅游节庆领导小组，杭州市内地新疆普高（职高）班工作领导小组，杭州市农业标准化工作联席会议制度，杭州市农业发展项目管理协调小组，杭州市批而未供、供而未用土地专项清理工作领导小组，杭州市普通高等学校毕业生就业创业工作协调小组，杭州市区道路工程建设指挥部，杭州市人口计生服务中心、城北老年活动中心建设协调小组，杭州市人力资源服务业发展领导小组（杭州市创建国家级人力资源服务产业园工作领导小组），杭州市人民政府残疾人工作委员会，杭州市人民政府教育督导室，杭州市人事考试联席会议，杭州市肉类蔬菜流通追溯体系建设试点工作领导小组，杭州市商务综合行政执法试点工作领导小组，杭州市商业特色街规划建设协调小组，杭州市社会保障监督委员会，杭州市社会保障委员会、杭州市社会保障监督委员会，杭州市社区服务业发展工作领导小组，杭州市生活必需品（粮食）应急供应工作领导小组，杭州市水库移民工作领导小组，杭州市推进“购物天堂、美食之都”建设工作领导小组，杭州市推进新型城市化工作领导小组，杭州市退休干部管理委员会，杭州市外商投资企业投诉处理协调小组，杭州市万名大学生创业实训工作指导小组，杭州市闲林水库工程建设领导小组，杭州市消防安全委员会，杭州市新疆阿克苏地区少数民族普通高校毕业生来杭培养实习工作领导小组，杭州市药品安全示范县（乡镇）创建工作领导小组，杭州市医疗纠纷预防与处理工作领导小组，杭州市义务教育中小学招生工作领导小组，杭州市引进国外智力领导小组，杭州市语言文字工作委员会，杭州市再生资源（废旧物资）回收管理工作领导小组，杭州市造地改田领导小组，杭州市中小商贸流通企业公共服务平台建设试点工作领导小组，杭州市中小学“名师公开课”项目领导小组，江东市本级园区建设领导小组，思科项目协调小组，“数字杭州”地理空间框架建设工作领导小组，杭州市“新药港”建设领导小组，杭州市城市应急救援指挥中心工作领导小组，杭州市创建国家“公交都市”示范城市领导小组，杭州市春运工作领导小组，杭州市促进中小企业发展工作领导小组，杭州市地理标志产品保护工作领导小组，杭州市地铁工程安全巡视、督查组，杭州市地下空间开发利用领导小组，杭州市房地产监管分析平台建设工作协调小组，杭州市工业和科技重大创新项目资金统筹领导小组，杭州市工业设计产业发展领导小组，杭州市工艺美术事业发展协调小组，杭州市轨道交通工程建设指挥部，杭州市轨道交通制造业促进办公室，杭州市国家网上产品质量监管协作平台建设领导小组，杭州市过江隧道工程建设领导小组，杭州市集邮文化先进城市创建工作领导小组，杭州市技术标准推进领导小组，杭州市建设工程招投标工作联席会议，杭州市建设工程质量管理领导小组，杭州市禁止现场搅拌砂浆工作领导小组，杭州市居住房屋租赁综合管理领导小组，杭州市开展整治违法排污企业保障群众健康环保专项行动领导小组，杭州市快递产业发展工作协调小组，杭州市历史文化街区、历史建筑保护领导小组，杭州市亮化工作领导小组，杭州市履行禁止化学武器公约工作领导小组，杭州市绿色城镇行动领导小组，杭州市名牌战略推进委员会，杭州市墙体改革领导小组，杭州市清理解决拆迁安置遗留房产办证问题专项工作领导小组，杭州市区河道综合整治与保护开发领导小组，杭州市全民科学素质工作领导小组，杭州市申报中国化妆品产业基地工作协调小组，杭州市数字安防产业集群建设工作协调小组，杭州市丝绸与女装产业发展领导小组，杭州市太湖流域水环境综合治理领导小组，杭州市天然气利用工作协调小组，杭州市铁路客运枢纽区域综合管理工作领导小组，杭州市污染综合整治工作领导小组，杭州市物联网产业发展工作领导小组，杭州市央企合作工作领导小组，杭州市饮用水源保护工作领导小组，杭州市有序用电工作协调小组，杭州市政府质量奖评审委员会，杭州市知识产权工作领导小组，杭州市质量强市工作领导小组，杭州市重污染高耗能行业整治提升工作领导小组，杭州数字城管工作领导小组，沪杭甬高速公路抬升工程（德胜至彭埠段）领导小组，千岛湖及新安江上游流域水资源与生态环境保护综合规划编制工作小组，庆春商圈改造提升及庆春广场地下空间开发工作领导小组，苕溪流域环境综合整治工作领导小组，中国义乌国际装备制造业博览会杭州市筹备工作协调小组，国家集成电路设计杭州产业化基地建设协调小组，杭州国家广告产业园区建设工作领导小组，杭州市保障性安居工程推进联席会议，杭州市城市地下管线建设管理领导小组，杭州市丁桥新城开发建设领导小组，杭州市基本医疗保险费用结算联席会议，杭州市建筑工地文明施工和扬尘污染综合整治工作领导小组，杭州市劳动能力鉴定委员会，杭州市劳动人事争议仲裁委员会，杭州市民情民意调查联席会议，杭州市三电办公室，杭州市小额担保贷款工作联席会议制度，杭州市政府信息公开联席会议，杭州市中小学校学生伤害事故调解委员会，杭州职业技术学院实训基地暨杭州市公共实训基地运行管理协调领导小组，市级公立医院综合改革领导小组，田园地块开发建设领导小组，“中国杭州”政府门户网站建设暨网上审批工作领导小组，杭州市72小时过境免签政策推进工作领导小组，杭州市“智慧养老”工作领导小组，杭州市半导体照明产业发展暨创建“十城万盏”半导体照明工程试点城市工作领导小组，杭州市城市供水和节约用水领导小组，杭州市城市总体规划实施评估和修改工作领导小组，杭州市创新农作制度示范乡镇创建协调小组，杭州市促进市场主体加快升级工作领导小组，杭州市大型体育赛事协调工作领导小组，杭州市防震减灾工作领导小组，杭州市工业企业长效服务机制协调小组，杭州市结对衢州市衢江区扶贫结对帮扶工作领导小组，杭州市巾帼建功和双学双比活动协调小组，杭州市农民工工作领导小组，杭州市事业单位改革领导小组，杭州市土地矿产卫片执法检查工作领导小组，杭州市土地利用总体规划编制领导小组，杭州住房公积金管理委员会，市区运河沿线油库搬迁工作领导小组，杭州市处置非法集资活动联席会议，杭州市各类交易场所监督管理联席会议制度，杭州市全面推进依法行政工作领导小组，杭州市工业转型升级领导小组，杭州市全民健身领导小组，杭州市铁路建设领导小组，杭州市应对气候变化及节能减排工作领导小组，中国美术学院国家大学科技（创意）园建设领导小组，杭州市促进现代职业教育发展暨市属高校产学对接工作领导小组，杭州市地质灾害防治工作领导小组，杭州市防控农林植物重大疫情指挥部，杭州市率先基本实现气象现代化试点工作领导小组，杭州市土地收购储备管理委员会，杭州市物业管理改善工程领导小组。

（陆坎凯）

·科技进步奖名录·

【2014年杭州市获国家科学技术进步奖一等奖项目】

中成药二次开发核心技术体系创研及其产业化

天津中医药大学、浙江大学、中国中医科学院、正大青春宝药业有限公司、天津市医药集团有限公司

【2014年杭州市获国家科学技术进步奖二等奖项目】

污泥搅动型间接热干化和复合循环流化床清洁焚烧集成技术

浙江大学、天通吉成机器技术有限公司、嘉兴新嘉爱斯热电有限公司、天华化工机械及自动化研究设计院有限公司、南通万达锅炉有限公司、浙江物华天宝能源环保有限公司

高端重载齿轮传动装置关键技术及产业化

南京高速齿轮制造有限公司、重庆大学、郑州机械研究所、杭州前进齿轮箱集团股份有限公司

阿卡波糖原料和制剂生产关键技术及产业化

浙江工业大学、成都学院、华东医药股份有限公司、杭州中美华东制药有限公司、杭州华东医药集团新药研究院有限公司

【2014年杭州市获省科学技术进步奖一等奖项目】

组织细胞移植治疗白癜风的关键技术推广应用和重要病理机制研究

杭州市第三人民医院、浙江大学、杭州浙大迪迅生物基因工程有限公司

【2014年杭州市获省科学技术进步奖二等奖项目】

消化系肿瘤细胞周期调控因子P16的作用机制及其抗癌活性研究

中国人民解放军第一一七医院、第二军医大学东方肝胆外科医院、浙江大学肿瘤研究所

网站恶意代码云安全防治系统

杭州安恒信息技术有限公司

基于云计算模式的农村新型金融服务终端及系统

浙江金大科技有限公司、浙江工商大学

基于高清视频管理的大容量安全存储系统的研发

浙江大华技术股份有限公司

流程工业泵与风机系统节能优化运行技术

杭州哲达科技股份有限公司

啤酒智能包装专用成套设备关键技术研究与应用

杭州永创智能设备股份有限公司

母乳微营养及婴幼儿配方奶粉母乳化共性关键技术研究与应用

贝因美婴童食品股份有限公司、浙江科技学院、杭州市质量技术监督检测院

年产50万吨合成氨配套深冷净化装置

杭州中泰深冷技术股份有限公司

涂镀炉节能系列标准的研制与推行

浙江华东轻钢建材有限公司、冶金工业信息标准研究院

【2014年杭州市技术进步奖一等奖项目】

流程工业泵与风机系统节能优化运行技术

杭州哲达科技股份有限公司、浙江大学

网站恶意代码云安全防治系统

杭州安恒信息技术有限公司

环保节能涂料印花新型助剂

浙江传化股份有限公司、杭州传化精细化工有限公司

蔬菜花卉航天育种技术研究及其新品种选育

杭州市农业科学研究院、浙江大学、杭州三叶蔬菜种苗公司、临安市农业技术推广中心、淳安县农业技术推广中心

局限期小细胞肺癌放化综合治疗模式的研究

杭州市第一人民医院、复旦大学附属肿瘤医院、浙江省肿瘤医院

·2014年杭州市区经批准的标准名称·

主城区道路河流桥梁等名称：

银鼓路、沈家路、章家坝弄、友爱路、平福巷、景耀巷、筑塘路、盛运街、码头路、港运巷、华康巷、科兴街、士安路、创园街、魅城巷、科业路、绿谷巷、普盛巷、蓝钻弄、蓝天巷、秋霞街、夏萌巷、工发路、广宏路、广茂巷、广运弄、润园街、学文弄、观桃路、春蓝路、秋悦路、荷塘巷、金典巷、宁海巷、兰庭巷、夏莲路、春雀街、冬泽巷、北软路、清池路、萃云弄、萃紫街、政保巷、政紫弄、团南弄、金月支弄、星飞路、光辉路、兴才街、共鸣巷、水澄北路、衣锦路、秋水弄、兴业街、大新西巷、仁爱路、海益路、萍水东街、灯彩东街、佑昌巷、科祥街、中凯巷、密渡桥一弄、王子街、景明路、艺洲街、长文弄、联慧街、星泽路、智联街、网聚路、百仁路

人人天桥、祥汇桥、友爱桥、春晴桥、兴阑桥、郁然桥、普泽桥、织锦桥、玉堂桥、周家河桥、南洋河桥、云岭桥、上园桥、新文桥、杭行桥、祥兴桥、祥茂桥、康中桥、康

恒桥、康景、晓宸桥、园中河桥、红周桥、港富桥、北软桥、乐墩桥、德瑞桥、石前港桥、红港桥、祥盛桥、麦岭沙桥、贝望桥、红胜桥、护场河桥、机场北港桥、海景桥、海益桥、自乐桥、悠然桥、带月桥、养静桥、下吴家渡桥、蒋家门桥、康德桥、康益桥、康弘桥、浜兜桥、通洋桥、洋南桥、孔家埭桥、祥善桥、汉荣桥、祥仙桥

天城隧道、新塘隧道、环站北路隧道、环站南路隧道

主城区居住区命名名称:

百翘星辉名阁、头格江景家园、运河宸园、晴朗公寓、宋都东郡国际花园锦湾、红郡公寓、善贤人家、畔上居、秀月家园桂月苑、融景公寓、祥符誉峰花苑、红郡御庄、东方水岚佳苑、四海同仕公寓、康桥人家、康和嘉苑、锦绣桃源公寓、和家园求是里、紫蝶苑、萍水人家、普德人家、名景台北苑、晴好轩、蔡马新苑、富溪警舍、之江诚品公寓、尚堂府、运河之星公寓、品悦府、天鼎公寓、锦文雅苑、钱塘印象公寓、七古登公寓、锦绣申华坊、金茂悦府、孔雀蓝郡公寓、钱塘白石嘉苑、笕东嘉苑、德泽家园、和悦公寓、汀澜府、天聚府、花园府、新沁家园、大同公寓、国风美域公寓、滨兴家园、香悦郡国际公寓、西溪河滨之城、云荷廷公寓、春江郦城、西溪河滨之城水澜轩、钱江华府、钱江御府、御田清庭、大河宸章公寓宸庐、康晓人家、云荷廷公寓竺轩、西溪河滨之城雨澜轩、尚景水岸御庭、云亭公寓、翡丽湾、江南蓝郡公寓、都会天际公寓、德胜上郡华庭、雍华里、西溪名庐、卓蓝华庭、祥宁人家、海域晶华公寓、茂宸金座、湾南德盛东苑、华家池公寓

主城区大型建筑物命名名称:

悦晟国际金融大厦、银润星座、杭州嘉里中心、东方茂商业中心、金沙世纪大厦、天悦时代大厦、东站西子国际大厦、元成时代中心、博邑商业中心、黄龙国际中心、牛田大厦、广厦锐明大厦、松合时代商城、之江商务中心、置鼎时代中心、东方时代中心、寰宇商务中心、东冠大厦、笑歌大厦、蒋村商务中心、弄口大厦、江南商业大厦、东铁大厦、智慧立方科技中心、金湾创业大厦、鑫都汇大厦、浙江牧业监测大楼、丽丰商业中心、西溪智慧大厦、利有商务大厦、象山大厦、佳源银座、西溪首座、钱塘星宇大厦、西溪乐谷文创大厦、之江发展大厦、城建检测大楼、地铁东城、金绣国际科技中心、西联大厦、西湖国际茶博城、云峰大厦、之江泰景大厦、鑫牛大厦、中沙时代银座、金色大唐城、群联综合大楼、金色大唐城、汇隆云荷金座、水上治安综合大楼、厚兰商务楼、亚科科技中心、富越盈座、维多利商务中心、兴耀时代中心、金色西溪商务中心、淘天地商务大厦、智慧谷大厦、金色水岸商务楼、长睦运通商业中心、灯塔健康管理综合楼、绿地旭辉大厦、国贸金融大厦、鹏龙商务大厦、润广大厦、浙江规划大厦、宝龙城、领富商务中心、全福大厦、世融商业中心、聚光智慧中心、西溪世纪中心、凯旋发展大厦、远见大厦

主城区地名更名名称:

之江财富中心(原名:永恒商务中心)、华能大厦(原名:德信大厦)、美上商业中心(原名:佳禾美域商业中心)、都景公寓(原名:梦泉北苑)、吉兴公寓(原名:梦泉南苑)

萧山区道路桥梁名称:

丰悦路、风情大道、浦南路、义盛北路、东晨路、鸿飞路、长福杭路、三汇路、义和路、湘滨路、青前路、元庆路

柴岭下桥、邱家潭桥、溪头黄桥、越寨桥、金西东桥、黄家章桥、新柏大桥、江西俞大桥、萧滨桥、东湖塘桥、湖头陈桥

风情隧道、木尖山隧道

萧山区居住区名称:

金色江南公寓、郡乐苑、星际公寓、姚江岸家园、蓝色嘉园、澜悦帝景湾、盈一佳苑、湖山春晓家园、公元帝景府、泊林春天公寓、金域东方园、吕才庄天香华庭、高庄、莱茵传奇园、钱塘明月苑、新南郡嘉苑、右岸澜庭、临江东裕华庭、江南岸公寓、达昌公寓、德慧公寓、义蓬名苑、钱江蓝湾、德鸿公寓、萧杭人家、金辰之光公寓、朝阳逸景苑、金满府

萧山区大型建筑物名称:

东方至尊国际中心、萧山农业大厦、御金台国际中心、中城建大厦、百富联合大厦、紫城国际商务中心、永宏名座、世华帝宝大厦、诺德财富中心、万都晶座、新宁大厦、宝龙城市中心、天润商业中心、新南郡大厦、京港国际中心、金地德圣中心、博地世纪中心、传化科创大厦、合丰新业大厦、悦盛国际中心、樾珑台名座、中宁大厦、广孚联合国际中心、义桥星天地商务中心

萧山区地名更名名称:

白马御府(原名:丰泽苑)

余杭区道路桥梁名称:

高顺路、宋家湾路、郭家兜路、岭上路、荆山湾路、栅庄桥路、博园西路、崇超南路、星海南路、汇贤街、沾驾桥路、龙腾街、下塘路、丽水北路、康扬路、拱康路、航岭路

南高桥、望常桥、邱桥

余杭区居住区名称:

理想银泰城、金鼎华庭、华章名苑、欧美金融城、山青语筑、君汇上品苑、上元公寓、首城、赞之城、瑷颐湾、越秀星汇园、青春年代雅居、佳源名城、未来公寓、金橡臻园、源山雅阁、万悦城、科嘉苑、杭家、亿荟城、越秀悦府、琴湖碧园、朗悦居、艺尚中心、昆华玉府、金岸罗兰花苑、龙尚府、长吴公寓、西溪君庐、璞玉雅园、瑜翠公寓、逸境公寓、西溪盛悦居、翁梅新苑、荷裕庭、香悦四季轩、御贤府、春花秋月公寓、天峻公寓、溪岸悦府、西溪永乐城、阳光绿色雅苑、花和雅居、南湖景秀湾、仓乐雅苑、昌源清苑、仓溢东苑、环桥花苑、勾庄佳苑、安溪新苑、联胜新府

余杭区大型建筑物名称:

万宝城、西子国际金座、尚亿中心、赛银国际商务中心、云客理中心、丽海大厦、美丽致大厦、金之源大厦、远顺大厦、远大金地中心、原禾大厦、乐佳国际大厦、四维金座、宝鼎大厦

余杭区地名更名名称:

早安公寓(原名:西宸景庭)

(朱文军)

说 明:

一、本类目设主题索引和表2个分目。

二、主题索引中文标目按汉语拼音顺序排列,同音字按笔画数从少到多排列。第一字相同,按第二字音序排列,依次类推。数字开头的标目则按数字0~9顺序排列。

标目后的阿拉伯数字表示内容所在页码。数字后的英文字母a、b、c分别表示从左到右第一、二、三栏。标目后有多个页码的,则表示相关信息在这些页码中均出现。副标目或说明语缩进两个汉字放在主标目下面。

本年鉴的"特载""特辑""大事记""统计资料""附录"均未做主题索引。

三、表格按序号排列,仅标注所在页码,不标注分栏。

·主题索引·

H

S

T

·表·